ATLAS DE LA CIVILISATION OCCIDENTALE

Généalogie de l'Europe

Conception et réalisation des généalogies :
Philippe Combaz (CALLISCOPE)
d'après une idée de Jacques Bertin.
Conception cartographique : Claire Dollfus
à l'exception des pages 8, 9, 10, 11 créées par Jacques Bertin,
et 74, 75 reproduisant des cartes publiées initialement dans
l'atlas Hachette *Histoire de l'humanité*.
Réalisation cartographique : Nathalie Bellaton, Philippe Combaz, Denis
Lallemand, Marion Vincent (CALLISCOPE).
Recherche iconographique : Christine de Coninck (CLAM).
Direction artistique et maquette : Guylaine Moi
d'après une idée de Jean-Marie Fourquet.
Composition et mise en page : Floreal Cuadrado.
Fabrication : Gérard Piassale, Nicole Thiériot,
Jean-Marie Dufrene.
Informatique éditoriale : Marie-Françoise Poullet,
Pascale Ocherowitch.
Édition : Catherine Marquet avec Annie Dufour.
Saisie, correction : Christiane Keukens.
Révision, index : Brigitte de la Broise.

LIBRAIRIE EUROPÉENNE DES IDÉES
Publié avec le concours du Centre national du livre

Édition du Club France Loisirs, Paris
avec l'autorisation des éditions Hachette
ISBN 2-7242-8528-X
N° d'Éditeur 25271
Dépôt légal : Mai 1995
Imprimé par Mohndruck, Allemagne

ATLAS DE LA CIVILISATION OCCIDENTALE

Généalogie de l'Europe

SOUS LA DIRECTION DE

PIERRE LAMAISON

Franco Angiolini
Georges Augustins
Chantal Beauchamp
Jean Bérenger
Jacques Bertin
Didier Bouillon
Régis Boyer
Maria Teresa Caracciolo
Jean-Michel Carrié
Olivier de Cazanove
Édouard Conte
Jean-Paul Demoule
Colette Deremble
Michael Erbe
Françoise Escal
Yann Fauchois
Claude Frontisi
Hélène Gasc
Jean-Philippe Genet
Jean-Pierre Gestin
Pierre Gibert
Maurice Kriegel
François Lebrun
Dominique Lecourt
Yves Lemoine
Guy Lobrichon
Élisabeth Malamut
Pierre Malandain
Claude Massu
Claude Mossé
Marie-Frédérique Pellegrin
Pierre Pellegrin
Danielle Roch-Voury
Jean-René Trochet
Galia Valtchinova
Vladimir Vodoff

CONSEILLER HISTORIQUE

PIERRE VIDAL-NAQUET

FRANCE LOISIRS
123, boulevard de Grenelle, Paris

Hécatée de Milet raconte ce que voici : « J'écris ce qui me paraît être vrai, car les propos que tiennent les Grecs sont, à ce qu'il me semble, nombreux et ridicules. » Ainsi s'exprime, dans la deuxième moitié du VIe siècle avant J.-C., le plus ancien des historiens grecs, porteur d'une vérité qu'il oppose au nombre et à la fantaisie. Mais que raconte-t-il dans son propre récit ?

Des *généalogies*, c'est-à-dire des légendes plus ou moins rationalisées sur les héros de la Grèce, ceux dont les fils ou les petits-fils combattirent devant Troie et dont les parents ou les grands-parents siégeaient parmi les dieux de l'Olympe. Les premières *généalogies* réunissent donc les dieux et les hommes.

Plaçons-nous maintenant deux générations plus tard. Hérodote d'Halicarnasse, né vers 485 avant J.-C., met en scène son prédécesseur Hécatée de Milet, précisément. Celui-ci s'est rendu en Égypte, à Thèbes, et il a exposé aux prêtres de « Zeus », c'est-à-dire d'Amon, sa propre généalogie. Il n'est pas un héros d'Homère mais, à la seizième génération, cet aristocrate rencontre un dieu. Les prêtres égyptiens sont plus modestes : ils montrent au Grec un peu trop prétentieux trois cent quarante-cinq statues symbolisant quarante-cinq générations humaines, sans que le moindre dieu ou le moindre héros fasse son apparition. Mais si l'on franchit cet immense espace temporel, alors on arrive effectivement à un moment où les dieux régnaient sur la terre d'Égypte (Hérodote, II, 143-144). Chez Hérodote, la généalogie sert à éloigner, sinon à séparer, les dieux des hommes. Il a fallu pour cela que la cité classique s'affirme comme un espace et un temps dépassant ceux du lignage, mais écrire l'histoire d'Athènes ou de Sparte ne peut se faire sans les lignages qui les scandent. Les cités elles-mêmes se définissent l'une par rapport à l'autre par la parenté de leurs lignages, par les mariages qui ont, jadis, allié les familles de leurs fondateurs.

Ainsi, la *généalogie* paraissait-elle inextricablement liée à l'histoire. Quand Eschyle veut dramatiser l'affrontement de la Perse et de la Grèce, il les présente comme « deux sœurs de la même lignée » (*Les Perses*, 185-186) n'ayant pourtant pas la même patrie. Dans le discours des anciens, la généalogie incarne la verticalité à l'état pur. On la voit constamment s'effacer au profit de l'horizontalité, puis revenir : ainsi, à Rome, chez les Césars, descendants de Vénus. Ainsi encore, dans l'Évangile selon Matthieu, où Jésus est à la fois présenté dans un rapport de filiation immédiate avec Dieu et comme le descendant, par Joseph, d'un long lignage qui commence à Abraham.

La mode généalogique de rapport au passé concerne les groupes aristocratiques et ceci tout au long des siècles, mais il ne concerne pas qu'eux. Des peuples entiers peuvent entrer dans ces querelles ; ainsi le peuple français partagé entre Gallo-Romains et « descendants » des envahisseurs germaniques, et que Béranger, au siècle dernier, appelait à la réconciliation au cri de : « En avant Gaulois et Francs ! » ; ainsi le peuple grec accusé, au XIXe siècle, par certains savants, d'être moins hellène que slave, et hésitant, selon certains de ses idéologues, à se réclamer de Byzance ou de l'Athènes de Périclès ; ainsi le peuple albanais dont on veut qu'il descende des anciens Illyriens et d'eux seuls. Ces revendications débouchent aisément sur le racisme dans la mesure où l'affirmation contient une part de négation. Revendiquer dans l'Espagne de Philippe II sa « pureté de sang », c'est affirmer qu'on n'a pas de sang juif et prétendre au monopole de certaines fonctions. C'est là ce qui paraîtra triompher dans l'Allemagne hitlérienne avec le « mythe aryen », né lui-même au XIXe siècle. Ce n'est pas ce type de généalogies, on s'en doute, que le lecteur rencontrera dans cette *Généalogie de l'Europe* qu'il tient entre les mains et à laquelle il est temps de venir.

Quelle est l'intuition de base qui a été à l'origine de ce livre dont l'ethnologue Pierre Lamaison a été l'architecte ? Les dynasties sont une indiscutable réalité historique. Dans l'Europe de 1914, Nicolas Romanov et George de Hanovre, respectivement tsar de toutes les Russies et roi de Grande-Bretagne et d'Irlande, empereur des Indes…, étaient l'un et l'autre cousins de Guillaume de Hohenzollern, empereur allemand. Cette proche parenté ne s'étendait pas à leurs peuples, et n'empêcha pas la guerre. Aucun de ces personnages n'avait de droit sur les terres de l'autre, mais il n'en alla pas toujours ainsi, et, du VIe au XVIIIe siècle, droit familial, droit de propriété et droit sur les peuples furent étroitement entremêlés. Chacun a entendu parler d'Aliénor d'Aquitaine, de Marie de Bourgogne et de leur héritage qui ont fait en sorte que certaines provinces de France relevèrent longtemps des rois d'Angleterre ou des empereurs germaniques. Mais il n'était évidemment pas question, pour tenter de faire comprendre l'Europe, de s'en tenir à cette approche.

Étrange réalité que celle de ce nom d'une jeune fille « au large regard » — c'est le sens le plus probable du nom Europe — qui est tantôt une jeune Phénicienne enlevée par Zeus, tantôt une fille d'Océan et de

Téthys —, parfois sœur d'Asie et toujours sa rivale — Michel Pastoureau et Jean-Claude Schmitt l'ont bien montré dans leur ouvrage intitulé *Europe. Mémoire et emblèmes*. Étrange histoire que celle de ce continent qui n'en est pas un, qu'aucun empire, ni Rome, ni celui de Charlemagne, ni celui de Napoléon n'unifièrent véritablement. Rome se tint en deçà du limes germanique et danubien. Napoléon comme Hitler buta contre les môles britannique et russe. L'Europe de Maastricht, plus financière et économique que politique, n'est elle-même qu'une fraction de ce que recouvre le nom européen. Tout au long de son histoire, l'Europe a été un nom et un programme plus qu'une réalité politique. Hérodote, au Ve siècle, fait de l'Europe à la fois une partie du monde qui, représentée sur une carte d'aujourd'hui, comprendrait l'ensemble de la Sibérie et une terre interdite au Grand Roi (le roi de Perse) qui tente en vain de s'en emparer. Au siècle suivant, l'Europe n'est qu'un symbole au nom duquel un groupe d'hommes, Macédoniens, Grecs pensent à conquérir l'Asie, domaine du Grand Roi dont s'emparera Alexandre. Plus près de nous, l'acte européen par excellence, c'est le protocole de Berlin (décembre 1884-février 1885) qui permit le dépeçage de l'Afrique noire. Car cette Europe « sans rivages » (François Perroux) n'a cessé de déborder hors d'elle-même, conquérant l'ensemble des continents et des îles, leur imposant *une* civilisation qui est devenue *la* civilisation.

Cette généalogie, Pierre Lamaison l'a donc conçue sous trois angles de vue. « Fondements et héritages » d'abord, non seulement « nos ancêtres les Gaulois », les Grecs ou les Romains, mais ce que nous enseignent les paysages et l'archéologie, le cheminement des langues qui sont parlées encore aujourd'hui, qui ne sont pas toutes « indo-européennes », et qui ne sont pas toutes parentes entre elles.

Deuxième série de généalogies, celles des États, des royaumes et des empires qui n'ont cessé de s'entrecroiser. Un effort énorme a été accompli pour suivre le plus complètement possible toutes les filières nationales en évitant de se centrer sur l'Europe de Maastricht. Je n'affirme pas que la réussite soit totale et qu'aucun lignage national n'a été lésé, mais, ayant vécu de près une autre aventure de ce type, celle de l'*Atlas historique* que j'ai dirigé, je puis affirmer que Pierre Lamaison a, de ce point de vue, mieux réussi son affaire que moi.

Dernière série enfin, celle de ces sciences et de ces arts en quoi Rousseau voyait les fondements pervers de la civilisation. Il n'est aucun domaine qui se prête aussi bien au modèle généalogique. Songeons aux disciples d'Hippocrate, aux familles de musiciens (les Bach), de peintres (les Bruegel), de mathématiciens (les Bernoulli). Mais réfléchissons aussi à ce que ce modèle a de trompeur, aux ruptures et aux déchirures comme celle qui traverse, entre Rome et Byzance, l'art religieux des peuples « yougoslaves ». L'histoire de l'art conçue selon un axe temporel est inconnue des anciens. Dans le *Purgatoire* (XI, 94-96) Dante, le premier, met en scène les peintres :

> Cimabue crut, dans la peinture
> tenir le champ, et Giotto à présent a le cri
> si bien que la gloire de l'autre est obscure.

Les généalogies qu'on trouvera dans ce livre débordent largement au-delà de l'espace florentin, mais l'art de Florence, les artistes qui se sont succédé les uns aux autres en voulant faire sinon mieux, du moins autrement, sont à l'origine d'une entreprise comme la nôtre.

Pierre Lamaison a donc été, je le répète, architecte de l'ensemble. À ses côtés, le rôle qui m'a été assigné a été celui de l'« avocat du diable », « testant » les textes et les relisant de mon mieux pour éviter autant que possible erreurs et incohérences. La tâche m'a été grandement facilitée par Brigitte de la Broise et Annie Dufour qui ont tout passé à leur peigne qui est fort fin. Mais rien n'aurait été possible s'il n'y avait eu Catherine Marquet. Comment définir son rôle ? Il existe dans les chansons populaires grecques un personnage merveilleux qu'on appelle le *protomastoras*. Ce n'est pas lui qui dessine les plans du pont, mais c'est lui qui le construit. Telle a été la tâche de Catherine Marquet. Merci à tous.

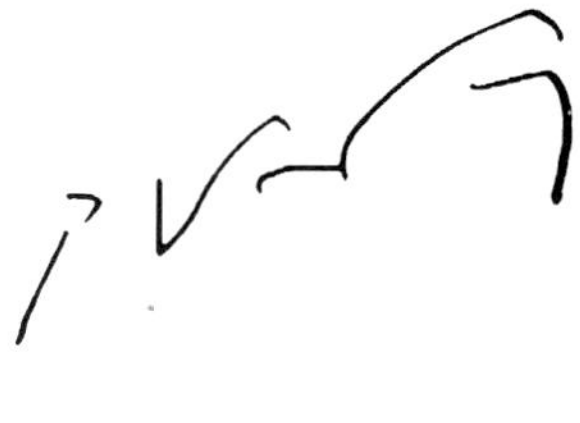

GENEALOGIES DYNASTIQUES

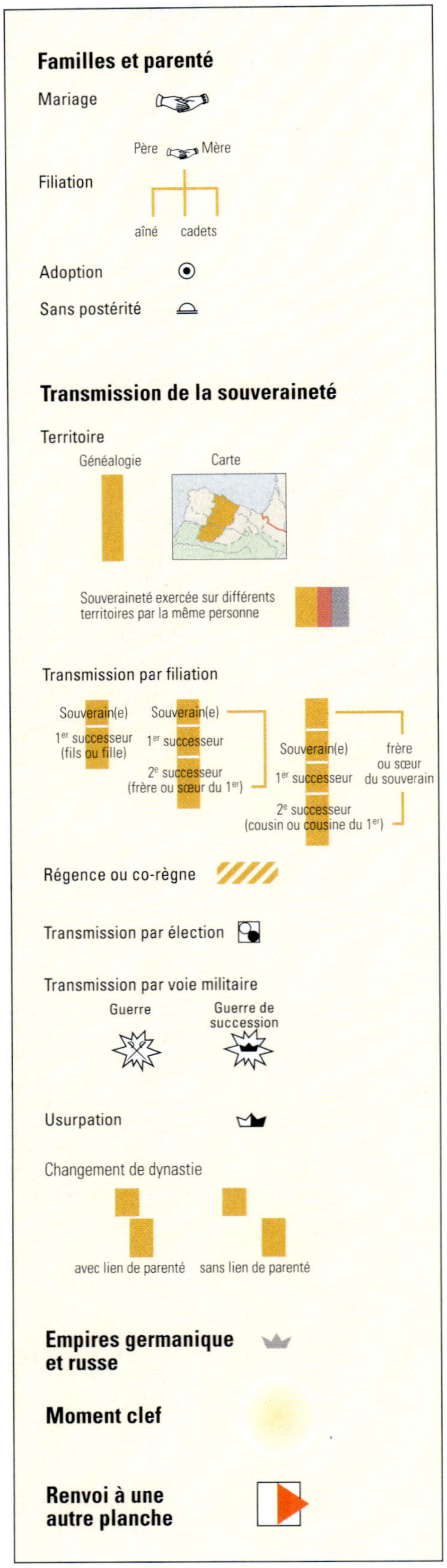

L'entreprise collective dont cet ouvrage est l'aboutissement n'a pas eu pour intention de rassembler en un volume l'ensemble des savoirs accumulés sur l'Europe. Mon projet bien précis et, peut-être, non moins téméraire, était de jeter une lumière nouvelle sur des données relevant de l'histoire politique en les réinterprétant au moyen des outils techniques et conceptuels fournis par les développements récents de l'anthropologie sociale.

Nous avons voulu le rendre accessible à un large public en mettant à profit toutes les possibilités qu'offre le langage visuel de l'image et les ressources du graphisme. C'est ainsi qu'on trouvera dans cet ouvrage quatre entrées de lecture : des textes, des reproductions d'œuvres d'art, des cartes et des tableaux graphiques généalogiques. Le terme de *généalogie*, nous a paru la métaphore la plus propre à exprimer, de façon synthétique, ce projet pour décrire tant les liens du sang, les transmissions culturelles que les modèles politiques.

L'attention renouvelée portée à la parenté, à la suite, notamment, des travaux de Claude Lévi-Strauss, puis de Françoise Héritier, qui montrent comment une collection en apparence anarchique de systèmes de parenté peut être ramenée à quelques types fondamentaux, a joué un rôle prépondérant. D'autres anthropologues puis des historiens ont alors l'idée de sortir des terrains classiques de l'ethnologie pour appliquer les mêmes méthodes aux sociétés occidentales et d'abord aux sociétés rurales européennes. Depuis l'étude de l'ancienne paysannerie, cette approche fut étendue à d'autres univers : bourgeoisies urbaines, noblesses de cour, familles princières. Il était dès lors dans l'ordre des choses qu'elle rencontre le champ de la grande politique : celui des alliances et des successions monarchiques qui, pendant presque deux millénaires, ont dominé le destin des États.

Comment interpréter, en effet, les analogies remarquables entre, par exemple, la façon dont un maître de maison de Margeride, vers le milieu du XIXe siècle, arrange la succession de son domaine souvent minuscule, et maîtrise les échanges complexes, sur plusieurs générations, au sein des quelques grandes familles d'un isolat local et, d'autre part, la façon dont les Capétiens, quelques siècles plus tôt, organisent la transmission de leurs biens — c'est-à-dire de nations tout entières-, entre leurs fils, avec le savoir-faire avisé « d'un bon père de famille », pour reprendre l'expression de Georges Duby, sans faire appel au mode de connaissance ethnologique et sans reconnaître l'enracinement du politique dans un héritage culturel commun ? Dans l'ancien monde, le principe politique est d'abord un principe généalogique. Il suffit de relire cette expression tardive mais peut-être, à ce titre, particulièrement systématique, de l'idéologie monarchique, que constitue *La Politique tirée des propres paroles de l'Écriture sainte,* ouvrage que Bossuet écrivit pour l'instruction du Dauphin. Ce principe permet de penser la transmission sur le modèle de l'engendrement, et le rapport du roi à ses sujets sur celui de la relation père-fils, comprenant d'un côté une exigence de justice et de bienfaisance (le roi juge et père nourricier) et de l'autre, de respect, d'attachement personnel et d'acceptation de la position hiérarchique occupée dans une grande chaîne des êtres qui lie le plus petit des hommes à Dieu par le truchement du souverain, son représentant sur terre.

L'originalité du travail que nous présentons aujourd'hui au public est de mettre en œuvre une approche qui, sous une forme synthétique, rassemble des faits, des cultures, des événements dispersés sur une longue période et sur une aire géographique très vaste, puisqu'il s'agit de l'Europe. Ce parti fait sa force et sa faiblesse. Sa faiblesse, parce qu'il nous a fallu sélectionner et schématiser, faire des choix, dont les spécialistes pourront toujours critiquer la part d'arbitraire qu'ils comportent nécessairement. Sa force, parce que les techniques empruntées aux études de la parenté nous ont permis de donner une représentation plus simple d'une réalité extrêmement complexe.

L'apport de l'ethnologie dans la première partie, « Fondements et Héritages », est classique, à quelques domaines près tels que les paysages, pour présenter les traditions, les mythes, les langues et les cultures, extrêmement diverses, qui peuplent l'Europe d'avant l'Europe et qui constitueront les ressources dans lesquelles puiseront, plus tard, les différentes entreprises, politiques mais aussi religieuses ou culturelles, visant à dessiner des réseaux unifiés sur ce fond hétérogène.

Ce sont, en revanche, les modèles élaborés par l'anthropologie de la parenté qui sont appliqués, dans la seconde partie, à l'histoire politique et, d'abord, à l'histoire dynastique et territoriale. Si le droit du sang est partout, ou presque, une condition nécessaire de la succession monarchique, il peut, selon les traditions et les circonstances historiques locales, faire la part plus ou moins belle à un principe électif qui le limite ou le légitime et, d'autre part, faire l'objet d'une élaboration juridique visant à fixer un ordre successoral permettant de désigner nommément l'héritier du trône — ce fut le cas dans les grandes monarchies occidentales (française, espagnole, autrichienne) — ou, au contraire, laisser se développer une compétition entre différents représentants d'une même dynastie, en faisant dès lors reposer sur la politique proprement dite, c'est-à-dire sur une combinaison variable de rapports de droit et de rapports de force, le poids du choix dynastique (par exemple en Russie ou en Suède). Dans d'autres cas de figure, notamment en Allemagne, où subsiste la vieille règle franque des partages, le maintien d'une logique lignagère dans sa pureté primitive ouvre à différents membres un droit égal à l'héritage et entraîne une parcellisation territoriale qui aboutira à la formation d'un État fédéral.

La question des relations entre représentations et réalités — qui se pose très généralement aux sciences sociales — constitue un problème particulièrement délicat dans le cas de la succession dynastique où la légitimité des représentants de l'autorité monarchique doit être sans cesse réaffirmée pour décourager les prétentions concurrentes. Il s'ensuit une prolifération de genèses mythiques, de références à des traditions ou à d'anciennes juridictions partiellement ou totalement imaginaires, et ce sont d'abord ces textes que l'historien rencontre dans son exploration des archives. Il doit dès lors porter une attention particulière aux cas très nombreux où les pratiques effectives soit n'obéissent pas aux règles d'usages, soit sont justifiées après coup en invoquant des règles exhumées ou inventées pour leur donner les apparences de la légitimité. C'est ainsi, en France par exemple, que la fortune historique de la prétendue loi salique est liée au travail de légitimation entrepris par les juristes, particulièrement dans l'entourage de Charles V, aux temps difficiles du conflit avec l'Angleterre. D'autre part, comme toujours dans le cas de la parenté, le modèle doit faire face aux hasards biologiques, dont l'importance de la mortalité infantile jusqu'au XVIIIe siècle accroît la contrainte, exigeant en nombre de cas un important travail juridique pour affirmer la légitimité de l'héritier survivant. Mais faut-il rappeler que, pour l'anthropologue comme pour l'historien, les représentations sont aussi la réalité dans la mesure où elles permettent aux acteurs de donner sens à leurs pratiques, de comprendre leur passé, d'anticiper l'avenir ?

La troisième partie de cet ouvrage abandonne la question proprement politique de la formation des États à travers l'alliance, la filiation et la succession pour s'attacher aux grands modèles culturels et à leur diffusion. Nous sommes conscients du fait d'avoir joué sur les deux sens du mot généalogie : le sens littéral, qui dérive directement du vocabulaire de la parenté ; le sens métaphorique qui sert à désigner la succession des formes symboliques à travers lesquelles les sociétés comprennent et organisent leur environnement. Non par un simple artifice rhétorique mais parce que le modèle familial possède, dans l'ancien monde, une prégnance et une puissance symbolique qui permettent aux acteurs de penser et d'organiser leurs relations, y compris leurs relations intellectuelles. Paradoxalement, c'est ici encore sous la forme du lien personnel et dans des face à face nécessairement locaux que s'esquissera l'unité de l'Europe.

Je tiens à rendre un sincère hommage aux collaborateurs de cet ouvrage, à la fois pour la qualité de leurs compétences, mais également en raison de leur courtoisie, malgré les contraintes imposées par une forme graphique inhabituelle. Ma gratitude va, en particulier, à Guy Lobrichon et Dominique Lecourt. Ce livre n'aurait jamais vu le jour sans la confiance de Françoise Cibiel qui initia ce projet ni la qualité de l'équipe éditoriale et cartographique, en particulier de Philippe Combaz qui permit de rendre lisibles les généalogies. Mais rien n'aurait abouti sans la ténacité de Catherine Marquet ni surtout la vigilance et le savoir de Pierre Vidal-Naquet à qui je suis très particulièrement reconnaissant.

P. Lamaison

GENEALOGIES INTELLECTUELLES

Mouvements et influences

- Influence directe
- Influence indirecte
- Opposition, polémique
- Influence extérieure
- Courant de pensée, tradition

Éléments représentatifs

Ensemble fondamental mouvement, doctrine...	***ÉPICURIENS***
Sous-ensemble, école, style...	GOTHIQUE FLAMBOYANT
Personnage	Louis Pasteur
Œuvre	*Don Quichotte*
Lieu, œuvre ou personnage clé	●

AVERTISSEMENT

La largeur des bandeaux représentant les territoires dans les généalogies dynastiques n'a qu'une valeur relative à l'intérieur de chaque tableau. Les contraintes de mise en page n'ont pas permis de représenter proportionnellement les États les uns par rapport aux autres. Les cartes seules donnent une indication précise sur la superficie des territoires. Dans les généalogies dynastiques, le début et la fin de chaque règne, ou d'exercice de la souveraineté sur un territoire, sont marqués par un filet blanc. Quand une souveraineté n'est pas liée à un territoire, comme par exemple le séniorat en Pologne, les dates d'exercice apparaissent sous le nom du titulaire. Le lecteur peut se reporter à l'index en fin de volume pour avoir les noms, titres et dates de règnes des personnages cités. Dans les généalogies intellectuelles, les personnages sont situés en regard de la chronologie à la date de leur plus grand rayonnement.

LES ENSEMBLES NATURELS

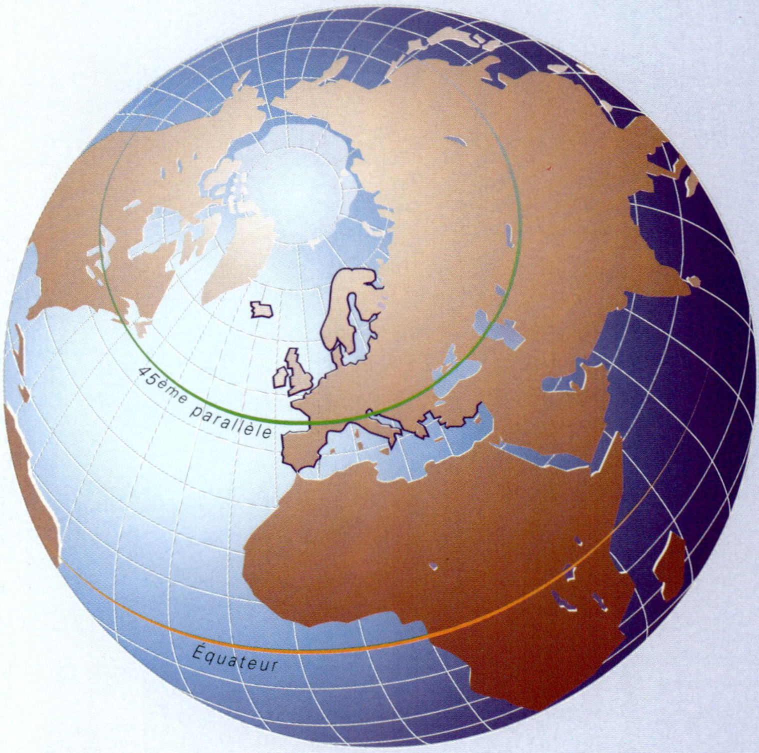

La géographie privilégie trois régions dans l'Ancien Monde : la plaine chinoise, la vallée du Gange et l'Europe. Ces régions concentrent plus du tiers de l'humanité. L'Europe, installée à la latitude idéale de 45° N, profite d'un ensemble de conditions naturelles qui la dotent d'une rente climatique unique au monde. Son exposition à l'ouest, tout d'abord, la baigne dans le climat tempéré atlantique. Les indentations méditerranéennes et baltiques ensuite prolongent l'influence marine, réduisent les excès continentaux et apportent la modération en toutes choses : dans les précipitations et la température, dans la circulation atmosphérique qui ignore les grands cyclones et les grandes brumes, dans les conditions écologiques qui limitent le fléau des insectes et de leurs maladies. Modération aussi dans le rythme saisonnier si utile et qui reste judicieusement équilibré, dans un relief qui cloisonne heureusement le paysage, dans la séismicité, inconnue au nord. Modération, mais aussi diversité, qui fait apparaître du nord au sud trois grandes zones.

Au nord, le monde glaciaire sur lequel l'inlandsis (glacier continental) est maintes fois venu écraser les forêts et laisser, en se retirant, un paysage sévère de lacs, de pierriers et de chenaux marécageux. Mais ce paysage, balayé à certaines époques anciennes par des vents violents, est à l'origine des dépôts de lœss qui enrichissent les plaines voisines.

Au centre, le monde hercynien et carpatique dont les montagnes usées et les cuestas sont modestes et accessibles. Mais leurs forêts découpent néanmoins des régions qui s'opposent ou s'associent au gré de l'histoire. Les îles Britanniques, bien que souvent recouvertes par les glaces, font apparaître ce cloisonnement qui sépare encore les mentalités. La barrière alpine, des Pyrénées aux Balkans, précède le ciel du Midi. Elle est facile à traverser, même au centre où les Alpes, pénétrées par de profondes vallées, cernées de communautés dynamiques, voient, malgré l'altitude, se multiplier les voies de passage.

Au sud, le monde méditerranéen creuse dans les versants broussailleux une collection de plaines ensoleillées, chaudes et sèches en été, surtout lorsqu'elles sont exposées à l'est. La péninsule Ibérique, par exemple, oppose ses côtes atlantiques tempérées aux grands espaces de la Vieille-Castille et aux steppes estivales de la Nouvelle-Castille et de l'Aragon. L'Andalousie annonce déjà l'Afrique.

La géographie fait apparaître la relative simplicité de l'Europe septentrionale qui prolonge jusqu'en France des horizons asiatiques. De larges unités politiques s'y sont depuis longtemps constituées qui l'opposent à l'Europe hercynienne et alpine dont la complexité demande une analyse plus détaillée.

NORVÈGE
SUÈDE
Oslo
Stavanger
Uppsala
Stockholm
Helsinki
St-Pétersbourg
Grandes forêts
Rybinsk ou Andropov
Jaroslavl'
Rostov
Nijni Novgorod
Tallinn (Reval)
Lac des Tchoudes (Lac Peïpous)
Novgorod
Tartu (Dorpat)
Volga
Souzdal
Oka
Vladimir
Murom
Göteborg
Kalinin (Tver')
Rzev (Rjev)
Moscou
Riga
Duna
Daugavpils (Dunabourg)
Viazma
R'azan' (Riazan)
MER
BALTIQUE
Klaipeda (Memel)
Vitebsk
Smolensk
Kaluga
Tula
Malmö
Copenhague
Orcha
Gdańsk (Dantzig)
Kaliningrad (Königsberg)
Vilnius (Vilna) (Wilno)
Borisov (Borissov)
Briansk
Desna
Minsk
Grodno
Hambourg
Grünwald (Tannenberg)
Białystok
Baranoviči (Baranovitchi)
Bobrujsk (Bobrouisk)
Voronež (Voronej)
Kursk
Don
MARAIS
Bydgoszcz (Bromberg)
Pinsk
Turov
DE PINSK
Berlin
Poznań (Posen)
Varsovie
Brest (Brest Litovsk)
Tchernigov
HARZ
Elbe
Wrocław (Breslau)
Lublin
Char'kov (Kharkov)
MASSIF RHÉNAN
Erfurt
Kielce
Vistule
Zamość
Rovno
Žitomir (Jitomir)
Kiev
Donetz
ERZGEBIRGE
Dniepr
Dnepropetrovsk (Ekaterinoslav)
Francfort
Prague
Cracovie
Lvov (Lemberg)
Vinnica (Vinnitsa)
Nuremberg
Amberg
CARPATES
Halicz (Galič)
Kamenec Podol'skij
Nancy
Stuttgart
Strasbourg
BAVIÈRE
Černovcy (Cernauti)
Rhin
Augsbourg
Vienne
Budapest
Odessa
CRIMÉE
Feodossia (Kaffa)
PLAINE
HONGROISE
ALPES
Brașov (Kronstadt)
Galați
Brăila
Sébastopol
Yalta
Milan
Venise
Pô
Bucarest
MER NOIRE
Constanța (Constantsa)
Belgrade
Danube
Gênes
ALPES DINARIQUES
Nikopol
Veliko Tărnovo (Tărnovo ou Tirnovo)
Sinop (Sinope)
Florence
APENNIN
MER
Niš
BALKANS
Sofia
CORSE
THRACE
Plovdiv (Philippopoli)
Edirne (Andrinople)
ADRIATIQUE
RHODOPE
(BITHYNIE)
Istanbul (Constantinople)
Ankara (Angora)
Rome
MER
Thessalonique
(PHRYGIE)
Naples
PINDE
(MYSIE)
THYRRÉNIENNE
(LYDIE)
(LYACONIE)
Izmir (Smyrne)
SARDAIGNE
SICILE
Athènes
(CARIE)
(LYCIE)
PÉLOPONNÈSE
Rhodes
MÉDITERRANÉE
CHYPRE
Tunis
CRÈTE
0
100
500
1000 km

L'Europe des montagnes hercyniennes commence par les bas plateaux de la bordure nord. Souvent recouverts de lœss, ils marquent l'extrême limite des glaciations. On identifie la Westphalie, au pied du Massif rhénan, puis le Hanovre, le Brunswick, la Saxe actuelle qui borde l'Erzgebirge, la Silésie enfin qui borde les Sudètes. Les accidents de la forêt de Teutoburg (Teutoburger Wald), où les légions romaines de Varus furent exterminées, et du Harz débutent le cloisonnement interne et définissent la Lippe et la Thuringe.

La Lorraine, au pied des Vosges, appuyée sur les stratégiques « Trois Évêchés », Metz, Toul et Verdun, a longtemps bloqué, avec la Bourgogne (duché et conté), l'extension du royaume de France.

La voie impériale du Rhin relie Alsace, Bade et Palatinat à la Westphalie par les défilés du « Rhin héroïque » à travers le Massif rhénan. Celui-ci abrite, en rive droite, les pays de Nassau, Berg et Mark. La rive gauche appartient surtout à l'Église qui, jusqu'à Napoléon, possédait aussi la majeure partie des vallées du Main, de la Moselle, de la Meuse et de l'Ems.

Le triangle bavarois se prolonge au nord par les Hesse-Darmstadt, Hesse-Nassau et Hesse-Cassel. Au centre le « Jura » souabe, occupé par le Wurtemberg, s'oppose à la Franconie, pays des villes libres de Nuremberg et Ratisbonne, et du haut Palatinat d'Amberg, annexe du Palatinat rhénan depuis le début du XIIIe siècle. La Bavière occupe le piémont alpin.

Le quadrilatère bohémien a su conserver unité et originalité, malgré la perméabilité de ses limites septentrionales.

La barrière des Alpes et des Carpates est franchie à Vienne où se croisent la route de l'Orient par le Danube et la voie méridienne qui relie les plaines du nord à l'Adriatique par la Moravie, la Styrie, la Carinthie et le Frioul, axe de la puissance des Habsbourg. Carrefour exceptionnel, Vienne est aussi frontière : la petite Leitha a longtemps servi de limite intérieure à l'Empire. La traversée des Alpes, avant l'invention de la dynamite, empruntait principalement le Brenner vers Augsbourg, les cols de Maloja et Septimer vers Bâle, les Saint-Bernard ou le Cenis vers la Savoie, le col du Genèvre vers la Provence.

La plaine du Pô présente une belle unité naturelle qui resta pourtant jusqu'au XIXe siècle une mosaïque de principautés urbaines. Elle fut souvent le champ de bataille entre la France, l'Espagne et l'Autriche.

Les hauteurs de l'Apennin limitent la plaine du Pô et protègent Florence et la Toscane. Elles formaient l'ossature des États de l'Église qui débordaient la montagne au nord jusqu'en Émilie et au sud jusqu'à Rome. Plus loin, l'abbaye du mont Cassin (Cassino) marque l'entrée dans le royaume de Naples.

Dans les plaines du nord et de l'est, les grandes unités historiques tournent autour des marais de Pinsk. Infranchissables, ils séparent la Vistule polonaise du Dniepr russe qui assurent chacun la circulation méridienne. Mais les marais séparent aussi les deux voies de la circulation est-ouest :

L'Ukraine, au sud, couloir d'invasion, se termine en Galicie, point de concours des plateaux limoneux de Volynie, Podolie, Bessarabie et Moldavie, séparés par des vallées souvent profondes.

La Biélorussie, au nord, entièrement glaciaire, avec Minsk pour capitale, s'étend le long de la ligne de moraines suivie par la grande route de Varsovie à Moscou et Nijni-Novgorod.

Les croupes lacustres qui encadrent la Baltique datent de la dernière glaciation et n'ont pas encore été amendées par le temps. Elles caractérisent la Scandinavie, les pays baltes, la Prusse, la Poméranie et partagent les sols de chacune des provinces qui se suivent de la Lusace au Danemark.

Le Brandebourg, cœur du réseau des chenaux glaciaires, bénéficie du développement récent de la circulation est-ouest qui met en valeur la position privilégiée de Berlin.

Les plaines maritimes se succèdent de Frise en Flandre, interrompues par les tourbières de l'Ems qui isolent les Pays-Bas. La Saxe s'étendait au XIIe siècle de la mer du Nord jusqu'au Harz. Démantelée en 1180 et recréée autour de Wittenberg, elle devient électorat autour de Meissen en 1423. C'est l'origine de la Saxe actuelle.

L'arc des Carpates dessine une unité illusoire formée de deux pôles de sécheresse : la Transylvanie et la plaine hongroise où régnait jusqu'au XIXe siècle une steppe désertique, la puszta, plusieurs fois vidée de toute population. Au sud, l'âpre massif dinarique offre un refuge inexpugnable à des communautés dont l'histoire a séparé les langues, les écritures et les religions.

L'arc des Balkans et des Carpates méridionales dessine autour du bas Danube un autre ensemble tout aussi illusoire. La véritable coupure a toujours suivi le fleuve et séparé la Valachie de l'espace bulgare, centré sur la montagne et composé de la Mésie et de la Roumélie.

La péninsule balkanique perd ensuite toute unité. De l'Albanie à la Thrace, la Macédoine se désagrège en petits bassins entre lesquels le Vardar creuse une étroite liaison entre le monde slave et le monde grec.

Ce schématique découpage est à la base des principautés, duchés, royaumes et républiques qui sont évoqués tout au long de l'histoire de l'Europe.

La situation péninsulaire de l'Europe lui a longtemps fait jouer le rôle de « nasse biologique ». Les espèces vivantes, et notamment les populations humaines, n'ont cessé de venir s'y entasser, provoquant parfois des évolutions locales originales. Ces mélanges constants interdisent évidemment de parler d'une « race » européenne, même si l'isolement prolongé de quelques groupes permet de déceler encore certaines homogénéités régionales.

La présence de l'homme, sous la forme d'*Homo erectus* venu d'Afrique, est relativement récente en Europe. Elle est certaine à partir de 1 million d'années, probable à partir de 1, 5 million d'années – alors qu'elle remonte en Afrique à 6 millions d'années. La situation péninsulaire, accentuée durant les périodes froides par la formation d'un immense bouclier glaciaire dans toute la moitié nord, donnera naissance, à partir de 200000 avant J.-C. , à une évolution particulière, l'homme de Neandertal.

Mais *Homo sapiens sapiens* (l'homme actuel), apparu en Afrique orientale, prend progressivement pied en Europe à partir de 45000 avant J.-C. environ et, après un temps de cohabitation, remplace l'homme de Neandertal. Il a laissé en Europe les traces des grandes civilisations du Paléolithique supérieur et l'art des grottes peintes, daté pour l'essentiel entre 15000 et 10000 avant J.-C.

À partir de 10000 avant J.-C. , le réchauffement climatique modifie sensiblement les conditions de vie (c'est la période mésolithique) et réduit la nécessité du nomadisme pour les chasseurs-cueilleurs, naguère liés aux migrations des rennes. Mais le principal bouleversement, l'un des plus grands de l'histoire européenne, vient de la « colonisation néolithique », par des populations d'agriculteurs sédentaires venus du Proche-Orient. Ceux-ci, entre 6000 et 3000 avant J.-C., grâce au dynamisme démographique de ce nouveau système économique, vont submerger lentement l'Europe d'est en ouest, selon une progression qui a pu être simulée par des modèles informatiques. Seules quelques populations de chasseurs-cueilleurs réussiront à maintenir leur mode de vie dans les marges du Grand Nord, où elles achèvent aujourd'hui leur agonie.

Agriculture et maternité

À partir du VIe millénaire, l'ensemble de l'Europe est colonisée par des populations d'agriculteurs venues du Proche-Orient. Comme dans cette dernière région, les représentations féminines, la plupart du temps sous la forme de statuettes d'argile ou de pierre, sont un thème privilégié, pour des sociétés dont l'organisation est encore très égalitaire. Il n'y existe pas de bâtiments particuliers voués au culte, mais la religion reste encore une affaire domestique. Cette statuette provient du Kosovo (V^{e} millénaire).

PREMIÈRES SOCIÉTÉS HIÉRARCHISÉES

L'occupation extensive de l'ensemble du continent par les agriculteurs va modifier en profondeur les relations internes des sociétés humaines. Faute d'espaces nouveaux à conquérir, les communautés se restructurent et donnent naissance aux premières sociétés hiérarchisées. On peut les repérer dans les vestiges archéologiques : les habitats se différencient en taille, des tombes « princières » apparaissent. Avec ces premières « chefferies », les tensions s'accroissent, fortifications et traces de destruction violente se multiplient. Des mouvements migratoires limités se perçoivent çà et là, comme dans les steppes de la mer Noire ou les Balkans. On les a parfois exagérés, en voulant y voir le point de départ des mythiques Indo-Européens originels. Certains phénomènes, comme l'expansion au IIIe millénaire des vases campaniformes (en forme de cloche) de l'Espagne à l'Angleterre et à l'Europe centrale peuvent d'ailleurs tenir plus à des réseaux d'échanges qu'à des migrations ; de même, le développement du rite de l'incinération à la fin du IIe millénaire avec la civilisation des champs d'urnes semble surtout refléter la diffusion d'un rituel funéraire particulier.

NAISSANCE DES VILLES

Sur la frange méditerranéenne, en contact avec les grandes civilisations urbaines du Proche-Orient, émergent à partir du IIe millénaire les premières sociétés étatiques : thalassocratie crétoise, puis citadelles mycéniennes, enfin premières véritables cités de Grèce, du Latium et de l'Étrurie. Ce phénomène gardera cependant, à la différence du Proche-Orient, un caractère limité, sujet même à des retours en arrière comme l'effondrement du monde mycénien. « Retards » et retours en arrière sont parfois attribués à des conditions environnementales différentes : les civilisations du Proche-Orient, en domestiquant de grands fleuves (digues, canaux d'irrigation), s'étaient créé des environnements artificiels dont l'entretien constant exigeait une organisation urbaine et étatique complexe et ne permettait plus de revenir à des formes sociales simples.

À partir du VIIIe siècle, les Grecs multiplient les colonies urbaines autour de la Méditerranée et de la mer Noire. Les Celtes à leur tour, à partir de leur zone d'origine (Bassin parisien, Allemagne du Sud, Bohême), lancent aux IVe et IIIe siècles des migrations massives vers l'Europe du Sud et de l'Est, jusqu'en Turquie ; ils s'orientent aussi, à partir du IIe siècle avant J.-C., vers la formation d'États embryonnaires, autour de places fortes centrales, les *oppida*. D'autres mouvements limités sont attestés : l'expansion scythe vers l'Europe centrale, les tentatives perses en Grèce, les migrations des Cimbres et des Teutons, des Helvètes (prétexte de la guerre des Gaules relatée par César), etc.

Mais c'est avec l'expansion romaine, du IIIe siècle avant J.-C. jusqu'au IVe siècle après J.-C., que la civilisation urbaine va, de force, s'établir sur près de la moitié de l'Europe, entraînant de vastes brassages internes et externes de populations, notamment avec l'esclavage, la multiplication des villes nouvelles ou la distribution des terres aux légionnaires.

Pourtant l'Europe non urbaine va bientôt prendre sa revanche. À partir du IVe siècle de notre ère, partis de l'intérieur de l'Europe (Germains, Slaves) mais aussi de l'extérieur (Huns d'Asie centrale), de très vastes et très complexes mouvements migratoires vont, avec les grandes invasions (ou grandes migrations), renouveler profondément la carte de la population, avec des destins très divers. Si les Slaves, originaires de Russie ou d'Ukraine, prennent pied durablement dans toute l'Europe centrale et sud-orientale, la plupart des mouvements germaniques (Goths de la mer Noire, Wisigoths d'Europe sud-occidentale, Francs, Lombards, etc.) seront absorbés par les populations conquises. De la rencontre entre l'Europe des villes et celle des chefferies naîtra une forme intermédiaire, celle des États féodaux.

DEUX MILLE ANS DE MIGRATIONS

Durant les deux derniers millénaires, on peut identifier en Europe sept formes principales de mouvements de populations.

Déplacements de populations entières, offensifs, dans la tradition des grandes migrations, principalement du VIIe au XIVe siècle (Avars, Magyars, Proto-Bulgares, Arabes, Turcs, Mongols, Tatars) pacifiques ou imposés : colonisations de peuplement (Allemands de la Volga), échanges de populations (Balkans après la Première Guerre mondiale), déportations massives (Seconde Guerre mondiale).

Conquêtes militaires par un groupe restreint (Normands en Angleterre et en Sicile, Vikings de la mer du Nord à la mer Noire, croisés au Proche-Orient, chevaliers Teutoniques le long de la Baltique) qui, réussite ou échec, se terminent presque toujours par l'absorption culturelle des envahisseurs.

Enclaves économico-militaires : comptoirs vénitiens de l'Adriatique et de la mer Égée (XIVe – XVIIIe siècle), bases militaires occidentales des XIXe et XXe siècles.

Constitution d'empires durables (byzantin, romain germanique, russe, ottoman, et sans doute CEE) ou éphémères (carolingien, arabe, napoléonien, hitlérien), régnant sur des mosaïques ethniques.

Mouvements pacifiques et lents d'ethnies minoritaires, parfois nomades (Tsiganes, Valaques), et souvent persécutées (Juifs, Arméniens, républicains espagnols, antifascistes italiens, Indochinois).

Migrations des campagnes vers les villes : parti d'abord de l'intérieur de chaque État, ce mouvement s'est ensuite étendu des pays pauvres (Pologne, Italie, Espagne, Portugal) vers les pays riches de l'Europe, puis de l'extérieur même de l'Europe (Maghreb, Turquie, Inde, Pakistan).

Conquêtes coloniales : à partir du XVe siècle, l'Europe cesse d'être une presqu'île. Les migrations hors d'Europe, jusque-là faibles (Alexandre le Grand, Rome, croisades), s'amplifient, notamment au-delà de l'Atlantique, pour se répandre sur la planète entière.

Avec ces deux derniers mouvements, l'histoire du peuplement de l'Europe s'interpénètre désormais avec celle des autres continents. Avec ces mouvements également l'espèce humaine, après avoir atteint une diversification culturelle et biologique maximale, s'achemine sans doute vers une nouvelle forme d'unification.

Diffusion de l'agriculture en Europe

La diffusion de l'agriculture en Europe résulte d'un mouvement de colonisation d'est en ouest issu du Proche-Orient, et selon deux courants. Le premier se répand d'abord dans l'ensemble de la péninsule balkanique puis, remontant le bassin du Danube, prend pied dans l'ensemble de l'Europe tempérée. Le Bassin parisien est atteint au début du Ve millénaire. L'autre courant suit les côtes méditerranéennes. Ces deux courants, issus d'une même origine orientale, feront à nouveau leur jonction au cours du Ve millénaire dans l'extrême occident de l'Europe, la France actuelle. À partir du IVe millénaire, seules les régions impropres à l'agriculture avec des techniques traditionnelles restent occupées par des chasseurs-cueilleurs. Le manque d'espaces nouveaux amènera les populations néolithiques à se restructurer : les premières sociétés hiérarchisées apparaissent.

Expansion de la civilisation urbaine en Europe

*À la différence du Proche-Orient, les sociétés hiérarchisées de la fin du Néolithique ne débouchent pas d'emblée en Europe sur des civilisations urbaines. Le phénomène est à la fois plus lent et plus limité. Bien plus, les premiers symptômes d'urbanisation, en contact direct avec le Proche-Orient, ne seront que des phénomènes brillants mais éphémères. Ce n'est qu'au début du dernier millénaire avant notre ère qu'une civilisation urbaine se développe durablement en Italie et en Grèce. Et c'est par leur rayonnement économique, mais surtout par leurs conquêtes militaires, que ces deux régions introduiront le mode de vie urbain dans une bonne partie de l'Europe – où le phénomène était parfois en germe (*oppida *celtiques). Les grandes invasions paraîtront un temps inverser ce processus. Mais de leur fusion avec le monde romain se développera une Europe féodale qui généralisera, et de façon définitive, la civilisation urbaine à la quasi-totalité du continent.*

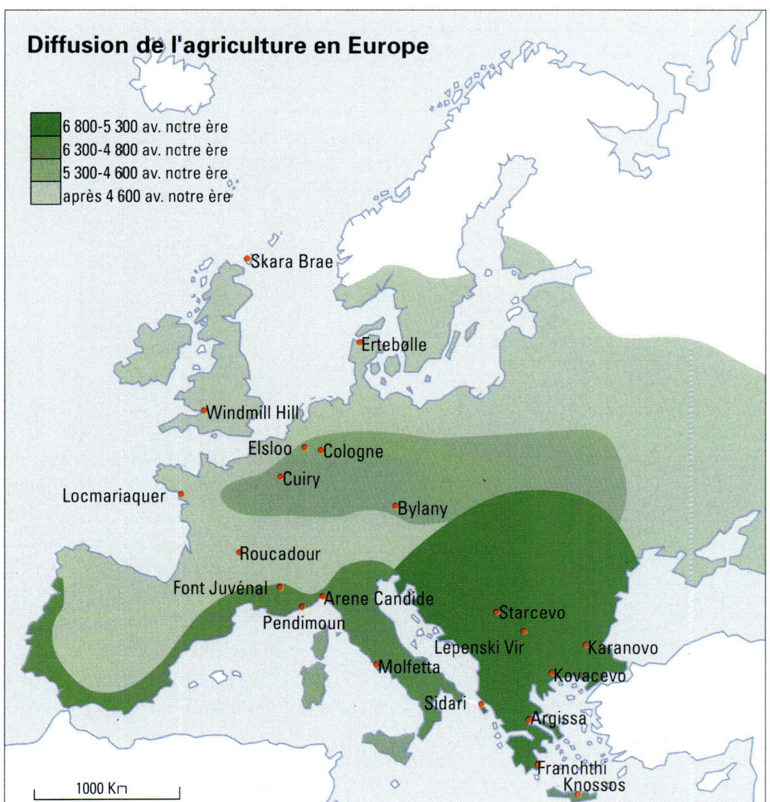

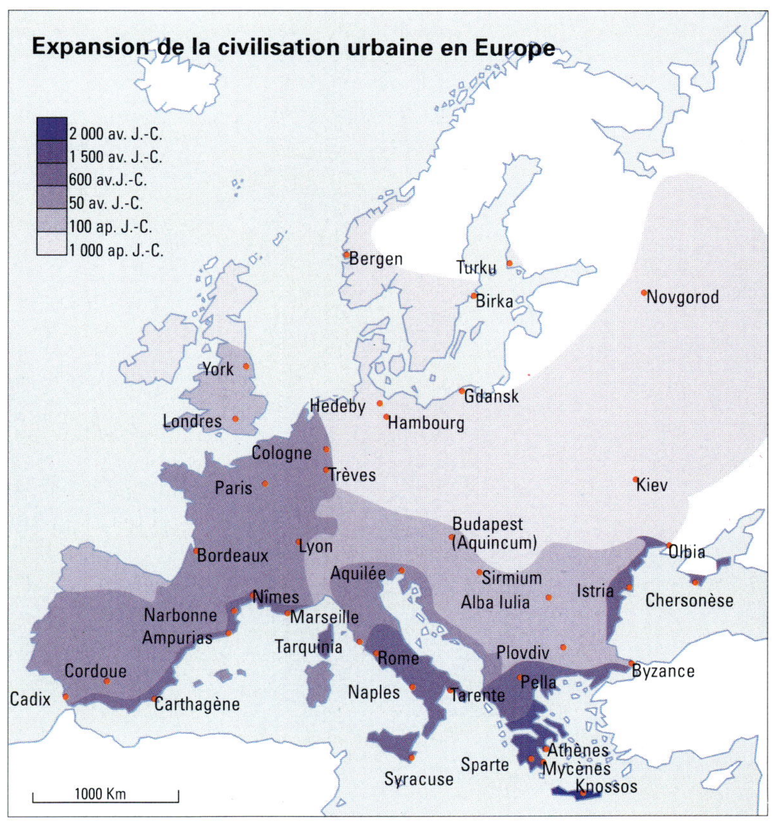

1, 5 million d'années av. J.-C.
apparition en Europe d'*Homo erectus*, d'origine africaine.

200000 av. J.-C.
émergence de l'homme de Neandertal, une évolution locale propre à l'Europe.

45000 av. J.-C.
apparition progressive en Europe d'*Homo sapiens sapiens*, venu d'Afrique orientale et du Proche-Orient.

6000-3000 av. J.-C.
colonisation progressive de l'Europe par des agriculteurs venus du Proche-Orient.

3500 av. J.-C.
premières civilisations hiérarchisées et guerrières ; premiers mouvements « violents » de populations.

2000-1500 av. J.-C.
premières civilisations urbaines, en Crète puis dans le monde mycénien.

VIIIe siècle av. J.-C.
développement progressif des villes en Grèce et en Italie.

IVe-IIe siècle av. J.-C.
migrations celtiques vers l'Europe de l'Est et du Sud ; premières formes urbaines celtiques, les *oppida*.

IIIe s. av. J.-C. -IVe siècle apr. J.-C.
expansion romaine.

IVe siècle apr. J.-C.
début des grandes invasions ou grandes migrations.

XVe siècle début de l'expansion coloniale de l'Europe.

XVIIIe-XXe siècle
généralisation de l'exode rural, d'abord à l'intérieur de chaque État, puis à partir des pays européens les plus pauvres, enfin à partir des pays sous-développés extra-européens.

***L'or et le pouvoir* ▼**
Si les objets déposés auprès des morts ne témoignent d'aucune différence sociale marquée durant le Paléolithique et le Néolithique, on voit à partir du IVe millénaire apparaître les premières tombes princières. Parmi les plus spectaculaires, celles de la nécropole bulgare de Varna, sur les bords de la mer Noire, d'où proviennent ces sceptres en or. La métallurgie, qui vient d'être inventée, n'a d'abord que peu d'utilité technique, mais sert à manifester avec éclat le prestige des premiers chefs.

VERS LES PREMIÈRES VILLES CELTIQUES

Si les Celtes ne nous ont pas laissé de villes de pierre, ils s'acheminaient, au moment de la conquête romaine, vers un début d'urbanisme. Certaines places fortes, les oppida, couvraient plusieurs dizaines d'hectares. L'archéologie permet de retrouver les traces de leurs habitations de bois et de terre et, comme ici, de les reconstituer à l'usage du public.

▼ *Les oscillations du pouvoir dans l'Europe proto-historique*
Contrairement au Proche-Orient, l'évolution vers des sociétés hiérarchisées puis étatiques n'est pas en Europe un phénomène continu et ascendant. On peut y noter, comme ici en Europe occidentale, des moments marqués par de spectaculaires tombes princières, suivis de périodes où les différences sociales sont beaucoup moins accentuées.

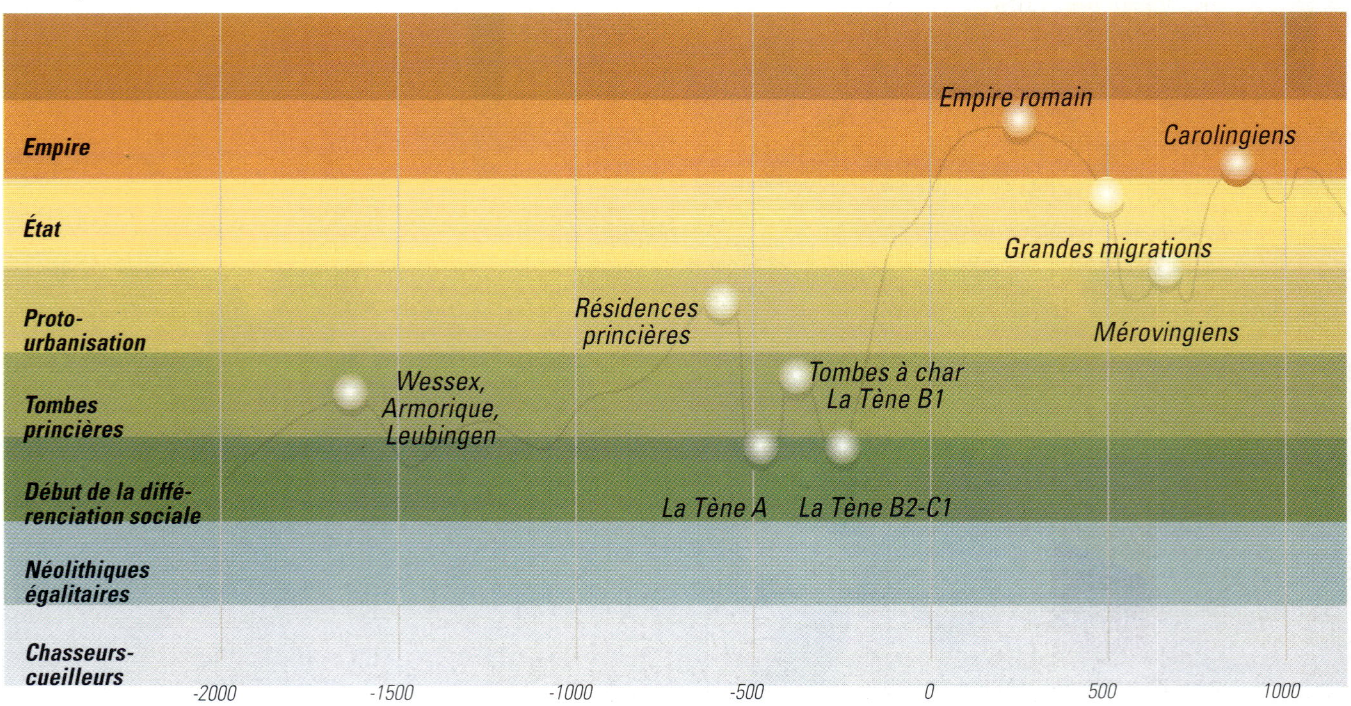

LE PEUPLEMENT DE L'EUROPE

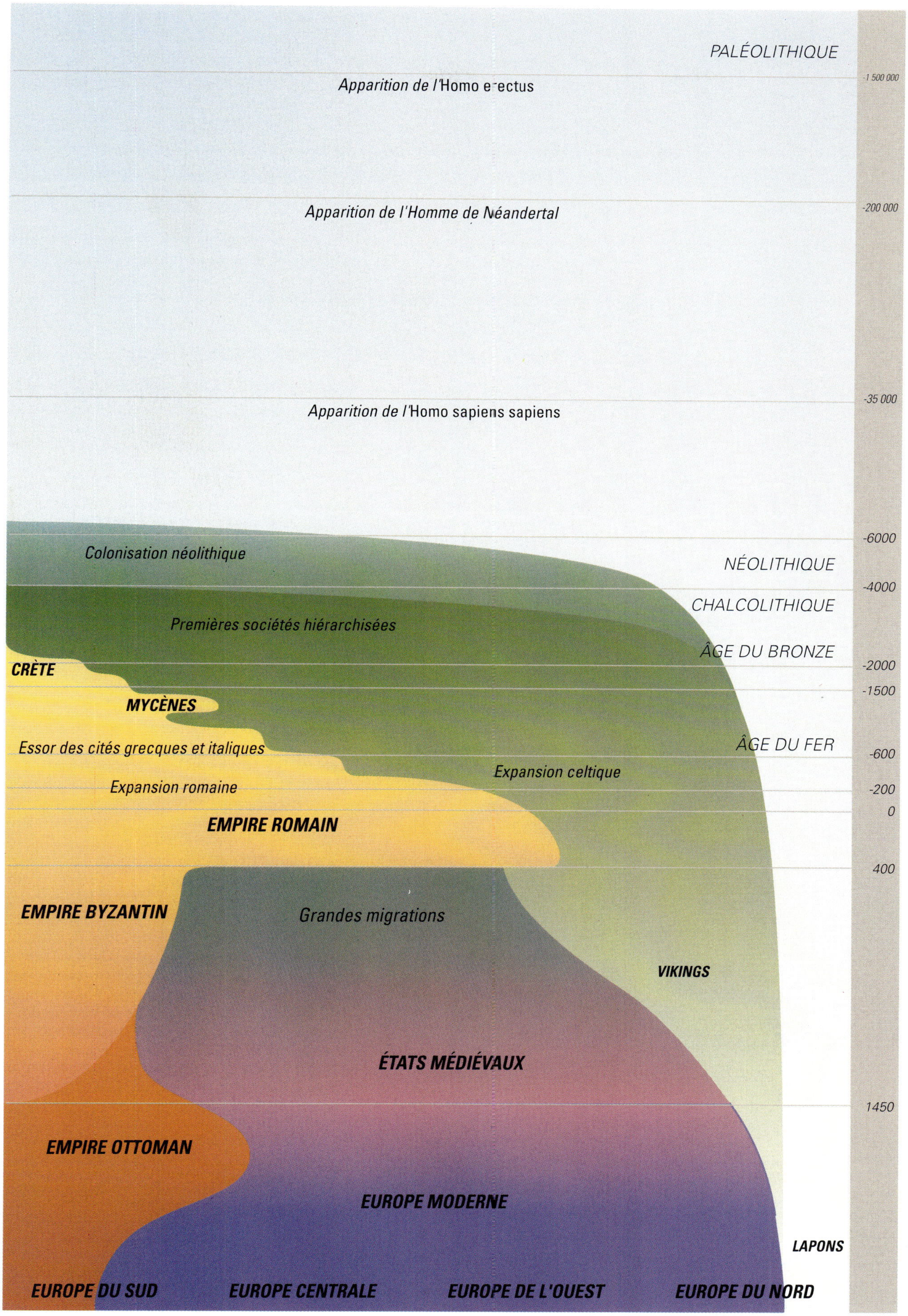

Sous les formes successives de leur évolution biologique, les sociétés humaines ont vécu de chasse et de cueillette pendant plus de 99 % de leur histoire. Ce mode de vie « paléolithique » ne subsiste plus aujourd'hui qu'à l'état de traces chez les Lapons (ou Sames) du Grand Nord.

À partir de 6000 avant notre ère, un front de colonisation agricole « néolithique » venu du Proche-Orient recouvre progressivement l'Europe d'est en ouest, en absorbant ou en repoussant les populations de chasseurs-cueilleurs.

À partir de 4000 avant notre ère, les sociétés « néolithiques » évoluent vers des formes hiérarchisées et guerrières, caractérisées notamment par des tombes princières, des sites fortifiés et le développement de la métallurgie. Progressivement absorbées par les civilisations urbaines méditerranéennes, ces sociétés à « chefferies », dont certaines évoluaient elles aussi vers des formes urbaines (*oppida* celtiques, thraces) se maintiendront dans le nord de l'Europe jusqu'au Moyen Âge.

À partir de 2000 avant notre ère se développent sur les rives de la Méditerranée, avec des retours en arrière et en contact avec les États proche-orientaux, les premières sociétés urbaines (Crétois, Grecs, Étrusques, Carthaginois, Romains). À partir du IIIe siècle avant notre ère, Rome absorbera ces différentes manifestations et imposera progressivement par les armes le mode de vie urbain à une grande partie de l'Europe.

À partir du IIIe siècle de notre ère, l'Europe « proto-historique » des sociétés à chefferies fait irruption dans l'Europe urbaine romanisée, sous la forme des grandes invasions ou grandes migrations. De cette confrontation tumultueuse émergera progressivement l'Europe des États féodaux, tandis que l'héritage direct de l'Empire romain ne subsistera plus que sous la forme de plus en plus réduite de l'Empire byzantin.

Une autre civilisation urbaine, celle de l'Empire ottoman, prend progressivement en Europe le relais de l'Empire byzantin. Après avoir conquis au XIVe siècle l'ensemble de l'Europe du Sud-Est, son expansion est contenue à partir du XVIe siècle et le reflux s'amorcera à partir du début du XIXe siècle.

Si les États médiévaux débouchent au XVe siècle sur ceux de l'Europe moderne, le continent connaît encore de nombreux mouvements migratoires, dont les principaux sont dus aux guerres de conquêtes, à la colonisation européenne des autres continents et enfin à un exode rural d'abord de l'intérieur de chaque État puis des États les plus pauvres vers les États les plus riches.

Par « langue », les linguistes désignent tout système de signes servant à la communication et possédant certaines caractéristiques communes. Toutes les formes linguistiques, quel que soit leur statut reconnu (patois, dialecte, langue régionale, langue de culture), et quelles que soient leurs ressemblances ou divergences, présentent la même performance. D'un point de vue strictement linguistique, il n'y a donc pas de langues supérieures ou inférieures à d'autres.

Sous l'influence de facteurs internes (dynamique des langues) ou externes (contacts entre langues, isolement géographique, invasions, etc.), des parlers à un moment donné homogènes subissent des évolutions différentes. Les dialectologues conviennent de réserver le terme de langue à l'ensemble des différentes variantes, appelées dialectes, possédant toutes un certain degré de compréhension mutuelle. Pratiquement toutes les langues parlées en Europe, écrites ou orales, présentent des variantes dialectales, souvent nombreuses et fortement marquées.

Certains de ces dialectes peuvent parfois, pour des raisons historiques, politiques ou culturelles, accéder au rang de *langues de culture*, sans que cette reconnaissance sociale implique une supériorité linguistique. Le statut social des langues et dialectes peut changer au cours des temps. Ainsi, l'occitan, reconnu au Moyen Âge comme la langue d'une culture européenne brillante, ne joue plus aujourd'hui qu'un rôle mineur. La langue officielle albanaise, adoptée en 1909, était fondée sur le dialecte guègue d'Elbasan, mais depuis la dernière guerre elle s'appuie sur le tosque. L'histoire de l'Empire russe et de l'ex-Union soviétique depuis le XIXe siècle fournit de nombreux exemples de variation de statut d'une même langue en fonction de critères très largement extra-linguistiques.

LA PARENTÉ DES LANGUES

À partir de ressemblances régulières dans leur vocabulaire ou dans leur grammaire, les linguistes ont été amenés à proposer des rapprochements entre les différentes langues. La *parenté typologique* résulte soit de la structure même des langues (les possibilités de construction ne sont pas infinies), soit de contacts importants et suivis impliquant des emprunts mutuels. Ainsi certains chercheurs nient une indifférenciation originelle des langues baltes et slaves, ou des groupes turc, mongol et toungouze des langues altaïques, pour n'y voir que l'influence de contacts prolongés et relativement récents.

La *parenté généalogique* implique une filiation attestée ou supposée par comparaison et reconstruction. La présentation en arbres généalogiques pourrait suggérer des séparations successives à partir du tronc commun, représenté par une langue stable et homogène : il faut plutôt y voir un processus évolutif à partir d'un groupe de dialectes, et qui se poursuit jusqu'à nos jours, sans toutefois que les locuteurs aient jamais le sentiment de changer de langue.

Certains membres d'une communauté peuvent se séparer à un moment donné de l'histoire, favorisant l'apparition de dialectes différents, tandis que des contacts suivis parmi d'autres restés sur place peuvent entraîner des innovations particulières en matière de langue, éliminant des divergences qui avaient commencé à se fixer. Il y a tout lieu de croire que de tels processus ont toujours été en œuvre, bien avant les périodes où les linguistes font remonter nos plus anciennes langues communes. Dans *indo-européen commun* ou *ouralien commun*, il faut donc ne voir qu'un concept utile, non la réalité d'une langue homogène et immuable qui aurait éclaté pour donner les différentes langues connues aujourd'hui.

Le barde

Les origines de la tribu, les hauts faits des ancêtres sont relatés sous forme de poèmes ou de récits épiques, (souvent accompagnés de musique ou chantés). Chez les Celtes, les druides ont seuls accès à la connaissance de la tradition ; la transmission s'en fait de manière orale et il leur est interdit de l'écrire. On explique ainsi l'absence de textes de quelque importance et notre méconnaissance des langues celtes anciennes.

THÉORIES SUR LA GENÈSE DES LANGUES PAR ISIDORE DE SÉVILLE, VIIe SIÈCLE

«Quelle langue parlait Dieu au début du monde, lorsqu'il dit : "Que la lumière soit"? Il est bien difficile de le savoir, car il n'y avait pas encore de langue. Quelle langue entendirent ensuite les oreilles des hommes, quand il leur parlait, surtout quand il s'adressait au premier homme ou aux Prophètes ou encore lorsque retentit corporellement la voix de Dieu disant : "Tu es mon fils bien-aimé"? Certains pensent que c'était cette langue unique qui régnait avant la diversification des langages. Mais divers peuples croient que Dieu s'adresse à eux dans leur propre langue humaine, pour être compris d'eux [...]. L'apôtre dit aussi : "si je parlais les langues des hommes et des anges". D'où la question de savoir quelle langue parlent les anges. Mais les anges n'ont pas de langue, c'est une exagération rhétorique. Autre question : quelle sera la langue des hommes dans l'avenir ? Pas moyen de le savoir ; car l'apôtre dit : "et les langues cesseront". J'ai parlé des langues avant de parler des peuples ; ce sont en effet les langues qui donnent naissance aux peuples, et non les peuples qui donnent naissance aux langues.»

Isidore de Séville, Etymologiae, *livre IX, chap. 1, § 1, 3, 6-7, 10-13, éd. M. Reydellet, Paris, 1984* (Auteurs latins du Moyen Âge), *avec traduction, p. 31-41.*

LES LANGUES EN EUROPE

LANGUES DISPARUES OU INCLASSABLES

Un grand nombre de langues autrefois parlées en Europe ont disparu sans laisser de descendance. Certaines ne nous sont connues que par mention dans les textes anciens, ou par quelques gloses et noms propres (ligure, dace, gète, illyrien, macédonien, thrace, paphlagonien, cilicien, lycaonien).

Parmi les langues qui ont laissé quelques vestiges écrits, on distingue celles qu'on ne peut ni lire ni interpréter (hiéroglyphes étéocrétois, linéaire A, picte), et celles qu'il est possible de lire, parce qu'elles sont écrites dans des alphabets qui nous sont connus, sans qu'il soit toujours possible de les interpréter. Beaucoup sont représentées par des textes indigents et de contenu monotone (noms de personne, inscriptions funéraires) : gaulois, celtibère, étrusque, ibère, lépontique, rhétique, messapien, phrygien.

Même à l'état de fragments, les vestiges conservés permettent parfois de classer les langues disparues parmi l'un des grands groupes connus : ainsi l'illyrien, le messapien, le phrygien et le macédonien, ou le dace, le gète et le thrace, ces derniers sans doute du groupe satem, sont considérés comme langues indo-européennes. La parenté du gaulois et du celtibère, malgré la pauvreté des témoignages, est assurée parmi les langues celtes.

Le ligure, l'ibère et l'étrusque, connus seulement par quelques fragments, n'appartiennent pas aux langues du groupe indo-européen, sans qu'il soit possible d'en préciser l'origine. Il en va de même du basque, toujours parlé : les nombreuses tentatives de rattachement dont il a fait l'objet n'ont pas réussi à s'imposer de manière convaincante.

▼ *La répartition cartographique pourrait faire croire à des limites géographiques nettes entre les langues : la réalité apparaît plus complexe. Ainsi, dans de nombreuses républiques de l'ex-Union soviétique, le russe reste la langue numériquement majoritaire. Le gaélique en Irlande ou en Écosse ne subsiste plus qu'à l'état de vestige, et certaines langues ouraliennes ou du Caucase ne sont plus parlées que par quelques dizaines de locuteurs.*
Les phénomènes d'émigration doivent également être pris en compte : le turc en Allemagne, l'arabe ou le portugais en France sont parlés par plusieurs millions de personnes.
Enfin, certaines langues, pratiquées par des minorités ethniques issues d'une diaspora, ont subi l'influence, parfois déterminante, des langues parlées dans les différents pays d'accueil. C'est le cas des parlers des différentes communautés juives (yiddish, ladino) ou tsiganes dont la langue, indo-européenne issue du groupe indien, est pratiquée sous différents dialectes (rom, manouche, sinto, gitan).

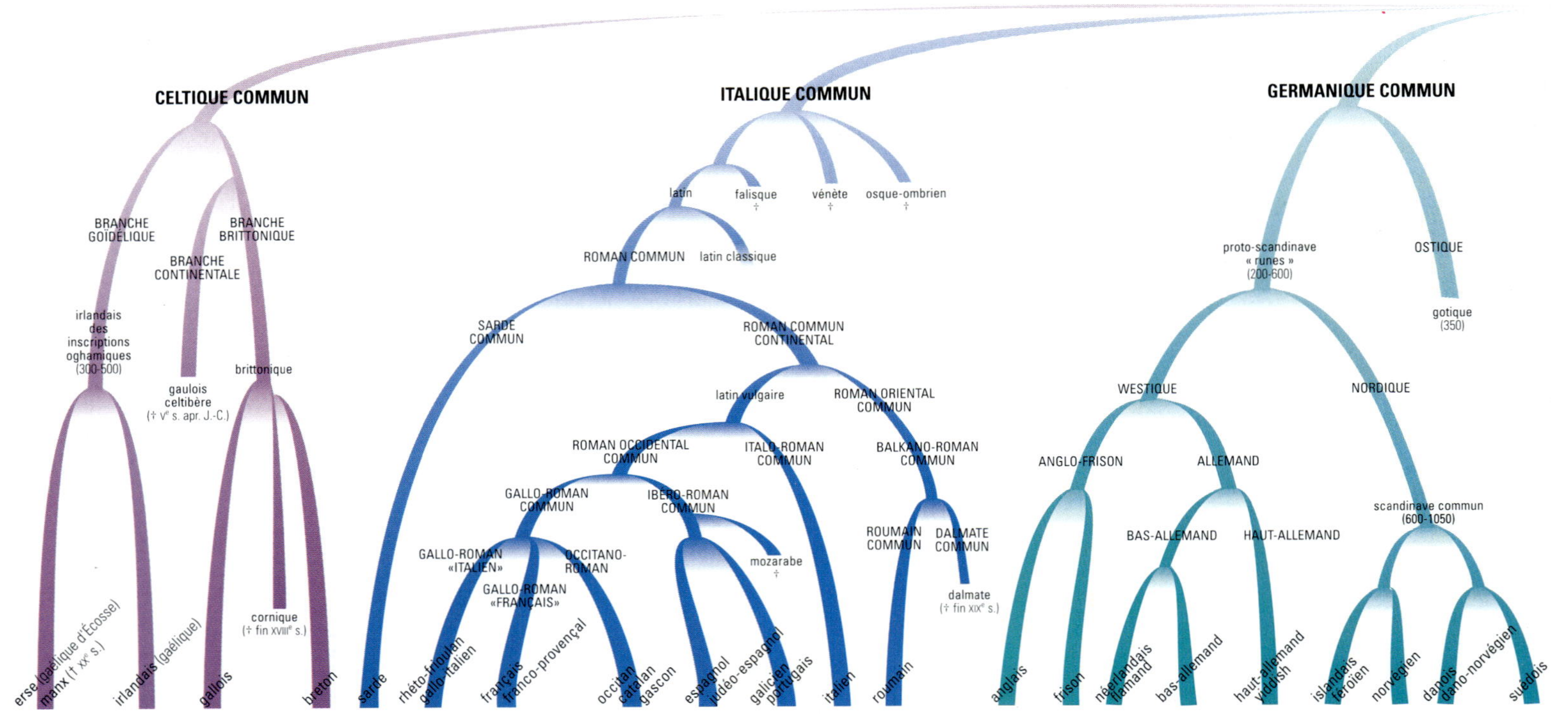

L'indo-européen désigne une famille de langues qui étaient parlées aux environs du Ier millénaire dans la plupart de l'Europe et dans une partie de l'Asie. C'est de toutes les familles de langues celle dont la parenté est la moins contestée.

Chronologiquement, et selon les sources linguistiques, on peut supposer une première sécession des Anatoliens, tandis qu'une deuxième étape (vers le IIIe millénaire avant notre ère) voit la différenciation entre les langues de l'est, dites de type *satem*, de l'avestique « cent » : indo-iranien, arménien, albanais, balte, slave, thrace, phrygien, et celles de l'ouest : italique, celtique, germanique, grec, dites de type *centum*, du latin « cent ».

Selon l'évolution du **Kw* indo-européen dans ces langues, les linguistes distinguent entre un celtique à *p*, ou brittonique, et un celtique à *q*, ou gaélique. On estime généralement qu'une première vague a poussé jusqu'en Irlande (gaélique) et en Espagne (celtique d'Espagne), alors qu'une seconde vague s'est établie en Gaule (gaulois) et en Grande-Bretagne (brittonique).

Pendant longtemps, les langues italiques ont été considérées comme une seule et même famille ; de nos jours, les spécialistes tendent à distinguer parmi la branche dite italique au moins trois groupes distincts de la famille indo-européenne : latin (peut-être avec le falisque), osque-ombrien et vénète.

On peut supposer l'existence de dialectes nord de l'indo-européen commun, qui comprenaient le slave, le balte et le germanique communs. Le contact entre tribus slaves et baltes, d'une part, et entre tribus germaniques, d'autre part, a dû être rompu aux alentours du IIe millénaire avant J.-C. , lorsque les Baltes migrèrent vers le nord, tout en maintenant le contact avec les Slaves, ce qui explique la grande similitude entre les deux familles.

Il n'est pas certain, comme on l'a souvent pensé, que l'albanais descende de l'illyrien, ni même qu'il descende d'une langue du même groupe.

Le terme de *langues italiques* désigne certaines langues indo-européennes qui ont été parlées dans

XVIIe s. av. J.-C. premiers textes hittites.
1200 av. J.-C. écriture du grec en linéaire B.
VIe s. av. J.-C. premières inscriptions latines.
IVe s. premières inscriptions celtes et germaniques.
IVe s. Wulfila traduit le Nouveau Testament en gotique.
Ve s. premiers documents littéraires en géorgien et en arménien.
IXe s. traduction des textes sacrés en vieux-slave par Cyrille et Méthode.
XIVe s. premier texte en langue balte (prussien).
XVe s. premiers documents manuscrits en albanais.

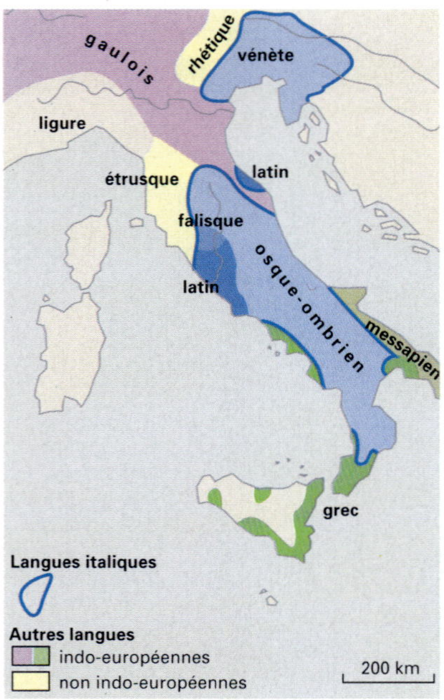

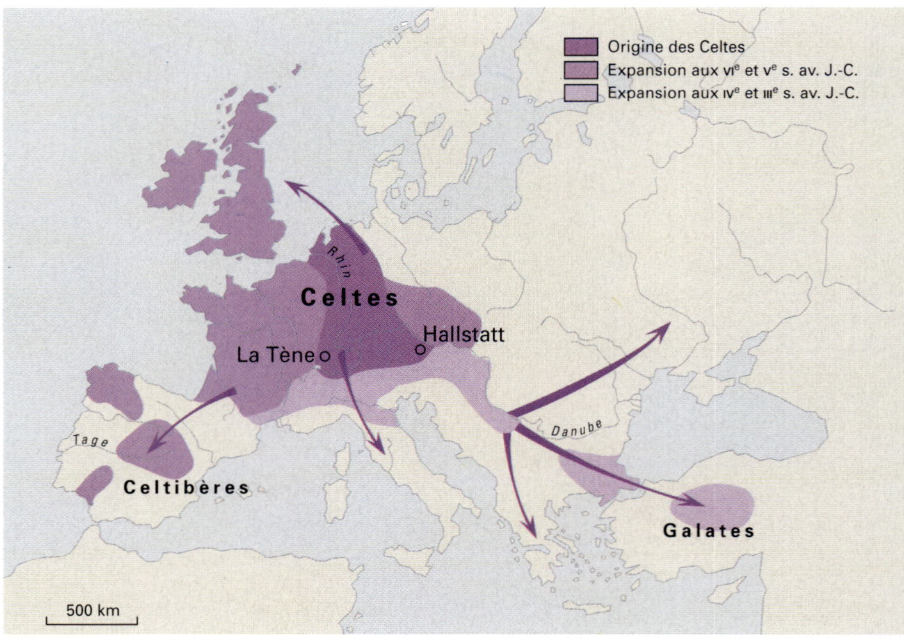

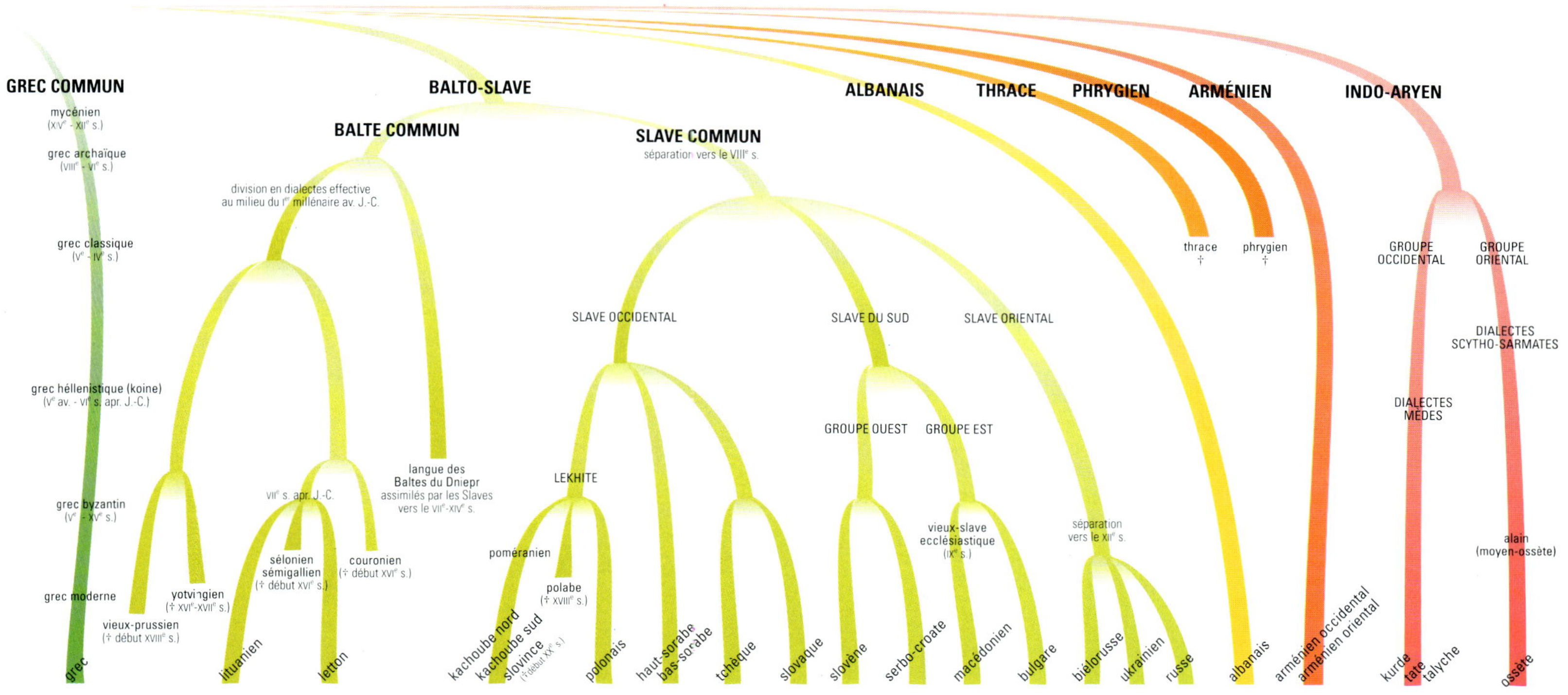

CAPITALES : grandes familles de langues indo-eureopéennes.
CAPITALES : groupes de classement
minuscules : langues attestées
† : langue éteinte.

ce qui est maintenant l'Italie, et à l'est du Pô, avant de disparaître, remplacées par le latin.

Le berceau des peuples celtes semble avoir été l'Allemagne du Sud et la Bohême, probablement dès l'âge du bronze, au IIe millénaire avant J.-C. On distingue une première période, dite de Hallstatt, en Autriche centrale, vers la première moitié du millénaire, qui se déplacera vers l'ouest après 500, au moment où s'impose la métallurgie du fer (culture dite de La Tène).

Deux grandes phases marquent les migrations des peuples germaniques à l'époque de l'Empire romain. Une première invasion est due à l'éclatement des Goths en Wisigoths et Ostrogoths, qui envahissent l'Empire d'Orient à partir de 238, tandis que les Francs et les Alamans ravagent la Gaule en 268-278. La poussée des Huns va entraîner un vaste mouvement de peuples (Wisigoths, Vandales, Burgondes, Francs, Alamans, Ostrogoths, Lombards) entre 375 et 420.

Les Slaves vont s'étendre à partir du IIIe siècle, de façon très progressive, vers le nord (ancêtres des Russes), vers l'ouest, occupant le terrain laissé libre par les Germains (ancêtres des Polonais, Tchèques et Slovaques), et vers le sud, vers la péninsule balkanique.

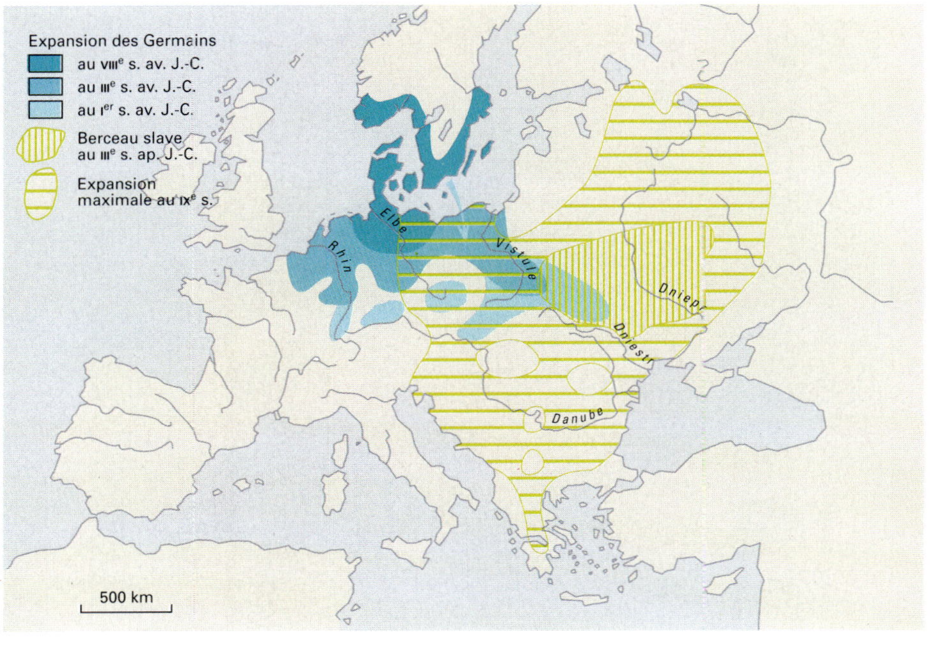

▼ *Runes en vieil anglais*
Les écritures ne se confondent pas avec les langues qu'elles servent à noter : le dargwa, langue caucasique parlée dans le Daghestan central, après avoir été transcrit avec des caractères arabes jusqu'en 1920, puis avec l'alphabet latin (1928), s'écrit à l'aide de l'alphabet cyrillique (lui-même issu de l'alphabet grec) depuis 1938. Les runes (d'un mot germanique qui signifie « secret ») se sont développées dans les différentes parties du monde germanique (Allemagne, Angleterre, Scandinavie) avant la christianisation et la mise en usage de l'alphabet latin avec lequel elles n'ont que peu coexisté.

VIIIe s. inscriptions de l'Orkhon, premières traces d'une langue turque.

XIIIe s. premières inscriptions en langues ouraliennes (hongrois, carélien).

XIIIe s. premiers documents écrits en turc (groupe oghouz d'Anatolie).

XIIIe s. début de la littérature azérie.

XIIIe s. *Codex Cumanicus*, en langue turque utilisée par les tribus kiptchakes.

XIIIe-XVe s. littérature en seldjouk et osmanli anciens, langues turques du groupe oghouz peu différenciées entre elles.

XVe s. l'ottoman (nombreux emprunts à l'arabe et au persan) remplace l'osmanli ancien. Parallèlement, apparition d'une littérature plus populaire en turc anatolien (turquien).

XVIe s. début de la littérature finnoise et este.

XVIIe s. premiers textes lapons.

XVIIIe s. écriture du lak en alphabet arabe.

1775 premières grammaires votiake et tchérémisse.

1798 impression à Moscou du premier texte ossète en caractères cyrilliques.

XIXe s. écriture de l'avar en alphabet arabe.

1917 écriture du mordve et du carélien.

1928-1938 écriture des langues de « nationalités » de l'URSS en alphabet latin, puis, après cette date, en alphabet cyrillique : lak, avar, dargwa, kouri, tabassaran...

1993 devenus indépendants et soucieux de se rapprocher de la Turquie, les Azéris abandonnent l'alphabet cyrillique au profit de l'alphabet latin.

Les *langues ouraliennes* sont parlées dans tout le nord de l'Eurasie, depuis la Norvège jusqu'à l'Ienisseï. Selon certains auteurs, la langue commune – s'il existe un ouralien primitif homogène – s'est peut-être disloquée aux alentours du IVe millénaire avant J.-C., à partir d'un foyer que l'on situe en Europe, soit au confluent de la Volga et de la Kama, soit aux alentours de l'Oural central.

Les peuples ouraliens ont dû émigrer devant la poussée des envahisseurs indo-européens et turcs : les Finno-Ougriens primitifs (à l'exception des Hongrois) se sont dispersés en éventail vers la Finlande, l'Oural et la Sibérie ; les Samoyèdes sont partis vers le nord de la Sibérie orientale à une date relativement tardive, et ils y ont été rejoints par les Vogoules et les Ostiaks entre le XVIe et le XVIIIe siècle.

Les Hongrois (Magyars) se sont successivement établis dans le Caucase, entre le Don et la Volga, puis entre le Don et le Dniestr, avant de venir s'installer en 896 dans le bassin du Danube.

Dans la région de l'Altaï apparaissent dès le VIe siècle après J.-C. de nombreux peuples nomades parlant des langues dites *altaïques*. Extrêmement mobiles, ils ont essaimé jusqu'en Europe occidentale, au cours d'une histoire mouvementée marquée tant par de nombreux brassages et fusions que par leur dispersion géographique.

La rareté des documents, leur régularité et leurs ressemblances gênent considérablement la reconstruction et l'apparentement des langues altaïques : on les groupe donc traditionnellement en fonction de leurs origines historiques et géographiques.

Les *langues caucasiennes* constituent une famille de langues réparties en trois groupes géographiques. Le caucasique du sud (ou langues kartvéliennes) est numériquement le plus important.

Le caucasique du nord comprend deux sous-groupes : les langues du nord-ouest (tcherkesse, abkhaze), parlées par plus d'un demi-million d'individus aux alentours de la mer Noire ; et les langues du centre-nord et nord-est (ou langues tchétchéno-lesghiennes), au nombre de vingt-sept, parlées par 1 250 000 personnes dans les régions proches de la mer Caspienne, et en particulier au Daghestan.

La plupart des langues caucasiennes de quelque importance étaient reconnues comme langues littéraires en Union soviétique, mais avec l'extension de plus en plus grande du russe jusqu'à ces dernières années, les communautés tendaient à devenir bilingues. Le géorgien est une langue de civilisation attestée depuis le Ve siècle.

Les changements politiques que la région connaît actuellement ne manqueront pas d'influencer fortement le statut de ces différentes langues, et le nombre de leurs locuteurs futurs.

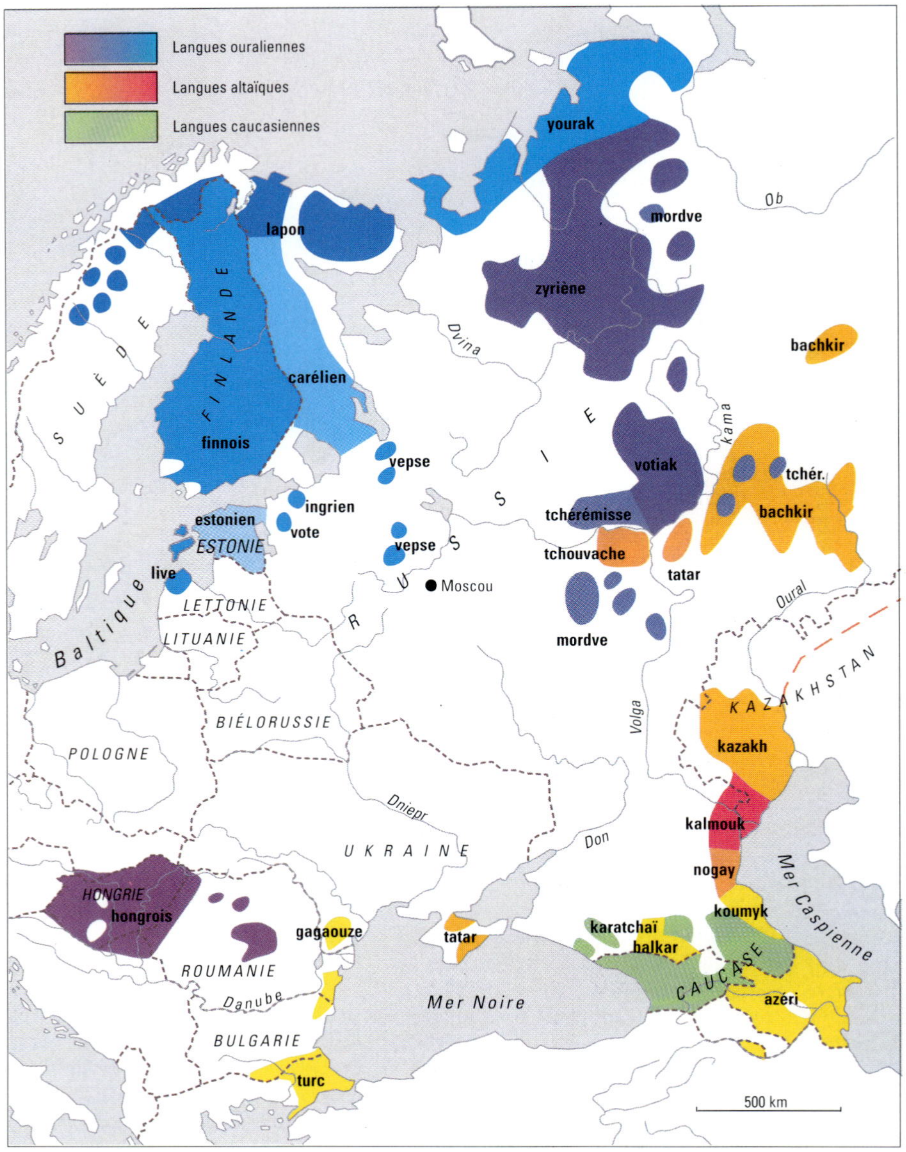

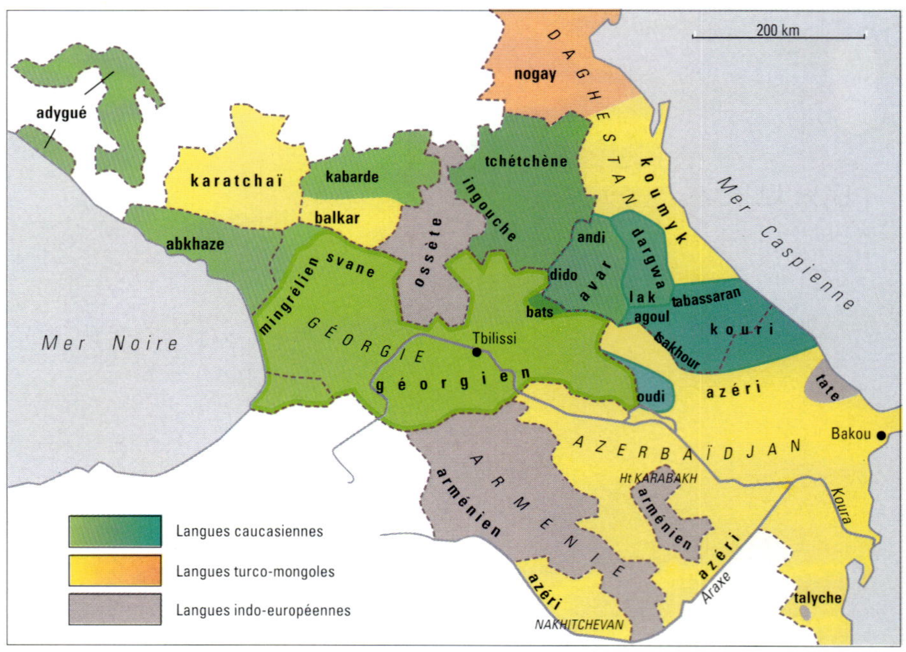

LANGUES OURALIENNES

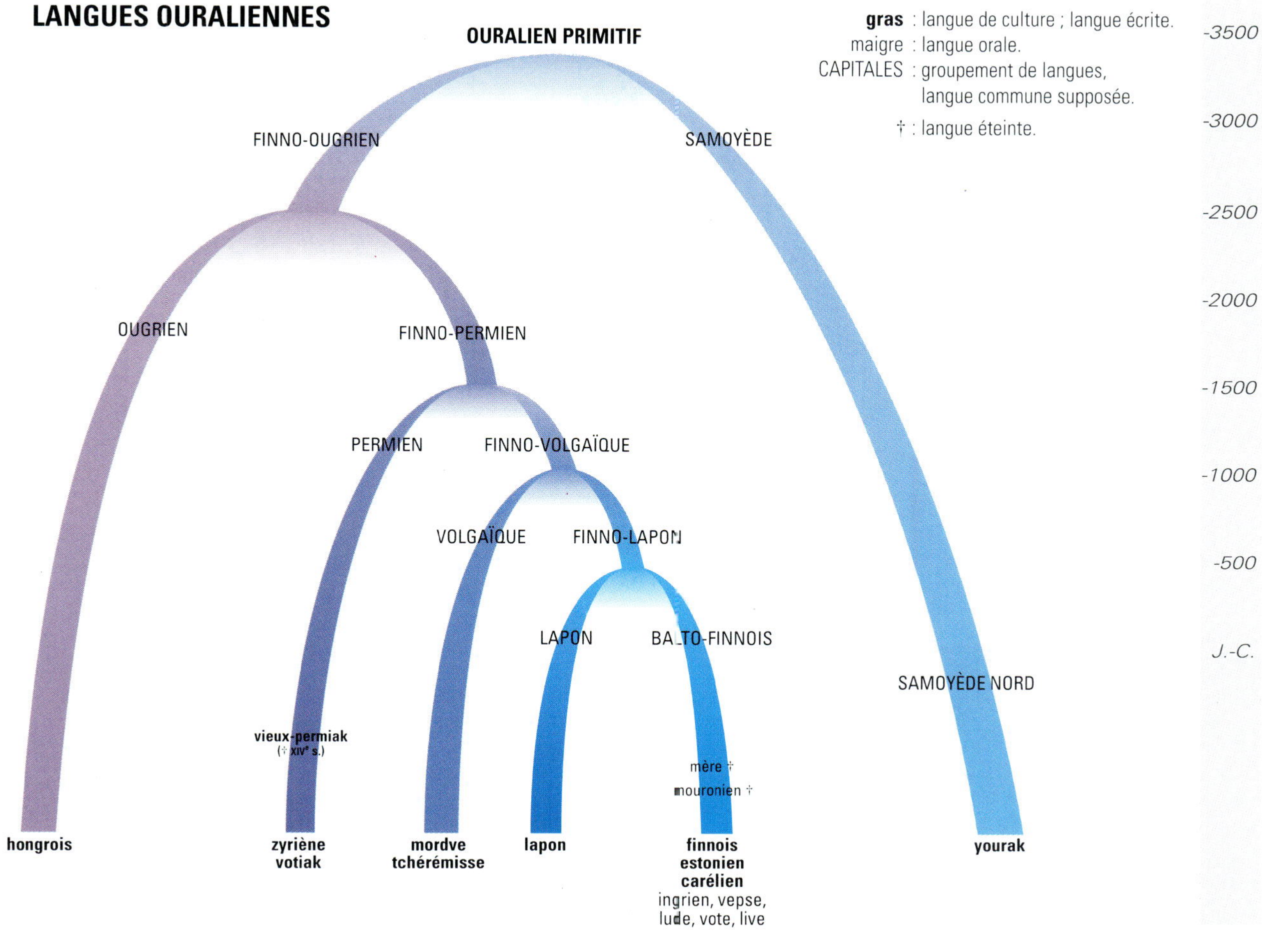

LANGUES ALTAÏQUES

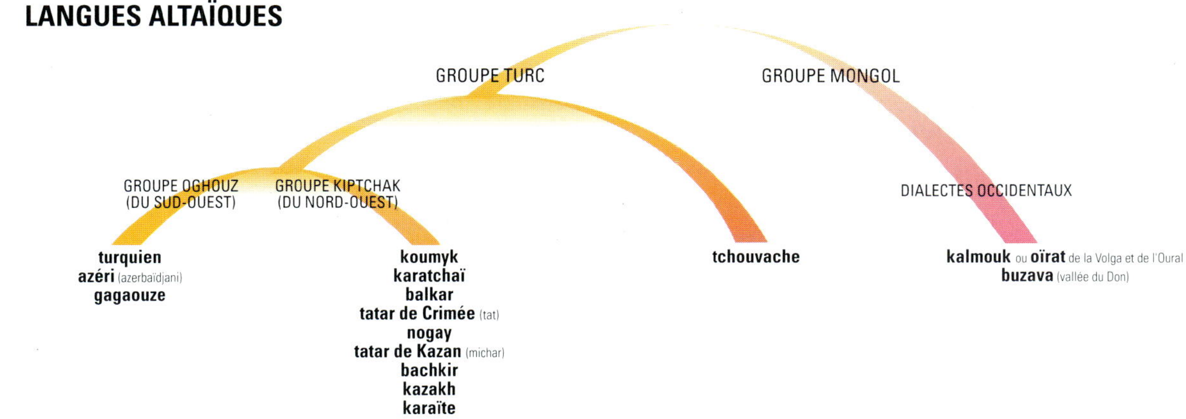

LANGUES CAUCASIENNES

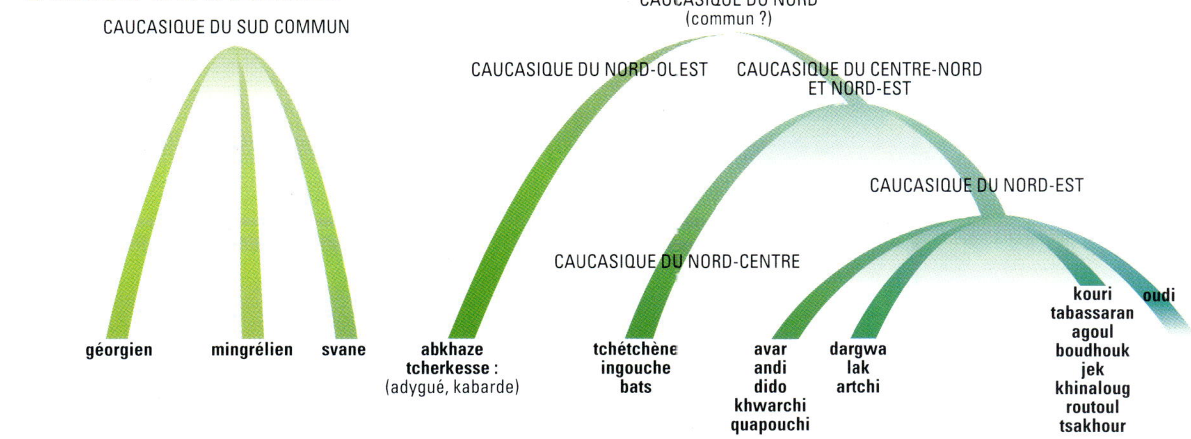

La famille ouralienne comprend deux groupes de langues, le groupe samoyède et le groupe finno-ougrien, dont on pense qu'ils ont tous deux évolué à partir d'un ancêtre commun, l'ouralien primitif, parlé il y a sept mille à dix mille ans dans la région de l'Oural.

La parenté du groupe finno-ougrien semble acquise. La place du lapon dans les langues ouraliennes n'est pas encore exactement définie : il est ou une langue balto-finnoise qui s'écarte considérablement des autres membres de ce groupe (l'hypothèse la plus généralement admise), ou une branche du finno-ougrien, ou bien, à lui seul, une troisième branche de l'ouralien à côté du finno-ougrien et du samoyède.

Le groupe samoyède se serait séparé des autres langues ouraliennes entre le IVᵉ et le IIᵉ millénaire avant J.-C. Pour des raisons généalogiques, on divise les langues samoyèdes entre un complexe septentrional (samoyède yourak, samoyède de l'Ienisseï et samoyède tavgui) et un complexe méridional dont tous les membres, connus d'après les documents du XVIIIᵉ et du XIXᵉ siècle, sont aujourd'hui éteints, à l'exception du selkoup (autrefois samoyède ostiak).

L'unité primitive de chacun des groupes des langues altaïques (turc, mongol, toungouze) est assurée : on constate peu de différences entre les langues à l'intérieur de chacun d'eux. En revanche, l'unité entre les groupes est contestée : la parenté généalogique de l'ensemble des langues altaïques est défendue par certains chercheurs, d'autres n'y voient que des traces d'anciens contacts et de convergences régionales ; d'autres enfin admettent la possibilité d'une parenté généalogique, mais ne considèrent pas qu'on puisse apporter la preuve de cette parenté dans l'état actuel des connaissances.

La classification traditionnelle des langues caucasiennes en langues du versant nord et en langues du versant sud suit la classification géographique. L'unité du groupe sud et, sans doute, du groupe nord, est assurée. L'unité primitive entre le groupe nord et sud est encore à l'état d'hypothèse : il y a peut-être deux familles de langues caucasiennes, et certains linguistes pensent que le groupe euskarien (qui comprend le basque) se situerait entre les deux.

Parmi le groupe caucasique du nord, le sous-groupe des langues du nord-ouest apparaît comme assez homogène : les parentés structurales (système du verbe, désinences, pronoms, numération) entre ces langues sont étroites, mais leurs vocabulaires très différents. Le groupe présente de nombreuses analogies de vocabulaire avec le basque, mais pas d'analogies de structure. Son unité primitive semble assurée, tout comme celle du groupe des langues du centre-nord et nord-est.

Multiples sont les droits successoraux et presque innombrables les formes d'organisation familiale qu'ils contribuent à façonner. Pourtant, au-delà de cette diversité, qui constitue deux thèmes comparatifs essentiels pour l'ethnologue et l'historien du droit, on peut soupçonner que se dissimulent des régularités à long terme liées à certaines conceptions fondamentales de la vie familiale.

Rien n'est, tout à la fois, ni plus personnel ni plus contraint que les dispositions successorales. Très rares sont, en effet, les sociétés où la dévolution des biens après la mort ne soit pas régie par des règles strictes. En matière d'héritage, la loi ou bien interdit la moindre inégalité dans le traitement des cohéritiers ou bien admet des préférences, mais uniquement selon des modalités que l'usage impose (avantages accordés à l'aîné, par exemple) ; les préférences affectives n'ont donc le plus souvent d'autre refuge que la fraude. C'est que toute société entend s'épargner des risques constants de désordre en insérant ces événements imprévus que sont les décès dans des scénarios dévolutifs éminemment prévisibles, voire minutieusement codifiés. D'où vient alors que les règles qui les gouvernent soient si variées ?

La diversité des règles dévolutives était telle en France, au nord de la Loire et sous l'Ancien Régime, que chaque région, et parfois même chaque ville importante, possédait sa coutume et rendait donc la justice selon ses propres normes. La rédaction de ces textes juridiques résultait tant du poids des usages locaux que d'une réflexion savante sur les valeurs comme sur l'histoire du droit. Quant aux formes concrètes d'organisation familiale, les maisonnées, elles dépendaient en outre d'innombrables facteurs parmi lesquels les fluctuations démographiques, les formes de mise en valeur agricole ou la nature des prélèvements fiscaux jouaient un rôle primordial.

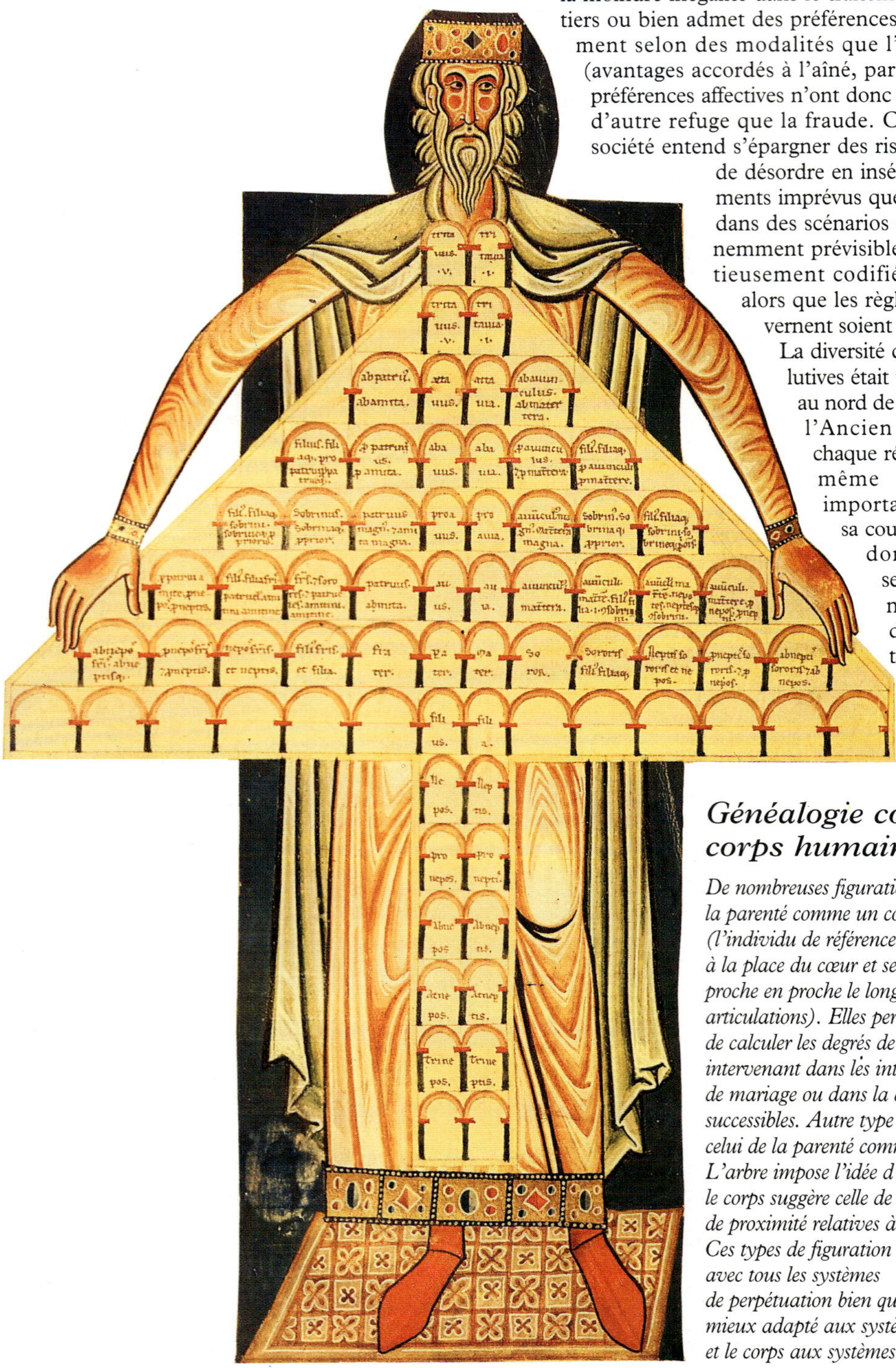

Généalogie comme corps humain

De nombreuses figurations représentent la parenté comme un corps humain (l'individu de référence se situant à la place du cœur et ses parents de proche en proche le long des articulations). Elles permettaient de calculer les degrés de consanguinité intervenant dans les interdictions de mariage ou dans la définition des successibles. Autre type de figuration : celui de la parenté comme arbre. L'arbre impose l'idée d'un ensemble, le corps suggère celle de relations de proximité relatives à un centre. Ces types de figuration sont compatibles avec tous les systèmes de perpétuation bien que l'arbre soit mieux adapté aux systèmes à maison et le corps aux systèmes à parentèle.

Compromis entre systèmes de valeurs et usages locaux, d'un côté, combinaison de facteurs nombreux influant sur l'organisation familiale, de l'autre, expliquent la diversité tant des droits observés que des maisonnées. Pourtant, derrière ce chaos apparent se dissimulent quelques principes simples.

DESTINÉES INDIVIDUELLES ET DEVENIRS COLLECTIFS

Les mécanismes de transmission entre générations occupent une position stratégique dans l'ensemble des dispositifs de perpétuation d'une société – et tout particulièrement d'une société paysanne –, car ils sont les seuls à gouverner en même temps des destinées personnelles et des devenirs collectifs. Il en est ainsi parce qu'ils commandent la dévolution héréditaire de deux sortes d'éléments : les uns sont des richesses (terres, bijoux, argent) et constituent des atouts majeurs dans la construction d'une destinée personnelle ; les autres, pour être immatériels, n'en sont pas moins vitaux puisqu'ils concernent la faculté d'exercer l'autorité sur une maison, de la perpétuer. C'est par un même ensemble de règles que l'on garantit des destinées personnelles et que l'on scelle la perpétuation de la maisonnée. Or toutes les sociétés ne définissent pas de la même manière la transmission de ces deux éléments clés.

Certaines choisissent de miser toutes leurs chances sur un seul enfant (généralement l'aîné) en lui attribuant – et à lui seul – la faculté de perpétuer la maison et la majeure partie des biens. Une telle manière de faire n'est possible que parce que l'aîné et les cadets sont alors distingués comme s'ils étaient de *nature différente*, comme si l'un était lié au patrimoine et les autres non. On peut, dans ces conditions, parler de *systèmes à maison*.

D'autres sociétés se refusent, au contraire, obstinément à cautionner la moindre inégalité et distribuent donc de manière strictement égalitaire les biens des parents entre tous les enfants, les autorisent tous à créer de nouvelles maisonnées. Il s'ensuit un morcellement foncier apparent compensé tant par des redistributions intervenant à chaque génération au moyen des mariages fréquemment contractés entre cousins plus ou moins éloignés, que grâce à des échanges de parcelles. Les procédures égalitaires ne sont possibles que parce que l'on tient alors les frères et sœurs pour *strictement équivalents*. Les biens d'une maisonnée sont nécessairement ceux des deux conjoints. Les terres circulent ainsi, au fil des générations, au sein de réseaux de personnes apparentées, lesquels constituent, de fait, des ensembles se repliant sur eux-mêmes : on parle de *systèmes à parentèle*.

D'autres sociétés enfin opèrent une distinction entre hommes et femmes, réservant aux premiers la possession des terres et dédommageant les autres au moyen de dots et de douaires. Ainsi se constituent des groupes masculins solidairement liés à la posses-

◀ *La famille patricienne*
Ce tableau de Longhi, peintre vénitien du XVIIIe siècle, met en scène une famille noble que de puissants liens tant patrimoniaux que symboliques contraignent à la solidarité. Malgré la position centrale des femmes, c'est sans doute autour des hommes que se constitue la famille selon le modèle du lignage. Les épouses y jouent cependant un rôle essentiel en raison de l'importance de leur dot.

sion de certaines ressources essentielles. Des dispositions de ce genre résultent du fait que l'on réserve aux garçons et aux filles un sort différent, les premiers seuls demeurant associés à l'idée de continuation d'un groupe. On peut parler dans ces situations de *systèmes à lignage*.

Dans le premier cas (avantage à l'aîné), la maison et ses biens se perpétuent en ligne continue, d'aîné en aîné, les cadets étant exclus (c'est-à-dire condamnés au célibat ou à l'émigration) ; dans le deuxième, chaque couple est virtuellement fondateur d'une nouvelle maison et d'une nouvelle exploitation agricole ; dans le troisième cas enfin, les biens essentiels (les terres dans une société paysanne) demeureront, divisés ou non, entre les mains de cousins paternels liés par des obligations lignagères.

SYSTÈMES DE TRANSMISSION ET TRADITIONS JURIDIQUES

Ces systèmes de transmission – et leurs variantes – ne seraient pas possibles sans l'existence de deux traditions juridiques bien différentes en matière de définition du droit de propriété : la conception romaine, qui fait de la propriété un droit absolu sur une chose (dont on peut « user et abuser »), convient aux systèmes à maison, alors que la conception franque, qui en fait un pouvoir sur des usages de la chose, convient aux deux autres systèmes puisqu'elle permet que, sur une même chose, se superposent des droits différents (et donc, par exemple, que des cohéritiers n'ayant pas pris la suite de la maison se voient contraints par la coutume locale de céder à leur frère successeur l'usage foncier des terres dont ils ont en réalité hérité). Historiquement, il n'est évidemment pas indifférent que, pour ne considérer que le cas de la France, les systèmes à maison se soient développés là où l'influence du droit romain a été prépondérante, et les systèmes à parentèle là où s'est imposé le droit féodal, lequel distinguait le domaine éminent (celui du seigneur) du domaine utile (celui du tenancier). Dans des situations où prévalent les systèmes à parentèle on n'a pas véritablement affaire, dans l'esprit des intéressés, à un propriétaire (le successeur-héritier, par exemple) s'opposant à des détenteurs de droits résiduels (les enfants puînés non successeurs), mais à des individus ayant tous des prétentions à certains usages de la terre, les uns à son exploitation, les autres à une rente qui les dédommage. Ainsi s'explique que les systèmes à parentèle puissent s'accommoder d'un morcellement foncier apparent, lequel est, en réalité, compensé par une distribution très subtile de prérogatives diverses aux différents héritiers. Derrière un droit uniforme se profilent ainsi des coutumes variées qui s'inspirent tant de certaines représentations de ce qu'est une famille que de conceptions différentes de la propriété, et les unes dépendent toujours des autres.

TYPES DOMINANTS ET FORMES INTERMÉDIAIRES

Que ce soit par évolution propre ou par contact, les systèmes de dévolution connaissent des formes que l'on pourrait dire « pures » et d'autres qui semblent des compromis entre principes différents. Les formes pures possèdent des règles de succession et d'héritage congruentes : elles attribuent l'autorité et la majeure partie des biens à un seul enfant (systèmes à maison), ou reconnaissent à tous le droit de fonder leur propre maisonnée et répartissent les biens également entre eux (systèmes à parentèle), ou enfin attribuent aux fils la prérogative de continuer et le nom et les biens fonciers tout en dotant les filles (systèmes à lignage). Les variantes mêlent des règles de succession et d'héritage discordantes : tel est le cas lorsque, malgré une préférence pour l'aîné, les compensations accordées aux cadets deviennent réellement substantielles et obligent le successeur soit à des emprunts ruineux soit à un morcellement ; ou encore lorsque, malgré un principe strictement égalitaire, les circonstances amènent à empêcher ou, pour le moins, à restreindre le morcellement au point de réduire certains cohéritiers au rôle de comparses ; ou enfin lorsque, malgré une préférence lignagère affirmée, l'indivision cesse rapidement sans que, pour autant, chacun des frères soit pourvu. Ainsi s'élaborent les formes marginales des trois grands types de systèmes de perpétuation.

Les systèmes de dévolution et leurs variantes

système à parentèle	Forme marginale du système à parentèle	Type charnière	Forme marginale du système à maison	système à maison	Forme marginale du système à maison	Type charnière	Forme marginale du système à lignage	système à lignage	I
- succession fractionnée - héritage égalitaire	- succession fractionnée - héritage différé	- succession indivise - héritage différé ou suspendu	- succession unique - héritage égalitaire	- succession unique - héritage préciputaire	- succession unique - héritage sélectif	- succession indivisible - héritage différé ou suspendu	- succession fractionnée - héritage différé	- succession fractionnée - héritage sélectif	II
maisonnées individuelles (ménages mobiles)	groupement unilocal	frérèche ou communauté résidentielle	maisons autonomes incluses dans des parentèles	maisons patrimoniales	maisons autonomes incluses dans des lignées	frérèche ou zadruga	groupement virilocal	hameaux ou quartiers lignagers	III

▲ *Intérieur d'une habitation russe la nuit*
Groupées dans des villages parfois énormes, les isbas *abritaient souvent des familles aux dimensions importantes. La communauté villageoise, le* mir, *répartissait les terres périodiquement entre les* isbas *et son critère de répartition était précisément le nombre de bras dont une maisonnée disposait. Ainsi s'établissait un équilibre toujours incertain entre les besoins alimentaires, la force de travail présente et la quantité des terres disponibles.*

À côté de celles-ci, qui combinent donc des règles de succession et d'héritage appartenant à des systèmes différents, l'on rencontre d'autres compromis qui résultent de règles spécifiques mais relevant de toute évidence de principes opposés. On détaillera ici les cas exemplaires de la *zadruga* et de la frérèche.

C'est dans l'ancienne Yougoslavie que l'on rencontrait encore, au milieu de ce siècle-ci, d'immenses maisonnées qui abritaient tout un segment de patrilignage. Elles avaient une organisation propre, indépendante de la parenté paternelle qui liait tous leurs membres : un chef élu et une répartition du travail à l'échelle du groupe tout entier. Personne morale, la *zadruga* agissait en son nom et constituait la véritable entité familiale à laquelle se référaient tous ses habitants. C'est finalement la disparité des dots et le fait qu'elles aient été appropriées par les ménages, et non plus par le groupe dans son ensemble, qui, en entraînant des inégalités, causa la perte de l'institution. La *zadruga* offrait une solution intermédiaire entre les systèmes à maison et les systèmes à lignage car, selon le point de vue adopté, elle pouvait apparaître comme un lignage réduit aux dimensions d'une maison, ou comme une maison étendue aux proportions d'un lignage.

La frérèche, que l'on rencontre aujourd'hui encore en Europe occidentale (dans le monde méditerranéen notamment) se présente comme une formule plus restreinte que la *zadruga* : ce sont seulement les frères qui demeurent associés – et non plus un groupe de cousins – et uniquement leur vie durant. Les *zadruga* se perpétuaient durant plusieurs générations avant d'éclater en unités plus petites, qui devenaient, à leur tour, le germe de nouvelles *zadruga,* alors que les frérèches ne maintiennent uni le groupe de frères que le temps d'une génération.

DÉVOLUTION ET ALLIANCE MATRIMONIALE

Si les mécanismes de transmission entre générations trouvent leur source dans les conceptions relatives à la nature du groupe des frères et sœurs, ils ont également un lien avec les formes de l'alliance matrimoniale. S'il est faux que, comme on le croit trop souvent, les mariages entre cousins ne visent qu'à recomposer des patrimoines, ils jouent néanmoins un rôle, du reste variable, dans chacun des trois types. Les systèmes à maison imposent l'existence d'une dot pour le conjoint entrant dans la maison et le montant de celle-ci apparaît comme un argument inévitable au cours des négociations matrimoniales ; dans les systèmes à parentèle, il est fréquent que surviennent des mariages entre cousins plus ou moins éloignés, ces derniers favorisant la cohésion des parentèles et permettant la redistribution des terres reçues par chacun des deux conjoints ; ils contribuent également à la cohésion sociale dans les systèmes à lignage.

Quel que soit le type auquel ils appartiennent, les mécanismes de transmission entre générations offrent une conception de la famille qui se présente comme un canevas à travers lequel est représenté le monde social dans son ensemble : fédération de maisons, entrelacs de parentèles ou juxtaposition de lignages, tels sont les contours qu'ils contribuent à définir.

◀ *Le contrat interrompu*
Si bien des mariages se concluaient sans qu'aucun contrat ne fût enregistré chez un notaire, les familles se contentant de la formule habituelle qui prévoyait une forme de communauté des biens entre époux, il n'en allait pas de même pour les familles nobles ou encore pour les familles paysannes relevant des systèmes à maison. Dans tous ces cas, en effet, ce que le mariage consacre, c'est tout à la fois la perpétuation d'une entité patrimoniale (qui passe par l'unique successeur dans le cas des systèmes à maison et par les hommes dans celui des systèmes à lignage) et l'apport du conjoint. Il importe que les deux séries de biens demeurent distinctes, car c'est précisément leur distinction qui constitue une garantie de survie tant pour le conjoint doté que pour la maison qui le reçoit. En cas de mort sans enfant ou de séparation, on sait alors ce qui revient à qui. En Normandie, sous l'Ancien Régime, les épouses demeuraient propriétaires de leur dot et n'avaient le droit d'en disposer que dans un seul cas : pour payer une rançon de guerre en faveur de leur mari. L'on conçoit aisément que, les enjeux étant importants, les risques d'échec dans les négociations étaient multiples.

Le testament ▶
L'histoire du testament est ancienne puisqu'elle remonte aux Romains, lesquels pouvaient faire ce qu'ils voulaient de leurs biens, y compris instituer héritier qui bon leur semblait et ce au détriment éventuel de leurs héritiers naturels. Tel n'est pas le cas en France depuis le Code civil puisque la part pouvant faire l'objet d'un testament ne concerne que la « quotité disponible ». Celle-ci comprend une certaine fraction (le quart) de la totalité des biens, le reste revenant nécessairement aux héritiers naturels. Il n'est donc pas possible aujourd'hui, et ce dans la plupart des pays d'Europe, de déshériter totalement un enfant, mais cela l'était autrefois. Depuis toujours, le droit anglais offre, en outre, la possibilité au testateur de soumettre l'héritage à quantité de conditions particulières. Toutefois, même lorsque sa portée est réduite au quart du total des biens, l'héritage offre la possibilité d'avantager substantiellement un enfant : il est clair que les systèmes à maison n'ont survécu durant le XIX*e siècle que grâce à cette possibilité. Elle donnait, en effet, au chef de famille le moyen de faire de son successeur unique l'héritier principal des biens puisqu'il recevait tout à la fois sa part et la quotité disponible.*

SYSTÈMES À MAISON

Ce qui, fondamentalement, caractérise le système à maison tient à ce que la société tout entière est alors conçue comme une fédération d'unités indépendantes – les maisons – et que la citoyenneté ne s'acquiert que par leur possession. La succession unique et l'héritage préciputaire (qui accorde l'avantage à l'un des héritiers) donnent les moyens d'action propres aux systèmes de ce type, elles créent deux types de difficultés qui concernent la personne de l'aîné, d'une part, et le sort des cadets, d'autre part ; c'est, bien entendu, sur ces deux points que les variantes se greffent. S'agissant du successeur, l'on peut décider qu'il s'agira nécessairement du premier né, fille ou garçon, ou bien, au contraire, se réserver une certaine latitude de choix. Rares sont, en fait, les sociétés qui ont opté pour l'« aînesse absolue » : on ne les rencontre que dans les Pyrénées (vallée de Barèges, notamment) et encore admettent-elles la possibilité d'exceptions. De fait, les observations effectuées sur de longues périodes montrent que les successions en ligne féminine (qui devraient représenter la moitié des cas) n'excèdent pas 20 à 25 %. C'est dire que, même dans ces sociétés-là on fait un aîné plutôt qu'on ne le reconnaît. Plus on s'éloigne de la zone occidentale des Pyrénées et plus on prend de libertés avec l'ordre des naissances. Paradoxalement, l'enchaînement des causes et des effets se trouve renversé : l'aînesse devient le résultat d'un choix successoral et non pas la cause de ce choix. Il en va de même pour le sort des cadets : rares sont les sociétés qui les privent tout à fait de droits d'héritage. Là encore, ce n'est sans doute que dans les Pyrénées centrales qu'ils sont considérés comme des dépendants de la maison à laquelle ils doivent tout, y compris les ressources qu'ils pourraient avoir par ailleurs, et envers laquelle ils abandonneront toute revendication. Si, partout, les cadets reçoivent un pécule lors du mariage (l'équivalent de la dot qui est donnée aux filles), ce n'est que lorsque l'on s'éloigne de la chaîne pyrénéenne que leur indemnisation s'accroît substantiellement. Enfin, si, dans la majeure partie des Pyrénées, tout individu est identifié principalement sinon exclusivement par son nom de maison, ailleurs le patronyme reprend toute son importance. Or il va de soi que, si l'on tient pour nécessaire la continuité du nom du père, l'on ne saurait recourir à la succession en ligne féminine ni à l'aînesse absolue. Ainsi la région pyrénéenne apparaît-elle comme une sorte de foyer des systèmes à maison, lesquels s'y trouvent dominer plus particulièrement en Pays basque et en Catalogne, tant français qu'espagnols, en Bigorre et en Béarn ; ils semblent, en revanche, voir certains de leurs traits fondamentaux s'estomper, voire disparaître, sitôt que l'on va vers le nord de la France ou le sud de l'Espagne.

On les rencontre cependant encore dans une frange importante de tout le sud-est de la France, c'est-à-dire sans doute dans toutes les provinces qui ont vu la domination de Rome et l'affirmation de son droit.

Au nord de l'Europe, c'est en Grande-Bretagne que s'est affirmé le système à maison, mais toujours contre un principe égalitaire puissant. Dans le monde nobiliaire, il apparaît comme un compromis entre le souci lignager visant à conserver le nom en ligne paternelle et la nécessité de préserver le patrimoine, d'où l'héritage préciputaire, d'une part, et un système de transmission des noms, d'autre part, qui permet de faire apparaître la source des biens grâce au port simultané de plusieurs noms liés, pour les uns, à la filiation paternelle, et, pour les autres, à celle des biens. Là encore – et d'une manière souvent aussi radicale que dans les Pyrénées – les cadets occupent une position très défavorisée. On rencontre encore le système à maison en Irlande où il paraît s'être imposé après la grande famine du XIXe siècle comme une précaution nécessaire contre le morcellement foncier. Partout ailleurs en Europe, le système à maison se présente sous des formes atténuées, c'est-à-dire faisant une place plus grande au dédommagement des non-successeurs, voire, dans certains cas, en leur accordant des parts quasi égales à celle du successeur principal. Il arrive même que, comme on l'a observé dans l'ancienne Tchécoslovaquie, les cohéritiers reçoivent réellement leur part avant de la restituer au successeur principal contre des dédommagements en argent aussi bien que sous forme de commodités diverses. Le système à maison se rencontre fréquemment dans le monde germanique (système dit du *Hof*). Il apparaît ainsi de manière dominante en Rhénanie, en Slovénie, en Bohême et dans le Waldviertel autrichien. On le rencontre encore, et de manière plus dispersée cette fois, dans l'ensemble de l'Allemagne. Dans tous les cas, le sort des non-successeurs est relativement favorable, au point même que le véritable successeur de la maison est souvent le dernier-né, lequel ne peut se marier qu'après que tous ses frères et sœurs ont été établis.

SYSTÈMES À PARENTÈLE

La caractéristique principale d'un système à parentèle est la présence de réseaux de parenté bilatéraux qui constituent autant de points d'ancrage de l'identité, ces réseaux ou parentèles étant soudés non seulement par le cousinage, mais aussi par des préférences idéologiques. On les rencontre dans presque tout le nord de la France, la Bretagne demeurant la région où ils ont été le mieux décrits (bien que l'on y rencontre par exception des cas de systèmes à maison) ; ils sont, en outre, également représentés dans tout le Bassin parisien. On les observe également au pays de Galles et dans l'île de Tory au large de l'Irlande. Dans ce dernier cas, la logique de parenté bilatérale est poussée si loin que chacun conserve virtuellement des droits sur toutes les terres ayant appartenu à des ancêtres relevant de toutes les lignées possibles ; les généalogies, mémorisées sous forme de chaînes de prénoms constituent, de fait, un procédé mnémotechnique qui tient lieu de cadastre. Dans tous les cas, les biens des parents sont divisés avec un strict souci d'égalité.

On rencontre encore le système à parentèle dans la plus grande partie de l'Espagne et du Portugal. En Aragon, par exemple, sur un terroir où l'irrigation joue un grand rôle, les procédures complexes de location et de sous-location favorisent les redistributions foncières rendues nécessaires par le morcellement foncier, cependant qu'en Andalousie et en Alentejo (sud du Portugal) les terres sont regroupées en lots qui ne peuvent être divisés ; l'héritage égalitaire consiste alors en la répartition des différents lots entre les enfants. Dans le nord du Portugal (Minho et Trás-os-Montes), on observe des situations très complexes qui, sur fond d'héritage égalitaire, visent à éviter, autant que faire se peut, le morcellement. Enfin, partout où, dans le monde germanique, ne domine pas le système à maison, c'est le système à parentèle qui s'impose.

Il est remarquable que de telles procédures de dévolution aient résisté à de nombreuses pressions visant à éviter le morcellement foncier. C'est ainsi que, dans certaines zones de la Bretagne et dans le cadre d'une forme de tenure que l'on nommait « domaine congéable », des détenteurs de terres non propriétaires parvenaient à diviser leurs terres entre leurs enfants avec l'assentiment réticent du propriétaire du fond. Des procédures comparables ont été observées dans la péninsule Ibérique. On comprend que cela eût été impossible dans le cadre d'une conception strictement romaine de la propriété, c'est donc bien l'histoire compliquée des différentes traditions juridiques et de leur diffusion qui explique, pour une part, le recours insolite à de telles procédures de partition.

SYSTÈMES À LIGNAGE

Ce qui caractérise les systèmes à lignage est essentiellement le maintien d'une solidarité agnatique (par les mâles) sur plusieurs générations. Celle-ci impose nécessairement, outre un soutien réciproque effectif entre cousins, une certaine indivision (cette dernière pouvant d'ailleurs ne concerner que certains biens et non pas tous). À plus ou moins long terme, les systèmes à lignage sont donc confrontés à un morcellement foncier que les stratégies matrimoniales ne viendront pas compenser puisque les femmes n'héritent pas des biens fonciers. Les seules possibilités de regroupement foncier sont donc liées à des mécanismes de fusion lignagère eux-mêmes tributaires de fluctuations démographiques. La répartition géogra-

◀ ***La famille nucléaire***
Ce tableau illustre de manière idyllique une conception dite moderne de la famille, celle qui lie uniquement le père, la mère et les enfants ; c'est celle que les spécialistes nomment « élémentaire » ou encore « nucléaire ». Il convient cependant de noter que ce type de famille est aussi répandu dans les sociétés paysannes que dans le monde urbain contemporain. De plus, il est très rare, y compris dans notre univers moderne, qu'il se suffise à lui-même : aujourd'hui comme hier, les familles élémentaires se trouvent prises dans des réseaux familiaux qui, pour être moins contraignants et moins efficaces, n'en offrent pas moins un circuit d'entraide et d'échanges.

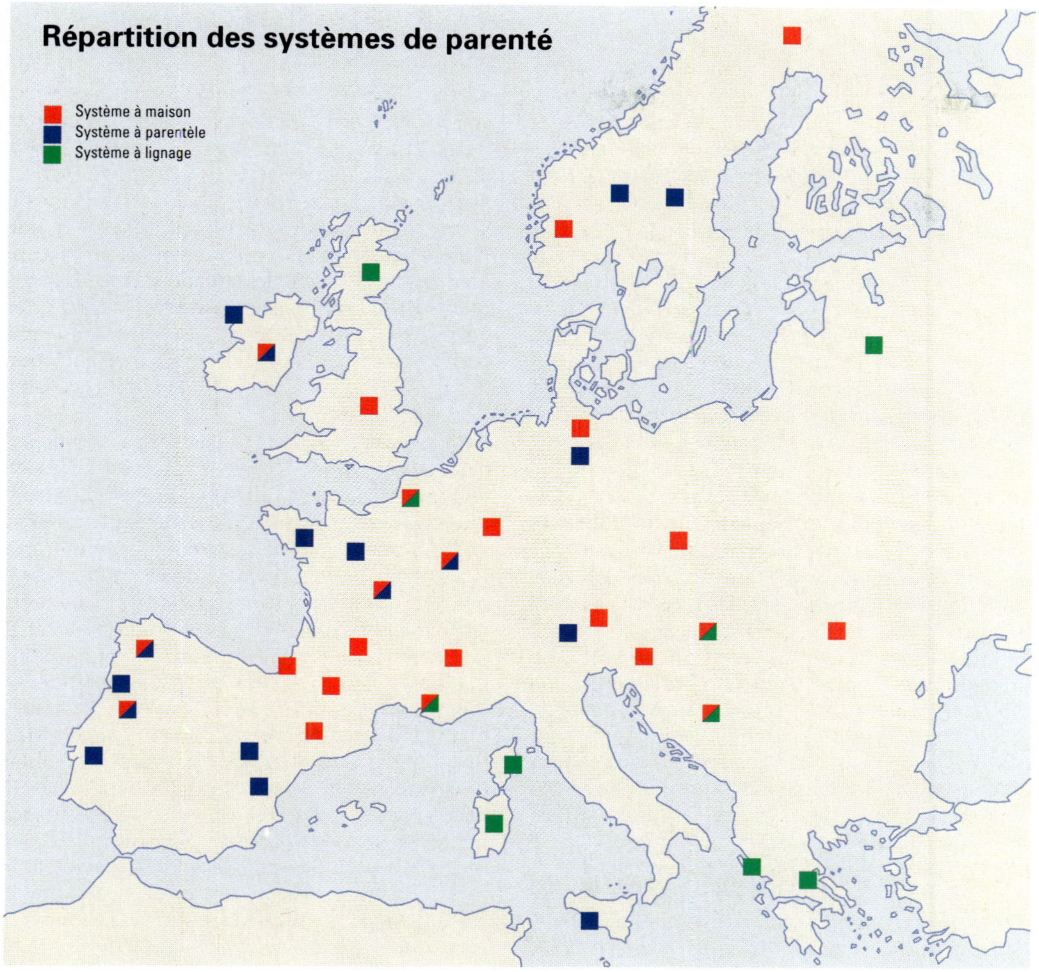

◄ ***Répartition des systèmes de transmission entre générations au début du XXe siècle***
C'est dans les Pyrénées françaises et espagnoles que fut d'abord observé le système à maison (par Frédéric Le Play en premier lieu). C'est là, en effet, qu'il apparaît sous sa forme la plus exigeante, attribuant à l'aîné la charge et la prérogative de la succession, dotant les filles et excluant les cadets. On le rencontre également sous des formes plus ou moins atténuées en Grande-Bretagne, en Allemagne et dans la plupart des régions germanisées de l'Europe orientale (Slovénie, Bohême, Haute-Autriche). Les variantes tiennent essentiellement à la position des cadets. Dans le système pyrénéen, ceux-ci sont en quelque sorte les complices de leur sacrifice en acceptant d'hériter, pour la forme, de terres dont ils ne jouissent jamais et qu'ils lèguent, le moment venu, à leur neveu, fils du successeur. Ailleurs, ils sont plus à même de faire valoir certains droits, voire de négocier leur retrait contre des indemnisations substantielles pouvant aller jusqu'à l'équivalent d'une part d'héritage. Dans bien des cas, en outre, la succession revient non pas au premier, mais au dernier-né; elle ne s'accomplit alors qu'après le mariage des autres enfants. Plus les compensations accordées aux cadets revêtent de l'importance – et s'apparentent donc davantage à des redistributions égalitaires – et plus les formes marginales du système à maison s'orientent vers le système à parentèle.
La difficulté majeure à laquelle se heurtent les systèmes à parentèle est, comme on l'a entrevu, celle du morcellement foncier. Les effets s'en trouvent cependant fortement atténués en raison de nombreux mariages entre cousins qui, sans que cela en soit l'unique finalité, contribuent à cantonner les morcellements au sein des parentèles. Celles-ci ont également des colorations politiques (cléricaux contre anticléricaux, par exemple) et forment des groupes de pression poussant leurs candidats lors des élections municipales. Les variantes du système à parentèle tiennent aux restrictions apportées localement à la division égalitaire pour des motifs techno-économiques, celles-ci pouvant être finalement si importantes qu'elles imposent une évolution vers la succession unique et donc les systèmes à maison.
L'aire de répartition des systèmes à parentèle est tout le nord de la France (à l'exception de la Normandie et de la région du Nord), une large fraction du monde ibérique, de l'Allemagne et le Burgenland en Autriche.
La solidarité lignagère impose une certaine indivision ; lorsque celle-ci cesse, un morcellement inévitable s'ensuit auquel ne peut remédier aucun mariage entre parents (puisque les femmes n'héritent pas des terres). Telle est sans doute la raison majeure pour laquelle on ne rencontre ce type de système que dans deux régions bien précises, celles dans lesquelles le morcellement n'est pas catastrophique en raison du type d'exploitation pratiqué (élevage, culture de l'olivier, etc.), et celles qui ont autrefois connu des procédures communautaires de redistribution périodique des terres. On trouve, dans le premier groupe, la plupart des régions méditerranéennes, et, dans le second, les régions nordiques.
Il n'est, bien entendu, pas indifférent que les types charnière comme la frérèche et la zadruga *aient été observés principalement dans les zones de contact entre deux grands types : les systèmes à maison de l'Ouest européen et les systèmes à lignage de l'Est.*

phique des systèmes à lignage est donc dépendante de facteurs différents : ils peuvent prospérer lorsque la terre n'est pas rare ou bien lorsque le morcellement n'est pas préjudiciable à la survie en raison du type d'agriculture pratiqué ou bien encore lorsque des procédures de redistribution foncière entreprises à l'échelle de la communauté compensent périodiquement le morcellement. C'est au nord et au sud de l'Europe que ce type de système de dévolution s'est répandu ; s'il a disparu du nord il s'est maintenu au sud.

L'ancien droit normand portait les traces indiscutables de principes lignagers puisque seuls les hommes héritaient des terres, les femmes étant dotées. Le même principe prévalait dans la majeure partie des pays nordiques. Les anciens textes juridiques de beaucoup d'entre eux font, en outre, état de procédures de redistribution des terres. Celles-ci se sont du reste conservées jusqu'à la fin du XIXe siècle en Russie à travers l'institution du *mir* qui procédait périodiquement à une redistribution du terroir entre les isbas en prenant pour critère le nombre des bouches à nourrir dans chaque maison. Partout ailleurs dans les pays scandinaves se sont, au contraire, mis en place des artifices juridiques permettant de pallier le fractionnement, notamment au moyen du retrait lignager qui permet de regrouper des terres dépourvues d'héritiers.

Dans l'Europe méridionale, les systèmes à lignage se sont, au contraire, maintenus très longtemps et dans bien des cas jusqu'à aujourd'hui. Leur maintien a été rendu possible par le type de mise en valeur pratiqué qui privilégie l'élevage ou la culture des oliviers, toutes activités que le morcellement foncier ne condamne pas. Telles sont sans doute les raisons pour lesquelles on le rencontrait en Crète et dans le Magne (en Grèce) associé, dans ce dernier cas, à la possession de tours défensives, mais aussi en Sardaigne et en Corse. Des études historiques permettent, en outre, de supposer que l'organisation sociale de nombreuses régions italiennes, dont la Lombardie et la Toscane, était autrefois dominée par la présence et la rivalité de grands groupes lignagers.

On note enfin le cas particulier des îles, et tout spécialement des îles grecques, dans lesquelles une distinction est opérée entre les biens des hommes, essentiellement des biens maritimes, qui ne se transmettent qu'aux fils, et les biens des femmes, essentiellement des terres, qui ne se transmettent qu'aux filles.

Jusqu'au XIXe siècle, l'un des principaux critères de différenciation des agricultures européennes réside dans la possibilité de pratiquer ou non chaque année deux cultures de céréales, semée l'une en automne et l'autre au printemps. Au nord d'une ligne qui va de la Scandinavie septentrionale au lac Onega et à la région de Perm, près de l'Oural, il devient difficile de faire pousser une céréale d'automne. À l'inverse, dans le bassin méditerranéen, la sécheresse qui se manifeste dès le printemps interdit le plus souvent de semer une céréale en cette saison. Ailleurs, les deux récoltes sont généralement possibles.

On peut cependant mettre en œuvre ces cultures de différentes façons, comme le montre l'étude des principaux systèmes agraires européens.

LES SYSTÈMES ATLANTIQUES

Dans le système à noyaux de cultures continues, un espace assez réduit (5-8 hectares), la plupart du temps de forme grossièrement circulaire et composé de champs ouverts, est cultivé intensivement. Pour que la terre de cet openfield ne s'épuise pas, on tire un engrais végétal d'une assez vaste zone environnante – lande, herbacée ou arbustive, à l'origine un espace boisé.

Les diverses utilisations de la lande, pas toujours compatibles entre elles, supposent une savante gestion de l'espace rural. La lande est fréquemment le domaine des outils à main, la zone cultivée celui des instruments attelés.

Ce système semble avoir été souvent lié à des organisations sociales communautaires. Mais dans la plupart des régions, à l'époque contemporaine, la terre est divisée en parcelles qui appartiennent chacune à un propriétaire déterminé.

Les systèmes à rotations cultures-pâtis et cultures-buisson diffèrent du précédent dans le fait que l'on n'exploite pas en permanence ni intensivement la même terre. On cultive durant plusieurs années une parcelle et on la laisse ensuite sans cultures céréalières pendant un certain temps. On y favorise alors soit la pousse d'arbustes comme l'ajonc, en les semant, soit celle de l'herbe, en veillant, dans ce cas, à détruire les arbustes. Ainsi, tandis que dans les openfields circulaires les cultures et les pâtures sont séparées une fois pour toutes, elles alternent sur les mêmes champs dans le système à cultures-pâtis. Chaque champ doit donc être clos : c'est l'une des origines du paysage bocager.

Après un cycle de culture, une parcelle ne peut devenir immédiatement un espace pâturable, ni *a fortiori* une ajonaie ou une genêtière. En outre, la période de culture est souvent beaucoup plus courte que la période de buisson ou même de pâture. Le paysan doit donc disposer de plusieurs champs pour que le système soit viable. Cela explique la fréquente petite taille des parcelles et l'existence à peu près obligatoire d'un réseau de chemins. Contrairement aux openfields, ces systèmes sont généralement associés à la propriété individuelle et à des unités d'exploitation isolées, du moins à la période contemporaine.

ASSOLEMENT BIENNAL

L'assolement biennal n'est pas incompatible avec l'existence de pratiques communautaires. Des terroirs divisés en deux grandes soles, ensemencées alternativement d'une année sur l'autre et exploitées par une communauté villageoise, se rencontrent jusqu'au XXe siècle en Thessalie et en Sardaigne. Dans cette île, les deux soles sont collectivement closes, ce qui leur donne un air de parenté avec les openfields des contrées atlantiques. Mais le système est plus souvent lié à la propriété privée et joue un rôle de base dans la formation des coutumes juridiques méridionales, et européennes en général. En outre, à des périodes diverses, il autorise le développement d'une grosse propriété spéculative et exportatrice, évolution que ne connaissent jamais les systèmes atlantiques. Aux périodes moderne et contemporaine, les latifundia du Midi ibérique et italien représentent la forme la plus extrême des capacités commerciales de l'assolement biennal.

ASSOLEMENTS BIENNAL ET TRIENNAL

L'idée de faire succéder la même céréale sur le même champ, avec une période de jachère labourée, représente une étape historique fondamentale. Toutefois, elle n'empêche nullement le maintien d'espaces et de pratiques qui existaient auparavant. Dans la plupart des régions méditerranéennes, s'étendent autour des zones cultivées des terres incultes qui ont en partie les mêmes fonctions que les landes des contrées atlantiques. La différence vient du fait que les animaux de trait trouvent une plus grande partie de leur nourriture sur les terres cultivées, et que la jachère se substitue en partie à l'engrais extérieur.

L'assolement biennal implique l'utilisation de l'araire. D'abord parce que plusieurs labours (de trois à six) sont nécessaires pour mettre le champ en état de recevoir la semence. Ensuite, manié adroitement et avec l'aide de dispositifs annexes, l'instrument peut effectuer différents genres de labours en remplaçant ainsi plusieurs types d'outils à bras. Le labour d'été, en particulier, doit être assez léger dans les régions méditerranéennes afin de conserver les réserves d'eau contenues dans les couches profondes du sol.

Hersage, XIVe siècle

Cette scène montre une représentation de l'attelage du cheval au collier d'épaule, par l'intermédiaire d'un palonnier et de traits. La herse, solide construction en bois quadrangulaire, possède probablement des dents en fer. Sa fonction de « recouvrement des semences » est soulignée par le frondeur, qui tente d'éloigner les corvidés avides de picorer les graines encore non enfouies.

Fenaison ▶
Fenaison et dépaissance des moutons dans un terrain bocager à grandes mailles, peint par F. M. Brown au XIXe siècle : ce bocage d'élevage, évolué, s'oppose au bocage de labours que l'on rencontrait dans plusieurs contrées de l'Europe atlantique et continentale.

La rotation triennale proprement dite est une combinaison agronomique qui fait suivre la céréale d'automne d'une céréale de printemps, elle-même suivie d'une année de jachère labourée. L'agriculteur doit donc posséder au moins trois champs pour pouvoir l'appliquer. Elle fut pratiquée sporadiquement dans les régions méridionales dès l'Antiquité grecque, mais son extension y fut toujours limitée par la sécheresse printanière. Théoriquement possible en Europe de l'Ouest et dans une grande partie de l'Europe continentale, la rotation triennale régulière apparaît d'abord entre le Rhin et la Seine, région de confluence ethnique et culturelle, à l'époque carolingienne.

Avec cette rotation, les espaces incultes ne sont plus nécessaires : les animaux sont principalement nourris par les céréales, par les prairies ou le pâturage en forêt. La généralisation de l'usage du cheval, conséquence de l'adoption de l'avoine comme principale céréale de printemps, est elle-même liée à l'extension des deux principaux instruments qui accompagnent le développement de l'assolement triennal : la charrue et la herse.

VERS L'AGRICULTURE CONTEMPORAINE

Les assolements sans jachère, à partir de la rotation triennale, apparaissent en Flandre flamande dès le XIVe siècle. L'introduction des prairies artificielles (trèfle, luzerne, sainfoin), connues depuis le XIIIe siècle en Italie du Nord, et celle des légumineuses (pois, fèves) à la place de l'année de jachère labourée représentèrent une autre étape fondamentale de l'évolution de l'agriculture européenne. Ces innovations permettent à la fois une augmentation du bétail et une bonification des terres : il devient théoriquement possible d'élever le bétail uniquement à l'étable et de se passer complètement d'apport d'engrais extérieur. Il n'est pas indifférent que le foyer de ces innovations, la Flandre, soit une région où le développement des villes, précoce, se réalise en partie contre le pouvoir seigneurial. Ces innovations ouvrent la voie à la liberté des cultures, en opposition avec les contraintes de la rotation triennale collective ; elles s'accompagnent aussi d'une forte différenciation sociale entre les exploitants. Mais elles ne s'imposent définitivement en Europe occidentale qu'à partir de la seconde moitié du XVIIIe siècle, période des « révolutions bourgeoises ».

Une autre évolution, en apparence contradictoire, mais qui conduit à terme à des résultats comparables, est celle du développement du bocage « noble », notamment au détriment des systèmes à jachère annuelle. Il commence dès le XIIIe siècle en Grande-Bretagne avec l'apparition des premières enclosures, dont le dessein originel est de développer l'élevage du mouton. Contrairement au bocage des systèmes à jachère-pâtis et à jachère-buisson, le bocage noble n'a donc plus pour fonction la volonté de séparer les terres en cultures des autres, mais celle d'éviter aux parcelles des gros propriétaires les servitudes paysannes. Plus tard, à partir du XVIIe siècle, seront expérimentées dans les grandes parcelles bocagères britanniques les innovations culturales développées en Flandre au Moyen Âge. Dans certains pays scandinaves (Suède et Danemark), à partir de 1757, on assiste à une évolution originale, relative au mode de fonctionnement des monarchies : un redécoupage bocager est imposé aux openfields paysans, souvent cultivés avec le système à trois champs, dans le dessein de développer l'élevage bovin. Le souverain, monarque quasi absolu, se comporte logiquement comme le propriétaire du pays.

◀ Scène de labours et de semailles
En pays d'assolement triennal au début de la période moderne (XVe siècle), sur des champs en lanières sans clôture, le semeur passe presque immédiatement après la charrue qui effectue le labour de semaille, et peu avant la herse qui recouvrira les semences.
La représentation de la charrue est fantaisiste, mais l'attelage mixte avec les bœufs attelés au timon et le cheval attelé au collier d'épaule est vraisemblable.
Une autre caractéristique des contrées d'assolement triennal apparaît en second plan : le battage en grange plusieurs mois après la moisson.

Avec la révolution du machinisme agricole et les transformations sociales du XIXe siècle, ces changements conduisirent par degrés à l'agriculture contemporaine.

ASSOLEMENT TRIENNAL ET CONQUÊTES

L'aspect conquérant et « politique » de l'assolement triennal apparaît à plusieurs reprises, et à plusieurs siècles d'intervalle, dans diverses contrées de l'Europe. Ce trait individualise fortement ce système par rapport à tous les autres.
En Grande-Bretagne, la conquête normande introduit l'assolement triennal dans diverses parties de l'île à partir de 1066, alors qu'il est une innovation assez récente à l'époque en Normandie même. À partir du XIIIe siècle, il accompagne de spectaculaires transformations dans l'habitat et dans la structure agraire de l'Europe centrale : la division du parcellaire en trois grandes soles autour d'un village, dont les maisons sont parfois alignées de part et d'autre d'une rue unique ou principale, se rencontre depuis la Lorraine, à l'ouest, jusqu'à l'Ukraine et à la Lituanie, à l'est et au nord-est. Dans la plupart de ces régions, l'introduction de l'assolement triennal et la réorganisation des villages sont le fait des gros propriétaires féodaux, laïcs ou religieux, voire des souverains eux-mêmes ; l'exemple le plus extrême est sans doute la décision du roi Sigismond-Auguste, en 1557, de diviser toute la Lituanie en villages-rues exploitant des terroirs tripartites. Ces innovations se produisent parfois dans des zones jusque-là peu mises en valeur, comme en Brandebourg et sans doute en Prusse, où elles accompagnent la colonisation germanique médiévale. Mais ailleurs, elles se substituent à d'autres formes d'occupation du sol : ce fut le cas en Russie centrale aux XVIe et XVIIe siècles et dans les zones conquises par l'Autriche sur l'Empire ottoman dans la seconde moitié du XVIIIe siècle. De même, les divisions très systématiques des finages villageois dans les pays scandinaves au Moyen Âge – au sud et au centre de la Suède, où l'assolement triennal est attesté au XIIIe siècle, au Danemark, dans l'ouest de la Finlande, et en Estonie au XVIe siècle – se superposent en partie à des dessins agraires antérieurs.

800 assolement triennal près de Mayence (Allemagne).
XIe s. assolement triennal en Grande Pologne, et en Grande-Bretagne.
1095 concile de Clermont : Urbain II évoque « les bœufs et chevaux de labour et les hommes qui manient charrues et herses, et les chevaux avec lesquels ils hersent ».
XIVe s. (début du) en Flandre, jachère parfois remplacée par fourrages artificiels ou navets, évolution vers des systèmes sans jachère.
1350 depuis le Danemark et la Scanie, le système des *solskifte* («parts de soleil») s'étend en Suède de l'est, puis en Finlande et en Estonie : chaque exploitant possède le même nombre de parcelles, orientées et alignées selon la direction du soleil. La rotation est triennale.
XVe s. (fin du) importation du riz, en provenance de l'Extrême-Orient, près de Pavie (Italie).
1573 mention de la consommation de la pomme de terre en Europe, à Séville. Extension notamment en Irlande au siècle suivant et en Allemagne, à partir de la Prusse.
XVIIe s. (début du) extension de la culture du maïs dans l'Espagne du Nord et le sud-ouest de la France.
XVIIe s. (milieu du) affirmation de l'assolement triennal en Russie centrale.
XVIIIe s. introduction de la jachère annuelle en Écosse, contrée atlantique.
1720 début du mouvement des enclosures en Grande-Bretagne : disparition des villages de champs ouverts et apparition d'un découpage bocager, préalable à la suppression de la jachère.
1757 en Suède, plus tard au Danemark : remembrement et réorganisation forcés de l'habitat pour mettre fin au morcellement, conséquence partielle du solskifte.
1830-1840 innovations variées fournissant les bases de la « révolution agricole » en Europe occidentale.

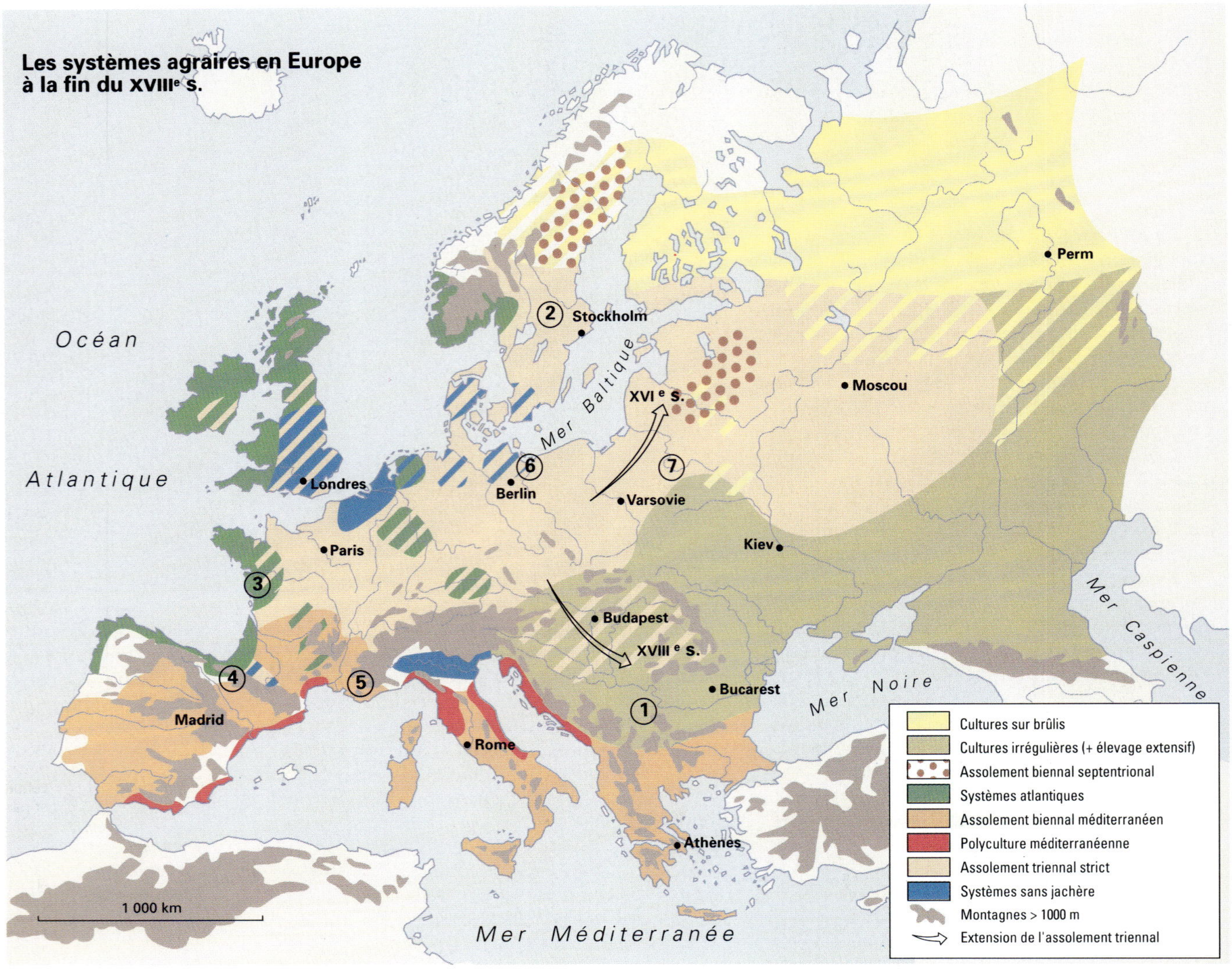

Les chiffres entourés permettent de situer sur la carte les paysages représentés en plan pages suivantes.

Durant toute la période considérée, des systèmes archaïques se maintiennent : cultures sur brûlis forestier (essartage), principalement en Finlande et en Russie du Nord, parfois jusqu'au début du XXe siècle; cultures irrégulières dans un environnement forestier ou steppique, où l'élevage peut jouer un rôle important, comme aux marges des territoires ottoman et autrichien jusqu'au début du siècle dernier, ou dans de larges parties de la Biélorussie et de l'Ukraine à la même époque ; systèmes à dominante d'élevage des régions montagneuses, Pyrénées, Alpes, Carpates, Balkans.
Dans certaines régions de l'Irlande où le système atlantique à noyaux de cultures continues était très répandu, les habitants du village n'étaient pas propriétaires des parcelles qu'ils cultivaient mais bénéficiaient d'une portion de droit d'usage. Elle leur permettait à la fois de faire paître un certain nombre de bêtes sur les communs et de cultiver des parcelles dans l'openfield. Par souci d'égalité, ces dernières étaient redistribuées tous les trois ans entre les habitants, par le chef du village, qui dirigeait aussi les principales opérations agricoles.
Jusqu'au XIXe ou au XXe siècle, les systèmes atlantiques à rotation cultures-pâtis et cultures-buisson sont en vigueur depuis le nord du Portugal jusqu'à la Norvège, en passant par l'Espagne cantabrique, le sud-ouest de la France, l'ouest du Massif central, une bonne partie de la France armoricaine, l'Irlande, l'Écosse, les contrées occidentales de la Grande-Bretagne – Cornouailles, Devon, pays de Galles –, et les petites îles Britanniques : Man, Hébrides, Orcades, Shetland.
Mais à des périodes plus anciennes, on les identifie dans bien d'autres régions de l'Europe. Ils sont présents conjointement dans le nord et l'ouest du Danemark (Jutland) à la fin du XVIIe siècle, et l'alternance des cultures et de la jachère longue, herbeuse ou buissonnante, n'a pas disparu en Allemagne occidentale – Westphalie et Massif schisteux rhénan – au siècle dernier.
Ici, comme en Frise, en Alsace, dans le Wurtemberg, l'Allemagne danubienne, la Suède méridionale, le système fondé sur la culture intensive d'un noyau central subsiste parfois au-delà du Moyen Âge.
En Europe méditerranéenne, la culture d'une céréale d'automne sur jachère labourée – assolement biennal – est attestée en Grèce dès le VIIIe siècle av. J.-C. Plus tard, elle s'étend à l'Italie et – à une époque qui reste difficile à préciser – en France, dans la péninsule Ibérique et dans certaines régions des Balkans. Contrairement à une idée répandue, les pays de l'Europe centrale n'ignorent pas la culture d'automne biennale. On la trouve également en Alsace durant toute la période moderne.
Des exemples régionaux montrent que la rotation triennale ne s'effectue pas en premier lieu par villages entiers, mais par quartiers de villages. Dans le regroupement des champs autour d'une seule agglomération, il faut voir souvent une volonté seigneuriale, articulée autour des profits divers escomptés des cultures céréalières.
Côté paysan, l'inexistence ou la disparition précoce d'une propriété communautaire, au moins dans certaines régions, a pu traduire l'emprise du régime seigneurial sur l'organisation de la structure agraire.

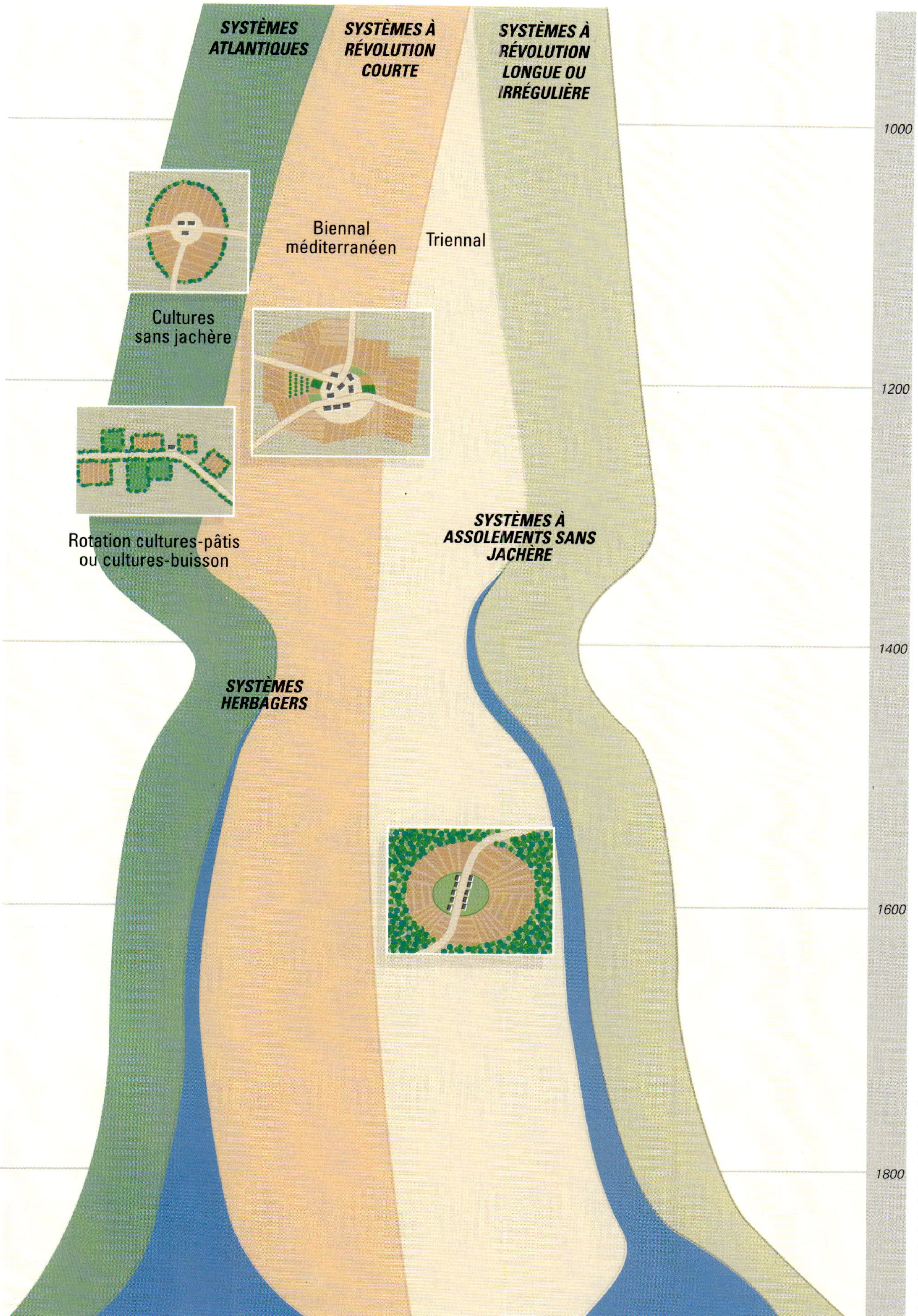

Ce schéma donne à la fois une idée approximative de l'évolution des différents systèmes agraires depuis l'an mille jusqu'au début du XXe siècle en Europe et de l'extension des surfaces cultivées au cours de cette longue période. La dépression du XVe siècle marque la régression des terres cultivées à cette époque à la suite des ravages de la Peste noire notamment.

Les *systèmes à révolution longue ou irrégulière,* liés à des populations peu nombreuses et parfois mobiles, ont une courte période de culture suivie d'une longue période de non-culture. Dans le *système à révolution forestière,* une parcelle est défrichée par le feu, cultivée de un à trois ans et abandonnée ensuite pour une durée moyenne de vingt à quarante ans. Il n'y a pas d'outillage spécialisé et pas d'animaux de trait. Avec les *systèmes à révolution irrégulière,* la culture reste temporaire et parfois itinérante, bien que certaines formes se caractérisent par la présence d'une auréole de culture décroissante autour d'un centre fixe.

Les *systèmes atlantiques* se définissent par la délimitation précise des espaces de culture, par une réduction notable de la période de non-culture (parfois sa disparition), et par l'utilisation de celle-ci pour un usage spécifique : le champ devient alors une pâture ou un lieu de fourniture d'engrais et de combustible. Des espaces périphériques répondent aussi à ces trois besoins. La modicité générale de la taille des unités d'habitation est un aspect de ce système agraire.

Avec les *systèmes à révolution courte,* la période de non-culture est égale ou inférieure à la période de culture, et elle a un rôle agronomique déterminé : elle se confond avec la période de labours nécessaires à la remise en culture du champ. C'est la *jachère* proprement dite. Avec l'*assolement biennal,* la nourriture des animaux et l'engrais proviennent encore en partie d'espaces périphériques. Mais avec l'*assolement triennal,* né à la fin du haut Moyen Âge, l'une et l'autre sont principalement assurés par les cultures céréalières.

Les *systèmes à assolements sans jachère,* qui apparaissent dès la fin du Moyen Âge, procèdent en partie du remplacement de la jachère par des légumineuses, le plus souvent fourragères, et des prairies artificielles. L'arrivée du riz au XVe siècle, puis celle de la pomme de terre et du maïs au siècle suivant, enrichissent les possibilités culturales dans certaines régions. L'établissement de prairies permanentes *(systèmes herbagers)* a pu dériver des systèmes atlantiques.

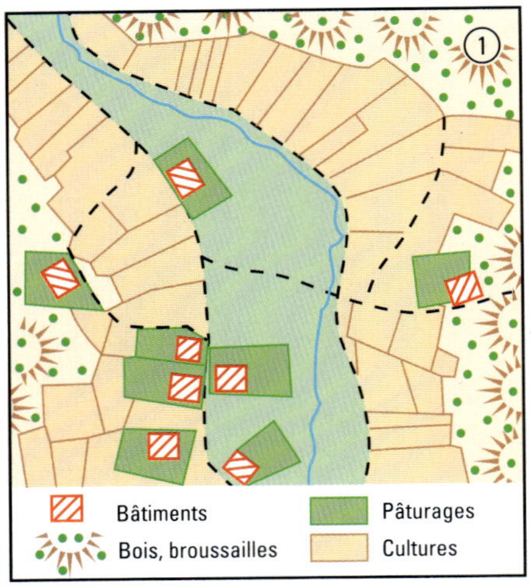

1. Système à révolution irrégulière (Serbie méridionale, seconde moitié du XIXe siècle) : ensemble de bâtiments appartenant à une communauté familiale agricole, installés sur la partie de la propriété qui sert de pâturage. Autour, parcelles de cultures éparpillées.

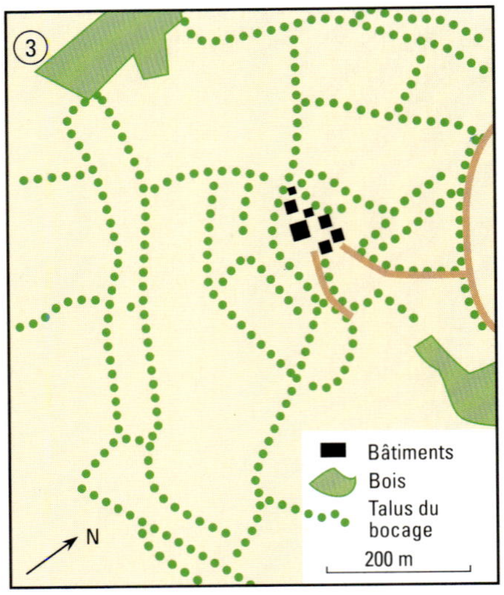

3. Système atlantique : un village bocager, Chambretaud (Vendée, France).

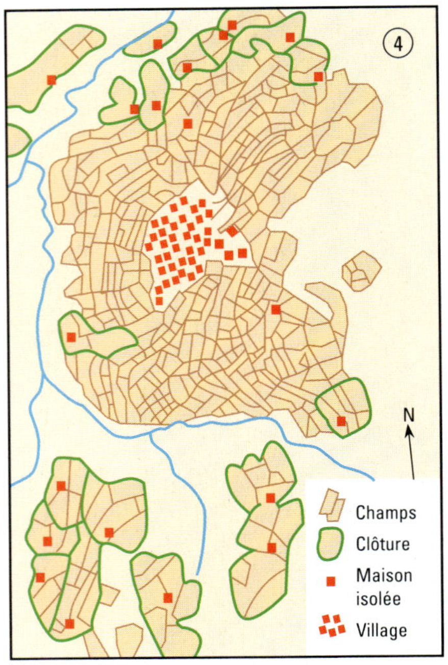

4. Système atlantique : champs ouverts, collectivement clos et exploités par des fermes isolées, des groupes de fermes et des villages (Navarre espagnole, XXe siècle).

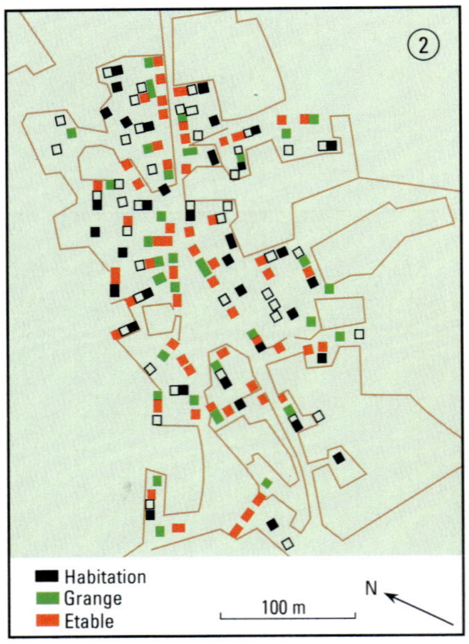

2. Système à révolution irrégulière (Mora, Dalécarlie). Agriculture subordonnée à l'élevage, avec habitat jadis itinérant (XXe siècle).

◀ *Tolstoï labourant*
Tolstoï (1828-1910) laboure un champ avec la sokha*, araire léger à brancard et à double soc. Mise au point probablement en Lettonie autour de l'an mille, la sokha était au XIXe siècle l'instrument de labour par excellence de l'Europe orientale, de la Baltique à la mer Noire, dans la majeure partie de la Finlande et jusque dans le nord de la Suède. La scène est semblable à celle que décrit L. de Fontenay en 1869, au sud de Moscou : « Derrière l'homme qui dirigeait [la sokha] marchait un cheval dont il tirait le licol et qui traînait une petite herse de bois […]. Cette herse ayant plus d'un mètre de large passait au moins deux fois sur chaque raie de labour […]. On semait du seigle plus épais qu'en France, mais il se trouvait bien enterré par cette double façon à la [sohka] et à la herse. »*

◀ *Charrue à avant-train*
Cette miniature du début du XVe siècle montre une charrue d'un type probablement proche de celle qui se répand entre Rhin et Seine vers la fin du haut Moyen Âge. À une importante différence près cependant : l'instrument est tiré au timon par des bœufs, alors que dans la région d'origine il l'est avec des traits par des chevaux. Cette caractéristique montre l'adaptabilité de la charrue au contexte technique local, telle qu'elle se manifestera jusqu'au XXe siècle.

▼ *Berger*
Ce manuscrit grec du XIe siècle évoque une scène traditionnelle et millénaire du pourtour de la Méditerranée septentrionale : le repos du troupeau sur le saltus *en début d'après-midi, « l'heure pénible sous le soleil qui darde dans le ciel clair ». Cherchant l'abri des rochers ou celui de la maigre végétation arborescente, chèvres ou moutons se pelotonnent près du pâtre qui tue l'ennui en jouant de la flûte, en attendant que le soleil tombe pour gagner un autre endroit. Une scène qu'illustrent bien des chefs-d'œuvre de la mythologie et de la littérature de l'Europe méditerranéenne.*

5. En zone d'assolement biennal méditerranéen : un mas provençal, Quiqueran (milieu du XVIIIe siècle).

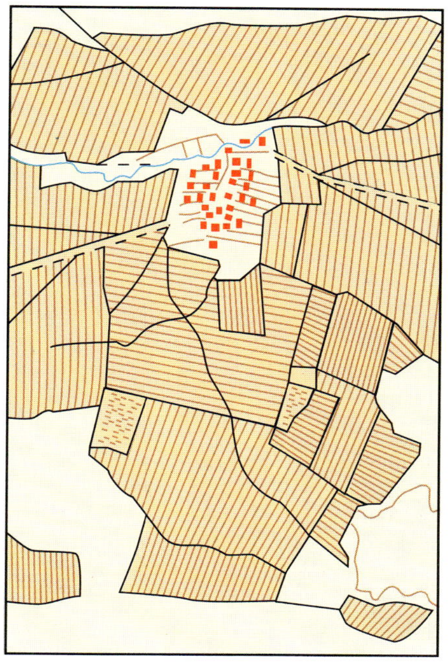

6. Assolement triennal : village groupé entouré d'une couronne de jardins, englobée dans le terroir labourable divisé en douze quartiers (Brandebourg, XIXe siècle).

◀ *Vignes à Olevano, 1832*
Dans la tradition des peintres germaniques séduits par les paysages italiens, Ferdinand von Olivier (1785-1841) donne une vue d'une pratique qui était assez largement répandue au centre nord de la péninsule italienne et dans d'autres régions méridionales, jusqu'à une époque récente : la culture de la vigne en hauteur, poussant parfois le long d'arbres-tuteurs. Il était donc nécessaire de vendanger en utilisant une échelle.

***Laboureur dans un champ près d'Arles* ▶**
Larges parcelles quadrangulaires, principalement ensemencées en céréales et généralement non closes, dispersion des mas entourés de leur couronne de potagers, forte présence de l'arbre méditerranéen (olivier ou amandier) : cette campagne de la Provence rhodanienne, dessinée par Vincent Van Gogh, favorisée par l'irrigation, conserve en cette fin du XIXe siècle de nombreux traits du paysage méditerranéen classique.

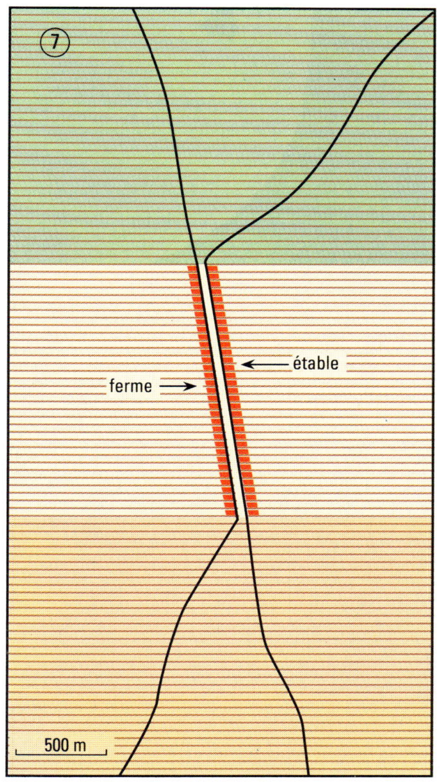

7. Assolement triennal et organisation du village et de l'habitat imposés par l'autorité politique (XVIe siècle) : Korenevici (Lituanie).
En 1557 Sigismond-Auguste de Lituanie impose le découpage du pays en villages-rues, pratiquant l'assolement triennal avec rotation collective.

◀ *Bocage atlantique du pays de Galles*
Les champs sont de petite taille, avec des landes périphériques, et l'habitat est dispersé. Le pays de Galles se situe au croisement de deux ensembles qui divisent la partie centrale de la frange atlantique de l'Europe. Au sud, on y trouve plusieurs traits qui annoncent la Cornouailles et la Bretagne : fréquence des petits villages, talus revêtus de pierres sur leurs deux faces, importance assez grande de la lande. Cependant, l'effort accompli pour développer l'élevage aux dépens des labours, en soignant notamment la croissance de l'herbe, rapproche davantage le pays de Galles de l'Irlande et de l'Écosse.

La civilisation des Celtes s'est étendue des rives du Danube jusqu'aux côtes d'Irlande et de Bretagne entre le VIe siècle avant J.-C. et le Ier siècle de l'ère chrétienne. Confrontée, au sud, au monde gréco-latin, au nord au monde germanique, elle céda peu à peu la place et ne résiste encore aujourd'hui que dans quelques refuges appuyés au rivage de l'océan, au ponant de l'Europe.

La civilisation celtique prend sans doute sa source quelque part dans le nord du sous-continent eurasiatique, vers la fin du IIIe millénaire. Des populations usant d'un même système de langues (indo-européennes) commencent alors à migrer. On en retrouve bientôt des éléments au nord du sous-continent indien et en Perse. Vers la fin du IIe millénaire, elles colonisent l'Europe du Sud-Est : les Hyksos et les Achéens en font partie ainsi que d'autres groupes qui, plus au nord, progressent vers l'Europe occidentale. Tous maîtrisent la métallurgie du bronze.

Au moment où apparaît en Europe la maîtrise de la métallurgie du fer, aux environs de 900 avant J.-C., se développe une culture entre les rives du Danube et la haute et moyenne vallée du Rhin. À cette civilisation dite de Hallstatt, du nom d'une localité autrichienne qui a fourni de nombreux vestiges, succède vers le Ve siècle celle dite de La Tène qui couvrira la totalité de l'Europe occidentale. Toute la façade atlantique de la péninsule Ibérique comme le nord de l'Italie appartiendront ainsi à son domaine.

Les Grecs appelleront *Keltoi*, Celtes, ces populations habitant au nord de leur zone d'influence, les confondant parfois avec les populations germaniques voisines. Si l'unité d'une civilisation celtique semble un fait acquis, il faut admettre que les traces qu'elle a laissées restent éparses et lacunaires sur une durée de près de vingt siècles durant lesquels, sauf en ce qui concerne l'Irlande du VIIe au IXe siècle, les rares informations qui nous soient parvenues l'ont été par l'intermédiaire d'auteurs grecs ou latins souvent peu ou mal informés.

UNE TRANSMISSION ORALE DU SAVOIR

Pour avoir utilisé l'écriture de façon toute épisodique, les Celtes n'en préférèrent pas moins confier à la mémoire et à la transmission orale les textes fondateurs de leur civilisation, annales historiques et récits mythologiques, entre autres. Il faudra attendre le VIe siècle de notre ère pour voir des moines confier à l'écrit des éléments d'un savoir dont l'acquisition, si l'on en croit César, pouvait auparavant nécessiter de longues études. Encore cette transcription ne concerne-t-elle que l'Irlande et la Bretagne ; la première non romanisée vient à ce moment de se convertir au christianisme, la seconde est restée en contact avec la civilisation romaine durant près de cinq siècles. Les sociétés celtes du continent ne nous ont, quant à elles, transmis que de rares documents. Aucun texte important ne nous est parvenu de la langue gauloise : seuls ont survécu quelques inscriptions et des éléments d'un vocabulaire concernant essentiellement les techniques, l'agriculture, la végétation, les noms de fleuves. Quelques-uns de ces mots issus du gaulois restent encore présents dans le français

LES NAVIGATIONS

Parmi les grands thèmes que la littérature occidentale doit aux Celtes, il convient de placer ce que les Irlandais appellent immrama *et que l'on connaît plus généralement sous le nom de « navigations ». Le propos général en est le voyage vers l'autre monde, vers la terre des promesses, qui, dans certaines versions chrétiennes, se confond avec la Jérusalem céleste. La littérature irlandaise en conserve plusieurs dont l'origine préchrétienne se devine aisément derrière un habillage dû à la plume des moines transcripteurs. Ainsi en est-il des plus connues : la navigation de Mæl Duinn,* Immram curaig Mæle Dùin, *et les aventures de Bran fils de Febal,* Echtræ Brain mac Febail. *Mais la version chrétienne qui relate les navigations de l'abbé Brendan et de ses compagnons partis à la recherche du paradis est largement diffusée durant tout le Moyen Âge. De la fin du XIIIe siècle à la fin du XVIe, une île, Saint-Brendan, située quelque part à l'ouest des Canaries, figure sur bien des cartes marines. Des navigateurs la rechercheront jusqu'en 1721, date de la dernière expédition.*

Plus que l'anecdote, qui selon les versions varie, c'est le fond de ces relations qui paraît intéressant. Cette quête aventureuse en effet se situe toujours dans un contexte atemporel, ou dans une autre dimension du temps. Le plus souvent à leur retour, les voyageurs ne retrouvent pas le monde tel qu'ils l'ont laissé ; ils n'ont pas vieilli alors que, sur terre, le temps a passé. Aujourd'hui, on peut retrouver cette thématique dans le roman ou le cinéma de science-fiction, tel le film de Stanley Kubrick 2001 Odyssée de l'espace.

Ornement de bronze et tête humaine

Ces deux objets, provenant d'époques et de lieux différents, manifestent l'absence de souci de réalisme comme dans tout ce que l'art celte nous a livré de représentations humaines ou animales. Aux limites de l'abstraction, des jeux de courbes composent une tête d'animal, vraisemblablement un cheval (ci-dessus, ornement en bronze du Yorkshire). Une face plate supporte un visage-masque dans lequel deux yeux globuleux encadrent un appendice nasal taillé à grands coups de ciseau. L'expression est donnée par le mouvement de la bouche et surtout par les sourcils et la moustache qui semblent avoir mobilisé une grande partie de l'attention du sculpteur (tête en pierre ci-contre provenant de Bohême).

ALPHABET GALLOIS/ANGLAIS

Les langues celtes sont aujourd'hui parlées par plus de deux millions de locuteurs. Dans le groupe gaélique : 1 018 000 personnes parlent l'irlandais et 79 000 l'écossais. Dans le groupe brittonique, 543 000 personnes parlent le gallois et 500 000 le breton armoricain. Le cornique, éteint au XVIIIe siècle, est de nouveau parlé aujourd'hui par quelques centaines de personnes qui l'ont réappris.

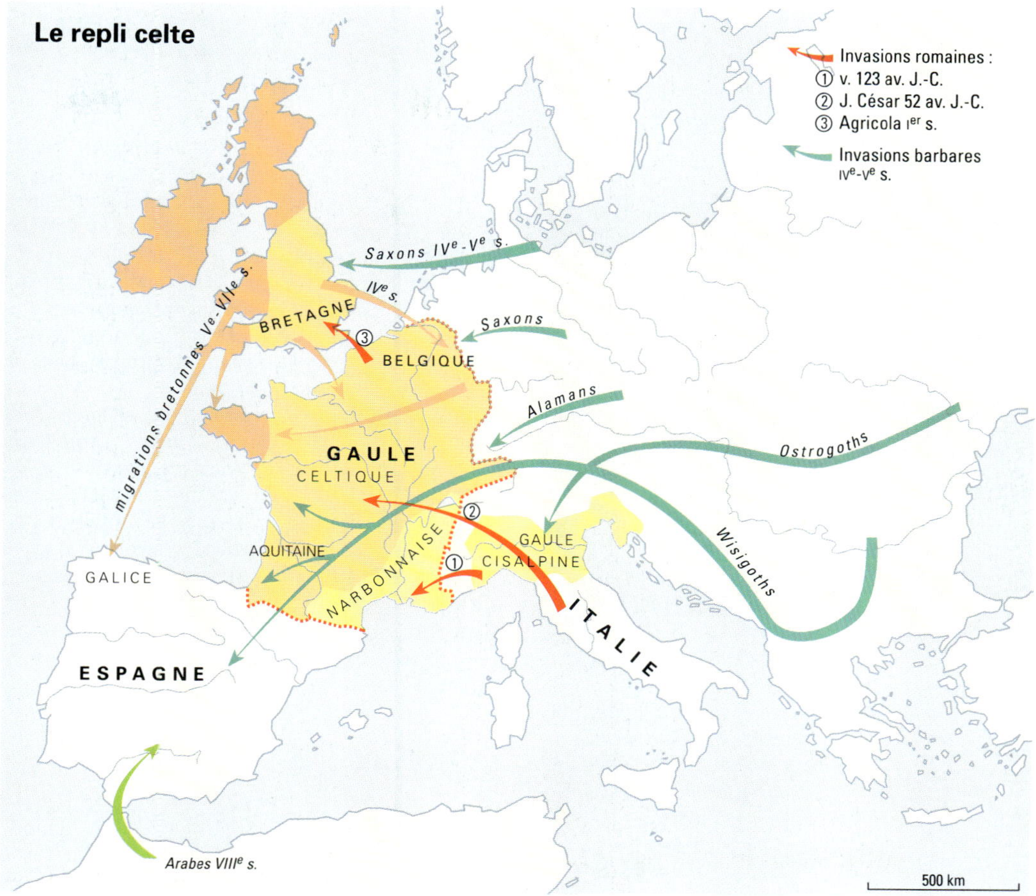

contemporain comme alouette, bourbier, barrique, char, charrue, lande, soc. En outre, les sociétés celtiques n'ont pas fondé d'États structurés comparables à ceux qui, à la même époque, s'établissent sur le pourtour du bassin méditerranéen. Aussi, s'il est possible de parler de civilisation celtique, on ne peut en aucun cas évoquer l'idée d'un empire celte, même au moment de la plus grande expansion de ces peuples.

Les rassemblements celtes, lorsqu'ils ont existé, semblent le plus souvent avoir consisté en des réponses conjoncturelles à des situations de crise. Vercingétorix face à César, bien plus tard Ambroise Aurélien face aux Saxons établiront pour un temps une certaine unité des populations contre un danger. C'est la religion, semble-t-il, qui, avant l'ère chrétienne comme après, unira les populations des pays celtes. Ce sont les membres de la « caste » sacerdotale qui — par transmission orale d'abord, puis par la transcription du fonds ainsi transmis, après la christianisation de l'Irlande — assureront la sauvegarde d'un ensemble patrimonial dont nous leur sommes aujourd'hui redevables.

Un certain nombre de thèmes empruntés à la littérature celtique vont ainsi, à partir du XIIe siècle, pouvoir conquérir l'Europe. Des éléments de ce que l'on va appeler la matière de Bretagne, empruntés à d'anciens récits où se mêlent le mythe et l'histoire, seront adaptés dans la plupart des langues européennes. Le cycle des romans arthuriens et la quête du Graal, les amours de Tristan et Iseut, des poésies sous forme de lais vont connaître un succès tel qu'ils vont pendant tout le Moyen Âge, et encore un peu plus tard, imprégner la littérature occidentale jusqu'en plein XVIIe siècle et se trouver à la source du genre romanesque. De son côté, l'Irlande, à travers le récit de la navigation de saint Brendan, lui-même traduit en plusieurs langues, attirera l'attention sur cette « terre de promission des saints », ces « isles fortunées » qui se trouvent au-delà de l'océan occidental. Saint Brendan les avait vues, il y avait séjourné ; de hardis navigateurs, à l'instar de Christophe Colomb, pouvaient se lancer sur ses traces près de dix siècles plus tard.

▲ ***Disque en bronze***
Une véritable maîtrise des formes et de la technique ressort de l'observation de cette pièce irlandaise. Là encore, la perfection du travail est mise au service d'une expression purement abstraite faite de courbes composées entre elles.

▲ ***Chapiteau de Locquénolé, XIe siècle***
Locquénolé ou Loc Gwennolé était prieuré de l'abbaye de Landévennec fondée par ce saint. L'église abrite une série de chapiteaux dont quelques-uns utilisent des jeux de spirales pour représenter un homme. En Irlande les piliers de Kilfountain et de Reask utilisent un motif similaire mais surmonté d'une croix. Le christ de la stèle de Duvilaun est également composé à partir de jeux de spirales qui en soulignent le torse.

391 av. J.-C. prise de Rome par les Gaulois.
279 sac de Delphes par les Gaulois.
133 fin de la romanisation de la Gaule cisalpine.
52 fin de la guerre des Gaules. Alésia. Reddition de Vercingétorix.
43 conquête de la Bretagne par Claude.
80 apr. J.-C. Agricola en Bretagne.
130 construction du mur d'Hadrien entre la Bretagne et le pays des Pictes (Écosse).
664 concile de Whitby. Adoption des coutumes romaines en Bretagne insulaire sauf au pays de Galles et en Cornouailles.
680-770 ralliement du reste de la chrétienté celtique aux coutumes romaines ; quelques points de résistance.
818 à la suite du concile d'Aix-la-Chapelle (815), Louis le Pieux promulgue un édit enjoignant aux moines de Landévennec d'adopter la règle de saint Benoît.
840 v. écoles irlandaises sur le continent. Redécouverte de la culture hellénique.
1080 Muiredach Mac Robartaig fonde à Ratisbonne le premier des *Schottenklöster* qui essaimeront jusqu'à Vienne, Nuremberg et Kiev. Durant trois siècles, ces monastères irlandais restent en relation avec la nation mère.
1304-1321 Dante Alighieri met en scène des personnages tirés des romans arthuriens dans *La Divine Comédie.*
1514 Albrecht Dürer, dans le *Kunstbuch,* représente Ogmios comme dieu de l'Éloquence.
1532 *Pantagruel* par Rabelais : quelques thèmes empruntés au fonds celtique.
1605 v. *Le Roi Lear,* adaptation par Shakespeare d'un ancien récit gallois.
1691 *King Arthur* par Purcell.
1805 fondation de l'académie celtique par Jehanneau et Cambry.
1865 Wagner et la matière de Bretagne - *Tristan et Isolde*
1882 Wagner, *Parsifal.*
1900 Joseph Bédier, *Tristan et Iseult.*

Les documents susceptibles d'aider à une connaissance du système religieux celte sont rares et les informations qu'ils apportent, valables pour un lieu et une époque, difficilement généralisables.

▲ *Sainte Gwenn Teirbronn, moulage du XVe siècle dans la chapelle Saint-Vennec (Briec de l'Odet)*
La mère de saint Gwennolé fut dotée par Dieu de trois mamelles, une pour chacun de ses trois fils. Son nom signifie Blanche aux trois mamelles (Gwenn Teirbronn). Elle porte ici la couronne royale, ses cheveux dorés s'épandent sur ses épaules. De la main droite, elle tient un sein d'or qu'elle présente au jeune Gwennolé. Du mamelon coulent trois gouttes de lait. De part et d'autre se trouvent Guezennec (le combattant) appelé aussi Vennec et souvent représenté armé en chevalier. Il porte ici une tunique rouge. De l'autre côté Jacut le troisième fils. Il se pourrait que cette statue pourtant tardive témoigne d'une représentation ternaire de la société. L'autorité royale repose sur la classe sacerdotale associée à la couleur blanche : Gwennolé dont le nom signifierait « blanc valeureux » représenterait ici cette fonction sacerdotale. Guezennec, le combattant, représenterait la fonction guerrière, couleur rouge. Jacut pourrait, quant à lui, représenter la fonction productive — couleur verte.

Les Celtes disposaient d'une caste sacerdotale, les druides (les « très savants »). Ceux-ci avaient en charge l'enseignement de la religion, présidaient aux rituels, étaient juges, médecins, pratiquaient les sacrifices. Dans ses *Commentaires sur la guerre des Gaules,* César rapporte que leur enseignement, donné oralement, pouvait astreindre le disciple à vingt années d'études.

Les lieux de culte, ou *nemeton,* ne prenaient pas la forme d'édifices construits – il pouvait s'agir de sommets ou de clairières, plus généralement de lieux où la terre s'ouvrait sur le ciel. Ils n'ont de fait laissé que peu de traces. On raconte l'ahurissement des Gaulois de Brennus et leur fou rire lorsqu'ils s'aperçurent que les Grecs représentaient leurs dieux par des statues de forme humaine. Sources, montagnes, clairières semblent être les lieux privilégiés de rencontre avec le surnaturel.

LA MYTHOLOGIE

Connue, surtout pour l'Irlande, à travers des textes transcrits par les moines et, pour la Gaule, à travers quelques monuments tardifs et des textes grecs ou latins, la mythologie fait apparaître des divinités dont les noms peuvent différer selon les lieux.

Lug, attesté en Irlande et en Gaule, est un dieu polytechnicien aux longs bras. Il préside en Irlande aux fêtes du cycle de mai *(Beltaine)* et des calendes d'août *(Lugnasad).* Assimilé à Mercure par les Romains il est souvent remplacé par saint Michel après la christianisation (Saint-Michel-Mont-Mercure en Vendée). Le nom de Lug se retrouve dans de nombreux toponymes : Lugdunum (Lyon), Luxeuil, Lucques.

La déesse irlandaise Brigit est connue en Gaule sous le nom de Belisama (très brillante) et est identifiée à la Minerve latine. Brigit est gardienne du feu. L'abbesse sainte Brigit de Kildare conservera dans son monastère un feu sacré. Le folklore breton en fait la deuxième mère du Christ. Elle se fête en février (*Imbolc*, la chandeleur).

En Gaule, le dieu de la Guerre et de l'Éloquence Ogmios, sera l'équivalent de Mars et Maponos (Mac Oc en Irlande, Mabon au pays de Galles), dieu solaire, assimilé à Apollon.

Souvent une même divinité se trouve dotée de trois personnalités différentes dont chacune porte un nom.

Ainsi la triade citée par Lucain dans *Pharsale* et groupant Ésus, Taranis, Teutatès pourrait, d'après Guyonvarc'h dans son ouvrage sur la civilisation celtique, ne concerner que trois surnoms attribuables à un même dieu, chacun évoquant une fonction spécifique – Ésus : le meilleur, Teutatès : protecteur du peuple, Taranis : maîtrisant la foudre.

Certaines statues tardives présentent d'ailleurs des personnages à trois visages. On peut ainsi noter l'aspect trinitaire que peut prendre la mythologie celtique. Cette particularité, liée à la croyance en une immortalité de l'âme, n'a-t-elle pas favorisé l'implantation singulièrement rapide du christianisme ?

Dans le seul pays à n'avoir pas été touché par la religion romaine, l'Irlande, il semble en effet que la christianisation ait été extrêmement facile parmi les classes dirigeantes, celles des druides et des rois. Ne dit-on pas que de nombreux moines fondateurs d'abbaye étaient soit d'anciens *file* (membres de la classe sacerdotale, appelés en Gaule et en Bretagne bardes, et dont les fonctions de poète, de généalogiste, d'annaliste, entre autres, rappellent un peu celles des griots africains), soit des fils de rois ?

LA CHRISTIANISATION

En Gaule comme en Bretagne, Rome impose sa présence dès le Ier siècle et organise son administration autour de centres urbains reliés au reste de

▲ *L'évangéliste saint Marc (IXe siècle)*
La représentation anthropozoomorphique des quatre évangélistes semble prendre sa source dans le Moyen-Orient chrétien. Dès le IIe siècle en effet, le pape Irénée assimile les auteurs des évangiles synoptiques aux quatre vivants de la vision d'Ézéchiel. Le symbolisme de l'homme, de l'aigle, du lion et du veau se retrouve en effet dans l'Ancien Testament. Les quatre vivants maîtrisent les vents des points cardinaux et soutiennent le trône de Dieu. Leur animal symbole garde les portes du camp hébreu durant l'Exode. Une représentation anthropozoomorphique connue en Égypte et en Éthiopie semble avoir inspiré les représentations occidentales particulièrement nombreuses dans l'aire d'influence des monastères irlandais. En Bretagne armoricaine, comme dans cet évangéliaire, l'animal symbole de Marc n'est plus le lion mais le cheval, marc'h *en breton.*

l'empire et aux campagnes voisines par un important réseau routier. Le christianisme apparaît dans ce contexte comme une religion d'abord liée à la structure urbaine. Les évêchés ont leur siège dans les principales cités. La campagne et le monde rural (*pagani*, les paysans) semblent peu touchés au départ.

Vers le début du ve siècle, alors que saint Martin à Ligugé, puis à Marmoutier, a depuis un demi-siècle mis en place des centres de vie monastique, alors qu'aux îles de Lérins Honorat, Jean Cassien, Faustus (un Breton) importent et adaptent la règle des moines égyptiens, à Alexandrie, un autre Breton, Pélage, enseigne une doctrine selon laquelle la grâce divine doit être conquise de haute lutte. L'homme est ainsi en quelque sorte responsable de son salut ou de sa perte. La grâce divine est secondaire. Condamnée par saint Augustin, entre autres, la doctrine de Pélage n'en atteint pas moins les chrétientés occidentales et il semble qu'elle trouve un terrain favorable chez les Celtes de Bretagne. Pour lutter contre cette hérésie, le pape envoie Germain d'Auxerre en mission accompagné de Loup de Troyes et d'un jeune Breton Patricius (le futur saint Patrick).

En Bretagne, Germain d'Auxerre ordonne Iltud, abbé d'un important monastère au sud du pays de Galles ; Iltud formera à son tour de nombreux moines dont certains passeront en Armorique (Paul-Aurélien, Gildas) et d'autres rentreront en Irlande. L'un d'entre eux, Enda, fondera le premier monastère d'Irlande à Killeany sur Inishmore dans les îles d'Aran.

Une chrétienté nouvelle est ainsi en train de naître. Au modèle urbain et hiérarchisé hérité de Rome, les Celtes répondent par une structure dont le territoire se définit par rapport à une population. Un monastère ayant à sa tête un abbé faisant fonction d'évêque rayonne sur ce territoire.

De nombreuses incompréhensions, des heurts qui toutefois ne débouchent pas sur le schisme, rendront souvent difficiles les relations entre l'Église romaine et les chrétientés celtiques assez proches en fait du christianisme oriental.

Dès la fin du VIe siècle, cette Église devient missionnaire, et Bretagne puis Irlande « exportent » leurs moines que l'on retrouve jusque dans l'est de la Gaule. C'est ainsi que saint Colomban, parti de Clonfert, en Irlande, fonde un monastère à Annegray dans les Vosges à proximité de l'ermitage d'un certain Carantoc dont le nom est breton. En butte aux persécutions de la reine Brunehaut, Colomban descend vers le sud, après avoir fondé Luxeuil et laissé son compagnon saint Gall en cours de route; il établit le monastère de Bobbio en 614 et termine sa vie en Italie. Ses disciples s'illustreront dans les fondations de Fontenelle (saint Wandrille) – Jumièges, Faremoutiers, Bregenz.

Le monachisme celtique extrêmement austère se tempère bientôt de discrétion bénédictine. Mais jusqu'au IXe siècle (818) à Landévennec, en Bretagne armoricaine, des usages particuliers subsisteront concernant, entre autres, la tonsure et le calcul du comput pascal.

Il apparaît que la nouvelle religion fut accueillie, sinon sans résistance de la part des druides, du moins sans persécutions et sans martyrs. Nous voyons à plusieurs reprises des moines

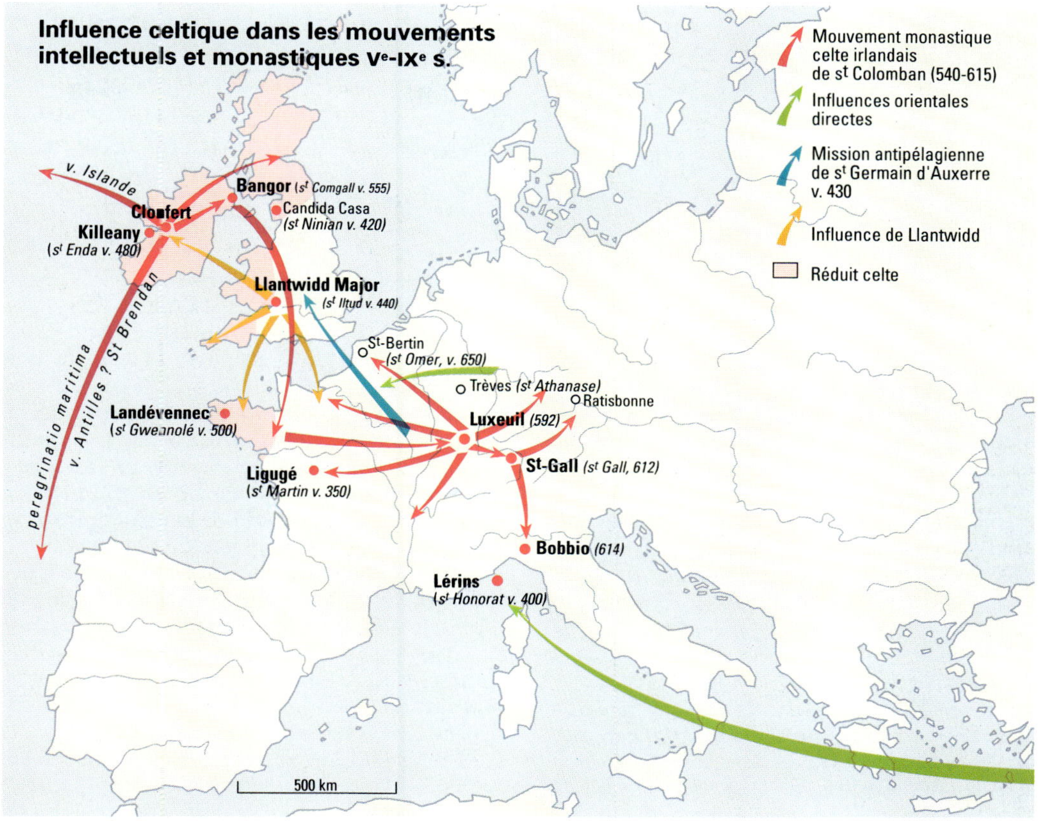

celtes combattre les druides en utilisant une arme qui fait leur force, la magie.

Ailleurs, ils marquent de la croix des monuments du paganisme. C'est ainsi que saint Samson intervient au cours d'un rituel pratiqué par des paysans autour d'une stèle. Après l'avoir marquée de la croix, il laisse les paysans en paix et poursuit sa route.

De même, le recours à l'intercession des saints, surtout en ce qui concerne les plus anciens d'entre eux, semble parfois remplacer en le christianisant le recours à des divinités préchrétiennes.

De nombreuses fêtes chrétiennes comme le 1er novembre *(Samain)*, le cycle de mai *(Beltaine)*, la chandeleur *(Imbolc)* ont été empruntées au cycle calendaire de l'année celtique.

LE CALENDRIER CELTIQUE

L'édifice calendaire celtique, très original et sophistiqué, qu'avaient élaboré et conservé les druides, s'est, pendant de longs siècles, heurté à celui des Romains que l'Église avait adopté. Le musée gallo-romain de Lyon conserve un important document connu sous le nom de *Calendrier de Coligny* : une grande table de bronze dont cent cinquante fragments furent découverts en 1897 à Coligny dans l'Ain près des vestiges d'un temple gallo-romain. Elle comporte un long texte en langue gauloise, gravé au IIe siècle après J.-C., représentant un calendrier de cinq années solaires (un lustre), soit soixante-deux mois lunaires (douze mois par an plus deux mois intercalaires de trente jours nécessaires pour harmoniser les cours de la lune et du soleil). La singularité de ce système réside dans la périodicité régulière de cette intercalation (trente jours tous les trente mois, sauf tous les trente ans) et dans la conception des unités de temps. Constituées de deux moitiés, sombre et claire, alternées, elles s'emboîtent les unes dans les autres : la nuit et le jour, les deux quinzaines du mois centrées tour à tour sur la pleine lune puis sur la nouvelle lune, les six mois d'« hiver » du 1er novembre à la fin avril, et les six mois d'« été », du 1er mai à la fin octobre, le lustre avec ses deux ensembles de trente et un mois à tendance hivernale puis estivale, le « siècle » de six lustres (trente ans). Un tel système calendaire permettait de suivre au plus près et simultanément le cours de la lune et celui du soleil. On sait, par les controverses sur la date de Pâques qui ont opposé l'Église d'Irlande à celle de Rome, combien ces conceptions calendaires étaient importantes. Il n'est donc pas étonnant que ce soit dans le domaine de la religion populaire qu'on en trouve à travers toute l'Europe occidentale les traces les plus durables. Parmi celles-ci, la « Troménie » de Locronan (du breton *tro minihi*, tour du territoire monastique) mérite une mention spéciale. Il s'agit d'une procession qui a lieu tous les six ans vers la mi-juillet dans cette petite commune du Finistère suivant un itinéraire circulaire immuable long de onze kilomètres et jalonné de douze stations. Par la façon dont il s'inscrit sur le terrain (distances, orientations, niveaux topographiques), il s'est révélé être la projection sur le territoire de Locronan d'un système calendaire similaire à celui de Coligny. Une telle permanence n'est sans doute pas un cas isolé et les recherches menées actuellement dans le domaine de l'archéo-astronomie devraient mettre en évidence d'autres survivances du même type.

▲ *Un tétradrachme attique*

La monnaie n'est pas une invention grecque mais ce sont les Grecs qui firent de ces petits lingots, frappés dans le courant du VIIe siècle par les souverains de Sardes (Lydiens), ce que nous appelons la monnaie. Les Athéniens, pour leur part, ne commencèrent à frapper · monnaie qu'au VIe siècle. La pièce de 4 drachmes, ou tétradrachme, portait au droit la tête d'Athéna, divinité protectrice de la cité, et au revers la chouette, oiseau sacré de la déesse. Ces monnaies étaient réputées pour leur forte teneur en argent.

L'enlèvement d'Europe

Europe était la fille du roi de Tyr, importante cité phénicienne. Zeus s'éprit d'elle, et, pour la séduire, prit l'apparence d'un taureau blanc, qui surgit de la mer, sur la plage où Europe et ses compagnes se divertissaient. D'abord craintive, la jeune fille s'approcha de l'animal puis s'assit sur son dos. Le dieu aussitôt se releva et s'enfuit jusqu'en Crète, où il s'unit à Europe. On comprend aisément le parti qu'un peintre comme Boucher a pu tirer d'un tel récit : représenter un groupe de jeunes femmes légèrement vêtues, et à leurs pieds un taureau, symbole de force virile, ayant pris l'apparence d'un animal familier.

Ce sont les Grecs qui ont inventé le nom d'Europe. Paradoxalement, dans le mythe, Europe était la fille du roi de Tyr, donc une Asiatique. Elle fut désirée de Zeus qui, sous l'apparence d'un taureau, l'enleva et la transporta jusqu'en Crète où il s'unit à elle. Elle eut pour fils le fameux Minos, en qui les Grecs voyaient le modèle du législateur et auquel ils attribuaient la construction d'un vaste empire maritime. Mais le mot Europe désignait aussi, dans la langue grecque, le continent par opposition au monde insulaire et à ce qu'ils appelaient l'Asie, c'est-à-dire l'actuelle Asie Mineure.

On pense que c'est Philippe de Macédoine qui contribua à répandre le nom d'Europe, lorsqu'il fixa aux Grecs comme objectif commun la conquête de l'Asie. Plus tard, à l'époque hellénistique, on assimila le nom géographique qui signifiait sans doute (terre) large à celui de l'héroïne mythique. Mais l'Europe ne doit pas seulement aux Grecs son nom. Elle leur doit aussi l'invention de la politique, c'est-à-dire du débat contradictoire qui précède la prise de décision. « Politique » vient de *polis*, mot que nous traduisons par cité, et qui désigne cette forme particulière d'État, communauté d'hommes libres rassemblée autour d'un centre urbain dont dépend le territoire environnant, la *chôra*.

On admet généralement que c'est à l'aube du VIIIe siècle avant J.-C. que se développèrent les premières cités grecques. Très vite, elles essaimèrent sur les rives de la Méditerranée, des colonnes d'Hercule (détroit de Gibraltar), à l'ouest, au Bosphore, et au-delà, à l'est, ce qui contribua à la diffusion de ce type d'État et de la civilisation dont il était porteur. Cette civilisation était fondée sur deux notions essentielles : liberté et égalité. La notion de liberté *(eleutheria)* définissait à la fois le statut du citoyen face aux dépendants de condition servile, et son indépendance par rapport aux autres peuples, ceux qui reconnaissaient l'autorité d'un maître. Le même mot, *despotès*, désignait en effet le maître de l'esclave et le souverain oriental, tels Darius ou Xerxès, contre qui les Grecs avaient défendu leur liberté au moment des guerres médiques. L'historien Hérodote comme le poète Eschyle ont bien exprimé cette opposition entre les hommes libres qu'étaient les Grecs et les esclaves qu'étaient les sujets du roi des Perses, le premier dans ses *Histoires*, le second dans sa tragédie *Les Perses*. Pendant les deux siècles qui ont suivi, les Grecs se sont efforcés de préserver cette liberté face au roi et à ses satrapes, puis face à Philippe de Macédoine et à son fils Alexandre.

Comme la liberté, l'égalité *(isotès)* était partie intégrante de la notion de polis. Certes, la notion d'égalité a présenté au cours de l'histoire du monde grec des contenus variables. Au départ, c'était l'égalité de ceux qui se considéraient eux-mêmes comme les meilleurs *(aristoi)*, qui avaient même voix au Conseil, même s'ils reconnaissaient à l'un d'entre eux, le *basileus*, le roi, une autorité de caractère sacré. Mais ce roi n'était que le *primus inter pares* (« premier parmi les égaux »). Cette égalité se traduisait en particulier par le partage du butin, dont chacun recevait la même part. Puis avec la nécessité de défendre le territoire de la cité contre les convoitises des voisins, les rangs de ceux qui participaient à la guerre s'élargirent et, par voie de conséquence, la revendication égalitaire se manifesta chez ceux, petits paysans en particulier, qui avaient été jusque-là écartés de la fonction guerrière. L'histoire du monde grec est marquée aux VIIe et VIe siècles avant J.-C. par ces progrès de l'égalité, soit que le groupe des pairs, élargi à l'ensemble des combattants (hoplites) ait obtenu un partage égalitaire de la terre (réel ou, plus vraisemblablement, limité aux territoires conquis), comme à Sparte, dont les citoyens se disaient *homoioi*, « semblables » ; soit que, comme à Athènes, l'égalité revendiquée ait été d'abord juridique et politique *(isonomie, isegorie)* pour aboutir à cette forme de régime politique que les Grecs appelaient la démocratie.

◀ *Delphes*
Le sanctuaire de Delphes était l'un des grands sanctuaires panhelléniques, communs à tous les Grecs. Il était principalement consacré à Apollon qui s'en était emparé, après avoir tué le serpent monstrueux qui avait la garde de l'oracle. À l'époque classique, les Grecs se rendaient à Delphes pour consulter la Pythie, une femme par la bouche de laquelle s'exprimaient les oracles du dieu. Tous les quatre ans se déroulaient à Delphes les jeux pythiques, grandes fêtes marquées par des concours athlétiques et musicaux. La richesse du sanctuaire et la réputation de l'oracle faisaient de Delphes un des hauts lieux de la Grèce.

▲ *Les hoplites*
Ce grand vase datant du VII*e siècle et sorti des ateliers corinthiens est l'un des témoignages les plus anciens sur la formation de combat qu'est la phalange hoplitique. Cette formation se répandit dans tout le monde grec dans le courant du* VII*e siècle. Elle se caractérisait par la similitude des soldats qui la composaient, tous portant sur le bras gauche le bouclier rond solidement tenu grâce à une poignée fixée au revers. La rapide diffusion de cette formation de combat contribua au développement de l'idée d'égalité entre les membres de la communauté civique qui se confondaient avec l'ensemble des hoplites.*

L'INVENTION DE LA DÉMOCRATIE

Certes, cette démocratie de laquelle l'Europe d'aujourd'hui se réclame ne concernait qu'une minorité des habitants de la cité. Les esclaves en étaient exclus, mais aussi les femmes, ce qui, somme toute, fut également le fait des démocraties modernes jusqu'à une date relativement récente. Mais les citoyens, qu'ils fussent riches ou pauvres, grands propriétaires, paysans, artisans, petits marchands de l'agora, avaient le même droit de prendre la parole dans l'Assemblée, et leurs voix étaient toutes égales, puisque c'est à la majorité des voix exprimées qu'étaient prises les décisions engageant la cité tout entière. Assurément, on votait à mains levées, ce qui, dans une assemblée qui rassemblait plusieurs milliers de personnes, permettait peut-être des pressions limitant la liberté de choix. Certes enfin, sur les trente mille citoyens que comptait Athènes vers la fin du Ve siècle, une fraction seulement se rendait plus ou moins régulièrement aux quelque quarante sessions annuelles de l'Assemblée du peuple. Il n'en reste pas moins que les décisions les plus importantes relevaient de cette Assemblée, comme en témoignent les nombreux décrets qui nous sont parvenus, et que le système a fonctionné presque sans interruption pendant un siècle et demi. Les deux seules tentatives pour substituer à la démocratie un régime oligarchique furent liées à des moments difficiles de l'histoire de la cité, l'échec de l'expédition de Sicile en 411, la défaite navale qui mit fin à la guerre du Péloponnèse en 405, et se heurtèrent à la résistance du *dêmos*, du peuple souverain.

LA NAISSANCE DE LA PENSÉE POLITIQUE

C'est peut-être là ce que la Grèce nous a légué de plus important. À la fois parce que ce fut une expérience exceptionnelle mais aussi parce qu'elle détermina la naissance de ce que l'on peut appeler la science politique, cette réflexion sur les différentes formes de régimes politiques, qui apparaît dès le milieu du Ve siècle dans le célèbre « dialogue perse » d'Hérodote, s'exprime dans la non moins célèbre oraison funèbre que Thucydide fait prononcer à Périclès et anime les dialogues de Platon, pour aboutir à cette grande œuvre qu'est la *Politique* d'Aristote, dont s'inspira Montesquieu lorsqu'il rédigea *De l'esprit des lois*. Mais c'est aussi la démocratie athénienne qui vit naître la tragédie au Ve siècle avec Eschyle, Sophocle et Euripide, le théâtre comique avec Aristophane, dont la liberté de ton faisait l'admiration du conventionnel français Camille Desmoulins lorsqu'il redoutait la chape de plomb que la Terreur faisait peser sur la libre expression, l'histoire avec Hérodote qui, bien qu'il ne fût pas athénien, séjourna longtemps à Athènes, et surtout avec Thucydide, la philosophie avec Platon, puis Aristote, la rhétorique avec Isocrate, l'art oratoire avec Démosthène, le prototype de l'homme politique dont les accents résonnent de façon parfois tellement moderne. Et c'est aussi dans l'Athènes démocratique que Phidias put réaliser les œuvres les plus significatives de l'art classique.

Des siècles certes nous séparent de l'Athènes de Périclès et de Démosthène. Les structures sociales et politiques de l'Europe d'aujourd'hui sont différentes, et les institutions des petites cités de la Grèce antique ne sont pas imaginables dans le monde contemporain. Mais il reste cet héritage d'un peuple qui, le premier, a su inventer des notions auxquelles nous demeurons plus que jamais attachés.

L'OSTRACISME

C'est avec ces tessons de poterie (ostraka) que les citoyens d'Athènes exprimaient leur vote lorsque l'Assemblée du peuple avait décidé de recourir à la procédure d'ostracisme. Elle consistait à éloigner de la cité pour une durée de dix ans un citoyen jugé trop ambitieux ou représentant une menace pour la démocratie. Aristide et Thémistocle, les deux hommes politiques les plus influents d'Athènes dans les premières décennies du Ve *siècle, furent l'un et l'autre frappés d'ostracisme, le premier en 482, le second en 472.*

UNE « MACHINE À VOTER »

De nombreux magistrats athéniens étaient recrutés par la procédure du tirage au sort, jugée plus démocratique que l'élection. Néanmoins, ce tirage au sort avait lieu à partir de listes de noms établies au niveau des dèmes, ces circonscriptions territoriales mises en place par Clisthène à la fin du VIe *siècle. Il se déroulait lors d'une réunion du Conseil (Boulè). On utilisait alors cette sorte de machine (kleroterion) dans laquelle on introduisait des plaques de bronze qui avaient préalablement été remises aux candidats. Le système extrêmement complexe permettait en particulier le recrutement des juges des tribunaux populaires, des archontes et des membres du Conseil.*

v. 1600-1400 apogée de la civilisation minoenne en Crète.

v. 1400-1200 apogée de la civilisation mycénienne.

v. 750 fondation de Cumes en Campanie. Début de l'expansion grecque en Méditerranée.

v. 600 fondation de Marseille.

594 ou 593 archontat de Solon à Athènes.

561-510 tyrannie des Pisistratides à Athènes.

508 ou 507 réformes de Clisthène. Établissement de l'isonomie (régime d'égalité devant la loi).

491-490 première guerre médique. Marathon.

481-479 deuxième guerre médique. Salamine. Platées.

478-477 fondation de la ligue de Délos.

447-438 construction du Parthénon.

431-405 guerre du Péloponnèse.

429 mort de Périclès.

411-410 première révolution oligarchique à Athènes.

404-403 deuxième révolution oligarchique à Athènes.

399 procès et mort de Socrate.

378 ou 377 seconde confédération maritime d'Athènes.

359 ou 358 avènement de Philippe de Macédoine.

347 mort de Platon.

338 défaite des Grecs à Chéronée.

336 assassinat de Philippe et avènement d'Alexandre.

322 fin de l'indépendance d'Athènes. Mort de Démosthène.

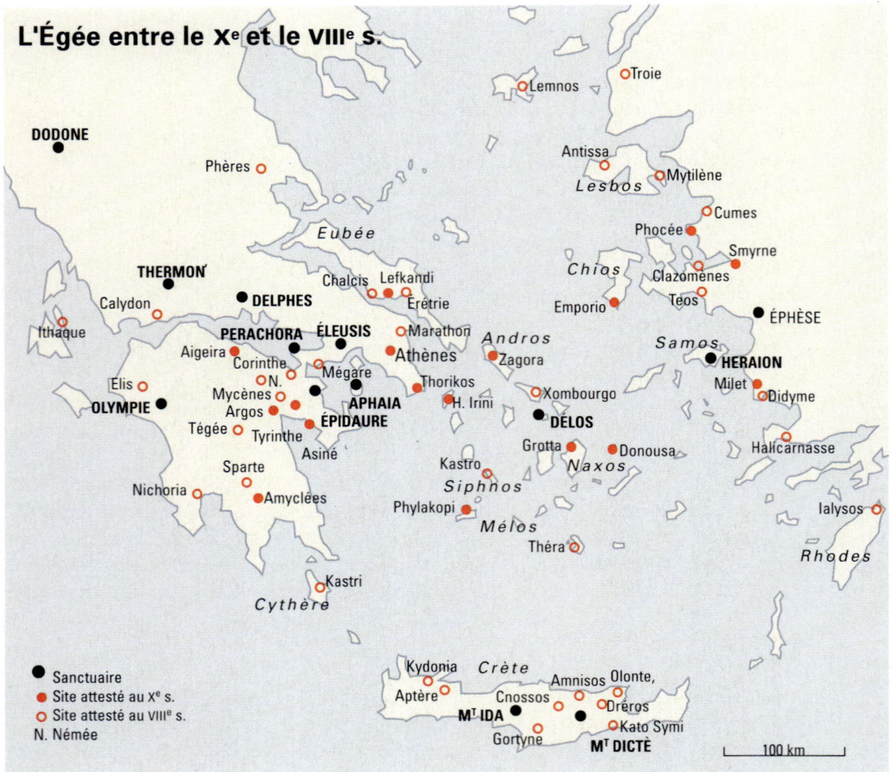

◀ *Depuis la fin du XIIIe siècle, de nombreux sites du monde égéen avaient disparu, abandonnés par leurs habitants. Une première renaissance s'entrevoit à partir du Xe siècle. Mais c'est avec la fin du IXe siècle que de nombreux sites commencent à être réoccupés cependant que se développent des sanctuaires où affluent des offrandes. Au VIIIe siècle, c'est la naissance ou la renaissance des cités, annonciatrice des débuts de la civilisation grecque.*

▼ *Entre le milieu du VIIIe siècle et la fin du VIe siècle, des Grecs partis du continent hellénique, des îles et des côtes d'Asie Mineure, essaiment sur le pourtour méditerranéen et autour de la mer Noire. Les premiers établissements apparaissent en Italie du Sud et en Sicile, puis le mouvement s'étend, élargissant démesurément le monde grec. Chaque établissement est une cité autonome, qui ne conserve que des liens assez lâches avec sa ou ses métropoles (cités mères). Dans leur expansion vers l'ouest, les Grecs se heurtèrent aux Phéniciens, établis en Sicile, et aux Étrusques, cependant qu'ailleurs il leur fallut souvent réduire en servitude les populations indigènes au milieu desquelles ils s'installaient.*

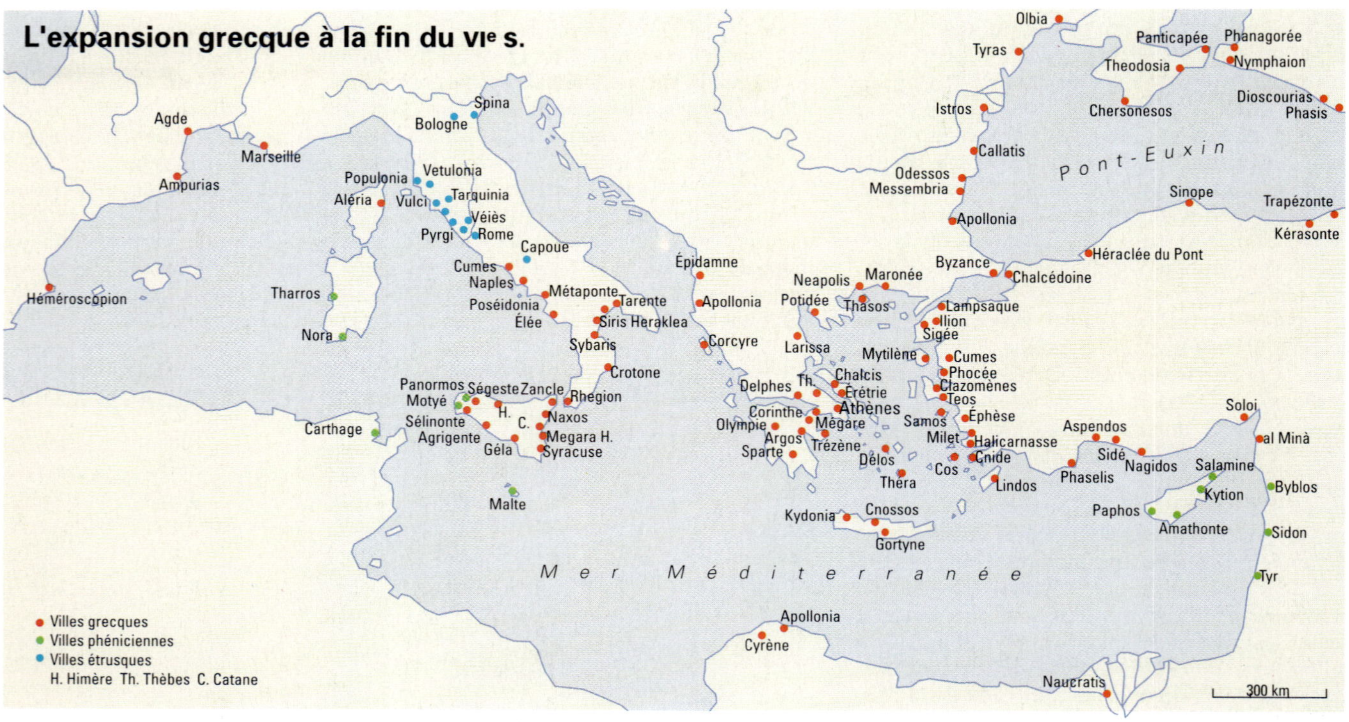

LE MYTHE DE L'ATLANDIDE

Le mythe de l'Atlantide est l'un de ceux qui ont suscité le plus grand nombre de commentaires et fait naître les hypothèses les plus hasardeuses. L'histoire du royaume des Atlantes et de sa chute, telle qu'elle aurait été rapportée par les prêtres de Saïs en Égypte au législateur athénien Solon, se trouve exposée dans deux dialogues de Platon, le Timée *et le* Critias. *Depuis l'Antiquité, on s'est efforcé de situer cette Atlantide dans le temps et dans l'espace. Or, comme l'a montré P. Vidal-Naquet, cette cité des Atlantes est en fait le modèle, le paradigme de l'Athènes impériale du Ve siècle, la cité corrompue par le voisinage de la mer et la puissance impérialiste, que Platon oppose à l'Athènes primitive, immuable et éternelle comme la cité idéale de la* République. *L'anéantissement de la cité des Atlantes marque le triomphe de la cité-une, de l'Athènes primitive. Mais celle-ci à son tour, par un jeu de bascule, « devient l'Atlantide »* (Le Chasseur noir, *pp. 335-360).*

DEUX JUGEMENTS SUR LA DÉMOCRATIE ATHÉNIENNE

L'historien grec Thucydide faisant parler Périclès : « Notre régime politique ne se propose pas pour modèle les lois d'autrui, et nous sommes nous-mêmes des exemples plutôt que des imitateurs. Pour le nom, comme les choses dépendent non pas du petit nombre mais de la majorité, c'est une démocratie. S'agit-il de ce qui revient à chacun ? La loi, elle, fait à tous, pour leurs différends privés, la part égale, tandis que, pour les titres, si l'on se distingue en quelque domaine, ce n'est pas l'appartenance à une catégorie, mais le mérite qui vous fait accéder aux honneurs ; inversement, la pauvreté n'a pas pour effet qu'un homme pourtant capable de rendre service à l'État en soit empêché par l'obscurité de sa situation. Nous pratiquons la liberté, non seulement dans notre conduite d'ordre politique, mais pour tout ce qui est suspicion réciproque dans la vie quotidienne : nous n'avons pas de colère envers notre prochain, s'il agit à sa fantaisie, et nous ne recourons pas à des vexations qui, même sans causer de dommage, se présentent au-dehors comme blessantes. » Thucydide, II, 37, 1-2 (trad. de J. de Romilly).

L'historien anglais contemporain M. I. Finley : « Chez eux [les Athéniens], et peut-être dans quelques démocraties plus modestes de type athénien, le mot isonomia *que nous traduisons par "égalité devant la loi" en vint à signifier égalité par la loi ; autrement dit, égalité de droits politiques pour tous les citoyens, une égalité créée par des développements constitutionnels, par la loi. On entendait par là non seulement le droit de voter, de remplir des charges, etc. , mais avant tout le droit de participer à la prise de décision au Conseil et à l'Assemblée. À l'Assemblée athénienne, le héraut ouvrait les débats par la proclamation que voici : "Qui peut, qui veut donner un avis sage à sa polis ?" C'est cela la liberté, dit Thésée (*Suppliantes*, 438-441). Protagoras explique pourquoi il en est ainsi : "Lorsqu'il s'agit de prendre conseil sur une question de sagesse politique, ils laissent parler le premier venu, convaincus qu'ils sont que tous doivent avoir part à cette sagesse, pour qu'il puisse exister des cités" (Platon,* Protagoras*, 322c-323a). On forgea même, au début du Ve siècle, un mot grec pour exprimer cela, le mot* isegoria*, "liberté de parole", qui n'est pas tant notre notion négative d'absence de censure qu'une liberté plus significative, celle de donner son avis là où cela importe le plus, à l'Assemblée de tous les citoyens. » M. I. Finley,* L'Invention de la politique*, Paris, Flammarion, 1985, p. 198.*

▼ ***Les banquets***
Cette fresque provient d'une tombe de Paestum, l'ancienne Poséidonia, en Italie méridionale. Le banquet était en effet une institution importante dans la vie sociale des anciens Grecs. À l'époque archaïque, la participation aux banquets publics était signe d'une appartenance à la communauté civique. À l'époque classique, public ou privé, le banquet conservait une partie du caractère sacré lié à ses origines. Il suivait en effet le repas, lui-même précédé d'un sacrifice. Les participants, des hommes exclusivement, buvaient couchés sur des lits du vin coupé d'eau que leur présentaient dans des coupes de jeunes esclaves, hommes ou femmes. Certains banquets pouvaient être l'occasion de discussions prolongées, comme dans le dialogue de Platon qui porte ce nom, discussions entrecoupées d'intermèdes musicaux et parfois de danses. Il s'agissait là de banquets privés se déroulant dans les maisons de riches particuliers. Les banquets publics rassemblaient lors des grandes fêtes religieuses ceux des citoyens qui avaient participé à la procession et assité au sacrifice, moment essentiel de la cérémonie. Ils étaient présidés par les magistrats de la cité.

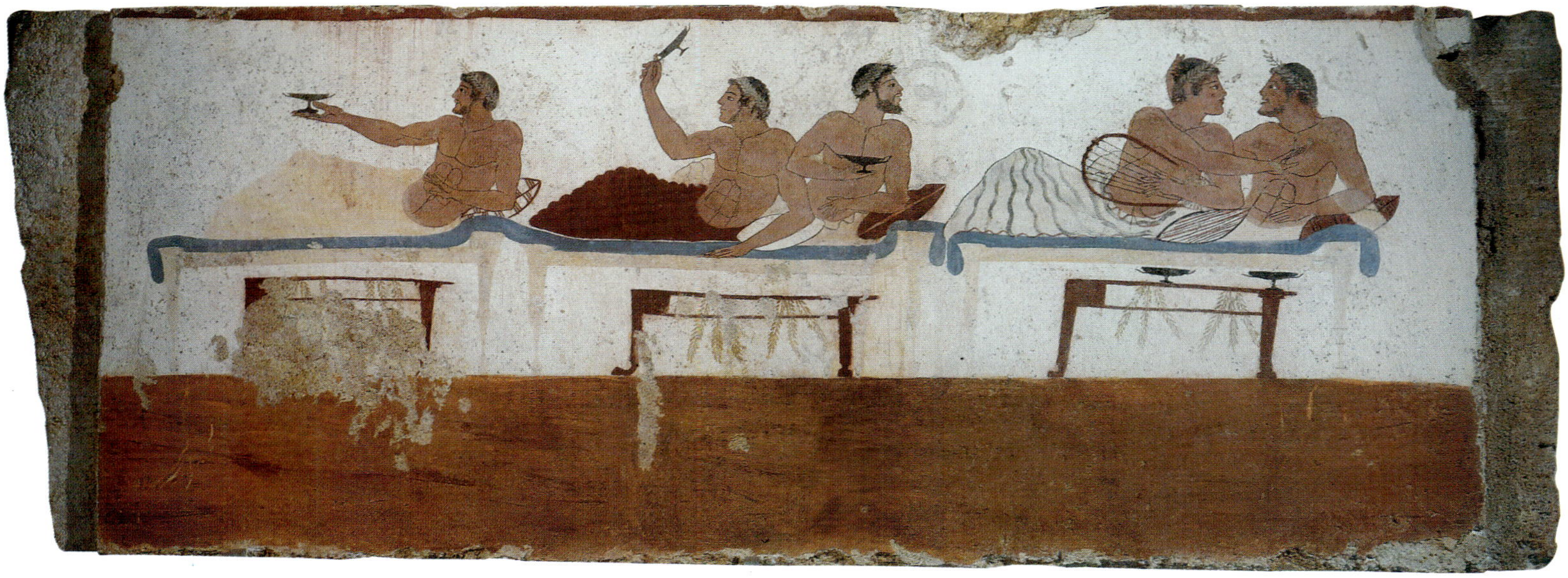

Au lendemain des guerres médiques, sous prétexte de libérer les Grecs d'Asie de la domination perse, Athènes forma avec les cités des îles de l'Égée une alliance dont le centre fut le sanctuaire d'Apollon à Délos. Très vite, grâce aux victoires remportées par les stratèges athéniens, l'alliance s'étendit aux cités libérées du joug perse. Mais en même temps, elle se transforma insensiblement en empire, Athènes envoyant des colonies militaires (clérouquies) sur le territoire de certaines cités jugées peu sûres, intervenant dans les affaires intérieures de ces mêmes cités, cependant que le tribut levé sur les alliés et destiné à la défense commune couvrait de plus en plus les dépenses athéniennes, en particulier la reconstruction des monuments de l'Acropole, détruits par les Perses lors de la seconde guerre médique. ▶

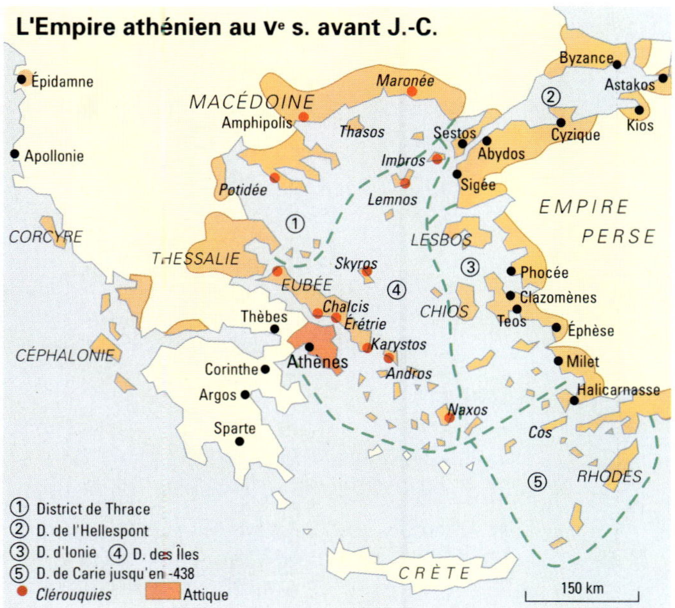

« L'Europe, nourrice du peuple victorieux de toutes les nations, la plus belle des contrées de la terre… » Pline l'Ancien, dans son **Histoire naturelle** *écrite au* I*er siècle de notre ère, ne marchande pas ses éloges au continent par lequel il commence sa description du monde. Il est clair toutefois que, pour lui, le plus beau titre de gloire que puisse revendiquer l'Europe, c'est d'avoir été le berceau de la ville qui a conquis l'univers, de Rome. D'une manière générale, les Romains concevaient l'Europe comme une réalité géographique, non comme une entité politique ou culturelle distincte, présentant des caractères propres.*

L'unité de l'Europe, les Romains la feront certes – au moins partiellement – mais au sein d'un plus vaste empire qui s'étendait sur toutes les rives de la Méditerranée et plus ou moins loin à l'intérieur des terres, des colonnes d'Hercule (le détroit de Gibraltar) jusqu'à Palmyre en Syrie, du *Flevo* (le Zuiderzee) à la *Palus Libya* (le chott el-Djérid). Le seul ciment qui assure la cohésion d'un ensemble aussi vaste et aussi disparate, c'est Rome elle-même. La Ville est autre chose et plus que la capitale d'un empire multiforme. Elle *est* l'Empire. Le poète Ovide formulait cette idée de manière frappante, dans les premières années de l'ère chrétienne : « L'étendue de la ville de Rome et celle du monde sont les mêmes » *(Romanae spatium est urbis et orbis idem)*. En conquérant l'Italie, l'Europe (et l'Asie, et l'Afrique), le monde, les Romains ne sont pas devenus italiens, ou européens, ou citoyens du monde. Ils ont fait exactement l'inverse : ils ont fini par transformer tous les hommes libres de leur immense empire en citoyens romains (Constitution antoninienne de 212, promulguée par Caracalla).

Tout dans l'Empire ramène donc à Rome. Or Rome est elle-même, pendant très longtemps, bien davantage tournée vers l'Orient que vers l'Occident. Idéologiquement d'abord. Les Romains se sont intéressés, assez tôt, à leur propre généalogie légendaire. Au IIe siècle avant J. -C. , un homme politique de premier plan, Caton le Censeur, écrit une œuvre qu'il intitule *Les Origines* (titre que les Grecs traduisaient par *Généalogies*). Il y reprend la thèse – depuis longtemps déjà en circulation – d'une provenance orientale des Romains : Énée et quelques compagnons auraient survécu à la prise de Troie par les Grecs ; ils auraient rejoint le Latium, s'y seraient établis avant que leurs descendants n'y fondent Rome, exactement 432 ans plus tard. Si Rome, par conséquent, pense appartenir à une famille culturelle, c'est plutôt vers l'Asie Mineure qu'elle regarde. Et qu'il s'agisse en l'espèce d'une pure illusion généalogique ne change rien à l'affaire.

Dans les faits aussi, Rome s'est pendant longtemps davantage intéressée à l'Orient hellénisé qu'à l'Occident barbare. Si elle s'aventure de ce côté hors

Porte-enseigne romains (bas-relief de la colonne Trajane)

Les enseignes militaires qui sont « comme des statues divines » (Denys d'Halicarnasse) sont conservées, dans le camp de l'armée en campagne, à l'intérieur d'une « chapelle des aigles ».

L'INTÉGRATION DES ÉLITES LOCALES

Le recrutement du Sénat romain reste longtemps très fermé. Il ne s'ouvre que progressivement aux élites italiennes (surtout sous César) puis provinciales. En 48, l'empereur Claude annonce son intention de nommer des sénateurs gaulois. C'est une levée de boucliers : « L'Italie n'était pas si malade qu'elle ne pût fournir un sénat à Rome […]. N'était-ce pas assez que des Vénètes et des Insubres aient fait irruption dans le sénat sans y faire entrer, avec cette foule d'étrangers, comme la captivité même ? […] Ils allaient tout envahir, ces riches dont les aïeuls et les bisaïeuls […] avaient assiégé le divin Jules César à Alésia. »
Claude fait valoir, face aux tentations de repliement, la tradition romaine d'intégration des vaincus, fondement du succès de l'Empire : « Je n'ignore pas que l'Étrurie, la Lucanie, l'Italie entière ont fourni des sénateurs […]. Regrette-t-on que les Balbus soient venus d'Espagne, et d'autres hommes non moins illustres de la Gaule narbonnaise ? […] Pourquoi Sparte et Athènes, si puissantes par les armes, ont-elles péri, sinon pour avoir repoussé les vaincus comme des étrangers ? Notre fondateur Romulus eut assez de sagesse pour, le même jour, regarder bien des peuples en ennemis puis en citoyens ! » (Tacite, Annales, *XI, 23-24).*

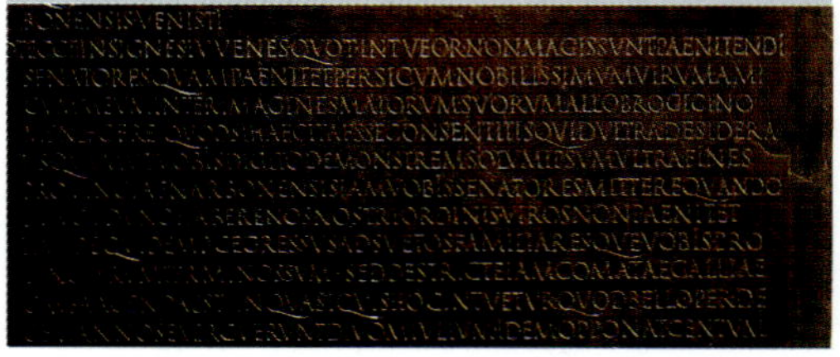

La construction d'un camp retranché
C'est un art dans lequel l'armée romaine en campagne est passée maître. Tâche essentielle, souvent surveillée par l'empereur en personne, elle scande comme un leitmotiv la frise figurée qui se déroule autour de la colonne Trajane, à Rome, et qui représente les deux guerres daciques (101-106 apr. J.-C.) menées par Trajan et ses troupes dans la région correspondant à peu près à la Roumanie actuelle. Quant au fortin permanent, il constitue un facteur de romanisation. Celui de Gariannonum (aujourd'hui Burgh Castle dans le Suffolk), bâti sans doute au IIIe siècle de notre ère pour s'opposer aux incursions des pirates, doit son remarquable état de conservation à sa réutilisation à l'époque saxonne. Rectangulaire, il couvre 2 hectares, et ses murs (on voit sur la photographie ci-contre le côté est) sont renforcés de puissants bastions.

d'Italie, ce sont d'abord les nécessités de la lutte contre Carthage qui l'y poussent. La Sicile, la Sardaigne et la Corse, l'Espagne sont ainsi occupées dans la seconde moitié du IIIe siècle avant J.-C., pour en chasser l'ennemi. La création de la province de Narbonnaise apparaît comme un complément indispensable de ce dispositif puisqu'il s'agit de jeter un pont entre les deux péninsules, ibérique et italienne. Ce n'est qu'avec la conquête des Gaules par Jules César (avec ses incursions en Germanie et en Bretagne, qui anticipent sur les campagnes militaires de ses successeurs) qu'on assiste vraiment à un rééquilibrage de l'expansion romaine vers l'Occident.

LE PARTAGE DU MONDE

Ce nouvel équilibre trouve son expression politique peu de temps après la mort du dictateur. À Brindes (Brindisi), en septembre 40 avant J.-C. , deux de ses lieutenants, Lépide et Antoine, et son fils adoptif, Octave, se partagent le monde. Le premier reçoit l'Afrique, le deuxième l'Orient, le troisième l'Occident. La ligne de démarcation entre est et ouest passe par Scodra (au nord de l'Albanie actuelle), où aboutit également la frontière linguistique entre pays de langue grecque et pays de langue latine.

L'entente entre les trois hommes ne dure guère. Alors que l'affrontement paraît inévitable, Octave tente de cimenter autour de sa personne la cohésion des provinces occidentales. À la suite de l'Italie, les Gaules, les Espagnes, la Sicile et la Sardaigne (ainsi que l'Afrique, Lépide ayant été neutralisé) lui prêtent serment d'allégeance. Tient-on là l'embryon d'une conscience européenne, que le conflit contre l'Asie contribuerait à former ? Non. Car lorsque la bataille décisive a lieu (à Actium, le 2 septembre 31), la propagande augustéenne la présente comme le choc des Orientaux innombrables contre... l'Italie et Rome, et seulement elles. Des provinciaux fidèles, Virgile, à qui l'on doit une description mémorable du combat naval, ne dit pas un mot. Ce n'est que peu à peu que l'intégration des élites locales, l'avènement d'empereurs provinciaux (Trajan et Hadrien sont espagnols, Antonin le Pieux est issu d'une famille nîmoise, etc.), une décentralisation toujours plus poussée (jusqu'à Dioclétien qui, en s'associant avec un deuxième Auguste et avec deux Césars, fait de l'empire une tétrarchie), minent la primauté de Rome et de l'Italie au profit des blocs provinciaux. Au terme de ce processus d'éclatement, la vieille capitale du monde elle-même s'efface. Rome n'est plus dans Rome, elle n'est même plus en Europe. Lorsque la « nouvelle Rome », Constantinople, est solennellement dédicacée, le 11 mai 330, la division de l'Empire est déjà consommée.

LES CULTES

L'historien Tite-Live (64 ou 59 av. J.-C. -17 apr. J.-C.) signale, après une défaite des Espagnols devant les Romains, que ces derniers ne considéraient pas un peuple comme pacifié s'il n'avait pas livré « toutes choses divines et humaines ». Les vaincus perdent en quelque sorte leur identité religieuse. Le vainqueur décide s'il y a lieu de tolérer, en les contrôlant, leurs cultes qu'on appelle alors « municipaux ». À ce repli fait pendant la diffusion des dieux de Rome. Dans chaque colonie s'élève, pour Jupiter, Junon et Minerve, un « Capitole », à l'imitation du vénérable temple tripartite qui domine le Forum romain. D'autres cultes gréco-romains s'implantent solidement : celui, thérapeutique, d'Esculape, celui d'Hercule, etc. Il arrive aussi que divinités indigènes et romaines coexistent : le pilier des bateliers de la Seine juxtapose Jupiter, Vulcain, Castor et Pollux à une série purement gauloise – Cernunnos, Smertrios, Ésus, Tarvos Trigaranus. L'empereur n'est pas divinisé tant qu'il est vivant : on ne s'adresse pas directement à lui, mais (comme le font, par exemple, d'autres bateliers, du lac Léman cette fois) à son numen, sa « puissance créatrice ». Ce n'est qu'après leur mort que les empereurs reçoivent un véritable culte.

227 av. J.-C. premières *provinciae* (possessions de Rome hors de l'Italie) : Sicile, Sardaigne, Corse.
222 av. J.-C. prise de Milan. Rome, déjà maîtresse du Sud italien et de l'Étrurie, occupe la Gaule Cisalpine. L'Italie est unifiée. Tous ses habitants mâles libres seront faits citoyens romains, entre 90 et 49.
206 av. J.-C. Scipion (l'« Africain ») prend l'Espagne aux Carthaginois. La conquête sera achevée par Auguste, en 26-19 av. J.-C.
118 av. J.-C. colonie de *Narbo Martius* (Narbonne) puis constitution de la Narbonnaise.
58-51 av. J.-C. conquête des Gaules par César. Trois provinces organisées : l'Aquitaine, la Lyonnaise, la Belgique.
40 av. J.-C. paix de Brindes : Octave, reçoit l'Occident, et Antoine, l'Orient. La ligne de partage passe par Scodra. À Lépide, le troisième *triumvir*, échoit l'Afrique.
27 av. J.-C. Octave devient Auguste. Institution du principat. Les provinces sont réparties entre le Sénat et le *princeps*.
15 av. J.-C.-16 apr. J.-C. pacification des Alpes. Au nord de celles-ci sont créées les provinces de Rhétie (Tyrol, plateaux souabe et bavarois) et de Norique (Autriche). Trente ans d'efforts peu concluants pour pousser jusqu'à l'Elbe, et l'anéantissement de trois légions dans le Teutoburger Wald (9 apr. J.-C.) amènent Rome à renoncer à l'essentiel de la Germanie. Les frontières de l'Empire sont désormais fixées au Rhin et au Danube.
43 conquête de l'Angleterre un siècle après l'expédition de César.
212 édit de Caracalla.
284-305 règne de Dioclétien qui établit la tétrarchie.
330 dédicace de Constantinople. Division de l'Empire en 4 préfectures : Oriens (Constantinople), Illyricum (Sirmium), Italia (Milan), Gallia (Trèves).
395 partage définitif de l'Empire : Arcadius obtient l'Orient, Honorius l'Occident.

◀ ***Le marquage de l'espace : les voies romaines***
La romanisation des territoires conquis n'est pas seulement affaire d'administration ou de mentalités. Elle façonne aussi, très concrètement, les paysages, urbains et ruraux. Cette empreinte est encore très largement visible aujourd'hui, dans la topographie (routes, cadastres) et dans les plans de villes (centres historiques).
Les voies romaines possèdent une finalité avant tout stratégique. La première de ces artères à devoir son nom à un magistrat, la via Appia *du censeur Appius Claudius Caecus en 312 av. J.-C. accompagne l'expansion conquérante de Rome vers l'Italie du Sud hellénisée : Capoue, puis Tarente et Brindes. Sur l'autre rive du canal d'Otrante, à partir de 148, la* via Egnatia *taille à travers la presqu'île balkanique, de Durazzo (Dyrrachium) à Byzance. Vers l'ouest, la* via Aurelia *va de Rome au Rhône en suivant le littoral. Elle est prolongée (en 121) par la* via Domitia *qui franchit les Pyrénées au Perthus et redescend vers Tarraco (Tarragone). Le réseau ne cesse par la suite de devenir plus dense et va fournir à l'Europe une infrastructure qui demeurera en grande partie inchangée des siècles durant. Parallèlement se développe une cartographie spécifique. L'exceptionnel document connu sous le nom de « table de Peutinger », ci-contre, est la copie médiévale d'un itinéraire peint antique. Les routes sont représentées rayonnant à partir de la figure couronnée de Rome, de la* via Ostensis *– d'Ostie – (à droite) à la* via Aurelia *(à gauche), en passant par la* via Appia, *la* via Latina, *la* via Labicana, *etc.*

La batellerie ▶
Surtout utilisée pour le transport des denrées alimentaires, la batellerie est d'autant plus développée que la nature du pays s'y prête. Le géographe Strabon fait l'éloge, au Ier siècle de notre ère, du réseau hydrographique de la Gaule : « Les cours d'eau sont si heureusement distribués les uns par rapport aux autres qu'ils assurent dans les deux sens les transports d'une mer à l'autre, les marchandises ayant peine à être voiturées par terre… Le plus souvent, on les transporte par les voies fluviales en choisissant les unes pour la descente, les autres pour la montée. Le Rhône présente à cet égard des avantages exceptionnels puisqu'il reçoit des affluents venus de plusieurs directions. »

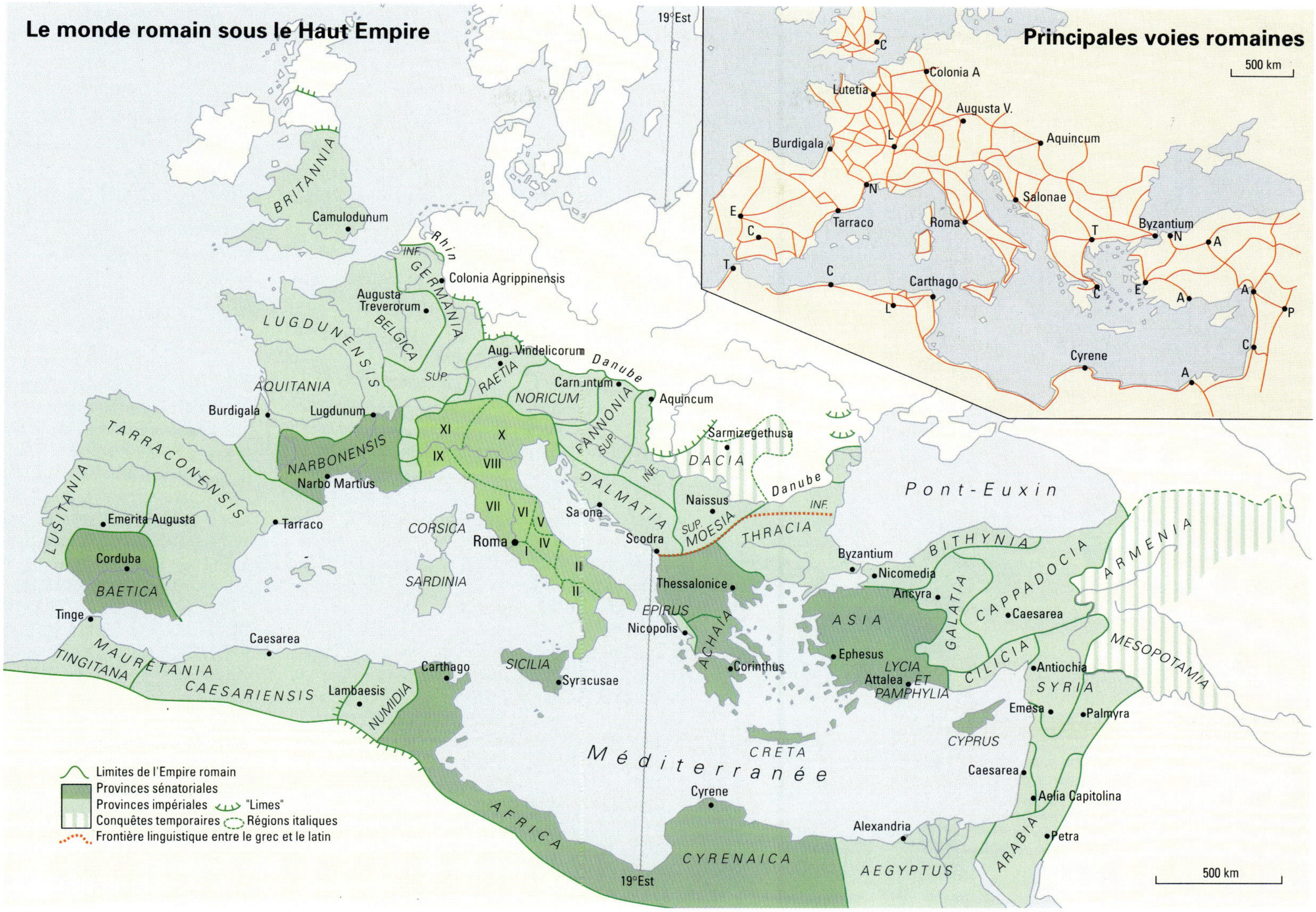

▲ *La via Appia*
Elle se dirige, au sortir de Rome, vers les monts Albains. Bordée de tombeaux plus ou moins riches et de pins parasols, elle a conservé par endroits son revêtement de larges dalles de lave.

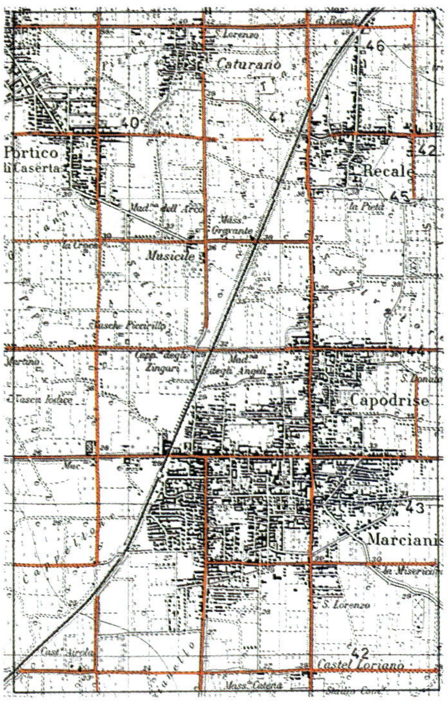

◄ *Le marquage de l'espace : les cadastres romains (centuriations)*
Ils se reconnaissent à leur maillage orthogonal construit sur deux axes (le cardo *et le* decumanus*) et aux modules mis en œuvre. Le plus courant sert à construire un carré de 20* actus *(2 400 pieds = 710, 40 m de côté) qu'on retrouve aussi bien en Italie qu'en France, en Espagne qu'en Suisse ou en Afrique du Nord. L'examen des photographies aériennes (ou prises de satellite), et surtout celui des cartes d'état-major modernes révèlent la permanence de ce parcellaire « fossilisé ». Ci-contre, un feuillet de l'IGM (IGN italien) de la plaine entre Caserte et Naples montre clairement que la viabilité traditionnelle, les limites de propriété, le plan des petites agglomérations (Recale, Marcianise, etc.) dessinent au sol des carrés de 706 m de côté. Il s'agit de la grande centuriation de l'*ager Campanus*, c'est-à-dire du territoire de Capoue confisqué par les Romains dès la deuxième guerre punique (fin du* III*e siècle avant J.-C.) et loti par la suite. Les opérations d'arpentage, exécutées par des spécialistes (*agrimensores*), intéressaient au premier chef les territoires assignés à des colons (citoyens romains pauvres et soldats démobilisés). Le noyau urbain des colonies, lorsqu'il est créé* ex nihilo*, adopte un plan régulier (divisé en îlots –* insulae *– rectangulaires) que le tissu urbain des centres historiques a souvent pérennisé.*

S'il est incontestable que la Bible constitue l'une des sources de la pensée et de la culture européennes on ne peut oublier que, dans son origine — le peuple juif du Proche-Orient —, comme dans sa lente élaboration — sur une douzaine de siècles avant l'ère chrétienne — elle leur fut d'abord étrangère. En outre, c'est par une sorte d'éclatement interne au peuple juif que la Bible parvint en Europe, c'est-à-dire par la prédication et l'expansion du christianisme. Une acclimatation fut donc nécessaire. Relativement lente, elle conduit à distinguer deux grandes étapes, celle qu'inaugure la prédication même de l'Évangile et qui assure une présence chrétienne à Rome dès la seconde moitié du Ier siècle, et celle qui coïncide avec la naissance de l'imprimerie, à la fin du XVe siècle.

Moïse, Michel-Ange

Projet du tombeau de Jules II, Rome, église Saint-Pierre-aux-Liens.

Dans l'appropriation de la Bible par ce qui allait devenir le territoire européen ont joué, d'une part, deux langues — le grec puis le latin — et, d'autre part, un principe de lecture, le principe allégorique.

Alors que, dans leur majeure partie, les Écritures – c'est-à-dire bientôt, pour les chrétiens, l'Ancien Testament – furent originellement écrites en hébreu, c'est le *grec* qui permit de les faire connaître à travers un monde méditerranéen hellénisé, l'Évangile étant répandu dans cette langue. Ce fut donc une traduction, certes ancienne puisqu'elle avait été entamée à Alexandrie dès la fin du IIIe siècle avant notre ère et dans un contexte juif, qui fit accéder l'Europe à la Bible.

Issu pour une large part de l'Église d'Afrique, l'usage du latin, surtout à partir de la traduction de saint Jérôme à la fin du IVe siècle, allait confirmer au cours des dix siècles suivants la prééminence de la Bible latine – la Vulgate – dans la conscience religieuse de l'Europe occidentale.

Consistant à voir dans les personnages et dans les événements de l'Ancien Testament des figures et des annonces du Christ et de l'Église, la *pratique allégorique* contribuera puissamment à l'acclimatation de la Bible dans un univers de pensée où elle apparaissait d'abord comme étrangère et étrange.

Corrélativement, le principe même de l'Incarnation apporte à l'expression artistique, fresques et mosaïques notamment (par exemple à la fin du IVe siècle les mosaïques de Sainte-Marie-Majeure à Rome ; celles de Ravenne, au Ve siècle), un principe fondateur et justificateur.

Il est clair que, de Hilaire de Poitiers (315-367) à Césaire d'Arles (470-543) pour s'en tenir à l'extrême ouest, la réflexion théologique mais aussi morale se nourrira abondamment de la lecture biblique. Les quatre « docteurs d'Occident », Augustin (354-430), Jérôme (347-419), Ambroise (340-397) et Léon (? -461), en témoignent, même si les Églises d'Orient restent plus riches, quant au nombre et au contenu d'expression des Pères de l'Église.

Progressivement aussi, avec la venue de Jean Cassien (v. 360-v. 432) (de Palestine et d'Égypte, à la fin du IVe siècle) dans le sud de la Gaule, et bientôt avec la fondation du monachisme occidental par Benoît de Nursie (v. 480-v. 547), la Bible et sa lecture allégorique pénètrent en quelque sorte les âmes après avoir investi les intelligences théologiennes au cours des quatre premiers siècles. Passant dans les consciences individuelles par la méditation personnelle, la Bible, devenue « miroir de l'âme », est, dès le VIe siècle, acclimatée à une chrétienté européenne qui peut désormais la dire sienne.

Certes, la faible alphabétisation comme la relative rareté des manuscrits limitent nécessairement une connaissance directe du texte. Mais les résultats sont là, à travers les documents patristiques, monastiques et artistiques, pour obliger à reconnaître que, dès le pontificat de Grégoire Ier le Grand (590-604), la Bible a produit sur une large part du territoire européen, par-delà les seules exigences doctrinales, une véritable culture.

Du sud de l'Italie à l'Irlande, de la Germanie à l'Espagne, la Bible est, aux VIIe et VIIIe siècles, un facteur important de cette culture qui traverse désormais la partie septentrionale de l'ancien Empire romain et ignore les limites des territoires de tribus ou de sphères d'influence, avant de se répandre parmi les Slaves, d'abord de Moravie, à partir du IXe siècle, puis en Islande et en Scandinavie à partir du XIe.

Une culture savante se manifeste là incontestablement, qui n'est pas mépris ou ignorance du peuple.

La liturgie et son cadre d'églises, romanes et gothiques, à fresques, chapiteaux, tympans et tapisseries, où se donnent sur les parvis les représentations des « mystères », permettent déjà au peuple un contact à la fois affectif et esthétique avec une expression religieuse issue de la Bible.

Mais c'est avec la « Bible des pauvres », sous la forme d'images exposées et commentées, que la connaissance biblique est le plus directement

Le Sacrifice d'Isaac ▶
le Caravage
La psychanalyse, de Freud à Lacan, a permis de reconnaître dans l'interprétation de la Bible par les peintres et les sculpteurs autre chose que le seul souci thématique et plastique. Plus qu'à analyser ou à psychanalyser, leurs œuvres font très souvent pressentir l'inconscient auquel ils fournissent une expression.

popularisée. Une scène d'évangile, en général de la Passion du Christ, encadrée de deux ou quatre scènes de l'Ancien Testament, vulgarise la lecture allégorique jusqu'à la veille d'une époque nouvelle qui, en critiquant cette lecture, traditionnelle depuis près de quinze siècles, marque la seconde étape de la prise en compte de la Bible par l'Europe.

LE RETOUR AUX ÉCRITURES

Au commencement de la seconde étape jouent deux éléments tout à fait différents. En premier lieu, la conviction, perceptible tout au long du XVe siècle, selon laquelle l'Église, dans ses institutions, ses mœurs (celles du clergé notamment) et sa théologie (la scolastique), a besoin de réformes. Pour cela s'impose le retour à la lecture des Écritures et des saints Pères, c'est-à-dire des Pères de l'Église. En second lieu, l'apparition dès 1455 d'une nouvelle technique, l'imprimerie. Cette exigence de retour aux Écritures, d'abord tenue par les humanistes puis accentuée par les réformateurs protestants, ira de pair avec une redécouverte, par-delà le latin de la Vulgate, des textes originaux, en grec et surtout en hébreu. Et si la première impression de la Bible par Gutenberg en 1455, à Mayence, est celle de la Vulgate, très vite s'imposeront non seulement l'idée d'éditer les textes grecs et hébreux, mais aussi celle de les traduire en langues usuelles.

Alors que l'exigence de départ est fondamentalement religieuse, et l'imprimerie considérée comme providentielle, un double effet de « sécularisation » va, paradoxalement, se manifester assez vite : d'une part, la vulgarisation par l'imprimerie arrache la Bible à sa seule réception par l'Église ; d'autre part, la multiplication des traductions en toutes les langues parlées alors en Europe marque naturellement la culture intellectuelle de l'époque, en particulier dans la fixation ou l'ennoblissement de la langue de traduction. On pense ici, en particulier, à l'allemand, grâce à la traduction de la Bible faite par Luther à partir de 1522, mais aussi à l'anglais.

Cependant, dès la première moitié du XVIIe siècle, en France notamment, grâce à cette familiarité nouvelle avec la Bible, favorisée par l'imprimerie et par la traduction, s'ouvre, en commençant par une crise, une nouvelle aventure de son intelligence. Surgissant à plat sous les yeux de n'importe quel lecteur quelque peu cultivé et attentif au contenu comme à la forme des textes, la Bible manifeste à des esprits empreints de rigueur de construction littéraire autant que d'exigence de raison et de rationalité trop de contradictions, d'incohérences et d'invraisemblances (par exemple, comment, à la fin du Pentateuque dont il est dit être l'auteur, Moïse peut-il raconter sa propre mort ?).

▲ *Portrait de Spinoza*
Alors que nous ne possédons aucun portrait de Richard Simon, son contemporain, celui de Spinoza permet d'évoquer la naissance de l'exégèse critique, dans la seconde moitié du XVIIe siècle. Exigeant la reconnaissance non plus a priori, *par le fait de l'autorité religieuse, de la sacralité du texte biblique, mais* a posteriori, *à partir d'une étude rigoureuse, Spinoza engage l'intelligence de ce texte sur la voie de l'enquête historique et de l'appel à tous les moyens (sciences critiques et philologiques) pour son exacte interprétation.*

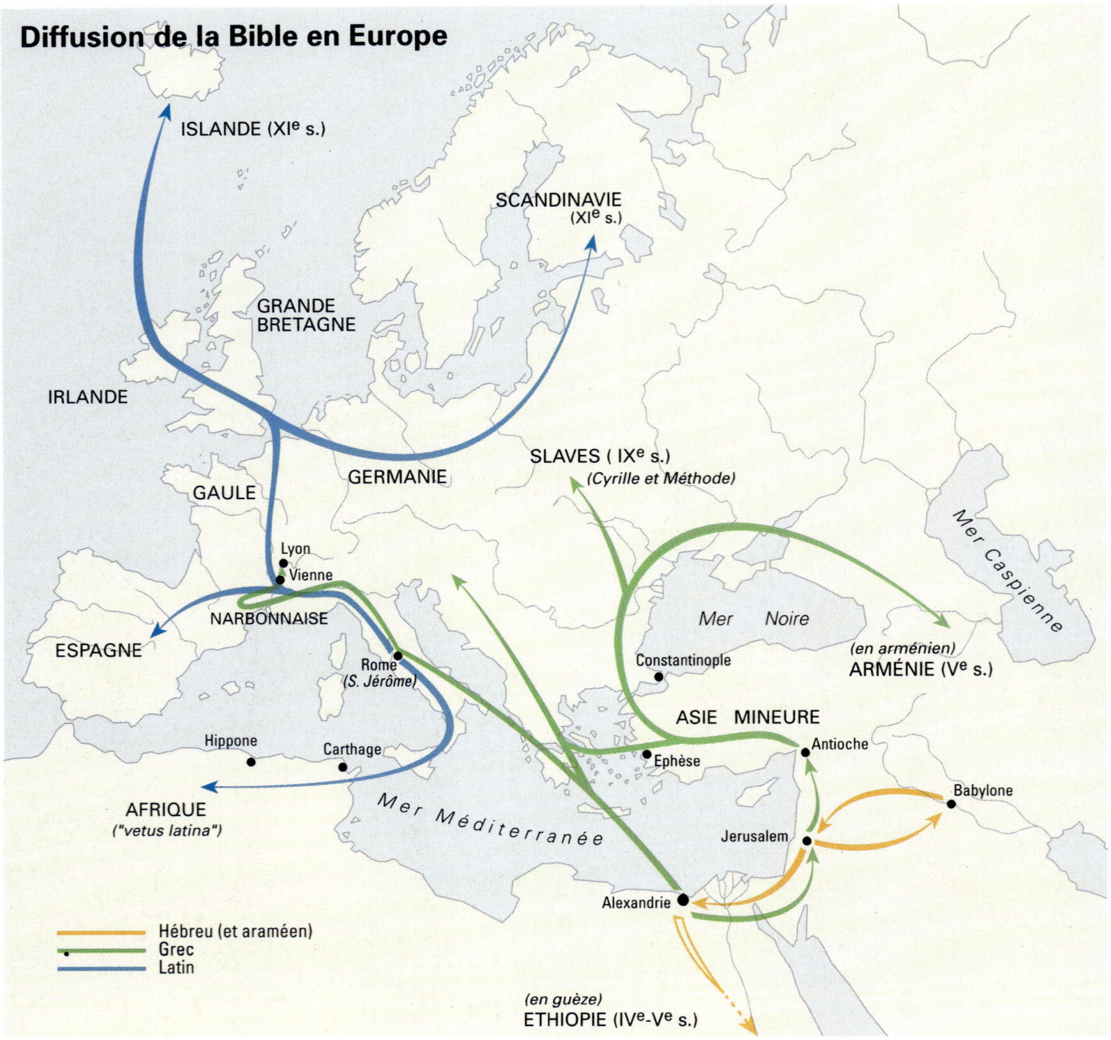

◀ ***Diffusion de la Bible en Europe***
Si l'origine de la Bible comme texte hébreu est à situer en Palestine et symboliquement à Jérusalem — sans oublier l'aller retour de l'Exil à Babylone au Ve *siècle avant notre ère —, c'est Alexandrie et le grec qui marquent l'ouverture de la Bible au Proche-Orient ancien à la fin du* IIIe *siècle avant notre ère. Aussi est-ce encore le grec, langue véhiculaire des premiers siècles, qui assure jusqu'au cœur de la Gaule des* IIe *et* IIIe *siècles, à Vienne et à Lyon notamment, la tradition biblique issue d'Alexandrie. La Grèce proprement dite, le territoire oriental en face de la péninsule italique et le contournement de la mer Noire resteront naturellement investis par le grec de l'Ancien et du Nouveau Testament : deux des principales traductions qui allaient assurer une nouvelle expansion de la Bible se feront à partir du grec, en arménien au début du* V^e^ *siècle et en alphabet cyrillique à partir du* IXe *siècle.*
Si, longtemps, Rome connaît le grec, l'Afrique du Nord, en maintenant la primauté du latin et en disposant assez vite de traductions latines du texte biblique (avec notamment ce que l'on considère comme la Vetus Latina *ou « Version latine ancienne »), prépare une sorte de reconquête de la chrétienté occidentale par le latin. À la fin du* IVe *siècle, la traduction de saint Jérôme sera, jusqu'aux critiques humanistes du* XVIe *siècle, la Bible par excellence de l'Europe occidentale, ce que consacre d'une certaine façon sa désignation de Vulgate.*

VERS L'EXÉGÈSE CRITIQUE

Si Pascal (1623-1662), avec sa distinction des « ordres » dans les *Pensées*, représente déjà une importante tentative dans l'intelligence renouvelée des Écritures, Spinoza (1632-1677), un philosophe juif, portugais d'origine, né en Hollande et disciple indirect de la philosophie cartésienne, provoque une nouvelle approche de la Bible et édicte, dans son *Traité théologico-politique* (1670), les principes de base de l'exégèse moderne. À peu près au même moment, un oratorien français, Richard Simon (1638-1712), pose dans son *Histoire critique du Vieux Testament* (1678), les bases plus immédiates de cette même exégèse : sens de la particularité des textes, de leur caractère composite, comme de leur histoire.

Une nouvelle aventure biblique s'ouvre pour l'Europe à la fin du XVIIe siècle. Si l'enjeu théologique reste tout aussi important, l'approche s'affiche désormais clairement scientifique.

Depuis les deux derniers siècles surtout, cette exploration sollicite l'histoire, l'histoire des religions, la philologie, le comparatisme culturel, la linguistique, voire la psychanalyse… À l'inverse, il serait intéressant de mesurer l'impact du donné biblique et de son étude sur ces disciplines.

Corrélativement, se pose la question de l'influence de l'exégèse critique en matière de théologie comme en matière d'art. Mais il est peut-être trop tôt pour dresser un tel bilan. L'histoire de la lecture de la Bible entre le XVIIe et la fin du XXe siècle reste encore trop marquée par les crises, les méfiances, les interdits et donc l'incompréhension que lui manifestent dans une large mesure encore les instances religieuses, mais aussi par une certaine difficulté d'accès qui laisse dans l'ignorance une majorité de croyants, chrétiens ou juifs.

Mais l'inspiration qu'elle donna et continue de donner à l'aire européenne déborde la seule nécessité religieuse. Ayant fourni à l'Europe nombre de ses archétypes (Adam et Ève, la Crucifixion…), la Bible a contribué à façonner sa sensibilité, sa vision du monde, son langage, créant un ensemble de repères culturels, littéraires et artistiques. Un regard positif sur l'univers et le monde, un goût de conquête, un certain sens de l'humanité et de son essentielle historicité, sans totalement empêcher les abus et les crimes qui jalonnent son histoire, parfois au nom même de la religion, témoignent, croyons-nous, de cet esprit biblique puisé dès ces premières pages où Dieu même « vit que cela était bon ».

◀ *Ève, XIIe siècle, cathédrale d'Autun*
Si la mythologie grecque a également fourni à l'Occident son imagerie de la femme, la Bible, à commencer par la figure d'Ève, la « mère des vivants », lui a également fourni un archétype féminin qui déborde largement le texte biblique proprement dit. En fait, l'Occident vivra l'interprétation du texte de la Genèse dans une sorte de tension, faisant de la femme à la fois l'égale de l'homme, son indispensable compagne, la mère, et la tentatrice, portant la malédiction notamment dans la soumission à l'homme et dans la souffrance de l'enfantement.

La Bible de Gutenberg ▶
Sans grand intérêt pour l'étude proprement dite de la transmission du texte biblique, la Bible de Gutenberg garde toute son importance pour l'étape qu'elle marque dans l'accès à la Bible. Fabriquée avec des lettres mobiles sur des pages de 42 lignes, elle conserve cependant le modèle manuscrit, ce qui, pendant quelques années, pourra tromper le lecteur, d'autant plus que titres courants, incipit et initiales ainsi qu'une certaine ornementation seront assurés à la main. Mais dès le début du XVIe siècle, un nouveau type de caractères, des frontispices et des marques d'imprimeurs feront entrer la Bible dans une nouvelle ère de diffusion mais aussi de représentation, favorisant bientôt non seulement la lecture individuelle et familiale, mais aussi la lecture critique.

◀ *Moïse et Aaron par Maître Hugo, L'Histoire de Tobie*
L'art qui se déploit grâce à la Bible ne se contente pas du traitement d'un sujet ou d'un motif. Par la fresque et la tapisserie notamment, mais aussi par la miniature, il témoigne du mouvement même de l'histoire, de son déroulement dans l'espace et le temps par la succession d'images serrant au plus près la narration biblique, quitte à lui ajouter, ici et là (telle par exemple, la servante indiscrète à l'Annonciation) un personnage ou un détail destiné à l'expliciter. Les empereurs byzantins comme les grands d'Occident dans leurs Très Riches Heures *(livres d'offices et de prières richement ornementés) ont été très friands de ces véritables « bandes dessinées ».*

av. 49 des chrétiens à Rome. saint Paul, *Épître aux Romains*.

v. 150 le christianisme en Narbonnaise et à Lyon.

178 Irénée, évêque de Lyon.

v. 380 traduction de la Bible en latin par saint Jérôme.

v. 390 le latin, langue liturgique de l'Occident.

Fin du ve s. évangélisation de l'Irlande.

862 Cyrille et Méthode en Moravie. Traduction de la Bible en slavon.

Fin du xe s. christianisation de l'Islande. Premières traductions de livres bibliques.

Apr. 1250 premières bibles en français.

v. 1350 Bible anglo-normande.

1455 première bible imprimée : Gutenberg.

1473 *Bible abrégée* imprimée à Lyon.

1478 première impression de la Bible en catalan.

1516 Érasme traduit le Nouveau Testament.

1524 Nouveau Testament traduit en anglais.

1529 Bible de Zurich.

1534 Luther publie sa traduction complète de la Bible en allemand.

1535 première traduction de la Bible en anglais.

1539 première édition du *Psautier de Genève* : traduction Clément Marot et Jean Calvin.

1541 la Bible est traduite en suédois (Uppsala).

1545-1563 concile de Trente : rapports entre Écriture et Tradition.

1550 Bible de Christian III en danois.

1562 Bible protestante italienne.

1569 première traduction espagnole complète de la Bible.

1670 Spinoza, *Traité théologico-politique*.

1678 Richard Simon, *Histoire critique du Vieux Testament*.

Depuis les origines du christianisme, les associations et groupements religieux n'ont cessé de proliférer en Europe. Le besoin de s'identifier à un fondateur, l'obligation de se distinguer les uns des autres tout en se réclamant de la même appartenance au christianisme, la volonté enfin d'épouser les réalités nouvelles de l'histoire les ont conduits à s'établir eux-mêmes dans les récits d'une mémoire généalogique qui plonge dans le Proche-Orient ancien.

Pour bien saisir les réseaux de cette mémoire, l'approche juridique est la plus sûre. On se limitera donc ici aux sociétés formées par recrutement volontaire, appartenant à l'Église officielle ou dominante dans les pays européens, depuis le IIIe siècle jusqu'au XXe siècle, en excluant de cette présentation les groupes considérés par l'orthodoxie chrétienne comme déviants et hérétiques.

DU MONACHISME PRIMITIF AUX CAROLINGIENS

Dès le IIIe siècle se dessine en Orient (Égypte, Cappadoce) une double migration, que la reconnaissance officielle du christianisme par l'empereur Constantin, à partir de 312, accélère et codifie. D'une part, des hommes – très rarement des femmes – fuient les grandes cités, se retirent dans les déserts d'Égypte et du Proche-Orient pour y mener une vie d'ermite (« érémitisme » vient du grec *erèmos*, solitaire), souvent selon la règle de vie d'Antoine (251-356). D'autre part, un mouvement concurrent assemble en un même lieu une communauté : au désert d'abord, sous la règle écrite par Pacôme (287-347), bientôt aux portes des villes, sous l'égide de Basile (329-379). Cette forme communautaire de la vie religieuse (« cénobitisme » vient du grec *coinobios,* qui vit en communauté) se développa en Occident avec Jean Cassien (îles de Lérins, vers 410) sous l'influence de Pacôme. Mais à l'appel des évêques, détenteurs de l'autorité religieuse dans les cités, ce mouvement cénobitique revient aux villes et y joue rapidement un rôle de premier plan dans la christianisation avec la floraison des monastères où moines (*monachus,* solitaire) et moniales vivent claustrés sous la direction d'un abbé ou d'une abbesse. Cet épanouissement brusque du monachisme illustre la réussite sociale et politique de la religion chrétienne.

Les monastères sont liés soit à la personnalité d'un fondateur soit à un siège épiscopal. En Orient, ils suivent des règles souples, dictées par le fondateur et par les familles des protecteurs ; ce sont des adaptations lointaines de celles de saint Antoine et surtout de saint Basile, que l'autorité impériale ne parvint jamais à unifier. Les fondations, sauf celles qui se réclament de la réforme du mont Athos (961), ne s'intéressent pas à prouver leur généalogie.

En Occident, en revanche, Colomban (v. 540-615) construit un premier réseau monastique : venu d'Irlande, il crée les abbayes de Luxeuil et de Bobbio. Au VIIIe siècle, l'Anglo-Saxon Boniface s'appuie sur des relations plus souples pour christianiser la Germanie (archevêché de Mainz, v. 747).

En 817, l'empereur Louis le Pieux réforme autoritairement les religieux d'Occident : deux rameaux principaux se dégagent alors, sous deux règles – la règle bénédictine, composée par saint Benoît de Nursie (v. 480-v. 547), l'autre dite des chanoines attribuée plus tard à saint Augustin (354-430). La victoire de ces deux règles oblige les religieux à entrer dans une filiation spirituelle et les protège contre la tutelle de l'aristocratie laïque. Les chanoines vivent en ville auprès de l'évêque ; les moines se partagent entre la ville et la campagne, suivant les besoins de la colonisation chrétienne et ceux de leurs bienfaiteurs, qui font d'eux les gardiens de la mémoire familiale. Les cadres juridiques aggravent le fossé entre les Églises de Rome et de Constantinople. De part et d'autre cependant, les religieux assurent la transmission de la culture profane et chrétienne.

L'EFFLORESCENCE DES XIIe ET XIIIe SIÈCLES

Les deux rameaux bénédictin (Cluny, 909) et augustinien s'épanouissent, notamment pour les femmes, dans les royaumes (Cluny en Espagne reconquise) et dans les empires d'Occident, sous les Ottoniens. Les femmes cependant sont contraintes par la tradition à

Fondation du monastère de Solovki

Des déserts d'Égypte aux îles les plus extrêmes, les fondations religieuses du christianisme ont ceint le monde habité d'une couronne protectrice de monastères. En Orient, en Occident ou en Russie, chacun s'est muni de l'icône du fondateur, portant la maquette de son église ou la charte de création. Ainsi sont représentés les saints Zosyme et Sabbace, qui installèrent le monastère de Solovki dans une île de la mer Blanche en 1429.

LA RÈGLE DE SAINT BENOÎT

« […] Il existe quatre espèces de moines. La première est celle des cénobites, c'est-à-dire vivant en monastères ; ils servent sous une règle et un abbé. Ensuite la seconde espèce est celle des anachorètes, autrement dit des ermites. Ce n'est pas dans la ferveur récente de la vie religieuse, mais dans l'épreuve prolongée d'un monastère qu'ils ont appris à combattre le diable, instruits qu'ils sont désormais grâce à l'aide de plusieurs, et bien armés dans les lignes de leurs frères pour le combat singulier du désert, ils sont désormais capables de combattre avec assurance les vices de la chair et des pensées, sans le secours d'autrui, par leur seule main et leur seul bras, avec l'aide de Dieu. La troisième et détestable espèce de moines est celle des sarabaïtes. Aucune règle ne les a éprouvés, grâce aux leçons de l'expérience, comme l'or dans la fournaise, mais ils sont devenus mous comme du plomb. Par leurs œuvres, ils restent encore fidèles au siècle, et on les voit mentir à Dieu par leur tonsure […]. La quatrième espèce de moines est celle que l'on nomme gyrovague. Toute leur vie, allant par les différentes provinces, ils se font héberger trois ou quatre jours par les celles des différents moines, toujours errants et jamais stables, asservis à leurs propres volontés et aux tentations de la bouche, et en tout plus détestables que les sarabaïtes […]. Quant à l'atelier où nous accomplirons assidûment [toutes leurs œuvres de perfection] c'est le cloître du monastère et la stabilité dans la communauté. » (Règle de saint Benoît, *trad. de A. de Vogüé, Paris, Éditions du Cerf, 1972, pp. 437, 439, 441, 465.)*

UNE FRATERNITÉ

« Nous tous étant assemblés dans la maison commune au nom de Notre Seigneur Jésus-Christ, il a plu à tous que selon la tradition des apôtres il y ait unanimité dans le Seigneur et qu'on possède tout en commun, comme il est écrit " Soyez unanimes dans le Seigneur ". Et que personne ne revendique pour lui quoi que ce soit ; mais comme il est dit dans les Actes des Apôtres, " ils avaient tout en commun ", et personne ne prétendait avoir quoi que ce soit en propre. »

l'enfermement contemplatif, sous contrôle masculin. La montée en puissance des villes et les croisades inaugurent, vers 1100, une phase de transformations rapides : les représentations généalogiques s'imposent alors à tous les groupes, au temps où les lignages aristocratiques inventent l'héraldique. Le réseau dense des monastères est brusquement accru par le retour au désert des cisterciens (Cîteaux et ses « quatre filles », La Ferté, Pontigny, Clairvaux, Morimond), cependant que les villes sécrètent des fondations de chanoines réguliers (Saint-Victor à Paris ; Prémontré, par Norbert de Xanten). Le début du XIIIe siècle voit le monachisme se stabiliser, tandis que le rameau augustinien donne naissance aux ordres mendiants (Carmes, Franciscains, Dominicains et Ermites de Saint-Augustin). Il faut bientôt contrôler la prolifération de nouveaux ordres lors des conciles du Latran IV (1215) – qui contraint les fondations existantes à s'affilier à l'une des deux règles de Benoît ou d'Augustin – et de Lyon II (1274) – qui réduit à quatre le nombre des ordres mendiants.

Dans l'Empire byzantin, aux prises avec les Turcs, le mouvement érémitique s'illustre au XIVe siècle dans une école de spiritualité propre à l'Église orthodoxe (l'hésychasme), et résiste au cénobitisme de fondation souvent princière. Les deux courants se prolongent en Russie, où Nil Sorsky (1433-1508) assure la faveur des *startoy* (au singulier, *starets*, saint ermite) guidant un petit groupe d'ascètes, tandis que Joseph de Volokolamsk (1439-1515) défend le monachisme traditionnel. La réforme de Pierre le Grand (1721) vise seulement à accroître l'emprise de l'État sur les institutions religieuses, mais préserve l'originalité du monachisme russe, qui connaît un grand éclat au XIXe siècle avec les ermites d'Optina et Serafim de Sarov (1759-1833).

LA CRISE GÉNÉALOGIQUE AU XVIe SIÈCLE

La Réforme du XVIe siècle, initiée par Martin Luther, vidant les monastères et supprimant les ordres religieux (1536-1539 en Angleterre), crée une rupture majeure. Dans l'ambiance du concile de Trente (1545-1563) surgissent des initiatives éparses, libérées des anciens carcans – les clercs réguliers (jésuites, somasques, 1540), bientôt les sociétés de prêtres (lazaristes, 1632 ; Missions étrangères de Paris, 1664) et les congrégations (Filles de la Charité, 1668) – qui s'orientent ouvertement vers des activités sociales, de bienfaisance et d'enseignement. Ce dynamisme de la Réforme catholique provoque l'explosion du modèle généalogique, qui régissait jusque-là toutes les formes d'affiliation.

Autre grande rupture, celle qui affecte l'Europe occidentale du dernier tiers du XVIIIe siècle jusqu'en 1814 : une vague de sécularisations et de réforme autoritaire des clergés se propage (1764 en Russie ; 1781 dans le Saint Empire ; Constitution civile du clergé de 1790 en France). Les jésuites sont supprimés (1773), restaurés en 1814, et en même temps se multiplient les fondations, décidément ouvertes sur la vie sociale, bien que les congrégations de femmes soient encadrées par un droit encore restrictif (Sisters of Mercy dans l'Église anglicane). Les chrétiens libéraux donnent un élan inouï à ces formes nouvelles d'associations, généralement de droit épiscopal et non pontifical chez les catholiques, et celles-ci partent au-delà de l'Europe, devançant souvent les ambitions coloniales des États (British and Foreign Bible Society, 1804 ; Petites Sœurs des pauvres, 1839 ; assomptionnistes, 1843 ; Salésiens de Jean Bosco, 1859).

Des fondations nouvelles se multiplient au XIXe siècle, essentiellement dans une France dont la figure religieuse a changé plus que partout ailleurs (Pères blancs). Mais d'autres s'insinuent, peu nombreuses il est vrai, dans le cours des réformes en pays protestants, notamment dans l'Église d'Angleterre, à la suite du mouvement d'Oxford (Caldey Island). Le XXe siècle confirme tout à la fois la permanence des grands réseaux et la liquidation du principe généalogique dans les nouvelles fondations religieuses (Opus Dei, 1929 ; Taizé, 1940).

MELROSE, ABBAYE CISTERCIENNE FONDÉE EN ÉCOSSE EN 1136

Grégoire le Grand, pape de 590 à 604, est après les grandes invasions des IVe et Ve siècles le grand restaurateur de la culture et de l'autorité de Rome. Ardent propagateur de la réforme monastique selon saint Benoît, il confie aux moines le soin des grandes expéditions missionnaires dans les îles Britanniques (et plus tard en Germanie).

Vue de l'abbaye de Port-Royal des Champs. ▶
Religieuses soignant les malades, vers 1710
Cisterciennes, les religieuses cloîtrées de Port-Royal ont pris le virage des réformes au début du XVIIe siècle. Tout en étant liées au courant spirituel de l'austère jansénisme, elles se sont livrées à des activités caritatives qui marquent tant de fondations religieuses à partir du XVIe siècle.

313 Constantin Ier empereur, fait cesser la persécution contre les chrétiens.
380 édit de Théodose : le christianisme religion de l'Empire romain.
395 séparation définitive des Empires d'Orient et d'Occident.
410 Prise de Rome par Alaric.
537 dédicace de l'église Sainte-Sophie de Constantinople.
610 début de la prédication de Mahomet à La Mecque.
711-713 prise de l'Espagne par les musulmans.
738 le moine Boniface chargé d'organiser l'Église de Germanie.
800 couronnement impérial de Charlemagne.
962 couronnement impérial d'Otton Ier.
966 baptême du duc polonais Mieszko.
1095 prédication de la Ire croisade.
1204 prise de Constantinople par les croisés.
1215 IVe concile du Latran.
1265-1272 Thomas d'Aquin, *Somme théologique*.
1291 prise d'Acre : fin des royaumes croisés en Orient.
1378-1417 grand schisme d'Occident.
1492 prise du royaume musulman de Grenade. Christophe Colomb aux Caraïbes.
1517 Luther affiche ses thèses.
1519-1556 Charles Quint empereur.
1534 Paul III Farnèse, pape, convoque le concile de Trente.
1536-1539 suppression des couvents en Angleterre.
1685 révocation de l'édit de Nantes.
1682-1725 règne de Pierre le Grand.
1789 Révolution française.
1802-1803 concordats entre Bonaparte et le pape Pie VII.
1870 annexion des États pontificaux au royaume d'Italie.
1903-1914 Pie X pape.
1962-1966 Vatican II.

L'opposition entre la chrétienté latine, ▶ regroupée autour de Rome et qui trouva son expression politique dans l'Empire carolingien, puis ottonien, et la chrétienté grecque représentée par l'Empire byzantin, était tangible au IXe siècle (schisme de Photius) ; elle fut sanctionnée par la rupture formelle de 1054 et fut ressentie comme une réalité après la quatrième croisade (1204) et la poussée des chevaliers teutoniques. Le monde slave n'épousa ces divisions que progressivement, comme en témoigne l'histoire du christianisme morave et tchèque (IXe-Xe siècle). L'influence germanique, la conversion au rite latin des rois de Pologne (996) et de Hongrie (v. 1000) poussèrent les Slaves d'Europe centrale dans le giron de Rome, tandis que le choix des princes bulgares (864, 885) et russe (988), mais aussi la reconquête des Balkans par Byzance (1007-1014) amenèrent les Slaves les plus méridionaux et ceux de la plaine ukrainienne à adopter le christianisme grec, mais d'expression slave. La disparition de la zone tampon que constituait la Lituanie païenne (1385) et plus tard l'esprit de la Contre-Réforme, d'un côté, un nationalisme exacerbé, de l'autre, creusèrent entre catholiques et orthodoxes un fossé que le dialogue engagé à la suite du deuxième Concile du Vatican (Vatican II) n'est pas parvenu à combler.

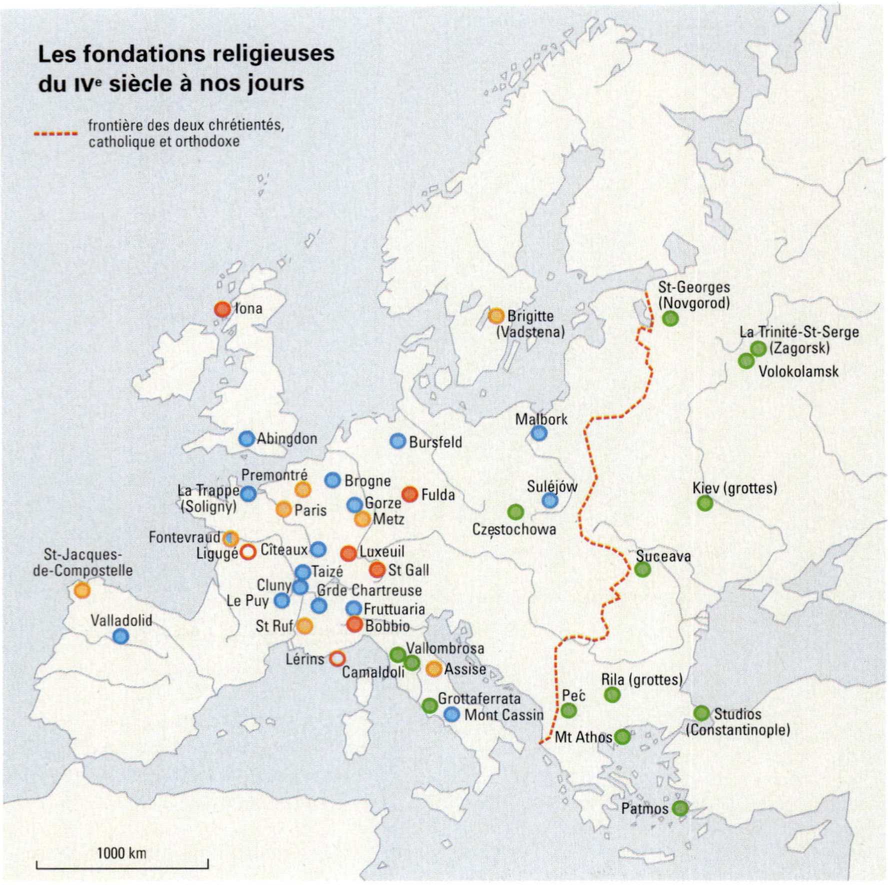

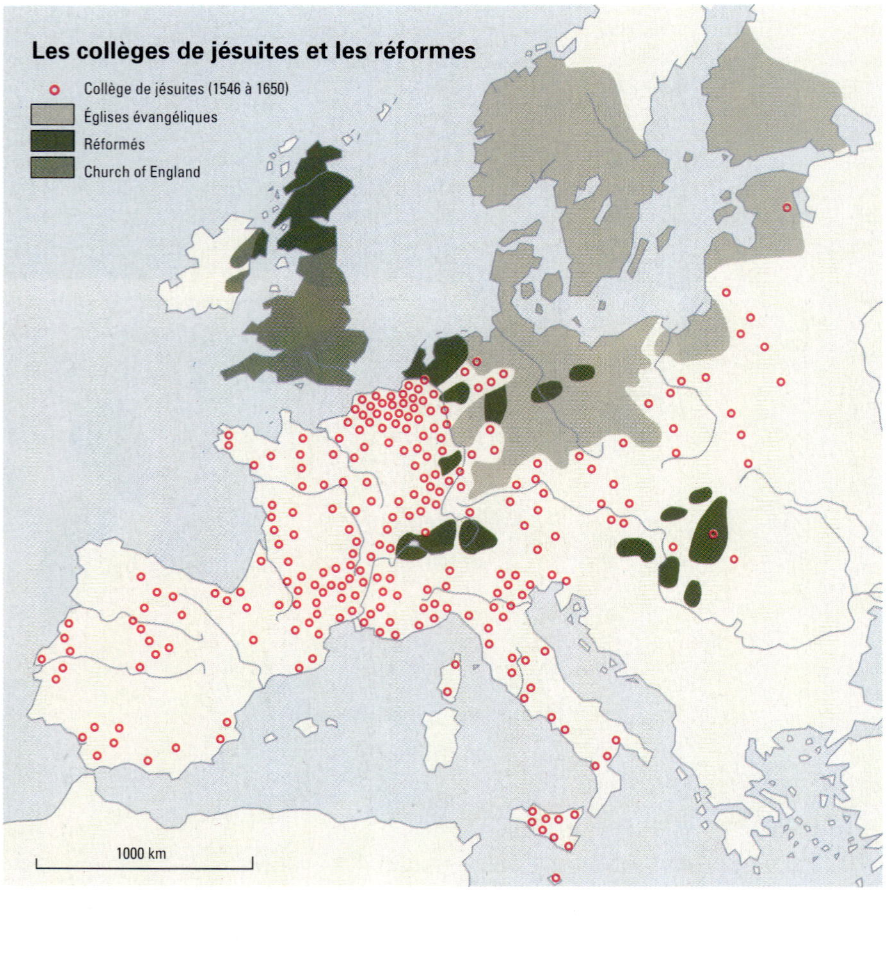

◀ Vers 1546, les jésuites se lancent massivement dans l'enseignement des élites, dans leurs collèges qui recouvrent toute l'Europe moderne et la rassemblent en une immense confraternité. Ils les implantent sur les marges des pays réformés et dans les contrées de contact avec les cultures non occidentales. À la veille de leur expulsion de France (1762), ils livrent d'eux-mêmes une représentation généalogique, « contenant les établissements des jésuites par toute la terre ». Leur ordre est supprimé par le pape Clément XIV en 1773 et rétabli par Pie VII en 1814.

LES FONDATIONS RELIGIEUSES

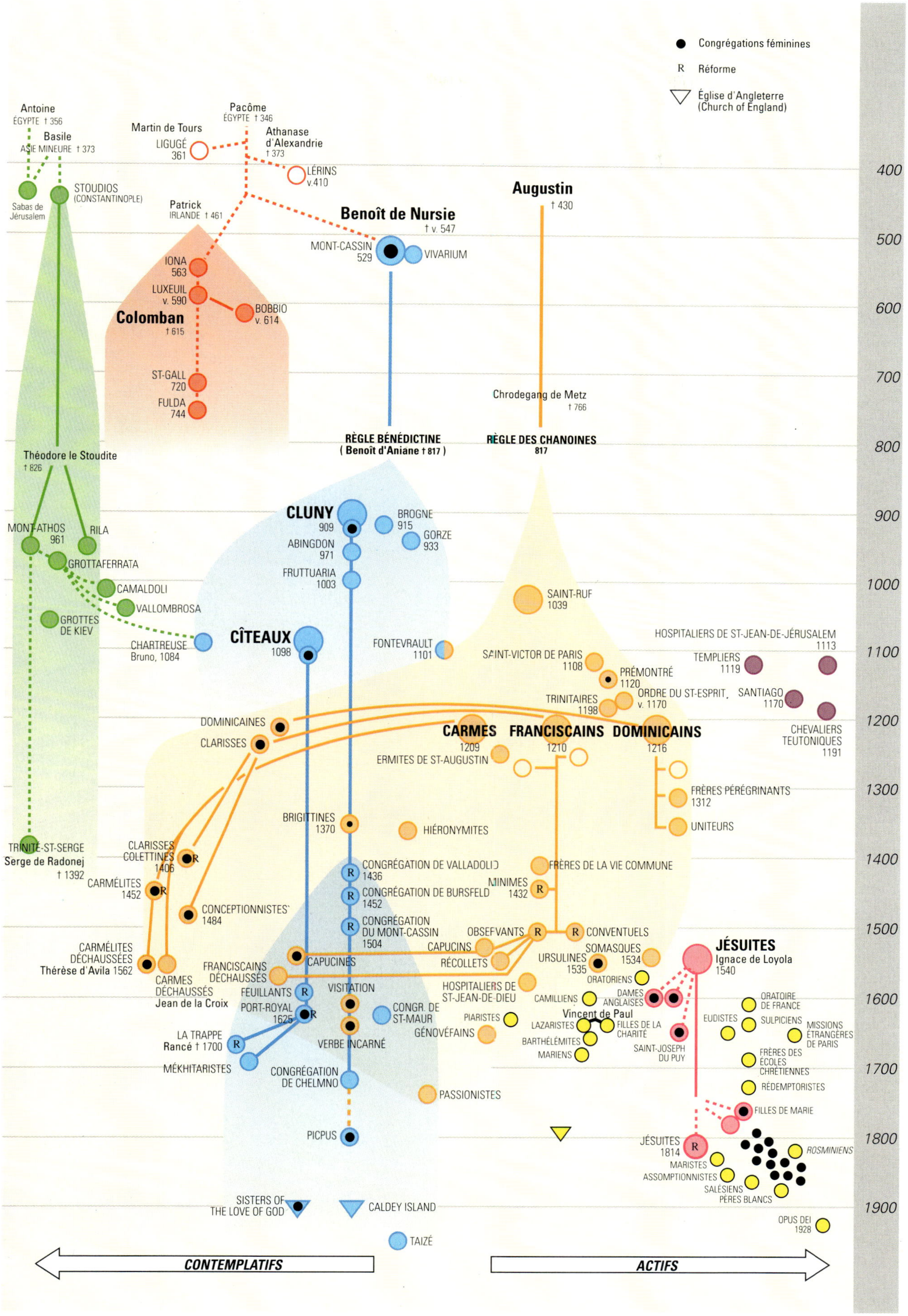

Tronc issu des moines d'Égypte ; ce monachisme s'épanouit dans l'Empire byzantin, et persiste jusqu'à nos jours dans les grands monastères orthodoxes de l'Europe orientale.

Tronc du monachisme occidental, sous influence aussi des moines d'Égypte. Le rameau irlandais est le plus vivace jusqu'au début du IXe siècle ; un autre rameau, bénédictin, l'emporte alors.

Le monachisme bénédictin, suivant la règle de saint Benoît, se place sous l'influence romaine : il s'étend sur l'Europe occidentale, des Asturies jusqu'aux Balkans et à la Vistule. Il inspire les réformes successives de Cluny et de Cîteaux (X^{e} et XIIe siècle), jusqu'à l'actuel Taizé en France.

Tronc des chanoines (mot tardif du XIe siècle) issu de la règle dite de saint Augustin. Avec les ordres mendiants du XIIIe siècle (carmes, franciscains, dominicains, ermites de Saint-Augustin), il connaît son âge d'or.

Ordres militaires, fondés au temps des croisades. Sous une règle d'inspiration monastique, ils associent une vie en communautés et une activité guerrière. Les templiers ont vu leur ordre supprimé par Clément V en 1312.

Tronc apparu au XVIe siècle dans la mouvance des chanoines. Ces groupes de « clercs réguliers » (jésuites) et « sociétés de prêtres » (lazaristes) se donnent chacun des règles souples qui valorisent les activités sociales. Ils influencent des fondations féminines ●, qui se multiplient au XIXe siècle, affranchies désormais des normes monastiques.

Au milieu du XIVe siècle, l'Europe traverse des épreuves de toutes sortes. À la grande peste de 1348 et aux inexorables récidives du fléau, à l'interminable guerre franco-anglaise, à toute une série de famines dévastatrices viennent s'ajouter les malheurs qui frappent la tête même de l'Église : le Grand Schisme qui, entre 1378 et 1414, voit s'affronter deux, voire trois papes et se multiplier les conflits entre eux et les conciles. De plus, des mouvements hérétiques se développent en Angleterre avec John Wycliffe et en Bohême avec Jan Hus qui, l'un et l'autre, dénoncent l'autoritarisme et la cupidité du clergé et préconisent un retour à la pureté de l'Église primitive. Partout apparaît un climat de peur collective, peur de la peste, peur de Satan et des sorciers, peur du jugement et de l'enfer. Partout se fait jour une profonde inquiétude religieuse qui amène les fidèles à chercher des assurances sur l'au-delà dans la croyance au purgatoire, dans le culte de la Vierge et des saints, dans la pratique des pèlerinages, dans l'affiliation à des confréries pieuses.

Jan Hus condamné au bûcher

Ce réformateur religieux tchèque, prêtre, recteur de l'université de Prague, influencé par les idées de John Wycliffe (v. 1320-1384), critique le clergé de son temps. Ses idées rencontrent un grand succès en Bohême, en Hongrie et en Pologne. Excommunié en 1412, il est condamné par le concile de Constance et brûlé vif le 6 juillet 1415.

Une minorité de fidèles cherche une solution à cette inquiétude dans une communication directe avec Dieu en marge des voies ordinaires de la piété. C'est ainsi que les écrits de quelques grands mystiques rhénans et flamands du XIVe siècle influencent le développement au XVe siècle de nouvelles formes de dévotion. Pour cette *devotio moderna*, les observances traditionnelles comptent moins que l'intériorisation du message évangélique et le dialogue direct de l'âme avec Dieu. De leur côté, les humanistes proposent une réponse cohérente aux problèmes de leurs contemporains. Profondément religieux et chrétiens, ils font de l'homme, créature de Dieu, la mesure de tout. Résolument optimistes, ils mettent l'accent davantage sur la grandeur et la liberté de l'homme que sur le péché originel, sur l'amour, instrument de connaissance, que sur la nécessité du renoncement et de la pénitence. Ils souhaitent, eux aussi, que l'Église se réforme en retrouvant la simplicité du message évangélique.

AUX ORIGINES DES RÉFORMES RELIGIEUSES

En fait, ni la *devotio moderna* ni l'humanisme, qui s'adressent l'une et l'autre à une élite, ne sont susceptibles d'apporter une solution satisfaisante à l'inquiétude religieuse du plus grand nombre. Seule, la profonde réforme souhaitée par tous serait capable de porter remède aux maux dont souffre l'Église et, par conséquent, de la mettre à même de mieux répondre à l'attente des fidèles. Ceux-ci reprochent au pape son luxe et les impôts trop lourds qu'il prélève, aux évêques leur absentéisme trop fréquent, aux prêtres et aux moines l'ignorance de la majorité d'entre eux du fait d'une absence de formation spécifique. Surtout, ce que réclament les meilleurs des

RELIGION ÉVANGÉLIQUE ET RELIGION CATHOLIQUE

Cette image de propagande luthérienne est l'une de celles réalisées dès 1521 par Lucas Cranach l'Ancien, ami et partisan de Luther. À la scène de gauche qui représente la religion du Christ, avec Luther prêchant sous l'inspiration divine à des fidèles recueillis, s'oppose celle de droite qui évoque la religion de l'Antéchrist, un moine repu s'adressant à des évêques et à des moines dont certains viennent apporter au pape les fruits de leurs quêtes et de leurs ventes d'indulgences.

chrétiens, c'est un clergé qui ne soit pas seulement dispensateur de sacrements, mais capable d'enseigner vraiment la Parole de Dieu et de répondre ainsi aux inquiétudes du temps. La solution passerait par un concile œcuménique se donnant pour tâche une réforme d'ensemble, mais les papes sont hostiles à une telle réunion. L'Église se révélant incapable de prendre l'initiative de la réforme, celle-ci va se faire sans elle et bientôt contre elle.

LE LUTHÉRANISME

Martin Luther (1483-1546), moine augustin du couvent allemand de Wittenberg, en Saxe, plein d'anxiété quant à son salut personnel, acquiert la conviction, à la lecture de certains écrits de saint Paul et de saint Augustin, que les œuvres humaines ne jouent aucun rôle dans le salut individuel : seule la foi en Dieu peut rendre l'homme juste et le sauver ; c'est la justification par la foi. Cette prise de position initiale, explicitée dans plusieurs écrits, à commencer par les *quatre-vingt-quinze thèses* affichées à Wittenberg en 1517, lui vaut d'être excommunié par le pape Léon X en 1521. Mais en dépit de cette excommunication et de l'opposition de l'empereur Charles Quint, les idées de Luther se diffusent rapidement en Allemagne. Beaucoup de princes allemands se laissent d'autant mieux gagner que Luther les encourage à s'approprier les biens du clergé.

Peu à peu la doctrine luthérienne se précise, et en 1530 Melanchthon (1497-1560) la formule de façon systématique dans la *Confession d'Augsbourg*. Le triple fondement du luthéranisme est la justification par la foi, le sacerdoce universel (tous les chrétiens sont égaux par le baptême et sont donc tous prêtres), et l'autorité de la seule Bible comme dépôt de la Révélation (même si la Tradition conserve une certaine valeur). En conséquence de ces principes, Luther rejette le rôle du clergé : les pasteurs, qui ne sont pas astreints au célibat, sont de simples fidèles dont les fonctions sont de dispenser les sacrements et de prêcher la Parole de Dieu. Il nie l'existence du purgatoire et le rôle d'intercesseurs reconnu à la Vierge et aux saints. Enfin, il ne conserve que trois sacrements, simples rites extérieurs sans effet par eux-mêmes : le baptême, la pénitence et l'eucharistie. Considérant que l'Église véritable, formée par l'ensemble des fidèles justifiés par la foi, est invisible, Luther s'intéresse peu à l'organisation des Églises locales, reconnaissant en ce domaine aux princes allemands des droits très étendus qui en font, en quelque sorte, les chefs spirituels de leur État. D'Allemagne, le luthéranisme gagne les pays scandinaves où il devient religion d'État (en Suède en 1529, au Danemark en 1536), cependant que les idées luthériennes pénètrent dans la plupart des pays européens.

LE CALVINISME

D'autres réformateurs développent à partir de la justification par la foi des idées assez différentes de celles de Luther. C'est le cas d'Ulrich Zwingli (1484-1531) à Zurich à partir de 1525 et surtout du Français Jean Calvin (1509-1564). Quelques années après la *Confession d'Augsbourg*, Calvin publie, d'abord en latin (1536) puis en français (1541) l'*Institution de la religion chrétienne* où il expose l'essentiel de la doctrine qu'il a élaborée sous l'influence du maître de Wittenberg. Comme celui-ci, il fonde la religion chrétienne sur la justification par la foi, le sacerdoce universel et l'autorité de la seule Bible, mais en poussant plus loin les conséquences de ces trois principes. Pour lui, la justification par la foi postule la prédestination. Pour autant, cette façon de voir ne débouche pas sur le fatalisme ou la désespérance, car, pour Calvin, le seul fait de recevoir la Parole de Dieu et de suivre ses commandements manifeste que l'on est élu. Quelques calvinistes en viendront à penser que la réussite matérielle ici-bas, fruit d'un travail honnête et acharné, est un signe d'élection, ce qui peut contribuer à expliquer le dynamisme économique de certains pays calvinistes.

Par ailleurs, la Bible seule constitue le dépôt de la Révélation, et chaque fidèle doit pouvoir y accéder par une lecture directe et quotidienne. Enfin, Calvin, esprit précis et rigoureux, organise fortement chaque Église locale. S'il n'y a pas de sacerdoce d'origine divine, il y a des ministères, c'est-à-dire des fonctions diverses dévolues à différents ministres élus par le peuple : pasteurs, docteurs, anciens. Le culte des saints est rejeté, et le nombre des sacrements ramené à deux, le baptême et la cène. Le culte consiste essentiellement dans la prédication, la prière et le chant des psaumes, dans des temples dénués de tout ornement. Lorsque Calvin meurt en 1564 à Genève où il s'est installé définitivement en 1541, ses idées ont pénétré dans de nombreux pays européens – France, Angleterre, Écosse, certains États allemands.

L'ANGLICANISME

À la différence du luthéranisme et du calvinisme, la Réforme en Angleterre est avant tout l'œuvre des souverains. En 1531, le roi Henri VIII rompt avec Rome à propos de l'affaire de son divorce et se fait reconnaître par ses sujets comme chef suprême de l'Église d'Angleterre. Les choses vont plus loin avec Édouard VI et surtout Élisabeth Ire : l'anglicanisme devient un compromis entre le catholicisme et le calvinisme. Sous la seule autorité du roi, l'Église d'Angleterre conserve, à peu de choses près, la hiérarchie et la liturgie catholiques (tout en rejetant le célibat ecclésiastique et le latin comme langue

◀ ***Le temple nommé Paradis, Lyon, vers 1565***
Le temple dit de Paradis, rue des Étableries, est, vers 1565, l'un des deux temples de Lyon où le calvinisme s'est solidement implanté entre 1561 et 1567 à la faveur de la politique de tolérance de Catherine de Médicis. La chaire d'où parle le ministre, ou pasteur, constitue le point central de l'édifice, le prêche étant l'élément essentiel du culte calviniste. On notera le caractère sommaire de la construction, avec la tribune et les bancs de bois, et l'absence totale de décoration et d'images (à la seule exception des armoiries sur le mur de la tribune). L'assistance est composée d'hommes, de femmes et d'enfants, de milieux divers à en juger par la variété des costumes.

liturgique), mais elle adopte en 1563 un dogme en *Trente-neuf Articles* d'inspiration calviniste : autorité de la seule Bible et justification par la foi seule sans intervention des œuvres.

ROME ET LA RÉFORME CATHOLIQUE

Rome, longtemps incapable de promouvoir elle-même la réforme désirée, se décide enfin à réagir. De ce fait, l'œuvre entreprise est à la fois Contre-Réforme et Réforme catholique : Contre-Réforme, c'est-à-dire réaction de défense, non seulement doctrinale, mais souvent violente, face aux positions *protestantes* (le mot apparaît en Allemagne vers 1530) ; Réforme catholique, c'est-à-dire réponse originale apportée à l'attente des fidèles et comparable en cela aux différentes Réformes protestantes. Paul III, pape en 1534, est convaincu de l'urgente nécessité de prendre des initiatives. En 1540, il approuve les constitutions de l'ordre nouveau que le Basque Ignace de Loyola (1491-1556) a décidé de créer : les membres de cette communauté, les jésuites, outre les trois vœux monastiques (pauvreté, chasteté, obéissance), prononcent un vœu spécial d'obéissance au pape dont ils dépendent exclusivement par l'intermédiaire d'un préposé général élu à vie. Portant l'habit des prêtres séculiers, ils se consacrent à toutes les formes d'apostolat dans le siècle : missions lointaines (en Asie et en Amérique), missions intérieures et prédication, direction de conscience, enseignement.

▲ *L'église du Gesù*
*C'est la principale église des jésuites à Rome. La Compagnie de Jésus considérant la nef unique comme la plus favorable à la prédication, l'architecte Vignole, chargé de la construction en 1568, a conçu un vaste espace en croix latine, avec une coupole au transept. La riche décoration intérieure, qui date du XVII*e *siècle, et notamment le maître-autel consacré à saint Ignace (1700), tranche avec l'austérité voulue par Vignole.*

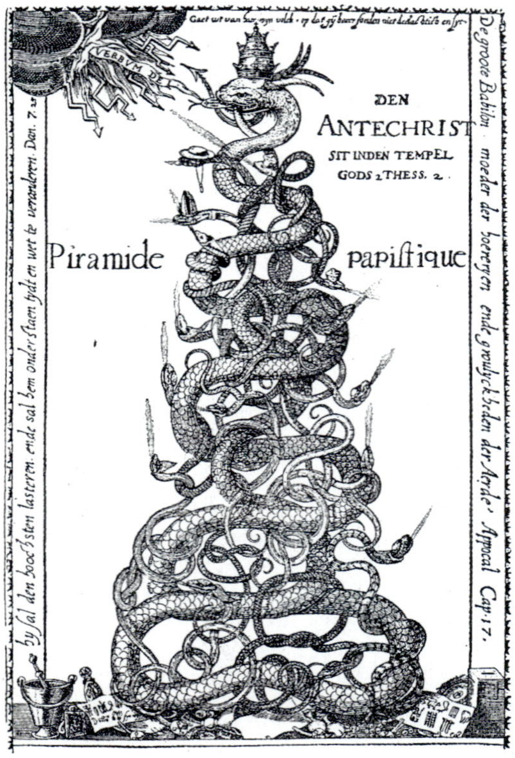

▲ **La pyramide papistique**
*Dans cette caricature hollandaise du XVI*e *siècle, l'ignoble serpent représentant l'Antéchrist, que foudroie le « Verbe de Dieu », est couronné de la tiare du pape de Rome, cependant que les têtes de trois des petits serpents lovés autour de lui sont couvertes d'un chapeau de cardinal, d'une mitre d'évêque et d'une barrette de prêtre.*

En 1542, Paul III décide de créer à Rome même la congrégation du Saint-Office, tribunal chargé de juger sans appel toutes les causes d'hérésie. Surtout, dès 1536, il décide la réunion d'un concile œcuménique et lance les convocations à cet effet. La guerre entre les deux principaux princes chrétiens, François Ier et Charles Quint, et les négociations difficiles pour tenter d'amener les protestants à venir présenter leurs thèses retardent jusqu'en 1545 l'ouverture du concile à Trente, en Italie du Nord. Après une existence mouvementée, faite de plusieurs mois de travaux coupés de longues années d'interruption, le concile est clos en 1563 en présence de deux cent trente-sept évêques. Son œuvre, considérable, porte à la fois sur le dogme et sur la discipline. En matière de dogme, le concile réfute les thèses protestantes et affirme clairement la doctrine catholique : l'homme est libre d'accueillir ou de refuser la grâce divine et les œuvres sont nécessaires au salut autant que la foi ; la Tradition est, à côté de la Bible, un élément de la Révélation ; le sacerdoce est sacré et d'institution divine ; les sacrements, également d'institution divine, sont au nombre de sept (baptême, confirmation, pénitence, eucharistie, extrême-onction, ordre, mariage) ; les saints, et notamment la Vierge, sont des intercesseurs à qui il faut s'adresser ; l'existence du purgatoire est réaffirmée. En matière de discipline, le concile décide de créer un catalogue, ou *Index*, des livres interdits aux fidèles, condamne les abus comme le cumul des bénéfices et la non-résidence, maintient le célibat ecclésiastique et le latin comme langue liturgique, interdit les mariages clandestins et surtout recommande la fondation d'un séminaire dans chaque diocèse pour la formation morale, intellectuelle et religieuse des futurs clercs, recommandation particulièrement importante et riche d'avenir. L'incontestable succès du concile de Trente, après des débuts difficiles, contribue à restaurer le prestige de la papauté.

Toutefois, cette autorité accrue de la papauté cache mal un fait brutal : la déchirure de la chrétienté occidentale. Vers 1570, à une Europe restée catholique s'oppose une Europe protestante sous la forme soit luthérienne, soit calviniste, soit anglicane. Cette division entraîne de sanglants affrontements en Europe jusqu'au milieu du XVIIe siècle : en France, entre 1562 et 1598 ; aux Pays-Bas, entre 1566 et 1609 ; en Europe centrale, entre 1618 et 1648 ; en Angleterre, entre 1642 et 1649. Au-delà de ces différentes guerres de religion, la déchirure reste consommée, en dépit de quelques tentatives de réunion, et va marquer profondément la sensibilité collective des peuples européens selon qu'ils sont catholiques ou protestants. Pourtant, ces différences profondes n'empêchent pas d'importantes convergences entre les Églises issues des différentes Réformes du XVIe siècle : d'abord une foi commune en la divinité du Christ et en l'Évangile, ensuite un même souci pastoral de mieux transmettre cette foi par le catéchisme et la prédication.

LES RÉFORMES RELIGIEUSES AU XVIe SIÈCLE

L'EUROPE

- 1515 François Ier, roi de France
- 1519 Charles Quint, empereur
- 1525 Bataille de Pavie
- 1526 Victoire turque à Mohács
- 1527 Sac de Rome
- 1547 Henri II, roi de France ; Édouard VI, roi d'Angleterre
- 1555 1556 Abdication de Charles Quint
- 1558 Élisabeth Ire, reine d'Angleterre
- 1559 Traité du Cateau-Cambrésis
- 1562 Début des guerres de Religion en France

LE LUTHÉRANISME

- 1517 Les 95 Thèses de Luther
- 1521 Excommunication de Luther
- 1524 Polémique Érasme-Luther
- 1530 Confession d'Augsbourg
- 1534 La Bible en allemand
- 1546 Mort de Luther
- 1555 Paix d'Augsbourg

LE CALVINISME

- 1525 Zwingli à Zurich
- 1536 *Institutio christianae religionis*, de Calvin
- 1541 *L'Institution*, en français, Calvin à Genève
- 1564 Mort de Calvin à Genève

L'ANGLICANISME

- 1531 Henri VIII, chef de l'Église d'Angleterre
- 1533 Excommunication d'Henri VIII
- 1534 Acte de suprématie
- 1563 Les *Trente-Neuf Articles*

L'ÉGLISE ROMAINE

- 1526 *Exercices spirituels*, d'Ignace de Loyola
- 1534 Paul III, pape
- 1540 Approbation par Paul III de la Compagnie de Jésus
- 1542 Création du Saint-Office
- 1545 Ouverture du concile de Trente
- 1563 Clôture du concile de Trente

1510 — 1520 — 1530 — 1540 — 1550 — 1560

ÊTRE CHRÉTIEN C'EST	POUR UN CATHOLIQUE	POUR UN LUTHÉRIEN	POUR UN CALVINISTE
Partager des croyances en :			
Dieu, Créateur du ciel et de la terre	En trois personnes (Trinité)	Idem	Idem
Parlant aux hommes par la Révélation, c'est-à-dire :	Bible et Tradition	Bible seule	Bible seule
Jésus-Christ, fils de Dieu	Fait homme (incarnation) et rédempteur	Idem	Idem
Rendant possible le salut individuel, grâce à :	Foi et oeuvres	Foi seule	Foi seule (avec prédestination)
La Vierge et les saints	Modèles et intercesseurs	Modèles	Modèles
Les sacrements, au nombre de :	Sept : baptême, pénitence, eucharistie, confirmation, extrême-onction, ordre, mariage	Trois : baptême, pénitence, eucharistie (cène)	Deux : baptême, eucharistie (cène)
Dont l'eucharistie, avec :	Présence réelle avec transsubstantiation	Présence réelle avec consubstantiation	Présence spirituelle
Se conformer à une morale :			
Faire le bien et éviter le péché, c'est-à-dire tout manquement à la morale d'amour prêchée par Jésus-Christ	Par amour de Dieu et du prochain et pour participer à son propre salut	Pour témoigner par là que Dieu vous a élu	Idem
Participer à des pratiques :			
Obligatoires	Baptême, mariage, extrême-onction, messe dominicale, confession et communion pascales	Baptême, culte dominical au temple	Baptême, lecture quotidienne de la Bible
Facultatives	Œuvres de charité, pèlerinages, processions, confréries	Œuvres de charité	Idem
Accepter une hiérarchie :			
	Clergé revêtu d'un caractère sacré : pape, évêques, curés, ordres religieux	Pas de clergé, de simples ministres ou pasteurs	Idem

La grâce et la liberté, la foi et les œuvres :

Paul (Ier siècle)
« La justice de Dieu par la foi en Jésus-Christ [est] pour tous ceux qui croient, car il n'y a pas de différence : tous ont péché, sont privés de la gloire de Dieu, mais sont gratuitement justifiés par sa grâce, en vertu de la délivrance accomplie en Jésus-Christ [...]. Y a-t-il donc lieu de s'enorgueillir ? C'est exclu ! Au nom de quoi ? Des œuvres ? Nullement, mais au nom de la foi. Nous estimons en effet que l'homme est justifié par la foi, indépendamment des œuvres de la loi. » *(Épître aux Romains*, III, 22-24, 27-28.*)*

Luther (1520)
« La foi suffit à un chrétien, il n'a besoin d'aucune œuvre pour se justifier. S'il n'a plus besoin d'aucune œuvre, il est certainement délié de tous les commandements et de toutes les lois ; s'il en est délié, il est certainement libre. Telle est la liberté chrétienne, c'est la foi seule qui la crée, ce qui ne veut pas dire que nous puissions rester oisifs ou faire le mal, mais que nous n'avons besoin d'aucune œuvre pour nous justifier et atteindre à la félicité. » *(De la liberté chrétienne.)*

Calvin (1536, 1541)
« Nous appelons prédestination le conseil éternel de Dieu, par lequel il a déterminé ce qu'il voulait faire d'un chacun homme. Car il ne les crée pas tous en pareille condition, mais ordonne les uns à la vie éternelle, les autres à l'éternelle damnation. Ainsi, selon la fin à laquelle est créé l'homme, nous disons qu'il est prédestiné à mort ou à vie. Ceux qu'il appelle à salut, nous disons qu'il les reçoit de sa miséricorde gratuite, sans avoir égard aucun à leur propre dignité. » *(Institution de la religion chrétienne*, III, 2. *)*

Les Trente-neuf Articles anglicans (1563)
« Nous sommes réputés justes devant Dieu, seulement par les mérites de Notre Seigneur et Sauveur Jésus-Christ, par la foi, et non pas à cause de nos propres œuvres et mérites. » *(Article 11.)*

Le concile de Trente (1563)
« Si quelqu'un dit que le libre-arbitre de l'homme mû et excité par Dieu ne coopère aucunement en donnant son assentiment à Dieu qui l'excite et l'appelle, par où il se prépare et dispose à obtenir la grâce de la justification, et qu'il ne peut pas refuser son consentement s'il le veut, mais que, à la façon d'un être inanimé, il est absolument inerte et joue un rôle purement passif, qu'il soit anathème [...]. Si quelqu'un dit que les justes ne doivent point attendre et espérer de Dieu par sa miséricorde, par le mérite de Jésus-Christ, rétribution éternelle pour leurs bonnes œuvres qui sont faites en Dieu, encore qu'ils persévèrent jusques à la fin à bien faire et garder ses commandements, qu'il soit anathème. » *(Canons* 4 et 26 *)*

Le philosophe berlinois Moïse Mendelssohn

Ami de G. E. Lessing, son interprétation du judaïsme, conciliable avec les principes de la nouvelle société de l'égalité et de la citoyenneté, est suffisamment ouverte pour que différents courants religieux au XIXe siècle, réforme et orthodoxie, en soient issus ou puissent s'en réclamer.

Ce qui est vrai pour l'Europe contemporaine l'était déjà à la fin du Moyen Âge : qu'une société consente à s'ouvrir aux Juifs, ceux-ci mobilisent aussitôt des forces créatrices que le sort qui leur était fait auparavant condamnait à rester pour une part sans emploi. Les voilà qui jouent bientôt un rôle singulier, à la fois aisément identifiable et nullement différencié : aisément identifiable, puisque ses traits distinctifs contribuent efficacement à la constitution des diverses identités nationales ; nullement différencié, puisqu'il propose une expression épurée du génie de ces mêmes identités nationales, ou du moins de l'une de leurs variantes possibles. Les Juifs jouent ce rôle aussi bien en prenant leurs distances avec leur propre tradition qu'en la reconduisant paradoxalement.

En fait, la rencontre d'un judaïsme désenclavé avec une société ouverte n'a véritablement été expérimentée qu'à deux reprises : en Espagne d'abord, entre Moyen Âge finissant et Siècle d'or ; et au XIXe siècle, une fois acquise l'émancipation, sur le théâtre plus vaste du continent européen, dont, à cet égard du moins, l'Europe centrale constitue bien le cœur.

On pense d'abord à l'Espagne médiévale des « trois religions ». C'est oublier qu'elle assignait aux divers groupes ethnico-religieux des tâches distinctes et complémentaires, et que, si cette division du travail assurait leur collaboration, elle leur imposait du même coup l'étanchéité. Aussi est-ce moins cette Espagne-là qui rappelle par anticipation l'aventure qui sera menée plus tard, à une autre échelle, que l'Espagne du XVe siècle qui a décidé d'inclure de force au christianisme ses minorités religieuses.

Devenus Nouveaux-Chrétiens, et souvent habités par une ferveur religieuse que leur conversion récente n'explique pas seule, les transfuges du judaïsme – ou leurs descendants – participent de manière déterminante à l'élaboration des deux conceptions concurrentes de l'identité collective espagnole : celle qui choisit l'ouverture, la tolérance, une piété faite d'intériorité – bref, tout ce que résume l'humanisme érasmien ; et, à l'inverse, celle qui affirme une destinée impériale, exalte l'autorité monarchique et cherche à persuader la nation de sa supériorité.

Dans la construction de ces figures antagonistes entrent en jeu deux ordres de facteurs particuliers, liés aux parcours typiques des Nouveaux-Chrétiens. La fragilité de cette insertion, dont les progrès évidents ne parviennent pas à effacer une distance apparemment irréductible, a pour conséquence dans le domaine religieux de les rendre impatients à l'égard d'une religion majoritaire qui sanctionne après coup la cohésion du groupe à travers un rituel partagé, mais se révèle incapable de large fraternité humaine ; et aussi bien ces Nouveaux-Chrétiens sont disponibles pour des formes de spiritualité propres à agacer les tenants d'une religion de l'habitude et de la conformité. Autre effet possible dans l'ordre du politique : cette même fragilité peut également faire de certains Nouveaux-Chrétiens des partisans convaincus d'un État fort, volontiers considéré comme le seul bouclier efficace contre une société encore hostile. Ils se feront alors les chantres d'une mission nationale et de son corollaire obligé, l'intervention armée au-dehors.

Mais en même temps, l'héritage culturel dont les Nouveaux-Chrétiens s'efforcent de se détacher refuse de se laisser occulter : legs venu de loin, comme l'ancien messianisme, par exemple, dont il n'est pas interdit de lire les traces dans la célébration d'une vocation impériale espagnole où se confondent, comme jadis, le national et le religieux ; ou legs efficace à travers des relais plus immédiatement repérables, quand un judaïsme d'inspiration « philosophique », typique des judaïcités ibériques d'avant la fin du XIVe siècle, sert de point de départ à des attitudes fortement contrastées. Rupture avec cette tradition si le Nouveau-Chrétien, insatisfait d'un judaïsme qu'il juge trop raisonnable, embrasse un christianisme insistant sur des valeurs de foi plus aptes à satisfaire sa quête spirituelle ; au contraire, continuité avec cette « philosophie », si des formes d'incrédulité, répandues dans les milieux dirigeants des communautés juives, se retrouvent dans le cadre de la nouvelle religion. Cependant, que les Nouveaux-Chrétiens aient des raisons spécifiques de faire les choix qui sont les leurs n'implique pas que ces options établissent une quelconque distance entre eux et la société majoritaire. Si un questionnement religieux, aiguillonné par leur relatif isolement, les incline à la vie spirituelle, on fait fausse route en cherchant dans les écrits des grands mystiques espagnols d'ascendance juive des traces de l'ancienne tradition. C'est toute une Espagne – finalement perdante – qui se reconnaît dans le miroir que lui tendent les Nouveaux-Chrétiens illuministes ou érasmiens. Cependant qu'une autre Espagne, celle des « refus » et des certitudes fortes, les considère avec d'autant plus de méfiance que leur intellectualisme a fait d'eux les représentants emblématiques d'élites culturelles détestées.

DEVANT L'HÉRITAGE GREC

Le statut de la sagesse grecque est l'un des enjeux de la controverse autour des écrits de Maimonide (1135-1204), poursuivie pendant plus de cent ans, depuis les dernières années du XIIe siècle jusqu'en 1305. Cette année-là, les rabbins antirationalistes prononcent à Barcelone l'excommunication contre ceux qui étudieraient, avant l'âge de vingt-cinq ans, les « livres des Grecs » portant sur la physique et la métaphysique. Un de leurs adversaires, Yedaïah de Béziers, objecte qu'emprunter à la pensée grecque en faisant la part de ce qu'elle présente d'assimilable et de ce qui doit être rejeté, c'est renforcer l'assurance en elle-même d'une culture fondée sur l'étude de textes révélés et d'autant mieux combattre l'« hellénisme ». Mais Maimonide, en assimilant physique et métaphysique à ces savoirs dont l'obtention constituait pour l'ancienne tradition mystique juive le couronnement de l'expérience religieuse, situe la question des rapports entre raison et révélation sur un autre terrain que celui de l'affrontement entre Israël et la Grèce : la raison n'est ni juive ni grecque, mais universelle.

L'ÉMANCIPATION

Le processus d'admission des Juifs démarre partout en Europe vers 1780. C'est en Allemagne que le phénomène paraît le plus spectaculaire. À l'opposé du modèle français d'insertion, qui privilégie la dimension politique de l'émancipation et met l'accent sur l'acquisition de la citoyenneté, le modèle allemand se fonde avant tout sur l'intégration dans les milieux de la culture. Il suffit de moins d'un siècle pour que les Juifs allemands participent en force à toutes les avant-gardes, à tous les mouvements d'innovation intellectuelle.

Ce fait n'est pas dû au hasard. Par la position doublement excentrée – par rapport à la tradition juive, qui a perdu jusqu'à son pouvoir de fascination sur ceux-là mêmes qui l'abandonnaient, comme par rapport à un environnement toujours méfiant –, l'origine juive a pu servir de gage à un esprit de liberté. Là encore, que le trajet des Juifs vers la modernité ait été plus court, ou plus rapide, ne signifie pas qu'à terme leur contribution à cette modernité soit d'une nature spécifique : le type de culture allemande dont s'éprennent les Juifs d'Allemagne est celui de toute l'Allemagne libérale. Les essais érudits qui s'efforcent d'établir, avant et après 1900, les termes d'une synthèse providentielle entre l'esprit du judaïsme et la « germanité », présentent une argumentation passablement laborieuse ; du moins traduisent-ils le sentiment d'une réalité qu'on aurait tort de prendre pour une pure illusion automystificatrice. Au reste, à la même époque, des rapprochements du même type sont tentés ailleurs : à Paris, où l'on s'efforce de dégager l'affinité du prophétisme hébraïque avec les principes de la Révolution française, voire, à Saint-Pétersbourg, avec les exigences de l'« âme russe ».

Mais il existe bien une espèce de religion de la culture, caractéristique du judaïsme allemand. Cette attitude s'inscrit dans une longue continuité – au sein des communautés traditionnelles, en effet, le savoir constituait le critère principal de la hiérarchisation sociale –, en même temps qu'elle est ajustée aux exigences d'une promotion sociale moderne commandée par le mérite. Mais en tout état de cause, elle range les Juifs parmi les partisans d'une figure de la nation condamnée à terme par l'avènement d'une ère des masses qui obligera à des types d'intervention politique et sociale, auxquels les Juifs, imprégnés de cette religion de la culture, sont manifestement mal préparés.

Autre réaction typique à une situation de double extériorité : celle qui consiste, tout à la fois, à la revendiquer et à chercher son dépassement à travers une refondation de la société. D'où la forte participation des Juifs aux mouvements révolutionnaires des deux derniers siècles. Là encore est à l'œuvre, sous une forme laïcisée, le messianisme juif traditionnel, dont deux traits caractéristiques se retrouvent dans toutes les formes qu'il a pu revêtir au cours des âges : il a toujours offert la promesse d'un avenir inédit, par rapport auquel l'image contraire d'un passé originel à restaurer ne figurait qu'un horizon médiocre ; et, comme le voulait l'ancienne vision apocalyptique, cet avenir sans antécédents était instauré par une péripétie courte et tumultueuse, offrant la chance d'un saut décisif. Dès le XVIIIe siècle, des Juifs que la désagrégation de leurs communautés engage à adopter des stratégies claires de rupture adhèrent au mythe révolutionnaire. Mais comme les schémas hérités du passé informent toujours leurs modes de penser et de sentir, ils le font avec les restes d'une vieille ferveur, qui, ainsi réemployée, ne risque pas de se perdre.

Entre l'expérience des Nouveaux-Chrétiens et celle de l'après-émancipation, Spinoza (1632-1677) a fasciné ceux des Juifs qui ont vu dans son parcours la récapitulation de l'une et l'anticipation de l'autre, et qui ont été tentés d'attribuer la paternité de leurs propres choix à une figure modèle. Exemplarité du « cas » Spinoza, mais laquelle ? Le philosophe a-t-il voulu retrouver le noyau dur d'une tradition dont il dépendait par la naissance et en universaliser les contenus à travers l'usage de catégories intelligibles indépendamment de la référence à une culture particulière ? Ou, au contraire, refuser toute forme d'ancrage identitaire et faire de ce refus le gage de l'aptitude novatrice ? Ou encore proposer les voies d'une rédemption séculière, servant de trait d'union au-delà des traditions séparées ? Autant d'interprétations acceptables, puisqu'elles s'accordent aux diverses stratégies rendues possibles par la rencontre entre judaïsme et européanité.

LA SYNAGOGUE DE L'ÉTOILE DE DAVID, CHAGALL

À l'opposé du chandelier à sept branches, l'étoile de David ne prend valeur de symbole du judaïsme que tardivement. À l'origine motif ornemental ou talisman protecteur, elle devient souvent, en Europe centrale, entre le XIVe et le XVIIe siècle, emblème officiel de la communauté juive. Les milieux de la kabbale hétérodoxe proches du mouvement sabbatéen, en rupture avec le judaïsme normatif, lui donne un sens messianique, lié à l'attente du « fils de David ». L'époque de l'Émancipation voit paradoxalement sa diffusion sous le signe d'une confessionalisation qui en fait, dans ses usages sociaux, un équivalent juif de la Croix. Ses réemplois à l'époque contemporaine, son usage par les nazis comme signe distinctif désignant à l'opprobre n'ont cessé d'en accroître la charge symbolique.

598 bulle du pape Grégoire le Grand énonçant les principes d'une politique de tolérance.
v. 917 installation à Mayence de la famille juive des Kalonymides, venue d'Italie.
1040-1104 vie de Rachi.
1096 massacres des Juifs lors de la première croisade.
1204 en Languedoc, traduction en hébreu du *Guide des égarés* de Maimonide (rédigé en arabe).
v. 1280 Le *Zohar*, principal ouvrage de la mystique juive.
1306 expulsion des Juifs de France.
1391 persécutions en Espagne ; début du marranisme.
1492 expulsion des Juifs d'Espagne.
1655 délibérations du Conseil réuni par Cromwell sur les conditions de l'admission des Juifs en Angleterre.
1656 excommunication de Spinoza.
1665-1666 mouvement messianique de Sabbataï Tsevi.
1736 débuts de l'activité du Baal Shem Tov, fondateur du hassidisme.
1738 exécution du « Juif de cour », Joseph Süss Oppenheimer, principal ministre du duc de Bade-Wurtemberg
1782 édit de tolérance de l'empereur d'Autriche Joseph II.
1791 en France, décret d'émancipation des Juifs par l'Assemblée constituante.
1797 mort d'Élie de Vilna, chef des adversaires du mouvement hassidique.
1812 en Prusse, décret accordant la citoyenneté aux Juifs.
1856-1867 suppressions par le tsar Alexandre II de lois discriminatoires.
1881 pogroms en Russie après l'assassinat d'Alexandre II.
1894 arrestation du capitaine Dreyfus.
1896 Theodor Herzl, *L'État juif.*
1942 la conférence de Wannsee décide la mise en application de la « solution finale ».

▲ **Repas des Juifs pour la fête des Tentes par Picart (1739)**
J. F. Bernard et Bernard Picart publient un dictionnaire historique illustré des religions soulignant la parenté entre les formes du culte dans les religions monothéistes et les pratiques superstitieuses des sociétés « sauvages ». Mais les planches consacrées au judaïsme manifestent un souci d'information et d'exactitude, à l'opposé des attitudes qui traduisent une reprise laïcisée de la polémique antijuive d'inspiration médiévale.

LA PRÉSENCE JUIVE EN EUROPE

C'est dans la période post-carolingienne que la présence juive en Europe se fait durable. Venus du bassin méditerranéen, implantés de longue date en Italie, les Juifs fondent à partir du X*e siècle, au-delà des Alpes, entre Champagne et Rhénanie, des communautés qui connaissent rapidement un remarquable essor culturel. Durant la même période, des Juifs originaires des centres orientaux du monde islamique s'établissent nombreux dans l'Espagne alors musulmane. Vers 1300, ces communautés se répartissent en trois grands ensembles. Dans le nord de l'Europe (Allemagne actuelle, France du Nord et de l'Est), le judaïsme « ashkénaze » cultive exclusivement les études talmudiques. Dans la péninsule Ibérique, le judaïsme « sépharade » cherche à marier études sacrées et disciplines relevant du savoir « profane ». Et c'est dans un troisième ensemble, constitué par les communautés juives du midi de la France, que les deux modèles culturels se mêlent et s'affrontent à la fois. À la fin du Moyen Âge, s'institue un mouvement de déplacement vers l'est. Les Juifs sont expulsés, dans l'Europe du Nord-Ouest (Angleterre, France), à la hauteur des années 1300. Au début du* XVI*e siècle, la présence juive en Europe centrale n'a plus qu'un caractère résiduel, et les Juifs frappés par les innombrables mesures locales d'expulsion entre 1450 et 1520 ont été accueillis en Europe orientale (Pologne, Lituanie). Dans le même temps, les Juifs d'Espagne, de Provence, d'Italie du Sud, gagnent, là aussi à la suite de décrets d'expulsion prononcés contre eux, les pays du bassin oriental de la Méditerranée. Deux phénomènes importants marquent l'époque moderne. Le* XVIII*e siècle est celui d'une réadmission des Juifs en Europe occidentale et centrale. L'accueil favorable qu'elle réserve aux marranes (Juifs convertis de force restés secrètement fidèles à leur religion) venus d'Espagne ou du Portugal, persécutés par l'Inquisition, ou aux Juifs fuyant les massacres perpétrés par les troupes cosaques lors du soulèvement des paysans ukrainiens contre leurs seigneurs polonais en 1648-1649, traduit un décisif retournement des attitudes. C'est une première étape sur la voie d'une intégration, entérinée à la fin du* XVIII*e siècle par les décrets d'émancipation qui accordent aux Juifs l'égalité civique. À l'est, à la suite des partages de la Pologne, la Russie, jusque-là fermée aux Juifs, abritera la plus importante communauté juive d'Europe, confinée dans une « zone de résidence » jusqu'au temps des réformes d'Alexandre II.*

▲ **Haggada (rituel de la Pâque)**
À partir du XIII*e siècle, de véritables ateliers produisent des manuscrits hébraïques enluminés. L'illustration de la* Haggada *est l'une des formes majeures de cet art du livre.*

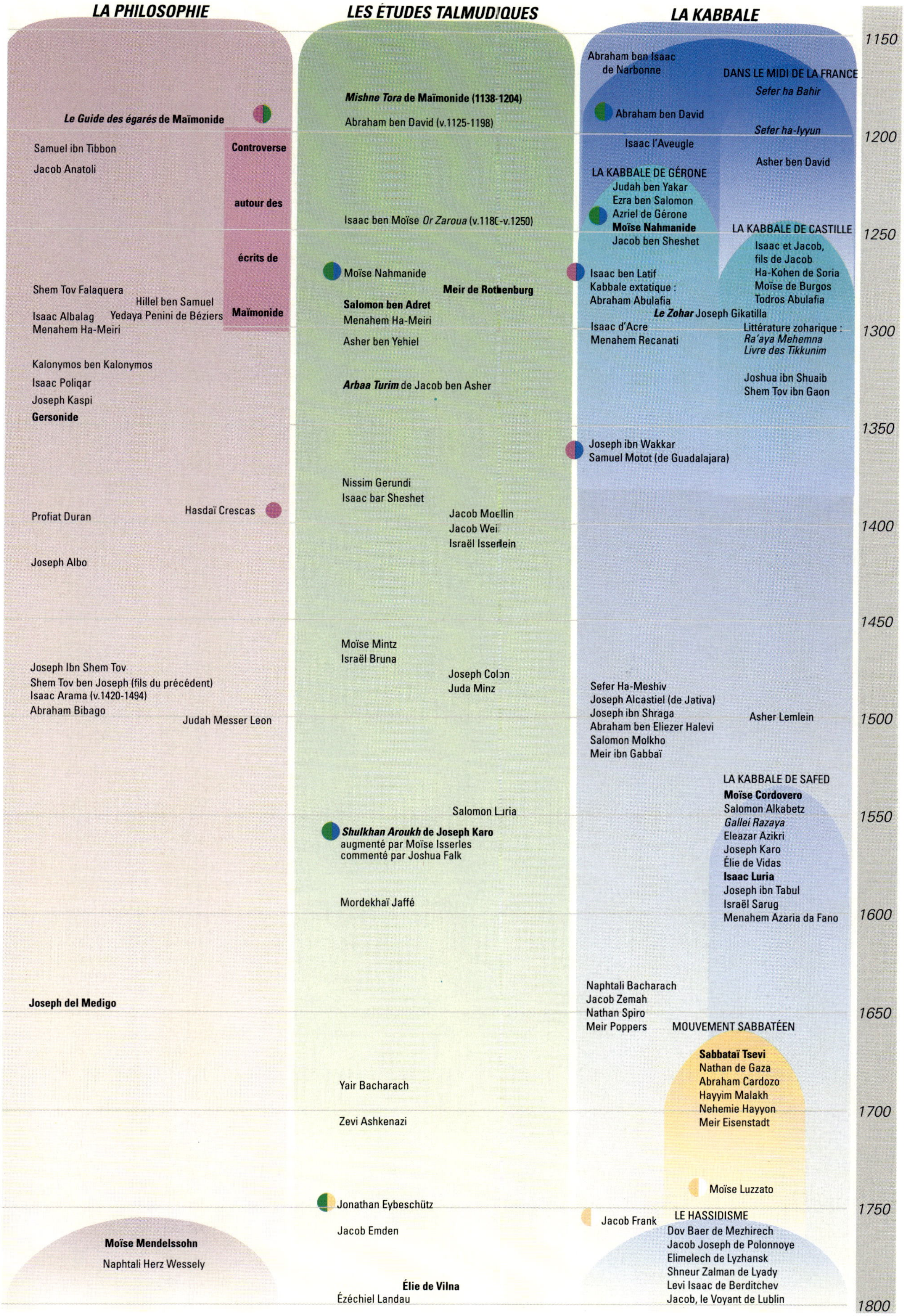

C'est sous l'influence de Maimonide (*Le Guide des égarés*) que se constitue un milieu de sensibilité proprement philosophique. En même temps apparaissent les principales notions de ce qui devient la kabbale. Ainsi se met en place une « carte intellectuelle du judaïsme » dont l'on retrouve la même organisation typique six siècles plus tard.

La controverse autour des écrits de Maimonide (v. 1190-1305), voit s'affronter « rationalistes », partisans d'une association des études « sacrées » et des études générales, notamment scientifiques, et « antirationalistes ». Après Maimonide, les auteurs de synthèses personnelles rigoureuses sont rares ; signalons Gersonide, et Hasdaï Crescas dont l'œuvre trouve son inspiration à l'opposé du courant rationaliste majoritaire. Dès le XVe siècle, la philosophie perd de son audience, à mesure qu'on lui attribue la responsabilité d'une érosion de l'identité judaïque, marquée notamment par les conversions massives au christianisme qui ont précédé de près d'un siècle l'expulsion des Juifs d'Espagne. 1750-v. 1780 Mendelssohn cherche à associer appartenance à la cité et observance de la Loi. Son personnage et son œuvre servent de référence majeure au mouvement de la *Haskalah*, version hébraïque des Lumières. Mais si le mouvement des Lumières consacre une rupture avec la tradition venue du Moyen Âge, la Haskalah, dans les milieux d'Europe centrale et orientale, entend, elle, renouer avec les « Lumières médiévales ».

La carte intellectuelle mise en place vers 1180 ne fait pas coexister trois courants qui s'ignoreraient ou se disputeraient. Les études talmudiques se voient reconnaître une place centrale, soit qu'on les cultive exclusivement, soit que l'on considère philosophie ou kabbale comme des disciplines complémentaires. Deux grandes œuvres de codification des lois talmudiques dominent la période : le *Mishne Tora* de Maimonide, et le *Shulkhan Aroukh* de Karo.

Née dans le sud de la France et en Espagne, la kabbale (courant mystique et ésotérique) connaît sa période de plus grande créativité en Espagne vers 1260-1320. Le *Zohar (Livre de la splendeur)* acquiert alors un statut quasi canonique. En marge se développe la kabbale extatique, d'Abraham Abulafia.
Les constructions doctrinales des kabbalistes de Safed (Galilée) connaissent une diffusion telle qu'au XVIIe siècle la kabbale acquiert le statut d'une « théologie officielle du judaïsme ».

Les attentes messianiques autour de Sabbataï Tsevi ne disparaissent pas après sa conversion à l'islam (1666). Le mouvement sabbatéen cultive une kabbale hétérodoxe et déviante, débouchant sur l'abolition des commandements de la Loi.

Dans la seconde moitié du XVIIIe siècle, le hassidisme constitue un aboutissement, mettant à contribution toutes les formes de kabbale connues. De nombreux courants coexistent à l'intérieur d'un mouvement hassidique d'inspiration pourtant homogène.

Dans les diverses activités intellectuelles qui ont caractérisé l'Europe, le droit occupe une place singulière qui tient au développement politique, à ses modalités dans l'espace conquis par le christianisme. L'Église, tolérée depuis l'édit de Milan en 313, peu soucieuse de lier son destin à un empire vieillissant, négocie avec les Barbares. Elle sera médiatrice entre les traditions, les coutumes et les usages sociaux et familiaux de ces peuples et le droit hérité de la déjà ancienne Rome. À l'intérieur même du droit romain, les disputes perdurent : royauté liturgique directement issue de Rome ou royauté de droit divin. Il faudra quelques siècles et des dizaines d'auteurs pour faire coexister les deux formules et pour que finalement l'une l'emporte sur l'autre.

LES SOURCES DU DROIT NATUREL

Le « droit que nous avons de naissance » est une expression qui taraude théologiens et juristes depuis la renaissance de l'étude des lettres anciennes au XVIe siècle. Deux textes de Platon ,le Gorgias *et* La République, *posent la question fondamentale de la prééminence du droit sur la force. Pour que cette prééminence soit fondée, il faut libérer le droit des dogmes théologiques et définir la sphère du juridique vis-à-vis de celle de l'État. Hugo de Groot, dit Grotius, se rattache à cette problématique du droit «des gens».*
Thomas Hobbes dans le Léviathan *décrit l'État comme un « Dieu mortel ». Le contenu de l'idée de droit ne prend donc plus sa source dans le domaine de la puissance et de la volonté mais dans celui de la raison pure. Au XVIIIe siècle, le Français Montesquieu pose, en juriste, la même question que l'Anglais Newton avait posée en tant que physicien au siècle précédent. Pour les deux hommes : « Les lois sont les rapports nécessaires qui dérivent de la nature des choses. » Ainsi se transforme l'idée de droit naturel qui devient le droit de la nature élaboré théoriquement par l'Anglais Locke (1632-1704) et par la philosophie du droit dans l'idéalisme allemand chez Leibniz (1646-1716) ou encore chez Wolff (1679-1754).*

Poing de justice

Représentation d'une condamnation – l'ablation du poing – qui aurait dû être prononcée si le condamné n'avait présenté dans la salle du prétoire et offert en expiation aux juges ce poing de bronze accompagné d'une description du délit reproché. Pratique courante en Flandre et dans certaines parties de l'Allemagne entre le XIVe et le XVIe siècle.

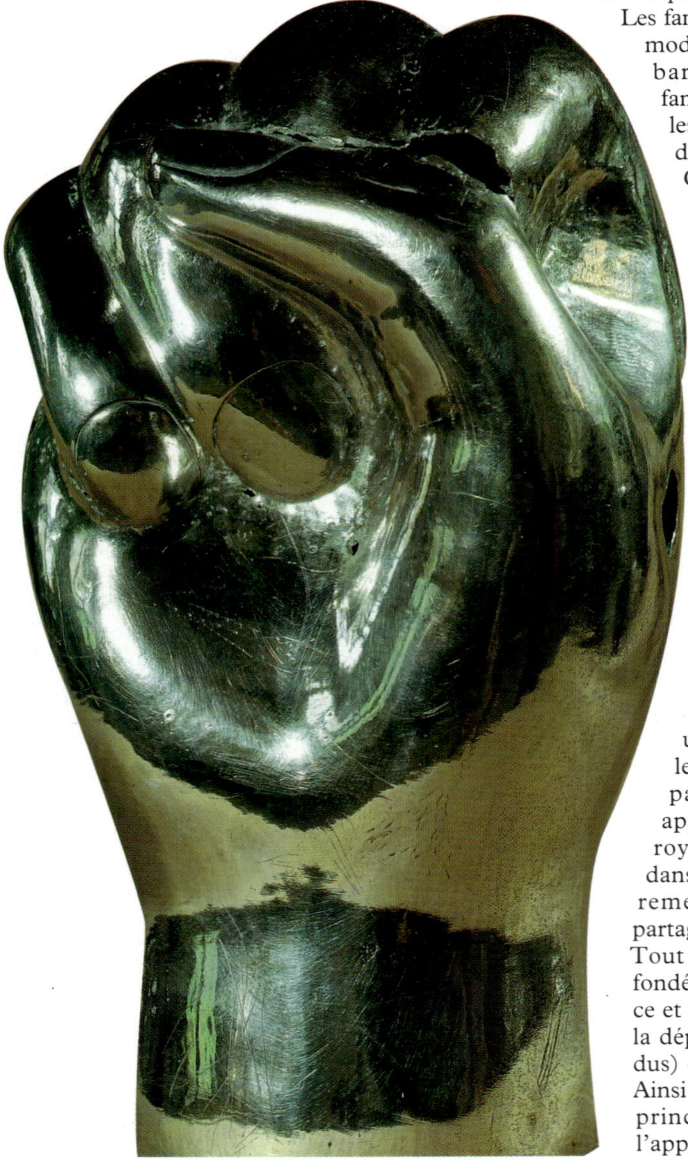

L'OBJET DU DROIT DE SON SEIGNEUR

Le prince possède à la fois un pouvoir absolu et une limitation absolue par la loi. Le prince est ministre de l'équité, de l'utilité publique. Le prince est seigneur et serf du droit, car ce n'est pas lui qui gouverne. Ce qui gouverne, c'est l'idée même de la justice qui est soumise au droit tout en lui étant supérieure, car elle en constitue la fin.

Les familles vont être pour longtemps les modèles de l'organisation des sociétés barbares. Familles au sens large, familles de lignées qui s'agrègent par les liens du sang jusqu'au cousinage des cinquième et sixième degrés. Cette lignée de sang n'a rien à voir avec la lignée romaine fondée sur l'adoption. Elle génère des interdits (inceste, infanticide). L'Église va donc transmettre les procédures canonico-romaines en prenant soin de ne pas porter atteinte aux droits et usages des peuples qui, désormais, ne sont plus fédérés par l'Empire.

Jusqu'au XIe siècle, en Espagne, on pratiquera le droit consigné dans ce qu'il est convenu d'appeler le *Bréviaire* d'Alaric, résumé des recueils précédents (grégorien et théodosien notamment) accompagné d'interprétations, écho des dernières leçons des écoles du Ve siècle. Le code d'Alaric revêt une double importance : il recense les lois *(leges)* et le droit *(jus)* de si parfaite façon qu'il trouvera son application non seulement dans le royaume wisigothique mais encore dans l'Europe franque. Il établit clairement la participation à un même partage du sol *(jus soli)*.

Tout le système juridique et social est fondé, d'une part, sur la reconnaissance et sur la protection, d'autre part, sur la dépendance personnelle (des individus) et réelle (de la terre et des biens). Ainsi en va-t-il des vassaux auxquels les princes donnent des bénéfices et de l'appartenance des paysans à la terre : les serfs sont dépendants d'elle personnellement et réellement, les vilains réellement. L'esprit du temps – et cela vaut jusqu'au XIIIe siècle – est tout entier un esprit d'appartenance à un niveau différent : l'homme est l'objet du droit de son seigneur. Le système vaut dans les trois mondes – le monde saxon (incluant les anciens usages des Angles), le monde franc (auquel il faut rattacher le système juridique des Wisigoths) et le monde des cités italiennes qui connaîtront jusqu'à l'aube des Temps modernes à la fois le système franc (par l'intermédiaire des principautés conquises par des familles françaises) et le système impérial germanique.

Il reste que les procédures par lesquelles on aboutira au jugement s'instaureront selon ce premier clivage : inquisitorial, écrit, questionneur et tourmenteur dans l'aire franque et wisigothique ; usages de « banc » et de jugement oral devant les pairs dans celle des Angles.

LA LOI

Empereurs ou rois, tous sont soumis à la mécanique de la loi. Le prince qui profère la loi du roi *(lex regia)* dispose-t-il de ce pouvoir par naissance ou par concession *(in genere* ou *in concessio)* ? Le débat va durer du Code Justinien aux philosophes du XVIIIe siècle. Il couvrira toute l'aire européenne, à l'exception de cette terre des Angles où la pratique l'emportera toujours sur l'argumentation *(disputatio)*.

C'est le débat fondamental de l'Europe chrétienne. Pour n'avoir pas connu ce débat, l'Angleterre façonnera un autre type de pratique politique et sociale ; pour ne pas l'avoir connu non plus, l'Est orthodoxe se heurtera frontalement à la double révolution industrielle et sociale. Pour l'avoir méconnu, les monarchies slaves (influencées – il est vrai – par la prégnance autocratique du voisin byzantin) et les « fausses monarchies », telle la Pologne dont le souverain électif était prisonnier de ses vassaux, connaîtront tourmentes et éclipses.

Le concept de soumission du monarque à la loi va au-delà : il fonde et légitime les royautés. L'édiction des clercs formulant que chaque roi est empereur en son royaume n'est rendue possible que par la prééminence de l'idée sur la fonction. Encore une fois, Constantinople (du Bosphore à la Vistule) n'entendra jamais ce principe fondateur. Le concept de loi se développe donc dans l'aire géographique occupée par le catholicisme romain. Les monarchies « nationales » s'en servent autant que la papauté se sert de lui pour régner sur elles.

Sur le strict plan du droit des particuliers, il va permettre non seulement une codification des procédures mais encore celle des droits (civil, pénal, commercial...) unifiant par là même les statuts personnels. Si cette géométrie des codes prospère en France, elle ne connaît en Europe qu'un succès limité. Exporté principalement à l'occasion des campagnes napoléoniennes, ce droit va inspirer ceux de l'aire romano-germanique où il se présente comme le successeur naturel du droit romain.

◀ ***Target et la balance de Thémis***
Au XVIIIe siècle, la rédaction et la diffusion du Code civil prussien, premier en son genre, servit d'argument aux juristes de France et d'Italie pour élaborer un texte semblable dans leurs pays respectifs. Ils appartiennent tous à l'école du jusnaturalisme (droit naturel) rationaliste. La gravure ci-contre représente le magistrat Guy Jean-Baptiste Target, l'un des promoteurs du Code civil français publié en 1804. Par la conjugaison des idéaux qui nourrirent la Révolution en France et l'émancipation nationaliste en Europe avec la marque que la France lui imprime à travers les conquêtes du Consulat et de l'Empire, le code s'impose. Avec lui se répand le rationalisme juridique inspiré des réformes du XVIe siècle, de la redécouverte des Anciens, du jansénisme du XVIIe siècle et de la large diffusion du rationalisme au XVIIIe.

LE SUJET DU DROIT

Pour comprendre la complexité juridique héritée des strates historiques successives, prenons un exemple. En 1750, un protestant bourguignon était majeur à quatorze ans selon la coutume du duché ; il devait, aux termes du droit canonique, se marier devant le curé, succédait à son père décédé intestat selon le droit romain et, s'il désirait tester, le faisait selon les termes de l'ordonnance de 1735 (droit du roi). Fruit de la réflexion des philosophes du XVIe au XVIIIe siècle, de l'évolution des mentalités grâce aux réformes religieuses, de la tradition juridique dite « Droit de la nature et des gens », la fin du XVIIIe siècle connaît une série de révolutions pacifiques ou brutales.

Les droits dans leur diversité convergent dans un sens libéral et donc dans celui de la prééminence du sujet. L'homme du XVIIIe siècle se fonde dans une individualité participatrice. Il appartient à la grande association : bourgeois entreprenant, marié, père de famille. Ce modèle humain fondera l'Angleterre dans une société de petits propriétaires terriens, une société de *Yeomen*, modèle triomphant en France dans le courant du XVIIIe siècle. Ainsi le droit de la terre devient-il l'objet de droits fiduciaires et non plus sujet de l'homme-objet soumis à son seigneur. Ce premier triomphe de la bourgeoisie entreprenante trouve ses racines à la fois dans le creuset catholique et dans l'idéal protestant, principalement celui de l'Église évangélique, premier état de l'unification idéologique des États allemands de la Poméranie à la Baltique et aux villes de la Hanse.

Seul l'homme « civil », citoyen, fonde la société dans laquelle il vit. L'« autre » reste l'objet de la répression. Bénéficiaire du minimum qualifié droits de l'homme, il est objet des procédures répressives que l'on n'a pas cru devoir modifier.

Le droit civil, le droit des transactions (civile et commerciale), trouve là son fondement et son instrumentalité dans la rédaction des codes. Le procès appartient à celui qui le fait, le contrat appartient aux deux contractants, la responsabilité est uniquement celle du sujet juridique.

L'EXERCICE JUDICIAIRE

Dès la fin du XIIIe siècle, les rois incarnent l'État. Le droit romain si redouté par les monarques (il n'est pas enseigné à Paris) joue finalement en leur faveur. La principale raison d'être de la royauté est la « bonne justice ». C'est en cela que le roi est empereur en son royaume. Qu'elle soit déléguée à des shérifs, baillis ou sénéchaux, ou bien rendue « en parlement », la rédaction de la littérature juridique (coutumiers, manuels, style des enquêtes) accapare tous les soins de la royauté. Or cette justice diverse, complexe est mal rendue. Échiquier ou banc du roi en Angleterre, Grand'Chambre ou Requêtes en l'Hôtel en France, audiences et ammanies aux Pays-Bas n'administrent qu'une partie résiduelle de la justice. Le roi doit sans cesse corriger les abus de ses officiers par des assises, des grands jours et autres diètes, autant de passages éclairs de la justice royale alors que le quotidien est fait de justices seigneuriales et que la justice est rendue par de bas-officiers. Curieusement, les organes de justice qui portent les titres les plus évocateurs du pouvoir central sont souvent libérés de tout contrôle de l'autorité centrale. Cela se vérifie au XIVe siècle dans les marches galloises, en Bavière, au Brandebourg sur les terres du Saint Empire. Il en va de même en 1352 dans le duché de Bourgogne où apparaissent des grands jours ducaux et en Bretagne où est constitué un Parlement. En 1357 naissent des États en Dauphiné de même qu'en Guyenne anglaise les États du Prince Noir. La multiplication de ces cours de justice qui se veulent « du prince », souvent pour des raisons liées au Trésor qui perçoit le prix des charges, fait plaider longtemps avant de savoir devant quelle juridiction justice sera rendue.

◄ *Miroir des Saxons*
Ce détail d'illustration en marge du Heidelberger Sachsenspiegel *(Miroir des Saxons de Heidelberg) montre l'un des aspects (ou des moments) du procès judiciaire. Sur son siège, le juge* (Richter) *fait un geste de commandement devant l'épée qui entre également dans la symbolique du judiciaire (l'épée de justice) présentée à plat ou sur champ. L'accusé semble devoir prêter le serment de vérité ainsi d'ailleurs que les autres protagonistes du procès.*

Le droit romain est la matrice de l'Europe tout entière. On peut même affirmer qu'il imprègne jusqu'à nos jours la communauté d'idées juridiques même lorsque leur expression a fondamentalement muté. On peut cependant classer en familles les droits des pays constituant les nations européennes de l'Angleterre aux pays de l'ex-Union soviétique, de l'Espagne à la Norvège.

L'AIRE ROMANO-GERMANIQUE

Les historiens du droit classent sous l'appellation générique de droits de l'aire romano-germanique tous les droits de l'Europe continentale ainsi que ceux d'Amérique latine (qui se situe en dehors de notre objet). Le droit français appartient à cette aire – il y possède même une sorte de primauté. La connaissance des traits communs de ces droits nous vient des juristes anglais qui, habitués à une expression juridique essentiellement différente, ont mieux vu les ressemblances entre le droit allemand, les droits scandinaves et les droits des pays de la Mitteleuropa plutôt que leurs différences exacerbées par les nationalismes.

De l'Italie aux pays scandinaves en passant par les États allemands et les pays bordant la mer Baltique, l'historien du droit assiste à un travail constant de marginalisation des coutumes par la christianisation romaine, menée successivement par la foi catholique puis par la religion réformée. Ces coutumes seront réservées aux communautés campagnardes isolées vivant en économie fermée ou semi-fermée. Le « grand droit » (pour reprendre une expression du juriste français Carbonnier) enseigné à l'université procède d'une vision différente du travail judiciaire.

Le juge n'est pas seulement celui qui dirige le procès (à la mode anglaise), c'est *aussi* celui qui est appelé à dire le droit et à rendre les jugements en lieu et place des assemblées de notables. C'est par le biais de cette manière de procéder, directement issue de la délégation du pouvoir royal (ou impérial), que des juges issus des universités sont institués pour rendre des jugements au nom du prince. Ces juges ignorent les coutumes, ils ont même pour mission de les combattre dans le dessein de favoriser le pouvoir central.

Encore convient-il que le roi (ou l'empereur) fasse « recevoir » le droit romain dans ses États, comme droit commun *(jus commune)*. Cela est acquis dans l'Empire germanique dès le XVIe siècle. En France ou en Castille, la réception du droit romain est plus restreinte – c'est-à-dire qu'on lui reconnaît le statut d'être le droit de la « raison écrite » *(ratio scripta)* sans, cependant, le doter du caractère contraignant qu'il possède dans l'Empire.

L'unité romano-canonique se fonde donc sur l'enseignement universitaire et la confrontation d'un droit laïque avec le droit que véhicule l'Église catholique romaine issu du droit romain. Il est frappant de constater que dans cette aire, les juristes emploient la même terminologie. Mêmes catégories, mêmes grandes divisions en droit civil, droit commercial, droit pénal, droit public, en un mot même structure qui peut, évidemment, selon l'histoire nationale et l'osmose avec les coutumes régionales, recouvrir un contenu très divers. De même, l'unité romano-germanique se reconnaît à la commune référence à un ordre supérieur, tangible mais non contingent : la loi. Dans l'ensemble des pays cités, cette dernière connaît exactement les mêmes phases de développement : elle est d'abord absolue parce que formulée en règles simples. L'absolu législatif fut rapidement amendé par les nécessités de l'adaptation au temps, conçu comme une instance suprême de rapport à la vitesse (c'est le temps industriel) et par rapport à son aspect commercialo-financier (le temps des échanges).

▲ *Décret de Gratien*
Le Décret de Gratien est un monument juridique. C'est, au sens propre, une somme. Nulle inventivité ou génie ne préside à son élaboration. Gratien, qui publie après d'autres canonistes (avant 1150), fait œuvre de compilateur intelligent, résolvant les antinomies relevées par la comparaison des textes au moyen éprouvé de la dialectique. On aurait tort de penser que ce moine de l'ordre des camaldules ne compile que les écrits des Pères : il emprunte au droit romain et même aux capitulaires carolingiens. Œuvre claire, elle fit l'objet de nombreuses gloses, notamment par les docteurs de l'université de Bologne, formant ainsi un véritable corpus juris canonici *auquel les juristes d'Église se référeront jusqu'au code officiel publié en 1917 par le siège apostolique : le premier Code de droit canonique.*

Dans l'aire romano-germanique, le « diseur de droit » n'est plus esclave de la loi : il lui fait *produire du sens* par ce travail essentiel qu'est la jurisprudence des juges et la doctrine des professeurs. Dans le premier cas de figure, le juge peut inventer en appliquant le concept fondateur du droit canonique : l'équité *(æquitas canonica)* qui l'invitera à considérer d'abord la justice en l'espèce et non l'espèce par rapport à l'absolu législatif.

Cette *flexibilité* du droit de l'aire romano-germanique guide le travail des juristes « nationaux » quelles que soient leurs préférences philosophiques ou politiques. Elle permet surtout aujourd'hui, dans cette période de l'histoire où les *canons* législatifs nationaux le cèdent à une nouvelle forme de la *jurisprudentialité* – qui nous vient du pragmatisme anglais (et forcément anglo-américain) – d'entretenir un dialogue fructueux moins à travers l'enseignement universitaire que par le travail créatif des juges. Seuls les pays de la Mitteleuropa, naguère encore soumis à l'absolu prôné par le légalisme socialiste, sont actuellement en train de réapprendre, et trop souvent à leurs dépens, le commerce des idées juridiques.

L'AIRE ANGLO-SAXONNE

Le droit anglais offre une double singularité géographique et conceptuelle. Issu de la conquête normande en 1066, il ne s'applique qu'en Angleterre et au pays de Galles, à l'exclusion de l'Écosse et des îles Anglo-Normandes. Son influence s'étendra jusqu'en Australie, aux Indes, au Niger et, bien sûr, aux États-Unis.

Sa singularité conceptuelle est plus complexe à définir. Dans ce qu'il est courant de nommer le Moyen Âge, les grandes divisions judiciaires connues sur le continent sont aussi connues dans l'île. Il existe un droit « usuel » fondé sur les subdivisions territoriales (*hundreds* ou *counties*), coutume locale appliquée par une juridiction d'hommes libres. La coutume des marchands *(lex mercatoria)* s'applique en justice singulière.

Jusqu'à la Réforme anglicane existent des *christian courts* (cours chrétiennes) qui seront alors « sécularisées » après avoir été, dès le XIIIe siècle, strictement limitées dans les matières intéressant la condition des personnes (clercs, laïcs).

Peu à peu (et plus rapidement que sur le continent et notamment en France), le droit royal l'emporte en Angleterre sur les juridictions seigneuriales. Les cours de Westminster délivrent des *wrigts* qui s'étendent selon une procédure parallèle à celle utilisée dans le royaume de France depuis

Philippe IV le Bel (procédure *ab abusus*… qui, en Angleterre, s'intitule *super casum*). Se développe alors un droit que la langue normande appelle *commune ley* qui deviendra la *common law*.

L'importance de ce développement se mesure à la qualité des *sources* du droit en Angleterre. Droit jamais codifié, il se déroule comme sur un long parchemin de « précédents ». C'est un droit de « sages-hommes » et donc un droit de jurisprudence qui laisse peu de place aux coutumes, sauf à définir quelques données essentielles (personnes raisonnables, délai diligent). La loi n'a pas plus d'importance. La règle générale n'a pas droit de cité en Angleterre. C'est donc d'un droit de *casuiste* qu'il s'agit. D'une perpétuelle interprétation du fait par le fait et non, comme sur le continent, du texte sur le texte. Il en résulte aussi que la doctrine des professeurs n'a pas eu la fortune qu'elle connaît depuis la renaissance romano-canonique du XIIe siècle sur le continent. C'est la singularité de l'île ; c'est, de plus, le fondement du droit dans de vastes parties du monde.

UN DROIT RUSSE ?

Dans les dernières décennies du XVe siècle, Ivan III s'intitule « prince de toutes les Russies » pour marquer son indépendance politique face au khan de la Horde d'Or (le khan des Tatars). En 1480, une défaite décisive des Tatars et l'élaboration d'un code d'administration et de justice marquent une nette avance de la centralisation.

La grande propriété est entre les mains des boyards (aristocrates) et des institutions ecclésiastiques. Les proches du prince jouissent d'une sorte de propriété conditionnelle. Dans les deux cas, la condition des paysans est, et restera longtemps, le servage personnel et réel. Il existe, certes, des paysans « libres ». Les uns et les autres conjuguent l'exploitation collective et personnelle des terres dans un espace juridique connu sous le nom de *mir* (communauté villageoise).

Il faut attendre le XVIIe siècle pour voir codifier ce servage (code de 1649). L'allégeance totale des seigneurs au tsar a pour avantageuse contrepartie un servage juridiquement affirmé sur la personne et les biens de leurs paysans, le bras pénal affirmant la recherche illimitée du fuyard au bénéfice du propriétaire.

Au cours du XVIIIe siècle, on constate la montée en importance d'une nouvelle classe : celle des travailleurs dans les manufactures. Les paysans s'y portent en nombre. Là, leur condition de servage se transforme, soit qu'ils travaillent sous contrat et soient ainsi partiellement libérés de leurs liens d'asservissement, soit que, comme « paysans d'État en usine », ils échappent à l'asservissement purement rural pour prendre conscience d'appartenir, les uns et les autres, à un embryon de ce que l'on appellera le prolétariat, ayant des intérêts communs.

Tout au long du XIXe siècle, malgré d'innombrables révoltes paysannes, voire nobiliaires (telle celle des décabristes de décembre 1825), l'autocratisme et le servage demeurent les piliers de l'État russe. Il faut attendre la moitié du siècle (1861) pour voir naître un « statut des paysans libérés du servage ». Ce statut juridique nouveau provoque une misère accrue des anciens serfs, mais permet une grande mobilité des masses paysannes russes vers les industries des villes. Une « occidentalisation » des mœurs politiques se montre dans les réformes administratives de 1864, créant des conseils locaux en trois collèges et au suffrage censitaire ainsi qu'une réforme judiciaire donnant l'inamovibilité aux juges ainsi que la création d'un jury lors des procès pénaux. Ces réformes n'ont plus de sens après la révolution de 1917. Le légalisme socialiste dont les soviets sont dépositaires va introduire dans la Russie transformée après bien des convulsions en Union soviétique une nouvelle vision à peine juridique, au sens occidental du terme, mais au légalisme rigide couvrant l'ensemble des droits personnels et réels des citoyens soviétiques. En réalité, consacrant le droit de l'État, et, dans sa formulation, le droit des masses sur celui de l'individu.

Jeton du tsar autorisant le port de la barbe ▲
Pierre le Grand, tsar de toutes les Russies, est obsédé par l'Occident. Dans la plus grande anse de la Baltique, il entreprend la construction d'une ville qui ne connaît que des clochers à flèche et des palais italiens. L'autocrate décide aussi d'« occidentaliser » ses paysans. Il ordonne que l'on coupe les barbes et rase les moustaches. L'oukase comporte des exceptions. Contre argent versé au Trésor, l'on acquiert ce jeton que chaque barbu présentera à la première réquisition.

◄ Magistrature britannique
Drapés dans leur robe rouge couverte d'hermine ou de soie frappée de la croix rouge, deux Lords Judges *britanniques représentent dans leur immuable dignité la majesté de leur souverain. Héritiers directs des juges du banc du roi (ci-contre), ils siègent eux-mêmes au banc de la reine, la plus haute juridiction du royaume. Longtemps, les juridictions anglaises représenteront l'idéal d'équilibre que cette nation s'est donné à elle-même. Libertés individuelles, organisation de la société par le droit ; droit qui est seulement dit par la bouche des juges. Les Lords Judges disent le droit en adaptant les précédents par le raisonnement juridique. Le juge anglais dit le droit par la jurisprudence.*

222 édit de Caracalla.
506 promulgation par Alaric II (à Aire, en Gascogne) du *Bréviaire* d'Alaric.
528-534 Code Justinien.
v. 1140 décret de Gratien.
XIIe-XIIIe s. rédaction des coutumes « orales », coutumes du royaume d'Angleterre (Ranulf Glanville), *Assises* du comte Geoffroi.
1215 le quatrième concile du Latran interdit les « ordalies ».
v. 1221-1224 rédaction du *Sachsenspiegel (Miroir des Saxons)*.
1583 naissance de Hugo de Groot (Grotius) à Delft.
1689 Jean Domat, juriste français lié au premier jansénisme, publie les *Lois civiles*.
1690 *Two Traitises of Government* par John Locke.
1717 Henri François d'Aguesseau, chancelier de France, entreprend une consultation de toutes les cours de justice en France en vue de la rédaction du code Louis XV.
XVIIIe s. élaboration et diffusion du Code civil prussien.
1804 publication du Code civil français.

L'idée de l'existence de droits individuels appartenant à l'homme en tant qu'homme et indépendamment de l'organisation de la vie sociale remonte à l'origine même de celle-ci. Cette distinction entre droit naturel et droit de l'État fonde la notion même de droits de l'homme, telle que la définissait récemment Georges Burdeau : « Indépendamment de son origine, de sa condition sociale ou de son milieu, l'homme porte en lui un certain nombre de droits tellement inhérents à sa personne qu'ils ne sauraient être méconnus sans que, du même coup, son essence soit altérée ; ces droits qui ne doivent rien à la législation positive puisqu'ils lui sont antérieurs, constituent autant de limites à l'action de l'État. »

John Locke

John Locke (1632-1704), intéressé à la fois par la physique, la chimie, la médecine, la politique, devient membre de la Royal Society de Londres en 1668 et médecin du comte de Shaftesbury. Sa sourde opposition aux Stuarts, Charles II et Jacques II, le contraint à s'exiler : il voyage en France de 1675 à 1679, séjournant notamment à Montpellier, puis s'installe en Hollande. Rentré en Angleterre au lendemain de la Révolution de 1688, ami de Guillaume d'Orange devenu Guillaume III, il publie alors en quelques mois, en 1689-1690, ses ouvrages les plus importants : Lettres sur la tolérance, Deux Essais sur le pouvoir civil *(ou* Traités du gouvernement civil*) et* Essai sur l'entendement humain, *dans lesquels il développe notamment ses idées sur les droits du citoyen qu'un gouvernement se doit de respecter s'il ne veut pas tomber dans le despotisme. Il est directement à l'origine de la Déclaration des droits acceptée par Guillaume et Marie avant d'être proclamés roi et reine d'Angleterre, le 22 février 1689.*

Certes, cette idée de l'existence d'une « loi non écrite » reste longtemps assez vague et mal formulée. Dans sa *Politique*, Aristote (384-322 av. J.-C.) s'interroge longuement sur le meilleur gouvernement. Il montre que l'homme est par excellence un « animal politique », le seul animal à pouvoir entretenir avec ses semblables des rapports d'égalité, de justice et d'utilité. Par ailleurs, quelle que soit l'ambiguïté de sa position concernant l'esclavage, il considère que tous les Grecs sont libres et que le meilleur gouvernement est celui qui, fondé sur la vertu, accepte de se soumettre au contrôle des gouvernés et se donne pour tâche prioritaire l'éducation de ceux-ci pour qu'ils puissent exercer ce contrôle à bon escient.

DES DROITS DE DIEU AUX DROITS DE L'HOMME

Le décalogue, tel qu'il est rapporté au livre de l'*Exode* (20, 1-17), est d'abord un énoncé des droits du Dieu unique sur sa créature : « Je suis le Seigneur, ton Dieu [...]. Tu n'auras pas d'autres dieux en face de moi [...], car moi le Seigneur ton Dieu, je suis un Dieu jaloux [...]. Souviens-toi du jour du sabbat pour le sanctifier. » Mais en même temps, dans les interdictions qu'il édicte, le décalogue peut être lu comme une défense des droits de l'homme face à ses semblables : « Honore ton père et ta mère [...]. Tu ne tueras pas, tu ne commettras pas d'adultère, tu ne voleras pas, tu ne déposeras pas de faux témoignage contre ton prochain. » Plus encore, le message évangélique, et plus précisément le grand précepte « Aimez-vous les uns les autres », n'a de sens que dans la mesure où il est fondé sur l'égalité de tous les hommes et sur la liberté individuelle.

Certes, lorsque saint Paul écrit : « Il n'y a plus ni Juif ni Grec ; il n'y a plus ni esclave ni homme libre ; il n'y a plus l'homme et la femme, car tous vous n'êtes qu'un en Jésus-Christ » (*Gal.*, 3, 38), il ne se réfère pas à une égalité naturelle, mais à une égalité acquise par l'adhésion au Christ ; pourtant, il fait bien de cette égalité l'un des fondements du christianisme, et lorsque les théologiens des XVIe et XVIIe siècles justifieront la traite des Noirs et l'esclavage en disant que la violence faite à ceux-ci a pour compensation l'incomparable bienfait de l'évangélisation, ils seront en contradiction avec saint Paul, puisque cette conversion même aurait dû avoir l'émancipation pour corollaire, à moins de prendre le texte paulinien dans un sens purement métaphorique.

À son tour, saint Augustin (354-430), dont la pensée sera souvent déformée par ses commentateurs, postule l'égalité et la liberté des créatures, quelles que soient les limites que le péché originel a apportées à cette liberté qui ne peut s'épanouir que dans la grâce de Dieu. Plus tard, saint Thomas d'Aquin (1225-1274), se référant explicitement à Aristote et à saint Paul, insiste sur la notion de liberté liée à la condition humaine. Au XVIe siècle, le dominicain Francisco de Vitoria (1492-1549), professeur de théologie à l'université de Salamanque et, à ce titre, introducteur de la *Somme* de saint Thomas dans l'étude de la théologie, est le premier théoricien moderne du « droit des gens » qu'il tient pour issu du droit naturel, ce qui l'amène à nier à la papauté le droit de s'ingérer dans les affaires temporelles des princes. Dans son mémoire *De Indiis,* il repousse l'argument selon lequel les violences faites aux Indiens d'Amérique trouvaient leur justification dans l'obligation de sauver les âmes même par la force. Peu de temps après, le jésuite Francisco Suárez (1548-1617), également de Salamanque,

Affranchissement romain ▶
L'esclavage antique constitue une violation massive des droits de l'homme. Cette tablette, conservée au Musée de la civilisation romaine de Rome, est un décret d'affranchissement par lequel, dans la seconde moitié du IIIe siècle apr. J.-C., le préfet de l'Espagne Bétique (actuelle Andalousie) affranchit, au nom du Sénat et du peuple romain, les esclaves de la ville de Hasta (ou Asta), aujourd'hui Mesa de Asta.

◀ *Bateau négrier*
La traite pratiquée par les Européens entre le XVIe et le XIXe siècle, c'est-à-dire l'achat de captifs sur les côtes occidentales d'Afrique et leur transfert en Amérique pour y être vendus comme esclaves, est une autre violation massive des droits de l'homme. Ce dessin du Musée maritime de Kronborg (Danemark) illustre les conditions inhumaines de la traversée. La seule limite à l'entassement des captifs résultait d'un critère de rentabilité : au-delà d'un certain seuil, la mortalité était telle que cet entassemnt perdait tout intérêt, et si les captifs enchaînés avaient le droit à une courte promenade quotidienne sur le pont, c'était pour la même raison. À l'arrivée en Amérique, les survivants passaient quelques jours dans ce que l'on appelait aux Antilles des « savanes de rafraîchissement », afin d'être présentables au moment d'être vendus comme esclaves.

développe la notion de droit des gens, avancée par Vitoria : pour lui, à l'opposé de la théorie de la monarchie de droit divin, les peuples eux-mêmes sont détenteurs de l'autorité politique et l'État n'est donc que le résultat d'un contrat auquel les souverains doivent donner leur consentement. De plus, pour Suárez, les hommes, égaux entre eux, ont droit à la vie, à la liberté et à la propriété. Le protestant hollandais Hugo de Groot, dit Grotius (1583-1645), s'inspire directement de Suárez, notamment dans sa définition de l'État : « Un corps parfait de personnes libres qui se sont jointes ensemble pour jouir paisiblement de leurs droits et pour leur utilité commune. » L'État juste est celui qui garantit les droits naturels des individus et se fonde sur la souveraine volonté de ceux-ci. Par ailleurs, Grotius souligne l'idée que le droit naturel est, comme la nature humaine elle-même, immuable, commun à toutes les époques et à toutes les régions, idée fondamentale à la base de la future Déclaration universelle des droits de l'homme.

VERS LA DÉCLARATION UNIVERSELLE DE 1789

Il revient à l'Anglais John Locke (1632-1704) d'avoir le premier formulé clairement, dans ses *Essais sur le pouvoir civil* (1690), qu'à l'état de nature les hommes sont libres et égaux entre eux et se dirigent par la raison, mais que la nécessité les oblige à se constituer en société : celle-ci, qui ne peut résulter que d'un libre contrat, doit respecter les droits naturels de l'homme, la vie, la liberté, l'égalité, la propriété et la résistance à l'oppression ; de plus, il convient de séparer les pouvoirs législatif et exécutif (avec primauté du premier), et reconnaître à chacun la liberté de conscience et de culte. En écrivant les *Essais sur le pouvoir civil*, Locke ne fait que théoriser la « Glorieuse Révolution » qui s'est accomplie en Angleterre . En effet, c'est dans la mesure où, en février 1689, Guillaume et Anne ont préalablement accepté la Déclaration des droits rédigée quelques jours plus tôt et rappelant les droits respectifs du roi et du Parlement, qu'ils ont été proclamés roi et reine d'Angleterre, succédant à Jacques II en fuite : véritable révolution qui substitue, de fait, à la monarchie de droit divin une monarchie constitutionnelle foncée sur la souveraineté du peuple et l'idée de contrat. À cet égard, tous les philosophes des Lumières sont tributaires de Locke et de l'exemple anglais. C'est par référence à l'Angleterre que Montesquieu place dans l'équilibre des trois pouvoirs, législatif, exécutif et judiciaire, la condition nécessaire au maintien de la véritable liberté qui seule garantit la sûreté des personnes et des biens (*De l'Esprit des lois*, 1748). Et c'est le modèle anglais, quelque peu idéalisé, qui vient tout naturellement sous la plume de Voltaire lorsqu'il rédige l'article « Gouvernement » de son *Dictionnaire philosophique* (1764). De son côté, Diderot, dans l'article « Autorité publique » de l'*Encyclopédie* (1751), développe les mêmes thèmes de souveraineté populaire et de contrat social. Pour les physiocrates, la tâche de tout gouvernement est de se limiter à faire respecter les lois naturelles qui sont immuables et universelles et que l'on appréhende par la raison, et notamment celles concernant la propriété et la liberté aussi bien individuelle que religieuse ou économique. Rousseau, bien sûr, fait quelque peu cavalier seul : dans son *Contrat social* (1762), tentative quasi désespérée pour concilier l'aspiration individuelle au bonheur et les exigences légitimes de la vie sociale, il rappelle que l'homme doit renoncer à ses droits naturels au profit de l'État, seul garant de la liberté et de l'égalité ; la démocratie, avec le recours à des assemblées représentatives, est la seule forme juste de gouvernement, même si elle n'est possible que dans les tout petits États.

L'immense mérite de la Déclaration votée le 26 août 1789 par l'Assemblée constituante est d'avoir réussi à donner une formulation claire et accessible à tous de l'essentiel des idées exposées et défendues depuis un siècle. La preuve en est que toute tentative de commenter ce texte célèbre tourne vite à la vaine paraphrase : sa simple lecture se suffit à elle-même.

LA DÉCLARATION DES DROITS DE L'HOMME

La Déclaration des droits de Virginie de 1776 et la Déclaration des droits de l'homme et du citoyen de 1789 ne sont pas apparues ex nihilo à la fin du XVIIIe siècle. Non seulement elles ont été précédées d'ébauches plus ou moins précises, depuis la Grande Charte de 1215, mais surtout elles sont la traduction de tout un courant de pensée dont la lente maturation part à la fois des Anciens et de la tradition chrétienne. Lorsque, en 1215, les barons, évêques et bourgeois anglais révoltés contre le roi Jean sans Terre imposent à celui-ci une Grande Charte limitant ses pouvoirs, ce texte peut apparaître comme un simple retour au passé puisque le roi s'engageait à respecter les antiques privilèges et libertés du royaume. Mais, en même temps, en garantissant la liberté de chaque individu, soumise désormais au seul jugement de ses pairs et de la loi, et en limitant le pouvoir absolu du roi, notamment en matière fiscale, par l'existence d'un Commun Conseil (on dira Parlement peu de temps après), il énonce des principes qui allaient permettre à l'Angleterre de s'engager sur la voie de la défense de la liberté individuelle et de la limitation du pouvoir royal. La Grande Charte témoigne aussi de l'importance désormais attachée à un texte écrit, véritable contrat solennellement reconnu par les deux parties, le roi et le peuple. Tel est le cas des deux grandes déclarations anglaises du XVIIe siècle : la Pétition des droits de 1628, qui se réfère explicitement à la Grande Charte, mais que le roi Charles Ier ne reconnaît, pour un temps, que contraint et forcé, et la Déclaration des droits de 1689 qui, elle aussi, se réfère dès sa première phrase aux déclarations antérieures. Cette tradition est reprise à leur compte par les colons anglais d'Amérique du Nord révoltés contre leur métropole. Le 1er juin 1776, la colonie de Virginie se proclame indépendante et se dote d'une constitution précédée d'une Déclaration des droits. Un mois plus tard, le 4 juillet, le congrès de Philadelphie proclame l'union des treize anciennes colonies et vote la Déclaration d'indépendance des États-Unis d'Amérique, avec un préambule rédigé par le Virginien Jefferson et inspiré des précédents anglais et des philosophes français des Lumières. Dans les années suivantes, les divers États rédigent leur constitution en tête de laquelle huit placent une Déclaration des droits. Par l'intermédiaire des nobles français qui ont combattu aux côtés des Insurgents, les déclarations américaines exercent une influence déterminante sur les rédacteurs de la Déclaration française de 1789. À cette influence s'ajoute celle, directe, des grands philosophes des Lumières. Tout au long du XIXe siècle, la Déclaration des droits de l'homme de 1789 sert de référence à tous les mouvements d'émancipation et est reprise, à quelques nuances près, par toutes les constitutions sud-américaines et européennes. Enfin, même si elles ne s'y réfèrent pas explicitement, la Déclaration universelle des droits de l'homme, votée par l'Assemblée générale de l'O. N. U. le 10 décembre 1948, et la Convention européenne des droits de l'homme, signée à Rome le 4 novembre 1950, sont les héritières directes de la Déclaration de 1789. Mais parallèlement à cette longue tradition de la « déclaration », la notion même de droits de l'homme émerge lentement de toute une réflexion théorique qui, après saint Thomas d'Aquin, Suárez et Grotius, passe par Locke, Montesquieu et Rousseau.

LA GENÈSE DES DROITS DE L'HOMME : LES GRANDS TEXTES ANGLAIS

La Grande Charte (1215)
« 39. Aucun homme libre ne sera arrêté, emprisonné, ou privé de ses biens, ou mis hors la loi, ou exilé, ou lésé de quelque façon que ce soit, et nous nous engageons à ne procéder contre quiconque, sinon par le jugement légal de ses pairs ou par la loi du pays. »
La Pétition des droits *(1628)*
« 3. Considérant qu'il est aussi arrêté et établi par le statut dénommé Grande Charte des libertés d'Angleterre, qu'aucun homme libre ne pourra être arrêté ou mis en prison, ni dépossédé de ses libertés ou franchises, ni mis hors la loi ou exilé, ni molesté d'aucune autre manière, si ce n'est en vertu d'une sentence légale de ses pairs ou des lois du pays.
»5. Considérant que, nonobstant ces statuts, plusieurs de vos sujets ont été récemment emprisonnés sans que la cause en ait été indiquée.
»10. À ces causes, ils supplient humblement Votre Très Excellente Majesté que nul à l'avenir ne soit contraint de faire aucun don gratuit, prêt d'argent, ni présent volontaire, ni de payer aucune taxe ou impôt quelconque, hors le consentement commun voté par le Parlement […], qu'aucun homme libre ne soit arrêté ou détenu de la manière indiquée plus haut. »
La Déclaration des droits *(1689)*
« Les Lords spirituels et temporels et les Communes […] déclarent d'abord, comme leurs ancêtres ont toujours fait en pareil cas, pour assurer leurs anciens droits et libertés :
»1. Que le prétendu pouvoir de l'autorité royale de suspendre les lois ou l'exécution des lois sans le consentement du Parlement est illégal.
»4. Qu'une levée d'argent pour la Couronne ou à son usage, sous prétexte de prérogative, sans le consentement du Parlement, pour un temps plus long et d'une manière autre qu'elle n'est ou ne sera consentie par le Parlement, est illégale.
»6. Que la levée et l'entretien d'une armée dans le royaume, en temps de paix, sans le consentement du Parlement, sont contraires à la loi.
»8. Que les élections des membres du Parlement doivent être libres.
»Et ils requièrent et réclament avec instance toutes les choses susdites comme leurs droits et libertés incontestables. »

▲ ***Les droits de l'homme et du citoyen***
La Déclaration des droits de l'homme et du citoyen, votée le 26 août 1789 par l'Assemblée nationale constituante, a été immédiatement reproduite sous forme de placards, plus ou moins décorés. Il en est de même des deux déclarations suivantes, celle du 24 juin 1793 et celle du 22 août 1795 (5 fructidor an III). Cette dernière, (reproduite ci-dessus), reprend l'essentiel des droits *énumérés dans la Déclaration de 1789, mais complète et limite ceux-ci par les* devoirs *clairement explicités.*

LES DROITS DE L'HOMME SELON JOHN LOCKE

« Pour bien comprendre ce qu'est le pouvoir politique et pour remonter à sa source, il faut considérer l'état dans lequel tous les hommes se trouvent naturellement : c'est un état de parfaite liberté, où ils règlent leurs actions et disposent de leurs biens et personnes comme ils l'entendent, dans les limites de la loi naturelle, sans demander d'autorisation, ni dépendre d'aucune autre volonté humaine. C'est un état d'égalité, dans lequel tout pouvoir et toute juridiction sont réciproques, personne n'en ayant plus qu'un autre […].

»La liberté naturelle de l'homme, c'est de ne reconnaître sur terre aucun pouvoir qui lui soit supérieur, de n'être assujetti à la volonté ou à l'autorité législative de personne, et de n'avoir pour règle que la seule loi naturelle. La liberté de l'homme en société, c'est de n'être soumis qu'au seul pouvoir législatif, établi d'un commun accord dans l'État, et de ne reconnaître aucune autorité ni aucune loi en dehors de celles que crée ce pouvoir, conformément à la mission qui lui est confiée […].

»Chaque fois qu'un certain nombre d'hommes, s'unissant pour former une société, renoncent, chacun pour son compte, à leur pouvoir de faire exécuter la loi naturelle et le cèdent à la collectivité, alors et alors seulement naît une société politique ou civile […].

»La grande fin pour laquelle les hommes entrent en société, c'est de jouir de leurs biens dans la paix et la sécurité. Or, établir des lois dans cette société constitue le meilleur moyen pour réaliser cette fin. Par suite, dans tous les États, la première et fondamentale loi positive est celle qui établit le pouvoir législatif. Ce pouvoir législatif constitue non seulement le pouvoir suprême de l'État, mais il reste sacré et immuable entre les mains de ceux à qui la communauté l'a une fois remis […].

»Dès que cesse la loi, la tyrannie commence, s'il y a transgression au détriment d'autrui. Dès lors, tout personnage au pouvoir qui abuse de l'autorité concédée par la loi cesse par là même d'être un magistrat. Et puisqu'il agit sans autorité, on peut lui résister comme à tout homme qui empiète par la force sur les droits d'un autre. »
John Locke, Deux Essais sur le pouvoir civil *(1690)*.

La liberté des enfants de Dieu selon saint Thomas
« L'Esprit-Saint ne meut pas les fils de Dieu comme des esclaves, mais comme des hommes libres. "L'homme libre est celui qui est maître de lui-même", dit le Philosophe [Aristote] au premier livre des Métaphysiques. *Nous faisons librement ce que nous accomplissons par décision personnelle, autrement dit par volonté. Toute action accomplie contre la volonté, en effet, n'est pas une action libre, mais une action servile […]. Saint Paul le déclare aux Romains : "Ce n'est pas un esprit de servitude que vous avez reçu pour être à nouveau dans la crainte, mais l'esprit d'adoption des fils". »*
Saint Thomas d'Aquin, Contra Gentiles *(1258)*.

LES DROITS DE L'HOMME : L'EXEMPLE ANGLAIS VU PAR VOLTAIRE

« Voici à quoi la législation anglaise est enfin parvenue : remettre chaque homme dans tous les droits de la nature, dont ils sont dépouillés dans presque toutes les monarchies. Ces droits sont : liberté entière de sa personne, de ses biens ; de parler à la nation par l'organe de sa plume ; de ne pouvoir être jugé en matière criminelle que par un jury formé d'hommes indépendants ; de ne pouvoir être jugé en aucun cas que suivant les termes précis de la loi ; de professer en paix quelque religion qu'on veuille, en renonçant aux emplois dont seuls les anglicans peuvent être pourvus. Cela s'appelle des prérogatives. Et en effet, c'est une très grande et très heureuse prérogative par-dessus tant de nations d'être sûr en vous couchant que vous vous réveillerez le lendemain avec la même fortune que vous possédiez la veille ; que vous ne serez pas enlevé des bras de votre femme, de vos enfants, au milieu de la nuit, pour être conduit dans un donjon, dans un désert ; que vous aurez, en sortant du sommeil, le pouvoir de publier tout ce que vous pensez ; que si vous êtes accusé, soit pour avoir mal agi, ou mal parlé, ou mal écrit, vous ne serez jugé que suivant la loi. »
Voltaire, Dictionnaire philosophique, *article « Gouvernement », 1764.*

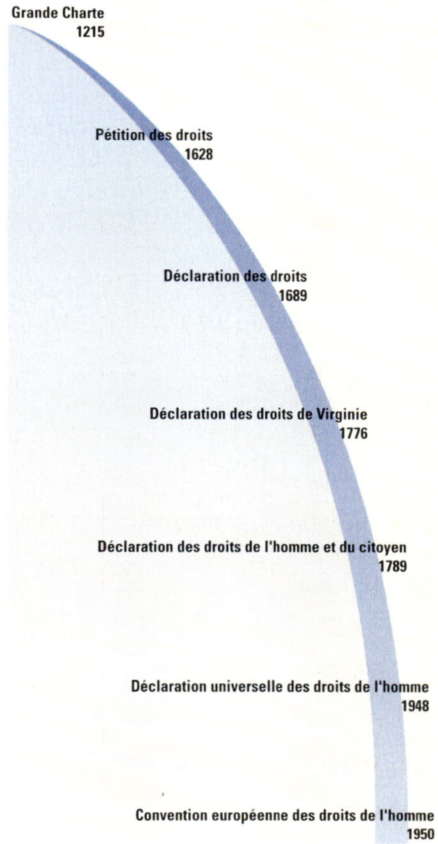

Les origines de la Déclaration des droits de l'homme (1789)

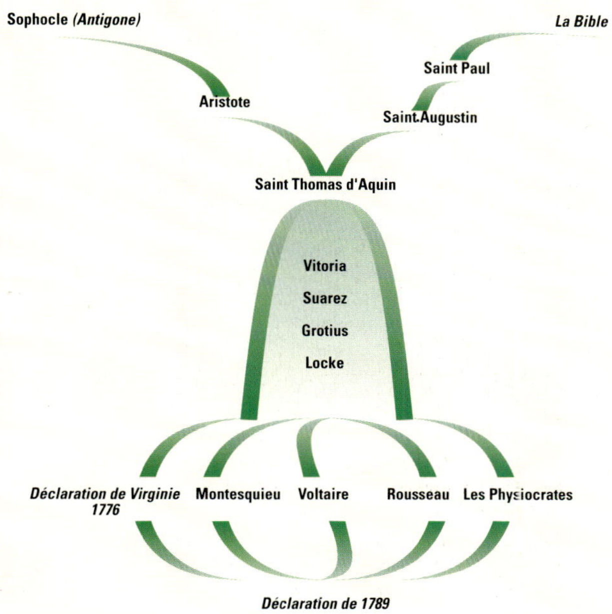

Les droits de l'homme
sont-ils compatibles avec les droits de Dieu ?
Le 10 mars 1791, par le bref Quod aliquantum, *le pape Pie VI condamne – tardivement – la Constitution civile du clergé votée par l'Assemblée constituante le 12 juillet 1790. Mais, au-delà, ce sont les principes mêmes de la Révolution, et notamment la Déclaration des droits de l'homme de 1789, qui sont condamnés par le pape : « Que pouvait-il y avoir de plus insensé que d'établir parmi les hommes cette égalité et cette liberté effrénée qui semble étouffer la raison ? Quoi de plus contraire aux droits du Dieu créateur qui borna la liberté de l'homme par la défense du mal que cette liberté de penser et d'agir que l'Assemblée nationale accorde à l'homme social comme un droit imprescriptible de la nature ? » Or, deux siècles plus tard, le 1er juin 1980, le pape Jean-Paul II, successeur de Pie VI, prononçait les mots suivants dans une allocution au Bourget : « Que n'ont pas fait les fils et les filles de votre nation pour la connaissance de l'homme, pour exprimer l'homme par la formulation de ses droits inaliénables ! On sait la place que l'idée de liberté, d'égalité et de fraternité tient dans votre culture, dans votre histoire. Au fond, ce sont là des idées chrétiennes. Je le dis tout en ayant bien conscience que ceux qui ont formulé ainsi, les premiers, cet idéal, ne se référaient pas à l'alliance de l'homme avec la Sagesse éternelle. Mais ils voulaient agir pour l'homme. »*

▲ *Auschwitz*
Cette photo de Raymond Depardon prise en 1979 au Mémorial d'Auschwitz-Birkenau, représente les chaussures que quittaient Juifs et Juives avant d'entrer dans les chambres à gaz.
Illustration poignante de la plus tragique violation des droits de l'homme de toute l'histoire de l'humanité.

Qu'est-ce qui a bien pu pousser les Européens à sortir de leur vieux continent ? Dans la chrétienté médiévale, le pèlerinage aux Lieux saints attirait vers le Proche-Orient de nombreux fidèles. Vers le milieu du XIe siècle, la crainte de voir interdits les lieux sanctifiés par la vie et la mort du Christ fait naître l'idée de les reconquérir sur l'islam : l'esprit de pèlerinage se change en esprit de croisade. L'essor démographique en Occident, les convoitises des marchands italiens, le souhait de la papauté de rassembler la chrétienté mais aussi la foi profonde de nombreux chrétiens prêts à sacrifier leur vie pour la conquête de Jérusalem : tout concourt au lancement de l'entreprise. Mais après le succès de la première croisade (1096-1099) les suivantes sont l'objet de dérives dans lesquelles l'idéal initial se pervertit au profit d'intérêts mercantiles et d'ambitions princières.

JÉSUITES AU PARAGUAY

Illustration tirée du livre du jésuite Florian Paucke (1770) sur l'œuvre missionnaire des jésuites en Amérique latine et qui montre la sédentarisation des Guaranis dans des « réductions » le long du fleuve Paraguay, à l'instigation des jésuites soucieux de les soustraire aux raids des chasseurs d'esclaves venus du Brésil portugais.

Marco Polo, copie du XIXe siècle d'une statue chinoise du temple des Génies à Canton

Marco Polo (1254-1324), d'une famille de grands négociants vénitiens, part en 1271 pour la Chine du grand khan Koubilaï. Rentré en 1291, il écrira le récit de ses voyages, qui connaîtra un immense succès.

C'est alors que se renforce peu à peu l'idée qu'il vaudrait mieux chercher à convaincre qu'à vaincre, à gagner les infidèles à l'Évangile par la prédication plutôt que par les armes : l'esprit de mission gagne sur l'esprit de croisade. La création, au début du XIIIe siècle, des ordres mendiants, dominicains et franciscains, contribue à cette évolution. François d'Assise (1182-1226) se rend en Égypte en 1219 et essaie, en vain, de convertir le sultan. Le succès, en Asie, des Mongols, dont certains sont chrétiens nestoriens, incite la papauté à envoyer des missionnaires franciscains auprès des grands khans. Ces efforts aboutissent à la création d'une série de sièges épiscopaux, de la mer Noire à la mer de Chine, notamment à Pékin en 1307. Mais les Mongols se convertissent finalement soit au bouddhisme, soit à l'islam ; par ailleurs, l'effondrement de l'Empire mongol et les progrès des Turcs réduisent l'entreprise à néant au début du XVe siècle.

LES GRANDES DÉCOUVERTES

L'idée est reprise à la fin du XVe siècle dans le sillage des grands découvreurs portugais et espagnols. En 1493, par la bulle *Inter caetera*, le pape Alexandre VI partage entre le Portugal et l'Espagne les terres à découvrir et en même temps abandonne aux deux rois, dans leurs domaines respectifs, présents et à venir, l'entière responsabilité des intérêts de la religion, notamment la conversion des indigènes, la création des diocèses et la nomination des évêques. Ce droit de *patronat* aboutit à soumettre l'évangélisation aux intérêts temporels des puissances coloniales. Très vite, la population amérindienne est décimée par le travail forcé et par les épidémies et, pour se procurer une main-d'œuvre de remplacement, Espagnols et Portugais recourent à la traite des Noirs d'Afrique réduits en esclavage, leur conversion à la vraie foi étant la justification théorique de la violence qui leur est faite. Au XVIIe siècle, les jésuites tentent de protéger les Amérindiens nomades de la région du Paraguay en les groupant en *réductions* ; mais celles-ci, vivement combattues par les autorités portugaises et espagnoles, disparaissent avec la suppression des jésuites au XVIIIe siècle. Consciente des ambiguïtés et des défauts du patronat, la papauté, sans revenir pour autant sur la situation créée en Amérique, décide, au début du XVIIe siècle, de prendre en main l'effort missionnaire dans le reste du monde. Elle crée à cet effet, en 1622, la congrégation de la Propagande *(De Propaganda fide)*, chargée de coordonner l'action des missions et de leur fournir les moyens nécessaires. Cette organisation va prévaloir dans l'Église romaine jusqu'à ce que, en 1965, le concile Vatican II décide de remettre aux Églises locales le soin de l'évangélisation.

Ce sont des mobiles religieux inextricablement mêlés à des mobiles économiques que l'on trouve à l'origine des grandes découvertes faites aux XVe et XVIe siècles par les Portugais et les Espagnols, relayés aux siècles suivants par les Hollandais, les Anglais et les Français. Certes, les mobiles économiques ont sans doute primé. C'est la pénurie chronique de métaux précieux dont souffre l'Europe depuis le XIVe siècle qui pousse les Portugais à tenter d'accéder directement à l'or du golfe de Guinée. Plus tard, Christophe Colomb et tous les découvreurs et conquérants qui s'engouffrent à sa suite dans le Nouveau Monde sont mus par cette fièvre de l'or et par

◄ ***Le Mayflower***
Parti de Delft (comme ci-contre) le 1er juillet 1620, un groupe de puritains anglais émigrés l'année précédente à Amsterdam, auquel se joignent à Portsmouth d'autres émigrants anglais, quitte ce dernier port le 16 septembre 1620 à bord du Mayflower, *à destination de l'Amérique. Les Pères Pèlerins, comme on les appellera plus tard, au nombre de cent deux jetteront l'ancre à Plymouth le 26 novembre suivant.*

cette obsession du pays de l'Eldorado. La recherche d'une route maritime vers l'Asie, pays des épices, de l'indigo et de la soie, ne devient un objectif prioritaire pour les Portugais qu'après 1460 environ, lorsque l'exploration toujours plus avancée de la côte occidentale d'Afrique les pousse à contourner le continent africain pour arriver en Asie. Quant à Colomb, son but est le même, mais il opte hardiment pour la route maritime par l'ouest. Pourtant, à ces mobiles économiques s'ajoutent et se mêlent des mobiles religieux qu'il ne faut pas minimiser et qui participent à la fois de l'esprit de croisade – qui a animé les Espagnols et les Portugais, durant des siècles, au long de la *reconquista* de leur péninsule sur l'islam – et de l'esprit de mission. Pour justifier son projet d'atteindre l'Asie, Colomb écrit : « On aura vite fait de convertir à notre sainte foi un grand nombre de peuples et de gagner en même temps de grandes possessions et richesses. » S'enrichir et propager la foi du Christ sont, aux XVIe et XVIIe siècles, les deux buts, profondément intriqués, des conquérants européens, les plus idéalistes comme les plus cupides. Mais le mobile économique l'emporte peu à peu, et cela est plus vrai encore de la seconde vague de l'expansion européenne.

L'EXPANSION COLONIALE

Cette expansion prend des formes diverses : soit la conquête territoriale et la domination directe, comme aux siècles précédents, soit le contrôle politique de type protectorat, soit des accords imposés à des États dont on respecte théoriquement l'indépendance. Une série de conditions nouvelles rend possible cette volonté de puissance. Les progrès considérables de la navigation tout au long du XIXe siècle rapprochent de l'Europe les autres continents, de même que l'ouverture du canal de Suez en 1869. La révolution industrielle en Europe et l'augmentation massive de la production qu'elle entraîne poussent les grands États à rechercher des marchés privilégiés outre-mer, à la fois comme réservoirs de matières premières à bon marché, comme débouchés des produits manufacturés, comme lieux d'investissements financiers. Il s'y ajoute pour certains pays, comme l'Italie, la pression démographique. À ces raisons d'ordre économique s'en ajoutent d'autres. La montée du nationalisme au XIXe siècle entraîne la plupart des nations européennes à se lancer dans ce nouveau partage du monde dans la mesure où un empire colonial paraît désormais indispensable à la puissance d'un grand État. Enfin, le vieil esprit de mission connaît une nouvelle vigueur. Catholiques et protestants, continuant l'œuvre entamée précédemment, voient dans l'expansion coloniale un moyen providentiel de propager la foi chrétienne dans les régions où elle n'avait pas encore pénétré, avec le risque que le missionnaire français, anglais ou allemand, venu le plus souvent dans le sillage de ses compatriotes armés, n'apparaisse comme au service de sa nation d'origine. Un autre idéal anime certains colonisateurs : celui, hérité des Lumières, selon lequel l'Européen se doit d'apporter aux peuples encore dans l'enfance les bienfaits de la civilisation, la liberté et la démocratie, la science et la médecine, la foi dans le progrès. Mais le colonisé saura retenir la leçon. Dès l'époque coloniale, une petite minorité, consciente de l'injustice dont leurs peuples sont victimes, prépare l'inéluctable libération. De l'indépendance de l'Inde et du Pakistan en 1947 à celle du Mozambique en 1975, la route est longue et difficile, tantôt pacifique, tantôt marquée par des conflits meurtriers (Viêt-nam, Algérie).

Mais cette histoire de près de cinq siècles a laissé des traces profondes dans presque tous les pays du monde, au niveau de leur population et de leur langue, comme à celui de leur économie, de leur culture et de leur mémoire collective. C'est pourquoi il est important de démêler les filiations et de mettre au jour les héritages.

▼ ***Palanquin britannique***
L'image de ce palanquin dans lequel est transporté par des Indiens un officier britannique, en 1828, à Tanjore, ville de l'Inde, peut être retenue comme une parfaite illustration de la colonisation européenne.

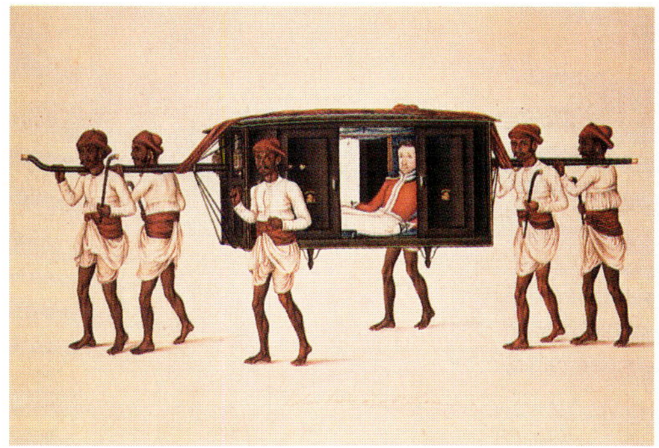

▲ ***James Cook***
Illustration tirée de l'édition française, parue à Paris en 1785, des Voyages *de l'Anglais James Cook (1728-1779). Au cours de trois grands voyages consécutifs dans l'océan Pacifique entre 1768 et 1779, Cook aborda plusieurs des terres qui le bordent. Ici la Terre de Feu.*

▼ ***L'Assiette au beurre, 11 juin 1904***
Cette caricature représente la France, figurée par un « tourlourou » et l'Angleterre, sous les traits d'un groom, se disputant une carte de l'Afrique et notamment l'Égypte.

MISSIONS

1096-1099 1re croisade

1147-1149 2e croisade

1202-1270 3e à 8e croisades
1219 François d'Assise (v.1182-1226) en Égypte
1245 Jean du Plan Carpin (v.1182-1252) (Italien) en Mongolie
1252 Guillaume de Rubrouck (v.1220-apr.1293) (Flamand) en Mongolie

1307 Jean de Montecorvino archevêque de Pékin

1493 Bulle *Inter caetera*, mise en place du *patronat* portugais et espagnol

1542 François Xavier (1506-1552) (Navarrais) en Inde
1583 Matthieu Ricci (1552-1610) (Italien) en Chine

1606 Robert de Nobili (1577-1610) (Italien) en Inde
1610 Premières « réductions » au Paraguay
1622 Création à Rome de la congrégation De Propaganda Fide
1632 Les jésuites en Nouvelle-France
1645 Début de la querelle des rites
1658 Fondation de la Société des Missions étrangères de Paris

1701 Fondation à Londres de la Société pour la propagation de l'Évangile
1704 Condamnation par Rome des rites chinois et malabar
1742 Renouvellement de la condamnation des rites chinois

1792 Création de la Mission baptiste de Londres

1815-1826 Fondations des Sociétés de mission protestante de Bâle, Paris, Berlin, etc.
1840 Début de la mission du protestant David Livingstone (1813-1873) (Écossais) en Afrique centrale
1858 La Chine ouverte aux missionnaires européens
1868 Fondation des Pères Blancs
1870 Création à Moscou de la Société missionnaire orthodoxe

1921 Fondation du Conseil international des missions (protestant)
1965 Le concile Vatican II remet aux Églises locales le soin de l'évangélisation

PORTUGAL

1418 Le prince Henri le Navigateur (1394-1460) dirige depuis Sagres les explorations
1430 Madère
1432 Les Açores
1445 Le Cap Vert
1472 Le delta du Niger
1475 L'Équateur
1482 Le Congo
1485 Bartolomeu Dias de Solis (v. 1450-1500) atteint le cap de Bonne Espérance
1498 Vasco de Gama (v.1469-1525) à Calicut (actuel Kozhikode)
1500 Pedro Alvares Cabral (v.1467-1526) sur le côte du Brésil
1505 Création de l'Estado da India
1505-1509 Comptoirs à Sofala, Mombasa, Ormuz
1509-1515 Alfonso de Albuquerque (1453-1515), 2e vice-roi de l'Estado da India à Goa, Malacca
1521 Occupation du Brésil
1532 Début de la culture de la canne à sucre
1533 Macao
1580-1640 Espagne et Portugal réunis sous un même souverain

1821 Dom Pedro (1831), empereur du Brésil

1975 Indépendance de l'Angola et du Mozambique

ESPAGNE

1402 Béthencourt (Normand) aux Canaries pour le compte du roi de Castille

1492 1er voyage de Christophe Colomb (1450 ou 1451-1506)
1494 Traité de Tordesillas
1498 3e voyage de Christophe Colomb

1501 Début de la traite des Noirs
1519 Hernán Cortés (1485-1547) au Mexique
1531 Francisco Pizarro (1475-1541)
1535 Fondation de Lima
1542 Bartolomé de Las Casas, *Brève relation sur la destruction des Indes*. Les Lois des Indes
1546 Mines de Potosi et de Zacatecas

1571 Fondation de Manille
1580-1640 Espagne et Portugal sous le même souverain

1810-1824 Guerres d'indépendance de l'Amérique espagnole

1901 L'Espagne cède les Philippines aux États-Unis

ANGLETERRE

1498 Jean Cabot (v.1450-v.1498) (Vénitien) sur la côte de l'Amérique septentrionale

1584 Walter Raleigh (1552-1618) fonde la Virginie
1591 1er voyage anglais aux Indes orientales

1600 Compagnie des Indes orientales
1608 Fondation de Jamestown
1620 Le *Mayflower*
1625 Occupation de la Barbade
1630 Fondation de Boston
1632 Comptoir à Madras
1655 Occupation de la Jamaïque
1662 Bombay
1664 La Nouvelle Amsterdam devient New York
1690 Comptoir à Calcutta

1763 La Nouvelle France devient anglaise
1770 Cook prend pied en Australie
1776 Indépendance des États-Unis
1784 India Act

1814 Les Anglais au Cap
1819 Les Anglais à Singapour
1824 Les Anglais à Rangoon
1833 Abolition de l'esclavage dans les colonies
1840 Fondation de Wellington en Nouvelle-Zélande
1841 Les Anglais à Hong Kong
1867 Le Canada devient dominion (sous tutelle britannique)
1876 Victoria impératrice des Indes
1882 Les Anglais au Caire

1919 Mandat sur l'Irak et la Palestine
1947 Indépendance de l'Inde et du Pakistan

L'EUROPE HORS D'EUROPE

FRANCE

1534 Jacques Cartier (1491-1557) découvre le Saint-Laurent

1608 Samuel de Champlain (1567-1635) fonde Québec
1635 Occupation de la Martinique et de la Guadeloupe
1642 Fondation de Montréal

1664 Compagnie des Indes orientales
1665 Occupation de Saint Domingue
1681-1682 Découverte de la Louisiane

1690 Comptoir de Chandernagor

1718 Fondation de la Nouvelle-Orléans

1742 Dupleix gouverneur général des établissements français aux Indes

1759 Capitulation de Québec
1763 Perte de la Nouvelle-France
1766 Louis Antoine, comte de Bougainville (1729-1811) dans la mer du Sud
1783 Traité de Versailles

1830 Les Français à Alger

1848 Abolition de l'esclavage dans les colonies

1870 Décret Crémieux en Algérie
1881 Protectorat sur la Tunisie
1897 Gouvernement général de l'Indochine

1904 A.-O.F. (Afrique-Occidentale française)
1910 A.-E.F. (Afrique-Équatoriale française)
1912 Protectorat sur le Maroc
1919 Mandat sur la Syrie et le Liban
1946-1954 Guerre d'Indochine : indépendance du Viêt nam
1956 Indépendance du Maroc et de la Tunisie
1954-1962 Guerre d'Algérie : indépendance de l'Algérie
1960 Indépendance des États de l'ex-A.-O.F. et A.-E.F.

HOLLANDE

1602 Compagnie des Indes orientales
1605 Occupation d'Amboine
1619 Fondation de Batavia (actuel Djakarta)
1624 Fondation de la Nouvelle Amsterdam
1630-1654 Brésil hollandais
1634 Occupation de Curaçao
1642 Abel Janszoon Tasman (1603-1659) contourne l'Australie
1652 Fondation du Cap

1949 Indépendance de l'Indonésie

AUTRES PAYS

1275 Le Vénitien Marco Polo (1254-1324) en Extrême-Orient

1582 Le Russe Yermak (?-1585) en Sibérie

1689 Traité russo-chinois de Nertchinsk

1884 Le roi des Belges souverain du Congo
1884-1889 Le Togo, le Cameroun, le Sud-Ouest africain, colonies allemandes

1911 Les Italiens à Tripoli

1936 Le roi d'Italie, empereur d'Éthiopie
1951 Indépendance de la Libye
1960 Indépendance du Zaïre, ancien Congo Belge

1100 · 1200 · 1300 · 1400 · 1500 · 1600 · 1700 · 1800 · 1900

Nouveau Monde (Amérique, Pacifique)

Le premier partage du monde

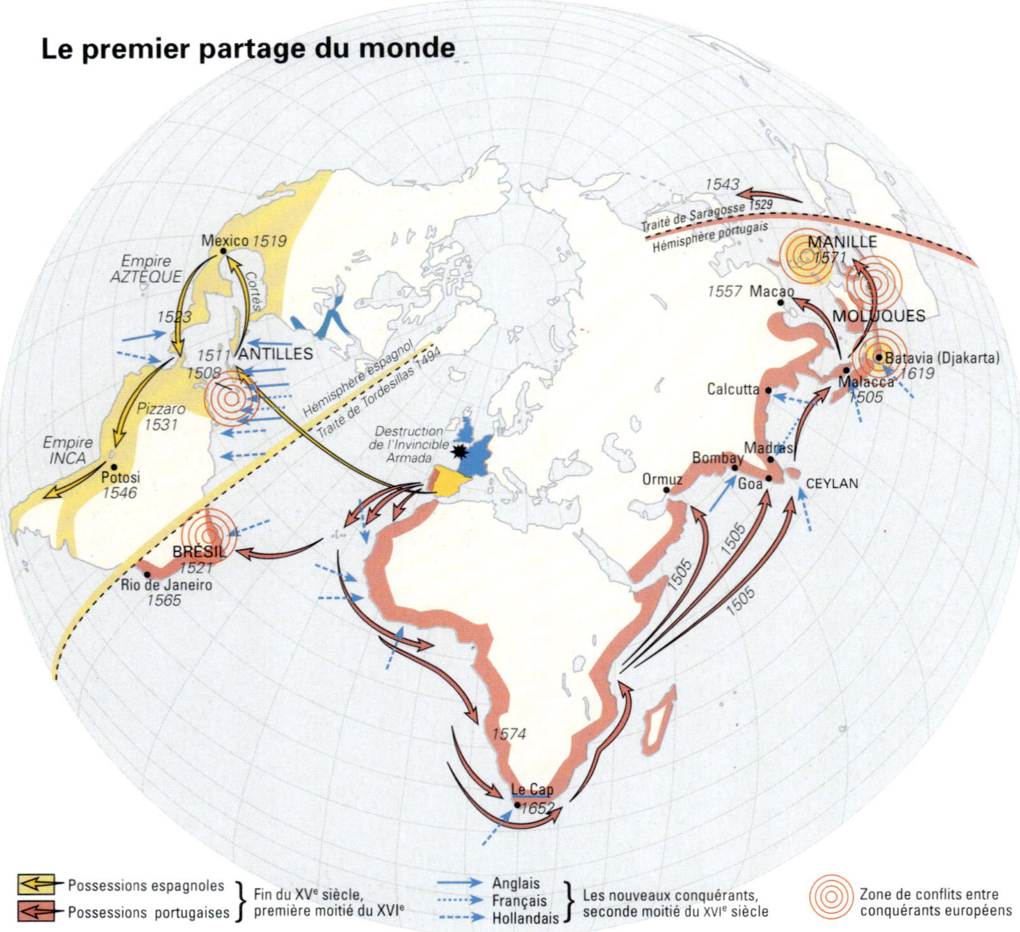

◀ *Le premier partage du monde*
En mai 1493, la bulle Inter caetera déclare que les terres découvertes et à découvrir, à l'ouest du méridien passant à cent lieues à l'ouest des Açores, seront espagnoles et celles à l'est de ce même méridien seront portugaises. Mais, le 7 juin 1494, par le traité de Tordesillas signé avec l'Espagne, le roi de Portugal obtient que la ligne définie par le pape soit reportée au profit du Portugal 270 lieues plus à l'ouest. C'est pourquoi les Portugais pourront s'installer sur la côte brésilienne découverte par Cabral en 1500. Aux antipodes, le prolongement du méridien de Tordesillas est confirmé par le traité de Saragosse signé en 1529 par les rois d'Espagne et de Portugal. C'est donc en contrevenant à ce traité que les Espagnols s'installent en 1542 dans l'archipel qu'ils appellent Philippines et y fondent Manille en 1571. Quant aux Hollandais, ils occupent Batavia en 1619 à la faveur du conflit qui les oppose à l'Espagne et donc au Portugal, les deux couronnes étant unies depuis 1580. De leur côté, Anglais et Français s'installent au début du XVIIe siècle sur des terres théoriquement espagnoles, Antilles, littoral atlantique de l'Amérique du Nord.

▼ *Possessions coloniales en 1914*
À la veille de la Première Guerre mondiale, l'Angleterre et la France sont les deux plus importantes puissances coloniales. La carte permet d'identifier les territoires contrôlés par l'une et par l'autre. Les autres puissances coloniales sont l'Allemagne (en Afrique), l'Italie (Tripolitaine et Somalie), la Belgique (Congo), les Pays-Bas (Indes néerlandaises). Espagne et Portugal n'ont plus que des bribes de leur ancienne puissance.

▲ *La Vierge des Navigateurs*
Elle abrite de son manteau les grands navigateurs du temps. En bas, navires en usage au début du XVIe siècle.

Possessions coloniales européennes en 1914

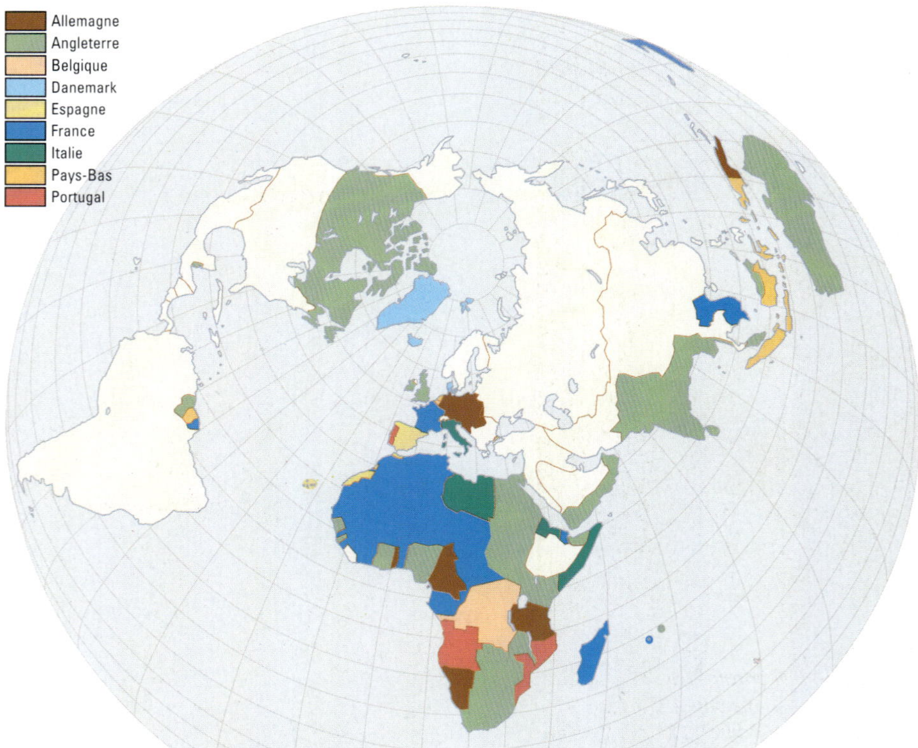

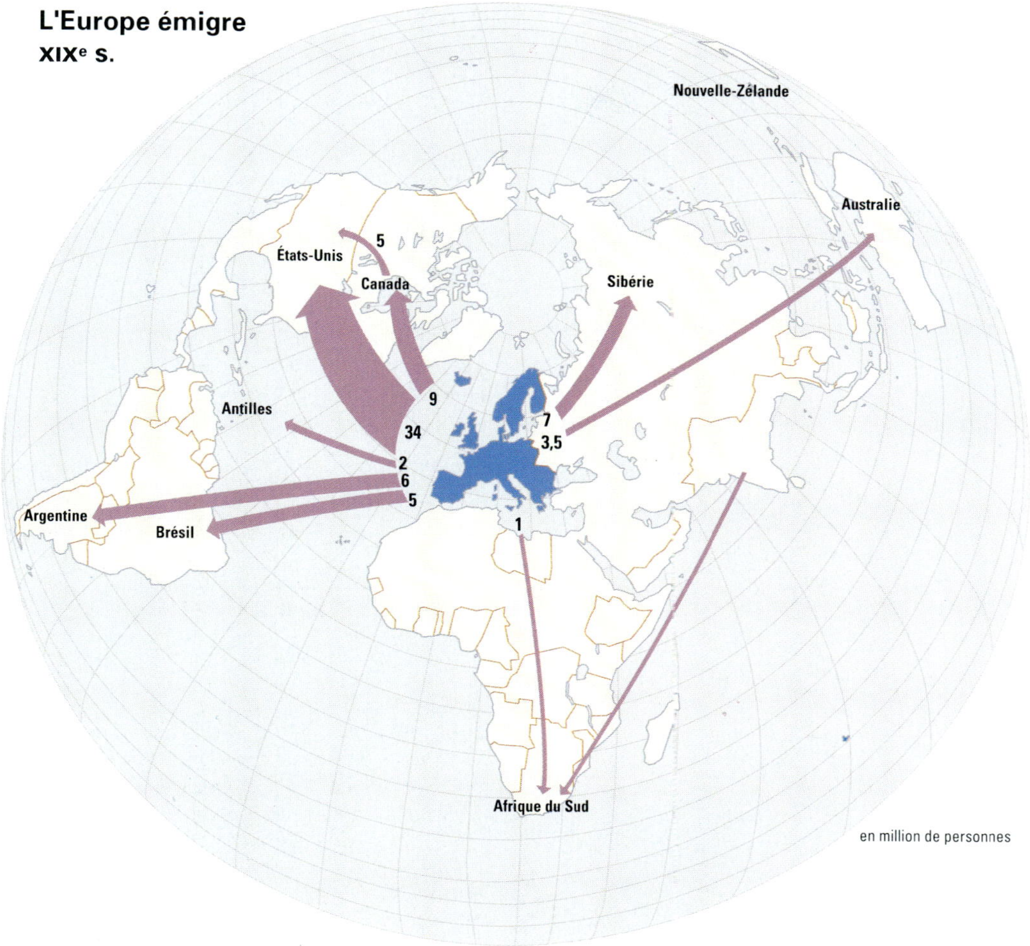

◄ *L'Europe émigre, XIXe siècle*
L'importante émigration que connaît l'Europe au XIXe siècle a des causes diverses dont les deux plus importantes sont l'accroissement de la population européenne lié à la baisse de la mortalité et les transformations économiques consécutives au progrès du machinisme et de l'industrialisation. Avant 1850, les émigrés européens restent relativement peu nombreux, mais après 1850, le mouvement s'accélère brusquement ; ces émigrants sont essentiellement des Anglais, des Irlandais (après la terrible famine de 1846-1848), des Allemands, des Scandinaves, auxquels s'ajouteront, après 1880, des contingents de plus en plus importants de Latins (Italiens, Espagnols) et de Slaves (surtout Polonais). Ce sont les États-Unis qui accueillent le plus grand nombre d'émigrants (34 millions au total au XIXe siècle, dont 22 millions entre 1880 et 1914) ; viennent ensuite le Canada, l'Amérique latine (surtout Brésil et Argentine), cependant que plus de 8 millions de Russes s'installent en Sibérie.

▼ *La décolonisation*
Au lendemain de la Seconde Guerre mondiale, les peuples colonisés commencent à s'émanciper de la domination européenne et accèdent bientôt à l'indépendance. Déjà, pendant l'entre-deux-guerres, l'émergence d'une élite indigène avait permis, dans beaucoup de colonies, la naissance d'un mouvement nationaliste. La carte permet de retrouver les trois grandes vagues de décolonisation : 1945-1960 ; 1960 ; et après 1960.

▲ *Les émigrants*
Ce tableau d'émigrants britanniques prêts à gagner l'Amérique est une bonne illustration de ce courant qui, surtout dans la seconde moitié du XIXe siècle, a porté des millions d'Européens de l'autre côté de l'Atlantique. Au premier plan, un couple ; l'homme et la femme sont jeunes et munis d'un modeste bagage.

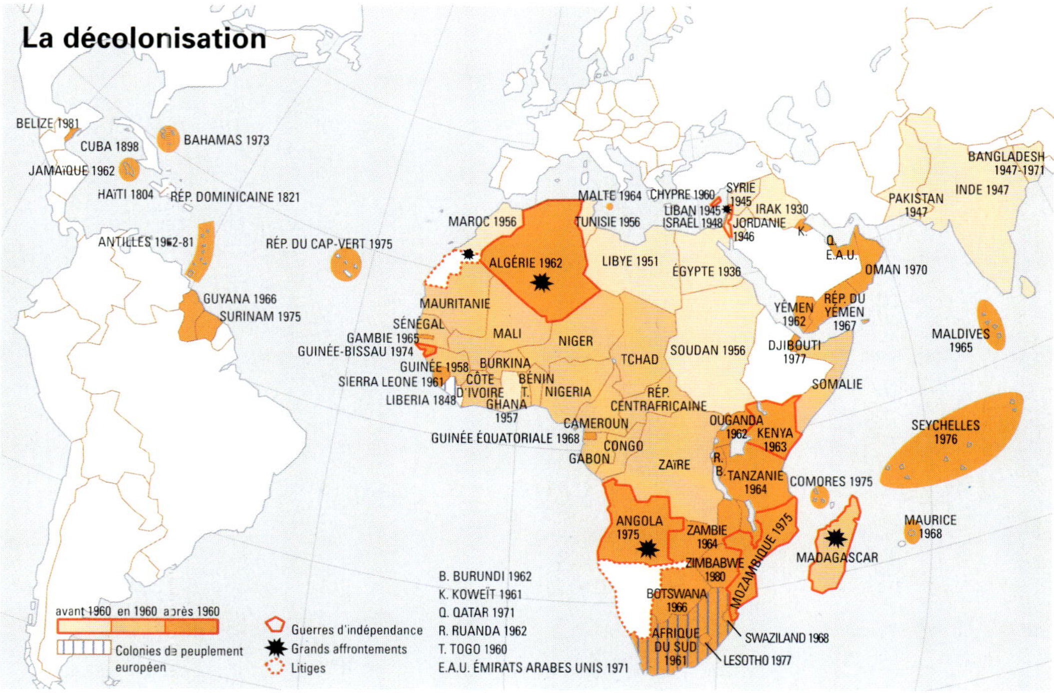

Regnabit

L'histoire des territoires européens s'est longtemps confondue avec celle des grands lignages qui les administraient, des familles nobles qui avaient imposé, puis légitimé leur domination sur des terres dont l'étendue évolua du simple fief au comté, duché, royaume ou empire. Puis d'autres types de pouvoir s'imposèrent après la Révolution française et surtout la Première Guerre mondiale, autoritaires ou démocratiques, qui échappèrent partiellement à ces familles, renouant ainsi avec des traditions qu'avait connues l'Antiquité. Les guerres modernes ont cependant rompu cet héritage de façon dramatique.

Si ces territoires étaient détenus par un nombre limité de familles, c'est par le biais des modes d'héritage, de transmission des statuts et du pouvoir auxquels les alliances matrimoniales, politiques ou militaires mettaient un terme temporaire.

Ce qui est frappant, c'est à la fois la variété et le petit nombre de solutions qu'ont inventées les peuples pour justifier leur attachement, voire leur dévotion, aux princes qui les dirigeaient.

Il n'existe ni dans le temps ni dans l'espace de modèle unique, et pourtant le nombre de combinaisons possibles demeure limité.

Certes, le principe électif n'a cessé et ne cesse de changer. Le système héréditaire, lui, peut se résumer à trois points :

- L'égalité ou non entre les sexes et leurs capacités respectives d'exercer le pouvoir et de le transmettre.

- Le privilège éventuel du rang de naissance : l'aîné bénéficie-t-il d'un droit ou d'une position spécifique par rapport au cadet ? Là encore, tient-on compte des sexes, des dots ou des soultes éventuelles ?

- La transmission des terres, des fiefs, du pouvoir ou du royaume se fait-elle de façon intégrale à un seul héritier et successeur, ou bien met-on en place un mode de partage entre ceux qui descendent de la même souche ?

Quand on compare, comme il va être fait, les îles Britanniques, la France, la péninsule Ibérique, la Bohême et l'Autriche, la Hongrie, l'Allemagne, les Pays-Bas, l'Italie, les pays scandinaves, la Russie, la Pologne et l'Europe du Sud-Est, on est frappé de l'absence de traditions régionales dans la durée et de l'évolution des situations au cours du temps.

Si le pouvoir est transmis par la filiation, et parallèlement à celle-ci (adoption), ou par l'élection de la Grèce à Byzance, mais aussi en Pologne, en Scandinavie, dans les Balkans, le Saint Empire ou la France, les exemples ne manquent pas d'hésitations, voire de « jeux » entre les deux solutions, ce qui n'empêche pas pour autant la reconnaissance du monarque enfin investi.

Que va-t-il en être demain de l'Europe ? Cela est impossible à prédire, mais on sait en revanche ce qui s'est et ne s'est pas passé depuis que Michel Foucault a dit, lors d'un des derniers entretiens publics qu'il donna à Louvain en 1980 : « C'est la généalogie des problèmes qui m'intéresse. »

ROME ET LES INVASIONS BARBARES

Tournant majeur dans les destins européens, la période qui va du IIIe au VIIIe siècle constitue à la fois l'ultime prolongement du monde antique et le laboratoire du haut Moyen Âge. Elle voit se rompre l'unité du monde qui avait jusque-là revendiqué le monopole de la civilisation, un monde géographiquement centré sur la Méditerranée. Un siècle après l'effondrement de l'Empire en Occident, la reconquête partielle et sans lendemain de Justinien précipite au contraire une rupture avec la tradition gréco-romaine que les premiers royaumes barbares avaient largement conservée.

La culture historique occidentale nous a habitués à reconnaître dans les Barbares l'agent principal de cette mutation, présentés comme facteur de ruine ou de régénération selon que le point de vue était latin ou germanique. Mais en France même, des généalogies réelles ou supposées ont pu orienter les représentations idéologiques de la période. À l'époque de la monarchie absolue, noblesse et pouvoir royal se sont disputé les droits censément issus de la conquête franque, ainsi valorisée face aux prétentions du Saint Empire romain germanique à revendiquer une légitimité romaine. Plus tard, l'antagonisme franco-allemand a remis à l'ordre du jour la polémique antigothique de l'humanisme italien, dépeignant la « chute de l'Empire romain » comme l'assassinat de la civilisation par la barbarie. C'est à l'influence de cette imagerie, aux couleurs violemment dramatisées, redoublée par les connotations du terme « invasions », que demeure soumise, aujourd'hui encore, la représentation la plus diffusée de cette phase historique.

DES PREMIÈRES INCURSIONS GERMANIQUES À L'ÉTABLISSEMENT DES ROYAUMES D'OCCIDENT

L'hégémonie celte sur l'Europe intérieure, puis la conquête romaine avaient pour quelques siècles stabilisé la pression des peuples germaniques. Le déclin celte a d'abord favorisé un déplacement vers l'est, jusqu'à la mer Noire, des peuples riverains de la Baltique. Mais à partir du IIe siècle de notre ère, la pression des peuples des steppes (Turco-Mongols) a provoqué un reflux des Germains orientaux sur la frontière danubienne de l'Empire, cependant que les Germains d'outre-Rhin connaissaient, semble-t-il, une pénurie de ressources alimentaires qui les a conduits à demander à l'Empire des vivres et des terres à cultiver. Les effets dévastateurs des premières incursions barbares, au IIIe siècle, ont été exagérés par la tradition historiographique, comme le montrent de récentes enquêtes archéologiques sur le terrain. Une fois surmonté le désarroi des années 248-273, qui voient se multiplier les incursions barbares (Goths en Orient, Francs et Alamans en Occident) loin à l'intérieur de son territoire, l'Empire réagit vigoureusement, renforçant son armée et ses frontières. Cependant, la « vraie guerre » au sens des stratèges antiques, la vraie compétition en termes de prestige, est celle qui oppose durant quatre siècles, en un affrontement stérile, les deux grands empires hégémoniques, Rome et la Perse : toutes deux y épuisent aveuglément des forces qui leur manqueront face à l'expansion des peuples steppiques au nord et des Arabes au sud.

D'abord supporté avec succès durant la majeure partie du IVe siècle, l'effort de guerre incessant use les forces de l'Empire. Pour se défendre, il trouve plus expédient d'enrôler dans

Stèle funéraire d'un guerrier franc

Armé de l'épée plate (breitsax) *dépassant du fourreau de cuir riveté, le personnage passe un peigne dans sa chevelure. Longtemps inférieurs militairement aux Romains, c'est par leur passage dans l'armée de ces derniers que certains groupes barbares ont pu s'imposer à leurs semblables… ainsi qu'à l'Empire. Métaphore d'un amalgame complexe : la représentation sur la face postérieure de la stèle du Christ-Roi en gloire, tenant une lance, voisine avec les croyances germaniques librement exprimées sur la face antérieure (serpent à têtes multiples enveloppant le mort). Contrastant avec l'art impérial, ecclésiastique ou monacal, ce relief fruste, que l'on pourrait encore opposer aux prouesses décoratives des croix de pierre anglo-saxonnes, émane d'une communauté barbare peu touchée par les influences méditerranéennes et travaillée par des résurgences celtiques.*

MONNAIES DE THÉODORIC, DE RECCARED ET D'ÆTHELRED

a

b

c

Théodoric le Grand frappe monnaie d'or (a), en principe au nom de Byzance, comme maître des milices. Il n'appose pas moins sa propre image, accompagnée de la légende Theodoricus rex. Mais il ne se dit ni roi des Goths (bien qu'il soit souverain dynastique de ce peuple depuis 474), ni roi d'Italie (titre créé par lui-même en 488). À sa suite, les souverains barbares refrappent à leur image les monnaies d'or impériales circulant en Occident. Faute du personnel qualifié des ateliers romains, l'exécution s'appauvrit, comme on le voit sur la monnaie de Reccared Ier (b), roi d'Espagne (586-601) et premier souverain wisigoth à avoir abandonné l'arianisme. À la fin du VIIIe siècle, les réserves d'or s'épuisent : bientôt l'Occident doit se contenter d'un monnayage d'argent – ainsi, au-delà de notre période, cette pièce d'Æthelred, roi des West Saxons (865-871), petit-fils d'Egbert, l'unificateur de l'Angleterre (c). Seule Byzance continue à émettre ses sous d'or (les « besants »), qui font prime sur le marché.

◀ ***Ravenne, baptistère dit des Ariens***
Sans atteindre la perfection de l'art de cour, cette mosaïque décorant la coupole d'un édifice construit à Ravenne sous Théodoric témoigne de la survie artistique et culturelle des traditions romaines dans le royaume wisigothique, jusque dans ses productions « moyennes ». L'attribution à la communauté arienne de l'ensemble épiscopal dont faisait partie ce baptistère octogonal, traditionnellement admise, ne repose en fait sur aucun indice précis. Arianisme (hérésie niant que le Fils soit de même nature que le Père) et orthodoxie ne s'opposaient pas au niveau des images. La figure de saint Jean, à droite, contraste avec celle du Jourdain, à gauche, représenté selon la tradition païenne des fleuves personnifiés. Une procession des Apôtres entoure ce médaillon central.

ses armées un nombre croissant de Barbares qui renforcent sa protection, désamorcent les menaces aux frontières et résolvent les problèmes du recrutement. Tout d'abord, des peuples barbares préalablement vaincus ont été dotés de terres à l'intérieur des frontières de l'Empire en échange de contingents de soldats. Mais à mesure que le rapport de force évolue en faveur des Germains, c'est le statut de « fédérés » (défini par un traité d'alliance) qui se généralise, de plus en plus souvent arraché à Rome comme la reconnaissance du fait accompli : ainsi les Goths sont-ils admis en Mésie (en 382) après avoir mis en pièces l'armée romaine à Andrinople (378) ; les Wisigoths, autorisés en 413 à s'installer en Gaule méridionale et en Espagne dont ils s'étaient emparés, non sans avoir auparavant pris Rome d'assaut (410). Enfin, Rome achète de plus en plus souvent la paix par de lourds tributs versés aux peuples les plus menaçants : un Alaric ne se prive pas de faire monter les enchères.

À partir du Ve siècle, l'Occident suit une évolution profondément différente de l'Orient, aboutissant à la disparition même de l'Empire. L'armée romaine d'Occident, à partir de Constantin, n'a cessé de se barbariser par le haut, dans ses secteurs d'élite placés sous la responsabilité des maîtres des milices, une fonction qui n'a donc pas tardé à avoir des titulaires essentiellement germains, véritables arbitres de la situation. Par ailleurs, la perte de prestige du pouvoir central a favorisé la montée des particularismes régionaux. Pourtant, les généralissimes barbares, ces « Germains impériaux », ont d'abord soutenu loyalement un pouvoir central fragilisé ; mais la voie tracée par les usurpations locales du IIIe siècle s'est fatalement rouverte au début des années 400, quand la déliquescence de l'autorité centrale est apparue irréversible. C'est alors seulement que les chefs barbares, prenant acte de leur prééminence militaire, de la régionalisation du pouvoir et de la disponibilité des aristocraties provinciales, ont institué des royaumes portant partiellement la marque d'un cadre institutionnel germanique, lui-même en voie de concentration par regroupement de royautés tribales multiples en royautés ethniques unifiées. Contrairement à un cliché qui a la vie dure, l'installation, puis la prise de pouvoir des Barbares n'ont donc pas tant résulté d'invasions au sens strict que d'un nouvel équilibre politico-territorial dont l'élément barbare a été le catalyseur.

HÉRITAGE IMPÉRIAL ET GENÈSE DE NOUVELLES IDENTITÉS NATIONALES

Sur les ruines de l'unité impériale, les particularités ethniques ont renforcé la tendance au repli régionaliste et à l'individualisme territorial. Coexistant d'abord avec les populations locales sans se mêler à elles, les groupes conquérants, là où ils ont pu durablement se maintenir, ont finalement contribué à l'élaboration de nouvelles identités « nationales » dont l'Europe actuelle est l'héritière directe. Les historiens se sont souvent étonnés de l'absence de tout « faire-part de décès » de l'Empire romain. En fait, les contemporains ont pu ne voir dans les événements de 476 qu'une vacance du pouvoir impérial en Occident, ou sa réunification au profit de Constantinople. Les rois barbares pouvaient passer pour les représentants agréés du pouvoir byzantin, qui leur accordait ses titres les plus honorifiques. Pour les contemporains, une « fin de l'Empire romain » était camouflée par le maintien en place du système administratif, juridique et fiscal antérieur. Inégale selon les régions, cette continuité atteint son point maximal dans l'Italie wisigothique. En Gaule, la permanence institutionnelle est moins forte, avec l'usage germanique de division du royaume entre les héritiers. Le cas vandale est particulier, qui allie les conforts d'une entrée en jouissance de l'Afrique imperiale aux anciens démons de la rapine à grand rayon d'action, dont les îles et les côtes méditerranéennes font les frais. L'importance de cette continuité ne doit pas toutefois occulter la profonde désorganisation des circuits économiques et sociaux et, selon la formule de Patrick Geary, « au total, les Barbares ont peu profité de ce que Rome a perdu ».

En partie motivée par des raisons religieuses (rétablir l'orthodoxie dans les royaumes ariens), la reconquête de Justinien, là où elle a temporairement réussi, a rompu les nouveaux équilibres qui s'étaient créés et ouvert la voie à la dernière vague d'invasions, celle du VIIe siècle : l'Italie a été bientôt livrée aux Lombards, l'Illyricum aux Slaves, le bas Danube aux Avars et aux Bulgares. Ces peuples sont les acteurs de la « troisième vague d'invasions », pour reprendre une expression plus justifiée que dans les deux cas précédents. N'ayant pas, comme leurs prédécesseurs, vécu longtemps au contact de l'Empire mais étant, pour certains d'entre eux, issus d'horizons géographiques fort éloignés de l'Europe, ils ont davantage oblitéré l'héritage de la romanité en lui superposant de fortes originalités dont plusieurs identités nationales ont durablement conservé la marque.

Le duel stérile opposant les Perses à Byzance a fait le jeu des conquérants arabes, dont l'expansion s'est opérée aux dépens des premiers (à partir de 605) comme des seconds (à partir de 636), ouvrant par la rive sud de la Méditerranée la voie d'un Occident où progressait la synthèse entre romanité et germanité. L'Empire s'est maintenu en Orient, mais son affaiblissement a répercuté sur le monde occidental les périls qu'il n'avait pas su lui-même endiguer. Au moment où l'Europe occidentale rompait ce qui lui restait d'amarres avec l'Empire romain, la césure est-ouest s'est doublée d'une césure nord-sud. Une nouvelle « mer du milieu » s'est proposée à cette Europe recentrée vers son hinterland : de la mer du Nord au golfe de Gascogne. On connaît la suite.

▲ ***Un propriétaire vandale dans sa villa***
Contrairement aux Wisigoths, Ostrogoths et Francs qui, aux termes des « traités » réglant leur installation sur le sol romain, se sont vu attribuer une proportion variable des domaines sur lesquels ils étaient accueillis en qualité d'« hôtes », les Vandales ont tout simplement pris la place des anciens propriétaires africains, tout en vivant de préférence en ville, et sans renoncer à leurs raids maritimes dans toute la Méditerranée occidentale. On notera encore la continuité artistique manifestée par cette mosaïque, dans le thème comme dans la manière, non sans prendre quelques libertés dans la représentation de l'espace.

248-275 épisodes majeurs d'invasion des Goths en Orient.
258-279, 352-356, 365-367 épisodes majeurs d'invasion des Alamans et des Francs en Gaule, en Rhétie et jusqu'en Italie ou en Espagne.
332 une courte guerre avec les Goths est suivie d'un traité *(foedus)* assurant la paix jusqu'en 376.
373-375 les Huns submergent les Goths, refoulés vers le territoire romain.
409 installation en Espagne des Suèves (jusqu'en 585) et des Vandales.
410 les Wisigoths s'emparent de Rome.
418 ils fondent le royaume de Toulouse.
430-439 les Vandales s'emparent de l'Afrique.
441-450 Angles et Saxons se consolident dans le sud et l'est de l'Angleterre.
444 royaume burgonde de Genève.
451 la progression des Huns est stoppée aux champs Catalauniques.
455 sac de Rome par Geiséric, premier roi vandale d'Afrique.
456-457 les Wisigoths étendent leur domination à l'Espagne.
476 Odoacre (élu « roi » par les troupes d'Italie) dépose l'empereur d'Occident.
489-493 migration des Ostrogoths en Italie. Théodoric chasse Odoacre.
519-534 Cerdic, premier roi des West Saxons.
530-555 élargissement de la sphère d'influence franque après l'annexion du royaume burgonde en 523-534.
533-540 reconquête byzantine de l'Afrique, de Naples et Rome, de Ravenne (du sud-est de l'Espagne en 555) ; fin des royaumes ostrogoth et vandale.
568-572 les Lombards en Italie du Nord.
570 les Avars en Pannonie.
705 Byzance officialise l'occupation bulgare au sud du Danube.
711 les Arabes en Espagne.
751 fin de la présence byzantine en Italie.

De l'Empire romain aux royaumes barbares

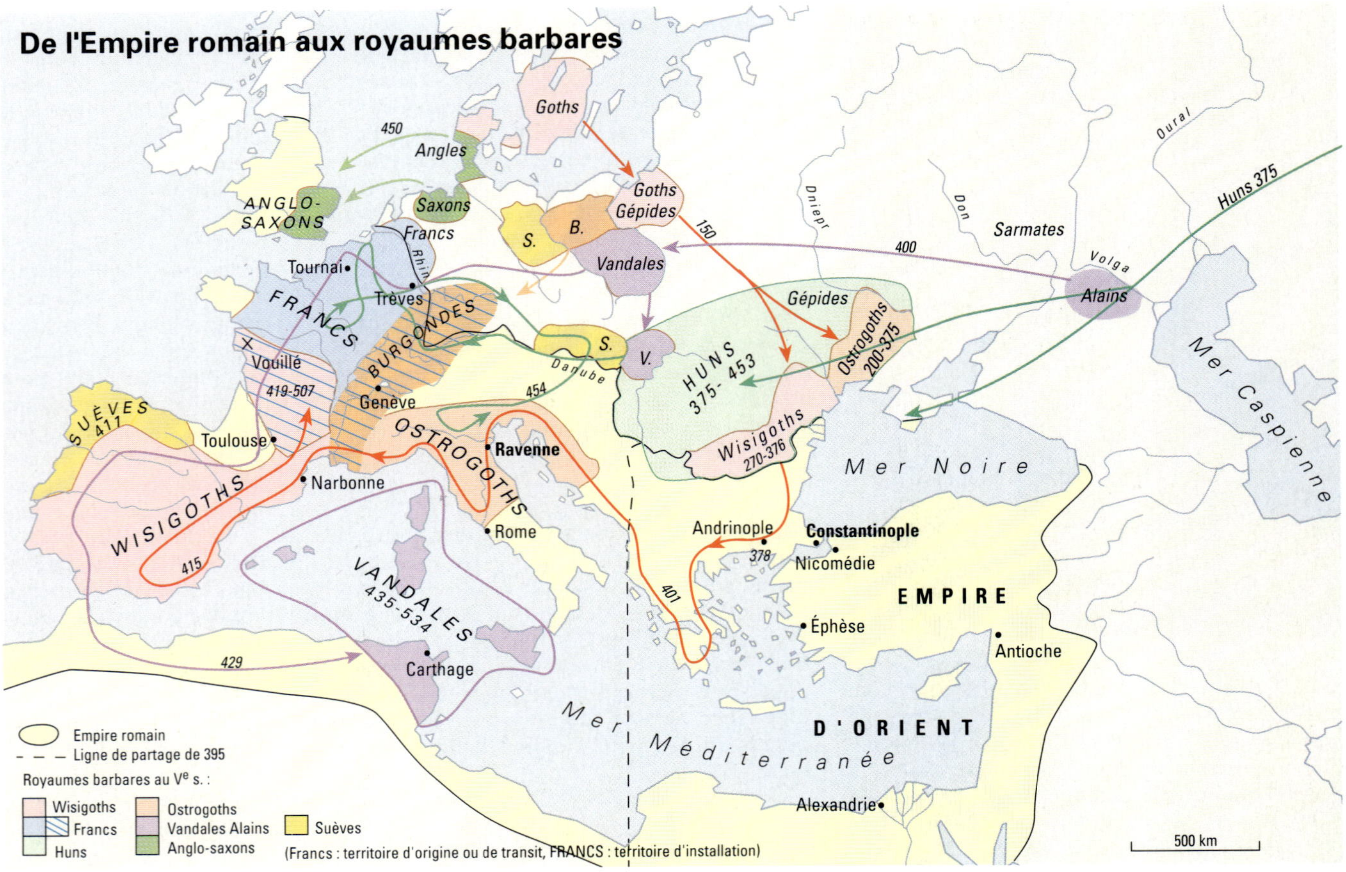

533-711

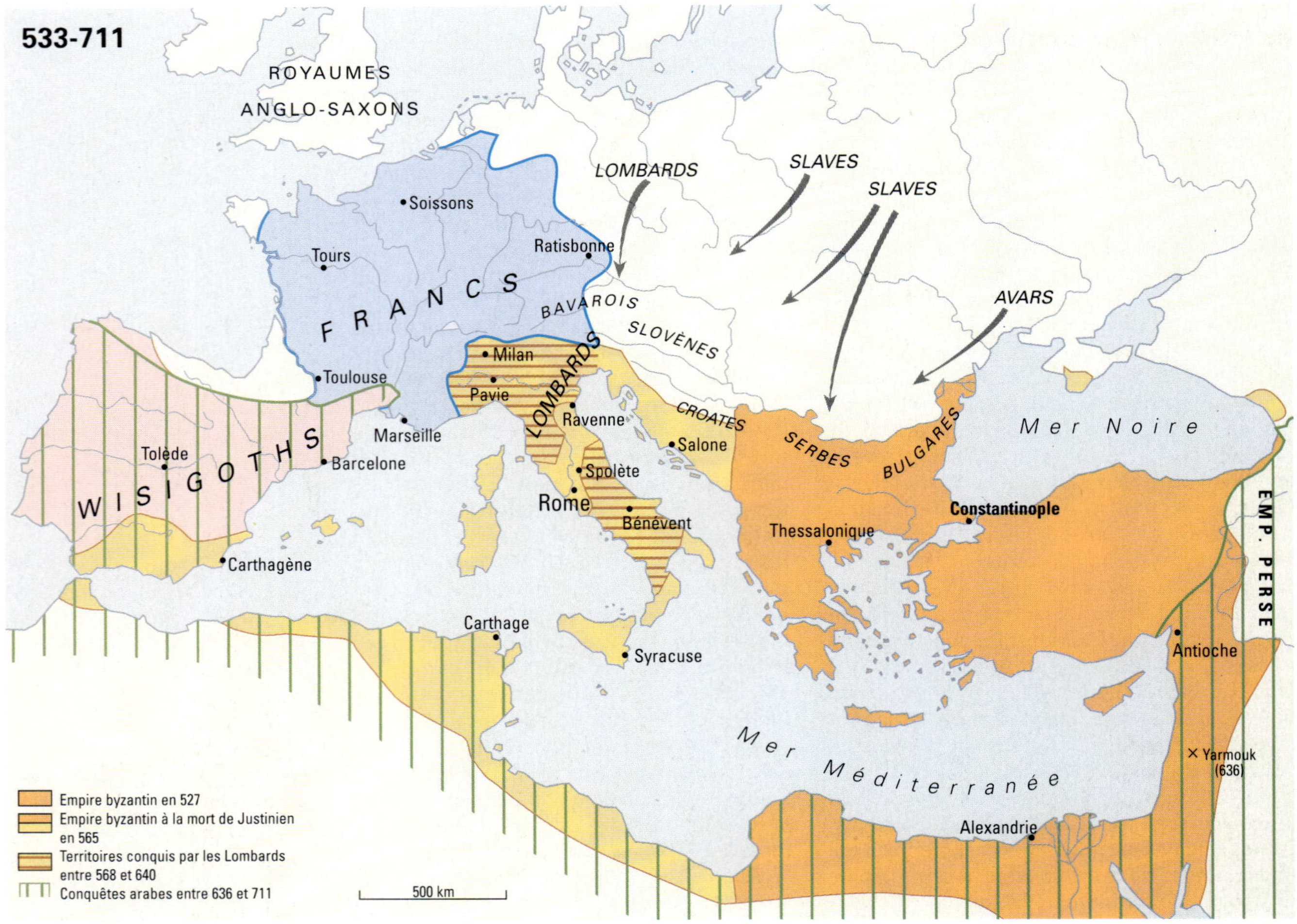

Chronologie territoriale (IVe au VIIIe s.)

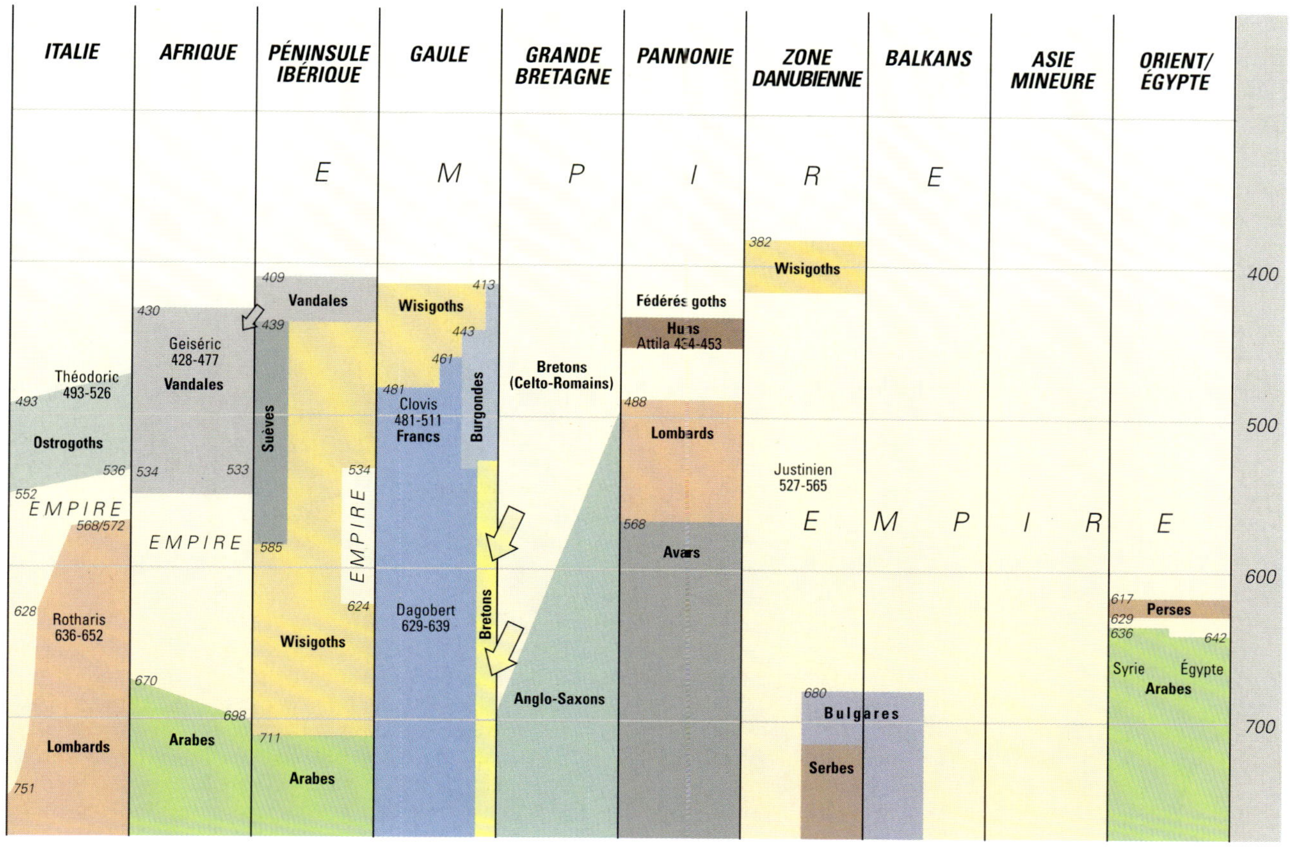

Chronologie territoriale

Secteur par secteur, le tableau montre le recul territorial de la romanité, inégal dans les deux parties de l'Empire, ainsi que les limites de la reconquête de Justinien.

La plupart des implantations précoces (Burgondes, Suèves, Vandales) ont eu une existence limitée.

La puissance wisigothique a atteint son apogée dans les années 440-480, lorsqu'elle s'étendait, sous Euric, de la Loire à l'Espagne. Engagée plus tardivement, l'expérience ostrogothique a été la plus riche politiquement et culturellement. Cependant, le projet d'unification de l'Occident goth caressé par Théodoric n'a pas abouti, et surtout l'expérience italienne a été brisée par Justinien.

À la fin de la période, la fortune ascendante des Francs jette les bases de leur hégémonie à l'époque carolingienne, quand ils restaureront un Empire d'Occident désormais sans rapport avec son prédécesseur romain.

Les rythmes de la transition

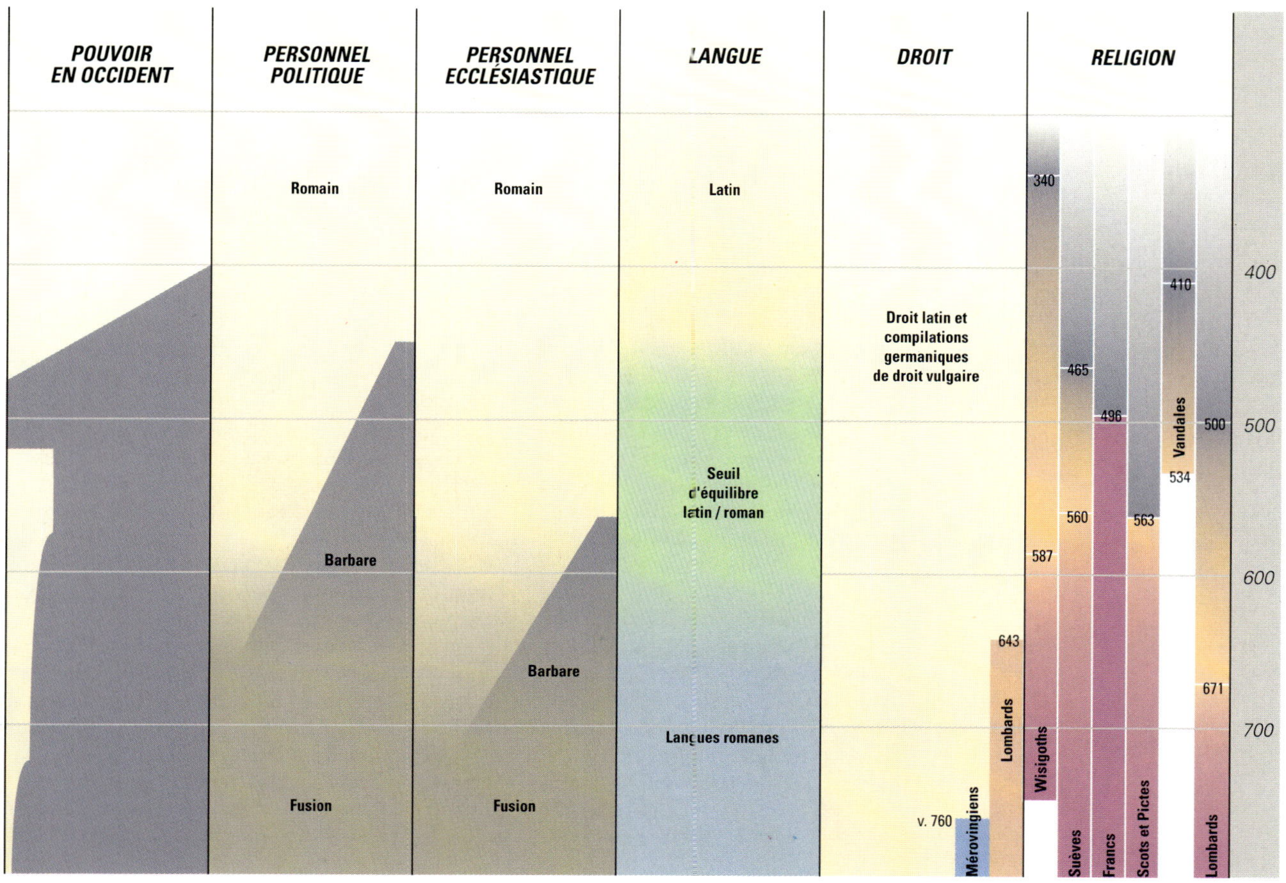

La transition

Sans perdre de vue l'approximation d'une chronologie volontairement simplifiée, on observera tout particulièrement le décalage chronologique entre les trois premières colonnes.

L'évolution linguistique est plus un phénomène interne à la langue latine (diversification régionale du latin parlé) qu'un effet des invasions.

Les anciennes idées sur la « personnalité » des lois (régimes différents selon l'origine ethnique des sujets) dans les premiers royaumes barbares n'ont plus cours, et les divers Codes germaniques ont été réinterprétés comme des compilations de « droit latin vulgaire », de portée territoriale et non pas personnelle. C'est seulement avec les Francs, puis avec les Lombards, que se codifie un droit proprement barbare, mais intégrant certaines dispositions romaines, et applicable à tous les sujets.

Le passage du paganisme • au christianisme • s'est opéré le plus souvent par l'étape de l'arianisme • à la suite des Goths, premiers Barbares à être convertis (à partir de 341) : les peuples barbares d'Europe centrale ne passent à l'orthodoxie romaine qu'au VIe siècle (Wisigoths), voire au VIIe (Lombards), toujours un certain temps après leur installation sur l'ancien territoire impérial. Par contre, les Francs, au Ve siècle, se convertissent directement au christianisme orthodoxe.

L'empire byzantin naît en 324 lorsque Constantin transfère la capitale à Constantinople et fait de l'Empire romain un empire chrétien d'Orient, dont la fondation officielle date du partage de 395. Cet empire se détache progressivement des structures romaines pour devenir un État médiéval dont l'empereur est la loi vivante. L'orthodoxie et ses crises dogmatiques auxquelles l'empereur participe pleinement marquent la naissance de Byzance, les querelles sur la nature du Christ n'en finissant pas de secouer l'empire : à Éphèse, en 431, la condamnation de Nestorius, qui établissait une séparation entre nature humaine et nature divine du Christ, provoque la naissance de l'hérésie monophysite selon laquelle le Christ a une seule nature. Le concile de Chalcédoine en 451 définit alors la double nature dans l'unique personne du Christ, fondement de l'orthodoxie.

BÉLISAIRE

Brillant général de Justinien d'origine thrace, Bélisaire inflige une terrible défaite aux Perses en 530. La médaille reproduite ici commémore cette victoire. Il conquiert le royaume des Vandales en Afrique et connaît au début de la campagne d'Italie de nombreux succès sur les Ostrogoths.

Saint Démétrios

Saint protecteur des Thessaloniciens pendant les sièges des Slaves et des Avars du VIIe siècle, il est également un saint guérisseur.

Le règne de Justinien (527-565) constitue une glorieuse parenthèse anachronique dans son désir forcené de restaurer l'ancien Empire romain. L'échec de cette tentative, les invasions perses, puis arabes à l'est, slaves au nord, mettent l'empire sur la défensive, en même temps qu'il perd ses provinces orientales. La crise du VIIe siècle bouleverse le recrutement de l'armée, entraîne de profondes transformations administratives et modifie la société.

DE LA LUTTE POUR L'EXISTENCE À L'APOGÉE

Les dynasties isaurienne (de 717 à 802) et amorienne (de 820 à 867) savent défendre l'empire sur ses fronts les plus menacés et assurer sa survie face aux Arabes et aux Bulgares. Le prestige de Byzance, qui se dit le seul Empire romain, est néanmoins compromis par la couronne impériale que le pape Léon III pose sur la tête de Charlemagne en l'an 800. Mais le fait majeur de cette période reste l'interdiction du culte des images : l'iconoclasme. L'empereur Léon III ordonne en 726 de déposer l'image du Christ, qui surmonte la porte du palais impérial, pour la remplacer par une croix et, en 730, de détruire les images dans tout l'empire. Son fils Constantin V va plus loin encore : il réunit un concile à Hiéreia en 754, qui condamne toute fabrication ou possession des icônes et fait exécuter les opposants. Le premier iconoclasme est aboli par le deuxième concile de Nicée en 787. L'artisan en est Irène l'Athénienne, épouse de Léon IV, régente, puis « empereur », quand elle fait aveugler son fils, mutilation incompatible avec la souveraineté. L'iconoclasme prend un second souffle avec l'avènement de Léon V. Après une dernière époque de persécution des opposants à cette doctrine sous le règne de Théophile, Théodora, sa veuve, restaure le culte des images en 843.

L'avènement de Basile Ier (867) inaugure une époque brillante pour Byzance, qui connaît alors une expansion sans précédent, à l'ouest comme à l'est sur les Arabes, au nord sur les Bulgares. L'apogée du pouvoir impérial se conjugue avec le rayonnement de la culture et une intense activité législative. Le dernier grand empereur macédonien, Basile II (969-1025), le « Tueur de Bulgares », achève de conforter Byzance dans des frontières assez larges pour se sentir à l'abri. Mais la paix est menacée dès le milieu du XIe siècle, tandis que la société subit de profondes mutations avec l'aspiration au pouvoir des grandes familles aristocratiques, qui s'allient entre elles et soumettent les communautés villageoises. La collaboration de l'Église avec le parti de la noblesse civile de la capitale amène sur le trône la dynastie des Doukas (de 1059 à 1081), qui néglige l'armée et la défense. L'époque est également marquée par des heurts entre le patriarche de Constantinople et la papauté, dont témoigne déjà l'excommunication du grand patriarche Photios en 863 par le pape, sur fond de rivalité des Églises dans les pays slaves. En 1054 la tension monte : le cardinal Humbert, légat du pape à Constantinople, dépose sur le grand autel de Sainte-Sophie une bulle d'excommunication contre le patriarche Michel Cérulaire et condamne certains aspects du dogme et de la liturgie grecs. En retour, le synode réuni par le patriarche lance l'anathème : c'est le schisme.

PREMIÈRE MORT DE BYZANCE ET RENAISSANCE

Alexis Ier Comnène (1081-1118) entreprend une œuvre de redressement, que poursuivent Jean II et Manuel Ier, mais, peu à peu, se révèlent les faiblesses d'un empire qui a perdu son cœur, l'Asie Mineure, et se replie en Europe, où déferlent les ennemis les plus dangereux à cette époque, d'abord les Normands avec l'attaque de Robert Guiscard sur Durazzo, puis les Pétchénègues. Byzance, dépourvue alors de marine de guerre, doit faire appel aux Vénitiens et leur céder en retour des privilèges commerciaux exorbitants, qui sont ensuite étendus à Pise et à Gênes. Les Latins s'installent à Constantinople, se livrent à des guerres intestines et suscitent de plus en plus d'hostilité chez les Byzantins, jusqu'à leur massacre en 1182. L'armée byzantine recrute alors systématiquement des mercenaires qui, faute de soldes suffisantes, vivent sur la population. À la fin du XIIe siècle, le recul de Byzance dans les Balkans est patent : la création du second empire bulgare et les révoltes de l'aristocratie provinciale conduisent peu à peu à l'isolement de la capitale. Aussi, la catastrophe de 1204 fut d'abord celle de Constantinople prise par les croisés, incendiée, pillée et profanée. Vite affaibli par sa rivalité avec le royaume de Thessalonique, l'empire latin de Constantinople se heurte aux appétits conjoints des Bulgares et du royaume grec d'Épire. En Grèce, les barons français se taillent d'importants fiefs : l'Attique et la Béotie sont dévolues au Bourguignon Otton de la Roche, tandis que Guillaume de Champlitte et Geoffroy Ier de Villehardouin (neveu du chroniqueur) s'octroient la principauté française d'Achaïe, qui va devenir la Morée. La collaboration de l'aristocratie grecque à la féodalisation occidentale imprime ses traits au futur despotat byzantin. En Crète, la domination vénitienne, rigide, empêche au contraire tout rapprochement avec l'aristocratie grecque et provoque des révoltes durement réprimées.

Réfugiée à Nicée, Byzance renaît et bénéficie de la faiblesse du sultanat de Rûm défait par les Mongols en 1243. En 1261, Michel VIII Paléologue parvient à déjouer la coalition montée par le despote grec d'Épire avec Venise, Manfred roi de Sicile et le prince de Morée, Guillaume II de Villehardouin et fait son entrée dans la capitale, mettant fin à ce qui subsistait de l'Empire latin.

▲ *Couronnement de Michel Ier Rhangabé (811)*
L'empereur, proclamé par l'armée, le peuple et le Sénat, est choisi par Dieu, ce qui écarte a priori *l'idée de succession. Néanmoins dès le règne de Constantin le Grand, ses fils sont associés au pouvoir. Michel Ier qui doit son trône à la mort de son beau-père Nicéphore Ier et de son beau-frère Staurakios doit lui-même abdiquer à la suite d'une nouvelle défaite infligée par les Bulgares en 813.*

BYZANCE CONVOITÉE ET ABANDONNÉE

Michel VIII Paléologue (1262-1282), à la tête d'un empire ayant désormais recouvré son rang de grande puissance internationale, doit épuiser son énergie à déjouer la menace de l'Occident. En face de la nouvelle coalition montée par Charles Ier d'Anjou, réunissant Bulgares, Serbes, Hongrois et Albanais, qui met l'empire en péril par deux fois, en 1273 et en 1282, il joue la carte de l'union des Églises, qui reçoit à Byzance un accueil très défavorable. Plus heureux dans la diplomatie, Michel VIII évite la catastrophe en suscitant la révolte des Siciliens contre la domination angevine (Vêpres siciliennes). Le règne de son fils Andronic II fut celui de la déliquescence de l'État, pris dans la tourmente des rivalités des Républiques italiennes, l'Asie Mineure byzantine étant en passe d'être perdue sous l'avance des Turcs.

Andronic III arrive au pouvoir à la suite d'une guerre civile dans laquelle les pays slaves ont été parties prenantes, les Serbes ayant soutenu le vieil Andronic II, les Bulgares, son petit-fils. Éclate alors l'une des plus grandes controverses religieuses de Byzance : la querelle hésychaste (les tenants de l'hésychasme prétendant que l'on peut accéder de son vivant à la vision de la lumière divine par la prière intérieure). Appuyée par Grégoire Palamas, grand théologien, la doctrine hésychaste est vigoureusement combattue par Barlaam, un moine de Calabre, esprit critique et rationaliste, qui est condamné au synode de 1341. À la mort d'Andronic III, une seconde guerre civile oppose Cantacuzène, dont le parti rassemble les grands propriétaires fonciers, les hésychastes et les Turcs, à Alexis Apokaukos, représentant des Paléologues, soutenu par les classes populaires et moyennes des villes de Thrace et de Macédoine, les ennemis de Grégoire Palamas et les Serbes. En 1342, à Thessalonique, le soulèvement populaire des zélotes entraîne l'instauration d'un régime hostile à l'aristocratie.

L'étau turc se resserrant, Jean V Paléologue, aux abois, tente à nouveau l'union avec Rome, lui-même abjurant la foi orthodoxe à Rome en 1369, alors qu'à Byzance le peuple et le clergé restent hostiles à tout rapprochement. Les Turcs avancent inexorablement en Europe : après l'anéantissement des Serbes à Kosovo (1389) et la prise de Tirnovo en 1393, Constantinople est assiégée. Après un blocus de huit ans sa chute semblait inévitable, si Bayezid Ier n'avait soudain été arrêté par les Mongols. Le sursis donné à l'Empire, réduit à sa capitale et à la principauté de Morée, s'avère vain : le dernier empereur de Byzance ne peut rien pour sa ville qu'il défend jusqu'à sa mort, après avoir désespérément appelé les Occidentaux à son secours.

Portrait de Manuel II Paléologue ▶ (1391-1425), oraison funèbre de son frère Théodore, despote de Morée, mort en 1407
Confiant Constantinople alors assiégée à Jean VII, son neveu, l'empereur entreprend en 1399 un voyage en Occident en compagnie du maréchal français Boucicaut pendant quatre ans. Demandant en vain l'aide des cours étrangères contre les Turcs, il parcourt l'Italie, l'Espagne, l'Angleterre et la France où il est reçu plusieurs fois par Charles VI. C'est pendant son deuxième séjour à Paris que Manuel II apprend la nouvelle de la défaite de Bayezid à Ancyre (1402), qui va donner un sursis de cinquante ans à Byzance.

325 début des querelles christologiques. Premier concile de Nicée.
410 prise de Rome par Alaric.
451 concile de Chalcédoine. Définition de l'orthodoxie.
455 les Vandales en Afrique ; les Wisigoths en Gaule et en Espagne.
533 reconquête de l'Afrique.
535-555 reconquête de l'Italie et du sud-est de l'Espagne.
568 les Lombards en Italie.
578 début des invasions des Slaves et des Avars dans les Balkans.
614 prise de Jérusalem par les Perses.
626 échec du siège de Constantinople par les Perses et les Avars.
629 les Perses définitivement écrasés par Héraclius.
638 prise de Jérusalem par le calife Omar.
641 l'Égypte est conquise par les Arabes.
678 siège de Constantinople par les Arabes.
680 premier État bulgare.
688 Chypre sous condominium byzantino-arabe.
717-718 siège de Constantinople par les Arabes.
726 début de la querelle des images.
751 Ravenne tombe aux mains des Lombards.
763 victoire de Constantin V sur les Bulgares.
811 le khan bulgare Kroum écrase l'armée byzantine.
827 conquête de la Crète par les Arabes.
838 prise d'Amorion par les Arabes.
843 rétablissement du culte des images.
863 victoire byzantine de Poson sur les Arabes.
876 Bari à nouveau byzantine.
896 Siméon de Bulgarie bat les Byzantins à Bulgarophygon.
902 la chute de Taormina achève la conquête arabe de la Sicile.
934 prise de Mélitène par les Byzantins.
961 reconquête de la Crète.

L'Empire byzantin à la mort de Justinien en 565

▲ *Justinien a réalisé son rêve de restauration de l'Empire romain universel : de son règne date la reconquête de l'Afrique vandale, de l'Italie ostrogothique, du sud de l'Espagne et des îles de la Méditerranée occidentale.*

▼ *Des Macédoniens date la reconquête en Orient. La Bulgarie est annexée : le Danube et l'Euphrate sont à nouveau des frontières naturelles. Mais en 1071, l'Asie byzantine est occupée par les Turcs : les Comnènes leur reprennent l'Asie Mineure occidentale, la Cilicie et la Syrie.*

L'Empire byzantin du IXe au XIIe s.

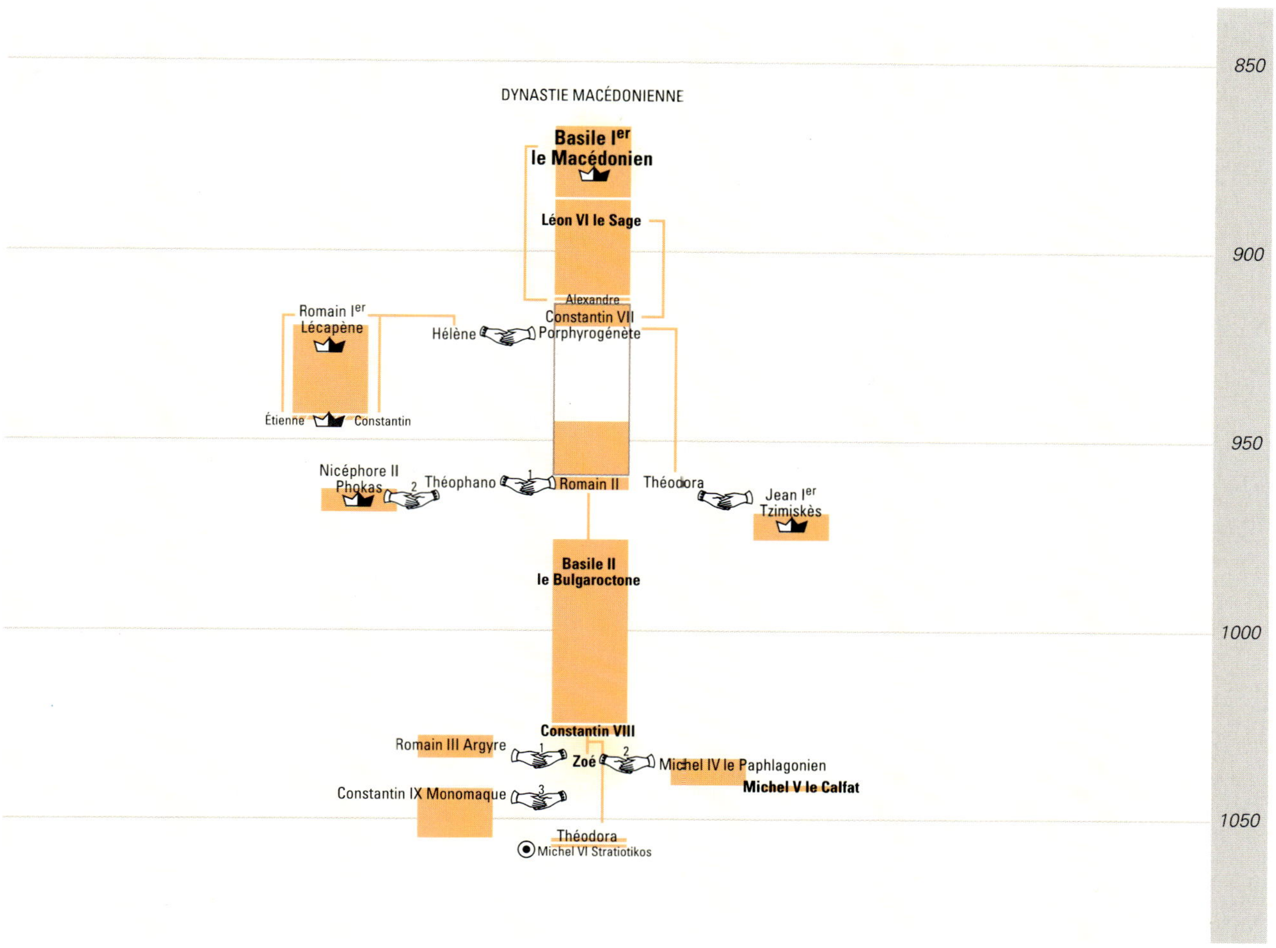

867 Basile Ier, qui doit son trône à l'assassinat de Michel III, crée une dynastie macédonienne dont la légitimité est reconnue : en 1042, le peuple de Constantinople se soulève en faveur de l'impératrice Zoé, deuxième fille de Constantin VIII, que Michel V a reléguée au monastère.

L'empereur Léon VI prosterné devant le Christ, mosaïque dans le narthex, Sainte-Sophie, Istanbul, **IXe s.** ▶

Léon VI veut implanter la dynastie alors que ses trois épouses sont mortes sans lui donner d'héritier. Il a un fils, le futur Constantin VII, de sa quatrième compagne Zoé Karbonopsina, et le fait baptiser par le patriarche, puis s'unit à Zoé en dépit du canon ecclésiastique interdisant les quatrièmes noces. Un conflit l'oppose alors au patriarche Nicolas le Mystique, qui lui interdit d'aller plus loin que la sacristie de Sainte-Sophie. L'empereur l'emporte en remplaçant Nicolas par le moine Euthyme, qui légitime le mariage. Léon se fait alors représenter sur cette mosaïque où on le voit prosterné dans le repentir aux pieds du Christ.

1014 l'armée bulgare du tsar Samuel est anéantie par Basile II.
1032 prise d'Édesse par les Byzantins.
1045 annexion du royaume arménien d'Ani.
1048 les Pétchénègues traversent le Danube.
1071 prise de Bari par les Normands. Défaite byzantine de Mantzikert, qui ouvre l'Asie Mineure aux Turcs.
1082 privilèges commerciaux accordés à Venise.
1090-1091 siège de Constantinople par les Pétchénègues et l'émir de Smyrne Tzachas.
1097 prise de Nicée par les croisés.
1137 Jean II Comnène reconquiert la Cilicie.
1176 Manuel Ier Comnène écrasé par les Turcs à Myriokèphalon.
1182 massacre des Latins de Constantinople.
1204 les croisés prennent Constantinople.
1246 Jean III Doukas Vatatzès rentre dans Thessalonique.
1259 à Pelagonia en Macédoine, la coalition montée par Manfred de Sicile est écrasée par Jean Paléologue.
1274 concile de Lyon : union des Églises.
1282 les Vêpres siciliennes achèvent dans le sang la domination angevine en Sicile.
1329 les Byzantins sonts défaits par les Ottomans à Pélékanon.
1345 le Serbe Étienne Douchan entre à Sérres.
1348 Peste noire à Constantinople.
1351 le synode des Blachernes consacre le triomphe de l'hésychasme.
1354 le sultan Orhan Gazi prend pied en Europe en occupant Gallipoli.
1389 les Serbes sont écrasés par les Turcs à Kosovo.
1402 les Mongols écrasent l'armée de Bayezid Ier à Ancyre.
1439 concile de Florence : union avec Rome.
1453 prise de Constantinople par Mehmed II.

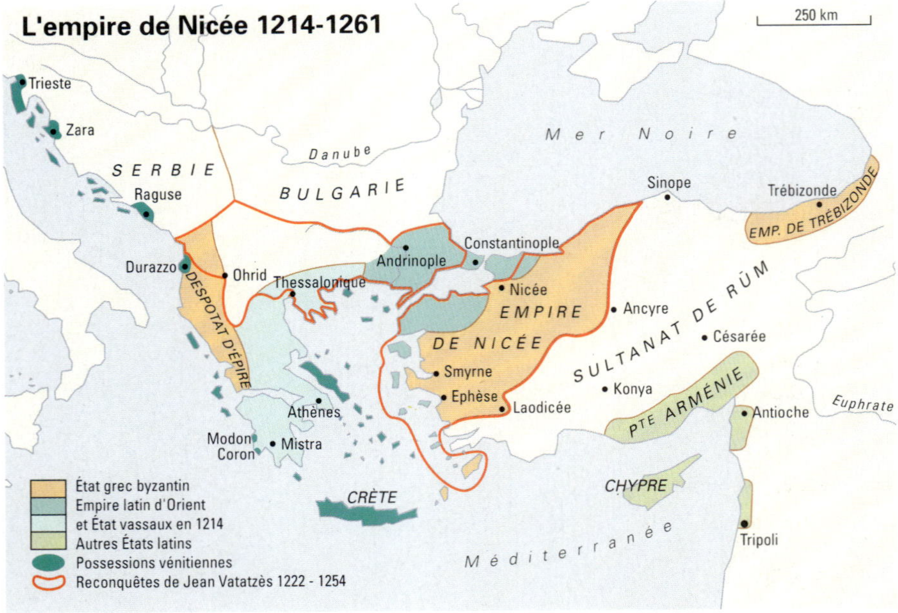

◀ *Dès mars 1204, croisés et Vénitiens se partageaient l'Empire byzantin : l'Empire latin de Constantinople recevait un quart de tout le territoire. En fait, Baudouin reçut la Thrace, le nord-ouest de l'Asie Mineure et plusieurs îles de l'Égée, Boniface de Montferrat Thessalonique, et Venise des ports sur l'Adriatique et dans le Péloponnèse ainsi que les îles les plus importantes. Les Byzantins émigrés fondèrent de nouveaux États grecs.*

▼ *Face à l'expansion serbe, l'Empire se réduit au milieu du XIVe siècle à Constantinople, la Thrace, à Thessalonique, à quelques îles et à des villes isolées d'Asie. En 1354, les Turcs passent en Europe. En 1402, l'empereur ne domine plus que Constantinople et Thessalonique, laissant la Morée à son frère.*

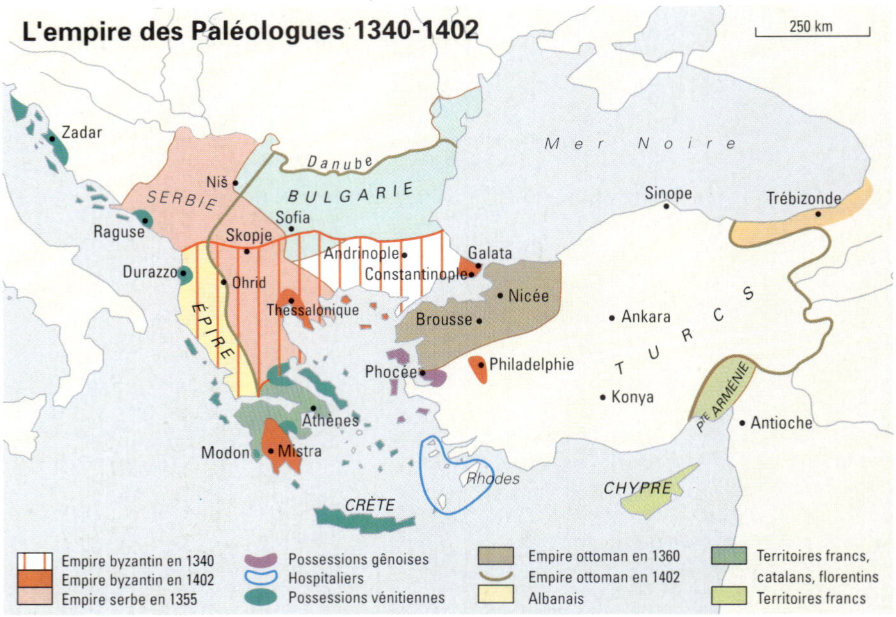

▼ ***Mistra (Péloponnèse)***
Vue de l'ancienne ville byzantine
Guillaume de Villehardouin construit en 1249 une forteresse sur les hauteurs du Taygète, appelée Mistra, bientôt prise par les Byzantins. Du règne de Jean VI Cantacuzène date le partage de l'empire entre les membres de la famille régnante, répondant à la nouvelle situation territoriale de l'empire ; ainsi est créé le despotat de Mistra, confié à son fils Manuel. L'épanouissement monumental de la ville avec ses églises et leur décor peint, qui rivalisent avec celles de Serbie, n'a aucun équivalent byzantin à la même époque. Bien peu protégée par la construction de l'Hexamilion, muraille élevée sur l'isthme de Corinthe, Mistra, qui abrite le philosophe Gémiste Pléthon, vit ses dernières années dans un épanouissement incomparable de l'hellénisme annonçant la Renaissance. Le despote Constantin Paléologue XI est le dernier empereur de Byzance : couronné à Mistra, il part pour Constantinople en 1449.

L'EMPIRE CHRÉTIEN D'ORIENT

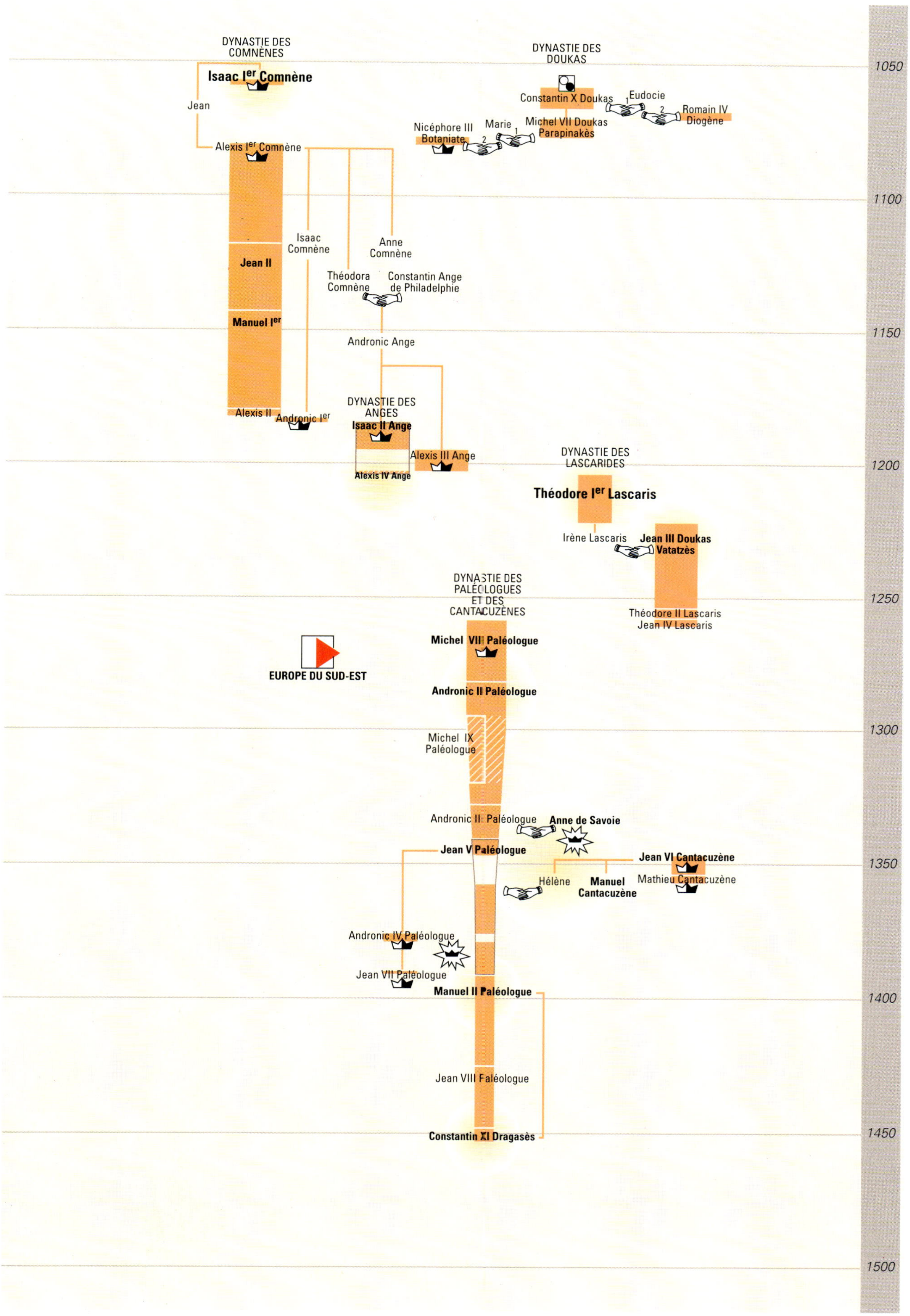

1081 Les Comnènes, représentants de la noblesse militaire, reconquièrent une grande partie du territoire perdu, d'abord avec l'aide des croisés, ensuite grâce aux expéditions victorieuses de Jean II. À partir de 1167, la Dalmatie, la Croatie et la Bosnie sont à nouveau sous la domination byzantine. En 1173, la Serbie se soumet. Mais la défaite de Myrioképhalon sonne le glas de la reconquête.

1203 Alexis IV Ange, fils d'Isaac II, l'empereur déchu et aveuglé, se rend à la cour de son beau-frère, Philippe de Souabe, pour faire valoir ses droits : la croisade contre les infidèles se transforme en croisade contre Constantinople. En 1204, les croisés se partagent l'Empire byzantin. Constantinople devient la capitale de l'empereur latin élu, Baudouin de Flandre, tandis que Venise se taille la part du lion. À l'est, la région de Trébizonde, à l'ouest, l'Épire constituent des royaumes grecs indépendants.

1208 Théodore Ier Lascaris, élu par l'Église orthodoxe, restaure l'Empire byzantin à Nicée. Le traité de Nymphaion en 1214 fixe les limites des deux empires latin et byzantin : les Latins renoncent à conquérir l'Asie Mineure byzantine. En 1222, l'avènement de Jean Doukas Vatatzès inaugure la reconquête sur les Latins et sur Théodore Ange d'Épire, dont la défaite à Klokotnica en 1230 par les Bulgares de Jean II Asen anéantit le projet de reprendre Constantinople.

1303 Contre les Turcs qui envahissent l'Asie Mineure, Andronic II Paléologue fait appel aux Catalans menés par Roger de Flore, qui finissent par se retourner contre Byzance, puis s'installent dans le duché d'Athènes qu'ils enlèvent aux Français.

1341 Pendant la deuxième guerre civile entre la régente Anne de Savoie et Jean Cantacuzène, chacun des deux partis fait appel aux étrangers : l'Asie Mineure est occupée par les Osmanlis tandis qu'Étienne Douchan le Serbe occupe toute la Grèce du Nord.

1391 Au début du règne de Manuel II Paléologue, l'empire est réduit à sa capitale et à la principauté de Morée.
Les croisades occidentales du roi de Hongrie Sigismond de Luxembourg en 1396, de Jean Hunyadi et de Ladislas III Jagellon, roi de Pologne et de Hongrie, en 1444 n'arriveront pas jusqu'à Constantinople.

1453 Constantin XI résiste, avec un petit contingent génois, à l'artillerie de Mehmed II. Il est tué pendant la prise de la ville.

1460 Démétrios Paléologue livre Mistra aux Turcs.

1461 Trébizonde est occupée par les Turcs.

L'abandon romain laisse la Bretagne ouverte aux peuples maritimes : Irlandais à l'ouest, Germains à l'est (Jutes, Angles et Saxons au V*e siècle, Vikings au* IX*e). Faute de structure politique efficace, les Celtes font place aux nouveaux venus qui donnent peu à peu naissance à des royaumes plus solides. Les Scotti, Irlandais installés sur la côte est, sont à l'origine de l'Écosse, tandis que, parmi les nombreux royaumes anglo-saxons, celui du Wessex finit par instaurer une monarchie suffisamment solide et prestigieuse pour résister longtemps aux Vikings. Mais la victoire des Danois — qui règnent sur l'Angleterre de 1016 à 1042 — laisse à la mort d'Édouard le Confesseur (sans postérité mâle) une Angleterre hésitant entre le monde des Vikings et celui de la féodalité.*

L'invasion

Les tombes de Sutton Hoo (Raedwald d'East Anglia ou l'un de ses successeurs ?) révèlent une royauté héroïque : le roi, entouré de présents, d'armes et des symboles de sa parenté sacrée (les meules des Wuffingas), vogue dans son vaisseau vers l'au-delà. Ce sont de tels chefs de guerre charismatiques qui se sont ainsi taillé des domaines à la tête de leurs bandes en profitant des divisions des Bretons.

Sitôt la dernière armée romaine partie soutenir son général candidat à l'empire (407), les rivalités au sein de l'aristocratie celte s'enflamment, bien qu'il faille aussi se défendre contre les razzias des païens irlandais (le futur saint Patrick, apôtre de l'Irlande, est ainsi enlevé vers 400) et contre les Pictes sauvages du Nord. Plutôt que de s'unir, les nobles bretons font appel à des mercenaires que les Romains avaient recrutés parmi les peuples maritimes de Germanie – Saxons, Jutes et Angles : l'archéologie a révélé leur présence dans les forts côtiers romains dès la fin du IVe siècle. Le récit légendaire de l'arrivée d'Hengist et d'Horsa traduit peut-être une certaine réalité : vers le milieu du Ve siècle, ces guerriers, échappant au contrôle des Bretons, auraient commencé à s'installer ; au milieu du VIe siècle, l'établissement des « Anglo-Saxons » est chose faite.

UNE ANGLETERRE GERMANIQUE ET CHRÉTIENNE

La force des Anglo-Saxons réside dans l'efficacité guerrière de leur armement et de leur organisation politique : les rois sont des chefs de guerre. Héros pourvus d'une puissance sacrée liée à leur appartenance à une lignée légendaire remontant en général à Wotan (la christianisation obligeant seulement à ajouter avant Wotan quelques ancêtres qui, via Noé, les rattachent à Adam), ils exigent l'obéissance absolue et la fidélité de leurs guerriers, du moins en cas de succès. En revanche, faute de règle de transmission patrilinéaire du pouvoir, les successions sont toujours troublées. Une concurrence féroce réduit peu à peu le nombre des royaumes, qui dépendent plus de l'existence de ces bandes suivant un roi chef de guerre que de spécificités ethniques.

Les Celtes bretons, restés fidèles au système clanique, leur opposent une résistance opiniâtre que symbolise le mythique (?) roi Arthur. Leur dernière victoire connue, au mont Badon, se situe vers 500. Ensuite, leur recul est constant : inexorablement repoussés vers les extrémités occidentales, Cornouaille, pays de Galles et Galloway, certains émigrent vers l'Armorique (d'où le nom de Bretagne) et la Galice. Au début du VIIe siècle, la partie la plus riche de l'île est entre les mains des Anglo-Saxons. Au siècle suivant, l'*Offa's dyke*, gigantesque levée de terre édifiée par le roi Offa, matérialise la frontière pratiquement définitive entre pays celte (le pays de Galles) et pays germanique.

La dernière supériorité des Celtes disparaît avec la conversion des Anglo-Saxons au christianisme. Le processus, commencé dans le Kent sous l'influence mérovingienne à la fin du VIe siècle, prend un demi-siècle. Il engendre la division : avec sa vigueur néophyte, le christianisme des Irlandais rivalise avec celui des missionnaires venus de Rome et de Gaule, créant un clivage durable. Mais dès le VIIIe siècle, l'éclat et le prestige de la chrétienté anglo-saxonne sont immenses ; les missionnaires que les Carolingiens envoient en Frise et en Saxe sont anglais, tout comme le dernier Père de l'Église Bède le Vénérable, et le principal artisan de la Renaissance carolingienne, maître de l'école palatine à Aix-la-Chapelle, Alcuin.Un sentiment d'unité existait chez ces peuples isolés : selon Bède, l'un des rois, nommé *bretwalda*, était l'arbitre suprême. Si les deux premiers bretwaldas restent légendaires, le système fonctionne d'Æthelberht de Kent à Oswy de Northumbrie. Mais, dès le milieu du VIe siècle, il s'agit d'une hégémonie militaire pure et simple.

LES STRUCTURES POLITIQUES CELTES

En Irlande et au pays de Galles, l'unité politique de base est le tuath (Irlande) ou le cantref (Galles) : c'est le territoire occupé par une tribu, en fait une sorte de canton. Chacun de ces cantons est gouverné par un roi, dont la richesse se mesure en troupeaux et en clientèle plus qu'en terres. Tout membre mâle de la famille royale est susceptible d'être élu roi. Aussi est-il difficile d'établir un pouvoir politique fort et a fortiori de réunir ces cantons. En Irlande, il existe bien une dignité de roi suprême (Ard Ri) créée au III*e siècle par le roi de Connacht, Conn, et que ses successeurs, les O'Neill, conservent jusqu'en 1002 ; mais, à quelques exceptions près, l'Ard Ri ne gouverne que son propre pays. De même, au pays de Galles, de grands guerriers édifient des principautés : Rhodri Mawr († 878), le royaume de Gwynedd, Hywel Dda († 950), celui de Deheubarth, Gruffydd ap Llewelyn (tué en 1063 par Harold), Powys. Cela ne leur permet cependant pas de rivaliser avec les Anglo-Saxons.*

Après l'effacement de la Northumbrie, la suprématie appartient à la Mercie dont le roi Offa rivalise de prestige au VIIIe siècle avec Charlemagne. La disparition de sa dynastie donne sa chance à la race de Cerdic qui règne sur le Wessex. La dynastie du Wessex domine à partir de 825 : elle rehausse sa grandeur par la pratique carolingienne du sacre et par une alliance avec une fille de Charles le Chauve.

◀ *Emma et ses fils*
*La Normande Emma, qui reçoit ici d'un moine de Saint-Omer l'*Encomium *contant la vie de son époux Knud le Grand, symbolise avec ses deux fils, l'Anglo-Saxon Édouard fils d'Æthelred et le Danois Hardeknut, l'incertain destin anglais au* XIe *siècle.*

UN ROYAUME ENTRE DEUX MONDES

Mais à partir de 851, les Vikings, qui ont pris la mesure des faiblesses d'une monarchie encore mal assurée, cherchent à s'installer ; ils établissent deux royaumes, l'un centré sur York, l'autre sur l'East Anglia. Le peuplement scandinave prédomine au nord et à l'est d'une ligne allant de l'embouchure de la Tamise à Chester *(Danelaw)*. Quand Alfred devient roi du Wessex en 871, tout paraît perdu : il est même obligé de se réfugier avec les débris de son armée dans l'île d'Athelney, au milieu des marais du Somerset. Pourtant, après avoir rassemblé les dernières troupes disponibles, il en sort pour infliger une défaite fatale aux Vikings à Edington, en 878.

Alfred crée un nouveau système pour mobiliser rapidement une force militaire et navale considérable ; des *burhs*, à la fois forts et marchés, forment un tissu continu à travers toute l'Angleterre. Il rédige un code juridique qui place la loi du roi au-dessus de tous. Avec l'aide de l'Église et du conseil des grands *(witan)*, il tient bien en main les régisseurs *(reeves)* des comtés *(shires)* et les chefs de l'aristocratie. Enfin, avec les ecclésiastiques qui l'entourent, il traduit ou fait traduire en langue anglo-saxonne de nombreux textes, contribuant à renforcer une identité anglo-saxonne que la coexistence avec les Scandinaves du Danelaw rend plus fragile. En 937, son successeur Æthelstan règne sur toute l'Angleterre, soumettant les roitelets vikings qui disparaissent bientôt. Succès fragile : le Danelaw reste scandinave ; la fusion rapide des aristocraties de royaumes longtemps rivaux se fait mal : autour de chacun des princes du sang de Cerdic se groupent des factions rivales. Or, en Scandinavie, les rois danois de la dynastie des Jelling ont pris le contrôle d'expéditions mieux organisées et plus puissantes encore qu'auparavant. À partir de 980, l'Angleterre est à nouveau visée. Le roi Æthelred II est impuissant : ses sujets lui préfèrent la sécurité que seul garantit le roi danois. Sven à la Barbe Fourchue, en 1013-1014, puis, après sa mort, son fils Knud, sont proclamés rois, et l'Angleterre intégrée dans le grand empire des mers du Nord bâti par Knud. Mais à sa mort, cet empire s'effondre, et l'Angleterre se retrouve vite laissée à elle-même.

Les nobles anglo-saxons désignent alors comme roi Édouard le Confesseur (1042). Il a passé sa jeunesse en Normandie, pays de sa mère Emma (épouse ensuite de Knud). Il veut restaurer l'autorité de la monarchie anglo-saxonne avec des ecclésiastiques et des serviteurs normands. D'où une violente réaction de la noblesse anglo-saxonne : Édouard ne doit son salut qu'aux rivalités qui opposent les deux *earls* (comtes), Godwine (Wessex) et Leofric (Mercie). Sans fils, il a peut-être, vers 1051, promis sa succession à son parent (par les femmes) Guillaume de Normandie : ce choix est aussi celui d'une Église en pleine réforme et d'une société féodale, d'un avenir commun avec la France et la Flandre. Mais ce choix est inacceptable pour l'aristocratie du Wessex et le clan d'Harold, fils de Godwine, comme pour les Scandinaves du Danelaw. La chance de Guillaume de Normandie réside dans cette division. Si Harold écrase le Viking Harald III Hårdråde à Stamford Bridge, il est battu et tué à Hastings par Guillaume. La monarchie anglaise sera normande et féodale.

La conversion ▶
La première tentative vient du Kent, lié aux Mérovingiens par le mariage d'Æthelberht Ier à Berthe, petite-fille de Clotaire Ier par son père Caribert. Mais les réactions païennes remettent en question la christianisation, surtout avec Penda, qui défait tour à tour les rois chrétiens Edwin (gendre de Berthe) et saint Oswald de Northumbrie. À sa mort, la christianisation reprend. Si les missions romaines créent dans le sud, autour de Canterbury, une Église de type continental, le nord est christianisé par des Irlandais qui, coupés de Rome et du continent, ont développé des pratiques spécifiques. Là réside un nouveau germe de division, et, malgré la victoire des « Romains » à Whitby, les dissensions perdurent jusqu'au début du VIIIe *siècle ; de toute façon, la méfiance entre les deux sièges de Canterbury et d'York reste constante. Ci-contre, l'église saxonne de Saint-Laurent (*VIIe *et* X^e *siècles), Bradford-sur-Avon.*

407 départ des dernières troupes romaines.

446 date (légendaire ?) de l'appel d'Hengist et d'Horsa dans l'île de Bretagne.

500 ? dernière victoire bretonne au mont Badon.

597 mission romaine de christianisation (Augustin à Canterbury); conversion d'Æthelberht de Kent.

633 mort d'Edwin (chrétien) à la bataille de Hatfield.

635 fondation du monastère irlandais de Lindisfarne.

655 mort de Penda (païen).

664 synode de Whitby (victoire du christianisme romain sur le christianisme irlandais).

735 mort de Bède le Vénérable.

v. 790 construction de l'Offa's dyke.

v. 793 première attaque viking (sur Lindisfarne).

823 victoire d'Egbert à Ellendun.

867-869 installation des Scandinaves dans le nord et l'East Anglia.

878 victoire d'Alfred à Edington.

937 victoire d'Æthelstan à Brunanbuhr.

954 chute du royaume danois d'York.

980 reprise des raids danois.

1013 arrivée de Sven à la Barbe Fourchue.

1016 victoire danoise à la bataille d'Ashenden.

1066 victoire d'Harold à Stamford Bridge.

1066 défaite d'Harold à Hastings.

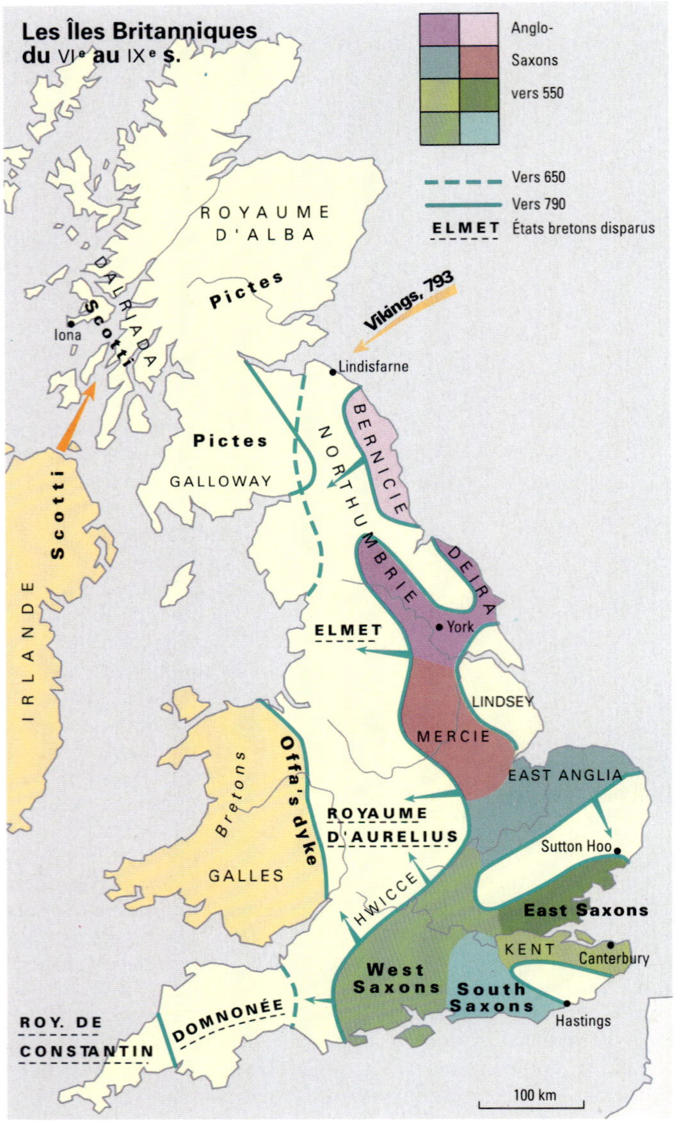

▲ *La poussée anglo-saxonne est longue à aboutir à une véritable colonisation. Ce n'est qu'au milieu du* VI*e siècle que plusieurs centres indépendants se stabilisent. Ils font peu à peu disparaître les petits royaumes bretons pour aboutir à la création de deux zones de peuplement où Bretons et Saxons ne se mélangent guère. Tout en luttant contre les Celtes de Galles et les Pictes d'Écosse, les royaumes anglo-saxons se livrent entre eux des luttes acharnées : l'hégémonie passe de l'un à l'autre, jusqu'à ce qu'au début du* X*e siècle le Wessex s'assure définitivement la suprématie. Æthelstan est le premier à régner sur toute l'Angleterre.*

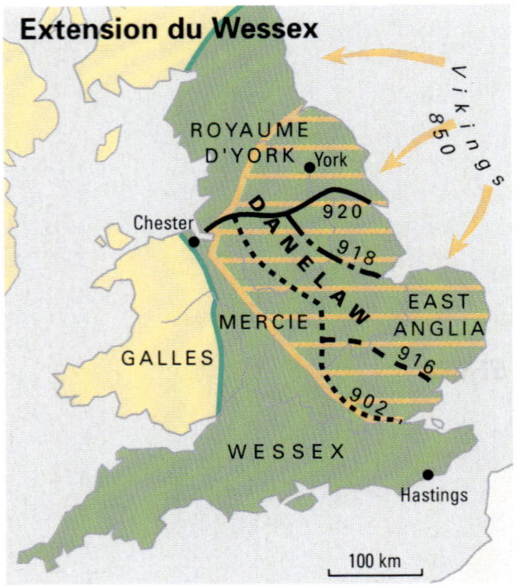

◀ *Au moment même où Egbert assure l'hégémonie du Wessex, les Vikings commencent leurs raids. À partir de 850, c'est d'une véritable conquête qu'il s'agit, et deux royaumes scandinaves (East Anglia, York) s'établissent. Le peuplement scandinave est dense : même après la reconquête anglaise, les colons continuent d'obéir à leurs coutumes (le Danelaw). Cette population accueille favorablement les tentatives de conquête du roi de Danemark au début du* XI*e siècle qui aboutissent avec Sven à la Barbe Fourchue et Knud le Grand; elle continue à espérer une intervention danoise jusqu'à la mort de Knud II en 1086.*

UN AUTRE ROYAUME : L'ÉCOSSE

Les Anglo-Saxons de la Northumbrie et les Irlandais (les Scotti du Dalriada) se sont les uns et les autres établis dans le nord de l'île de Bretagne, occupé par un peuple redoutable, peut-être celte, les Pictes (du latin picti « ceux qui sont peints »). De leur côté, les Bretons chassés de leurs territoires sont remontés vers le nord (royaume de Galloway). Ces quatre ethnies vivant dans quatre royaumes distincts ont en commun d'être christianisées à la fin du VI*e siècle par l'Irlandais saint Colomba (fondateur du monastère d'Iona en 563) et ses disciples. En 843, le roi des Scotti Kenneth Ier Mac Alpin devenant aussi roi des Pictes (royaume d'Alba), la monarchie « écossaise » va unifier l'ensemble du pays, même s'il faut attendre Malcolm III Canmore (1058-1093, époux de sainte Marguerite, dernière descendante de la dynastie royale du Wessex) pour que le sens d'une lignée royale soit bien établi.*

▼ ***La mort d'Harold***
La tapisserie de Bayeux (faite pour la consécration de la nouvelle cathédrale de Bayeux en 1077 ?) expose la trahison d'Harold : annonçant à Guillaume qu'Édouard le Confesseur l'a choisi comme héritier, Harold a prêté serment de fidélité à Guillaume, mais a voulu devenir roi lui-même. Sa mort est la punition du parjure : le roi, combattant à pied comme les Anglo-Saxons, est atteint d'une flèche à l'œil.

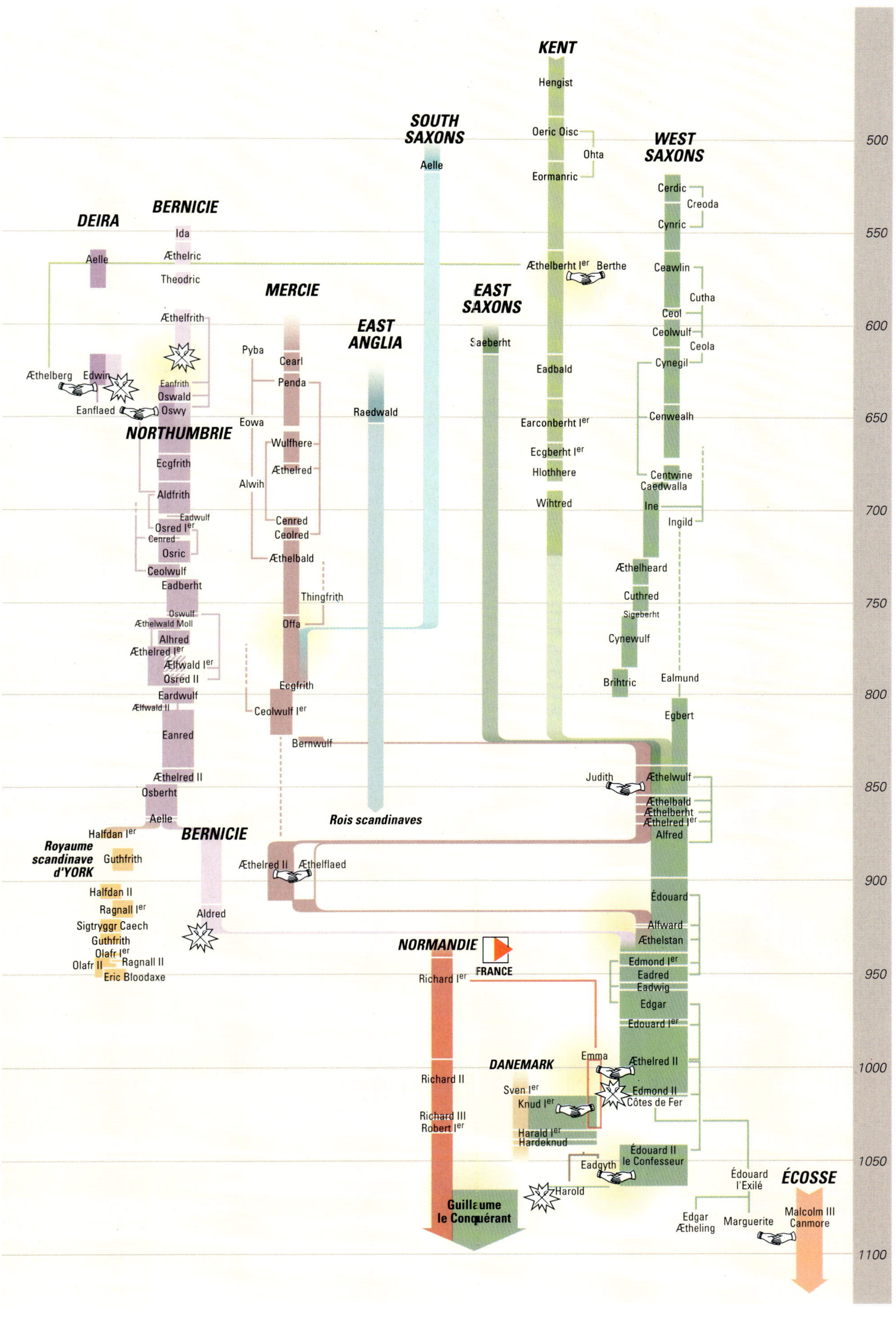

588 Le mariage de Berthe, fille du roi mérovingien de Paris Caribert, avec le roi de Kent Æthelberht traduit l'existence de liens politiques étroits entre la Gaule et le sud de l'Angleterre ; il signifie aussi le choix du christianisme : avec la princesse arrivent des missionnaires et un embryon de hiérarchie ecclésiastique. Par le mariage de la fille de Berthe et du roi Edwin, le christianisme gagne la Northumbrie.

633 La mort d'Edwin à Hatfield laisse face à face le Mercien païen Penda et l'héritier de la Bernicie, Oswald. Avec Edwin disparaît la lignée royale de Deira : tandis que Penda établit une hégémonie temporaire, une Northumbrie chrétienne réunifiée se forge au profit d'Oswald et de son frère Oswy, qui épouse la fille d'Edwin, Eanflaed. Penda élimine Oswald (aussitôt reconnu comme saint) en 642 à Maserfeld, mais il est à son tour battu et tué par Oswy.

655 L'hégémonie northumbrienne dure jusqu'en 670, tandis qu'un nouveau roi, Wulfhere, reconstitue celle de la Mercie.

796 La mort d'Offa, puis, trois mois plus tard, celle de son fils Ecgfrith marquent la fin de la suprématie mercienne. Le prestige de la dynastie tient à la gloire personnelle des descendants de Penda ; Ceolwulf n'est qu'un lointain parent. Le royaume sujet du Kent se révolte dès 797 et, à la mort de Brihtric, gendre d'Offa, il n'y a plus de lien entre les dynasties de Wessex et de Mercie ; quand Ceolwulf, déposé, est remplacé par Bernwulf qui n'est pas de sang royal, le roi de Wessex Egbert, vainqueur à Ellendun, impose sa suprématie à la Mercie et aux autres royaumes anglo-saxons (825-827).

927 Cette année-là, Æthelstan, roi de Wessex, dont le père, Édouard, a déjà récupéré la Mercie à la mort de sa sœur Æthelflaed, veuve du dernier roi de Mercie Æthelred II, envahit la Northumbrie. Il soumet le roi danois d'York et élimine Aldred, roi de Bernicie : les rois de Wessex se considèrent dès lors comme souverains de toute l'Angleterre.

1017 En épousant la Normande Emma, veuve du dernier roi de Wessex, Æthelred, le Danois Knud entend s'inscrire dans la continuité et la légitimité dynastiques anglaises. Mais après la mort de ses fils, ses successeurs, impliqués dans les guerres qui déchirent les peuples scandinaves, délaissent l'Angleterre.

1042 Le retour de la vieille dynastie de Wessex en la personne d'Édouard le Confesseur marque l'entrée en scène de la Normandie ; dans l'exil, Édouard s'est rapproché de la famille de sa mère Emma. Même s'il a été amené à épouser la fille du plus puissant des nobles anglo-saxons l'*earl* Godwine, ses sympathies sont normandes et il peut avoir, dès 1051, choisi Guillaume pour successeur.

La conquête normande fait de l'Angleterre une pièce d'un vaste empire féodal. La perte de ses domaines continentaux par Jean sans Terre, l'échec des tentatives d'Henri III pour les récupérer se combinent avec l'apparition d'une communauté politique nationale pour aboutir, en 1259, au traité de Paris, qui règle les rapports du roi-duc, en tant que duc d'Aquitaine, et du roi de France. Mais l'évolution vers l'État territorial moderne rend impraticable cette solution, et Édouard III – la dynastie capétienne s'éteignant – revendique la couronne de France. La guerre de Cent Ans en découle. Malgré des succès passagers, elle laisse une Angleterre exsangue, en proie à la guerre des Deux-Roses : l'arrivée au pouvoir de la dynastie des Tudors la ramène à son destin national et insulaire.

Conquise par le duc de Normandie, l'Angleterre devient un prolongement de la France féodale : pour organiser sa conquête, Guillaume introduit la féodalité. Féodalité originale : le cadre institutionnel de la monarchie anglo-saxonne est en partie conservé, et la féodalité normande a gardé les notions de puissance publique et d'autorité souveraine disparues ailleurs. Ces deux éléments se combinent avec le droit de conquête qui permet au roi de s'approprier d'immenses terres et de les redistribuer à sa guise : le roi a, en Angleterre, un contrôle presque total sur la hiérarchie féodale.

L'ANGLETERRE AU SEIN DES EMPIRES FÉODAUX NORMAND ET ANGEVIN

Originale, la féodalité anglaise est liée au continent. Si l'aîné du Conquérant, Robert Courteheuse, possède la Normandie, terre familiale, alors que l'Angleterre, un « acquêt », va aux cadets, Guillaume II puis Henri Ier, la victoire d'Henri Ier à Tinchebray en 1106 soude Normandie et Angleterre en un ensemble autour duquel gravitent des territoires vassaux : Écosse, Bretagne, Maine, Boulonnais, principautés de Galles ou d'Irlande. Les mêmes familles tiennent l'essentiel des terres d'un côté de la Manche et de l'autre. Hormis une union rédemptrice d'Henri Ier avec Édith, dernière descendante de la lignée royale du Wessex, le jeu des alliances de la dynastie normande implique surtout les grands lignages princiers de la France de l'Ouest : Flandre, Blois-Champagne, Anjou-Touraine.

La mort sans enfant d'Henri Ier le montre : à son successeur officiel, son neveu Étienne (Blois), s'oppose son gendre Geoffroi Plantagenêt (Anjou), époux de sa fille Mathilde. Vingt ans de guerre civile s'ensuivent, en Angleterre comme en France. Le triomphe du fils de Geoffroi, Henri II, renforce encore la part continentale de l'empire. Il a en effet, outre ses terres, l'immense domaine de sa femme Aliénor : Aquitaine, Poitou, Guyenne et la suzeraineté sur les seigneurs du Massif central et de la Gascogne. Mais ici la féodalité est anarchique et les guerres perpétuelles, d'autant qu'Henri II confie des pans entiers de son trop vaste empire à ses enfants, dont le roi de France excite les ambitions pour susciter les rébellions.

Les ressources de l'Angleterre sont mobilisées pour ces guerres continentales ; le roi absent, il faut une administration et un contrôle de l'ordre public et des revenus féodaux substantiels – la petite et lointaine Angleterre devient le royaume le mieux gouverné de la chrétienté. Cela ne suffit pas : Richard Cœur de Lion meurt en tentant de pacifier le Limousin, tandis que ses imprudences font de Jean sans Terre la victime de l'habile Philippe Auguste. L'effort imposé pour récupérer les terres confisquées et conquises par le Capétien en 1202-1204 provoque la fureur des barons : après la défaite de ses alliés à Bouvines (1214), Jean doit accepter la Grande Charte imposée par les barons en 1215. L'insuccès ruineux des tentatives d'Henri III pour reconquérir les domaines perdus suscite à nouveau une « commune » des barons, conduite par Simon de Montfort (1258).

La monarchie des Plantagenêts est aux abois. Henri III la sauve en acceptant le traité de Paris (1259) : il ne garde que l'Aquitaine comme vassal du roi de France. Arbitrant en 1264 (la Mise d'Amiens) le conflit entre Henri et ses barons, Saint Louis (Louis IX) tranche en faveur du roi. Montfort se révolte et s'empare d'Henri III à Lewes, mais il est battu et tué par le prince Édouard à Evesham (1265). Cependant, les monarchies féodales évoluent peu à peu vers l'État moderne territorial.

UN ROYAUME NATIONAL PRÉCOCE : L'ÉCOSSE

En 1286, Alexandre III meurt, ne laissant qu'une petite-fille de trois ans, fille du roi de Norvège. Sitôt fiancée au fils d'Édouard Ier, elle meurt pendant son retour en Écosse. Édouard organise alors la « Grande Cause » pour choisir un roi parmi treize prétendants qui ont tous reconnu sa suzeraineté. John Baliol est désigné (1292), mais sommé d'envoyer, en bon vassal, des troupes en France, il refuse (1296). La guerre tourne à l'avantage d'Édouard qui, en 1306, contrôle tout le pays. C'est alors que, descendant d'un des treize prétendants, Robert Bruce se rebelle. Après une longue guérilla, il écrase les Anglais à Bannockburn (1314) ; à Arbroath, les nobles écossais s'engagent à défendre le royaume, fût-ce contre le roi. Les rois de la dynastie Bruce et, à partir de 1371, leurs successeurs Stewart (Stuarts) maintiennent l'indépendance du royaume, allié à la France pendant toute la guerre de Cent Ans.

Richard II

Le diptyque de Wilton était peut-être utilisé pour l'autel portable du roi Richard II : le roi agenouillé, introduit au Paradis par ses patrons saint Edmond le Martyr et saint Édouard le Confesseur attend du Christ qu'il lui confie la bannière de Saint-Georges. Patriotique, le diptyque, dans sa totalité, est aussi politique : même les anges portent le « badge » de Richard, le cerf blanc. Ici détail du panneau de gauche.

LA MONARCHIE ENTRE FÉODALITÉ ET ÉTAT MODERNE

Édouard réalise la conquête du pays de Galles dont il fait une principauté dépendant de la Couronne, et s'engage en Écosse. En France, la même évolution engendre l'intervention croissante de l'administration royale en Aquitaine. La situation est intenable ; dès 1291, France et Angleterre sont en guerre, même si leurs difficultés (avec l'Écosse pour l'une, avec la Flandre pour l'autre) empêchent les grandes campagnes. Une mutation décisive se produit : les revenus féodaux ne suffisant plus, l'impôt d'État apparaît, impliquant toute la société politique, car il doit être consenti (d'où l'essor des institutions représentatives).

En 1328, la lignée capétienne directe s'éteint en France. Par les hommes, Philippe de Valois en est l'héritier ; par les femmes, Édouard III d'Angleterre et Charles le Mauvais, roi de Navarre, sont mieux placés. Les barons français ne s'y trompent pas : s'ils désignent Philippe, c'est parce qu'il « est du royaume ». Juste appréciation de la mutation en cours : Édouard III, monté sur le trône après la déposition d'Édouard II (1327), ne s'y oppose d'abord pas. En revanche, il entend profiter de son titre pour régler la question d'Aquitaine à son profit, mais la logique de l'évolution vers la territorialité l'interdit.

Lorsque Philippe VI confisque à nouveau la Guyenne (1337), Édouard III prend les armes et le titre de roi de France. La guerre de Cent Ans est ainsi un conflit paradoxal où l'Angleterre, « État moderne », entre en guerre au nom de principes dépassés. Mais au moins dispose-t-elle d'outils performants : une armée contractuelle et professionnelle qui écrase les cohues féodales françaises à Crécy (1346) et à Poitiers (1356) ; un parlement qui assure, par le biais d'une négociation permanente entre roi et société politique, des rentrées fiscales importantes et régulières. La monarchie des Valois subit au contraire une crise profonde. Le traité de Brétigny (1360) sanctionne cette situation et offre à Édouard III, contre sa renonciation au trône de France, une grande Aquitaine englobant le Massif central.

Pourtant Édouard III hésite à renoncer, tandis que les réformes de Charles V redressent la France ; d'où un reflux anglais qui engendre à son tour une grave crise intérieure – sociale (révolte des travailleurs), religieuse (doctrine réformatrice de John Wycliffe) et politique : Richard II est renversé par Henri IV (de Lancastre). La nouvelle dynastie, en mal de légitimité, reprend l'offensive contre une France en proie à la guerre civile. Vainqueur à Azincourt, Henri V conquiert la Normandie et, assuré de l'appui bourguignon, prend le contrôle de Paris. Charles VI accepte le traité de Troyes : en épousant Catherine de Valois, Henri V devient l'héritier du roi de France, créant une double monarchie. Sa mort prématurée, le sursaut patriotique français (Jeanne d'Arc) et la rupture avec les Bourguignons ruinent ce rêve.

À nouveau le reflux anglais entraîne le désordre : l'échec des Lancastres en France permet, à l'issue de la guerre des Deux-Roses, le triomphe du lignage rival d'York. Mais il est lui-même divisé, et Henri Tudor, vainqueur de Richard III à Bosworth, réconcilie les deux partis : il a (un peu) de sang lancastrien et il épouse Élisabeth d'York la fille d'Édouard IV ; surtout, il extermine ses rivaux et abandonne toute entreprise continentale. Avec les Tudors, lignage britannique, l'Angleterre assume enfin son destin national et insulaire.

L'ANGLETERRE ET LES PAYS CELTIQUES

L'aristocratie galloise est divisée, et les féodaux normands installés près de la frontière se taillent, avec l'accord royal, des baronnies autonomes. Si le prince Llewelyn unifie le pays de Galles, il n'y réussit qu'avec l'aide de Simon de Montfort ; Édouard Ier l'attaque donc dès que possible. Il faut deux guerres pour conquérir le pays de Galles (1277 et 1282-1283) : malgré des révoltes, un formidable réseau de forteresses et de villes nouvelles et surtout l'acculturation des élites galloises, adoptant la propriété à l'anglaise pour mieux s'intégrer à l'aristocratie anglaise, stabilisent la conquête. En Irlande, au contraire, l'initiative vient des barons des marches galloises et non du roi, « seigneur d'Irlande ». La Couronne ne maîtrise qu'une bande côtière défendue par une palissade (le Pale). Et les nobles anglais adoptent vite les mœurs des chefs irlandais. Ces « Anglo-Irlandais » deviennent aussi incompréhensibles et peu fiables que les autochtones pour un gouvernement anglais, incapable de contrôler une Irlande dont la culture et les structures sociopolitiques restent intactes. Ci-dessus, le château de Caernarvon (XIIe et XIVe siècles), au nord-ouest du pays de Galles.

◄ ***Thomas Becket***

Le meurtre de Thomas Becket dans sa propre cathédrale par deux chevaliers «inspirés» par Henri II fit de lui un saint : alors qu'en France les Capétiens s'efforcent de développer une «religion royale», en Angleterre, le pèlerinage et le culte les plus populaires sont ceux d'une victime de l'arbitraire et de la tyrannie royale.

1106 victoire d'Henri Ier à Tinchebray sur Robert Courteheuse.

1170 meurtre de Thomas Becket.

1153 accord de succession entre Étienne et Henri Plantagenêt.

1202-1204 perte de la Normandie et des pays de la Loire.

1215 Grande Charte.

1258 provisions d'Oxford.

1259 traité de Paris.

1265 victoire royaliste à Evesham.

1291 début de la Grande Cause.

1314 victoire écossaise de Bannockburn.

1327 déposition d'Édouard II.

1346 victoire d'Édouard III à Crécy.

1356 victoire du Prince Noir à Poitiers.

1381 révolte des travailleurs.

1384 mort de John Wycliffe.

1399 déposition de Richard II.

1415 victoire d'Henri V à Azincourt.

1420 traité de Troyes.

1436 perte de Paris.

1453 défaite anglaise à Castillon ; perte de la Guyenne.

1461 victoire des yorkistes à Towton.

1485 victoire d'Henri Tudor à Bosworth.

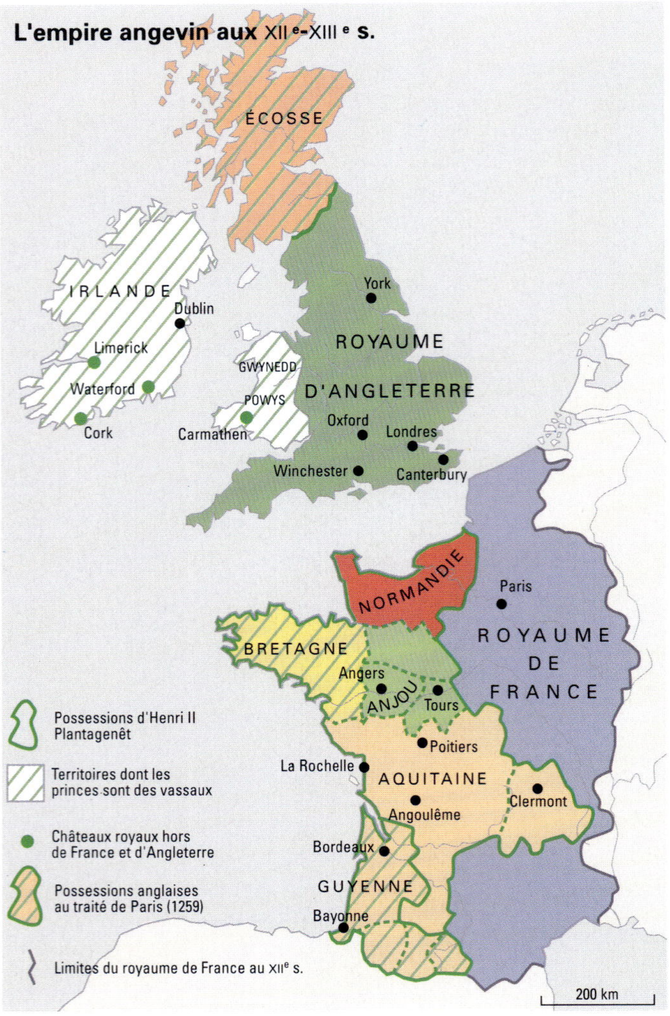

◀ *Normands et Angevins possèdent jusqu'au début du XIIIe siècle un ensemble de territoires beaucoup plus vaste que celui que contrôle alors le roi de France : mais leurs pouvoirs ne sont réellement étendus qu'en Normandie et en Anjou ; le maintien de l'ordre dans les autres pays, notamment les territoires aquitains, exige des efforts considérables : Richard Cœur de Lion y laisse la vie, et ses successeurs se perdront dans les affaires poitevines.*

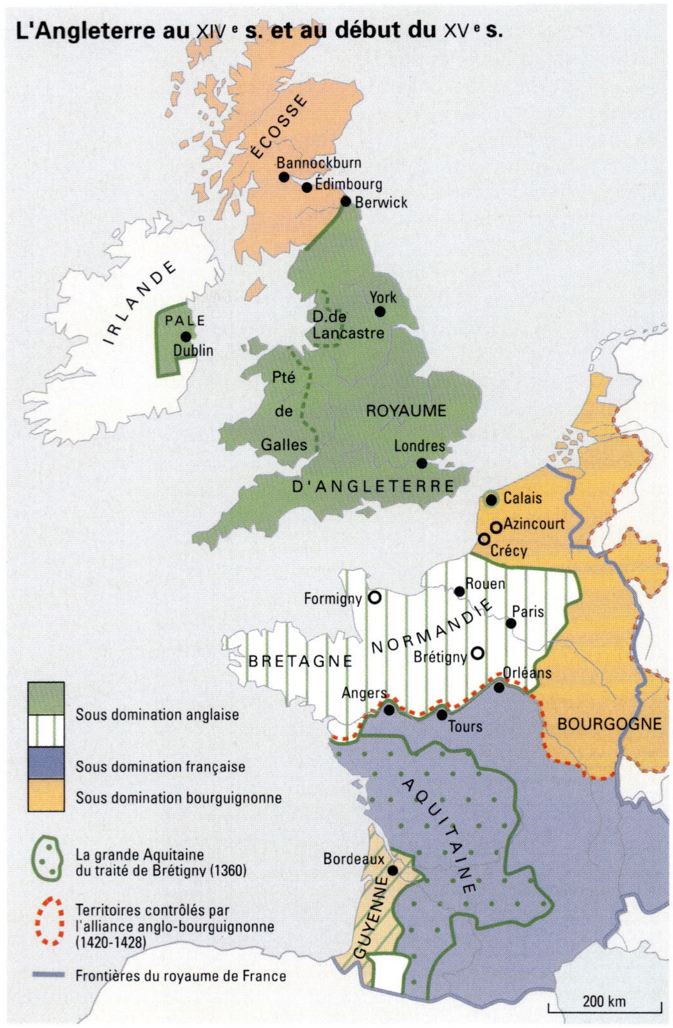

À plusieurs reprises, les armées anglo-gasconnes, supérieurement organisées et aguerries, ont conquis des territoires considérables en France. Mais les rois anglais ne peuvent consolider en France une principauté indépendante (que ce soit la Guyenne qu'ils tiennent sans interruption jusqu'en 1453, la grande Aquitaine du traité de Brétigny, ou la Normandie conquise par Henri V) s'ils ne renoncent pas à la couronne de France : faute de s'y résoudre, ils vont tout perdre, même les pays qui leur sont le plus attachés, comme Bordeaux et la Guyenne. ▲

L'ascendance d'Henri VI ▶
La double monarchie née du traité de Troyes redonne vitalité aux prétentions des Plantagenêts ; si Henri VI descend par sa mère Catherine de Valois du neveu de Philippe le Bel, par son père Henri V, il descend directement de Philippe le Bel et donc de Saint Louis… De toute façon, la double ascendance est utile : elle évite de trop insister sur l'importance donnée à la transmission des titres par les femmes qui, en Angleterre, évoque aussitôt Anne Mortimer et les droits de la maison d'York !

◀ *Portrait de Geoffrey Chaucer (v. 1340-1400)*
Avec la mort d'Harold, la langue anglaise paraissait vouée à la disparition. Elle reparaît comme langue littéraire à la fin du XIVe siècle dans l'œuvre de Chaucer.

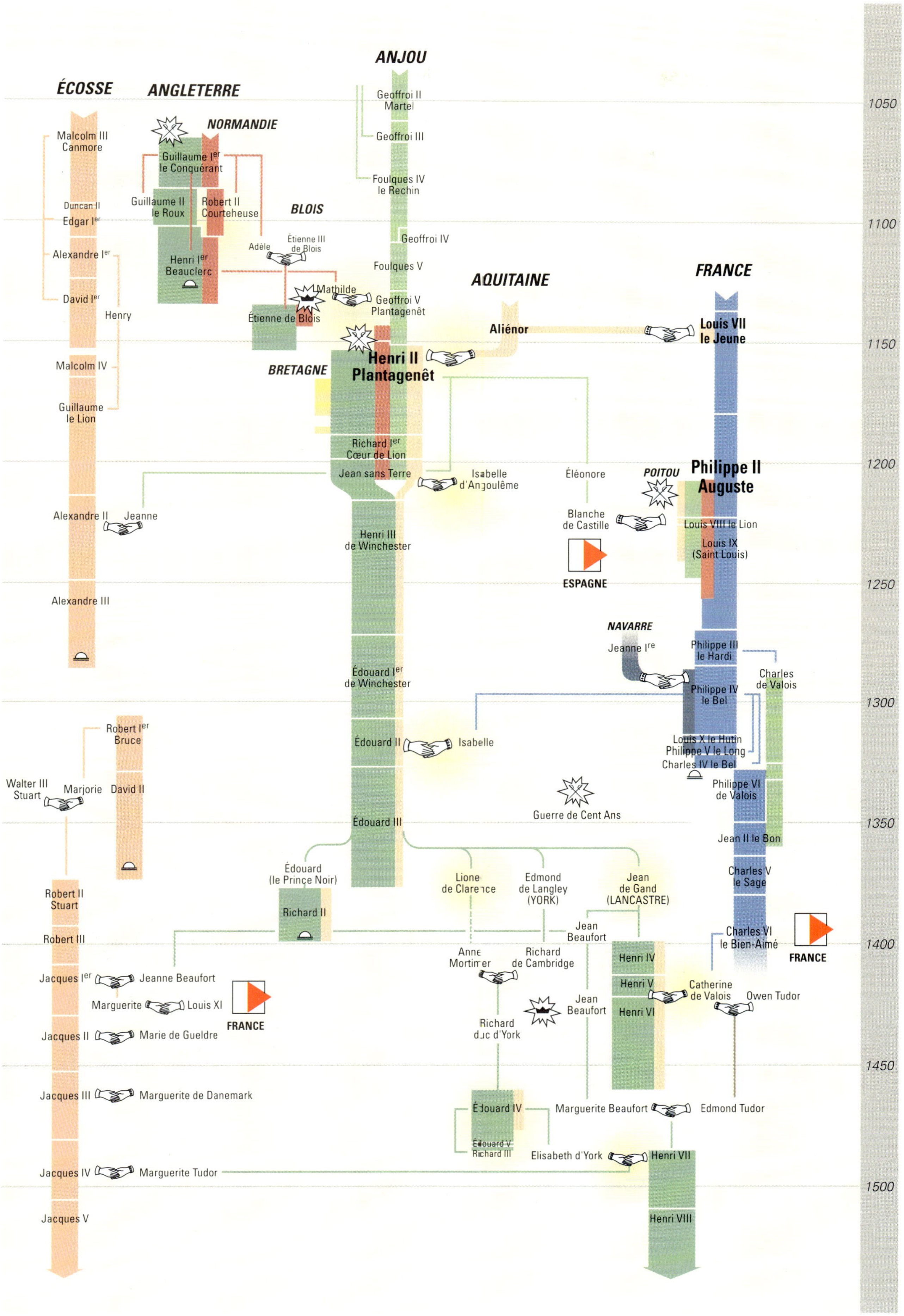

1106 En battant son aîné Robert Courteheuse à Tinchebray, Henri Ier rassemble tout l'héritage du Conquérant ; désormais, le sort de l'Angleterre et celui de la Normandie sont communs.

1135 À la mort d'Henri Ier, son neveu Étienne – appuyé sur le lignage de Blois - Champagne – s'oppose à sa fille Mathilde, appuyée sur le lignage de son mari Geoffroi Plantagenêt, comte d'Anjou et de Touraine et donc rival direct de la maison de Blois.

1153 À la suite de la mort du fils aîné d'Étienne, Eustache de Boulogne, un accord intervient entre lui et le futur Henri II qui le reconnaît comme roi mais, à sa mort, il lui succédera en Angleterre.

1202-1204 Prenant prétexte de la non-comparution devant sa cour de Jean sans Terre, son vassal pour les fiefs qu'il tient en France, Philippe Auguste confisque les domaines français du roi. Il en conquiert la plus grande partie ; Jean a en effet perdu le soutien de ses propres vassaux en enlevant Isabelle d'Angoulême pour l'épouser alors qu'elle était fiancée à Hugues de Lusignan et en assassinant son neveu Arthur de Bretagne.

1259 Le traité de Paris consacre la relation de vassalité entre le roi d'Angleterre en tant que duc d'Aquitaine et le roi de France ; en contrepartie, plusieurs territoires méridionaux sont restitués à Henri III.

1337 Bien qu'il ait, à son accession au trône, prêté l'hommage vassalique à Philippe VI, Édouard III revendique la couronne de France, étant le plus proche descendant de Philippe le Bel par sa mère Isabelle. Il prend les armes et le titre de roi de France.

1399 Henri IV dépose et fait mourir Richard II, inaugurant ainsi la dynastie lancastrienne.

1420 Le traité de Troyes entérine les triomphes d'Henri V. Celui-ci reconnaît Charles VI roi de France ; mais le dauphin est déshérité, et Catherine de Valois, en épousant Henri V, lui transmet ses droits à la Couronne. L'enfant né de leur union, Henri VI, est couronné roi d'Angleterre, puis roi de France.

1460 Richard d'York – qui revendique la couronne du fait que sa mère Anne Mortimer descend de Lionel de Clarence, deuxième fils d'Édouard III (alors que l'ancêtre des Lancastres, Jean de Gand, n'est que le troisième, en ligne mâle directe, il est vrai) – est tué à Wakefield. Mais son fils Édouard, vainqueur des Lancastriens à Towton, installe la maison d'York au pouvoir.

1485 Richard III s'est emparé du pouvoir en déclarant bâtards et en faisant disparaître ses neveux. Henri Tudor, qui descend par sa mère Marguerite Beaufort de Jean de Gand, le bat et le tue à Bosworth ; en épousant la fille d'Édouard IV, Élisabeth d'York, il réconcilie les deux lignées, mettant ainsi fin à la guerre des Deux-Roses.

La monarchie anglaise se présente comme un régime mixte combinant les formes classiques de la politique que sont la monarchie, l'aristocratie et la démocratie. Cet équilibre se met en place progressivement après plusieurs crises – dont une révolution, mixte elle aussi, car elle fut en même temps une rébellion contre le roi et une réformation religieuse avec quelque espérance démocratique portée par le radicalisme niveleur – pour donner naissance en 1782 au premier régime parlementaire où les ministres sont responsables devant la nation et non plus uniquement devant le roi. L'institutionalisation de la démocratie politique en Angleterre, facilitée par la précocité de l'individualisme et de la centralisation du pouvoir exécutif, prend du temps, comme une construction juridique fondée sur la Coutume.

Le roi dans le Parlement incarne l'unité du royaume. Le Parlement se compose depuis le XIVe siècle de deux Chambres, celle des Communes où siègent les représentants des bourgs et des comtés, celle des lords où se retrouvent les barons. L'initiative de la convocation appartient au roi qui l'appelle pour obtenir conseils et subsides et qui peut le renvoyer à son gré. Dans les premiers temps, les deux Chambres ont la même compétence, mais les Communes prendront le pas sur les Lords au fur et à mesure que s'affirmera le principe du consentement du peuple à l'impôt. Ce principe est à l'origine du pouvoir législatif du Parlement qui monnaie ses autorisations fiscales contre des dispositions législatives adressées au roi sous forme de pétitions, en fait de véritables lois. C'est Henri VIII qui a permis aux parlementaires d'intervenir au plus haut niveau politique. La tentative des Stuarts de ranimer le pouvoir législatif royal, qui leur appartenait toujours en théorie, est ressentie au XVIIe siècle comme une innovation réduisant à néant la tradition juridique anglaise. Or, celle-ci est coutumière, jurisprudentielle et ne connaît pas la distinction continentale héritée du droit romain entre la loi et le droit. L'unification de ce droit n'est pas le fait d'un système juridique mais des juges représentant l'autorité royale. Dès lors, si le roi est bien à la source de la loi, c'est surtout en nommant les juges, et sa capacité à s'ériger au-dessus de la loi ordinaire est fortement limitée : il n'existe pas de droit public dérogatoire au droit privé. En 1679, le Parlement vote l'*Habeas Corpus* qui interdit la détention arbitraire de tout individu non présenté à un juge et, en 1689, le *Bill of Rights* institue définitivement la suprématie du Parlement en matière législative.

L'accession au pouvoir des Tudors clôt l'ère des guerres civiles et des ambitions continentales. La grande affaire qui scelle le destin insulaire de l'Angleterre à partir de 1527 est celle du divorce d'Henri VIII.

LES TUDORS ET LA RÉFORME ANGLICANE

La couronne se transmet comme une propriété privée et les filles ne sont pas exclues. Or, le roi n'a pas d'héritier mâle de son mariage avec Catherine d'Aragon et la perspective inaccoutumée d'une succession féminine laisse craindre le retour des guerres civiles ou la domination d'un prince consort étranger. Henri VIII demande l'annulation de cette union en 1529. De cette rupture matrimoniale découle la rupture avec Rome qui refuse le divorce.

Henri VIII se proclame chef de l'Église d'Angleterre et s'empare des biens ecclésiastiques. Il est soutenu par le Parlement où s'établit une tradition de liberté pour l'instant dirigée contre le pape. Mais, pressée par les besoins d'argent, la Couronne dissipe le bénéfice de la confiscation des biens ecclésiastiques. La politique royale s'attache, certes, la loyauté des intérêts acquis mais grève l'avenir car la monarchie se prive, avec cette aliénation, d'une autonomie financière qui lui aurait permis de développer tout un appareil administratif. Aussi, au XVIe siècle, tandis que se renforce l'autorité royale, grandit l'influence des élites locales mais aussi celle de Londres.

Tout en dérivant vers le protestantisme, l'Angleterre oscille confusément entre le catholicisme et la Réforme, jusqu'au compromis élisabéthain qui calme pour un temps les passions religieuses et organise l'Église anglicane. Cependant, l'identification d'Élisabeth Ire avec le nationalisme religieux anglais ne se renouvelle pas avec ses successeurs. Le problème de sa succession a inquiété les esprits, car la grande reine n'était pas mariée et n'avait pas d'enfant, mais l'accession pacifique de Jacques Ier en 1603 calme les anxiétés tout en unissant personnellement l'Écosse à l'Angleterre.

LES STUARTS ET LE PARLEMENT

L'Écossais Jacques Ier est rapidement suspecté de papisme alors même que l'Église anglicane se porte mal et que les pasteurs puritains gagnent en influence. Si la royauté de droit divin des Stuarts

Cromwell

C'est sa profonde foi en Dieu qui a conduit Oliver Cromwell (1599-1658) de l'est de l'Angleterre à la tête de l'État, faisant tour à tour de ce simple gentleman un parlementaire, un général et pour finir un dictateur quasi-roi. Issu d'une famille bien intégrée à la gentry, *il obtient un siège au Parlement dès 1628 mais demeure plutôt obscur jusqu'à l'âge de quarante ans. La guerre civile le découvre aussi bon soldat que fin politique. Alors, « avec l'aide de Dieu », commence sa rapide ascension, où ses victoires militaires et ses hardiesses politiques infléchissent l'histoire anglaise. Il dote l'armée parlementaire d'une cavalerie bientôt redoutée – les « têtes rondes » – appelées ainsi par référence à la coiffe stricte qu'imposent les puritains. Cette armée, dont il anime la fraternité d'armes et le sectarisme religieux, va être l'instrument lui permettant, après la victoire sur les royalistes, de jouer un rôle apparemment discret mais essentiel dans l'épuration du Parlement, le procès de Charles Ier et l'établissement de la République. La Bible dans une main, l'épée dans l'autre, il unifie les trois royaumes d'Angleterre, d'Écosse et d'Irlande au sein du nouveau Commonwealth. En 1653, après la dissolution définitive du « Parlement croupion » – ce qui restait du « long Parlement » réuni depuis 1640 –, est instauré le protectorat.*

◀ ***Charles Ier en son Parlement***
Bien que le roi reçoive l'onction divine lors de son sacre, le système politique anglais repose sur l'union du roi et du Parlement, et non uniquement sur la majesté royale. Le roi en son Parlement forme un tout avec les Lords et les Communes, même contre le corps naturel du roi. Ainsi, pendant les guerres civiles, le Parlement déclare combattre Charles Ier pour défendre la Couronne, tandis que le roi se prétend le meilleur rempart du Parlement contre ceux qui le tyrannisent.

a mauvaise presse, en revanche la figure politique du peuple élu est florissante et les tentatives énergiques de l'archevêque Laud pour redresser la situation de l'Église officielle contribuent à l'impopularité de Charles Ier, accusé de vouloir imiter l'absolutisme catholique du continent. Les sympathies catholiques du monarque, ses désordres financiers, ses prétentions et ses protégés comme Buckingham ou Strafford exaspèrent la *City* ainsi que la *gentry* qui contrôle la Chambre des communes et les campagnes grâce aux justices de paix. De 1626 à 1628, la tension croît entre le roi et le Parlement. À la Pétition des droits *(Petition of Rights)* de 1628, Charles Ier répond en renvoyant le Parlement et en proclamant son intention de gouverner seul. Il faut attendre dix ans, une défaite militaire devant les Écossais et un refus de la *City* de remettre à flot les finances royales pour que le roi convoque un Parlement (1640) bien décidé à ne plus laisser lever de taxes sans son consentement et qui obtiendra la tête de Strafford. La question du contrôle de la force militaire – l'Irlande est en pleine révolte et le roi d'Angleterre ne dispose pas de troupes puissantes – et la tentative manquée de Charles Ier d'emprisonner les chefs de l'opposition mènent à la guerre civile. À la différence du roi, ses adversaires ont de l'argent grâce à la possibilité de négocier des prêts avec la *City*, et des troupes grâce aux gentilshommes campagnards et aux puritains. Les royalistes sont battus à Naseby en 1645 par l'armée de Cromwell et Fairfax, et Charles Ier exécuté le 30 janvier 1649 par un Parlement purgé de ses éléments les plus modérés. Suivent les années du protectorat de Cromwell qui reprendra le contrôle de l'Irlande et de l'Écosse. En 1660, deux ans après la mort de Cromwell, un Parlement librement élu rappelle sur le trône l'héritier Stuart : l'autorité du roi et du Parlement doivent être inséparables.

Une fois l'équilibre rétabli entre le Parlement et le roi, la restauration connaît l'alternance des *whigs* (qui en quelque sorte représentent les propriétaires locaux qui avaient mené la rébellion) et des *tories* (plus proches de la Couronne). Cependant, si la tendance est à la répression des puritains, le Parlement reste anticatholique ; or, Jacques II demeure de ce point de vue aussi suspect que l'était son père. Les espoirs se tournent vers l'héritière, sa première fille Marie qui a épousé le stathouder de Hollande, Guillaume d'Orange. Le conflit s'accentuant, le Parlement appelle Guillaume qui débarque tandis que Jacques II s'enfuit, puis il modifie l'ordre de succession pour écarter Jacques, le jeune frère de Marie : c'est la *Glorious Revolution*. Désormais le roi ne pourra plus gouverner sans le Parlement. Dans la foulée, ce dernier vote l'Acte de tolérance qui garantit la liberté de culte aux protestants non conformistes ; en 1701, l'Acte d'établissement va exclure les catholiques de la succession au trône.

LE RÉGIME PARLEMENTAIRE

Appelé par le Parlement à régner conjointement avec Marie II, Guillaume III doit accepter le *Bill of Rights* : le roi ne peut plus légiférer seul et le pouvoir législatif appartient au Parlement sous réserve de l'acceptation royale. En revanche, il gouverne et peut toujours dissoudre la Chambre des communes. Deux traits majeurs se mettent en place sous son règne. En 1694, la durée du mandat de la Chambre est limitée, ce qui signifie que des élections auront désormais lieu régulièrement, écartant ainsi le risque d'un Parlement inféodé au roi parce que siégeant trop longtemps, tout en rendant inopérant le droit de dissolution. Par ailleurs, Guillaume III prend soin de choisir ses ministres et conseillers parmi les parlementaires. Le cabinet va devenir ainsi non pas l'expression de la volonté royale mais l'organe de la majorité parlementaire, ce qui annule la part théorique de pouvoir législatif que le roi détient encore avec son droit de veto qui n'a plus de raison pratique. L'avènement des Hanovre, en 1714, confirme ces tendances.

En effet, les deux premiers George ne pratiquent pas l'anglais et abandonnent la conduite de la politique au cabinet, en fait, à la majorité parlementaire à laquelle les rois laissent aussi le soin de nommer les ministres. Le Parlement est alors dominé par les *whigs* qui, à l'arbitraire royal, substituent la corruption comme méthode de gouvernement. C'est à cette époque que s'affirme la prééminence de la fonction de Premier ministre avec Robert Walpole puis William Pitt l'Aîné. Jusqu'en 1760, les *tories* sont handicapés car, si certains sont jacobites (du nom du prétendant Jacques Stuart, écarté lors de la succession de la reine Anne), aucun, cependant, ne veut de monarque catholique. Ils sont définitivement ralliés à la dynastie avec l'avènement de George III (1760-1820), monarque bien décidé à redonner du pouvoir à la Couronne. Jusqu'en 1782, le cabinet est alors l'instrument de la politique royale. Le roi reprend aux *whigs* l'arme de la nomination « aux places », ce qui lui permet d'user de la corruption. Cependant, face à la défaite devant les colonies américaines, le cabinet dirigé par lord North est contraint à la démission par le Parlement en mars 1782. On peut dater de cette démission la naissance du régime parlementaire : un gouvernement est solidairement responsable devant la Chambre des communes, et la Couronne quitte définitivement le devant de la scène politique. Jusque-là, seule la responsabilité individuelle des ministres était établie, grâce à la menace brandie par le Parlement d'utiliser à l'encontre des hommes qu'il souhaitait voir quitter le pouvoir la procédure d'*impeachment*, à l'origine une procédure de responsabilité pénale. Walpole renversé, ses ministres étaient restés en place. La chute du ministère North rend compte aussi du poids grandissant de l'opinion publique : le régime reste oligarchique mais la manière de gouverner de Pitt le Jeune ne pourra plus être exactement celle de Walpole.

La démocratisation du régime se réalise au XIXe siècle. Après cinquante ans de domination *tory*, les *whigs* remportent les élections en 1830 et la question de la réforme électorale est à l'ordre du jour. Il s'agissait avant tout d'opérer une redistribution des sièges afin d'obtenir une représentation plus équitable des circonscriptions, plus conforme à leur poids démographique et à la distribution de la richesse. Le nombre de députés des bourgs n'avait en effet pas varié, alors que certains s'étaient dépeuplés (on les appelait *rotten boroughs*, « bourgs pourris »), tandis que d'autres avaient considérablement crû. Avec la loi de 1832, le corps électoral dépasse les 650 000 électeurs. En 1835, tous les contribuables peuvent élire leurs conseils municipaux et le mouvement en faveur du suffrage universel se développe sur un fond de revendications sociales. C'est le conservateur Disraeli qui, en 1867, élargit le suffrage à l'ensemble des chefs de famille des villes. Les élections qui suivent immédiatement profitent à ses adversaires *whigs* transformés en parti libéral sous la férule de Gladstone qui institue le vote à bulletin secret en 1872 et étend aux campagnes, en 1884, la réforme de 1867. En 1918, le suffrage universel masculin est adopté, et les femmes de plus de trente ans bénéficient du droit de vote, les autres devant attendre encore dix ans.

Disraeli, à juste titre, a fait le pari de l'évolution démocratique, contribuant ainsi à la pérennité du parti conservateur, et Gladstone l'a suivi dans cette voie. Avec les élargissements du corps électoral combinés au scrutin uninominal à un tour, les partis doivent se transformer en machines à convaincre et à gagner les élections sous peine de disparaître. Mais quels que soient ceux-ci, le bipartisme forgé à la fin du XVIIe siècle reste la caractéristique de la vie politique britannique.

1534 après avoir été excommunié, Henri VIII se proclame chef de l'Église d'Angleterre.
1559 Élisabeth Ire devient chef de la hiérarchie épiscopale.
1563 les 39 Articles règlent le statut de l'Église anglicane.
1628 l'Écosse se révolte contre Charles Ier pour défendre son Église.
1641 soulèvement de l'Irlande. Le Parlement qui siège depuis 1640 émet la « Grande Remontrance ».
1642 début des guerres civiles en Angleterre qui prennent fin en 1649 avec l'exécution de Charles Ier.
1653 instauration du protectorat de Cromwell.
1660 restauration de la monarchie Stuart grâce à l'action du général Monk.
1701 Acte d'établissement *(Act of Settlement)*.
1707 Acte d'union entre l'Écosse et l'Angleterre.
1713 la paix d'Utrecht met fin à la guerre de Succession d'Espagne. L'Angleterre devient la première puissance coloniale.
1714 arrivée au pouvoir des Hanovre.
1763 par le traité de Paris qui met fin à la guerre de Sept Ans, la France cède le Canada à l'Angleterre.
1776 Déclaration d'indépendance des colonies américaines : l'Angleterre reconnaît les États-Unis d'Amérique en 1783 avec le traité de Versailles.
1783 après la chute de lord North, Pitt le Jeune devient Premier ministre et le restera pratiquement jusqu'en 1806.
1800 Acte d'union entre l'Angleterre et l'Irlande.
1832 première réforme électorale *(Great Reform Act)*.
1838-1848 développement du mouvement chartiste qui réclame le suffrage universel.
1872 adoption du vote à bulletin secret.
1906 naissance du parti travailliste.
1911 *Parliament Act* qui affirme la prépondérance de la Chambre des communes.
1918 adoption du suffrage universel masculin et du droit de vote pour les femmes de plus de trente ans.

◀ ***Victoria en 1845***
Victoria a dix-huit ans lorsqu'elle succède à son oncle en 1837. Elle épouse en 1840 Albert de Saxe-Cobourg dont elle aura neuf enfants. La situation qu'elle découvre en accédant au trône est difficile. La société anglaise subit de plein fouet les bouleversements de la révolution industrielle et la réforme de 1832 ne suffit pas à calmer la revendication démocratique. Les premières années du long règne de Victoria sont ainsi marquées par l'agitation chartiste qui réclame la démocratie politique et par la lutte contre les lois protectionnistes. La reine, si elle suit de près les affaires, laisse agir ses Premiers ministres. Winterhalter représente ici Victoria en 1845 (au centre) lors de sa première visite en France. Rien n'y distingue les Anglais des Français. Le mélange d'aisance et de simplicité bourgeoises qui se dégage de la composition rend compte de ce moment où, selon une illusion libérale, l'histoire des deux pays semble se rejoindre dans la monarchie constitutionnelle. Quelques années suffiront pour laisser réapparaître les divergences des deux histoires politiques nationales.

Les élections ▶
« Le peuple anglais pense être libre, il se trompe fort ; il ne l'est que durant l'élection des membres du Parlement : sitôt qu'ils sont élus, il est esclave, il n'est rien », écrivait Jean-Jacques Rousseau au milieu du XVIIIe siècle. De surcroît, dans l'Angleterre de cette époque, élection ne signifie pas démocratie. Si on peut déjà parler de compétition électorale dans le sens où il existe un système partisan, en revanche, la base du système est la corruption. La moitié des circonscriptions, les « bourgs pourris », comptent si peu d'électeurs qu'il n'est pas difficile de les corrompre, d'autant que le vote est public et le restera jusqu'en 1872.

▲ ***Disraeli***
Incarnant l'impérialisme britannique et permettant au parti conservateur d'élargir sa base électorale aux classes populaires, les choix de Benjamin Disraeli (1804-1881) vont marquer l'avenir de la Grande-Bretagne.

UNE SOUVERAINETÉ INDIVISE

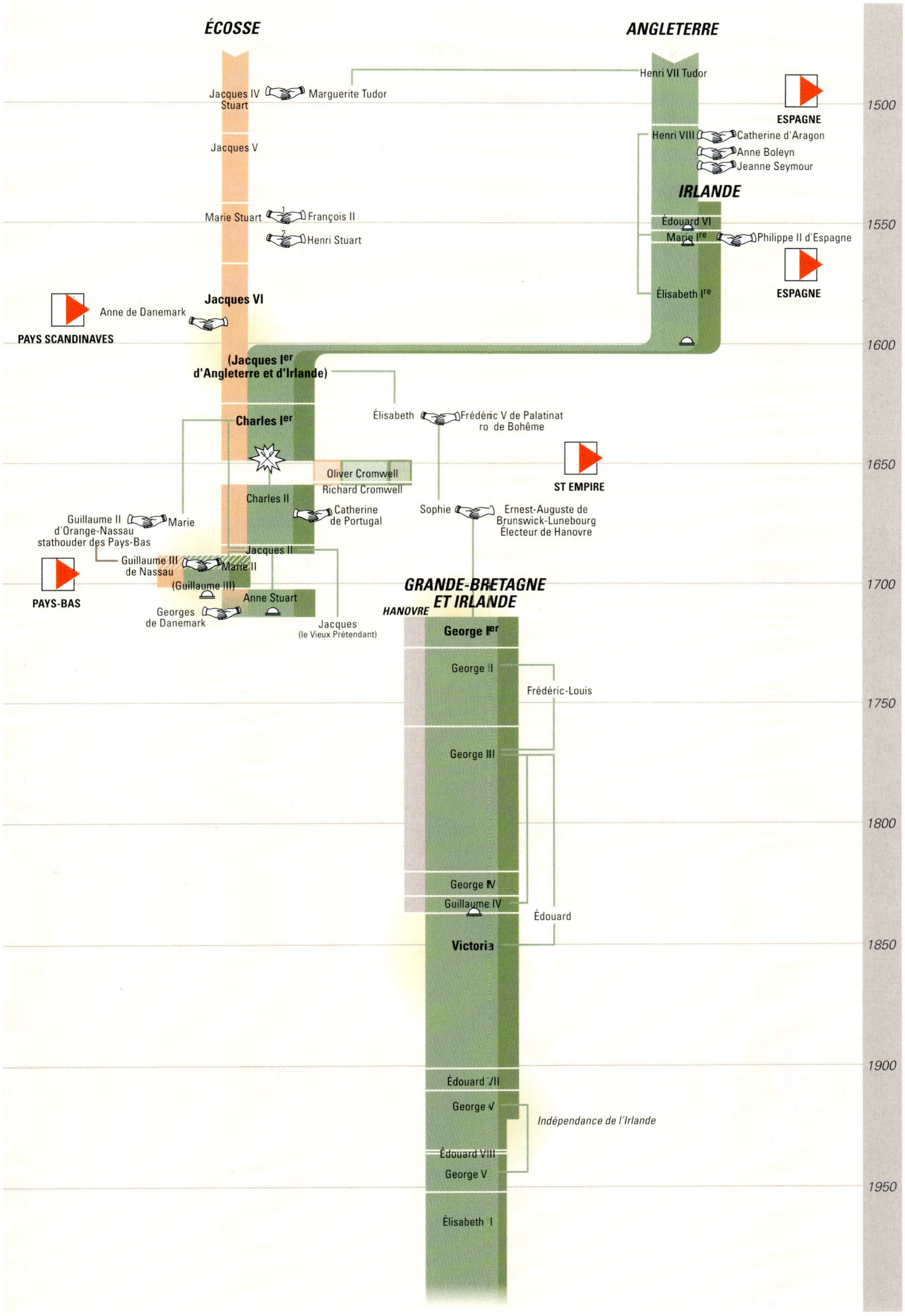

Les crises successorales, notamment celles qui affectent les Stuarts au XVIIe siècle, troublent la dévolution de la couronne de la dynastie des Tudors jusqu'à l'avènement d'une dynastie étrangère : les Hanovre. Malgré la capacité des filles à hériter du trône, les souverains sont souvent restés sans héritier direct. Ainsi, les deux filles d'Henri VIII.

1553-1558 Marie Ire Tudor, reine d'Angleterre et d'Irlande, épouse de Philippe II d'Espagne, n'a pas d'enfant.

1558-1603 Sa sœur Élisabeth Ire, la Grande Reine qui ne s'est pas mariée, laisse à sa mort, après un long règne de quarante ans, un pays en plein essor. À celle qui avait laissé périr Marie Stuart va succéder le fils de cette dernière, le roi d'Écosse Jacques VI. Il prend le nom de Jacques Ier, roi d'Angleterre et d'Irlande. Avec lui, l'Écosse, l'Angleterre et l'Irlande sont unies.

1625 Charles Ier, second fils de Jacques Ier, monte sur le trône, son frère aîné Henri étant mort en 1612.

1649 Décapitation de Charles Ier.

1688 Glorieuse Révolution. Le Parlement rejette Jacques II et son fils (surnommé ultérieurement le Vieux Prétendant) et appelle à régner conjointement Marie II, fille aînée de Jacques, et son époux Guillaume III d'Orange-Nassau.

1689 Le *Bill of Rights* réaffirme l'ordre de succession à la couronne. Guillaume d'Orange-Nassau prend le nom de Guillaume III; il partage le trône avec Marie II (1689-1694).

1702 À la mort de Guillaume III, sans postérité, la couronne passe à la reine Anne Stuart, belle-sœur de Guillaume III, en vertu de l'Acte d'établissement de 1701 qui exclut tout prétendant catholique au trône d'Angleterre.

1714 À sa mort sans postérité, le Parlement rappelle que la couronne doit revenir aux descendants protestants de Jacques Ier, conformément à l'Acte d'établissement de 1701. L'Électeur de Hanovre, arrière-petit-fils de Jacques Ier Stuart, monte sur le trône de Grande-Bretagne et d'Irlande sous le nom de George Ier.

1837 À la mort de Guillaume IV, sans descendance, sa nièce Victoria monte sur le trône. Lorsqu'elle meurt en 1901, jamais la monarchie n'a été aussi populaire, et l'économie reste sans rivale au monde.

1910-1936 Le règne de George V est traversé de crises : la Première Guerre mondiale et surtout l'indépendance de l'Irlande, reconnue à Londres par le traité du 6 décembre 1921, après cinq ans d'insurrection (Pâques sanglantes de 1916).

La terre occupée actuellement par la France est le creuset où Celtes, Romains et Germains ont lentement fusionné leurs identités respectives, dans un Empire romain en voie de disparition. À la fin du IVe siècle, quand il ne reste plus d'empereur qu'à Constantinople, une puissance barbare prend naissance à l'ouest de l'Europe, et entreprend de recomposer le paysage et la mosaïque des peuples qui l'habitent. Trois lignées – Mérovingiens, Carolingiens et Capétiens – ont présidé à cette alchimie, d'où est issu le royaume unitaire des Francs.

Lettre initiale du livre d'Isaïe dans la Seconde Bible de Charles le Chauve

La bible fameuse copiée sur ordre du roi, sans doute à Saint-Amand dans les années 870, témoigne de la splendeur de ce règne. Non figurative comme les manuscrits irlandais, elle illustre le privilège massif qui est conféré désormais au nord-ouest de l'Europe.

▼ **Parures royales attribuées à la reine Arnegonde**
Une nécropole royale est installée à Saint-Denis par Clotaire Ier (ici les bijoux trouvés dans le tombeau d'Arnegonde, l'une de ses épouses) et Dagobert : elle restera là jusqu'à la Révolution française, conservatoire de la légitimité et de la continuité.

Clovis, sitôt élu roi des Francs de Tournai (481), manifeste une ambition : ressaisir les trophées de l'empire d'Occident disparu au profit des Francs de Tournai. Il entreprend méthodiquement de restaurer l'unité de la Gaule, en s'appuyant sur le christianisme. Est-il pour autant le nouveau Constantin que célèbre en lui l'évêque Grégoire de Tours ?

La stratégie de Clovis se développe intelligemment selon trois axes définissant pour des siècles les formes élémentaires du royaume franc. Tout d'abord, l'héritage guerrier : la lutte armée est l'instrument naturel du pouvoir. Clovis entre en guerre contre les derniers fonctionnaires de l'Empire romain qui agissent désormais pour leur propre compte, comme Afranius Syagrius défait à Soissons en 486, contre les Alamans, vaincus en 505, contre les Wisigoths du Sud, écrasés en 507. Il confirme l'alliance inaugurée par son père Childéric entre les Francs de Tournai et la Rome impériale et chrétienne : il prend le parti des évêques, se convertit au christianisme (v. 498), s'octroie ainsi les titres de consul puis de « roi très glorieux », reçoit enfin au concile d'Orléans (511) le soutien de l'épiscopat gallo-romain.

Il consolide par ailleurs son royaume en tissant, par ses épouses et par ses fils, un solide réseau d'alliances matrimoniales entre Francs, entre Francs et Burgondes (Clotilde et Suavegothe sont des princesses burgondes).

« UN ET DIVISIBLE »

L'histoire mouvementée du *regnum Francorum* (royaume des Francs) jusqu'à l'avènement de Hugues Capet s'explique par la combinaison malaisée de trois impératifs : la volonté sans cesse réaffirmée (558, 613, 687, 751) de réunir entre les mains d'un seul l'ensemble des royaumes francs et le désir de maintenir l'intégrité de chacun des royaumes créés par le fondateur Clovis s'allient difficilement avec le principe franc du partage égal entre fils. D'où les trois grands partages du royaume sous les Mérovingiens, à la mort de Clovis (511), de Clotaire Ier (561) et de Dagobert (639). De Clovis à Clotaire Ier, les lots dessinent peu à peu les contours de ce qui sera l'empire de Charlemagne, en accentuant l'identité de trois unités territoriales, l'Austrasie de Reims à Cologne, la Burgondie ou Bourgogne, et la Neustrie entre Soissons et Orléans. L'équilibre ternaire du royaume uni des Francs au VIIIe siècle n'est qu'une apparence : la famille des Pippinides, descendants de Pépin de Landen, maire du palais d'Austrasie sous Dagobert, tient en réalité les rênes depuis le VIIe siècle, le titre royal étant seulement nominal.

Depuis 537, les Francs occupent presque en entier le territoire de la Gaule et la Germanie : de la royauté sur un peuple, l'on est passé à une royauté territoriale sur plusieurs peuples. Il suffit à Clotaire Ier de capter les royaumes de ses frères pour refaire une unité très éphémère. Mais le plus grand royaume d'Occident vit sous la menace de ses propres lois et de quatre peuples. La loi de la dévolution successorale, compliquée par la polygamie royale, divise le territoire en trois ou quatre royaumes parfois, restant aux mains du même groupe familial, qui maintient la fiction unitaire. Sur le pourtour, quatre peuples résistent fermement, au sud les Wisigoths de Septimanie (*grosso modo* le Languedoc-Roussillon actuel) et les Basques, à l'ouest les Bretons, au nord les Frisons et les Saxons.

Depuis 610 environ, l'usage se répand de distinguer parmi les Francs trois peuples : les Austrasiens, les Neustriens et les Burgondes. La cour royale de la Neustrie (entre Seine et Loire) domine cependant le dispositif franc : c'est là, notamment sous Dagobert, que s'opère la fusion entre élites franques et gallo-romaines, que se concentrent le pouvoir et la richesse. La mort de Dagobert en 639 met sur le trône des enfants : les maires du palais et l'aristocratie s'emparent alors du pouvoir réel. Le dernier siècle mérovingien voit l'ascension des maires d'Austrasie, descendants de Pépin Ier, dotés d'un riche patrimoine entre Rhin et Meuse.

Par la victoire de Tertry (687), Pépin de Herstal réussit à s'emparer du palais de Neustrie : contrôlant les rois de Neustrie, d'Austrasie et de Burgondie, il est désormais le maître véritable du nord de la Gaule franque.

FRANCS ET ROMAINS

Charles « Martel », fils bâtard de Pépin de Herstal mis à l'écart en 714, doit puissance et renommée à son épée. Contre l'aristocratie de Neustrie et d'Aquitaine, contre les Frisons et les Saxons, contre les bandes sarrasines venues de l'Espagne conquise par les Arabes omeyyades, il gagne les terres de Germanie et celles du sud de la Gaule. Mais le pouvoir terrestre n'est pas seulement fils de la guerre : Charles s'acquiert le double titre de patron de la christianisation – il soutient l'action évangélisatrice de saint

Boniface en Germanie – et de maître d'œuvre du système vassalique – il s'attache la fidélité de ses hommes par la concession de biens en usufruit (bénéfices). Autant de bons services de Charles lui attirent sinon la considération des évêques, du moins celle de Rome. Son fils Pépin le Bref en tire tout le bénéfice. Obtenue avec la bénédiction du pape, son élection au trône royal en 751 conclut l'échec de la lignée de Clovis à maintenir l'unité : le pouvoir passe aux descendants de Charles Martel – les Carolingiens – qui opèrent une synthèse nouvelle. Lors d'une expédition de conquête en Italie contre les Lombards (754), les Francs confirment le nouvel axe, désormais clairement européen, entre Rome et les royaumes francs, bientôt entre Rome et Aix-la-Chapelle. L'Empire est sur le point de renaître.

Charlemagne épanouit géographiquement l'Empire et jette les bases d'une législation originale d'inspiration chrétienne, mais le plus bel éclat de l'Empire carolingien est peut-être le temps, bref, de Charles le Chauve.

Petit-fils de Charlemagne, il cueille les fruits mûrs d'une culture issue de l'Antiquité romaine, ravivée par le christianisme, et assumée désormais par le monde franc grâce à ses pédagogues irlandais. Triple héritage que célèbrent les monnaies, les livres de luxe et les édifices religieux, d'Aix-la-Chapelle à Compiègne, Pavie et Rome : « rénovation de l'Empire romain et des Francs », telle est la devise de Charles le Chauve.

FRANCS ET SAXONS

Avec l'effacement de Charles III le Gros, l'unité de l'empire s'évanouit. L'avènement d'Eudes (888) marque l'abandon de la continuité dynastique rétablie par Pépin le Bref au profit de sa lignée et la dissociation définitive des trois grands royaumes de l'Occident. La Germanie reste solidaire, l'Italie et la Francie se recomposent entre des princes territoriaux et des rois proclamés qui gardent la réalité du pouvoir soustrait aux descendants de Charlemagne. Réapparaissent ainsi des rois en Bourgogne transjurane, en Lotharingie (Lorraine), en Provence et en Italie. Le sacre d'Eudes, cependant, procure à sa famille les arguments d'une légitimation qui ne fait que s'esquisser : en 923, son frère Robert est à son tour élu roi.

Le mythe carolingien a fait long feu. Au xe siècle, Lothaire, roi de Francie occidentale, veut moucher l'orgueil des nouveaux empereurs de Germanie : il est Franc et descendant de Charlemagne, eux ne le sont pas. Il prend Aix-la-Chapelle, et s'en revient. Les représailles d'Otton II sont immédiates mais inefficaces. Le gagnant du jeu est Hugues Capet, petit-fils de Robert, duc des Francs, qui s'impose alors comme le sauveur du royaume franc contre les Saxons. Le prestige de Hugues est tel que, dès avant la disparition des deux derniers rois carolingiens, Lothaire et Louis V, les princes s'adressent à lui comme on s'adressait à Pépin le Bref avant 751. Hugues est mûr pour saisir les rênes du royaume des Francs lorsque le jeune Louis V vient à mourir au printemps de 987.

LE TRÔNE DE CHARLEMAGNE

L'architecture de l'église d'Aix-la-Chapelle, construite sur ordre de Charlemagne, affiche le nouveau dessein d'un ordre du monde régi par l'empereur au nom de Dieu. Le trône de Charles y est logé dans la tribune, dominant l'autel où officient prêtres et évêques.
Le couronnement impérial de Noël 800 manifeste la synthèse carolingienne entre le modèle barbare qui perpétue les lois de chaque peuple, le principe romain qui affirme la toute-puissance du prince, et le christianisme qui dicte l'idéologie. Ce dernier imprègne désormais l'administration des comtes, des missi dominici *et la propagande de la chapelle royale, prônant la soumission absolue à l'empereur. L'unité cependant n'est que fiction idéologique : la réalité territoriale est fixée par les règles franques de la succession. Dès février 806, par la « division de l'Empire », Charlemagne répartit ses terres entre ses trois fils. Les hasards de la vie et de la guerre accordent un sursis au grand dessein impérial, puisque seul Louis le Pieux survit à son père.*

476 déposition du dernier empereur d'Occident.
507 les Francs annexent l'Aquitaine.
534 les Francs annexent la Burgondie.
537 la Provence tombe aux mains des Francs.
629 Dagobert installe sa résidence dans la région de Paris.
v. 660 fondation des abbayes de Corbie (moines) et Chelles (moniales) par la reine Bathilde, épouse de Clovis II (association nouvelle entre la royauté franque et le monachisme).
v. 670 apparition d'une nouvelle monnaie d'argent ; la frappe des monnaies d'or disparaît de Gaule entre 700 et le XIIIe siècle.
711-713 effondrement du royaume wisigoth devant les Arabes.
720-738 Charles Martel fait campagne en Germanie, dont les tribus peu à peu s'intègrent au royaume franc.
732 Charles Martel défait les Arabes près de Poitiers.
739 appel du pape Grégoire III à Charles Martel.
743-747 réforme de l'Église franque.
773-774 Charles fait la conquête du royaume lombard en Italie.
810 premier raid des Danois sur les côtes de Frise.
817 l'*Ordinatio imperii,* constitution de l'Empire carolingien, organise la succession de Louis le Pieux ; elle est assortie de réformes ecclésiastiques.
843 partage de Verdun.
875 couronnement impérial de Charles le Chauve.
877 l'assemblée de Quierzy introduit l'idée d'une hérédité des charges et des biens publics.
936 Hugues le Grand reconnu comme duc des Francs.
948 Maïeul abbé de Cluny.
973 le comte Guillaume chasse les Sarrasins de Provence.
987 mort de Louis V, le dernier carolingien ; Hugues Capet est élu et sacré roi des Francs.

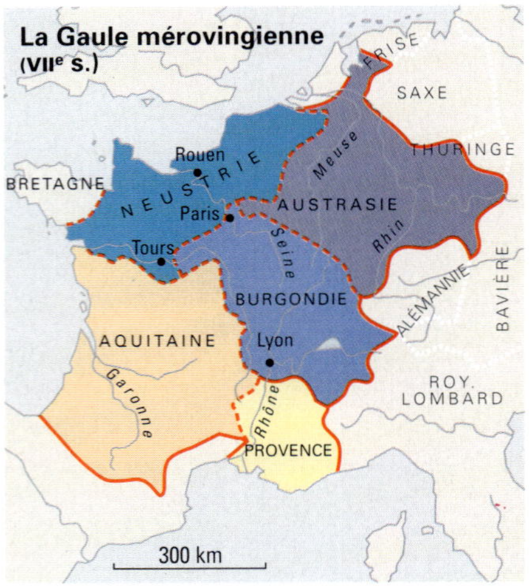

◀ *La tentative de Clovis pour assembler les Francs en un royaume unique inspira ses descendants, pourtant liés par la coutume du partage successoral. Les trois royaumes de Neustrie, de Burgondie et d'Austrasie n'ont de cesse de se réunir.*

Charlemagne a pu imposer la dévolution de tout son empire à un seul fils. Ses trois petits-fils ont raison du rêve impérial. À Verdun, ils ont dessiné l'Europe future. À l'aîné, Lothaire, vont Rome et les terres du patrimoine familial ; aux puînés, Louis le Germanique et Charles le Chauve, deux royaumes que distingue désormais la langue – parlers romans à l'ouest, langues germaniques à l'est. ▶

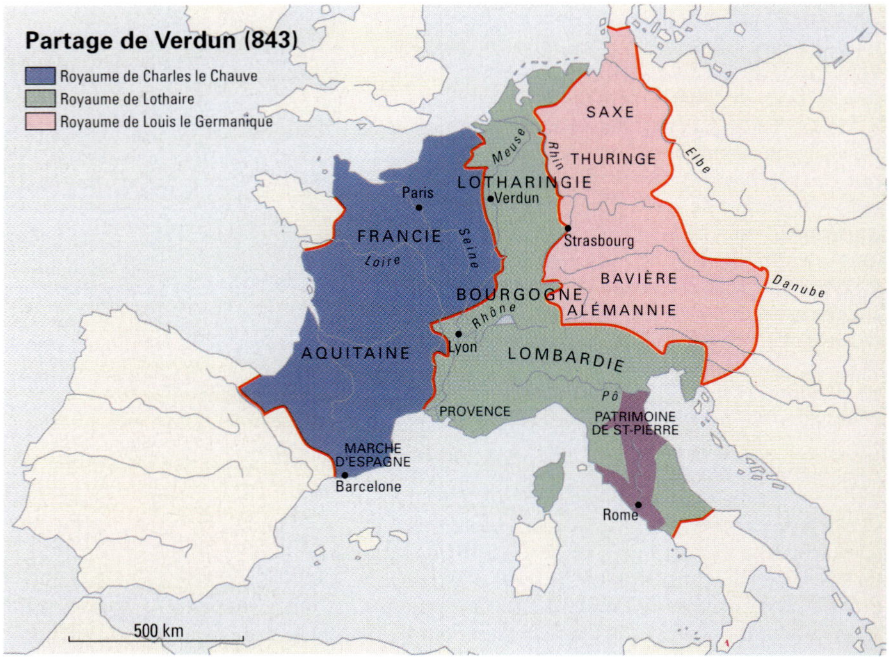

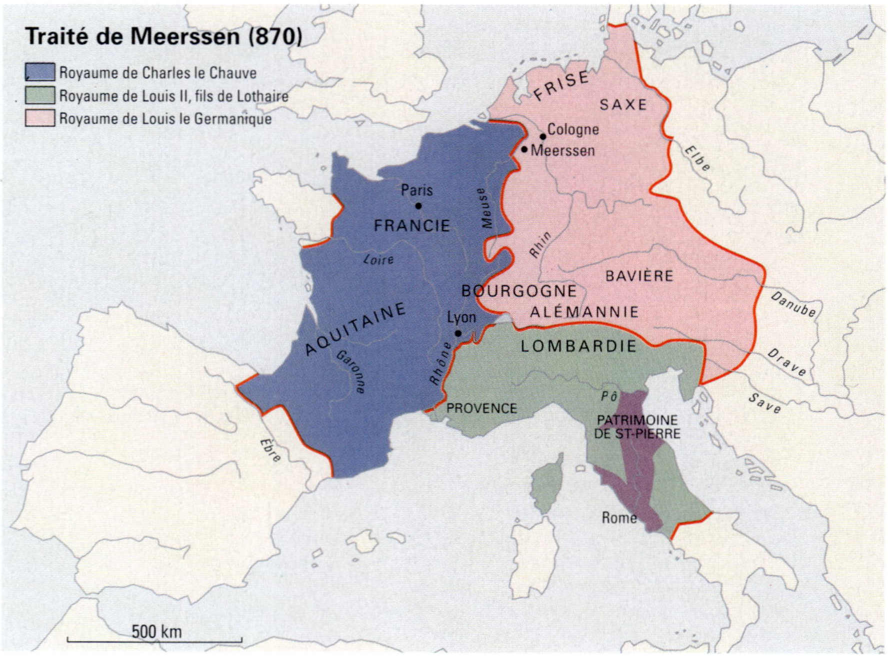

◀ *L'Europe carolingienne connaît un nouvel aménagement en 870, lors d'un accord familial d'apparence mineur, en fait lourd de conséquences. Charles le Chauve et Louis le Germanique procèdent entre eux à des ajustements de frontières (en Lorraine et dans la vallée du Rhône). Les deux royaumes francs, celui des Occidentaux et celui des Orientaux, atteignent à peu près les contours qu'ils présenteront encore au* XIIIe *siècle. Plus important, Charles et Louis s'entendent sur le dos de l'empereur Louis II, fils de Lothaire. Ils l'excluent des terres familiales de la Lorraine. Le titre impérial se trouve ainsi privé d'assises patrimoniales, n'est plus fondé que sur l'Italie et Rome, sur un principe essentiellement idéologique : il pourra ainsi échapper à la lignée carolingienne et tomber entre les mains des Ottoniens au* X^e *siècle.*

LE ROYAUME DES FRANCS

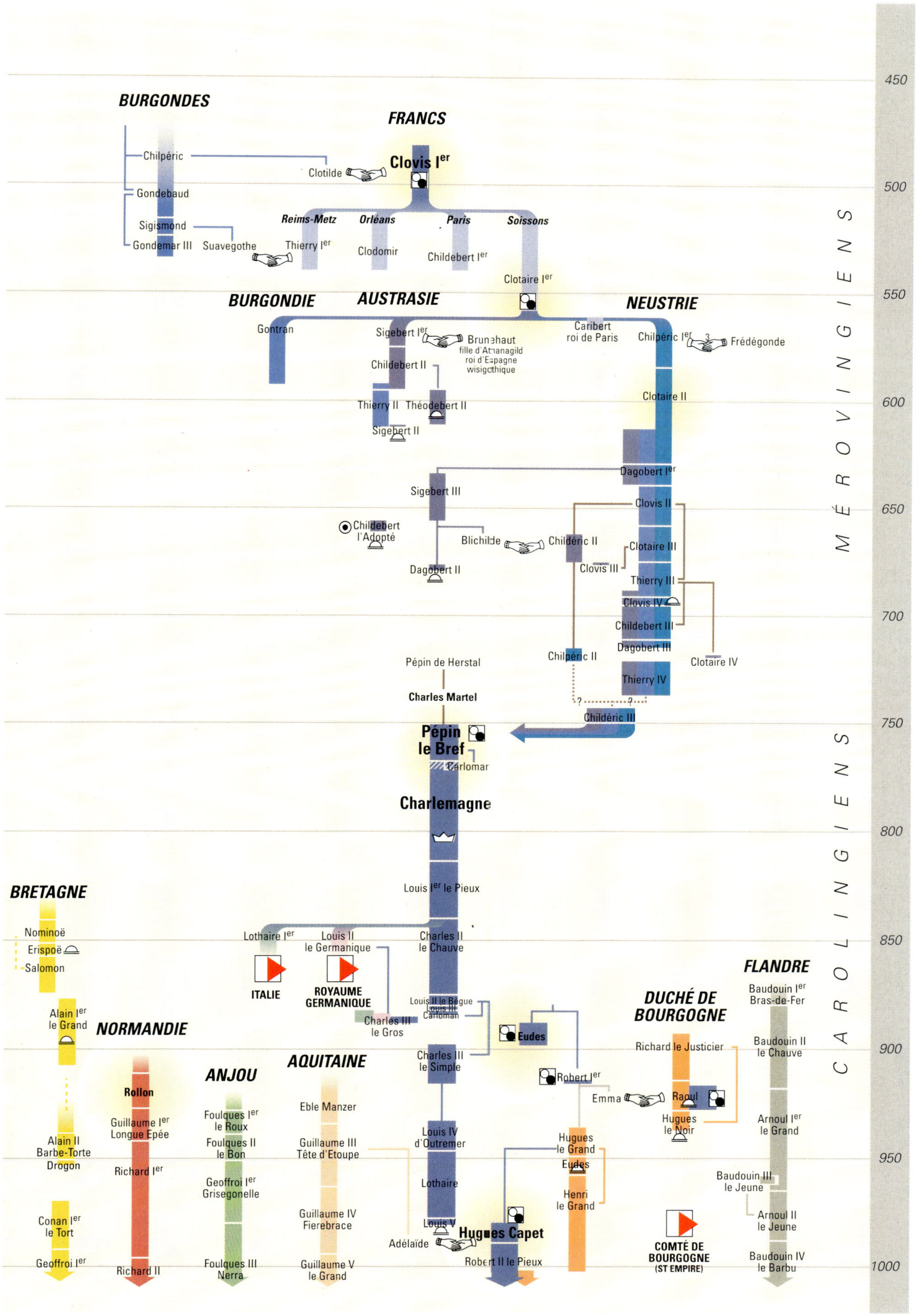

481 Clovis inaugure la lignée des Mérovingiens (du nom de Mérovée, l'ancêtre presque mythique). À sa mort, le royaume est partagé entre ses fils (511).

558 Clotaire Ier seul roi des Francs. À sa mort (561) le royaume franc est découpé à nouveau en quatre.

613 L'assassinat de la reine Frédégonde, épouse de Chilpéric Ier, déclenche une longue vendetta entre les rois de Soissons (Neustrie) et ceux de Metz (Austrasie), ceux de Chalon (Burgondie) se faisant arbitres. Abattant frères et cousins, Clotaire II parvient à éliminer les dernières traces d'une résistance gallo-romaine et wisigothique – dont le symbole était la vieille reine Brunehaut – et demeure seul roi des Francs.

639 Troisième partage du royaume franc.

751 Vainqueur sur tous les fronts, débarrassé du roi mérovingien en 737, Charles Martel apparaît au pape Grégoire III comme un recours contre les Lombards : le pape, pour la première fois, se détourne de l'empereur de Constantinople et fait appel aux Francs, sans succès encore. Le partage successoral décidé par Charles Martel est vite débordé par l'ambition de son fils Pépin le Bref. Celui-ci disqualifie d'abord ses frères et gouverne seul. Avec l'appui des évêques, il prend enfin le titre de roi des Francs en 751.

800 Après la mort de son frère Carloman (772), Charles règne seul. Le couronnement de Noël fait de lui le nouvel empereur d'Occident, sous le nom de Charlemagne. L'Ouest se libère définitivement de l'Empire de Constantinople.

888 Eudes, comte de Paris, vient de s'illustrer par la défense de la capitale de la Neustrie contre les Normands. Les Francs trouvent en lui un successeur utile aux Carolingiens, mais le prestige de la lignée de Charlemagne ne s'efface pas : en 898, les Carolingiens, avec Charles le Simple, sont à nouveau rois des Francs d'Occident.

911 De la razzia, les Normands sont passés, dès le milieu du IXe siècle, à la colonisation. La terre que nous appelons la Normandie était à prendre, ils l'ont occupée pour en faire la tête de pont de leurs opérations dans l'ouest de l'Europe. Le traité de Saint-Clair-sur-Epte sanctionne leur entrée dans le concert des princes en donnant cette contrée à leur chef Rollon.

987 Dès la fin du IXe siècle, le lent effacement carolingien a laissé le champ libre aux ambitions des grands aristocrates, qui se sont taillé des principautés régionales. La Neustrie, réduite à l'Île-de-France, est ainsi devenue le champ d'expériences où Eudes, Robert, Hugues le Grand et Hugues Capet ont forgé les instruments du futur pouvoir capétien. Face à eux, une mosaïque de puissances résiste. Hugues Capet, qui est élu roi des Francs en 987, et les Capétiens n'auront de cesse de rétablir leur autorité réelle sur ces principautés.

Le toucher des écrouelles

Selon une tradition attestée depuis le XIIIe siècle, après le sacre et d'autres occasions, le roi thaumaturge (« magicien ») touchait les scrofuleux en prononçant cette formule, fixée au XVIe siècle : « Le roi te touche, Dieu te guérit. »

Les Capétiens qui fondent la troisième dynastie royale vont régner directement ou indirectement jusqu'à l'extinction de la monarchie française. Les ruptures dans la filiation directe, qui se produisent plusieurs fois, ne sont plus des ruptures véritablement dynastiques mais des affaires de cousinage et de parenté entre « fils de France », cohéritiers du royaume, réunis autour des fleurs de lis et coparticipants des vertus transmises par le sang. Leur histoire familiale coïncide avec celle de l'État, dont on voit se dessiner de plus en plus précisément les contours entre le règne de Philippe II Auguste et celui de Louis XI.

La construction de cet État qui deviendra ultérieurement un État-nation, dont on a longtemps pensé qu'il pouvait se résumer à une patiente accumulation de terres — ce qui fut le cas, par nécessité — s'est faite dans un étonnant mélange de continuités, de fractures, de hasards et de chance. Plusieurs éléments se succèdent et s'entrecroisent pour aboutir à ce résultat que ni les guerres (celle de Cent Ans surtout) ni les épidémies (la Peste noire) n'ont empêché.

Dans cette construction, on distingue clairement trois étapes : celle de l'émergence de l'État, entre X^e et XIIIe siècle, garantie par les réussites d'une famille, les Capétiens, qui fondent une dynastie et fondent autour d'elle l'État monarchique ; celle, entre le règne de Philippe Auguste (1180-1223) et celui du premier des Valois, Philippe VI (1328-1350), de l'affirmation de cet État, qui, en France, a « précédé et créé la nation » ; celle, entre le temps des crises, au XIVe siècle et deux siècles plus tard l'émergence des théories « absolutistes », de l'enfantement de ce qui est déjà l'État moderne. À chacune de ces étapes — surtout lors des deux dernières — l'affermissement de l'État est gagé sur une double expansion : la montée en puissance des moyens de gouvernement, l'enrichissement constant de la mystique royale.

LA TRANSMISSION DU POUVOIR

Le succès dynastique des Capétiens est lié à des pratiques, à la fois proches et différentes de celles de l'aristocratie dont Hugues Capet lui-même est issu. D'une part, les premiers Capétiens imposent le modèle de succession en vigueur dans ce milieu, fondé sur l'organisation lignagère. L'idée qui prévaut chez tous les princes de l'époque (sauf peut-être chez les Normands) est que l'aîné des garçons doit succéder au père à la tête de la maisonnée. Les principes de dévolution de la couronne n'ont cessé d'être réglés sur les structures de parenté. Ces dernières connurent autour de l'an mille quelques modifications : au IXe siècle, la noblesse était encore regroupée en vastes clans grâce aux alliances matrimoniales, permettant aux familles nobles d'entretenir avec le pouvoir et le souverain des relations quasi de plain-pied. Au XIe siècle, s'impose la notion de dynastie qui traduit une conception plus verticale de la parenté, fondée sur la filiation agnatique, en référence à un ancêtre fondateur dont l'héritage comprend non seulement le nom, le statut et la position sociale mais aussi la propriété des terres, au départ indivisibles. D'où l'émergence du droit d'aînesse. Entre l'ancienne tradition franque, héréditaire, et les conceptions ultérieures relevant plutôt du mode électif qui permettent à un Pépin le Bref d'accéder au trône, une demi-mesure s'était installée. Le fils aîné était « élu » du vivant de son père et désigné *de facto* comme successeur. Cet usage reste en vigueur pendant cinq générations après Hugues Capet. Philippe II Auguste sera le dernier à monter sur le trône de cette façon, le 1er novembre 1179, du vivant de son père Louis VII le Jeune. En même temps, alors que dans les principautés les femmes sont admises à succéder et que ne manquent guère les comtesses de Flandre ou de Champagne, les filles aînées sont exclues, dans la famille capétienne, de la succession au trône.

LE SACRE

« Si imparfaitement défini que soit demeuré pendant longtemps le terme de sacrement, il a toujours emporté avec lui l'idée d'une action d'ordre surnaturel : signes visibles de choses divines, avait dit saint Augustin. [...] La vieille idée pourtant survécut. Elle devait prendre une forme particulièrement audacieuse dans l'entourage du roi de France Charles V. Ouvrons ce Traité du sacre composé, comme l'on sait, pour le prince lui-même et presque sous son inspiration, par le carme Jean Golein. L'auteur y suit pas à pas la marche de la cérémonie, indiquant à mesure pour chaque épisode un sens symbolique ; nous sommes arrivés au moment où le roi quitte les habits qu'il avait portés depuis le début pour revêtir le costume proprement royal [...] : " Quant le roy se despoille, c'est signifiance qu'il relenquist l'estat mondain de par devant pour prendre celui de la religion royal ; et s'il le prent en tele devocion comme il doit, je tieng qu'il est telement nettoié de ses pechiez comme celui qui entre nouvellement en religion esprouvée : de quoy dit saint Bernart ou livre de *precepto et dispensacione* vers la fin : que aussi comme ou baptesme les pechiez sont pardonnez, aussi a l'entrée de religion. " *Texte infiniment suggestif : du même coup la dignité royale se trouvait comparée à une "religion", c'est-à-dire à l'état monastique, et le sacre se voyait attribuer les mêmes pouvoirs de régénération que l'entrée en religion, voire même que le baptême : par lui le roi, pourvu qu'il se trouve dans la disposition d'âme nécessaire, est "nettoié" de ses péchés. »*

Marc Bloch, *Les Rois thaumaturges*, Paris, Gallimard, éd. de 1983, pp. 196-198.

LA « LOI SALIQUE »

En 1316, à la mort de Louis X le Hutin et en l'absence d'enfants mâles, le frère du roi défunt, le comte de Poitiers, est désigné par une assemblée de barons comme régent, avant de régner sous le nom de Philippe V. En 1328, Charles IV le Bel meurt sans descendance : Philippe de Valois, son cousin par les mâles, est désigné comme souverain, alors qu'Édouard III, le roi d'Angleterre, petit-fils de Philippe le Bel par sa mère Isabelle, est écarté. Le précédent est créé : les mâles descendant par les filles sont exclus de la succession à la couronne. Un religieux découvre opportunément, quelque vingt ans plus tard, le texte d'une loi « salique » datant des temps mérovingiens, excluant les femmes de la succession de la terre — d'où l'on tire un principe considéré comme applicable aux règles de dévolution de la couronne. Règle que résume l'adage : « Le royaume des Lys ne tombe pas en quenouille. » Le droit successoral est définitivement fixé en 1377 et la France ne connaîtra plus de difficulté lorsqu'un roi décédera sans descendance mâle. Au XVIe siècle, la prétendue loi salique deviendra l'une de ces quelques lois dites fondamentales, que même le souverain ne saurait modifier.

La question de la transmission à l'aîné des mâles étant réglée, restait à résoudre le sort des fils cadets. Quoique les premières traces diffuses en remontent à Philippe II Auguste, c'est Louis VIII qui crée la notion des grands apanages en dotant trois de ses six fils de territoires majeurs. Mais il faut attendre Philippe III le Hardi pour que soit défini devant le Parlement de Paris le principe de l'indivisibilité de l'héritage royal et donc de la reversion des apanages à la Couronne en cas d'extinction de la postérité mâle des princes apanagistes.

Pour autant, entre XIIe et XIIIe siècle, les instruments du pouvoir deviennent plus spécialisés et, partant, plus efficaces. Dans le domaine des finances, la comptabilité royale a longtemps été en retard, dans la sophistication des méthodes, sur les pratiques comptables des souverains anglais, mais intervient au XIIIe siècle une mise en ordre ; la réforme de l'administration financière se traduit par la formation d'une Cour des comptes, détachée de la Cour royale, et chargée à la fois de vérifier tous les comptes et de contrôler l'administration du domaine. La monnaie royale s'impose; en ce qui concerne la guerre, il n'est plus admis qu'on se batte, sinon pour le service du roi. La justice royale s'exerce d'abord à travers le Parlement, au personnel spécialisé et à la compétence par principe universelle. L'élargissement des besoins financiers de la monarchie, sous l'aiguillon des guerres répétées, entraîne sous Philippe le Bel (1285-1314) la réunion d'assemblées, dont le rôle premier est d'approuver la levée d'impôts extraordinaires. Faut-il alors considérer que Philippe le Bel a été « roi constitutionnel », ou précisément roi qui « a réussi à ne pas l'être » ? : question ouverte.

LE CARACTÈRE SACRÉ DU POUVOIR

La formation d'un corps d'administrateurs au service de l'État a pu avoir pour conséquence la « laïcisation de l'État » : formule trompeuse, s'il est vrai que l'État a été lui-même sacralisé, grâce au transfert dont il a bénéficié de réserves de sacralité à l'origine placées en dehors de lui. La constitution d'une « religion royale » compte autant, dans l'histoire d'un État dont le champ d'intervention est en constante extension, que l'organisation de « services publics ». Le rite central du sacre, dont le moment essentiel est celui de l'onction, est finalement mis au point au XIIIe siècle. Et c'est après le sacre que le souverain acquiert le pouvoir de guérir miraculeusement les écrouelles (l'adénite tuberculeuse): la pratique du toucher des scrofules est bien attestée à partir du règne de Saint Louis, et tous les souverains français seront investis de cette capacité thaumaturgique, jusqu'à Charles X après le sacre de 1825.

Aux XIVe-XVe siècles, les monarchies, la monarchie française comme les autres, connaissent une crise dont elles sortent au bout du compte renforcées. Les rituels monarchiques se sont faits plus nombreux : ainsi les rois s'approprient-ils l'espace urbain, par la cérémonie des joyeuses entrées. S'est mis en place un système d'impôts réguliers, et à l'armée féodale a succédé une armée royale régulière. Après la crise du Grand Schisme d'Occident (1378-1417), la papauté ne peut affirmer son autorité, face à l'institution conciliaire, qu'en concédant des pouvoirs nouveaux aux souverains : par la Pragmatique Sanction de Bourges promulguée par Charles VII (1438), le roi de France contrôle désormais le haut clergé. L'État monarchique a durablement triomphé des épreuves.

◀ *Aliénor d'Aquitaine et Louis VII*
Princesse cultivée, poétesse égérie des troubadours, Aliénor d'Aquitaine est représentée ici auprès de Louis VII, en prière. Ils implorent la naissance d'un fils. Ce vœu, réel ou imaginaire, ne sera pas exaucé puisque Louis VII demandera et obtiendra l'annulation de ce mariage, sous prétexte de consanguinité lors de l'assemblée de Beaugency en 1152. Aliénor épousera la même année le futur roi d'Angleterre Henri II Plantagenêt.

RENÉ Ier LE BON

Duc de Bar à vingt et un ans (1430), de Lorraine l'année suivante, roi de Sicile (1434), il devient également en 1434 duc d'Anjou, comte de Provence, et prétend au trône de Naples qu'il obtient en 1438. Le « bon roi René », érudit et poète, entouré d'artistes et de savants, détient un domaine considérable, pouvant rivaliser avec celui du duc de Bourgogne. En dépit de l'amitié que lui avait manifestée son beau-frère Charles VII, son neveu maternel, Louis XI, met tout en œuvre pour éviter que ses fiefs n'échappent à la couronne. René Ier, ayant perdu son fils et son petit-fils, n'avait plus que son neveu Charles comte du Maine pour lui succéder. À la mort du roi René (1480), Louis XI oppose à ce comte la règle selon laquelle en l'absence d'héritiers mâles en ligne directe, l'apanage d'Anjou devait revenir à la Couronne. À la mort du comte Charles du Maine (1481), la France récupère aussi la Provence.

1032 Robert Ier le Vieux duc de Bourgogne.
1035 Guillaume II le Conquérant duc de Normandie.
1041 les évêques de Provence proclament à Arles la « Trêve de Dieu » afin de limiter les guerres privées féodales.
1096 première croisade vers les Lieux saints, conduite par Godefroi de Bouillon.
1259 traité de Paris entre Louis IX et Henri III rétablissant l'hommage du roi d'Angleterre au roi de France pour la Guyenne.
1270 Louis IX meurt devant Tunis (huitième croisade).
1328 mort de Charles IV le Bel, dernier Capétien direct.
1337 début de la guerre de Cent Ans entre la France et l'Angleterre.
1346 la chevalerie française est massacrée par les archers anglais à la bataille de Crécy.
1348 la Peste noire.
1356 Jean II le Bon est fait prisonnier par le Prince Noir, fils aîné du roi Édouard III d'Angleterre, à la bataille de Poitiers.
1358 soulèvement des Parisiens dirigé par Étienne Marcel.
1360 traité de Brétigny : Édouard III roi d'Angleterre renonce au trône de France mais conserve l'Aquitaine, le Ponthieu et Calais.
1415 défaite des Français à Azincourt.
1429 Jeanne d'Arc libère Orléans.
1453 fin de la guerre de Cent Ans, les Anglais, battus à Castillon, évacuent la France excepté Calais.
1464 Charles le Téméraire organise la ligue du Bien public contre Louis XI.
1475 trêve de Picquigny, les accords entre Édouard IV et Louis XI mettent réellement fin à la guerre de Cent Ans.
1483 mort de Louis XI.
1499 Louis XII épouse Anne de Bretagne. Il occupe Gênes et Milan dont il revendique le duché en tant que petit-fils de Valentine Visconti.

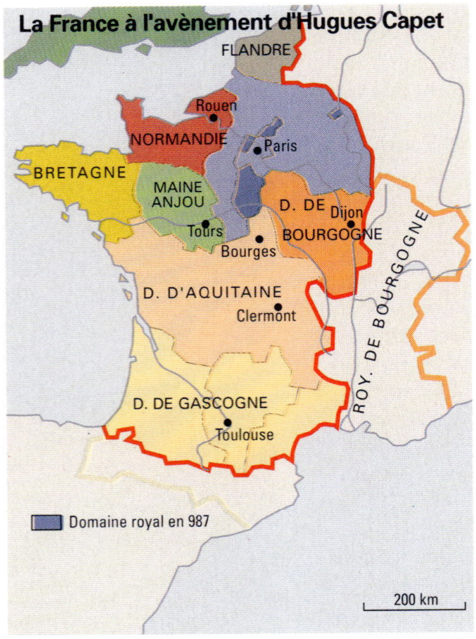

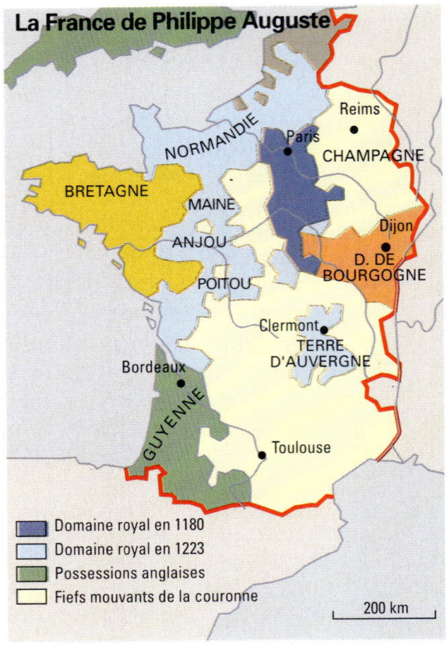

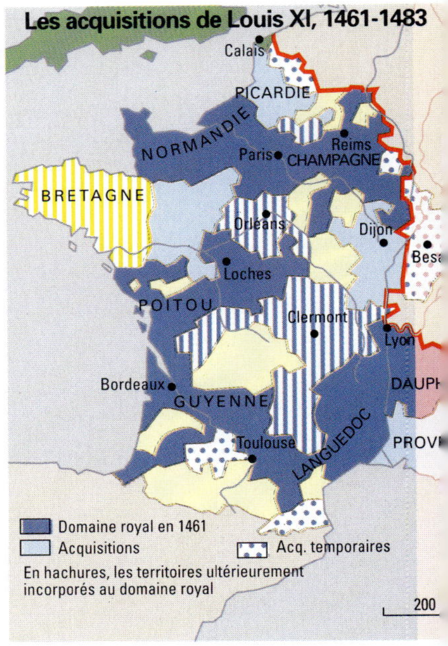

Les cartes se lisent de gauche à droite.

La France à l'avènement de Hugues Capet ▲
À la mort du dernier Carolingien, Louis V, Hugues Capet devient roi d'une France au territoire très restreint. Par ses relations familiales, il contrôle cependant de façon indirecte une part importante du quart nord-est de la France, dont les limites dépendent de ses rivalités avec le Saint Empire.

La France de Philippe Auguste
Monarque décidé, qui entend affirmer l'importance de la dynastie capétienne dont il est issu, y compris si cela suppose des luttes avec le Saint Empire, les Plantagenêts et les Flandres, Philippe Auguste accroît entre 1180 et 1223 de façon importante le domaine de la Couronne : Normandie, Anjou, Terre d'Auvergne.

Les acquisitions de Louis XI
À la suite des démembrements qu'occasionnèrent les apanages donnés aux fils cadets du roi, puis du fractionnement du territoire issu des guerres, le royaume était à reconstruire. Louis XI s'y emploie avec ténacité et acquiert, financièrement, militairement, ou par héritage, plusieurs régions qu'il intègre au royaume.

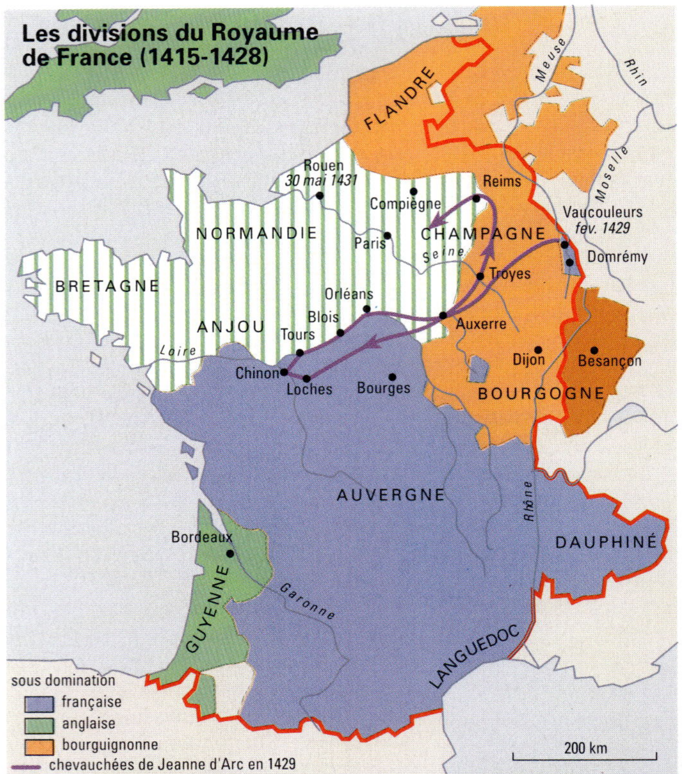

LES DIVISIONS DU ROYAUME

Les rivalités entre le roi de France et le roi d'Angleterre, allié du duc de Bourgogne, aboutissent, après plusieurs conflits, à une partition du territoire français : trois grandes régions apparaissent, qui relèvent de l'autorité de chacun des protagonistes. La chevauchée de Jeanne d'Arc partie de Domrémy le 25 février 1429, visant à la reconquête de plusieurs places fortes stratégiques aux confins des possessions françaises, anglaises et bourguignonnes, va demeurer un élément fondateur de l'imaginaire français. Après deux jours d'attente, elle est reçue par le futur roi Charles VII qu'elle fera sacrer à Reims. Les succès militaires de ses troupes puis sa fin tragique consolidèrent la monarchie. Louis XI s'attachera à réunir ce qu'il considère comme une entité géographique et politique relevant de sa couronne.

▼ ***Louis XI et Charles le Téméraire***
Entre 1461 et 1483, Louis XI s'oppose vigoureusement au duc de Bourgogne Charles le Téméraire (1467-1477). L'entrevue de Conflans (octobre 1463), ici représentée, met un terme provisoire à leurs rivalités, qui ne prendront fin qu'avec la mort du duc devant Nancy en 1477.

L'AFFIRMATION DE L'AUTORITÉ MONARCHIQUE

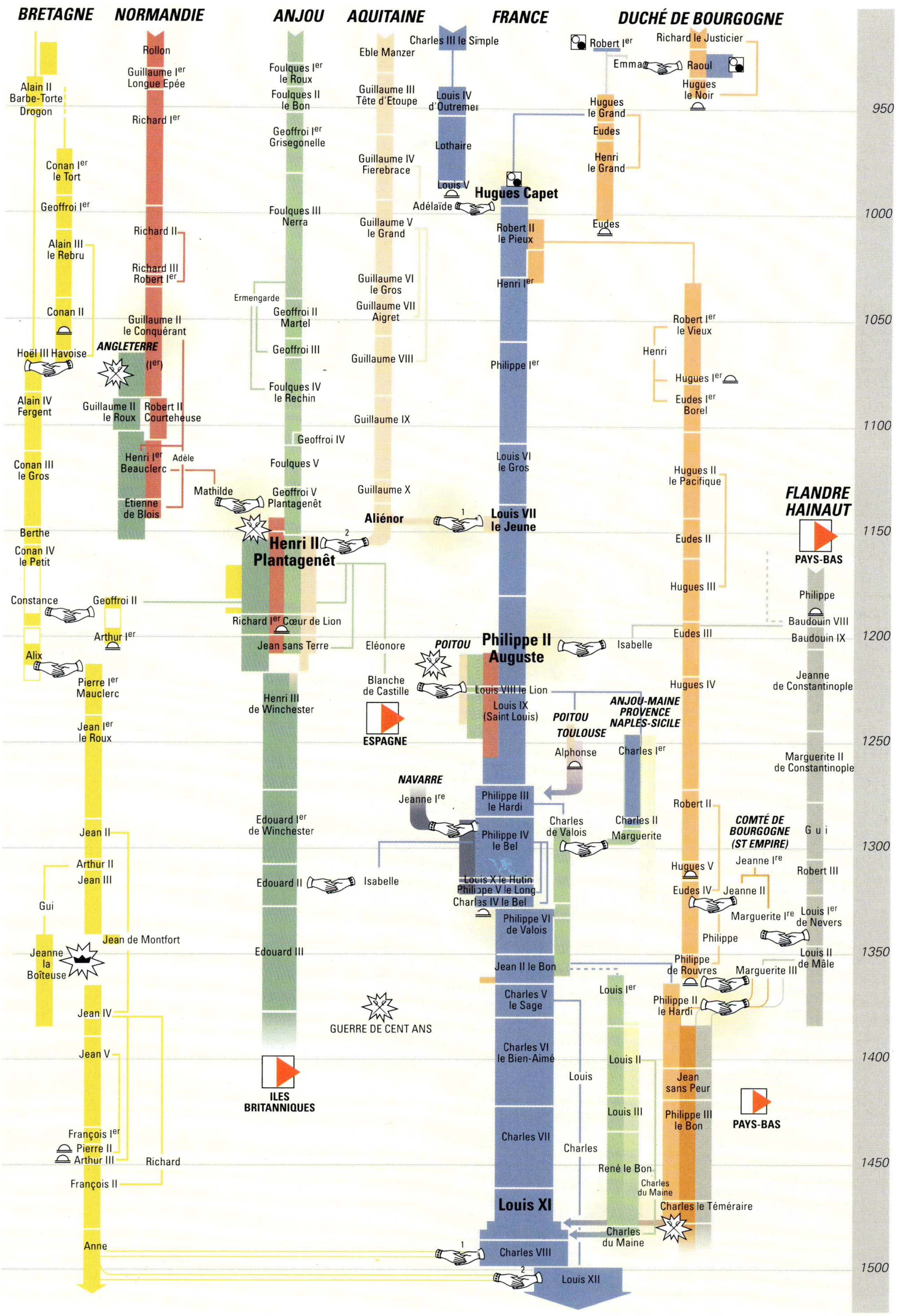

987 Après la mort de Louis V sans postérité, l'élection d'Hugues Capet consacre la naissance d'une nouvelle dynastie — les Capétiens — qui va donner trente-deux rois.

1066 Le duc de Normandie Guillaume conquiert l'Angleterre. Le nouveau royaume anglo-normand échoit ensuite à Henri Plantagenêt, fils de Geoffroi V Plantagenêt et de Mathilde en 1127.

1088 Les deux fils de Guillaume le Conquérant, Robert II Courteheuse (héritier de la Normandie) et Guillaume II le Roux (héritier de l'Angleterre) entrent en conflit.

1152 Mariage en deuxième noce d'Aliénor d'Aquitaine et de Henri Plantagenêt. Lorsque ce dernier deviendra roi d'Angleterre sous le nom d'Henri II il sera à la tête d'un véritable empire réunissant ses fiefs angevins et ceux apportés par sa femme à la couronne anglaise.

1204-1205 Philippe II Auguste s'empare de la Normandie, de l'Anjou, du Poitou, de la Touraine et du duché de Guyenne. En épousant Isabelle de Hainaut, il s'assure la partie occidentale du comté flamand, affaiblissant d'autant l'un de ses plus puissants vassaux.

1328 À la mort de Charles IV le Bel (sans postérité), son cousin Philippe VI de Valois devient roi de France en vertu de la « loi salique», au détriment du neveu de Charles IV Édouard III d'Angleterre. Les tensions entre les monarchies française et anglaise à cette occasion ne sont pas étrangères au déclenchement de la guerre de Cent Ans.

1369 Le mariage de Philippe II le Hardi — duc de Bourgogne, comte de Flandre, d'Artois, de Bourgogne, de Rethel, de Nevers et de Charolais — avec Marguerite de Flandre permet une réunion de fiefs dont la couronne va profiter ultérieurement. Le pouvoir de ce duc, qui devint tuteur du jeune roi Charles VI, lui permit en effet d'acquérir une position prééminente au sein du royaume.

1477 Par la défaite et la mort de Charles le Téméraire, Louis XI s'empare des duché et comté de Bourgogne et d'une part importante des domaines de Flandre que le duc avait accaparés par le mariage de son ancêtre Philippe II le Hardi. Les possessions angevines et la Provence sont également cédées à la monarchie après la mort de René Ier le Bon (1480) et celle de Charles du Maine en 1481.

1483 À la mort de Louis XI, seul le duc de Bretagne maintient une indépendance farouche à l'égard du roi de France. Le mariage contraint de l'héritière Anne de Bretagne avec Charles VIII prépare le rattachement définitif de la Bretagne à la France.

« Le roy est le seul souverain de son royaume ; et la souveraineté n'est non plus divisible que le poinct en la Geometrie (...). Le commandement souverain est tellement singulier, qu'il n'est communicable à personne », écrit Cardin Le Bret en 1632 dans la lignée des grands juristes français comme Bodin, Loyseau ou Coquille qui entreprennent de théoriser l'autorité monarchique.

Louis XV en majesté

Sous le manteau royal bleu à fleurs de lis d'or doublé d'hermine, Louis XV porte l'armure, comme les chevaliers d'antan. Manière de rappeler que s'il est à la tête d'un État moderne, le roi de France reste aussi le seigneur des seigneurs, le descendant de la plus illustre famille de la noblesse française avec laquelle il affirme ainsi sa solidarité.

Les justifications de la souveraineté monarchique plongent leurs racines dans une systématisation du droit romain adapté aux circonstances. Le roi est délié des lois car il en est la source. En plein XVIIIe siècle encore, en 1766, Louis XV, affirme aux Parlements qui lui contestent le monopole de la représentation de la sphère publique : « C'est en ma personne seule que réside l'autorité souveraine (...) c'est à moi seul qu'appartient le pouvoir législatif (...) l'ordre public, tout entier, émane de moi (...). »

UNE SOUVERAINETÉ INDIVISIBLE

Dès l'époque de Philippe le Bel, l'image du roi législateur supplante celle du roi justicier. Le droit du roi est supérieur aux autres et suppose leur effacement au profit d'un droit unifié même si, dans la pratique, la monarchie est obligée de composer avec les intérêts en présence. En théorie, au-dessus du roi, il y a seulement Dieu. Tout pouvoir venant de Dieu, la monarchie est d'institution divine. Cette théorie du droit divin, au fondement de la légitimité du pouvoir, en dresse aussi les limites que rappellent les serments prononcés par le monarque le jour de son sacre. Le « Roi Très Chrétien » ne peut agir uniquement selon sa guise. La morale chrétienne lui prescrit d'œuvrer pour le bien commun ; l'État monarchique n'est pas le despotisme, c'est un État de droit. Ultime propriétaire des terres du royaume, le roi n'est pas plein propriétaire du royaume lui-même. Il a des devoirs, dont le premier est de transmettre intact son patrimoine à son successeur.

Les ordonnances du roi sont distinguées des lois du royaume, immuables et inviolables, au nom desquelles le roi monte sur le trône. Ces lois fondamentales, rétroactivement vues comme imprescriptibles, sont des principes élaborés au cours des siècles pour résoudre les grandes crises successorales qui agitèrent le royaume. Se sont ainsi fixées les règles de transmission du trône. Le premier trait est l'inaliénabilité de la couronne qui n'est pas à proprement parler héréditaire, car un dauphin n'en hérite pas du roi son père mais y a un droit inaliénable de par sa naissance même. L'absolutisme des Bourbons renforcera cet aspect séminal de la monarchie française. Les filles et les mâles descendant des filles sont exclus de la succession. Le principe de la filiation directe et de la primogéniture masculine l'emporte sur les relations collatérales, ce qui permet à Henri IV d'être pleinement roi légitime à la mort d'Henri III. Enfin, les hérétiques sont exclus : l'abjuration d'Henri IV et son sacre transforment cette exigence politique en règle normative.

L'institution monarchique, sans être constitutionnelle ni jurisprudentielle, est donc néanmoins ordonnée et se laisse voir dans les grandes cérémonies royales que sont les sacres, les funérailles royales, les entrées dans les bonnes villes ou les lits de justice quand le roi vient dire sa loi au Parlement. Le roi, qui résume l'État dans sa personne, a pour pouvoirs de faire la loi, d'exercer la justice, de créer les offices du royaume, de battre monnaie, de déclarer la guerre et de faire la paix. Son activité a pour cadre l'interdiction théorique de porter atteinte à l'intégrité du domaine royal, interdiction à laquelle les besoins d'argent et les considérations politiques feront subir des entorses, dont les apanages et les « engagements » constituent des cas limites, d'ailleurs prévus.

Mais l'absolutisme ne peut se définir uniquement par la représentation qu'il veut donner de lui-même. Ce n'est pas un système sorti tout d'une pièce de l'imagination des légistes royaux. Il prend naissance à travers un siècle de crises, de la mort d'Henri II (1559) à l'affermissement du pouvoir de Mazarin et de Louis XIV (1653).

◀ *Anne de Bretagne*
La reine, à l'époque épouse de Louis XII, tient sur ses genoux leur fille Claude de France, alors âgée de quatre ans. L'enfant épousera en 1514 François d'Angoulême, roi de France un an plus tard, scellant ainsi l'union de la France et de la Bretagne dont elle avait hérité de sa mère.

L'ABSOLUTISME : UN COLOSSE AUX PIEDS D'ARGILE

La plus profonde de ces crises est sans conteste celle des guerres de Religion où les derniers Valois doivent affronter les divisions sécrétées par la Réforme protestante et la réaction catholique, sur lesquelles sont venues se greffer les ambitions des grands et les intrigues espagnoles. Malgré tout, le XVIe siècle, en particulier le règne d'Henri III, se montre fécond en grandes ordonnances et en grands projets, si ce n'est que la monarchie n'a pas les moyens de les faire appliquer. En regard, les crises suivantes paraissent moins graves. Elles éclatent lors des régences. En effet, si l'ordre successoral de la monarchie est bien réglé, en revanche, la question de la régence n'a jamais été fixée : les rapports de force l'ont toujours emporté sur la volonté du roi défunt, comme le prouve encore la cassation du testament de Louis XIV, le 2 septembre 1715, le lendemain de la mort du Roi-Soleil, qui assure à Philippe d'Orléans la pleine régence. Dominée par la guerre, la monarchie emploie son énergie, sous le ministère de Richelieu notamment, à mobiliser ses ressources et à se doter d'un personnel compétent. Se développe alors, autour de cette quête fiscale, une administration où les propriétaires d'offices et la vieille noblesse sont peu à peu supplantés par des commissaires nommés — les intendants ; bientôt les commis vont peupler les bureaux. Les règnes de Louis XIV et de Louis XV sont ceux de la modernisation administrative.

L'absolutisme se caractérise ainsi par la croissance, l'institutionnalisation et l'autonomisation de l'État. L'une de ses ambiguïtés réside dans l'identification de cet État avec son incarnation physique, le roi, dans une véritable union qu'exprime l'installation de la Cour à Versailles. Cette tension entre l'abstraction de l'État moderne et son incarnation dans une personne physique ne contribue pas peu à la débâcle finale de la monarchie. Car le paradoxe est là, tel que l'a superbement énoncé Denis Richet : « Plus l'absolutisme se renforce, plus il s'affaiblit. »

On peut illustrer cet aphorisme à travers la légitimation de la monarchie qu'opère le droit divin. Bossuet a mené à son paroxysme la divinisation de la souveraineté monarchique. Choisi par Dieu pour une tâche quasi mystique, le souverain peut s'appuyer sur l'Église dont il est le protecteur, comme le démontre en 1685 la révocation de l'édit de Nantes par Louis XIV. Mais le droit divin fragilise finalement la monarchie autant qu'il la renforce. D'abord, tout simplement parce qu'en cas de crise grave, on ne manquera pas de dire que la grâce divine a abandonné le monarque ; ce fut une des causes des assassinats d'Henri III et d'Henri IV. Ensuite, parce que l'alliance de la monarchie avec l'Église gallicane les désignera solidairement à la critique des Lumières. Enfin, parce que devant l'exaltation de la souveraineté monarchique, la personne physique du roi importe finalement moins que le rôle qu'il remplit : le renforcement de la légitimité de l'État et de son efficacité permettent de se passer du roi.

Surtout — et c'est essentiel pour comprendre comment l'absolutisme engendre la Révolution française —, la monarchie, en devenant absolue, affecte profondément la société dont elle est issue et finit par saper ses fondements sociaux. Le roi n'est plus seulement le premier des seigneurs du royaume mais la tête d'une administration complexe qui tend à subvertir le tissu traditionnel de la société selon ses objectifs. Tocqueville l'a souligné : l'égalisation des conditions est le fruit de l'activité monarchique tout occupée à unifier ses administrés dans la sujétion en brisant les privilèges des uns et des autres. De surcroît, l'administration royale, par son action uniformisatrice, rajoute des obstacles supplémentaires aux blocages que la nature de la société corporative de l'ancienne France lui opposait déjà. Toujours à court d'argent et contrainte de négocier partout et tout le temps, la monarchie monnaie les privilèges, multipliant ainsi, au sein de la société, les catégories, alors même qu'elle voulait les réduire. La tension entre l'État et la société aristocratique s'accentue au XVIIIe siècle alors que l'État se trouve plus que jamais tributaire de la société de corps. Les réformes périodiquement entreprises vont ainsi se briser sur la résistance d'élites divisées qui, indissolublement liées à l'État, règlent toutefois leurs conflits au détriment de ce dernier. Les tentatives de Maupeou puis de Turgot, dans les années 1770, en sont les meilleures illustrations. Ayant cherché pendant près de deux siècles à affaiblir les institutions représentatives — nationales, provinciales, urbaines —, la monarchie des Bourbons ne parviendra pas à surmonter le déficit de la représentation politique du royaume dont la première traduction est financière. Le pouvoir royal se décomposera sous la conjonction des oppositions et, à bout de ressources, cherchera à ranimer la vieille représentation du royaume — les États généraux — qui, vite débarrassés de leur structure archaïque, s'empareront de la souveraineté.

◀ ***Le chancelier Séguier à cheval***
Le destin de Pierre Séguier (1588-1672), nommé chancelier de France en 1635, symbolise la réussite exemplaire d'une famille qui, issue de la boutique, a gravi au cours du XVIe siècle les échelons de la magistrature, s'intégrant, par le jeu des mariages et de la transmission familiale des offices, à la haute noblesse de robe qui siège au parlement de Paris (le vivier des grands serviteurs de l'État), avant que l'un des siens accède ainsi à la plus haute charge du royaume et marie une de ses filles à un Bourbon.

1559 traité du Cateau-Cambrésis entre Henri II et Philippe II.
1562 début des guerres de Religion.
1589 assassinat d'Henri III.
1594 Henri IV, qui a abjuré l'année précédente, est sacré à Chartres.
1598 l'édit de Nantes accorde la liberté de conscience aux réformés et leur garantit l'exercice de leur culte en certains lieux.
1610 assassinat d'Henri IV. En 1614, au cours de la régence, les États généraux se réunissent, pour la dernière fois avant 1789.
1630 la « Journée des dupes » marque l'affermissement du pouvoir de Richelieu, ministre depuis 1624, et la défaite du parti dévot.
1634 les intendants ont mission, au sein de chaque généralité, de recouvrer les impôts directs. Ils symboliseront jusqu'en 1789 l'administration royale au détriment des officiers propriétaires de leurs charges.
1635 Louis XIII et Richelieu interviennent dans la guerre de Trente Ans.
1648-1652 la Fronde.
1661 après la mort de Mazarin et l'arrestation de Fouquet, Louis XIV entreprend de gouverner avec son Conseil.
1665 Colbert contrôleur général des Finances.
1672 installation de la Cour à Versailles.
1685 révocation de l'édit de Nantes : émigration de nombreuses familles protestantes.
1688-1697 guerre de la Ligue d'Augsbourg.
1713 la paix d'Utrecht met fin à la guerre de Succession d'Espagne qui opposait depuis 1702 la France aux Provinces-Unies et à l'Angleterre, la Savoie et la Prusse.
1763 le traité de Paris met fin à la guerre de Sept Ans et coûte à la France le Canada et ses possessions aux Indes.
1771 tentative de réorganisation de la justice par le chancelier Maupeou.
1776 à son avènement, Louis XVI rétablit les Parlements ; disgrâce de Turgot.
1788 Louis XVI convoque les États généraux.

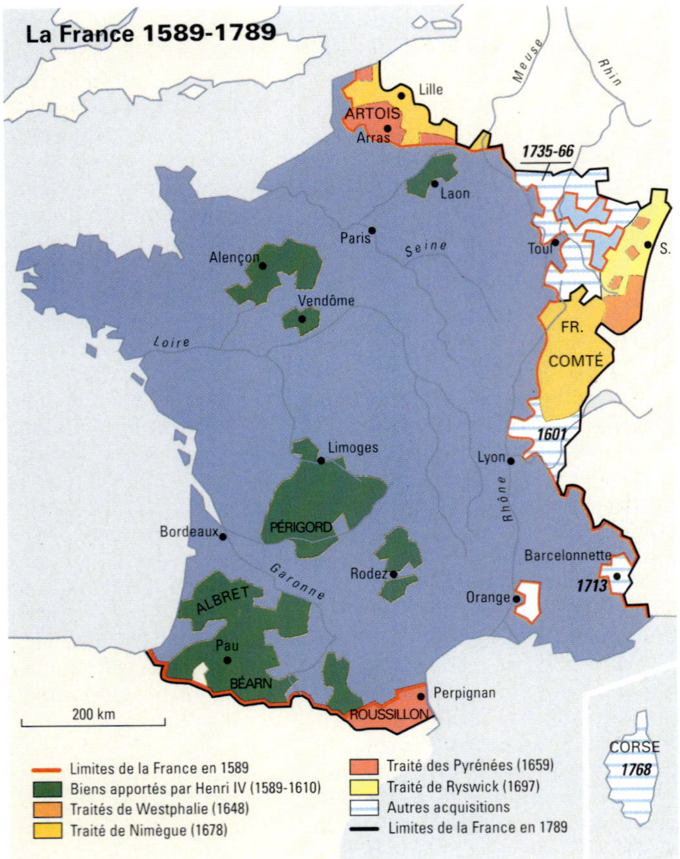

◀ *Entre la fin du XVIe siècle et la Révolution, la France acquiert ses frontières définitives à quelques détails près. L'avènement d'Henri IV et l'apport ultérieur de ses biens personnels (1607, 1620) permettent d'intégrer au sein du royaume la Navarre et plusieurs régions qui en dépendent, dont une partie de la Normandie. Sous Louis XIV, les traités de Westphalie, des Pyrénées, de Nimègue, de Ryswick, consécutifs aux conflits militaires qui embrasent l'Europe, permettent à la monarchie française d'accroître ses territoires. Si elle perd d'importantes colonies lointaines, elle acquiert des terres situées à proximité, telles que la Franche-Comté (1678) ou, sous Louis XV, la Lorraine qui constituaient depuis longtemps une inquiétude face à l'Empire. En 1768, Choiseul rachète la Corse aux Génois.*

▼ ***Henri IV et Marie de Médicis***
Le roi et la reine sont représentés ici lors de leur mariage. La tradition voulait qu'il n'y eût jamais d'interruption entre la mort du roi et l'avènement de son successeur. Or deux rois ne sauraient être simultanément présents dans le royaume. Un rituel permit de résoudre cette question : l'effigie en cire. Le roi étant mort, on plaçait son effigie dans un lit, comme s'il dormait. Seul le successeur du roi ne pouvait pénétrer dans les lieux. Le cortège de la dépouille mortelle se rendait ensuite à la basilique Saint-Denis pour les funérailles. La dernière effigie de roi fut celle d'Henri IV mais le rituel fut rompu par son fils, Louis XIII, qui se présenta devant le Parlement, plutôt que d'accompagner le cortège. Par ce geste, l'intronisation du roi devient d'une autre nature.

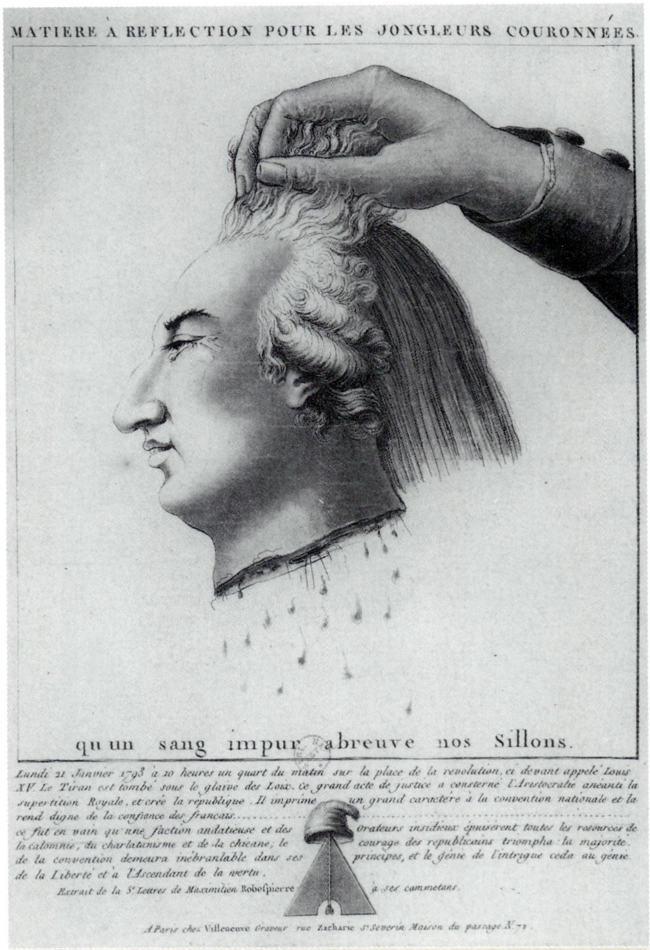

L'ABSOLUTISME DÉCAPITÉ

La mort de Louis XVI sous la guillotine, le 21 janvier 1793, ardemment réclamée par Saint-Just et Robespierre annonce la fin de la monarchie. En brisant la Sainte Ampoule devant la cathédrale de Reims, quelques mois plus tard, le représentant en mission, Philippe-Jacques Ruhl, pensait en finir avec la monarchie de droit divin. Après la Révolution et l'Empire, Charles X tentera vainement de renouer avec la tradition en se faisant sacrer.

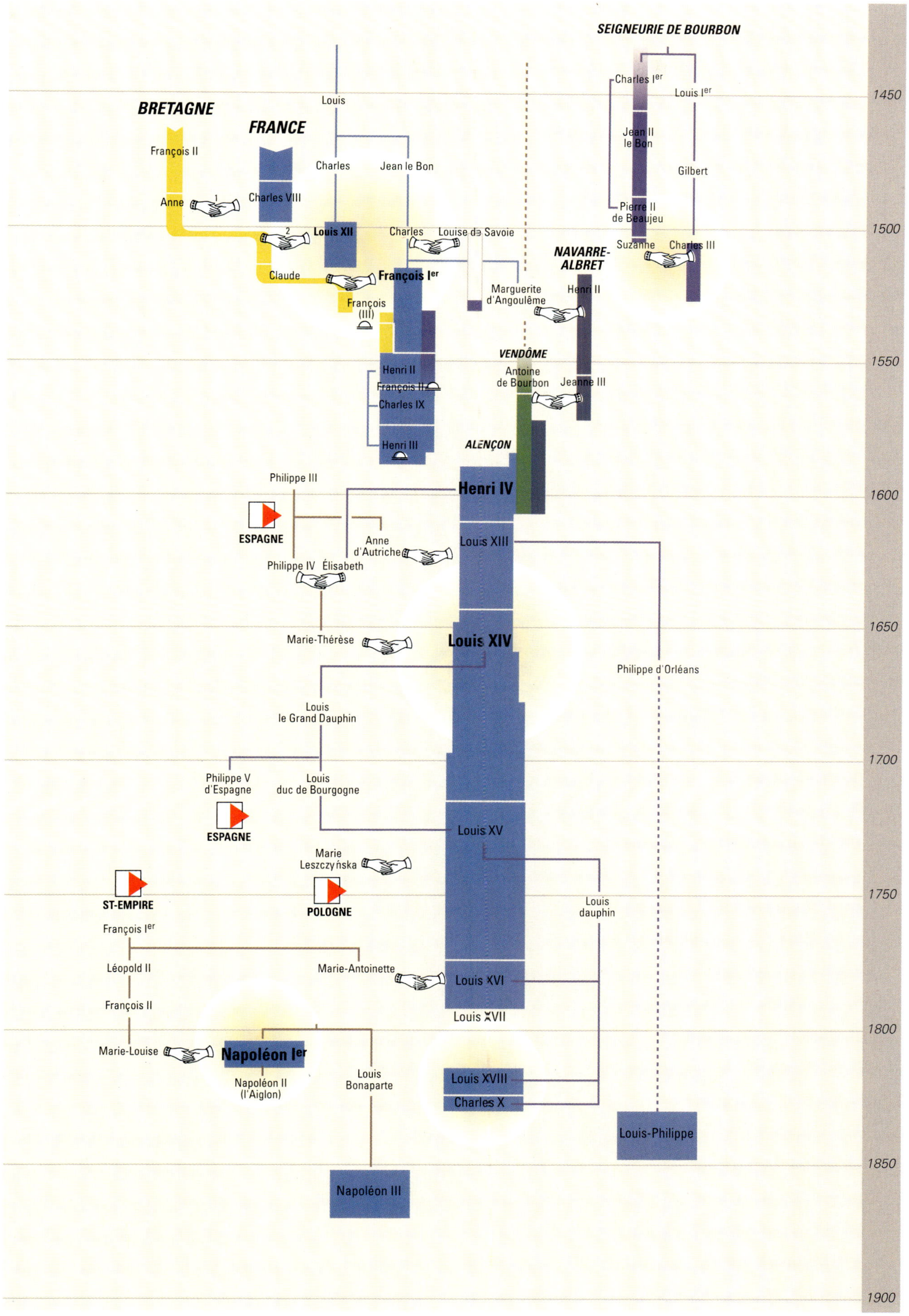

1491, 1499 Après un premier mariage avec l'empereur Maximilien Ier de Habsbourg (annulé en 1491), Anne, duchesse de Bretagne, épouse successivement deux rois de France : Charles VIII (1491) puis Louis XII (1499). Grâce à ces deux alliances, son gendre François Ier, de la branche Valois-Angoulême, rattache définitivement la Bretagne à la France (1532).

1505 Suzanne, seule héritière de la maison ducale de Bourbon, épouse le comte de Montpensier, Charles III, qui devient de ce fait le plus grand feudataire du royaume. Le Connétable (Charles III) acquiert une telle puissance que François Ier lui confisque la majeure partie de ses terres qu'il donne à sa mère Louise de Savoie (1527) avant de les réunir au domaine royal (1531).

1589 À l'extinction des Valois, faute d'héritier, ce sont les Bourbons qui, avec Henri roi de Navarre (1572), accèdent au trône. La conversion à la religion catholique et la messe qui s'ensuivit permirent à Henri IV de conquérir le pouvoir. En 1607, il intègre ses propres et vastes domaines à la Couronne.

1661-1715 Tout au long de son règne personnel, Louis XIV affirme sa puissance politique et militaire. Il réussit à faire accéder au trône d'Espagne son petit-fils Philippe V (1700). Durant la guerre de Sept Ans (1756-1763), le pacte de famille signé entre les représentants de la maison de Bourbon permettra l'alliance de Versailles, Madrid, Naples et Parme.

1804 Sacre de Napoléon Ier en présence du pape Pie VII à Notre-Dame. L'Empereur interrompt ainsi, à la suite de la Révolution, le pouvoir des Bourbons.

1814-1815 La première Restauration permet aux Bourbons de remonter sur le trône dont ils seront écartés par la révolution de 1830.

1830-1848 Louis-Philippe d'Orléans, roi des Français, échoue à instaurer une monarchie constitutionnelle en France.

1860 Par le rattachement du comté de Nice et de la Savoie, Napoléon III donne à la France ses frontières actuelles.

1873 Le petit-fils de Charles X Henri, comte de Chambord (1820-1883), est le dernier représentant de la branche aînée des Bourbons après l'effondrement du Second Empire. Son refus, en 1873, d'adopter le drapeau tricolore enterre la monarchie en France.

Le ve siècle marque le début des grandes invasions barbares. Dès 409, Suèves, Vandales et Alains pénètrent dans l'Espagne romaine et s'y installent. Poussés par les Huns, les Wisigoths convertis au christianisme arien s'établissent dans la Gaule du Sud en qualité de fédérés à l'Empire romain, et de là envahissent l'Espagne où ils repoussent les Suèves en Galice (418, 456-457, 468-469), chassant les Alains et les Vandales en Afrique du Nord (429).

Cordoue

Sur l'emplacement de la cathédrale dédiée à saint Vincent par les Wisigoths, est érigée en 785 la grande mosquée de Cordoue, sous l'impulsion d''Abd al-Rahmān Ier. Agrandie successivement par 'Abd al-Rahmān II, al-Hakam II et Almanzor (al-Mansūr), elle est aménagée pour servir au culte catholique après la reconquête de la ville par Ferdinand III (1236) . En 1521, Charles Quint autorise en son centre l'édification d'une cathédrale de style gothique tardif.

Avec l'annexion de l'Espagne (456), les Wisigoths étendent leur royaume de la Loire au Guadalquivir mais, vaincus par le roi des Francs Clovis à la bataille de Vouillé (507), ils sont contraints de se replier dans leurs domaines du sud (507-511), ne conservant au nord que la Septimanie (Gaule méridionale entre le Rhône et les Pyrénées). Après Toulouse, leur capitale est transférée de Barcelone (vers 535) à Mérida (551), puis à Tolède sous le règne de d'Athanagild qui reprend une partie des territoires occupés depuis 554 par les Byzantins (570-572), avant de se rattacher le royaume des Suèves (585). Son fils Reccared Ier réalise l'union spirituelle du pays par sa conversion au catholicisme (587), et Suintila achève l'unité de la péninsule en conquérant les régions encore dominées par Byzance (626) qui conserve les Baléares.

LES MAURES À L'ASSAUT DE LA CHRÉTIENTÉ

L'Église ne peut totalement supprimer les violences des luttes pour le pouvoir dans une monarchie par tradition élective, ce qui vaudra à Rodrigue (Rodéric), le dernier roi wisigoth d'Espagne, de perdre son royaume. Appelés à l'aide par le fils de son prédécesseur (711), les musulmans du chef berbère Tāriq envoyés par Mūsā, l'émir du Maghreb, défont les Wisigoths à la bataille du Guadalete (711), ce qui les incite à entreprendre une guerre de conquête. En quatre ans, les troupes de Mūsā se rendent maîtresses de la péninsule, à l'exception de l'extrême nord d'où partira la Reconquête chrétienne. L'Espagne, musulmane dans sa quasi-totalité, est alors soumise au calife omeyyade de Damas et gouvernée par un émir subordonné à celui d'Afrique. Le nouvel émirat (711-756) sera le théâtre de troubles constants dont l'origine principale réside dans l'hétérogénéité de sa population : Arabes, Berbères, Espagnols islamisés, chrétiens et juifs. À l'extérieur, les chrétiens, réfugiés dans les Asturies, s'organisent et élisent comme chef un descendant des Wisigoths, Pélage, dont les forces écrasent celles de l'émir Alsama à Covadonga (718). Cette bataille marque le début de la Reconquête et a pour résultat la création du royaume des Asturies dont le premier roi, Pélage, se veut le continuateur des Wisigoths. Après Covadonga, les chrétiens reprennent toute la région montagneuse depuis la Cantabrie jusqu'à la Galice. Mais, peu nombreux et divisés par de fréquentes querelles dynastiques, ils ne peuvent que défendre leurs montagnes contre les puissantes armées de l'émir.

LES OMEYYADES D'ESPAGNE

À la faveur d'un changement dynastique – le calife omeyyade ayant été détrôné, tué et remplacé par un calife de la famille des Abbassides qui transfère la capitale à Bagdad (750) –, un jeune Omeyyade de Damas, 'Abd al-Rahmān Ier, en fuite, assoit la puissance musulmane d'Espagne en fondant un émirat indépendant après la prise de Cordoue (756). Mais ses successeurs affrontent d'incessantes rébellions, notamment à Tolède (807) qui acquiert son autonomie (873) et à Cordoue (814) où, conduits par saint Euloge, de nombreux chrétiens recherchent le martyre. Ils doivent aussi faire face aux incursions des Normands qui atteignent les côtes espagnoles (844) et mettent à sac Séville (845) puis Algésiras, la province de Murcie et les îles Baléares (860). À la mort du dernier émir indépendant (912), Tolède, Badajoz, l'Aragon, le Levant et la moitié de l'Andalousie sont en lutte contre le pouvoir, pendant que les chrétiens du nord portent leurs frontières sur l'Èbre et le Douro. Au moment donc où ʿAbd al-Rahmān III monte sur le trône de Cordoue (912), la domination musulmane en Espagne semble vouée à disparaître rapidement. Par une politique habile, le nouvel émir soumet l'aristocratie arabe rebelle de l'Andalousie méridionale et impose sa souveraineté tant aux chrétiens du nord – qui recourent à son arbitrage pour régler leurs différends et lui paient un tribut – qu'aux chefs berbères du Maroc où il s'empare de Ceuta (931), Melilla et Tanger (949), après s'être proclamé calife (929), c'est-à-dire chef religieux de l'islam.

SAINT ISIDORE DE SÉVILLE

*La plus haute figure de l'Espagne wisigothique est sans doute Isidore, né vers 560, successeur de son frère Léandre sur le siège épiscopal de Séville (601) qu'il occupa jusqu'à sa mort (636). Son œuvre considérable dans les domaines historique (*Histoire des Goths *écrite pour Sisenand, roi des Wisigoths [633-636]), grammatical (*Liber differentiarum*), littéraire (*Épîtres*), philosophique (*De natura rerum*, écrit pour le roi Sisebut [612-621] premier persécuteur des juifs), théologique (*De fide catholica*) mais surtout encyclopédique (*Étymologies*, présentes dans toutes les bibliothèques du Moyen Âge), lui valut d'être proclamé docteur de l'Église par le pape Innocent XIII en 1722.*

CORDOUE, CENTRE INTELLECTUEL DE L'OCCIDENT

Le califat de Cordoue (929-1031) représente l'époque la plus brillante de la domination arabe dans la péninsule. L'agriculture, l'industrie, le commerce, les arts et les sciences y sont florissants. ʿAbd al-Rahmān III fonde dans sa cité la première école de médecine d'Europe. Al-Hakam II poursuit l'œuvre de son père mais doit affronter au nord les nouveaux royaumes chrétiens. Ordoño II établit à León la capitale d'un royaume qui englobe les Asturies (910-924) ; Fernán González obtient l'autonomie de son comté de Castille (961) ; issus de la maison de Carcassonne, les comtes de Barcelone, qui se sont agrégé les autres comtés catalans, accèdent à l'indépendance avec Borrell II (954-992) en ne reconnaissant pas l'autorité du roi de France Hugues Capet (987) ; la Navarre, enfin, étend ses territoires jusqu'à l'Èbre sous Sanche Ier Garcés (905-925) et devient le plus puissant État chrétien de la péninsule sous Sanche III Garcés le Grand (1000-1035). Al-Hakam II oblige les Castillans et les Navarrais (963) puis les Léonais et les Catalans (966) à demander la paix. Son fils Hichām II étant enfant lorsqu'il accède au trône, c'est son Premier ministre Almanzor (al-Mansūr) qui s'empare du pouvoir et entreprend une série de campagnes contre les chrétiens à Zamora (981), Barcelone (985), Coimbra et León (987-988), Astorga (995), Saint-Jacques-de-Compostelle (997) et dans la Rioja (1002). À sa mort (1002), l'Espagne musulmane retombe dans l'anarchie. Sept califes se succèdent jusqu'à la chute de Cordoue (1031).

◀ *Couronne votive de Receswinthe, roi des Wisigoths de 653 à 672*
L'usage d'offrir une couronne votive à un sanctuaire, suivant le modèle de l'empereur d'Orient, dénote l'influence de Constantinople. Le travail de l'orfèvrerie témoigne également des liens qui existaient avec les ateliers byzantins.

LA FIN DE L'ESPAGNE MUSULMANE

Quand l'Espagne musulmane, qui éclate en une mosaïque de petits royaumes indépendants, les *taifas*, semble proche de tomber aux mains d'Alphonse VI de Castille, l'islam connaît un nouvel essor qui fait reculer les conquêtes chrétiennes (Valence en 1102, Saragosse en 1110). Avec l'arrivée des Almoravides (1102), appelés en renfort après la prise de Tolède (1085), l'Espagne musulmane devient une province de leur grand empire qui s'installe peu à peu dans la décadence. Les petits royaumes de taifas resurgissent jusqu'à l'arrivée des Almohades qui, s'étant emparés du Maghreb, envahissent la péninsule (1145) et deviennent vite les maîtres de l'Espagne musulmane, à nouveau province d'un empire africain (1172). L'alliance des royaumes chrétiens aboutit à la victoire de Las Navas de Tolosa (1212), que les musulmans nomment la bataille du désastre, et annonce la décadence almohade ainsi que la réapparition des petits rois de taifas, rapidement anéantis par les chrétiens. Cependant, Muhammad Ier parvient à unifier le sud de l'Andalousie (Málaga, Grenade et Almería) et à y fonder un royaume que la dynastie des Nasrides, malgré des conflits internes et l'imposition d'un tribut par les Castillans, conservera jusqu'à la Reconquête définitive de la péninsule par Isabelle la Catholique (1492).

409 invasion des Suèves, Vandales et Alains.

448 le roi suève Réchiaire abandonne l'arianisme et se convertit au catholicisme.

456 les Wisigoths s'établissent en Espagne.

465 le roi suève Remismond retourne à l'arianisme.

559-570 son successeur Théodomir se convertit au catholicisme.

585 annexion du royaume suève par les Wisigoths.

587 le roi wisigoth Reccared Ier abandonne l'arianisme pour le catholicisme.

711 bataille du Guadalete : les Arabes écrasent le roi Rodrigue.

718 Pélage bat les Arabes à Covadonga.

756 indépendance de l'émirat de Cordoue.

813 découverte du tombeau de saint Jacques.

929 naissance du califat de Cordoue.

997 destruction de Saint-Jacques-de-Compostelle par al-Mansūr.

1031 chute du califat de Cordoue.

1102 invasion des Almoravides.

1126 naissance à Cordoue du philosophe islamique Averroès. Juriste, médecin, commentateur d'Aristote.

1135-1204 Maimonide, médecin, talmudiste et philosophe juif ; auteur du *Guide des égarés* (1190) écrit en arabe.

1145 invasion des Almohades.

1231 naissance du royaume de Grenade.

1292 interruption de la Reconquête.

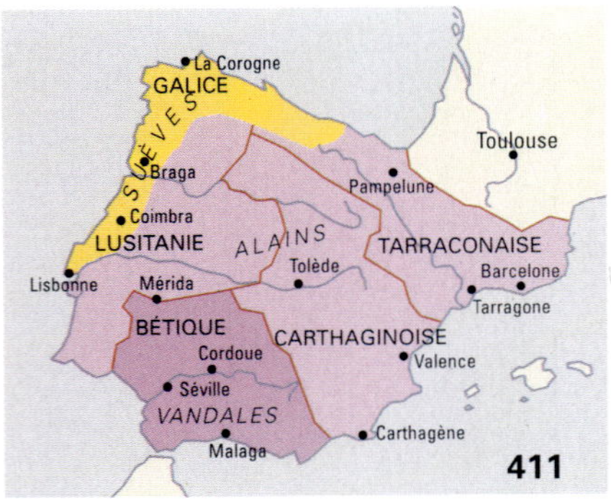

▲ *Issus de l'archipel danois et du sud de la Scandinavie, les Vandales, après s'être installés en Poméranie, puis entre l'Oder et la Vistule, passent le Rhin en compagnie des Suèves et des Alains en 407 et envahissent la Gaule romaine. Après avoir franchi les Pyrénées, les Suèves et les Vandales Hasdings s'implantent en Galice ; les Alains s'établissent en Lusitanie et dans la région de Carthagène* (Carthaginiensis) *; les Vandales Silings occupent la Bétique. En 416, Rome lancera les Wisigoths à la reconquête de l'Espagne (le roi Wallia s'étant mis au service d'Honorius, premier empereur d'Occident).*

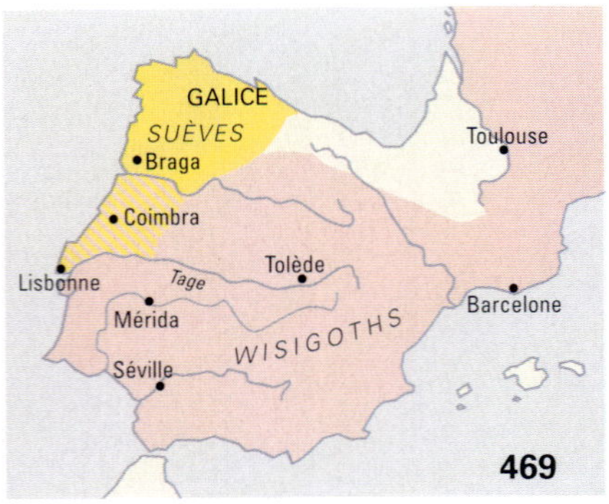

▲ *Le roi suève Remismond conquiert Coimbra et Lisbonne avant d'être repoussé en Galice par le roi wisigoth Euric (466-484). Ce dernier agrandit ainsi son royaume qui s'étendait déjà de l'Atlantique aux Alpes.*

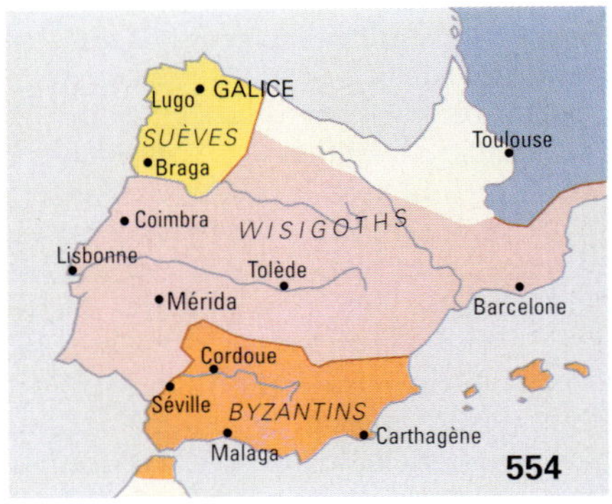

▲ *En 507, le roi des Wisigoths Alaric II est battu par le roi des Francs, Clovis. Le centre du royaume wisigoth n'est plus la Gaule, mais l'Espagne. Leur capitale se déplacera de Narbonne à Barcelone, puis Mérida avec Agila (549-554) et Tolède avec Athanagild (554-567). Appelé par les rebelles de la Bétique, partisans d'Athanagild contre Agila, l'empereur byzantin Justinien envoie en Espagne des troupes qui reconquièrent le sud de la péninsule. Cette région restera en partie à l'Empire byzantin jusqu'en 626.*

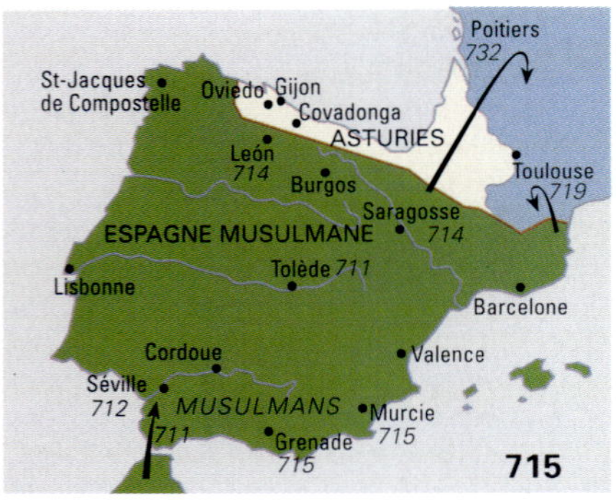

▲ *La conquête fulgurante de l'Espagne à partir de 711 n'a constitué pour les Arabes qu'une étape dans leur politique d'expansion qui les aurait menés plus au nord sans le désastre de Poitiers (732), bataille qui vit le triomphe de Charles Martel, maire du palais des royaumes francs de Neustrie et d'Austrasie, ancêtre des Carolingiens, grand-père de l'empereur Charlemagne.*

LA BIBLIOTHÈQUE D'AL-HAKAM II ET L'ÉCOLE DES TRADUCTEURS DE TOLÈDE

La véritable passion d'al-Hakam II était les manuscrits qu'il faisait rechercher par ses émissaires dans tout le monde arabe. Le calife avait réuni 400 000 volumes à Madinat al-Zahra, sa résidence près de Cordoue, constituant ainsi la plus importante bibliothèque de l'Occident. Ce sont ses restes, échoués à Tolède, qui permirent à des savants chrétiens, musulmans et juifs d'effectuer un travail de traduction, d'abord en langue latine sous l'archevêque Raymond (1126-1152), puis en langue vulgaire sous Alphonse X, transmettant à l'Occident chrétien par l'intermédiaire des monastères catalans la connaissance des textes grecs (Aristote, Euclide, Ptolémée) enrichis par les commentaires et les œuvres scientifiques des auteurs islamiques (Avicenne, Averroès). Le Canon de la médecine d'Avicenne, largement diffusé en Europe, fut enseigné dans les facultés jusqu'à la Renaissance.

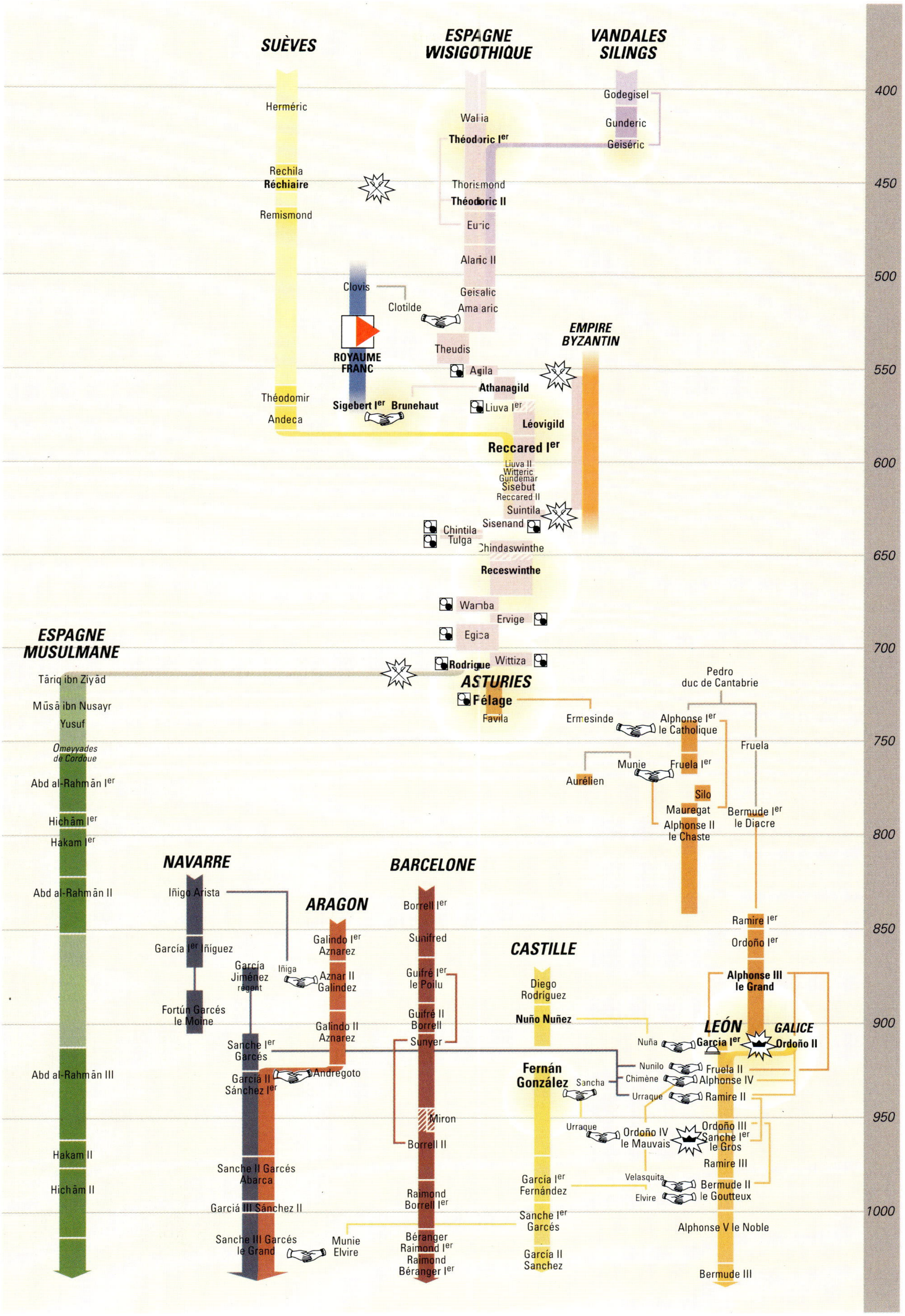

429 Les Vandales quittent l'Espagne pour l'Afrique.

449 Le Wisigoth Théodoric Ier marie l'une de ses filles à Réchiaire, roi des Suèves. Son fils Théodoric II bat Réchiaire et le fait mettre à mort (456). Les Suèves sont refoulés en Galice.

566 Athanagild marie sa fille Brunehaut à Sigebert Ier, roi d'Austrasie, et sa fille Galswinthe à Chilpéric Ier, roi de Neustrie.

589 Herménégilde reçoit le baptême catholique et se rebelle contre son père le roi arien Léovigild (580) qui l'exile à Valence (584) et le fait assassiner (585). Mais le ver est dans le fruit : si le pouvoir est aux mains des ariens, la population hispano-romaine, la plus importante en nombre, en richesse et en culture, est catholique. Le second fils et successeur de Léovigild, Reccared, initié comme son frère par l'évêque de Séville saint Léandre, reçoit à son tour le baptême (587), et le troisième concile de Tolède prononce solennellement la conversion du peuple wisigoth à la foi catholique.

654 Le roi Receswinthe (653-672) fait rédiger le *Liber Iudicorum,* essai de synthèse en douze livres du droit romain et des coutumes germaniques, pour donner aux Wisigoths et aux Hispano-Romains une législation unique. Révisé par le roi Ervige (681), il sera traduit en castillan sous le nom de *Fuero Juzgo* à la demande de Ferdinand III le Saint, roi de Castille (1217-1252) et complété par les privilèges locaux.

718 Après la défaite du roi Rodrigue (711) par les musulmans de Tāriq, le noble wisigoth Pélage se réfugie dans les Asturies. Le gouverneur musulman de Gijón, Munuza, qui convoite la sœur de Pélage, envoie celui-ci, avec d'autres otages, à Cordoue d'où Pélage s'échappe (717), retournant dans les Asturies pour s'opposer au mariage de sa sœur avec Munuza. Obligé de fuir dans les montagnes, il incite à la révolte les populations chrétiennes qui l'élisent premier roi des Asturies.

909 Fils aîné d'Alphonse III le Grand, roi des Asturies, Garcia tente de détrôner son père avec l'appui du comte de Castille, Nuño Nuñez, dont il a épousé la fille. Préférant son second fils Ordoño, auquel il a confié le gouvernement du royaume de Galice – apanage habituel des successeurs désignés du roi des Asturies –, Alphonse fait emprisonner Garcia. Mais la guerre civile qui s'ensuit l'oblige à libérer le rebelle et à abdiquer.
Le royaume connaît alors une période d'anarchie, et son territoire se divise (910). Garcia règne sur le León dont dépend la Castille, Ordoño sur la Galice et leur frère Fruela recueille les Asturies. Lorsque Ordoño succède à son frère Garcia, mort sans postérité (914), l'unité territoriale se reconstitue très vite autour du León.

961 Nommé « comte de tous les comtes » castillans par le roi de León (931), Fernán González, qui obtient l'autonomie de son comté, devient par ses hauts faits un héros de légende considéré comme le créateur de la Castille.

LA PÉNINSULE IBÉRIQUE 1000-1516

En l'an 1000, seuls le nord-ouest (Asturies et León) et les Pyrénées ont échappé aux Maures. Commencée dès le VIIIe siècle à partir de ces régions, la Reconquête s'organise surtout après que la Navarre se fut érigée en royaume (852). Le roi de Navarre Sanche III Garcés (1000-1035) regroupe tous les royaumes et comtés espagnols chrétiens (excepté Barcelone). À sa mort, trois de ses fils deviennent respectivement roi de Navarre, de Castille et d'Aragon. L'Espagne naîtra des alliances matrimoniales et militaires qu'organiseront ces trois royaumes, jouant tour à tour le rôle de fer de lance.

Comment les croisés gagnèrent contre les Maures.

Les deux premières alliances importantes sont des mariages qui vont permettre la réunion de la Castille et du León au nord-ouest en 1033 (mais l'union définitive des deux royaumes n'interviendra qu'en 1230), celle de l'Aragon et du comté de Barcelone au nord-est en 1162. Parallèlement apparaît au sud du León un comté de Portugal que régit un cadet de la maison de Bourgogne allié à une sœur de la reine de Castille et de León, Urraque, et qui va se constituer en royaume (1139). À l'exception de son rattachement à la couronne d'Espagne, de 1580 à 1640, le Portugal demeurera indépendant jusqu'à nos jours, malgré les innombrables mariages qu'il scellera avec les royaumes voisins, la Castille principalement.

LA RECONQUÊTE

La reconquête des royaumes de *taifas,* constitués après la chute du califat de Cordoue (1031), qu'entreprennent en commun les royaumes chrétiens du Nord – avec la bénédiction de Rome, qui y voit l'apparition d'un nouveau front contre l'Infidèle –, va permettre l'extension de la Castille et de l'Aragon. La prise de Tolède par Alphonse VI de Castille (1085), qui donne à l'Occident chrétien l'accès à la science arabe, puis la victoire des souverains espagnols coalisés, appuyés par les croisés, sur les Almohades à Las Navas de Tolosa (1212) ouvrent en effet aux souverains de Castille, d'Aragon et de Portugal les routes du Sud, où les musulmans ne conserveront que le royaume de Grenade. La Castille conquiert tout le nord de l'Andalousie, l'Aragon, les Baléares (1229-1235) et Valence (1238), le Portugal achève son unité territoriale.

La prééminence qu'avait connue la Navarre en l'an 1000 a peu duré car elle n'a pu profiter, comme ses deux voisins, d'une extension dans les territoires maures du Sud. Après l'assassinat de leur roi Sanche IV, les Navarrais, qui ne veulent pas que Raimond, le fratricide, accède au trône, se soumettent au roi d'Aragon Sanche Ier (Pampelune) ou au roi de Castille Alphonse VI (provinces basques et Rioja). Restant unie à l'Aragon jusqu'à la mort d'Alphonse Ier le Batailleur (1134), puis alliée tour à tour à l'Aragon et à la Castille, la Navarre finira par éclater : la Navarre espagnole sera annexée par Ferdinand II d'Aragon (1512), après que son père Jean II en eut déjà été le souverain (1425) en

◀ *Jeanne la Folle*
Fille des Rois Catholiques, épouse de Philippe le Beau, mère de Charles Quint, elle fut écartée du trône de Castille pour « folie » après la mort de son mari (1506).

épousant Blanche Ire, fille de Charles III le Noble ; la Basse Navarre reviendra par mariage aux Bourbons de France, qui porteront à partir de Henri IV le titre de roi de France et de Navarre.

La Castille va être la grande bénéficiaire de la Reconquête dans la péninsule : son royaume (devenu en 1230 royaume de Castille et de León) s'étendra progressivement du Portugal à l'ouest jusqu'à Murcie au sud-est, encerclant le royaume nasride de Grenade au sud. La frontière fixée avec l'Aragon par traité (1179) délimitant les zones d'expansion respective des deux royaumes selon une ligne reliant la Navarre à Murcie, les Aragonais durent chercher hors de la péninsule de nouveaux territoires susceptibles de contrebalancer la puissance grandissante des Castillans.

L'EXPANSION EN MÉDITERRANÉE

Après avoir soumis Majorque en 1276 – l'île sera tenue par une branche cadette de la maison d'Aragon avant d'être réintégrée au royaume – Pierre III le Grand, recueillant l'héritage de sa femme Constance de Hohenstaufen (1282), ajoute à sa couronne d'Aragon celle de Sicile, dominant grâce à la flotte catalane la Méditerranée occidentale ; mais à sa mort, le royaume se scinde entre Aragon et Sicile. La branche aînée (Aragon) conquiert la Sardaigne, tandis que la Sicile échoit à la branche cadette qui devra continuer la guerre entreprise par Pierre III contre le frère de Louis IX de France (Saint Louis), Charles d'Anjou, désigné par le pape pour recueillir l'héritage sicilien de l'empereur Conrad, puis contre son fils Charles de Valois, contraint de reconnaître la suzeraineté de la maison d'Aragon sur la Sicile (1302). Trois générations plus tard, la branche aînée d'Aragon est au faîte de sa puissance, ayant incorporé Majorque et le Roussillon, puis les duchés d'Athènes et de Néopatras (1380), la Sicile enfin (1409), par suite du mariage avec Marie, héritière de la branche cadette. Mais Martin l'Humain, roi d'Aragon et de Sicile, meurt en 1410, un an après son fils. Un triumvirat délibère pendant deux ans et finit par choisir Ferdinand de Castille, neveu par sa mère du roi d'Aragon, dont l'avènement préfigure la future unité espagnole.

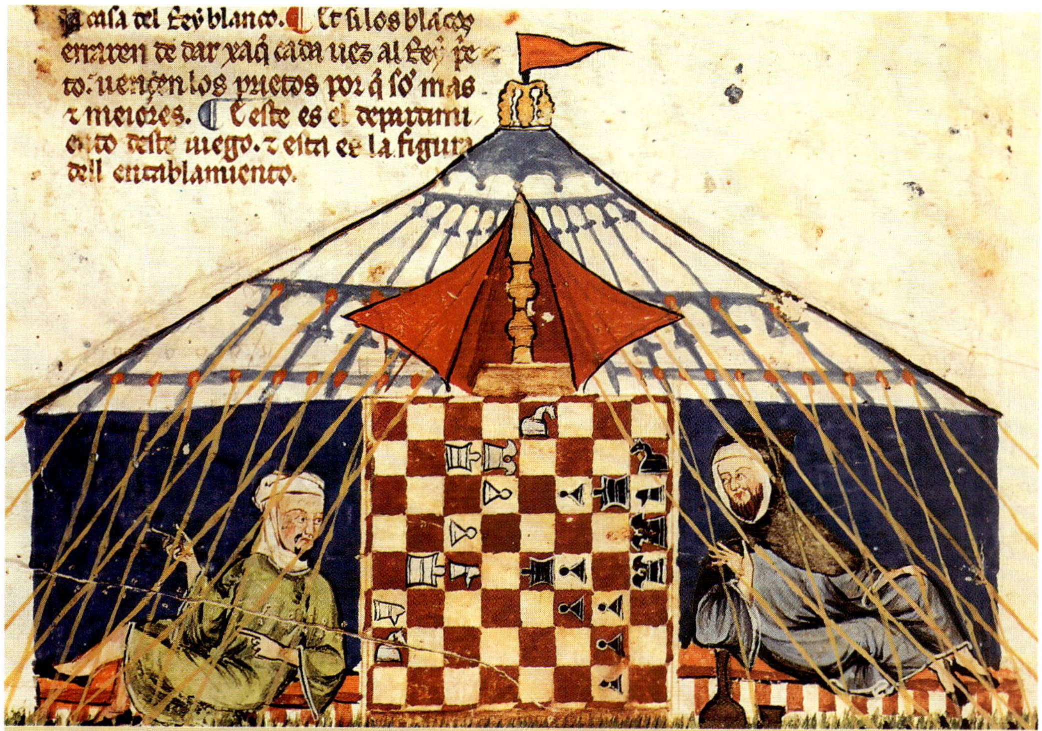

ALPHONSE X DE CASTILLE, LE ROI SAVANT

Malgré quelques progrès notables de la Reconquête pendant son règne (Niebla, Cadix), le roi Alphonse X de Castille a vu la plupart de ses ambitions politiques vouées à l'échec : ses prétentions au trône de Navarre, au duché de Gascogne, à la couronne impériale d'Allemagne n'ont jamais abouti ; il eut en outre à faire face à plusieurs rébellions des nobles castillans, au soulèvement de Murcie, à l'expansion du Portugal en Algarve. Il a toutefois laissé à la postérité l'image d'un grand roi sous l'impulsion duquel une intense activité intellectuelle a pu se développer. Avec des ouvrages littéraires telles les Chansons *écrites et mises en musique par le roi lui-même, des ouvrages scientifiques parmi lesquels se distinguent les* Livres d'astronomie *et les célèbres* Tables Alphonsines*, des ouvrages juridiques telles les* Sept Parties *inspirées du droit romain, et des ouvrages historiques comme la* Première Chronique générale d'Espagne*, qui constitue le plus vaste répertoire de la poésie épique, les travaux de l'école alphonsine touchent tous les domaines de la connaissance. C'est cet ensemble d'œuvres qui a justifié le surnom donné au roi savant, Alphonse X le Sage.*

L'UNITÉ ESPAGNOLE

Après être passé aux Trastamare avec Henri II (1369), le royaume de Castille et de León reste à la branche aînée de cette maison jusqu'au mariage clandestin de la sœur du roi Henri IV l'Impuissant, Isabelle la Catholique, avec son petit-cousin, Ferdinand d'Aragon (1469).

Par ce mariage d'Isabelle de Castille et de Ferdinand d'Aragon, tout est en place pour que l'unité espagnole se réalise. Mais les traditions différentes des deux royaumes, dont l'un (l'Aragon) est une confédération d'États pratiquant une concertation entre les assemblées (les Cortes) et le roi, et l'autre un royaume plus autocratique au faîte de sa puissance dynastique, empêchent Ferdinand de réunir sous sa seule autorité les deux couronnes. L'union demeure personnelle, chaque roi restant souverain dans son royaume. À la mort d'Isabelle, c'est donc sa fille, Jeanne, qui hérite la couronne de Castille, tandis que son père conserve celle d'Aragon. Charles, le fils de Jeanne, déjà prince des Pays-Bas depuis la mort de son père Philippe le Beau, archiduc d'Autriche (1506), reçoit les couronnes d'Aragon, Castille, Naples et Sicile à la mort de son grand-père Ferdinand (1516) du fait de l'éviction de sa mère. Le royaume d'Espagne est alors définitivement constitué, suivant la tradition aragonaise de la confédération d'États, unis dans la personne du roi qu'assistent les conseils. Lorsque son grand-père, Maximilien d'Autriche, meurt à son tour (1519), le roi d'Espagne Charles Ier ajoute alors à sa couronne les possessions autrichiennes des Habsbourg, devenant le monarque le plus puissant d'Europe sous le nom de Charles Quint. Il sera élu la même année empereur du Saint Empire romain germanique, au détriment de l'autre prétendant au titre, François Ier de France.

LE CID

Héros de légende très populaire en Espagne, Rodrigo Díaz de Vivar est aussi un personnage historique de premier plan. Capitaine des armées, il joua un rôle important à la cour de Castille dès l'avènement de Sanche II (1065). À la mort du roi (1072), il fit jurer au frère de ce dernier, Alphonse VI de León, qu'il n'avait pris part en aucune manière à l'assassinat de Sanche II. Il devint alors vassal du nouveau roi qui ne lui pardonna jamais cet affront et l'exila par deux fois du royaume. En 1081, Rodrigo se mit au service du roi maure de Saragosse. En 1094-1095, il s'empara de Valence où il régna jusqu'à sa mort en 1099. Ces hauts faits lui valurent son surnom : le Cid (de l'arabe Sayyid, seigneur).
Mais le rôle du Cid dans l'histoire ne se limita pas à ces faits de guerre. De son mariage avec Chimène, arrière-petite-fille d'Alphonse V et nièce d'Alphonse VI de Castille, il eut un fils, mort très jeune, et deux filles, Christine et Marie. De l'union de Christine avec l'infant de Navarre Ramire naquit García V Ramírez qui devint roi de Navarre (1134). Marie épousa le comte de Barcelone Raimond Bérenger III, et leur fille Chimène le comte de Foix Roger III. Par sa descendance, le Cid intervint ainsi dans la dynastie des royaumes.

1035 éclatement du royaume de Navarre.
1078-v.1130 construction de la cathédrale de Saint-Jacques-de-Compostelle.
1085 reconquête de Tolède par Alphonse VI de Castille.
1094-1095 prise de Valence par le Cid.
1095 création du comté de Portugal.
1139 naissance du royaume de Portugal.
v. 1140 *Cantar de mio Cid* (Poème du Cid) anonyme.
1162 rattachement du comté de Barcelone à l'Aragon.
v. 1170 fondation de l'ordre militaire de Santiago en Castille pour protéger les pèlerins de Saint-Jacques.
1212 bataille de Las Navas de Tolosa.
1215 fondation de l'université de Salamanque.
1230 union définitive de la Castille et du León.
1412 le compromis de Caspe désigne l'infant de Castille Ferdinant Ier le Juste pour monter sur le trône aragonais.
1469 mariage de Ferdinand d'Aragon et d'Isabelle de Castille.
1478 introduite en Espagne par une bulle du pape Sixte IV, l'Inquisition s'étend à tous les territoires de la couronne des Rois Catholiques. Ceux-ci en font l'instrument privilégié d'une politique d'unification de leurs territoires. Tomás de Torquemada sera l'inquisiteur général (1483-1498) le plus tristement célèbre.
1492 reconquête de Grenade. Torquemada : projet d'expulsion des juifs (20 mars) signé le 31 mars par les Rois Catholiques. Découverte du Nouveau Monde par Christophe Colomb.
1500 naissance du futur Charles Quint à Gand.
1503 création par les Rois Catholiques de la Casa de Contratación à Séville, sur le modèle de la Casa da Guinè et de la Casa da Índia portugaises. Elle est chargée de protéger et d'organiser les échanges avec l'Amérique.

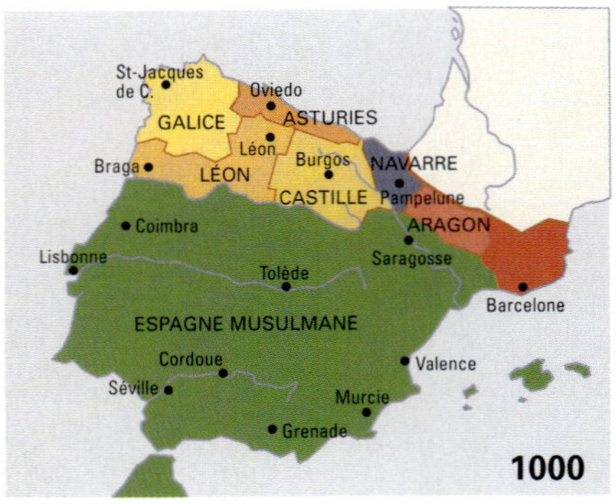

▲ *À l'ouest du comté indépendant de Barcelone, deux grands royaumes se partagent l'Espagne chrétienne en l'an mille : la Navarre, dont dépend le comté d'Aragon et le León auquel est subordonné le comté de Castille. Avec Sanche III le Grand , qui s'empare de la Castille et du León, la Navarre acquiert une hégémonie de courte durée. À sa mort (1035), le roi partage son héritage entre ses fils qu'il institue rois de Navarre, d'Aragon et de Castille. La Castille à son tour se rattache le León (1072) mais Alphonse VI l'ampute d'une partie de son territoire pour ériger le comté de Portugal (1095). Les royaumes qui vont poursuivre l'entreprise de Reconquête jusqu'à son terme sont désormais constitués.*

◀ ***Les Rois Catholiques***
C'est en 1494 que l'Espagnol Rodrigue Borgia, devenu le pape Alexandre VI, confère à Isabelle et Ferdinand, les champions de l'Église chrétienne tant en Espagne (institution de l'Inquisition, reconquête de Grenade, expulsion des juifs) que dans le Nouveau Monde dont l'évangélisation commence déjà, le titre de Rois Catholiques pour contrebalancer celui de Très Chrétiens porté par les rois de France.

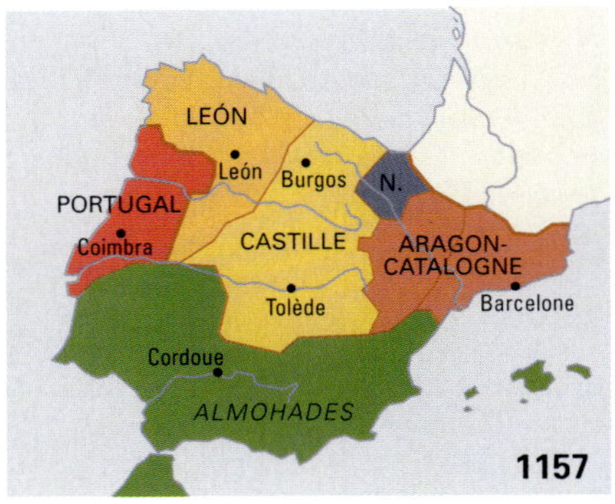

▲ *Progrès décisifs de la Reconquête mais morcellement de l'Espagne chrétienne aux dépens de la Navarre et du León avec l'apparition des nouveaux royaumes d'Aragon-Catalogne, de Castille et de Portugal.*

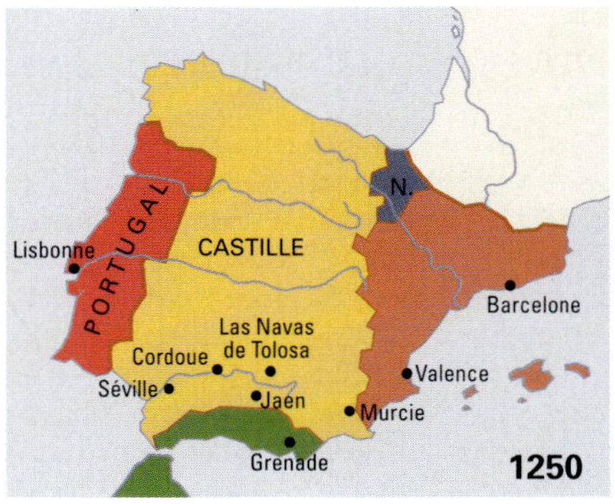

▲ *La bataille décisive de Las Navas de Tolosa (1212) ayant ouvert la route du sud, les royaumes chrétiens ont atteint leurs frontières définitives. Seul subsiste le royaume maure de Grenade, reconquis en 1492.*

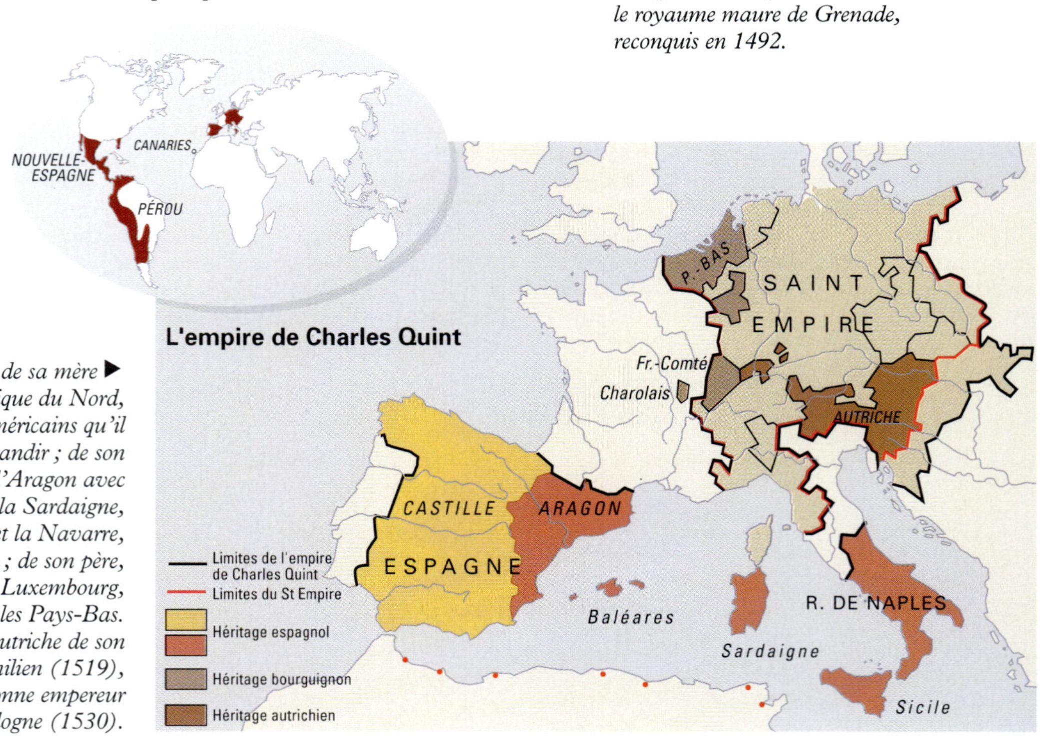

Charles a reçu de sa mère ▶ *la Castille, quelques places d'Afrique du Nord, les Canaries et les domaines américains qu'il s'emploie à agrandir ; de son grand-père Ferdinand, l'Aragon avec les Baléares, le Roussillon, la Sardaigne, la Sicile, le royaume de Naples et la Navarre, récemment reconquise ; de son père, les Flandres, l'Artois, le Luxembourg, la Franche-Comté, le Charolais, les Pays-Bas. Déjà roi d'Espagne, il hérite l'Autriche de son grand-père Maximilien (1519), et le pape Clément VII le couronne empereur à Bologne (1530).*

VERS L'EMPIRE DE CHARLES QUINT

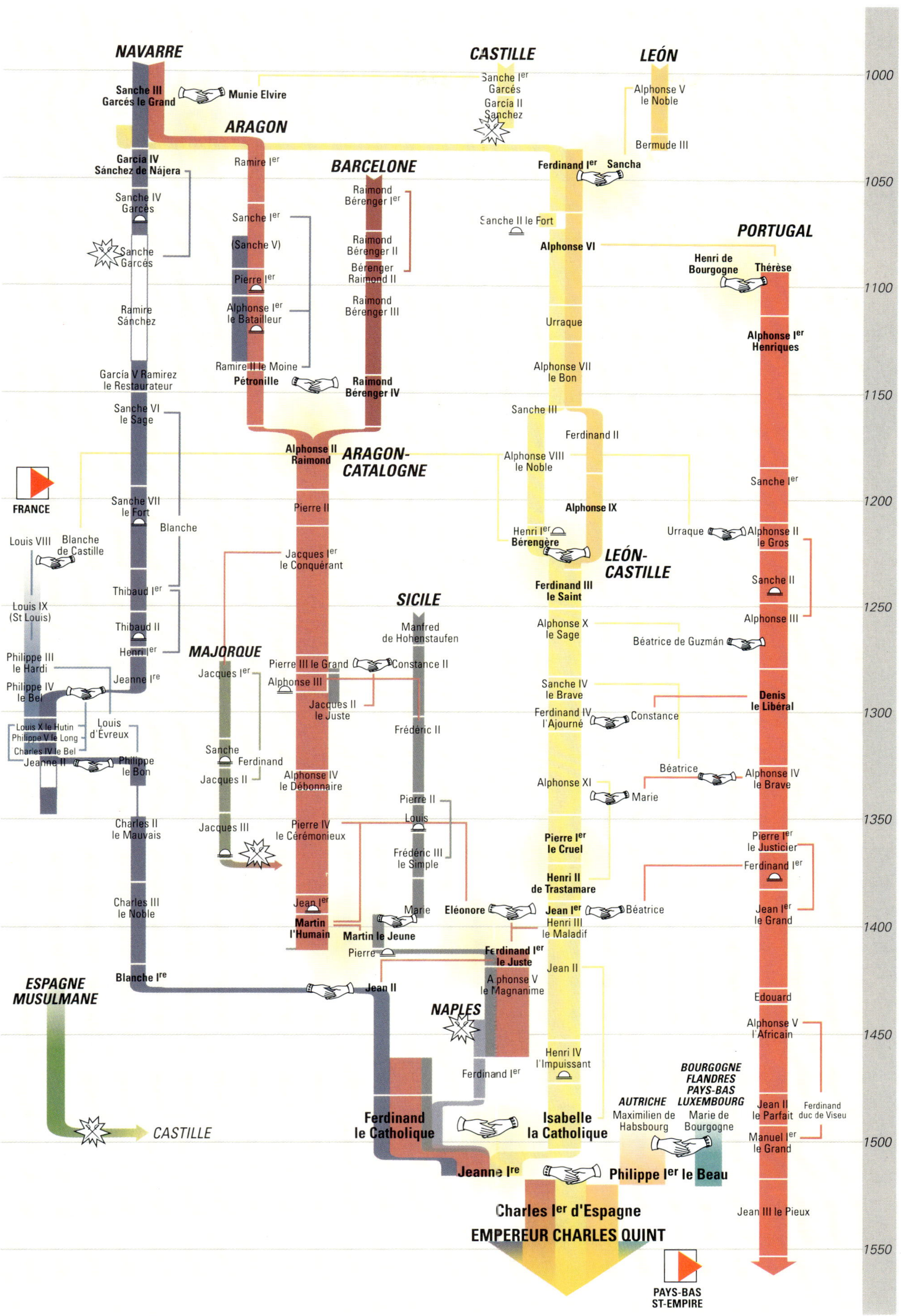

1035 Sanche III de Navarre prend possession du comté de Castille au nom de son épouse Munie-Elvire, sœur de Garcia II Sanchez († 1029). Il s'empare de terres relevant de Bermude III de León (1032) dont il occupe la capitale (1034). En 1035, la puissante Navarre est divisée en royaumes indépendants par le testament du roi en faveur de ses fils. À Garcia revient la Navarre, à Ferdinand la Castille, à Ramire l'Aragon et à Gonzalve († 1037) l'éphémère royaume de Sobrarbe rattaché à l'Aragon.

1095 Alphonse VI de Castille donne le comté de Portugal en dot à sa fille bâtarde Thérèse lors de son mariage avec Henri de Bourgogne. En 1139, leur fils Alphonse Henriques prend le titre de roi de Portugal.

1137 Frère et successeur d'Alphonse Ier le Batailleur, l'ancien moine bénédictin Ramire II accède au trône d'Aragon en 1134, puis il marie sa fille de deux ans, Pétronille, avec le comte de Barcelone Raimond Bérenger IV, auquel il confie l'administration de son royaume, et se retire dans un couvent. Le rattachement de Barcelone à l'Aragon ne devient effectif qu'en 1162.

1230 À Henri Ier de Castille, mort prématurément en 1217, succède sa sœur Bérengère. Elle renonce au trône en faveur du fils qu'elle a eu d'Alphonse IX de León, dont elle est séparée, Ferdinand III. Recueillant l'héritage paternel en 1230, le saint roi de Castille réalise l'union définitive des deux royaumes.

1388 Pierre Ier le Cruel de Castille ayant été assassiné par son frère et successeur Henri II de Trastamare (1369), la question dynastique est réglée par la paix signée avec l'Angleterre à Trancoso. Celle-ci prévoit le mariage de l'infant Henri, futur Henri III et petit-fils d'Henri II, avec Catherine de Lancastre, petite-fille de Pierre Ier, et l'attribution aux jeunes époux du titre de princes des Asturies qui devient dès lors l'apanage des héritiers du trône de Castille.

1412 En 1409, Martin le Jeune, roi de Sicile, lègue ses possessions à son père Martin l'Humain, qui meurt l'année suivante sans autre héritier. Les Parlements d'Aragon, de Catalogne et de Valence réunis à Caspe élisent le 24 juin 1412 le neveu de Martin, Ferdinand Ier, fils de sa sœur Éléonore et de Jean Ier de Castille.

1469 En épousant le roi de Sicile et héritier d'Aragon Ferdinand, l'infante Isabelle était appelée à régner sur l'Aragon. Mais à la mort de son frère Henri IV (1474), évinçant sa jeune nièce bâtarde Jeanne la Beltraneja, Isabelle s'empare du trône de Castille. En succédant à son père (1479), Ferdinand hérite de l'Aragon, la Sardaigne et la Sicile ; viendront s'y ajouter le royaume de Naples (1504) qu'Alphonse V le Magnanime avait conquis en 1442, et la Navarre, reconquise en 1512.

Le roi de León Alphonse VI donne la région de Porto (comté de Portugal) à Henri de Bourgogne, époux de sa fille naturelle Thérèse. Opposé à son cousin Alphonse VII de Castille (1127) autant qu'à sa mère Thérèse qu'il chasse du pouvoir (1128), Alphonse Ier Henriques prend le titre de roi de Portugal (1139) et accède à l'indépendance en plaçant son royaume sous la protection du Saint-Siège (1143) qui reconnaît tardivement sa royauté (1179). La Reconquête portugaise, commencée sous son règne avec la prise de Lisbonne (1147) est poursuivie par ses successeurs qui l'assortissent de mesures visant à favoriser la colonisation des terres prises à l'Islam.

Alphonse III achève la Reconquête avec l'occupation de l'Algarve (1249). Mais ce même roi doit aussi affronter Alphonse X de Castille dont il a épousé la fille naturelle, Béatrice de Guzmán, après avoir répudié Mahaut de Boulogne lors de son accession au trône portugais en 1248, favorisée par la déposition de son frère Sanche II par le pape (1245). Le traité de Badajoz, signé par les deux souverains (1267), laisse l'Algarve au Portugal qui renonce à la rive orientale du Guadiana, domaine castillan. Mais c'est seulement sous le règne de son fils Denis le Libéral que la Castille reconnaît la frontière définitive du Portugal par le traité d'Alcañices (1297). Denis renforce l'autorité royale et l'essor économique, industriel et commercial, en s'appuyant sur la bourgeoisie des villes. Souverain lettré, il compose des chansons d'amour comme son aïeul le roi Sanche Ier et impose le dialecte de Porto comme langue nationale. Dorénavant, le portugais remplace le latin dans les actes officiels du royaume.

Le traité d'Alcañices avait prévu en outre le double mariage de Constance, fille de Denis le Libéral, avec l'infant Ferdinand de Castille, et de Béatrice, fille de Sanche IV de Castille, avec l'héritier portugais Alphonse. Jaloux des faveurs accordées à ses demi-frères, Alphonse s'oppose à son père (1320) dans une lutte à laquelle seule la mort du roi met un terme (1325). Accédant au trône sous le nom d'Alphonse IV, désireux de venger l'affront fait à sa fille Marie, maltraitée par son époux Alphonse XI de Castille, il s'unit à l'Aragon contre la Castille. Le rapide désaccord entre les alliés conduit à la paix signée à Séville (1340) et à l'union des rois chrétiens de la péninsule contre l'Infidèle, qui aboutit la même année à la victoire du Salado. Alphonse IV doit encore subir la révolte ouverte de son fils Pierre dont il a fait assassiner la maîtresse, Inés de Castro (1355). Devenu roi (1357), Pierre Ier le Justicier venge Inés – la Reine morte –, mais refuse d'accorder son soutien à Pierre Ier le Cruel et reconnaît comme roi de Castille un fils naturel d'Alphonse XI de Castille : Henri de Trastamare, futur Henri II le Magnifique. Celui-ci assassine Pierre Ier en 1388. Moins prudent que son père, Ferdinand Ier accepte la reconnaissance que lui offrent plusieurs villes de Galice et d'Estrémadure qui refusent de se soumettre au régicide, s'attirant de ce fait une première offensive militaire d'Henri II (1369) qui reprend les hostilités avec le Portugal quand Ferdinand Ier appuie les prétentions dynastiques de l'Angleterre en Castille (1372-1373).

Le lancastrien Jean de Gand, en effet, par son mariage avec Constance de Castille, fille de Pierre le Cruel, est prétendant au trône de Castille. Ferdinand renoue son alliance avec l'Angleterre (1380), mais il est contraint de signer avec la Castille un traité de paix (1382) aux termes duquel sa fille Béatrice doit épouser un fils de Jean Ier de Castille. À la mort prématurée de l'infant, c'est le roi Jean Ier qui épouse Béatrice ; l'accord prévoit que les deux royaumes demeurant séparés auront le même souverain, fils de Béatrice.

Quand meurt Ferdinand Ier (1383), Jean Ier de Castille revendique pour lui-même et pour son

Soldats portugais vus par un artiste africain

Initiateur des découvertes maritimes, c'est notamment à la recherche d'or que l'infant Henri, dit le Navigateur, a dirigé l'exploration des côtes africaines. Après lui, son neveu Alphonse V, nommé l'Africain, puis Jean II, qui ajouta au titre traditionnel de « roi de Portugal et d'Algarve » celui de « seigneur de Guinée », continuèrent d'encourager les expéditions portugaises. Elles sont à l'origine de l'introduction d'objets d'art africain en Europe, comme cette salière en ivoire du XVIIe siècle.

ALPHONSE D'ALBUQUERQUE, VICE-ROI DES INDES

Après avoir exploré Madagascar en 1505, Albuquerque assure à la couronne portugaise le contrôle des épices au détriment de Venise en s'emparant d'Ormuz en 1507. À la suite de Francisco de Almeida, auquel il succède comme vice-roi des Indes en 1509, il établit en Orient un réseau de factoreries et de forteresses. Il fait de Goa, qu'il prend en 1510 après avoir massacré la population musulmane, la capitale de l'Empire portugais des Indes. Il conquiert en 1511 les côtes de Ceylan et de Malacca et rend tributaires du roi de Portugal les souverains de Siam, Java et Sumatra. Il meurt en 1515 à Goa alors qu'il allait défendre Ormuz contre les Arabes et les Turcs.

épouse le trône de Portugal. Jean grand maître de l'ordre d'Aviz, fils illégitime de Pierre Ier le Justicier, se porte alors en défenseur du royaume envahi par les troupes castillanes, contraintes de battre en retraite par une épidémie de peste (1384). Contre les droits des fils d'Inés de Castro, les Cortes de Coimbra proclament le maître d'Aviz roi de Portugal sous le nom de Jean Ier (1385). Une nouvelle invasion castillane est arrêtée avec l'aide des archers anglais à Aljubarrota (1385), et le traité de Windsor (1386) transforme cette aide en une alliance perpétuelle avec l'Angleterre, concrétisée par le mariage (1387) de Jean Ier avec Philippa de Lancastre, fille de Jean de Gand. Ce n'est qu'en 1411 qu'est signée avec la Castille une paix perpétuelle qui sera maintenue jusqu'à l'invasion de Philippe II d'Espagne en 1580.

DU ROYAUME À L'EMPIRE COLONIAL

Sous le règne de Jean Ier commence l'expansion portugaise en Afrique du Nord avec la conquête de Ceuta (1415) et la découverte méticuleuse des côtes atlantiques de l'Afrique sous l'impulsion d'un de ses fils, l'infant Henri le Navigateur (1394-1460). La mort prématurée de son fils Édouard, qui ordonne deux compilations juridiques destinées à régir le royaume, porte à la régence son autre fils Pierre (1438) auquel s'oppose, dès sa majorité, son neveu et gendre Alphonse V, allié au duc de Bragance (1449). Devenu veuf (1455), Alphonse V l'Africain épouse sa nièce Jeanne la Beltraneja, mais ses prétentions au trône de Castille sont anéanties par la demi-sœur d'Henri IV, Isabelle. Son fils Jean II le Parfait, qui refuse à deux reprises les propositions de Christophe Colomb (1484, 1488), mais obtient la reconnaissance d'une ligne de partage du monde avec la Castille (traité de Tordesillas, 1494) qui va lui donner le Brésil, désigne, après la mort de son fils, son cousin et beau-frère Manuel pour héritier.

Manuel Ier achève la soumission de la noblesse entreprise par Jean II et règne en monarque absolu sur un pays qui, espérant peut-être dominer la péninsule, va voir se multiplier les alliances matrimoniales avec la Castille. Manuel Ier se marie trois fois : d'abord avec Isabelle, veuve du défunt prince héritier Alphonse et fille des Rois Catholiques (1497), puis avec sa sœur Marie (1500), enfin avec Éléonore, fille de Jeanne Ire de Castille et sœur de Charles Quint (1518). Son fils Jean III le Pieux introduit l'Inquisition au Portugal (1531) et évite de s'engager dans le conflit qui oppose Charles Quint aux rois de France. Il épouse Catherine, fille de Jeanne Ire de Castille, alors que sa fille Isabelle s'unit à Charles Quint (1526). Le prince héritier Jean épouse Jeanne, fille de Charles Quint, et sa sœur Marie l'infant Philippe (1552). Quand, lors d'une expédition au Maroc, meurt sans postérité le petit-fils et successeur de Jean III, Sébastien Ier, qui devait épouser Isabelle, fille de Philippe II, c'est le vieux Henri le Cardinal, frère de Jean III, qui lui succède. Mais à son tour il meurt sans héritier. Le rattachement du Portugal à l'Espagne, préparé par ces alliances répétées entre les deux pays, devient alors inéluctable.

1095 création du comté de Portugal.
1139 création du royaume de Portugal.
1147 prise de Lisbonne.
1174 prise de Santarém.
1179 indépendance du royaume de Portugal.
1212 première réunion des Cortes à Coimbra.
1248 Lisbonne devient capitale du royaume.
1249 reconquête de l'Algarve.
1290 fondation de l'université de Lisbonne par une bulle du pape Nicolas IV.
1307 transfert de l'université de Lisbonne à Coimbra.
1338 retour de l'université à Lisbonne.
1354 nouveau transfert de l'université à Coimbra.
1377 nouveau retour de l'université à Lisbonne.
1385 accession de la dynastie d'Aviz au trône de Portugal.
1415 conquête de Ceuta.
1419 les Portugais s'établissent à Madère.
1432-1457 découverte des Açores.
1446 découverte de la Guinée portugaise (Guinée-Bissau) par Nuno Tristão.
1461-1462 découverte des îles du Cap-Vert par Diogo Alfonso.
1482-1485 Diogo Cão atteint et explore l'embouchure du Congo.
1494 traité de Tordesillas fixant la ligne de démarcation entre les possessions portugaises et espagnoles du Nouveau Monde.
1498 Vasco de Gama au Mozambique.
1520 découverte de l'île de Timor.
1529 l'Angola reconnaît la suzeraineté du Portugal.
1531 institution de l'Inquisition.
1537 transfert définitif de l'université de Lisbonne à Coimbra.
1557 annexion de Macao.
1580 rattachement du Portugal à la couronne d'Espagne.

▼ *Un portulan*
Avec le concours de cartographes, notamment Jaime de Majorque et le Génois Antonio da Nole qu'il avait appelés auprès de lui, c'est en professionnel que Henri le Navigateur a entrepris ses expéditions africaines, ouvrant la route maritime des Indes, où le Portugais Vasco de Gama parviendra après avoir franchi le cap de Bonne-Espérance le 22 novembre 1497.

Charles Quint

Né à Gand (1500) de Philippe le Beau et de Jeanne la Folle, reine de Castille, éduqué dans les Flandres, Charles Ier ne parle pas l'espagnol lorsqu'il débarque dans les Asturies (1517), accompagné de nobles flamands auxquels il accorde les dignités qu'attendent de lui ses nouveaux sujets, mécontents de surcroît de voir leur souverain repartir vers l'Allemagne (1520). Les villes de Castille se révoltent contre lui au moment où des troubles sociaux éclatent à Valence et Majorque (1520-1521). Ces révoltes durement réprimées, Charles doit aussi affronter les Turcs à Tunis (1535) et résoudre la question religieuse en Allemagne (1555).

Le règne des Habsbourg en Espagne (1516-1700) est jalonné de conflits, tant à l'intérieur qu'à l'extérieur. Mais l'empire de Charles Quint et le Siècle d'or de Philippe II marquent aussi l'apogée de l'Espagne en Europe et dans le monde. À partir de la deuxième moitié du XVIIe siècle, avec la perte du Portugal et surtout l'extinction des Habsbourg d'Espagne, le pays amorce un déclin qui semble irréversible. Le XVIIIe siècle des Bourbons d'Espagne, synonyme de despotisme éclairé avec Charles III, la guerre de libération de 1808 contre le joug napoléonien, l'indépendance des colonies américaines jalonnent une histoire faite de crises, d'instabilité et de recul. La fin du XIXe siècle et le début du XXe voient l'Espagne tenter de premières expériences démocratiques que la guerre civile (1936-1939) noie dans le sang. L'accession au trône de Juan Carlos Ier et l'entrée dans la C.E.E. scellent le retour de l'Espagne dans le concert des nations.

Le conflit entre la France et l'Espagne commence avec l'élection de Charles au trône du Saint Empire romain germanique contre le roi de France François Ier, qui prétendait également à cette dignité. Charles et ses successeurs devront soutenir des guerres incessantes contre les souverains français pour la suprématie européenne dans les possessions des Flandres, de Bourgogne et d'Italie. La trêve de Vaucelles (1556) avec Henri II marque une pause dans la guerre franco-espagnole au moment où Charles Quint renonce aux Pays-Bas (1555), à la totalité de ses domaines espagnols et à la Franche-Comté (1556) en faveur de son fils Philippe, et abdique au profit de son frère Ferdinand (1556), déjà roi de Hongrie et de Bohême. Charles Quint se retire alors à Yuste où il meurt parmi les moines hiéronymites (1558).

L'ANGLETERRE, ARBITRE DU CONFLIT FRANCO-ESPAGNOL

Philippe II ayant épousé en secondes noces la reine d'Angleterre Marie Tudor, cette alliance représente un danger pour la France. Le traité du Cateau-Cambrésis (1559) qui prévoit le mariage de Philippe, devenu veuf, avec Élisabeth de Valois, fille d'Henri II et de Catherine de Médicis, met un terme provisoire à la guerre entre la France et l'Espagne. Philippe II se consacre alors à la répression des troubles religieux aux Pays-Bas (1564-1575). Le soulèvement des morisques (musulmans convertis de force au christianisme) de Grenade (1567-1570) conduit Philippe II à s'allier avec Venise et la papauté dans une Sainte Ligue contre l'islam dont le point culminant sera la bataille de Lépante (1571). Quand la guerre resurgit dans les Flandres (1578), les provinces du nord, à majorité protestante, font sécession (1579) avec l'aide de l'Angleterre et de la France. Philippe II, devenu roi de Portugal (1581), envoie, contre l'Angleterre, son Invincible Armada au désastre (1588). Après la mort sans héritier du roi de France Henri III (1589), Philippe II renforce l'hostilité franco-espagnole en réclamant pour sa fille Isabelle (petite-fille d'Henri II) le trône de France. Mais la conversion d'Henri IV au catholicisme (1593) anéantit ses espérances françaises. Pour calmer leur révolte, il cède les Flandres à Isabelle lors de son mariage avec l'archiduc Albert (1598).

Avec son fils Philippe III commence alors le règne des favoris qui vont gouverner et l'Espagne et ses rois : le duc de Lerma va s'employer à conduire une politique pacifiste. Mais la guerre

◀ ***La bataille de Lépante***
Gagnée par l'infant don Juan d'Autriche, frère de Philippe II, la bataille de Lépante (1571) est une victoire sans lendemain : Chypre reste aux mains des Ottomans et Philippe II signe une trêve avec les Turcs. Mais elle fait du roi d'Espagne le champion du catholicisme et excite la jalousie des autres puissances européennes. Elle voit aussi s'illustrer un jeune soldat, Miguel de Cervantès Saavedra, qui y perd l'usage de son bras gauche et deviendra célèbre en publiant les aventures de L'Ingénieux Hidalgo don Quichotte de la Manche.

de Trente Ans éclate en Allemagne (1618) ; à l'avènement de Philippe IV et de son favori le comte-duc d'Olivares (1621), l'Espagne va s'engager dans ce conflit. Les traités de Westphalie (1648) qui consacrent notamment l'indépendance des Provinces-Unies ne mettent que partiellement fin aux hostilités et la guerre entre l'Espagne et la France se poursuit pendant onze ans. La paix des Pyrénées (1659), qui enlève à l'Espagne le Roussillon, une partie de la Cerdagne, l'Artois et plusieurs villes des Flandres, conclut le mariage de Marie-Thérèse d'Autriche, fille du roi, avec Louis XIV.

▲ ***Velázquez, Les Fileuses, v. 1657***
Peintre officiel de Philippe IV grâce à la protection du comte d'Olivares dont il fit de nombreux portraits, Velázquez peignit à la fin de sa vie d'universels chefs-d'œuvre comme ces Fileuses *et* Les Ménines.

LA FIN DES HABSBOURG D'ESPAGNE

En paix avec l'Europe, l'Espagne doit encore régler la question du Portugal que Philippe IV perd définitivement peu avant sa mort (1665). Louis XIV réclamant les Pays-Bas espagnols au nom de Marie-Thérèse, le règne de Charles II s'ouvre par une nouvelle guerre contre la France : la guerre de Dévolution, qui s'achève par la paix d'Aix-la-Chapelle (1668), voit le retour de la Franche-Comté à l'Espagne qui perd par alleurs plusieurs villes flamandes. L'engagement de l'Espagne dans l'alliance de La Haye contre la France et l'Angleterre (1671) est le prélude à un autre conflit défavorable à l'Espagne, qui cède la Franche-Comté et quelques villes flamandes par le traité de Nimègue (1678). La Ligue d'Augsbourg (1686), coalition des puissances européennes contre Louis XIV, entraîne une fois encore l'Espagne dans une guerre qui achèvera de la ruiner. Quand la paix est signée à Ryswick (1697), Louis XIV rend ses dernières conquêtes à l'Espagne, peut-être pour s'attirer la sympathie des Espagnols dont le dernier roi Habsbourg, Charles II, maladif et impuissant, allait bientôt mourir (1700), laissant le pays sans héritier.

Désigné, après de longues négociations, comme héritier unique de tous les États de la couronne espagnole dans le testament de Charles II, Philippe V, inaugurant le règne des Bourbons d'Espagne, est proclamé roi (1700). Pour la première fois de son histoire, l'Espagne entre alors aux côtés de la France, contre les autres nations coalisées pour asseoir l'archiduc Charles sur le trône espagnol, dans une guerre de succession qui va durer treize ans (1702-1714). À l'issue de cette guerre, Philippe V est reconnu roi. Il confirme son renoncement à ses droits au trône de France, perd Milan, la Sardaigne, Naples et les Flandres au profit de l'Autriche, la Sicile cédée au duc de Savoie, et Gibraltar et Minorque qui passent à l'Angleterre. C'en est fini de l'empire espagnol en Europe. Ferdinand VI, successeur de Philippe V (1746), s'emploie à maintenir la neutralité de l'Espagne pendant la guerre de Sept Ans (1756-1763). Sa mort prématurée et l'accès au trône, après l'abandon de Naples, de son demi-frère Charles III (1759), qui introduit un despotisme éclairé et instaure une plus grande centralisation du pouvoir, lancent l'Espagne dans ce conflit dont elle s'était tenue à distance jusque-là et qui aboutit au traité de Paris (1763) où l'Angleterre obtient la Floride. Sous Charles III, l'Espagne doit aussi soutenir une guerre en Amérique contre le Portugal (1778) et intervenir contre l'Angleterre dans la guerre d'indépendance des États-Unis qui lui rend, au traité de Versailles (1783), la Floride et Minorque.

DE LA FIN DE L'EMPIRE CONONIAL À LA C.E.E.

À l'intérieur, Charles III s'efforce de promouvoir l'économie et réorganise l'administration, tant en Espagne que dans les territoires américains. Le règne de son fils Charles IV (1788) voit arriver au faîte du pouvoir le favori Manuel Godoy (1793) qui conduit la politique espagnole. Quand Louis XVI est guillotiné, l'Espagne s'allie aux puissances européennes contre la France et s'engage dans la guerre. L'invasion des troupes napoléoniennes, l'abdication et l'exil de leur roi, l'avènement au trône de Joseph Bonaparte déclenchent une guerre de libération contre l'occupant français (1808) dont la Grande Armée de Napoléon ne se remettra jamais véritablement. En 1814, aidé par les défaites et la chute de Napoléon Ier, le fils de Charles IV, Ferdinand VII, remonte sur le trône espagnol. Le roi abolit la constitution libérale votée par les Cortes de Cadix (1812) et instaure un régime absolutiste qui provoque l'insurrection des libéraux (1814-1820). Parallèlement, les colonies se soulèvent et accèdent à l'indépendance (1818-1824), mettant fin à l'empire colonial de l'Espagne qui ne conserve plus que Cuba, Porto Rico et les Philippines. À la mort du roi (1833), les libéraux reconnaissent sa fille mineure Isabelle contre les absolutistes, partisans du frère du roi défunt : Charles (carlistes). La première guerre carliste, qui s'achève par la convention de Vergara (1839) et l'exil de Charles en France, pousse la reine mère Marie-Christine à céder la régence du royaume (1840), mais ne met pas fin aux luttes entre progressistes et modérés qui se disputent le pouvoir. La deuxième guerre carliste (1845-1849), les guerres peu avantageuses du Maroc (1859) et du Pacifique contre le Chili et le Pérou (1866), ainsi que l'apparition d'un parti démocrate à tendances républicaines conduisent le pays à une révolution (1868) et à l'exil de la reine Isabelle II. Après le gouvernement provisoire présidé par le général Serrano et le bref règne d'Amédée de Savoie, la Première République est proclamée (1873) sans pour autant mettre fin à l'anarchie. L'avènement d'Alphonse XII rétablit les Bourbons sur le trône (1874). En mettant fin aux guerres carlistes (troisième guerre : 1868-1876), en pacifiant Cuba (1868-1878) et en instaurant un régime parlementaire (1876), le roi et son ministre Canovas del Castillo préparent un règne de paix, interrompu par la mort prématurée d'Alphonse XII (1885) auquel succède son fils posthume Alphonse XIII (1886). La perte des dernières colonies (1898), la crise économique et politique qui s'ensuit aboutissent, avec l'accord du roi, à la dictature militaire du général Primo de Rivera (1923), contraint à la démission en 1930. Les Espagnols des grandes villes ayant opté pour un régime républicain (1931), Alphonse XIII s'exile. La Seconde République ne peut empêcher l'affrontement : la guerre civile éclate en 1936. Cette lutte fratricide s'achève en 1939 par la victoire des nationalistes qui, avec le général Franco à la tête de l'État, instaurent une dictature militaire. Durant quatre décennies, l'Espagne reste alors à l'écart de la politique européenne jusqu'à l'avènement du petit-fils d'Alphonse XIII, désigné comme successeur (1969) par Franco lui-même, qui restaure la monarchie à sa mort (1975). Juan Carlos Ier, roi d'Espagne grâce au renoncement de son père don Juan (1977), établit une monarchie parlementaire et constitutionnelle.

1519 Charles Ier est élu empereur (Charles Quint).
1521 conquête de Tenochtitlán (Mexico) par l'Espagnol Hernán Cortés.
1525 François Ier battu par les troupes de Charles Quint à Pavie.
1526 traité de Madrid entre Charles Quint et François Ier.
1530 Clément VII couronne Charles empereur à Bologne.
1531 conquête du Pérou par l'Espagnol Francisco Pizarro.
1534 Ignace de Loyola fonde la Compagnie de Jésus.
1538 trêve de Nice entre Charles Quint et François Ier.
1544 traité de Crépy-en-Laonnois entre la France et l'Espagne.
1559 paix du Cateau-Cambrésis qui prévoit le mariage de Philippe II avec la fille d'Henri II.
1561 Madrid capitale d'Espagne.
1588 désastre de l'Invincible Armada.
1643 victoire de Condé sur les Espagnols à Rocroi.
1704 prise de Gibraltar par l'Angleterre.
1713, 1714 traités d'Utrecht et de Rastatt : fin de la guerre de Succession d'Espagne.
1755 tremblement de terre de Lisbonne.
1759, 1767 expulsion des jésuites du Portugal et de l'Espagne.
1805 bataille de Trafalgar.
1812 Cortes de Cadix.
1818-1824 indépendance des colonies américaines.
1823 congrès de Vérone.
1839 fin de la première guerre carliste.
1868 révolution en Espagne.
1873 Première République espagnole.
1898 perte des dernières colonies américaines.
1923-1930 dictature de Primo de Rivera.
1933-1968 au Portugal, régime corporatiste de Salazar.
1936-1939 guerre civile en Espagne.
1974 révolution des Œillets au Portugal ; indépendance de la Guinée-Bissau.
1975 indépendance du Mozambique, de l'Angola, et des îles Sao Tomé, Principe et du Cap-Vert.
1978 constitution espagnole.
1981 échec d'un coup d'État militaire à Madrid.
1986 adhésion du Portugal et de l'Espagne à la C.E.E.

Picasso devant Guernica*, 1937* ▶
En juin 1937, le pavillon espagnol de l'exposition internationale de Paris présente Guernica *de Pablo Picasso. Commande du gouvernement espagnol, le peintre avait pour seules consignes de créer une œuvre forte et de grandes dimensions. Lorsque Picasso apprend le bombardement de Guernica, il décide d'en faire son sujet. Ancienne capitale de la Biscaye, Guernica y luno fut détruite sur ordre du général Franco par les carlistes navarrais appuyés par l'aviation italienne et la « Légion Condor » allemande. Le but de Franco était d'anéantir le moral des troupes républicaines et la résistance basque. Mais la mort de 1 654 civils et l'intervention allemande en firent très rapidement un symbole. Limitant sa palette aux seuls noir, blanc et gris, Picasso réussit à « peindre une toile d'envergure exprimant le siècle et non plus seulement son histoire personnelle » comme il en avait émis le vœu à son ami et marchand Daniel Henry Kahnweiler.*

SUCCESSION AU TRÔNE DE PORTUGAL (1580)

À la mort, sans postérité, du roi Sébastien de Portugal (1557-1578), c'est son oncle, le cardinal Henri, fils de Manuel Ier de Portugal et de Marie de Castille, qui lui succède. Henri (1578-1580), âgé et archevêque, meurt lui aussi sans laisser de successeur.
Prétendent alors au trône de Portugal :
- Philippe II d'Espagne (fils de l'impératrice Isabelle, deuxième fille du roi Manuel Ier)
- Catherine, duchesse de Bragance (fille de l'infant Édouard, oncle du roi Manuel Ier)
- Antoine, prieur de Crato (fils naturel de l'infant Louis, fils du roi Jean II)
- Albert de Parme (fils d'Alexandre Farnèse et petit-fils de Marie de Parme, fille de l'infant Édouard)
- Emmanuel de Savoie (fils de Charles de Savoie et de Béatrice, fille de Manuel Ier)
- Catherine de Médicis, régente de France (descendante de la comtesse Mathilde de Bologne, épouse du roi Alphonse III de Portugal).
Les prétentions dynastiques de Philippe II d'Espagne, petit-fils de Manuel Ier de Portugal sont les plus solides :
- Isabelle Ire de Castille (arrière-grand-mère de Philippe) était la fille d'Isabelle de Portugal (fille de l'infant Jean de Portugal et petite-fille du roi Jean Ier de Portugal)
- Ferdinand II d'Aragon et Isabelle Ire de Castille ont marié :
. leur fille Isabelle avec l'infant Alphonse de Portugal et, à la mort de ce dernier, avec le roi Manuel Ier
. leur fille Marie avec le roi Manuel Ier (après la mort d'Isabelle)
- Veuf pour la deuxième fois, le roi Manuel Ier a épousé sa nièce Éléonore (fille de Philippe le Beau et de Jeanne la Folle), sœur de Charles Quint.

Exposition universelle de Séville,1992 ▶
Alors que l'Europe commémore le cinquième centenaire de la découverte du Nouveau Monde,Madrid est promue capitale culturelle,Barcelone est le siège des jeux Olympiques d'été et Séville accueille l'exposition universelle.

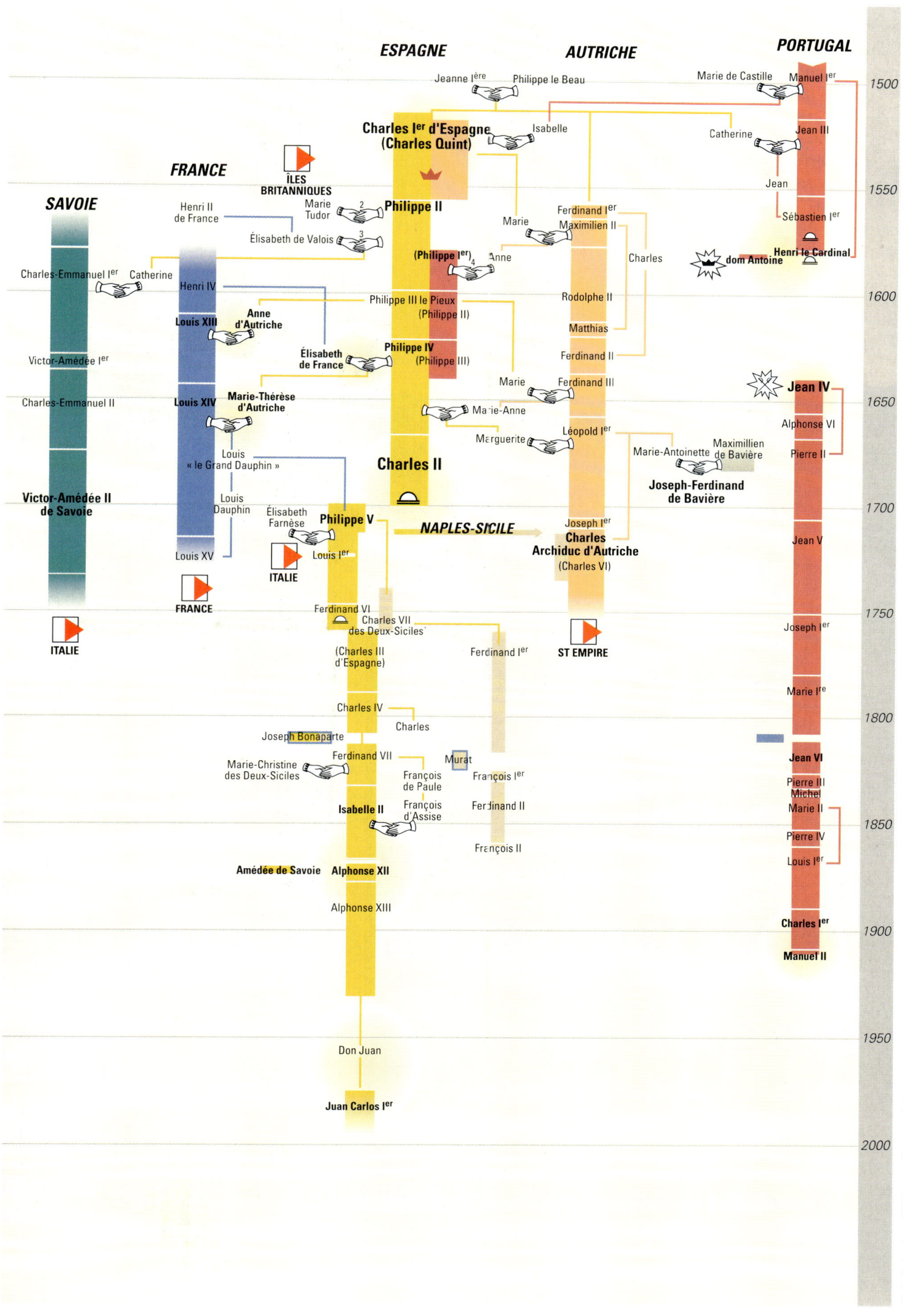

1506 Charles devient prince des Pays-Bas à la mort de son père puis roi d'Espagne (Charles Ier) et roi de Sicile (Charles IV) à la mort de son grand-père maternel en 1516 ; il abdique comme roi d'Espagne (Aragon-Castille) et de Sicile au profit de son fils Philippe II en 1556. Il meurt en 1558 à Yuste (Estrémadure).

1581 Philippe II doit mener une lutte armée contre son rival au trône de Portugal Antoine, prieur de Crato, petit-fils naturel de Jean II, proclamé roi de Portugal à Santarém (1580), avant d'être lui-même reconnu officiellement comme le souverain du pays sous le nom de Philippe Ier.

1601 À l'initiative du pape Clément VIII, s'ouvrent des négociations qui aboutiront quatorze ans plus tard à un double mariage : de la princesse Élisabeth de France (fille aînée d'Henri IV) avec le prince des Asturies, futur Philippe IV, et de l'infante Anne d'Autriche avec Louis XIII de France. Mais ces unions ne parviendront pas à mettre un terme aux conflits entre les deux pays.

1640 L'insurrection qui porte sur le trône de Portugal le huitième duc de Bragance Jean IV n'assure pas immédiatement le succès de l'indépendance du pays. Philippe IV tente de le reconquérir jusqu'à sa défaite à Monte Claros (1665), et c'est un traité signé en 1668 par le gouvernement de Madrid qui reconnaît les deux couronnes, laissant le Portugal à la maison de Bragance jusqu'en 1910.

1660 L'un des 124 articles du traité des Pyrénées (1659) prévoit le mariage de Louis XIV avec l'infante Marie-Thérèse d'Autriche qui devait renoncer à ses droits à la couronne d'Espagne avant d'épouser le roi de France à Saint-Jean-de-Luz.

1700 (3 octobre) Le testament de Charles II désigne pour héritier unique de tous les États de la couronne d'Espagne le duc Philippe d'Anjou, second fils du dauphin Louis et petit-fils de Louis XIV et de Marie-Thérèse d'Autriche.

1820 Jean VI retourne au Portugal treize ans après l'exil de la famille royale pour le Brésil après l'invasion des troupes françaises du général Junot.

1868 Isabelle II d'Espagne en exil abdique en faveur de son fils. Mais le gouvernement provisoire espagnol offre finalement le trône à Amédée de Savoie qui abdiquera en 1873.

1908 Assassinat de Charles Ier de Portugal.

1910 Exil de Manuel II de Portugal pour l'Angleterre et proclamation de la République.

1975 À la mort de Franco Juan Carlos Ier, fils de Juan de Bourbon et de Marie-Mercedes de Bourbon, monte sur le trône d'Espagne.

Peuplée dès le VIe siècle par des tribus slaves parmi lesquelles les Tchèques sont prépondérants, la Bohême, gouvernée par la dynastie des Premyslides, est évangélisée à partir du XIe siècle. Le duc Venceslas Ier, assassiné en 929, est canonisé : la Bohême devient le pays de la « couronne de saint Venceslas ». Quand, en 973, est créé l'évêché de Prague qui fait partie de la province de Mayence, la Bohême est devenue dépendante du roi germanique. Vers l'an 1000, la suzeraineté de celui-ci est contestée par Boleslav Ier le Vaillant, duc puis roi de Pologne, mais rétablie par l'empereur Henri II en 1004. Dès le XIe siècle commence l'expansion de la Bohême dont les ducs conquièrent la Moravie, longtemps disputée aux souverains de Pologne. Bien que Vratislav II (1061-1092) obtienne la couronne royale, l'indépendance de la Bohême vis-à-vis de l'Empire ne sera pas reconquise : électorat et seul royaume héréditaire (depuis 1204) du Saint Empire, elle lui restera attachée jusqu'en 1806.

La dynastie des Premyslides qui règne en Bohême atteint son apogée sous Otakar II (1253-1278) ; celui-ci annexe l'Autriche, la Styrie, la Carinthie et la Carniole au sud, la Silésie et la Lusace au nord. Souverain le plus puissant du Saint Empire, régnant sur un territoire dont le dynamisme économique est lié à une forte colonisation allemande, Otakar II brigue la couronne impériale. L'élection de Rodolphe Ier de Habsbourg en 1273 marque le début du déclin de la Bohême. Vaincu en 1278, Otakar II doit céder toutes ses conquêtes, et l'Autriche revient aux Habsbourg.

DE L'AUTRICHE AUX HABSBOURG

L'Autriche a été érigée en marche de l'Est (Ostmark) par Charlemagne. Appartenant d'abord à la Bavière, elle est devenue indépendante en 976 avec Léopold Ier l'Illustre, de la dynastie des Babenberg. Sous Henri II Jasomirgott, elle est érigée en duché (1156) ; ses successeurs lui rattachent la Styrie, la Carinthie et la Carniole. À l'extinction des Babenberg, les Premyslides héritent de leurs territoires – héritage contesté par Rodolphe Ier de Habsbourg. Après sa victoire de 1278 sur Otakar II, Rodolphe Ier accorde les territoires autrichiens à son fils Albert. C'est ainsi que les Habsbourg, originaires de la Suisse alémanique, s'installent à Vienne. En 1363, ils acquièrent le Tyrol, en 1386 le Brisgau (cédé au grand-duché de Bade en 1805), entre 1375 et 1523 les différentes parties du Vorarlberg, en 1382 Trieste et en 1474 le Sundgau (cédé à la France en 1648). Devenus archiducs en 1359, ils revendiquent le même statut que celui accordé aux princes électeurs du Saint Empire par la Bulle d'or de 1356. Le titre de suzerain ne leur sera reconnu que sous l'empereur Frédéric III en 1453. Entre 1308 et 1438, la couronne impériale leur échappe jusqu'à ce que Albert V, ayant hérité la Bohême de son beau-père Sigismond de Luxembourg (1437), soit élu empereur sous le nom d'Albert II. Durant son court règne (il meurt en 1439), la Bohême et l'Autriche sont réunies.

DE LA BOHÊME À L'EMPIRE AUSTRO-HONGROIS

Après l'extinction des Premyslides en 1310, la Bohême passe aux comtes de Luxembourg (empereurs de 1346 à 1400 et de 1410 à 1437).

Rodolphe II

Empereur mélancolique, Rodolphe II (1576-1612) réside à Prague qui devient de 1582 à 1617 résidence impériale. Mécène, protecteur de J. Képler et de Tycho Brahe, il fait de cette ville une brillante métropole de la vie intellectuelle européenne. Au début de son règne, les catholiques ne forment qu'un dixième de la population. Sa politique en faveur de la Contre-Réforme se révèle un échec. En conflit avec son frère Mathias, il accorde aux Bohêmes un édit de tolérance calqué sur l'Édit de Nantes (la Lettre de majesté de 1609) qui leur assure la liberté de conscience et de culte.

◀ *Le siège de Vienne*
En septembre 1529, la capitale autrichienne subit le premier assaut des armées de Soliman le Magnifique, déjà vainqueur des Hongrois à Mohács en 1526. Même si le siège est levé, le danger turc persiste et l'empereur Charles Quint a besoin de l'aide des princes protestants pour l'endiguer, favorisant ainsi l'extension de la Réforme.

Jean l'Aveugle (fils de l'empereur Henri VII) annexe la Lusace et la Silésie. Allié du roi de France Jean le Bon, il est tué à la bataille de Crécy en 1346, l'année même qui voit l'élection de son fils au trône impérial : Charles IV. Charles IV fait de sa capitale praguoise le siège d'un archevêché et y fonde la première université du Saint Empire (1348). En 1373, il acquiert le margraviat de Brandebourg (il sera cédé en 1415 par son fils Sigismond aux Hohenzollern). Le roi de Bohême dispose ainsi d'un vaste territoire le long de l'Elbe.

Vers 1400 et surtout entre 1419 et 1436, pendant la guerre des hussites (adeptes du théologien Jan Hus, condamné pour hérésie au concile de Constance et brûlé en 1415), la monarchie est ébranlée par la contestation émanant des assemblées d'États dominées par la noblesse. Le soulèvement hussite – à la fois mouvement religieux réformiste et réaction nationale « tchèque » contre l'influence allemande (prépondérante dans les affaires économiques et politiques) – aboutit à un compromis religieux qui concède aux hussites le droit de communier sous les deux espèces. Autre cause d'affaiblissement du pouvoir royal : d'héréditaire, la monarchie devient élective (élection de Georges de Podebrady en 1458). Puis de 1471 à 1526, la Bohême est gouvernée par les Jagellons, rois de Pologne et de Hongrie. Louis II, beau-frère de l'archiduc Ferdinand d'Autriche, meurt à la bataille de Mohács contre les Turcs (1526). L'archiduc Ferdinand, frère de l'empereur Charles Quint, devient roi de Bohême (Moravie et Silésie incluses) et de Hongrie. Élu roi des Romains (c'est-à-dire successeur en cas d'abdication ou de décès de l'empereur) en 1531, il obtient en 1547 que la dignité électorale soit réservée dans ses États aux seuls Habsbourg et devient empereur en 1556 sous le nom de Ferdinand Ier : la Bohême est dès lors définitivement rattachée à l'Autriche et le restera jusqu'en 1918.

Pour sa part, l'Autriche (territoires annexes compris) a été divisée maintes fois et gouvernée par différentes branches des Habsbourg aux XIVe et XVe siècles. Ce n'est qu'en 1493 que Maximilien Ier (roi germanique en 1486, empereur en 1508), unifie et réunit branches et États autrichiens. Par son mariage avec Marie de Bourgogne, les Habsbourg acquièrent les États bourguignons (les Pays-Bas notamment). Par le mariage de ses enfants Philippe le Beau avec Jeanne la Folle (fille de Ferdinand et d'Isabelle la Catholique) et de Marguerite avec Jean (fils de ces derniers, mort l'année même de son mariage en 1497), la dynastie des Habsbourg accède au trône d'Espagne. Charles Quint, petit-fils de Maximilien Ier, empereur en 1519, cède les territoires autrichiens (Autriche, Styrie, Carinthie, Carniole, Tyrol, Brisgau) à son frère Ferdinand en 1521-1522, séparant ainsi les territoires des Habsbourg d'Espagne et d'Autriche. Ces derniers sont divisés à nouveau en 1564 entre les trois lignées : autrichienne, tyrolienne et styrienne. Seule la dernière survit : en 1619, Ferdinand II de Styrie, roi de Bohême depuis deux ans, élu empereur la même année, réunit tous les territoires des Habsbourg « allemands », qui ne vont plus être séparés jusqu'en 1918.

Dès son avènement en Bohême , son règne est contesté par les nobles (convertis au calvinisme) où l'empereur Rodolphe II, en 1609, a dû, par la Lettre de majesté, concéder la liberté religieuse. La Contre-Réforme engagée par l'empereur Mathias suscite une opposition acharnée dans les États. En 1618, une étape est franchie avec la défenestration des émissaires de Ferdinand II de Styrie à Prague et l'élection de l'électeur palatin Frédéric V (calviniste et chef de l'Union évangélique des princes protestants), comme roi de Bohême. Après la défaite de celui-ci à la Montagne blanche en 1620, Ferdinand II est reconnu comme roi. La nouvelle constitution décrétée en 1627 met fin à l'autonomie du royaume, tous les privilèges des États sont abolis, une grande partie de la noblesse tchèque doit émigrer. Dès lors, les principautés autrichiennes et le royaume de Bohême forment un ensemble où s'établit la monarchie absolue, gouvernant, à partir de 1761, sous l'autorité de la chancellerie aulique unie austro-bohémienne *(Vereinigte böhmisch-österreichische Hofkanzlei)*.

▼ *La défenestration de Prague*
La violation de la Lettre de majesté de 1609 par Mathias avive l'opposition, particulièrement celle des nobles. Le 23 mai 1618, trois conseillers du roi Ferdinand de Styrie, catholiques, sont jetés par une fenêtre du Hradcany (château de Prague). Cette défenestration sonne le signal de la révolte des protestants qui élisent Frédéric V du Palatinat, roi de Bohême. C'est le début de la guerre de Trente Ans.

LA BOHÊME ET L'AUTRICHE Xe-XVIIe SIÈCLE

v. 890 Borivoj Ier impose l'autorité des Premyslides aux autres tribus slaves de Bohême
1114 les ducs de Bohême électeurs du Saint Empire.
1182 la Moravie devient margraviat d'Empire.
1198 couronnement de Premysl Otakar Ier roi de Bohême.
1253 sous Premysl Otakar II, apogée de la Bohême, avec la conquête de la Styrie et de la Carniole.
1278 Otakar II est défait à la bataille du Marchfeld par l'empereur Rodolphe.
1300 Venceslas II, roi de Bohême (1278-1305) devient roi de Pologne (Venceslas Ier). Après son assassinat (1306), fin de l'union des trois royaumes de Pologne, Bohême, Hongrie et extinction des Premyslides.
1356 l'empereur Charles IV, dans sa Bulle d'or, réserve la première place parmi les électeurs laïques de l'Empire à la couronne de Bohême. Fondation de l'université de Prague par Charles IV (1348).
1414-1420 soulèvement hussite en Bohême, rapidement divisé entre « calixtins » ou utraquistes, modérés, et « taborites » radicaux ; ces derniers sont écrasés à Lipany en 1434.
1415 Jan Hus condamné au bûcher pour hérésie au concile de Constance.
1436 au concile de Bâle, les *Compactata* mettent fin à la crise hussite en faveur des utraquistes.
1458-1471 Georges de Podebrady, seigneur hussite, est élu roi de Bohême. Sous son règne est imprimé le premier livre en tchèque : la *Kronika Trojanská*.
1471-1526 les Jagellons, rois de Pologne, élus rois de Bohême.
1493 Maximilien Ier hérite de tous les domaines des Habsbourg.
1576-1612 l'empereur Rodolphe II réside à Prague.
1620 défaite de l'armée de Bohême à la Montagne blanche.
1664 les Turcs sont battus au Saint-Gotthard par Léopold Ier.

LA GRANDE MORAVIE

Au VIIIe siècle apparaît la Grande Moravie, un grand État slave englobant tous les Slaves occidentaux avec les tribus de Bohême dans sa dépendance (voir carte « Les Slaves occidentaux de 800 à 950 », p. 189). Les annales franques signalent La Grande Moravie en 822 dans la fidélité de la Germanie. Pour étayer leur suprématie, les Francs y introduisent le catholicisme, la première église est construite à Nitra vers 830. Mais le prince Rotislav (846-870), intronisé par Louis le Germanique, roi de Germanie (843-876), se tourne vers Byzance pour échapper à la sujétion franque. L'Église d'Orient envoie alors deux missionnaires, deux frères, Cyrille et Méthode, en 863. Méthode organise l'Église, introduisant le rituel oriental. Dans un premier temps, la papauté soutint l'œuvre des missionnaires byzantins; mais après la mort de Méthode (885), elle obtint le bannissement des disciples de ce dernier et la liturgie latine fut rétablie en 900. Les Slaves occidentaux resteront fidèles au catholicisme romain et à la chrétienté latine. Après la mort de Svatopluk (894), la Grand Moravie disparut, partagée entre les Premyslides de Bohême et les Arpads hongrois (902-907).

◀ *Otakar Ier*
Sous Otakar Ier (1197-1230), la Bohême est définitivement érigée en royaume. En favorisant la colonisation des terres incultes par des paysans venus de l'ouest, son règne marque la pénétration allemande du bassin bohémien, à l'origine de tant de querelles aux XIXe et XXe siècles.

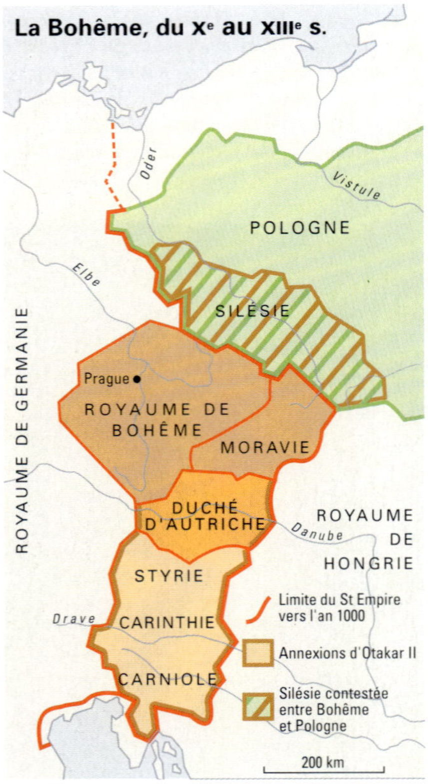

▲ *Sous Otakar II qui acquiert la suzeraineté sur les principautés de Silésie, la Bohême connaît sa plus grande expansion vers le sud. Mais, par les ambitions du roi germanique Rodolphe Ier, en 1276 les Habsbourg s'installent en Autriche et étendent leur domination sur la Styrie, la Carinthie et la Carniole.*

▼ *De 1310 à 1437, la dynastie des comtes de Luxembourg gouverne la Bohême et s'étend jusqu'au margraviat de Brandebourg cédé aux Hohenzollern en 1415. Parallèlement les Habsbourg étendent leurs possessions d'abord vers la mer Adriatique puis vers l'ouest pour rejoindre les possessions d'origine de leur famille (dans l'actuel canton d'Argovie, en Suisse alémanique). Tandis que la Confédération helvétique écarte les Habsbourg des confins de la future Suisse, ils règnent en Bohême (qui sera définitivement acquise en 1526) entre 1437 et 1456.*

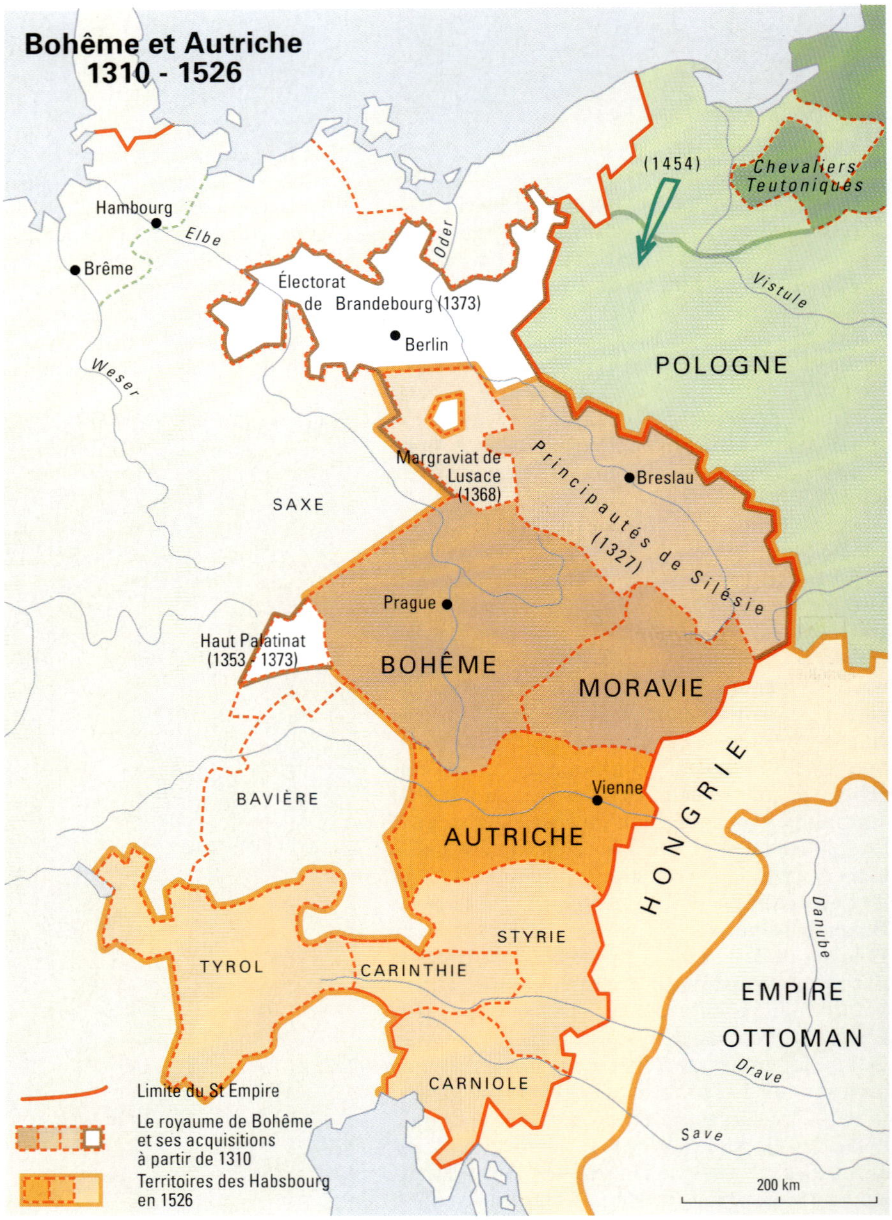

DE SAINT VENCESLAS AUX HABSBOURG

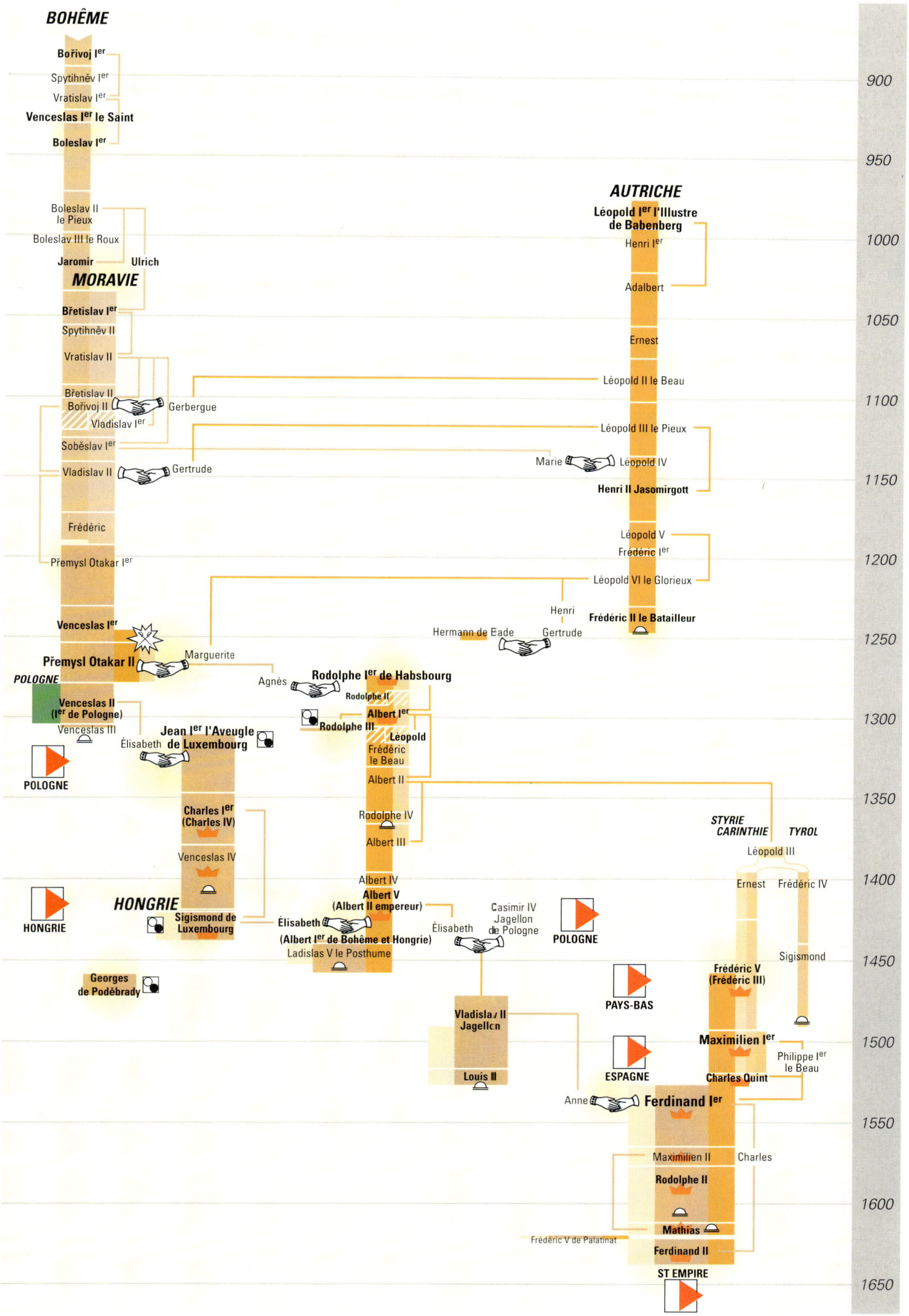

929 Venceslas Ier le Saint est assassiné par son frère Boleslav le Cruel.

976 Sous Léopold Ier l'Illustre de Babenberg, l'Autriche devient indépendante de la Bavière.

1029 La Moravie, conquise par la Pologne, reprise par les ducs Jaromír et Ulrich de Bohême est annexée à la Bohême par le duc Bratislav.

1041 Introduction du principe du séniorat dans le droit de succession par Bretislav Ier.

1156 L'empereur Frédéric Ier Barberousse octroie la dignité ducale héréditaire en Autriche à Henri II Jasomirgott.

1236-1237 Le duc d''Autriche Frédéric II le Batailleur étant banni par l'empereur, le roi de Bohême Venceslas Ier cherche en vain à obtenir l'Autriche.

1246 À la mort de Frédéric II le Batailleur, extinction des Babenberg. L'Autriche est rattachée à la Bohême par Venceslas Ier.

1276 L'Autriche est acquise par les Habsbourg.

1306-1307 À l'extinction des Premyslides, Rodolphe III d'Autriche est élu roi de Bohême.

1310 Jean de Luxembourg, gendre de Venceslas II, est élu roi de Bohême. La dynastie des Luxembourg va régner jusqu'en 1437.

1355 Charles IV de Luxembourg est couronné empereur. Il place définitivement la moravie dans la mouvance de la Bohême et parachève l'acquisition de la Silésie.

1387 Sigismond de Luxembourg est élu roi de Hongrie.

1410 Sigismond devient empereur.Il sera couronné à Rome en 1433.

1438 Son gendre Albert de Habsbourg (empereur Albert II) réunit l'Autriche à la Bohême et à la Hongrie. À sa mort, ses possessions autrichiennes échouent à la lignée de la Styrie.

1440 Né après la mort de son père, l'empereurAlbert II, Ladislas le Posthume est élu roi de Hongrie en 1440 (Ladislas V) et roi de Bohême en 1453 sous le nom de Ladislav Ier. Durant sa minorité, la régence est exercée en Hongrie par Jean Hunyadi et en Bohême par Georges de Podebrady, tous deux efficaces pour leur pays après la mort prématurée de Ladislas en 1457.

1458-1471 Royauté « nationale » de Georges de Podebrady.

1471 Vladislav II Jagellon, fils du roi Casimir IV de Pologne, roi de Bohême et de Hongrie (à partir de 1490).

1491 Traité de Bratislava : en cas d'extinction des Jagellons, les Habsbourg seront héritiers des couronnes bohémienne et hongroise.

1526 Mort de Louis II à Mohács. La Bohême est définitivement acquise par les Habsbourg.

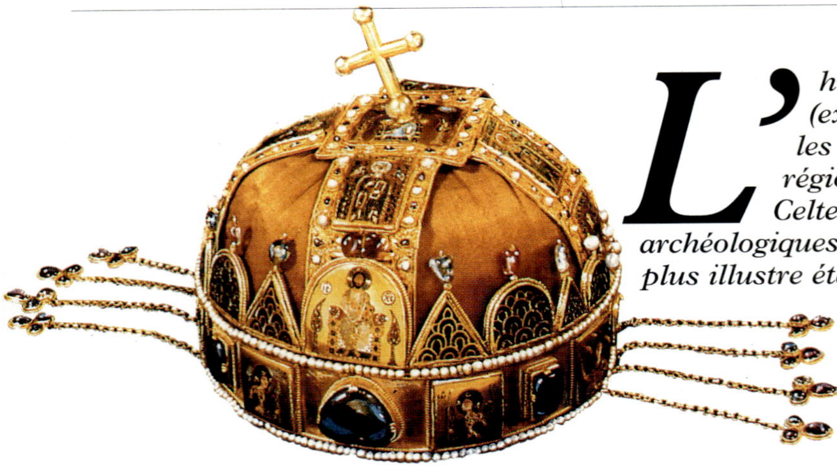

L'histoire de la Hongrie commence il y a onze cents ans (exactement en 896) par la rencontre d'un peuple migrateur, les Hongrois, avec un territoire, le bassin danubien. Cette région, depuis toujours terre d'invasion, fut occupée par les Celtes, les Romains qui ont laissé de nombreux sites archéologiques en Dacie (Transylvanie) et en Pannonie (Transdanubie), le plus illustre étant Aquincum (Obuda ou Vieux-Buda), dans la banlieue nord de Budapest. Au IVe siècle, le repli des Romains livra ces contrées aux Huns, puis aux Avars.

La Sainte Couronne ou couronne de saint Étienne

Ce double diadème, qui symbolise l'unité du royaume, est considéré comme le véritable souverain, et le couronnement est indispensable pour assurer la légitimité du roi. La partie inférieure est la corona latina, *contemporaine du sacre d'Étienne. La légende veut qu'elle ait été offerte par le pape Sylvestre II (en réalité c'est un don de l'empereur germanique Otton III). La partie supérieure ou* corona graeca *a été offerte par le basileus Michel VII Doukas. Subtilisée à plusieurs reprises, elle devait, depuis 1618, demeurer sur le territoire national et sa garde fut confiée à deux magnats. Enlevée en 1944, restituée à la Hongrie par les Américains elle est exposée depuis au Nemzeti Muzeum (Musée national) de Budapest.*

De leur côté, les Hongrois se déplaçaient lentement vers les steppes méridionales de la Russie ; en abandonnant leur habitat d'origine, situé dans l'Oural au début du IIe millénaire avant J.- C., ils se séparèrent de leurs cousins finnois, mordves, vogouls ou ostiaks. En effet les Hongrois ne sont pas un peuple proche des Huns comme ils ont longtemps voulu le croire, mais un peuple nordique – la linguistique comparée des langues finno-ougriennes démontrant aisément leur parenté avec les Finnois. C'est dans leur nouvel habitat entre Dniepr et Volga qu'ils entrèrent en contact avec des populations turcophones, qui leur ont apporté de nombreux éléments lexicaux, étrangers à leur langue finno-ougrienne.

De pasteurs et pêcheurs, ils deviennent alors des nomades pillards participant à la civilisation de la steppe. Dès lors, les cavaliers se font enterrer avec armes, harnachement et bijoux. Au IXe siècle, les Hongrois comptent cinq tribus, dont l'une, celle de Medgyer, va donner son nom à l'ensemble du peuple hongrois (magyar).

Pressés par les Petchénègues, sous la direction de leur chef Árpád, fondateur de la dynastie nationale, ils abandonnent leur habitat entre Volga et Dniepr pour franchir les Carpates et s'établir dans la vallée supérieure de la Tisza. On date généralement de 896 cette migration définitive *(honfoglalas)*, véritable acte de naissance de la nation hongroise.

LA CONQUÊTE

Il leur a fallu encore un siècle pour s'intégrer pleinement à l'Europe chrétienne. Tandis qu'ils assimilaient les populations de la grande plaine (en particulier les Avars), ils se livraient encore au pillage, profitant de la faiblesse d'un Empire carolingien sur le déclin ; chaque année, ils se rassemblaient près du lac Balaton, à Székesfehérvár, et lançaient des raids qui les menèrent jusqu'en Espagne, semant la terreur parmi les populations sur lesquelles ils prélevaient captifs et butin. La victoire d'Otton sur le Lech (Bavière) en 955 porta un coup d'arrêt à leurs exploits, mais le processus de sédentarisation était suffisamment avancé pour les transformer en agriculteurs sédentaires. En l'an 1000, le roi Étienne (canonisé en 1083) imposa aux chefs de clan et aux guerriers la conversion au christianisme. Placé à la frontière des empires franc et byzantin et au contact des Chrétientés grecque et latine, il choisit finalement cette dernière sous l'influence de missionnaires venus de Moravie et de Bavière. Dans un souci

◀ ***Ladislas le Posthume***
Fils d'Élisabeth de Luxembourg et d'Albert de Habsbourg, il incarnait une double légitimité : par sa mère, celle des Luxembourg, souverains héréditaires et par son père, celle des Habsbourg, nouvellement élus au trône de Hongrie. Il représente également l'union personnelle entre les royaumes de Bohême et de Hongrie. Sa jeunesse et sa fragilité facilitent la mainmise des clans aristocratiques sur les organes du pouvoir et soulignent la nécessité d'une régence confiée à un homme fort, Jean Hunyadi. Ladislas est ici avec une fille du roi de France Charles VII, à laquelle il a été fiancé très jeune. Sa mort à dix-sept ans ne permit pas de confirmer ce mariage destiné à renforcer les liens entre les royaumes de France, de Bohême et de Hongrie.

MATHIAS CORVIN (1458-1490)

Mathias Corvin n'appartient à aucune dynastie traditionnelle de la Chrétienté. Il est le fils de Jean Hunyadi, un noble transylvain d'origine roumaine, qui exerça le pouvoir suprême en tant que « gouverneur » au nom de Ladislas le Posthume, mais ne se fit jamais couronner roi. Plus que son père, il est le fondateur d'une nouvelle tradition, celle de la monarchie nationale, qui s'opposa à la légitimité des Habsbourg au cours des XVI*e et* XVII*e siècles. Mathias, s'appuyant sur le parti national hostile aux Habsbourg, se fit élire roi en 1458, puis couronner, non sans mal, car la Sainte Couronne était entre les mains de Frédéric III de Styrie, également prétendant à la couronne de Hongrie. Mathias tenta de créer un État fort et centralisé, qui regrouperait Autriche, Bohême et Hongrie. Il s'appuya sur une armée de métier, développa la fiscalité et s'entoura d'humanistes inspirés par l'idéal italien du Quattrocento. Ses efforts furent d'autant plus vains qu'il n'avait pas d'enfant et que les ordres, lassés d'une monarchie centralisée, s'empressèrent d'élire à sa mort le Jagellon de Prague, qui se distinguait par son peu d'intérêt pour le métier de roi.*

d'équilibre, il se plaça sous la tutelle de Rome (ce qui lui vaudra ultérieurement le titre de roi apostolique) et lui permit d'échapper à l'emprise de l'Empire germanique, son redoutable voisin. Et, à la différence des rois de Bohême, jamais les rois apostoliques ne furent les vassaux de l'empereur.

Étienne organisa l'Église catholique en la dotant de vastes domaines, mais il obtint le droit de patronat (nomination des quatorze évêques et des deux archevêques d'Esztergom et de Kalocsa). Si le hongrois subsista comme langue parlée, le latin fut la langue de la culture et de l'administration. Au XIe siècle, la monarchie connaissait une centralisation rudimentaire, le territoire étant partagé en comitats (*megye*, l'équivalent de deux arrondissements français) autour d'un château fort (*varmegye*), commandé par un comte (*ispan*) nommé par le roi. Cette division administrative et territoriale s'est maintenue jusqu'au XXe siècle. Les hommes libres formant la foule des *servientes*, les chefs de clan constituèrent l'entourage du roi et devinrent les *barones*, auxquels le roi ne distribua pas les terres du domaine royal. Les Hongrois pauvres, les Slaves, représentent la masse des paysans (*jobbagyones*). Enfin Étienne refusa la politique d'assimilation des allogènes et des colons, de sorte que la Hongrie demeura un État multilingue et multinational.

L'ÉTAT MÉDIÉVAL

Dès la fin du XIIe siècle, le royaume de Hongrie atteint ses « limites historiques », qui devaient rester les siennes jusqu'en 1918, en incorporant le royaume de Croatie-Slavonie et en étendant son protectorat sur la Dalmatie, ce qui devait provoquer des conflits avec la République de Venise. En effet, le roi Koloman, qui avait épousé la fille de Zvonimir, profita de l'extinction en ligne masculine de la dynastie nationale croate pour réaliser l'union personnelle entre les deux royaumes (*Compacta* de 1102).

En 1242, le royaume doit faire face à l'invasion tatare et en subit le choc de plein fouet. Le pays fut ravagé mais Gengis Khan ne dépassa pas Buda : la Hongrie apparaît dès lors comme le bastion de la Chrétienté. À partir de 1350, elle protège les États balkaniques contre la menace turque. Après la chute de Constantinople, elle met un frein à l'expansion ottomane en Europe : en 1456, Jean Hunyadi sauve Belgrade, clé de la plaine pannonienne en repoussant victorieusement l'attaque de Mehmet le Conquérant.

Jusqu'aux invasions ottomanes, le royaume de Hongrie apparaît comme une grande puissance économique et politique, en dépit des luttes de clan entre les grands féodaux, qui se sont constitués à partir du XVe siècle. La découverte d'importants gisements de cuivre et d'argent en Haute Hongrie (actuelle Slovaquie) et en Transylvanie procure au roi de substantielles ressources et au pays une prestigieuse monnaie : on frappe un florin d'or à l'imitation des monnaies florentines et vénitiennes. Les immigrants allemands développent les activités industrielles dans les villes, qui n'ont rien à envier aux cités allemandes ou françaises. Le royaume se couvre d'églises et de palais gothiques et les voyageurs sont frappés par la richesse du pays et l'importance de la population (environ 4 millions d'habitants au XVe siècle).

En Hongrie comme ailleurs, on constate à plusieurs reprises la mise en question du pouvoir monarchique par l'aristocratie féodale : les barons ont réussi à accumuler d'immenses domaines puis à limiter le pouvoir royal. Dès 1222, André II le Hiérosolymitain doit leur accorder une bulle d'or, calquée sur la Grande Charte anglaise de 1215, qui fut des siècles durant la charte des libertés nobiliaires. Les changements dynastiques permirent aux barons d'imposer leur politique et d'entretenir l'anarchie féodale. Après l'intermède de Mathias Corvin, qui créa un éphémère État moderne, barons et nobles retournèrent aux délices de la « liberté dorée ».

Comme tous les autres souverains médiévaux, les rois de Hongrie tentèrent d'annexer avec plus ou moins de succès des pays voisins : la Galicie au XIIe siècle, la Moravie, la Silésie ou la Basse-Autriche au XVe siècle (Mathias Corvin mourut à Vienne qu'il avait conquise), ou bien se lancèrent dans une politique dynastique comme Charles Ier Robert d'Anjou qui tenta de faire valoir ses prétentions sur le royaume de Naples.

LE PÉRIL TURC

À la fin du Moyen Âge, deux périls menaçaient le royaume de Hongrie : l'anarchie féodale et l'impérialisme ottoman. Le règne de Mathias Corvin (1458-1490), si brillant fut-il, ne représenta qu'un répit. À sa mort, la diète reprit ses prérogatives et choisit un Jagellon de Bohême, souverain réputé peu encombrant. La noblesse en profita pour asservir les paysans (établissement du second servage), provoquant la grande jacquerie menée par Dozsa en 1514, noyée dans le sang. En 1521, le jeune Soliman s'empare de Belgrade, clé de la grande plaine, qui avait été sauvée en 1456 par Jean Hunyadi. Tout était en place pour la catastrophe, qui devait se produire à Mohács, en 1526 et sceller le destin du pays pour quatre siècles.

▲ ***Louis II Jagellon (1516-1526).***
Fils du roi Vladislav II, il succéda à ce dernier en 1516 et épousa en 1522, à l'âge de seize ans, Marie de Habsbourg, qui était bien plus intelligente et bien plus énergique que lui. Dépourvu de prestige, d'autorité et de ressources, il trouva le moyen de défier Soliman le Magnifique, guère plus âgé que lui, mais d'une autre trempe. Lorsque les Turcs envahirent la Hongrie, il ne put rassembler l'armée féodale qu'à grand-peine et se fit battre par l'armée ottomane à Mohács, tandis que Jean Zapolya s'abstenait de combattre. Le roi Louis II fut tué dans sa fuite. Sa veuve emporta la Sainte Couronne à Presbourg et facilita l'élection de son propre frère Ferdinand Ier.

LA HONGRIE INDÉPENDANTE 896-1526 :

896 installation des Hongrois dans l'espace danubien.

955 défaite hongroise à la bataille du Lech.

1000 baptême du prince Vajk, alias Étienne.

1044 martyre de saint Gérard.

1083 canonisation du roi saint Étienne.

1102 *Compacta* avec les Croates.

1222 bulle d'or d'André II, garantissant les « libertés » de la noblesse.

1241 invasion mongole.

1245 Buda capitale du royaume.

v. 1270 rédaction de la *Gesta Hungarorum* par l'Anonymus.

v. 1350 exploitation des mines de cuivre et d'argent de Haute Hongrie.

1396 défaite des croisés devant les Turcs à Nicopolis.

1437 Albert de Habsbourg, gendre de Sigismond, roi de Hongrie et de Bohême, empereur en 1438.

1444 victoire des Turcs à Varna sur Ladislas III Jagellon.

1456 défaite des Turcs devant Belgrade, défendue par Jean Hunyadi.

1458 élection de Mathias Corvin par la diète hongroise.

1470 complot du primat Jean Vitéz contre Mathias Corvin.

1476 mariage de Mathias Corvin avec Béatrice d'Aragon, parente de Ferdinand II d'Aragon.

1485 Mathias Corvin occupe Vienne.

1514 révolte paysanne dirigée par Étienne Dozsa.

1517 publication de l'*Opus Tripartitum* de Werböczi.

1521 prise de Belgrade par Soliman le Magnifique.

1522 création de la frontière militaire de Croatie.

1526 désastre de Mohács.

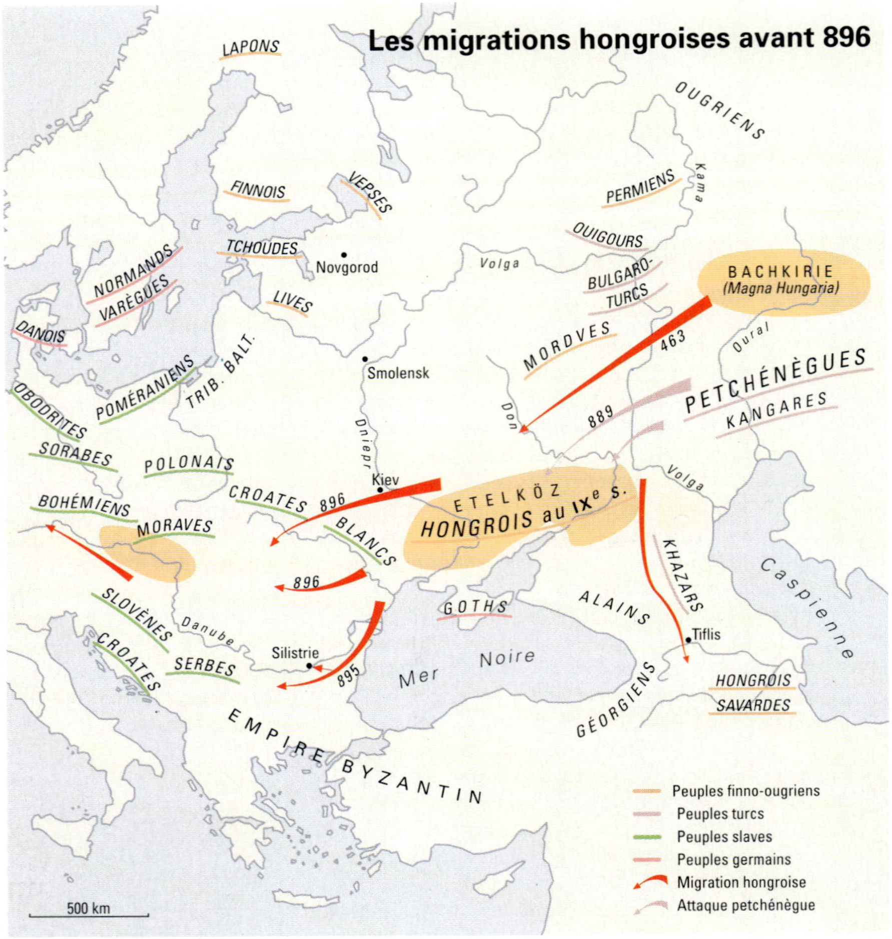

◀ *Les Hongrois, dont l'habitat d'origine se situait au nord de l'Oural (habitat commun avec les Finnois), sont descendus progressivement vers le sud. Ils ont été en contact avec les Turcs puis se sont installés au* IX*e siècle entre le Don et le Dniepr (Etelköz) d'où ils ont été chassés par la poussée des Petchénègues.*

▼ *Le royaume de Hongrie au* XV*e siècle, après l'incorporation de la Croatie-Slavonie. Les limites de comitats, fixées au* XII*e siècle, n'ont guère varié jusqu'à nos jours ; les limites du royaume représentent la Hongrie historique, telle qu'elle fut rétablie de 1867 à 1918.*

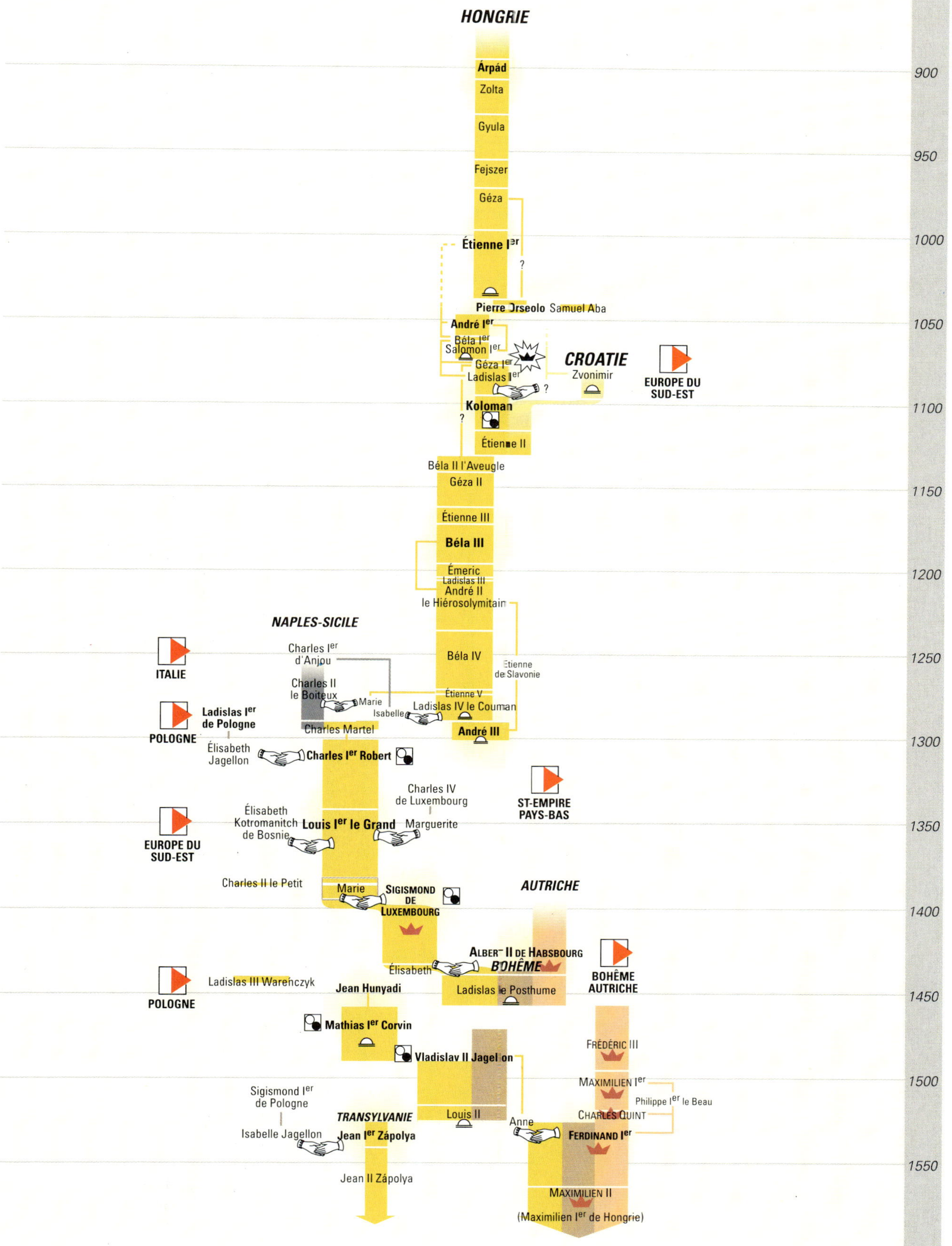

1000-1038 Descendant d'Árpád, le prince Vajk, fils de Géza, est baptisé en l'an mille. Ce baptême et ce couronnement font d'Étienne le fondateur du royaume catholique hongrois, indépendant du Saint Empire et protégé du Saint-Siège.

1038-1047 Étienne n'a pas d'héritier en ligne directe. Un neveu par alliance, Pierre Orseolo, d'origine vénitienne, gouverne en s'appuyant sur l'Église romaine et l'empereur germanique Henri III, ce qui provoque, en 1041, une révolte païenne et antiallemande. Un lointain parent d'Étienne, chrétien lui aussi, André Ier, s'empare du pouvoir (1047) et maintient la couronne dans la maison d'Árpád.

1090-1105 En 1090, le roi de Croatie Zvonimir meurt sans héritier. Son beau-frère Ladislas en profite pour conquérir le pays (1091-1095).

1301-1307 En 1301, la dynastie árpádienne s'éteint avec la mort d'André III (14 janvier 1301) et c'est aux barons qu'il appartient de choisir un nouveau souverain. Les barons du nord et de l'ouest, dominés par les familles Csak et Aba, choisissent Ladislas de Pologne (1301-1305) ; la petite noblesse et les villes sont en revanche favorables au candidat du pape, Charles Ier Robert d'Anjou, roi de Naples. En 1307, il se fait élire par la diète et reconnaître par les barons. Ainsi s'installe en Hongrie, pour un siècle une branche cadette des Capétiens, qui va bientôt régner également sur la Pologne.

1382-1387 En 1382, Louis Ier le Grand meurt laissant deux filles. L'aînée, Marie, née en 1371, est proclamée « roi » en 1382, sa mère Élisabeth exerçant la régence avec le palatin Garai. Sigismond de Luxembourg, empereur et roi de Bohême, déjà fiancé à la reine, est élu roi de Hongrie (1387), puis à la mort de Marie en 1395, devient seul roi. Ainsi ce mariage, confirmé par une élection, donne accès au trône de Hongrie à une nouvelle dynastie, les Luxembourg.

1437-1458 Sigismond laisse gouverner la Hongrie par son gendre Albert de Habsbourg, qui lui succède (1437-1439). De l'union de celui-ci avec Élisabeth de Luxembourg naît un fils posthume, Ladislas V (1440-1457) ; roi de Bohême, celui-ci est élu formellement roi de Hongrie en 1452. Pendant ce temps, la noblesse confie le pouvoir à Jean Hunyadi, « capitaine général », puis « gouverneur ».

1458 Après la mort du jeune Ladislas, la diète élit Mathias Corvin, fils de Jean Hunyadi, alors que l'empereur Frédéric III, tuteur du défunt Ladislas V, était candidat au trône de Hongrie. Ainsi se dessine le conflit entre les Habsbourg et les rois nationaux.

1490 À la mort de Mathias Corvin, la diète écarte la candidature de Maximilien d'Autriche. Elle élit Vladislav II Jagellon, qui a été élu roi de Bohême après la mort de Georges de Podebrady. Vladislav II, fils du roi de Pologne Casimir IV, ne réside pas en Hongrie et laisse se réinstaller l'anarchie féodale. À sa mort en 1516, son fils Louis II, un enfant, lui succède, mais la mort de ce dernier en 1526 pose à nouveau le problème de la succession.

Au début du Xᵉ siècle, le partage de l'Empire carolingien devient irréversible. Les royaumes francs suivent désormais leur destin propre. Dans le royaume franc de l'Est, ou royaume germanique, les souverains de la maison de Saxe réussissent à repousser les Hongrois (victoire du Lechfeld, 955), et à se faire attribuer la terre natale des Carolingiens – la Lotharingie de la rive gauche du Rhin – et finalement la couronne impériale. Les empereurs des dynasties suivantes conservent l'ambition de diriger l'Occident sans en être capables. Du conflit avec la papauté – l'autre pouvoir universel – l'Empire sort vaincu. La royauté germanique demeure une monarchie élective même si une dynastie déterminée l'emporte. Le Saint Empire lui-même reste une confédération d'États semi-souverains.

La couronne du Saint Empire romain

Durant le Moyen Âge et les temps modernes, les détenteurs de la couronne impériale revendiquent une autorité supérieure à celle de tous les souverains régnants laïques de l'Occident. Cette couronne, attribuée à Charlemagne, date en fait du XIIIᵉ siècle, quelques éléments remontant cependant au XIᵉ siècle. Jusqu'au XVᵉ siècle, les empereurs furent sacrés par le pape, après avoir été couronnés rois dans leur propre royaume de Germanie et avoir ceint la « couronne de fer » lombarde des rois d'Italie, conservée à Monza.

▼ *Otton Iᵉʳ*

Cet ivoire montre l'empereur Otton Iᵉʳ le Grand avec sa famille. Protecteur de Rome et prince séculier suprême de la chrétienté occidentale, il tient la Bible dans sa main gauche et s'appuie sur la Vierge et saint Maurice. La lance sacrée du saint martyr fut donnée par le roi Rodolphe II de Bourgogne au père d'Otton : Henri Iᵉʳ l'Oiseleur. Maurice est le patron du nouvel archevêché de Magdebourg, fondé par Otton en 968, poste avancé de l'évangélisation des Slaves et de l'expansion vers l'est.

Après l'extinction des Carolingiens au début du Xᵉ siècle, la royauté échoit en 919 au plus puissant des princes germaniques, le duc de Saxe Henri Iᵉʳ l'Oiseleur. Il obtient rapidement la reconnaissance des ducs originaires de Franconie, de Souabe et de Bavière et réussit à s'assurer la partie « lotharingienne » de l'ancien empire de Lothaire Iᵉʳ en dépit des prétentions du roi franc de l'Ouest. Ainsi, le berceau de Charlemagne et la ville prestigieuse d'Aix-la-Chapelle sont-ils entre ses mains. La royauté saxonne s'impose surtout en repoussant les Hongrois. Le fils d'Henri Iᵉʳ, Otton Iᵉʳ le Grand, prend possession du royaume d'Italie et se fait couronner empereur en 962, inaugurant ainsi le *Sacrum Romanorum Imperium Nationis Germanicae*.

La fondation de l'évêché de Magdebourg représente la première étape d'une tentative d'expansion menée sur fond d'évangélisation, vers l'est, au-delà de l'Elbe. Mais l'échec se révèle patent sous les successeurs d'Otton. C'est seulement au XIIᵉ siècle que le développement de la colonisation, qu'une croissance démographique sensible autorise, étend l'influence germanique loin à l'est de l'Oder, jusqu'en Bohême.

En 1032, l'empereur Conrad II hérite du royaume de Bourgogne après la mort sans postérité de Rodolphe III. Son autorité s'étend en outre sur les royaumes de Germanie et d'Italie et leurs annexes (duché de Lorraine, marches de l'Est, patrimoine de Saint-Pierre). La dynastie des Saliens devient dès lors la puissance hégémonique en Europe. Hégémonie éphémère. En effet, l'élection de papes énergiques affranchit la papauté de la tutelle impériale. De la lutte pour la suprématie entre les deux pouvoirs (querelle des Investitures 1076-1122, lutte du Sacerdoce et de l'Empire 1154-1250), le prestige et la puissance de l'Empire sortent affaiblis, les principautés ecclésiastiques s'érigeant en puissances temporelles à l'intérieur des limites du Saint Empire. Dès lors, les empereurs tendent à asseoir leur puissance sur leurs domaines propres, à se concilier les villes les plus importantes dépendant de princes territoriaux en les plaçant sous leur protection, et enfin à accroître leurs possessions à l'extérieur — l'acquisition de la Sicile après le mariage d'Henri VI avec la fille de Roger II de Sicile en 1186 l'illustre bien.

Néanmoins, la monarchie paraît assez faible, comparée au royaume de France. En effet, elle repose sur l'élection et non sur le principe d'hérédité. L'empereur Frédéric II concède même en 1220 et en 1231 une autonomie de fait aux

LE ROI DE GERMANIE HENRI IV ET MATHILDE DE TOSCANE À CANOSSA

Excommunié et en butte aux révoltes des princes germaniques, Henri IV, en janvier 1077, doit s'humilier devant le pape Grégoire VII à Canossa, forteresse appartenant à la margrave Mathilde de Toscane. Celle-ci, aidée de l'abbé Hugues de Cluny (conseiller de Grégoire VII), sert d'intermédiaire dans les négociations qui aboutissent à l'absolution du roi de Germanie par le pape qui, dès lors, retire son appui aux princes germaniques révoltés. Ainsi, l'humiliation du roi se transforme en un succès diplomatique considérable pour lui.

◀ *Otton II*
Le règne d'Otton II (973-983), époux de la princesse byzantine Théophano, marque le premier apogée de l'empire en Europe, avant ceux d'Henri III (XIe siècle) et d'Henri VI (XIIe siècle). Le souverain est ici représenté dans le style des empereurs romains d'Orient, siégeant sur un trône de porphyre, vêtu de pourpre, tenant le sceptre et le globe impérial ; il est entouré de quatre femmes, un globe dans les mains, qui symbolisent les quatre royaumes de l'Empire.

seigneurs laïques et ecclésiastiques, dès lors souverains sur leurs terres.

Après l'extinction des Hohenstaufen en 1254, les rois sont issus des rangs de ces princes territoriaux qui en profitent pour accroître leurs domaines propres. D'où des rivalités entre ces maisons princières qui contribuent à fragiliser cette confédération d'États.

Outre les Habsbourg, originaires de l'aire alémannique qui profitent de leur titre impérial pour étendre leur souveraineté sur l'Autriche, la dynastie la plus puissante, à la fin du Moyen Âge, est celle des comtes de Luxembourg (Henri VII est couronné empereur en 1312). Ils acquièrent le royaume de Bohême en 1310, le margraviat de Brandebourg en 1373 sous Charles IV et le royaume de Hongrie en 1387 sous Sigismond. En 1415, les Luxembourg abandonnent le Brandebourg à la maison des Hohenzollern, originaires de Franconie, et la Bohême revient finalement aux Habsbourg lors du mariage d'Élisabeth, fille de Sigismond, avec Albert V de Habsbourg.

Au cours des XIIIe et XIVe siècles, le droit d'élire le roi *(Kür)* est réservé à quelques puissants princes : les Électeurs *(Kurfürsten)*. La bulle d'or promulguée par l'empereur Charles IV en 1356 fixe leur nombre à sept : les trois archevêques de Mayence, Cologne, Trèves, le comte palatin du Rhin, le duc de Saxe, le margrave de Brandebourg et le roi de Bohême.

En 1438, Albert V duc d'Autriche, roi de Bohême et de Hongrie (Albert Ier) est élu empereur (Albert II). Dès lors, c'est parmi les Habsbourg que va être choisi l'empereur. Au XVe siècle, commence pour les Habsbourg une série de mariages heureux, qui vont agrandir considérablement leurs domaines : le mariage, en 1477, de Maximilien avec Marie de Bourgogne, héritière des Pays-Bas et de la Franche-Comté en est un exemple. Avec l'accord du pape, à partir de Maximilien Ier (1508), le souverain s'intitule empereur romain élu *(imperator romanus electus)* bien qu'il ne détienne plus de droit de souveraineté en Italie ni en Bourgogne.

Le Saint Empire romain germanique se résume à une ligue féodale de princes et de villes libres représentées en tant qu'États d'Empire *(Reichsstände)* lors des diètes *(Reichstage)* où sont prises des décisions d'intérêt commun. En 1495, à la diète de Worms, Maximilien Ier décrète la paix perpétuelle et crée une Cour suprême de justice d'Empire *(Reichskammergericht)* destinée à régler les conflits entre grands. De plus, l'Empire est divisé en dix cercles *(Reichskreise)* constituant des circonscriptions militaires et juridiques qui se réunissent en diètes du cercle *(Kreistage)*. Le Saint Empire se présente ainsi à la fin du Moyen Âge comme une vaste fédération de principautés et de villes libres que la Réforme va gravement ébranler.

CHARLES IV

Tout en menant une politique respectueuse des intérêts de la papauté, l'empereur Charles IV préserve ses droits de chef du Saint Empire et ceux des Électeurs. La Bulle d'or de 1356 fixe leur nombre à sept. Comme roi de Bohême et margrave de Brandebourg, Charles IV dispose de deux voix. On le voit ici entouré par les Électeurs ecclésiastiques. L'archevêque de Mayence, quant à lui, est archichancelier du royaume de Germanie, préside à l'élection impériale et, votant le dernier, sa voix peut être décisive. L'archevêque de Trèves, quant à lui, est archichancelier de la « Gaule et du royaume d'Arles », c'est-à-dire de la Bourgogne. Sur cette miniature, l'empereur, tenant les insignes impériaux, porte, outre la couronne, la mitre qui symbolise son rôle protecteur de l'Église allemande.

◀ *Frédéric III de Styrie*
Frédéric III, dernier empereur couronné par le pape à Rome (1452), reçut le sobriquet : « archi-bonnet de nuit du Saint Empire » (des Heiligen Römischen Reiches Erzschlafmütze). *Durant son long règne (1440-1493), ponctué de luttes intestines, il ne se préoccupe guère d'une réforme du système politique du Saint Empire pourtant réclamée par l'élite intellectuelle. La Bohême, acquise par Albert II en 1438, lui échappe en 1457 avec Georges de Podébrady ; la Hongrie de Mathias Corvin (1458-1490) menace dangereusement l'Autriche même. Néanmoins, il peut se vanter de succès considérables puisque d'une part sa famille s'implante aux Pays-Bas (son fils Maximilien épousant Marie de Bourgogne, fille de Charles le Téméraire, héritière des Pays-Bas et de la Franche-Comté) et d'autre part, l'État autrichien devient à la fin du XVe siècle une grande puissance en Europe.*

955 Otton Ier défait les Hongrois au Lechfeld (près d'Augsbourg) et met fin à leurs raids de pillage en Europe centrale et occidentale. Cette victoire établit la prépondérance germanique en Europe.

962 à Rome, Otton Ier est couronné empereur romain.

1056 mort de l'empereur Henri III dont les ducs de Pologne et de Bohême et les rois de Hongrie reconnaissaient la suzeraineté. Durant son règne, il favorisa la réforme de l'Église.

1076 début de la querelle des Investitures. Henri IV, roi de Germanie (1056-1106), excommunié et déposé par le pape, se rend à Canossa en 1077 pour obtenir l'absolution de Grégoire VII.

1122 le concordat de Worms entre l'empereur Henri V et le pape Calixte II met fin à la querelle des Investitures : l'empereur renonce à l'investiture spirituelle, exclusivement réservée au pape ; se réservant l'investiture temporelle des clercs, il respecte la libre élection des évêques et des papes.

1176 défaite de Frédéric Ier Barberousse à Legnano contre le pape et la Ligue lombarde, suivie un an plus tard par la paix de Venise entre l'empereur et le pape Alexandre III.

1190 mort de Frédéric Ier Barberousse au cours de la troisième croisade.

1202 décrétale *Venerabilem* du pape Innocent III, affirmant la souveraineté universelle du Saint-Siège.

1220, 1231 les constitutions confirment l'autonomie des princes territoriaux au sein de l'Empire.

1237 à Cortenuova, victoire de l'empereur Frédéric II sur la Ligue lombarde.

1493-1519 Maximilien Ier empereur.

1495 la diète de Worms décrète la paix perpétuelle *(Reichslandfrieden)*.

1508 le couronnement par le pape n'est plus obligatoire.

▲ *Le royaume germanique rassemble les duchés des Saxons, des Francs orientaux, des Souabes, des Bavarois, de la Basse et de la Haute Lotharingie. Les empereurs saxons réduisent les prétentions de ces duchés et donnent leurs territoires à des évêques fidèles. À partir du* Xe *siècle, le royaume s'étend vers l'est et le sud-est, les souverains étant également rois d'Italie et de Bourgogne.*

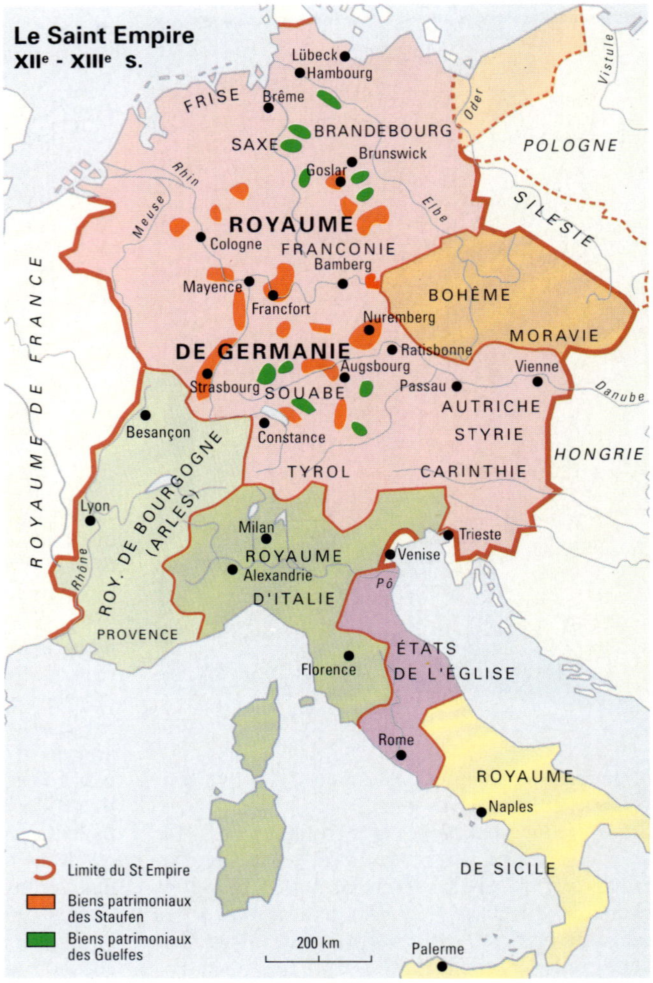

▲ *Le pouvoir des Saliens puis des Hohenstaufen repose essentiellement sur les biens patrimoniaux de ces deux dynasties provenant de leurs domaines privés et des domaines royaux* (Königsgut) *hérités des dynasties précédentes. Ce pouvoir « central » est combattu par la haute noblesse et le haut clergé aspirant à l'autonomie sur leurs propres possessions. Au* XIIe *siècle, après la dynastie impériale elle-même, ce sont les guelfes qui détiennent le territoire le plus vaste au sein de l'Empire.*

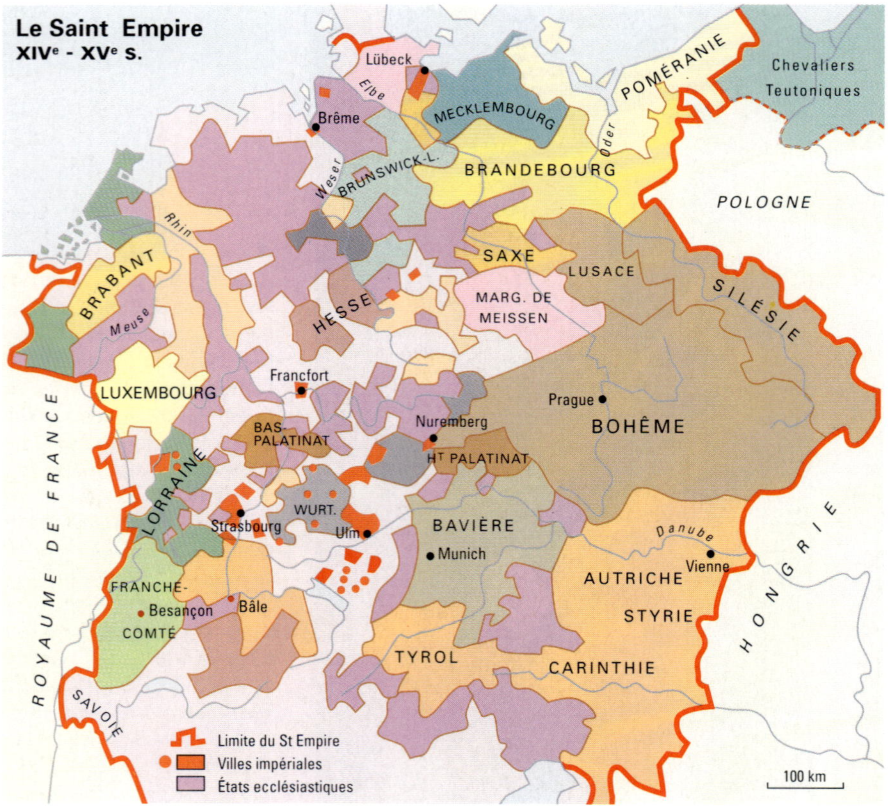

◀ *La faiblesse du pouvoir central favorise les princes laïques et ecclésiastiques dans leur volonté de consolider leurs domaines. Les empereurs proviennent des dynasties les plus importantes territorialement : les Habsbourg (Autriche, Tyrol) et les Luxembourg (Luxembourg, Bohême, Brandebourg). Le Saint Empire est devenu une confédération de principautés dans laquelle les villes libres, de par leur richesse, acquièrent un poids de plus en plus important.*

DES CAROLINGIENS AUX HABSBOURG

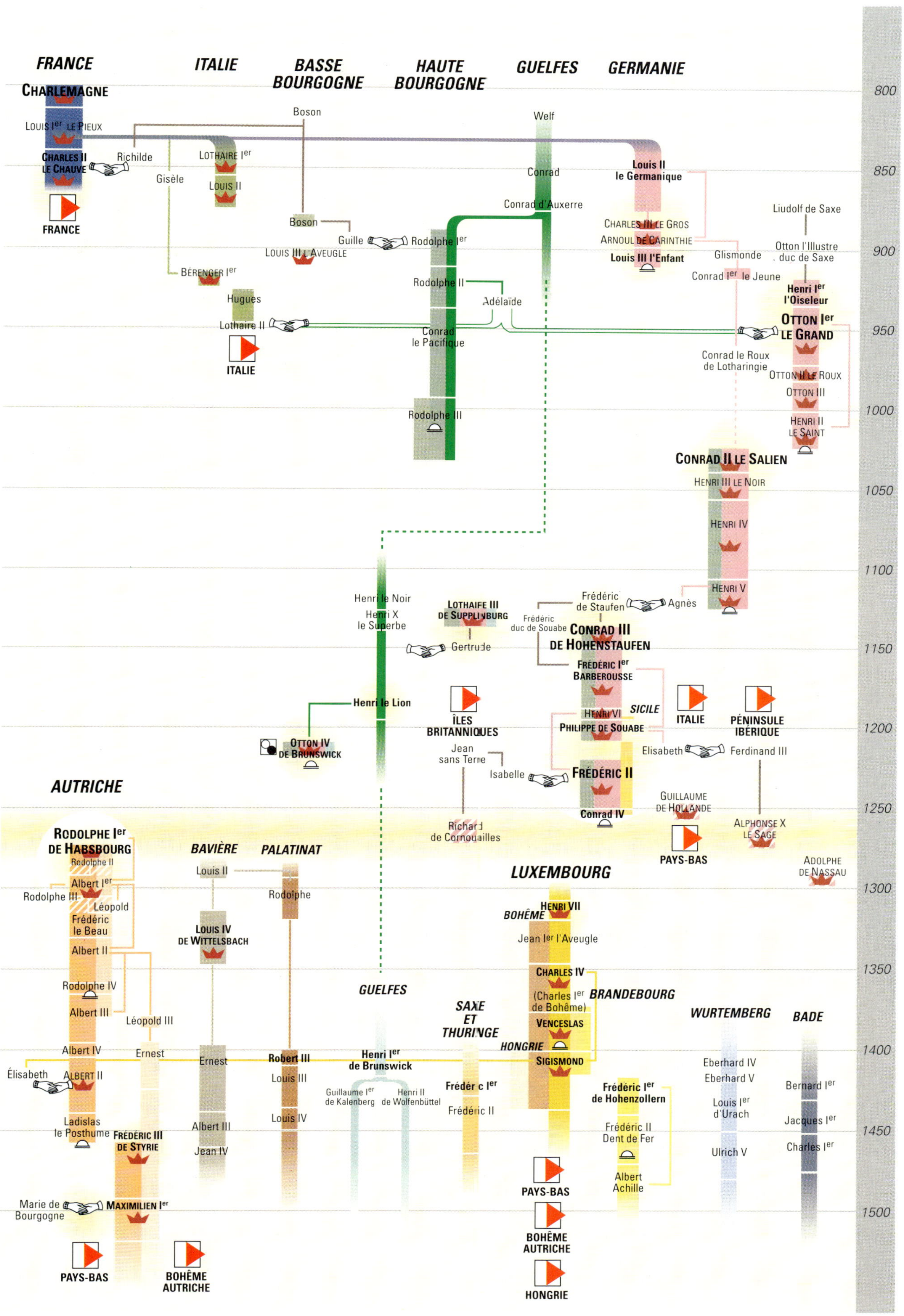

843 Par le traité de Verdun, l'Empire franc de Louis le Pieux est divisé en trois parties : à Charles II le Chauve la future France, à Louis le Germanique le royaume de Germanie, et à Lothaire Ier l'Empire dont la partie septentrionale sera divisée à nouveau entre les deux premiers cités entre 870 et 880.

911 Avec la mort de Louis l'Enfant, extinction de la branche germanique des Carolingiens.

919 Henri, duc de Saxe (Henri Ier l'Oiseleur) est élu roi germanique. La dynastie des Saliens régnera jusqu'en 1125.

1032 Conrad II le Salien, couronné empereur en 1027, hérite du royaume de Bourgogne.

1125 La couronne impériale échoit à Lothaire III de Supplinburg, duc de Saxe ; dans sa lutte contre les Hohenstaufen, prétendants à la couronne, il est soutenu par les Guelfes, ducs de Bavière, implantés en Saxe à partir de 1137.

1137 Élection de Conrad III de Hohenstaufen.

1181 Henri le Lion, duc de Bavière et de Saxe, le prince le plus puissant après l'empereur, est dépossédé de ses territoires par l'empereur Frédéric Ier Barberousse : les guelfes sont réduits à leurs domaines propres autour de Brunswick.

1189 Par son mariage avec Constance, fille du roi Roger II de Sicile, Henri VI, fils de Frédéric Ier Barberousse, hérite de la Sicile sous le nom d'Henri Ier.

1198 Double élection du gibelin Philippe de Souabe, frère d'Henri VI, et du guelfe Otton IV de Brunswick. Après l'assassinat de Philippe en 1208, Otton ceint la couronne impériale, mais est excommunié par le pape Innocent III pour avoir envahi la Sicile. Le fils d'Henri VI, Frédéric Ier, roi de Sicile, est élu roi de Germanie en 1212 et couronné empereur (Frédéric II) en 1220.

1254 Avec la mort de Conrad IV, extinction des Hohenstaufen.

1254-1273 Interrègne : aucun des princes ou souverains étrangers élus n'est reconnu par la totalité des princes du Saint Empire.

1273 Élection de Rodolphe Ier de Habsbourg.

1307 Henri VII, comte de Luxembourg, est élu roi et couronné empereur en 1312. La dynastie des Luxembourg règne, avec quelques interruptions, jusqu'en 1437.

1438 La couronne impériale échoit définitivement à la dynastie des Habsbourg.

1477 Maximilien épouse Marie de Bourgogne, fille et héritière de Charles le Téméraire.

***Du** XVIe au XVIIIe siècle, certaines dynasties princières hors des limites du Saint Empire se développent à côté de celles des électeurs laïques et parviennent à être acceptées dans le collège des électeurs et à ceindre la couronne. Néanmoins, parmi les quelque trois cents souverains que l'Empire compte à la fin du XVIIIe siècle, très peu accèdent au trône impérial.*

Tout d'abord, les Habsbourg. Dès le début du XVIe siècle, cette dynastie acquiert une stature européenne. Outre quelques héritages heureux (États bourguignons), ils détiennent la couronne d'Espagne et ses possessions en Italie. En 1526, le frère de Charles Quint, Ferdinand, devient roi de Bohême et de Hongrie. Lorsque celle-ci est libérée du joug ottoman à la fin du XVIIe siècle, les Habsbourg d'Autriche accèdent eux-mêmes au rang de grande puissance européenne, position que leurs cousins espagnols (éteints en 1700) ont perdue depuis longtemps.

En 1740, l'empereur Charles VI étant décédé, sa fille Marie-Thérèse lui succède en vertu de la pragmatique sanction qui assure l'indivisibilité et la succession du patrimoine habsbourgeois au profit de la descendance, même féminine. Après un bref intermède (1742-1745) au cours duquel la couronne impériale revient à un Wittelsbach, l'époux de Marie-Thérèse, François-Étienne de Lorraine (grand-duc de Toscane depuis 1737) est élu empereur en 1745. La dignité impériale va demeurer dans la maison Habsbourg-Lorraine. François II se fait reconnaître empereur d'Autriche (François Ier) avant de renoncer à la couronne du Saint Empire le 6 août 1806.

Frédéric II

Surnommé le Grand depuis l'annexion de la Silésie (1740) et la partie polonaise de la Prusse (1772), il fait de la monarchie prussienne, déjà parfaitement organisée par son père Frédéric-Guillaume Ier (le Roi-Sergent), une des grandes puissances de l'Europe et un État modèle au siècle des Lumières.

DE L'EMPIRE GERMANIQUE AU IIe REICH

Après les Habsbourg, la lignée la plus prestigieuse est celle des Wettin, Électeurs de Saxe. À la fin du XVe siècle, suite à des partages, la dignité électorale revient à la branche ernestine, aînée. Lors de la guerre de Smalkalde que Charles Quint mène contre les protestants en 1546, le duc Maurice (de la branche albertine), quoique luthérien, se range aux côtés de l'empereur en échange du titre d'Électeur. Un siècle et demi plus tard (1697), l'un de ses lointains successeurs, Frédéric-Auguste Ier, revient à la foi catholique pour se faire élire roi de Pologne (Auguste II le Fort), titre conféré également à son fils et à son petit-fils. Les Wettin de la branche ernestine restent cantonnés pour leur part à leurs possessions en Thuringe et se partagent en de nombreuses branches, dont celle des Saxe-Weimar-Eisenach et celle des Saxe-Cobourg-Gotha. En 1806, Napoléon Ier érige l'électorat en royaume qui ne disparaîtra qu'en 1918. Au XIXe siècle, la lignée des Saxe-Cobourg-Gotha est apparentée à la maison royale britannique (la reine Victoria épouse Albert de Saxe-Cobourg-Gotha) et donnera des rois à la Belgique (Léopold Ier), au Portugal (Ferdinand, Pierre V) ainsi que des tsars à la Bulgarie (Ferdinand Ier, Boris III, Siméon II).

Autre lignée d'importance comparable : les Hohenzollern. Un cousin de l'électeur Joachim Ier est le dernier grand maître de l'ordre des chevaliers Teutoniques qui règne sur la Prusse orientale. Il y introduit la Réforme en 1525, sécularise le duché et reconnaît la suzeraineté de la Pologne. Après l'extinction des descendants d'Albert, en 1618, le duché de Prusse revient à Jean Sigismond, de la branche brandebourgeoise des Hohenzollern. Son petit-fils Frédéric-Guillaume le Grand Électeur se libère de la vassalité à l'égard de la Pologne (traité de Wehlau, 1657). En 1701, le fils de ce dernier, Frédéric Ier se fait couronner roi *en* Prusse.

◀ *Joachim II Hector de Brandebourg*
Électeur de Brandebourg (1535-1571), il introduit officiellement la Réforme dans son État en 1539-1540. Son oncle Albert, archevêque-électeur de Mayence et de Magdebourg et évêque d'Halberstadt, s'étant endetté pour obtenir une dispense pontificale autorisant l'accumulation de ses bénéfices, s'acquittait de ses dettes en vendant des indulgences ; Martin Luther dénonça ces pratiques en placardant ses 95 thèses à Wittenberg. Ce fut le début de la Réforme.

Malgré un territoire étiré entre Meuse et Vistule, des souverains autoritaires (Frédéric-Guillaume Ier, Frédéric II) font accéder la Prusse au rang des grandes puissances européennes au XVIIIe siècle. Réduite à la moitié de son territoire par Napoléon, la Prusse s'accroît de la Rhénanie, de la Westphalie et de la Saxe du nord au congrès de Vienne. En 1871 enfin, avec Guillaume Ier, les Hohenzollern prennent le titre d'empereur dans un Empire allemand qui disparaît en 1918.

Autre lignée de rang similaire jusque vers 1700 : les Guelfes, qui gouvernent le Hanovre. En 1692, Ernest-Auguste de Brunswick-Lunebourg obtient l'électorat de Hanovre et son fils George Ier ceint la couronne britannique en 1714. Ainsi, cette famille princière qui avait joué un rôle important dès l'époque carolingienne, règne sur le plus grand empire du monde avant la Première Guerre mondiale. Jusqu'en 1837, les souverains anglais règnent sur le Hanovre, érigé en royaume en 1815. Après l'accession au trône de la reine Victoria en 1837, le Hanovre revient à son cousin Georges V (1851-1866). En 1866, après la bataille de Sadowa, le Hanovre, allié de l'Autriche, est annexé par la Prusse.

De façon analogue, dès le Moyen Âge, la famille des Wittelsbach conquiert une place éminente. Ducs de Bavière depuis 1180, les Wittelsbach acquièrent le Palatinat rhénan en 1214. En 1255, la famille se scinde entre Palatins et Bavarois. Avec l'empereur Louis IV (que le pape ne reconnaît pas) entre 1314 et 1347, ainsi qu'avec Robert du Palatinat (roi germanique entre 1400 et 1410), les Wittelsbach s'illustrent. Jusqu'au XVIIe siècle, la lignée palatine (qui détient le titre électoral) reste la plus importante. Rapidement, les Électeurs palatins optent pour la Réforme et le calvinisme. En 1619, Frédéric V se fait élire roi de Bohême et prend la tête de l'Union évangélique contre les Habsbourg. Maximilien Ier, duc de Bavière, aux côtés de l'empereur Ferdinand II, vainc son parent du Palatinat à la Montagne blanche (1620) et reçoit le titre d'Électeur. À la paix de Westphalie en 1648, un titre supplémentaire d'Électeur est créé pour le fils de Frédéric V, sous condition qu'en cas d'extinction, les deux électorats soient réunis. C'est le cas en 1777, lorsque le dernier descendant de Maximilien Ier meurt sans enfants; l'électeur Charles-Théodore du Palatinat lui succède et quitte Mannheim pour Munich. Lorsque cette lignée s'éteint à son tour en 1799, l'électorat revient à Maximilien Ier Joseph de Deux-Ponts-Birkenfeld, qui devient le premier roi de Bavière en 1806.

Les comtes de Wurtemberg, dont les possessions se situent autour de Stuttgart, étendent leur souveraineté à partir du XIIIe siècle. En 1495, le territoire est érigé en duché. Après avoir été administré entre 1522 et 1534 par les Habsbourg, il revient à la famille et passe dans le camp des réformés. Au XVIIIe siècle, les États *(Landstände)* sont partie prenante en politique intérieure et font du Wurtemberg, avec la Grande-Bretagne, le pays le plus libre d'Europe. Les ducs obtiennent le titre d'Électeurs en 1803, puis de rois en 1806, titre qu'ils conservent jusqu'à la fin de l'Empire allemand en 1918.

Les Zähringen, princes territoriaux dont nous trouvons la trace depuis le milieu du XIe siècle dans le sud du pays de Bade, portent le titre de margraves. Ils s'étendent au cours du Moyen Âge surtout sur la rive droite du Rhin supérieur. Après plusieurs partages successoraux, les territoires de Baden-Baden et Baden-Durlach notamment sont réunis avec Karlsruhe pour capitale dès 1715. En 1803, Charles-Frédéric devient Électeur puis grand-duc en 1806. Napoléon Ier lui attribue notamment une grande part du Palatinat et le Brisgau autrichien. Jusqu'en 1918, le pays passe pour un modèle de monarchie constitutionnelle. Le prince héritier Max de Bade, dernier chancelier de l'Empire allemand, introduit des réformes visant à instaurer un régime parlementaire, mais elles ne peuvent empêcher la révolution de novembre et la proclamation de la République de Weimar.

▲ *L'Électeur de Saxe Frédéric III le Sage*
Bon catholique, ardent défenseur de sa souveraineté territoriale, l'électeur de Saxe Frédéric III le Sage (1486-1525) protège Luther dans la forteresse de la Wartburg (1521-1522) contre sa mise au ban par l'empereur et son excommunication par le pape ; ce faisant, il rend possible la Réforme.

FRANCFORT OU « L'ESPOIR DE L'ALLEMAGNE »

Le conseil restreint du Bundestag des trente-neuf États – issus du congrès de Vienne (9 juin 1815) – de la Confédération germanique siège à Francfort-sur-le-Main et réunit les représentants de ses membres les plus importants. Il est présidé par le chancelier d'État autrichien, le prince de Metternich (debout, du côté droit de la table). Entre 1809 et 1848, Metternich dirige la politique étrangère de l'Empire autrichien. Pour lui, la Confédération germanique doit surtout servir de pilier à l'équilibre européen, renforcé par ailleurs par la Sainte Alliance qui maintient et garantit l'existence des monarchies légitimes. Le conseil siège devant les quatre statues symbolisant la justice, la concorde, la sagesse et la force.

1517 les 95 thèses de Luther.

1525 guerre des Paysans en Allemagne.

1529 lors de la diète de Spire, les princes adhérant à la Réforme *protestent* contre Charles Quint qui entend l'éradiquer de ses territoires.

1530 à la diète d'Augsbourg : la majorité des princes protestants adoptent la Confession d'Augsbourg rédigée par Melanchthon.

1547 à la bataille de Mühlberg, Charles Quint défait les princes protestants : la ligue de Smalkalde est dissoute.

1555 paix d'Augsbourg : les princes catholiques et protestants sont libres d'imposer la religion de leur choix dans leurs États ; les princes ecclésiastiques convertis au protestantisme doivent renoncer à leur siège.

1648 traités de Westphalie : reconnaissance de la religion calviniste.

1763 au traité d'Hubertsbourg qui met fin à la guerre (continentale) de Sept Ans, l'Autriche reconnaît l'annexion de la Silésie par la Prusse. Débute ainsi la rivalité austro-prussienne.

1772 premier partage de la Pologne. Les Hohenzollern (qui s'intitulent désormais rois *de* Prusse) annexent la Prusse polonaise ; les Habsbourg s'emparent de la Galicie.

1803 recès d'Empire (ordonnance) : la rive gauche du Rhin ayant été cédée à la France, les princes laïques sont dédommagés par les possessions des princes ecclésiastiques et les villes libres. Réduction décisive des territoires du Saint Empire ; création de nouveaux électorats, notamment le Bade et le Wurtemberg.

1815 le congrès de Vienne restaure plusieurs princes allemands sur leurs trônes ; création de la Confédération germanique sous la direction de l'Autriche.

1866 à Sadowa, la Prusse défait l'Autriche qui se retire de la Confédération.

1870 guerre franco-prussienne. Napoléon III capitule à Sedan le 2 septembre.

1871 proclamation du IIe Reich.

◀ *À partir de 1648, les États du Saint Empire forment un système en équilibre que le dualisme austro-prussien va rompre après 1740, la Prusse acquérant une position prépondérante dans l'Allemagne du Nord. Les États moyens qui forment une «troisième Allemagne» – notamment la Bavière, le Wurtemberg et le Bade – vont s'agrandir sous l'effet de la politique napoléonienne. Après le traité de Campo-Formio (1797) et la paix de Lunéville (1801), le Rhin forme la frontière franco-allemande. Les principautés ecclésiastiques et les villes libres (hormis Hambourg, Brême, Lübeck, Francfort, Augsbourg et Nuremberg) disparaîtront en 1803.*

▼ ***La proclamation du IIe Reich***
Elle a lieu le 18 janvier 1871 dans la Galerie des Glaces à Versailles, le château servant de quartier général de l'armée allemande pendant la phase finale de la guerre de 1870-1871. Le roi de Prusse Guillaume Ier est acclamé en tant qu'empereur allemand (1871-1888) par ses généraux et des princes allemands (les députés du Reichstag *ne furent pas admis à la cérémonie). Au centre du tableau peint par Anton von Werner, on voit Bismarck et von Moltke, architectes politique et militaire du nouvel État.*

DU SAINT EMPIRE À L'EMPIRE ALLEMAND

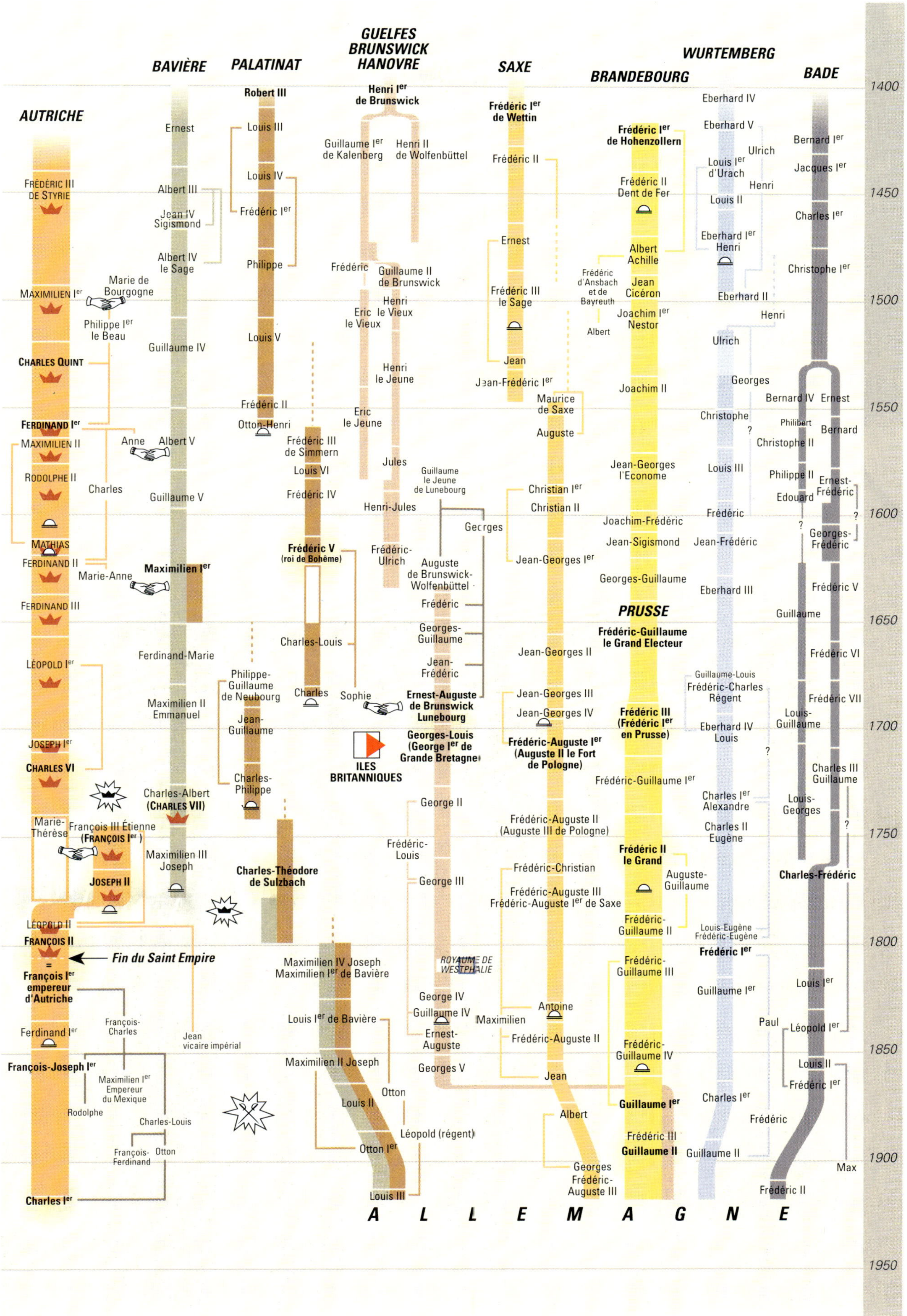

1618 Les conflits religieux et l'élection du chef de l'Union évangélique, Frédéric V du Palatinat, comme roi de Bohême en 1619 déclenchent la guerre de Trente Ans.

1692 Les ducs de Brunswick-Lunebourg sont admis dans le collège des Électeurs (électorat de Hanovre). En 1714, ils sont couronnés rois de Grande-Bretagne et d'Irlande.

1701 Frédéric III, Électeur de Brandebourg, se fait couronner roi (Frédéric Ier) *en* Prusse (orientale). Le nom de ce territoire va être donné à toutes les possessions des Hohenzollern.

1713 Par la pragmatique sanction, l'empereur Charles VI, sans postérité masculine, règle sa succession ; au traité d'Utrecht qui met fin à la guerre de Succession d'Espagne, les Habsbourg obtiennent les Pays-Bas du Sud.

1740 À la mort de l'empereur Charles VI, Frédéric II de Prusse envahit la Silésie (qui faisait partie du royaume de Bohême) et s'empare d'elle.

1742 L'Électeur de Bavière Charles-Albert de Wittelsbach élu empereur Charles VII. C'est le début de la guerre de succession d'Autriche.

1745 Avec l'élection de François II de Toscane (François III Étienne de Lorraine jusqu'en 1737), époux de l'impératrice Marie-Thérèse, la couronne impériale passe aux Habsbourg-Lorraine.

1778-1779 Guerre de Succession de Bavière entre l'Autriche et la Prusse. Après l'extinction de la branche bavaroise des Wittelsbach, l'Électeur du Palatinat Charles-Théodore de Sulzbach hérite de la Bavière. L'empereur Joseph II lui offre d'échanger cette dernière avec les Pays-Bas autrichiens. La Prusse, craignant un renforcement des Habsbourg dans le Saint Empire s'y oppose.

1785 création de la Ligue des princes *(Deutscher Fürstenbund)* sous l'égide de la Prusse pour contrecarrer les tentations hégémoniques de l'empereur Joseph II au sein de l'Empire.

1806 Fin du Saint Empire. Après la création de la Confédération du Rhin par Napoléon Ier, l'empereur François II – reconnu depuis 1804 comme empereur d'Autriche (François Ier) – renonce à la couronne du Saint Empire.

1867 Après avoir annexé le Schleswig-Holstein, le Hanovre, la Hesse-Cassel, le Nassau et la ville de Francfort, la Prusse contrôle la Confédération d'Allemagne du Nord.

1918 Abdication de l'empereur Guillaume II, révolution à Berlin, proclamation de la République (9 novembre) ; l'armistice de Rethondes (11 novembre) met fin à la Première Guerre mondiale ; abdication de l'empereur d'Autriche Charles Ier (13 novembre).

Hussard hongrois

L'image le montre en grande tenue en train de charger, armé d'un sabre recourbé. Les hussards, héritiers de la tradition des cavaliers de la steppe, fournissent des régiments de cavalerie aux Habsbourg à partir du XVIIe siècle.

La période moderne s'ouvre par une double crise, politique et religieuse, caractérisée par l'effondrement de l'État national lors de la défaite de Mohács face aux Ottomans d'une part, et la conversion massive des seigneurs au luthéranisme afin de séculariser les biens d'Église d'autre part. Avec la mort de Louis II et l'invasion ottomane, une crise de succession s'ouvre et la Hongrie va perdre, dans l'aventure, son indépendance nationale pour quatre siècles.

Le pays n'avait le choix qu'entre l'intégration dans la monarchie des Habsbourg et le statut de principauté vassale de l'Empire ottoman, à l'instar de la Moldavie ou de la Valachie. Ferdinand Ier de Habsbourg fut élu roi en 1527, fondant ainsi une dynastie des Habsbourg rois de Hongrie, qui régnèrent sur le pays (sauf quelques brèves interruptions : 1703-1711 et 1848-1849) jusqu'en 1918.

L'élection de Ferdinand Ier ouvrit en fait une double crise, lourde de conséquences pour l'histoire ultérieure du pays : une crise intérieure, politique et religieuse, une période de guerre avec l'Empire ottoman, qui ne devait s'achever qu'en 1718 par la reconquête complète de la Hongrie (traité de Passarowitz, complétant la paix de Carlowitz de 1699).

LES GUERRES TURQUES

Ferdinand Ier, mal soutenu par son frère Charles Quint et par les princes du Saint Empire mena, avec les seules ressources de la monarchie autrichienne (Bohême, Autriche, « Hongrie royale »), une lutte difficile contre Soliman le Magnifique. Après avoir assiégé Vienne en 1529, celui-ci s'empara de Buda la capitale en 1541, de Temesvár, d'Eger et de Szigetvár (1566). Finalement, la paix d'Andrinople (1568) consacra un équilibre précaire entre la monarchie des Habsbourg et l'Empire ottoman en partageant la Hongrie historique en trois : la Hongrie turque, la Transylvanie, la Hongrie royale. La grande plaine, avec Buda, devint une province ottomane et un glacis de la Sublime Porte. Les Turcs chassèrent les nobles et le clergé, rasèrent les églises et distribuèrent les terres à des timariotes (le *timar* étant une propriété dont les revenus étaient assignés à des soldats de l'armée régulière ottomane), tandis que les paysans hongrois restaient sur place, moyennant l'acquittement de taxes spéciales. On note cependant le développement de l'élevage extensif au détriment de la céréaliculture, le regroupement de la population dans de gros bourgs et une modification sensible du paysage rural. Les Turcs restaient en effet groupés dans les villes fortifiées et ne cherchèrent pas à convertir les Hongrois à l'islam.

La Transylvanie, peuplée de Hongrois, de Sicules, de Saxons (colons allemands) et de Roumains, était gouvernée par la noblesse hongroise. Refuge de l'anti-roi Jean Ier Zápolya, elle fut gouvernée par son fils Jean II jusqu'à sa mort en 1571. À partir de cette date, les princes de Transylvanie furent élus par la diète transylvaine et régnèrent avec l'accord de la Sublime Porte. Certains, tels Sigismond Báthory, Étienne Bocskay, Gabriel Bethlen ou François II Rákóczi, menèrent la lutte contre les Habsbourg et jouèrent dans la politique européenne un rôle sans commune mesure avec l'importance réelle de la principauté. La Hongrie royale, réduite à la Croatie, à la Transdanubie et à la Slovaquie, devint un glacis protecteur du Saint Empire, que matérialise la construction d'une frontière militaire longue de mille km, mais les rapports entre la noblesse hongroise et les Habsbourg furent orageux pendant toutes les guerres turques, car les Hongrois étaient jaloux de leurs privilèges constitutionnels et confessionnels.

Le pays fut rapidement gagné aux idées de la Réforme protestante et les condamnations prononcées à l'encontre des luthériens par la diète de 1525 restèrent lettre morte. Alors que les populations germanophones et les Slovaques adoptaient la Confession d'Augsbourg, la noblesse hongroise passait au calvinisme après 1540. Magnats et gentilshommes se convertirent massivement, entraînant dans leur sillage leurs paysans, installant partout des pasteurs réformés. Jean II Zápolya accueillit même en Transylvanie les unitariens persécutés d'Europe occidentale. En 1580, plus de 80 % de la population échappait à l'emprise de Rome. Les protestants durent attendre néanmoins 1606 (paix de Vienne) pour avoir un statut légal correspondant à leur poids réel : la Hongrie devint alors un pays multiconfessionnel. Il fallut toute l'énergie et la ténacité dont les Habsbourg savaient faire preuve dans ce domaine pour ramener une partie des classes dirigeantes au catholicisme. Bien souvent, cause nationale et cause protestante se confondirent. À l'issue d'une lutte armée de

La colonne de la Sainte Trinité ▶
Elle symbolise le retour de la Hongrie sous l'autorité des Habsbourg et les progrès de la Contre-Réforme au XVIIIe siècle. Construite en 1721 sur une place de Buda (en face de l'église Saint-Mathias), elle est l'exacte réplique de la colonne de la peste édifiée sur le Graben à Vienne en 1693 ; elle est un témoignage d'actions de grâces pour la fin de la grande peste de 1710. Ce type de monument, dédié à la sainte Trinité, avait la faveur des différentes confessions chrétiennes et montrait bien l'originalité de la théologie chrétienne face à l'islam ; l'ensemble est dominé par la colombe du Saint-Esprit insérée dans un ostensoir doré, rappelant la présence réelle du saint sacrement.

FERDINAND Ier DE HABSBOURG (1503-1564) EMPEREUR GERMANIQUE (1558-1564) ROI DE BOHÊME ET DE HONGRIE (1527-1564).

Fils de Philippe le Beau et de Jeanne la Folle, frère cadet de Charles Quint, il est le véritable fondateur de la monarchie autrichienne en réunissant sous son autorité pays héréditaires autrichiens, royaume de Bohême et royaume de Hongrie. En fait, après la chute de Buda (1541), l'autorité de Ferdinand se limita à la Hongrie occidentale et septentrionale. Sous son règne se mit en place le système de la frontière militaire, qui arrêta la progression turque plus efficacement que l'apparition théâtrale de Charles Quint en 1532. Élevé en Espagne, Ferdinand révéla des talents extraordinaires d'homme d'État face aux noblesses locales, aux progrès du luthéranisme et à la pression turque en Hongrie. Intelligent et énergique, rêvant d'imposer une monarchie absolue à ses nouveaux royaumes, il apprit à respecter l'autonomie de ses sujets, sans l'aide desquels il ne pouvait lever ni argent ni soldats. Tout au plus créa-t-il, en 1527, un gouvernement central commun à l'ensemble de la monarchie, dont la compétence fut toujours contestée par les Hongrois.

quarante ans (1671-1711) contre Léopold Ier (1657-1705) et son fils Joseph Ier (1705-1711), la noblesse obtint le maintien du pluralisme confessionnel (diète de Sopron, 1681) et de l'autonomie de l'État hongrois à l'intérieur de la monarchie autrichienne (paix de Szathmar, 1711). En effet après la reconquête de la grande plaine par les Impériaux (1684-1699), les Hongrois se soulevèrent à nouveau pendant la guerre de Succession d'Espagne pour ressusciter, avec l'aide de Louis XIV, la Hongrie indépendante d'avant Mohács : c'est la guerre d'indépendance de François II Rákóczi (1703-1711), qui s'acheva sur un demi-échec.

L'ÈRE DES RÉFORMES

Le XVIIIe siècle apparaît comme une période de reconstruction rapide, de paix, de progrès et de prospérité. Pendant plus d'un siècle, le pays fut épargné par les invasions étrangères.

D'autant que les conflits extérieurs contribuèrent à la prospérité du pays en permettant la vente des surplus négociables à l'armée impériale, alors que la noblesse jouissait de l'immunité fiscale. La grande plaine, remise en culture, redevint le grenier de la monarchie, en dépit d'une productivité médiocre (céréaliculture extensive). Alors s'établit la relative spécialisation économique des deux moitiés de la monarchie : tandis que l'Autriche et la Bohême développaient leurs manufactures, la Hongrie fournissait viande, vins et céréales et approvisionnait l'énorme marché de consommation que représentait Vienne. Comme l'artisanat demeurait rudimentaire, la Hongrie représentait un vaste marché pour les textiles et les produits manufacturés autrichiens. Cette spécialisation était profitable aux deux parties et donc l'accusation de « colonialisme » imputée aux Habsbourg était sans fondement.

Les régions dévastées furent repeuplées avec des colons serbes (Vojvodine), roumains (Banat de Temesvár) et allemands (grande plaine et Banat). La croissance démographique fut spectaculaire ; en trois générations, la population tripla : évaluée à 2,5 millions d'habitants après la grande peste de 1710, elle atteignait déjà 7,5 millions lors du recensement de 1784 et doubla encore avant 1848, tandis que le caractère pluriethnique de la Hongrie était renforcé par l'immigration caractéristique de l'époque des Lumières. Signe visible du retour à la prospérité : le nombre d'églises baroques et de splendides châteaux (château royal de Buda, palais épiscopal d'Eger, résidences d'été des Esterházy et des Grassalkovich), sans compter les villages-rues de la grande plaine.

Les magnats, attirés à Vienne par Marie-Thérèse, furent séduits par la culture cosmopolite et les idées nouvelles (comtes Teleki et Fekete). Mais lorsque Joseph II, devenu populaire grâce à l'édit de tolérance (1781), voulut mettre en veilleuse la vieille constitution et imposer l'allemand comme langue de l'administration, le vent de la révolte gronda. La moyenne noblesse et les intellectuels réclamèrent des réformes plus profondes que la constitution de 1791 ; l'aile radicale du mouvement des Lumières (les « jacobins » hongrois) fut victime d'une sévère répression en 1795 (conspiration de Martinovics), tandis que la vie politique entrait en léthargie jusqu'en 1820.

Le mouvement des réformes trouva un chef en la personne du comte Étienne Szechényi et des partisans parmi la noblesse et les intellectuels. Il réclamait le développement des moyens de communication, la modernisation de l'agriculture, l'adoption du hongrois comme langue nationale, la suppression de la censure et la liberté de la presse, ainsi que la convocation régulière de la diète. Le mouvement était plus divisé en ce qui concernait la libération des paysans et l'émancipation des juifs. Il se divisa en deux tendances à partir de 1840 : une tendance modérée, autour de Szechényi, trouvait son modèle dans le parlementarisme anglais, tandis qu'une tendance radicale, dirigée par le jeune Louis Kossuth, s'inspirait de l'exemple de la Révolution française. Mais la classe politique, recrutée dans la noblesse, se souciait peu des revendications paysannes, qui demandaient essentiellement l'abolition du régime seigneurial, à peine amendé par Joseph II, qui comportait toujours lourdes redevances en nature (20 % de la récolte) et corvées. Quant aux magnats et au clergé, ils restaient fidèles au gouvernement de Metternich, par crainte de soulèvements paysans. C'est la révolution de 1848 qui mit fin à l'Ancien Régime social, mais pas à l'Ancien Régime politique et les Habsbourg restèrent sur le trône de Hongrie jusqu'en 1918.

FRANÇOIS II RÁKÓCZI

Prince de Transylvanie (1703-1711), il fut l'un des opposants les plus représentatifs. C'était un magnat riche et puissant, qui descendait des princes de Transylvanie Georges Ier (1630-1648) et Georges II (1648-1660) Rákóczi. Sa famille était liée à tous les chefs des rébellions contre les Habsbourg : son père François Ier avait participé à la conjuration des magnats (1670), que dirigea son grand-père maternel Pierre Zrinyi. Sa mère, Hélène Zrinyi, avait épousé en secondes noces le chef des Malcontents, Émeric Thököly, qui devint en 1682 roi de Hongrie vassal de la Sublime Porte. C'est pourquoi le jeune François II fut pris en otage par l'empereur Léopold Ier, qui le fit élever par les jésuites de Prague. Ceux-ci lui inculquèrent une bonne culture latine et française et firent de lui un pieux... janséniste. En 1701, échappant à la tutelle des Habsbourg, il prit la tête de l'insurrection nationale, dans le but de restaurer l'indépendance complète de la Hongrie historique. Toutefois, soucieux de ne pas rompre totalement avec les Habsbourg, il se contenta du titre de prince de Transylvanie, aisément reconnu par le roi de France Louis XIV, qui lui procura secours financiers et assistance technique, mais le prince Rákóczi se heurta à de grosses difficultés dans un pays archaïque, dominé par une noblesse égoïste, hostile à toute forme d'État moderne. Ses soldats étaient incapables de vaincre en bataille rangée. Finalement les Hongrois, durement touchés par la peste, ruinés par la guerre, négocièrent en 1711 le compromis de Szathmar, qui garantissait leurs privilèges dans le cadre de la monarchie des Habsbourg. Rákóczi, intraitable, prit le chemin de l'exil, se réfugia à Paris, et mourut à Rodosto, sur la mer de Marmara en 1735, après avoir rédigé de nombreux ouvrages en français et en latin.

LA HONGRIE 1526-1848 :

1527 publication de la grammaire hongroise de Jean Sylvester.
1529 premier siège de Vienne par les Turcs.
1532 Charles Quint amène une armée en Hongrie.
1541 prise de Buda par Soliman le Magnifique.
1552 prise de Temesvár par les Turcs.
1556 création du conseil de la Guerre à Vienne.
1566 siège de Szigetvár par Soliman le Magnifique.
1568 paix d'Andrinople : autonomie de la Transylvanie.
1593 début de la guerre de quinze ans.
1606 paix de Vienne (existence légale du luthéranisme et du calvinisme).
1645 la paix de Linz confirme la paix de Vienne.
1655 élection de Léopold Ier.
1664 paix de Vasvar.
1670 conjuration des magnats.
1681 diète de Sopron.
1682 Éméric Thököly roi de Hongrie vassal des Turcs.
1686 reprise de Buda par l'armée de la Sainte Ligue.
1688 reprise de Belgrade sur les Turcs.
1691 *Diploma Leopoldinum* confirmant les libertés confessionnelles en Transylvanie.
1699 paix de Carlowitz entre l'empereur Léopold Ier et le sultan.
1702-1711 guerre d'indépendance de François II Rákóczi.
1718 paix de Passarowitz : le Banat de Temesvár récupéré.
1724 vote de la Pragmatique Sanction.
1732 les protestants exclus des emplois publics.
1739 perte de Belgrade par les Impériaux.
1777 la *ratio educationis*.
1781 édit de tolérance de Joseph II.
1784 l'allemand remplace le latin comme langue officielle.
1790-1791 règne de Léopold II. Session de la diète des réformes.
1795 conjuration des « jacobins ».
1843 le hongrois langue officielle.

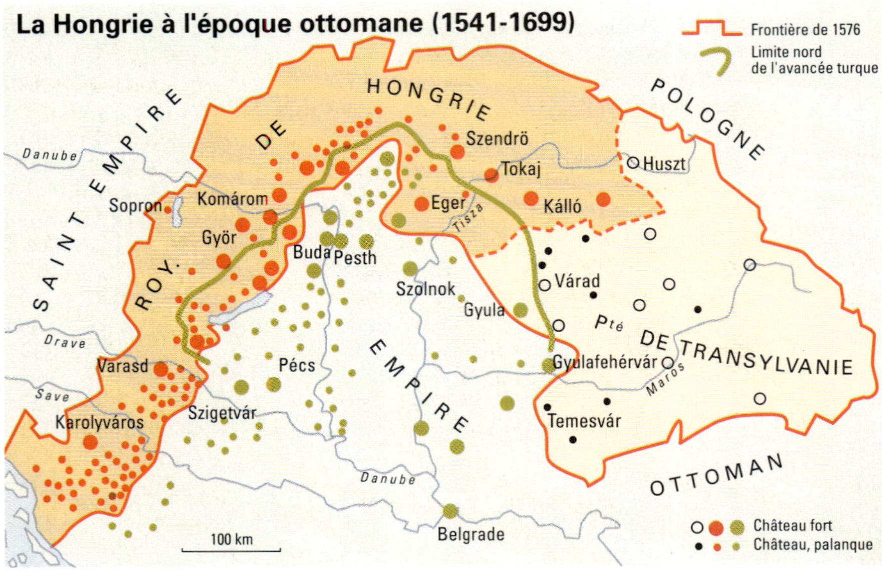

◀ La Hongrie à l'époque ottomane
Le pays est divisé en trois parties depuis la prise de Buda par les Turcs en 1541, la grande plaine étant directement sous administration ottomane. Le semis de points représente les forteresses de la frontière militaire, construites d'abord du côté chrétien puis du côté turc. Depuis la paix de Zsitva Torok, mettant fin à la guerre de quinze ans, la zone tributaire des Turcs ne cessait de s'étendre. Les forteresses de la frontière étaient administrées par le conseil de la Guerre de Vienne.

Étienne Szechényi (1791-1860), ▶ le précurseur
À partir de 1830, on vit se constituer un véritable « parti des réformes », sous la direction du magnat Étienne Szechényi, qui s'inspirait du modèle anglais. Son action se situe durant l'ère des réformes qui précède la révolution de 1848. Il réclamait le développement des moyens de communication, la modernisation de l'agriculture, l'adoption du hongrois comme langue nationale, et l'abolition de la censure. Il créa l'Académie des sciences, le Musée national et fit construire le premier pont reliant Buda et Pesth. À partir du début de la révolution, il cessa de participer à la vie politique.

▼ La Hongrie dans la monarchie des Habsbourg montre bien la place du royaume libéré du joug ottoman à l'intérieur d'un ensemble continental beaucoup plus vaste, à un moment où celui-ci atteint sa plus grande extension territoriale, l'Italie et les Pays-Bas s'ajoutant aux territoires d'Europe centrale.

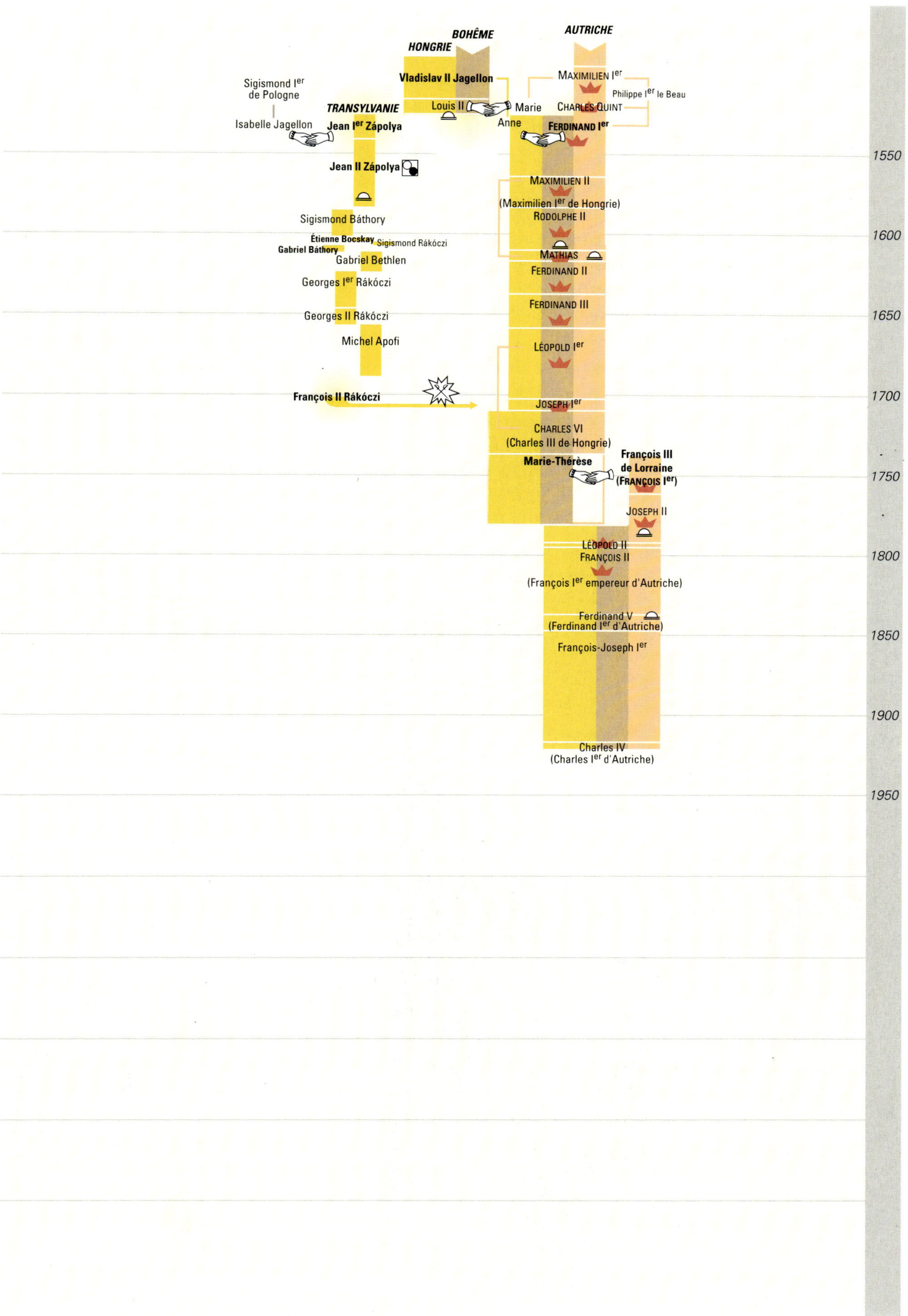

1526 Précipitée par la tragédie de Mohács, la succession de Louis II Jagellon avait été préparée par le traité de Vienne de 1515, négocié entre l'empereur Maximilien Ier de Habsbourg et Vladislav II Jagellon. L'archiduc d'Autriche Ferdinand de Habsbourg, petit-fils de Maximilien Ier et frère cadet de Charles Quint, prétendait à la couronne en vertu du pacte *Mutuae successionis* signé en 1515, bientôt renforcé par son mariage avec Anne Jagellon ainsi que par le mariage de sa sœur Marie de Habsbourg avec Louis II Jagellon. Une partie de la noblesse, reconnaissant cette légitimité, la sanctionna en élisant Ferdinand roi en 1527, tandis que le « parti national » élisait roi le gouverneur de Transylvanie, Jean Ier Zápolya, qui avait épousé une Jagellon de Cracovie, Isabelle. Cette double élection, reflet des divisions de la noblesse hongroise, créa en fait une double légitimité et contribua à la division de la Hongrie jusqu'à la fin du XVIIe siècle. En effet, Jean Ier Zápolya se plaça sous la protection de Soliman le Magnifique et conclut une alliance avec le roi de France, François Ier, alors en guerre contre Charles Quint. En fait, après la chute de Buda (1541), l'autorité de Ferdinand Ier se limita à la Hongrie occidentale et septentrionale, mais l'autorité des Habsbourg fut reconnue sur la Hongrie royale jusqu'à la réunification du pays sous leur autorité (1691 pour la Transylvanie, 1699 pour la grande plaine occupée et administrée par les Ottomans).

1541-1711 La tradition antihabsbourgeoise est inaugurée par l'« anti-roi » Jean Ier Zápolya, auquel succéda en 1541 son fils Jean II (1541-1571), dont la souveraineté réelle s'étendait à la Transylvanie, mais qui se prétendait également roi de Hongrie. Les princes élus de Transylvanie, vassaux de la Sublime Porte, peuvent être considérés comme des souverains de la Hongrie hostile aux Habsbourg. C'est le cas, en particulier, d'Étienne Bocskay et de Gabriel Bethlen, qui se fit même élire roi de Hongrie contre Ferdinand II de Habsbourg, ainsi que du dernier des Rákóczi, François II, élu prince de Transylvanie en 1702 et roi de Hongrie en 1707 (contre Joseph Ier élu roi par la diète de Presbourg de 1687), sans oublier Émeric Thököly, chef des Malcontents, qui reçut en 1682 l'investiture du sultan comme roi de Hongrie vassal de la Sublime Porte. Toute cette contestation s'évanouit à la suite de la reconquête du pays par les Impériaux (1684-1699) et de la pacification de la Hongrie au cours de la guerre d'indépendance. À partir de la paix de Szathmar (1711), il n'y a plus d'anti-roi ni en Hongrie ni en Transylvanie.

Entre la Somme, la Moselle, le Rhin et la côte de la Manche se sont formés depuis la fin de l'époque carolingienne de nombreux petits États, sous l'impulsion de comtes et d'évêques, tels ceux d'Utrecht et de Liège, détenteurs de droits comtaux. Comme les princes laïques sont étroitement liés par des unions matrimoniales, certains de ces territoires se trouvent régulièrement réunifiés ou soumis au contraire à des partages successoraux. À partir du XIVe siècle, ces seigneuries connaissent une évolution peu à peu similaire même si, juridiquement, elles restent des entités séparées. Vers les années 1400, les ducs de Bourgogne concluent des mariages avec la maison des comtes de Flandre et poursuivent une politique de réunion des territoires constituant les Pays-Bas. Il en résulte une entité territoriale enclavée entre le royaume de France et le Saint Empire qui prend progressivement une stature de grande puissance européenne.

La création d'États souverains aux Pays-Bas est liée aux services rendus par les comtes et les seigneurs lors de la défense du pays contre les invasions normandes au IXe siècle. À côté d'eux, les évêques d'Utrecht et de Liège, soutenus par la dynastie ottonienne, tirent un profit au temporel. Les entités les plus importantes sont le comté de Flandre qui englobe l'Artois dès le Xe siècle, le comté de Hollande, qui incorpore très tôt les îles de Zélande, le duché de Brabant issu du comté de Louvain qui s'étend au XIIIe siècle au nord jusqu'à la Meuse et enfin les évêchés de Liège, le long de la Meuse moyenne, d'Utrecht avant l'embouchure du Rhin ainsi que dans les futures provinces d'Overijssel et de la Drenthe. Les comtes de Namur et de Hainaut ont moins d'importance, de même que les comtes de Limbourg, élevés au rang de ducs au XIIe siècle. Les comtes de Gueldre acquièrent au XIIIe siècle la bande de terres située entre le Rhin inférieur et l'Ijssel qui prend alors le nom de Guelderland (pays de Gueldre) et s'introduisent ainsi entre les territoires des évêques d'Utrecht ; ils obtiennent le titre de ducs en 1338. Les comtes de Luxembourg, également élevés à la dignité ducale au milieu du XIVe siècle, comptent au nombre des familles au sein desquelles l'empereur peut être choisi, depuis qu'ils ont hérité du royaume de Bohême au début du siècle. Le nord des Pays-Bas, peuplé de Frisons, échappe longtemps à tout établissement de souveraineté et forme jusqu'à la fin du Moyen Âge une fédération assez lâche de républiques paysannes relativement autonomes. En effet, partout où des terres ont été gagnées sur la mer par la construction de digues et la création de polders, une paysannerie sûre d'elle-même et relativement libre est apparue. Elle parvient à l'indépendance politique en Frise.

Dans tous ces territoires de puissants organes représentatifs des États s'opposent aux souverains au cours du XIIIe siècle. Leurs assemblées, dominées, selon les circonstances, tantôt par la noblesse (comme dans le comté de Namur, le pays de Gueldre ou dans le Hainaut), tantôt par les villes (comme en Flandre ou en Hollande), participent de plus en plus aux décisions politiques. Des administrations locales dépendant de l'autorité centrale, nées d'abord en Flandre, s'établissent dans presque tous ces territoires à partir des XIIe et XIIIe siècles. L'industrie et le commerce de

Maximilien Ier et sa famille

Les Habsbourg sont les plus grands rassembleurs de territoires qui aient jamais régné en Europe. Par son mariage avec Marie de Bourgogne (à droite), Maximilien Ier unit les possessions de celle-ci à celles des Habsbourg. Philippe le Beau (au centre, derrière sa mère) accède au trône de Castille. Son fils Charles Quint (au premier plan, au centre) devient roi de toutes les Espagnes et empereur. Le frère de celui-ci, Ferdinand (au premier plan, à gauche), succède en 1526 à leur beau-frère Louis (au premier plan, à droite), mort sans postérité, sur le trône de Bohême et de Hongrie avant de monter sur le trône impérial après l'abdication de Charles Quint.

◀ *Jean Ier de Brabant (1267-1288)*
Jean Ier de Brabant remporte en 1288 la victoire de Woeringen qui met fin à la guerre de succession de Limbourg. Il ruine ainsi les prétentions du duc de Gueldre, du comte de Luxembourg et de l'archevêque de Cologne sur le Limbourg qu'il avait acquis en 1283. Sous son règne, le Brabant devient la puissance prépondérante aux Pays-Bas, supplantant le comté de Flandre. Sur les boucliers et l'étendard, on discerne le lion brabançon qui deviendra le blason de la Belgique indépendante en 1830-1831.

draps, florissants, créent un dynamisme économique fortement marqué par les activités urbaines en Flandre et en Brabant puis en Hollande. Des ports comme Bruges, plus tard Anvers et Amsterdam, comptent, dès le XIVe siècle, parmi les places les plus actives d'Europe. Seul l'émiettement territorial empêche longtemps que se forme une puissance politique équivalant à celle des grands États voisins.

Dès la fin du XIIe siècle, la Flandre et le comté de Namur puis, au XIIIe siècle, la Flandre et le Hainaut sont réunis dans les mains d'une seule dynastie. Le Limbourg est vendu en 1283 au Brabant ; tous deux sont gouvernés ultérieurement, à partir de 1356, en commun avec le Luxembourg. Toutefois, pour empêcher que ne soient entamés leurs droits, les États brabançons obtiennent, de Jeanne de Brabant et de son mari Venceslas Ier de Luxembourg, l'édit de la Joyeuse Entrée garantissant le rôle politique des assemblées des États (son abrogation déclenchera en 1789-1790 la révolution brabançonne, mais l'idée resurgira en partie dans la constitution belge de 1831). La Hollande et la Zélande, pour leur part, reviennent, en 1300, par héritage, aux comtes de Hainaut de la famille des Avesnes originaires de Champagne, puis, en 1346, aux Wittelsbach de Bavière.

DE L'ÉTAT BOURGUIGNON AUX PAYS-BAS ESPAGNOLS

La politique des ducs de Bourgogne vise à faire des Pays-Bas un État unifié. En 1369, Philippe II le Hardi, fils cadet du roi de France Jean II le Bon, épouse Marguerite de Mâle, héritière de la Flandre et, en 1405, du Brabant et du Limbourg. Le fils de Philippe le Hardi, Jean sans Peur, se marie dans la famille des Avesnes, tandis que son frère Antoine, qui reçoit le duché de Brabant, se marie dans celle des Luxembourg. Le duc de Bourgogne Philippe le Bon récolte les fruits de cette politique matrimoniale et fait élire, de surcroît, de proches parents aux évêchés de Liège, Utrecht et Cambrai, de sorte que sa souveraineté s'étend sur la plupart des territoires des Pays-Bas. Il crée des administrations centrales communes, tout en préservant les droits locaux particuliers. En 1464 enfin, il convoque une assemblée générale des États formée de représentants des assemblées d'États.

Son fils Charles le Téméraire poursuit cette politique centralisatrice mais se heurte peu à peu à la résistance de territoires attachés à leur autonomie. Il s'efforce en outre d'étendre sa souveraineté vers le nord-est : en 1472, exploitant un conflit familial dans la dynastie régnante des Egmont, il incorpore par la force le duché de Gueldre. À l'ouest, le roi de France doit lui céder la Picardie. Comme ses prédécesseurs, il s'efforce de réunir ses possessions bourguignonnes (Bourgogne, Franche-Comté) avec celles des Pays-Bas. Il s'implante en Lorraine et acquiert la prévôté d'Alsace, mais entre en conflit avec la Confédération helvétique et tombe devant Nancy en 1477. Ainsi échoue l'unification effective des territoires bourguignons et des Pays-Bas même s'ils demeurent régis par la même famille de souverains.

À la mort de Charles le Téméraire, le projet de création d'un royaume de Frise dont la capitale devait être Nancy, délié de tout lien de suzeraineté avec la France et le Saint Empire, reste sans lendemain. Pour y parvenir, Charles le Téméraire s'était rapproché de l'empereur Frédéric III. De ce rapprochement naît le projet de marier la fille unique de Charles le Téméraire, Marie, avec Maximilien de Habsbourg, fils de l'empereur. Après la mort du Téméraire, les États des Pays-Bas avalisent cette alliance matrimoniale. Tandis que le roi de France Louis XI s'empare des territoires bourguignons dont il était le suzerain (Bourgogne et Picardie), la Franche-Comté et les Pays-Bas reviennent aux Habsbourg. Cependant, Maximilien n'est pas reconnu juridiquement souverain après la mort accidentelle de son épouse en 1482. Il doit se contenter d'être régent pour le compte de son fils Philippe le Beau, qui gouverne à partir de 1493, tandis que Maximilien succède à Frédéric III sur le trône impérial. Par son mariage avec la fille de Ferdinand d'Aragon et d'Isabelle la Catholique, Jeanne, Philippe le Beau devient enfin roi de Castille en 1504. Son fils Charles, le premier, réunit l'ensemble des couronnes d'Espagne avant d'être élu empereur en 1519 sous le nom de Charles Quint.

L'empereur achève l'édification de l'ensemble territorial que constituent les Pays-Bas. En sécularisant les évêchés d'Utrecht et de Tournai, il s'empare de leurs territoires ainsi que de la Frise et de la ville de Groningue. En 1543, il s'empare de la Gueldre, un temps unie au duché de Juliers, que convoite Guillaume le Riche duc de Juliers, Clèves et Berg, évitant ainsi que ces territoires du nord-est, isolés, échappent à la souveraineté des Habsbourg. Charles Quint dispose dès lors, dans son pays de « par-deçà », de dix-sept provinces gouvernées par une administration centrale commune, une assemblée générale des États et un même souverain. En 1548, ces dernières acquisitions sont rattachées, par la diète germanique, au cercle d'Empire de Bourgogne qui constitue une structure quasi autonome tout en bénéficiant de la protection de l'Empire.

CHARLES LE TÉMÉRAIRE

Ce reliquaire du XVe siècle, conservé à la cathédrale Saint-Lambert de Liège, représente Charles le Téméraire, à genoux. Derrière lui se tient saint Georges, en train de soulever le casque du duc. Sur le socle est gravée la devise de Charles le Téméraire : « Je lay emprins. » Celui-ci ne réussit pas à unifier les territoires bourguignons et néerlandais pour reconstituer l'empire lotharingien du IXe siècle. En voulant s'emparer de la Lorraine et de l'Alsace pour réaliser ce « royaume de Frise » qui aurait été comme une enclave entre la France et le Saint Empire, le duc de Bourgogne se heurte aux Suisses (aidés secrètement par Louis XI) et au duc de Lorraine. Après avoir été vaincu par les Suisses à Grandson et Morat (1476), il échoue face au duc de Lorraine et meurt (1477) devant la ville de Nancy dont il aurait fait sa capitale.

959 le duché de Lotharingie est divisé en Basse et Haute Lotharingie ; cette dernière devient le duché de Lorraine.
1247 Guillaume II de Hollande élu roi germanique.
1302 le roi de France Philippe IV le Bel est battu à la bataille des Éperons d'or par une armée de bourgeois et de paysans flamands.
1338-1345 au début de la guerre de Cent Ans, Jacob Van Artevelde, membre du patriciat de Gand et gouverneur de la Flandre, prend le parti des Anglais. Accusé d'avoir livré le trésor de Flandre aux Anglais, il est assassiné.
1356 édit de la Joyeuse Entrée par lequel Jeanne de Brabant et son époux Venceslas de Luxembourg garantissent les libertés brabançonnes.
1382 Filips Van Artevelde, fils de Jacob, mène l'insurrection des grandes villes de Flandre contre le comte Louis II de Mâle. Le gendre de celui-ci, Philippe le Hardi, duc de Bourgogne, le défait à Rozeebeke.
1429 création de l'ordre de la Toison d'or par Philippe le Bon.
1464 première convocation des États généraux des Pays-Bas.
1473 Charles le Téméraire négocie avec l'empereur Frédéric III l'indépendance de ses territoires.
1477 Charles le Téméraire, battu par les Suisses à Grandson et Morat (1476) est tué sous les murs de Nancy.
1482 paix d'Arras entre le roi de France Louis XI et les Pays-Bas : la Bourgogne reste à la France et les Pays-Bas aux Habsbourg.
1493 au traité de Senlis, Charles VIII cède à Maximilien le Charolais, la Franche-Comté, l'Artois et la Flandre wallonne.
1529 au traité de Cambrai (ou paix des Dames), François Ier renonce à l'Artois qui est rattaché aux Pays-Bas et forme dès lors une des dix-sept provinces.

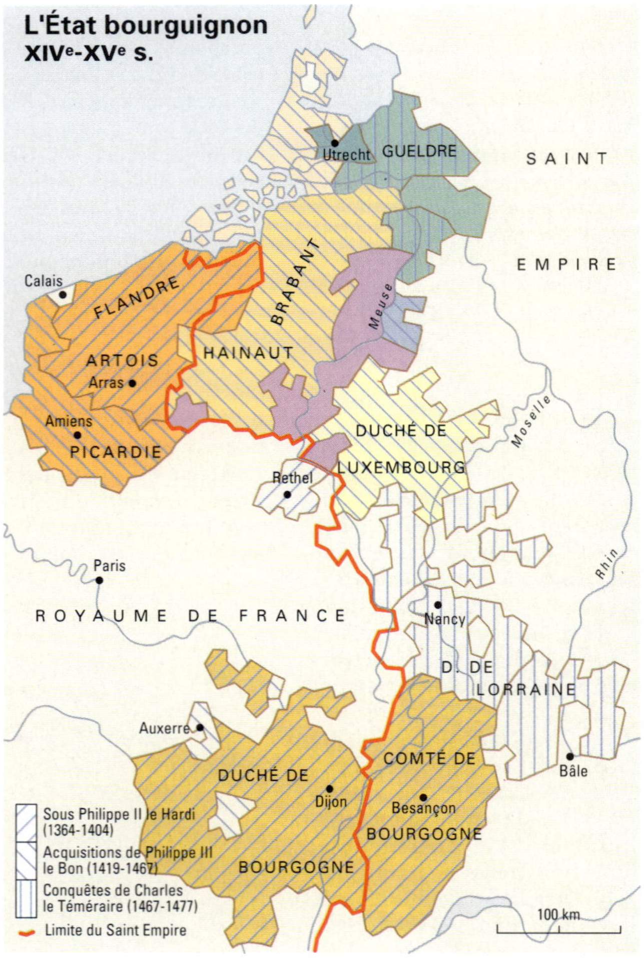

PHILIPPE LE BON (1419-1467)

Philippe le Bon est le vrai fondateur de l'État bourguignon. Après l'acquisition du comté de Namur en 1421, il hérite en 1427, de son cousin Jean IV, des duchés de Brabant et de Limbourg. En 1433, il annexe les comtés de Hollande-Zélande et du Hainaut puis le duché de Luxembourg en 1451. Sous son règne émerge un État unifié grâce à une administration centralisée et aux États généraux. Féru de chevalerie, il crée en 1429 l'ordre de la Toison d'or (qu'on le voit porter ici), pour rassembler autour de lui une élite de chevaliers fidèles. Le duc se montre en outre un mécène averti : à sa cour se développe une des plus grandes écoles d'art où s'illustrent Memling, Van Eyck, et Rogier Van der Weyden auteur de ce portrait.

▼ ***L'État bourguignon***
Philippe le Hardi possède la Flandre (Artois compris), la Bourgogne et la Franche-Comté (comme fief du Saint Empire). Ses successeurs Jean sans Peur et Philippe le Bon vont accroître ces possessions par d'importantes acquisitions. Enfin Charles le Téméraire tentera vainement d'unifier les pays « par-deçà » et les pays « par-delà » la limite du Saint-Empire en un ensemble cohérent.

▲ ***Les Pays-Bas au temps de Charles Quint***
Héritiers des territoires bourguignons (sauf la Bourgogne et la Picardie, fiefs du roi de France récupérés par Louis XI après la mort de Charles le Téméraire), les Habsbourg tendent à élargir leurs possessions autour du Zuiderzee et vers la côte de la mer du Nord. L'acquisition du duché de Gueldre, territoire clé reliant les provinces néerlandaises de l'époque bourguignonne et les territoires du Nord l'illustre bien. Les Dix-Sept provinces des Pays-Bas forment un tout dès 1548.

LE RÊVE BOURGUIGNON

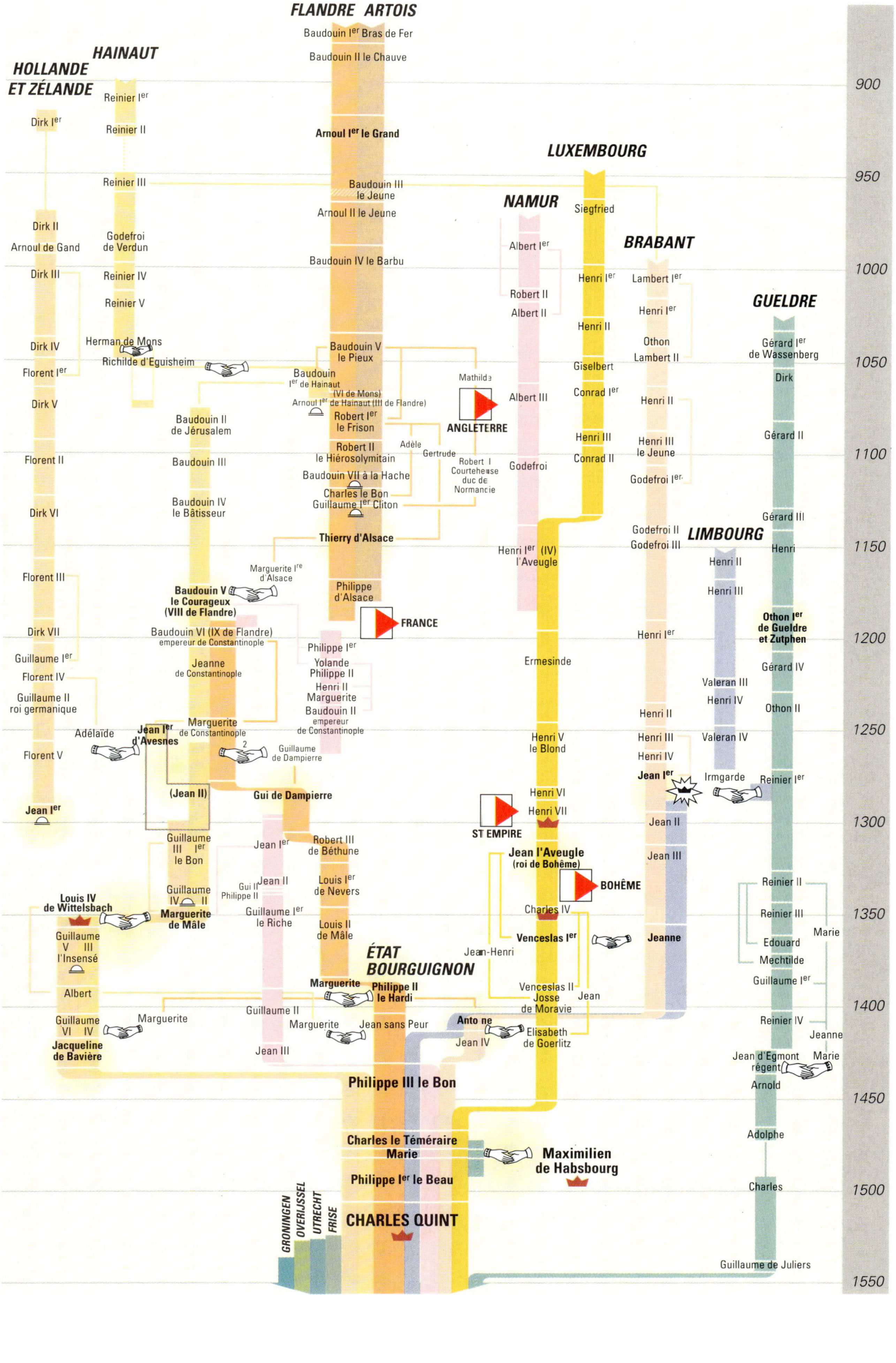

IXe siècle pendant les invasions normandes, les autorités régionales (comtes, évêques) de l'Empire carolingien organisent la défense de la région et s'imposent comme autorités territoriales.

918-965 Arnoul Ier le Grand défend la Flandre jusqu'à la Somme.

1106 les comtes de Louvain reçoivent le titre de ducs de Basse Lotharingie ; ils deviendront ducs de Brabant en 1190.

1128 Thierry d'Alsace hérite de la Flandre.

1167 les comtes de Hollande reçoivent la Zélande en fief des comtes de Flandre.

1179 les comtes de Gueldre héritent du comté de Zutphen. Cette acquisition inaugure leur expansion autour de Nimègue et la formation du futur duché de Gueldre.

1191 Sous Baudouin V le Courageux, la Flandre passe aux comtes de Hainaut.

1246 Le Hainaut passe à la dynastie des Avesnes avec Jean Ier et, un peu plus tard, la Flandre aux Dampierre avec Gui.

1288 Le duc de Brabant Jean Ier acquiert le duché de Limbourg.

1297 Gui de Dampierre hérite du comté de Namur.

1299 Avec la mort de Jean Ier, extinction de la dynastie des comtes de Hollande qui passe à la maison d'Avesnes.

1310 Avec Jean l'Aveugle, les comtes de Luxembourg héritent du royaume de Bohême.

1346 Les Wittelsbach héritent de la Hollande et du Hainaut. par le mariage de Louis IV avec Marguerite de Hainaut.

1384 Philippe II le Hardi, duc de Bourgogne, hérite de la Flandre et de l'Artois par son mariage avec Marguerite de Mâle seule héritiaire de ces territoires.

1404 Son fils Antoine hérite du Brabant et du Limbourg.

1415 À la mort d'Antoine, tué à la bataille d'Azincourt, ses possessions passent à son frère Jean sans Peur duc de Bourgogne.

1421 Philippe III le Bon acquiert le comté de Namur.

1433 Jacqueline de Bavière renonce à la Hollande et au Hainaut en faveur de Philippe III le Bon.

1451 Philippe III le Bon annexe le duché de Luxembourg.

1472 Charles le Téméraire annexe le duché de Gueldre.

1477 Après la mort de Charles le Téméraire, ses possessions (hormis la Bourgogne et la Picardie, fiefs du royaume de France) passent aux Habsbourg par le mariage de sa fille Marie avec Maximilien.

Les absences continuelles de Charles Quint le conduisent à installer dans ses territoires des stathouders (lieutenants) choisis parmi les membres de la haute aristocratie. L'un d'eux est Guillaume d'Orange, de la maison des comtes de Nassau, qui représente le souverain en Hollande et Zélande. Quand les Pays-Bas se soulèvent contre le fils de Charles Quint, Philippe II d'Espagne, ces deux provinces et Guillaume avec elles prennent la tête de l'insurrection. Les provinces du Nord se rassemblent finalement dans l'Union d'Utrecht et fondent une république. On conserve la fonction de stathouder des différentes provinces, qui devient élective puis héréditaire en 1748. Chassés du pays entre 1795 et 1813, à leur retour, les Orange sont élevés à la dignité de rois des Pays-Bas unis. Les Belges, indépendants en 1830, choisissent leur roi dans la famille des Saxe-Cobourg-Gotha. Au Luxembourg, indépendant en 1890, Adolphe de Nassau accède au trône. Les trois dynasties sont toujours régnantes.

Guillaume Ier le Taciturne

Stathouder de la Hollande et de la Zélande (1559-1567 et 1572-1584), il organise la lutte contre le duc d'Albe, gouverneur général des Pays-Bas. Après la pacification de Gand (1576), il cherche en vain à établir un régime de tolérance religieuse. Pour conserver sa position politique en Hollande, il adhère à l'Union d'Utrecht. Il meurt assassiné en 1584.

Le fils de Charles Quint, Philippe II d'Espagne, est considéré comme un étranger aux Pays-Bas. À partir de 1566, une grande partie de la noblesse et la plupart des provinces se soulèvent contre sa politique religieuse, une administration centrale aux mains d'une bourgeoisie dévouée à la monarchie, sa politique fiscale et une situation économique critique. Le stathouder de Hollande et de Zélande, Guillaume de Nassau (également souverain de la principauté d'Orange en Provence) se fait l'âme de la résistance. En 1579, les provinces méridionales reviennent à la foi catholique et se réconcilient avec Philippe II qui, dès lors, respecte leur autonomie. En 1598, celui-ci installe sa fille Isabelle et son gendre Albert de Habsbourg comme souverains des Pays-Bas du Sud. Ils vont gouverner le pays de façon autonome pendant plus de deux décennies jusqu'au retour des stathouders. En 1713, après la guerre de Succession d'Espagne, ces Pays-Bas méridionaux échoient aux Habsbourg d'Autriche qui y règnent jusqu'en 1794. À cette date, la Belgique (nom sous lequel on désigne ces territoires depuis la révolution brabançonne de 1789-1790) est incorporée à la République française.

Les sept provinces du Nord (Hollande, Zélande, Utrecht, Gueldre, Overijssel, Frise et Groningue), passées au protestantisme, se rassemblent en 1579 en une Union d'Utrecht et proclament la déchéance du roi. L'instance suprême devient les États généraux dans lesquels chaque province dispose d'une voix. En fait, la Hollande, qui verse les deux tiers des impôts, y joue une rôle prépondérant. L'homme d'État le plus important de la République est le Pensionnaire (*Raadspensionaris*) qui représente la Hollande aux États généraux et est élu par les États hollandais. Pour diriger la police, l'armée et la flotte, on conserve cependant des stathouders provinciaux., élus par les États provinciaux. Ceux de Hollande désignent toujours des descendants de Guillaume d'Orange. Les États de Zélande, d'Utrecht et de Gueldre font, en règle générale, de même. Ceux de Frise choisissent comme stathouders des descendants d'un frère de Guillaume d'Orange et leur exemple est le plus souvent suivi par les États de Groningue et d'Overijssel. Toutefois, tous les postes de stathouders ne sont pas toujours pourvus ; c'est le cas en Hollande et dans les provinces du Sud entre 1650 et 1672 et entre 1702 et 1748. En période de crise, en particulier en temps de guerre, le concurrent politiquement le plus dangereux pour le Pensionnaire est le stathouder de Hollande.

◄ *La Tyrannie du duc d'Albe*
*Fernando Álvarez de Tolède, troisième duc d'Albe (1508-1582) est envoyé par Philippe II comme gouverneur des Pays-Bas (1567-1573) pour réprimer la révolte de 1566. Il instaure un Conseil des troubles (appelé aussi tribunal du sang) pour éradiquer l'hérésie protestante et toute opposition politique (les comtes de Hornes et d'Egmont sont décapités en 1568). La création d'une dîme (*tiende penninck*) sur toutes les transactions durcit l'opposition en Hollande et Zélande et déclenche la révolte des gueux en 1568.*

L'INDUSTRIE TEXTILE

Au XVIIe siècle, la République des Provinces-Unies est l'une des régions industrielles les plus prospères d'Europe. Concentrée en Hollande, l'industrie textile (toiles de lin et draps de laine essentiellement) est caractérisée par une division du travail très poussée. Les bénéfices tirés d'une part du commerce international — où le pays détient un quasi-monopole —, d'autre part de l'empire colonial et de l'Europe occidentale ou centrale sont investis massivement dans l'économie. Ils favorisent la modernisation des modes de production et les adaptations nécessaires. Le relatif déclin économique et politique néerlandais sera amorcé seulement au XVIIIe siècle, avec, notamment, la rivalité de la Grande-Bretagne.

TROIS MONARCHIES MODÈLES

Guillaume III d'Orange, élu lors de l'invasion des troupes de Louis XIV en 1672, est le dernier stathouder important. En 1677, il épouse Marie Stuart, fille du futur Jacques II Stuart. Les États généraux, inquiets du rapprochement entre la France et Jacques II Stuart, acceptent d'aider le gendre de celui-ci à passer en Angleterre. En 1688, Guillaume débarque dans le Devon (Torbay) et contraint son beau-père à s'enfuir pour la France. Le 22 janvier 1689 il est proclamé, avec la reine Marie II, roi d'Angleterre, d'Écosse et d'Irlande sous le nom de Guillaume III. Quand il meurt sans postérité en 1702, ses cousins frisons reprennent le nom prestigieux des Orange. Face à l'invasion française de 1748, Guillaume IV est choisi comme stathouder héréditaire des toutes les provinces des Pays-Bas : sa position devient alors semblable à celle d'un monarque.

Son fils Guillaume V est chassé par la révolution batave. Après l'occupation française, le fils de Guillaume V revient aux Pays-Bas en 1813 et reçoit le titre de « prince souverain ». Le congrès de Vienne qui souhaite un État fort au nord de la France, décide de réunifier les Pays-Bas du Nord et du Sud (Belgique). Le grand-duché de Luxembourg, que le congrès reconnaît également au roi des Pays-Bas, est rattaché au nouvel État intitulé royaume des Pays-Bas unis. Celui-ci souffre d'emblée d'antagonismes internes : entre catholiques et protestants, entre expressions française et néerlandaise, entre bourgeoisie libérale et industrielle en Belgique et structures autoritaires dans le nord.

Vers la fin des années 1820, une grave crise économique donne le signal de la révolte qui éclate à Bruxelles en août 1830. La Belgique se sépare du royaume de Guillaume Ier. Le Parlement élu désigne comme roi des Belges Léopold de Saxe-Cobourg, apparenté à la famille royale anglaise. La Belgique, dont la constitution est fixée en 1831, devient un État modèle en Europe, de surcroît premier pays du continent à s'engager dans la révolution industrielle.

Pour leur part, les Pays-Bas n'adoptent le système politique libéral et parlementaire que lentement. Vers 1900, le pays, orienté jusque là vers l'agriculture et le commerce, se dote d'industries modernes (électricité, chimie) et devient un des États modèles de la seconde révolution industrielle.

Au Luxembourg — qui revient pour les deux tiers à la Belgique et constitue dès lors, à l'intérieur de ce royaume, la « province » de Luxembourg, mais dont la partie germanophone appartient, en tant que grand-duché, à la Confédération germanique et reste unie aux Pays-Bas sous la forme d'une union personnelle —, les Orange règnent jusqu'en 1890. À cette date, Guillaume III meurt sans laisser de fils. Sa fille Wilhelmine lui succède aux Pays-Bas, mais au Luxembourg, la succession est réservée aux hommes. C'est ainsi que le plus proche parent des Orange, Adolphe, duc de Nassau, accède au trône. En 1907, son fils Guillaume, sans héritier mâle, doit modifier le régime successoral en vigueur. Ses filles Adélaïde (qui devra abdiquer en 1919 en raison de sa politique pro-allemande) et Charlotte lui succèdent, cette dernière, après que les Luxembourgeois se furent prononcés contre une union politique avec la Belgique. Son fils Jean règne depuis 1964.

▲ ***Le port d'Amsterdam***
*Au XVIIe siècle, Amsterdam est une ville en plein essor et le port le plus actif de toute l'Europe. Entrepreneurs, marchands et armateurs forment la majeure partie du « patriciat régent » (*regentenpatriciaat*), les couches supérieures de la société, et paient un tiers des impôts de toute la République. La bourse et la banque de cette ville déterminent le cours et contrôlent la circulation des capitaux en Europe. Cette prépondérance sera supplantée par la City de Londres après la guerre de Succession d'Espagne. Cette intense activité économique s'accompagne d'une exceptionnelle liberté intellectuelle et spirituelle. Descartes séjournera en Hollande de longues années et Spinoza né dans le ghetto d'Amsterdam en 1632 n'aurait pu écrire ailleurs que dans les Provinces-Unies : « le véritable but de l'État est la liberté ».*

1566 « l'année du miracle » : en pleine famine, les calvinistes poussent le peuple à un mouvement iconoclaste dans presque toutes les provinces.
1568 début de la guerre de Quatre-Vingts ans qui aboutira à l'indépendance des Provinces-Unies.
1576 la pacification de Gand vise à une réconciliation entre l'autorité royale et les États ainsi qu'entre catholiques et protestants.
1579 l'Union d'Arras rassemble les provinces riches, traditionalistes et catholiques (Artois, Hainaut) sous la tutelle de Philippe II face à l'Union d'Utrecht qui regroupe les autres provinces, protestantes, plus neuves et plus radicales, ainsi que quelques villes du sud (Gand, Anvers, Bruxelles).
1581 les sept provinces calvinistes de l'Union d'Utrecht votent la déchéance de Philippe II d'Espagne et proclament l'indépendance des Provinces-Unies.
1648 au traité de Munster, la République des Provinces-Unies est reconnue par toutes les puissances européennes.
1659 paix des Pyrénées : l'Espagne cède l'Artois à la France.
1672-1678 guerre de Hollande : Louis XIV acquiert le Cambrésis et le sud du comté de Flandre.
1678-1679 guerre de Dévolution : l'Espagne cède Lille à la France.
1789-1790 la révolution brabançonne pour établir une Belgique indépendante de Vienne échoue.
1830-1831 révolution belge ; la Belgique devient la première monarchie parlementaire en Europe dont la neutralité est garantie par les grandes puissances.
1848 réformes constitutionnelles aux Pays-Bas.
1867 neutralité garantie du Luxembourg.
1921 union douanière entre la Belgique et le Luxembourg.
1er janvier 1948 entrée en vigueur du Benelux : union douanière.

◀ *Les Pays-Bas sont partagés dès 1579 (Union d'Arras et Union d'Utrecht) en Pays-Bas espagnols et République des Provinces-Unies, dont l'indépendance est officiellement reconnue par l'Espagne en 1648 seulement. Celles-ci conquièrent le nord du duché de Brabant administré par les États généraux des sept provinces fédérées (pays de la Généralité) ; la Drenthe forme une province autonome et n'est pas membre de l'Union d'Utrecht. Entre 1659 et 1697 le sud des Pays-Bas espagnols est annexé par la France. Pour sa part, le prince-évêque de Liège gouverne un territoire indépendant des Pays-Bas et rattaché au Saint Empire.*

▼ *En 1794, les Pays-Bas méridionaux, appelés la Belgique, sont annexés par la France qui y introduit son organisation administrative (les circonscriptions départementales existent toujours aujourd'hui). Les Provinces-Unies doivent céder une partie des pays de la Généralité et deviennent la République batave, étroitement rattachée à la France dont elle adopte le système politique. Entre 1806 et 1810, la République batave devient royaume de Hollande.*

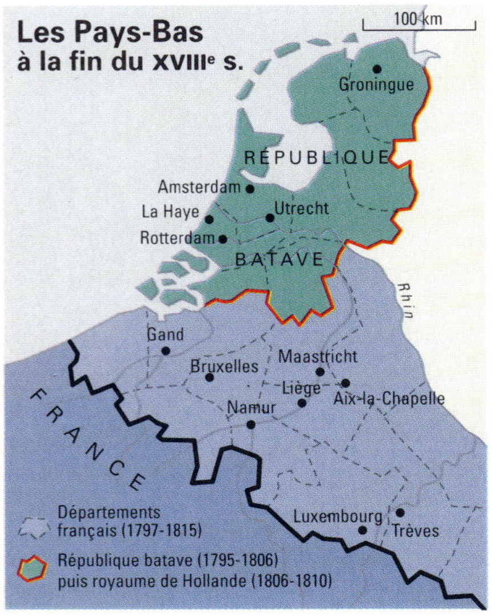

▲ *En 1815, le congrès de Vienne réunit les deux Pays-Bas auxquels est rattaché le grand-duché de Luxembourg, possession de Guillaume Ier. Celui-ci devient roi des Pays-Bas unis. En 1830-1831, la Belgique accède à l'indépendance, absorbant l'ouest du Luxembourg qui devient une province belge. En 1919, l'Allemagne cède Eupen et Malmédy à la Belgique. Celle-ci fonde deux ans plus tard avec le Luxembourg une union monétaire et douanière.*

LE ROI BAUDOUIN ET BÉATRICE DE HOLLANDE

La famille royale belge lors d'un bal à la cour en 1958. Au centre, le roi Baudouin (1951-1993), en compagnie de la princesse de Réthy, seconde épouse de son père Léopold III. À droite, la princesse Béatrice de Hollande, fille de la reine Juliana, qui montera sur le trône des Pays-Bas en 1980.

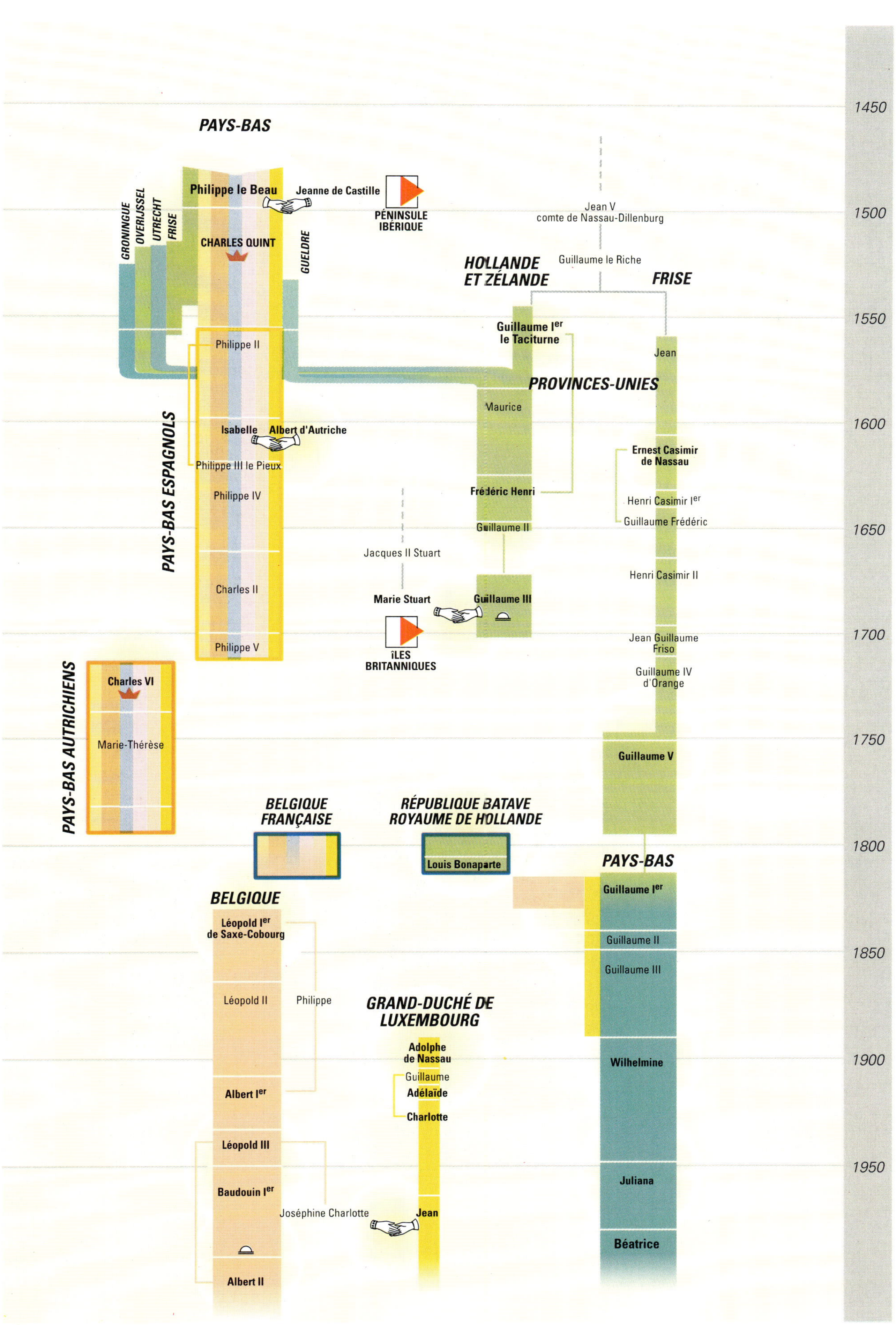

1496 Philippe le Beau épouse Jeanne de Castille, fille des Rois Catholiques et monte sur le trône de Castille en 1504.

1516 Charles Ier roi de toutes les Espagnes ; élu empereur Charles Quint en 1519.

1524-1536 Charles Quint acquiert la Frise, l'Overijssel, la Drenthe et le Groningue.

1543 Charles Quint annexe le duché de Gueldre.

1555-1556 Charles Quint donne les Pays-Bas à son fils Philippe II.

1559 Guillaume Ier le Taciturne stathouder de Hollande et de Zélande.

1596-1621 Philippe II puis Philippe III d'Espagne laissent l'archiduc Albert d'Autriche (gendre de Philippe II) gouverner les Pays-Bas.

1620 Ernest Casimir de Nassau stathouder de Frise.

1650-1672 La Hollande supprime le stathoudérat.

1688-1689 Guillaume III d'Orange, époux de Marie Stuart depuis 1677, roi d'Angleterre.

1702 À l'extinction de la branche aînée des Orange (Guillaume III meurt sans postérité), leurs possessions hollandaises passent à la branche de Frise.

1702-1747 Deuxième période sans stathoudérat.

1714 Les Pays-Bas espagnols passent aux Habsbourg d'Autriche.

1748 Les Orange de la branche frisonne stathouders héréditaires des Provinces-Unies.

1795 Guillaume V d'Orange chassé des Pays-Bas par la révolution batave.

1806-1810 Louis Bonaparte, frère de Napoléon Ier, roi de Hollande.

1814-1815 Guillaume Ier, fils de Guillaume V d'Orange, souverain du royaume des Pays-Bas unis créé par le congrès de Vienne.

1831 Après l'accession à l'indépendance de la Belgique, le pays choisit parmi divers prétendants : Léopold de Saxe-Cobourg est élu roi des Belges.

1890 À la mort, sans postérité mâle, du roi des Pays-Bas Guillaume III, le Luxembourg désigne Adolphe, duc de Nassau, pour monter sur le trône grand-ducal.

1890-1948 À la mort de Guillaume III, la régence est assurée par l'épouse de celui-ci durant la minorité de Wilhelmine (jusqu'en 1898). Tout en respectant les usages constitutionnels qui laissent gouverner les partis, la reine prendra nombre d'initiatives durant son règne ; elle refuse notamment d'extrader l'empereur Guillaume II, réfugié aux Pays-Bas après son abdication en 1918. Repliée à Londres après l'invasion allemande, elle abdique en septembre 1948 en faveur de sa fille Juliana.

1951 après l'abdication de Léopold III dont le retour sur le trône est plébiscité par les Flamands mais rejeté par les Wallons, son fils Baudouin Ier monte sur le trône.

12 novembre 1964 La grande-duchesse Charlotte de Luxembourg abdique en faveur de son fils Jean.

9 août 1993 Albert II succède à son frère Baudouin Ier mort le 31 juillet.

L'ITALIE V^e^-XIe SIÈCLE

En 476, le Barbare Odoacre, chef de l'armée impériale, dépose l'empereur Romulus Augustule, sans pour autant prendre le titre d'empereur. La domination des peuples barbares de différentes origines, unis d'abord sous le règne d'Odoacre (476-493), puis sous celui de l'Ostrogoth Théodoric (493-526), conduit à une division ethnique dans la péninsule entre les Barbares vainqueurs et les Romains soumis (bien que plusieurs aristocrates romains continuent à jouer un rôle important dans l'administration et dans la vie culturelle du pays, tels Boèce ou Cassiodore). La guerre sanglante contre les Goths (535-553) permet aux Byzantins de reconquérir la péninsule qui devient une province de l'Empire d'Orient.

BOÈCE

Boèce (Severinus Boetius) fut l'un des principaux dignitaires à la cour de Théodoric (consul en 510 et maire du palais en 523), mais son succès provoqua aussi sa perte. Il fut jeté en prison (525), accusé d'avoir agi pour la libertas romana contre la domination des Ostrogoths et d'avoir comploté contre Théodoric, mais aussi inculpé de sacrilegium. Il sera soumis à la torture, puis exécuté en 526. Boèce, descendant d'une des familles romaines les plus illustres, naît à Rome vers 480. Très jeune, il se fait remarquer pour sa grande culture qu'il a pu enrichir, notamment, grâce à son séjour à Athènes. Le programme vaste et ambitieux qu'il se fixe comprend la traduction en latin de toute l'œuvre de Platon et d'Aristote, ainsi que les commentaires censés démontrer la profonde unité de pensée des deux philosophes grecs. Boèce ne parviendra qu'à compléter la traduction de l'Organon d'Aristote, mais il écrira de nombreux traités de logique, ainsi que des ouvrages sur l'arithmétique, la musique et la théologie. Ses écrits philosophiques auront une très grande influence sur la pensée médiévale, et son ouvrage le plus célèbre, De Consolatione philosophiae, *rédigé en prison, deviendra l'un des textes les plus lus, cités, imités et traduits de la littérature de tous les temps.*

L'invasion des Lombards dans le Nord en 569 rompt l'unité territoriale de l'Italie. Une partie de la péninsule échappe à l'occupation lombarde et reste sous l'autorité byzantine, bien que celle-ci devienne, avec le temps, plus apparente que réelle. La présence des Lombards en Italie crée une autre division, religieuse, le christianisme arien des vainqueurs s'opposant au catholicisme des populations soumises. Ce conflit religieux s'effacera au cours des VIIe et VIIIe siècles avec la conversion des Lombards au catholicisme. Les Lombards, qui ont fait de Pavie le centre de leur royaume et le siège du palais royal, ne veulent plus reconnaître la suprématie de l'empereur d'Orient, à la différence de leurs prédécesseurs barbares. Leur royaume se compose de duchés qui jouissent souvent d'une grande autonomie, surtout dans les régions périphériques. Par ailleurs, les vainqueurs exproprient une grande partie de l'aristocratie romaine. La population romaine se retrouve ainsi dans une situation d'infériorité flagrante, aggravée par le fait que les deux peuples — Lombards vainqueurs et Romains soumis — dépendent de deux systèmes juridiques différents : le droit barbare et le droit romain.

L'ITALIE BYZANTINE

L'Italie byzantine subit elle aussi une fragmentation progressive de la vie économique, sociale et politique. Peu à peu, les ducs byzantins, de fonctionnaires de l'Empire, se transforment en petits chefs régionaux, créant des formes de pouvoir héréditaire et fondant ainsi des duchés réellement indépendants, comme ceux d'Amalfi, de Naples ou de Gaète.

Le duché byzantin de Venise subira les mêmes transformations, avec cependant un résultat différent : contrairement aux duchés méridionaux, le système de pouvoir qui se mettra en place sera aristocratique et non héréditaire.

Le renforcement des particularismes dans l'Italie byzantine permet l'émancipation progressive de la papauté dans le duché romain face à Byzance. Ce processus long de plusieurs siècles sera favorisé par le fait que, dans une époque de grande instabilité et d'écroulement de tant de structures sociales et politiques, le pouvoir spirituel du souverain pontife apparaît comme l'unique bastion moral et politique. Le pouvoir du pape s'étend ainsi de Rome et de la « campagne romaine » (l'*agro*) jusqu'à l'Adriatique ; en outre, la crise du royaume lombard permet au pape d'acquérir les territoires de la Pentapole et de l'exarchat de Ravenne, qui appartenaient aux Byzantins : ainsi se constituent les bases des futurs États de l'Église.

L'expansion de l'islam va achever de morceler les possessions byzantines en Italie : au cours du IXe siècle, Byzance cède la Sicile aux Arabes qui s'implantent également dans l'Italie méridionale et menacent Rome.

◀ *Les travaux des champs*
L'avènement de l'an mille signe la reprise de la vie économique, après les siècles de crises et de décadence qui avaient marqué l'Italie, envahie par les Barbares et déchirée par les guerres. L'agriculture est en plein essor ; la croissance démographique pousse à la mise en culture de nouvelles terres gagnées sur la forêt, destinées à fournir en céréales, huile et vin une population en pleine expansion.

◀ *Otton Ier le Grand*
Duc de Saxe (936-961), roi de Germanie (936-973), empereur (962-973), fils d'Henri Ier l'Oiseleur et de Mathilde, il intervient en Italie en 951, répondant à l'appel d'Adélaïde de Bourgogne, emprisonnée par le roi d'Italie Bérenger II. Otton épouse Adélaïde et ceint la couronne du royaume d'Italie, qu'il concède à Bérenger devenu son vassal, avant de retourner en Germanie. En 961, Otton est appelé par le pape Jean XII pour combattre Bérenger. Couronné empereur à Rome en 962, Otton promulgue le Privilegium Othonis, *loi qui établit le contrôle de l'empereur sur l'élection du pape. Cette prééminence de l'empereur sur le pape va se vérifier peu après : en 964, Jean XII s'étant réconcilié avec Bérenger, Otton dépose le pape sans la moindre hésitation. En 967, lors d'une troisième expédition en Italie, il cherche à imposer son pouvoir dans le sud de la péninsule. Ayant reçu l'hommage des ducs lombards de Capoue et de Bénévent, Otton organise (sans succès) des expéditions militaires contre les Byzantins dans les Pouilles et en Calabre. En revanche, il remporte une victoire diplomatique en faisant épouser à son fils Otton la princesse byzantine Théophano (972).*

▼ *Le cavalier lombard*
Les Lombards furent d'habiles travailleurs des métaux et se montrèrent en particulier d'excellents orfèvres. Est représenté ici un guerrier à cheval, symbole de la puissance militaire lombarde. En effet, les Lombards conquirent l'Italie grâce à l'usage massif de la cavalerie.

L'ÉPOQUE FÉODALE

Le pouvoir grandissant de la papauté, renforcé par le rôle toujours plus important du clergé dans le royaume lombard, accroît les tensions entre ces deux puissances. Le royaume lombard est détruit en 774 par Charlemagne roi des Francs, appelé en Italie par le pape Adrien Ier, menacé par Didier, roi des Lombards. Le nouveau royaume s'organise selon le modèle hiérarchique franc : les ducs lombards se trouvent remplacés par comtes et marquis dont les fonctions deviennent vite héréditaires. L'Italie des Francs subit un processus de féodalisation qui donnera naissance à une classe noble, dont on ne saurait sous-estimer le rôle dans l'accentuation des particularismes italiens au cours des IXe et Xe siècles. En 800, Charlemagne reçoit à Rome, des mains du pape, la couronne impériale. Ainsi naît le Saint Empire romain ; partie intégrante de celui-ci, la péninsule sera appelée à jouer un rôle qui s'inscrit dans une mission plus vaste, d'ordre universel. Jusqu'à la déposition de Charles le Gros (887), le royaume d'Italie constitue l'enjeu de la lutte pour la succession au trône impérial, par la suite disputé par les grands feudataires de la péninsule (les marquis de Frioul, d'Ivrée, de Spolète, de Toscane). Cette lutte ouvre la voie aux prétendants étrangers (Louis et Hugues d'Arles ; Rodolphe II de Bourgogne), qui conservent un temps le trône d'Italie. En 951, Otton Ier de Saxe, roi de Germanie, détrône Bérenger II, dernier souverain italique indépendant, et devient « roi des Francs et des Italiques », avant de ceindre la couronne impériale en 962. Le Saint Empire romain renaît : ce n'est plus l'empire des Francs, mais l'empire romano-germanique, et le lien qui unit les deux mondes se maintiendra pendant huit siècles. Les empereurs saxons chercheront à réaliser une unité organique et à soumettre à leur autorité le seul pouvoir qui menace leur domination : la papauté. Ainsi, les élections des papes et d'une grande partie des évêques dépendront pendant plusieurs décennies de l'autorité impériale. Parallèlement, les empereurs saxons, surtout Otton III (996-1002), vont chercher à étendre leur pouvoir à l'Italie méridionale afin de faire renaître la splendeur de la Rome impériale et de l'Empire romain, mais ce programme sera contrecarré par les Arabes établis en Sicile.

▲ *Amiral de la flotte de Roger II*
Roger II, fils de Roger Ier et d'Adélaïde de Montferrat, couronné roi de Sicile par l'antipape Anaclet II en 1130, entreprit une politique d'expansion en Méditerranée au détriment de l'Empire byzantin : prise de Djerba (1135), Tripoli (1146), Corfou (1147). Il porta la guerre contre Byzance jusqu'en Épire et dans le Péloponnèse. À sa mort en 1154, le royaume normand de Sicile était devenu une sorte de thalassocratie sur la mer Ionienne et la mer Égée.

ALBOÏN

Alboïn, fils d'Audoïn et de Rodelinde, grand, robuste, courageux, rusé et cruel, hérite de son père le titre de roi des Lombards vers le milieu du VIe siècle. Allié aux Avars contre les Gépides auxquels il dispute la possession de la Pannonie, il détruit le royaume de ces derniers, tue dans le combat leur roi Cunimond et épouse sa fille Rosemonde (566). En 568, il marche sur l'Italie, à la tête d'une armée composée de Gépides, Hérules, Alains, Saxons et, bien sûr, de Lombards. Après avoir envahi la Vénétie, il fonde à Cividale, dans le Frioul, le premier duché lombard qu'il lèguera à son neveu Gisulf. Proclamé Dominus Italiae *(569), il étend ses conquêtes à la Lombardie, où il doit pourtant faire face à une résistance acharnée de Pavie, qui ne cédera qu'en 572. De l'Italie septentrionale, les Lombards déferlent sur toute l'Italie centrale et se livrent aux pillages et aux massacres, mais ils ne réussiront pas pour autant à s'emparer de Rome ni de Ravenne. Alboïn meurt à Vérone le 28 juin 572, mortellement blessé pendant son sommeil par son écuyer Elmichi. Selon la légende, il fut victime de la vengeance de sa femme Rosemonde, qui le haïssait : au cours d'un festin, celui-ci l'aurait obligée à boire dans la coupe faite du crâne de son père Cunimond. Il est bien plus probable qu'Alboïn fut victime d'une conjuration de palais ourdie par Elmichi, avec la complicité de Rosemonde et, peut-être, avec l'appui des Byzantins.*

L'ITALIE Ve-XIe SIÈCLE

476 chute de l'Empire romain d'Occident.
489-490 Théodoric, roi des Ostrogoths, est appelé par Zénon, empereur d'Orient, à combattre Odoacre qu'il défait à plusieurs reprises.
574 l'assassinat de Clefi, roi des Lombards, ouvre une décennie de luttes entre les ducs lombards.
603 traité de paix entre les Byzantins et les Lombards, conclu grâce à l'entremise du pape Grégoire le Grand.
643 publication de l'édit de Rotharis, première codification du droit coutumier des Lombards.
728 Liutprand poursuit la politique expansionniste de ses prédécesseurs, mais le pape le persuade de se retirer et de céder au Saint Siège Sutri, possession byzantine, qui devient le premier noyau du pouvoir temporel de l'Église.
754 Pépin le Bref, roi des Francs, appelé en Italie par le pape, défait Aistolf roi des Lombards, et l'oblige à restituer aux Byzantins les territoires occupés.
756 retour de Pépin le Bref en Italie : il affronte Aistolf et le contraint à abandonner l'exarchat de Ravenne et la Pentapole, qu'il cède au pape.
772 Didier, roi des Lombards, envahit les États pontificaux.
817 l'empereur Louis le Pieux fait promulguer l'*Ordinatio imperii* afin de régler sa propre succession.
827 début de la conquête arabe de la Sicile qui s'achève en 902.
843 au traité de Verdun, l'Italie est assignée à Lothaire.
891 Gui II, duc de Spolète est couronné empereur ; son fils Lambert est associé au pouvoir.
900 Louis III l'Aveugle, roi de Provence, appelé en Italie par les compétiteurs de Bérenger, devient roi d'Italie, mais perd le trône en 905.
924 Rodolphe II de Bourgogne, appelé en Italie par les grands feudataires, est proclamé roi d'Italie.
926 Hugues d'Arles affronte en Italie Rodolphe II de Bourgogne, qui devra lui céder la couronne du royaume d'Italie.

L'Italie au début du VIIe s.

▲ *La répartition territoriale de la péninsule italienne, après la conquête lombarde, est définitivement établie entre Lombards et Byzantins. Le littoral vénitien, la Romagne et les Marches (l'exarchat de Ravenne et la Pentapole), le duché romain, le littoral ligurien et campanien (excepté Salerne), les Pouilles, une grande partie de la Calabre, de la Sicile, de la Sardaigne et de la Corse restent sous souveraineté byzantine.*

Formation de l'État pontifical au VIIIe s.

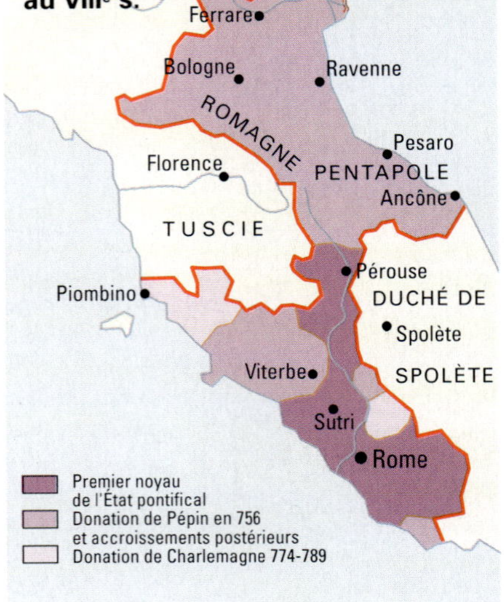

▲ *Les accords (754) entre le pape Étienne II et le roi des Francs Pépin le Bref, vainqueur des Lombards (756) ainsi que les victoires de Charlemagne sur les mêmes Lombards déterminent la reconnaissance formelle de la souveraineté de l'Église sur les duchés de Bénévent et de Spolète, la Corse et le centre de la péninsule (756-787). La célèbre Donation de Constantin fut rédigée à cette époque pour fonder plus solidement le pouvoir politique de la papauté.*

L'Italie aux IXe et Xe s.

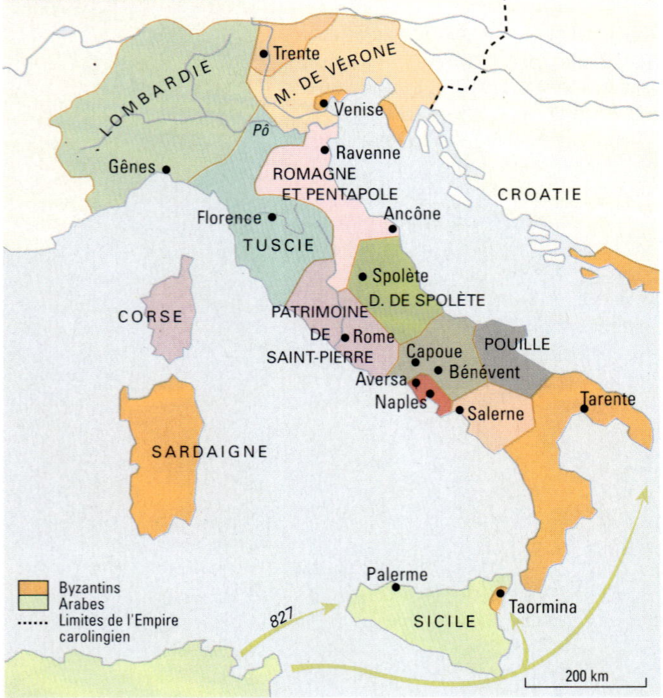

▲ *L'émiettement politique de la péninsule s'accentue entre d'une part les Byzantins, dont le pouvoir est de moins en moins effectif, les ducs lombards au sud, les Arabes qui détiennent la Sicile, les États de l'Église et le reste du pays d'autre part qui appartient aux Francs.*

L'Italie en l'an 1000

▲ *Les Byzantins ne contrôlent plus réellement et non sans mal que le sud (Pouille et Calabre). La Sardaigne, Naples, Amalfi, Gaète et Venise sont indépendantes de fait. L'Italie centrale et septentrionale est divisée entre l'Église, le royaume d'Italie et les vassaux germaniques dépendant de l'Empire (marche de Vérone).*

LES SIÈCLES SOMBRES DE LA PÉNINSULE

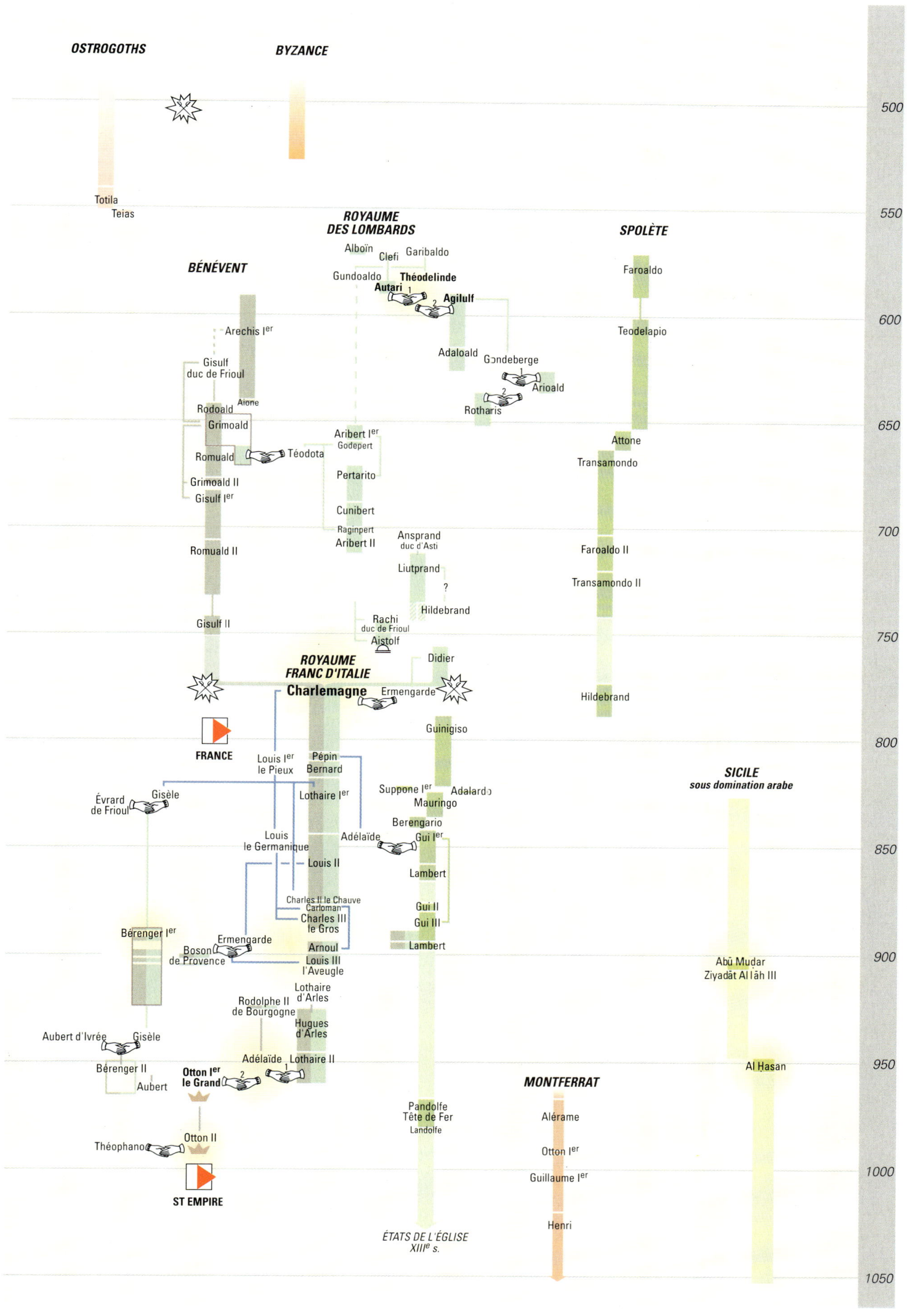

553 Teias, dernier roi des Ostrogoths, est vaincu et tué dans la bataille contre les Byzantins conduits par Narsès. La mort de Teias marque la fin de la domination des Ostrogoths sur l'Italie, dont il ne subsistera presque aucune trace.

590 Théodelinde, veuve d'Autari (épousé en 589), est donnée en mariage à Agilulf, car, selon les coutumes lombardes, le successeur du roi doit épouser sa veuve.

771 Charlemagne répudie Ermengarde, la fille de Didier roi des Lombards épousée l'année précédente, et commence sa politique d'opposition aux Lombards.

875 Charles II le Chauve, roi de France, empereur et roi d'Italie jusqu'en 877.

879 Carloman, roi d'Italie et de Bavière, cède le gouvernement de l'Italie à son frère Charles III le Gros.

888 Bérenger Ier, marquis de Frioul, fils d'Évrard et de Gisèle (fille de Louis le Pieux), s'empare de la couronne italienne.

907 Abû Mudar Zyadât Allâh III est chassé du pouvoir par le shiite Abû 'Abd Allâh qui met un terme à la dynastie des Aghlabides et fait triompher, avec le Mahdi Ubaydullah, celle des Fatimides.

948 Al-Hasan, fils d'Ali al-Kalbi, général des Fatimides, et de la fille de Salim Rachid (premier gouverneur de la Sicile au service des califes fatimides), est nommé gouverneur de la Sicile et fonde la dynastie des Kalbides, qui régiront l'île jusqu'à la conquête normande.

951 Adélaïde, fille de Rodolphe II de Bourgogne, veuve du fils d'Hugues d'Arles, Lothaire II (épousé en 947), est donnée en mariage à Otton Ier qui revendique ses droits sur le royaume d'Italie.

972 Otton II de Saxe épouse Théophano, fille de Romain II empereur d'Orient, afin d'établir un lien avec Byzance.

Jean Galéas Sforza

Duc de Milan, d'abord sous la tutelle de sa mère Bonne de Savoie, puis sous celle de son oncle paternel Ludovic, dit le More, il s'empare du pouvoir en 1481. Il reçut une éducation vaste et raffinée ; sa cour accueillit des humanistes, des artistes et des hommes de science (Bramante, Léonard de Vinci).

Aux XIe et XIIe siècles, les luttes pour la suprématie entre la papauté et l'Empire qui, tour à tour, s'affaiblissent et se redressent, ont permis aux villes d'affirmer leur indépendance et de renforcer leur pouvoir. Elles-mêmes, au cours du XIIIe siècle, voient s'affronter princes et seigneurs qui briguent leur possession tandis que l'influence des marchands ne cesse de croître. Venise et Florence, à l'apogée de leur puissance pendant la période du Quattrocento, demeurent indépendantes.

Entre le XIe et le XIIe siècle, l'Italie est déchirée entre les deux grandes autorités universelles : la papauté et l'Empire. La suprématie de l'autorité pontificale sur le pouvoir impérial (*Dictatus Papae* de Grégoire VII en 1075) déclenche la longue période de conflits (querelle des Investitures) qui s'achèvera en 1122 avec le concordat de Worms. Le pape sort vainqueur de ce conflit tandis que l'Empire entre dans une période de crise aiguë qui favorise l'autonomie des cités italiennes.

L'empereur Henri II le Saint engage une longue lutte (1002-1014) contre Arduin d'Ivrée, proclamé roi d'Italie. Il finit par faire reconnaître son pouvoir sur le royaume et par se faire couronner empereur à Rome. Conrad II le Salien, quant à lui, fondateur de la dynastie salienne en Franconie, roi d'Italie en 1026, puis empereur, doit faire face au soulèvement des Milanais pour leur autonomie (1036-1039). Il en va de même pour l'empereur de Byzance qui voit décroître de façon constante et progressive son autorité sur la péninsule. Au XIe siècle, Venise et une partie de l'Istrie, Gaète, Naples, la Sardaigne et Amalfi seront indépendantes *de facto* par rapport à Byzance ; la dernière ne tardera pas à devenir la République maritime la plus puissante d'Italie. Elle tirera avec Gênes et Venise des avantages considérables de la première croisade (1096-1099), s'occupant du ravitaillement des troupes parties pour l'Orient délivrer les Lieux saints. En Italie du Sud, la crise de l'Empire byzantin et la décadence arabe rendent possible la formation de petits États indépendants dont les rivalités favorisent la pénétration des Normands. Installés depuis 1029 dans le comté d'Aversa, ces derniers s'emparent en quelques décennies de la Calabre et des Pouilles et, en 1059, font reconnaître leurs conquêtes par le pape en échange du serment féodal de foi et hommage (synode de Melfi). Entre 1061 et 1091, Roger Ier, frère de Robert Guiscard, duc de Pouille et de Calabre, enlève la Sicile aux musulmans. La conquête normande de l'Italie méridionale atteint son point culminant lorsque Roger II est couronné roi de Sicile (1130). Le nouvel État, légitimé par l'autorité papale et non impériale, devient une puissante monarchie où cohabitent et prospèrent les cultures latine, arabe et byzantine qui s'y côtoient depuis longtemps. Il réussit en même temps à mener une politique étrangère active, ouverte tour à tour sur la Méditerranée orientale, les Balkans et l'Afrique septentrionale.

Les succès de la papauté sont menacés par les efforts de l'empereur Frédéric Ier Barberousse pour restaurer l'autorité impériale, mais son premier triomphe est illusoire ; après avoir détruit Milan (1162), il doit faire face à la Ligue des villes lombardes qui écrase l'armée de l'empereur à Legnano (1176). La paix de Constance (1183), signée entre l'empereur et les communes, reconnaît l'autonomie de ces villes et marque le déclin du pouvoir impérial italien. Son fils, l'empereur Henri VI, héritier du trône normand, puis roi de Sicile par son mariage avec Constance de Hauteville (1186) ne parvient pas lui non plus à restaurer la domination impériale sur la péninsule. L'ultime tentative pour rétablir le prestige et le pouvoir de l'empereur reviendra à Frédéric II, fils d'Henri VI, roi de Sicile (1196-1250), roi de Germanie (1212-1250). Monarque à l'exceptionnelle personnalité, italien plus que germanique par sa culture, il fait du royaume de Sicile un centre politique et culturel de première importance, mais son œuvre ne lui survivra pas.

COMMUNES, SEIGNEURIES, PRINCIPAUTÉS

À la mort de Conrad IV (1254), Manfred, fils naturel de Frédéric II, s'empare du royaume de Sicile (1258). Mais le pape s'oppose à ses conquêtes et fait venir en Italie le comte d'Anjou. Manfred est vaincu et tué à la bataille de Bénévent (1266), tandis que Charles Ier d'Anjou est couronné roi de Sicile. Conradin, fils et héritier légitime de Conrad IV, lève des troupes contre le nouveau souverain. Vaincu et fait prisonnier à Tagliacozzo (1268), il est décapité peu après à Naples. Cependant, le royaume de Sicile ne restera uni sous les Anjou que peu de temps. En 1282, les Siciliens s'insurgent contre la domination angevine, soutenus par Pierre III d'Aragon, gendre de Manfred (Vêpres siciliennes). Le conflit entre Anjou et Aragonais se termine en 1302 (paix de Caltabellotta) à l'avantage des seconds : Charles II le Boiteux doit définitivement abandonner ses droits sur la Sicile à Frédéric II d'Aragon. À la mort de Robert d'Anjou (1343), sa nièce Jeanne accède au trône de Naples, suscitant ainsi l'hostilité des Anjou de Hongrie. Ainsi commence une longue période de conflits militaires. Après que Jeanne eut été détrônée (1381) et assassinée un an plus tard, le pape investit du royaume Charles III, de la maison d'Anjou de Duras. Mais à sa mort, la guerre pour la succession éclate ; elle se terminera avec le succès définitif de Ladislas, les Anjou de Duras l'emportant sur les Anjou de France.

Si le XIIIe siècle a vu s'affermir la souveraineté du pape sur une grande partie de l'Italie centrale, la crise qui frappe le patrimoine de Saint-Pierre à la fin du siècle permet à plusieurs nouvelles dynasties féodales de s'emparer de villes et de châteaux appartenant aux États de l'Église. Le transfert du siège pontifical en Avignon (1309) aggrave le désordre : ce n'est qu'au milieu du XIVe siècle que ces territoires reviennent à la papauté grâce à l'action énergique du cardinal Egidio de Albornoz. Mais le retour du pape à Rome (1377) ne suffit pas à rétablir complètement sa souveraineté, le Grand Schisme (1378-1417) l'illustre bien. Les Da Polenta, Malatesta, Ordelaffi, Manfredi, nommés « vicaires du pape », profitent de ce titre pour renforcer leur pouvoir de manière durable et accéder à une indépendance totale.

De fait, l'ensemble de la péninsule est en proie à d'âpres conflits. L'opposition entre les partisans de l'Empire (gibelins) et ceux du pape (guelfes) plonge ses racines dans les tensions de la société urbaine, suscitées par le développement économique. Au cours de la seconde moitié du XIIIe siècle et des premières décennies du XIVe, les banquiers et les marchands supplantent les anciens groupes dominants. Les querelles dont l'enjeu est le pouvoir politique revêtent souvent des allures de guerre civile et créent une instabilité permanente qui va faciliter l'accession au pouvoir de chefs de familles fréquemment issues de la vieille noblesse féodale. Ainsi des Este à Ferrare, des Della Torre et des Visconti à Milan, des Scaligeri à Vérone, des Da Carrare à Padoue. « Capitaines du peuple » appelés à diriger les communes, les bénéficiaires de cette rapide ascension finissent par voir leur pouvoir légitimé par l'empereur, qui les nomme « vicaires impériaux ». Seules Florence et Venise échappent à ce processus. Gouvernées par des oligarchies restreintes, elles deviennent l'emblème de la liberté républicaine. Toutes deux, surtout Florence, s'opposent à la politique expansionniste des Visconti qui cherchent à réaliser avec Jean Galéas (duc de Milan en 1395) le projet solide et bien conçu de former une grande principauté en Italie du Nord et du Centre.

LE QUATTROCENTO

Après la disparition de Jean Galéas Visconti (1402), c'est Venise qui étend ses frontières dans la plaine du Pô, surtout sous le doge Francesco Foscari. Les cités indépendantes sont annexées par des États voisins plus puissants, ou se transforment en États contrôlant de vastes territoires. C'est le cas en Toscane, où Florence soumet toutes les villes hormis les républiques de Lucques et de Sienne. C'est l'époque des *condottieri* qui prennent le pouvoir grâce à la puissance de leurs troupes, tout en contraignant le pape ou l'empereur à leur accorder des titres féodaux. Ainsi François Sforza qui, à la tête d'une armée de mercenaires enrôlés à Milan, se proclame seigneur de cette ville lorsque Philippe Marie Visconti meurt sans successeur (1450). Florence aussi, avec le retour d'exil de Cosme de Médicis (1434) et jusqu'à la fin du siècle, va adopter un régime de seigneurie qui résistera même au complot sanglant fomenté par les Pazzi visant à le renverser (1478).

Les États de l'Église ayant surmonté la crise provoquée par le Schisme, le pape Martin V (1417-1431) soumet à son autorité les souverains qui s'étaient créé des domaines en empiétant sur les territoires pontificaux. Les États de l'Église tiennent désormais un rôle essentiel dans le jeu politique italien, contrecarrant avec succès les visées expansionnistes de Venise (guerre de Ferrare, 1482-1484 ; ligue de Cambrai, 1509-1511). Par ailleurs, entre le XVe et le XVIe siècle, on assiste à une tentative de créer, au sein des États de l'Église, une seigneurie héréditaire favorisant la famille pontificale. Il s'agit de l'expérience éphémère de César Borgia, fils du pape Alexandre VI, qui se fait construire un domaine personnel dans la Romagne soumise ; cependant, ses projets s'évanouiront à la mort de son père (1503).

À Naples, la brusque disparition de Ladislas (1414) ouvre à sa sœur Jeanne la voie du trône. À la mort de celle-ci (1435), une guerre de succession éclate entre le Français René d'Anjou et Alphonse V d'Aragon qui s'empare du royaume en 1442. L'Italie méridionale et insulaire se trouve de nouveau unie sous le même sceptre, mais en 1458, après la mort d'Alphonse V, la Sardaigne et la Sicile sont assignées à son frère Jean II, roi de Navarre, tandis que Naples échoit à Ferdinand Ier (Ferrante Ier), fils naturel d'Alphonse V. Ce dernier devra affronter en 1485 le puissant soulèvement des barons, gros seigneurs féodaux du royaume, dont il viendra à bout avec l'aide de Milan et de Florence.

Pendant une cinquantaine d'années, l'équilibre politique est préservé de tout affrontement et de toute initiative guerrière ; le garant en est Laurent de Médicis, dit le Magnifique. À sa mort (1492), ce système est ébranlé. Charles VIII, roi de France, revendique en effet son droit héréditaire sur Naples et vient en Italie, accueilli par Ludovic le More, duc de Milan, et par le fils de Laurent, Pierre de Médicis, qui dominait Florence. Mais une ligue antifrançaise, constituée par Ferdinand le Catholique, Maximilien de Habsbourg, les États italiens et Henri VII d'Angleterre, l'oblige à renoncer à Naples. À partir de cette époque, la péninsule devient l'objet de la convoitise des grandes monarchies européennes.

LE DUC FRANÇOIS SFORZA (1450-1466)

En 1450, François Ier Sforza pénètre dans Milan à la tête de ses troupes, mettant fin à la République ambrosienne, proclamée par les Milanais à la mort de son beau-père Philippe Marie Visconti (1447), dont il avait épousé la fille Blanche Marie en 1441. La seigneurie de Milan apparaît comme le couronnement de la politique de conquête du pouvoir poursuivie avec ténacité par François, par ses frères et par le fondateur de la famille, le célèbre condottiere Muzio Attendolo (1369-1424). Surnommé Sforza (« le Fort ») à cause de son arrogance, c'était un paysan aisé de la Romagne avant de chercher fortune dans le métier des armes. François Sforza servit en tant que condottiere les principaux États italiens, tout en multipliant fiefs et seigneuries en Italie méridionale et dans les États de l'Église. Son frère Alexandre acquiert la seigneurie de Pesaro, où les Sforza resteront au pouvoir jusqu'au début du XVIe siècle. Son autre frère, Bosio, obtient, à la suite de son mariage avec Cecilia Aldobrandeschi, le comté de Santa Fiora, dans le Senese, qui restera dans la famille jusqu'à la fin du XVIIe siècle. François consolidera sa position en resserrant ses liens de parenté avec les plus grandes maisons italiennes : ses filles Polissena, Elisabetta et Ippolita vont épouser respectivement Pandolfo Malatesta, Guillaume VIII de Montferrat et Alphonse, duc de Calabre. Ses fils se consacrent au métier des armes, à l'exception d'Ascanio Maria qui deviendra cardinal, et ils continuent à défendre vaillamment l'avenir de leur maison. Le pouvoir que celle-ci exerce sur Milan au milieu du siècle représente l'un des épisodes les plus éclatants de l'histoire millénaire de Milan, ville de saint Ambroise.

▲ *Sienne*
Sienne est représentative de la cité médiévale italienne telle qu'elle se développe dans le centre et le nord à partir du XIIe siècle. Au milieu du XIVe siècle, la crise où se conjuguent la Peste noire (1348-1349), la concurrence commerciale et de graves luttes intestines, frappe durement une ville dont on voit ici l'activité artisanale et commerçante.

1002 Arduin d'Ivrée proclamé roi d'Italie. Il est combattu par Henri II le Saint.

1029 Rainolphe Drengot, chef normand, investi du comté d'Aversa par le duc de Naples : c'est la première possession territoriale normande en Italie.

1071 le Normand Robert Guiscard occupe Bari, dernier bastion byzantin en Italie.

1091 Roger Ier chasse les Arabes de Sicile ; celle-ci et l'Italie méridionale sont dominées par les Normands.

1167 les communes lombardes et la Ligue véronaise (Vérone, Vicence, Padoue, Venise et le pape) forment la Ligue lombarde contre Frédéric Ier Barberousse.

1202 Leonardo Fibonacci écrit le *Liber abbaci*, premier exposé en Europe érigé en système des théories algébriques.

1202-1204 grâce à la quatrième croisade, Venise s'implante en mer Égée et en mer Noire.

1284 victoire de Gênes sur Pise à La Meloria ; Gênes renforce son contrôle sur la Méditerranée.

1297 avec la fermeture du Grand Conseil, le pouvoir dans la République de Venise devient le privilège héréditaire des patriciens.

1309 Clément V transfère le siège pontifical en Avignon, ouvrant ainsi la période de la « captivité avignonnaise », qui durera jusqu'en 1377.

1316-1328 seigneurie de Castruccio Castracani sur Lucques.

1348 la Peste noire dans la péninsule.

1378 révolte des Ciompi à Florence.

1381 Venise victorieuse de la guerre de Chioggia, commencée contre Gênes en 1378.

1434 Cosme de Médicis, nommé gonfalonier de la Commune, exerce le pouvoir réel à Florence.

1440 Lorenzo Valla prouve la falsification de la « Donation de Constantin », censée justifier le pouvoir temporel du pape.

▲ *L'unité de la péninsule est révolue. Au sud, les luttes entre Byzantins, Arabes et princes lombards de Bénévent et de Salerne faciliteront la conquête des Normands. Dans le centre et le nord, les grandes villes tirent profit de l'anarchie croissante.*

▲ *La paix de Caltabellotta met fin à la guerre entre les Anjou et les Aragonais, commencée en 1282. La Sicile (royaume de Trinacrie) passe à Frédéric d'Aragon, tandis que Naples conserve le nom de royaume de Sicile et reste entre les mains des Anjou avec Charles II le Boiteux.*

▲ *La Sicile et la Sardaigne appartiennent aux Aragon ; le royaume de Naples est aux mains des Anjou. L'Église a rétabli ses droits sur l'Italie centrale où s'affermissent parallèlement la République de Florence, Pise, Lucques et Sienne. Dans le nord, la puissance milanaise s'étend avec les Visconti qui menacent les seigneuries des Gonzague (Mantoue), Scaligeri (Vérone), Carrare (Padoue), Este (Ferrare, Modène…), y compris Venise et Gênes.*

▲ *La paix de Lodi entre François Sforza et Venise (9 avril 1454), suivie par la constitution de la ligue de Lodi (le 30 août) entre le duché de Milan, la République de Venise, la République de Florence, les États de l'Église et le royaume de Naples, met en place un système d'alliances destiné à empêcher toute tentative d'intervention ou d'ingérence étrangère dans la péninsule, apportant ainsi à l'Italie la paix et l'équilibre pour quarante ans.*

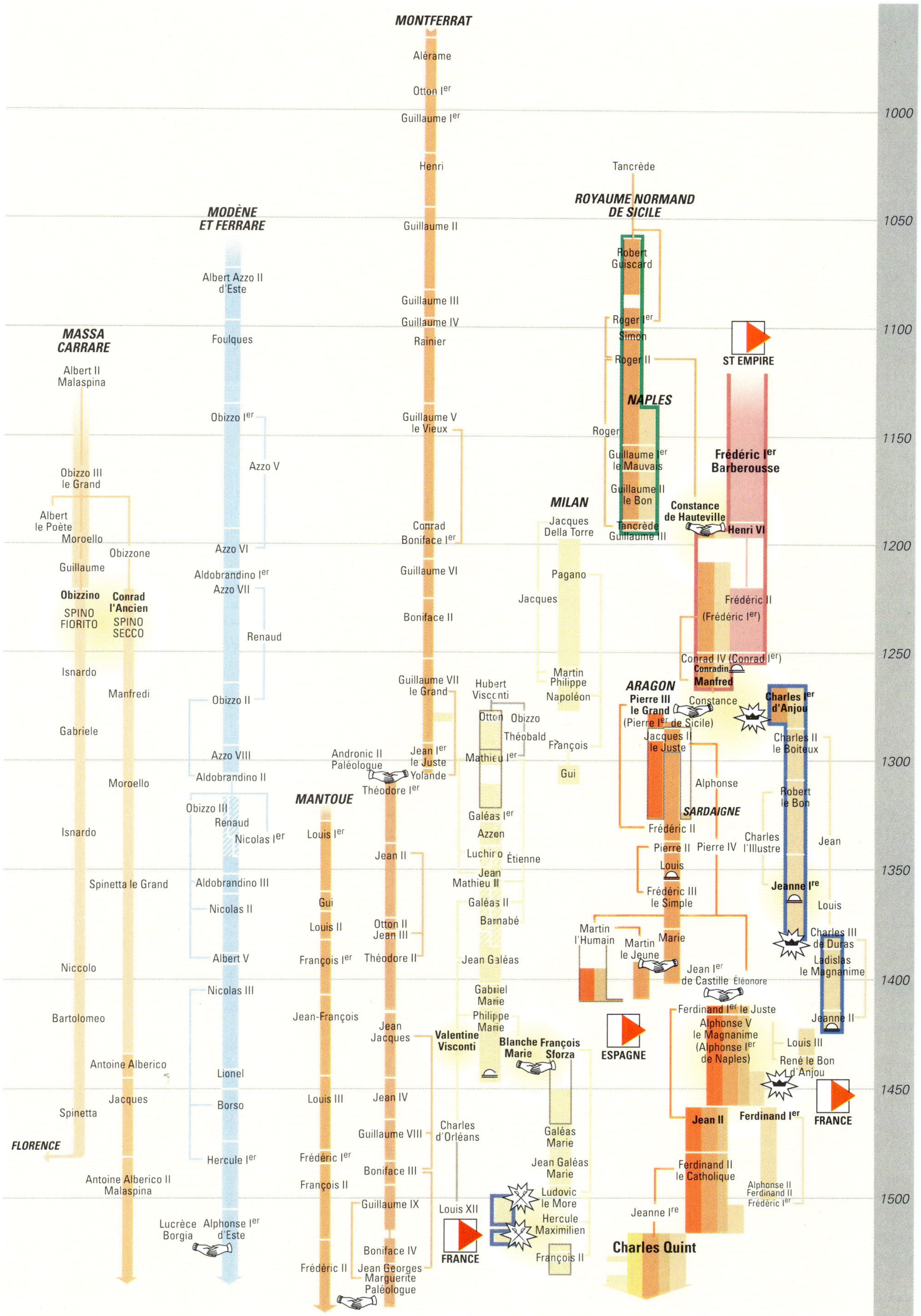

1186 Henri VI, fils de l'empereur Frédéric Ier Barberousse, est couronné roi d'Italie ; il épouse Constance de Hauteville, héritière du royaume de Sicile, réunissant ainsi sous son sceptre les possessions de l'Empire et celles des Normands.

1221 Les terres des Malaspina (Massa, Carrare, Ligurie, Appenin, plaine du Pô) sont partagées entre Conrad, dit l'Ancien, et Obizzino, fils de son cousin Guillaume. Le premier donne naissance à la lignée des Malaspina, branche des « Spino secco », et obtient les terres de la rive droite du fleuve Magra ; le second, fondateur de la lignée des Malaspina de la branche des « Spino fiorito », hérite des terres de la rive gauche du même fleuve.

1254 Conradin, fils mineur de Conrad IV (empereur et roi de Sicile) succède à son père ; Manfred, fils naturel de Frédéric II, gouverne à sa place d'abord en tant que tuteur, puis en son propre nom. Il est tué à Bénévent en 1266 par Charles Ier d'Anjou qui avait été investi par le pape du royaume de Sicile.

1262 Pierre III le Grand d'Aragon épouse Constance, fille de Manfred. Cette union va légitimer l'intervention du roi d'Aragon en Sicile (1282), lorsque celle-ci se révolte contre les Anjou (Vêpres siciliennes).

1382 Assassinat de Jeanne Ire d'Anjou, reine de Naples, vaincue par Charles III d'Anjou de Duras. Celui-ci est investi du royaume par le pape Urbain VI en échange de son soutien contre l'antipape Clément VII, allié de Jeanne Ire.

1387 Valentine Visconti, fille de Jean Galéas, épouse Louis de Valois, duc d'Orléans. De cette union naîtra Charles, père de Louis XII roi de France, qui va revendiquer le droit de succession sur le duché de Milan.

1435 Jeanne II reine de Naples meurt sans laisser d'héritiers directs ; la guerre pour la succession au trône éclate entre Alphonse V d'Aragon, roi de Sicile et de Sardaigne, et René Ier, frère de Louis III d'Anjou. Ils avaient été tous trois désignés comme successeurs par Jeanne II qui avait déshérité par la suite le premier au profit de Louis et, à sa mort, en faveur de René.

1441 Blanche Marie, fille de Philippe Marie Visconti, épouse le condottiere François Sforza qui, à la mort de son beau-père (1447), revendique ses droits sur le duché de Milan et lui succède en 1450.

1458 À sa mort, Alphonse V laisse Naples à son fils naturel Ferdinand Ier, et l'Aragon, la Sicile et la Sardaigne à son frère Jean II, roi de Navarre.

1499 Le roi de France Louis XII conquiert le duché de Milan qui revient en 1513 au duc Maximilien Sforza

1515 La victoire de Marignan livre à François Ier le Milanais. Perdu par ce roi de France à la suite de la défaite de Pavie (1525), il est récupéré par François II Sforza qui le garde jusqu'à sa mort (1535).

Le traité du Cateau-Cambrésis (1559) signé par l'Espagne de Philippe II et la France d'Henri II scelle la domination des Habsbourg d'Espagne sur l'Italie. En instaurant une structure politique qui va durer jusqu'au début du XVIIIe siècle, il marque l'achèvement d'une période de guerres qui commença à la fin du XVe siècle et entraîna de profonds bouleversements dans le système des pouvoirs de l'époque précédente.

La paix du Cateau-Cambrésis

Elle met fin aux quarante années de lutte entre les Valois et les Habsbourg, à l'avantage de ces derniers. Pour sceller la paix entre Henri II et Philippe II, Élisabeth, fille du roi de France, épouse le roi d'Espagne, et Marguerite, sœur d'Henri II, s'unit à Emmanuel-Philibert de Savoie, afin de contenir l'influence espagnole sur le duché, mais un pacte secret lie la Savoie à l'Espagne.

Le duché de Milan ainsi que les royaumes de Sardaigne, de Naples et de Sicile appartiennent désormais à la Couronne espagnole, laquelle s'est en outre taillé une enclave en Toscane, sur la côte tyrrhénienne (l'État des présides). Emmanuel-Philibert de Savoie recouvre ses propres États ancestraux grâce à la dot de son épouse Marguerite de Valois, sœur d'Henri II. Les Médicis s'établissent à la tête de l'État de Toscane, formé à partir de deux Républiques disparues, Florence et Sienne (cette dernière fut annexée à l'issue d'une guerre sanguinaire entre 1555 et 1557). Avec Pierre-Louis, fils du pape Paul III, les Farnèse deviennent ducs de Parme et de Plaisance, tandis que les Gonzague, ducs de Mantoue, acquièrent le marquisat de Montferrat grâce au mariage de Frédéric II avec Marguerite Paléologue. L'État de Massa et Carrare est dominé par la dynastie des Cybo-Malaspina, fondée par le mariage de Laurent, petit-fils du pape Innocent VIII, avec Ricciarda Malaspina, héritière de l'une des plus anciennes maisons féodales italiennes. Après le bref règne du duc Laurent de Médicis, neveu du pape Léon X (1516-1519), Urbino et Pesaro passent à la famille Della Rovere avec l'avènement de François Marie Ier, neveu du pape Jules II.

L'HÉGÉMONIE ESPAGNOLE

Le solide équilibre qui s'établit sous l'hégémonie espagnole est parfois troublé par des querelles et des conflits militaires qui s'intensifient à mesure que l'on cherche à modifier la structure politique de l'Italie. En 1613, la guerre éclate ; alternant trêves et hostilités, elle dure jusqu'en 1617. À l'origine, un différend oppose Marguerite de Savoie, fille du duc Charles-Emmanuel Ier et veuve du duc François IV de Gonzague, au duc Ferdinand de Gonzague à propos de la succession du marquisat de Montferrat. Celui-ci était convoité depuis longtemps par la maison de Savoie, à laquelle s'opposaient également les Médicis qui avaient établi de solides liens de famille avec les ducs de Mantoue (Éléonore, fille du grand-duc François Ier, épouse en 1584 Vincent Ier, tandis que Catherine, sœur de Cosme II de Médicis, épouse Ferdinand en 1617). De 1627 à 1631, c'est une nouvelle guerre pour la possession de Montferrat. Cette fois-ci, Charles-Emmanuel Ier de Savoie affronte l'héritier du duché de Mantoue, Charles Ier de Gonzague-Nevers, appuyé par les Français.

LA MAISON DE SAVOIE

La généalogie des Savoie se déploie sur huit siècles. L'émergence de la famille commence avec Humbert Ier en 1032 et avec son fils Odon qui assure sa domination sur les deux versants du col du mont Cenis. D'emblée, la puissance des Savoie se fonde sur le contrôle des routes alpines et toute leur politique consistera à élargir leur sphère d'influence (vers le Rhône et vers le Pô), en louvoyant entre les grandes puissances environnantes : Bourgogne, France, Saint Empire, papauté. Dans ce cadre, les alliances matrimoniales sont un instrument diplomatique. À l'époque moderne, les multiples mariages avec les Bourbons de France et d'Espagne et avec les Habsbourg d'Autriche soulignent une règle : les Savoie épousent des nièces et des filles de branches cadettes ou des puînées, mais jamais de filles ni de fils aînés des dynasties régnantes. Au XIXe siècle, la branche des Carignan assure non seulement la survie de la dynastie savoyarde mais encore une couronne : Victor-Emmanuel II (1861-1878) est le premier roi de l'Italie indépendante.

◄ *Le Bucentaure*
Cette galère de parade était utilisée par le doge de Venise lors de cérémonies officielles dont la fête du 15 août était la plus renommée, où l'on célébrait les noces de Venise et de la mer. Quarante-deux rameurs, ouvriers de l'Arsenal, constituaient l'escorte du doge. Celui-ci était en outre accompagné sur le Bucentaure par toutes les autorités vénitiennes et les ambassadeurs étrangers. La galère allait jusqu'à Saint-Nicolas du Lido. Là, le doge jetait un anneau dans les flots pour renouveler le lien indissoluble entre la mer et la République de Saint-Marc. La coutume, connue depuis la première moitié du XIIIe siècle, disparut à la fin du XVIIIe siècle, quand les Français incendièrent le Bucentaure construit en 1728. Jusqu'à la fin du XVIe siècle, la galère était remorquée ; le Bucentaure, construit en 1526, fut équipé de rames et le modèle resta pratiquement inchangé aux siècles suivants.

Les Savoie sont battus, et Victor-Amédée Ier (1630-1637) doit signer l'humiliant traité de Cherasco (1631). À la suite d'une série de mariages entre les ducs de Savoie et les princesses françaises, l'État savoyard se retrouve sous la domination de la France pendant (presque) la moitié du siècle. De 1638 à 1642, d'autres bouleversements viennent secouer cet État : s'y affrontent les partisans de Christine, fille d'Henri IV de France et veuve de Victor-Amédée Ier, qui est également appuyée par les Français, avec ceux de ses beaux-frères : Thomas-François et le cardinal Maurice. Mais Madrid veille à ce que la paix et la stabilité régnant sur la péninsule ne soient pas troublées. Tant que le pouvoir espagnol en possède les moyens, il ne manque pas d'intervenir rapidement en cas de besoin, soucieux de préserver la structure politique établie au milieu du XVIe siècle.

En fait, ce n'est qu'avec le déclin du pouvoir espagnol que de nouveaux protagonistes apparaissent sur la scène italienne. Il s'agit, tout d'abord, de l'Empire qui commence à revendiquer, dès les dernières décennies du XVIIe siècle, un rôle qu'il ne jouait plus depuis longtemps, récupérant des zones d'intervention et de domination politique. Le déclin de la maison des Habsbourg d'Espagne et la guerre de Succession qui en résulte ouvrent en Italie une période de profonds changements, favorisés en outre par l'effacement simultané de quelques-unes des plus importantes dynasties du pays.

LA DOMINATION DES HABSBOURG D'AUTRICHE

Les traités d'Utrecht (1713) et de Rastatt (1714) qui marquent la fin de la guerre de Succession d'Espagne annoncent une nouvelle domination étrangère en Italie, celle des Habsbourg d'Autriche : elle s'affirme définitivement au cours des décennies suivantes, trouvant comme aboutissement le traité d'Aix-la-Chapelle (1748) qui met un terme à la guerre de Succession d'Autriche. Cette hégémonie ne prend fin qu'au milieu du XIXe siècle sous la pression de la lutte pour l'indépendance et l'unité nationale.

Avec les traités d'Utrecht et de Rastatt, les Habsbourg d'Autriche prennent possession du duché de Milan et du royaume de Naples, tandis que celui de Sicile échoit à Victor-Amédée II de Savoie qui obtient ainsi le titre de roi. Le royaume de Sardaigne est confirmé à Philippe V de Bourbon, roi d'Espagne. Mais cette répartition reste précaire. Le mariage de Philippe V avec Élisabeth Farnèse de Parme (1714), qui devait recueillir la succession du duché, provoque une nouvelle série de conflits et de changements. En 1720, au traité de La Haye, Victor-Amédée II cède la Sicile à l'Autriche en échange du royaume de Sardaigne occupé par cette dernière en 1717. On reconnaît à Charles, fils d'Élisabeth et de Philippe V, des droits sur le duché de Parme et sur le grand-duché de Toscane où la dynastie des Médicis, sans héritiers, est en train de s'éteindre.

Pendant toutes ces années, enjeu des négociations internationales, l'Italie est un terrain propice pour placer les membres des maisons régnantes privés d'États ou désireux de les agrandir. Au traité de Vienne (1738), qui marque l'aboutissement de la guerre de Succession de Pologne, le roi Stanislas Leszczyński perd la couronne polonaise, mais reçoit à titre viager la Lorraine (qui devra à sa mort revenir à la France). La lignée des Médicis s'éteignant à la mort de Jean-Gaston (1737), François de Lorraine, qui épouse en 1736 Marie-Thérèse d'Autriche (et qui deviendra empereur en 1745), reçoit le grand- duché de Toscane. Charles de Bourbon obtient Naples et la Sicile, tandis que Marie-Thérèse d'Autriche se voit assigner Parme et Plaisance avec l'État des présides. En 1748, à Aix-la-Chapelle, la carte politique italienne subit un nouveau changement. Parme et Plaisance passent au frère

COSME Ier DE MÉDICIS

Fils du condottiere Jean des Bandes Noires et de Marie Salviati, nièce par sa mère de Laurent le Magnifique et du pape Léon X, Cosme Ier de Médicis (1519-1574) appartient à une branche cadette de la célèbre maison. À la mort d'Alexandre (1537), assassiné par son cousin Lorenzino (Lorenzaccio) qui perd tout droit à la succession à cause de son crime, Cosme est appelé à la tête de l'État par l'oligarchie florentine. Son jeune âge, le fait d'avoir vécu loin de Florence et son appartenance à la branche cadette des Médicis donnent à penser qu'il ne jouera dans la politique qu'un rôle purement formel. Mais Cosme se révèle rapidement un homme politique habile et déterminé qui, en quelques années, développe un impressionnant pouvoir. En 1538, il épouse Éléonore de Tolède, fille du vice-roi de Naples. Il conquiert Sienne, rattachant sous sa couronne cet État à celui de Florence. En 1569, il obtient le titre de grand-duc de Toscane, malgré l'opposition de Philippe II et de l'empereur. À sa mort, son fils et successeur François Ier, qui participe déjà aux affaires de l'État depuis 1564, hérite d'un pouvoir étendu et très bien établi.

cadet de Charles de Bourbon, Philippe, qui fonde la dynastie des Bourbon-Parme. Charles-Emmanuel III, qui avait occupé avec les troupes françaises la Lombardie pendant la guerre de Succession de Pologne, se voit confirmer ses conquêtes et réussit ainsi à étendre son propre État à la plaine lombarde. C'est à ce moment précis que prend naissance la vocation « italienne » de la maison de Savoie, qui lui permettra de jouer un rôle fondamental lors des événements du *Risorgimento*.

Outre la possession directe des territoires de la péninsule, une politique matrimoniale habile introduit plusieurs descendants des Habsbourg dans les maisons régnantes italiennes. Deux filles de Marie-Thérèse, Marie-Caroline et Marie-Amélie, épousent respectivement Ferdinand IV de Bourbon-Naples (fils et successeur de Charles lorsque celui-ci devient roi d'Espagne en 1759) et Ferdinand de Bourbon-Parme. Un fils de Marie-Thérèse, Ferdinand, s'allie avec Marie-Béatrice d'Este (1771). De cette union naît François IV, futur duc de Modène et de Reggio, fondateur de la maison d'Autriche-Este. Un autre fils, Pierre-Léopold, grand-duc de Toscane de 1765 à 1790, quitte Florence pour ceindre la couronne impériale (Léopold II). Avec son fils et successeur le grand-duc Ferdinand III commence la lignée des Habsbourg-Lorraine-Toscane.

▲ ***Bonaparte à Marengo***
Le 14 juin 1800, à Marengo (Piémont), Bonaparte infligea une défaite aux troupes autrichiennes commandées par le général von Melas qui fut contraint, le lendemain, de demander l'armistice. La victoire du Premier Consul eut deux conséquences importantes. La première fut de rétablir la présence française en Italie après la crise de l'année précédente où les armées révolutionnaires avaient dû se retirer sous la pression autrichienne, la seconde de consolider la position politique de Bonaparte, prélude à son accession au trône impérial.

Cette structure est bouleversée à la fin du siècle lorsque l'armée républicaine française conduite par Bonaparte déferle sur l'Italie. Jusqu'en 1815, les vieilles dynasties sont contraintes de fuir ou de se réfugier dans les parties les plus sûres de leurs terres, comme les Savoie en Sardaigne et les Bourbons en Sicile. Seuls les Bourbon-Parme, Louis et Charles-Louis, peuvent se prévaloir du titre de roi d'Étrurie pendant une brève période (1801-1807) en échange de leur duché. Mais l'écroulement de l'Empire napoléonien rétablit sur la péninsule la domination des Habsbourg d'Autriche, plus forte que jamais.

DE LA RESTAURATION AU ROYAUME D'ITALIE

L'Italie sort du congrès de Vienne un peu moins fragmentée qu'au siècle précédent. Les anciennes Républiques oligarchiques ont disparu. Gênes est assignée à la maison de Savoie ; Venise est rattachée à la Lombardie pour former le royaume lombard-vénitien autrichien ; Lucques est destinée au grand-duc de Toscane (il en prend possession en 1847, lorsque la mort de l'impératrice Marie-Louise, deuxième épouse de Napoléon Ier, rend vacant le duché de Parme et de Plaisance dont le successeur légitime était Charles-Louis de Bourbon-Parme). Ce dernier est entre-temps duc de Lucques (1824-1847) au titre de successeur de sa mère Marie-Louise de Bourbon-Parme (1815-1824). La principauté de Piombino est arrachée au Boncompagni-Ludovisi et donnée également à la Toscane qui récupère ainsi l'État des présides. En 1829, à la mort de sa mère Marie-Béatrice Cybo d'Este, le duc de Modène et de Reggio, François IV d'Autriche-Este, hérite aussi du duché de Massa et Carrare. Cependant la structure ainsi constituée est fragile, et ne tient pas longtemps face à une double pression : les sentiments indépendantistes et unitaires qui gagnent la péninsule et l'ambition de la maison de Savoie qui vise la réunification du pays sous son sceptre. Avec l'avènement de Charles-Albert de Savoie-Carignan (1831), le royaume de Sardaigne prend part, malgré quelques hésitations et contradictions initiales, au mouvement du *Risorgimento* qui gagne de l'ampleur. La politique habile de Camillo Benso, comte de Cavour (1810-1861) qui dirige le gouvernement de Victor-Emmanuel II, l'audace de Giuseppe Garibaldi (1807-1882) et l'enthousiasme que plusieurs aristocrates partagent avec de larges couches de la population portent leurs fruits : en deux années (1859 et 1860), les Bourbons, les Autriche-Este et les Habsbourg-Lorraine abandonnent trônes et territoires. L'Autriche elle-même rend la Lombardie et plus tard la Vénétie (1866). Mais c'est seulement après la Première Guerre mondiale que la monarchie savoyarde rattache Trente et Trieste, étendant son domaine aux Alpes rhétiques, à l'Istrie, à la ville de Zara et à quelques îles de Dalmatie.

Avec Victor-Emmanuel III prend fin l'histoire séculaire de la maison de Savoie. Fortement compromis avec le fascisme, le roi, incapable de prendre la tête du mouvement de libération et de réagir contre la dictature — même après le 8 septembre 1943 (armistice avec les Alliés) —, abdique en 1946 en faveur de son fils Humbert, faisant ainsi une dernière tentative désespérée pour sauver la monarchie. Mais, quelques semaines plus tard, un référendum confirme (de justesse) la préférence des Italiens pour la République. Il ne reste à Humbert II et à ses descendants que le chemin de l'exil.

▲ *Garibaldi et Victor-Emmanuel*
Le 26 octobre 1860, quelques jours après le plébiscite par lequel le royaume des Deux-Siciles vote son rattachement au Piémont, Giuseppe Garibaldi, maître de fait des Deux-Siciles, rencontre à Teano, près de Naples, Victor-Emmanuel et, le saluant comme le premier roi d'Italie, lui remet le royaume des Bourbons qu'il vient de conquérir (ci-dessus à gauche). Par ce geste, suivi de l'abandon de toute charge et de son départ pour l'île de Caprera proche de la Sardaigne, Garibaldi écarte toute solution républicaine et anti-savoyarde dans le processus d'unification nationale que Cavour a fermement pris en main. Le 27 janvier 1861, des élections générales dans tout le royaume d'Italie permettent la formation d'une représentation politique adaptée à la nouvelle situation et aboutissent au premier Parlement italien (ci-dessus à droite). Le Sénat, quelques jours après la séance inaugurale du Parlement (18 février 1861) proclame Victor-Emmanuel II roi d'Italie (26 février).

CHARLES-ALBERT DE SAVOIE-CARIGNAN

Duc de Carignan, roi de Sardaigne (1831-1849), il appartient à la branche cadette des Savoie. En 1817, il épouse l'archiduchesse Marie-Thérèse, fille de Ferdinand III, grand-duc de Toscane. En 1821, il assume la régence pour le compte de Charles-Félix, après l'abdication de Victor-Emmanuel Ier en faveur de son frère. Sous la pression d'un mouvement populaire, il accorde une constitution. Les libéraux voient en Charles-Albert leur défenseur; mais, désavoué par le roi, il renie ses engagements et ses promesses. Éloigné du royaume de Sardaigne, il monte sur le trône du Piémont en 1831, à la mort de Charles-Félix. Pendant quelques années, il mène avec acharnement une politique antilibérale. Puis Charles-Albert entame une activité réformatrice et s'ouvre à nouveau aux aspirations libérales et constitutionnelles. En 1848, il accorde la constitution, le Statuto, qui restera en vigueur pour le royaume d'Italie. Lorsque l'insurrection éclate à Milan, il entre en guerre contre l'Autriche mais, battu à Novare (23 mars 1849), il abdique en faveur de son fils Victor-Emmanuel II et s'exile au Portugal où il s'éteindra peu après.

1529 François Ier, roi de France, renonce, par le traité de Cambrai, à ses prétentions sur le duché de Milan.
1559 le traité du Cateau-Cambrésis entre la France et l'Espagne met fin à une série de guerres pour la domination de la péninsule.
1647 révolte anti-espagnole à Naples dirigée par le pêcheur Masaniello.
1713 par le traité d'Utrecht, les Habsbourg d'Autriche rentrent en possession du duché de Milan, du royaume de Naples et de l'État des présides ; le royaume de Sicile est assigné à la maison de Savoie.
1748 le traité d'Aix-la-Chapelle scelle l'hégémonie des Habsbourg d'Autriche sur l'Italie.
1764 Cesare Beccaria publie *Dei delitti e delle pene (Des délits et des peines).*
1768 la République de Gênes cède la Corse à la France.
1796 Napoléon Bonaparte envahit l'Italie.
1802 création de la République italienne, présidée par Bonaparte, avec Milan pour capitale.
1805 Napoléon Ier prend le titre de roi d'Italie.
1848 sous la pression populaire, Charles-Albert, roi de Sardaigne, Ferdinand II, roi des Deux-Siciles, et Léopold II, grand-duc de Toscane, accordent une constitution (ces deux derniers se rétracteront peu après).
1861 Victor-Emmanuel II est proclamé roi d'Italie.
1870 les troupes italiennes occupent Rome, qui devient capitale du royaume (1871).
1922 Victor-Emmanuel III confie la charge de former un gouvernement à Benito Mussolini, chef du mouvement fasciste.
1925 Mussolini instaure une dictature.
1940 l'Italie entre en guerre aux côtés de l'Allemagne nazie.
1943-1945 débarquement des Alliés en Italie du Sud. Dans le Nord et le Centre, une guerre de partisans s'organise contre les Allemands et les fascistes.
1946 18 juin : proclamation de la république italienne.

▲ *Les Habsbourg d'Espagne dominent solidement la péninsule où ils détiennent les royaumes de Naples, Sicile, Sardaigne, le duché de Milan et, le long de la côte thyrrénienne, l'État des présides. Excepté Venise, tous les autres États italiens sont sous hégémonie espagnole.*

▲ *L'Italie se trouve sous l'hégémonie des Habsbourg d'Autriche qui détiennent le duché de Milan ; de plus, une politique matrimoniale habile leur permet de contrôler d'autres États de la péninsule, tandis que François de Lorraine, époux de l'impératrice Marie-Thérèse, grand-duc de Toscane, est élu empereur (François Ier).*

▲ *Les anciennes Républiques oligarchiques de Gênes, Venise et Lucques disparaissent. L'Autriche domine le nord de la péninsule avec le royaume lombard-vénitien, tandis qu'à Florence et à Modène règnent respectivement la branche Habsbourg-Lorraine et la branche Habsbourg-Este.*

▲ *Depuis la seconde guerre d'indépendance et l'expédition des Mille de Giuseppe Garibaldi (1859-1860), la maison de Savoie a étendu ses propres possessions à quasiment toute la péninsule ; Victor-Emmanuel II est proclamé roi d'Italie le 17 mars 1861.*

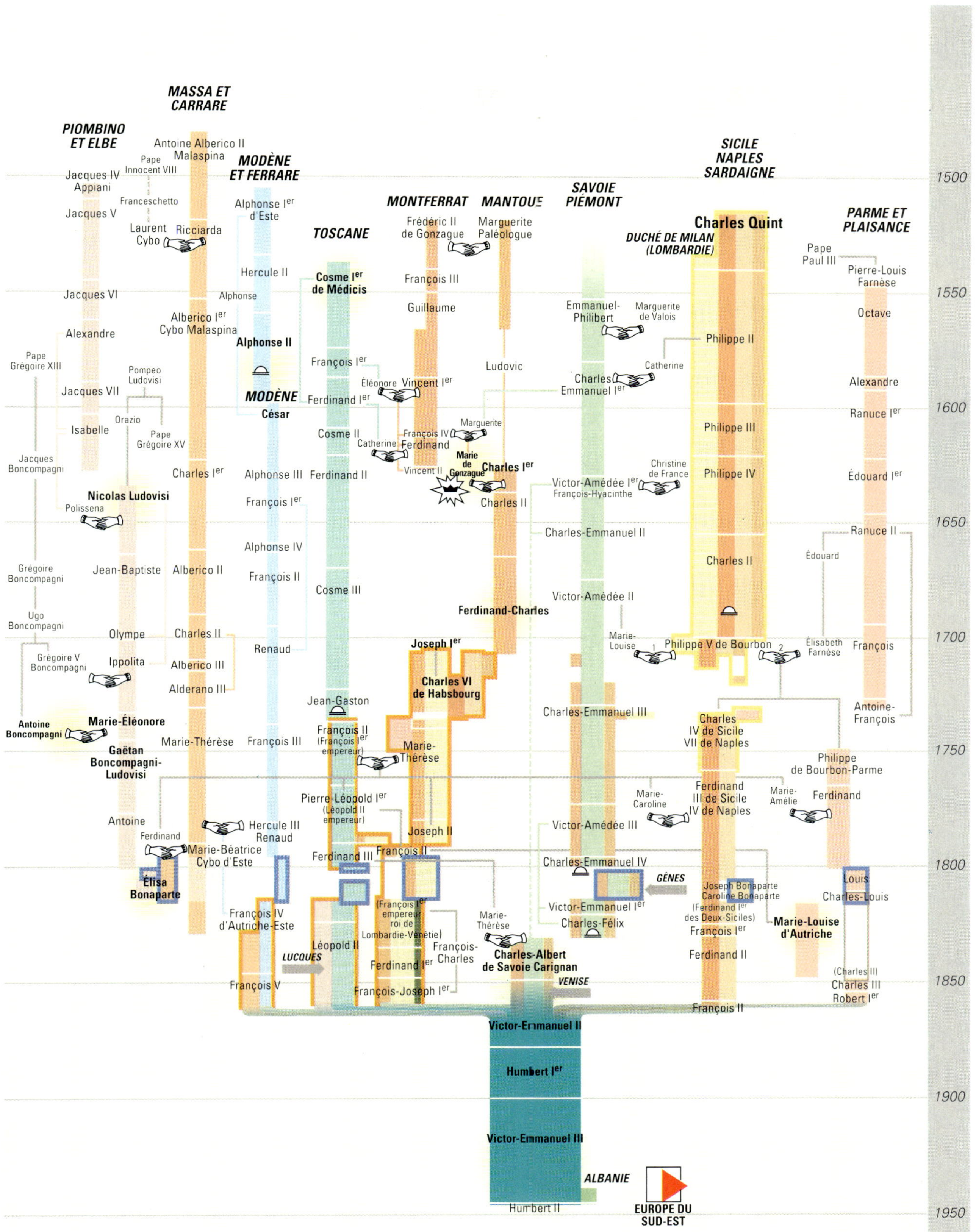

1537 Au duc Alexandre, assassiné par son cousin Lorenzino (Lorenzaccio), succède Cosme de Médicis, fils du condottiere Jean des Bandes Noires ; il appartient à la branche cadette fondée par Laurent, dit l'Ancien, frère de Cosme l'Ancien (1389-1464), initiateur de l'établissement de la seigneurie des Médicis sur Florence, grand-père de Laurent le Magnifique.

1597 Alphonse II d'Este meurt sans laisser d'héritiers. Lui succède César, de la branche latérale des Este, marquis de Montecchio. Son père, Alphonse, est fils naturel d'Alphonse Ier. À cause de cette origine, César est en situation de présomption d'illégitimité, et bien qu'il réussisse à rattacher Reggio et Modène, il ne peut empêcher la papauté de récupérer Ferrare (1598).

1627 Marie de Gonzague, fille du duc de Mantoue François IV et nièce du duc Vincent II, dernier des Gonzague italiens, épouse Charles de la branche des Gonzague-Nevers, descendant de Ludovic qui épousa en 1566 Henriette de Clèves, duchesse de Nevers et de Rethel. Avec ce mariage débute la dynastie des ducs de Gonzague-Mantoue-Nevers qui règnent jusqu'en 1708, année où le duc Ferdinand-Charles est déchu de son titre pour félonie et privé de ses États par l'empereur Joseph Ier. Le Montferrat passe à la maison de Savoie, et Mantoue est rattachée à la Lombardie, dominée par les Habsbourg d'Autriche.

1634 Nicolas Ludovisi, neveu du pape Grégoire XV et mari de Polissena Mendoza, fille d'Isabelle Appiani, princesse de Piombino, obtient cette principauté contre le paiement d'un million de florins aux finances impériales. Cette possession avait été retirée à la maison d'Appiani par l'empereur Ferdinand II.

1702 Marie-Éléonore, fille d'Ippolita Ludovisi et de Grégoire Boncompagni (descendant du pape Grégoire XIII), épouse son oncle Antoine pour garantir la principauté de Piombino à sa lignée. De cette union naît Gaëtan Ludovic, qui va fonder la dynastie Boncompagni-Ludovisi, les derniers princes de Piombino.

1805 Napoléon Ier confère à sa sœur Élisa la principauté de Piombino en y ajoutant les États de Lucques, Massa et Carrare. De 1809 à 1814 Élisa est grande-duchesse de Toscane (annexée en 1808 à l'Empire français). Pauline, deuxième sœur de Napoléon, mariée au prince Camille Borghèse, devient en 1806 duchesse de Guastalla. Joseph Bonaparte est roi de Naples de 1806 à 1808 : sa sœur Caroline avec son mari Joachim Murat, maréchal de France, lui succèdent sur ce trône.

1815-1847 Marie-Lousie d'Autriche, fille de l'empereur François II et seconde épouse de Napoléon Ier, est duchesse de Parme et de Plaisance.

1849 Charles-Albert de Savoie-Carignan, roi de Sardaigne, vaincu à Novare par les Autrichiens, abdique en faveur de son fils Victor-Emmanuel II.

1900 Humbert Ier périt dans un attentat. Son fils Victor-Emmanuel III lui succède. Il abdiquera en 1946.

Les pays scandinaves n'ont pris leur physionomie actuelle qu'à l'époque moderne. Leur configuration était bien différente autrefois. Ainsi, la Suède ne comprenait pas la Scanie ni les provinces du sud (qui étaient danoises), le Danemark, plus étendu que de nos jours, incluait le Slesvig et le Holstein, et la Norvège en tant que telle n'allait pas plus haut que Trondheim. L'Islande, où ne s'installeront des Norvégiens du sud-ouest et des Celtes qu'à partir de 874, restait inconnue. Il n'y avait pas de « Danemark », « Suède » et « Norvège » au sens où nous l'entendons actuellement, pas plus que de « rois » dans l'acception moderne. Les distinctions entre les trois pays étaient d'ordre purement linguistique. Ils se présentaient, en fait, sous la forme de conglomérats de petites unités territoriales, parfois très réduites, sur chacune desquelles régnait un « roi » (konungr). *Il faudra attendre les* IX*e et* Xe *siècles, pour voir naître, sans aucun doute sur des modèles occidentaux véhiculés par l'Église, des pays conformes à nos notions présentes.*

Les remparts de la vieille ville de Visby, en Gotland (Suède)

Ils datent du XIIIe *siècle et témoignent de l'importance de cette cité à l'époque hanséatique puisqu'elle était l'un des grands relais des marchands de la Hanse. Le fait n'est pas étonnant : Gotland est admirablement située pour servir d'escale entre la Suède et la Russie ou l'Allemagne du Nord. L'île a d'ailleurs joué un rôle certainement considérable dans l'Antiquité scandinave; elle a développé une civilisation originale; on y parlait une langue spécifique* (gutnisk). *De nombreux vestiges attestent de la civilisation brillante qu'elle a connue.*

Le premier souverain de Danemark dont l'existence soit attestée est Godfred (actif vers 800) qui fit ériger le *Danevirke*, une muraille destinée à barrer le sud du Jylland aux éventuels envahisseurs. Puis il faut attendre plus d'un siècle (vers 940) pour voir surgir Gorm l'Ancien et sa dynastie : son fils Harald, le convertisseur du Danemark au christianisme (il s'en glorifie dans la célèbre pierre runique de Jelling), le fils de celui-ci, Sven Ier à la Barbe Fourchue (vers 986-1014) qui, de même que son propre fils Knud le Grand (1018-1035), tentera d'assurer l'hégémonie danoise non seulement sur les trois pays scandinaves, mais aussi sur l'Angleterre dont une bonne partie (le *danelaw*) était devenue possession scandinave en vertu du phénomène viking. Mais l'entreprise n'aura vécu que deux décennies. En fait, c'est sous les Valdemar (et notamment Valdemar Ier le Grand) et sous l'impulsion de l'énergique Absalon évêque de Roskilde à partir de 1158, surnommé le « Père de la patrie » bien décidé à renforcer la puissance royale pour assurer l'indépendance de l'Église du royaume, que le Danemark dévoile ouvertement ses intentions d'acquérir l'hégémonie sur les côtes de la Baltique. En effet, le commerce étant l'activité principale des Scandinaves (ce qui apparaît avec une clarté particulière lors de l'âge viking entre 800 et 1050 environ), tout l'effort, jusqu'à l'époque moderne, du bloc Danemark-Norvège-Islande et de l'ensemble Suède-Finlande-Estonie, sera de tenter d'assurer cette hégémonie. Le roi danois Christian IV, par exemple (XVIIe siècle) se considérera comme le maître de la Baltique, de même que les Carolins (famille de Charles XII) suédois un peu plus tard. Le Danemark était mieux placé en raison de la facilité avec laquelle il pouvait contrôler le passage des navires dans le Sund et le Belt. Mais il était beaucoup plus facile à la Suède, plus étendue, plus peuplée, de maîtriser toute la Baltique, et son trafic immémorial avec Byzance et l'Orient, par les voies d'eau russes, lui assurait de précieux débouchés. Dès le XIIIe siècle, le Danemark tente de s'emparer de l'Estonie (sous Valdemar den Unge sous prétexte d'une « croisade », ce pays sera revendu par Valdemar IV Atterdag [1340-1375] et, vers 1560, la Suède en prendra le contrôle); de même, une croisade conduite

Pierre tombale en relief de la cathédrale ▶ Saint-Paul à Londres
Datant du début du XIe siècle, cette partie de sarcophage offre en outre l'intérêt, extrêmement rare, d'avoir conservé sa peinture originale. La pièce était accompagnée d'une inscription runique qui ne figure pas sur cette représentation et qui nomme les responsables de l'érection de cette tombe (la plaque en question est l'un des petits côtés du sarcophage). Le motif figuré est tout à fait classique : un petit animal stylisé est entouré de motifs décoratifs en forme de serpent. Il peut s'agir de la « bête agrippeuse » chère à l'art des steppes et que les Scandinaves ont pu apprendre des Scythes. Le type de stylisation comme le thème sont caractéristiques du style dit de Ringerike (l'un des styles de l'art scandinave entre 980 et 1080, d'après le site norvégien qui lui a donné son nom), caractéristique de l'art des anciens Scandinaves par le mélange de réalisme animalier et de symbolisme proche de l'abstrait.

par saint Eirik amène les Suédois en Finlande qui devient officiellement suédoise en 1323 et ne recouvrera son indépendance qu'en 1917. Une conséquence bien connue de cette annexion sera un bilinguisme qui dure encore aujourd'hui, toutes les élites finlandaises ayant été tenues, pendant des siècles, de parler suédois ; il faudra attendre le XIXe siècle et la mise au point, par Elias Lönnrot, de la grande épopée nationale du *Kalevala* (1849, édition définitive) pour que le finnois redevienne une langue à part entière. Qu'il s'agisse des incessantes visées des souverains danois sur les États allemands, visées qui se traduiront, notamment, à l'époque moderne, par des mariages à caractère politique, ou des tentatives suédoises d'expansion en Pologne, dans les États baltes et en Finlande, il est clair que l'Europe du Nord aura longtemps cherché à s'organiser en un tout.

▲ ***Fibule de bronze argenté et doré***
Typique de l'art viking, datant peut-être du IXe siècle, elle a été trouvée à Nestelgaard en Sjaelland. On notera le motif de la svastika, certainement un symbole solaire, familier de tout le monde indo-européen.

DES ORIGINES À LA FIN DU XIVe SIÈCLE

En dehors du phénomène viking et des ingérences de la Norvège dans l'histoire du Danemark (Magnus Ier le Bon), le fait marquant de cette période, pour les trois pays scandinaves, est la christianisation qui se fera, partout sous ces latitudes, autour de l'an 1000, en général sans difficulté — les Scandinaves fréquentant depuis longtemps à des fins commerciales les pays chrétiens — et probablement plus par intérêt politique de la part des convertis que par foi réelle, si toutefois l'on peut en être juge. L'une des conséquences de cette christianisation est l'émergence progressive d'une monarchie à l'occidentale, selon les vues de l'Église (Harald Gormsson, Olav II Haraldsson, par exemple). S'explique ainsi l'avènement de rois forts et centralisateurs comme Valdemar Ier le Grand. La notion de lignage s'en trouve également renforcée, quoique les « rois » de la Scandinavie ancienne aient toujours été choisis à l'intérieur de « familles » (au sens large) données, ainsi retenues pour des raisons encore inconnues. Il reste que la lignée de Gorm l'Ancien se maintient toujours, malgré de nombreuses altérations, en la personne de l'actuelle reine de Danemark.

Des remarques assez voisines vaudraient également pour la Norvège (puis les Féroé, l'Islande, le Groenland). Celle-ci entre dans l'histoire vers la fin du IXe siècle avec Harald Harfager qui sera le premier à tenter d'unifier sous son sceptre la poussière de minuscules « États » dominés chacun par un *Konungr* (une sorte de « roi »). L'histoire de sa descendance est particulièrement compliquée en raison du grand nombre d'enfants illégitimes qu'il aura. Elle se concentre surtout autour des deux grands rois convertisseurs, Olav Ier Tryggvasson et Olav II Haraldsson le Saint. Ce dernier est la première victime d'un conflit qui va faire long feu dans l'histoire de la Norvège : l'opposition entre vues proprement locales (ici le pouvoir des *boendr* ou grands dignitaires du royaume) et « ingérences étrangères », en l'occurrence, la volonté d'instaurer une royauté de droit divin. Ce conflit est si grave qu'il engendre un phénomène en soi aberrant : l'accession au pouvoir d'un « parvenu »,

LES SOURCES

Les seules sources dont nous disposions pour tenter de reconstituer les faits avant le IXe siècle sont de caractère hautement fantaisiste et relèvent de la légende, voire de la mythologie, non de l'histoire : il s'agit de la Ynglinga saga *de l'Islandais Snorri Sturluson (1178-1241), premier texte de sa* Heimskringla *ou recueil des Sagas des rois de Norvège, qui dit se fonder sur le poème généalogique* Ynglingatal *du scalde norvégien Thjódólfr des Hvínir (IXe siècle) et, à ce titre, peut fort bien véhiculer d'authentiques traditions, et des neuf premiers livres des* Gesta Danorum *du Danois Saxo Grammaticus, actif vers l'an 1200. Enfin l'histoire des pays scandinaves est d'une redoutable complexité, non seulement en raison de chevauchements internes (la Norvège, par exemple, sera longtemps possession danoise) mais aussi à cause de phénomènes expansionnistes (ainsi de la Suède sur l'Estonie ou la Finlande).*

L'ISLANDE

Colonisée à partir de 874, mais certainement déjà fréquentée par des Celtes, cette île connaît un destin extraordinaire. Les quelque vingt grandes familles qui s'y sont d'abord installées parviennent à mettre au point un système de gouvernement oligarchique, sans exécutif ni autorité unique, qui gouverne le pays à partir de réunions de Parlements ou things *(avec un* thing *spécial ou* althing*) au cours desquelles sont prises, en commun, par tous les hommes libres, les décisions d'intérêt général, essentiellement d'ordres législatif et judiciaire, à partir du principe maintes fois répété : « C'est par les lois qu'un pays s'édifiera, c'est dans l'illégalité qu'il périra »* (« Med lögum skal land byggja en med ólögum eyda »). *Ces hommes et ces femmes se montrent capables de mettre en place une société « sans classes » d'une culture et d'une civilisation tout à fait originales dont les trois piliers sont : le* bóndi, *ou paysan-pêcheur propriétaire libre (viking à ses heures, c'est surtout un homme à tout faire qui cumule en sa personne toutes les prérogatives et toutes les fonctions possibles); la famille, ou* aett, *au sein de laquelle se font toutes les opérations d'ordre religieux et qui est le fondement d'une sourcilleuse éthique de l'honneur, du destin et de la vengeance, et ce* thing *que nous venons de nommer. Ils se font également découvreurs (Groenland, qu'ils colonisent, et vraisemblablement Amérique du Nord : Vinland). Lorsque la christianisation (officielle par consentement unanime en 999) les dote d'une écriture et de modèles textuels, les Islandais sont en mesure de réaliser « le miracle islandais ». Non seulement ils consignent toutes les anciennes traditions germaniques* (Eddas) *ou portent à son point de perfection une des poésies les plus élaborées qu'ait connues l'Occident (la poésie scaldique), mais encore ils créent, sur le modèle de l'historiographie antique et de l'hagiographie médiévale, l'une et l'autre en latin, le genre très riche des sagas. Les Islandais du Moyen Âge élaborent également, à l'échelle du temps, une impressionnante production « scientifique ».*

Sverre Sigurdsson (1180-1202), puis de ses descendants, dont l'un, Haakon IV Haakonsson (1223-1263), régnera assez longtemps pour assurer à son pays une « ère de grandeur » (*storhetstid*) demeurée vivante dans les mémoires. C'est lui qui mettra son pays, en quelque sorte, à l'heure européenne, non seulement sur le plan politique, mais aussi sur le plan culturel en incitant les élites à s'intéresser aux modèles courtois français et allemands.

Cette période est aussi un temps d'expansions : la Norvège découvre et s'approprie les Féroé au cours du VIIIe siècle (celles-ci n'accéderont à l'indépendance qu'en 1948), puis l'Islande où une majorité de Norvégiens du sud-ouest, accompagnés de Celtes, fondent un État d'une originalité extrême pour l'époque. L'indépendance de l'Islande sera de relativement courte durée : en 1262-1264, en vertu des sourdes menées du roi Haakon, elle passe sous l'autorité norvégienne (puis danoise quand la Norvège elle-même fait partie intégrante du Danemark, en 1380), situation dont elle ne sortira qu'en 1944.

C'est également au cours de cette période que la Norvège, comme les deux autres pays scandinaves, entre dans l'Union hanséatique où des ports comme Visby, Copenhague et Bergen constituent des escales importantes pour les riches marchands de la Hanse. Mais cette période de prospérité norvégienne ne dure pas. La peste (la « mort noire »), en particulier, éprouve les pays du Nord à des degrés difficilement imaginables, surtout à partir du milieu du XIVe siècle. Avec le fils de Haakon VI Magnusson de Norvège et de Marguerite de Danemark, Oluf II Haakonsson (Olav IV), choisi pour roi par le Conseil du royaume de Danemark, débute la période dite d'Union.

Grande pierre historiée de Hammar, ▶ en Gotland

Datant probablement du IXe siècle, ces pierres de calcaire (le fond noir est un ajout moderne) à la forme si caractéristique de champignon en coupe, sont nombreuses en Gotland et leur interprétation est extrêmement difficile. Il semble bien que l'auteur ait entendu illustrer de vieux mythes ou légendes bien qu'il soit impossible de l'affirmer avec certitude. L'organisation par bandes horizontales parallèles est, elle aussi, typique. Ainsi, le troisième bandeau en partant du haut nous offre un « cœur de Hrungnir » (un triscèle peut-être mais stylisé) ainsi qu'une scène de pendaison rituelle, à gauche, qui doit être un rite sacrificiel. De même, le bateau qui approche d'une femme gigantesque, dans le quatrième bandeau, peut évoquer l'arrivée au royaume des morts. Le grand bateau avec sa voile élaborée et des navigateurs, en bas, revient assez souvent dans ces scènes. On remarquera l'élégante stylisation des vagues, tout comme la sûreté artistique du motif d'entrelacements qui fait le tour de la pierre.

La Suède, quant à elle, n'émerge qu'au cours du Xe siècle. Ce pays est peut-être, aux temps protohistoriques, le territoire de deux peuplades différentes, les Svear (ils donneront leur nom à la Suède), et les Geatar (ce sont sans doute les Geatas de l'épopée anglo-saxonne *Beowulf*) : les débuts de son histoire font le récit de luttes innombrables entre divers lignages. C'est seulement à partir d'Erik le Saint, semble-t-il, qu'un début d'unification se dessine, qui ne prend vraiment corps qu'avec la famille des Folkungar (descendants d'un certain Folke), non sans maintes péripéties. La Suède devient, elle aussi, une puissance hanséatique au XIIIe siècle, mais l'instabilité continue de caractériser le pouvoir jusqu'à la fin du XIVe siècle. Il faut la reine Marguerite de Danemark, pour réunir sous sa couronne, en vertu de divers lignages et alliances, les trois pays scandinaves et pour que s'instaure, en 1397, l'« Union de Kalmar » qui durera, avec de nombreux heurs et malheurs, jusqu'en 1521-1523. Si éphémère et instable qu'elle ait été, cette Union marque l'avènement d'une ère nouvelle.

L'UNION DE KALMAR

Il y a lieu de distinguer d'abord une période où l'Union de Kalmar aura quelque réalité, soit de 1397 à 1521-1523. Il faut alors envisager tous les pays scandinaves ensemble. Cette Union est dictée surtout par la crainte scandinave de voir les États allemands s'imposer dans le nord, soit à cause des ambitions de la maison de Mecklembourg dont un représentant, Albert, a été élu roi de Suède en 1363, soit en raison des ambitions croissantes de la Hanse ou du Holstein. Mais cette ère de prétendues alliances est troublée par de nombreuses querelles intestines qui sont le fait, d'une part, de la royauté; d'autre part, des deux pouvoirs qui prétendent s'opposer à celle-ci : la noblesse, que lient des intérêts économiques, et le clergé qui tend de plus en plus à monopoliser le pouvoir tout comme il accumule les richesses. Par ailleurs, par un réflexe qui ne cessera de se reproduire jusqu'à nos jours, la Suède craint de perdre sa personnalité propre au bénéfice du Danemark. Lorsque le Danemark, à la mort de Christophe III de Bavière (1448), qui avait été élu par les trois royaumes en promettant de respecter l'intégrité de chacun d'eux, choisit de le remplacer par Christian Ier de la lignée des Oldenburg, également couronné roi de Suède (1457-1464), la Suède saisit l'occasion pour se retirer de l'Union en élisant un noble, Karl Knutsson, pour roi (Charles VIII). En fait, l'affaire n'est pas tout à fait terminée : ce n'est que sous le règne de Christian II, coupable d'avoir fait exécuter quatre-vingts des hommes les plus éminents de Suède en 1520 (c'est le célèbre « bain de sang » de Stockholm) que l'Union est définitivement abolie.

Cette période est extrêmement troublée, tant les rivalités de tous genres déchirent chacun des

trois pays. En 1380, l'Union fait de la Norvège une province danoise. Elle le demeure jusqu'en 1814 où elle passe sous la coupe de la Suède, dont elle ne se libère définitivement qu'en 1905. De 1380 à 1814, la Norvège est impitoyablement colonisée par le Danemark qui, notamment, impose sa langue dans tous les domaines officiels. Le résultat est l'émergence progressive d'une langue mixte, dite dano-norvégien (rigsmaal ou bokmål) contre laquelle, à partir du milieu du XIXe siècle, les Norvégiens essaient de réagir en créant, à partir des dialectes et des textes anciens, une langue authentiquement « norvégienne », le landsmaal ou nynorsk : la querelle demeure toujours vive entre tenants de l'une ou de l'autre langue. Elle est d'autant plus malaisée à résoudre qu'à peu près tous les grands écrivains norvégiens (Ibsen, Bjørnson, S. Undset, K. Hamsun) ont rédigé toute leur œuvre en bokmål.

La période de l'Union est importante à d'autres titres : elle manifeste – témoin le nombre croissant de villes qui naissent dans toute la Scandinavie – une montée importante de la bourgeoisie avec pour conséquence, celle de parlements qui tendent à réduire le pouvoir des rois. Si la situation est assez claire pour l'ensemble Danemark-Islande-Norvège, elle est chaotique en Suède où divers nobles exercent des fonctions de régents – avec des retours en force de souverains danois, pour des périodes très courtes – jusqu'à ce qu'une révolte générale amène au pouvoir en 1523 un noble « parvenu », Gustave Vasa. Encore faut-il s'empresser de préciser que la Réforme aura joué un rôle déterminant dans cette évolution.

▲ ***Tapisserie de haute lisse de Baldishol, Norvège***
Découverte sous le plancher d'une église lors de sa démolition, elle est datée de la fin du XIIe siècle ou du début du XIIIe siècle. Ce n'est qu'un fragment d'un ensemble qui représentait les mois personnifiés : ici avril, à gauche, mai. L'homme de gauche est à côté d'un arbre où sont perchés trois oiseaux; le guerrier à la lance est si élaboré et décoré de façon multicolore que l'on ne sait s'il s'agit vraiment d'un homme d'armes ou d'un chasseur. On retrouve, à plusieurs siècles d'écart, et malgré de visibles influences romanes, des traits tout à fait apparentés à l'art des objets proprement vikings.

▲ ▶ ***Trésor de la tombe d'Arslev en Fionie***
Certains de ces bijoux d'or, trouvés dans la tombe d'un chef datant de la fin du Xe siècle, sont probablement d'origine romaine. On pourra admirer le travail du repoussé, de filigrane, ou celui de l'incrustation. Il y a là des bagues, des pendentifs et des bractéates. Les figurines qui ornent les bijoux du haut, à gauche et à droite, sont peut-être celles de divinités inconnues de nous. De tels « trésors » ne sont pas rares : leur présence témoigne d'une haute culture. En même temps, ils prouvent l'influence — ici romaine — qu'auront exercée sur les Scandinaves les pays où ils allaient commercer (ou piller!).

793 sac de l'abbaye de Lindisfarne (Northumberland), sans doute par les Danois.

793-1050 phénomène viking.

v. 874 début de la colonisation de l'Islande par des Norvégiens et des Celtes.

v. 985 découverte et colonisation du Groenland par l'explorateur islandais Erik le Rouge et ses descendants (probables découvreurs de l'Amérique du Nord).

v. 1000 christianisation du Danemark, de l'Islande, de la Norvège et de la Suède.

1157-1241 à partir de Valdemar le Grand, période de stabilité politique et de prospérité au Danemark.

av. 1160 prétendue croisade du roi suédois Erik Jedvardsson contre les Finlandais.

1262-1264 l'Islande devient norvégienne.

v. 1300 la Scandinavie passe sous la coupe de la Hanse. Visby, Bergen, Copenhague vont devenir des centres hanséatiques importants.

1323 la Finlande officiellement suédoise.

1349-1351 la Peste noire ravage la Scandinavie.

1380 la Norvège (jusqu'en 1814), l'Islande et les Féroé sous domination danoise.

1397 Union de Kalmar.

1434 soulèvement suédois en Dalécarlie mené par Karl Knutsson, conséquence lointaine de la politique d'Erik de Poméranie qui s'opposait à la Hanse et avait des visées sur le Holstein.

1460 convention de Ribe : le roi est fait duc de Slesvig (Schleswig) et comte de Holstein, le comté restant toutefois dans la mouvance allemande.

1477, 1479 fondation des universités d'Uppsala et de Copenhague.

1520 « bain de sang » de Stockholm.

◀ *On notera que les termes Danemark, Norvège et Suède sont plus ou moins conventionnels et ne s'appliquent, à la rigueur, qu'à des réalités linguistiques, au demeurant fort peu dissemblables. L'Islande et les Féroé, qui ne seront découvertes par les Scandinaves qu'à la fin du* IX*e siècle, ne figurent pas. Les véritables réalités politiques de l'époque seraient représentées par les « provinces » comme le Vestfold (N), l'Uppland (S) ou le Jylland (DK). Les « villes » qui sont indiquées sont ou bien d'authentiques cités (Roskilde) ou bien des sites archéologiques importants (Oseberg). La ligne continue qui figure dans la carte de Suède note l'itinéraire que le « roi » devait parcourir* (Eiriksgata) *pour se faire admettre par les principaux* things *du centre du pays.*

◀ *On remarquera que Gotland appartient au Danemark, de même que tout le sud de la Suède, ainsi que la Norvège (et l'Islande, le Groenland et les Féroé puisque ceux-ci appartenaient à la Norvège depuis 1264) ; en revanche, que la Finlande est à la Suède. Mais les Pays baltes sont sous l'autorité des chevaliers Teutoniques. Quant au Lapmark (territoire des Sames/Lapons) on ne sait trop de quelle autorité il relève, Suède et Russie se le partageant. C'est la physionomie qu'aura le nord lorsque se fera l'Union de Kalmar, en 1397 (jusqu'en 1523, théoriquement).*

LES VIKINGS

Le phénomène viking (vers 800-vers 1050) a de lointaines racines. Il émerge sur des fondations commerciales immémoriales (confédérations de marchands ayant des itinéraires fixes et ayant fondé des comptoirs tout le long de ces itinéraires), lors d'un concours de circonstances peu banal : l'effondrement de l'Empire carolingien qui en rend vulnérables les marches, l'interruption du trafic est-ouest en Méditerranée par les Arabes au VIII*e siècle et donc l'établissement d'un axe similaire dans le complexe Baltique-mer du Nord-Atlantique. Les trois pays scandinaves connaissent ce phénomène et il n'aurait pu avoir lieu sans la mise au point, elle-même fruit d'une lente et longue évolution, du célèbre bateau,* skeid *ou* knörr *(mais pas drakkar) qui fait de ces navigateurs éprouvés de hardis marins éventuellement pillards et toujours commerçants « de luxe », spécialisés, notamment, dans le transport de marchandises précieuses en petites quantités ou d'esclaves. Le but de ces hommes est toujours de s'enrichir, de toutes les façons possibles : par le négoce, le pillage, le mercenariat, l'établissement sous des latitudes plus fertiles ou la fondation d'États. La terreur durable dont ce phénomène s'est entouré (le fameux* «A furore Normannorum libera nos Domine»*, «De la fureur des hommes du Nord, délivre-nous, Seigneur») est plus le fait des clercs épouvantés, premières victimes des prédateurs et seuls capables de rédiger des chroniques ou des annales à l'époque, que de la réalité. Il est convenu de distinguer quatre phases dans le mouvement viking. Une première, entre 800 et 850 environ, est un temps de tâtonnements où, chaque fois qu'il est possible, le pillage se substitue au commerce ; la deuxième, entre 850 et 900 environ, marque un choix conscient des buts visés et donne lieu à divers « raids » ou « opérations de commandos » dont la mémoire collective conserve le souvenir ; la troisième, entre 900 et 980 environ, est une période d'installations – Danelaw anglais, Irlande du Sud, Normandie française, principautés de Novgorod (Hólmgardr) et de Kiev (Koenugardr) qui fusionneront plus tard pour donner naissance à l'État russe – ou de colonisations (Islande). La quatrième phase est le fait de souverains danois conquérants (Sven Ier à la Barbe Fourchue et Knud le Grand) qui tentent de s'assurer la suprématie sur l'ensemble Danemark-Norvège-Angleterre, et y parviennent durant quelques décennies, et d'aventuriers suédois (Ingvarr, Frøysteinn) qui paraissent avoir entrepris de véritables expéditions militaires au Moyen-Orient. La christianisation ainsi que la mise en place dans le nord même de pouvoirs forts calqués sur les modèles occidentaux sonnent le glas du phénomène viking.*

DE L'ÂGE VIKING À LA FIN DE L'UNION DE KALMAR

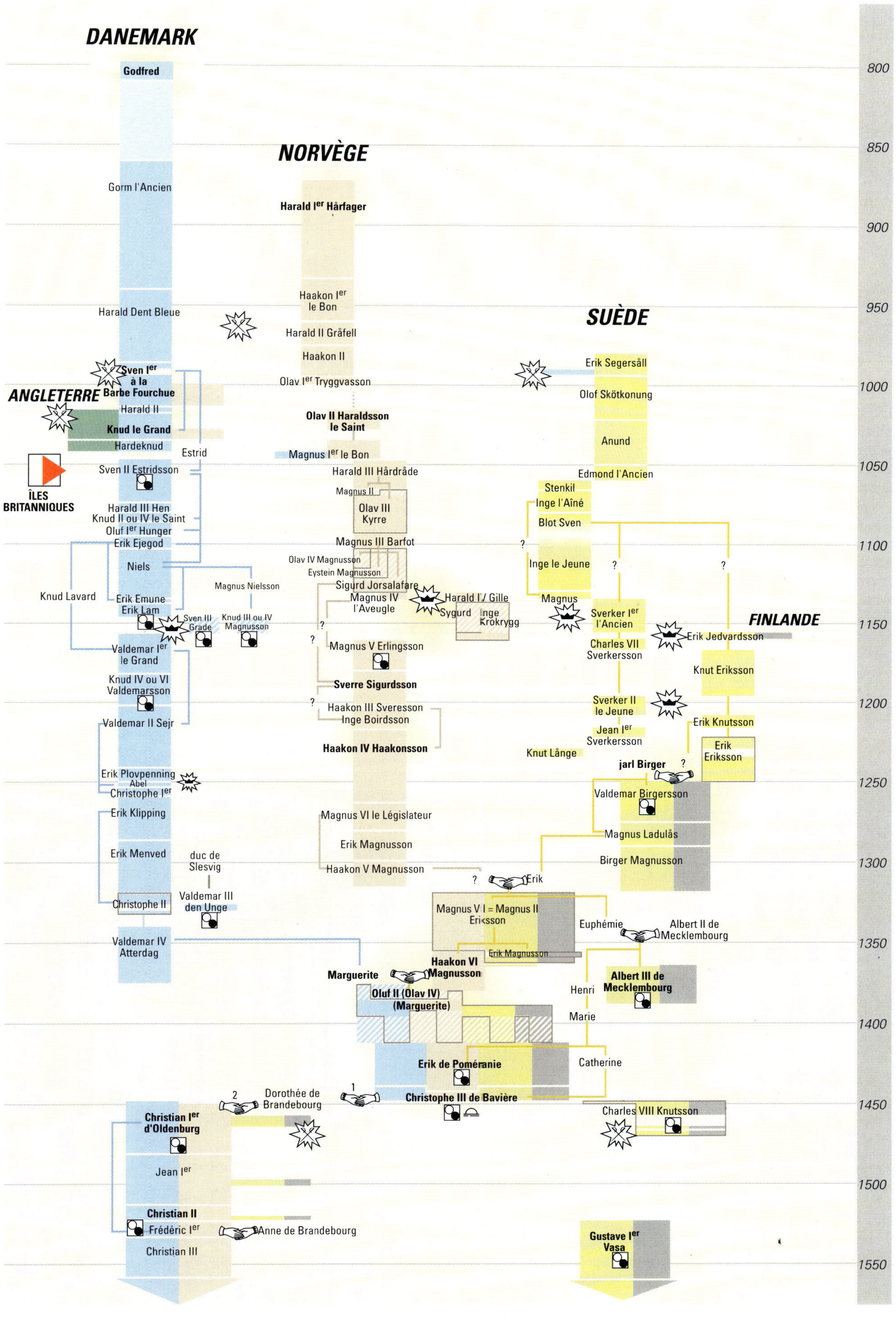

v. 800 Première mention d'un « roi » danois, Godfred, qui fait édifier le Danevirke, sorte de muraille barrant le sud du Jylland, pour se défendre des incursions venues du sud.

v. 900 Harald Ier Hårfager s'assure une sorte de suprématie sur les roitelets du sud de la Norvège, après la victoire de Hafrsfjördr. Sa descendance se maintiendra au pouvoir pendant plusieurs siècles.

1030 Le Danois Knud le Grand, succédant à son père Sven à la Barbe Fourchue (Tjugguskegg), est roi des trois pays scandinaves et de l'Angleterre. Cette hégémonie s'achève en 1035. En Norvège, Olav II Haraldsson est tué par le peuple norvégien soulevé par les *boendr* (grands dignitaires terriens) à Stiklarstadir.

À partir de 1184, période confuse dite des « prétendants à la couronne » de Norvège. Les descendants de Sverre finiront par s'imposer, à commencer par son petit-fils, Haakon IV Haakonsson.

Début du XIIIe siècle, après toute une série de rois faibles et divisés, la Suède tente de se donner un chef. Ce sera le jarl Birger, de la famille dite des Folkungar, qui assurera l'Union nécessaire. Il est réputé avoir fondé Stockholm. Avant lui, la « capitale » de la Suède (c'est-à-dire de la partie centrale du pays, ou Uppland) était Uppsala.

1389 Mise en place progressive, pour des raisons dynastiques et d'intermariages, des rois dits de l'Union. En effet, Oluf, fils de Marguerite de Danemark et de Haakon VI de Norvège, est fait roi de Danemark sous le nom de Olav IV. Mais il meurt subitement en 1387. Marguerite prend le pouvoir et vainc Albert de Mecklembourg qui avait été élu roi de Suède. Les trois royaumes passent donc sous son autorité et elle fait couronner Erik de Poméranie, âgé de quinze ans, roi des trois pays.

1448 Christophe III de Bavière étant mort sans enfant, le Conseil du royaume élit roi le comte Christian d'Oldenburg dont la mère descendait d'Erik Klipping. Ce couronnement, en 1448, décide les Suédois à se retirer de l'Union et à se donner pour régent Karl Knutsson.

1520 La désastreuse politique de Christian II de Danemark (1513-1523) finit par provoquer le « bain de sang » *(blodbad)* de Stockholm, par lequel il tente de se débarrasser de toute la noblesse suédoise qui faisait obstacle à ses rêves de domination. Cette date marque le terme effectif de l'Union de Kalmar.

La Réforme est un événement capital dans le Nord où elle va s'imposer uniformément. Indépendamment de motifs religieux qui, là comme ailleurs, ont pu jouer leur rôle, elle s'est surtout imposée pour des raisons politiques : elle a servi aux souverains du Danemark et de Suède à juguler le clergé devenu trop puissant et à créer des Églises nationales placées sous leur seul contrôle. Par ailleurs, née en Allemagne et soutenue par des théoriciens allemands, elle va définitivement faire basculer le Nord dans la sphère d'influence germanique, situation dont il n'est plus sorti depuis. À quoi contribueront en outre les alliances royales, tant danoises que suédoises (au moins jusqu'au début du XIXe siècle, en ce qui concerne celles-ci). L'Église catholique, en effet, trop riche, s'est rendue coupable de graves abus : ce sera le rôle de Gustave Vasa (Suède) et de Christian III (Danemark-Norvège) que de rompre officiellement avec Rome et de confier à la Couronne les biens d'Église. Avec la Réforme, ce sont les bases des États nationaux respectivement danois et suédois qui sont jetées. À commencer par le fait que ces monarchies, jusque-là électives, deviennent héréditaires : la noblesse n'aura donc plus son mot à dire en cas de changement de souverain.

Bergen

Cette ville norvégienne fut longtemps un des grands centres hanséatiques : les façades de ses maisons au bord de la mer et le long du marché aux poissons sont exactement de même style que celles de Lübeck ou de Hollande. Bergen jouissait d'une position privilégiée, face à l'Atlantique et à l'Angleterre; elle fut et demeure un grand centre commercial.

Les anciennes querelles entre Danemark et Suède continuent, pour la suprématie en mer Baltique comme le montre la guerre de sept ans (1563-1570). Il faut également noter la montée irrésistible des absolutismes vers 1660 dans ces deux pays, malgré une préférence marquée pour le fédéralisme ou le collectivisme. En même temps, il faut se souvenir que les deux pays scandinaves existant au XVIIe siècle sont bien plus importants en superficie et en population que de nos jours. Vers 1560, le Danemark inclut donc la Norvège et l'Islande, mais aussi les duchés de Holstein et de Slesvig et tout le sud de la Suède. Ce dernier pays, vers 1700, ayant recouvré les provinces du sud qui appartenaient au Danemark (Scanie, Blekinge, Halland), possède aussi toute la Finlande, l'Estonie, la Livonie, l'Ingermanland (Ingrie), le sud-ouest de la Carélie (Finlande), la Poméranie dite suédoise, Wismar, et les duchés de Brême et de Verden. On comprend les succès de grands chefs de guerre comme Gustave II Adolphe ou Charles XII, la mort de ce dernier (1718), toutefois, marquant la fin des guerres internordiques. C'est alors, en effet, que commence l'« ère de la liberté » qui dure jusqu'à la fin du XVIIIe siècle. Paradoxalement, si le Danemark est toujours un État absolutiste, la Suède s'achemine vers un parlementarisme de plus en plus ouvert.

LES LUMIÈRES

Le luthéranisme avait éveillé, ou réveillé, une vocation aux sciences exactes, notamment dans le domaine de l'exégèse ou dans celui de la connaissance du monde réel. Cette vocation va se sentir encouragée par le culte de la raison et le sens de la recherche concrète qui sont de rigueur. On le voit à des auteurs comme le Norvégien Ludvig Holberg (1684-1754) qui a rédigé toute son œuvre en danois ou chez le Suédois, à la fois savant mécaniste et théosophe, Emanuel Swedenborg (1688-1772). L'un et l'autre sont parfaitement représentatifs : ils peuvent être grands dramaturge (Holberg) ou mystique (Swedenborg), ils restent en même temps historien et « philosophe » (Holberg), naturaliste ou ingénieur (Swedenborg). Le même paradoxe existe chez le souverain suédois Gustave III (1771-1792), francophile résolu, qui réussit à passer pour un despote éclairé tout en sapant les pouvoirs du Parlement. En revanche, le Danemark entreprend une politique de réformes

◄ *Gustave II Adolphe*
Ce portrait bien connu du roi suédois (1611-1632) ne préjuge pas de la valeur du personnage, qui fut un des rois les plus importants de son pays, tant comme homme de guerre que comme homme politique. Il introduisit des armements et des tactiques nouveaux dans l'art de la guerre et, luthérien sincère, contribua autant à promouvoir la religion que la grandeur de son pays. Il développa également les activités économiques, notamment industrielles (fer et cuivre). Sa mort lors de la bataille de Lützen fut l'un des événements vécu le plus tragiquement par son pays.

qui sont déjà modernes. On note aussi que ce sont deux Allemands, le ministre J.H.E. Bernstorff puis le conseiller J.F.S. Struensee qui dirigent effectivement le Danemark dans les années 1770. Ces progressistes font adopter, dans le désordre, toute une série de réformes tendant à renforcer les libertés, à humaniser la justice et à libéraliser la vie économique. Surtout, diverses réformes agraires modifient sensiblement le paysage économique du pays.

La Révolution française, puis le règne de Napoléon Ier n'ont peut-être pas, dans le Nord, le retentissement qu'ils obtiennent ailleurs. C'est, d'une part, que les idées libérales prêchées par les théoriciens français existent déjà en bonne partie dans les faits en Scandinavie, d'autre part, que le Nord s'est trouvé, par la nature des choses, en position trop marginale pour entrer vraiment dans les vues politiques de Napoléon. En revanche, fidèle aux souffles venus essentiellement d'Allemagne, et sensible (notamment en Norvège, en Finlande et en Islande) au mouvement dit d'éveil des nationalités, l'ensemble de ces pays a vécu le romantisme de façon particulièrement vive.

LA SCANDINAVIE MODERNE

À partir de 1815, après le traité de Kiel (14 janvier 1814), un bouleversement radical enlève enfin la Norvège au Danemark, mais pour la remettre à la Suède avec laquelle elle forme un « royaume uni ». La Suède, qui vient de déposer Gustave IV Adolphe offre en 1818 la couronne au maréchal Charles Jean-Baptiste Bernadotte (Charles XIV), enfant de la Révolution française, ouvert à ses idées et promoteur d'une politique libérale assez exemplaire. Au Danemark, Frédéric VI assume pareillement, *nolens volens*, un état des choses qui n'a rien à voir avec la grandeur passée.

C'est que les temps du romantisme sont révolus. Le XIXe siècle, dans le Nord, est l'âge de la montée du libéralisme, de la démocratie et d'une modernisation intelligemment menée qui sait tirer les enseignements des erreurs commises à l'étranger. L'industrialisation et son corollaire, l'urbanisation, vont donc progresser régulièrement pour faire de ces pays, en notre siècle, des manières de réussites modernes. On voit monter peu à peu un idéal politique qui s'appellera plus tard social-démocratie, ainsi que divers mouvements, dont les prémisses du féminisme. Le libre-échange également s'instaure : il est entériné dans les faits à partir du milieu du siècle. C'est aussi le moment où naissent, ou s'institutionnalisent, de grands mouvements populaires qui resteront caractéristiques de la Scandinavie : mouvements d'éveil religieux, ligues anti-alcooliques, mouvements ouvriers. La création la plus originale en ce siècle est certainement celle des écoles d'adultes (*folkehojskoler*) dues aux théories du Danois N.F.S. Grundtvig. Les Scandinaves ont toujours été passionnés par les problèmes de l'enseignement et de l'éducation populaires. Les écoles d'adultes atteignent, à cet égard, un sommet et sont largement responsables de la physionomie actuelle du Nord.

Un autre événement capital marque cette période que l'on pourrait dire de désenchantement et d'affrontement des réalités quotidiennes : c'est la célèbre affaire dite des Duchés. On a évoqué le scandinavisme (ou panscandinavisme) à propos de l'Union de Kalmar. On a noté également que le Danemark possédait depuis fort longtemps les duchés de Holstein et de Slesvig, régulièrement menacés par l'Allemagne. Et il était bien entendu que tous les pays scandinaves s'uniraient pour seconder le Danemark en cas

▲ *Charles XIV*
Charles Jean-Baptiste Bernadotte (1763-1844), ancien maréchal de France (comme sur ce tableau) fut roi de Suède et de Norvège sous le nom de Charles XIV (1818-1844). Le destin de ce Béarnais est assez exceptionnel. Après avoir été de ces militaires de la Révolution française qui firent une ascension foudroyante et parce qu'il avait mené une action qui l'avait conduit jusqu'au Danemark, c'est lui qui fut choisi par les Suédois pour succéder à Charles XIII. Sorti du peuple et totalement impréparé à gouverner, il fit preuve d'un sens politique certain, sut couper court aux visées autoritaires des Suédois sur la Finlande qu'ils venaient de perdre et, bon disciple de la Révolution qui avait fait de lui un général, il contribua à rendre à la Norvège une liberté et une autonomie qu'elle avait perdues depuis longtemps. Son règne fut un temps de paix et de libéralisme qui finiront par mettre la Suède sur la voie qu'elle n'a pas quittée depuis. Le roi actuel est son descendant en ligne directe.

LA CULTURE « BALTIQUE »

On ne peut étudier le nord de l'Europe sans être frappé, à la longue, par une évidente parenté qui réunit des peuples pourtant relevant de quatre blocs linguistiques bien différents : le germanique, le slave, le balte et le finno-ougrien. On a vite fait de constater alors qu'un cadre physique contraignant réunit tous ces peuples : omniprésence de la mer fermée et froide qu'est la Baltique, rôle inévitable du bateau, sols peu fertiles, climat froid et rude, quasi-absence de matières premières, et, conséquence générale, nécessité absolue du commerce. En second lieu, partout la vie sociale est centrée sur la famille, et on ne conçoit pas de ne pas pratiquer en association toutes les activités humaines. En troisième lieu, une histoire presque commune, avec de constantes imbrications, rassemble tous ces pays. Il existe donc certainement une culture baltique commune dont on note ici quelques traits. Tous ces pays ont connu des religions païennes à caractères similaires (reposant essentiellement sur le culte de la fertilité-fécondité et sur la magie). Tous ont un sens civique qui privilégie la loi et le droit. En art, ce sont des ornemanistes plus que de véritables créateurs, leur génie consistant à exploiter au maximum les possibilités du support qu'ils travaillent, bois ou métal. Enfin, leurs littératures laissent une part très grande au fonds populaire. Ainsi, avons-nous affaire là à un univers bien circonscrit, exemple d'une sorte de confédération dictée par un intérêt commun et respectant les spécificités locales.

HALLDOR LAXNESS

Cet écrivain islandais, prix Nobel de littérature en 1955, est parfaitement représentatif de l'évolution de son pays. L'Islande, en effet, qui connut un si prestigieux Moyen Âge, sombre, à partir du moment où elle passe sous la Couronne norvégienne, puis danoise, dans ce qu'elle appelle sa « longue nuit » (de la fin du XIIIᵉ siècle à 1944). Elle ne parvient à résister aux menaces de destruction radicale qu'en entretenant pieusement le souvenir et le culte actif des grands ancêtres médiévaux. À ce titre, elle demeure exemplaire. Or, Laxness, enfant du peuple islandais, né en 1902, commence par s'intéresser à tous les souffles du modernisme : dadaïsme, surréalisme, socialisme (à la Upton Sinclair), voire communisme, avec des succès divers, dans tous les genres possibles, surtout poésie et roman. Puis, un beau jour, il se découvre islandais, si l'on ose dire. Et il rédige l'un de ses chefs-d'œuvre, cette Cloche d'Islande *(1943-1946) qui exalte l'héroïsme incomparable de ses ancêtres. Il y est dit comment, au XVIIIᵉ siècle, un forban, une grande dame et un érudit assument, chacun à sa façon, le destin de l'île des sagas et manifestent que l'esprit ne saurait périr quand bien même on brimerait sans retenue le corps. Livre paradigmatique comme* Lumière du monde *(1937-1940), dans un tout autre genre, puisqu'il s'agit d'y montrer que le plus déshérité d'entre nous, bousculé comme il peut l'être par la conjoncture, les contemporains et le destin, doit être capable de se garder en paix et en joie pour peu qu'il ait le don de poésie et sache s'en servir à bon escient. En regard de ces deux sommets, le reste de la production, d'une diversité extrême, pourra paraître moins intéressant. L'ensemble de l'œuvre, pourtant, a une valeur symbolique tout à fait éloquente : il met en lumière l'extraordinaire génie de ce petit peuple qui, depuis qu'il existe, a su défier les travers du sort et donner à l'Occident l'une des plus belles œuvres qui soient.*

▲ ***Constructions traditionnelles***
Ces maisons norvégiennes – dont on pourrait trouver des équivalents partout en Scandinavie – en bois peint de couleurs vives sont des constructions traditionnelles. Elles peuvent dater au plus tôt du XVIIIᵉ siècle et sont tout à fait représentatives de la moyenne et surtout de la grande bourgeoisie.

d'offense. Or, vers 1860, la Prusse s'intéresse de très près aux duchés en question. Elle finit par passer à l'action et par écraser le petit Danemark que ses « frères » scandinaves abandonnent à son sort. En 1864, au traité de Vienne, le Danemark perd les duchés et prend les frontières qu'il a encore à l'heure actuelle. Sa superficie et sa population sont réduites dans de notables proportions. On mesure mal le retentissement, aussi bien moral que sentimental, qu'a eu cet événement dans le Nord : un des grands rêves scandinaves s'effondre là.

Avec le déclin, partout, de la monarchie et l'avènement d'idées socialistes, c'est donc, en un sens, une déperdition de la légende qui se manifeste avant le tournant du XXᵉ siècle.

« L'ÉTAT DU BIEN-ÊTRE »

Désormais donc, la Scandinavie moderne est en place. Compte tenu du fait que le Danemark n'a pas de barrière naturelle qui le limite vers le sud, chacun de ces pays est revenu à ses frontières naturelles ou historiques. Il existe certainement une culture baltique, que la Suède a plus ou moins consciemment tenté de régenter au cours des temps. Il est clair que cette culture s'est peu à peu effacée devant la Scandinavie proprement dite au XXᵉ siècle. Les deux guerres mondiales ont plus ou moins épargné les pays scandinaves. Ce point ne doit pas être négligé puisqu'il est assurément responsable du progrès indéniable qu'a connu le Nord, dispensé de panser les blessures qu'il aurait subies sans cela.

À partir de 1920, on voit s'installer progressivement la social-démocratie dans tous les pays scandinaves et monter l'idéal de « société du bien-être » (ou d'État du bien-être : *välfärdstat*) qui reste à l'heure actuelle le mot d'ordre dominant de tous ces pays, lesquels sont restés des monarchies, mais sans aucun pouvoir royal : l'exécutif est entre les mains, selon les lieux et les époques, d'une ou de deux Chambres. Un fait est à noter tout de même : le principe d'une vaste consultation populaire chaque fois qu'il est nécessaire et l'usage de débats aussitôt que l'actualité l'exige. Mais le roi (ou la reine) n'a plus aucun pouvoir, non plus, d'ailleurs, que le président de la République en Islande.

Hans Christian Andersen (1805-1875) ▶
De tous les écrivains modernes, Andersen, représenté ici sur un frontispice de ses œuvres de la fin du XIXe siècle, est probablement un des auteurs le plus lu. Dramaturge, romancier, essayiste (récits de voyages) et auteur de plusieurs autobiographies, il n'est immortel que pour ses Contes *que, semble-t-il, il a d'abord écrits par amusement. Ils lui vaudront, de son vivant même, une popularité difficilement imaginable. Andersen est une bonne expression de son temps. Issu d'une famille modeste — son père était compagnon cordonnier et sa mère lavandière (elle mourra d'alcoolisme) — il a su à force de volonté mais aussi avec l'aide de grands bourgeois qui lui ont servi de mécène, parvenir au sommet de l'échelle sociale. À sa manière, il illustre très bien l'irrésistible montée de la bourgeoisie au cours du XIXe siècle en Scandinavie.*

◀ Frédéric III (1648-1670) dans son costume de couronnement
Personnalité un peu étrange et secrète, il subit fortement l'influence de sa femme, la reine Sophie Aurélie de Brunswick. Bien qu'il ait dû se lier au Conseil du royaume par un serment contraignant, il parvint à s'imposer aux ordres tout-puissants de la noblesse et du Rigsraad, et finira par instaurer le despotisme dans son pays.

LES ÉCRIVAINS PROLÉTAIRES *(PROLETÄRFÖRFATTARE)*

*L'un des apports les plus originaux, au XXe siècle, des pays scandinaves à la culture européenne tient certainement aux productions d'un certain nombre d'écrivains, danois, norvégiens, mais surtout suédois, dits à tort prolétaires (« autodidactes » conviendrait mieux) qui rédigent leurs œuvres entre les deux grandes guerres. Deux d'entre eux, les Suédois Eyvind Johnson et Harry Martinson, ont été conjointement récompensés par le prix Nobel en 1974. Il s'agit d'auteurs sortis du peuple, ayant vécu les dures conditions de vie de l'ouvrier ou du paysan pauvre au début de notre siècle, et qui sont parvenus à un niveau de culture enviable par leurs seuls moyens, sans être passés par l'école « normale » ou l'université. Ils ont pour ancêtre le Danois Martin Andersen Nexø (*Pelle le Conquérant*, 1906-1910) et se sont imposés, d'abord, par des ouvrages de caractère autobiographique. Le Suédois Ivar Lo-Johansson, par exemple, décrit les incroyables conditions de vie des paysans-serfs ou* statare*, tandis que son compatriote Vilhelm Moberg s'attarde sur le lot des paysans-soldats (*knektar*). Leurs œuvres ont le mérite d'être dictées par une inspiration dont la sincérité ne peut faire de doute et dont la fraîcheur étonne souvent. Ce sont des documents vécus, et leur style a la pertinence d'un réalisme spontané qui ne doit rien aux écoles littéraires. Surtout, par un curieux effet de chassé-croisé, leurs ouvrages ont à la fois contribué à édifier la social-démocratie tout en devant à celle-ci d'avoir pu voir le jour. Leurs œuvres sont donc des témoins de première main d'une tendance politique qui compte parmi les plus importantes de notre siècle. Non qu'elles récusent la culture « bourgeoise ». Au contraire, elles tendent à la faire revivre, mais revivifiée de l'intérieur, rajeunie en quelque sorte. Bien entendu, on peut chercher aux « prolétaires » des antécédents chez Jack London ou Maxime Gorki, mais ce sont tout de même des produits du terroir scandinave auquel ils ont emprunté authenticité et réalisme.*

▲ Château royal de Frederiksborg (Danemark)
Le roi Christian IV (1588-1648) fit construire ce château entre 1602 et 1622 pour symboliser sa richesse croissante. Incendié en 1854, il fut restauré pour prendre sa figure actuelle.

LES PAYS SCANDINAVES XVIe - XXe SIÈCLE

1523 terme officiel de l'Union de Kalmar.

1527, 1529 le luthéranisme, religion officielle de la Suède.

1537 *Kirkeordinans* (ordonnance ecclésiastique) danoise : c'est l'adoption officielle du luthéranisme au Danemark en même temps que la monarchie héréditaire (elle avait toujours été élective jusque-là).

1544 la Suède à son tour adopte la même disposition.

1560 la Suède s'assure le pouvoir sur l'Estonie.

1563-1570 guerre nordique de sept ans.

1618-1648 guerre de Trente Ans. Le Nord y prend part par phases : le Danemark de Christian IV, entre 1625 et 1629, la Suède de Gustave II Adolphe, de 1630 à 1635. Après de retentissantes victoires, celui-ci est tué à Lützen en 1632.

1654 Christine de Suède est obligée d'abdiquer en raison de sa foi catholitique.

1660 début de l'absolutisme au Danemark comme en Suède.

1675-1679 guerre de Scanie.

1700 Frédéric IV de Danemark s'allie à la Russie et à la Saxe-Pologne pour lutter contre la Suède.

1720 traité de Fredriksborg.

1809 Charles XIII doit accepter la constitution libérale dont s'est dotée la Suède.

1814 traité de Kiel conclue entre la Grande-Bretagne, la Suède et le Danemark. La Norvège passe sous la couronne suédoise et Helgoland, à la Grande-Bretagne. La Norvège exploite l'occasion pour se donner la Constitution d'Eidsvoll.

1864 fin de la guerre des Duchés entre la Prusse et le Danemark. Battu, solitaire, le Danemark doit céder à la Prusse les duchés de Slesvig et de Holstein.

1876 les partis sociaux-démocrates sont fondés au Danemark, puis en 1887 en Norvège et en 1889 en Suède.

1905 la Norvège devient indépendante.

◀ *C'est l'époque dite de la grandeur suédoise* (stormaktstiden). *Un bref regard jeté sur cette carte permet de s'en rendre compte. Si le Danemark conserve la Norvège, l'Islande, les Féroé, le Groenland et les Duchés (Holstein et* Slesvig*), il a perdu les provinces du sud de la Suède (Scanie, Blekinge, Halland) qu'il possédait depuis très longtemps et qui sont redevenues suédoises. C'est donc ce dernier pays qui se taille la part du lion : il possède, outre tout son territoire actuel, la Finlande agrandie de la Carélie du sud-ouest, l'Estonie et la Livonie (Livland) avec la grande île d'Øsel, l'Ingrie (Ingermanland où sera Saint-Pétersbourg), et aussi la Poméranie dite suédoise et le duché de Brême. On comprend qu'un Gustave II Adolphe ait pu traiter d'égal à égal avec les souverains les plus puissants d'Europe à l'époque.*

▲ *Costumes Régionaux*
À partir de la Réforme, les pays luthériens connaissent un engouement pour ce que nous appelons le folklore. Nombreux sont les ouvrages consacrés à des sujets de ce genre. Nous reproduisons ici deux gravures représentant des femmes. La première (1772) est livonienne, c'est-à-dire originaire du territoire qui sera ensuite divisé entre Estonie et Lettonie. La Suède et la Russie avaient des visées sur ces contrées, notamment au XVIIe *siècle. La seconde image (ci-contre), figurant dans* Costumes civils de tous les peuples connus...*(1788) représente une Finlandaise (« femme finoise » dit la gravure). La Finlande fut très longtemps province suédoise bien que les Finlandais parlent une langue tout à fait inintelligible aux Scandinaves, qui parlent des langues germaniques, et possèdent une culture tout à fait originale. D'ailleurs, ils furent simplement ignorés par l'autorité suédoise.*

◀ *C'est presque la situation actuelle : la Suède a perdu la Finlande et toutes les possessions qu'elle avait de l'autre côté de la Baltique, à l'est comme au sud. La Norvège est rentrée dans ses limites traditionnelles. Quant au Danemark, il va perdre en 1864 les duchés de Holstein et de Slesvig, sa frontière sud remontant alors un peu au-dessus de la ville de Flensburg.*

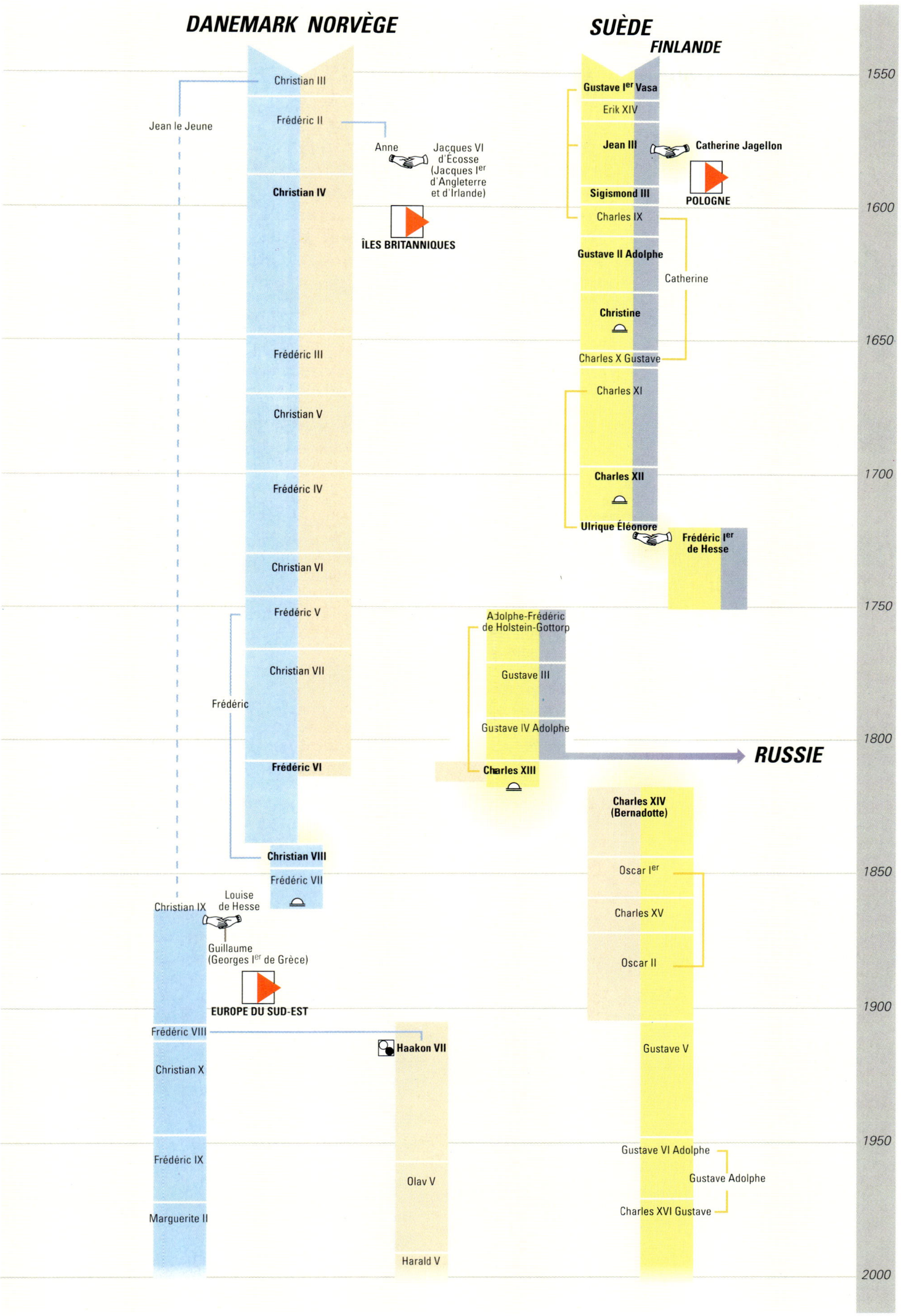

1520 Un petit noble, fils d'une des victimes du « bain de sang » de Stockholm, Gustave Vasa, se soulève contre le roi danois et entreprend de s'approprier la couronne de Suède. Il y parviendra en 1523 et obligera, à la diète de Västeraas (1544), la noblesse à le tenir pour roi héréditaire.

1587 Parce qu'il a épousé Catherine Jagellon, Jean III voit son fils Sigismond couronné roi de Pologne.

1718 La princesse suédoise Ulrique Éléonore, sœur de Charles XII et épouse de Frédéric de Hesse, monte sur le trône à condition de renoncer à l'absolutisme. Elle transmet le pouvoir à son mari, Frédéric Ier en 1720. Il conclut la paix de Frederiksborg en 1720, avec le Danemark, et, avec la Russie, celle de Nystad (1721) qui voit la Suède abandonner ses provinces baltes ainsi que la Carélie orientale. C'est la fin d'un siècle et demi de luttes confuses et souvent cruelles.

1809 Par le traité de Fredrikshamn, la Suède cède la Finlande et les îles d'Åland à la Russie : elle perd du coup un tiers de son ancien territoire. Comme Charles XIII n'a pas d'enfant, on lui impose comme héritier Christian-Auguste d'Augustenborg, commandant en chef danois en Norvège.

1814 Frédéric VI de Danemark avait institué Christian Frédéric, son cousin, vice-roi de Norvège. Les Norvégiens, lors de la Constitution d'Eidsvoll, se donnent un gouvernement libéral et choisissent pour roi Christian Frédéric sous le nom de Christian VIII.

1818 Par une étrange conséquence des guerres napoléoniennes, les Suédois décident de choisir pour roi un maréchal de Napoléon, Charles Jean-Baptiste Bernadotte, qui deviendra roi en 1818 sous le nom de Charles XIV.

1905 Proclamation de l'indépendance totale de la Norvège. Le prince Charles de Danemark devient roi sous le nom de Haakon VII.

Ange à la chevelure dorée, Novgorod, XIIe siècle

C'est à Novgorod que l'on trouve les premiers témoins de la peinture religieuse sur bois en Russie, auxquels on réserve le nom grec « icônes » (images). Celles-ci remplacèrent les mosaïques et, en partie, les fresques empruntées à Byzance. L'art de l'icône connaît en Russie un développement original et constitue incontestablement l'apport le plus marquant de la Russie à la culture médiévale européenne.

La présence de tribus appartenant au rameau oriental des Slaves dans l'espace compris entre la Baltique, la Volga supérieure, la mer Noire et les Carpates remonte au plus tard au VIIIe siècle. La constitution d'entités politiques plus importantes est difficile à suivre. Ce processus a impliqué des éléments étrangers, les Khazars de la steppe, ou les Varègues – des Vikings de Scandinavie. Ayant participé à la mise en place, dans la région, du premier « État », aux structures encore embryonnaires, ces derniers lui donnent son nom : Rous' *en slave,* Rhôsia *en grec,* Russia *en latin. Cette évolution même, qui fait d'un ethnonyme scandinave un nom de pays slave, témoigne de l'assimilation rapide de l'élément scandinave.*

C'est dans le cadre des relations avec l'Empire byzantin que la Rous' fait son entrée dans l'histoire européenne, avec la conversion du prince Vladimir (v. 980-1015) au christianisme grec. L'adoption de la culture chrétienne slave, élaborée dans des pays évangélisés plus tôt, apporte sa spécificité culturelle à la Rous', ou « Pays russe » *(zemlia rousskaïa).*

Le pouvoir appartient à une dynastie rattachée par la légende au chef varègue Riourik, que les tribus slaves proches du golfe de Finlande auraient invité à régner chez elles ; on trouve les premiers princes historiques à Kiev au Xe siècle. En principe, ce pouvoir est exercé par tous les membres mâles de la lignée, désignés sans distinction par le terme « prince » *(kniaz')*, titre conféré par la seule naissance.

Cette conception du pouvoir ne correspond nullement au modèle politique qu'apporte, avec la nouvelle religion, Byzance, celui d'une autocratie de source divine. Face au pouvoir traditionnel, héréditaire et polycéphale, l'Église réussit seulement à imposer quelques principes éthiques : au sein d'une hiérarchie, dominée par le prince de Kiev, les aînés doivent protection aux cadets qui, en retour, leur doivent obéissance. La base idéologique de cette doctrine fut apportée par le martyre des princes Boris et Gleb, les deux jeunes fils de Vladimir qui poussent la soumission à leur frère Sviatopolk jusqu'à accepter la mort de la main de ses sbires (1015).

Ce culte, le plus important de la Rous' de Kiev, a en même temps contribué à sacraliser la dynastie : tout prince ayant péri de mort violente, subi des outrages ou seulement affronté des difficultés, se trouve plus ou moins assimilé aux deux saints. Ainsi, à défaut d'une sacralisation du pouvoir, c'est la personne des princes qui se trouve potentiellement sanctifiée.

L'ÉCLATEMENT DE LA ROUS' DE KIEV

Néanmoins, l'absence de règles successorales définies engendre des luttes incessantes, soit entre différents prétendants au trône de Kiev, soit entre des princes qui cherchent à défendre ou à accroître le territoire reçu en héritage. Ces luttes mettent en péril l'unité même du « Pays russe » et sa capacité à se défendre face aux Infidèles turcs de la steppe, les Coumans.

Cette unité n'est pas compromise par les seules querelles princières. Des forces centrifuges, au sein notamment de l'aristocratie foncière, poussent à l'autonomie de chaque « pays » (on retrouve le même terme, *zemlia*). Ce mouvement se ressent particulièrement à Novgorod où l'élection du prince par l'élite sociale devient la règle à partir de 1136, de même que, un peu plus tard, celle de l'archevêque. Celui-ci est en fait le chef d'un État devenu une république de grands propriétaires fonciers.

D'une façon générale, au XIIe siècle, la Rous' de Kiev s'affaiblit dans sa partie centrale au profit des régions périphériques. Au nord-est – région où les Slaves progressent régulièrement, submergeant les tribus finno-ougriennes – se constitue une nouvelle fédération de principautés sous l'autorité de la branche cadette issue de Vladimir Monomaque, avec une nouvelle capitale, Vladimir sur la Kliazma, dont le prince est le premier, semble-t-il, à s'attribuer le titre de « grand-prince » *(kniaz' velikiï)*. Un peu plus tard, aux XIIe-XIIIe siècles, à l'extrémité sud-ouest de la Rous', la Volynie et la Galicie consti-

LA « CHRONIQUE DES TEMPS PASSÉS »

Ce texte, littéralement le Récit des temps passés (Povest' vremennykh let), *rapporte, à la suite de l'histoire biblique et celle de l'Empire byzantin, les principaux événements politiques, militaires, religieux qui marquèrent la Rous' de Kiev depuis ses origines jusqu'au début du XIIe siècle. Comme toute l'historiographie médiévale, cette œuvre se situe dans la perspective de l'histoire du salut, avec le souci affirmé d'assurer, dans cette histoire, au « Pays russe » la place qui lui revient. Le souffle épique qui anime cette œuvre milite en faveur d'une conception unique ; ce pourrait être Sylvestre, abbé du monastère de Vydoubitchi à Kiev, mentionné à la fin du texte. Mais il n'est pas exclu qu'il ait tiré profit du travail de ses devanciers, tel le « chroniqueur Nestor » du monastère des Grottes, auquel l'œuvre fut longtemps attribuée. Celui-ci a peut-être, à son tour, utilisé différents écrits antérieurs, et a pu se faire fait l'écho de légendes orales. Sous la forme qu'il reçut au début du XIIe siècle, le Récit des temps passés se retrouve au début de la plupart des* letopisi *– compilations narratives tardives. Les versions les plus sûres sont la Laurentienne (du nom de son copiste, le moine Laurent, 1371), l'Hypatienne (du nom du monastère de Kostroma, Ipatiev, qui conserva le manuscrit) ou celle de Radziwill, du nom de la célèbre famille polono-lituanienne qui posséda ce manuscrit. Ses enluminures, exécutées au XVe siècle d'après un modèle du XIIIe, sont justement célèbres. Traductions : Reibold Trautman,* Die altrussische Nestorchronik, *Leipzig, 1931* (Slavisch-Baltische Quellen und Forschungen, VI) *; S. H. Cross et O. P. Sherbowitz-Wetzor,* The Russian Primary Chronicle, *Cambridge (Mass.), 1953* (The Mediaeval Academy of American Publications, *LX).*

Ce sont les tribus situées à l'extrémité orientale de l'aire géographique occupée par les Slaves qui constituèrent au Xe siècle l'« empire kiévien ». Son territoire correspond à une zone de passage entre la Baltique et les régions du Caucase et de la Caspienne ou le bassin de la mer Noire, le long de deux axes, la Volga ou bien les cours du Volkhov et du Dniepr. Ce dernier, la « route des Varègues aux Grecs », sert au commerce entre la Scandinavie et Byzance et draine aussi vers la « ville impériale » (Tsar'grad) *les produits de l'agriculture et de la chasse que les princes de Kiev prélèvent sur la population slave. Les contacts, pacifiques ou belliqueux, que les princes ou les marchands scandinaves établissent avec Byzance expliquent que ce soit le christianisme grec qui s'impose dans le bassin du Dniepr, puis dans toute la Rous'. Mais la persistance d'un environnement païen favorise le développement d'un christianisme russe identifié avec l'appartenance politique et ethnique.* ▶

tuent momentanément un groupe de principautés puissant. À telle enseigne que le pape Innocent IV, pour obtenir la participation du prince Daniel à une croisade contre les Mongols, lui fait remettre une couronne royale (1253).

Le mouvement centrifuge se trouve largement renforcé par des facteurs extérieurs. Les Mongols (1223-1240) dévastent la région des steppes et instaurent sur les principautés du Nord-Est, indirectement sur Novgorod, leur domination pour deux siècles. Les princes tiennent désormais leur pouvoir du khan de la Horde d'or, marche occidentale de l'empire mongol. Parallèlement, la poussée lituanienne vers le sud soumet à la dynastie de Gedymin la partie occidentale de l'ancienne Rous' de Kiev, pratiquement toute la Biélorussie et la plus grande partie de l'Ukraine actuelles, tandis que, à l'extrémité ouest, le royaume de Hongrie annexe la Transcarpatie, la principauté de Moldavie – la Bucovine, le royaume de Pologne – la Galicie (1349). Cette transformation de la carte politique hâte la différenciation entre les trois peuples slaves orientaux : les Russes sous le joug mongol, les Biélorussiens et les Ukrainiens sous la domination lituanienne ou lituano-polonaise.

L'EMPIRE MOSCOVITE

Dans la partie russe, après une période indécise, c'est finalement la dynastie de Moscou qui – après sa victoire, plus symbolique que réelle, sur les Mongols à Koulikovo (1380) – réussit à accaparer la grande-principauté de Vladimir, tout en tolérant l'instauration d'autres grandes-principautés et l'indépendance de fait de Novgorod et de Pskov. C'est seulement dans la seconde moitié du XVe siècle, après avoir surmonté une crise qui les oppose à leurs cousins, les princes de Galitch, que les grands-princes de Moscou peuvent entreprendre véritablement le « rassemblement des pays russes », en donnant à cet adjectif son sens ancien dérivé de Rous' : se posant en successeurs des princes de Kiev, non seulement ils annexent les territoires russes, mais pénètrent aussi la vallée de la Diesna, en pays ukrainien, ouvrant ainsi la voie à un conflit polono-russe de plus de deux siècles. En même temps, l'affaiblissement de l'Empire byzantin et de la puissance mongole apporte aux souverains de Moscou l'indépendance religieuse (1448) et politique (1480).

À l'intérieur, le prince traditionnel, gouvernant avec sa *droujina*, respectant les droits de l'aristocratie foncière, cède la place à l'autocrate s'appuyant sur une nouvelle classe de serviteurs qui tiennent de lui leur subsistance sous forme de terres. L'Église apporte à cette monarchie nouvelle une base idéologique héritée de Byzance. L'aboutissement de cette évolution est le couronnement impérial d'Ivan IV (1547) qui prend définitivement le titre de tsar *(caesar)*. À ses débuts, le nouvel empire chrétien s'affirme comme un serviteur redoutable de la Croix face au Croissant : passant à l'offensive, les Russes s'emparent de certains vestiges de l'empire mongol, les khanats de Kazan' (1448) et d'Astrakhan' (1552-1556). Les routes du Caucase et de la Sibérie leur sont désormais ouvertes. Toutefois, cet empire présente de graves signes de faiblesse : malgré quelques réformes, son organisation administrative et militaire reste inadaptée. Le conflit avec la Pologne accentue son isolement et, de ce fait, son retard intellectuel et technique sur l'Europe de la Renaissance. Éprouvé par la tyrannie sanglante d'Ivan IV le Terrible, il s'avère fragile lorsque, au début du XVIIe siècle, il doit affronter les crises intérieures et les interventions étrangères.

◀ ***Un serment sur la croix,*** **Chronique de Radziwill**
Les guerres princières se terminent, provisoirement, par un accord scellé, à partir de 1060 environ, par un serment sur la croix. Chaque prince contractant (ici Riourik Rostislavitch en 1202) est invité à « baiser un crucifix » (tselovati krest) *présenté par un ecclésiastique, généralement un évêque (reconnaissable ici par son pallium). Ce rite, attesté encore, sous une forme plus élaborée, à Moscou au XVIIe siècle, explique que les traités, lorsqu'ils font l'objet d'un document écrit (à partir du milieu du XIIe siècle) sont appelés « chartes de la croix »* (krestnye gramoty).

911 première campagne bien attestée des Varègues de Kiev contre Constantinople.
988 conversion au christianisme du prince de Kiev Vladimir et du « Pays russe ».
1036 victoire du prince Iaroslav sur les Petchénègues ; agrandissement de Kiev, avec, en particulier, l'édification de la cathédrale Sainte-Sophie.
v. 1060 fondation, près de Kiev, du monastère des Grottes, premier foyer de vie religieuse et intellectuelle chez les Slaves orientaux.
1097 réunion princière à Lioubetch légalisant la division du pays entre plusieurs lignées.
1136 affirmation de l'autonomie de Novgorod.
1169 prise et sac de Kiev par le prince de Vladimir André Bogolioubskii.
1187 date traditionnelle du *Dit sur la campagne du prince de la Severa Igor'*, l'œuvre la plus célèbre du Moyen Âge russe, mais dont l'authenticité est contestée.
1199 le prince Roman Mstislavitch réunit la Volynie et la Galicie.
1237-1240 invasion mongole ; la Russie devient une province de la Horde d'or.
1299 transfert du siège métropolitain de l'Église russe de Kiev à Vladimir sur la Kliazma.
1326-1331 affirmation de la prééminence politique et religieuse de Moscou.
1380 victoire du grand-prince de Moscou Dmitrii Donskoi sur une troupe mongole à Koulikovo, épisode considérablement amplifié dans la littérature du XVe siècle.
1392 mort de saint Serge, le père du nouveau monachisme russe, rural.
1430 mort du peintre d'icônes André Roublev.
1480 les Mongols renoncent pratiquement à leur pouvoir sur la Russie.
1547-1549 couronnement impérial d'Ivan IV le Terrible ; canonisation de nombreux saints russes ; début du mythe de la « Sainte Russie ».
1565-1572 instauration du régime de terreur par Ivan IV le Terrible (*Opritchnina*).
1582 début de la pénétration russe en Sibérie.

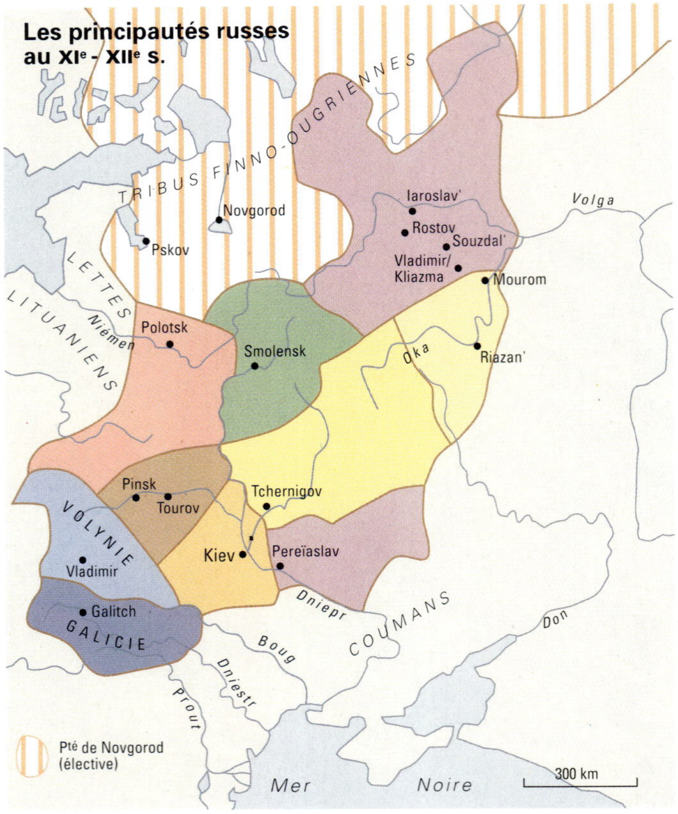

◀ *L'unité religieuse et culturelle du « Pays russe » n'empêcha pas son morcellement politique dès le milieu du XIe siècle. Progressivement, différentes lignées font souche dans des territoires donnés. Seul le « trône aîné » de Kiev reste disputé entre les représentants des différentes lignées. Dans un premier temps, ce sont les principautés les plus proches, Tourov-Pinsk, Tchernigov, Pereïaslav – la « Rous' » au sens étroit du terme – qui, avec celle de Polotsk déjà indépendante, jouent un rôle dominant. Mais, au XIIe siècle, celui-ci est repris par les pays périphériques. Novgorod devient indépendant, Smolensk, Vladimir en Volynie, Galitch et surtout Vladimir sur la Kliazma – un territoire naguère dépendant de Pereïaslav – dictent de plus en plus leur loi. L'intervention, au XIIIe siècle, des Mongols, des Lituaniens et de la Pologne, renforce ces courants centrifuges qui aboutissent à la formation des nations modernes : Russie, Ukraine et Biélorussie.*

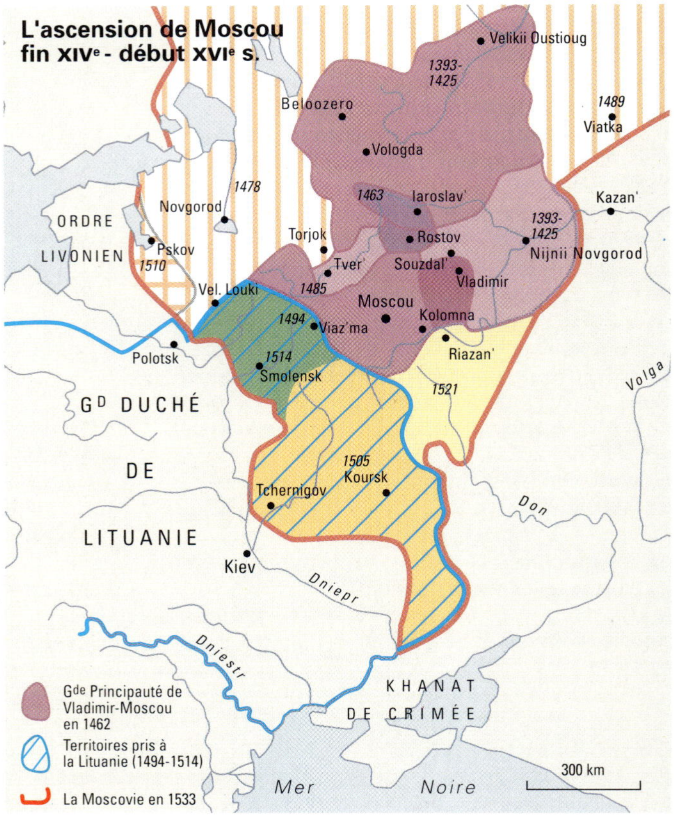

▲ *La région comprise entre le cours supérieur de la Volga et celui de l'Oka est le berceau de la Moscovie. C'est là que se développe, à partir du XIIe siècle, la grande-principauté de Vladimir, une région périphérique de l'ancienne Rous' de Kiev. Comme Kiev, Vladimir est l'objet de rivalités entre les lignées princières avant de devenir un bien héréditaire des princes de Moscou. Ceux-ci absorbent alors les principautés de leurs anciens rivaux, puis étendent leur pouvoir à tous les pays russes, au nord-ouest, ceux de Novgorod et de Pskov où ils exerçaient déjà un pouvoir nominal –, au sud, la grande-principauté de Riazan', ou des territoires arrachés à la Lituanie, qu'ils soient russes comme Smolensk ou ukrainiens comme le cours de la Diesna, avec Tchernigov. Mais ces régions seront reprises par les Polonais au début du XVIIe siècle à la faveur du Temps des troubles.*

LA ROUS' ET SON ÉGLISE

Dès la fin du Xe siècle, la Rous' constitue une province ecclésiastique byzantine, dirigée par un métropolite presque toujours grec, au moins pendant les premiers siècles. Elle n'en devient pas moins une institution slave, avec sa propre langue (le slavon) importée de Moravie et surtout de Bulgarie, véhicule d'une culture liturgique et littéraire unique. Cette unité, l'Église la conserve, malgré les forces politiques centrifuges, dans ses structures, jusqu'au début du XIVe siècle. À cette époque, les princes de Galicie d'abord, puis surtout les grands-princes (encore païens) de Lituanie cherchent à obtenir du patriarcat de Constantinople une métropole ecclésiastique distincte de celle de « Kiev et de toute la Rous' », dont le siège a été transféré dans le nord-est, à Vladimir sur la Kliazma (1299), puis à Moscou. L'union personnelle de la Lituanie avec la Pologne (1386) n'empêcha pas le rétablissement de l'unité de la province ecclésiastique (1390). Celle-ci est, en revanche, compromise quand le grand-prince de Moscou Basile II rejette à la fois l'union conclue au concile de Florence entre Grecs et Latins (1439) et l'autorité du patriarche de Constantinople (1448). L'Église russe (promue au rang de patriarcat en 1589) se trouve désormais isolée (de plus en plus antilatine) et soumise au pouvoir des souverains moscovites. Elle s'oppose à sa branche occidentale qui, dans le cadre polono-lituanien, est déchirée entre la fidélité à l'orthodoxie grecque et l'union avec Rome jusqu'au moment où l'annexion par la Russie des territoires biélorussiens et ukrainiens y instaure une orthodoxie strictement russe.

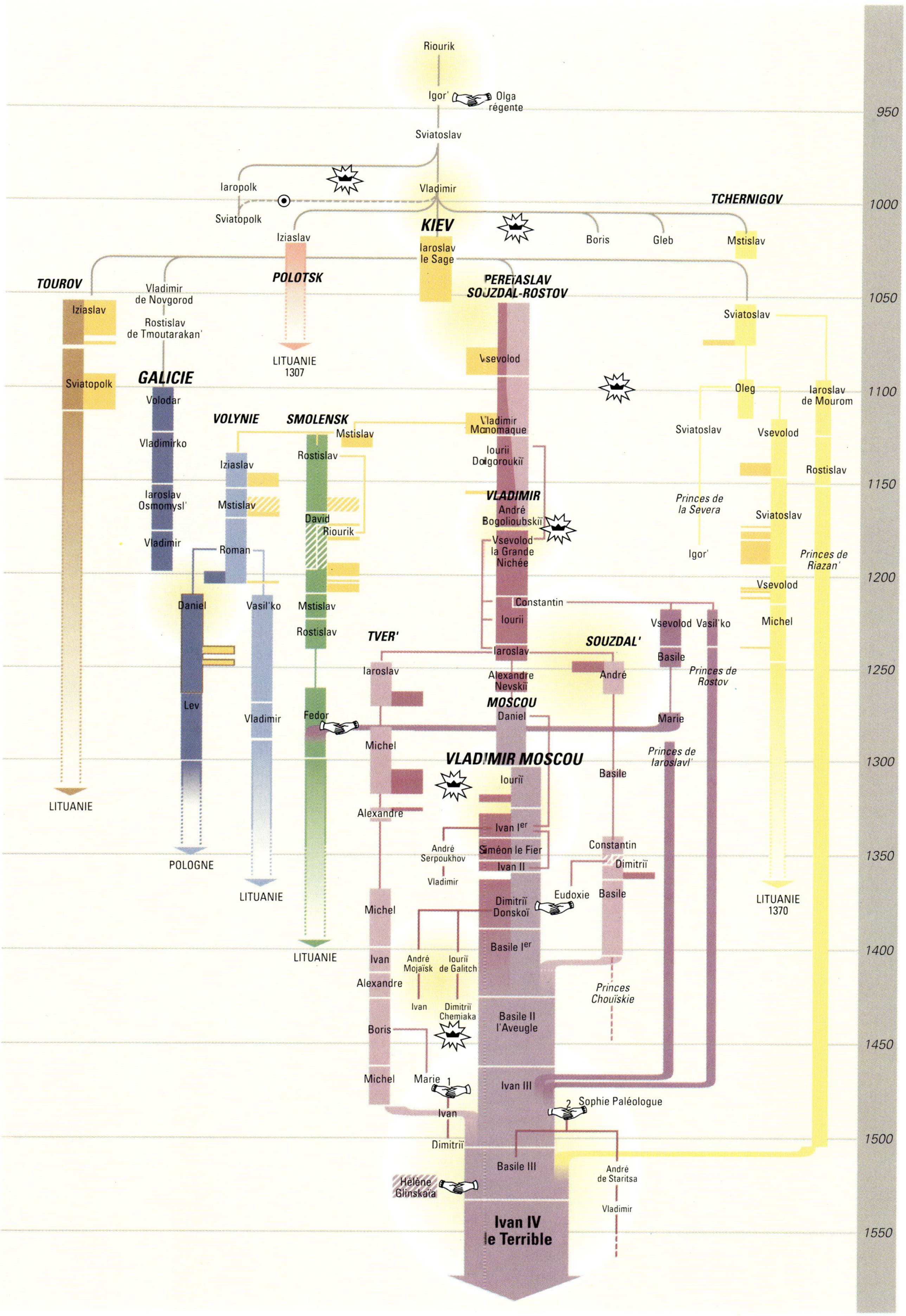

v. 900 Les origines de la dynastie remontent à Riourik, un chef varègue semi-légendaire installé à Novgorod. Il serait le père d'Igor' qui est installé à Kiev, encore enfant, par un de ses parents, Oleg.
1015 Le partage de la succession d'un prince varègue entraîne des luttes fratricides : Iaropolk est éliminé par Vladimir ; à la mort de celui-ci, son neveu et fils adoptif Sviatopolk (bâtard de Iaropolk) tente de s'imposer en faisant assassiner ses frères, Boris et Gleb.
1054 À la mort de Iaroslav le Sage, un nouveau système successoral est introduit : à l'exception de Polotsk, dévolue à une branche aînée issue de Vladimir, la Rous' est partagée entre ses trois fils survivants ; chaque branche fait souche dans un « pays » *(zemlia)* qui, à son tour, peut être partagé ; seul le « trône aîné » de Kiev est en principe réservé à l'aîné de la dynastie, mais fait l'objet d'âpres luttes. (La généalogie ne reproduit que les princes de Kiev ayant laissé une trace importante dans l'histoire.)
1157 Ces luttes pour Kiev, ainsi que pour la principauté élective de Novgorod, épuisent les principautés centrales. Le pouvoir réel passe aux principautés périphériques : au nord-est, la grande-principauté de Vladimir, réellement fondée par André Bogolioubskiï ; au sud-ouest, la Galicie dont le prince Daniel (1211-1264) est, en fait, le dernier grand-prince de Kiev.
v. 1250-1350 La grande-principauté de Vladimir est, à son tour, l'objet de rivalités entre certaines des branches issues de Vsevolod la Grande Nichée, notamment celles de Souzdal', Tver' et Moscou, qui l'emporte au XIVe siècle. Parmi les principautés moins importantes, celle de Iaroslavl' passe, grâce à un mariage (v. 1360), à la dynastie de Smolensk.
1389 La mainmise de Moscou sur Vladimir, que reflète le testament de Dimitriï Donskoï, a pour corollaire l'indépendance de ses anciennes rivales : Souzdal'-Nijniï-Novgorod, Tver', ainsi que, plus au sud, Riazan'. Leurs souverains portent tous le titre de grand-prince.
1447 La victoire de Moscou est un moment compromise par les querelles sanglantes entre les branches issues de Dimitriï Donskoï, détentrices de « parts » *(oudely)* importantes de l'héritage. La branche aînée ne s'impose, en la personne de Basile II, qu'en 1447.
1478-1485 Ayant assis son pouvoir dans ses États, Ivan III annexe le vaste territoire de Novgorod (1478) et la grande-principauté de Tver'. Mais ses efforts pour appliquer le principe de primogéniture échouent : son petit-fils Dimitriï, qu'il avait pourtant couronné en 1498, est évincé par son oncle Basile III, issu du second mariage d'Ivan III.
1547 Bien que le pouvoir du grand-prince, consacré par le couronnement impérial de 1547, soit désormais incontesté, son détenteur, Ivan IV le Terrible, obsédé par les luttes dynastiques passées, en vient encore à assassiner, parmi d'autres, son cousin Vladimir de Staritsa. Il défend le principe monarchique par sa plume acerbe contre Andreï Kourbskiï (1528-1583), descendant d'une lignée princière (Iaroslavl').

LA RUSSIE 1550-1918

Dans le dernier quart du XVIe siècle, l'Empire moscovite est ébranlé : la classe dirigeante est traumatisée par le régime de terreur auquel l'a soumise Ivan IV le Terrible, les masses rurales subissent les contrecoups économiques de ces soubresauts et des guerres interminables avec l'État polono-lituanien. Elles réagissent par la fuite vers les steppes du sud et vers la Sibérie à l'est ; ces bandes de paysans-guerriers (les cosaques) prennent ainsi possession de vastes territoires. Pour freiner ce mouvement, les autorités n'ont qu'un moyen : le rattachement forcé des paysans à la glèbe. Si l'on ajoute des facteurs conjoncturels (trois ans de famine : 1601-1603), les conditions sont réunies pour que la crise dynastique, due à la mort du tsar Fedor Ier (1598) sans héritier, se transforme en crise politique et sociale durable.

Les tsars Pierre et Alexis

Ces deux portraits symbolisent l'évolution que Pierre le Grand, ci-dessus, fit subir au pouvoir impérial. Alors que son père, Alexis, à l'instar de ses prédécesseurs depuis Ivan le Terrible, porte le somptueux vêtement du sacre et la « coiffe de Monomaque » (qu'une légende rattachait au prince de Kiev Vladimir Monomaque, 1113-1125), Pierre se fait représenter, sur son portrait officiel, vêtu comme un monarque européen. La nature accentue la différence : imberbe toute sa vie, Pierre interdit le port de la barbe à l'élite du pays.

La nouvelle dynastie qu'avait pensé fonder le beau-frère et favori de Fedor, Boris Godounov, est balayée en 1605. S'ouvre alors une période de troubles sociaux et de guerres civiles, attisés par l'intervention étrangère, suédoise et surtout polonaise. Celle-ci est, en partie, légitimée par la volonté de certains *boïare* de choisir pour tsar Ladislas, fils du roi de Pologne Sigismond III. Mais l'intervention étrangère, allant jusqu'à l'occupation de Moscou (1610-1612), provoque un sursaut que l'on peut qualifier de national : la capitale est reprise, et une Assemblée du pays *(Zemskiï sobor)*, plus représentative que les réunions similaires au XVIe siècle, procède à l'élection d'un nouveau tsar, le jeune Michel Romanov. Toutefois, malgré les élections successives depuis 1598, le principe héréditaire n'est aucunement remis en cause et les liens familiaux du nouveau tsar avec l'ancienne dynastie sont soulignés. De 1619 à 1633, le pouvoir fut exercé en fait par le père du tsar, le patriarche Philarète. C'est à lui que le nouveau pouvoir doit son orientation conservatrice, voire réactionnaire.

Toutefois, cette restauration de l'Empire moscovite ne se fait pas sans mal. Au début, le tsar doit recourir à la coopération avec l'Assemblée du pays ; les difficultés financières entraînent un renforcement de la pression fiscale, génératrice de soulèvements urbains (1648-1662) et de jacqueries dont la principale est animée par le cosaque Stenka Razin (1669-1671). La puissance extérieure est aussi difficile à recouvrer : Novgorod n'est repris aux Suédois qu'en 1617, le coup de main des cosaques sur Azov n'est pas soutenu (1641-1642). Au sud-ouest, Moscou doit attendre le soulèvement des cosaques Zaporogues (1654) pour reprendre l'offensive et récupérer les territoires perdus pendant le Temps des troubles, en y ajoutant Kiev (1667). Ces annexions ouvrent la porte à l'influence culturelle ukraino-biélorussienne qui se heurte à la culture moscovite traditionnelle. Il en résulte une rupture religieuse et culturelle : les traditionalistes (les « vieux-croyants ») se séparent de l'Église orthodoxe officielle (1666-1667) et se placent en marge de la société.

Ainsi, à la mort de Fedor III (1682), la Moscovie est à la croisée des chemins. Après quelques soubresauts, la solution est imposée d'en haut, par le tsar Pierre le Grand. Ses réformes occidentalisent brutalement l'État, l'armée et la société, tout au moins sa couche supérieure, non sans accentuer la faille apparue sous Alexis. Cette politique est dictée par des impératifs militaires : Pierre veut rompre par la force l'isolement de la Russie. Si, vers le sud, les résultats se révèlent médiocres, la guerre contre la Suède (1700-1721) permet la conquête du golfe de Finlande, de l'Estonie et d'une partie de la Lettonie actuelles ainsi que la consolidation de la mainmise russe sur l'Ukraine après l'écrasement de Charles XII de Suède et de son allié, le chef cosaque I. S. Mazepa (1644-1709), à Poltava (1709).

L'EMPIRE MULTINATIONAL

Les successeurs de Pierre poursuivent dans l'ensemble sa politique étrangère. Si l'intervention victorieuse de la Russie contre la Prusse (1757-1761) s'avère sans lendemain, à la suite du revirement opéré par le successeur d'Élisabeth, Pierre III, l'expansion est poursuivie par Catherine II. Les victoires de ses armées et de sa marine contre les Turcs lui ouvrent l'accès à la mer Noire. Colonisée par les soins de G. A. Potemkine (1739-1791), cette « Nouvelle Russie » constitue le prolongement de l'Ukraine où sont supprimées les dernières séquelles d'autonomie. La proportion des Ukrainiens et des Biélorussiens au sein de l'empire s'accroît à la suite des partages de la Pologne qui donnent également à la Russie la Lituanie (1772-1795). Ainsi se trouvent renforcées les marches non russes, « allogènes », de l'empire. Cette politique se poursuit à la faveur des épisodes napoléoniens : la Russie s'empare non seulement de la Bessarabie (en gros la Moldavie actuelle), mais aussi de deux pays de traditions culturelle et religieuse totalement différentes : la Finlande et une partie de la Pologne. Si l'on ajoute la conquête du Caucase (1801-1859) et celle de l'Asie centrale

LES IMPOSTEURS

Le Temps des troubles, après la mort de Boris Godounov – un tsar dont la légitimité était contestable –, est d'abord celui des imposteurs. Les plus connus se font passer pour Dimitriï, le jeune fils d'Ivan le Terrible, épargné par une mort dont les circonstances étaient demeurées obscures (1591). Le premier faux Dimitriï règne à Moscou pendant près d'un an (1605-1606), le second exerce, en 1608-1610, un véritable contre-pouvoir à Touchino, aux portes de Moscou où règne le faible Basile IV. D'autres aventuriers adoptent des identités imaginaires, qui toutes se rattachent à Ivan IV (le tsarevitch Pierre). Ce poids de la légitimité dynastique explique que le souverain élu en 1613, Michel Romanov, soit présenté comme un parent, par alliance, du premier tsar de Moscou. Plus tard, en 1773-1775, l'absence de toute légitimité de Catherine II facilite la sédition de É. Pougatchev qui se fait passer pour le tsar légitime Pierre III, échappé des mains de ses assassins. Si l'identification d'un ermite sibérien, Fedor Kouz'mitch avec Alexandre Ier, ou, plus près de nous, l'apparition d'une fille de Nicolas II, Anastasie, miraculeusement rescapée du massacre d'Ekaterinbourg n'ont guère eu de signification politique, l'intérêt que suscitent aujourd'hui en Russie, malgré des droits successoraux contestables, les derniers descendants des Romanov, est peut-être le signe, comme au Temps des troubles, d'un certain désarroi collectif.

(1839-1881), on aboutit à un vaste empire multinational (la « prison des peuples »). Si les descendants des tribus finno-ougriennes ou turco-mongoles du bassin de la Volga et même de Sibérie, annexés par les grands-princes et tsars de Moscou du XVe au XVIIe siècle, sont, dans l'ensemble, assez bien intégrés, à l'exception peut-être des Tatars, musulmans, de Kazan', les autres peuples, forts de leur histoire nationale et de leur langue littéraire, pratiquant parfois une religion ou une confession différentes, ne sont guère assimilés, surtout si, comme les Polonais et les Ukrainiens, ils restent en liaison avec leurs compatriotes qui, sous la domination des Habsbourg, bénéficient d'une plus grande liberté. Leur indépendance, depuis 1918 ou 1992, en témoigne.

▲ ***Vue de Saint-Pétersbourg en 1808***
La nouvelle capitale, fondée par Pierre le Grand en 1703 sur l'embouchure de la Néva – un territoire dont l'appartenance à la Russie ne fut reconnue qu'en 1721 –, symbolisait à la fois l'ouverture de la Russie vers l'Occident et son entrée dans le concert des États européens. La construction du centre de Saint-Pétersbourg se poursuivit jusque dans la première moitié du XIXe siècle.

LE COLOSSE AUX PIEDS D'ARGILE

Catherine II réorganise et met en valeur économiquement ce vaste empire. Toutefois, ce règne brillant accentue ce qui va devenir la tare de la société russe : le servage. S'y ajoute, au cours du XIXe siècle, une inefficacité croissante de l'administration, voire de toute la classe dirigeante.

Le désastre de Crimée amène Alexandre II à s'engager dans la voie des réformes : abolition du servage (1861), mise en place d'une administration locale représentative, justice indépendante, conscription militaire au moins partielle. Une politique économique efficace obtient de bons résultats en 1891-1903, puis en 1911-1914. Mais l'attachement, plus ou moins affirmé, de tous les monarques – de Catherine II à Nicolas II – et de l'écrasante majorité de la noblesse à l'autocratie interdit toute évolution politique significative malgré l'expérience parlementaire en 1906-1917. Dès la fin du XVIIIe siècle, l'opposition libérale est considérée – la Révolution française aidant – comme révolutionnaire, ce qui ne manque pas d'entraîner une radicalisation des mouvements contestataires, depuis les nobles libéraux qui exigent en 1825 une Constitution (les « décembristes »), jusqu'aux terroristes qui abattent en 1881 Alexandre II et jusqu'aux bolcheviks qui prônent une révolution totale sociale et politique.

La faiblesse de l'empire des Romanov apparaît dans la politique étrangère. Forts des succès de l'époque de Catherine et des victoires chèrement acquises sur Napoléon, les tsars du XIXe siècle, surestimant leur armée, se posent en défenseurs de l'ordre politique en Europe (Nicolas Ier en Hongrie en 1848) ou des chrétiens orthodoxes dans les Balkans (1827-1829, 1875-1878), en Palestine (1852) ou encore de la civilisation « blanche » en Extrême-Orient (1895-1905). Ces guerres sont le plus souvent difficiles, parfois désastreuses : en Crimée (1854-1856), contre le Japon (1904-1905), enfin contre l'Allemagne et l'Autriche (1914-1918). Ce dernier conflit joua, on le sait, le rôle d'« accélérateur de l'histoire » dans le processus qui, en quelques jours (février-mars 1917), met à bas l'empire édifié par Pierre le Grand et Catherine II.

◀ ***Une parade devant le Palais d'hiver à Saint-Pétersbourg (1815)***
À partir du règne de Paul Ier (1796-1801), l'armée n'est plus seulement un instrument de la puissance russe, elle occupe désormais une place importante dans l'image que le pouvoir donne de lui-même. On peut parler de la « paradomanie » des souverains russes, un rite où « les régiments alignés qui défilent sont une muraille mouvante qui s'interpose entre l'empereur et son peuple – gare à celui qui viole l'espace réservé » (M. Raeff, Comprendre l'Ancien Régime russe, *Le Seuil, Paris, 1982, p. 196). Mais, bien formée pour cet exercice, l'armée fut souvent décevante sur le terrain : ses échecs, depuis la guerre de Crimée, ont chaque fois porté un coup à l'autocratie.*

1605-1613 Temps des troubles.
1648 promulgation des Établissements *(Oulojenie)* confirmant, entre autres, le servage.
1654 début du schisme des vieux-croyants contre les réformes liturgiques mineures introduites par le patriarche Nikon.
1682 abolition des préséances *(mestnitchestvo)* pour l'attribution des fonctions civiles ou militaires.
1721 réforme de la direction de l'Église, soumise désormais au pouvoir impérial.
1722 promulgation du « Tableau des rangs » fixant la hiérarchie civile, militaire et religieuse.
1725 création de l'Académie des sciences de Saint-Pétersbourg.
1757 publication de la *Grammaire de la langue russe* de M. V. Lomonosov.
1775 réforme de l'administration locale, recompositioin des « gouvernements » *(goubernii)*.
1799-1800 campagne de A. V. Souvorov en Italie et en Suisse contre les troupes du Directoire.
1836 premier opéra russe, *La Vie pour le tsar*, de M. I. Glinka.
1837 première ligne de chemin de fer Saint-Pétersbourg-Tsarskœ Selo. Mort de A. S. Pouchkine, le père de la littérature russe moderne.
1861 abolition du servage.
1864 création de pouvoirs locaux électifs *(zemstva)*.
1876-1879 naissance des organisations révolutionnaires Terre et Liberté, Volonté du peuple, Partage noir.
1898 fondation du parti social-démocrate (marxiste).
1903 scission entre bolcheviks et mencheviks.
1904-1905 guerre avec le Japon ; première révolution.
1914 début de la guerre contre l'Autriche-Hongrie et l'Allemagne.
1917 chute du tsarisme (février-mars) ; insurrection bolchevique à Petrograd (octobre-novembre) ; armistice de Brest-Litovsk (décembre).
1918 dispersion de l'Assemblée constituante (janvier).

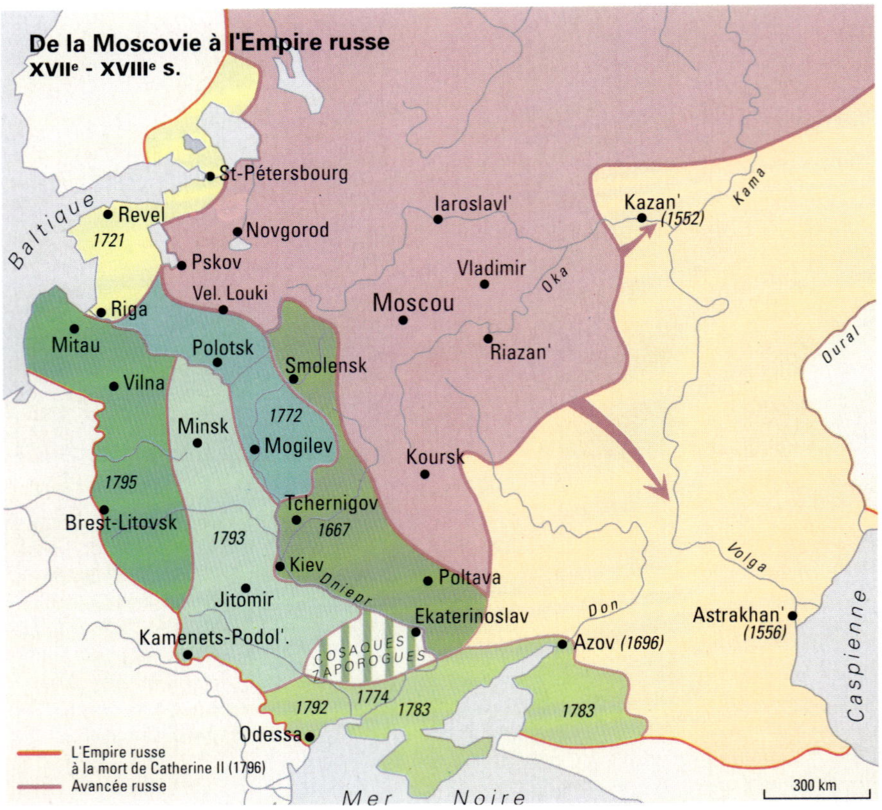

◀ *L'expansion de l'Empire moscovite se fait d'abord vers l'est : la prise par Ivan le Terrible de Kazan' et d'Astrakhan' ouvre aux Russes tout le cours de la Volga, leur fraie le chemin vers le Caucase et la Sibérie. À l'ouest, le tsar Alexis reprend aux Polonais Smolensk et s'implante en Ukraine orientale où les cosaques Zaporogues se placent sous son protectorat. Pierre le Grand conquiert Azov et surtout arrache à la Suède les derniers territoires novgorodiens qu'elle détenait, ainsi que la Livonie. Cette double politique est poursuivie par Catherine II : à la faveur des partages de la Pologne, elle annexe la Lituanie, la Biélorussie et une grande partie de l'Ukraine, où de plus elle met fin à l'autonomie des Zaporogues. Ses victoires sur les Ottomans lui permettent d'ajouter tout le littoral de la mer Noire (la « Nouvelle Russie ») avec la Crimée, dernier vestige de l'empire mongol.*

LE SERVAGE

Dans la première moitié du XIXe siècle, les paysans constituent 92 % de la population de l'Empire russe. Plus de la moitié sont des serfs (krepostnye) appartenant à des seigneurs (pomechtchiki). Implanté particulièrement dans les régions de la Russie centrale, ce phénomène éclipse, aux yeux de l'opinion, les paysans d'État (43 % de la population rurale), installés dans des régions périphériques. Le serf, attaché à la terre depuis la fin du XVIe siècle, doit soit s'acquitter d'une corvée (barchtchina) sur la réserve seigneuriale, soit verser une redevance (obrok) s'il dispose d'une parcelle de terre (périodiquement redistribuée au sein de la communauté villageoise, mir) ou bénéficie de la possibilité de se livrer à une activité extérieure. Cette situation, qui, à l'origine, trouvait sa justification dans le principe que le paysan servait le seigneur qui lui-même servait l'État, devenait indéfendable dès lors que les nobles furent libérés de toute obligation de service (1762). Bien plus, dans un empire démesurément vaste où l'appareil administratif est d'une insuffisance criante, le seigneur acquiert progressivement un pouvoir de police et de justice sur ses paysans, pratiquement le droit de disposer librement de leur personne.

Le Dimanche sanglant ▶ *(9-22 janvier 1905) : dispersion des manifestants devant le Palais d'hiver à Saint-Pétersbourg. Cette dispersion violente d'une manifestation pacifique fait non seulement plus de mille morts dans la foule, mais elle anéantit l'image du tsar protecteur du peuple, longtemps présente dans les mentalités collectives. Elle constitue une étape de première importance dans l'histoire du meurtre politique en Russie.*

▲ *L'accord conclu en 1807 à Tilsit entre Napoléon et Alexandre Ier a d'importantes conséquences territoriales pour la Russie : annexion immédiate d'un fragment de territoire polonais, la région de Belostok (Bialystok en polonais), possibilité pour le tsar d'arracher à la Suède la Finlande, à l'Empire ottoman la Bessarabie, enfin constitution d'un grand-duché de Pologne au profit de l'électeur-roi de Saxe avec les territoires donnés à la Prusse lors des partages. C'est ce territoire, amputé de sa partie occidentale, qui constitue en 1815 le royaume de Pologne, attribué à Alexandre par le Congrès de Vienne. Son autonomie se retrouve réduite après l'écrasement de l'insurrection de 1830-1831, et annihilée après celle de 1863.*

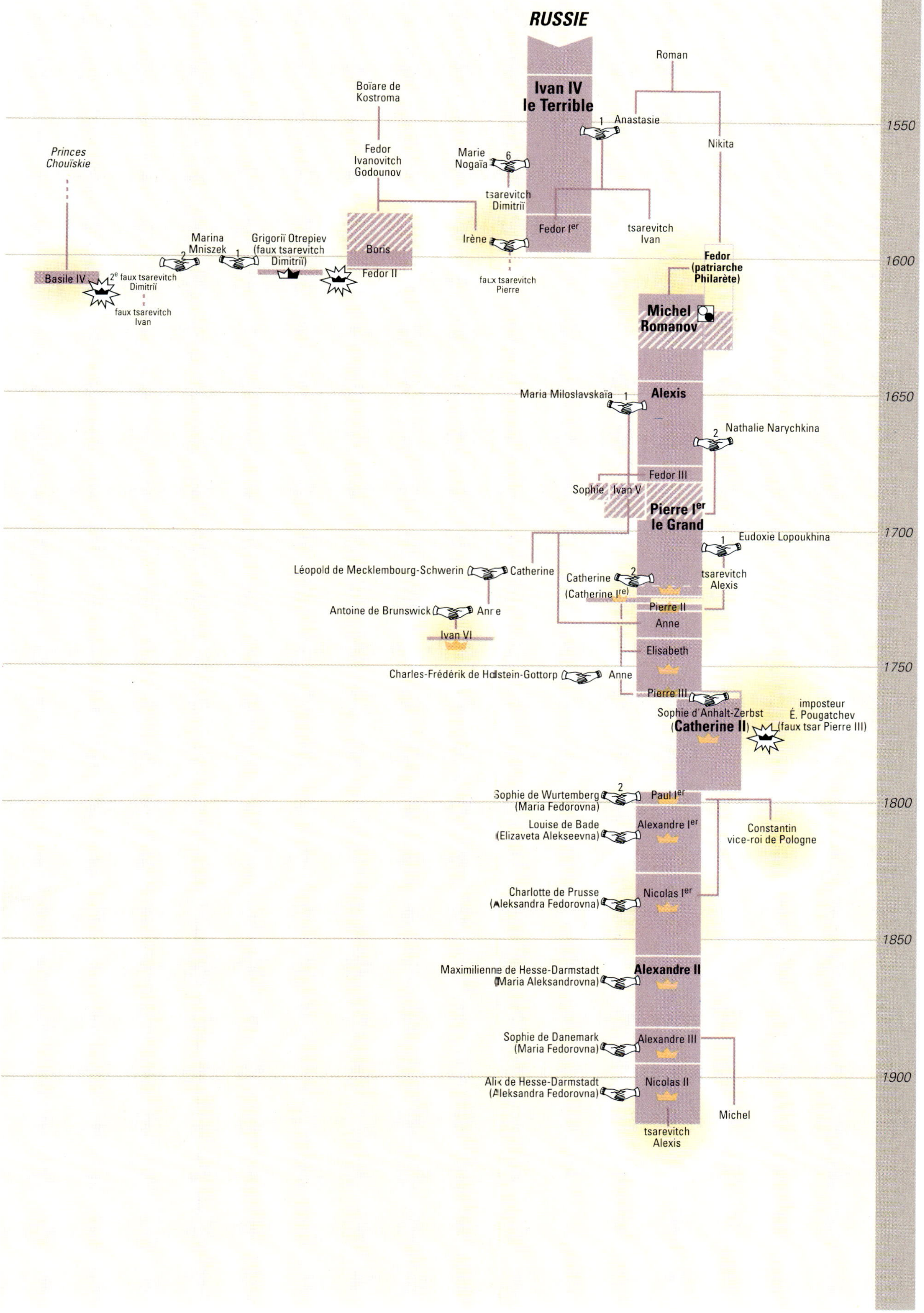

1598 L'assassinat par son père Ivan IV le Terrible du tsarevitch Ivan et la mort, accidentelle semble-t-il, de Dimitrii entraînent l'extinction de la branche moscovite des Rlourikides (1598). La rumeur attribue cette mort à Boris Godounov, beau-frère de Fedor Ier qui avait exercé le pouvoir en son nom.

1605 Après l'échec de Boris Godounov pour fonder une nouvelle dynastie, du faux tsar Dimitrii (Grigorii Otrepiev), d'un authentique Rlourikide, Basile Chouiskii, d'un candidat étranger, Ladislas de Pologne, et l'apparition de plusieurs imposteurs, le trône échoit à un petit-neveu d'Ivan IV, Michel Romanov (1613), trône qu'il partage avec son père, contraint naguère par Boris Godounov d'entrer dans les ordres et devenu le patriarche Philarète.

1682 La mort de Fedor III engendre d'âpres luttes de clans, groupés autour d'Ivan V, un adolescent faible d'esprit, ou de son demi-frère Pierre, âgé de dix ans. Après que tous deux furent couronnés tsars, le pouvoir échut à leur sœur Sophie, et à son favori Basile Golitsyne, jusqu'au moment où Pierre, devenu adulte, évince le couple (1689).

1718 En conflit avec son fils Alexis qu'il fit périr, le tsar réformateur Pierre Ier (qui prend le titre latin *imperator*) attribue à chaque souverain le droit de nommer son successeur, ce qui amène successivement sur le trône impérial la seconde femme de Pierre (Catherine Ire), son petit-fils (Pierre II), sa nièce (Anne), son arrière-petit-neveu (Ivan VI), sa fille (Élisabeth), un autre de ses petits-fils (Pierre III).

1762 Pierre III est évincé et assassiné par son épouse Sophie d'Anhalt-Zerbst qui devient l'impératrice Catherine II. Toutefois, la légitimité contestable de cette dernière suscite un complot en faveur d'Ivan VI, emprisonné, et surtout l'apparition de l'imposteur Pougatchev qui se fait passer pour Pierre III.

1796 Paul Ier, dont on ignore s'il était le fils de Pierre III ou d'un amant de Catherine, faillit être déshérité par sa mère. Aussi rétablit-il la transmission du trône en ligne mâle par primogéniture. Ce principe est désormais appliqué sans faille, sauf en 1825.

1825 Le mystère de la mort d'Alexandre Ier et le secret qui entoure l'acte de renonciation de son frère Constantin contribuent au soulèvement des « décembristes » contre Nicolas Ier.

1917 La succession par primogéniture est assurée sans difficulté jusqu'au jour où, en abdiquant le 15 mars 1917, pour lui-même et pour son fils mineur le tsarevitch Alexis, Nicolas II enfreint ce principe, probablement pour pouvoir plus tard faire déclarer nulle l'abdication qu'il avait signée sous la pression des événements. Son frère Michel, bénéficiaire de cet acte, renonce au trône dès le lendemain. Ces deux actes, publiés simultanément le 17 mars, marquent la fin des Romanov en tant que dynastie régnante.

Aucune source n'éclaire la naissance de la Pologne, le « pays des champs, de la plaine ». Mais une légende prétend que la monarchie polonaise est issue de la révolte contre le tyran Popiel qui, assoiffé de pouvoir, empoisonna ses oncles et fit jeter leurs cadavres dans le lac de Goplo. De l'eau surgit alors une multitude vengeresse de souris qui, pénétrant dans le château de Kruszwica, dévora le meurtrier et les siens. Délivré de ses oppresseurs, le peuple confia le pouvoir à un vertueux paysan, Piast, appelé à devenir vers 850, dit-on, le père de la première dynastie royale polonaise. Les descendants putatifs de Piast, Siemovit, Leszek et Siemomysl, maîtres successifs de Gniezno, auraient fédéré les tribus polanes et étendu leur autorité à la moyenne Vistule et à la Cujavie, consolidant ainsi le berceau du futur royaume.

LE COURONNEMENT D'ALEXANDRE JAGELLON

Le faible et prodigue grand-duc Alexandre III de Lituanie succède à son frère Jean Ier Albert sur le trône de Cracovie sous le nom d'Alexandre Ier, de 1501 à 1506. Fort malheureux dans ses guerres contre la Moscovie d'Ivan III et de Basile III, Alexandre reconnaît aux grands le droit à la désobéissance en cas de forfaiture du monarque. Néanmoins, sous son règne, grâce à l'approbation de la constitution de Radom, dite Nihil novi, *c'est en réalité la petite noblesse qui étend de manière décisive ses pouvoirs législatifs face au roi et aux magnats.*

Le « Szczerbiec »

Forgé vers l'an 1200, le « Szczerbiec » fut d'abord le symbole de la justice ducale. Utilisé depuis 1320 au moins comme épée de couronnement des rois de Pologne, cet espadon, frappé des armes royales, est aujourd'hui conservé à Cracovie au château du Wawel.

Mieszko Ier, premier duc attesté, apparaît vers 960 à la tête d'une entité étatique d'étendue modeste, mais viable et forte. Baptisé selon le rite latin en 966, ce potentat confie au clergé bohémien l'évangélisation, pacifique, de ses sujets. Vassal de l'empereur germanique, Mieszko Ier s'attache à soumettre les tribus slézanes (Silésie) et vislanes (haute Vistule) et s'empare de la Poméranie. Confirmant cette volonté expansionniste, ses fils Boleslas Ier et petit-fils Mieszko II occupent la Lusace (1002-1031), la Bohême (1003-1004), la Moravie (1003-1029) et la Slovaquie (1003-1018) ; Boleslas Ier pénètre même dans Kiev (1018) : toutes conquêtes éphémères dont l'ampleur favorise cependant l'affranchissement de la tutelle impériale (1018), ainsi que la reconnaissance papale de Boleslas Ier comme roi et de la Pologne comme province ecclésiastique (1024).

MORCELLEMENT ET RESTAURATION DU ROYAUME DES PIAST

Une fois achevés ces règnes « glorieux », les dissensions au sein de la noblesse, aggravées par un sursaut païen contre le clergé, ébranlent l'État (1034-1039). Cette crise, initiée après la mort de Mieszko II et nourrie de conflits entre prétendants, culmine dans la révolte de l'évêque Stanislas de Cracovie. Ce rival est exécuté en 1079 par Boleslas II le Hardi, mais l'excommunication et la mort en exil du souverain affaiblissent plus encore la fonction royale.

Lorsqu'en 1138 Boleslas III Bouche-Torse divise le pays entre ses fils, il tente de prévenir toute lutte fratricide grâce à l'attribution d'une prééminence ou « séniorat » à son fils aîné. En pratique, ce mode de partage successoral attise les forts courants séparatistes au point de voir compromise l'intégrité de l'État sous Ladislas II le Banni et Boleslas IV le Crépu. Le roi Casimir II le Juste doit non seulement lutter pour préserver l'unité interne, mais s'opposer aux interventions de la Bohême, de l'Empire et de la principauté de Kiev. Pour ce faire, ce souverain doit céder d'amples pouvoirs aux grands seigneurs.

Les invasions mongoles de 1241, 1258-1259 et 1286-1287 ravagent le pays mais ne conduisent pas, comme en terre russe, à sa soumission. Cependant, moins spectaculaire, la colonisation germanique entre Vistule et Niémen, ainsi qu'à l'est de l'Oder et de la Neisse, se poursuit sans relâche. Impuissant à réduire Borusses (Vieux-Prussiens), Lituaniens et autres « païens », le duc Conrad de Mazovie, imprudent, appelle en renfort les chevaliers de l'ordre Teutonique en 1226. La longue et rude « conversion » des Baltes, achevée vers 1283, consacre la souveraineté temporelle de l'ordre allemand en Prusse. En 1308, les chevaliers investissent la Poméréllie, interdisant l'accès de la Pologne à la Baltique. À l'est se multiplient les luttes contre les principautés russes. Également confrontée à la montée de la Bohême, du Brandebourg, de la Lituanie et de la principauté de Galitch-Vladimir, la Pologne est menacée de dislocation. À la fin du XIIIe siècle, le « royaume » n'est plus qu'un assemblage de seize principautés Piast autonomes. La notion même de *Polonia* tombe dans l'oubli.

Profitant de cette impuissance, Venceslas II de Bohême, époux de Ryksa, fille du sénior Przemysl II (assassiné en 1295), s'attribue le titre de roi de Pologne en 1300. Ladislas Ier le Nain, duc de Cujavie, sachant conjuguer un large soutien populaire et nobiliaire, entreprend alors, avec l'aide de Charles Robert d'Anjou, roi de Hongrie, et du pape Jean XXII, de restaurer le *regnum Poloniae*, dont il devient souverain en 1320. Ce but sera atteint par son fils Casimir III le Grand, qui engage de profondes réformes administratives, juridiques et monétaires. Renonçant à toute revendication sur la Poméréllie et la Silésie, la Pologne se tourne vers la Ruthénie et la Volynie. Le pouvoir des grands demeure intact, mais est compensé quelque peu par la petite noblesse *(szlachta)* et l'émergence d'une bourgeoisie autochtone.

L'UNION POLONO-LITUANIENNE

Moyennant l'octroi de concessions nouvelles à la noblesse, Louis d'Anjou, roi de Hongrie, succède en 1370 à son oncle Casimir III, dernier des Piast, sur le trône de Pologne. Louis meurt, lui aussi, sans héritier mâle (1382), et sa fille cadette, Edwige, âgée de dix ans, est couronnée « roi de Pologne » en 1384. Deux ans plus tard, la noblesse enjoint à Edwige d'épouser le grand-duc de Lituanie Jagellon (Iogailas). L'union personnelle des deux pays inaugure un lent processus de fusion politique. Jagellon, aussitôt baptisé, est élu roi et sacré Ladislas II de Pologne. En Lituanie, demeurée autonome, Vytautas, cousin de Jagellon, administre le pays ; à la mort d'Edwige (1401), il est investi des pleins pouvoirs ducaux par le traité de Wilno (Vilna, Vilnius). L'alliance de 1386, contestée en Lituanie, en sera consolidée.

L'armée polono-lituanienne, renforcée des Russes et des Tatars, tient ferme devant les chevaliers de l'ordre Teutonique à Grunwald (Tannenberg) en 1410. Grâce à cette victoire, la Samogitie, perdue en 1398, revient à la Lituanie et, avec elle, l'accès à la Baltique. La lutte contre l'ordre n'est pas achevée pour autant. Les hostilités reprennent de 1419 à 1422 et de 1431 à 1438, mais la guerre de Treize Ans (1454-1466) se solde par une importante victoire polonaise ; par la « paix perpétuelle » de Toruń (1466), le grand maître de l'ordre Teutonique se reconnaît vassal (certes frondeur et récalcitrant) du roi de Pologne et lui cède, outre sa propre capitale, Marienburg, la basse Vistule avec Dantzig (Gdańsk), la Pomérélie et la Warmie, ne conservant ainsi que la Prusse-Orientale. Cependant, la Lituanie poursuit une double expansion. Au sud-est, elle repousse les Tatars jusqu'à l'embouchure du Dniepr dès le début du XVe siècle. À l'est, sa frontière dépasse Briansk et Koursk vers 1450. En dépit de la mort devant Varna, en 1444, de Ladislas III Wareńczyk, en croisade contre les Turcs, la situation globale de la Pologne s'améliore.

L'« ÂGE D'OR »

Sigismond Ier s'efforce d'augmenter le pouvoir royal face à la petite noblesse et aux magnats (membres de la haute noblesse). Le royaume, multiethnique, connaît alors son « âge d'or » (1506-1572) : sciences et lettres fleurissent dans un esprit humaniste. La paix prévaut entre catholiques, protestants, orthodoxes et juifs. Ces derniers doivent toutefois cette tolérance, pour beaucoup, à l'importance des ressources fiscales qu'ils procurent à l'État, quoi qu'affirme un proverbe de l'époque, par ailleurs juste dans l'ensemble : « La république de Pologne est l'enfer du paysan, le purgatoire du bourgeois, le ciel du noble et le paradis du Juif. »

Le clergé, certes influent, ne constitue pas un état séparé. Évêques et archevêques figurent, en tant que nobles, au nombre des grands propriétaires terriens : ensemble ils forment l'*ordo senatorius*. Par ailleurs se développe un *ordo equester* (la *szlachta*), composé de petits nobles souvent démunis, qui impose progressivement une constitution d'inspiration « républicaine ». Vivant largement du commerce céréalier en Pologne et avec l'ouest de l'Europe, la noblesse multiplie les corvées agraires (1520), développe le quasi-servage (1543) et réussit à concentrer les impôts sur une paysannerie paupérisée et une bourgeoisie ainsi freinée dans son développement. La « liberté dorée » de la noblesse, qui représente à peine 10 % de la population, consacre la rupture durable entre la royauté et le peuple.

L'UNION DE LUBLIN

La diète de Lublin, constatant en 1569 l'absence de prince héritier, déclare « perpétuelle » l'alliance polono-lituanienne et unit les deux pays sous un même sceptre et un seul Parlement. La noblesse lituanienne accède aux mêmes prérogatives que la noblesse polonaise par cet accord, alors que la Couronne, grâce à l'annexion de la Podolie, de la Volynie et de l'Ukraine, voit son territoire propre passer de 260 000 km^2 à 815 000 km^2, peuplés d'environ 7, 5 millions d'habitants. À peine parachevé le processus de fusion engagé en 1386 par le mariage d'Edwige et de Jagellon (Iogailas), Sigismond II Auguste meurt (1572) sans héritier. La noblesse, loin de déplorer l'extinction subite de la dynastie jagellone, se réjouit de la perspective ainsi ouverte d'accroître davantage encore ses privilèges face au roi et aux roturiers.

▲ *Cracovie. La place du Grand-Marché entre la Halle aux draps et l'église Notre-Dame.*
« Indépendante » un temps sous les Vislanes, conquise par la Grande Moravie des Premyslides, Cracovie fut intégrée à l'État des Piast sous Mieszko Ier (vers 960-992). Capitale polonaise de 1038 à 1596, Cracovie, relevée des destructions mongoles du XIIIe siècle, sera incorporée à la Hanse en 1430 et connaîtra son « âge d'or » sous les Jagellons.

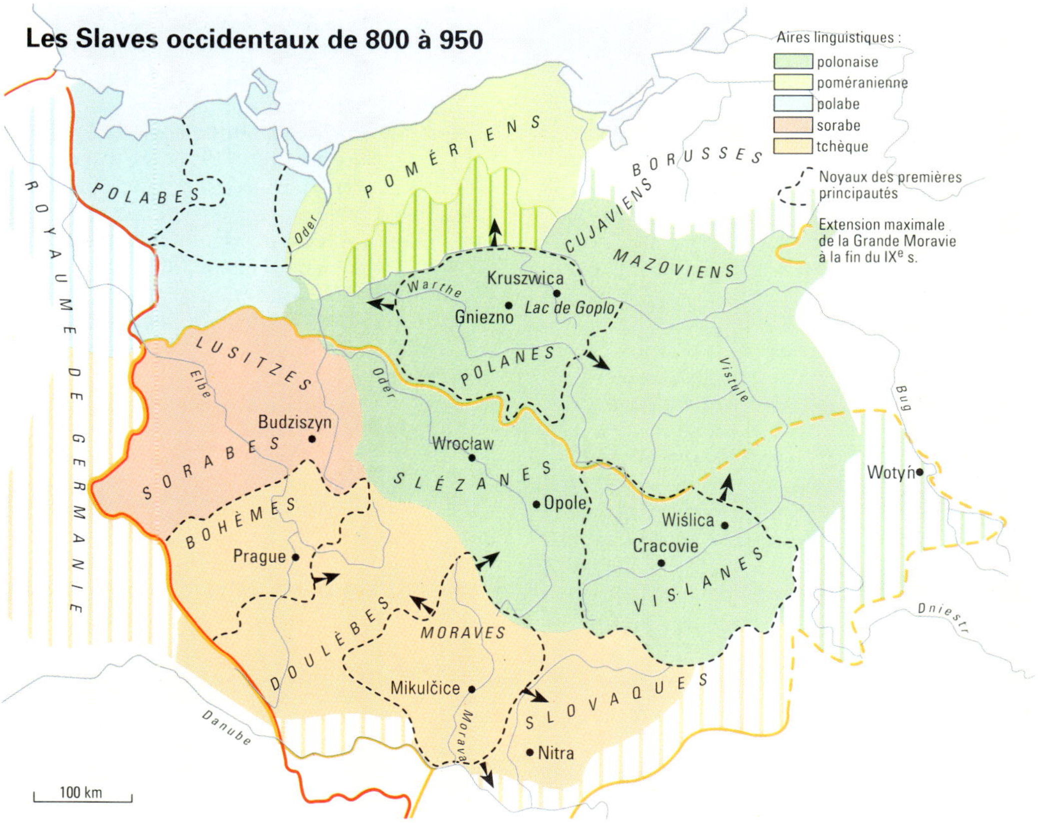

966 baptême de Mieszko Ier.

1000 création de l'archevêché de Gniezno.

1018 paix de Bautzen (Budziszyn) avec le Saint Empire et prise de Kiev.

1024 Boleslas Ier couronné premier roi de Pologne à Gniezno.

1230 Conrad Ier de Mazovie donne le pays de Kulm (Chełmno) à l'ordre Teutonique.

1241 destruction de Cracovie par les Mongols.

1308 Dantzig sous la « protection » des chevaliers Teutoniques.

1330 la première diète est convoquée à Cracovie.

1349 Casimir III annexe la Ruthénie-Volynie.

1364 création de l'université de Cracovie.

1410 victoire polono-lituanienne sur les chevaliers Teutoniques à Tannenberg.

1466 la « paix perpétuelle » de Toruń clôt la guerre de Treize Ans.

1505 la Constitution *Nihil novi* consacre les privilèges de la noblesse.

1514 Basile III prend Smolensk.

1543 Copernic publie *De revolutionibus orbium cœlestium* à Nuremberg.

1561 les chevaliers Porte-Glaive lèguent la Livonie à la Pologne.

1569 fusion de la Lituanie et de la Pologne par l'Union de Lublin.

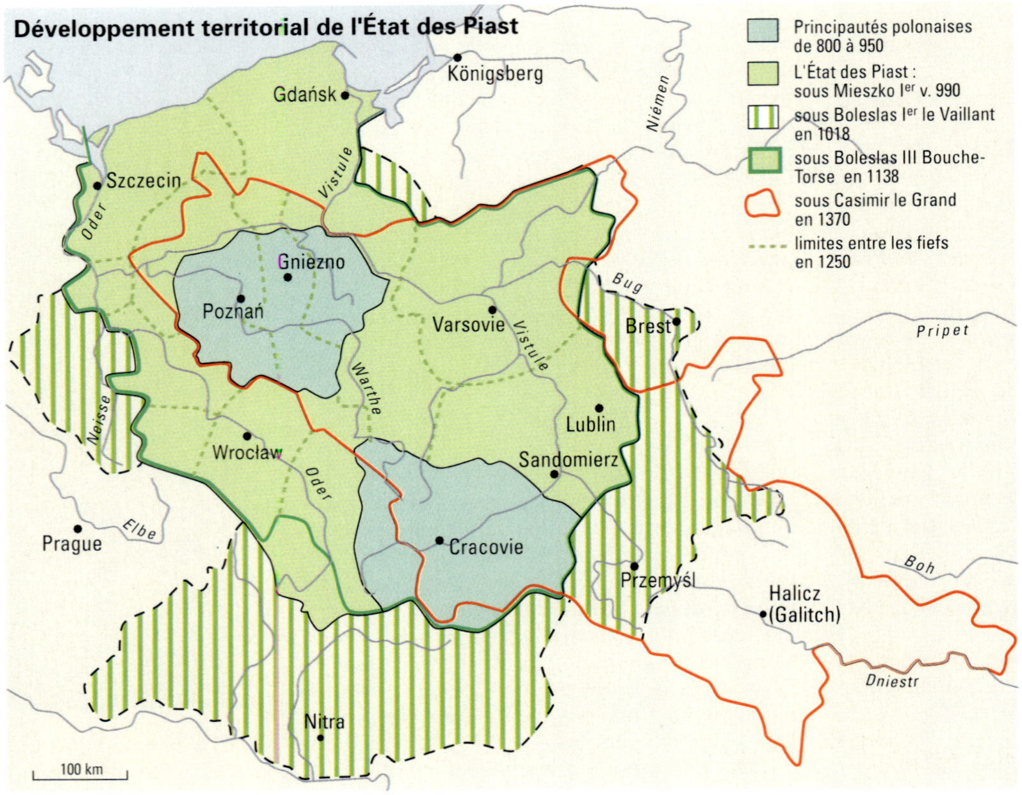

Développement territorial de l'État des Piast

◄ *L'État des Piast se développe selon un mouvement pendulaire. Sa brève expansion vers l'ouest semble préfigurer un regroupement des Slaves occidentaux sous une même autorité, mais cette extension se heurte, dès le début du Xe siècle, à la poussée germanique vers l'est. À l'est, au XIIIe et au XIVe siècle, des conflits répétés opposent Piast et Lituaniens. Néanmoins, la résurgence de la menace germanique conduit le grand-duc Jagellon à accepter l'union de 1386 avec l'ennemi polonais : il sera désigné comme un traître par les siens. La Pologne s'étend vers l'est au XIVe siècle, au bénéfice de la progression lituanienne ; sous Casimir III le Grand, elle comprend la Galicie, la Volynie et la Podolie.*

L'expansion de la Lituanie et son union avec la Pologne en 1386

◄ *En dépit des dissensions opposant les successeurs de Ringold († 1238), instruits par la décimation des Borusses, les Baltes « païens » de Lituanie renforcent leur unification grâce à une résistance efficace contre les chevaliers Teutoniques et Porte-Glaive. Mindaugas, couronné roi par le pape après sa conversion au catholicisme (1253), résiste, à l'inverse des princes riourikides, aux armées mongoles. Ce succès est à l'origine d'une spectaculaire avancée vers le sud-est, qui conduira les forces lituaniennes jusqu'à la mer Noire (1412). En confinant les Tatars au-delà du bas Dniepr, la Lituanie obtient la soumission des principautés ruthènes. Peu à peu christianisés, les Lituaniens adoptent souvent les usages, notamment administratifs, de leurs nouveaux sujets orthodoxes sans exiger leur conversion au catholicisme.*

Le partage des terres polonaises par Boleslas III Bouche-Torse en 1138

Boleslas III Bouche-Torse attribue à Ladislas la Silésie, à Boleslas la Mazovie et la Cujavie, à Mieszko la Grande Pologne. La Petite Pologne occidentale avec Cracovie échoit à l'aîné, Ladislas, premier « sénior », ainsi que la Poméranie, fief royal. Ce partage déclenche un processus de désintégration de l'État. Exemple extrême, la Silésie, partagée en 1173 par Boleslas IV le Crépu entre les fils de Ladislas II le Banni, éclatera en micro-principautés avant que Casimir III ne renonce à toute suzeraineté polonaise sur ces terres au profit de la Bohême en 1339. ►

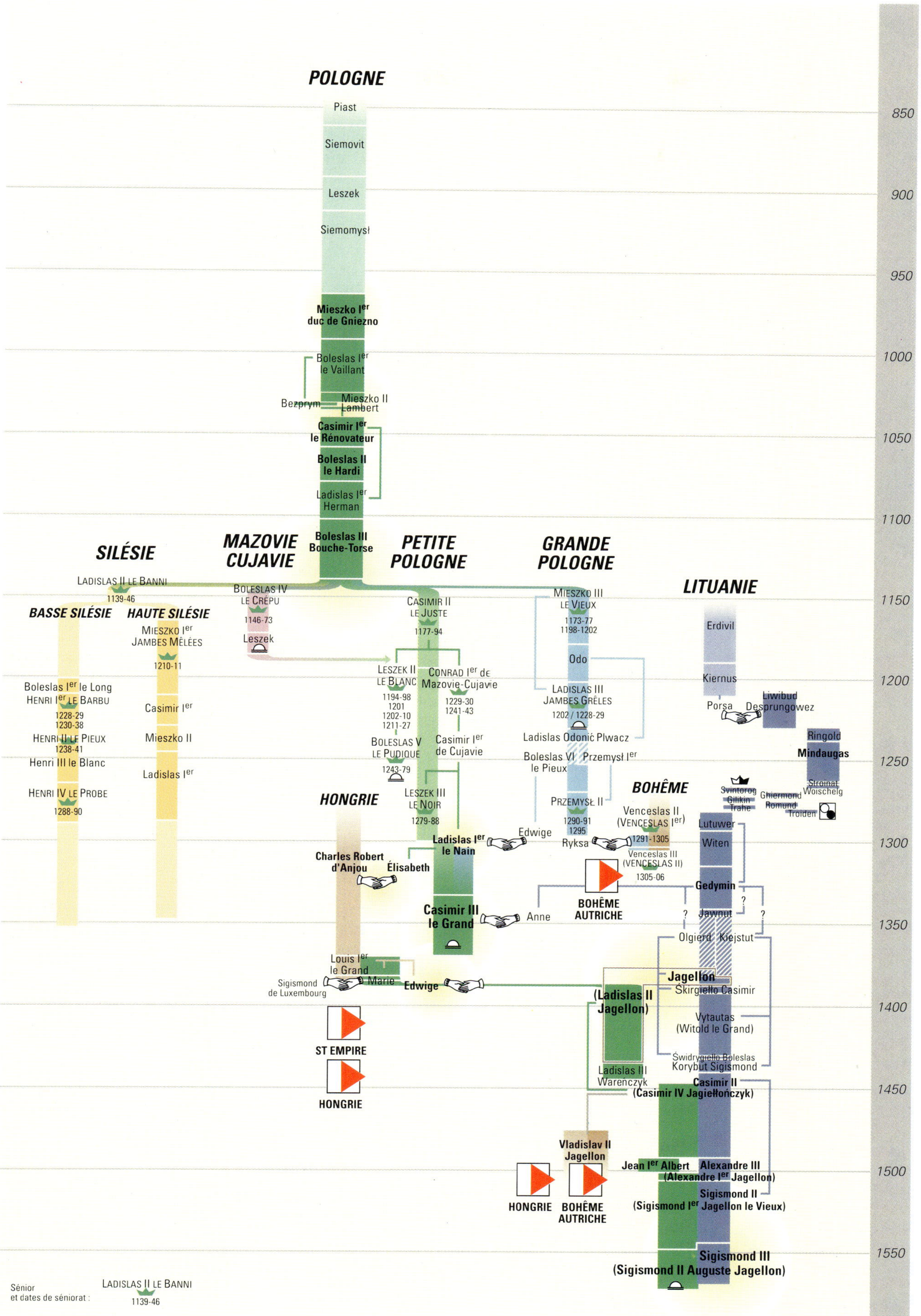

964 L'apparence « linéaire » de la généalogie des Piast jusqu'à Boleslas III ne doit pas masquer la grande fragilité de l'État, affaibli autant par les luttes extérieures que par les rivalités opposant les grandes familles féodales. Le titre de roi disparaît à deux reprises (entre 1030 et 1040 ; entre 1079 et la fin du XIIIe), remplacé par celui de duc ou grand-duc.

1138 Boleslas III Bouche-Torse partage le royaume entre ses quatre fils.

1300 Le titre royal est restitué de l'extérieur par Venceslas II de Bohême (Ier de Pologne) : il épouse Ryksa, fille du dernier sénior polonais, Przemysł II, duc de Grande Pologne. L'avènement au trône de Ladislas le Nain, après le meurtre de Venceslas III (1306), consacre l'union tardive des Piast de Grande et de Petite Pologne, de Mazovie et de Cujavie : en 1293, Ladislas avait pris pour femme Edwige, fille du duc Boleslas VI le Pieux de Grande Pologne et cousine par son père de Ryksa. De cette union naît Casimir III le Grand.

1315 Gedymin (1315-1341) crée un État fort en Lituanie, mais les conflits qui éclatent lors de sa succession se soldent par l'instauration d'une cosuzeraineté, partagée par ses petits-fils Olgierd (1345-1377) et Kiejstut (1345-1382). Le couronnement de Jagellon, fils d'Olgierd, comme roi de Pologne (Ladislas II Jagellon), permet de mettre un terme à cette division, dès lors que Vytautas (Witold), fils de Kiejstut, assume seul le titre de grand-duc (1392-1430).

1333 Casimir III, fin stratège matrimonial, tisse des liens dynastiques avec les maisons de Wittelsbach, de Luxembourg, d'Anjou… En épousant Anne, fille du grand-duc Gedymin, il préfigure l'alliance polono-lituanienne (1386). Cependant, ce roi trois fois marié n'a aucune progéniture mâle.

1370 Louis Ier le Grand, fils d'Élisabeth (sœur aînée de Casimir) et de Charles Robert d'Anjou, roi de Hongrie, est couronné roi de Pologne à la mort de Casimir et désigne sa mère comme régente.

1386 La petite-fille d'Élisabeth et de Charles Robert, Edwige, épouse Ladislas Jagellon, grand-duc de Lituanie, réalisant ainsi le rapprochement esquissé par Casimir III et Anne.

1386 Sous les Jagellons, rigoureux en matière successorale, la couronne se transmet exclusivement de père en fils ou de frère aîné en frère cadet. Alors que les fils cadets de Casimir IV Jagiellończyk (Jean Ier Albert, Alexandre Ier et Sigismond Ier le Vieux) se succèdent par ordre de naissance sur le trône de Cracovie, leur frère aîné Ladislas Jagiellończyk (1456-1516) devient roi de Bohême et de Hongrie (Vladislav II). La fille de Ladislas épouse l'empereur Ferdinand Ier dont elle a, outre un fils, l'empereur Maximilien II, deux filles : Élisabeth, l'aînée, et Catherine, la cadette, qui épouseront tour à tour, en 1543 et 1553 un oncle « classificatoire », Sigismond II Auguste, qui n'aura aucun descendant légitime.

1572 Mort de Sigismond II Auguste, dernier des Jagellons.

*L'interrègne de 1572-1573 voit naître en Pologne une république nobiliaire (*Rzeczpospolita szlachecka*) placée sous l'égide d'un monarque élu. D'une part, les accords entre le roi et ses électeurs, dits* pacta conventa, *interdisent au « souverain » de désigner son successeur et restreignent son droit de déclarer la guerre ou de lever de nouveaux impôts. D'autre part, les décisions de la diète (*sejm*), obligatoirement prises à l'unanimité, sont hypothéquées par le* liberum veto *dont jouit chaque député. Conçu pour écarter toute menace absolutiste, cet équilibre des pouvoirs facilitera les interventions politiques et militaires étrangères.*

▲ *Les paysans*
En 1518, on dénie aux gens de la terre le droit de faire appel devant les tribunaux royaux, les livrant ainsi à la « justice » des propriétaires. Le paysan du XVIe siècle, qui disposait d'un manse de terre arable avec deux paires de bœufs seigneuriaux et avait accès à vergers et pacages, cède la place, au XVIIIe siècle, au serf cultivant un quart de manse (4 ha au plus), redevable de multiples prestations en nature et corvéable jusqu'à quatre jours par semaine. Les rares tentatives de réforme agraire, notamment sous l'influence des physiocrates, demeurent vaines. En 1848, on dénombre 1 356 000 serfs et 850 000 paysans sans terre, contre seulement 459 000 tenanciers et 141 000 colons.

La Vierge noire

On croit savoir que la sainte image fut apportée de Ruthénie au sanctuaire de la « Montagne lumineuse » (Jasna Góra) par le prince Ladislas d'Opole en 1384. Lors d'une attaque hussite en 1430, l'icône fut sabrée et transpercée d'un coup de poignard. La fervente restauration de l'image lacérée, ordonnée par Ladislas II Jagellon, fut perçue comme quasi miraculeuse. Naquit alors le culte de la Madone noire.

Après la fuite subreptice du premier roi élu, Henri de Valois, futur Henri III de France, quatre mois après son couronnement (1574), son successeur le voïvode (gouverneur) de Transylvanie, Étienne Báthory, riposte avec succès à l'entrée d'Ivan IV le Terrible en Livonie par trois campagnes contre Moscou (1578-1583). Sous Sigismond III (1587-1632), premier souverain issu de la maison suédoise des Vasa, la puissance russe, affaiblie au « Temps des troubles », reste contenue. La brève occupation de Moscou (1610-1612) est suivie de la reprise de Smolensk et de Tchernigov, qu'entérinent la trêve de Deulino (1618) et le traité de Polanovo (1634). Néanmoins, le libre accès de la Pologne à la mer est remis en cause (entre 1617 et 1629) par Gustave II Adolphe de Suède qui occupe plusieurs ports sur le littoral sud de la Baltique, et par la maison de Brandebourg qui acquiert le duché de Prusse (1618-1621).

L'INSURRECTION COSAQUE

Les Polonais échappent, certes, aux horreurs de la guerre de Trente Ans, mais luttent à la fois contre les Suédois et les Russes, alors que la Turquie menace au sud-est. Ladislas IV (1632-1648), neveu de Gustave II Adolphe, tente, lucide, de conjurer ce triple péril, mais se heurte au refus de la diète, peu prodigue, et de la petite noblesse, lassée des guerres, de lui accorder les moyens nécessaires.
Favorisée par le progrès agronomique, la noblesse se contente d'exploiter ses vastes domaines… ainsi que les paysans corvéables qui les cultivent. La grande révolte de 1648 conduite par l'ataman (chef et commandant) Chmielnicki exprime le refus des cosaques Zaporogues, dépossédés de toutes terres, de voir le tchernoziom, cette riche terre noire d'Ukraine, approprié par les magnats polono-lituaniens. Les insurgés, alliés aux Tatars, eux-mêmes liés aux Turcs, déferlent des Champs sauvages (bas Dniepr) jusqu'à Zamość (près de Lublin) ; en 1654, la rébellion a gagné la moitié du territoire de la Pologne-Lituanie.

Russes et Suédois saisissent l'occasion. Les Moscovites, rejoints par les cosaques, prennent Kiev dès 1653, atteignant l'année suivante la Vistule au sud, Kowno et la Livonie au nord. Charles X Gustave de Suède envahit presque toute la Pologne de Jean II Casimir, lui-même un Vasa. La résistance populaire se cristallise lors de la défense victorieuse du monastère de Czestochowa, attribuée par la tradition à l'intercession de la « Vierge noire ». La Pologne survit à ces « guerres du déluge sanglant » pour reprendre la lutte contre les Russes, mais son statut de grande puissance est compromis. Ayant renoncé à tout droit de suzeraineté sur la Prusse (1657), elle cède la majeure partie de la Livonie à la Suède par le traité d'Oliwa (1660). La trêve d'Andrusovo (1667) sanctionne la perte de Smolensk et de Kiev, avec l'Ukraine orientale, au profit de la Russie. Non sans avoir pressenti le partage de la Pologne, Jean II Casimir, dont les projets de réforme indisposent la noblesse, abdique en 1668. Si Jean III Sobieski (1674-1696) inflige de graves revers aux Turcs et commande la coalition qui refoule les troupes du sultan devant Vienne en 1683, il se révèle lui aussi impuissant à assainir les structures politiques de la République nobiliaire.

Avec l'avènement au trône des Wettin de Saxe (1697), la Pologne entame son déclin définitif. Désireux de recouvrer la Livonie, le très autocratique Auguste II le Fort s'allie aux Russes et aux Danois contre la Suède. Foudroyante est la riposte de Charles XII de Suède qui, repoussant les forces du tsar à Narva (Estonie), poursuit son offensive jusqu'à Cracovie (1700-1702). Auguste II le Fort est évincé par un « anti-roi » acquis aux Suédois, Stanislas Leszczyński (1704-1706). Lorsque le Saxon retrouve son trône grâce à la victoire russe de Poltava (1709), c'est en réalité Pierre le Grand qui s'impose en maître à Varsovie. En 1733, le futur Auguste III, soutenu par Autrichiens et Russes, brigue la succession de son père contre Leszczyński, beau-père de Louis XV, roi de France. Le succès momentané du candidat « français » déclenche la guerre de Succession de Pologne. Mais la France mesure son appui militaire à ses partisans. Le faible Auguste est érigé en monarque par ses protecteurs, alors que le rival de ce « roi figurant », Leszczyński, est gratifié, à titre viager, du duché de Lorraine (1738). Désormais, la Russie est maîtresse de la Baltique ; elle peut considérer la *Rzeczpospolita* comme un quasi-protectorat.

Stanislas II Auguste Poniatowski, membre du « clan » Czartoryski, élu en 1764, tente bien une réforme fiscale et militaire et cherche à restreindre l'usage du *liberum veto*. Cette volonté politique, peu appuyée par la noblesse, provoque l'intervention de la Russie. En 1768, un groupe de petits nobles constitue en Podolie la confédération de Bar dont l'objectif est triple : chasser les Russes, détrôner le roi et imposer la prééminence absolue de l'Église catholique. Leur insurrection se mue en une sanglante guerre civile, marquée notamment par la révolte des paysans ruthènes orthodoxes.

L'occupation russe de la Livonie intérieure et de la Biélorussie orientale amène l'Autriche à envahir la Galicie alors que la Prusse s'empare de la basse Vistule. Ce premier partage de la Pologne est entériné par le traité de Saint-Pétersbourg (1772) qui consacre la défaite des confédérés sans toutefois satisfaire les ambitions de l'impératrice de Russie Catherine II. La tsarine, viscéralement opposée à toute reconnaissance de la souveraineté populaire et au partage des pouvoirs – visée qu'elle qualifie de « peste française » –, dépêche une armée de cent mille hommes pour soumettre la Pologne. Les troupes de Joseph Poniatowski et de Tadeusz Kościuszko sont contraintes de déposer les armes après trois mois de résistance ; Russes et Prussiens procèdent alors à un deuxième morcellement du pays. En mai 1794, Kościuszko proclame l'émancipation des paysans et déclenche un soulèvement de caractère national. Après des succès initiaux, l'armée populaire est vaincue. Stanislas II abdique le 25 novembre 1795, alors que l'Autriche, la Prusse et la Russie se partagent les dépouilles de la Pologne et proclament la fin du royaume : *finis regni Poloniae.*

LES COMMUNAUTÉS JUIVES

*En 1264, Boleslas VI le Pieux, duc de Grande Pologne, se porte garant de la sécurité personnelle, de culte et de commerce des Juifs qui, persécutés dans l'ouest du Saint Empire, s'installent à Kalisz. En dépit de la prévention ecclésiastique, Casimir III le Grand étend de tels « privilèges » aux Juifs du royaume (1334, 1364), sous réserve du versement d'une capitation. La présence de communautés juives (kehiloth) largement autoadministrées fait contrepoids au renforcement de la bourgeoisie d'origine germanique. L'endettement des aristocrates auprès des Juifs, autorisés à pratiquer le prêt à intérêt, est l'un des prétextes qui alimente l'hostilité de la noblesse envers ses créanciers. Après une nouvelle vague d'immigration provoquée par des mouvements antisémites à la fin du XIV*e* siècle en Rhénanie, les Juifs de Pologne sont cantonnés dans des quartiers réservés, voire relégués extra muros, comme à Varsovie (1483). Les rôles fiscaux de 1578 recensent 75 000 Juifs en Pologne et 25 000 en Lituanie. Ayant contribué largement au développement des villes et bourgs nouveaux de l'est, les Juifs assument un rôle croissant dans le commerce et l'artisanat ; à la campagne, ils sont souvent engagés comme administrateurs de grandes fermes. Ils subissent de plein fouet les horreurs de la révolte cosaque et paysanne de 1648-1649. Avec le recul polonais à l'est (vers 1667), 270 000 des 450 000 Juifs de la Rzeczpospolita sont, estime-t-on, contraints de fuir ou victimes de pogroms… Avec l'échec de la politique libérale de Jean III Sobieski à leur égard, ils se voient interdire toute fonction publique par la szlachta. Mais, malgré massacres et exclusions, la communauté juive se renforce pour atteindre environ 750 000 personnes (7 % de la population) au XVIII*e* siècle.*

◀ ***Jean III Sobieski***
Sculpture sur ivoire représentant Jean III Sobieski combattant contre les Turcs devant Vienne (1683).

1573 la Pologne devient une monarchie élective effective.

1582-1583 Étienne Báthory repousse les armées d'Ivan le Terrible.

1596 Varsovie, capitale de la Pologne-Lituanie.

1618 trêve russo-polonaise de Deulino.

1629 la Suède occupe la Livonie.

1648 révolte des cosaques Zaporogues.

1652 première dissolution de la diète par *liberum veto*.

1655-1658 la Suède envahit la Pologne.

1657 abandon de la suzeraineté polonaise sur la Prusse.

1667 la trêve d'Andrusovo attribue les terres au-delà du Dniepr à la Russie.

1683 Jean III Sobieski repousse les Turcs devant Vienne.

1700 seconde occupation suédoise de la Pologne.

1709 Pierre le Grand entre à Varsovie.

1733-1738 guerre de Succession de Pologne.

1763 occupation russe de Varsovie.

1768 révolte des nobles catholiques contre Stanislas II Auguste et les troupes russes.

1772 traité de Saint-Pétersbourg : premier partage de la Pologne.

1793 traité de Grodno : deuxième partage de la Pologne.

1794 échec de la révolte de Kościuszko.

1795 abdication de Stanislas II Auguste : la Pologne disparaît.

◀ *De 1466 à 1522, la Lituanie doit, au cours de quatre guerres défensives, évacuer d'importants territoires au profit de la Moscovie, forte de ses victoires sur les Tatars. La sécularisation de l'ordre Teutonique (1525) et l'annexion de la Courlande et de la Livonie (1561) établissent cependant la Pologne comme puissance baltique. Toutefois, le renforcement abusif des « libertés » nobiliaires enfreint à terme la capacité polonaise de défense extérieure. Les grandes révoltes cosaques et paysannes en Ukraine et en Biélorussie (1594-1596 ; 1624-1638 ; 1648-1654) déstabilisent la noblesse terrienne et avec elle la République : commence le recul à l'est.*

▲ ***La mine de sel de Wieliczka au XVIIIe siècle***
Jouissant d'un statut de quasi-monnaie jusqu'au XIIIe siècle, le sel était indispensable pour la conservation des aliments, le tannage, la fabrication de l'alun, du verre, puis de la poudre. Exploité, pensent certains, depuis 1044, le « magnum sal *» est l'une des plus anciennes mines de sel d'Europe. « Nationalisées » depuis Boleslas V (1243-1279), les salines cracoviennes représentent au XVIe siècle l'une des plus importantes entreprises européennes. Pour chaque « mineur de Sa Majesté le roi », piqueur de fond, dix mineurs par puits convoient le minerai jusqu'aux concasseurs et « bouilleurs » en surface. En 1597, Jacques Esprinchard assure avoir « vu à l'intérieur de la Terre plus de cinq cents hommes qui travaillent tout nus, chacun avec une lampe, et la plupart d'entre eux parlent fort bien le latin ». L'« or blanc » procurait alors un tiers des revenus royaux. Mais grèves et révoltes se succèdent de 1584 à 1690 à Wieliczka, mise en exploitation continue grâce à l'introduction, au début du XVIIe siècle, du système des « trois huit ».*

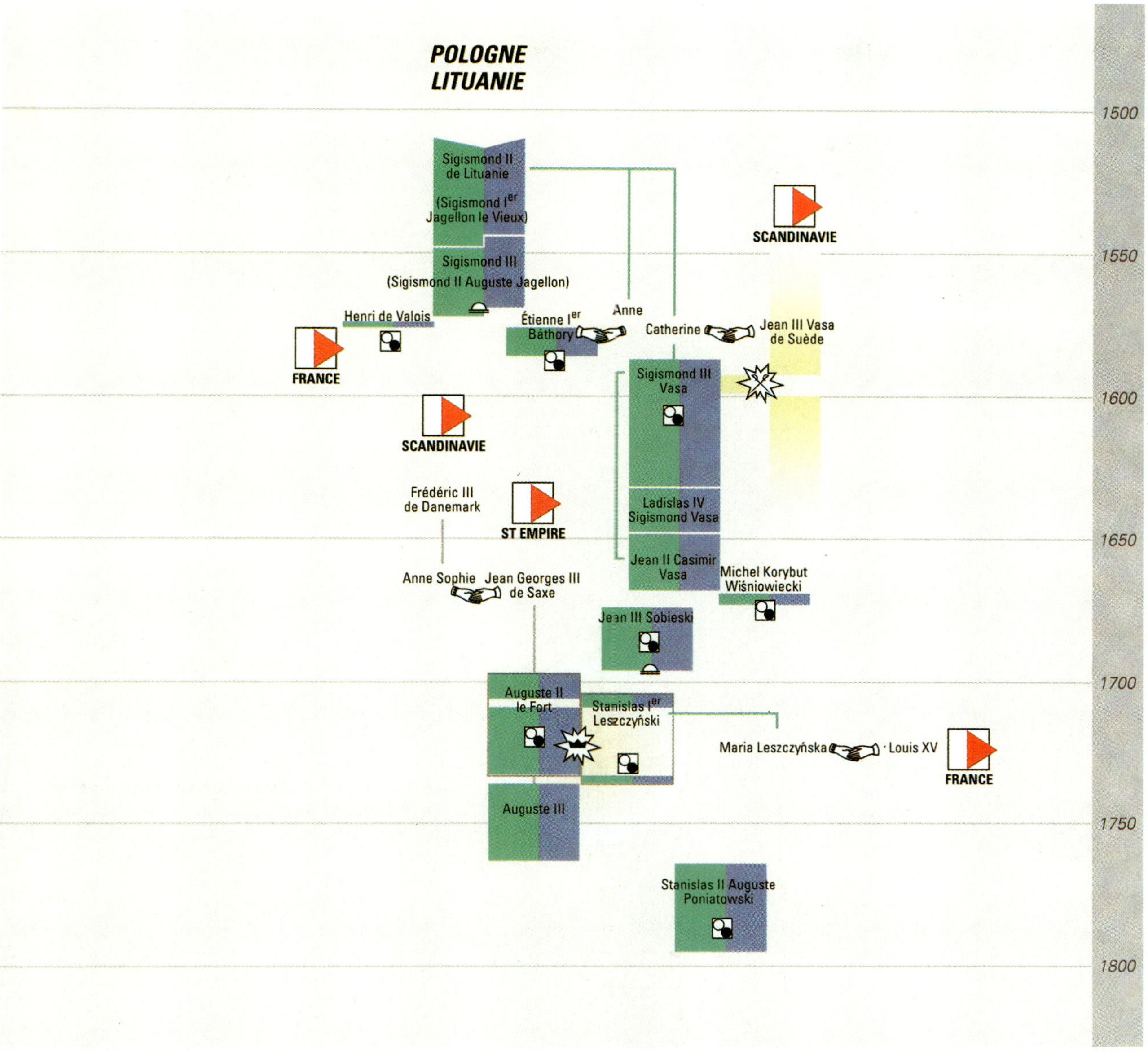

1573 L'adoption des *Articuli Henriciani* appelant le futur Henri III de France à assumer, à titre électif, la succession du dernier Jagellon, sonne le glas de la monarchie héréditaire. Le roi est réduit au rang de « premier oligarque ». Son élection se négocie entre les factions de la noblesse, tantôt soutenues par de grandes maisons régnantes européennes, tantôt opposées à elles dans un système d'alliances mouvant. La menace du *liberum veto* compromet le fonctionnement des assemblées nationales et régionales : le gouvernement de la Pologne relève d'un système de clientélisme coiffé par les principaux magnats. Cette évolution contraste avec le renforcement de régimes absolutistes dans les États voisins.

1574-1667 Après l'escapade cracovienne d'Henri de Valois, la « polonité » du souverain semble, dans un premier temps, pouvoir se légitimer par alliance ou sur un mode matrilinéaire. Étienne Báthory épouse, un an avant d'accéder au trône, Anne, fille de Sigismond Ier le Vieux et sœur cadette de Sigismond II Auguste. Sigismond III, premier des Vasa, est le fils de Jean III de Suède et de Catherine, sœur cadette d'Anne. Contraint de renoncer à la couronne suédoise (1599), il tente, en vain, d'imposer en Pologne son *dominium absolutum*. Les Vasa restituent le principe héréditaire tout en « tournant le dos » aux princesses polonaises : Sigismond III épouse successivement deux filles de l'archiduc Charles d'Autriche, alors que ses fils, Ladislas IV (qui choisit également une Habsbourg en premières noces) et Jean II Casimir se succèdent comme époux de la riche princesse française Louise-Marie de Gonzague -Nevers. Alliances qui n'épargnent à Jean II, sans héritier, ni la révolution ukrainienne de 1648 ni la paix d'Andrusovo de 1667.

1669-1763 Avec Michel Korybut Wiśniowiecki, aux lointaines ascendances Piast, et Jean III Sobieski, victorieux hetman royal, la noblesse met en avant des hommes « du cru ». Toutefois, lorsque les maisons concurrentes Wettin et Leszczyński entrent en scène, l'élection devient une affaire largement étrangère. Stanislas Ier, descendant d'Olgierd, grand-duc de Lituanie, est fait « anti-roi » avec la bénédiction suédoise afin d'empêcher le prince électeur de Saxe, élu grâce à une subite conversion au catholicisme et de larges prébendes, de consolider son influence sur la Pologne, pays dont les intérêts propres lui sont du reste indifférents. S'affirme le règne des magnats, dits petits rois, et de leurs protecteurs.

1764-1795 Stanislas II, Poniatowski par son père, Czartoryski par sa mère, doit son accession au trône notamment à sa relation intime avec Catherine II… et sa chute au refus russe de le voir réformer le royaume.

Épilogue aux partages : les concessions territoriales ▶ que Napoléon obtient de la Prusse à Tilsit (1807) permettent la création d'un « duché de Varsovie ». Placé sous la suzeraineté formelle de Frédéric-Auguste de Saxe, la nouvelle entité est en réalité un protectorat français. Agrandi après Wagram (1809) des terres annexées par l'Autriche en 1795, le duché est renversé par la Russie en 1813 et remplacé au congrès de Vienne (1815) par un « royaume de Pologne » (et une « république de Cracovie »). Le souverain de cette « Pologne du Congrès » n'est autre que le tsar qui, après la révolte polonaise de 1830-1831, réduit ce domaine, par une féroce répression, à une simple province russe ne conservant plus la moindre apparence d'autonomie. L'insurrection de 1846 en Galicie conduit à l'absorption de la république de Cracovie par l'Autriche, alors que le soulèvement de Poznań (Posen) est durement réprimé par la Prusse (1848). La révolte de 1863-1864, peu soutenue par les classes dominantes, constitue la dernière tentative de restauration de l'indépendance polonaise : l'ordre russe est restauré encore plus brutalement qu'en 1831. Il faut un extraordinaire concours de circonstances – la révolution d'Octobre suivie de l'effondrement des Empires centraux – pour qu'en 1919 la Pologne renaisse en tant qu'État.

Les partages de la Pologne de 1772 à 1795

La mise en place des dynasties et du principe monarchique dans le Sud-Est européen se présente comme un long brassage de traditions politiques différentes où l'influence byzantine s'avère décisive. La naissance difficile de nouvelles structures héréditaires s'accompagne d'un effort permanent pour légitimer leur existence. En dépit d'une prolifération d'empires dans cet espace restreint, les dynasties nationales se multiplient et se dotent d'origines prestigieuses susceptibles de remédier à la discontinuité.

La pérennité de l'Empire romain et la permanence des grands déplacements de peuples « barbares » sont les deux critères qui distinguent au Moyen Âge une autre Europe. L'émergence de l'institution royale y a pris la forme d'une sécession de l'Empire même (c'est le cas des Croates, Serbes, Monténégrins, Albanais) ou d'un autre grand État. Le dynamisme des ethnies et leurs pressions mutuelles ont eu pour revers le maintien de structures communautaires et tribales à l'intérieur des nouvelles sociétés. Se pliant difficilement au modèle féodal classique, ces dernières ont mis en place toute une gamme de coutumes, de concepts et d'images généalogiques effectuant le lien entre les anciennes représentations du pouvoir et l'idée chrétienne de monarchie universelle.

Les diverses dynasties présentent des traits communs. Ainsi, la filiation par le sang détermine la transmission héréditaire du pouvoir, privilégiant les lignages masculins à l'intérieur d'une famille ou d'un clan régnant. La succession de père en fils, respectant rarement le droit d'aînesse, est pratiquée au même titre que celle entre frères, entraînant d'interminables conflits dynastiques. La désignation par l'ancien souverain et l'élection par une diète représentent les deux modes de sélection du futur régnant. Le premier concerne aussi bien les collatéraux que les descendants directs (fils) et indirects (neveux). La seconde assure la continuité de l'institution monarchique et sa légitimation populaire. À plusieurs reprises, les crises de succession mettent en avant la filiation par les femmes (mères ou épouses). Sans devenir une règle, de telles solutions ont un impact considérable sur le destin de certains États (Croatie, Bulgarie, Bosnie) et ont laissé des traces profondes dans leurs structures généalogiques.

La conception patrimoniale de l'État reste prédominante jusqu'à la fin de l'époque médiévale. Les partages fréquents modifient sans cesse le contour des territoires politiques et empêchent l'adoption de la référence géographique dans les titulatures royales. Pour cette raison et sous l'influence de la formule byzantine, les souverains bulgares et serbes usent régulièrement de termes ethniques identifiant leurs sujets à un peuple et non à un espace politique.

La « vigne » des Némanides

À la différence de l'Europe occidentale, la représentation des origines sous la forme d'un arbre généalogique est exceptionnelle dans le Sud-Est. La « vigne » dynastique se rencontre cependant en Serbie, à partir du XIVe siècle ; ayant pour modèle l'arbre de Jessé, comme ici celui d'un monastère de Moldavie, elle fournit un parallèle à la généalogie des Némanides dans l'ascendance humaine et divine du Seigneur et appuie l'idée de leur pouvoir charismatique. Mettant en valeur la racine (Étienne Nemanja), par ses vrilles elle indique le développement ininterrompu de la dynastie. Au milieu des conflits permanents de succession aboutissant souvent au régicide/parricide, elle représente le roi couronnant la souche sacrée.

La bataille de Belasica ▶
La progression du tsar Samuel vers la Thessalie et en territoire albanais est arrêtée en 1014 par sa défaite à Belasica (Strumica). Quinze mille soldats bulgares sont capturés et aveuglés (hormis quelques-uns, «seulement» éborgnés pour pouvoir servir de guide) sur ordre de l'empereur Basile II qui y gagne son surnom de Bulgaroctone (tueur de Bulgares). L'événement marqua les contemporains ; on le trouve représenté dans les enluminures des annales byzantines et bulgares. L'extinction de la dynastie en 1018 consacre la « reconquête » du Sud-Est par les Byzantins.

LE MIROIR DE L'EMPIRE ET SES ÉCLATS

L'émergence d'un royaume bulgare annonce la mise en place de nouvelles généalogies politiques. Peuple touranien venu des steppes de la Volga, les proto-Bulgares apportent une puissante tradition dynastique. Leurs khans se recrutent au sein d'un clan régnant qui se réclame de la descendance directe d'Attila, roi des Huns. Dans les premiers temps, le mode électif semble prédominer, puis la transmission de père en fils et le principe de primogéniture triomphent sous le règne de Krum. Par l'adoption progressive du modèle byzantin, ses successeurs créent la figure emblématique du tsar, synthèse du souverain « barbare » et de l'empereur chrétien. La slavisation complète des Bulgares et l'interrègne séparant le premier du second empire éliminent leur dynastie au profit des Asen sans gommer pour autant cette mémoire généalogique. De même les dynasties de Terter et de Chichman verront dans leur rattachement par alliance à la dynastie des Asen un gage de légitimité.

L'espace politique serbo-croate, aux limites assez floues, génère plus d'un « règne » éphémère avant de donner naissance à deux formules généalogiques fort différentes. Situés entre deux empires, bulgare et byzantin, et deux Églises, catholique et orthodoxe, les Croates ont difficilement mis en place une maison royale. Leur histoire dynastique est tissée de conflits successoraux où les branches rivales se rallient à l'une ou l'autre des puissances politiques du moment. La désagrégation de l'élite croate s'accentue au cours du XIe siècle, ouvrant la voie à l'intervention de Venise et des Árpád hongrois dans ces querelles de famille. L'extinction des deux dernières branches croates amène la diète à opter en faveur de l'union personnelle avec la Hongrie, proclamant Koloman de Hongrie, neveu par alliance du dernier roi croate, « roi de Croatie et de Dalmatie ». Cette filiation laissera des traces dans le statut particulier de la Croatie à l'intérieur de la Couronne de Saint-Étienne (Hongrie).

Vers le milieu du XIIe siècle, une véritable dynastie, les Némanides, apparaît au cœur de la future Serbie, effaçant les anciennes structures tribales. Dès le début, ces monarques résolvent le problème du double mode de succession en sacralisant les souverains fondateurs : Étienne Nemanja et son fils cadet saint Sava (à l'origine de l'Église serbe). Ceux-ci représentent les piliers d'une construction généalogique parfaite qui intègre les ruptures dans une vision réconfortante de continuité. La désignation divine y figure comme l'assise légitime d'un pouvoir charismatique, émanant de la « bonne souche » sans faire abstraction des vertus royales. La référence permanente aux fondateurs et la canonisation du roi prédécesseur constituent la formule généalogique la plus courante au XIVe siècle. Elle est aisément adaptée au type du roi martyr au cours de la conquête ottomane. De la sorte, plus de la moitié des rois et despotes serbes figurent au nombre des saints nationaux, phénomène unique de fusion entre filiations réelles et imaginaires.

Ces trois approches généalogiques se dessinent en filigrane sur le tissu politique bigarré de tout le Sud-Est européen. L'évolution de la Bosnie et de l'Albanie, ou l'instauration des dynasties valaque et moldave ajoutent des nuances ou présentent des cas intermédiaires. Ainsi, en Albanie, érigée en « royaume » par le roi de Naples, le rattachement réel ou purement imaginaire aux Anjou et aux grandes maisons byzantines joue un rôle décisif dans les jeux politiques locaux.

La Bosnie, dont l'organisation politique originelle présente des analogies avec celle des Croates, est progressivement intégrée à l'espace serbe par une série d'alliances matrimoniales. Le sacre de Tvartko Ier change les fondements généalogiques mêmes de la dynastie. L'insigne de la double couronne symbolisant la Bosnie et la Serbie comme deux royaumes distincts mais d'origine commune fait pendant à l'union dynastique croato-hongroise et s'avère une des rares solutions généalogiques dans l'esprit de l'Europe occidentale.

Un dernier modèle politique est représenté par la République de Raguse (Dubrovnik). Érigée sous l'égide de Venise, et en rivalité avec celle-ci, elle devient dès le début du XIVe siècle progressivement une cité commerçante et maritime, équivalent balkanique des Républiques italiennes. D'un poids économique sans commune mesure avec sa taille, ce dernier avatar des structures médiévales va se maintenir jusqu'à sa suppression par Napoléon Ier.

LA BYZANTINISATION DES ÉLITES

Un des éléments de l'influence de Byzance sur ses voisins est la pratique des otages. Les campagnes militaires et les traités conclus entre l'Empire et les souverains locaux ont un point commun : la prise en « otages » des fils cadets de ces derniers. Pour convertir cette jeune élite, Constantinople met en œuvre deux stratégies : l'adoption culturelle et les alliances matrimoniales. L'institution des otages ne se transforme jamais en acte formel visant à instaurer des rapports de type vassal-suzerain entre ces princes (souvent futurs rois) et l'empereur.
Cette byzantinisation des dynasties nationales, à l'origine de maints conflits de succession, contribue à l'instabilité des États. Elle produit néanmoins une petite élite expérimentée qui, revenue au pays, agit résolument dans le sens d'une consolidation politique par une sacralisation du pouvoir et de nouveaux concepts généalogiques : Siméon et Jean Kalojan de Bulgarie, Étienne Nemanja et Étienne le Premier Couronné de Serbie l'illustrent bien.

apr. 620-av. 641 durant le règne de l'empereur Héraclius, Serbes et Croates s'installent dans les Balkans.
680-681 sur le bas Danube, première manifestation d'un État bulgare.
822-825 à l'origine de l'État croate : le noble Ludevit à la tête d'une révolte contre le marquis de Frioul.
865-867 évangélisation des Bulgares imposée par le khan Boris-Michel.
apr. 910-av. 925 Tomislav proclamé roi de Croatie ; titre confirmé par le pape.
917 Siméon se proclame tsar des Bulgares.
v. 990 le roi croate Étienne Drjislav sacré roi de Dalmatie.
1077 sacre de Michel, prince de Dioclée (Zeta), par le pape Grégoire VII.
1168 Étienne Nemanja devient grand joupan de Rachka et se soustrait à la suzeraineté byzantine.
1185-1187 les frères Jean Ier Asen et Pierre-Théodore rétablissent l'empire bulgare.
1204 sacre de Jean Kalojan.
1205 l'armée bulgaro-coumane défait les croisés à Andrinople ; Baudouin de Flandre, prisonnier de Jean Kalojan, meurt à Tirnovo.
1217 Étienne le Premier Couronné devient roi de Serbie.
1235 Jean II Asen, tsar des Bulgares, fait reconnaître son titre impérial par Jean III Doukas Vatatzès, empereur de Nicée.
1271 Charles Ier d'Anjou, roi de Naples, fonde le royaume d'Albanie dont il s'attribue la couronne.
1330 avec Jean Basarab Ier de Valachie, début formel d'un État roumain.
1346 à Skopje, sacre d'Étienne Douchan, tsar des Serbes et des Grecs.
1358 aux termes d'un accord avec Louis Ier d'Anjou, la République de Raguse achète son indépendance contre 500 ducats d'or par an.
1371 les Turcs gagnent la bataille de la Marica (Černomen) contre les Serbes.
1377 Tvartko Ier Kotromanitch, ban de Bosnie, couronné roi des Serbes et de Bosnie.

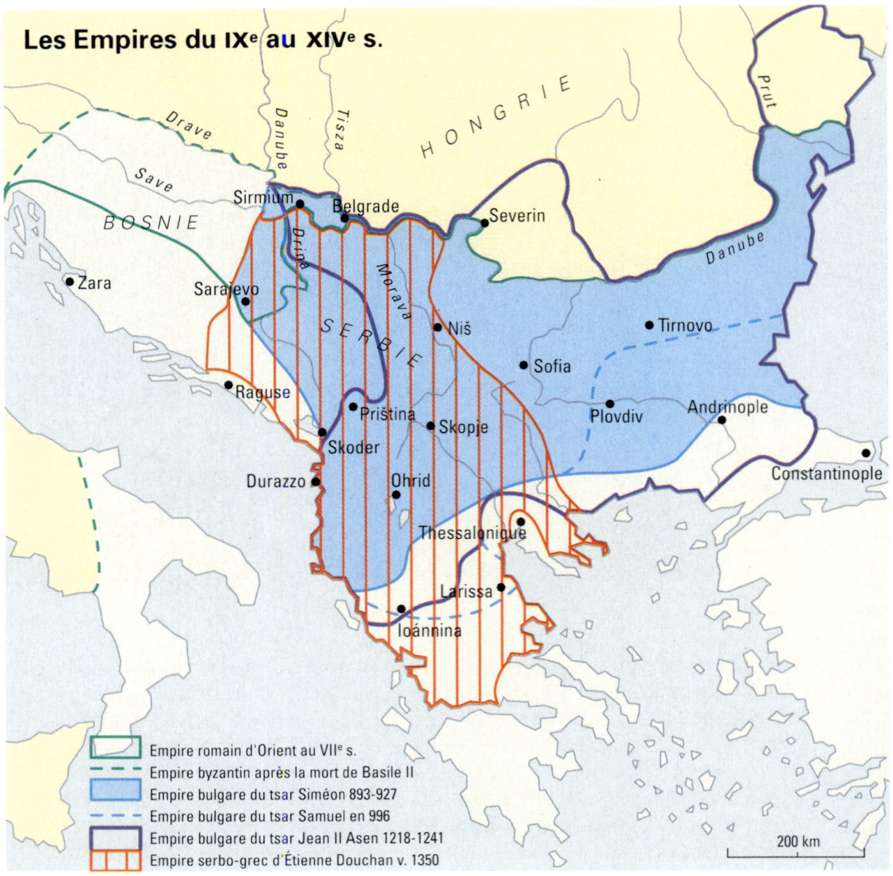

◀ À leur apogée, la plupart des États balkaniques sont désignés comme empires. Il ne faut pas voir là un statut précis sur le plan européen. Cette formule traduit plutôt la reprise à l'échelle régionale du modèle byzantin. « Marque déposée » de Byzance, la référence impériale est adoptée lorsqu'un souverain bulgare ou serbe parvient à triompher du basileus (empereur byzantin) et réussit à se faire reconnaître son égal, ajoutant à son titre : « tsar des Grecs ». Hormis l'Empire de Basile II, toutes les formations représentées sont éphémères et ne survivent pas à leurs créateurs.

TITRES ET CORRESPONDANCES

En Europe du Sud-Est, les titres de majesté sont entachés d'une ambiguïté due à la convergence de différents concepts. Le terme de tsar, forgé avant le Xe *siècle sur le latin* cæsar*, ignore la modeste signification que le titre* kaisar *revêt à Byzance à la même époque. Il est introduit par les Bulgares et adopté ultérieurement, de manière plus souple, par les Serbes et les Russes. L'appellation slave pour roi* (kral)*, dérivant de Carolus (Charles) en mémoire de Charlemagne, s'impose chez les Croates et les Serbes par l'intermédiaire des Hongrois. Le terme* ban *— initialement le prince régnant en Croatie et en Bosnie — évolue dans le sens de haute charge non héréditaire et finit par désigner le gouverneur de province en Hongrie et en Valachie. Le mot slave de* kniez *ou* kniaz *désigne le prince régnant avant d'évoluer vers le sens de « petit responsable local » ; il retrouve sa signification d'origine au cours du* XIXe *siècle. Terme slave signifiant chef militaire,* voïvode *est adopté comme titre du prince régnant en Valachie et en Moldavie.*

◀ Cette carte met en évidence l'inconsistance de l'idée impériale dans les Balkans. La plupart des nouvelles entités sont issues de l'empire d'Étienne Douchan, dont la désagrégation donne naissance à quelques despotats et royaumes qui se déclarent indépendants entre 1355 et 1375 (Serbie et Zeta exceptés). La Bosnie est représentée ici à son apogée territorial (1377-1391), tout comme la Valachie. Vers 1390, ces entités se plient aux divers régimes de vassalité imposés par les sultans. Les premières d'entre elles sont effacées entre 1389 et 1396.

DE L'UNITÉ IMPÉRIALE À L'ÉMIETTEMENT

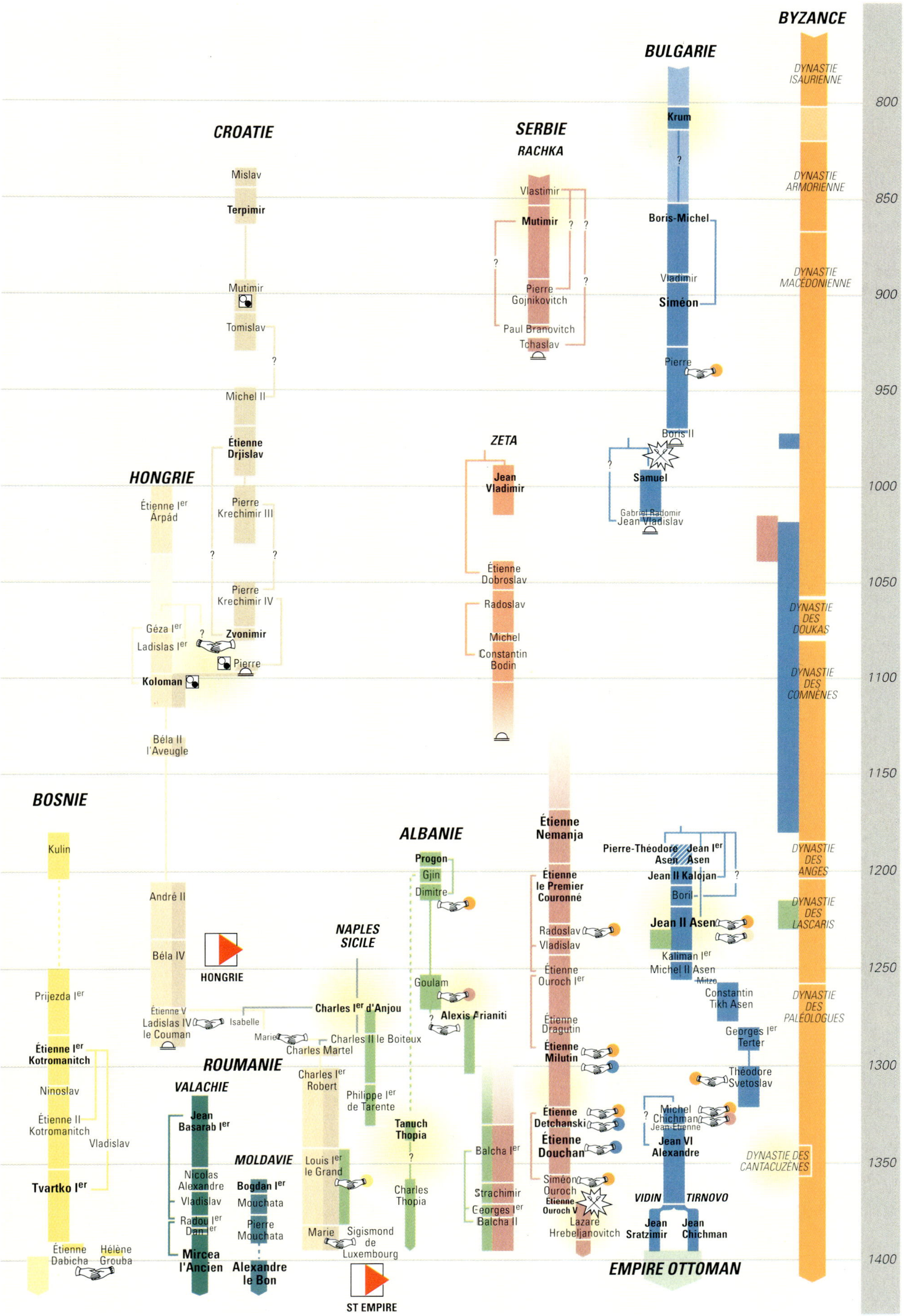

802-814 Règne du khan Krum, fondateur de la dynastie des premiers tsars chrétiens bulgares.

850-930 Émergence de la principauté serbe de Rachka, tiraillée entre de puissants voisins au sud et à l'est. Les branches rivales de la famille régnante, prisonnières ou otages, acceptent, à tour de rôle, l'ingérence bulgare ou byzantine.

1050-1100 Dans les luttes dynastiques croates, la branche déshéritée à laquelle appartient Zvonimir bénéficie des faveurs hongroises du fait de ses liens matrimoniaux avec les Orseolo de Venise, réfugiés à la cour des Árpád. Sacré roi de Croatie et de Dalmatie en 1075, Zvonimir scelle son orientation hongroise en épousant la sœur des rois Géza Ier et Ladislas Ier de Hongrie. En 1102, Koloman (roi de Hongrie 1096-1116) hérite de la couronne croate de son oncle Zvonimir.

1218-1241 Apogée du second empire bulgare, le règne du tsar Jean II Asen est marqué par une série d'alliances matrimoniales avec toutes les dynasties régnant dans l'Europe du Sud-Est. Ses descendants directs sont rapidement écartés de la succession ; à partir de 1260, les souverains bulgares se rattachent aux Asen par les femmes.

1300-1340 Les alliances matrimoniales des rois Étienne Milutin (1282-1321), Étienne Detchanski (1321-1331) et Étienne Douchan (1331-1355) reflètent la montée de la puissance serbe. Agréés par les Paléologues de Byzance, leurs mariages témoignent du souci d'être en bons rapports avec les Bulgares, ce qui leur permet d'opérer librement vers le sud.

1336-1350 Prolifération de princes quasi indépendants en Albanie. En échange du serment de fidélité prêté aux Anjou, les grands seigneurs Arianiti, Thopia… se voient octroyer les titres de duc, despote ou comte d'Albanie.

1346-1347 Dans les Balkans, premiers raids des Ottomans, mercenaires de Jean VI Cantacuzène dans la guerre de succession byzantine.

1375 À la mort de sa mère Mouchata, fille de Bogdan Ier, Pierre accède au trône de Moldavie et prend le nom de sa mère (Pierre Mouchata). Vers la même époque se réalisent les mariages (non représentés ici) d'Anne de Valachie avec Jean Stratzimir de Bulgarie et de sa sœur Slava de Valachie avec Étienne Ouroch de Serbie.

1389 À la bataille de Kosovo, les Ottomans défont la coalition des Serbes, Bosniaques et Albanais ; mort du sultan Murad Ier et du prince Lazare Hrebeljanovitch de Serbie.

Les déviations et les conflits religieux — trait dominant de la vie politique dans l'Europe du Sud-Est qui s'accentue avec les siècles — concernent particulièrement les États orthodoxes de la mouvance byzantine qui succombent à la conquête ottomane. Dans l'Empire des sultans, l'Église s'avère la seule instance capable de gérer la mémoire historique et d'adapter les filiations royales aux nouvelles réalités. La puissance rétroactive des anciennes structures généalogiques et l'idée d'affiliation à un « Empire chrétien » sont les deux formules de l'expression politique engendrée ou entretenue par l'Église qui vont fournir les cadres d'une action nationale future.

Mehmed II le Conquérant

La chute de Constantinople en 1453 et la disparition définitive de l'Empire byzantin marquent la naissance de l'Empire ottoman. Malgré les dévastations inévitables lors de la prise de la deuxième Rome, Mehmed II le Conquérant (1451-1481), fils d'une Grecque, manifeste son attachement à la grandeur byzantine, entre autres en poursuivant des projets de reconstruction de la ville datant de l'époque de Constantin le Grand. Il tient en haute estime l'art européen, invitant à sa cour plusieurs peintres italiens. Sensible à l'idée de se montrer l'héritier de l'Empire romain, il adopte dans sa titulature la formule kaiseri-i-rum *(empereur romain), que ses successeurs conserveront pour affirmer leur légitimité sur la scène internationale.*

▲ *Skanderbeg*

Le règne de Georges Castriotis, dit Skanderbeg (1443-1468) est un exemple unique de création d'un État balkanique au moment de l'expansion ottomane. Captif des Turcs et converti à l'islam dans sa jeunesse, ce petit noble albanais, de retour dans son pays, crée une Ligue des seigneurs albanais (1444) qui unit réellement et pour la première fois les grands seigneurs dans la lutte anti-ottomane. Chef d'une armée fédérale et diplomate habile, il résiste aux deux sultans les plus puissants du XVe siècle. Ses succès militaires remportés dans des guerres régulières (et non dans des actions de guérilla, traditionnelles dans cette région) lui valent un grand renom de son vivant et feront de lui la figure emblématique de l'esprit national albanais.

AU CARREFOUR DES RELIGIONS

Dès le haut Moyen Âge, la religion détermine alliances politiques et filiations royales. Dans un climat de rivalité permanente entre Rome et Constantinople, son exploitation politique est introduite de bonne heure par des souverains désireux de consacrer l'hérédité de leur pouvoir. La multiplication des empires va de pair avec celle des patriarches ; vers le milieu du XIVe siècle, trois patriarcats se partagent l'espace balkanique. Les déviances des « schismatiques » ne sont guère tolérées par la papauté dont la pression se fait sentir, à partir du XIIIe siècle. À l'exception de quelques tentatives d'union avec l'Église romaine, vouées à l'échec, la réponse de l'orthodoxie reste confinée au repli voire au désarroi devant le progrès foudroyant de l'islam. Sans jamais donner naissance à des ordres actifs, l'Église orthodoxe est paralysée par la poussée du monachisme contemplatif. Oscillant entre l'union et l'intransigeance, le patriarcat œcuménique finit par préférer le turban turc à la tiare, tout comme, pour d'autres raisons, les nombreux hérétiques (surtout en Bosnie et en Macédoine) qui se convertissent à l'islam. Ces handicaps de la vie religieuse sont en partie atténués au sein de l'Empire ottoman. La mise en place de ce dernier rompt la continuité et supprime les dynasties régnantes ; seul le critère religieux détermine les structures. Le *millet* (peuple) désigne en fait la communauté confessionnelle autoadministrée, unité de base du nouvel Empire. Les *millets* sont placés sous la direction des chefs religieux (*millet-bachi*) : le Sud-Est orthodoxe appartient au *Rum-millet* sur lequel règne le patriarche de Constantinople. Ainsi, la souveraineté est aux mains de l'autorité religieuse ; outre sa principale fonction de courroie de transmission du pouvoir ottoman, elle sert à maintenir la mémoire collective ; elle allie la notion des origines et le critère religieux, nourrissant un refus constant de brassage interconfessionnel.

LA SYMBIOSE PHANARIOTE

Pour les Ottomans, la référence à la seconde Rome, sur le Bosphore, rend inutile toute différenciation à l'intérieur du *Rum-millet* identifié aux Grecs orthodoxes. Le patriarcat œcuménique de Constantinople s'avère ainsi la seule instance, tolérée puis courtisée et utilisée, qui survit à la chute de Byzance. Vers la fin du XVIe siècle, le quartier du Phanar devient la véritable cour du patriarche et un centre attractif pour la nouvelle aristocratie grecque descendant des grandes familles byzantines. Une stratégie matrimoniale qui réussit à éviter l'extinction des anciens lignages en y associant des familles de promotion plus récente, telle est la réussite majeure des Phanariotes. Elle s'accomplit dans les Principautés danubiennes (Valachie, Moldavie), seuls États de la région à ne pas être rayés de la carte.

En effet, dès le début du XVe siècle, les alliances dynastiques convergent vers le nord, à commencer par les mariages byzantino-serbes. Au cours du siècle, les familles régnantes serbes, bosniaques, monténégrine et albanaises, poussées par l'effacement de leurs États, s'allient aux îlots dynastiques roumains de la communauté balkano-orthodoxe. Ce n'est qu'au XVIIe siècle que le courant phanariote s'implante solidement en Valachie et en Moldavie, favorisé par la politique de Matthieu Basarab (voïvode de Valachie, 1631-1654) et de Vasile Loupou (voïvode de Moldavie, 1632-1653). L'influence grecque s'y incarne dans les Cantacuzènes, famille qui s'étend par mariage dans les couches supérieures de la société valaque et moldave. Face aux anciennes coutumes du pays, ils introduisent attitudes et choix politiques différents où le « byzantinisme » se mêle au renouveau occidental, tous deux baignant dans l'inévitable ambiance ottomane.

ÉGLISE ET FILIATIONS POLITIQUES

Les grands sièges de l'Église orthodoxe sont supprimés définitivement (patriarcat de Tirnovo) ou provisoirement (patriarcat de Peć). Avec la disparition du couple État-Église autonome typique de l'époque précédente, de nouvelles filiations se créent entre les principaux supports de la chrétienté balkanique. Placées sous la tutelle du patriarcat œcuménique, les autres structures proposent des solutions alternatives en matière de généalogie politique.

Ainsi, dans les pays peuplés en majorité de Slaves et d'Albanais, le haut clergé d'origine grecque se fait le porte-parole d'une conscience collective dont le ciment demeure l'orthodoxie. Au cours des XVIe-XVIIe siècles, ces hiérarques se font les initiateurs ou les intermédiaires de nombreuses entreprises politiques visant la libération. Ainsi, l'archevêque d'Ohrid Athanase Riséa (v. 1595-1603), ou l'archevêque du Tirnovo bulgare Denis Ralli Paléologue (v. 1590-v. 1618) s'identifient, dans leurs actions diplomatiques qui couvrent la plupart des cours européennes, à une aire politique plus qu'à un diocèse ecclésiastique.

Le rétablissement du patriarcat de Peć révèle une formule différente. Fruit d'une collaboration exceptionnelle entre le grand vizir Mehmed Sokolovitch (un Serbe converti à l'islam) et sa parenté orthodoxe, la charge de patriarche serbe renaît avec un caractère quasi dynastique. Aux XVIe-XVIIe siècles, la référence ethnique apparaît constamment dans les titres des hiérarques, qui rappelle la titulature des derniers souverains serbes. Le culte des saints locaux — pour la plupart, des rois et des archevêques des XIIIe-XIVe siècles — est l'autre trait distinctif qui introduit la nuance nationale.

Cet aspect est accentué dans le cas des évêques du Monténégro. Cet État minuscule, que son relief a protégé de l'invasion, est géré par les métropolites de Cetinje — capitale née autour d'un monastère. Ceux-ci font du culte de la bataille du Kosovo (la bataille du Champ des Merles, *kos* signifie merle) une sorte d'idéologie nationale, orthodoxe et anti-ottomane. Au XVIIIe siècle, la famille Njegoch cumule fonctions spirituelles et politiques, à l'origine des princes laïques du Monténégro.

La deuxième moitié du XVIIIe siècle voit, avec la naissance des nationalismes, l'effacement de l'ancien mécanisme politico-religieux. Après la suppression du patriarcat de Peć (1766) et de celui d'Ohrid (1767), le *millet* orthodoxe, étiqueté grec, recouvre apparemment son unité. Mais le nationalisme naissant rejette la religion comme critère unique de filiation. Naît alors une Église nationale, émancipée de la tutelle œcuménique et fondement de l'État national. Au XIXe siècle, avec l'essor des nationalismes, on assiste en Grèce, par exemple, entre 1833 et 1850, à la querelle entre « nationalistes » et « universalistes » qui finit par aboutir à la création de l'Église autocéphale hellénique. L'Église nationale bulgare illustre une rupture plus nette encore. Fruit d'une alliance entre la diplomatie ottomane et les intérêts russes du moment, un exarchat bulgare est créé en 1870. Ce schisme local débordera vite la controverse religieuse et va esquisser la « question macédonienne ».

▼ ***Tombes bogomiles***

Épars dans les montagnes de Bosnie, ces monuments reflètent les croyances des adeptes de l'hérésie bogomile qui se diffuse depuis les terres bulgares. En Bosnie, vers le XIIIe siècle, naît une Église bogomile dont la haute hiérarchie participe au pouvoir politique. L'avancée du catholicisme change l'attitude des princes vis-à-vis de cette « Église » bosniaque et, au XVe siècle, les persécutions contre ses adeptes déterminent leur évolution vers d'autres confessions.

LES SYMBIOSES

La disparition des dernières entités politiques au sud du Danube offre des exemples singuliers de symbiose politique et confessionnelle. C'est le cas d'Étienne Vukcic Kosača, duc (herzeg) de Saint-Sava (1435-1466), seigneur de la Bosnie méridionale, future Herzégovine. Tenu pour bon catholique, il est excommunié en 1450 par le pape pour avoir attaqué Dubrovnik. Ceci ne l'empêche pas de maintenir de bonnes relations avec Rome et de faire appel à une mission franciscaine pour « consolider la foi » de ses sujets. Simultanément, il comble de faveurs les fondations orthodoxes ; vers la fin de son règne, l'archevêque serbe même fait partie de son entourage. C'est pourtant un patarin (ou bogomile) qui sera son conseiller tout au long de sa vie, ce qui lui vaudra le surnom d'« ami de l'Église bosniaque ». L'installation des Ottomans y est ressentie de façon beaucoup moins dramatique qu'ailleurs ; le duc, tout en étant un vassal irréprochable du sultan, entretient de bonnes relations avec ses voisins chrétiens. Un de ses descendants, converti à l'islam (Herzegoglu pacha), accède au poste de vizir, montrant ainsi la voie à nombre de renégats de l'ancienne noblesse slave et albanaise.

Le rôle des femmes dans cette symbiose s'exprime différemment. Dès le dernier quart du XIVe siècle, l'envoi de princesses dans les harems des sultans devient obligatoire pour les souverains vassalisés. Considérée au début comme une humiliation, cette pratique révèle vite ses bons côtés, le cas de la tsarine Mara l'Illustre. Fille du despote serbe Georges Brankovitch et d'Irène Cantacuzène, cette princesse prend une place prééminente dans le harem de Murad II (1421-1451). Elle fait proclamer «fils adoptif » le futur voïvode de Valachie Vlad le Moine, faveur octroyée en échange de l'obligation de protéger les monastères du Mont-Athos. Reconnue mère adoptive par le sultan Mehmed II, elle continue d'exercer une grande influence à la cour ottomane et dans les affaires religieuses. Dans les années 1470-1480, trois de ses protégés sont patriarches œcuméniques de Constantinople.

▲ **Icône représentant une généalogie commémorative , XVIIe s., monastère de Poganovo**

La composition de généalogies des rois médiévaux représente une façon de cultiver la mémoire collective des peuples orthodoxes. Plongeant ses racines dans la tradition byzantine, ce genre littéraire connaît une vogue particulière en Bulgarie et en Serbie. Dans le contexte ottoman, cette écriture de l'histoire se réduit à sa fonction première : préserver la filiation du groupe avec une entité politique (royaume), par l'intermédiaire du souverain. Répondant à la demande, elle s'ouvre à l'imaginaire : ces généalogies se révèlent nourries de récits folkloriques et légendaires. Seul lieu agréé d'une expression identitaire collective, l'Église ne manque pas d'intégrer cette mémoire des origines. Ainsi les listes des rois slaves sont lues à la messe, au moment précis réservé à la commémoration des ancêtres. Associer les souverains d'antan et les parents défunts, rapprocher les origines historiques communes et la famille constitue une stratégie efficace de résistance religieuse et nationale à la fois.

ARSENIJE III CARNOJEVIĆ

Un siècle après l'extinction des Sokolovitch (patriarches de Peć), ce patriarche (1681-1706) organise le Grand Exode des Serbes de 1690. Il se revendique de la lignée des derniers princes du Monténégro et reprend leur blason dans ses armes ainsi que le titre de prince d'Albanie. Peu avant sa mort, il fait confirmer par l'empereur Habsbourg la transmission héréditaire de ses titres de noblesse, insignes et privilèges au profit de son frère et de sa descendance. Au cours de son patriarcat, une série d'événements politiques révèlent la portée de son autorité. Dans la guerre menée par la Sainte Ligue contre les Ottomans, qui mène les impériaux jusqu'au Kosovo et à Skopje, la population chrétienne s'exile vers le nord, par crainte des représailles turques (Grand Exode). Le patriarche Arsenije négocie alors un statut particulier pour les Serbes dans l'Empire des Habsbourg. L'évêque catholique de Belgrade décrit ainsi son rôle : « Ce peuple schismatique a pour dirigeant un certain patriarche qu'il tient en estime comme un roi. Ils lui obéissent tous et le suivent comme les abeilles leur reine. »

LA PROPAGANDE CATHOLIQUE AU XVIIe SIÈCLE

Le XVIIe siècle représente un phénomène exclusif en matière de rivalité religieuse. La cohabitation délicate entre christianisme orthodoxe et islam est compliquée par les progrès de la Réforme dans le patriarcat œcuménique. L'Église romaine réagit par un changement radical de stratégie vis-à-vis des peuples balkaniques, au travers de la Congrégation pour la Propagation de la Foi. Le projet d'unę union progressive des communautés orthodoxes à Rome, l'établissement d'un réseau administratif et l'émergence d'un clergé local expérimenté constituent les principaux signes de ce changement. Le Saint-Siège s'appuie sur les ressortissants — principalement les Slaves — et favorise la prédication dans les langues nationales voire l'ouverture d'écoles et l'édition. Par ailleurs, Rome relance des missions franciscaines — des Croates surtout — réputés pour leur zèle et leur érudition. Les moines bosniaques et bulgares, pour leur part, sont formés dans les collèges « illyriens » de la Congrégation. Enfin, un réseau d'évêchés et d'archevêchés est créé en Bulgarie et en Macédoine. Mais ces progrès ne sont spectaculaires que dans le domaine administratif et dissimulent mal l'absence de résultats concrets. Seule, l'Albanie du nord où rayonnent quelques évêchés actifs, enregistre une conversion relativement massive au rite romain. Le milieu orthodoxe serbe reste dans l'ensemble réfractaire à la conversion ; la Bosnie et le nord-ouest des Balkans demeurent attachés à la foi des ancêtres. Seule la généalogie politique bulgare bénéficie de cette propagande romaine. L'activité diplomatique de P. Bogdan Bakšić, archevêque de Sofia, fait entrer le « royaume de Bulgarie » dans la nomenclature du Saint-Siège (1642).

▼ *Voïvodes roumains*
Les princes représentés ici font la grandeur de la Valachie dans deux domaines différents. Refusant de payer le tribut à la Sublime Porte, le prince Michel le Brave (1596-1601) se trouve au premier plan des coalitions anti-ottomanes. Il bat les Ottomans en 1595 et impose son pouvoir en Moldavie et en Transylvanie (1600), effectuant la première union éphémère des futurs Roumains. Ses victoires brillantes suscitent une série de révoltes parmi les peuples au sud du Danube qui lui feront le renom de protecteur des chrétiens. Un siècle plus tard, le règne de Constantin Brancovan Basarab (1688-1714), Cantacuzène par sa mère, marque l'apogée du « renouveau byzantin » qui modifie profondément l'idéologie politique et la culture de la Valachie. Favorisant les lettres et les arts, le prince s'entoure d'érudits, pour la plupart d'origine grecque, dont les ouvrages jettent les bases de l'identité roumaine.

◀ *Le pop et le hodja*
Mettant l'un à côté de l'autre le pop *(prêtre orthodoxe) et le* hodja *(prêtre musulman), cette image révèle l'un des mécanismes par lesquels s'entretient la délicate cohabitation entre les deux confessions. Plongés dans une conversation savante ou goûtant le plaisir du* kef *oriental, les serviteurs du culte peuvent se rapprocher dans leur qualité d'hommes du Livre. En effet, la vie quotidienne dans la ville balkanique au XVIIIe siècle fournit maintes occasions de pareilles rencontres.*

1393-1396 suppression du patriarcat bulgare de Tirnovo.
1439 au concile de Florence, le projet d'union entre l'Église romaine et l'Église orthodoxe de Byzance est refusée par le clergé de Constantinople et des autres centres orthodoxes.
1444 fondation de la Ligue albanaise (Ligue d'Alessio).
1457-1459 disparition du despotat de Serbie ; l'archevêché serbe de Peć soumis au patriarcat œcuménique.
1459-1460 la République de Raguse (Dubrovnik) vassale des Ottomans.
1462-1465 disparition du royaume de Bosnie.
1476 Mehmed II impose sa suzeraineté à la Valachie.
1483 conquête de l'Herzégovine par les Ottomans.
1503-1504 le voïvodat de Moldavie contraint d'accepter la suzeraineté du sultan.
1526 victoire ottomane à Mohács et conquête de la Hongrie du Sud.
1557 rétablissement du patriarcat de Peć.
1566 campagne de Croatie et mort de Soliman le Magnifique.
1598 soulèvement des Bulgares dirigé par Denis Ralli Paléologue, métropolite de Tirnovo.
1648-1669 siège et prise de Candie : la Crète devient ottomane.
1683 siège de Vienne par les Ottomans.
1686 la Transylvanie devient possession des Habsbourg.
1687 le Monténégro sous la suzeraineté provisoire des Ottomans.
1711/15-1821 régime phanariote en Moldavie et en Valachie.
1715 l'évêque Danilo Ier Petrovitch place le Monténégro sous la protection des Russes.
1770 la flotte russe débarque dans le Péloponnèse.
1774 au traité de Kutchuk-Kaïnardji, la Russie obtient un accès à la mer Noire.
1775 le sultan cède la Moldavie du Nord à l'impératrice Marie-Thérèse.

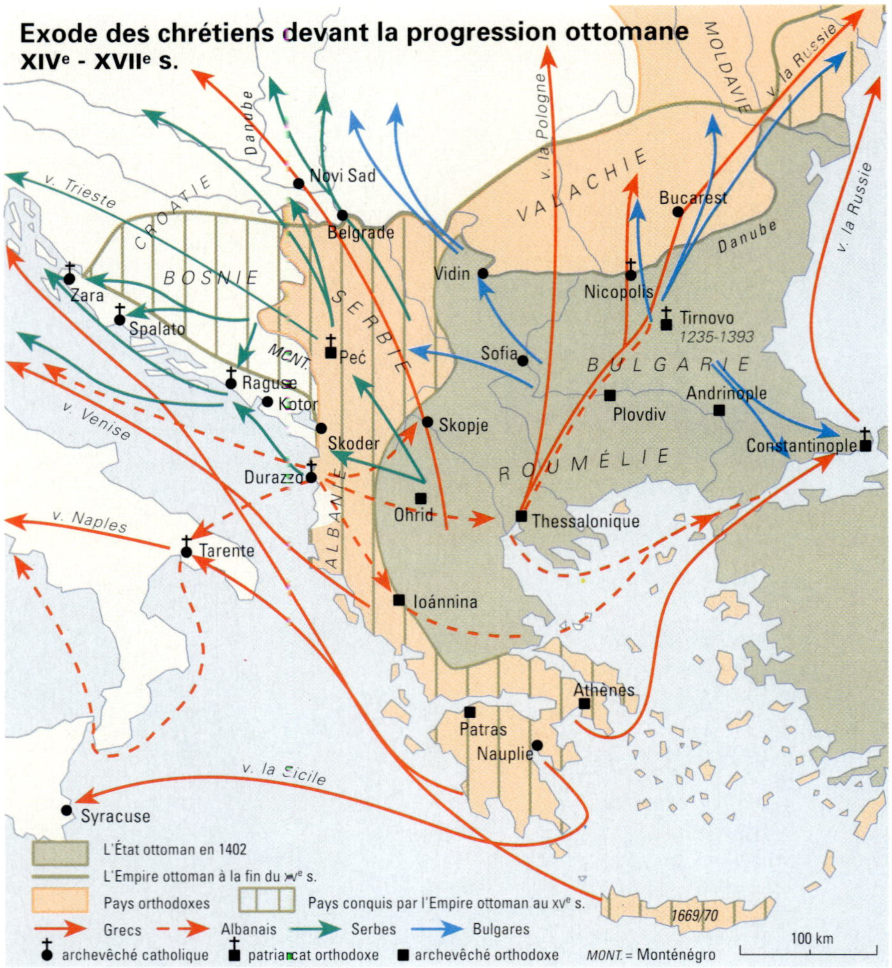

◀ *La progression ottomane dans la péninsule balkanique se déroule en cinq étapes entre 1355 et 1499, les conquêtes les plus importantes se situant entre 1355 et 1402 puis entre 1430 et 1470. L'exode de la population chrétienne suit ce rythme. En général, une première vague précède l'installation ottomane qui est suivie d'émigrations plus ou moins massives. Ces exodes peuvent être causés soit par un régime économique défavorable aux chrétiens, soit par une répression sanglante, soit par la conversion forcée à l'islam. Les flux de cet exode se succèdent jusqu'en 1670, lorsque la prise de la Crète met fin à la « latinocratie » dans les îles grecques et supprime toute immigration à l'intérieur de l'aire hellénique.*

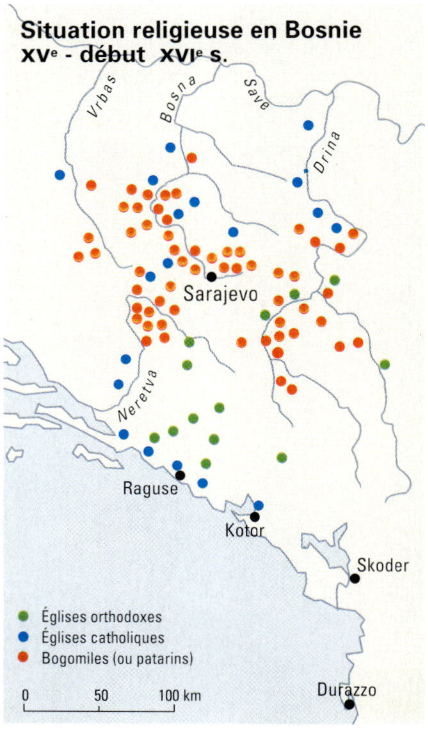

▲ *À cheval sur deux périodes séparées par la conquête ottomane (1460-1480), cette carte reflète la situation confessionnelle en Bosnie à la veille de la pénétration de l'islam. Le fonctionnement des évêchés et monastères catholiques et orthodoxes est attesté jusque dans les années 1470-1480 ; des sources tardives témoignent cependant d'un recul du catholicisme vers la côte dalmate et le nord et d'une activité perturbée dans les établissements orthodoxes. La prédominance apparente de l'Église bosniaque, dont les adeptes sont appelés bogomiles, patarins ou simplement chrétiens, est due au recensement effectué par communautés. L'existence de ces dernières est attestée dans les registres ottomans fin XVe-début XVIe siècle, puis toute mention disparaît.*

LE PATRIARCAT DE PEĆ

L'histoire agitée du patriarcat de Peć constitue l'exemple parfait de la fusion entre État et Église dans l'Europe ottomane. Instituant un nouveau Millet-bachi sous le double titre d'archevêque de Peć et de patriarche serbe, la restauration du siège permet une filiation nationale à l'intérieur du Rum-millet et accorde une certaine autonomie au groupe ethnique serbe. Le vizirat de Mehmed pacha Sokolovitch, promoteur de cet acte, coïncide avec l'instauration d'une véritable dynastie des Sokolovitch à Peć. Frère présumé du vizir, le premier hiérarque Macaire transmet le trône à son neveu, pratique suivie par ses deux successeurs. Tous les patriarches serbes issus de cette famille sont métropolites d'Herzégovine avant d'accéder à la charge suprême — trait révélateur des futures filiations territoriales. La primauté d'un clan durant quelques décennies ne contredit pas le mode électif, exigeant la convocation régulière d'une Assemblée du peuple et de l'Église. Constituée de notables locaux et de dignitaires de l'Église, elle reprend en charge les fonctions de l'autorité souveraine disparue. Ancrée dans la grande famille traditionnelle slave (la zadrouga), cette sorte de dynastie fondée sur la succession d'oncle à neveu reste un trait des généalogies slaves à l'époque ottomane.
Le Grand Exode des chrétiens menés par le patriarche Arsenije et l'abandon des lieux sacrés parachèvent la recomposition de l'espace politique serbe. L'appropriation de ce nouveau territoire s'effectue par des moyens traditionnels : transfert de reliques (celles du héros du Kosovo, le prince Lazare) et création de nouveaux foyers religieux. De Belgrade à Budapest, les étapes de cet exode sont jalonnées par des fondations orthodoxes qui reprennent la fonction des centres abandonnés. Ainsi, Peć et l'ensemble des fondations royales — noyau spirituel de la vieille Serbie — renaissent dans Fruska Gora (en Voïvodine actuelle), près du nouvel archevêché de Sremski Karlovtsi. Les régions désertées, quant à elles, sont peu à peu occupées par les Albanais. À son tour, Peć est progressivement récupéré par les Grecs phanariotes qui y introduisent la pratique du rachat des charges. En 1737, le dernier détenteur serbe du patriarcat de Peć prend la tête d'un second Grand Exode : cet « abandon » constituera l'argument majeur en faveur de sa suppression en 1766. Bien avant cette date, le noyau de l'espace politico-culturel serbe est fixé au nord du Danube.

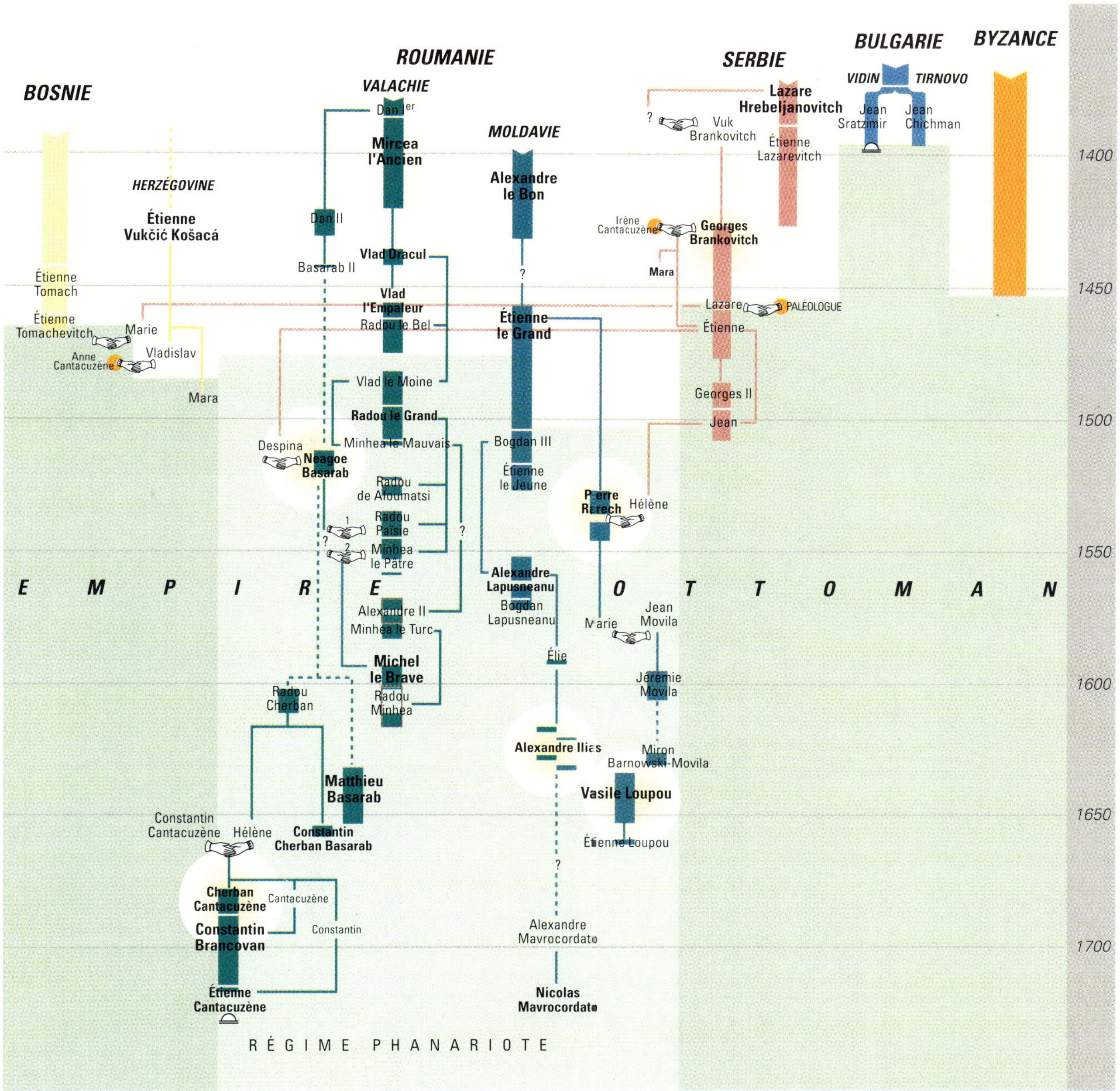

1390-1402 Après la bataille de Kosovo, les Lazarevitch et les Brankovitch, grands seigneurs de l'entourage du prince Lazare, se disputent le trône serbe.

1429-1456 Règne de Georges Brankovitch en Serbie. Petit-fils du prince Lazare Hrebeljanovitch, son ascension atténue la rivalité entre les deux clans princiers des Lazarevitch et des Brankovitch. Son mariage avec Irène Cantacuzène le fait despote, reconnu par l'empereur de Byzance et le roi de Hongrie en échange de sa suzeraineté. Dès 1430, il est vassal du sultan.

1512-1521 Règne de Neagoe Basarab. Il est le premier prince roumain à s'inventer une légende généalogique le reliant au fondateur de la dynastie Basarab. Son mariage avec une Brankovitch introduit l'influence serbe à la cour valaque, notamment l'appui aux monastères du Mont-Athos.

1527-1536, 1538-1546 Le règne de Pierre Rarech en Moldavie marque le début de l'ascension des étrangers dans les sphères du pouvoir. Sa femme Hélène Brankovitch et son fils sont assassinés en 1551.

1616-1618, 1627-1629 Alexandre Ilias est à deux reprises prince régnant de Valachie et de Moldavie. Sa fille sera la grand-mère de Nicolas Mavrocordato ; cet argument généalogique lui donnera le trône moldave.

1678-1688 Le règne de Cherban Cantacuzène, petit-fils et neveu des deux derniers Basarab, s'avère la synthèse fructueuse entre dynastie locale et dynastie d'importation. La double référence Basarab-Cantacuzène est conservée jusqu'en 1714-1716, lorsque le massacre des derniers descendants par les Turcs met fin à la dynastie valaque.

1711-1715 Début du régime phanariote en Moldavie.

1715-1716 Début du régime phanariote en Valachie.

LES PHANARIOTES

À mi-chemin entre le haut fonctionnaire et le commerçant-entrepreneur, le type social du Phanariote est révélateur du destin de la noblesse dans les Balkans. Administrateur habile au service du sultan mais fidèle à l'orthodoxie, cette figure ambivalente occupe, au XVIIe siècle, les trois postes clés accessibles à des chrétiens dans l'Empire ottoman. Le poste de logothète du patriarche, intermédiaire officiel entre ce dernier et la Sublime Porte, est détenu par les Grecs du Phanar. Les drogmans de la flotte, ministère dont dépendent les îles grecques, viennent du même milieu. Le poste de grand drogman, fonction diplomatique suprême, passe aux Phanariotes avec Alexandre Mavrocordato, auteur de la paix de Karlowitz (1699), un des hommes les plus illustres de son temps. Avec la mise en place d'un gouvernement de princes phanariotes nommés par le sultan, les trônes valaque et moldave deviennent l'objectif majeur des plus puissantes familles du Phanar. Nicolas Mavrocordato illustre cette conversion au pouvoir politique entre 1711 et 1730 : il est tour à tour hospodar (prince) *à Iassi et prince régnant à Bucarest.*
De nobles origines et une parenté revendiquée avec les dynasties byzantines contribuent à la promotion politique des Phanariotes et sont gages d'un bon accueil de la part des cours occidentales. De prestigieuses généalogies, réelles et imaginaires, qui vont des dynasties romaines jusqu'aux derniers Paléologues, étayent leurs positions. Les champions de cette valorisation sociale sont les Grecs implantés dans les pays roumains et, parmi eux, les Cantacuzènes.
Ayant comme prédécesseurs des princes Cantacuzène, Douka et Cantemir, la nouvelle génération phanariote réussit à s'imposer dans les principautés valaque et moldave. Au cours du XVIIIe siècle, la corruption politique devient inséparable de l'image du Phanariote, déjà ambiguë. Le prince Michel Soutzo représente l'image même d'un train de vie « oriental », fait de luxe excessif et de langueur « turque ». Le conservatisme face aux idées politiques nouvelles venues d'Occident parachève la connotation négative du phanariote au XIXe siècle.

Jusqu'à la fin du XVIe siècle, les guerres demeurent limitées dans leur extension géographique, mettant aux prises tour à tour plusieurs États, sur fond de conflits dynastiques, dans une conception encore médiévale du pouvoir. Celui qui opposa Charles Quint et François Ier est sans doute le dernier de cette nature, qui s'apparente au duel. Au tournant du siècle, plusieurs phénomènes majeurs interviennent, qui vont générer les guerres modernes, impliquant peu ou prou tout le continent. L'Europe médiévale qui aspirait, grâce au catholicisme, à l'unité universelle, s'écroule pour laisser place à un ensemble d'États indépendants dont la laïcité annonce le principe des nationalités.

Les Misères de la guerre

Graveur français né à Nancy en 1592, Jacques Callot est initié très jeune à Rome au burin puis, dès 1611 à Florence, à l'eau-forte qu'il perfectionne pour réaliser cuivres, vernis durs et pièces d'orfèvrerie. Pour le duc de Lorraine d'abord, pour l'infante Isabelle puis pour Richelieu et Louis XIII, il dessine et grave des scènes rendant compte « sur le vif » des événements du temps comme Le Siège de Breda, Les Gueux *ou* Le Siège de La Rochelle. *En 1633, refusant de graver le siège de Nancy, il préfère réaliser une série de gravures intitulées* Les Misères de la guerre *où se trouvent cet* Arbre aux pendus *et* Les Supplices *évoquant les atrocités qui accompagnent l'invasion de la Lorraine par les troupes françaises. En effet, l'arrivée des armées du roi de Suède Gustave II Adolphe sur le Rhin avait inquiété les Français qui prirent le contrôle militaire du duché en 1631.*

Le prélude de ces bouleversements est la progression de la Réforme dans les Flandres, dans l'Allemagne du Nord et du Nord-Est, face aux possessions catholiques des Habsbourg d'Espagne et d'Autriche (Allemagne du Sud). Cette origine religieuse se complique d'un motif politique : dans leurs rêves d'Empire héréditaire et de domination du continent, les Habsbourg « papistes » se heurtent aux princes luthériens allemands et à leurs alliés. De son côté, l'Espagne s'oppose par les armes à la percée du protestantisme dans ses territoires flamands, en vain. De ce conflit va naître la nation néerlandaise : les Provinces-Unies. L'Angleterre intervient à leurs côtés et inflige à l'Espagne une défaite maritime qui rappelle le désastre de l'Invincible Armada (1588) et qui bouleverse durablement le commerce hispano-américain. Dans cette guerre qui se profile, on le voit, tous les pays sont parties prenantes.

Les Habsbourg d'Autriche, maîtres du continent, doivent mener une double offensive : religieuse au sein même de l'Empire et politico-religieuse aux marges orientales contre les Turcs qui menacent. Détenteurs du trône impérial, ils fondent leur puissance et leur autorité sur l'Autriche d'une part, sur la Bohême et la Hongrie d'autre part où, néanmoins, ils doivent jurer obéissance aux lois fondamentales et, de fait, accepter la présence des « hérétiques ». Tout en composant avec la noblesse dont une fraction importante a embrassé la religion réformée, les empereurs s'appuient sur les jésuites pour obtenir des conversions. Dans cette lutte, la Contre-Réforme parvient à reconquérir la Rhénanie, l'Autriche et la Bavière. Si la progression du protestantisme est un temps favorisée par l'esprit de tolérance d'un Maximilien II (1564-1576), son fils et successeur Rodolphe II (1576-1612), pour sa part, s'engage résolument dans la Contre-Réforme. En installant sa capitale à Prague, il s'attire la sympathie des Tchèques mais l'hostilité des Allemands et des Hongrois.

Ces clivages politico-religieux aboutissent à la formation en 1608 de l' Union évangélique (protestante) dirigée par l'Électeur palatin Frédéric IV à laquelle s'oppose la Sainte Ligue catholique conduite par le duc Maximilien Ier de Bavière en 1609. L'empereur Mathias Ier, frère de Rodolphe II, désigne pour lui succéder Ferdinand II de Styrie, fervent catholique, mettant ainsi le feu aux poudres. Les Tchèques se révoltent : la défenestration de Prague (mai 1618) marque le début de la guerre de Trente Ans.

UNE GUERRE CONTINENTALE

L'empereur Ferdinand II remporte dans un premier temps d'importants succès : contre les Tchèques (1620), l'Électeur palatin et le roi de Danemark. En effet, le fils cadet de ce dernier administre l'évêché sécularisé de Verden et convoite l'archevêché de Brême ; ayant donc tout à craindre des progrès de la Contre-Réforme, Christian IV de Danemark se lance donc dans la guerre. Vaincu, il doit renoncer, au traité de Lübeck, à ses visées sur les terres ecclésiastiques du Saint Empire. Le Danemark et le

Palatinat éliminés, l'empereur donne l'électorat au duc de Bavière, ce qui renverse la majorité du collège électoral au profit des catholiques. Il déclare par ailleurs héréditaire pour les Habsbourg la couronne élective de Bohême. L'édit de restitution de mars 1629 annule toutes les sécularisations de biens ecclésiastiques depuis 1555 (paix d'Augsbourg).

La guerre s'étend à l'Europe entière, Angleterre et États de l'Église exceptés. Pour empêcher la jonction des Habsbourg d'Espagne (qui interviennent aux Pays-Bas) et d'Autriche, la France, catholique, suscite un nouvel ennemi à Ferdinand II : le roi luthérien Gustave II Adolphe de Suède. La victoire de celui-ci à Lützen lui coûte la vie et sauve l'Empire du désastre militaire. Libre de ses mouvements (victoire des impériaux à Nördlingen, 1634), l'empereur peut alors se retourner contre les Provinces-Unies.

Prise en tenaille entre Madrid et Vienne, la France de Richelieu, en déclarant la guerre à l'Espagne en 1635, entre de plain-pied dans le conflit : le territoire est envahi au sud par les Espagnols, au nord et à l'est par les impériaux.

Quelque dix ans de sièges et de massacres aboutissent à de premiers pourparlers de paix, que les traités de Westphalie (signés à Münster et à Osnabrück) parachèvent. L'Empire de Ferdinand III est réduit à une pure fiction politique. La *Constitutio westfalica* parachève le nouveau visage politique de l'Empire : en portant le nombre des électeurs de sept à huit (cinq laïques et trois ecclésiastiques ; cinq catholiques, deux luthériens et un calviniste), elle garantit la liberté de culte, la souveraineté des trois cent cinquante États allemands et l'égalité entre villes, électeurs et princes. Le rêve d'unité politique, religieuse et territoriale de l'Empire a vécu et laisse un pays exsangue (quelque dix millions de morts dans les territoires germaniques).

L'Europe continentale présente un nouveau visage au moment où, à l'est, la menace ottomane se précise. Angleterre et Provinces-Unies deviennent alors les premières puissances maritimes, supplantant ainsi l'Espagne dont le déclin s'amorce, avec l'indépendance du Portugal et des Provinces-Unies. L'Empire rassemble une mosaïque d'États qui vont mettre plus d'un siècle pour panser ruines matérielles et humaines. La France, quant à elle, devra attendre Louis XIV et le traité des Pyrénées (1659) pour faire la paix avec l'Espagne.

▲ ***La bataille de Lützen (1632)***
Gustave II Adolphe, protecteur du luthéranisme allemand, roi de Suède en 1611, en paix avec le Danemark depuis 1613 et la Russie depuis 1617, entre en lutte contre le catholicisme des Habsbourg. Il attaque la Pologne et s'empare des ports de Prusse (notamment Stralsund et Stettin) et de Riga en 1625. Son alliance avec Richelieu lui permet d'occuper le Brandebourg en 1631, puis la Bavière et la Saxe où il est tué au combat à Lützen. Paradoxalement, sa mort assure la victoire de ses troupes contre les impériaux commandés par Wallenstein. Ce général d'origine tchèque au service du Saint Empire, dont les victoires sur les Danois lui valurent le titre de duc de Friedland, fut assassiné deux ans plus tard après avoir été soupçonné par Ferdinand II de trahison.

1555 paix d'Augsbourg instaurant le droit des princes d'imposer la religion de leur choix dans leurs possessions.

Fin XVIe en Allemagne, catholiques et luthériens s'opposent aux calvinistes qui exigent la révision des statuts de la paix d'Augsbourg.

1608, 1609 l'Union évangélique et la Sainte Ligue s'arment tout en négociant de part et d'autre des alliances hors de l'Empire.

1618 mécontents des atermoiements relatifs à la liberté de conscience et de culte qu'avait fixée notamment la lettre de majesté en 1609, les nobles protestants expulsent les jésuites de Bohême et remplacent les lieutenants du roi par un directoire (« défenestration de Prague »).

1619 les Tchèques révoltés élisent roi de Bohême l'électeur palatin Frédéric V.

1620 l'armée des États de Bohême est écrasée à la bataille de la Montagne blanche par les armées de l'empereur Ferdinand II commandées par le général Tilly.

1621 l'Union évangélique se dissout à Heilbronn.

1628 reprise de la guerre entre l'Espagne et les Provinces-Unies.

1628 face aux succès de la cause catholique en Allemagne, Richelieu encourage les révoltes contre les Habsbourg, avec la complicité de Christian IV de Danemark.

1629 l'édit de restitution annule toutes les sécularisations depuis 1555.

1629 au traité de Lübeck, le Danemark renonce à ses visées sur les terres ecclésiastiques de l'Empire.

1631 le sac de Magdebourg par les impériaux commandés par Tilly rallie les protestants indécis à Gustave II Adolphe de Suède.

1634 assassinat de Wallenstein sur ordre de l'empereur Ferdinand II.

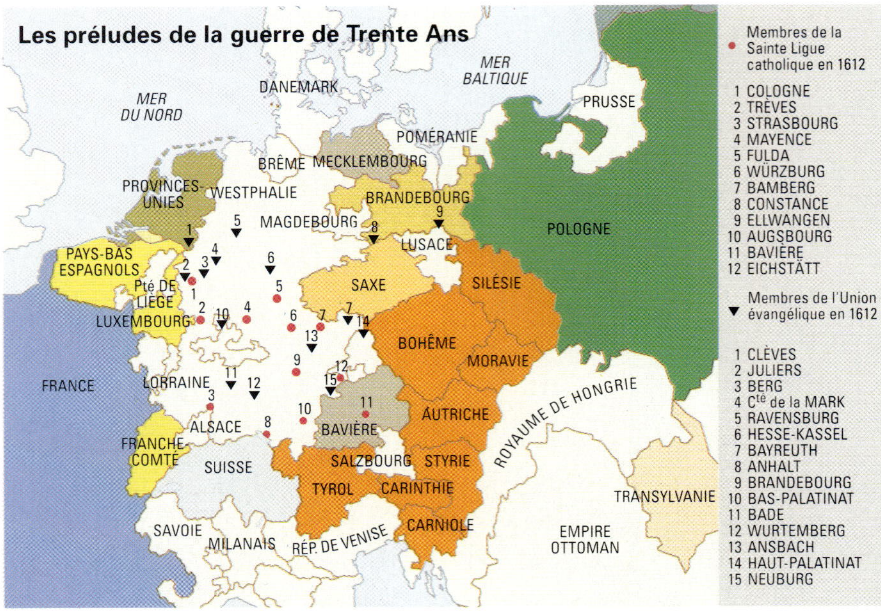

◀ *L'opposition entre protestants et catholiques à la suite des Réformes religieuses concerne toute l'Europe, mais elle est particulièrement vive au sein de l'Empire en raison de leur imbrication. Deux clans vont s'opposer violemment, préfigurant la guerre de Trente Ans : la Sainte Ligue catholique et l'Union évangélique implantée majoritairement au Nord.*

À l'issue de la guerre et des traités qui s'ensuivent, la division confessionnelle au sein de l'Empire devient définitive. Si chaque petit État opprime relativement les sujets qui n'appartiennent pas à la confession officielle (ici catholique, là luthérienne ou calviniste), une certaine tolérance existe néanmoins. Les bénéficiaires des traités obtiennent de nouveaux territoires et ces acquisitions modifient sensiblement la géographie européenne. ▶

LA PAIX DE WESTPHALIE 1648

Conclue entre toutes les puissances européennes (Russie, Angleterre et Empire ottoman exceptés), elle met un terme à quatre années de négociations par une série de traités. Après celui de La Haye (signé en janvier et ratifié en mai à Münster) par lequel l'Espagne reconnaît l'indépendance des Provinces-Unies, les princes et les États catholiques se réunissent également pour traiter à Münster (octobre) principalement des revendications françaises. La France se voit confirmer les trois évêchés de Metz, Toul et Verdun et obtient le landgraviat de la Haute et Basse Alsace et Pignerol (Piémont). Ces territoires sont détachés de l'Empire de sorte que Louis XIV ne peut siéger à la Diète en tant que prince allemand. Le même mois réunit les ambassadeurs impériaux, les princes et les États protestants à Osnabrück. La Suède obtient la Poméranie occidentale, Wismar et les évêchés de Brême et de Verden, territoires qui font du souverain suédois un prince siégeant à la Diète de Francfort; l'électeur de Brandebourg Frédéric-Guillaume, la partie orientale de la Poméranie et plusieurs évêchés (Halberstadt, Kamien et Minden). Enfin la Bavière annexe le Haut-Palatinat, le fils de l'électeur palatin Frédéric V récupérant le Bas-Palatinat.

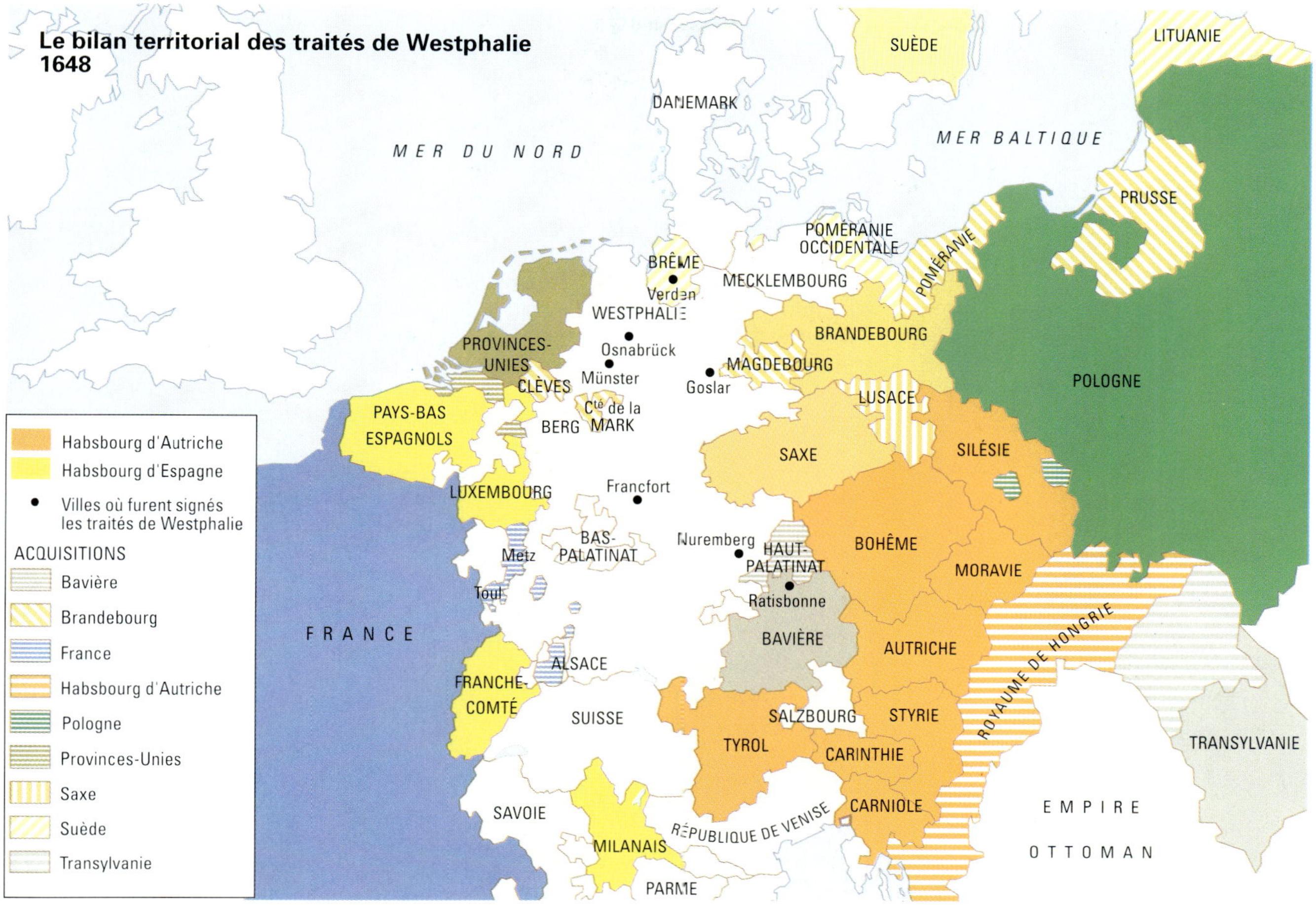

1635 la France déclare la guerre à l'Espagne ; le conflit ne prendra véritablement fin qu'au traité des Pyrénées en 1659.
1635 traité de Prague entre Ferdinand II et les princes électeurs de Saxe et de Brandebourg.
1636 les Espagnols prennent Corbie.
1643 le duc d'Enghien défait les Espagnols à Rocroi.
1648 à La Haye, le 30 janvier, l'Espagne reconnaît l'indépendance des Provinces-Unies et leur abandonne les bouches de l'Escaut et les terres de la Généralité.
1648 victoire de Turenne sur les impériaux à Zusmarshausen (janvier).
1648 victoire de Condé sur les Espagnols à Lens (20 août).
1659 au traité des Pyrénées, Louis XIV conclut avec l'infante Marie-Thérèse un contrat de mariage prévoyant la renonciation de celle-ci à la couronne d'Espagne.

Le siège de Vienne ▶
Au cours des cinquante ans qui suivent la paix de Zsitvatörök en 1606 entre le sultan Ahmed Ier et l'empereur Rodolphe II, les relations entre le Saint Empire et la Sublime Porte se limitent à des escarmouches sur leurs frontières. Ni Mathias ni Rodolphe II ne rêvent de reconquérir les terres de Pannonie ou de Thrace. Leur premier souci est ailleurs : pacifier et soumettre les territoires intérieurs de l'Empire, champs de bataille de la guerre de Trente Ans. Le principal adversaire de l'empereur « n'est pas l'infidèle mais l'hérétique » et ses alliés européens. Sous le sultan Mehmed IV (1648-1695), on assiste à une nouvelle poussée de l'impérialisme ottoman. Les musulmans, en mettant le siège devant Vienne, capitale ancestrale des Habsbourg, battent le rappel des catholiques : les impériaux, commandés par le duc Charles V de Lorraine et l'armée du roi de Pologne Jean III Sobieski défont les troupes ottomanes du grand vizir Qara Mustafa pacha à Kahlenberg en 1683. À défaut d'avoir vaincu le protestantisme, cette victoire de l'Empire chrétien scelle la défaite du Croissant turc.

1697 traités de Ryswick (entre la France, les Provinces-Unies, l'Angleterre et l'Espagne et, ultérieurement, entre la France et l'empereur Léopold Ier) qui mettent fin à la guerre de la Ligue d'Augsbourg et définissent ce que seront les droits des parents de Charles II d'Espagne, en cas de décès, et notamment les héritages respectifs des Bourbons et des Habsbourg.

1699 mort de Joseph-Ferdinand, fils de l'électeur de Bavière, à qui l'on destinait l'Espagne.

1700 (2 octobre) Charles II désigne par testament le petit-fils de Louis XIV, Philippe duc d'Anjou, comme unique successeur.

1700 (16 novembre) Philippe d'Anjou roi d'Espagne.

1701 (7 septembre) Grande Alliance de La Haye (Provinces-Unies, Angleterre, Danemark, Saint Empire).

1702 (15 mai) la coalition déclare la guerre à la France.

1703 la Savoie s'allie à l'empereur.

1704 les Anglais s'emparent de Gibraltar et contraignent la France à abandonner la Bavière.

1705 à Barcelone, l'archiduc Charles se fait proclamer roi (Charles III) d'Espagne après l'occupation de Barcelone par les Anglais.

1710 (10 décembre) Français et Espagnols remportent sur les impériaux et les Anglais la victoire de Villaviciosa.

1711 élection au trône impérial de l'archiduc Charles (Charles VI).

1712 armistice franco-anglais.

1713 les traités d'Utrecht puis le traité de Rastatt (6 mars 1714) mettent fin à la guerre de Succession d'Espagne.

▲ *Charles II en 1683*

La guerre de Succession d'Espagne présente une double caractéristique : son extension géographique et la nature essentiellement dynastique des conflits qu'entretiennent les lignages dominants. Les objectifs que vise chacun des États impliqués dans cette guerre sont évidemment d'ordre territorial, mais chacun fait valoir ses droits en raison des liens de parenté qu'il entretient avec les différents souverains. De fait, pour les monarques, les États sont des propriétés familiales et lignagères qu'il convient, par la guerre ou la négociation, de se répartir.

Fils de Philippe IV et de Marie-Anne d'Autriche, Charles II est roi d'Espagne et de Sicile depuis 1665. C'est un monarque puissant, même si, par le traité de Nimègue (1678), il doit abandonner la Flandre, la Franche-Comté et plusieurs places en Artois à Louis XIV. Sans postérité, il tente de transmettre son royaume d'abord de façon fractionnée entre l'Autriche et la France, puis intégralement à Philippe d'Anjou, petit-fils de Louis XIV. Sa mort, qui survient le 2 octobre 1700, ouvre la succession au trône d'Espagne, que revendiquent cinq prétendants.

En 1700, Philippe d'Anjou accède au trône d'Espagne sous le nom de Philippe V. Le 2 octobre 1700, le testament de Charles II le désignait pour héritier unique de tous les États de la Couronne d'Espagne. Acceptée, après quelques hésitations, par Louis XIV, son intronisation, illustrée ci-dessous par le tableau de François Gérard, déclenche la guerre de Succession d'Espagne. En effet, les Provinces-Unies et l'Angleterre, s'inquiétant de l'ouverture du marché américain à la France, que la montée sur le trône d'Espagne du petit-fils du roi de France laisse entrevoir, forment la Grande Alliance de La Haye. Malgré la guerre qui s'ensuit, très vite, prend une allure de guerre civile, l'arrivée des Bourbons sur le trône d'Espagne ouvre une ère nouvelle.

Les traités d'Utrecht (1713) mettent fin à cette guerre de succession. Il s'agit d'un ensemble de traités conclus entre 1713 et 1715, qui confirment l'accession du duc Philippe d'Anjou à la couronne (sous le nom de Philippe V d'Espagne), à la condition qu'il renonce à la couronne de France. Ces traités sont faits de concessions réciproques : la succession protestante en Angleterre n'est pas remise en question ; cette dernière obtient en outre Gibraltar, Minorque, Saint-Christophe, la baie d'Hudson, l'Acadie et Terre-Neuve. En retour, la France se voit attribuer par l'Angleterre et les Provinces-Unies la clause de la nation la plus favorisée. L'intégrité du territoire français comme l'hégémonie maritime et commerciale de l'Angleterre sont affirmées au même titre que l'hégémonie de Victor-Amédée II sur Nice et la Savoie et la reconnaissance de Frédéric-Guillaume Ier comme roi de Prusse.

▲ *Le duc d'Anjou reconnu comme roi par les ambassadeurs espagnols à Versailles en présence de son grand-père Louis XIV. Celui-ci n'acceptera que contraint et forcé par la guerre d'exclure son petit-fils Philippe d'Anjou de ses droits à la couronne de France.*

▲ *Signature à Utrecht de la paix entre la France et les coalisés le 11 avril 1713. Seul l'empereur Charles VI continue la guerre. Il sera contraint à signer avec Louis XIV la paix de Rastatt le 6 mars 1714.*

LA GUERRE DE SUCCESSION D'ESPAGNE 1702-1714

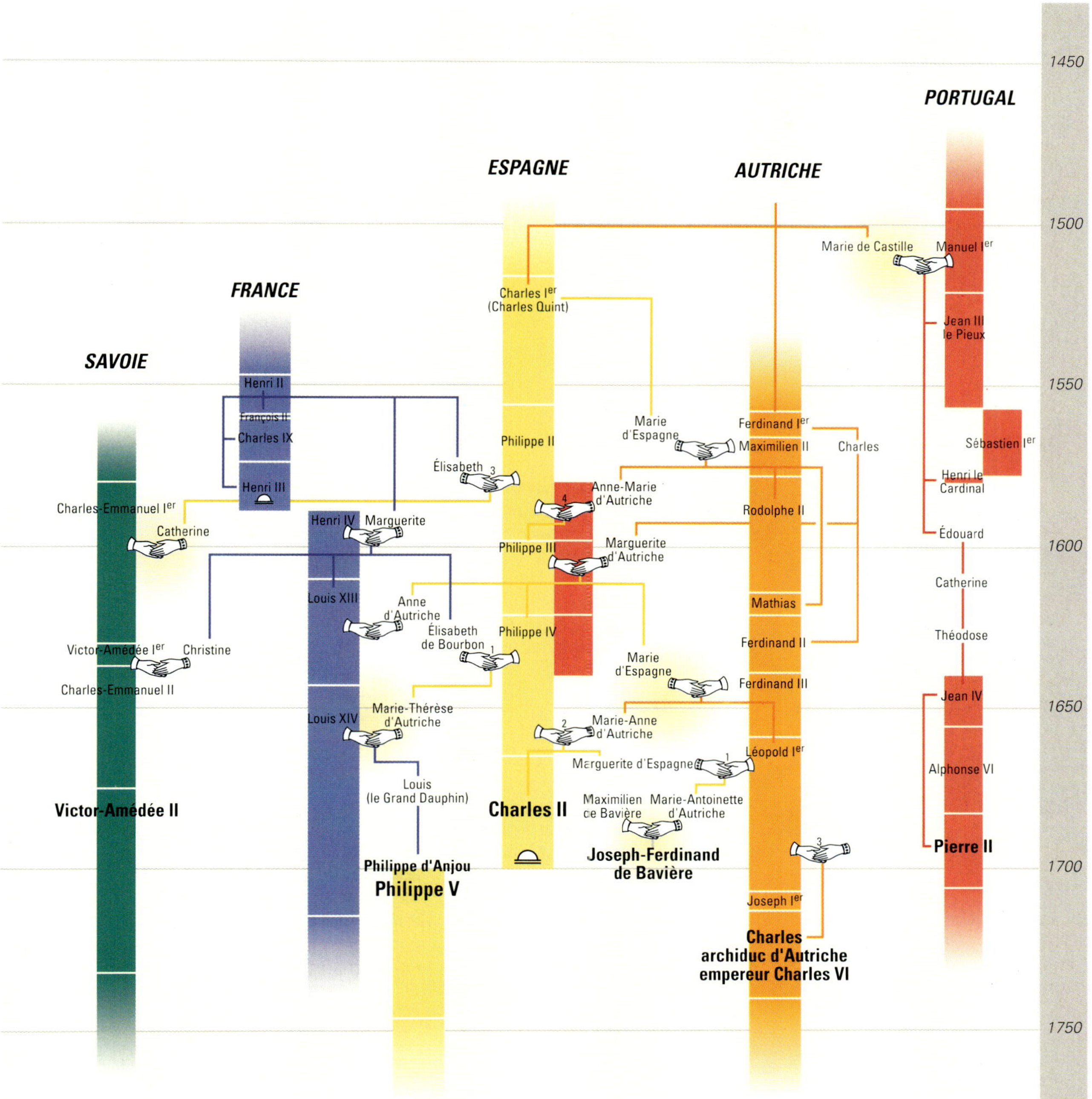

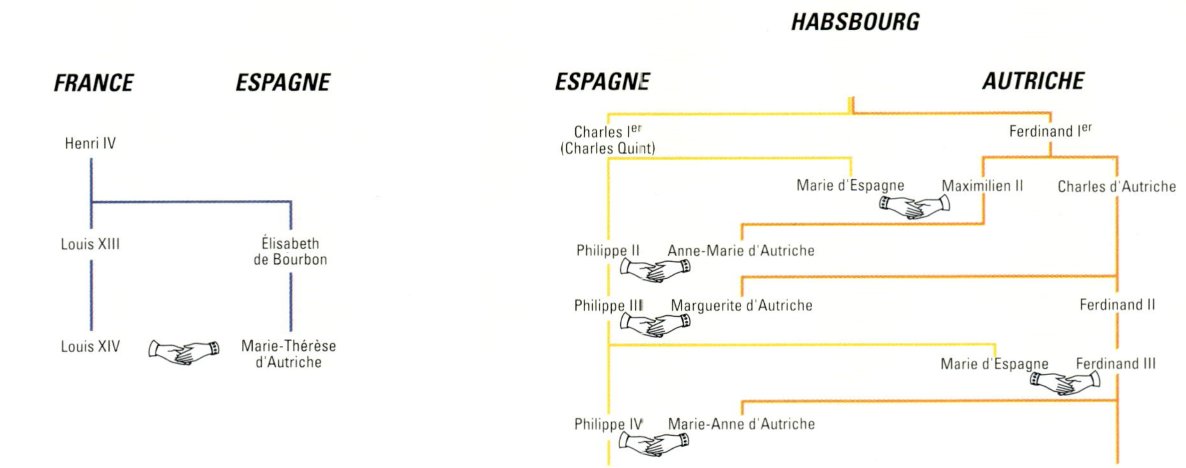

En dépit de ses deux mariages, Charles II d'Espagne n'a pas d'héritier. Cinq prétendants font valoir leurs liens de parenté pour briguer sa succession :

- Le roi de France Louis XIV, petit-fils de Philippe III d'Espagne par sa mère Anne d'Autriche, revendique la couronne d'Espagne pour son propre petit-fils Philippe d'Anjou.

- L'empereur Léopold Ier, lui aussi petit-fils de Philippe III, la revendique pour son fils Charles, archiduc d'Autriche.

- L'électeur Maximilien de Bavière, gendre de Léopold Ier, l'exige pour son fils Joseph-Ferdinand.

- Victor-Amédée II de Savoie et Pierre II de Portugal se portent également candidats, bien qu'ils soient de toute évidence des parents très éloignés.

Les deux prétendants les plus légitimes, en termes de proximité généalogique, sont Philippe d'Anjou et Joseph-Ferdinand de Bavière, issus des deux mariages successifs de Philippe IV d'Espagne. Mais les États européens, soucieux de maintenir l'équilibre instauré lors des traités de Ryswick (1697), s'opposent à ce que l'immense héritage espagnol échoie dans son intégralité à un Bourbon ou à un Habsbourg. Un nouveau traité (1698) décide donc d'un partage, dont Joseph-Ferdinand de Bavière serait le premier bénéficiaire : il recevrait l'Espagne, les Pays-Bas et l'Amérique. Le Milanais reviendrait à l'archiduc Charles, tandis que le Grand Dauphin (ou son fils Philippe d'Anjou) hériterait de Naples, de la Sicile, des possessions de Toscane en Italie et du Guipuzcoa en Espagne.

Charles II refuse que son royaume soit ainsi dépecé et désigne devant les Cortes (14 novembre 1698) Joseph-Ferdinand de Bavière comme unique héritier. Mais celui-ci meurt (6 février 1699), obligeant le roi à un autre choix. Un mois avant sa mort, il refait son testament (2 octobre 1700), choisissant cette fois le duc d'Anjou, ou, en cas de refus de la France, l'archiduc Charles.

Louis XIV accepte et les autres États européens ne s'y opposent pas, hormis l'empereur. Mais Louis XIV se refuse à exclure définitivement le duc d'Anjou de ses droits à la couronne de France. L'Europe se ligue alors contre la France et l'Espagne : la guerre éclate en 1702.

Après l'Espagne, la Pologne puis l'Autriche et finalement la Bavière (1778-1779) connaissent des problèmes de succession, qui génèrent plusieurs guerres mettant aux prises la plupart des États européens. La pragmatique sanction de 1713, qui devait assurer l'avenir de l'Autriche, s'avère plutôt une source de conflits. En effet, les rapports de force entre les États se sont profondément modifiés depuis le début du XVIIIe siècle.

La Pologne n'est plus, de même que l'Espagne à l'autre extrémité de l'Europe, le pays dominateur qu'il avait été. L'avènement de la République nobiliaire au XVIe siècle, en interdisant au souverain élu de désigner son successeur et en limitant ses prérogatives, a en effet contribué à l'affaiblir au fil des siècles. La Prusse voisine, réunie au Brandebourg, est devenue un royaume émancipé des liens de vassalité qui la liaient à la Pologne. Celle-ci mène une longue guerre contre la Suède, qui affaiblit les deux pays et qui se double, à l'est, des affrontements avec les Russes, les cosaques et les Turcs.

Défaite militairement, la Pologne est devenue, à l'aube du XVIIIe siècle, un quasi-protectorat russe, alors que l'Autriche conforte sa domination en Europe centrale en dépit de la montée prussienne, et que la Russie poursuit son expansion vers la Baltique, la mer Noire et la Sibérie, devenant de fait une grande puissance.

En deux siècles (XVIIe-XVIIIe siècle), les principaux acteurs qui influent directement sur l'histoire du continent ont changé. La France garde une place prépondérante, l'Autriche émerge de l'Empire, l'Espagne perd une part de son pouvoir, Venise, Gênes et la Pologne leur indépendance, tandis que la Russie et l'Angleterre accèdent au devant de la scène et que de nouveaux États comme les Provinces-Unies et la Prusse se constituent.

LA SUCCESSION DE POLOGNE 1733-1738

Elle se déclenche en 1733 et va durer cinq ans. La mort de l'électeur de Saxe, roi de Pologne, Auguste II en est le prétexte. La Russie et l'Autriche soutiennent contre Stanislas Leszczyński – élu par la diète de Varsovie et appuyé par son gendre le roi de France Louis XV – Auguste III, fils d'Auguste II. Les questions territoriales sont à l'évidence au cœur des conflits. Derrière celles-ci, les rivalités en matière de succession et donc d'accession au pouvoir, sont à l'œuvre. Enfin, les principes de filiation s'opposent dans la circonstance au mode électif permettant la désignation du souverain dans la République nobiliaire.

Auguste III occupe finalement le pays et chasse son rival qui se réfugie à Dantzig ; mais la ville doit capituler en dépit de l'aide militaire française, face aux Russes (9 juin 1734) qui soumettent la Pologne à leur autorité, avec l'appui de l'Autriche. La France, de son côté, investit la Lorraine, et soutient les Espagnols et les Sardes qui prennent pied dans le Milanais et à Naples, avant d'échouer devant Mantoue (1735). Les hostilités cessent avec le traité de Vienne (1738) par lequel Stanislas Leszczyński renonce au trône polonais, mais devient duc de Lorraine et de Bar grâce au renoncement de François Étienne de Lorraine. En échange ce dernier recevra le duché de Toscane où le dernier Médicis allait mourir sans héritier. La France paraît désormais consentir sans crainte au mariage de François Étienne avec Marie-Thérèse fille de Charles VI. La Lorraine ne serait pas terre impériale. L'empereur garde en Italie le Milanais et Mantoue, tandis que Naples et la Sicile échoient à Don Carlos (futur Charles III d'Espagne).

Marie-Thérèse d'Autriche

Née à Vienne en 1717, fille de l'empereur Charles VI, elle devient « roi » de Hongrie en 1740 et reine de Bohême en 1753. Est-ce à cause de son droit à la couronne établi par la pragmatique sanction de 1713 ou, comme le disait Voltaire, de « ce sang de tant d'empereurs qui coule dans ses veines », ou encore de sa personnalité, de son éducation et de sa beauté que cette femme devint « roi » et impératrice ? Grand stratège, animée d'une farouche volonté d'assurer son pouvoir sur les États des Habsbourg, elle s'oppose à Frédéric II de Prusse et y perd la Silésie. Elle déclenche la guerre de Sept Ans (1756-1763), qui aboutira à l'annexion de la Galicie orientale et de la Petite Pologne (moins Cracovie). C'est le dévouement inconditionnel des Hongrois qui lui permit d'entrevoir, par un jeu subtil d'alliances et de flatteries (y compris auprès de la marquise de Pompadour, son ennemie jurée), la possibilité d'accéder au trône impérial. Elle fut qualifiée après sa mort (1780) de « mère de la patrie », après qu'elle eut prononcé ces mots : « Je me reproche le temps que je donne au sommeil ; c'est autant de dérobé à mes sujets. »

LA PRAGMATIQUE SANCTION DE 1713

La Maison d'Autriche a longtemps suivi les traditions successorales du droit germanique privilégiant, dans les maisons princières, les partages par rapport au principe de primogéniture. En 1703, Léopold Ier impose à ses deux fils un accord secret, le "pacte de succession mutuelle", qui considère le patrimoine des deux branches des Habsbourg (Autriche et Espagne) comme un tout et doit assurer au survivant la totalité de l'héritage si l'un des deux frères disparararaît sans héritier mâle. C'est ce qui arrive à la mort de Joseph Ier puisque l'empereur défunt n'a que deux filles, Marie-Josèphe et Marie-Amélie. Charles VI revendique dónc la totalité du patrimoine, en dépit de l'opposition des puissances maritimes et des Bourbons, et il attend 1718 pour reconnaître Philippe V d'Espagne (voir Guerre de Succession d'Espagne).

Le 19 avril 1713, l'empereur Charles VI lit à ses conseillers le pacte de 1703 et il y ajoute une clause capitale : les pays de la monarchie "indivisibles et inséparables" ne peuvent être partagés. Il introduit aussi le principe de la primogéniture en ligne masculine, puis en ligne féminine; s'il meurt sans héritier, la monarchie reviendra aux filles de Joseph Ier ; s'il a des enfants, ses nièces n'auront aucun droit à la succession. La déclaration impériale enregistrée solennellement par un notaire sera désormais nommée Pragmatique Sanction.

LA SUCCESSION D'AUTRICHE 1740-1748

Elle s'ouvre à la mort de l'empereur Charles VI (1740) en raison de l'accession au trône de sa fille Marie-Thérèse, dont les indéniables qualités n'empêchent nullement (au contraire) les convoitises. Plusieurs des membres historiques de l'Empire, dont la Bavière, la Saxe et la Prusse, entendent intervenir contre cette désignation et souhaitent impliquer la France et l'Espagne. La coalition qui se noue alors, pour un temps, entre France, Prusse, Saxe, Bavière et Espagne face à l'Autriche, sort victorieuse des premiers conflits. Frédéric II de Prusse s'empare de la Silésie (1741) que lui abandonne Marie-Thérèse en proie à d'autres difficultés : l'avènement d'Élisabeth de Russie (décembre 1741) et l'élection de Charles-Albert de Bavière à l'Empire (janvier 1742). L'appui de la noblesse hongroise et l'alliance qu'elle scelle avec l'Angleterre lui permettent de reprendre l'initiative et d'infliger aux Français une défaite (Dettingen, 27 juin 1743) qui rompt l'alliance franco-sarde. La France a perdu ses positions en Allemagne, tandis que l'Autriche s'est réconciliée avec la Prusse et la Saxe. Inquiet des succès de la nouvelle coalition, Frédéric II de Prusse s'empare de Prague (septembre 1744), sauvant ainsi du désastre les armées françaises.

Après plusieurs renversements d'alliances successifs et la désignation de François de Lorraine, époux de Marie-Thérèse, à la tête de l'Empire (1745), Louis XV parvient à imposer la paix avec l'Angleterre. La France et l'Angleterre s'étaient lancées dans une lutte acharnée pour conquérir de nouveaux territoires (Amérique du Nord, Antilles, Indes). Le conflit éclate, qui aboutit à la bataille de Fontenoy où le maréchal de Saxe, en présence de Louis XV, défait les troupes anglo-hollandaises commandées par le duc de Cumberland. Aux termes du traité signé à Aix-la-Chapelle (octobre 1748), la France restitue ses conquêtes continentales (notamment les Pays-Bas, la Savoie et Nice), tandis que l'Angleterre garde ses possessions outremer, et que les acquisitions (Parme et Plaisance notamment) de Philippe de Bourbon (fils de Philippe V et d'Élisabeth Farnèse) sont confirmées et que la Silésie est attribuée définitivement à la Prusse. Celle-ci est probablement la grande bénéficiaire de ces années troublées et belliqueuses qui avaient d'ailleurs débuté avec la conquête de la Silésie par Frédéric II.

▲ Charles VI

Empereur et roi de Hongrie (Charles III, 1711-1738), fils de Léopold Ier, il est le dernier descendant direct des Habsbourg. Concurrent de Philippe d'Anjou pour la succession d'Espagne, il abandonne ses prétentions au traité de Rastatt (1714), après avoir succédé à son frère l'empereur Joseph Ier mort en 1711. Afin d'assurer la transmission indivisible de ses États, il édicte en 1713 la Pragmatique Sanction alors qu'il n'a pas encore d'enfant. Le grand souci de son règne sera de la faire adopter par tous les pays dépendant de lui et reconnaître par les puissances européennes. Ses victoires sur les Turcs lui permettent d'obtenir le banat de Temesvar, une partie de la Valachie et de la Serbie (Belgrade comprise) au traité de Passarowitz (1718). Ce succès assure à l'empereur l'adoption de la Pragmatique par les diètes de Croatie, Transylvanie et Hongrie où elle devient loi du royaume jusqu'en 1918. Inquiet de l'élection de Stanislas Leszcyński au trône polonais à cause des liens de ce dernier avec la France, Charles VI s'allie à la Prusse et à la Russie pour imposer Auguste III, fils d'Auguste II et époux de sa nièce Marie-Josèphe. La guerre de Succession de Pologne lui coûte Naples et la Sicile. L'alliance russe l'entraîne dans une nouvelle guerre contre les Turcs où il perd la Valachie et la Serbie (1739). Il meurt en octobre 1740, laissant à sa fille Marie-Thérèse une situation catastrophique.

AUGUSTE II LE FORT

Électeur de Saxe sous le nom de Frédéric-Auguste Ier depuis 1694, il est élu roi de Pologne en 1697 sous le nom d'Auguste II, après avoir abjuré le protestantisme ; il succède ainsi à Jean III Sobieski, mort en 1696. Allié au Danemark et à l'empereur de Russie Pierre le Grand contre le roi de Suède Charles XII, il est vaincu par celui-ci à Kliszów (1702). La Suède exploite cette victoire en plaçant sur le trône son « candidat » : Stanislas Leszczyński (1704). Dès lors, les hostilités reprennent rapidement par roi et « anti-roi » interposés, chacune des grandes puissances intéressées voulant imposer et maintenir son souverain. Avec l'appui des Russes, Auguste II gagne la bataille de Poltava (1709) qui lui permet de remonter sur le trône en 1710. En 1719, il marie son fils Fréderic Auguste II de Saxe à l'archiduchesse Marie-Josèphe fille aînée de Joseph Ier et nièce de l'empereur Charles VI.
Bon militaire, d'un fort caractère, aimant le faste et les plaisirs, de sa liaison avec Marie-Aurore de Königsmark, il eut un fils qui deviendra célèbre pendant la guerre de Succession d'Autriche : Maurice de Saxe (1696-1750), vainqueur des Anglo-Hollandais à Fontenoy (1745). La mort d'Auguste II en 1733 ouvre la guerre de Succession de Pologne. La couronne demeurait élective en Pologne (République nobiliaire) et la candidature de son fils, Fréderic-Auguste II de Saxe fut rejetée par une partie de la noblesse polonaise.

1732 Auguste II le Fort s'allie avec la France et la Bavière.
1732 l'entente Autriche-Prusse-Russie maintient le statu quo en Pologne, s'oppose au traité franco-polonais et aux ambitions de Stanislas Leszczynski.
1733 mort d'Auguste II le Fort ; Stanislas Leszczynski élu roi de Pologne. Auguste III occupe le pays et chasse son rival qui se réfugie à Dantzig.
1734 les Russes s'emparent de Dantzig et placent la Pologne sous autorité austro-russe.
1735 les « préliminaires de Vienne » annoncent la fin de la guerre de Succession.
1738 traité de Vienne. Le ministre français Fleury accepte les termes de la pragmatique sanction de 1713. Stanislas Leszczynski renonce au trône de Pologne et obtient les duchés de Lorraine et de Bar. Don Carlos reçoit Naples, la Sicile et les présides de Toscane. L'Autriche récupère Parme et Plaisance.
1740 Frédéric II roi de Prusse.
1740 mort de l'empereur Charles VI.
1740 Frédéric II de Prusse envahit la Silésie.
1741 le roi de Prusse bat les Autrichiens à Mollwitz. L'impératrice octroie l'autonomie à la Hongrie et cède la Silésie à Frédéric II de Prusse. Français et Bavarois envahissent la haute Autriche et la Bohême.
1742 Charles-Albert de Bavière couronné empereur (Charles VII).
1743 la ligue de Worms réunit une coalition (Angleterre, Autriche, États sardes) contre la France.
1744 Louis XV déclare la guerre à l'Angleterre et à l'Autriche. Frédéric II de Prusse s'empare de Prague.
1745 mort de l'empereur Charles VII ; François de Lorraine, époux de Marie-Thérèse, désigné comme empereur (François Ier). Reprise de la guerre aux Pays-Bas.
1748 traité d'Aix-la-Chapelle. La France restitue ses conquêtes continentales et l'Autriche perd la Silésie.

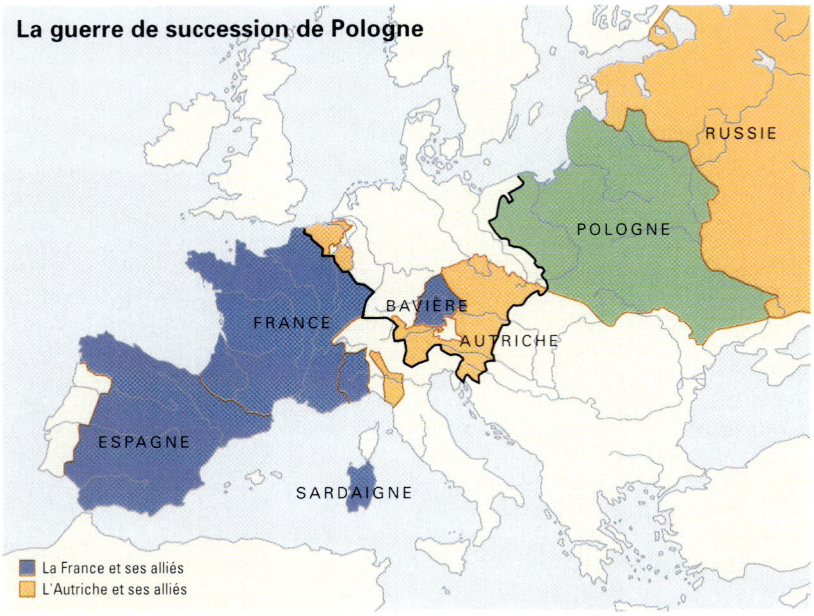

◀ *La guerre de Succession de Pologne*
La guerre de Succession éclate à la mort du roi Auguste II le Fort, longtemps allié du tsar Pierre le Grand. Stanislas Leszczyński — soutenu par la France (Louis XV est son gendre) — est de nouveau élu. La Russie et l'Autriche soutiennent de leur côté Auguste III. Par ailleurs, la France, alliée de l'Espagne depuis l'accession au trône de Philippe d'Anjou, se lie également à la Bavière, concurrente de l'Autriche des Habsbourg pour la direction de l'Empire. La Sardaigne enfin, dont le duc de Savoie est le souverain, participe de l'alliance franco-espagnole.

▼ *La bataille de Fontenoy*
La France et la Grande-Bretagne se lancent dans une lutte acharnée pour conquérir de nouveaux territoires (Amérique du Nord, Antilles, Indes). Le conflit éclate qui aboutit à la bataille de Fontenoy (1745) où le maréchal de Saxe, en présence de Louis XV, défait les troupes anglo-hollandaises commandées par le duc de Cumberland. La France acquiert ainsi plusieurs places de l'ouest et du sud de la Belgique.

◀ *Stanislas Ier Leszczyński*
Appartenant à une famille originaire de Bohême, ce fils du grand trésorier de Pologne Raphaël Leszcyński fit de brillantes études qui lui permirent d'être délégué par sa province à la diète préparatoire pour l'élection d'un roi. Comme son père, il militait pour l'accession au trône de Jacques Sobieski, fils du dernier roi. D'autres compétiteurs étaient sur les rangs, dont l'électeur de Saxe et le prince de Conti. Ce dernier, qui avait obtenu la majorité des suffrages, étant absent, Frédéric-Auguste, électeur de Saxe, réussit à force d'intrigues à se faire élire sous le nom d'Auguste II. Après la défaite de celui-ci en 1704, Stanislas Leszczyński fut mandaté auprès du roi de Suède pour traiter de la paix. Il le fit si bien et à de si bonnes conditions qu'il fut proclamé roi. Les conflits entre le nouveau roi, soutenu par les Suédois, et Auguste, réfugié en Saxe et soutenu par les Russes, ne cessèrent pas. Stanislas en sortit vainqueur et obligea son rival à le reconnaître au traité d'Alt-Ranstadt (1706). Mais les Russes de Pierre le Grand changèrent de politique, envahirent la Pologne et déclarèrent déchus les deux souverains rivaux. Malgré l'aide de Charles XII de Suède et la résistance de Stanislas, la défaite de Poltava (1709) marque la fin de son règne. Il est retenu d'abord en Turquie, puis s'installe dans la petite principauté de Deux-Ponts avant de s'établir à Wissembourg, en Alsace, où le Régent lui accorde une pension. Il est presque misérable lorsque le jeune Louis XV épouse sa fille Marie Leszczyńska (1725), lui ouvrant les châteaux de Chambord et de Meudon. Après un dernier et bref retour sur le trône de Pologne rendu vacant par la mort d'Auguste II (1733), il est assiégé par les Russes et parvient à fuir grâce à l'appui de son gendre Louis XV. Par le traité de Vienne (1738) signé avec l'empereur, il reçoit les duchés de Lorraine et de Bar, contre une renonciation définitive au trône de Pologne.

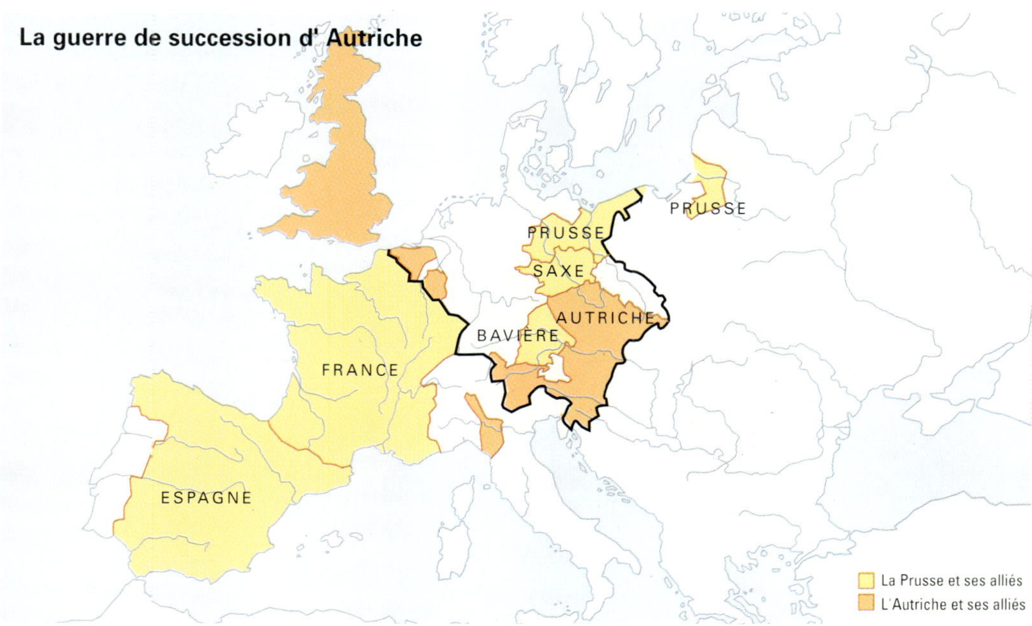

La guerre de Succession d'Autriche ▶
La montée sur le trône de Marie-Thérèse à la mort de l'empereur Charles VI (1740) met l'Europe en émoi. L'accession de cette princesse à la tête de l'Empire et au trône de Hongrie coïncide avec l'avènement du roi de Prusse Frédéric II : la Prusse échappe définitivement à la souveraineté polonaise, tout en demeurant vassale de l'empereur. Sa rivalité avec les Habsbourg d'Autriche, comme celle dont font preuve la Bavière et la Saxe, est non seulement motivée par des considérations politiques auxquelles l'Espagne et la France souscrivent, mais aussi religieuses : Frédéric le Grand est le plus puissant prince protestant d'Europe, face aux Habsbourg, champions de la Réforme catholique.

Les années révolutionnaires inaugurent des formes politiques inédites dans l'histoire de l'Europe, et la France paraît alors sortir du cours de l'histoire européenne. Comme la Révolution française donne une portée universelle à sa rupture avec ce qu'elle définit comme l'Ancien Régime, elle ne marque pas seulement la fin de ce dernier mais sonne le glas de toute une civilisation. C'est l'Europe entière qui est bouleversée par les idées comme par les armées révolutionnaires venues de France. Du coup, les avancées de la démocratie ne se penseront plus que sous le signe de la révolution et de la nation. À la France, il faudra un siècle, entrecoupé de révolutions, de coups d'État et d'aventures militaires pour établir solidement un régime représentatif au sein d'une république laïque et parlementaire.

Les arbres de la liberté

La première vague de plantations se déroule dès l'hiver de 1790, mais c'est en 1792 que les arbres de la liberté deviennent des monuments officiels, plantés avec solennité au cours de cérémonies civiques où les autorités délivrent leur rhétorique sur la régénération révolutionnaire. Objet des soins de la population patriote, l'arbre doit incarner la durée de la liberté, mais il en souligne aussi la jeunesse et la fragilité.

À court d'argent et d'expédients après les échecs successifs de ses tentatives de réforme, Louis XVI convoque pour 1789 les États généraux. Le gouvernement, tout en conservant la séparation des ordres – clergé, noblesse, tiers état –, décide de doubler la représentation du tiers état et d'établir une certaine proportionnalité entre électeurs et élus. La monarchie rend hommage à sa propre œuvre administrative, mais consolide aussi l'idée moderne de la représentation où les individus politiques s'équivalent dans la formation du pouvoir législatif. En mêlant ainsi tradition et modernité, la monarchie va léguer la démocratie à la Révolution tout en y inscrivant les conflits qui la radicaliseront.

LA RÉVOLUTION CONSTITUANTE

Les États généraux s'assemblent en mai 1789. Tout va alors très vite. En quelques mois, le temps d'un été, englobée dans la condamnation radicale de la société aristocratique, la monarchie absolue s'effondre.

Le 17 juin 1789, poussé par l'abbé Sieyès, le tiers état se constitue en Assemblée nationale, précipitant ainsi les événements. Grâce au soutien populaire, qui ouvre aussi la voie à la surenchère démocratique et à la violence, le tiers état sort vainqueur de l'épreuve de force avec la Cour. Le 9 juillet, c'est une Assemblée où siègent les députés des trois ordres qui se déclare constituante. Le triple appui des révolutions parisienne, municipale et rurale permet à la nouvelle souveraineté nationale de l'emporter sur la souveraineté monarchique.

Au cours du mois d'août, la Constituante fait table rase du passé et réalise ce qui sera l'œuvre la plus durable de la Révolution : la destruction de l'ancienne société et la recomposition de la nouvelle sur la base d'individus libres et égaux en droits dans leur soumission à l'universalité de la loi. La Nuit du 4 août et la Déclaration des droits de l'homme et du citoyen sont ainsi les actes fondateurs de la France contemporaine.

Le 4 août, alors que les troubles paysans alarment les députés qui souhaitent le rétablissement d'un ordre protégeant les personnes et les biens, l'Assemblée décide de faire un geste en direction des campagnes. En quelques heures, elle réalise l'une des plus fantastiques destructions qui soient : celle du vieil ordre juridique et social édifié par des siècles d'histoire, celle de cette société composée d'ordres, de corps, de communautés hiérarchisés et définis par leurs privilèges.

Avec la Déclaration des droits de l'homme et du citoyen, l'Assemblée énonce les droits imprescriptibles que possède l'individu en société et que la loi garantit. Malgré l'intention proclamée d'élaborer un texte de portée universelle, c'est largement le contexte qui commande l'abstraction et la radicalité de la Déclaration. Avant de se lancer dans la rédaction de la première Constitution écrite de notre histoire, les constituants devaient légitimer leur nouveau pouvoir sans affronter trop directement le pouvoir monarchique. L'élaboration de ces maximes révèle bien des fractures qui iront s'amplifiant et met au jour des tensions qui restent aujourd'hui encore celles de la démocratie : entre la souveraineté et l'individu citoyen, entre la sphère du public et celle du privé, entre l'égalité juridique affirmée et l'inégalité sociale perpétuellement renaissante.

UN HÉRITAGE PLURIEL

Les grands principes posés, la Constituante entreprend de refondre les institutions du royaume : l'organisation judiciaire, la fiscalité, l'armée, l'Église. Après avoir privé cette dernière de ses ressources pour combler le déficit budgétaire, sa réforme semblait d'autant plus nécessaire que la souveraineté nationale rompait avec le droit divin, principe de légitimité du pouvoir monarchique. Les protestations suscitées par la réforme du clergé révèlent cependant la profondeur des clivages qui divisent la population et dessinent une géographie politique de la France qui traversera les siècles. La laïcité des républicains y puisera sa vitalité au XIXe siècle.

À l'ancienne mosaïque administrative qui reflétait les strates successives de l'histoire monarchique se substitue la rationalité du redécoupage du territoire en départements divisés en districts et communes, tous pourvus d'administrations élues. La Constituante, comme la Convention et surtout comme le Directoire et le Consulat, accomplit une immense œuvre administrative en perfectionnant et en développant l'appareil étatique forgé par la monarchie pour unifier le pays. L'État centralisé traversera sans dommage les révolutions et les restaurations ultérieures; les régimes passeront, les préfets resteront.

La Révolution française institue ainsi une société dont le fondement est l'individu, et dont l'expression sera le Code civil de 1804. Elle étend aussi l'emprise de l'État sur la société et accroît

◀ ***Les soldats français en Allemagne***
« Guerre aux châteaux, paix aux chaumières », affirmait Cambon à la Convention, en décembre 1792, en prescrivant la ligne de conduite à tenir dans les pays occupés, tandis que Robespierre avait averti que personne n'aimait les missionnaires armés. Cette gravure allemande, imprimée durant les campagnes d'Allemagne menées par Moreau et Jourdan en 1796, souligne que les « croisés de la liberté » ne sont en réalité que de vulgaires pillards à l'image des autres soldats.

son autonomie en le dégageant des particularismes et en lui permettant de développer une légitimité propre hors du droit divin. La croissance de la bureaucratie et celle du droit administratif avec ses règles et juridictions spécifiques tout au long du XIXe siècle en témoignent. Mais la Révolution s'avère incapable de donner à la France un régime stable, en accord avec le nouveau dogme politique de la souveraineté du peuple. C'est paradoxalement la monarchie restaurée qui consolide le principe du gouvernement représentatif qui n'avait pas résisté au cours pris par la Révolution bien qu'il constituât une revendication majeure au sein de l'opposition à la monarchie absolue.

LES AMBIVALENCES DE LA DÉMOCRATIE

Le répertoire varié des formes politiques qu'inaugure la Révolution française a pour fond commun la défiance envers les institutions représentatives – héritée du caractère inaliénable de la souveraineté chez Rousseau – et comme plus petit dénominateur commun le refus de l'alternance politique. De 1789 à la fondation de la IIIe République, qui conjugue enfin suffrage universel, gouvernement représentatif et État centralisé, on ne compte plus les gouvernements qui tombent sous l'effet de l'insurrection parisienne ou du coup d'État, qu'il soit parlementaire ou antiparlementaire. Aussi, la succession des régimes politiques que connaît la France jusqu'en 1875 ne traduit-elle pas tant l'affrontement de la Révolution avec la contre-Révolution que l'ambivalence d'une tradition révolutionnaire française peu libérale qui rend difficile la fondation de la République. Car, pour paraphraser Benjamin Constant, la première expérience démocratique française entache la République et la démocratie de souvenirs affreux : en France, celui de la Terreur; en Europe, celui de la conquête des armées françaises avec son cortège d'exactions.

Si les assemblées révolutionnaires ont pu ainsi reprendre à leur compte l'action uniformisatrice de l'État monarchique, c'est parce qu'il n'était plus qu'un lieu vide, offrant l'étendue illimitée de son pouvoir. Dès septembre 1789, la monarchie n'est conservée que comme témoin du monde disparu : Louis XVI est confiné dans les fonctions rendues accessoires de chef du pouvoir exécutif. Vestige du passé, sans légitimité populaire, le roi ne marque plus que l'incompatibilité de son principe avec la Révolution. La représentation de l'unité du royaume qu'il détenait dans une histoire faite d'usurpations est restituée à son légitime propriétaire, le peuple, nouvelle figure de la nation.

Détentrice d'une souveraineté dont elle s'est emparée au nom de la nation, l'Assemblée risque de voir le peuple se ressaisir de sa souveraineté. Les assemblées révolutionnaires légifèrent ainsi sous la surveillance des journalistes et des militants parisiens toujours prompts à vérifier si la légalité s'accorde avec la légitimité révolutionnaire. Ce difficile rapport pèse sur tout le cours de la Révolution. La chute du trône le 10 août 1792 comme le triomphe de la Montagne sur la Gironde en mai-juin 1793 ne sont possibles que par l'abaissement de la représentation nationale : contre les députés, le peuple reprend sa souveraineté primitive. Robespierre excellera à souligner cette tension, lors du procès de Louis XVI, par exemple, où il pose clairement les termes du dilemme : ou c'est le roi qui est coupable, ou c'est la Révolution, c'est-à-dire le peuple. Dès lors, annonce-t-il un an plus tard, il ne faut pas demander au gouvernement révolutionnaire d'être soumis à l'emprise de la loi puisque son but est précisément de fonder la République, c'est-à-dire l'empire de la loi. En l'occurrence, fonder la République, c'est préserver la Révolution contre ses ennemis, à l'extérieur comme à l'intérieur. Les Français font ainsi l'expérience de la puissance formidable recelée par la souveraineté démocratique qui, dans sa version jacobine, cherche à envahir jusqu'à la sphère de leurs pensées. La Terreur passée, Sieyès identifiera la source du mal dans ce que les Français, tout imprégnés de la vision absolutiste de la souveraineté – indivisible et inaliénable –, l'ont transférée telle quelle de la monarchie au peuple. Pour en limiter les effets, il proposera en 1795 d'établir une juridiction supérieure au pouvoir législatif, chargée de contrôler la constitutionnalité des lois, idée qui ne recevra un écho favorable que dans la Constitution de la Ve République (1958) avec la création du Conseil constitutionnel. Selon ce diagnostic, la dictature jacobine de Salut public n'a été qu'un avatar de la monarchie absolue au sein de la Révolution.

LA « GRANDE NATION »

1789 restitue à la nation la souveraineté qu'avaient usurpée l'histoire monarchique et la société aristocratique. Mais la réinstitution de la nation, dont le fondement est l'égalité des hommes, se fait par l'exclusion de ceux dont l'existence même niait le principe égalitaire : les nobles. La difficulté réside en ce que cette entorse au principe est extensible à d'autres que les nobles, qu'il s'agisse d'adversaires politiques ou d'exclus sociaux. Aussi, la passion pour l'égalité a-t-elle été tenue par certains pour responsable des débordements révolutionnaires. L'exclusion

LE DRAPEAU TRICOLORE PLACE SAINT-MARC

En 1848, la péninsule italienne n'a pas besoin du signal français pour s'embraser contre la domination autrichienne. En mars, l'avocat Daniele Manin (1804-1857), arrêté par les Autrichiens et libéré par la foule vénitienne, proclame la République de Saint-Marc. En quelques jours, à leur tour, Milan chasse les troupes autrichiennes et le roi de Piémont déclare la guerre à l'Autriche.

4 août 1789 abolition des différents droits composant le « régime féodal ».
26 août 1789 adoption du texte définitif de la Déclaration des droits de l'homme et du citoyen.
27 novembre 1790 l'Assemblée décrète que les prêtres, fonctionnaires publics depuis la réforme du clergé de l'été, sont astreints à un serment de fidélité à la Constitution sous peine d'être réputés démissionnaires; ce décret va scinder en deux non seulement le clergé mais encore l'ensemble de la population.
20 avril 1792 la France déclare la guerre à François II, le nouvel empereur, ouvrant ainsi la série de conflits qui va l'opposer pendant plus de vingt ans aux différentes coalitions.
10 août 1792 le château des Tuileries est pris d'assaut par les Parisiens aidés des fédérés envoyés par les départements, et Louis XVI, suspendu de ses fonctions, est emprisonné.
21 janvier 1793 exécution de Louis XVI.
2 juin 1793 arrestation des députés girondins à la suite du coup de force des sections parisiennes contre la Convention.
27 juillet 1794 coup d'État parlementaire contre Robespierre et ses amis qui sont exécutés.
5 avril 1795 avec le traité de Bâle, la Prusse est le premier État à reconnaître la République française.
16 mai 1796 par le traité de La Haye, la Hollande devient une « République sœur ».
16 octobre 1796 proclamation à Bologne de la République Cispadane. Le 9 juillet 1797, la République Cisalpine est proclamée à Milan.
9-10 novembre 1799 Bonaparte s'empare du pouvoir et instaure le Consulat qui donne à la France son visage administratif moderne.
21 mars 1804 promulgation du Code civil.
2 décembre 1804 Napoléon est sacré empereur.

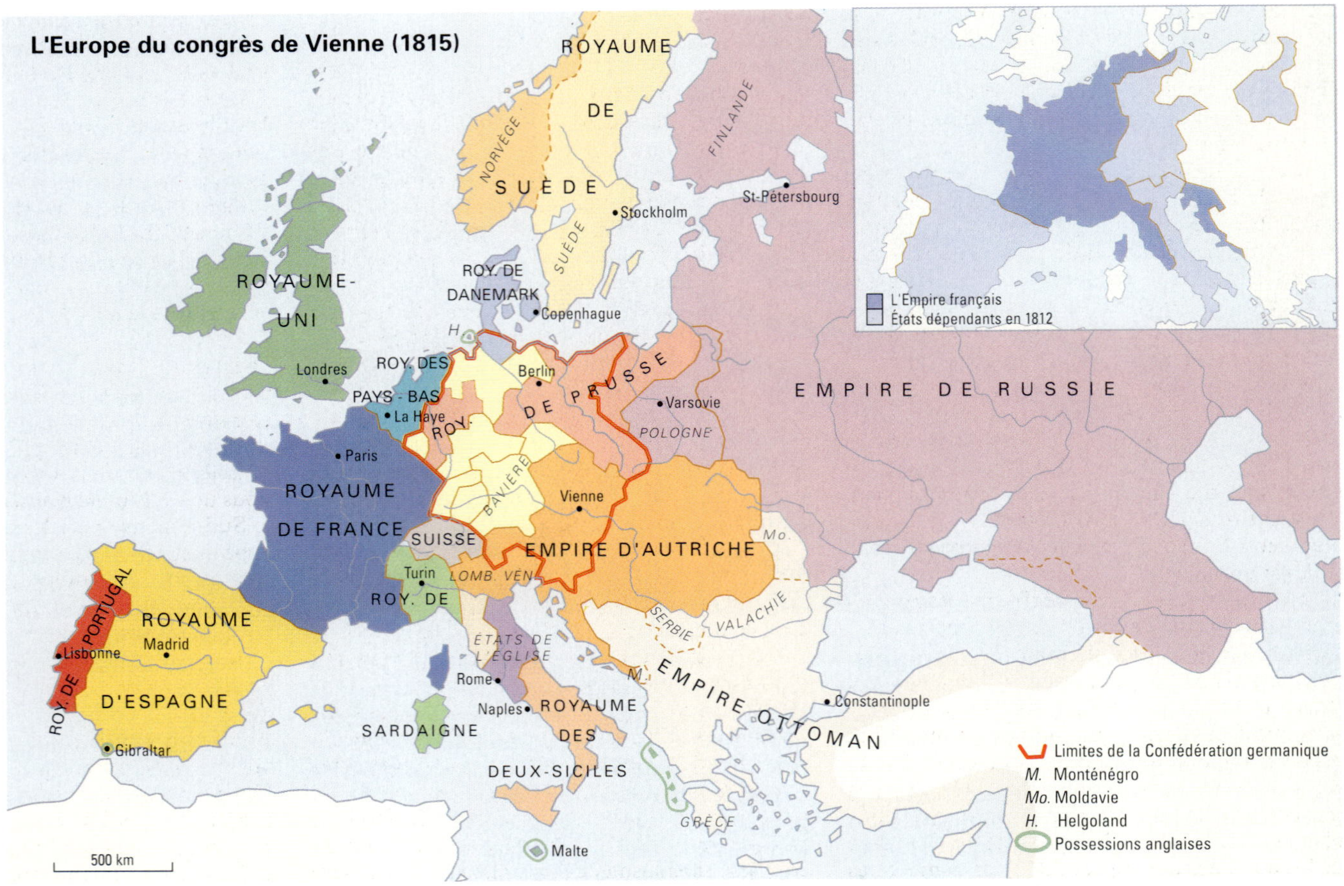

▲ *Les vainqueurs de Napoléon Ier se sont réunis à Vienne pour remodeler la carte de l'Europe et effacer un quart de siècle de bouleversements révolutionnaires. Aussi la France, coupable, retrouve-t-elle là, après l'expansion impériale, ses frontières de 1790. Cela souligne l'incapacité de Napoléon à transformer le « clan Bonaparte » en dynastie historique. En effet, aucun des royaumes taillés sur mesure pour ses frères et sœurs ne survit au congrès de Vienne.*

des nobles hors la nation se traduit par leur exclusion hors du territoire national. Et de l'idée de poursuivre ces souvenirs de l'inégalité réfugiés à l'étranger d'où ils menacent le nouvel ordre public, on va passer à celle d'établir l'égalité hors de France et d'émanciper les peuples d'Europe. L'ennemi de l'intérieur va coïncider avec celui de l'extérieur, le patriotisme avec la démocratie. Porté par un sentiment national investi de messianisme idéologique, le conflit de la France avec l'Europe ne pouvait pas rester un conflit classique.

De même que la Révolution apparaissait comme un danger pour l'Europe des rois, l'Europe paraissait menacer la Révolution. En 1791, la guerre est escomptée aussi bien par la Cour qui espère y trouver l'occasion de restaurer l'autorité royale que par les révolutionnaires avancés qui y voient un moyen rapide d'accéder au pouvoir. Cet accord du sentiment révolutionnaire avec le sentiment national précipite la chute du trône. En 1792, ouvrant un conflit qui ne se terminera véritablement qu'en 1815, la France déclare la guerre au « roi de Bohême et de Hongrie » (l'empereur) que rejoignent bientôt l'Angleterre, l'Espagne, la Hollande, les princes allemands et italiens puis la Russie. La chute de Robespierre au moment où les armes de la France triomphent ne met pas fin à la guerre : en s'emparant du pouvoir, les thermidoriens héritent du conflit avec l'Europe. La poursuite d'une guerre victorieuse permet au Directoire de se garder du danger royaliste mais surtout de canaliser vers l'extérieur la révolution populaire réprimée à l'intérieur. L'exportation de la Révolution à l'étranger identifie la conquête militaire avec la sauvegarde du régime. Lorsque Bonaparte conclut en avril 1797 une paix avec les Autrichiens, toute ambivalence est levée : les armées françaises ne mènent pas tant une guerre révolutionnaire qu'une guerre de conquête. Les « Républiques sœurs », dont le premier exemple est la Hollande, ne sont en fait que des protectorats et doivent contribuer à rembourser la France de ses frais pour les délivrer de la sujétion des rois. La guerre perpétuelle mariée au coup d'État appuyé sur l'armée – volontaires et mobilisés se sont transformés en véritables professionnels et la gloire militaire a pris le relais de la vertu civique – est ainsi devenue la méthode de gouvernement du pouvoir révolutionnaire jusqu'au moment où le plus prestigieux de ses généraux s'en saisit en novembre 1799.

Bonaparte sait que sa gloire militaire légitime son pouvoir : seule la victoire à l'extérieur lui permet de garantir le nouvel ordre social issu de la Révolution. L'Empire qu'il instaure n'a de fondement que dans sa capacité militaire à vaincre. Dès lors, il ne peut, tant que le sort lui est favorable, qu'étendre démesurément sa conquête – aidé en cela par la prétention à l'universel des valeurs révolutionnaires – et en distribuer les dividendes à ses proches. Jusqu'à ce que les soldats qui ont survécu à la révolte des populations espagnoles et aux plaines glacées de la Russie se fassent tailler en pièces à Leipzig (1813). La France retrouve alors ses frontières des débuts de la Révolution mais garde le Code civil.

L'EUROPE DU CONGRÈS DE VIENNE

Les adversaires de Napoléon s'entendent au congrès de Vienne (23 septembre 1814-9 juin 1815) pour réorganiser l'espace européen en respectant les légitimités dynastiques et l'équilibre des puissances. Ce dispositif est complété par la Quadruple-Alliance entre l'Autriche, la Russie, la Prusse et l'Angleterre, que rejoint bientôt la France. Le concert des grandes puissances réprime ainsi revendications indépendantistes et aspirations libérales qui agitent, dans les années 1820, la péninsule italienne, l'Espagne ou la Russie. Seule la Grèce va obtenir son indépendance grâce à leur soutien contre l'Empire ottoman.

La révolution de Juillet 1830, qui substitue au roi de France Charles X un Louis-Philippe, roi des Français, est suivie en août d'une révolution en Belgique. Le soutien que lui apporte la France contre la Hollande permet à la Belgique de voir son indépendance reconnue à Londres dès le mois de décembre. Avec la monarchie de Juillet qui donne à la France un gouvernement représentatif, l'histoire française paraît rejoindre l'histoire anglaise. 1848 voit de nouveau les deux histoires diverger quand la France renoue avec le cycle Révolution-République-Empire : le libéralisme français ne parvient toujours pas à s'institutionnaliser, mais l'État fort de Louis-Napoléon Bonaparte permet d'y apprivoiser le suffrage universel.

En 1848, c'est une véritable vague où s'enchevêtrent revendications politiques, sociales et nationales qui ébranle, de l'Italie à la Pologne, les États que dominent l'Autriche, la Prusse et la Russie. La répression menée par les souverains autoritaires met fin à ce romantisme révolutionnaire. L'onde de choc créée par la Révolution française s'était répercutée sur tous les secteurs des sociétés européennes; elle couplait la question de la démocratisation avec celle de l'unité nationale. Après 1848, les démocrates savent que la libéralisation d'un régime a pour condition l'indépendance nationale. La meilleure illustration en est l'unification italienne sous la férule du roi de Piémont-Sardaigne et de son ministre Cavour.

L'ITALIE, DE L'UNITÉ À LA DÉMOCRATIE

La Révolution française serait à l'origine du *Risorgimento* italien : toute une tradition démocrate établit un lien, sur un terrain préparé par les mouvements réformistes des Lumières, entre la tendance à la démocratie et à l'unité (contre la domination des Habsbourg et des Bourbons) et l'intervention française. Cette dernière a permis la promotion politique d'élites cultivées et le développement du « jacobinisme » italien, entendu dans une acception large incluant extrémistes et libéraux. Les adversaires de cette thèse soulignent pour leur part que le sursaut nationaliste italien se trouve moins chez les animateurs des « Républiques sœurs », rapidement en disgrâce chez les Français mêmes, que dans les mouvements de résistance aux armées françaises. L'un des plus célèbres, de caractère authentiquement populaire, fut le sanfedisme – jacquerie cléricale antifrançaise partie du sud de la péninsule. Comme en Allemagne, où la résistance aux armées napoléoniennes a contribué à renforcer le romantisme qui s'était développé comme critique de l'*Aufklärung*, la présence militaire française aurait été le catalyseur principal.

Napoléon disparu de la scène, reste en Italie une nostalgie de la relative unité qu'il avait imposée ainsi que des libertés fondamentales apportées par la Révolution. C'est le moment où se développent les sociétés secrètes, comme les mouvements carbonaristes, et où Mazzini conjugue libéralisme, démocratie et nationalisme avec insurrection populaire. Toutes les insurrections seront sans lendemain. Même en 1848, quand l'Autriche, chassée de la Lombardie et de la Vénétie, rétablira sa domination après avoir battu le Piémont, et même à Rome où la République proclamée par Garibaldi et Mazzini sera supprimée par une intervention militaire française. Le seul espace libéral en Italie reste le royaume de Piémont-Sardaigne à partir duquel Victor-Emmanuel II, roi depuis 1849, va progressivement réaliser l'unité politique de la péninsule en s'emparant, avec la complicité de Napoléon III, de la Lombardie, avant de profiter des défaites de l'Autriche et de la France face à la Prusse pour annexer la Vénétie et Rome.

La monarchie piémontaise est alors un régime censitaire où le roi a de larges pouvoirs. Mais malgré des potentialités autoritaires, c'est une pratique libérale qui s'impose. Et même les républicains proches de Giuseppe Mazzini (1805-1872) vont se rallier à cette monarchie porteuse d'unité. Ainsi, Francesco Crispi (1818-1901), qui déclarait : « La République nous diviserait, la monarchie nous unit. » L'unité réalisée, il faut encore intégrer le Sud et convaincre les catholiques auxquels le pape interdit toute participation politique dans un État dont il se considère le prisonnier. Ce sera la tâche de Giovanni Giolitti (1842-1928) que de tenter cette intégration en jouant du compromis et de la corruption. En 1912, il accorde le droit de vote à tous les hommes de vingt et un ans sachant lire et écrire.

Pourtant, malgré la politique d'ouverture de Giolitti, la démocratie italienne aborde la Première Guerre mondiale avec des faiblesses qui vont se révéler décisives les années suivantes. Entachée de corruption et de clientélisme, la démocratie connaît déjà, avant même d'être consolidée, de fortes oppositions. Un parti socialiste siège au Parlement alors qu'il n'y a pas de grands partis pratiquant l'alternance et, surtout, se développent parallèlement un syndicalisme révolutionnaire et un nationalisme autoritaire qui contestent le système.

◀ *Le Parlement de Francfort, juin 1848*
La révolution française de 1848 déclenche dans les pays allemands une dynamique unitaire sur un fond de revendication libérale : l'Europe de la Sainte Alliance se disloque. La chute de Metternich à Vienne et l'insurrection berlinoise entraînent la réunion à Francfort d'un Parlement élu au suffrage universel, à la fin de juin 1848. Si la mise au pas de Vienne par le maréchal, commandant en chef « hors Italie » Windischgrätz, en octobre, sonne le signal du reflux libéral, en revanche elle ne stoppe pas le mouvement unitaire dont le roi de Prusse prend la tête. En janvier 1849, le Parlement refuse d'inclure l'Autriche dans l'union, adopte la constitution du Reich en mars et en offre la couronne impériale à Frédéric-Guillaume IV de Prusse, qui la refuse (avril).

Si l'on considère l'Allemagne réunifiée depuis 1990, il se dégage, depuis la fin du XVIIIe siècle et le début du XIXe siècle, deux lignes de continuité qui marquent encore l'époque contemporaine : le système constitutionnel reposant sur le principe fédéral et les États qui l'incarnent. Car ceux-ci sont issus, pour l'essentiel, des grands domaines formés à la fin du Saint Empire romain germanique et qui se sont maintenus après la dernière réforme territoriale de 1803, les « remembrements du sol » par Napoléon entre 1805 et 1811, ainsi que les dispositions du congrès de Vienne de 1815, même si c'est, après 1866, principalement sous la forme de provinces prussiennes. Leur existence, à son tour, nécessita, aussi bien pour la construction d'une fédération d'États que pour la construction d'un État fédéral dans l'Europe centrale, des règles de représentation dans les instances centrales qui ont subsisté en partie jusque dans la République fédérale d'Allemagne d'aujourd'hui.

Le Saint Empire romain germanique constituait déjà, au moins depuis la paix de Westphalie de 1648, une association plutôt lâche d'États dont l'empereur, élu par les Électeurs, représentait la tête. Électeurs, princes et villes libres de l'Empire étaient représentés lors des diètes impériales *(Reichstag)* siégeant à Ratisbonne à partir du XVIIe siècle. Des décisions ne pouvaient être prises que lorsque la totalité ou la très grande majorité de ces États d'Empire *(Reichsstände)* s'accordaient. L'équilibre interne de ce système confédéral est perturbé au XVIIIe siècle par la rivalité croissante entre les deux grandes puissances européennes : la Prusse et l'Autriche. En opposition à ces dernières, dès les années 1780, les États de taille moyenne de l'Empire commencent à former la « troisième Allemagne ».

DU SAINT EMPIRE À LA CONFÉDÉRATION GERMANIQUE

C'est sur eux que repose la politique allemande de la France, en particulier sous Napoléon Bonaparte. En 1797, les États rhénans sont incorporés à la France. Le recez (compte rendu des décisions de la Diète) d'Empire de 1803 attribue aux princes laïques, qui ont subi des pertes territoriales sur la rive gauche du Rhin, des compensations – non sans que Paris gagne une influence massive – sur la rive droite du fleuve, au détriment des États ecclésiastiques et de la plupart des villes libres dont il ne reste plus que Nuremberg, Augsbourg, Francfort, Hambourg, Brême, Lübeck. Les trois premières perdent, avant 1806, leur autonomie que Francfort, seule, récupère en 1815. Les souverains les plus puissants – de Bade, de Wurtemberg, de Bavière – enregistrent de substantiels accroissements territoriaux. Le nombre des États d'Empire passe de plus de trois cents à moins de deux cents. Après sa victoire sur l'Autriche en 1805, Napoléon Ier fonde la Confédération du Rhin avec les États d'Allemagne du Sud et de l'Ouest (juillet 1806) qui comprend à l'origine dix-sept États et à la fin trente-neuf, parmi lesquels les États modèles de Napoléon : le royaume de Westphalie et le grand-duché de Berg. Ces États incorporent tous les autres. La Confédération reste par ailleurs une alliance à vocation purement militaire sous commandement français. Les organes communs qui avaient été prévus à l'origine (un collège des rois de Bavière, Saxe, Westphalie et Wurtemberg, et un collège des princes) ne seront en fait jamais réunis.

Cependant, le modèle de la Confédération du Rhin entraîne des effets ultérieurs. Le congrès de Vienne ne restaure qu'une partie des États qui avaient été dissous par Napoléon. Avec l'Autriche et la Prusse (où ne sont inclus que les territoires appartenant antérieurement au Saint Empire), les États subsistants forment la Confédération germanique qui compte trente-quatre membres, parmi lesquels figurent le roi d'Angleterre en tant que roi de Hanovre (jusqu'en 1837), le roi des Pays-Bas en tant que grand-duc de Luxembourg (après 1838, il figure également au titre du Limbourg des Pays-Bas) et le roi de Danemark en tant que duc de Holstein. L'équilibre interne alle-

Le Reichstag

mand entre l'Autriche et la Prusse ainsi qu'entre les États petits et moyens est ainsi subtilement imbriqué dans l'équilibre européen. L'ordre mis en place va subsister en dépit de quelques ébranlements jusqu'en 1866. L'Assemblée fédérale *(Bundesversammlung)* siégeant à Francfort constitue l'organe délibératif commun. Le Conseil restreint *(Engerer Rat)*, sorte de comité de l'Assemblée plénière, se réunit pour les affaires courantes. L'Assemblée est compétente pour les questions importantes comme le changement des structures fédérales. Chaque membre y dispose d'au moins une voix tandis que plusieurs des plus petits membres (parmi lesquels les quatre villes libres) ne disposent ensemble que d'une voix. La présidence revient au représentant de l'Autriche dont le souverain a le rang le plus élevé.

LA RÉVOLUTION DE 1848

Le mouvement national allemand réclame pour sa part un État fédéral strictement organisé. L'Assemblée nationale de Francfort, élue dans le mouvement de 1848, adopte, en mars 1848, une constitution pour un nouvel empire allemand, avec un empereur héréditaire, un gouvernement et une diète impériale *(Reichstag)*. Celle-ci, à la différence de la situation qui prévalait encore au XVIIIe siècle, ne doit pas être simplement une représentation des gouvernements des différents États membres mais comprendre une Chambre du peuple élue *(Volkshaus)* et une Chambre des États *(Staatenhaus)* dont les députés seront désignés proportionnellement à la population, pour moitié par les Parlements des États membres et pour moitié par leurs gouvernements. L'extension de ce nouvel empire reste floue : devra-t-il comprendre les provinces orientales de la Prusse qui n'ont pas appartenu à la Confédération germanique ? Devra-t-il comprendre le duché danois du Slesvig (Schleswig en allemand) dont la population est en majorité allemande ? Comment faut-il intégrer l'Autriche si l'on veut effectivement une « Grande Allemagne » ? Avec l'ensemble des territoires qui ont appartenu à la Confédération germanique ? Mais, dans ce cas, devrait y figurer la Bohême dont la population est en majorité tchèque. Ou ne faut-il retenir que les États autrichiens de langue allemande ? Ce sont, entre autres, ces questions qui vont faire échouer la tentative de création d'un État national allemand. Une seule solution apparaît bientôt : la création d'un État petit-allemand *(Kleindeutschland)* sous la direction de la Prusse. Il est préparé par l'Union douanière allemande *(Deutscher Zollverein)* créée par la Prusse, à laquelle adhèrent presque tous les États de la Confédération germanique, à l'exception de l'Autriche.

VERS L'EMPIRE DE BISMARCK

La lutte pour la prééminence dans l'Europe centrale entre Vienne et Berlin conduit en 1866, après la victoire de la Prusse, à la dissolution de la Confédération germanique. Les États au nord du Main se réunissent sous la direction de la Prusse dans la Confédération de l'Allemagne du Nord *(Norddeutscher Bund)* qui n'est plus une fédération d'États, mais est conçue comme un État fédéral. Elle dispose avec le Reichstag d'une représentation populaire élue. Les princes allemands et les gouvernements des villes libres (il n'en reste plus que trois après l'annexion de Francfort par la Prusse) qui s'étaient rassemblés dans la Confédération sont représentés dans le Conseil fédéral *(Bundesrat)* et disposent du même nombre de voix que dans l'ancienne Assemblée fédérale. La présidence revient au roi de Prusse qui se fait représenter par un chancelier fédéral nommé. Après avoir incorporé le Hanovre, la Hesse électorale, le Holstein, le Nassau et Francfort, la Prusse dispose de dix-sept voix sur quarante-trois, ce qui constitue une minorité de blocage pour les questions fondamentales. Pour traiter des affaires économiques, la diète est complétée par des députés d'États du sud de l'Allemagne encore autonomes – la Bavière, le Wurtemberg et le Bade – pour former un Parlement douanier *(Zollparlament)*.

En 1871, ces États rejoignent la Confédération de l'Allemagne du Nord (à présent l'Empire allemand) dirigée par le roi de Prusse devenu empereur allemand. Les institutions de la Confédération de l'Allemagne du Nord sont entièrement conservées. Quoiqu'il s'agisse ici d'une organisation fédérale, on ne peut parler d'un fédéralisme *stricto sensu*, du fait de la suprématie prussienne, même si le nombre de voix de la Prusse est resté inchangé dans le Conseil fédéral. La Prusse joue un rôle déterminant dans les rapports à l'intérieur de l'Empire, et ses tensions internes se transmettent à l'ensemble de l'Allemagne.

WEIMAR ET L'ALLEMAGNE NAZIE

On ne commence à envisager une réforme du Reich que sous la République de Weimar dont la Constitution, rédigée en 1919, ne modifie en rien la structure fédérale existante. On se demande, au cours des années 1920, s'il ne faut pas créer de nouveaux États à partir des dix provinces prussiennes existantes que l'on pourrait associer à de petits États comme le Brunswick ou l'Anhalt. La Thuringe, issue en 1920 de nombreux petits duchés et principautés, fournit un exemple en ce sens. Néanmoins, cette réforme échoue en raison de la résistance de la Prusse précisément, qui refuse d'abandonner sa position prééminente. De fait, le Conseil du Reich *(Reichsrat)* qui a remplacé en 1919 le Bundesrat est composé comme la Chambre des États de 1849 (une voix représente 700 000 habitants), et la Prusse y détient une majorité des deux tiers. Cette situation est quelque peu amendée dans la mesure où le gouvernement prussien ne dispose que de la moitié des voix prussiennes au Conseil du Reich; l'autre moitié revient aux administrations des provinces prussiennes. L'échec du principe fédéral au temps de Weimar contribue, entre autres, au fait que Hitler, après sa prise du pouvoir, bénéficie d'un large consensus dans sa politique de suppression de fait des États et, plus tard, dans l'unification croissante de l'administration de la Prusse avec celle du Reich, quoique cette unification n'ait fait qu'accroître l'efficacité de sa dictature. C'est du nazisme que datent les seules réformes territoriales importantes qui soient restées en vigueur aujourd'hui : la création du grand Hambourg en 1938 (dont l'État de Lübeck fut victime) et l'unification du Mecklembourg-Schwerin avec le petit Mecklembourg-Strelitz dans l'État de Mecklembourg (réuni en 1946 avec la partie de la Poméranie restée allemande).

L'APRÈS-GUERRE

Les vainqueurs de la Seconde Guerre mondiale qui contrôlent l'Allemagne divisée en quatre zones d'occupation à l'ouest de l'Oder et de la Neisse divisent l'État de Prusse et créent de nouveaux États en reprenant des idées des années 1920. C'est ainsi que sont constitués entièrement ou pour l'essentiel à partir des provinces prussiennes les États de Brandebourg et de Saxe-Anhalt dans la zone soviétique, le Schleswig-Holstein, la Basse-Saxe et la Rhénanie du Nord-Westphalie dans la zone britannique, ainsi que la Hesse (à partir de la Hesse-Nassau et de l'ancienne Hesse-Darmstadt) dans la zone américaine. L'entrée ultérieure de la France dans le cercle des puissances d'occupation et la création de la zone française à partir des territoires attribués à l'origine aux Britanniques et aux Américains conduisent, dans l'Allemagne de l'Ouest et du Sud-Ouest, à la constitution d'États qui n'ont rien à voir avec la tradition : la Rhénanie-Palatinat (à partir du Palatinat bavarois et du sud de la Rhénanie prussienne), ainsi que le Wurtemberg-Bade du Nord et le Wurtemberg-Hohenzollern qui, en 1952, sont réunis avec le Wurtemberg du Nord-Bade du Nord, américain, pour former l'État de Bade-Wurtemberg.

Les deux États allemands fondés en 1949 (R.F.A. et R.D.A.) demeurent des États fédéraux dans la vieille tradition allemande; ils comprennent à la fois un Parlement élu (respectivement *Bundestag* et *Volkskammer*) et une représentation des États. La R.F.A., avec son *Bundesrat*, se rattache à la tradition du Conseil fédéral du temps de l'empereur (égalité des voix et représentants des gouvernements des États); la R.D.A. avec sa *Länderkammer*, elle, se rattache à celle de 1848 et de Weimar (Chambre des États avec des membres élus par les Parlements des États en proportion de la population). Mais les États et la Chambre des États sont abolis en R.D.A. en 1952 : dès lors, cet État – divisé en seize districts – est administré de façon centralisée à partir de Berlin-Est. Le fait que l'on ait pensé en R.D.A., en 1988-1989 (avant la réunification allemande), à rétablir les États abolis antérieurement montre à quel point la tradition fédérale était là aussi solidement enracinée. L'unification des deux États le réalise à l'automne de 1990. La République fédérale élargie se compose, avec les cinq États de l'ancienne R.D.A. et avec le grand Berlin comme troisième ville-État à côté de Hambourg et de Brême, de seize États dont aucun n'a moins de trois voix ni plus de six voix au Bundesrat. L'Allemagne a ainsi retrouvé en tant que démocratie parlementaire sa structure traditionnelle de fédération équilibrée d'États.

1806 Napoléon Ier crée la Confédération du Rhin qui s'étend à toute l'Allemagne, Prusse exceptée.
1814-1815 les défaites napoléoniennes entraînent la dissolution de la Confédération du Rhin.
1815 au congrès de Vienne, les États allemands s'unissent en une Confédération germanique (*Deutscher Bund*) sous la direction de l'empereur d'Autriche ; elle reprend les structures constitutionnelles de l'ancien Saint Empire, sauf l'élection de l'empereur.
1828 la Prusse crée l'union douanière allemande (*Deutscher Zollverein*) à laquelle presque tous les États allemands vont adhérer jusque dans les années 1850, sauf l'Autriche.
1848 la révolution, en partie liée au mouvement national, aboutit à l'élection d'une Assemblée nationale constituante qui siège à Francfort jusqu'en 1849. Elle élabore une constitution : État national fédératif avec un régime de monarchie impériale héréditaire. L'échec de la révolution entraîne la reconstitution de la Confédération germanique.
1866 après sa victoire sur l'Autriche, la Prusse forme et dirige la Confédération d'Allemagne du Nord (1er juillet 1867) dont le Parlement (*Reichstag*) forme un « Parlement douanier » (*Zollparlament*) avec les représentants de la Bavière, du Wurtemberg et du Bade.
1867 (18 février) « compromis » entre l'Autriche et la Hongrie : création de la Double Monarchie. Les deux États sont liés par la personne du souverain (l'empereur François-Joseph est couronné roi de Hongrie à Budapest) et par certains ministères communs, mais le royaume de Hongrie est restauré et doté d'une constitution et d'un Parlement.
1871 l'adhésion de la Bavière, du Wurtemberg et du Bade à la Confédération d'Allemagne du Nord aboutit à la création du Reich allemand ; le roi de Prusse devient empereur allemand.

Confédération du Rhin (1806-1813)

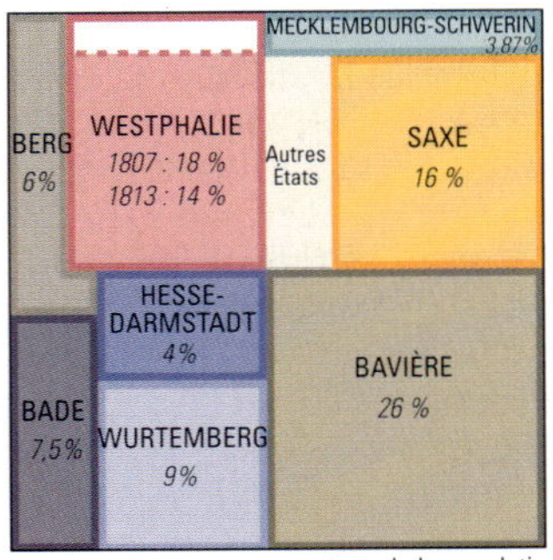

en pourcentage de la population

▲ *Alliance militaire créée sous l'égide de Napoléon Ier, la présidence (formelle) en revient à l'ancien archevêque électeur de Mayence devenu grand-duc de Francfort ; la Confédération est dotée d'un collège des rois et d'un collège des princes censés prendre des décisions d'intérêt commun, mais ils ne seront jamais convoqués.*

Confédération germanique (1815-1866)

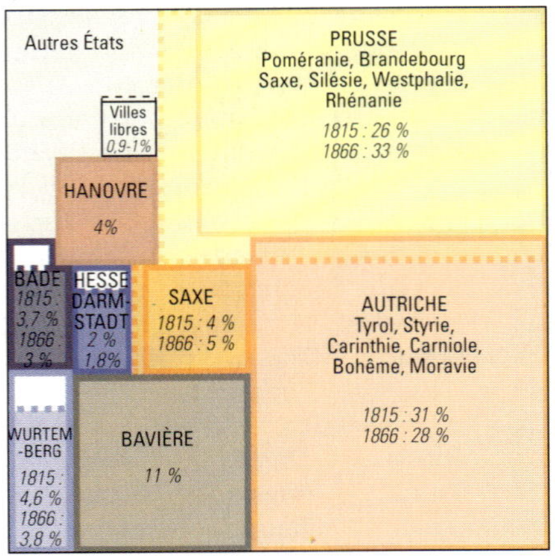

▲ *Ses institutions s'inspirent de celles de l'ex-Saint Empire et de l'ancienne Confédération du Rhin. La diète réunit à Francfort, sous la présidence de l'Autriche, les représentants des 34 États membres ; tous ces États détiennent une voix, dans l'Assemblée fédérale ; au Conseil restreint, organe du pouvoir réel, l'Autriche et les 5 royaumes (Prusse, Bavière, Hanovre, Saxe, Wurtemberg) détiennent chacun 4 voix ; les grands-duchés et le Holstein 3 voix chacun ; les autres ont au moins une voix.*

Confédération de l'Allemagne du Nord (1867-1871)

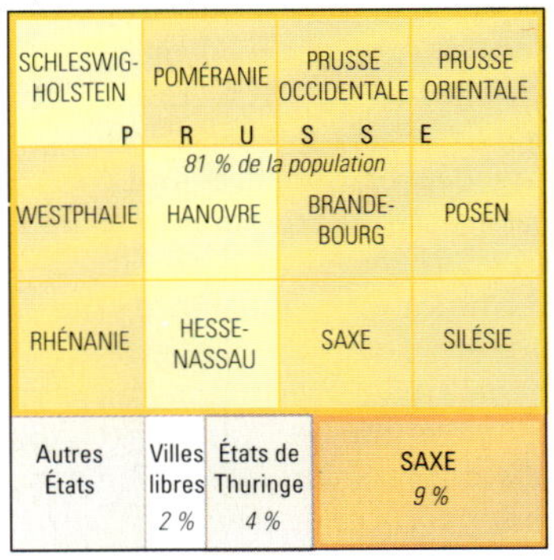

▲ *Confédération des princes et des villes libres de l'Allemagne du Nord présidée par la Prusse qui nomme un chancelier fédéral. Celui-ci préside un Conseil fédéral de 43 membres (inspiré de l'Assemblée fédérale de l'ancienne Confédération germanique) dont les membres sont issus des gouvernements des États membres (dotés chacun d'un parlement élu) ; le Reichstag (299 députés) est élu au suffrage universel (héritage de l'Assemblée de Francfort de 1849). Conseil fédéral et Reichstag constituent l'organe législatif.*

Le Deuxième Reich (1871-1918)

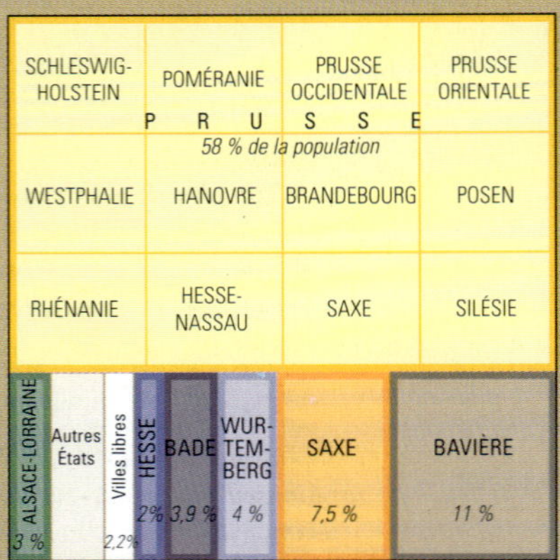

Le Reich allemand, confédération des princes et des villes libres de l'Allemagne, reprend l'organisation de la Confédération de l'Allemagne du Nord. L'empereur (héréditaire) en est le dirigeant. Il nomme le chancelier de l'Empire et les juges de la Haute Cour. Le Reichstag (397 députés élus au suffrage universel) et le Bundesrat (58 membres, dont l'Alsace-Lorraine à partir de 1912) se partagent le pouvoir législatif. Cet État fédéral qui annexe l'Alsace-Lorraine en 1871 est totalement dominé par la Prusse et ses groupes d'intérêt, notamment la noblesse propriétaire de grands domaines et les militaires. Toutefois, les trois États de l'Allemagne du Sud forment contrepoids aux tendances centralisatrices de Berlin.

La République de Weimar (1919-1933), le Troisième Reich et la Grande Allemagne (1933-1940)

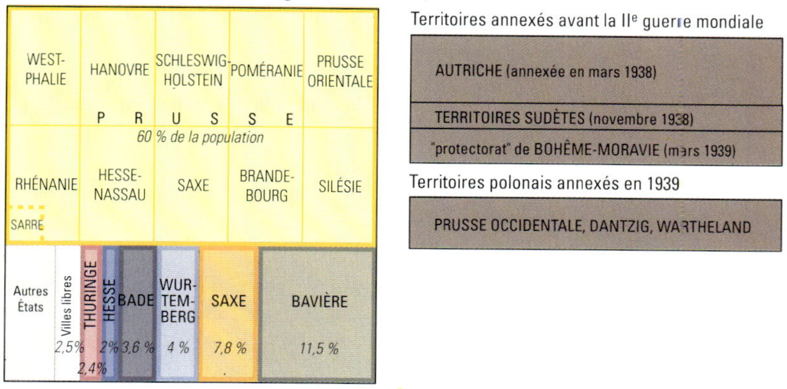

◀ *La République de Weimar et le IIIe Reich*

La constitution de la République de Weimar s'inspire de celle de 1849. Le président, élu pour 7 ans au suffrage universel (y compris le vote des femmes), nomme le chancelier, par ailleurs responsable devant le Reichstag. Le Reichsrat (1 voix = 700 000 habitants) est formé de membres des gouvernements des États, eux-mêmes désignés par leurs parlements élus. La Haute Cour de justice est indépendante du pouvoir.
En fondant le IIIe Reich, Hitler abolit une partie de la constitution de Weimar. Le Reichsrat est supprimé en 1934. Le Reichstag devient un organe d'acclamation puisque seuls y siègent les députés du parti unique « élus » au suffrage universel direct. La Haute Cour de justice dépend directement du Führer. Chancelier et président, le Führer est chef du parti nazi.

L'Allemagne quadripartite (1945-1955)

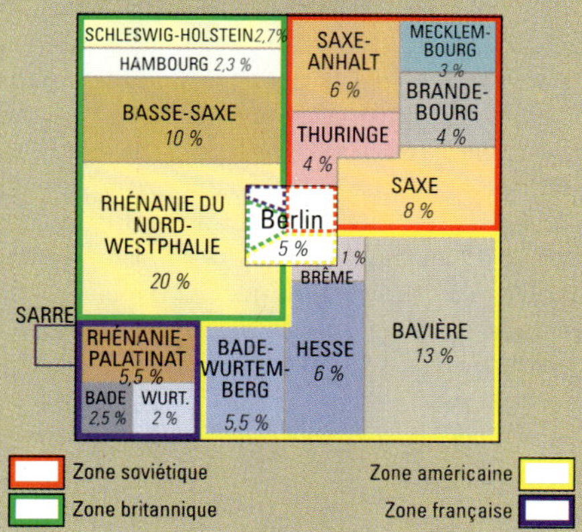

Un Conseil de contrôle quadripartite (États-Unis, France, Grande-Bretagne, U.R.S.S.) et une administration commune de Berlin gouvernent l'Allemagne de l'immédiat après-guerre. Dirigée par un gouvernement militaire, chaque zone est constituée de Länder (correspondant aux anciens États) disposant d'un gouvernement semi-autonome élu par un parlement (premières élections en 1946-1947).
Dans les quatre zones (soviétique, britannique, française et américaine), la vie politique renaît avec la reconstitution des Länder (sauf la Prusse), puis la création des deux nouveaux États allemands, R.F.A. et R.D.A. D'où le poids sensible des Länder, du moins en R.F.A. ; ils sont en effet supprimés en R.D.A. en 1952 et remplacés par 16 districts administrés par Berlin-Est.

L'Allemagne après la Seconde Guerre mondiale

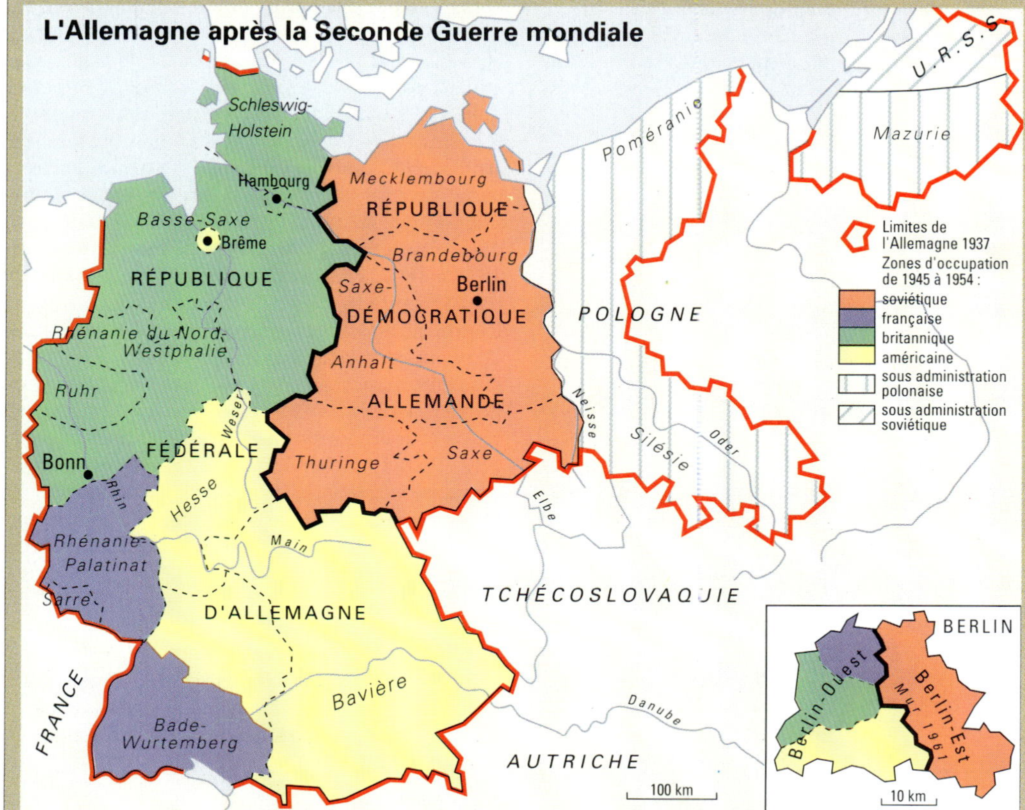

L'Allemagne réunifiée en 1990

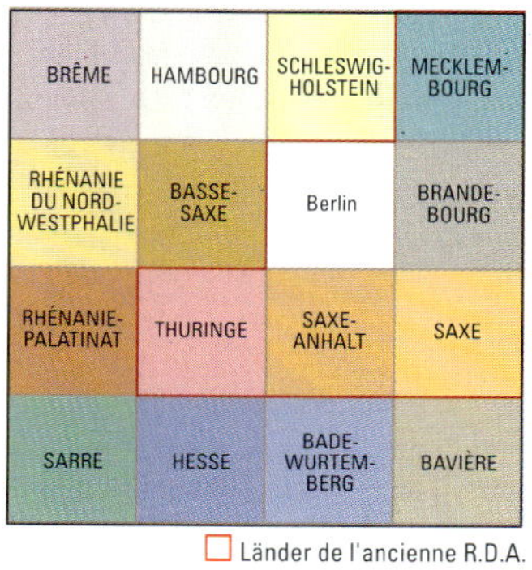

▲ *La constitution de la République fédérale d'Allemagne formée des zones américaine, britannique et française date de 1949 ; elle s'inspire de celle de la République de Weimar. Le Bundestag (élu au suffrage universel direct) élit le chancelier fédéral. Des parlements élus des Länder sont issus les gouvernements des Länder, lesquels sont représentés dans un Conseil fédéral qui partage le pouvoir législatif avec le Bundestag. C'est l'Assemblée fédérale réunissant le Bundestag et des députés en même nombre des parlements des Länder qui élit le président de la République.*
En 1990, la République démocratique allemande adhère au système constitutionnel de la République fédérale d'Allemagne : l'Allemagne est réunifiée.
Elle se compose désormais, avec les 5 États de l'ex-R.D.A. (Mecklembourg, Brandebourg, Thuringe, Saxe-Anhalt et Saxe) et le grand Berlin, de 16 États.

1918-1919 après la défaite du Reich et la révolution qui en résulte, l'Allemagne est transformée en une République fédérale dotée d'une constitution élaborée par l'Assemblée nationale constituante réunie à Weimar : République de Weimar.

1933 après avoir pris le pouvoir, Hitler tend à mettre au pas les différents Länder et abolit le système fédéral.

1938 Anschluss : l'Autriche est rattachée à l'Allemagne (12-13 mars) ; annexion des Sudètes ; l'Allemagne devient le Reich grand-allemand (Grossdeutsches Reich).

1945 (17 juillet-2 août) conférence de Potsdam. Le territoire de l'Allemagne est réduit à la partie ouest de l'Oder ; la Poméranie, la Silésie et la Prusse orientale d'où la population allemande est expulsée sont cédées à la Pologne et en partie à l'U.R.S.S. L'Allemagne est divisée en quatre zones d'occupation (soviétique, britannique, américaine et française) ; dans la zone soviétique, Berlin forme un territoire distinct divisé en quatre secteurs.

1949 création de la République fédérale d'Allemagne, formée des zones américaine, britannique et française ; création de la République démocratique allemande formée de la zone soviétique et du secteur soviétique de Berlin (les trois secteurs occidentaux de Berlin sont reliés à la R.F.A. par un couloir aérien).

1955 les deux Républiques voient leur souveraineté reconnue par les puissances d'occupation.

1961 (12-13 août) la construction du Mur de Berlin scelle la séparation des deux Allemagnes.

1972 reconnaissance officielle de la R.D.A. par la R.F.A.

1990 après l'écroulement économique et politique de la R.D.A., la chute du Mur de Berlin (9 novembre 1989), réunification de l'Allemagne (3 octobre).

Béla Bartók

Formé au conservatoire Franz Liszt de Budapest avant la Première Guerre mondiale, le compositeur Béla Bartók (1881-1945) entreprit une démarche résolument novatrice comparable à celle de Schoenberg ou d'Alban Berg à Vienne. Pour briser le système tonal, il eut recours aux vieilles mélodies populaires hongroises de Transylvanie, qu'il nota soigneusement. Il s'en servit comme d'un matériau sonore original et s'imposa comme l'un des compositeurs les plus novateurs du XXe siècle. Il n'eut pas une carrière en rapport avec son génie et mourut pauvre, en exil, aux États-Unis, en 1945.

Louis Kossuth 1806-1893 ▶
(la légende allemande porte « Ludwig Kossuth, Dictator von Ungarn »). Originaire de Haute Hongrie, appartenant à une famille de petite noblesse slovaque, il prit rapidement la tête de l'aile gauche du mouvement libéral. S'inspirant du modèle de la Révolution française, il souhaitait la création d'une Hongrie indépendante et centralisée. Après la démission du président du Conseil Louis Batthyány, en septembre 1848, il prit la direction du gouvernement hongrois en exerçant les fonctions de ministre de la Guerre, puis après la déchéance des Habsbourg et le vote d'une constitution républicaine, il exerça les fonctions de chef de l'État avec le titre de « gouverneur » (kormanyzo), *mais jamais il ne fut dictateur de la République hongroise comme semble l'indiquer cette gravure allemande. Peu avant la capitulation de Vilàgos, il s'enfuit en Turquie, puis gagna l'Occident et refusa de rentrer dans sa patrie. Le parti de l'indépendance se réclama de lui et fut dirigé par son fils François. Les Hongrois lui firent de grandioses funérailles nationales en 1893, qui furent en même temps une manifestation anti-autrichienne.*

La révolution de 1848 éclata à Pesth le 15 mars. La manifestation d'étudiants trouva immédiatement un écho dans la bourgeoisie de la capitale et dans la classe politique. Très vite les réformateurs modérés furent débordés par les radicaux de Kossuth, après avoir obtenu du roi Ferdinand V un régime parlementaire et une quasi-indépendance dans le cadre de la monarchie des Habsbourg.

LA RÉVOLUTION DE 1848

Face à la réaction autrichienne, qui utilisa les Croates de Jelacic, ainsi que les frustrations des Serbes, des Roumains et des Slovaques, le mouvement se radicalisa à l'automne 1848 et prit l'allure d'une nouvelle guerre d'indépendance nationale contre les Habsbourg, mais cette fois la nation hongroise était isolée à l'extérieur et devait faire face à l'hostilité des minorités nationales, auxquelles Kossuth ne fit aucune concession, pas plus qu'aux masses paysannes. En 1849, l'Assemblée nationale, qui ne reconnaissait ni l'abdication de Ferdinand V ni son remplacement par l'archiduc François-Joseph le 2 décembre 1848, proclama la déchéance des Habsbourg et vota un constitution républicaine, tandis qu'elle improvisait une armée de miliciens. L'armée autrichienne n'en vint à bout au cours de l'été 1849 qu'avec l'aide de l'armée russe. Le général Görgey capitula à Vilàgos, tandis que Kossuth se réfugiait en Turquie. Par la volonté expresse de François-Joseph, une répression terrible s'abattit sur le pays (treize généraux et le comte Louis Batthyány, président du Conseil en 1848, ont été fusillés en octobre 1849), la constitution fut supprimée, ainsi que toutes les libertés, tandis que l'allemand était imposé comme seule langue officielle. Au cours de la période du « néo-absolutisme » (ou « système Bach », du nom du ministre de l'Intérieur autrichien 1849-1860), pour la première fois de son histoire, la Hongrie était intégrée dans un État unitaire : l'Empire d'Autriche.

LE COMPROMIS DE 1867

La résistance passive face aux fonctionnaires et aux gendarmes autrichiens dura dix ans, mais le « système Bach » s'effondra après les défaites autrichiennes en Italie (1859-1860) et il fallut huit années de marchandages et d'hésitations pour que François-Joseph restaurât l'État hongrois dans la plénitude de ses droits après la défaite de Sadowa en 1866. Le compromis de 1867, négocié avec les libéraux et les révolutionnaires modérés, correspondait aux vœux de la classe politique hongroise, qui redoutait une Hongrie indépendante face à l'impérialisme. Comme en 1526 face à l'impérialisme ottoman, comme en 1711 face à la toute-puissante monarchie autrichienne, les responsables préféraient la protection de la maison d'Autriche aux aléas d'un État indépendant aux mains d'une dynastie nationale. Un parti de l'indépendance contesta cependant le compromis pour réclamer l'union personnelle entre l'Autriche et la Hongrie.

Politiquement, c'était un retour au système qui avait prévalu depuis 1526 : autonomie complète en politique avec un gouvernement hongrois, relevant du seul souverain, auquel on laissait la gestion de la politique étrangère et le commandement suprême d'une armée commune, la fameuse armée « impériale et royale ». La réalité du pouvoir politique appartenait désormais au Parlement bicaméral. La Chambre haute, toujours dominée par les magnats et la Chambre basse, élue au suffrage censitaire, étaient composées de représentants de la petite noblesse. Le président du Conseil, nommé par le roi, était responsable devant les Chambres, représentantes du pouvoir législatif. La stabilité gouvernementale fut assurée, jusqu'en 1914, par la prépondérance du parti libéral. Le comte Koloman Tisza fut durant quinze ans sans interruption, de 1875 à 1890, président du Conseil. Sa politique et un habile découpage des circonscriptions (les Roumains n'avaient que six députés, les Slovaques deux) lui permirent de remporter les élections et de faire taire aussi bien l'opposition ouvrière que celle des nationalités. En 1871, le président du Conseil Jules Andrássy devint ministre des Affaires étrangères de la Double Monarchie. Sa politique extérieure — occupation de la Bosnie-Herzégovine en 1878, signature du traité d'alliance avec l'Allemagne en 1879 (Duplice, transformée en Triplice en 1882) — se révéla lourde de conséquences.

L'INDÉPENDANCE DANS L'INTERDÉPENDANCE 1867-1914

La question des nationalités, mal posée par la Hongrie indépendante de 1849, constituait un grave problème pour la Hongrie du Compromis, parce qu'elle comprenait d'importantes minorités

slaves (Ukrainiens, Slovaques, Serbes et Croates), roumaines (Transylvanie et Banat) et allemandes.

Leur importance par rapport au groupe hongrois ne cessa de croître : en 1870, celui-ci ne représentait déjà plus que 54 % de la population totale pour tomber à 48 % en 1910 (sur un total de 20 millions d'habitants), en dépit d'une politique d'intégration linguistique. En effet, les lois libérales de 1868 ne furent pas appliquées longtemps. Le compromis de 1868, qui avait rétabli l'autonomie de la Croatie-Slavonie, fut interprété de manière de plus en plus restrictive, et les lois scolaires furent pratiquement abrogées en 1879 pour imposer partout l'enseignement du hongrois. Serbes et Roumains s'appuyèrent sur les États balkaniques, dont l'importance ne cessa de croître après 1880, pour constituer un véritable danger au début du XXe siècle.

La période du Compromis est néanmoins caractérisée par un essor économique sans précédent, favorisé par l'existence d'un vaste marché de plus de 50 millions d'habitants en 1910. L'essor industriel (minoteries, constructions mécaniques) fut favorisé par le rétablissement de barrières douanières (supprimées de 1849 à 1867) et les investissements étrangers (autrichiens, allemands et français). Ces progrès se traduisirent par l'achèvement du réseau ferré et par la transformation de Budapest, qui prit alors son caractère monumental, symbolisé par le nouveau Parlement. Après 1890, la véritable question sociale concernait les campagnes : la propriété foncière était concentrée dans de grandes exploitations appartenant à l'aristocratie (domaines de plus de 500 ha), un foule de petits

▲ *Proclamation de l'indépendance (mars 1849)*
Après la reprise de l'offensive des Autrichiens, le gouvernement hongrois réfugié à Debrecen (la capitale, Buda, était occupée depuis janvier) proclama la déchéance de François-Joseph, qui avait succédé à son oncle Ferdinand V le 2 décembre 1848, à la suite de l'abdication de ce dernier. Cette gravure populaire montre Kossuth et le poète Petőfi (1823-1849) au centre de la scène, entourés de soldats du Honvéd *(armée nationale) et des paysans en armes. À l'arrière-plan, on voit le drapeau national et l'église calviniste de Debrecen, où siégeait l'Assemblée nationale. Alexandre Petőfi, figure de proue du Romantisme, est mort au combat à Segesvár au cœur de la guerre d'Indépendance.*

propriétaires (microfundia de 2 à 3 ha) et un prolétariat agraire, souffrant de bas salaires et de chômage chronique ; pour échapper à la misère, plus d'un million d'entre eux (surtout des Slovaques) émigrèrent aux États-Unis après 1890, tandis que d'autres vinrent chercher du travail à Budapest.

Le système de la Double Monarchie fut remis en cause par les radicaux, regroupés autour de François Kossuth (fils du héros de 1848) et du comte Michel Károlyi. Les élections hongroises de 1905 avaient été une condamnation de la politique libérale d'Étienne Tisza, le fils de Koloman Tisza, qui avait la confiance de François-Joseph. Cent cinquante-neuf libéraux, fidèles aux principes du Compromis de 1867, furent élus contre 244 opposants, à vrai dire un amalgame de nationalistes anti-

▲ *Le Parlement*
Construit au bord du Danube (sur la rive du côté de Pesth), en 1896, à l'occasion des fêtes du millénaire, il remplaçait un bâtiment de style néo-classique situé sur l'autre rive (Buda). Conformément aux théories de l'historicisme, c'était une gigantesque copie du Parlement de Westminster, puisque l'Angleterre passait pour le berceau du système représentatif et du régime parlementaire. Il dominera dorénavant le paysage de la capitale et ce palais du Parlement constitue une glorification permanente de la classe politique hongroise (magnats et petite noblesse), qui a su préserver l'indépendance nationale face aux conquérants ottomans et aux abus de pouvoir de la maison d'Autriche.

15 mars 1848 révolution à Pesth.
Avril 1848 vote d'une constitution de type parlementaire.
Octobre 1848 début de la guerre d'indépendance.
8 octobre 1848 bataille de Schwechat.
Janvier 1849 occupation de Buda par les Autrichiens.
Mars 1849 déchéance des Habsbourg.
Mai 1849 intervention russe.
Août 1849 capitulation de Vilàgos.
Octobre 1849 exécution de treize généraux et du comte Batthyány.
1851 mise en place formelle du néo-absolutisme.
1855 concordat avec le Saint-Siège.
1859 défaite autrichienne à Solferino devant Napoléon III.
1860 rétablissement de la constitution de 1849.
1865 l'article « de Pâques » de l'ancien ministre Ferenc Deák marque le point de départ du Compromis austro-hongrois de 1867.
1866 défaite autrichienne à Sadowa.
1867 Compromis austro-hongrois. Andrássy président du Conseil.
1868 Compromis hungaro-croate. Législation libérale. Abolition du concordat.
1871 Andrássy ministre des Affaires étrangères de l'Autriche-Hongrie.
1873 naissance officielle de Budapest par fusion des villes de Buda et de Pesth.
1875-1890 Koloman Tisza président du Conseil.
1877 création de la Banque nationale d'Autriche-Hongrie.
1878 occupation de la Bosnie-Herzégovine.
1879 législation scolaire défavorable aux nationalités.
1882 Kalnoky ministre des Affaires étrangères.
1889 création d'un parti socialiste hongrois.
1890 chute du Cabinet Tisza.
1893 obsèques nationales de Louis Kossuth.
1896 fêtes du millénaire lors de l'Exposition universelle.

▼ *Les nationalités à la fin du XIXe siècle (d'après le recensement de 1910)*

Hongrois 48,1 % (10 050 000). Roumains 14,1 % (2 949 000) en Transylvanie et dans le Banat. Allemands 9,8 % (2 037 000), dispersés avec fortes concentrations en Transdanubie, dans la grande plaine et dans le Banat. Slovaques 9,4 % (1 967 000) en Haute Hongrie occidentale. Croates 8,8 % (1 833 000) en Croatie et Slavonie. Serbes 7,5 % (1 105 000) en Vojvodine et dans le Banat. Ukrainiens 2,3 % (472 580) en Haute Hongrie orientale.

autrichiens (le parti de 1848), de conservateurs et de représentants des nationalités non hongroises. Le roi répondit en nommant un cabinet extra-parlementaire qu'il confia à un ancien ministre de la Guerre hongrois, le général Géza Féjerváry. Les nobles de province firent la grève de l'impôt durant l'hiver 1905-1906, tandis que les socialistes manifestaient pour obtenir le suffrage universel. Le ministre de l'Intérieur Kristoffy y était favorable, voyant là le seul moyen de briser l'hégémonie politique de la noblesse hongroise et de donner la parole aux nationalités comme aux masses populaires En février 1906, on procéda à l'évacuation du Parlement de Budapest *manu militari*. Après de nouvelles élections, sous la menace du suffrage universel, on trouva un compromis et la nouvelle chambre renonça à organiser une armée hongroise indépendante. Un cabinet de coalition, dirigé par Alexandre Wekerle, rétablit les bonnes relations avec le roi en attendant le retour au pouvoir du parti libéral. En 1912, le comte Étienne Tisza, fils de Koloman Tisza, redevenait président du Conseil, poste qu'il devait occuper jusqu'en 1917.

LA PREMIÈRE GUERRE MONDIALE

Tisza était opposé à une intervention contre la Serbie, en juillet 1914, mais, par loyauté, il s'engagea dans le conflit qui devait aboutir à la chute de la dynastie et au démembrement de la Hongrie historique, le peuple retrouvant en contrepartie l'indépendance perdue depuis 1526.Tisza se rendait compte que l'ultimatum à la Serbie, après l'attentat de Sarajevo, était une folie, que ne justifiait nullement la « menace serbe » à l'égard de la monarchie, dont les « intérêts majeurs » n'étaient pas en jeu ; que le conflit « limité », que voulait déclencher le Ballhausplatz (siège de la chancellerie d'Autriche) avec l'accord du roi, risquait fort de dégénérer rapidement en guerre européenne et que la monarchie pourrait difficilement survivre à une crise d'une telle ampleur.

Les troupes hongroises firent vaillamment leur devoir durant la Grande Guerre, mais à partir de 1917, les grèves se multiplièrent et en 1918 les prisonniers de guerre rapatriés de Russie répandirent la propagande bolchevique. Le blocus des Alliés imposa de lourds sacrifices à la population, tandis que l'inflation, due au financement de l'effort de guerre par l'émission de papier-monnaie, ruinait l'économie.

L'événement décisif pour la Hongrie fut la percée du front balkanique par l'armée d'Orient (Serbes et Français) en septembre 1918, qui provoqua, au cours du mois d'octobre, la dissolution de l'Autriche-Hongrie. La signature de l'armistice par la Bulgarie, fin septembre, permit en effet une rapide progression en Serbie de l'armée de Franchet d'Esperey, qui atteignit le sud de la Hongrie en novembre.

LA RÉVOLUTION DE 1918-1919

Le comte Michel Károlyi prit alors le pouvoir, proclama l'indépendance du pays et tenta de négocier avec l'Entente, sans se rendre compte que, pour les Alliés, l'image de marque de son pays était désastreuse : la Hongrie avait été à la fois complice de l'impérialisme allemand, coresponsable de la déclaration de guerre de 1914 et oppresseur des minori-

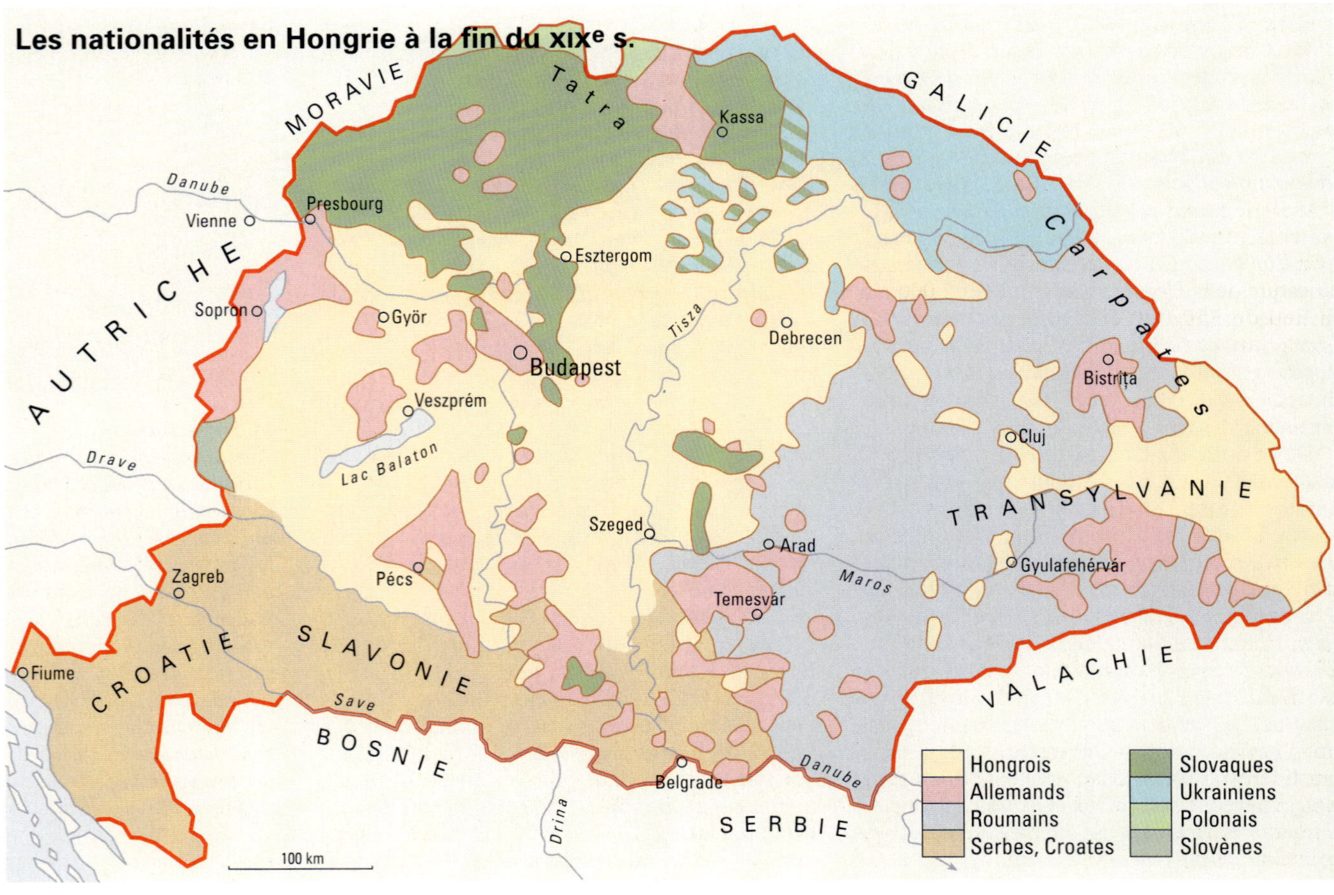

▲ *La crise austro-hongroise de 1905*
La gravure en couleur tirée de L'Illustration *représente l'audience de cinq minutes accordée par le roi le 20 septembre 1905 aux chefs des partis politiques de la coalition. François-Joseph refusa de leur accorder une armée indépendante et de renoncer à l'allemand comme langue de commandement, symboles du Compromis de 1867 et de l'unité de la monarchie.*

tés nationales. Obéissant aux instructions de Clemenceau, Franchet d'Esperey fut intraitable. Il laissa les Roumains occuper la Transylvanie, tandis que les Croates, volant au secours de la victoire, proclamaient leur union avec les Serbes et que les Slovaques, rompant une tradition millénaire, s'unissaient aux Tchèques de Bohême. Károlyi, qui avait proclamé la République, céda le pouvoir à la République des Conseils de Béla Kun qui, pendant cent jours, répandit la terreur sur le pays, tout en essayant de sauver la Hongrie historique. Les contre-révolutionnaires, protégés par l'Entente, s'organisèrent autour de l'amiral Nicolas Horthy qui rétablit une monarchie sans roi, Horthy prenant le titre de « gouverneur » *(kormanyzo)* comme Jean Hunyadi ou Louis Kossuth en 1849. Une terrible répression s'abattit sur les bolcheviks, les intellectuels et les Juifs, tandis que le gouvernement se voyait imposer le traité de Trianon en 1920, qui laissait d'importantes minorités hongroises hors des frontières nationales, en Slovaquie, en Transylvanie et en Vojvodine. La Hongrie de Trianon était une caricature de la Hongrie historique (100 000 km^2 au lieu de 350 000 et moins de 10 millions d'habitants au lieu de 22 millions). Il s'agissait, comme pour l'Allemagne ou la République autrichienne, d'une paix *dictée* (et non négociée), imposée par les Alliés qui écoutèrent les suggestions de la Petite Entente (Tchécoslovaquie, Roumanie, royaume des Serbes, Croates et Slovènes). Les deux tentatives de restauration du roi Charles IV de Habsbourg, en avril et octobre 1921, se heurtèrent à la fois à la mauvaise volonté de Horthy, qui souhaitait rester régent d'un royaume sans roi et à l'hostilité de la Petite Entente, en particulier des dirigeants tchèques (Benès), qui redoutaient de voir se reconstituer l'Autriche-Hongrie. En effet, Horthy maintint la constitution monarchique d'avril 1848, que fit fonctionner à peu près correctement le conservateur Étienne Bethlen. Mais ce n'était ni une vraie monarchie (le souverain Habsbourg fut soigneusement tenu à l'écart), ni une démocratie, ni un régime libéral.

Le bilan de 1918 était extraordinairement négatif pour la Hongrie. Si elle avait retrouvé l'indépendance perdue depuis l'union avec les Habsbourg d'Autriche, c'était au prix d'un démembrement de son territoire historique. Vaincue, ruinée par l'économie de guerre et l'inflation, elle avait perdu ses provinces périphériques, ses sources d'énergie. Elle était démembrée, avec 20 % de ses nationaux hors de ses frontières. La répression contre-révolutionnaire contraignit une grande partie de l'intelligentsia à l'exil ou au silence. Elle était, par la volonté des vainqueurs, privée de sa dynastie, contre le sentiment de la majorité des Hongrois, demeurés monarchistes, en dépit du contentieux traditionnel avec les Habsbourg. La Hongrie, démembrée par le traité de Trianon, se consola en cultivant l'irrédentisme et le chauvinisme le plus irrationnel.

▲ *La carte montre la Hongrie dans se limites actuelles, réduite à 100 000 km^2 avec toutes les provinces périphériques rattachées aux États successeurs. La Slovaquie et la Ruthénie à la Tchécoslovaquie, la Transylvanie et le Banat à la Roumanie, la Croatie, la Slavonie et la Vojvodine au royaume des Serbes, des Croates et des Slovènes, le Burgenland à la République autrichienne.*

◀ *« (Vive) la République ! »*
Affiche de propagande hongroise de l'hiver 1918, où un prolétaire coiffé du bonnet phrygien renverse le trône, entraînant dans sa chute la Sainte Couronne. Par sa facture, cette affiche pourrait être déjà bolchevique, mais la simple revendication politique correspond aux revendications de l'ensemble de la gauche radicale regroupée derrière le président du Conseil, le comte Michel Károlyi.

1905 succès de la coalition aux élections législatives. Crise austro-hongroise.
1906 Alexandre Wekerle président du Conseil.
1907 négociations pour le renouvellement du Compromis.
1908 Annexion de la Bosnie-Herzégovine.
1912-1913 guerres balkaniques.
1912-1917 Étienne Tisza, chef du parti libéral, président du Conseil.
28 juillet 1914 l'Autriche-Hongrie déclare la guerre à la Serbie : début de la Première Guerre mondiale.
22 avril 1915 traité de Londres entre Alliés et Italiens.
2 mai 1915 l'Italie déclare la guerre à l'Autriche-Hongrie.
9 octobre 1915 prise de Belgrade par l'armée austro-hongroise.
1916 conférence de Corfou.
21 novembre 1916 mort de l'empereur François-Joseph auquel succède l'empereur Charles Ier, couronné roi (Charles IV) de Hongrie à Budapest.
1917 Alexandre Wekerle remplace Étienne Tisza au gouvernement.
1917 négociations de paix séparées de l'empereur Charles avec les Alliés.
1918 rupture du front balkanique.
1918 transformation de la monarchie en une fédération de peuples.
1918 Michel Károlyi président du Conseil hongrois
14 octobre 1918 les Tchèques se proclament indépendants.
24 octobre 1918 indépendance de la Hongrie.
29 octobre 1918 les Croates et les Slovènes se proclament indépendants.
16 novembre 1918 Michel Károlyi proclame la République.
Mars 1919 Michel Károlyi cède le pouvoir à Béla Kun.
Juillet 1919 l'amiral Horthy chasse Béla Kun. Fin de la République des Conseils.
4 juin 1920 signature du traité de Trianon.
1921 vaines tentatives de restauration du roi Charles IV qui meurt l'année suivante à Madère.

La constitution des États dans le sud-est de l'Europe est précédée et préparée par les réveils nationaux, typiques de tous les pays balkaniques et fondamentalement différents du modèle français. En effet, ce ne sont pas le politique et la volonté de vivre ensemble qui commandent l'adhésion à la nation mais bien le passé commun. La langue, la conscience d'origines communes et la culture demeurent les principes de la cohésion et le renouveau dans ces domaines délimite les phases successives de la constitution nationale avant la mise en place des États respectifs.

Les Météores

Les Météores demeurent l'exemple même du destin des monastères orthodoxes à l'époque ottomane. Nés au XIVe siècle autour d'une communauté d'ermites, ces monastères sont peuplés par des centaines de moines attirés par ce refuge naturel, favorable à la vie monastique. En pays serbe, grec et bulgare, celle-ci reste centrée sur la conservation de la foi. Les monastères ont aussi pour fonction essentielle de préserver, à travers la culture religieuse, l'identité des peuples chrétiens de l'Empire. Le souci de transmettre l'héritage spirituel en reproduisant les anciens modèles littéraires et artistiques conduit à l'ouverture des premières écoles dans les couvents, au Mont-Athos par exemple. En sont issues les premières grandes figures des réveils nationaux, en général des moines érudits. Inaugurant l'époque moderne, les réveils marquent pourtant le début d'un irréversible déclin ; de nouvelles structures et de nouveaux groupes sociaux prennent en effet le relais des monastères.

Le fossé qui sépare les États balkaniques du Moyen Âge de ceux qui émergent aux XIXe-XXe siècles est plus profond qu'on ne l'imagine. Le manque de structure politique délimitant nettement l'espace national mène à l'enchevêtrement des groupes ethniques à l'intérieur de l'Empire ottoman et de celui des Habsbourg. D'où un double processus qui mène aux réveils nationaux : divergence à l'intérieur d'une structure amorphe et tendance à souligner son exclusivité et, simultanément, convergence des objectifs visant à constituer un corps national prédéfini. À l'intérieur de l'Empire ottoman, coexistent des noyaux denses de peuples, entourés de larges zones mixtes où le brassage ethnique obéit à l'appartenance confessionnelle. Un autre clivage apparaît entre d'une part la ville pluri-ethnique, lieu d'échanges qui attire, outre les Ottomans, Juifs, Grecs et Arméniens très actifs, et d'autre part le village qui préserve son identité ethnique d'antan.

Dans l'ensemble, la modernité débute dans la sphère religieuse, pour aboutir au rejet de tout formalisme. Cette nouvelle culture apparaît au moment où, dépassant la notion de *millet* ottoman, des structures non confessionnelles prennent en charge et expriment l'identité nationale. Ce processus aboutit à une émancipation vis-à-vis de l'Église mais sans anticléricalisme. Le clergé reste un des éléments de l'élite intellectuelle et se montre très sensible aux problèmes nationaux. Avec les échanges commerciaux assurant des contacts fréquents et directs avec l'Occident, l'ouverture culturelle promeut l'émergence d'une véritable classe politique qui modifie en profondeur les sociétés balkaniques demeurées sous le joug impérial. Dès lors, les réveils nationaux revêtent deux aspects : la création d'une langue littéraire nationale et celle d'une conscience nationale.

L'IMPACT DE L'ÉCRIT

La généralisation de l'écrit représente la phase initiale du renouveau national car il supprime un des obstacles au libre échange culturel. La formation des nouvelles langues résulte du rapprochement entre l'oral et l'écrit, qui comble le fossé entre langue vernaculaire et langage savant.

Chez les Grecs, ce processus est facilité par la vogue des études classiques en Europe ; c'est Adamantis Koraïs, érudit grec établi à Paris, qui propose la norme d'une « langue purifiée » *(katharévoussa)*. Cette langue de convention va s'imposer en Grèce grâce à la tradition phanariote sans remplacer pour autant les parlers locaux *(dimotiki)*. Chez les Roumains, la longue marche vers la romanité est ponctuée par les étapes de l'imposition du roumain comme langue officielle et de culture. Étouffé au début par le slavon (slave ecclésiastique), dominant l'administration et la production littéraire, le valaque imprégné de slavismes emploie toujours l'alphabet cyrillique au XVIIe siècle lorsque l'hégémonie des Grecs Phanariotes impose l'alphabet grec. Ce n'est qu'au XIXe siècle que la langue vernaculaire et

▲ *Khan de Bucarest*
Hybride entre relais auberge et bourse primitive les Khani *ou caravansérails constituent les repères fixes du réseau commercial ottoman. Édifices de marque dans les villes de l'Empire, ils se rencontrent également en Europe centrale et de l'est où sont implantées d'importantes communautés de « marchands grecs ». Lieux d'échange, ils fournissent le cadre favorable à la pénétration des courants culturels de l'Occident qui feront des commerçants chrétiens de véritables mécènes.*

LA TROISIÈME ROME

C'est par le biais religieux que la troisième Rome (Moscou) est devenue l'espoir des peuples balkaniques asservis à l'Infidèle. En 1561, le patriarche œcuménique Joasaph proclame Ivan le Terrible « maître de tous les orthodoxes ». Dans les offices de l'Église œcuménique, les noms des tsars russes prennent la place autrefois réservée aux empereurs byzantins. Avec la montée de la puissance russe au XVIIIe siècle, cette filiation prend des accents politiques subversifs imprégnant l'imaginaire populaire. Vers 1750, le moine grec Théoklétos Polyeidis compose un recueil de prophéties, Agathangelos, calquées sur l'Apocalypse, destiné à jeter un pont entre l'empire déchu et la marche victorieuse de l'orthodoxie russe. Circulant à travers l'Empire ottoman, ces prophéties nourriront l'idée de la mission libératrice de la Russie. Au rythme des guerres russo-turques, une contamination curieuse se produit entre la vision orthodoxe et la conscience diffuse d'une origine commune slave. Sa manifestation la plus éloquente se retrouve chez les Bulgares au XIXe siècle dans la croyance en « grand-père Ivan », image composite d'une série de tsars personnifiant la Russie.

l'alphabet latin sont adoptés à tous les niveaux de la vie publique.

Les langues littéraires des Slaves du sud sont confrontées aux dialectes locaux qui traduisent le particularisme des sociétés rurales. Par ailleurs, elles sont fortement influencées par le russe, et la littérature serbe du XVIIIe siècle doit faire effort pour résister au slavéno-russe. Ce n'est que dans la première moitié du XIXe siècle que le « serbo-croate » moderne est créé à partir des dialectes les plus proches des deux zones linguistiques. À son tour, la norme « néo-bulgare » reflète la prépondérance de la production littéraire de la Bulgarie orientale.

Pour les Albanais, la langue commune est appelée à assurer la cohésion au-delà des barrières confessionnelles et s'avère un enjeu majeur dans leur constitution nationale.

À l'exception des Grecs dont le développement culturel préside à celui de tous les peuples de la région, les réveils balkaniques parachèvent le passage à l'écrit qui modifie radicalement l'aspect des sociétés figées dans la tradition orale. Cependant, tandis que l'élite grecque contrôle jalousement l'outil culturel principal, les autres groupes nationaux, les Slaves surtout, poussent cette transformation jusqu'à la démocratisation de la culture savante. Ce phénomène est lié à la volonté d'intégrer la tradition épique censée être le réceptacle de la mémoire historique. Celle-ci a un impact considérable sur la genèse des littératures modernes serbe et albanaise.

LE RETOUR AU PASSÉ

L'édification d'une conscience nationale s'effectue par le culte du passé. En effet, les changements politiques fréquents et l'instabilité des structures étatiques génèrent des mécanismes compensateurs. Ce sont le retour au passé et les généalogies imaginaires qui projettent une image bien orchestrée destinée à éveiller le sentiment d'appartenance à un groupe soudé par ses origines communes et

LES PIÈGES BALKANIQUES

Dès le haut Moyen Âge, le décalage entre les réalités ethniques du Sud-Est européen et les noms désignant les populations va croissant. C'est le discours grec (maître de la mémoire historique de la région) qui laisse l'empreinte la plus profonde sur les usages. Héritière de la tradition grecque et romaine à la fois, la littérature byzantine dissocie les Barbares des Rhômaioi, appellation grecque des Romains qui désigne les sujets de l'Empire. Ainsi, les auteurs byzantins mentionnent-ils systématiquement les noms des peuples anciens (Scythes, Mysiens, Triballes, Daces, Sarmates, etc.) pour désigner Avars, Bulgares, divers groupes de Slaves, Coumans, Valaques qui se succèdent ou cohabitent dans le même espace. Mêlant diverses traditions, les Slaves appellent les habitants de l'Empire byzantin soit Grecs, soit Rhômaioi et véhiculent le terme de Valaques pour désigner la population autochtone de langue romane. Ce terme prend une valeur socio-culturelle de « peuple itinérant, bergers », glissement de sens qui se produit également dans l'acception hongroise des futurs Roumains. L'usage byzantino-slave dénomme Francs tous les Occidentaux de rite latin et d'expression culturelle latine.
À la différence du Sud-Est grec, le discours de l'Occident latin perpétue la référence administrative romaine. La tendance à ethniciser les découpages antiques de l'espace balkanique s'accentue à partir du XIIIe siècle pour se généraliser avec l'effacement des repères politiques dû à la conquête ottomane. Le décalage entre les réalités et les noms qui les recouvrent s'amplifie lorsque, après le Grand Schisme, la dimension religieuse vient se superposer. Par référence au rite grec, le mot Grec devient un nom générique pour orthodoxe. À partir du XVe siècle, ce glissement vers la sphère religieuse détermine la vision occidentale du Sud-Est ottoman.
Avec la disparition des États médiévaux, susceptibles d'entretenir l'équilibre entre nom ethnique et nom politique, l'information fournie par les Occidentaux, leur observation des réalités balkaniques deviennent décisives. En Europe centrale et méridionale, les peuples orthodoxes sont tous étiquetés Grecs, tandis que les Grecs eux-mêmes sont désignés comme Turcs dans certaines villes allemandes. Cette dernière qualification est d'ordre culturel et reflète plutôt un mode de vie oriental. Pourtant, pour les sujets du sultan, Turc désigne tout musulman quelle que soit son origine ou sa langue, et recouvre l'altérité fondamentale — confessionnelle et politique. Dans la même logique, le terme Serbe désigne en Valachie, aux XVe-XVIIe siècles, les Slaves du sud en général, les Bulgares et même, parfois, les Albanais. Les Serbes de l'Empire des Habsbourg sont parfois appelés « la vaillante nation valaque », tandis que ceux des villes dalmates sont des Maurovalaques (ou Morlaques). Dans les Confins militaires, l'administration autrichienne distingue Vlaques schismatiques (Serbes) et Vlaques catholiques (Croates), le mot Illyriens étant employé pour les deux peuples alors qu'il désignait au départ les seuls Croates. Quant aux Valaques des trois principautés, au XVIIIe siècle, ils se définissent tous comme Romani ou Rumâni, mais ce nom prestigieux ne leur sera reconnu qu'au XIXe siècle.

par son destin historique. Les diverses formules de retour au passé ont un trait commun : la recherche d'un modèle « national » qui aurait précédé les structures impériales, censées diluer voire contrarier le « sentiment national ». Le passé reculé permet de contourner le passé récent, témoin d'une infériorité politique. Le souci de se construire une image collective glorieuse est d'autant plus grand que la rupture est profondément ressentie. Cette tendance marque davantage les pays du « cercle turc » qui, à la différence des solutions plus modérées des Croates et des Slovènes, refusent de prendre en compte l'« héritage oriental » de l'Empire ottoman.

Néanmoins, les Grecs hésitent entre la gloire de leur histoire antique (référence obligatoire à l'Occident) et celle de l'Empire byzantin, objet d'une mémoire encore vivante. Cet embarras marque profondément la société grecque dès la fin du XVIIIe siècle et constitue une des sources des interminables querelles politiques dans le jeune État grec.

Vers la même époque, l'élite des Principautés danubiennes construit son idéologie nationale sur la romanité des Valaques, fait auquel les Roumains uniates de Transylvanie sont les premiers à donner une dimension identitaire. Ce rattachement aux origines antiques que l'on observe dans le cas roumain et dans le cas grec n'est pas sans rapport avec l'ouverture de leurs élites à l'Europe occidentale.

Pour leur part, les peuples slaves du sud cherchent à valoriser la grandeur de leurs royaumes médiévaux. Ainsi, les Croates créent le mythe de saint Jérôme, saint national, apôtre slave et inventeur présumé des caractères cyrilliques, tandis que les Bulgares s'approprient de bonne heure les figures des deux Grecs créateurs de l'écriture slave, devenus « les saints apôtres Cyrille et Méthode ».

Le souci de remédier à la discontinuité s'exprime aussi à travers les généalogies collectives à l'époque des réveils nationaux. Le phénomène généalogique au sens strict est attesté à partir des XIVe-XVe siècles et ses premières manifestations coïncident avec la conquête ottomane. Vers la fin du XVIe siècle, une tendance se fait jour visant à relier les généalogies familiales aux dynasties royales de jadis pour les inscrire ensemble dans une généalogie collective. L'illyrisme, par exemple, assimile au peuple antique des Illyriens les Slaves du sud (surtout les Croates) pour prouver leur enracinement et l'ancienneté de leur race. Mise au point dans les villes romano-slaves regroupées autour de Dubrovnik, cette stratégie identitaire se révèle l'un des grands achèvements de la Renaissance dalmate au XVIe et au début du XVIIe siècle. Elle s'approprie aussi d'autres références de prestige historique comme, côté serbe, l'incontournable tsar Étienne Douchan. La juxtaposition de ces éléments produira une série d'images généalogiques faisant référence au « royaume illyrien de Douchan », qui donneront naissance à une brillante héraldique slave.

Dans le même souci de confirmation nationale, le mythe des origines reste spécifique du Sud-Est européen et révèle un mode de penser l'entité nationale non pas sur le plan politique mais en termes d'« origines ethniques ». Par la suite, dès qu'un événement viendra troubler la certitude de l'image de soi-même, le passé et les origines communes seront revisités.

◀ ***Église de Voronets***
L'église peinte de Voronets en Moldavie du nord est un bel exemple de l'art religieux particulièrement expressif qui s'épanouit dans les pays roumains au XVIe siècle. La décoration des parois extérieures reflète l'ouverture de l'église, lieu public, au politique par la mise au point d'un langage pictural à la portée des simples gens, qui fait passer, par le biais de la foi, le discours identitaire et les stratégies de lutte anti-ottomane. Ainsi, dans les fresques de Voronets apparaissent pour la première fois les portraits inventés des grandes figures de l'orthodoxie roumaine et slave. Avec la répartition des peuples et la place réservée aux Turcs, le célèbre Jugement dernier *qui occupe la partie visible de cette image représente un véritable programme politique.*

▲ *Sofia*
Cette image de Sofia au XIXe *siècle met en relief deux traits typiques de la ville à l'époque ottomane : son aspect turc et le manque de limite nette avec la campagne. La véritable forêt de minarets explique le qualificatif « turque » donné par les voyageurs occidentaux à la ville balkanique en général, qui occulte son aspect de lieu de brassage entre musulmans, chrétiens et juifs. Les groupes appartenant aux différents* millets *de l'Empire y cohabitent, préservant entre eux une distance par la création de quartiers fondés sur le critère religieux qui possèdent chacun leurs lieux de culte et leurs cimetières propres. Les marques confessionnelles se côtoient à l'intérieur d'un espace urbain inévitablement dominé par les mosquées. La construction d'églises obéissant à un règlement minutieux et restrictif, l'édifice chrétien est beaucoup plus discret et ne marque jamais le paysage urbain de cette époque.*

DE ROME À HELLADE

*Malgré son caractère grec, Byzance a toujours cultivé l'image de sa romanité, dans le domaine politique comme dans celui des généalogies collectives. Rattaché à l'idée de l'Empire chrétien universel, l'appellation de Romains (*Rhômaioi*) remplace celle d'Hellènes, devenue synonyme de païens. L'élaboration d'une conscience hellénique se poursuit durant plusieurs siècles. Enraciné dans l'Antiquité grecque, ce phénomène — largement influencé par la Renaissance italienne — coïncide avec le siècle de la conquête ottomane (1354-1453), mais la prépondérance du principe religieux dans le nouvel Empire dilue l'idée même de nation hellénique. Dès le milieu du* XVe *et jusqu'à la fin du* XVIIIe *siècle, la notion d'un Empire orthodoxe constitue le pivot de l'identité grecque. Pour plus de trois siècles, l'image que les Grecs se font d'eux-mêmes se traduit en termes de romanité : ils s'appellent* Rhômaioi*, leur langue est le* romaïque*, tandis que le nom d'Hellènes est refoulé dans la mythologie populaire.*

C'est par l'intermédiaire de l'Europe occidentale que s'effectue la prise de conscience des rapports existant entre les Grecs anciens et ceux de l'époque post-byzantine. Après les humanistes italiens qui ouvrent largement la porte à la référence antique, c'est avec les Lumières et la Révolution française que cette idée pénètre l'élite intellectuelle grecque. Le parcours qu'elle suit dans la construction de cette nouvelle image identitaire est illustré par les deux grandes figures du réveil national grec, toutes deux résidant hors de Grèce. Ainsi, Rhigas Velestinlis, dans ses messages au peuple grec inspirés par la Révolution française, décerne à ses compatriotes le nom glorieux d'Hellènes, uniquement dans un contexte de lutte de libération du joug ottoman. De son côté, Adamantis Korais est le premier à leur proposer, outre Hellènes, les mots de Grecs et de Grèce, utilisés par les Occidentaux pour désigner l'hellénisme. Il appelle à renoncer au nom de Rhômaioi*, survivance maudite d'un Empire arriéré. Tous deux dénoncent dans Byzance et la filiation romaine la cause même de l'éclipse de l'hellénisme durant de longs siècles.*

Ce processus de redéfinition nationale est jalonné d'oscillations entre l'affirmation de la parfaite continuité de race entre les anciens Hellènes et les Grecs modernes, et le refus de tout rapport avec les ancêtres païens. Le premier aspect est nourri par l'attitude européenne face à une Grèce « réveillée » et décidée à recouvrer son ancienne splendeur. Lors de l'occupation des îles Ioniennes (1797-1800), les proclamations françaises destinées aux Grecs sous domination ottomane font sans cesse référence à l'Athènes et à la Sparte antiques. Le second aspect apparaît dans l'attitude du haut clergé orthodoxe face aux « nouvelles modes européennes » ; même au début du XIXe *siècle, l'archevêque d'Athènes se montre hostile aux « parents qui baptisent leurs enfants de noms païens ». C'est seulement pendant la guerre d'indépendance que la terminologie de l'hellénisme s'impose, se limitant d'abord aux combattants de la révolte grecque ; les appels que les chefs militaires lancent aux Européens montrent un emploi subtil et efficace des appellations antiques. La conscience hellénique commence à pénétrer la population vers le milieu du* XIXe *siècle.*

1593 décret du patriarche de Constantinople obligeant les métropolites à ouvrir des écoles dans leurs diocèses.
1604 à Rome, parution de *Institutiones linguae illyricae*, première grammaire croate, rédigée par le moine catholique Bartol Kachitch, base d'une langue littéraire commune à tous les Slaves du sud.
1662 à Venise, ouverture du collège Phlanginien, première école entièrement grecque à l'étranger.
1667 à Lyon, parution de *Des origines des Saxons en Transylvanie*, de L. Doppeltinus, premier ouvrage à montrer la continuité entre les Daces de l'Antiquité et les populations de Transylvanie.
1679-1688 Georges Brankovitch, comte dans l'Empire des Habsbourg et descendant prétendu des derniers rois serbes, rédige des *Annales slavéno-serbes* à la Cour d'Étienne Cantacuzène, prince de Valachie.
1694 à Bucarest, fondation de l'Académie princière Saint-Savas enseignant en grec.
1701-1702 à Vienne et à Zagreb, parution en latin de la *Stemmatographie illyrienne* de Pavel Ritter Vitezovitch, historien et graveur croate, qui reconstitue le passé des Slaves du sud à travers les images des rois médiévaux.
1714-1723 Dimitre Cantemir, érudit roumain et ancien *hospodar* de Moldavie, publie des ouvrages prouvant l'origine romaine des Valaques.
1726-1731 à Belgrade et à Sremski Karlovtsi, réseau d'écoles en slavon sous patronage russe.
1754 à Saint-Pétersbourg, première *Histoire du Monténégro* rédigée par le métropolite V. Niegoch.
1754-1761 l'Académie du Mont-Athos, fondée par le savant grec Eugénios Voulgaris, enseigne dans l'esprit des Lumières.

▲ *Terres croates et Provinces illyriennes*
Ces deux cartes montrent la superposition de références politiques dans le nord-ouest des Balkans. Sous la couronne hongroise, le royaume croate est divisé et ses composantes — Dalmatie, Croatie et Slavonie — sont soumises à un régime différent. La frontière entre l'Empire ottoman et celui des Habsbourg impose la formation d'une zone à statut spécial taillée dans ces trois régions — les Confins militaires (Krajina) — qui accueille massivement les réfugiés serbes. Possessions de Venise depuis des siècles, la Dalmatie et l'Istrie passent sous contrôle français à la fin de 1805 et constituent le noyau des futures Provinces illyriennes créées par Napoléon en 1809. En dépit de sa durée éphémère, cette présence marque profondément les terres croates et slovènes, et la référence illyrienne est conservée par l'Autriche qui en reprend possession en 1814.

ARMES ET BLASONS

Les centres orthodoxes extérieurs à l'Empire ottoman sont les premiers à introduire armes et blasons chez les Slaves du Sud. Cet usage se développe sous l'influence étrangère, mais les modèles de ces blasons se trouvent dans les recueils d'armes qui circulent dans l'espace serbo-croate à partir du XVIe siècle. Le premier corpus généalogique est celui d'un Ragusain, amiral de la flotte espagnole, Pedro Ohmucevitch. Complétant les rares pièces authentiques de faux et de blasons recomposés, le premier armorial « illyrien » date de 1595. Les armes des royaumes balkaniques qui y figurent sont reproduites par des écrivains postérieurs dont le Ragusain Mavro Orbini, auteur d'une Histoire des Slaves méridionaux *(1601) d'où sont tirés les deux images reproduites ici.*
Le croissant est le plus souvent intégré dans l'emblème de la Bosnie, mais est attesté aussi en Slavonie dès le XIIIe siècle. Attribuée au roi de Serbie, la croix des Paléologues est préservée dans les insignes des évêques orthodoxes en Voïvodine. Au début du XIXe siècle, cette croix considérée comme message de l'unité nationale, est adoptée dans les armes des deux dynasties régnant en Serbie.

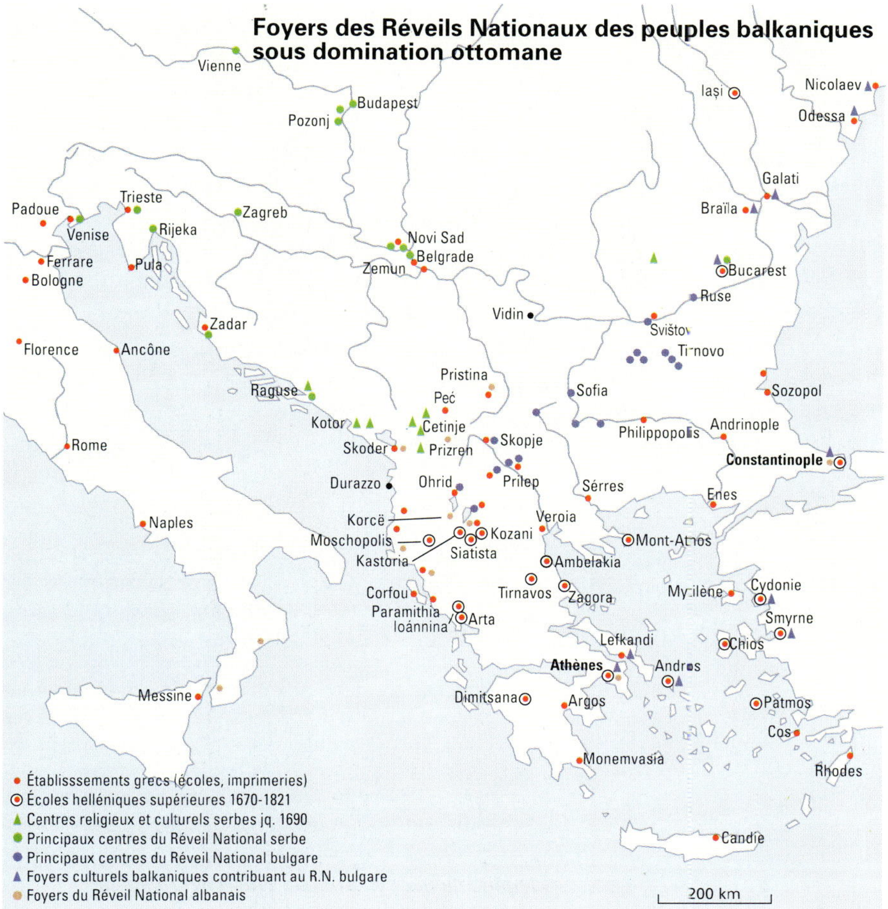

◀ *L'expression « foyer de réveil balkanique » désigne les lieux de concentration de multiples activités visant à maintenir ou à créer une conscience nationale : instruction publique, production littéraire, imprimeries et écoles artistiques. Les centres de réveils nationaux sont naturellement les villes mais on doit distinguer entre celles situées à l'intérieur du pays concerné et celles de l'Empire ottoman et de ses voisins. Avec leurs colonies de marchands grecs ou d'autres nationalités chrétiennes, ces dernières sont les lieux des premières manifestations des identités nationales. Istanbul, Vienne ou Bucarest demeurent pour longtemps les foyers les plus importants des réveils de toutes les nations balkaniques. La logique de mise en place des centres serbes et roumains ainsi que les coïncidences gréco-bulgares ou slavo-albanaises dans les régions mixtes révèlent le rôle des interactions culturelles et l'importance de la périphérie dans la constitution des identités balkaniques.*

▼ *Au cours des réveils balkaniques, le concept d'État national est rattaché aux États médiévaux. La naissance des États modernes est représentée ici comme un premier pas vers la reconstitution d'une structure politique ayant déjà existé. Le décalage qu'on observe entre certains noyaux d'origine, antiques ou médiévaux, et les lieux de naissance des États respectifs ou essayant de s'identifier à l'ancienne référence politique, marque les zones de turbulence.*

1762 *Histoire slavo-bulgare*, première œuvre de la pensée moderne bulgare, par le moine Païsij de Hilendar (au Mont-Athos).
1772 à Venise, parution d'une *Vie et geste glorieuse du seigneur l'empereur Pierre le Grand*, écrite en slavon par le religieux serbe Zakharie Orfelin.
1790 à Vienne, parution du premier journal grec.
1794 à San Demetrio Corone (Calabre), fondation d'un collège orthodoxe enseignant en albanais.
1797 Rhigas Velestinlis, apôtre du réveil national hellénique, met au point un programme de fédération de tous les peuples chrétiens des Balkans pour lutter contre les Ottomans.
1807 à Rimnic (Valachie), l'évêque Sofroni Vratchanski publie le premier livre en bulgare moderne : *Sermons du dimanche*.
1824 à Bucarest, parution de *Riben boukvar (Abécédaire)*, premier livre bulgare profane.
1824-1836 les journaux *Novine* et *Danica*, rédigés par L. Gaj, propagent l'idée de l'intégration nationale croate.
1834-1835 à Gabrovo, première école secondaire bulgare.
1835-1848 apogée du mouvement illyrien, expression majeure du réveil national croate, avec le cercle littéraire de Zagreb et les activités réformatrices de Ludevit Gaj.
1840 la diète croate décide de promouvoir la langue nationale dans l'enseignement public au cours des cinq années à venir.
1844 à Smyrne, *Luboslovie* de K. Fotinov, premier périodique bulgare.
1850 à Bucarest, création d'une association culturelle par Naum Vegilharxhi pour promouvoir une langue et une culture albanaises.
1883-1887 à Istanbul, création de la Société des lettres albanaises qui ouvre, en 1887, la première école nationale albanaise à Korçe.

Un insurgé grec

En Grèce comme dans la plupart des pays balkaniques, l'insurrection massive contre le pouvoir ottoman est considérée comme l'expression sublime de l'esprit national et la seule voie directe de constitution d'un nouvel État. Avec le mélange de symboles traditionnels et modernes, du drapeau orné d'une croix au jatagan turc, cette image d'insurgés grecs est révélatrice de l'atmosphère de la guerre d'indépendance.

Dans la mosaïque d'États qui bouleverse la carte des Balkans au cours des XIXe-XXe siècles, deux types de filiations politiques sont au rendez-vous. La filiation nationale, produit récent d'une conscience politique fragile, doit effacer la puissante empreinte laissée par l'Empire, modèle politique unique pour plusieurs siècles. La constitution des États issus de l'Empire ottoman reste sous surveillance européenne. Les revirements politiques fréquents et les épisodes violents suggèrent une véritable « rééducation sociale » dont l'efficacité se mesure par rapport à l'institution monarchique. Les représentations des origines, ranimées ou générées au cours des réveils nationaux, s'inscrivent au cœur des programmes nationaux, enjeu politique majeur pour les dynasties régnantes de tous les États.

Ce qu'il est d'usage d'appeler (à tort ou à raison) le joug turc évoque la perception par les peuples balkaniques d'un Empire dont la seule différence par rapport aux précédents est d'avoir été fondé sur l'islam. En Europe, où la référence fondamentale est la royauté chrétienne, ce changement représente la rupture décisive. Elle a considérablement altéré les structures de la vie politique des sociétés balkaniques qui, même libérées de la domination ottomane, subissent ses contrecoups. Les nouveaux États oscillent longtemps entre une construction moderne et les modèles hérités du passé, qui rend encore plus difficile le fonctionnement des institutions de l'État moderne.

Dans la logique européenne de l'époque, ce sont de graves handicaps interprétés comme une incapacité foncière des jeunes nations à se gouverner elles-mêmes. Dans l'ensemble, les Occidentaux ne tiennent aucun compte des modèles de construction et de gestion de l'État proposés par les élites locales. Le système ottoman, malgré son déclin, fournit néanmoins un cadre favorable à une expression politique nationale. C'est ainsi qu'un développement progressif des structures autonomes locales (en Serbie, partiellement en Albanie) et religieuses (au Monténégro) à l'intérieur de l'Empire aboutit à la constitution des États. Loin de se présenter comme une idylle entre Turcs et nations chrétiennes, cette voie évolutive, jalonnée de révoltes, a l'avantage de constituer une tradition politique proprement nationale qui peut fournir l'apparence de la continuité. Elle a en outre l'avantage mais aussi l'inconvénient de mettre en place des dynasties nationales qui, sous-estimées par les grandes maisons européennes, sont obligées de créer leurs propres réseaux d'alliances matrimoniales. Dans un premier temps, elles se constituent à l'intérieur d'élites régionales qu'il est difficile de qualifier de noblesse. Cette logique d'autosuffisance ne permet guère d'imposer la notion occidentale d'alliance morganatique, raison de plus pour mériter le mépris occidental. Ce dernier entraîne le retour au circuit matrimonial orthodoxe, jouissant de prestige à l'échelle locale. Slaves et othodoxes, les maisons princières de Serbie et du Monténégro

▲ *Les irréguliers*
Les troupes d'irréguliers comme ces Grecs sont typiques de la réalité balkanique et ottomane aux XVIIIe-XIXe siècles. Que ce soit le hajduk, *le* tchetnik *slave ou le* klephte *grec, il s'agit toujours d'une figure ambiguë : bandit aux yeux du pouvoir officiel, protecteur pour la population chrétienne, guerrier redoutable dont les prouesses légendaires nourrissent l'esprit de révolte contre les Turcs.*
De fait, les grandes insurrections anti-ottomanes de cette époque sont déclenchées par leurs actions. Avec le triomphe des mouvements de libération, ces combattants de la première heure entrent, à titre de héros nationaux, dans les mythologies identitaires balkaniques.

se réaffirment, à chaque génération, clientes de la grande noblesse russe.

L'autre issue est fournie par les alliances avec des familles phanariotes, le plus souvent roumaines. Ces affinités des dynasties locales s'inscrivent dans un réseau d'échanges séculaires entre noblesse russe et familles phanariotes qui n'est pas négligé même par les Schleswig-Holstein de Grèce. Elles permettent d'estimer le prestige que gardent les Phanariotes, à la fois aristocratie et classe politique, détentrice du savoir-faire ottoman.

Les premiers rapprochements dynastiques entre les familles autochtones et les dynasties balkaniques ne s'ébauchent qu'à la fin du XIXe et au début du XXe siècle, laissant deviner les futures alliances politiques.

L'autre voie de constitution des États, c'est leur légalisation ou bien leur mise en place sur décision des puissances européennes. Ayant pris en charge l'« Homme malade » et en dépit de leurs propres querelles, les puissances agissent de concert à chaque crise d'Orient, dans un objectif précis : limiter la souveraineté des nouveaux États et leur imposer des mécanismes aptes à garantir un développement politique modéré. C'est ainsi que la monarchie d'importation européenne est considérée comme la seule institution capable de prévenir les excès inévitables lors de la reprise de la vie politique, ainsi que de gérer l'édification de l'État national. Cette stratégie est mise au point après le rétablissement d'un relatif équilibre politique en Europe (congrès de Vienne, 1815). À partir des années 1820 (guerre de l'Indépendance grecque), la question de l'organisation des nouveaux États se pose, de façon lancinante, à chaque crise orientale. Seuls la Serbie et le Monténégro, se constituant à l'intérieur de l'Empire ottoman, échappent à cet ordre tout en gardant leur statut de vassal des Ottomans jusqu'en 1878.

Appelé à faire face aux nouvelles réalités, le concert européen met au point un règlement politique initial axé sur le monarque désigné par des représentants de chaque puissance. Cette « élection » doit être à chaque fois confirmée par un protocole (signé par les États garants) définissant, entre autres, le rang du souverain et le caractère héréditaire de sa charge. Quand l'une des puissances se montre mal disposée à l'égard de tel ou tel prince balkanique, sa reconnaissance tardive peut devenir source d'interminables crises politiques internes : c'est le cas de la reconnaissance du prince bulgare Ferdinand de Saxe-Cobourg par la Russie (1887-1896) ainsi que des tergiversations habituelles lors des changements dynastiques serbes et surtout de la reconnaissance des droits dynastiques des Karadjordjevitch en 1903.

En général, le choix du prince est l'objet de longues négociations (le plus souvent entre la Russie, l'Autriche et la Grande-Bretagne), étant donné que le futur souverain ne doit appartenir, par filiation directe, à aucune des grandes maisons régnantes du moment. Conformément à cette restriction qui avance la règle de la dynastie neutre, les maisons princières les plus acceptables sont allemandes ou scandinaves. Pourtant, des exemples comme le refus du prince Léopold (futur roi des Belges) d'accepter la couronne grecque en 1830, ou du prince Valdemar de Danemark, la couronne bulgare en 1866, montrent que, malgré la fascination pour les nouveaux trônes, les princes ne se précipitent pas, soucieux de ne pas se laisser entraîner dans une aventure politique ou de ne pas assumer des responsabilités politiques trop lourdes. Au reste, les ambassades balkaniques (roumaine en 1866 et bulgare en 1886-1887), errant à travers l'Europe à la recherche d'un prince régnant, ne représentent que le triste et dérisoire revers de cette pratique diplomatique occidentale.

Mis sur le trône vacant d'un obscur État, le nouveau souverain ne fait pas toujours brillante carrière. Ainsi, les premiers règnes des monarques européens en Grèce et en Bulgarie sont marqués par des échecs retentissants dus au manque d'expérience des princes comme à l'instabilité et à l'effervescence de la classe politique. Tiraillés entre divers groupes dont l'influence monte et retombe au gré des passions national(ist)es, plus ou moins influencés par les traditions occidentales, Othon de Bavière, Alexandre de Battenberg et Guillaume de Wied échouent précisément lors de crises nationales. Les entourages européens de ces princes se voient attribuer la responsabilité de la plupart des erreurs de leurs souverains.

Ainsi, le rejet spontané mais vaguement exprimé du roi étranger (le plus souvent qualifié d'« Allemand ») devient une caractéristique de la vie politique. La nouvelle génération de souverains européens trouve le remède en éliminant les distances entre le roi étranger et son peuple : le discours patriotique s'avère la clé des bonnes relations entre celui-ci et les partis politiques. Pour s'imposer, les souverains de la fin du XIXe et du début du XXe siècle marquent leur adhésion à l'idée nationale en embrassant les doctrines maximalistes dont les visées territoriales mènent aux deux guerres balkaniques.

Dans les cas grec et bulgare, cette stratégie, poursuivie avec le plus d'insistance, se retourne contre ses auteurs au cours de cette espèce d'effondrement politique que représentent les « catastrophes nationales ». C'est ainsi que l'opinion publique, accablée par le réchauffement patriotique, interprète l'abîme qui s'ouvre entre le discours nationaliste et ses effets réels, scellés par de graves défaites militaires à l'issue de la guerre de 1914. Le roi des Hellènes Constantin Ier, contraint à deux reprises d'abdiquer, doit payer la deuxième fois (1922) le désastre grec en Asie Mineure. Pour la même raison, l'abdication (1918) du roi Ferdinand Ier (le « Richelieu des Balkans ») se transforme en véritable fuite de la Bulgarie, grande perdante dans deux guerres consécutives.

▲ ***Une noblesse guerrière***
La pose audacieuse et l'accoutrement de ce noble monténégrin rendent bien l'esprit guerrier et l'insoumission considérés comme vertus majeures dans son pays. Fondée sur la religion orthodoxe et la tradition guerrière, une mythologie nationale présente les Monténégrins comme « les vrais Serbes », descendants des survivants de la bataille de Kosovo (1389), réfugiés dans les montagnes pour préserver leur identité. Cette idée, chère aux princes-évêques de la famille Njegoch, guide le prince Nicolas Ier dans ses efforts pour imposer sa dynastie. Substituant la rivalité aux alliances avec les Obrenovitch et les Karadjordjevitch, il doit abandonner le trône après le vote de la Diète qui sacrifie, le 26 octobre 1918, son propre souverain à l'unité de tous les Serbes.

LA PAX BALKANICA DES SOUVERAINS

Pour toutes les dynasties régnantes, les trois guerres balkaniques (car la Grande Guerre n'a été que la reprise des mêmes règlements de comptes entre voisins) se sont révélées cruciales. Leur résultat, mesuré en territoires « réunis à la patrie », conditionne les jeux d'alliances qui, à leur tour, se reflètent dans une série de mariages dynastiques. C'est d'abord la double alliance entre les Hohenzollern de Roumanie et les Schleswig-Holstein hellénisés de Grèce. La dynastie serbe vient s'y joindre ; les Karadjordjevitch régnant sur Serbes, Croates et Slovènes sont agréés dans les familles royales de Grèce et de Roumanie. Ces relations tissent d'une autre façon l'union des vainqueurs et accompagnent la création de la Petite Entente, patronnée par la France et appelée à les protéger contre les révisionnismes. « Malintentionnés » parce que vaincus, les Bulgares, isolés du réseau dynastique régional, adhèrent discrètement au cercle des mécontents par l'alliance de Boris III avec la maison royale italienne, déjà sensibilisée aux problèmes des Balkans par la reine monténégrine Hélène. Tacitement, l'usage de recourir au royaume italien s'impose comme la solution la plus acceptable pour les souverains balkaniques non agréés. Cette attache italienne aux Balkans a ses revers dès 1939. Au contraire, les parentés germaniques locales n'influent que très peu sur les décisions importantes des souverains balkaniques. Veillant sur leurs rois, les élites expérimentées de la Grèce et de la Roumanie ont su déjouer les contrecoups politiques des parentés dynastiques, notamment lors de la Grande Guerre. En somme, dès le début du XXe siècle, les souverains balkaniques, qu'ils soient issus de dynasties nationales ou d'importation occidentale, se laissent guider dans leur politique, pour le meilleur et pour le pire, par ce qu'il est convenu d'appeler les intérêts nationaux.

LES EXPÉRIENCES POLITIQUES DE L'ALBANIE

Oscillant entre particularisme et solutions occidentales, la création de l'État albanais se présente comme un laboratoire d'expériences politiques inachevées. Cet État s'esquisse dans nombre de configurations politiques fugaces qui se manifestent lorsque l'Empire ottoman bascule dans la crise. Parmi celles-ci figure le Grand Pachalik de Shkodra (Shkodër) de Mehmed Buchatli, pacha rebelle et autonome du dernier quart du XVIIIe siècle, qui constitue une Confédération d'Illyrie regroupant Albanais, Monténégrins et Bosniaques. Grâce à l'aide fournie aux troupes de Bonaparte, il se fait reconnaître prince d'Albanie en 1796. À la même époque, un autre Albanais, Ali de Tépélène, pacha de Ioánnina, se retranche en Épire et réussit à se forger une image de redoutable prince local. Ces formations deviennent la référence politique albanaise qui séduira l'Occident avec son mélange d'Europe et d'Orient ottoman.

Imprégnée d'islam et divisée en communautés tribales, la société albanaise est freinée dans sa marche vers la constitution d'une nation. L'effort d'émancipation n'envisage pas pour autant la séparation politique d'avec la Sublime Porte. La Ligue de Prizren se fait entendre en 1878, lorsque les traités de San Stefano et de Berlin tracent les nouvelles frontières sans dire un mot sur l'Albanie. S'inspirant de la Ligue fondée par Skanderbeg, ses leaders reprennent néanmoins l'idée d'une Albanie autonome dans le cadre ottoman. Durant la première guerre balkanique, une émeute générale embrase le pays qui aboutit à la proclamation d'une Assemblée nationale. Négligeant l'événement, les puissances négocient la création d'un État albanais. Une fois de plus, la formule du souverain étranger est adoptée. Le prince Guillaume de Wied se fait couronner en Allemagne ; cette prudence n'est pas excessive : acclamé à Durrës en mars 1914, il devra en partir six mois plus tard, accusé d'avoir trahi les intérêts albanais dans le contentieux avec la Grèce. Ainsi, la solution européenne subit-elle là un échec qui mène à l'éclatement de l'État.

Déjà active à la fin du XIXe avec les Italo-Albanais, la diaspora albanaise prend sa dimension véritable à l'issue de la Grande Guerre. Regroupés autour de la communauté orthodoxe de Boston, les Albanais des États-Unis fournissent l'appui principal en faveur de la reconnaissance internationale de leur pays. Une fois l'autonomie politique retrouvée, la confrontation de la maigre élite européanisée avec les anciens usages politiques est pourtant inévitable. L'intermède démocratique (1918-1924) rétablit le réseau des clientèles tribales et s'achève sur l'échec de « l'évêque rouge » Fan Noli (1924). Les années 1925-1929 voient la métamorphose du Premier ministre Ahmed Zogu en roi héréditaire en passant par le poste de président de la République. Désireux de moderniser l'État, Zog Ier se lie avec le régime de Mussolini au point de mettre son pays sous contrôle économique italien. Pour l'Italie, le bénéfice reste douteux : vers 1935, elle prend en charge le déficit national et c'est pratiquement l'argent italien qui maintient le roi sur son trône. En ce sens, l'invasion italienne de 1939 apparaît comme le fruit empoisonné d'une présence dont les prémices s'inscrivent dans la constitution même de l'identité albanaise. Zog Ier s'enfuyant en Grèce, Victor-Emmanuel III devient roi d'Albanie (agrandie du Kosovo). Ainsi, l'échec d'un roi local marque la fin de l'expérience monarchique en Albanie.

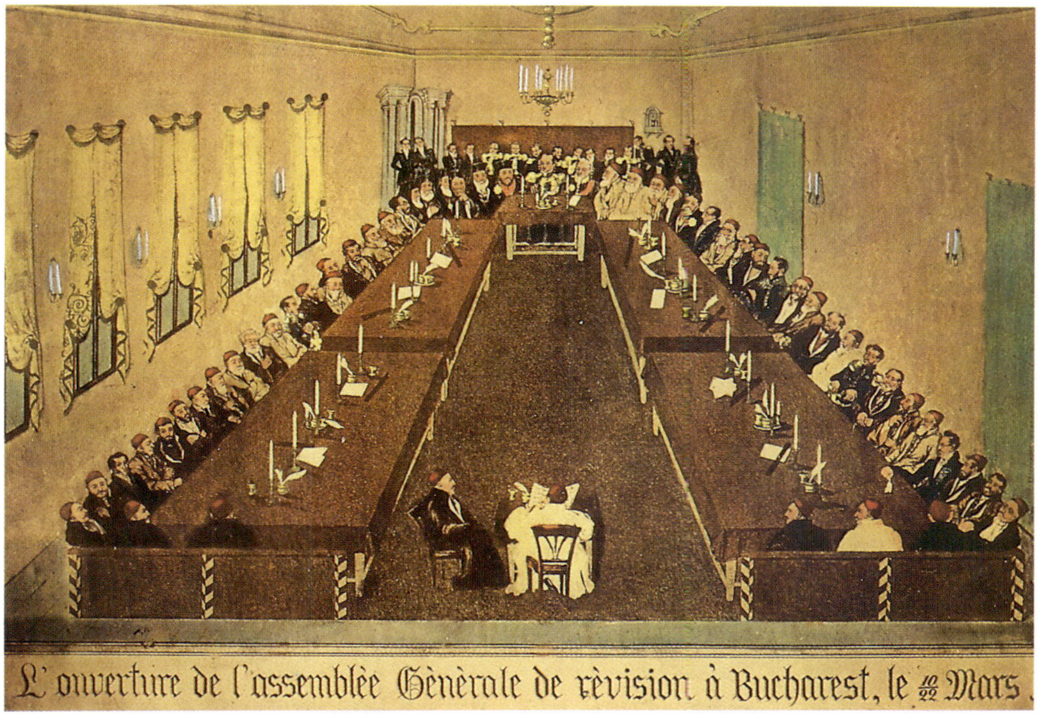

◄ *Assemblées roumaines*
*Ces deux regards sur la vie politique roumaine au XIX*e *siècle révèlent les changements en quelques années. En 1831, en plein protectorat russe, une atmosphère ottomane plane encore sur cette Assemblée réunie pour adopter le Règlement organique de la Valachie. En 1848, l'agitation est visible sur la deuxième image, après la proclamation du gouvernement révolutionnaire provisoire à Bucarest. La présence militaire et administrative de la Russie, plutôt positive sur le moment se révèle dangereuse à long terme et cette ambiguïté marque tous les pays de la région dans leurs relations avec ce redoutable protecteur de l'orthodoxie.*

1797-1814 la République des Sept Îles, premier avatar d'un État grec, se constitue après l'abolition de la République de Venise sous Bonaparte.

1804-1813 première insurrection serbe menée par Karadjordje.

1809-1814 organisation des Provinces illyriennes rattachées à l'Empire napoléonien. à partir des régions autrichiennes peuplées de Slaves du Sud.

1812-1847 les Principautés danubiennes sous protectorat russe.

1814 à Odessa, fondation de Philiki Hétairia, société secrète grecque qui, avec l'appui russe, veut organiser une révolte générale des chrétiens des Balkans.

1815 le congrès de Vienne cède la côte adriatique à l'Autriche ; les îles Ioniennes sont sous protectorat britannique. Début de la deuxième insurrection serbe, dirigée par Miloch Obrenovitch.

1821 en Valachie, insurrection paysanne et affrontements avec les hétairistes d'Alexandre Ypsilanti. Échec sanglant des hétairistes.

1821-1830 guerre d'indépendance grecque. 27 janvier 1822 : déclaration de l'indépendance. 3 février 1830 : traité de Londres érigeant un État grec autonome en principauté.

1830-1834 adoption des Règlements organiques élaborés par la Russie dans les Principautés danubiennes.

1848 agitation révolutionnaire en Moldavie et en Valachie, intervention des troupes ottomans et russes.

1859- 1866 union formelle des Principautés roumaines. Adoption du nom de Roumanie.

1877-1878 guerre russo-turque ; la carte des Balkans est redessinée aux traités de San Stefano (mars 1878) et Berlin (juin).

1875-1881 Ligue de Prizren réunissant les patriotes albanais.

1885 union de la principauté de Bulgarie et de la province autonome de Roumélie orientale, suivie par la guerre serbo-bulgare.

1893-1894 création de l'O.R.I.M. pour une « Macédoine autonome ».
1894 remise en place de Philiki Hetairia dont l'objectif est la réunion de la Macédoine au royaume grec.
1897 la Crète enjeu de la guerre gréco-turque.
1903 en Macédoine (régions de Bitola et Kruchevo) et en Thrace ottomanes, insurrection de la Saint-Élie (d'Ilinden) dirigée par l'O.R.I.M. ; sa répression fait parler d'« atrocités bulgares » ; début d'une période de terrorisme au sein du mouvement macédonien.
1908 insurrection militaire (à Bitola) et coup d'État des Jeunes Turcs, rétablissant la première Constitution ottomane de 1876. Indépendance bulgare ; annexion de la Bosnie-Herzégovine par l'Autriche-Hongrie.
1909 la Crète incorporée à la Grèce après un coup d'État militaire à Athènes.
1912 première guerre balkanique opposant Serbie, Bulgarie, Grèce et Monténégro à l'Empire ottoman ; rivalités autour des restes de l'«héritage ottoman » dans les Balkans, notamment en Macédoine et en Thrace.
1913 deuxième guerre balkanique opposant la Bulgarie à la Serbie, la Grèce, la Roumanie et l'Empire ottoman ; défaite des troupes bulgares et partage territorial au traité de Bucarest. La conférence de Londres décide la création d'un État albanais, « principauté souveraine et héréditaire » sous la garantie des grandes puissances.
1914 assassinat de l'archiduc François-Ferdinand à Sarajevo (28 juin). L'Autriche-Hongrie déclare la guerre à la Serbie.
1918 la Roumanie incorpore la Bessarabie, la Bucovine et la Transylvanie.
1er déc 1918 Constitution du royaume des Serbes, Croates et Slovènes, future Yougoslavie.
mai 1919-octobre 1922 guerre gréco-turque ; désastre grec en Asie Mineure suivi du traité de Lausanne (1923) et échange des populations.

◀ Cette carte retient les étapes majeures de la création des États balkaniques modernes. Après la dernière guerre russo-turque (1877-1878), la Serbie et la Roumanie accèdent à l'indépendance. 1878 voit l'échec de l'arrangement entre belligérants (traité de San Stefano) et l'accord des puissances au traité de Berlin pour gérer le démembrement de l'Empire ottoman. Les résultats des deux guerres balkaniques sont entérinés au traité de Bucarest (1913). Tous ces États ayant participé à la guerre de 1914-1918, c'est en fonction de leurs alliances que les traités redessinent leurs frontières. Du côté des Empires centraux, Bulgarie et Turquie acceptent mal la paix imposée à Neuilly et à Sèvres, tandis que dans le camp des vainqueurs, la Grande Roumanie et le Royaume des Serbes, Croates et Slovènes (future Yougoslavie) obtiennent la caution européenne. L'équilibre fragile créé à l'issue de la Grande Guerre sera remis en cause par différents États à chaque crise internationale.

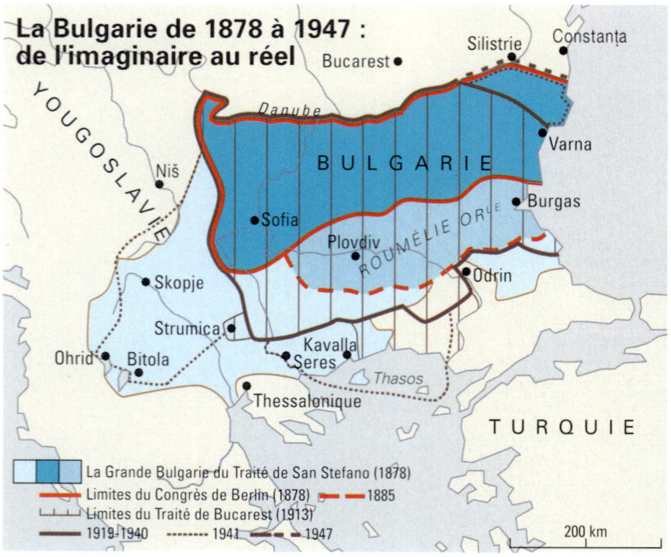

▲ La Grande Bulgarie du traité de San Stefano conçue dans les limites de l'exarchat bulgare, n'a jamais existé comme réalité politique. Mise au point à l'époque du réveil national, cette image de l'intégrité territoriale imprègne les mentalités politiques. Le décalage entre celle-ci et la Principauté dessinée au traité de Berlin conditionne les alliances de cet État qui se lance, au XXe siècle, dans une série de guerres désastreuses. La reconstitution éphémère de la Grande Bulgarie au cours des deux guerres mondiales est interprétée, au plan international, comme une agression et une occupation étrangères.

▲ La construction de la Grèce se présente comme une réintégration de l'espace ethno-culturel hellénique à partir des réalités politiques. Les territoires sont peu à peu réunis au noyau constitutif de 1832 par des moyens politiques et par les guerres du début du siècle ; la guerre gréco-turque, avec l'échec en Asie Mineure, porte un coup fatal à la Grande Idée grecque.

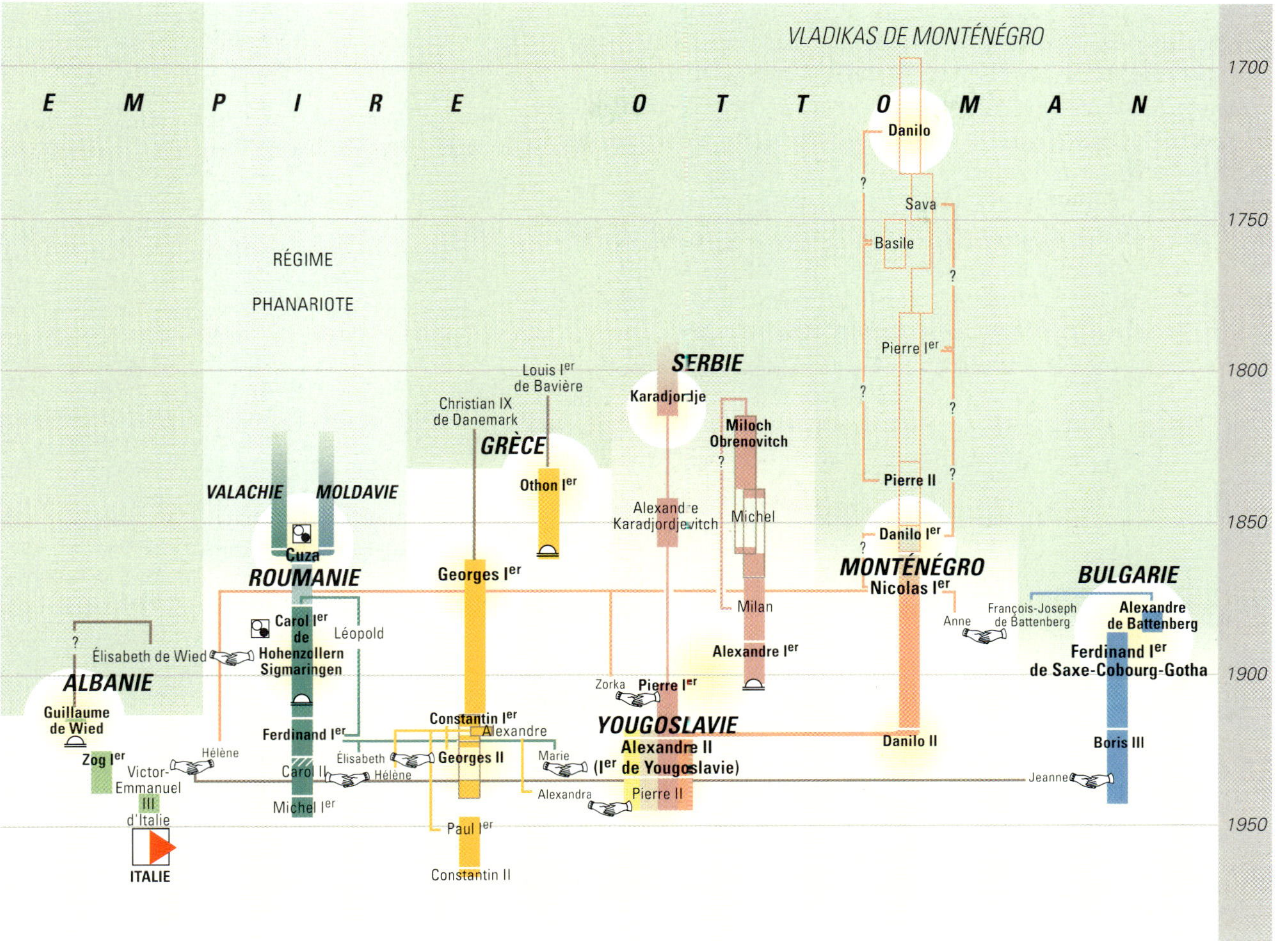

1817 L'assassinat de Karadjordje, chef de la première insurrection serbe, amorce une rivalité sanglante entre les deux dynasties régnantes serbes.

1821 L'insurrection en Valachie met fin au régime des Phanariotes ; jusqu'en 1848, les princes sont élus au sein des grandes familles roumaines.

1830 La Sublime Porte octroie à la Serbie le statut de principauté héréditaire autonome dans le cadre de l'Empire ottoman.

1832 Le royaume de Grèce accueille son premier roi européen Othon de Bavière.

1851-1860 Danilo Ier prince régnant laïque succède à Pierre II dernier prince-évêque (vladika) de Montenegro de la dynastie issue de Danilo (v. 1670-1735) élu vladika en 1697.

1859-1861 L'élection de Cuza par les diètes de Moldavie et de Valachie consacre l'union des Principautés danubiennes en un État : la Roumanie.

1862 Proclamation du royaume de Monténégro aux conditions de la Porte.

1862-1863 Crise en Grèce : Guillaume de Schleswig-Holstein (Georges Ier) remplace Othon.

1865-1866 Après l'abdication du prince Cuza, les Hohenzollern-Sigmaringen montent sur le trône roumain (Carol Ier).

1886-1887 Abdication d'Alexandre de Battenberg et installation de Ferdinand de Saxe-Cobourg-Gotha en Bulgarie.

1903 Coup d'État à Belgrade ; assassinat d'Alexandre Obrenovitch (Alexandre Ier); installation de la dynastie des Karadjordjevitch (Pierre Ier).

1918 L'Assemblée monténégrine vote pour l'union avec la Serbie sous la dynastie des Karadjordjevitch. Le prince Nicolas est contraint d'abdiquer mais son successeur, Danilo II, réfugié en Italie, continue à porter le titre royal jusqu'en 1921.

1923 Coup d'État militaire en Bulgarie. Abdication de Georges II : la Grèce devient une République jusqu'en octobre 1935.

1928 À Belgrade, « Assemblée sanglante » : assassinat de Raditch. Dictature du roi Alexandre Ier de Yougoslavie (janvier 1929).

« LA MONARCHIE YOUGOSLAVE »

Figure emblématique des États de cette région, le roi-unificateur marque profondément la vie politique des Slaves. En Serbie, la dynastie des Karadjordjevitch en donne deux : Pierre Ier (1903-1921) appelé au pouvoir après l'assassinat d'Alexandre Ier Obrenovitch et de la reine Draga (image ci-contre) en 1903 et son fils, Alexandre Ier de Yougoslavie (1921/1929-1934). C'est avec ce dernier que triomphe le concept serbe d'un grand État des Slaves du sud, mais le royaume des Serbes, Croates et Slovènes révèle vite sa fragilité. L'élite politique croate est la première à exprimer ses déceptions en quelques années, ceux qui avaient proclamé « les liens unissant le Royaume croate à la Couronne hongroise rompus », évoluent vers l'opposition. Respectueux des règles constitutionnelles, c'est au Parlement qu'ils remettent en cause le régime mis en place, mais l'assassinat de leur leader St. Raditch, en pleine assemblée, creuse le fossé que même les efforts des Slovènes, plus modérés, ne pourront effacer. Baptisée « Serbie du Sud », la Macédoine slave rappelle ses rêves d'autonomie au moyen d'actes extrémistes signés par diverses fractions de l'ORIM (Organisation révolutionnaire inter macédonienne). Le rapprochement de ces mœurs politiques peu compatibles fait de la Yougoslavie du roi Alexandre une poudrière. L'unificateur des Slaves est assassiné en septembre 1934 à Marseille, par la balle d'un membre de l'Organisation révolutionnaire macédonienne au service des oustachis croates.

L'Europe restaurée en 1815 n'a cessé de se fissurer au cours du XIXe siècle sous la poussée des nationalités. L'Empire austro-hongrois, en cherchant à résister à la désintégration qui le menaçait, a précipité l'Europe dans la Première Guerre mondiale. La démocratie paraît alors devenir le régime commun aux vieux États comme aux nouvelles nations issues des ruines des empires multinationaux. Mais la guerre a fragilisé l'idée démocratique autant qu'elle a contribué à sa diffusion. La démocratie doit gagner une deuxième guerre mondiale contre le nazisme qui avait entrepris de l'éliminer et attendre la transformation en victoire politique de la débâcle économique du communisme qui prédisait sa fin, pour apparaître, maintenant, comme le régime politique légitime en Europe.

À la fin du XIXe siècle, après la défaite française de 1871, la scène européenne est dominée par la jeune Allemagne contre laquelle s'est forgée la Triple Entente réunissant la France, la Russie et la Grande-Bretagne. À celle-ci répond l'alliance entre Berlin et Vienne à laquelle l'Italie est liée, mais dont elle va s'éloigner une fois le statu quo balkanique modifié sans son accord. Car la ligne de fracture de l'Europe se situe dans les Balkans. La précarité de l'équilibre européen ne tient pas tant à un esprit de revanche français (« la ligne bleue des Vosges ») qu'à la fragilité des deux grands empires multinationaux que sont l'Empire ottoman et l'Empire austro-hongrois où les minorités slaves sont encouragées par les Russes. En 1913, après une courte guerre, les petites nations indépendantes clientes de la Russie et de l'Autriche se partagent les possessions européennes de l'Empire ottoman. En conséquence, c'est maintenant l'existence même de l'Empire austro-hongrois que mettrait en cause toute future crise danubienne.

Le 28 juin 1914, l'archiduc héritier d'Autriche François-Ferdinand est assassiné à Sarajevo. C'est le début de l'engrenage. Soutenue par l'Allemagne, l'Autriche déclare la guerre à la Serbie (tenue pour responsable) un mois plus tard. Tour à tour, pris dans le jeu des alliances qui rend chacun solidaire des querelles de ses alliés, tous les grands États européens se trouvent engagés en quelques jours dans un conflit qui va échapper à toute maîtrise.

UNE GUERRE UNIVERSELLE AU NOM DES PARTICULARISMES NATIONAUX

En août 1914, l'Europe entière s'embrase. Personne n'imagine encore l'ampleur du massacre qui va suivre ni celle des destructions et bouleversements qu'il inaugure. Chaque État lance toutes ses forces dans la bataille avec l'assentiment quasi unanime de sa population, persuadée que la cause est juste et que la guerre sera courte. Mais les efforts offensifs des uns et des autres se brisent sur la résistance de l'adversaire. Loin d'être brève, la guerre s'installe dans la durée : personne n'échappe plus à son emprise ; chaque pays mobilise l'ensemble de ses ressources.

Guerre des masses, le conflit acquiert une dimension universelle : par le nombre de ses victimes, l'anonymat des morts massives dans les tranchées et ses armes impersonnelles ; par la concentration d'énergies que demande sa conduite et qui provoque des changements sociaux dans la sphère de production (travail des femmes, appel à la main-d'œuvre immigrée en France, développement

L'Europe unie

Les rivalités des États européens ont plongé le continent dans deux guerres mondiales en moins de cinquante ans. Après avoir combattu le nazisme, l'Europe démocratique craint le communisme et voit dans l'union un gage de stabilité. Mais plus que la sécurité, c'est l'économie qui préside à la construction de la Communauté européenne, autour de la réconciliation franco-allemande, avec le projet d'aboutir à une union économique et monétaire.

◀ ***Les yeux bandés***
Malgré le choix du drapeau noir, rouge et or de la révolution libérale et nationale de 1848, l'apprentissage démocratique de la République instituée à Weimar s'avère d'autant moins facile que la prospérité est fragile. Dans une population où le fort souvenir de la commune de Berlin fait craindre le parti communiste reconstitué après 1920 avec les débris du spartakisme, la crise économique ravive les mouvements antidémocratiques. À peine installée, la jeune République est ainsi trahie par les forces traditionnelles qu'elle avait contribué à sauver, comme l'armée.

de produits de substitution en Allemagne pour répondre au blocus) ; par le partage des passions nationales qui en sont le moteur et auxquelles même les socialistes, allemands comme français, apportent leur obole.

En échappant à toute prévision dans son déroulement, la guerre est devenue imprévisible dans sa fin même. Et avec la stagnation militaire, les buts de guerre se prêtent moins facilement à une définition claire. Du coup, si la lassitude entraîne une certaine résurgence des sentiments pacifistes ou de l'internationalisme socialiste, l'idée même de négocier une paix demeure néanmoins peu populaire. La puissance des passions nationales a conféré à la guerre une inexorabilité qui fait qu'on ne peut plus l'arrêter : la guerre des peuples a la force d'une révolution et échappe au calcul rationnel des guerres des princes. Après elle, l'Europe ne parviendra pas à restaurer l'équilibre qui s'est rompu en 1914.

UNE GUERRE AUX CONSÉQUENCES INTERMINABLES

Plus que la guerre elle-même, ses conséquences seront interminables. Parmi elles, deux au moins apparaissent avant que la guerre soit achevée et accélèrent sa conclusion. L'année 1917 voit ainsi l'apparition d'un régime politique inédit avec la révolution russe et l'entrée en guerre des États-Unis d'Amérique qui marque la fin de la prépondérance européenne dans le monde.

Le régime tsariste et ses institutions ne résistent pas aux défaites et à l'effondrement de l'armée qu'elles entraînent. En quelques jours, l'insurrection a raison du tsar Nicolas II, qui abdique (15 mars 1917). Un gouvernement provisoire issu de la Douma est formé, mais il est contraint de partager le pouvoir avec les soviets des ouvriers et des soldats qui le surveillent. Incapable de gagner la guerre qu'il veut pourtant poursuivre, le gouvernement provisoire est renversé en novembre par les bolcheviks qui ont pris le contrôle des soviets. Sitôt au pouvoir, les bolcheviks sollicitent un armistice, ouvrent des négociations et signent, le 3 mars 1918, la paix à Brest-Litovsk.

La guerre sous-marine à outrance que mène l'Allemagne pour répondre au blocus des alliés provoque l'entrée des États-Unis dans la guerre en avril 1917. L'apport américain en matériel et en troupes va s'avérer décisif. Mais l'intervention américaine change aussi le sens de la guerre. D'une part, parce que l'Europe voit ainsi la maîtrise de la résolution de cette crise européenne lui échapper. D'autre part, parce que, le régime tsariste ayant disparu, la guerre est maintenant celle des démocraties contre les empires autoritaires : le but de la guerre est dorénavant la capitulation des régimes autocratiques au nom de la défense de l'État-nation démocratique. Les défaites militaires et l'effondrement intérieur de leurs régimes politiques scellent le sort des empires. En novembre 1918 sont signés les armistices qui mettent fin à plusieurs années de combats meurtriers sur la base du principe des nationalités émis par le président américain Wilson. La paix au nom des nationalités met fin à la guerre menée au nom des nationalismes.

À son terme, la guerre est apparue comme une forme renouvelée de l'affrontement, hérité de la Révolution française, entre la liberté et l'absolutisme, les alliés représentant le camp de la liberté opposé à celui de la légitimité autoritaire, même si la présence de la Russie tsariste dans le premier entachait cette dualité. Tandis que l'Empire austro-hongrois s'écroule, l'empereur Guillaume II est chassé d'Allemagne et les sociaux-démocrates de la République de Weimar s'installent au pouvoir. La défaite des empires et la prise de pouvoir des bolcheviks relancent l'idée de révolution. Une nouvelle vague révolutionnaire, encouragée par la IIIe Internationale (ou Kominterm), fondée à Moscou le 4 mars 1919, déferle sur l'Europe. Elle sécrète grèves et partis communistes en France (congrès de Tours, décembre 1920), Espagne (1920), Italie (janvier 1921). Cependant, le caractère universel de la révolution prônée par Lénine fait long feu. En Allemagne, la commune spartakiste menée par Rosa Luxemburg et Karl Liebknecht est écrasée par les corps francs à Berlin en janvier 1919. En Hongrie, la République des Conseils de Béla Kun, qui n'a jamais vraiment contrôlé que Budapest, disparaît avec l'intervention roumaine de l'été 1919.

La guerre a disloqué les empires et brisé le principe dynastique. La victoire semble être celle de la démocratie libérale, la revanche de l'État-nation démocratique sur le principe généalogique. Les séquelles de la guerre vont dissiper cette illusion. Non seulement parce que les vieilles démocraties vont être fortement secouées par la crise économique, mais encore parce que les jeunes nations vont connaître l'expérience de régimes politiques de masse inédits : les dictatures totalitaires.

LE TRIOMPHE DE LA DÉMOCRATIE : UNE APPARENCE ?

Les quatre années de guerre ont fait en Europe plus de huit millions de morts (plus de 10 % de la population active en France et près de 10 % en Allemagne et en Autriche) et six millions d'invalides, engendrant un déficit de naissances difficile à rattraper. Là où les combats ont eu lieu, les terroirs sont dévastés, l'infrastructure industrielle détruite. Considérablement endettée et moralement atteinte, la vieille Europe n'est plus le centre de gravité de la dynamique mondiale. Comme en 1815, il s'agit maintenant de la reconstruire.

La conférence de la paix se tient à Paris à partir de janvier 1919 et, le 28 juin, le traité de Versailles règle le sort de l'Allemagne. N'y siègent ni représentants de la Russie soviétique ni représentants des vaincus. Parmi les vainqueurs dominent les États-Unis, la Grande-Bretagne, la France et l'Italie. D'autres traités, signés entre 1919 et 1920, réorganisent l'Europe orientale et les Balkans.

▲ ***Le national-socialisme***
La République de Weimar porte comme une tare originelle d'avoir assumé le traité de Versailles, le « Diktat ». L'idée reste que l'armée n'a pas été vaincue militairement mais que la trahison a causé la défaite. Les victimes de la guerre et de ses conséquences sont une proie aisée pour un nationalisme de revanche qu'exploitent les nazis.

La reconstruction de 1815 était fondée sur le respect des légitimités dynastiques, l'équilibre des grandes puissances et la volonté de contenir la nouveauté politique. Prescription d'ailleurs vite battue en brèche à l'ouest, surtout après 1830, tandis qu'à l'est la confrontation des empires russe et autrichien avec le fait national s'accentue. En 1920, l'Europe tente de se définir autour des nationalités quand les empires ne sont plus là pour les réprimer. Parallèlement se développe l'idée d'une Europe organisée avec la Société des Nations (S.D.N.), ancêtre de l'O.N.U.

Les traités de 1919-1920 ont dû tenir compte des intérêts divergents des vainqueurs. Mais fondés sur le principe des nationalités, ils entraînent un bouleversement radical de la carte européenne. Si l'Europe de 1920 coïncide mieux avec la carte des nations que celle d'avant-guerre, ce n'est pas pour autant un gage de stabilité. L'effondrement de l'empire austro-hongrois laisse à découvert une poudrière : l'enchevêtrement des peuples y rend pratiquement impossible l'application des généreuses intentions de Woodrow Wilson. Chacun des États issus de la dislocation de l'empire est l'objet de revendications des voisins, de l'accusation d'asservir ses minorités. Craignant avant tout le spectre communiste et l'union de l'Allemagne avec l'Autriche, divisés sur leurs objectifs, les alliés vainqueurs laissent se développer les antagonismes et les ressentiments des vaincus, tandis que les frustrations ne les épargnent pas eux-mêmes. Ainsi, l'Italie, qui ne voit pas se réaliser toutes les promesses territoriales qui avaient motivé son entrée en guerre en 1915. Ainsi, la France, qui reproche à l'Angleterre de ménager l'Allemagne. Ainsi, l'Allemagne, qui n'accepte pas la fixation de sa frontière orientale par le « Diktat ». Ainsi, les Croates ou les Sudètes, mécontents de leurs rattachement.

Aussi, le triomphe de la démocratie n'a-t-il qu'une apparence. Au début des années 1920, des régimes parlementaires sont instaurés en Autriche, Tchécoslovaquie, Yougoslavie, Pologne. Mais la démocratie est bientôt remise en cause dans les pays où elle s'implante à peine. Ni le pluralisme ni le parlementarisme ne résistent au développement des tendances autoritaires, en Roumanie comme en Bulgarie, en Yougoslavie comme en Pologne où le coup d'État du maréchal Pilsudski en 1926 emporte la coalition parlementaire. Seule la Tchécoslovaquie de Tomás Masaryk et Edvard Beneš est préservée de la dérive autoritaire du continent qui s'exacerbe dans les années 1930.

LES TOTALITARISMES CONTRE LA DÉMOCRATIE

La Première Guerre mondiale a installé la démocratie, jusqu'alors antonyme de la monarchie absolue, sur les ruines des empires. L'histoire de l'après-guerre, que l'on peut prolonger jusqu'à aujourd'hui avec l'effondrement des régimes communistes, va en changer le sens : la démocratie est devenue le contraire des dictatures totalitaires. Ces dernières, quelle que soit leur forme – communiste ou fascisante –, construisent en effet leur idéologie, avec des justifications il est vrai différentes, sur un rejet radical de la démocratie parlementaire et de la société qui l'accompagne. Elles partagent le refus d'une compétition libre pour le pouvoir et récusent également

LES ENFANTS DE LA RÉVOLUTION PROLÉTARIENNE

À la mort de Lénine en 1924, alors que la crise successorale est déjà nouée depuis plusieurs mois, Trotski dénonce le repli du régime soviétique sur lui-même et son manque de perspectives révolutionnaires à l'extérieur, ainsi que la conciliation marquée par la N. E. P. à l'égard des paysans et de l'initiative privée. Staline va mettre en cause cet internationalisme de Trotski en insinuant qu'il traduit le manque de confiance envers le prolétariat et le parti communiste soviétiques d'un homme qui ne pense la révolution russe qu'en fonction d'une révolution mondiale. Prudent envers l'expansionnisme révolutionnaire, alors que le capitalisme paraît bien consolidé en Europe et que les mouvements revendicatifs y refluent, Staline, afin d'écarter ses adversaires, se rallie à la thèse de Boukharine selon laquelle la révolution russe ne peut survivre qu'à l'intérieur de ses frontières en apaisant le monde rural. L'idée de la construction du socialisme dans un seul pays se consolide, les partis communistes devant, plutôt que de travailler à la diffusion de l'idée révolutionnaire, assurer la sécurité de cette construction. En 1929, Staline, maître du pouvoir, peut lancer l'Union soviétique dans la voie de la collectivisation et de l'industrialisation pour en faire une grande puissance économique indépendante. L'ère de la révolution universelle à l'élan généreux est bien close

l'idée d'un gouvernement représentatif et responsable qui serait l'expression d'une société fondée sur l'égalité juridique des individus. L'affrontement du nazisme ou du fascisme avec le communisme, qui contribue à leur développement réciproque et nourrit l'histoire de la première moitié du XXᵉ siècle, se fait au détriment de leur adversaire commun, la démocratie bourgeoise, que ces idéologies renvoient au monde de l'illusion mensongère. Leur homme nouveau n'est pas un *Homo democraticus*.

En Russie, l'instauration d'un communisme de guerre amène la terreur dans un pays dévasté par quatre années de guerre civile et d'interventions étrangères secourant les généraux blancs. Les bolcheviks ont constitué une Armée Rouge et une police politique puissantes et conservent leur révolution en acceptant des amputations territoriales. Mais si la population russe n'a pas soutenu la contre-révolution, elle n'a pas pour autant adhéré massivement au communisme, malgré l'adoption de la Nouvelle Politique économique (N.E.P.) en 1921. De même, le prolétariat universel : le socialisme ne s'édifie que dans un seul pays. Une fois maîtres du parti unique, synonyme de l'État, Staline et ses successeurs n'auront de cesse d'éliminer par la terreur et la répression les adversaires politiques et économiques du régime.

Tout comme en Russie où le parti contrôle l'ensemble de la vie économique, sociale et tous les aspects de la vie individuelle, le fascisme et le nazisme veulent intégrer les masses, atomisées par la démocratie rendue responsable des difficultés économiques léguées par la Grande Guerre. De ce point de vue, le cas de l'Europe centrale des années 1930 diffère quelque peu dans la mesure où ces régimes autoritaires visent surtout à restaurer un pouvoir fort appuyé sur les classes dirigeantes traditionnelles pour endiguer la menace révolutionnaire, sans souci de fonder leur légitimité sur un consensus populaire même artificiel.

En Italie, le fascisme se développe rapidement et dans la violence, entre 1920 et 1922, sur une dénonciation du libéralisme, du clientélisme et de l'instabilité gouvernementale. Il s'alimente d'un nationalisme qui s'estime frustré des fruits de la victoire de 1918. Une fois au pouvoir, il ne faut pas quatre ans à Mussolini pour liquider ses adversaires et installer en 1926 une dictature que sa politique extérieure agressive mènera finalement à la débâcle. De même sitôt au pouvoir, Hitler entreprend d'abattre toute opposition et gouverne par la terreur avec l'appui d'un parti unique et de ses cohortes de miliciens et policiers qui entendent se débarrasser de l'État de droit et de sa légitimité. Au nom d'un homme nouveau universel – moins universel il est vrai que l'universalisme prolétarien, car appuyé sur une prétendue supériorité raciale –, il entreprend la conquête de l'Europe au mépris de tout droit, déclenchant ainsi un conflit qui fera trente-cinq millions de morts parmi les Européens.

LA DÉMOCRATIE À L'ASSAUT DU TOTALITARISME

Les traités de 1919-1920 ont préparé la Seconde Guerre mondiale, cet acte volontaire de l'idéologie. Hitler entame en effet sa guerre contre l'Europe démocratique par la remise en cause de l'artificialité des découpages territoriaux opérés par ces traités au nom des nationalités. C'est en vertu du paradoxal mariage de l'universel avec le national qu'il annexe les Sudètes et unit l'Autriche à l'Allemagne en 1938, puis arrache la Bohême à la Tchécoslovaquie (1939) avant d'envahir la Pologne avec la complicité de Mussolini mais aussi de Staline auquel le lie le pacte germano-soviétique (23 août 1939).

Mais en 1945, Staline siège parmi les vainqueurs, car la Russie soviétique a écrasé l'Allemagne nazie qui l'avait imprudemment envahie en 1941. En février 1945, à la conférence de Yalta, Staline, Roosevelt et Churchill redessinent l'Europe d'après-guerre. Yalta réaffirme le droit des peuples à choisir leur forme de gouvernement. Y est pris l'engagement de constituer dans les pays libérés du nazisme des gouvernements provisoires, réellement représentatifs. Le « partage » de l'Europe en zones d'influence, souvent incriminé, reflète la réalité du rapport des forces militaires sur le terrain. La guerre froide transformera l'arrangement en véritable partition de l'Europe, entre l'Est assujetti à Moscou par l'occupation de l'Armée Rouge et l'Ouest tourné ves les États-Unis. L'Europe a cessé d'être un acteur pour être un enjeu.

L'Europe est sortie de la guerre, laminée par la destruction massive de ses ressources humaines, matérielles et morales. Elle ne peut pas se relever seule. Les anciennes grandes puissances ne sont plus de premier plan. Elles sont prises dans l'affrontement du bloc communiste avec la démocratie libérale sur ce terrain dévasté qu'est l'Europe. En témoigne à sa manière la fixation du siège de la nouvelle organisation supranationale, l'O.N.U., à New York et non à Genève comme l'était celui de la S.D.N. Dès 1947, si l'Union soviétique prétend s'auréoler de la victoire contre le fascisme et cherche ainsi à subvertir de l'intérieur les democraties, il apparaît clairement que l'Europe démocratique ne peut se construire qu'à l'Ouest. Autour de l'aide américaine se mettent en place à l'Ouest, en 1949, le Conseil de l'Europe et l'Alliance atlantique. De son côté, l'Est est sommé par le Kremlin de renoncer à l'aide « impérialiste » pour s'arrimer au camp « démocratique » selon les termes de Jdanov, sous la férule soviétique qui organise le Comecon (Council for Mutual Economic Assistance). Les pays européens, déjà incapables de peser sur la scène internationale sans l'appui des deux superpuissances, ne peuvent non plus maîtriser leur destin national de manière autonome.

Pour conjurer l'idée d'une nouvelle guerre en Europe, même si à la guerre froide succèdent la détente puis la coexistence pacifique entre l'Est et l'Ouest, les années 1950 voient se développer la réconciliation franco-allemande. Cette entente qu'incarne la Communauté européenne du charbon et de l'acier (C.E.C.A.) en 1951 est le premier pas vers la construction d'un espace politique libéral communautaire à l'ouest de l'Europe, autour de

(suite page 245)

▼ La chute du Mur de Berlin
Enclavée à l'intérieur du territoire allemand qu'occupaient les Russes, Berlin, que s'étaient partagée les Alliés, a été une source de tensions entre l'Est et l'Ouest dès les lendemains de la Seconde Guerre mondiale. Entièrement dépendante de l'Union soviétique, la République démocratique allemande a toujours été confrontée à l'émigration, une véritable hémorragie dont Berlin était le canal. Construit en 1961, le Mur symbolisait la division des deux blocs et soulignait le caractère policier du régime à l'Est. Son ouverture à l'automne de 1989 consacre l'effondrement du régime est-allemand, isolé parmi les anciennes démocraties populaires, et marque la première étape de la réunification d'un pays artificiellement coupé en deux au gré des forces militaires sur le terrain après la victoire sur le nazisme.

1914 l'Allemagne déclare la guerre à la Russie le 1er août, à la France le 3 et envahit la Belgique. Le 4, la Grande-Bretagne déclare la guerre à l'Allemagne. L'Italie entre en guerre en mai 1915.
1917 révolution russe : chute des Romanov en mars et prise de pouvoir des bolcheviks en novembre.
1918 indépendance de la Tchécoslovaquie (14 octobre) et sécession de la Hongrie (24 octobre).
11 novembre 1918 armistice de Rethondes entre les Alliés et l'Allemagne.
28 juin 1919 traité de Versailles : l'Allemagne restitue l'Alsace-Lorraine à la France ; la rive gauche du Rhin est démilitarisée, une partie de la Prusse revient à la Pologne ; l'Allemagne, déclarée responsable de la guerre, doit verser de lourdes réparations. Avec le traité de Saint-Germain-en-Laye (10 septembre), l'Autriche est réduite à ses territoires de langue allemande et se voit interdire toute union avec l'Allemagne, tandis que le traité de Trianon (4 juin 1920) réduit la Hongrie aux territoires magyars. Les traités de Neuilly (27 novembre 1919) et de Sèvres (10 août 1920) fixent les frontières de la Bulgarie et de la Turquie.
17 mars 1921 en Russie, adoption de la Nouvelle Politique économique (N.E.P.) qui tolère le petit commerce privé et la petite propriété privée. Ce système prend fin en 1928 avec l'adoption de la planification qui met l'accent sur la collectivisation et le développement de l'industrie lourde.
30 janvier 1933 en Allemagne, Hitler est nommé chancelier ; le 23 mars, il reçoit les pleins pouvoirs : fin de la République de Weimar fondée en 1919.
23 août 1939 le pacte de non-agression entre l'Union soviétique et l'Allemagne prévoit le partage de la Pologne.
1er septembre 1939 l'Allemagne envahit la Pologne. Le 3, la France et le Royaume-Uni déclarent la guerre à l'Allemagne. La Seconde Guerre mondiale se terminera en Europe le 8 mai 1945 avec la capitulation de l'Allemagne.

L'Europe à la veille de la guerre de 1914

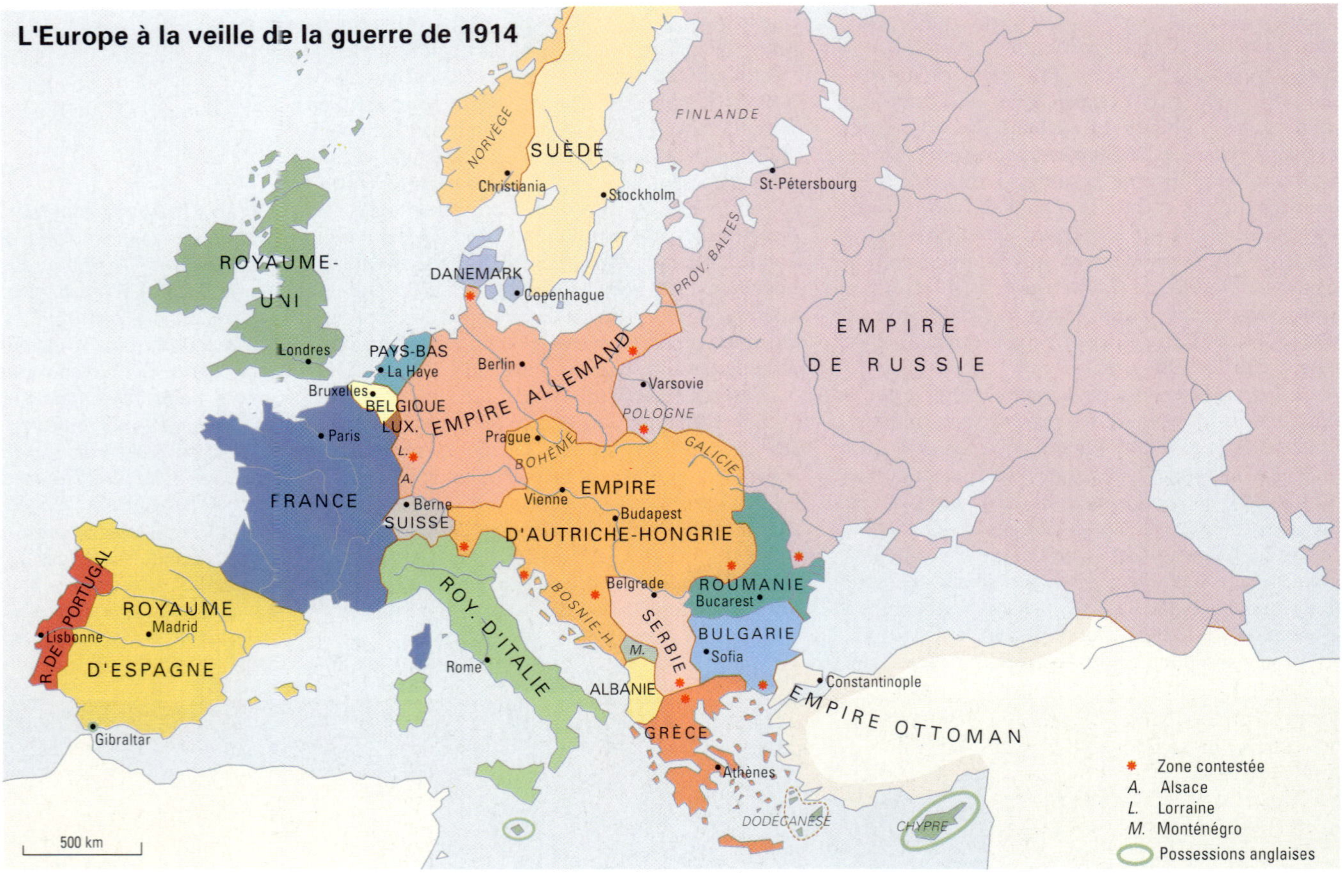

L'Europe entre les deux guerres mondiales

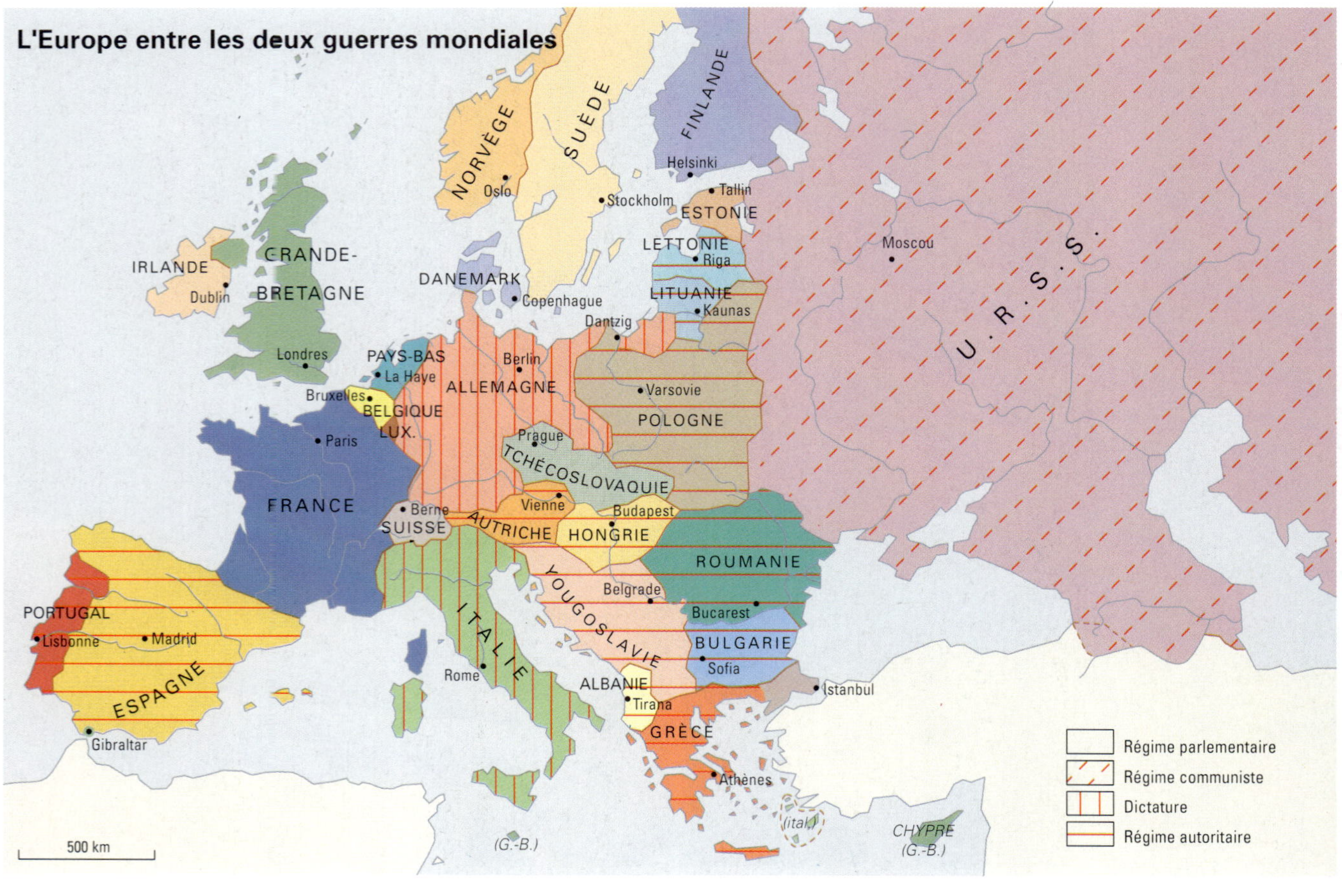

(suite de la page 243)

l'idée économique. En 1957, le traité de Rome donne naissance à la Communauté économique européenne (C.E.E.) qui chemine en s'élargissant jusqu'à nos jours, par-delà les difficultés d'une telle entreprise, portée par les États-nations occidentaux.

Pour l'Est, l'évolution a été moins heureuse. Le bloc communiste s'est désagrégé à la suite de l'écroulement soudain, ces dernières années, de régimes politiques que la force seule maintenait au pouvoir : dégagées de la contrainte, les nations resurgissent. Mais alors que les vieilles nations occidentales ont été assemblées par l'action des États, il y a déjà longtemps, ces nations éclatées doivent maintenant trouver leur État.

À la fin d'un siècle marqué par l'affrontement des démocraties libérales avec les empires autoritaires et les régimes totalitaires, après le discrédit de ces derniers, après l'effondrement interne du bloc communiste, l'Europe se réclame pour la première fois dans son ensemble, au-delà de ses diversités nationales, des valeurs que la Révolution française avait voulues universelles : l'État de droit, les droits de l'homme, la démocratie, le suffrage universel sont reconnus comme devant être le fondement de la vie publique et du bonheur privé. Mais ce changement universel du mode de légitimation politique s'accompagne, comme il y a deux siècles, de tensions mises au premier plan par l'idée de nation. La prétention impériale a disparu pour laisser la place aux nationalismes, aux passions nationales, chez les peuples encore récemment sujets mais de nouveau maîtres de leur destin.

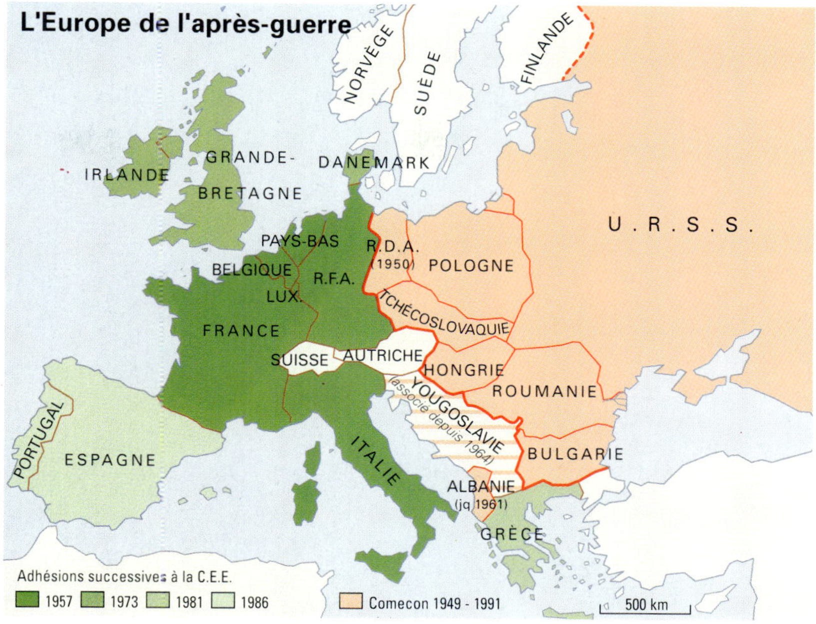

FIN DE L'EMPIRE SOVIÉTIQUE

1989 *un gouvernement non communiste arrive au pouvoir en Pologne, la Hongrie s'ouvre sur l'Ouest en septembre et fonde, le 23 octobre, une République acceptant le pluralisme politique, précédant d'un mois la Tchécoslovaquie. Le 9 novembre, chute du Mur de Berlin édifié en 1961. En Roumanie, le dictateur Ceausescu est renversé et exécuté en décembre. Ni l'Albanie ni la Bulgarie ne seront épargnées par ce mouvement.*
13 mars 1990 *modification de la Constitution de l'Union soviétique instaurant un régime présidentiel et le pluralisme politique.*
3 octobre 1990 *réunification allemande.*
juin 1991 *éclatement de la République fédérale yougoslave et début des affrontements.*
1er juillet 1991 *dissolution du Pacte de Varsovie qui fait suite à celle du Comecom (28 juin).*
21 décembre 1991 *quinze Républiques de l'ex-Union soviétique qui a éclaté en août forment la Communauté des États indépendants (C.E.I.).*

18 octobre 1939 après trois ans de guerre civile, dictature de Franco en Espagne qui durera jusqu'à sa mort (1976).

5 juin 1947 plan Marshall pour aider à la reconstruction de l'Europe.

25 février 1948 Coup de Prague : appuyés par les Soviétiques, les communistes prennent le pouvoir. Il en va de même les mois suivants en Roumanie et en Hongrie.

25 janvier 1949 pacte d'assistance économique entre les pays communistes (excepté la Yougoslavie) de l'Europe de l'Est (Comecon).

1949 création de la République fédérale d'Allemagne (5 mai) dont le pendant est la République démocratique allemande, (7 oct.).

18 avril 1951 Communauté européenne du charbon et de l'acier (C.E.C.A.).

14 mai 1955 Pacte de Varsovie : traité d'assistance militaire entre les pays du bloc communiste. L'URSS interviendra militairement en Hongrie pour mater l'insurrection à Budapest (23 oct.-13 nov. 1956) et les forces du Pacte en Tchécoslovaquie en août 1968.

25 mars 1957 traités de Rome : naissance de la C.E.E. et d'Euratom.

1973 entrée du Royaume-Uni, de l'Irlande et du Danemark dans la C.E.E. (1er janvier).

1979 premières élections d'un Parlement européen au suffrage universel

1981 entrée dans la C.E.E. de la Grèce, redevenue une démocratie en 1974 après sept ans de dictature militaire.

1986 le Portugal et l'Espagne, qui ont renoué avec la démocratie en 1974 et 1976, rejoignent la C.E.E.

1989 effondrement des régimes communistes de l'Europe de l'Est.

LES ARTS ET LES SCIENCES

L'histoire culturelle de l'Europe a-t-elle un sens ? Peut-on assigner une direction et une signification à l'évolution des formes symboliques dans lesquelles se sont constitués les arts, les littératures, la philosophie, les sciences, les techniques européens ? Cette question, qui peut nous sembler à la fois naïve et téméraire, a pourtant habité la philosophie du XIXe siècle et, à travers elle, a présidé à la formation des sciences sociales telles que nous les connaissons encore aujourd'hui. Au cœur de tous les grands systèmes de la société élaborés au siècle dernier — chez Auguste Comte, Karl Marx, Émile Durkheim ou même, plus tardivement, chez Max Weber — on trouve en effet une théorie de la *modernité* qui prend appui sur une philosophie de l'histoire et qui, réinterprétant l'histoire culturelle de l'Europe à travers la catégorie de *progrès* héritée des Lumières, déchiffre dans les aventures de la raison la vérité des péripéties qui affectent les peuples. Mais à l'aube du XIXe siècle, le savoir du progrès n'a déjà plus la gaieté innocente du temps des Lumières. Et les souffrances associées au développement de la société industrielle conduisent souvent à substituer l'idée neutre de *rationalisation* à celle, optimiste, de raison.

On peut lire les chapitres qui suivent comme autant d'exemples, dans des domaines différents, des constructions conceptuelles, des méthodes et des techniques qui ont rendu possibles l'établissement et l'accumulation de connaissances donnant une maîtrise sur le monde. L'opération de base, celle qui, d'une certaine façon, caractérise la culture occidentale, a été une opération de séparation et par là, si l'on veut, un sacrifice : séparation d'abord du sacré et du profane ; on peut toucher au monde, le penser, l'expérimenter, sans offenser les dieux et sans même qu'ils soient concernés. Séparation encore, parfaitement inconnue des sociétés archaïques ou traditionnelles — qui vivaient dans le lien syncrétique des hommes et du cosmos —, entre ce qui relève d'un ordre naturel et ce qui relève de la sphère sociale ou encore de celle de l'éthique. Cette séparation, souvent douloureuse, de la nature d'avec le divin et même d'avec le proprement humain, a libéré la possibilité d'une immense avancée scientifique et technique.

Mais la technicisation des formes symboliques s'accompagne aussi d'un changement fondamental dans la condition sociale de l'artiste : associé autrefois au collectif par des liens étroits, dépendant d'un groupe ou d'un corps au même titre que les artisans, inséré dans des relations de dépendance de maître à disciple, l'artiste devient, au tournant du XVIIIe et du XIXe siècle, un créateur indépendant, libre, certes, mais aussi solitaire — comme le soulignera l'imagerie romantique —, se donnant à lui-même l'originalité comme valeur ultime et comme défi. L'artiste moderne se trouve par là condamné à chercher son salut dans le projet désespéré consistant à faire reconnaître par les autres la grandeur d'une vision absolument unique ou, comme dans le cas des avant-gardes, à rejeter les verdicts d'un public actuel au nom d'une clairvoyance à venir, ce qui est encore une façon de reconnaître l'autorité d'une vision progressiste de l'histoire jusque sur les créations humaines les plus singulières.

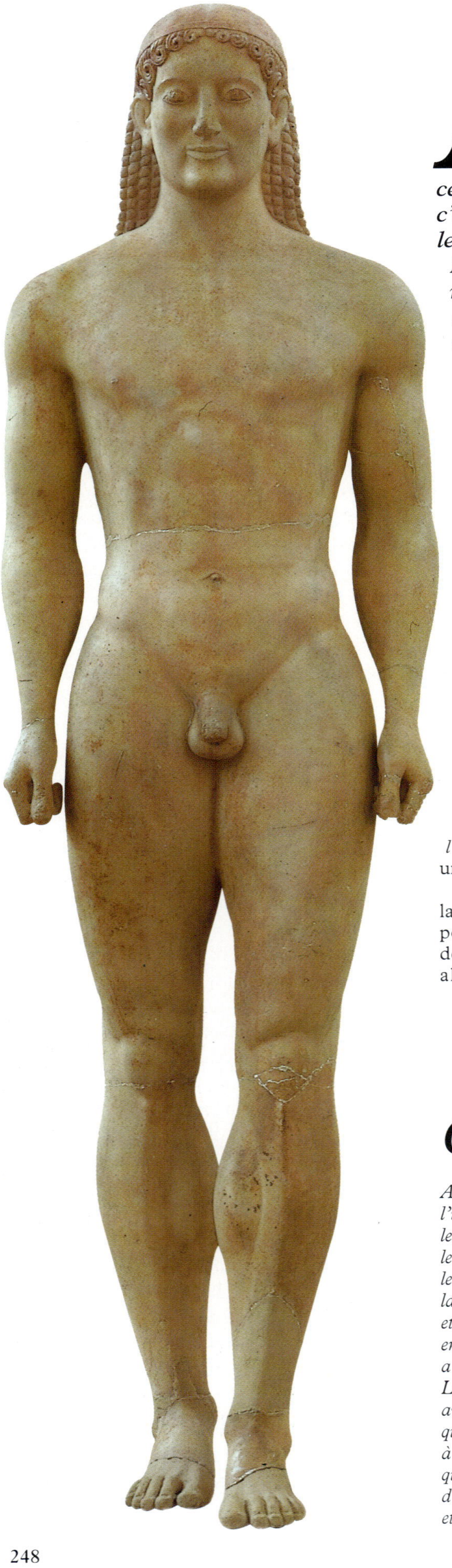

De la préhistoire au IIe millénaire. av. J.-C., il est difficile de parler de filiation entre les civilisations. Les mouvements de population, les échanges commerciaux, les déplacements d'artisans n'entament pas l'originalité des cultures qui s'affrontent ou se succèdent. Si les techniques, notamment celle du fer, se répandent lentement d'est en ouest à travers toute l'Europe, c'est le caractère régional qui l'emporte dans les champs d'expression, les formes et les motifs.

Il faudra attendre le phénomène de la colonisation, d'abord grecque puis romaine, et celui des grandes invasions pour que des cultures qui avaient conservé une forte personnalité, comme celle des Celtes, entrent dans un vrai processus d'héritage et d'intégration.

Dans les années 1840 naît la science préhistorique. En Angleterre, en Suisse, en France et en Belgique, géologues et amateurs de génie font des découvertes fortuites – pierres taillées, squelettes – qui les amènent à imaginer un homme antédiluvien. C'est ainsi qu'en France l'érudit Jacques Boucher de Perthes, directeur des douanes de son métier, affirme avoir découvert des « haches » de pierre taillée dans la région d'Abbeville. Il publie entre 1847 et 1864 les *Antiquités celtiques et antédiluviennes*. Le naturaliste Georges Cuvier et les paléontologues sont sceptiques. L'Académie des sciences anglaise se montre prudente, son homologue française reste sourde et muette sur la question. L'ouvrage du géologue écossais Charles Lyell, *L'Antiquité de l'homme prouvée par la géologie*, marque alors une étape décisive.

Les sciences qui président à la naissance de la préhistoire – géologie, paléontologie, anthropologie – restent aujourd'hui encore le moteur de son évolution; la génétique et la linguistique alimentent les hypothèses ou éclairent des points obscurs : l'humanité descend-elle d'une Ève africaine unique, le peuplement de l'Europe s'est-il fait par le Proche-Orient ?

Couros

Au VIIe siècle av. J.-C., naît aux Cyclades sous l'influence de l'Égypte, une statuaire de marbre dont les deux types sont la coré et le couros. Quel que soit le style — athénien, naxien, samien, parien... —, le couros se présente à nous de face, avec des épaules larges, une taille étroite, les bras le long du corps et les pieds posés à plat, le gauche étant légèrement en avant. La plastique, suggérée par quelques traits, a quelque chose de graphique.
Le nu viril connaîtra une désaffection au Ier siècle av. J.-C. Mais Rome, par les nombreuses copies qu'elle fait circuler et par sa référence permanente à la statuaire grecque, rend pérennes des œuvres qui redeviendront la référence esthétique d'un Michel-Ange (1475-1564) et d'un Winckelmann (1717-1768).

LA CULTURE COMMUNE DES PREMIERS EUROPÉENS

Paléolithique, néolithique, âge des métaux, cette grille chronologique établie en 1836 par les archéologues danois Mommsen et Thomsen, fondée sur des critères technologiques et à travers laquelle nous lisons l'histoire de l'humanité, ne s'applique pas de façon homogène à l'espace européen. Un millénaire sépare la civilisation néolithique de Thessalie en Grèce de celle de Provence. Et la Scandinavie n'adopte l'agriculture qu'à partir de 1700 avant J.-C. : c'est alors l'âge du bronze dans les îles cycladiques.

Les fouilles, devenues tardivement une entreprise systématique, conduisent à l'établissement d'une typologie et d'une datation relative. Une chronologie habillée de sites éponymes permet de distinguer et de classer l'éclat clactonien, le biface abbevillien, l'acheuléen ou la technique Levallois. Des îles Britanniques à l'Oural, l'Europe paléolithique (500000-35000 av. J.-C.) est peuplée de façon discontinue et elle se présente à nos yeux comme une mosaïque de sites entre lesquels se dessinent quelques échanges. On pense ainsi que les petites pointes de silex de Châtelperron en France dans l'Allier seraient une technique autochtone alors que les grattoirs carénés ou à museau viendraient de l'est.

À une relative homogénéité culturelle succède, au paléolithique supérieur, une grande diversité régionale alimentée par de vastes courants technologiques comme l'aurignacien qui, parti d'Anatolie, traverse les Balkans et atteint Cueva Morin en Espagne et Saint-Césaire en Aquitaine. Ou le gravettien et ses vénus rebondies qui couvre toute l'Europe : de l'Espagne à la Belgique, de l'Italie à l'Ukraine, de la France à la Tchécoslovaquie. La progression lisible dans les arts pariétal et mobilier comme l'évolution des techniques permettent de tracer non des filiations mais un continuum.

LES DEUX EUROPE

Au tournant du VIIe millénaire, l'espace européen a deux visages : celui du nord avec ses contrées océaniques et continentales, celui du sud qui s'étend jusqu'aux rives de l'Asie Mineure.

Avec deux millénaires de retard sur la Mésopotamie et le Levant et un millénaire sur la Thessalie, l'Europe continentale et océanique entre dans l'ère néolithique avec la sédentarisation, l'agriculture et l'élevage. Malgré les échanges commerciaux et les migrations, ce retard, quoique réduit aux âges du bronze et du fer, se maintiendra entre le pôle méditerranéen et le pôle continental.

À l'âge du bronze, céramiques et techniques métallurgiques sont les documents privilégiés qui permettent d'esquisser le tracé pointillé d'une carte des échanges et des influences. Les haches en or massif de Tufalau en Roumanie, celles de Saxe, du IIe millénaire, rappellent les haches retrouvées en Crète. Répandus autour de la mer Noire, ces symboles de pouvoir évoquent ceux des tombes royales de la ville d'Ur, en Mésopotamie. Les longs rubans d'or retrouvés au Portugal et en Bavière sont bien proches des bandeaux de Crète et des îles égéennes. Les vases campaniformes (en forme de cloche), aux motifs horizontaux en pointillés, se retrouvent dans toute l'Europe en 2000 avant J.-C. Ces quelques exemples laissent deviner la complexité des réseaux.

Avec la Crète du IIe millénaire s'ouvre un champ évolutif qui, malgré ses ruptures – destruction des seconds palais au XVIe siècle, « invasion dorienne » et chute de Mycènes, minée de l'intérieur par un totalitarisme étouffant, en 1200 av. J.-C. –, est jalonné de repères de filiation très nets. Intégrant les influences levantines et égyptiennes, la Grèce des cités se forge une identité culturelle et essaime de l'Anatolie à l'Espagne.

Toutefois, malgré des contacts multiples, une certaine fascination et la présence de nombreux mercenaires dans les armées grecques, la résistance des Celtes à l'influence grecque est remarquable. Leur répertoire décoratif assimile les emprunts pour donner un style abstrait et luxuriant. Quant à l'architecture, dont il ne reste que les fondements de quelques oppida, elle demeure imperméable à l'extérieur. L'oppidum de la Heuneburg, avec son mur de brique crue, constitue une exception remarquable.

FEUILLE DE LAURIER

Dans la production lithique qui caractérise les âges de la pierre, la feuille de laurier représente une énigme.
La culture dite solutréenne qui s'étend des Asturies à la Loire et à la basse vallée du Rhône, va produire les pièces les plus admirables du paléolithique : les feuilles de laurier. Toujours minces et régulières, réalisées selon une technique de retouche plate et couvrante par pression — et non par percussion —, ces feuilles sont d'une finesse qui les rend peu aptes à un usage concret.
Le type de retouche utilisé par les Solutréens, disparu depuis près de quinze mille ans, réapparaît dans ces œuvres uniques. Il suppose non seulement un enlèvement des éclats selon un ordre précis et symétrique mais également une conception préliminaire. La belle feuille de calcédoine bleue retrouvée en Dordogne laisse penser que ces objets étaient investis de significations qui dépassent le souci d'efficacité.
Sans antécédent ni postérité, ces feuilles de laurier sont à l'image des Solutréens soudain disparus.

POIGNARD À ANTENNES

Entre 1100 et 700 avant J.-C., l'Europe accueille une technologie venue d'Anatolie. Cavaliers d'Europe centrale puis colons méditerranéens diffusent lentement l'art du travail du fer.
Dès l'âge du bronze, des échanges à longue distance s'étaient établis et des centres d'artisanat s'étaient développés loin des zones d'extraction du métal, constituant des groupes culturels en Europe centrale (Unetice), en Italie (Gaudo), en France (Montagne noire), en Espagne et aux îles Britanniques.
Du IXe au IVe siècle avant J.-C., l'époque du premier âge du fer, dit Hallstatt, les objets en fer sont des objets de prestige. Les sépultures villanoviennes de la première culture étrusque recèleront, à côté des typiques casques à crête du Hallstatt, des épées ou des poignards à antennes, armes par excellence du premier âge du fer, qui témoignent des relations étroites unissant alors l'Europe danubienne et le nord de l'Italie.

CONTINUITÉ ET PARTICULARISMES

Les arts plastiques et l'architecture, que les Muses ignorent et qui relèvent en Grèce du domaine de la *technè*, c'est-à-dire du savoir-faire artisanal, perpétuent pendant dix siècles les mêmes formes et le même répertoire iconographique. Cette continuité, qui s'incarne dans des dynasties de sculpteurs ou de potiers, aurait pu conduire à une dégénérescence ou à la sclérose. Il n'en fut rien grâce à l'esprit de compétition et au souci de dépassement qui animent les artistes et artisans grecs. Mais paradoxalement, cette continuité s'inscrit dans une multiplicité de centres créateurs dont la physionomie s'affirme dans des styles.

Dès le IVe siècle, les colonies grecques, la Grande Grèce – Sicile, sud de l'Italie –, puis l'ensemble du bassin méditerranéen de l'époque hellénistique vivent leurs créations artistiques et architecturales comme un retour aux sources classiques du VIe et du Ve siècle. La filiation ne se devine plus, elle s'affiche. Toutefois, loin d'entraîner l'apparition d'un style commun et unique, les particularismes subsistent jusqu'à ce que Rome insuffle à son héritage grec une dimension politique nouvelle.

▲ *Le chaudron de Gundestrup*

Le thème du guerrier celte au torque, dont la plus ancienne représentation connue est celle de l'autel de Pergame du IIIe siècle av. J.-C., donne naissance à la figure du dieu au torque, dont l'imagerie devenue très populaire au Ier siècle av. J.-C. se répandra dans toute l'Europe.

Le chaudron de Gundestrup, dans son iconographie, dit la multiplicité et la complexité de ces réseaux d'échanges entre le nord et le sud.

L'un des dieux celtes dont le culte demeurera le plus vivace est Cernunnos. Souvent représenté comme un homme assis en tailleur, il a le crâne surmonté de bois de cerf et le cou orné d'un torque, symbole divin de pouvoir. Divinité de la Terre, accompagné de serpents à tête de bélier, il dispense la richesse à ses adorateurs.

C'est l'une des scènes qui figurent sur un bassin en argent, dit chaudron de Gundestrup, exhumé d'une tourbière danoise en 1891 et que l'on date du Ier siècle av. J.-C. ou du Ier siècle apr. J.-C.

◀ *Temple d'Aphaia à Égine*

C'est au IXe siècle av. J.-C. que les deux principes fondamentaux de l'architecture religieuse grecque se mettent en place : un plan rectangulaire et des dimensions fondées sur un rapport simple et harmonieux entre les différentes parties et les colonnades. La mutation qui conduit au remplacement de l'argile et du bois par la pierre se fait deux siècles plus tard. Le temple d'Héra à Samos est l'un des premiers exemples de ces temples en pierre. Dès cette époque, VIe siècle av. J.-C., les deux ordres architecturaux commencent une cohabitation qui se poursuivra jusqu'au XXe siècle de notre ère. L'ordre ionique règne sans partage sur l'Asie Mineure et dans les îles de l'Égée. Le dorique se répand dans le Péloponnèse, la Grèce occidentale et la Grande Grèce. C'est de ce dernier style que relève le temple d'Aphaia à Égine. Le dorique archaïque dans lequel il est traité, avec ses colonnes puissantes mais élancées, sa force et sa sobriété, favorise son intégration dans le paysage et donne un sentiment de plénitude. Il est l'œuvre par excellence du passage de l'archaïsme au classicisme.

◀ **La porte des Lionnes, Mycènes**
C'est à Mycènes que l'espace s'ordonne pour la première fois autour du mégaron – élément constitutif essentiel de l'architecture grecque. Grande salle soutenue par quatre colonnes et à laquelle sont adjoints deux vestibules, le mégaron oppose la clarté de son plan au complexe labyrinthien crétois.
C'est encore à Mycènes que naît la grande sculpture. La porte des Lionnes (XIVe s. av. J.-C.) à l'entrée de son acropole est le premier exemple de sculpture monumentale en Grèce. Le pilier, substitut de la Grande Déesse, et les deux lions qui la flanquent sont comme l'emblème des armes de Mycènes, site principal de la civilisation austère fondée par les Achéens au XVIe s. av. J.-C.

▲ **« La Parisienne ». Fresque crétoise**
Détruits en 1450 av. J.-C., les seconds palais crétois ont conservé les fresques qui ornaient leurs murs. Si l'influence thématique de l'Égypte du Nouvel Empire et du style amarnien y est clairement lisible, les Minoens ont su, tout en conservant un monde à deux dimensions, brosser sur un ton vif des scènes de la vie de cour et de la vie religieuse, en leur imprimant mouvement et liberté.

▼ **Diadème de la princesse de Vix**
Ce que l'on considéra, lors de sa trouvaille en 1953, comme le diadème de la princesse de Vix est plus probablement un collier. La technique de granulation et les petits motifs de chevaux ailés qui ornent les deux extrémités en forme de patte de lion témoignent d'une influence gréco-scythe sur une production locale. Symbole de pouvoir, le collier d'or se retrouve dans toutes les grandes tombes celtiques jusqu'au VIe siècle av. J.-C. Il est l'un des signes de la forte hiérarchisation sociale qui accompagne l'expansion de la métallurgie au IIIe millénaire avant J.-C. Dans l'imaginaire de l'Antiquité l'or reste associé aux populations celtes. En Gaule, écrit Diodore de Sicile au Ier siècle av. J.-C., « les eaux charrient avec elles des fragments de roches remplis de sables d'or ».

◀ **Œnochoè, ou cruche, corinthienne**
Au VIIe siècle av. J.-C., dans les schémas rigoureux qui président aux décors de l'âge géométrique (900-720 av. J.C.), des motifs orientaux venus de l'est introduisent souplesse et imagination. C'est à Corinthe qu'est inventée la technique de la figure noire – qui deviendra le moyen d'expression des grands peintres du VIe siècle av. J.-C., Exékias, Euphronios... La Grèce de l'Est, et notamment Rhodes, tout comme Athènes, n'entre que vers la fin du siècle dans l'aire de rayonnement artistique et commercial de Corinthe. À cette époque, Corinthe est la plaque tournante du commerce. Elle diffuse ses innombrables petits flacons (aryballes, alabastres) d'une qualité exceptionnelle, accueille des techniques d'orfèvrerie orientales et intègre des influences venues de l'est qui s'expriment surtout dans l'iconographie de ses vases. C'est tout un répertoire d'êtres fantastiques, sphinx, sirènes, ou d'animaux sauvages, panthères, lions, chèvres, qui se déploie en larges taches de couleur sur ces vases aux fonds ornés de rosaces.

DES DIEUX ET DES HOMMES :

2000000 av. J.-C. l'*Homo habilis* produit les premiers outils, des galets aménagés.

1000000 av. J.-C. le langage apparaît.

600000 av. J.-C. l'Europe se couvre de bifaces.

100000-35000 av. J.-C. l'homme de Neandertal collectionne les pierres belles et étranges, les fossiles, les coquillages et use de crayons d'ocre et de manganèse.

35000-10000 av. J.-C. l'âge du renne voit naître le grand art pariétal et la petite sculpture.

9000-6000 av. J.-C. les grandes œuvres d'art disparaissent. La pierre débitée par pression produit des microlithes.

8800-3000 av. J.-C. le néolithique : agriculture, élevage, tissage et poterie (dès le VIIIe millénaire au Proche-Orient, au VIIe en Thessalie, au VIe en Europe centrale et occidentale).

3200-1050 âge du bronze. Formation des cités-États.

1050-900 Athènes commence à s'imposer comme centre économique.

Xe s. av. J.-C. Homère compose ses poèmes. Delphes et Olympie accueillent les pèlerins.

750 av. J.-C. premières colonies grecques.

490-479 av. J.-C. guerres médiques contre les Perses.

449-431 av. J.-C. siècle de Périclès.

431-404 av. J.-C. guerre du Péloponnèse.

392 av. J.-C. les Gaulois assiègent Véies, aux confins de l'Étrurie.

332 av. J.-C. fondation d'Alexandrie.

323 av. J.-C. mort d'Alexandre de Macédoine.

279 av. J.-C. les Celtes menacent Delphes.

201 av. J.-C. début de la conquête romaine de l'Espagne.

146 av. J.-C. Rome étend son contrôle sur l'ensemble de la Grèce.

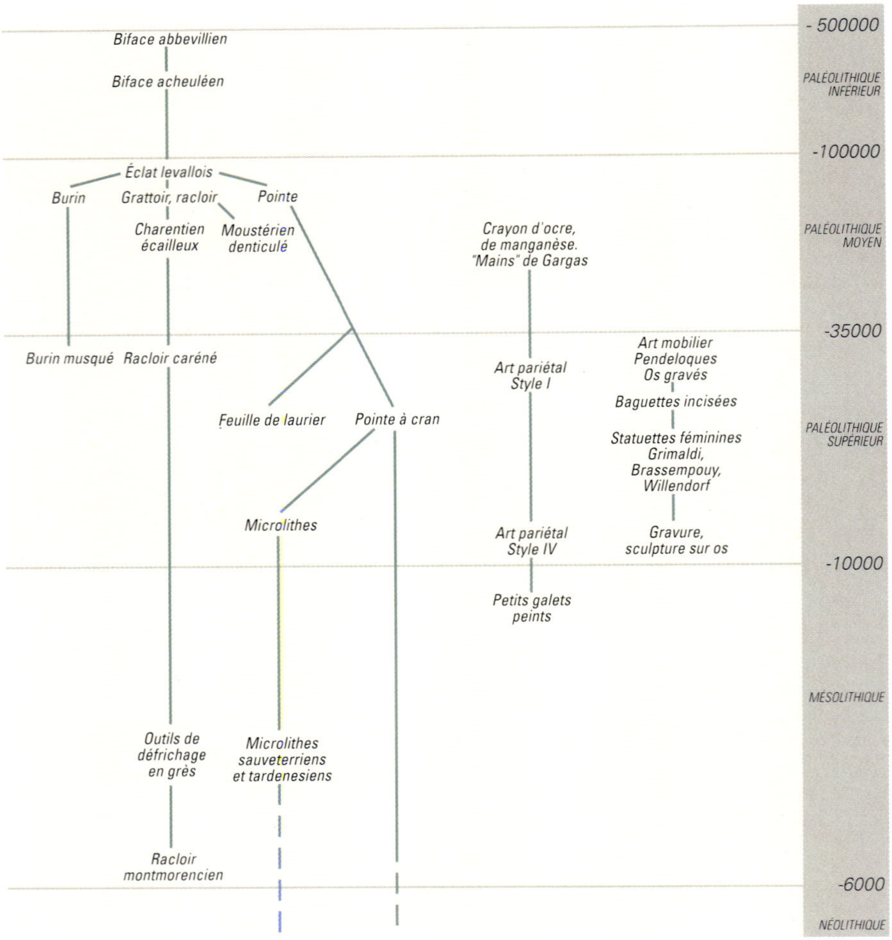

▲ ***De l'homme nomade à l'agriculteur***

Les 500 000 ans qui voient l'homme nomade et prédateur devenir un agriculteur sédentaire offrent le spectacle d'une très lente évolution ponctuée de ruptures et de disparitions. Le climat éclaire la répartition géographique des cultures qui se succèdent. Les 400 000 premières années (l'homme domestique le feu et campe dans des grottes) connaissent un climat tempéré. La chute brutale de la température fait entrer l'Europe dans une période glaciaire. Toute entreprise humaine est interdite pour des millénaires. L'homme de Neandertal, que l'on crédite d'un sens religieux et esthétique nouveau et d'une inventivité qui lui permet de produire le feu, disparaît sans postérité vers 35000 av. J.-C. L'homme de Cro-Magnon qui lui succède règne sur l'âge du renne au climat froid et sec. Le paléolithique supérieur est traversé de larges courants technologiques venant d'Anatolie. Les techniques de taille lithique se perfectionnent, l'outillage se spécialise : lames, burins, grattoirs, pointes à crans... L'art pariétal fait son apparition. Aux explosions géographiques de certains courants s'opposent des ruptures inexpliquées, telle la disparition des Solutréens (20000-16000 av. J.-C.), balayés par la civilisation magdalénienne. Le climat se réchauffe, et du VIe au IIIe millénaire av. J.-C., on voit s'épanouir des sociétés pacifiques se consacrant à l'élevage et à l'agriculture. Le culte qu'elles rendent au soleil s'exprime dans les alignements de mégalithes (Carnac) ou les cromelechs (Stonehenge). Ce mouvement s'éteint vers 1800 av. J.-C. Époques de troubles et de paix se succèdent jusqu'à l'introduction du métal. La hiérarchisation sociale qui l'accompagne associera définitivement la production artistique au pouvoir politique et religieux.

▼ ***Figurine stéatopyge***

Le paléolithique supérieur (27000 à 19000 av. J.-C.) porte le nom de gravettien. De l'Espagne à l'Ukraine, en passant par la Belgique et l'Italie, la culture gravettienne connaît une grande extension. L'une des productions caractéristiques de cet âge sont les vénus. Ces statuettes, souvent sculptées dans la stéatite, présentent des formes rebondies et des caractères sexuels très accentués. Longtemps considérées comme des symboles de la fécondité, ces femmes obèses gardent tout leur mystère. Treize mille ans plus tard, les mêmes figurines de pierre ou de terre cuite seront produites à Sesklo, en Thessalie, en Palestine et en Anatolie. On évoque de nouveau à leur propos un culte de la fécondité. On veut y voir la majesté d'une « mère universelle et maîtresse de la nature sauvage ». Mais rien ne permet de soutenir que tels furent bien la fonction et le sens de cette production.

▼ ***Coupe mycénienne***

Héritières de la Crète, Mycènes et Tirynthe ne se contentent pas d'utiliser des objets de fabrication crétoise – fruits du commerce ou du pillage ? – mais produisent, dans le domaine des arts plastiques, des œuvres fortement marquées par la Crète. Les potiers modèlent des stamnoi, des cruches, des gourdes, des cratères, des vases à étrier. Mais la forme la plus remarquable est la coupe sur pied, dite « coupe à champagne ». Le décor, qui puise directement au répertoire crétois, privilégie le poulpe qu'il simplifie et stylise, faisant passer le motif de la représentation la plus réaliste à la spirale la plus abstraite. La finesse, la fraîcheur et l'invention de ces céramiques disent toute l'ambiguïté de cette civilisation mycénienne qui, en contribuant à la destruction des palais crétois, se laisse pénétrer par l'influence de leur culture raffinée.

L'ÉMERGENCE DE L'ART

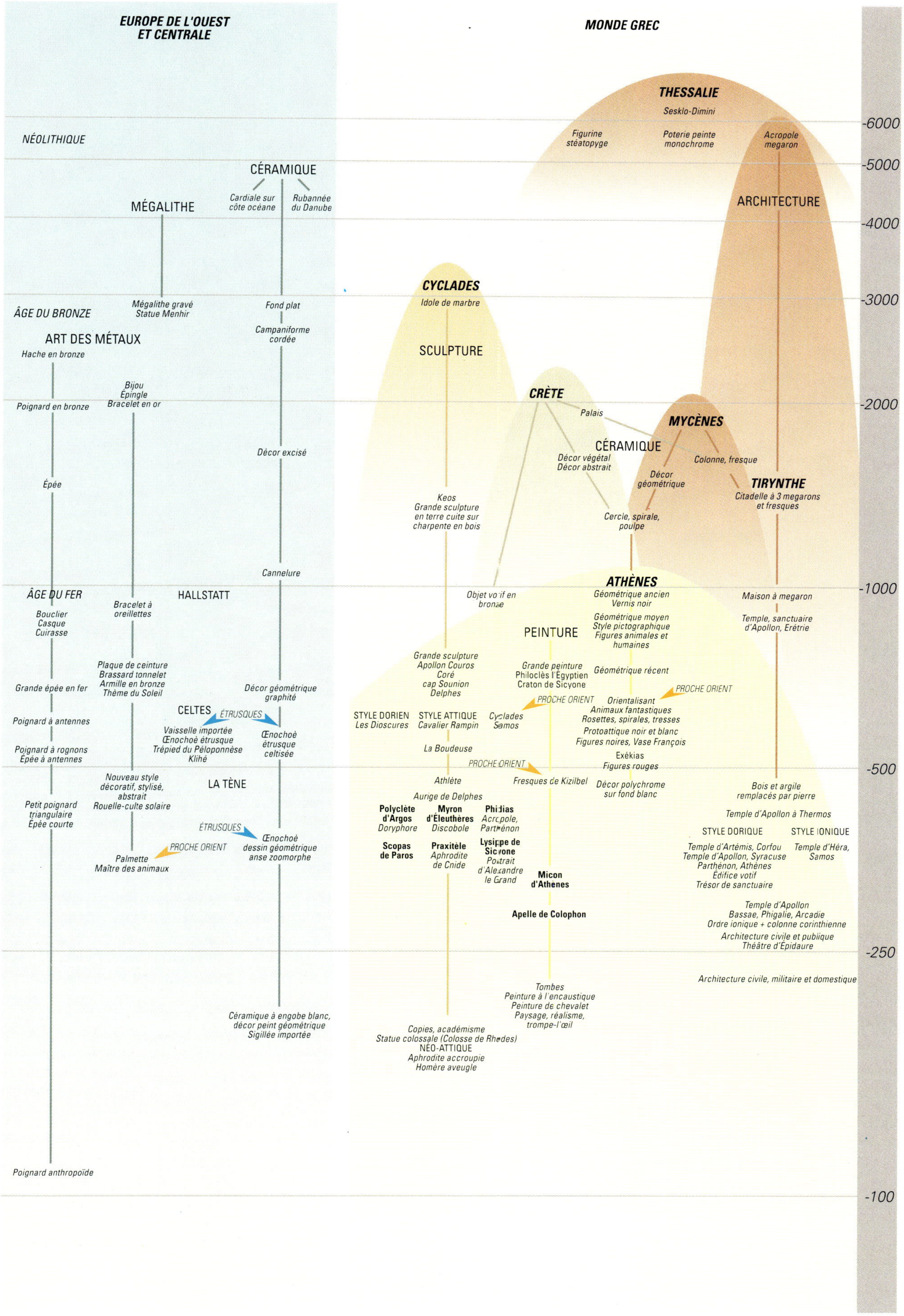

Europe de l'ouest. Les Celtes constituent une entité culturelle qui remonte vraisemblablement au début du Ier millénaire av. J.-C. Mais c'est du Ve siècle av. J.-C. que l'on date leur entrée dans l'histoire. La langue est le caractère fondamental de la civilisation celtique dont le territoire s'étend des Carpates à l'océan Atlantique.
L'art celtique s'est exprimé à travers une plastique mêlant décors abstraits et motifs symboliques. L'héritage celtique – via la civilisation gallo-romaine – perdurera et sera transmis au monde médiéval. Son monde imaginaire épique d'une intense poésie et son art décoratif mêlant la courbe, la contre-courbe, l'entrelacs, constitueront une composante importante de l'art du Moyen Âge.

L'univers continental de la Grèce jusqu'au XVe siècle av. J.-C. reste à l'écart de l'épanouissement des Cyclades. Monde violent ouvert aux migrations des populations danubiennes, Mycènes, héritière de la Thessalie, obsédée par le modèle minoen, trouve une voie originale dans l'architecture. Avant de sombrer sous les coups des Doriens, elle met en place une esthétique dont la rigueur et l'abstraction seront recueillies par la Grèce à l'époque géométrique.

Les Cyclades. On prête au monde égéen un rôle majeur dans la transmission des cultures et des techniques entre le Proche-Orient et l'Occident. Une éruption volcanique, vers 1500 av. J.-C., met fin à cette civilisation.

La Crète. En partie contemporaine de l'épanouissement cycladique et de la puissance mycénienne, la civilisation crétoise connaît son apogée vers 1700 av. J.-C. L'écriture pictographique, le linéaire A, qui servit à noter la langue crétoise n'a pu être déchiffrée, et la civilisation crétoise qui nous est connue par son abondante production artistique et architecturale n'a toujours pas pour nous d'histoire politique.

La Grèce. La dernière vague d'invasions indo-européennes qui submerge le nord de la Grèce est suivie d'une longue période de silence culturel. Du XIIIe au XIe siècle av. J.-C., on ignore tout de la lente gestation qui va donner naissance au miracle grec. Certaines survivances et une influence phénicienne laissent entrevoir la douloureuse renaissance.
Avec le développement progressif des cités-États, une compétition génératrice de progrès conduira à l'hégémonie d'Athènes, une fois le danger perse écarté, au Ve siècle av. J.-C.
Au siècle suivant, les conquêtes d'Alexandre modifient profondément les mentalités, et les productions artistiques s'inscrivent désormais dans le monde des hommes et non plus dans celui des dieux.

*« Je chante les combats et ce héros qui, le premier, des rivages de Troie, s'en vint, banni du sort, en Italie aux côtes de Lavinium [...]. De là sont sortis la race latine, les pères albains et les remparts de la superbe Rome. » Ainsi s'ouvre l'*Énéide*, mythe fondateur chanté par Virgile, où la réalité se fond dans la fable pour affirmer l'origine grecque de l'Étrurie et de Rome.*
Influences, emprunts délibérés, métamorphoses, adaptation des formes et du langage iconographique, la filiation revendiquée par les poètes se lit sans ambiguïté du VIIIe siècle avant J.-C. au XVe siècle après J.-C. L'Étrurie s'épanouit sous l'impulsion de la Grande Grèce et rayonne dans toute l'Europe. Rome hérite de l'Étrurie et, fascinée par la Grèce, s'incorpore l'esthétique hellénistique puis classique. Byzance enfin, née de la longue gestation paléochrétienne, héritière de l'Orient et de la Rome antique, éblouit croisés et musulmans.

Fresque de Magdalensberg

La fameuse villa des Mystères à Pompéi (60 av. J.-C.) représente une scène d'initiation sur un fond rouge qui connut une longue postérité. C'est ce fond rouge que l'on retrouve abondamment utilisé dans les provinces du Nord-Est, notamment en Carinthie. Aquilée, sur la côte nord de l'Adriatique, joue un rôle essentiel dans la diffusion des modes esthétiques, et son influence est particulièrement visible à Magdalensberg (Autriche) où la peinture murale sur fond rouge connaît un véritable engouement.

LES ÉTRUSQUES : PEUPLE D'ORIENT OU PEUPLE D'EUROPE ?

Entre le Tibre et l'Arno, les VIIIe, VIIe et VIe siècles avant J.-C. voient s'épanouir une brillante civilisation que la légende faisait venir de Lydie sous la conduite de Tyrrhénos. Probablement issue d'une culture locale, l'Étrurie nous est connue alors qu'elle prend son essor sous l'impact de la civilisation grecque.

Agriculteurs et métallurgistes, les Étrusques sont avant tout des commerçants. Leur puissante flotte marchande leur a laissé une réputation de pirates. Accueillants à l'esthétique italique et ionienne qu'ils adaptent, ils sont le relais des exportations grecques vers l'Europe occidentale et danubienne : le vin et le matériel qui l'accompagne constituent l'essentiel de leur apport au-delà des Alpes.

Qualifiés comme les plus religieux des hommes par Tite-Live, ils garderont leur réputation d'haruspices. Aux Romains ils légueront la maison à atrium, le temple pseudo-périptère à podium, la colonne toscane, l'emploi de la voûte et la hache bipène fichée dans le faisceau des licteurs.

Lorsque Rome, après avoir conquis le Latium, dépose Tarquin le Superbe pour fonder la République en 509, l'Étrurie entre dans son déclin.

ROME, UNE CULTURE À L'ÉCHELLE EUROPÉENNE

Rome défend dès ses origines un idéal politique et religieux soutenu par une vie austère qui lui fait fuir l'art et le luxe jusqu'au IIe siècle avant J.-C. C'est dans une architecture au service de l'État et des dieux que s'exprima pleinement le génie romain. Intégrant l'héritage italo-étrusque et grec, elle l'interprète et le transforme tant en architecture qu'en sculpture. Mais surtout elle crée : la basilique, bâtiment civil au cœur d'un dispositif d'urbanisme qui intègre, sous Trajan, arc de triomphe, forum, bibliothèques et temple. Thermes, théâtre et amphithéâtre témoignent d'une vie sociale où le loisir et l'étude ont leur place.

Ses conquêtes, qui la conduisent au IIe siècle de l'Assyrie à la (Grande) Bretagne, répandent dans une Europe centrée sur le bassin méditerranéen un style de vie et une culture politique. Mais si la basilique et le temple dédié à Jupiter Capitolin s'imposent dans toute colonie, les variantes architecturales sont multiples : édifices à cour, pourvus de tours, en Syrie, théâtre-amphitéâtre, fanum, en Gaule. C'est dans la sculpture que la grande tolérance de Rome vis-à-vis des dieux étrangers est la plus visible. La Gaule offre des exemples saisissants de syncrétisme. Si Cernunnos, le dieu aux bois de cerf, se maintient sans altération, au Ier siècle, Teutatès est assimilé à Mars, l'un des dieux les plus honorés, et se voit pourvu d'attributions nouvelles. La Gaule encore accueille les cultes de Mithra et de Cybèle, venus de Syrie avec les marchands et l'armée romaine tandis que, chez

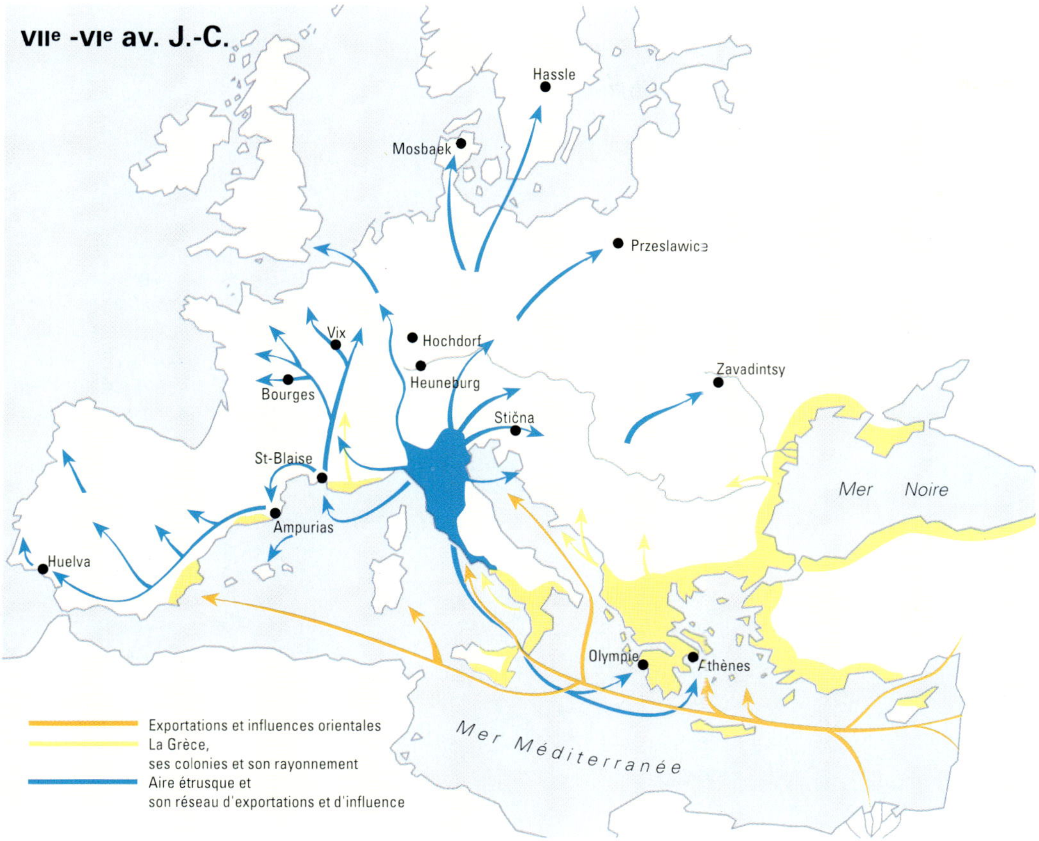

◀ C'est par la voie du commerce que les Étrusques diffusent leur écriture, la culture de l'olivier ou celle de la vigne, et d'une façon générale tout ce qu'ils ont acquis des Grecs. Dès le VIIIe siècle av. J.-C., on trouve dans les grands sanctuaires grecs des ex-voto étrusques. Mais le grand mouvement commercial qui part d'Étrurie méridionale pour atteindre les terres de France, d'Espagne, d'Italie, de Sicile, de Chypre et de Syrie, se situe dans le dernier quart du VIIe siècle av. J.-C.; il touchera à son déclin dès les VIe-Ve siècles. De nombreuses épaves de navires témoignent de l'intensité du trafic maritime, et des amphores étrusques ont été retrouvées en abondance à Aix, à Marseille, sur l'étang de Berre et dans une cinquantaine de sites espagnols. À côté de ces amphores, les objets métalliques et des services à vin représentent l'essentiel du matériel de prestige exporté par les Étrusques. Profondément imprégnée d'éléments orientaux et grecs, proche culturellement des Ioniens, la civilisation villanovienne qui s'organise en cités-États exporte ainsi marchandises, coutumes funéraires (symposion), techniques (tour de potier), mais aussi peut-être des hommes.

les Parthes, les vieilles divinités mésopotamiennes se métamorphosent, telle Allat figurée sous les traits d'Athéna au IIe siècle.

La sculpture fut également le médium de l'image et du pouvoir de l'empereur. Des copies répandaient dans tout l'empire le type officiel créé à Rome. Au symbolisme politique et religieux du Ier siècle succèdent des portraits pleins de réalisme. Au IIIe siècle, l'image impériale annonce l'esthétique byzantine qui s'épanouira dans la mosaïque et la peinture : l'image devient signe, l'instant est évacué au profit de l'intemporel.

L'ART PALÉOCHRÉTIEN : UN ART POPULAIRE SOUS INFLUENCES

L'importante diaspora juive dans les colonies romaines et la diffusion des religions à mystères — cultes d'Isis, de Mithra — favorisent l'expansion du christianisme naissant qui n'est alors qu'une communauté parmi d'autres. L'attitude du pouvoir romain oscille entre la tolérance et la persécution. L'art paléochrétien n'invente aucune forme nouvelle ; il s'exprime essentiellement dans la fresque, la mosaïque, la sculpture des sarcophages et sur les lampes en terre cuite, par une iconographie symbolique qui puise ses sujets tant dans l'Ancien et le Nouveau Testaments que dans la mythologie païenne. Son évolution est parallèle à celle de l'art romain qui subit l'influence de ses colonies orientales.

En architecture, la basilique paléochrétienne reprend le plan de la basilique civile, mais la pourvoit d'un programme iconographique étroitement lié à la liturgie et au rituel : les mosaïques de pavement — qui empruntent beaucoup de leurs thèmes aux synagogues de la même époque — préfigurent l'évolution des églises où le plan central et la coupole évoquent un microcosme.

Jusqu'au VIe siècle, la Gaule, profondément romanisée, développe toutefois, dans tous les domaines, des styles et des formes qui lui sont propres, notamment en mosaïque, avec les écoles rhodanienne et aquitaine, et en sculpture funéraire.

L'ART BYZANTIN ET L'EUROPE DE L'EST

La querelle des images qui entraîne la destruction de toutes les œuvres religieuses figuratives fait disparaître la sculpture. L'art byzantin, aulique et religieux, privilégie l'architecture, les arts de la couleur et les arts dits mineurs — ivoire, tissus, émail...

La réduction de l'Empire byzantin par les conquêtes arabes, les attaques des Lombards, des Bulgares et des Slaves ne touche que partiellement le rayonnement spirituel et culturel de Byzance, monde ouvert qui donne et reçoit. Qui reçoit du monde barbare la maîtrise des émaux, de l'Orient sa gamme de couleurs aux tons chauds et vifs, son art du modelé, sa science des motifs tissés de la Perse sassanide. Qui donne son art des filigranes aux Ottoniens, ses fresquistes et ses architectes aux Bulgares et aux Slaves. Jusqu'en 1453, Constantinople exporte ses productions artistiques : portes de bronze, mosaïques, et diffuse un humanisme chrétien irrigué par la Grèce et la Rome antiques.

▲ Urne funéraire
Des apports de l'art étrusque à Rome, la sculpture funéraire est l'un des plus importants. Dès le VIe siècle av. J.-C., à Cerveteri, une représentation originale s'impose : le défunt étendu sur un monument – ou une urne – en forme de lit, entre dans l'éternité. Le défunt de l'urne dite « La mort de Myrtilos » présente toutes les caractéristiques de l'art étrusque : en position semi-allongée, une guirlande au cou, une couronne de laurier dans la main droite et des tablettes dans la gauche.

◀ *Les Tétrarques*
À l'idéal humaniste qui maintenait l'héritage esthétique et culturel de la Grèce succède au IIIe siècle une nouvelle conception du beau trouvant sa source dans l'invisible et le spirituel. Le beau n'est plus alors affaire de proportions et de mesures, il est une fonction de l'être intérieur qui illumine la sculpture ou le portrait.
La Tétrarchie, symbole de la puissance et de la concorde impériales, reflète l'ordre divin qui anime le monde : aux quatre parties du ciel font écho les quatre éléments – l'eau, la terre, le feu, l'air –, les quatre saisons, les quatre parties du monde, les quatre chevaux du soleil et les quatre flambeaux du ciel. Dès lors, le rendu d'une individualité, la vraisemblance d'une personnalité, ne sont plus le souci du sculpteur.
La géométrisation des traits, l'immobilité de l'expression, évoquant un masque, disent la nature immuable et sacrée des Tétrarques dont l'essence divine fonde la similitude.
Le groupe des Tétrarques (284-305), où les deux Augustes étreignent les deux Césars, avec ses formes raides, lourdes, tassées, donne de la grandeur et de la puissance impériales une nouvelle image.

▲ *Icône russe*
Considérée comme une prière, la peinture d'icône est strictement réglementée. Parmi les multiples thèmes tirés de l'Ancien et du Nouveau Testaments, les scènes de la vie de la Vierge ont toujours inspiré nombre de peintres d'icônes ; mais à partir du XIVe siècle elles se multiplient considérablement sous l'impulsion d'un culte marial en plein développement. On peut classer les représentations de la Vierge en deux catégories : les maternités et les vierges symboliques. Pour chaque type russe existe un prototype byzantin. La Vierge Bogolioubskaïa est une Vierge orante dont la source est probablement la femme orante des fresques paléochrétiennes. Empreinte de la majesté monumentale propre aux déisis – intercessions –, la Vierge implore son Fils des mains et du regard.

▲ *Le Bon Pasteur*
L'art chrétien des premiers siècles s'inspire de l'art romain contemporain et puise ses sujets dans l'Ancien et le Nouveau Testaments ainsi que dans la mythologie. Le Bon Pasteur-Orphée est un thème majeur qui perdurera jusqu'à l'époque byzantine. Dès le IVe siècle, peinture et mosaïque adoptent un style élégant et monumental qui s'épanouira sur les voûtes des absides. C'est à Ravenne que sont encore conservées intactes des mosaïques du Ve siècle. Le mausolée de Galla Placidia offre sur une voûte d'un bleu profond étoilé d'or un Bon Pasteur issu de l'imagerie des premiers temps.

▼ *Stèle funéraire*
À l'époque gallo-romaine, les sépultures sont signalées par une stèle. Bloc de pierre dont le sommet triangulaire dessine un fronton, la stèle comporte un motif sculpté dans sa partie supérieure et un texte gravé mentionnant le nom du défunt. Parmi les motifs sculptés les plus courants figurent la scène du repas funéraire, le défunt pourvu des attributs de sa profession ou un couple. La stèle ci-dessous réunit un ensemble d'éléments décoratifs très répandus au IIIe siècle apr. J.-C. : la voûte en coquille et les couples d'oiseaux , dont la symbolique polyvalente semble être ici l'évocation du couple amoureux.

◀ *La Maison carrée*
Rome sut adapter son architecture aux lieux qu'elle conquérait. Toutefois, la vie politique et la vie religieuse sont étroitement imbriquées. Le culte impérial, indissociable de celui de Jupiter Capitolin, impose à chaque cité un temple dédié au dieu protecteur qui devient le symbole de la domination romaine. L'héritage étrusque et le déroulement du culte, qui a lieu à l'extérieur du bâtiment, ont induit une architecture propre à Rome. Érigé sur un socle – le podium *–, le temple romain est un rectangle n'abritant qu'une salle, la* cella. *Un portique de façade où se dresse l'autel y introduit. La colonnade de façade se prolonge par des demi-colonnes appliquées. Le fronton ne porte aucun décor. C'est à ce type que se rattache la Maison carrée de Nîmes, construite à l'époque augustéenne.*

Pendentif étrusque ▶
Les Étrusques excellent dans le travail de l'or et pratiquent avec virtuosité le filigrane et la granulation. C'est sur la fameuse fibule en or de la collection Campana du Louvre que figure la plus ancienne mention épigraphique du nom des Étrusques (VIIe siècle av. J.-C.). Quelques bijoux – celui de Vix, mais surtout ceux de la région de Berne – témoignent de l'influence des Étrusques sur le monde celte. Au XIXe siècle, une véritable fièvre étruscologique saisit écrivains, érudits et amateurs. Un musée entièrement consacré aux antiquités étrusques est créé en 1837. Des faux circulent et de précieuses copies sont exécutées par les orfèvres italiens Castellani.

Fresque d'Ohrid ▶
La fresque obéit aux mêmes lois décoratives que la mosaïque, elle intègre les mêmes programmes iconographiques et suit la même évolution stylistique. Toute l'Europe orientale est sous l'influence byzantine qui se maintiendra malgré l'invasion musulmane. La Macédoine reflète cette longue influence. Les fresques de Saint-Clément d'Ohrid tirent leurs sujets de la vie du Christ. La trahison de Judas en est l'un des épisodes. Les formes mouvementées, une certaine exaltation traduite par l'agitation des corps et le dessin appuyé marquent de façon caractéristique le style narratif des fresques d'Ohrid du XVe siècle.

xe s. av. J.-C. fin de l'âge du bronze en Italie.

IXe-VIIIe s. av. J.-C. culture villanovienne. Les Étrusques exportent leurs céramiques et leurs bronzes au-delà des Alpes.

814 av. J.-C. fondation de Carthage par les Phéniciens.

753 av. J.-C. fondation de Rome.

534-509 av. J.-C., Tarquin le Superbe, septième et dernier roi étrusque de Rome. Fin de la monarchie romaine.

509 av. J.-C. institution de la République romaine.

264-146 av. J.-C. guerres puniques.

146 av. J.-C. destruction de Carthage.

52 av. J.-C. conquête de la Gaule.

44 av. J.-C. assassinat de César.

27 av. J.-C. fondation de l'Empire romain.

27 av.-14 apr. J.-C. règne d'Auguste.

54-68 apr. J.-C. règne de Néron. Persécution des chrétiens.

192-395 apr. J.-C. Bas-Empire.

330 apr. J.-C. fondation de Constantinople.

380 apr. J.-C. édit de Théodose : le christianisme devient religion d'État.

395 division de l'Empire romain en Empire d'Orient et Empire d'Occident.

410 prise de Rome par les Goths.

728-843 querelle des images.

987 baptême de Vladimir de Kiev.

1054 séparation des Églises latine et orthodoxe.

1453 prise de Constantinople par les Arabes musulmans.

LE PORTRAIT

La gravure des camées et des intailles abondamment pratiquée par les Grecs et les Romains subsistera jusqu'à l'invasion arabe au VIIe siècle. La production se poursuit à Byzance mais disparaît provisoirement en Occident où elle renaît au Moyen Âge. Le portrait antiquisant connaît alors la plus grande faveur à la cour de Frédéric II, renouant ainsi avec le camée à portrait de l'époque d'Auguste. Sous le règne d'Auguste, l'art devient un élément fondamental de la politique. Inspiré par le classicisme grec, l'art officiel diffuse les consignes et les prototypes auxquels devront se conformer les effigies de l'empereur. Les attitudes, l'iconographie, l'emplacement des mèches sur le front, tout est l'objet d'une stricte codification qui sert le culte de la personnalité. Mais c'est avec la dynastie julio-claudienne (14-68), dont Caligula est le deuxième empereur, que le portrait devient un outil de la propagande officielle. La damnatio memoriae qui condamna Caligula après sa mort et entraîna la destruction de ses effigies n'a laissé subsister que très peu de ses portraits. Ceux qui demeurent donnent une image beaucoup plus sensible du personnage que ne le suggère le profil militaire du camée de Vienne. L'art de la glyptique, raffiné et froid, accuse la perfection du profil, la ligne du nez, le menton volontaire. Le décor géométrique qui orne la cuirasse n'allège pas l'impression de rigidité donnée par le cou massif. Ce portrait de Caligula appartient au style officiel augustéen qui vise à donner aux traits individuels une valeur exemplaire. Le visage noble et sévère est encadré de mèches régulièrement disposées, comparables à celles du portrait de Caligula conservé au Louvre, et qui ne sont pas sans rappeler l'agencement de la chevelure de l'empereur Claude qui lui succédera. On sait que pour les portraits julio-claudiens ce que l'on appelle l'indice capillaire constitue un élément important de datation et d'identification des pièces dont, pour des raisons dynastiques, on forçait la ressemblance. Avec Vespasien, un retour à l'esthétique républicaine réaliste marque la sculpture et plus particulièrement le portrait. Sous la dynastie des Antonins (96-192), un équilibre s'instaure : à côté d'un style militaire se développe une facture plus douce qui donne au modelé de la souplesse et de la sensibilité. Il reste que la diffusion des modèles officiels dans l'Empire est l'occasion pour les ateliers locaux de donner à chaque exécution une originalité et un caractère régional. Sous la dynastie des Sévères règne un baroque violent où l'abondance des détails et la virtuosité technique l'emportent sur la profondeur du rendu. Malgré la coexistence de tendances contradictoires, se font jour une abstraction et une géométrisation croissantes. Après la séparation des Empires d'Orient et d'Occident, la stylisation des traits marque fortement la statuaire impériale d'Orient. L'image impériale abandonne toute référence à la réalité pour laisser la place à une effigie désincarnée.

▲ *Mosaïque byzantine*
Au VIe siècle, sous l'âge d'or de Justinien, la mosaïque byzantine, dans le sillage des pavements romains et paléochrétiens, déploie son art et sa splendeur. Ses figures monumentales n'occupent plus seulement les sols mais les murs et les voûtes des édifices. Bleus sourds et verts légers se détachent sur un fond d'or, symbole d'éternité. Tout un langage chromatique et iconographique se met alors en place pour plus de dix siècles.

Mithra et le taureau ▼
Au IIIe siècle ap. J.-C., les religions à mystères et à initiation se répandent dans l'Empire romain. Ces nouveaux cultes venus d'Orient promettent à leurs adeptes, quelle que soit leur origine sociale, une félicité intérieure pour le présent et une espérance pour l'au-delà.
Le culte de Mithra, dieu de la lumière originaire d'Iran, fut diffusé par les légions, de la vallée du Rhône à la Rhénanie. Le culte, réservé aux hommes, était célébré dans des cryptes. Les initiés prenaient place sur des banquettes le long d'une allée conduisant à la statue de Mithra égorgeant le taureau.
L'initiation se faisait par l'aspersion du sang d'un taureau et comportait sept grades, correspondant à sept astres. Pour franchir chaque grade, l'initié devait endurer des épreuves dont les peintures du mithraeum de Capoue donnent une idée.

LE POLITIQUE ET LE DIVIN

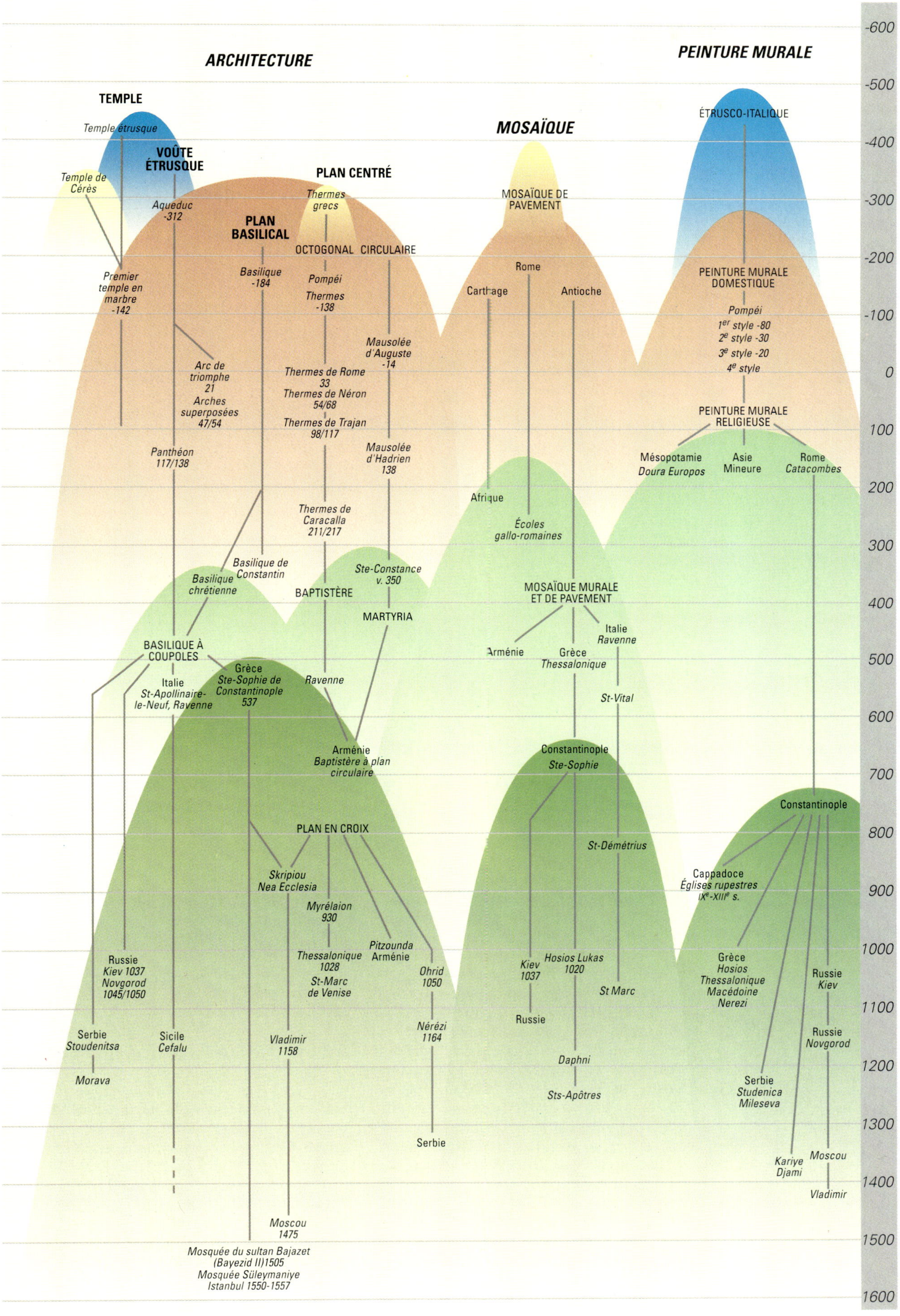

La civilisation étrusque atteint son apogée au VIIe siècle av. J.-C. Elle nous est connue par ses tombes à puits et par ce qu'elle a légué à Rome. Le riche matériel contenu dans les nécropoles a permis de dresser un tableau précis de cette civilisation. Cette image archéologique vient compléter l'héritage transmis aux Romains, résumé à quelques principes d'architecture, à l'art du portrait funéraire et à la peinture murale.

L'usage généralisé de la voûte est l'une des caractéristiques de l'architecture romaine, puis byzantine. La division de l'Empire puis les invasions barbares ne feront jamais disparaître l'art romain. Les techniques antiques se maintiennent notamment en Gaule jusqu'aux VIIe-VIIIe siècles, et c'est un retour délibéré vers l'Antiquité que prônent les Carolingiens. Les Ottoniens empruntent à Byzance un répertoire iconographique et stylistique pour la peinture et les arts précieux. La basilique, inventée par les Romains, est également au cœur d'un retour à l'architecture et au décor monumentaux.

La période paléochrétienne est marquée en architecture par une désaffection progressive pour les ordres classiques. On retrouve là les mêmes tendances à l'abstraction que dans la sculpture : la simplification des plans et des lignes dématérialise les formes pour faire des images et des monuments, des signes.
Vers la fin du IIe siècle, les ateliers populaires romains deviennent un vecteur de diffusion de la jeune religion chrétienne. Peintures de catacombes, petite sculpture répandent un langage iconographique au contenu allégorique et symbolique régénéré. Cette ample vague qui touche tout le bassin méditerranéen instillera dans l'art officiel la substance d'une nouvelle esthétique.
À partir du VIe siècle, l'Orient et l'Occident suivent des voies divergentes. Mais au XIe siècle, par le biais des alliances royales et des croisades, des éléments romans puis gothiques s'introduisent en Italie du sud et en Sicile.

L'art byzantin est d'une approche complexe, car il couvre onze siècles pendant lesquels il absorbe l'art romain et le transmute en art gréco-oriental, chrétien et impérial. Cet art se développe selon des canons esthétiques transfigurés par la religion et privilégiant la grandeur et la noblesse.
Au XIIIe siècle, sous les Paléologues, les fondations de couvents et d'églises se multiplient. La Russie entretient des relations amicales avec Byzance, ce qui favorise la venue d'artistes grecs.
L'architecture de voûtes et de coupoles de Byzance s'adapte ainsi en tous lieux aux habitudes et aux matériaux locaux. Venise, au carrefour des deux traditions, occidentale et orientale, sera jusqu'au XVe siècle toujours accueillante aux influences de Byzance et de Ravenne.

La Vierge et l'Enfant

Ivoire, Paris, début du XIVe siècle. Rien n'est plus significatif de la rencontre de la plastique antique et de l'élégance parisienne que ces vierges en ivoire, faites en séries à l'apogée du gothique. Ici la cambrure exagérée de Marie, imposée par la courbure de la défense, accentue la féminité de la composition. À l'origine peintes et dorées, émaillées et incrustées de pierres précieuses, ces statuettes disent l'aisance sereine d'une société où se fondent piété mariale et plaisirs courtois.

L'Europe médiévale est un vaste creuset où se mêlent les influences contradictoires de l'Orient, de Byzance, des peuples barbares, de Rome surtout avec qui les liens sont faits de ruptures et de fascinations intermittentes : rupture du temps des invasions et de son esthétique de l'abstraction, réconciliation passionnée mais éphémère lors de la renaissance carolingienne, rupture du géométrisme roman, qui, de plus en plus séduit par l'esprit byzantin, mène à la redécouverte gothique de l'homme et de la nature. En fin de compte, l'histoire tourmentée de ces alliances complexes entre l'esprit « barbare », l'humanisme antique et l'imaginaire oriental conduit de la domination méditerranéenne au rayonnement de l'esprit nordique.

À l'Europe médiévale les artistes paléochrétiens ont légué les formes architecturales et décoratives qu'ils ont expérimentées en Italie et sur tout le pourtour méditerranéen, en Syrie, en Palestine, en Égypte, à Constantinople. La tendance esquissée alors vers la spiritualisation des formes trouve bientôt, à la rencontre des génies régionaux, une valorisation déterminante. Les peuples qui, en vagues successives, envahissent l'Europe occidentale du IVe au VIIe siècle, sont porteurs d'un patrimoine artistique proche des anciennes tendances des arts indigènes, que la domination romaine avait momentanément étouffées. Une esthétique ornementale, qui s'exprime surtout dans les arts du métal, du cuir ou du bois, réactive le goût ancien pour l'éclat des matériaux précieux et les traits gravés en des graphismes minutieux. Les peuples germaniques développent un art zoomorphe, où les motifs animaliers se font abstraits et géométriques. Huns et Goths apportent leur expérience de la polychromie et du décor cloisonné, qui s'exprime surtout à travers l'orfèvrerie de luxe. Les Wisigoths, en Aquitaine et en Espagne, les Ostrogoths, surtout, en Italie, seront vite sensibles à l'héritage antique. Aux Lombards enfin, plus tard venus, on doit une synthèse exceptionnellement riche entre le passé romain, byzantin ou copte, les traditions nordiques, zoomorphes et cloisonnées, et le souvenir de motifs stylisés imités d'arts plus lointains encore, iranien en particulier.

Anglo-Saxons et Scandinaves développent à leur manière les apports orientaux de l'art polychrome et des motifs zoomorphes, auxquels plus tard les Vikings donneront un tour fantastique.

LIVRE DE KELLS (807)

Aux VIIe et VIIIe siècles se développe en Irlande et en Angleterre un art qui fécondera pendant longtemps les créations continentales et constituera une des sources de l'esthétique romane. Plongeant ses racines dans le fonds celtique, loin des influences romaines, il engendre des systèmes abstraits à base de spirales et d'entrelacs, sans modelé ni volume, d'une étonnante force graphique et symbolique. Bientôt le prosélytisme des moines irlandais donne à leur art une expansion européenne : saint Colomban fonde Luxeuil, puis, en 615, l'abbaye de Bobbio, près de Milan. L'art irlandais est surtout célèbre pour la décoration des livres liturgiques, qui revêt une importance de tout premier plan dans l'expression artistique médiévale. Parce que le livre voyage facilement, c'est aussi par l'enluminure que les formes picturales ont si intensément circulé dans l'Europe du Moyen Âge. L'illustration des Évangiles anglo-saxons privilégie l'ornementation des lettres initiales, associées en monogrammes (on déchiffre ici : Liber generationis Christi, *« Livre de la généalogie du Christ », selon saint Matthieu) : la lettre, devenue signe sacré du Verbe divin, est décomposée, conjuguée, déformée, dynamisée pour se faire tableau. C'est un art de la calligraphie, qui porte la ligne et ses enroulements à son expression extrême.*

AU CONFLUENT D'INFLUENCES MULTIPLES

Dans un premier temps, ces apports si divers se mêlent de manière assez confuse. Dès la seconde moitié du VIIe siècle, les formes se stabilisent, et les nouvelles populations retrouvent le goût de l'Antiquité classique, qui symbolise l'idéal de la beauté conjuguée avec la puissance. Les Mérovingiens renouent avec des habitudes de constructions et de décorations fastueuses, préparant ainsi la renaissance carolingienne. Celle-ci est le fruit de la détermination cosmopolite de Charlemagne qui sait recueillir l'héritage oriental, germanique, irlandais, tout en se préoccupant de faire revivre l'Antiquité. La figure humaine regagne le devant de la scène, la lumière modèle les visages, les fonds donnent l'illusion de l'espace... L'imitation de l'antique devient un parti esthétique délibéré, sans pour autant atténuer la richesse barbare.

Cette tendance est renforcée, au tournant de l'an mille, par les héritiers spirituels de Charlemagne, les Otton, même si le recentrement germanique et l'intensification des liens avec Byzance confèrent à l'art ottonien une spécificité différente. Au même moment, les autres contrées développent, à l'opposé, une esthétique qui se ressource davantage dans le passé local : ainsi l'Espagne mozarabe, largement déterminée par les formes ancestrales wisigothiques, que régénère un goût marqué pour des façons plus lointaines, sassanides et persanes, lesquelles continueront longtemps de fasciner les artistes occidentaux.

VERS UNE ESTHÉTIQUE EUROPÉENNE

La « France », perturbée par les années funestes du Xᵉ siècle, nourrira son renouveau de formes empruntées aux arts lombard, anglo-saxon, mozarabe, ottonien, avant de devenir, en retour, source de dynamisme pour les voisins. Les recherches des architectes normands, des sculpteurs languedociens ou bourguignons, des émailleurs limousins, des peintres poitevins ou des artistes verriers de Champagne atteignent vite un degré de maturité étonnant. Même si, à Cluny en particulier, l'esthétique romaine reste un modèle, la mystique chrétienne se traduit aux XIᵉ et XIIᵉ siècles à l'aide d'un géométrisme abstrait, qui décompose le corps humain au lieu de le modeler et ne tire pas son inspiration de la nature mais de visions intérieures. L'art roman connaît d'importantes variations régionales, en particulier pour l'Italie davantage marquée par Byzance.

L'Allemagne, l'Italie et l'Angleterre resteront longtemps fidèles à l'esthétique romane. Mais peu à peu, aux portails des églises, les visages de pierre s'humanisent, le relief s'accentue, signant le triomphe international d'une sculpture dont Rome est encore la référence. De l'Île-de-France surgit une architecture nerveuse, préparée par la technicité cistercienne et les recherches anglo-normandes sur le voûtement ogival. Les arts de la couleur, alimentés par l'esthétique byzantine, s'épanouissent dans la technique du vitrail. Le gothique se répand en Europe et se maniérise en France sous l'effet de l'esprit courtois. Un nouveau consensus se prépare, par-delà les particularismes locaux, celui de l'Angleterre en particulier.

Au XIVᵉ siècle, Paris et Prague, Avignon et Milan rivalisent d'activités, et la circulation des artistes fait naître un esprit international. S'ouvre alors, dans un étourdissant mouvement de création et d'échanges, le temps d'une communion artistique, de l'Angleterre à la Bourgogne, de l'Espagne au bassin du Danube. L'altérité vient des peintres italiens, dont le sens de l'espace et de la monumentalité gagne le goût de l'aristocratie nordique. La différence se creuse quand, au XVᵉ siècle, l'Italie continue de renouveler la voie de la latinité, alors qu'ailleurs, on se laisse, diversement, convaincre par la révolution réaliste flamande : Jan Van Eyck, par ses descriptions à la fois dépouillées et précises, ses effets de lumière intérieure, échappe déjà au monde médiéval.

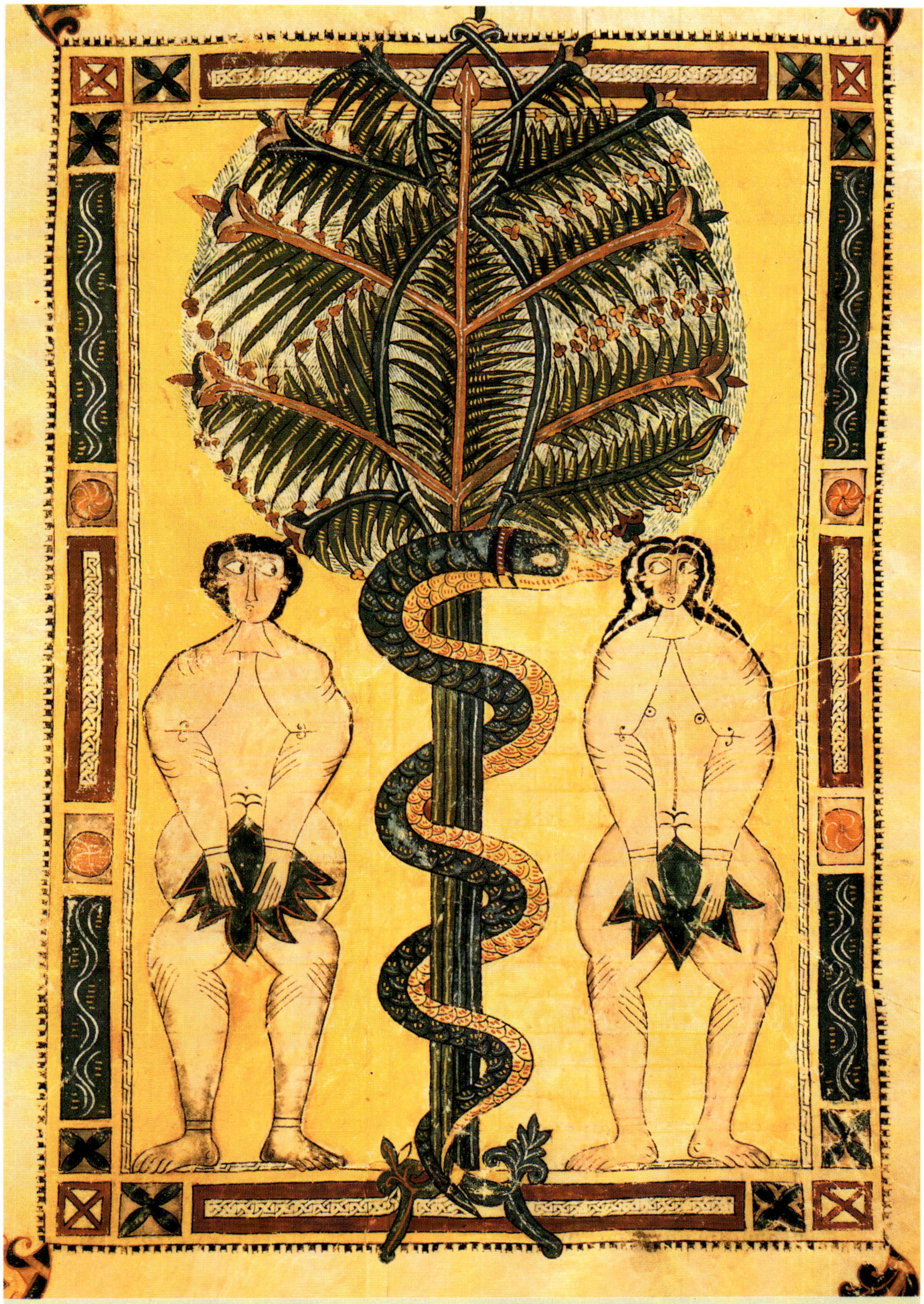

COMMENTAIRE DE L'APOCALYPSE DE BEATUS DE LIÉBANA, BIBL. DE L'ESCORIAL, ADAM ET ÈVE (fin du Xᵉ siècle)

Les peintures mozarabes, exécutées par des artistes chrétiens pendant la domination arabe en Espagne, développent une originalité sans pareille. En continuité avec la tradition wisigothique et son goût prononcé pour la polychromie, elles privilégient un dessin naïf, sans relief ni profondeur, avec un chromatisme violent dominé par le jaune safran et des silhouettes rudes découpées sur des fonds unis. Bien des motifs, le schéma stylisé des arbres, par exemple, s'inspirent des formes typiques de l'ornementation sassanide. Ce goût pour l'Orient se vérifie surtout entre le VIIIᵉ et le XIIIᵉ siècle, c'est-à-dire en un temps où l'Empire sassanide a cessé d'exister : son influence sur les créations occidentales s'est exercée essentiellement par l'intermédiaire d'œuvres musulmanes et byzantines restées fidèles aux manières persanes, aisément transmises dans l'Espagne occupée par les Arabes. Les motifs persans, animaux réels ou imaginaires, oiseaux, thèmes floraux stylisés, ont pu facilement être réutilisés dans la civilisation chrétienne, une fois dépouillés de leur sens symbolique primitif. Étoffes, pièces d'orfèvrerie, émaux ou ivoires, très prisés des seigneurs du haut Moyen Âge, ont permis aux Occidentaux de se familiariser avec ces motifs orientaux, que les artistes romans réutilisèrent avec passion.

GERMIGNY-DES-PRÉS (803-806)

Germigny-des-Prés compte parmi les rares édifices carolingiens encore conservés en élévation, ce qui en fait un témoignage exceptionnel de la décoration monumentale au temps de Charlemagne, dans le naufrage général des peintures murales, mosaïques, vitraux, stucs, qui faisaient la splendeur de ces églises.
L'évêque Théodulf d'Orléans, conseiller et ami de l'empereur, poète de haute culture, avait fait de Germigny son oratoire privé. Le plan centré de l'édifice reprend celui d'Aix-la-Chapelle, la forme des arcs outrepassés s'inspire d'une tradition wisigothique dont Théodulf est porteur par ses origines espagnoles, la mosaïque de l'abside a des précédents romains. Son iconographie repose sur l'interprétation savante de plusieurs passages de la Bible et de l'Épître aux Hébreux de saint Paul, associés et traduits en termes visuels : dans le luxe abstrait de l'or et dans un décor paradisiaque qui évoque l'atmosphère des pavements de sol de Palestine, des chérubins, figures complémentaires de l'Ancien et du Nouveau Testament, veillent sur l'arche d'alliance, tandis qu'une inscription poétique en explique le sens mystique. La substitution de l'image anthropomorphe de Dieu par sa figuration symbolique, signe d'une certaine méfiance à l'égard des images religieuses, suppose l'indépendance des Carolingiens face à l'esthétique byzantine, qui, à cette époque, privilégiait les portraits divins. La reconstitution de l'ensemble, d'après une aquarelle du XIXe siècle, montre qu'à l'origine la mosaïque développait aussi une décoration d'arbres stylisés tels que la Syrie omeyyade en avait répandu la mode. Ainsi ce petit oratoire provincial, qui, sans être destiné à accueillir les foules, transmet un message spirituel d'une subtile densité, témoigne du raffinement culturel d'une société capable d'assimiler des influences esthétiques lointaines et diverses, en particulier celles venues de l'Orient par le biais de l'Espagne, tout en résistant à la fascination byzantine.

▲ ***Avignon, palais des Papes. Peintures de la chapelle Saint-Martial (1344-1345)***
C'est à des artistes italiens que les papes Benoît XII puis Clément VI ont fait appel pour décorer leur palais d'Avignon, que détermine pourtant l'architecture septentrionale. Simone Martini y vient en 1340, avec, entre autres, Lippo Memmi et le « maître du codex de Saint-Georges », à qui le Nord doit le renouvellement de ses techniques picturales. Matteo Giovanetti ensuite réalise dans l'illustration de la vie de saint Martial une synthèse féconde du sens spatial italien et du maniérisme gothique par la subtilité de ses accords chromatiques – gris, bleus et bruns – et par le travail de perspective qu'induit le complexe décor architectural.

▼ ***Cathédrale de Chartres : vitrail de Saint-Eustache (1200-1210)***
S'il est un art qui ne doit rien ni à l'Antiquité ni à Byzance, c'est bien le vitrail, où s'affirme l'originalité de la peinture septentrionale : au début du XIIIe siècle, promu par l'essor de l'architecture gothique, il impose son dynamisme aux autres techniques, supplante la peinture murale, réglemente le dessin et le coloris de l'enluminure, vulgarise une nouvelle mode iconographique fondée sur l'hagiographie. La cathédrale de Chartres en est le meilleur témoin : parmi tant d'ateliers qui y confrontent leur art, celui du « maître de Saint-Eustache » porte à son apogée le « style 1200 », marqué par la noblesse antique des visages, l'aisance des attitudes, la sérénité des compositions, qui rompent clairement avec l'agitation romane.

◄ *Cloître de Ripoll (v. 1100)*
La renaissance de la sculpture sur pierre, négligée pendant plusieurs siècles après l'usage privilégié qu'en avait fait l'Antiquité, trouve son apogée à l'aube du XIIe siècle dans la décoration des façades et des cloîtres. L'analyse du chapiteau antique en permet la restructuration et l'ornementation historiée, où se construit l'originalité romane. Après un long retrait (Tolède n'est rendue au christianisme qu'en 1085, et les États épargnés par l'occupation musulmane se sont repliés sur eux-mêmes), auquel mettent fin l'expansion clunisienne et l'impact du pèlerinage à Saint-Jacques-de-Compostelle, l'Espagne s'ouvre aux influences languedociennes, de Moissac surtout, et devient la terre d'élection des cloîtres.

Reliquaire d'Eltenberg (v. 1175) ►
Les artistes rhénans du XIIe siècle, héritiers du savoir-faire ottonien et byzantin, ont combiné dans ce type de reliquaire la technicité décorative de l'émaillerie champlevée aux couleurs éclatantes et la plasticité antique de l'ivoire sculpté en ronde-bosse. L'iconographie n'est pas moins savante : le symbole de la Jérusalem céleste, évoqué par le modèle réduit de l'église en croix grecque surmontée d'une coupole, est conforté par les cortèges apostolique au sommet et prophétique à la base, et ponctué par des scènes évangéliques aux quatre entrées : apogée d'un art élitiste.

Voûtes de la cathédrale d'Exeter (1280-1325) ►
Dès la fin du XIIIe siècle, les architectes anglais affirment une grande autonomie face à l'esthétique continentale : au lieu de travailler à l'évidement des murs, à l'allégement de la pierre, ils déploient leur inventivité dans la nervosité des voûtes, le remplage des baies, la forme des supports, conduisant à ce qu'on appelle le decorated style*, où priment les lois du décor. À Exeter, par exemple, si l'élévation tripartite reste traditionnelle, le faisceau d'ogives qui butent sur la nervure centrale bouleverse la perception du volume intérieur par le jaillissement impétueux, l'autorité longitudinale de ces séries d'éventails, qu'un support ténu de minces colonnettes aux parois ne laisse pas attendre : la voûte, au lieu de servir, comme sur le continent, à prolonger l'impression de verticalité, est douée d'une autonomie propre.*

432 début de l'évangélisation de l'Irlande par saint Patrick.

476 chute de l'Empire romain d'Occident.

496 conversion de Clovis.

529 saint Benoît fonde le Mont Cassin.

590 v. missions irlandaises à Luxeuil et Bobbio.

711 conquête de l'Espagne par les Arabes.

771-814 règne de Charlemagne.

784 commentaires sur l'Apocalypse par le moine asturien Beatus.

785 apr. construction du palais d'Aix-la-Chapelle.

820 v. début des incursions normandes.

910 fondation de Cluny.

936 Otton Ier, roi de Germanie.

966 conversion de Harald Dent Bleue de Danemark.

1043 les Normands en Sicile.

1066 bataille de Hastings.

1098 fondation de Cîteaux.

1139 « Le Guide du pèlerin » de Saint-Jacques-de-Compostelle.

1144 consécration du chœur de Saint-Denis.

1163 reconstruction de Notre-Dame de Paris.

1204 prise de Constantinople par les croisés.

1216 approbation de l'ordre des frères prêcheurs par le pape.

1244-1248 construction de la Sainte-Chapelle de Paris.

1266-1274 saint Thomas écrit *La Somme théologique*.

1309-1371 la papauté en Avignon.

1347 fondation de l'université de Prague.

1440 Gutenberg et les premiers essais de l'imprimerie.

Van Eyck, ▶ ***Les Époux Arnolfini (1434)*** *La célébrité de ce tableau tient à son audace iconographique et stylistique : il s'agit d'un portrait en pied, usage inconnu en Occident depuis le temps paléochrétien, et de l'exaltation du luxe bourgeois après tant de siècles marqués par le monopole religieux. La mystique est présente pourtant, dans le cycle de la Passion du Christ qui cerne le miroir, comme dans l'immobilité sculpturale des personnages ou dans l'équilibre ternaire et dépouillé des couleurs. Les attentes du regard sont sans cesse déjouées : l'axe vertical du lustre se déplace vers les mains des époux, les lignes de composition n'ouvrent pas sur une fenêtre ni sur un paysage mais sur le miroir convexe, point focal où se recueille et se clôt la composition, et qui refuse le reflet fidèle du monde. La tension est extrême entre le souci du réel que traduisent la lourdeur des étoffes, l'illusion de la matière, la brillance ou la sensualité des formes, et par ailleurs la densité symbolique des objets, le chapelet ou le petit balai de la moralité féminine, le chien, signe de la fidélité des époux, les oranges sur le coffre, symbole matrimonial. Les Italiens se sont laissé fasciner par cette atmosphère de silence mystérieux et de vérité implacable, qu'adoucit délicatement l'étroite source latérale de lumière. C'est ce dont témoigne la commande de ce marchand italien, qu'attirent à Bruges les nouvelles formes de l'art et de la richesse.*

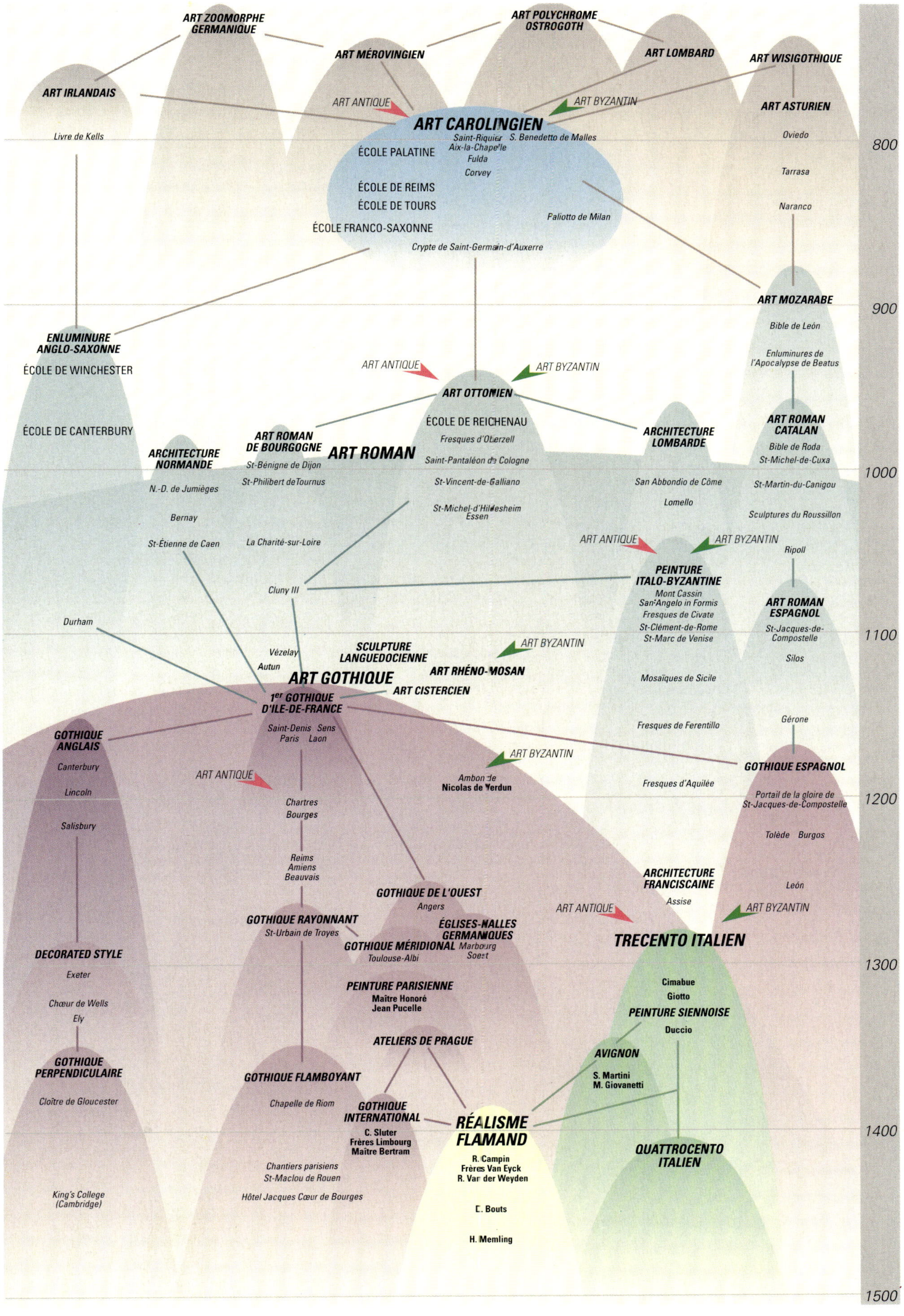

Survivances antiques et paléochrétiennes. L'Antiquité classique s'est continuée dans le premier art chrétien. Elle restera pour les artistes européens un modèle qui alimentera toutes les renaissances médiévales, en particulier en Italie.

La présence de Byzance. Dès le partage de l'Empire romain, Constantinople devient et reste le phare qui guide la plupart des renaissances de la peinture occidentale.

L'héritage barbare. Le sens ornemental des Celtes et des peuples venus des steppes orientales trouve, avec les envahisseurs « barbares », des formes nouvelles. Leur goût pour l'abstraction et la polychromie façonnera l'esprit médiéval.

La renaissance carolingienne. Elle est le fruit du sens cosmopolite de Charlemagne qui a su recevoir les influences germaniques, irlandaises, wisigothiques, antiques et byzantines, se mêlant dans un art exceptionnellement fécond bien qu'éphémère, continué par la dynastie ottonienne.

La floraison romane. Elle se caractérise par l'extension à toute l'Europe d'une esthétique guidée par un même goût pour l'architecture de pierre et les formes géométriques, bien que diversifiée selon les régions.

L'explosion du gothique. Né en Île-de-France, il unifie l'Europe, malgré des résistances locales, et trouve dans chaque pays un développement propre.

L'originalité italienne. Très marquée par son patrimoine antique et par l'influence de Byzance, la peinture italienne prend avec Giotto un essor spectaculaire qui fécondera la création internationale.

L'inventivité flamande. Elle ouvre le chemin de la modernité et de l'humanisme en opposant aux recherches gothiques son sens du réalisme.

Dès le premier quart du XVe siècle, l'homme s'impose, en Italie, en tant que centre de l'univers figuratif de l'humanisme et de la Renaissance : les peintres et les sculpteurs italiens nous ont transmis l'image d'un homme rayonnant de force morale, maître du monde qui l'entoure, et dont on privilégie, en l'exaltant, la dimension universelle. Cette vision se brise au début du XVIIe siècle, dans la prise de conscience de la réalité de ce même homme, de sa chair, de son esprit, et même des ténèbres de son inconscient. Sa place se définit désormais dans le flux du temps, au sein de la société et dans le progrès de l'histoire. Cette quête exigeante de l'homme et de sa vérité aboutit, à la fin du XVIIIe siècle, à un art fondé sur l'analyse psychologique, à la mesure de l'individu.

Masaccio, Le Tribut de la monnaie, *Florence, église de Santa Maria del Carmine (chapelle Brancacci)*

Masaccio innove par rapport aux règles du gothique international en donnant simultanéité et unité à l'action des histoires qu'il représente. Il construit l'espace selon les principes de la perspective illusionniste, en lui ajoutant des notations naturalistes, et met en valeur la masse et la présence physique des figures. Il traite l'épisode évangélique comme un moment d'histoire contemporaine, où la volonté divine se traduit dans l'action des hommes. Efficacité, économie de moyens, rôle prépondérant de l'homme en tant qu'expression vivante des desseins de Dieu deviendront les éléments dominants de la peinture historique occidentale durant trois siècles.

Au début du XVe siècle, Florence assiste à une révolution de son art figuratif, dont les retombées se prolongent sur plusieurs siècles. L'un des auteurs de cette révolution, avec l'architecte Filippo Brunelleschi (1377-1446) et le sculpteur Donatello (1386-1466), est le peintre Masaccio (1401-1428), auteur des fresques de la chapelle Brancacci dans l'église de Santa Maria del Carmine à Florence (1425). Les fresques représentent les *Miracles de saint Pierre,* et la plus significative d'entre elles évoque l'épisode du *Tribut de la monnaie.*

À la même date, une prise de conscience analogue de l'homme et du monde qui l'entoure se retrouve aux Pays-Bas, dans l'art de Jan Van Eyck (v. 1390-1441), maître de l'école de Bruges. Son approche de la réalité découle d'une observation pénétrante et patiente, et aboutit au rendu quasi tactile des objets et des éléments naturels, un rendu qui deviendra l'objectif privilégié des peintres des écoles du nord de l'Europe.

Diffusée en Sicile par le biais de la collection d'Alphonse d'Aragon, la vision flamande marque la formation du peintre Antonello da Messina.

LA DIFFUSION DE LA RENAISSANCE ITALIENNE

La dimension idéale de l'homme maître de l'univers, parfaitement représentative de l'esprit de l'humanisme italien, se trouve célébrée dans certains portraits du Quattrocento, en particulier ceux de l'un des plus grands représentants de l'école d'Ombrie : Piero della Francesca (v. 1416-1492).

La fulgurante portée révolutionnaire de l'œuvre des maîtres italiens de la première Renaissance (Léonard de Vinci, Michel-Ange, Raphaël, Titien, le Corrège), phénomène propre à la péninsule, établit un décalage entre l'art italien et celui des autres pays d'Europe, du XVe siècle au premier tiers du XVIe siècle. Le chapitre de la Renaissance italienne, essentiel dans l'histoire des formes, s'ouvre en Italie alors que, dans les autres foyers européens, les dernières tendances de l'art du Moyen Âge s'expriment encore avec vitalité.

Dès la troisième décennie du XVIe siècle, un processus d'unification s'esquisse à nouveau dans l'art européen, en partie à cause des déplacements croissants des artistes, du sud au nord, puis du nord au sud, mais aussi grâce à l'essor d'un nouveau moyen de communication et de diffusion des formes : l'estampe. Dans l'originalité et la diversité des différents foyers, ce mouvement aboutit à la formation d'un style maniériste international, dont les centres les plus florissants furent Florence, Mantoue et Venise, en Italie, Fontainebleau et Nancy, en France, Prague, en Europe centrale. De tous les maîtres de la Renaissance, c'est Michel-Ange (1475-1564) qui exerça une influence essentielle sur deux des plus grands, des plus inquiets des maniéristes : le Pontormo (1494-1556) et Rosso Fiorentino (1494-1540). Deux siècles plus tard, durant la crise finale de l'âge baroque où se situe aussi la genèse du romantisme, c'est encore l'art de

Michel-Ange qui nourrira la réflexion solitaire de deux visionnaires, romantiques avant la lettre : Johan Heinrich Füssli (1741-1825) et William Blake (1757-1827), dont la veine tourmentée et anti-académique s'exprime dans un style « néomaniériste » aux accents exacerbés.

Pour Titien (v. 1490-1576), premier des peintres vénitiens de la Renaissance, l'art du portrait demeure glorification du personnage représenté, où sont mis en valeur sa dimension idéale et universelle, comme son rôle officiel dans la société. Mais les modèles de Titien sont pour la première fois représentés dans leur situation présente, et rendus dans leur chair et dans leur sang au moyen d'une technique fluide et mouvante, typiquement vénitienne, privilégiant les effets de la lumière et des couleurs à ceux du dessin, qui figent et précisent la représentation.

LUCAS CRANACH, PORTRAIT DE MARTIN LUTHER

Établi à partir de 1504 à la cour de l'électeur de Saxe à Wittemberg, Lucas Cranach (1472-1553) fut le peintre et le chroniqueur brillant de l'un des centres culturels les plus vivants d'Allemagne. Son regard sur l'univers figuratif de la Renaissance italienne l'amena à introduire dans la peinture allemande un thème rare et déroutant pour l'époque, le nu féminin, qu'il traite cependant en homme du Nord, demeuré fidèle aux rythmes linéaires et aux formes du gothique (cf. La Nymphe de la fontaine à Leipzig*). Dès la deuxième décennie du siècle, Cranach se lie avec Martin Luther, qui inaugure à Wittemberg sa prédication et son combat religieux. L'artiste réalise plusieurs portraits du réformateur et de sa femme, et devient par la suite le vulgarisateur par l'image de la nouvelle iconographie protestante, codifiée dans sa ville par Melanchthon.*

LE XVIIe SIÈCLE

Entre le XVIe et le XVIIe siècle, la révolution réalisée dans la peinture occidentale par le Caravage (v. 1570-1610) inaugure à Rome l'âge baroque européen. La nouvelle indépendance des artistes vis-à-vis du passé, leur vision projetée dans le présent et l'avenir, une pratique et des finalités nouvelles de la peinture métamorphosent le paysage artistique italien en une décennie, des *Histoires de saint Matthieu* peintes par le Caravage dans l'église romaine de Saint-Louis-des-Français (1599-1602) à la propre mort du peintre en 1610. L'art du Caravage se caractérise par une quête intransigeante de vérité, par une analyse sans complaisance, parfois brutale, de la réalité physique et morale de l'homme, mais aussi par une tension spirituelle qui rapproche le peintre excommunié des courants d'avant-garde de la Contre-Réforme catholique.

Tempérament ombrageux et rebelle, le Caravage n'eut pas d'élève, mais son art révolutionnaire, à l'écoute de son temps, connut de très nombreux suiveurs, davantage à l'extérieur qu'à l'intérieur de l'Italie. Hendrik Terbrugghen (1588-1629) et Gérard Van Honthorst (1590-1656) l'introduisent dans la ville hollandaise, catholique janséniste, d'Utrecht ; Valentin de Boulogne (1594-1632) et Orazio Gentileschi (1563-1639) le font connaître en France ; toujours Gentileschi, au cours de ses voyages, l'apporte en Angleterre et en Espagne, pendant que sa fille Artemisia contribue à l'implanter dans le foyer prospère de Naples, en liaison constante avec l'Espagne ; Carlo Saraceni et le Lorrain Jean Leclerc apportent à Venise la leçon caravagesque, et vers le milieu du siècle celle-ci se lit encore dans l'œuvre du peintre bohémien Skreta Sotnovsky (actif dans la ville de Prague et dans les territoires de l'ex-Tchécoslovaquie). Mais ce que l'on peut définir comme la « flambée caravagesque », qui embrase l'Europe durant un quart de siècle, n'est que de courte durée. Les retombées les plus fécondes de l'enseignement du Caravage doivent se lire dans l'œuvre des grands peintres naturalistes du XVIIe siècle européen : l'Espagnol Diego Vélasquez (1599-1660) et le Hollandais Vermeer de Delft (1632-1675).

DE L'HOMME UNIVERSEL À L'INDIVIDU

À partir du XVIIIe siècle, l'expression individuelle s'impose dans l'art figuratif avec autorité. Cette évolution se manifeste avec force dans l'art du portrait, où l'on s'attache désormais à exprimer à la fois les singularités physiques du modèle et les traits marquants de sa psychologie. L'artiste cherche à peindre les particularités de chaque être, son intériorité. Cette quête, toujours plus sensible et poussée, amènera certains peintres de la fin du siècle jusqu'à cette frontière floue où l'analyse psychologique cède la place à l'intuition inquiète de l'inconscient. Les écoles européennes du XVIIIe siècle nous offrent une large gamme de portraits : les œuvres de William Hogarth (1697-1764), en Angleterre, de Maurice Quentin de La Tour (1704-1788), en France, de Rosalba Carriera (1675-1759), en Italie, d'Alexander Roslin (1718-1793), en Suède, de Jean Étienne Liotard (1702-1789), en Suisse, de Jan Kupetzky (1657-1740), en Bohême, de Dimitri Levitski (1735-1822), en Russie, de Francisco de Goya (1746-1828), en Espagne, répondent, à quelques nuances près, aux mêmes exigences.

PIERO DELLA FRANCESCA, PORTRAIT DE FEDERICO DA MONTEFELTRO, DUC D'URBINO

Les effigies de Federico da Montefeltro, duc d'Urbino, et de son épouse Battista Sforza chefs-d'œuvre de Piero della Francesca peints vers le milieu du XVe siècle apparaissent à la fois dotées d'une évidence réelle impressionnante (certainement due aussi à l'influence des portraitistes flamands contemporains) et projetées sur un registre qui transcende l'espace et le temps présent.

LE BAROQUE

Alors que le Caravage réalisait seul sa révolution de la peinture italienne, Annibal Carrache (1560-1609) et ses nombreux élèves, auteurs des peintures de la voûte de la galerie du palais Farnèse à Rome (1597-1604), posaient le premier jalon de la grande décoration baroque. Mis en place à Rome, entre 1604 et 1640 environ, elle connaîtra une diffusion rapide dans de nombreux foyers européens : de l'Espagne aux territoires de l'Empire germanique, aux Flandres catholiques, où la personnalité rayonnante de Petrus Paulus Rubens (1577-1640) en donne une interprétation d'une force admirable. Entre la fin du XVIIe et le dernier quart du XVIIIe siècle, le mouvement subit une sorte de métamorphose, d'où naît le style rocaille, où ses formes gagnent en élégance et en légèreté, en devenant de plus en plus tributaires de l'ornement. Style de l'Église catholique triomphante, puis des monarchies absolues, le baroque s'impose comme la facette officielle de l'art figuratif européen du XVIIe et du XVIIIe siècle, mais la réflexion sur la réalité de l'homme et sur son destin n'en demeure pas moins sa véritable structure portante. Au terme de cette étape significative d'un long parcours, la foi en l'homme universel de la Renaissance aura cédé la place à la conscience de la solitude de l'individu face à l'univers, aux limites de l'existence, et aux lumières comme aux ombres de sa vie intérieure.

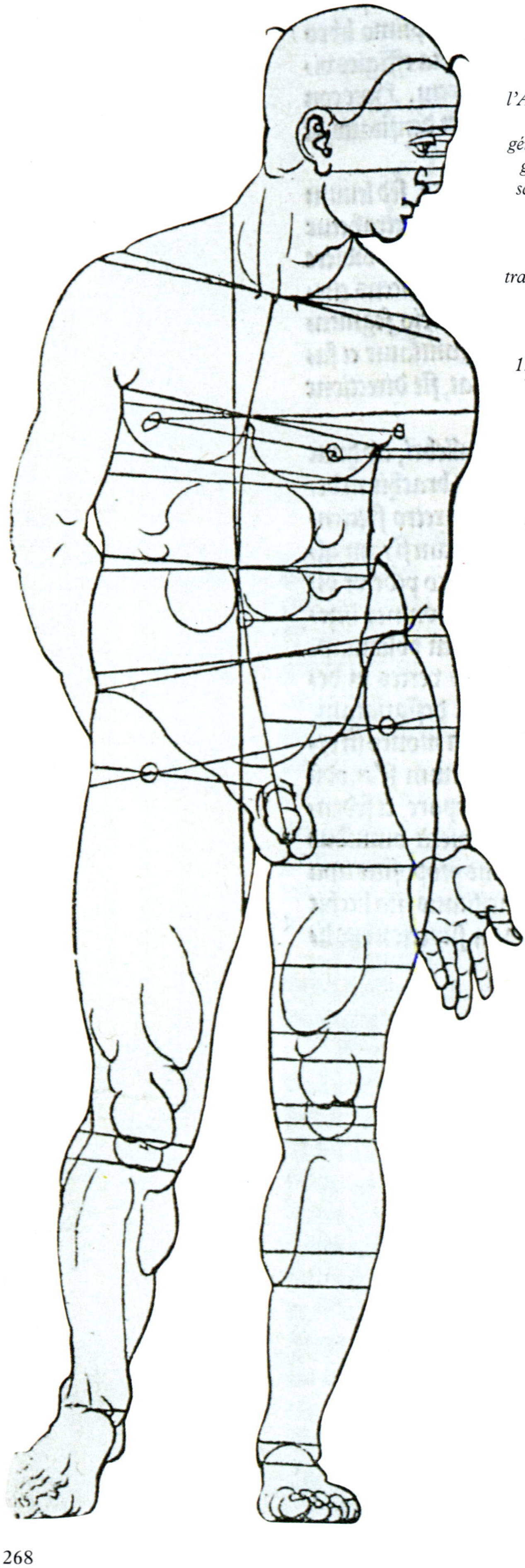

◀ ***Albrecht Dürer, Traité des proportions du corps humain (détail d'une planche)***
Dürer (1471-1528) fut pour l'Allemagne du XVIe siècle l'équivalent de Léonard de Vinci en Italie : un génie multiforme. Peintre, dessinateur, graveur admirable, passionné par les sciences naturelles, les mathématiques et l'astronomie, Dürer fut aussi géomètre, urbaniste et théoricien de l'art. Son œuvre s'inscrit dans la tradition de Nüremberg, sa ville natale et l'un des plus grands centres de l'imprimerie allemande de la Renaissance. Mais entre 1494 et 1505, Dürer se rend à deux reprises à Venise et à Padoue, où il assimile les nouvelles conquêtes formelles de la Renaissance italienne. À Bologne, auprès de Luca Pacioli, il aborde l'étude systématique des proportions du corps humain, préoccupation constante de sa vie qui aboutit à son ouvrage posthume, le Traité des proportions du corps humain, *paru à Nuremberg en 1528. Tout l'œuvre de Dürer, ses paysages, ses animaux, ses plantes révèlent cet amour profond de la nature dont il a su rendre l'essence la plus secrète. Le peintre exprime avec la même intensité sa vision de l'homme comme dans les* Quatre Apôtres, *peintures superbes de la période tardive.*

▲ ***Titien, Portrait du pape Paul III, Naples, galeries de Capodimonte***
Les personnages de Titien vivent dans la réalité qui les entoure : on perçoit les gestes, les expressions et les vibrations intérieures qui les animent. Son portrait du pape Paul III Farnèse donne au vieillard voûté, au regard pénétrant, une réelle présence physique dans l'atmosphère lumineuse et colorée rendue par les jeux libres du pinceau. Au XVIIe siècle, les deux plus grands héritiers de Titien portraitiste seront, au sein de l'école flamande, Rubens et Anton Van Dyck (1599-1641), et par le biais de leurs œuvres, son influence se diffusera en Europe de l'Angleterre à la France et à l'Espagne ; dans cette dernière école, la technique de Titien exercera une influence directe sur Vélasquez.

◀ ***Le Caravage, Bacchus adolescent, Florence, Offices***
La technique du Caravage est sobre, la gamme de ses couleurs réduite, ses formes soumises à l'autorité d'un éclairage artificiel et latéral. Tous ces éléments accentuent la valeur du message que l'artiste confie à sa peinture et qui demeure étroitement lié aux expériences dramatiques de sa vie : l'histoire des hommes est l'histoire des gueux, et la vérité de Dieu se révèle dans les yeux des malades, des pauvres, des pécheresses et des renégats. C'est uniquement dans certaines œuvres claires de sa jeunesse, aux tonalités lumineuses et argentées, comme Bacchus adolescent *et le* Repos pendant la fuite en Égypte *de la galerie Doria de Rome que l'artiste est parvenu à transposer la réalité en poésie.*

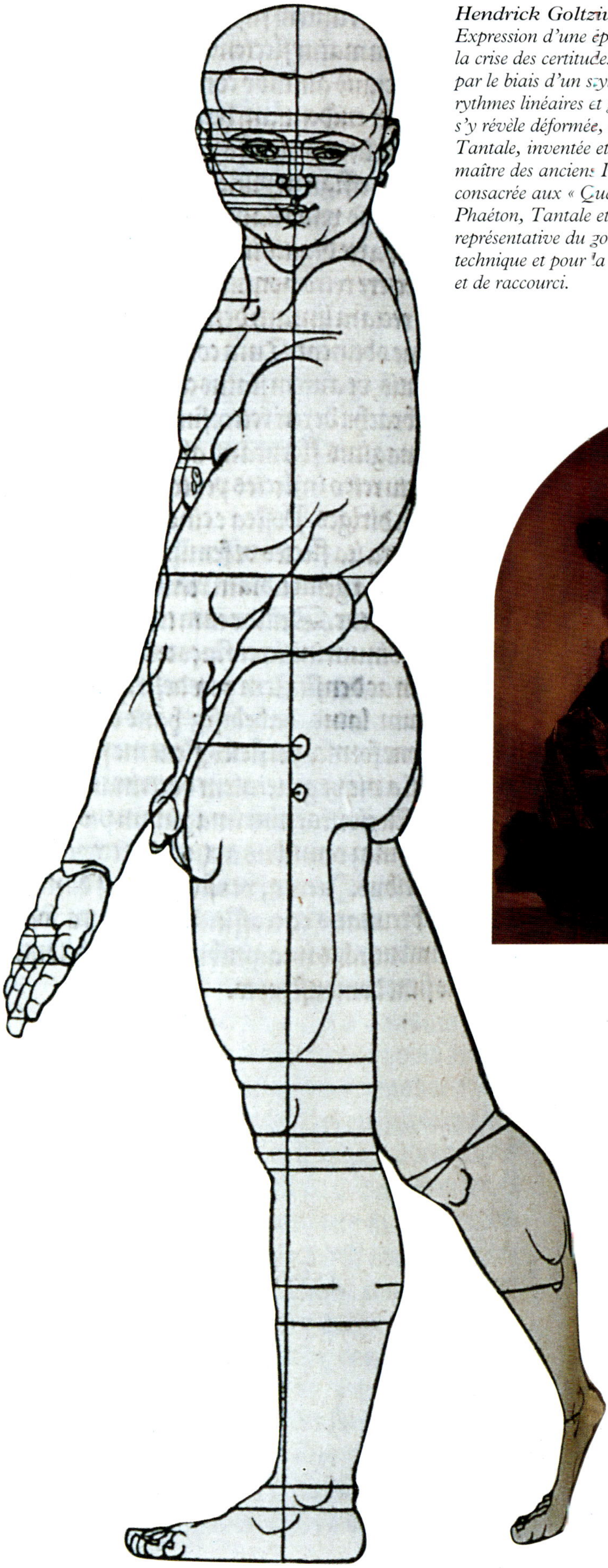

Hendrick Goltzius, Tantale (gravure) ▶
Expression d'une époque de transition, l'art maniériste traduit la crise des certitudes spirituelles et morales de la Renaissance par le biais d'un style antinaturaliste et tourmenté, aux rythmes linéaires et géométrisants ; l'image de l'homme s'y révèle déformée, déstabilisée. La représentation de Tantale, inventée et gravée par Goltzius (1558-1617), maître des anciens Pays-Bas, fait partie d'une série consacrée aux « Quatre Malheureux » (Icare, Phaéton, Tantale et Ixion). Elle apparaît représentative du goût maniériste pour la virtuosité technique et pour la recherche savante d'effets d'optique et de raccourci.

◀ Rembrandt, Autoportrait de l'année 1640, Londres, National Gallery
Finesse dans la perception psychologique, clairvoyance désenchantée face à sa propre image sont les qualités propres aux nombreux autoportraits de Rembrandt (1606-1669) (voir aussi, entre autres, les deux versions du Louvre). De la représentation de l'homme en buste, vu de trois quarts, dans un clair-obscur mouvant où la lumière privilégie la partie droite du visage, puis glisse sur les plis de sa chemise et frappe la main qui s'appuie sur le rebord du cadre, on retient le regard pensif et la densité humaine de l'expression. Jusque dans ses natures mortes, Rembrandt parvient à transcender la réalité par la force de l'esprit : son Bœuf écorché *(Louvre), admirablement présent dans ses chairs sanglantes et écartelées, devient symbole de la participation émue de l'artiste à l'universelle souffrance de l'homme.*

▼ Gian Lorenzo Bernini, dit le Bernin, Mort de la bienheureuse Ludovica Albertoni, Rome, église de San Francesco a Ripa
Dans la voûte du palais Farnèse à Rome, peinte par Annibal Carrache et par ses élèves entre la fin du XVIe et le début du XVIIe siècle, toute barrière entre espace réel du spectateur et espace fictif de la décoration est annulée. Fondée sur l'allégorie et sur la relation directe entre le mythe et les faits du présent, la décoration baroque veut éblouir, séduire, convaincre et entraîner, et s'adresse autant à l'imagination et aux sens qu'à la raison. Le génie le plus puissant et multiforme du baroque romain fut Gian Lorenzo Bernini, dit le Bernin (1598-1680), architecte, peintre, auteur de théâtre et de décors, mais avant tout sculpteur admirable. Le Bernin nous a laissé dans ses sculptures quelques-unes des images mystiques les plus fortes et les plus troublantes que le XVIIe siècle ait produites, telles L'Extase de sainte Thérèse *(église de Santa Maria della Vittoria, Rome) et* Mort de la bienheureuse Ludovica Albertoni. *Parfaitement maître de ses moyens techniques, l'artiste exprime dans ces sculptures sa veine lyrique et tragique la plus puissante, pour fixer dans un instant d'intensité suprême l'inévitable et éternelle rencontre de l'amour et de la mort.*

1418 commande à Brunelleschi de la coupole de Santa Maria del Fiore à Florence.
1436 *Trattato della Pittura* par Leon Battista Alberti.
1443-1453 monument équestre à Gattamelata par Donatello (Padoue, piazza del Santo).
1503 avènement du pape Jules II della Rovere.
1511 *Stanza della Segnatura* de Raphaël au Vatican.
1534 avènement du pape Paul III Farnèse.
1535-1536 *Jugement dernier* de Michel-Ange dans la chapelle Sixtine, au Vatican.
1597-1604 décoration de la galerie Farnèse par Annibal Carrache (Rome, palais Farnèse).
1599-1604 *Histoires de saint Matthieu* par le Caravage (Rome, Saint-Louis-des-Français).
1622-1625 *Histoires de Marie de Médicis* par Rubens (Paris, galerie du Luxembourg).
1623 avènement d'Urbain VIII Barberini.
1633-1639 *Gloire de la Divine Providence* par Pietro da Cortona (Rome, palais Barberini).
1645-1652 *L'Extase de sainte Thérèse* par le Bernin (Rome, Santa Maria della Vittoria).
1649-1651 portrait du pape Innocent X Pamphilj peint par Vélasquez à Rome (Rome, galerie Doria Pamphilj).
1699 élévation sur la place Louis-le-Grand à Paris de la statue à cheval de Louis XIV en costume romain par F. Girardon.
1721 *Apothéose du prince Eugène de Savoie* par Baltazar Permoser (Vienne, palais du Belvédère).
1745 *Le Mariage à la mode* de Hogarth.
1754-1767 décoration de l'église d'Ottobeuren en Souabe.
1764 *Gloire de l'Espagne* peinte par G. B. Tiepolo sur le plafond de la salle du trône du palais royal de Madrid.
1798 monument funéraire de l'archiduchesse Marie-Christine d'Autriche par Antonio Canova (Vienne, Augustinerkirche).

◀ ***Vélasquez, Les Ménines, Madrid, Prado***
La peinture de Vélasquez oppose un réalisme lucide et, sur le plan technique, un « impressionnisme avant la lettre » à l'art visionnaire et transcendant du Greco. Peintre du roi, il se rend à deux reprises à Rome où il saisit d'abord directement la véritable portée de la leçon du Caravage et où il représente en buste, durand son second séjour (1649-1650), le pape Innocent X, dans l'une des plus puissantes réalisations de l'art européen du portrait du XVIIe siècle. Sa toile représentant les Ménines (1653), où l'artiste réalise son autoportrait sous les traits du peintre de cour, a pu être définie comme ce que la peinture européenne a produit de plus nouveau après le Caravage.

▲***Jean-Baptiste Siméon Chardin, Le Bénédicité, Paris, Louvre***
Les natures mortes et les scènes de vie quotidienne peintes par Chardin au XVIIIe siècle se situent comme une sorte de charnière entre les réalisations d'un Vermeer au XVIIe siècle et l'œuvre moderne d'un Cézanne, d'un Braque ou d'un Morandi. Dotées d'une architecture interne rigoureuse et savante, les « tranches de vie » humbles et intimes que peint Chardin refusent l'anecdote et le pittoresque. Elles vivent, simplement, dans l'harmonie de leurs couleurs douces et dans la présence concrète des objets.

Vermeer de Delft, ▶ ***Jeune Femme au collier de perles, Berlin, Staatliche Museen***
Rembrandt (comme le Caravage) dissout les formes dans la lumière, alors que Vermeer l'utilise pour donner aux formes leur consistance et aux figures leur apparence à la fois prisonnière de l'instant et suspendue hors du temps. Ses tableaux, de petit format, reflètent la vie de l'époque dans sa province : dans leurs intérieurs, des hommes et des femmes causent, des jeunes filles lisent, écrivent, ou essaient un collier de perles dans la lumière d'une fenêtre. Au XVIIIe siècle, le Français Jean Siméon Chardin (1699-1779) sera l'héritier de Vermeer dans ses scènes quotidiennes où les objets apparaissent animés d'une vie silencieuse, vibrant à l'unisson de celles des femmes et des hommes qui les entourent.

L'HOMME MESURE DE L'ART EUROPÉEN

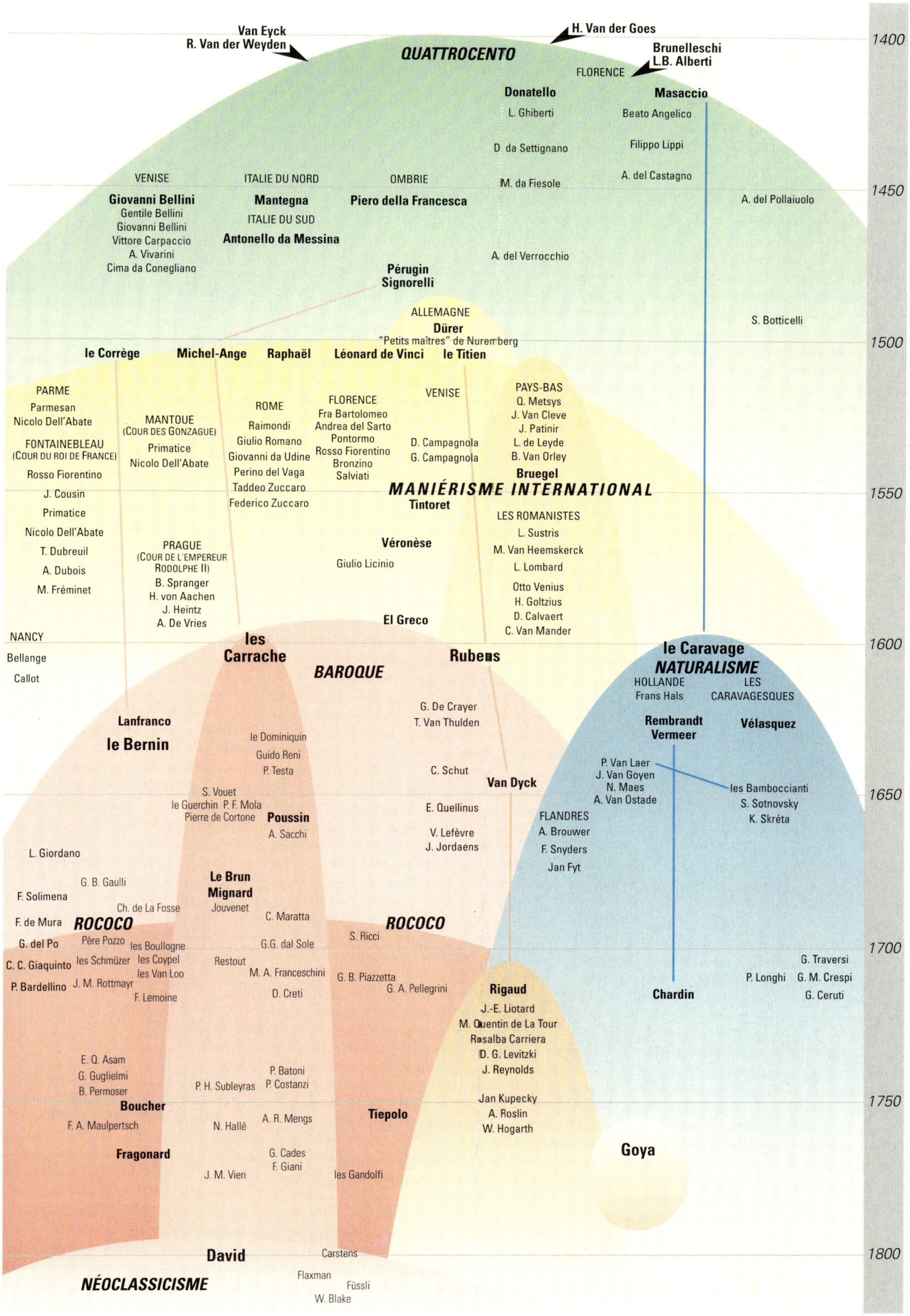

Masaccio rompt avec les règles du gothique international appliquées en son temps et contribue à fonder un courant de peinture naturaliste centré autour de l'homme. Sa quête de vérité se retrouve sur un registre plus réaliste, dans la Flandre contemporaine, chez Jan Van Eyck. Au XVIIe siècle, les représentants du courant naturaliste (le Caravage, Vélasquez, Vermeer de Delft) révolutionnent l'art européen. Derniers interprètes de cette peinture de la réalité, les artistes du XVIIIe siècle prennent leurs distances par rapport aux courants officiels du baroque et du rococo pour devenir les témoins de leur temps, de sa vie quotidienne, comme des coutumes ou des travers de la société.

Les maîtres italiens de la première Renaissance exercent une influence durable sur l'art figuratif du XVIe siècle. Dans les foyersde Fontainebleau et de Prague, les modèles italiens se mêlent à ceux des maîtres des anciens Pays-Bas et aboutissent à la formation d'un style maniériste international anticlassique et expressionniste, doté d'une originalité propre et d'une puissante vitalité.

Les portraits du Titien sont à l'origine des œuvres d'une lignée de portraitistes du XVIIe siècle, attentifs comme lui à la présence physique du modèle et soucieux de représenter les reflets extérieurs de sa personnalité. Rubens, Van Dyck, Vélasquez ou Rigaud peignent leurs personnages dans leur situation présente, en tant que représentants d'un système politique et social établi. Leurs héritiers du XVIIIe siècle seront plus sensibles à la psychologie et aux caractéristiques individuelles de chacun de leurs modèles, alors que Rembrandt, Vélasquez et Goya se font l'écho du regard lucide et désenchanté du peintre face à sa propre image inauguré par le Caravage dans son *David et Goliath*.

Violence du mouvement et des raccourcis, volonté d'impressionner et d'émouvoir, espace grouillant de figures, font du *Finimondo* de Signorelli l'une des premières mises en scène baroques de la peinture occidentale. Dans la voûte de la chapelle Sixtine Michel-Ange unit, le premier, architecture et peinture, en les animant d'une dynamique commune et en assimilant espace réel et espace fictif dans un même rythme mouvant. Ces principes se retrouvent dans les cycles décoratifs baroques réalisés en Europe jusqu'au milieu du XVIIIe siècle.

La leçon du Corrège dans la coupole de Saint-Jean-l'Évangéliste à Parme, codifiée à Rome, selon les règles du baroque, par Lanfranco, est à l'origine de la tendance la plus illusionniste de la peinture décorative religieuse et civile du XVIIe siècle. Cette tendance parviendra à des aboutissements grandioses au XVIIIe siècle, dans les territoires de l'Empire germanique.

Les bouleversements intervenus en Europe durant les deux derniers siècles concernent tous les secteurs de l'activité humaine, ceux de la culture, en particulier. En dépit des visions lénifiantes ou sacralisantes, force est de constater que l'art plonge ses racines dans les réalités du social, intégrant les modes productifs des sociétés industrielles, les nouveaux concepts spatio-temporels, les découvertes concernant le psychisme ou les structures des échanges et de la communication. Certes, les pratiques artistiques se nourrissent aussi de celles qui les précèdent. Elles n'inventent pas moins, jusqu'à offrir des aspects qui surprennent, déconcertent, et parfois scandalisent.

Né sous le signe du néoclassicisme, le XIXᵉ siècle va voir les « ismes » se succéder sur un rythme accéléré : romantisme, réalisme, impressionnisme, symbolisme... Parfois, la mutation s'accomplit avec continuité, de David à Ingres ou de Manet à Monet. Elle peut aussi prendre des aspects conflictuels : Delacroix, Courbet ou Manet durent affronter les tenants de l'art institué. L'hostilité croissante des artistes à l'égard de l'ordre officiel – écoles des beaux-arts, salons, académies – se radicalise au point d'aboutir à la formation de groupes (préraphaélites anglais, macchiaioli italiens). Des expositions marginales se tiennent, d'abord individuelles (Courbet et Manet), puis collectives (exposition impressionniste de 1874). Dans la dernière décennie du siècle, les Sécessions propagent le phénomène, l'exemple étant donné par Berlin, Munich et Vienne. Les années 1900 connaissent leurs dissidences propres, Brücke ou Blaue Reiter. Cette tendance accroît la mobilité des créateurs et des œuvres et aboutit au brassage international des idées et des styles.

Marcel Duchamp, ▶ *Jeune Homme triste dans un train, 1911*
L'art contemporain trouve une figure emblématique en Marcel Duchamp (1887-1968) dont l'œuvre résume à la fois les ruptures accomplies au siècle précédent et annonce de façon spectaculaire les pratiques souvent jugées scandaleuses de l'époque actuelle. Radicalisant les innovations de l'avant-garde dont il est issu, Duchamp finit par renoncer à la peinture conventionnelle au lendemain de la Première Guerre mondiale. Il choisit dès lors de s'exprimer par des ready-made *(détournement d'objets), pratique ironique et distante qui prospecte le champ artistique à partir de ses limites.* Jeune Homme triste dans un train *(tout proche du scandaleux* Nu descendant un escalier*) allie l'analyse géométrique propre au cubisme à l'animation dynamique des formes voulue par le futurisme. Mais l'aspect mécanique du personnage représenté comme l'allitération contenue dans le titre annoncent déjà la dérision iconoclaste du dadaïsme des années postérieures.*

LES INSTITUTIONS ARTISTIQUES

Au début du XXᵉ siècle, le quasi-monopole détenu par les Salons officiels disparaît. Si l'estampille des Beaux-Arts continue de procurer des commandes, de nouveaux organes se mettent en place, les marchands – dont les pionniers Durand-Ruel, Vollard, Kahnweiler – et les galeries. Cette logique économique, démultipliée de nos jours, aboutit aux grandes foires internationales de l'art. Des fondations fortunées interviennent également sur le plan mondial, rivalisant sur le marché avec les particuliers ou les musées.

Les progrès décisifs en matière de communication diversifient encore les échanges. Le traditionnel pèlerinage vers Rome, métropole historique des arts, se voit concurrencé par d'autres séjours : Paris, Munich, Vienne... À partir de l'Exposition universelle de Londres (1851), les rencontres de ce type se multiplient, confrontant les produits de l'art comme ceux du commerce et de l'industrie. Pour l'heure, l'Europe constitue le centre de ces échanges, les États-Unis se modelant encore sur l'Ancien Continent.

La presse connaît à la fin du siècle dernier son expansion maximale. Véhicule des œuvres par la gravure puis la photographie, elle répercute les idées et les manifestes plastiques. Aujourd'hui, les revues artistiques se diversifient, organes de vulgarisation ou objets de luxe. Il en va de même du « livre d'art ». Il faut encore compter avec l'audiovisuel, vaste médiateur mais aussi producteur de nouveaux objets d'art.

Au XXᵉ siècle, musées et galeries deviennent les lieux indispensables de l'œuvre contemporaine. Diversifiés, recouvrant un vaste terrain — des beaux-arts à l'anthropologie, de la conservation à la recherche –, ils attirent un public sans cesse plus nombreux et accroissent leur rôle didactique. En dépit de ces intermédiaires, le divorce entre la société et l'art du temps ne semble guère en voie de conciliation.

STYLES, SIGNES ET PRATIQUES

Au XIXᵉ siècle, en dépit de la tentative de conciliation menée par l'Art nouveau, la séparation entre arts plastiques et architecture se renforce dans les pratiques, sinon dans les institutions des beaux-arts. Il revient dès lors à la peinture de poser l'essentiel des questions esthétiques.

Celle du sujet, dont l'importance s'effrite dès les années 1860 au profit de l'expression subjective de l'artiste. Le néoclassicisme impose les données de l'histoire, le romantisme y substitue le culte de la nature. Les réalistes remplacent ces rhétoriques par l'observation prosaïque du réel, considérée jusque-là comme triviale. Le réflexe symboliste constitue une brève pause. Succède, au siècle suivant, le débat entre représentation et abstraction. Cette dernière tendance se développe à la veille du premier conflit mondial, reflue entre les deux guerres sous la double poussée des « retours à l'ordre » et du surréalisme, et s'impose depuis les États-Unis au milieu des années 1940. Vingt années plus tard, les réactions ancrées dans le quotidien, pop art ou nouveau réalisme, ajoutent une péripétie au débat.

Le problème des pratiques s'articule à celui du sujet. À la fin des années 1870, la notion laisse peu à peu la place à celle de « motif », davantage orienté vers la pure expression plastique. Cependant, les changements décisifs interviennent avec le dadaïsme et l'œuvre sibylline de Marcel Duchamp. Le cloisonnement établi jusque-là entre les genres artistiques tend dès lors à disparaître, donnant naissance à de nouvelles catégories : art corporel, happening, installations… En même temps, l'effort de l'art se focalise sur son propre objet et sur les conditions de son existence, d'où l'essor des conceptualismes dans les années 1970. Quant à la révision « postmoderne » des années 1980, elle tente, non sans équivoque, d'effacer les illusions de l'avant-gardisme.

Bien entendu, on ne saurait considérer l'Europe comme un isolat ni lui concéder l'exclusivité créatrice. De tout temps, les artistes se sont montrés réceptifs aux incitations de l'altérité. Vers les années 1860, le japonisme induit des perspectives spatio-temporelles inédites. Au début du siècle suivant, les mouvements d'avant-gardes (Brücke, fauvisme, cubisme…) trouvent dans les arts du Moyen-Orient et de l'Extrême-Orient, de l'Afrique et de l'Océanie des prémisses formelles inédites. Depuis, ce mouvement se perpétue. En art comme dans les autres domaines, l'Ancien Continent continue à se nourrir de l'expérience et des inventions venues des autres mondes de la pensée. Le rappeler aujourd'hui ne paraît pas superflu.

▼ *Medardo Rosso, Yvette Guilbert, Venise, musée d'Art moderne*

Dans les années 1890, Paris devient la capitale internationale de l'art moderne, attirant les artistes des divers horizons d'Europe et même d'Amérique. Ainsi le sculpteur italien Medardo Rosso (1858-1928), conduit en France par l'exemple de Rodin, délivre une leçon sculpturale dérivée de l'impressionnisme. Yvette Guilbert, modèle d'élection de Toulouse-Lautrec et de l'Art nouveau, inspire à Rosso un portrait qui conserve de la matière originelle – la cire de l'ébauche – sa fluidité elliptique et spontanée.

J. A. DOMINIQUE INGRES, *JUPITER ET THÉTIS*, 1811, MUSÉE GRANET, AIX-EN-PROVENCE

Répandu de l'Italie à l'Europe du Nord, style caractéristique de la période révolutionnaire qu'il a précédée, le néoclassicisme se perpétue tout au long du XIXe siècle. Il devient peu à peu l'une des références des divers académismes, s'affrontant aux différents courants du romantisme naissant, puis du réalisme. Ingres (1780-1867), figure majeure de la peinture au XIXe siècle, hérite d'une esthétique qui affirme la primauté du dessin où il excelle sur le colorisme. Défenseur opiniâtre de ces valeurs, Ingres n'en produit pas moins un art original et paradoxal à la fois. Continuateur de David, il n'hésite pas à recourir aux sources d'inspiration les plus diverses, de l'Antiquité à Raphaël, de Poussin au gothique polychrome. Défenseur des règles instituées, il n'hésite pas à les malmener, introduisant notamment la déformation plastique, en particulier pour l'arabesque des corps féminins, son objet pictural d'élection.
Jupiter et Thétis témoigne d'une telle diversité. Le sujet, allusif à l'ère napoléonienne, recourt aux ressources de la mythologie que le néoclassicisme avait largement sacrifiée à l'histoire. Le souci archéologique transparaît toutefois dans le motif du socle qui reprend une image antique. La pose frontale du dieu, quelque peu grandiloquente, s'oppose à la ligne étirée et ductile de Thétis, la « belle » rigidité anatomique à l'irréalisme sensuel. Le chromatisme s'énonce dans l'opposition anticlassique des roses et des bleus vifs. Un demi-siècle plus tard, Le Bain turc *(1862) – « montage » anticonformiste de divers tableaux antérieurs – célèbre l'érotisme en un hymne ultime à la féminité. Il réalise une somme de l'œuvre et anticipe sur les découvertes de la modernité, en particulier celle du Picasso des* Demoiselles d'Avignon.

Henri Matisse, Le Boléro violet, 1941, coll. part ▶
Matisse (1869-1954) échappe à tous les « ismes » du XXe *siècle, y compris au fauvisme qui le signale, dès 1905, comme le chef de l'avant-garde picturale et assure sa reconnaissance internationale. Le colorisme de ce graphiste hors pair concilie l'économie des moyens à la somptuosité des accords obtenus, comme en témoigne* Le Boléro violet. *Sa quête reste animée par l'« éternel conflit de la ligne et de la couleur », lequel se résout dans les « gouaches découpées » des dernières années.*

ÉDOUARD MANET, PORTRAIT D'ÉMILE ZOLA, 1868, MUSÉE D'ORSAY.

Parmi de nombreuses autres œuvres, le Salon officiel de 1863 refuse Le Déjeuner sur l'herbe *d'Édouard Manet. Pour calmer la protestation des artistes exclus, le pouvoir impérial leur octroie un « Salon des refusés », première brèche dans le monopole que s'arrogent, en la matière, les institutions politiques ou artistiques, en particulier le jury issu de l'École des beaux-arts et de l'Institut. Dès lors, Manet apparaît, aux côtés de Gustave Courbet, comme le chef de file des peintres novateurs.*
Le Portrait d'Émile Zola *accumule les symboles de ce renouveau. Le plus évident réside dans la personnalité de l'écrivain, évoque les débuts de la pensée moderniste accompagnée de tout un engagement esthétique et idéologique, du naturalisme à l'affaire Dreyfus. La réduction des formes à l'essentiel tranche avec la précision qu'exige la convention représentative, nettement renforcée par l'exemple d'un réalisme photographique en plein essor. Non moins simplificatrice, la technique colorée recourt largement à l'aplat, voire à la tache, réduit les nuances au profit des contrastes, propose des harmonies nouvelles, parfois stridentes, évoquant davantage les modèles espagnols que les classiques italiens. Au second fond, la série des reproductions suggèrent quelques-unes des références : Goya (d'après Vélasquez) et Utamaro. Manet y ajoute son* Olympia *(1863), rappel des esclandres passés.*
Le peintre connaît également une période impressionniste, bien qu'il refuse d'adhérer à ce mouvement qu'il inspire. Des exemples typiques comme En bateau *ou* Argenteuil *sont strictement contemporains du salon organisé, en 1874, par Monet et ses amis. Autre temps, autre scandale : l'art moderne, cette fois, a pris son essor.*

▼ *Auguste Rodin, La Main de Dieu, musée Rodin*
L'œuvre d'Auguste Rodin (1840-1917), tour à tour classique, réaliste ou tentée par l'Art nouveau, ne saurait se réduire à un style. Graphiste d'exception, le sculpteur met en œuvre les multiples techniques de la taille directe, du modelage ou de la fonderie, les plâtres constituant un laboratoire, fécond et parfois autonome, de formes et de dispositifs inédits. Le symbolisme ambiant des années 1890 touche profondément Rodin. Outre les préoccupations métaphysiques que développe La Porte de l'Enfer *(1880-1900),* La Main de Dieu *traduit dans toute sa solennité le geste primordial du démiurge, mais aussi celui de l'artiste.*

Paul Klee, Scène de bataille…,* ▶ *coll. Duerst-Haass, Suisse
Paul Klee (1879-1940), à travers une imagerie faussement naïve, fournit l'exemple d'un artiste d'une rare singularité. Son œuvre plastique s'inspire et convoque de multiples autres expériences : celle de l'écriture poétique et théorique, celle de la musique, modèle par excellence. Klee scrute les données de sa pratique jusqu'en ses rudiments et la formalise en des textes rédigés pour la plupart durant son magistère au Bauhaus (1920-1930).
La fantasmagorie de cette Scène de bataille *repose en fait sur une infrastructure élémentaire : une grille décline une couleur unique, le bleu, selon ses multiples valeurs. La mise en scène, comme issue de ce fond, révèle un imaginaire non conformiste, une ironie qui réside autant dans les formes elles-mêmes que dans la pseudo-intrigue. Le tableau est un piège où peuvent venir se prendre les idées inconscientes : cette genèse de l'œuvre apparente Klee aux surréalistes qui lui rendront de fréquents hommages.*

▲ ***Francis Bacon, Double Portrait, 1964, Stockholm, musée d'Art moderne***
Francis Bacon (1909-1992) travaille souvent à partir de photographies. Mais le miroir qu'il tend à l'homme actuel révèle une image tragique et insaisissable, voire obscène. Le monde « humaniste » de la Renaissance, avec la clarté schématique de ses images et l'ordre optimiste de la perspective, a cédé la place à un univers désaxé. L'effet paraît d'autant plus saisissant que le peintre adopte souvent la forme sacralisée du polyptyque.

Pieter Cornelis Mondrian, Composition 1, 1921 ▶
Le néoplasticisme de Mondrian (1872-1944) vise à l'universalité du sens. Peu d'œuvres, en définitive, apparaissent aussi hermétiques. La contrainte est sévère, immuable : une stricte abstraction (non figurative) combine, virtuellement sans fin, des barres horizontales et verticales à des plages de couleurs primaires ou de non-couleurs (du gris clair au noir). Sans se départir des principes fondamentaux de ces « compositions », Mondrian rétablit quelque lyrisme dans son œuvre ultime, Victory Boogie Woogie *(1944).*

1792 Paris : « Musée central des Arts » au Louvre.
1800 Goya, *La Maja desnuda* et *La Maja vestida*.
1810 Rome : Groupe des Nazaréens.
1821 Constable, *La Charrette de foin*.
1824 Delacroix, *Les Massacres de Chio*.
1829 Chevreuil, *De la loi du contraste simultané des couleurs*.
1848 Grande-Bretagne : Confrérie préraphaélite.
1850 Italie : essor du macchiaiolisme.
1855 Courbet : exposition du « réalisme ».
1863 Paris : Salon des Refusés.
Manet, *Le Dejeuner sur l'herbe*.
1874 Paris, 1re exposition impressionniste.
1884 Paris : Salon des Indépendants.
1892 Munich : Sécession.
1905 Dresde : « Die Brücke ».
Paris, Salon d'automne : scandale « fauve ».
1907 Picasso, *Les Demoiselles d'Avignon*.
Salon d'automne : rétrospective Cézanne.
1909 Marinetti, Manifeste du futurisme (Paris et Milan).
1911 Munich : « Der blaue Reiter ».
Kandinsky, Du *Spirituel dans l'art* ; œuvres non-figuratives.
1912 Paris : Salon de la « Section d'or ».
Exposition futuriste itinérante (Paris, Londres, Berlin, Bruxelles, La Haye, Amsterdam).
1916 Zürich : Manifeste Dada.
1919 Weimar : fondation du Bauhaus.
1924 Breton, *Manifeste surréaliste*.
1925 Paris : Exposition internationale des Arts décoratifs.
1937 Picasso, *Guernica*.
1948 Groupe Cobra (Copenhague, Bruxelles, Amsterdam).
1954 Cassel : Dokumenta I.
1960 Manifeste du Nouveau Réalisme.
1977 Paris : inauguration du Centre national d'Art contemporain.

▲ Paul Cézanne, Les Grandes Baigneuses, 1900-1905, Londres, National Gallery

L'art contemporain se définit fréquemment comme post-cézannien. C'est assez marquer l'importance du peintre aixois qui accomplit la rupture impressionniste tout en prenant, à maints égards, son contrepied. D'une part, Cézanne (1839-1906) reste un peintre « classique », celui des natures mortes aux coloris éclatants, où la modulation chromatique remplace la tradition du clair-obscur. Il est aussi le portraitiste de figures hiératiques, traquant bien moins la psychologie du modèle que sa propre sensation. Par ailleurs, la série consacrée à La Montagne Sainte-Victoire *transforme peu à peu le motif naturaliste en abstraction. Et les diverses versions des* Grandes Baigneuses *construisent un monde sans concession au « beau » conventionnel et à ses codes : dessin impulsif, formes tout juste ébauchées, coloris primaire. Reprenant son précepte : « Traitez la nature par le cylindre, la sphère, le cône », les cubistes radicaliseront encore l'entreprise à la fois iconoclaste et fondatrice de leur aîné.*

▲ Pablo Picasso, Les Demoiselles d'Avignon, 1907, New York, MOMA

L'épopée cubiste comme la suprématie artistique de Picasso (1881-1973) débutent avec Les Demoiselles d'Avignon. *Cette fois, la violence agressive des corps représentés banalise les déformations ingresques et la rudesse cézannienne. Pour Georges Braque, futur compagnon de cordée, ce fut « comme si quelqu'un buvait du pétrole pour cracher du feu ». Ici, Picasso tourne le dos à l'expressivité des périodes bleue et rose précédentes. Sollicitant les sources du primitivisme non européen, il dote le tableau d'une sémantique inédite de l'espace et des formes.*

Eugène Feuillâtre, Femme-papillon, coll. part

L'Art nouveau représente la première tentative artistique d'ampleur internationale visant à se défaire du poids de la tradition. L'esthétique novatrice se fonde largement sur le culte de la ligne. Si l'architecture polarise l'essentiel des recherches, on retient aussi volontiers les créations plus délicates des mobiliers et des objets. Parmi toutes, celles des verriers-bijoutiers Feuillâtre, Tiffany ou Lalique. ▼

L'ÈRE DES RUPTURES ET DES ÉCHANGES

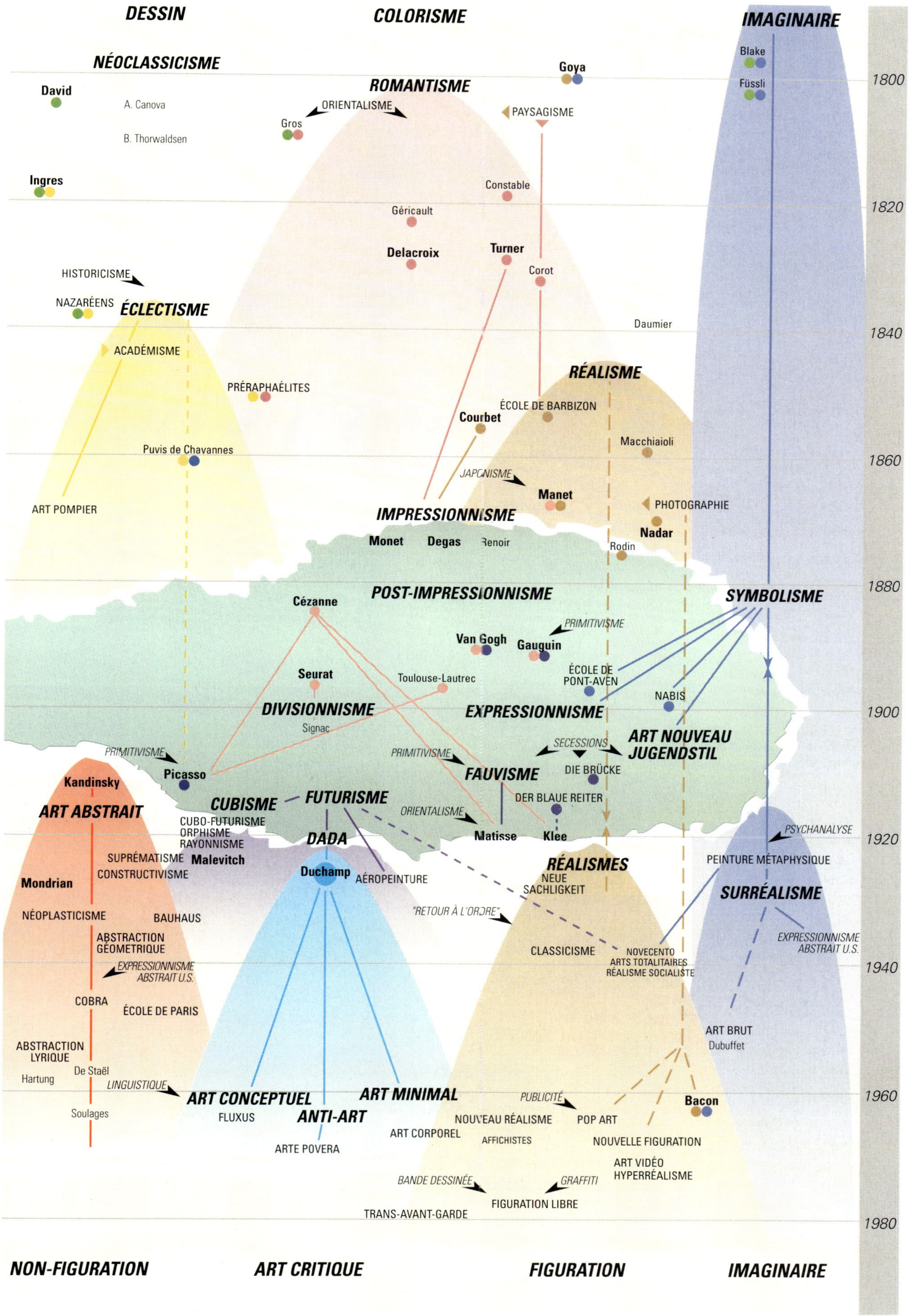

Le néoclassicisme international, apparu vers le milieu du XVIIIe siècle, s'épanouit durant la Révolution française et sous le Premier Empire.

Le romantisme, art de la couleur et du paysage, s'établit en réaction au néoclassicisme dès le début du XIXe siècle.

La peinture institutionnelle, issue du néoclassicisme et de l'enseignement des beaux-arts, absorbe progressivement tous les courants. Vers la fin du XIXe siècle, ses productions les plus conventionnelles constituent « l'art pompier ».

Les tendances historiques liées à l'imaginaire et au fantastique, essentiellement picturales, elles changent de nature profonde selon les époques : littéraires au XIXe siècle (avec l'apogée symboliste), elles sont revivifiées au XXe siècle par les découvertes liées à l'inconscient.

Le réalisme dirigé vers les représentations du monde social contemporain, récuse l'imaginaire idéaliste et les représentations tant mythologiques qu'historiques. Au XXe siècle, le réalisme incarne d'abord, sous des aspects contrastés — conformismes ou critiques — le retour de la figuration.

L'impressionnisme et le postimpressionnisme sont des courants de rupture à la fois institutionnels et plastiques fondées sur des approches à tendances scientifiques de la lumière-couleur. Ils se tarissent au début du XXe siècle.

Les expressionnismes regroupent des réactions diverses refusant le naturalisme impressionniste. Certains éléments de cette tendance se fondent progressivement dans des mouvements plus ou moins structurés : fauvisme, cubisme, futurisme…

L'art abstrait englobe des pratiques d'abandon plus ou moins absolu de la représentation du monde sensible.

Dada mouvement de rejet des modes historiques allant jusqu'à proclamer la « mort de l'art »… Certains des acteurs se retrouveront dans le surréalisme. Le rôle de Marcel Duchamp apparaît spécifique et annonce les divers mouvements conceptualistes qui se développent à partir des années 1950.

L'architecture européenne des Temps modernes se définit à l'époque de la Renaissance par un nouveau regard porté sur le patrimoine construit de l'Antiquité. Les expériences du Quattrocento italien avec Brunelleschi et Alberti sont synthétisées par Donato Bramante dans les premières années du XVIe siècle en un langage architectural harmonieux et cohérent, procédant d'une relecture contemporaine du traité antique de Vitruve et capable de répondre aux divers types de programmes monumentaux : églises (début de la reconstruction de la basilique Saint-Pierre de Rome), palais (palazzo Caprini à Rome), relation de l'architecture et du paysage (projet du Belvédère au Vatican).

Bramante et Palladio

Construit à Rome par Bramante en 1502, le Tiempietto de San Pietro in Montorio (ci-dessus) fondé sur une interprétation moderne de l'Antiquité, a servi à son tour de modèle. L'architecture est ici plus conçue en termes de volume perçu de l'extérieur qu'en termes d'espace interne. Située dans les environs de Vicence, la villa d'Andrea Palladio dite La Rotonda (vers 1550) est une sorte de belvédère ouvert sur la campagne grâce à ses quatre portiques hexastyles. Cette noble demeure a fait école, en particulier dans l'Angleterre du XVIIIe siècle.

À partir de la période de la haute Renaissance, l'Italie a exercé une influence décisive sur la culture architecturale européenne à laquelle n'échappent même pas les expressions originales d'un maniérisme nordique et polychrome dans l'Angleterre et les Flandres du XVIIe siècle. La tradition du voyage en Italie, véritable rite initiatique, en est le témoignage concret. Jusqu'à la fin du XVIIIe siècle, tout architecte se devait d'accomplir le « grand tour » et de parfaire sa formation par un contact personnel avec l'héritage bâti de la péninsule.

XVIe-XVIIIe SIÈCLE : COMMUNAUTÉ DE LANGUE ET PLURALITÉ DES CULTURES

Foyer de l'architecture à l'époque moderne, l'Italie instaure une tradition classique dont on peut mesurer les effets jusqu'au XXe siècle. Malgré la diversité apparente des formes architecturales en Europe entre le XVIe et le XIXe siècle, les continuités sont en définitive plus marquantes que les ruptures. Cet état de fait s'explique sans doute par les conditions

particulières à l'art de bâtir, soumis, plus que tout autre aux contraintes techniques et économiques, aux aléas de la commande, aux pesanteurs des habitudes esthétiques et des enjeux symboliques.

Certes, jusqu'à la fin du XIXe siècle, des changements, voire des ruptures, interviennent dans le cadre du savoir architectural hérité de la Renaissance, mais ils restent dans les limites du grand code légué par le XVIe siècle et, à travers lui, l'Antiquité grecque et romaine. Les ordres d'architecture comme principes de composition et de régulation ont constitué pour les architectes européens une sorte de langue commune dont le maniement subtil s'est transmis de génération en génération jusqu'en plein XXe siècle. L'usage de ce code n'empêche pas des discours particuliers, voire des déformations conscientes, en même temps que l'expression de manières nationales ou de particularismes locaux. Considérés sous cet angle, classicisme et baroque au XVIIe siècle, loin de s'opposer, sont deux modes d'expression complémentaires d'une même culture architecturale de la monumentalité.

À partir du milieu du XVIIIe siècle, le néoclassicisme architectural entend rompre avec ce qu'il considère être les frivolités de l'âge baroque et rococo et fonder la forme architecturale sur les principes universels de la raison et de la nature.

XIXe SIÈCLE : TRADITIONS ET INVENTIONS

Face aux courants dominants de l'historicisme et de l'éclectisme, héritiers du classicisme européen, le fonctionnalisme sert de cheval de bataille aux architectes et théoriciens (dont le plus influent est Eugène Viollet-le-Duc [1814-1879] avec ses *Entretiens sur l'architecture*, 1863 et 1872) qui prônent l'adaptation de leur art aux conditions matérielles et sociales de leur temps marqué par la révolution industrielle. Cette solution de rechange s'impose dans les ouvrages des ingénieurs (comme les ponts) et les types de programmes inédits marqués du sceau de la modernité (halls de gares, pavillons d'expositions universelles, passages, grands magasins, etc.) et trouve son expression achevée avec les architectes du mouvement Art nouveau qui émerge dans les années 1890. Victor Horta (1861-1947) à Bruxelles et Hector Guimard (1867-1942) en France illustrent cette tentative de renouvellement des formes, fruit d'un siècle d'expérimentation architecturale. C'est donc sur une volonté de rupture et de renouvellement que commence le XXe siècle. L'école de Vienne aussi bien que l'architecture de Charles Rennie Mackintosh (1868-1928) en Écosse participent de ce mouvement d'émancipation.

XXe SIÈCLE : RUPTURES ET RETOURS

Préparées par les diverses facettes de l'Art nouveau, les années 1910 et 1920 voient s'affirmer un rejet plus ou moins nuancé du passé architectural et le désir de trouver de nouveaux fondements à la forme. Dans les années qui suivent le choc de la Première Guerre mondiale, les avant-gardes architecturales, en liaison avec les recherches plastiques, proclament une volonté de faire table rase et la nécessité d'inventer de nouveaux langages. Projets nombreux et réalisations plus limitées caractérisent l'ardeur des architectes futuristes italiens (en particulier Antonio Sant'Elia [1888-1916]), la rigueur des constructeurs hollandais rassemblés dans le mouvement De Stijl (Jacobus Oud [1890-1963] et Gerrit Rietveld [1888-1964], par exemple), l'invention des membres du Bauhaus dans l'Allemagne de la République de Weimar (Walter Gropius [1883-1969] et Hannes Meyer [1889-1954], entre autres), et l'utopie des constructivistes en Union soviétique. En France, Le Corbusier (1887-1965) incarne l'architecture pensée en relation avec les objets du monde mécanique contemporain et le désir qu'elle soit fondée sur les lois élémentaires de la géométrie. Il en formule les principes dans son livre *Vers une architecture* paru en 1923, véritable synthèse des idées d'avant-garde en Europe à l'époque. Le courant rationaliste et fonctionnaliste dominant dans la réflexion de l'entre-deux-guerres n'empêche pas l'essor de l'expressionnisme dans l'Allemagne et les Pays-Bas de l'après-guerre.

1

2

3

4

1. Le vestibule de la bibliothèque Laurentienne à Florence (commencée en 1526)
Michel-Ange transgresse ici les normes architecturales de la haute Renaissance. L'intérieur de cet espace est traité plastiquement comme une sculpture (par exemple les colonnes, perdant leur fonction portante, sont ici conçues comme des statues insérées dans des niches). Cette leçon d'imagination et d'audace a été retenue par de nombreux architectes européens de l'époque baroque et rococo.

2. Le palais de Versailles
Agrandi d'abord par Louis Le Vau (1661-1670), puis par Jules-Hardouin Mansart (1678-1690), ce palais est l'expression d'un pouvoir royal absolu et la magistrale illustration de liens de continuité entre l'architecture et la nature domestiquée. Il a été perçu comme un foyer symbolique et artistique majeur dont le modèle s'est imposé avec des nuances à l'Europe entière, de l'Espagne à l'Angleterre.

3. La cathédrale Saint-Paul de Londres
Sir Christopher Wren reconstruit la cathédrale Saint Paul de 1675 à 1709 en procédant à une combinaison originale de motifs classiques et d'éléments baroques, et en proposant un compromis entre le plan basilical voulu par le clergé anglican pour des commodités liturgiques et le plan centré qui conserve son prestige esthétique et symbolique. La coupole, interprétation septentrionale des modèles de Bramante et de Michel-Ange, s'impose par son rythme majestueux et par l'ingéniosité de sa construction.

4. L'abbaye de Melk en Autriche
Jakob Prandtauer a construit l'abbaye bénédictine de Melk sur un promontoire dominant le Danube (1702). L'intérieur est tout aussi spectaculaire avec une décoration riche, des murs ondulants et une scénographie axée sur la mise en valeur du maître-autel vers lequel convergent les regards.

LES JARDINS D'AUDLEY END

Le paysagiste anglais Lancelot Brown, dit Capability Brown, dessine en 1763 les jardins du manoir élisabéthain d'Audley End. Cet ensemble de pelouses, de bosquets et de lacs aux contours sinueux, sert de cadre majestueux à d'élégantes constructions palladiennes. La maison de thé érigée sur un pont, œuvre conçue en 1783 par Robert Adam, le plus grand architecte britannique de la seconde moitié du XVIIIe siècle évoque l'Extrême-Orient.

Les pays scandinaves, même après s'être ralliés à l'esthétique du Mouvement moderne dans les années 1920, maintiennent une tradition nordique d'architecture organique (l'habitat est envisagé comme un tout, à l'image d'un corps, intégré à son site) dont le Finlandais Alvar Aalto (1898-1976) reste le grand représentant. Un retour à l'ordre s'opère dans les années 1930 avec la réaffirmation d'une architecture classique solennelle et d'échelle monumentale, particulièrement dans les régimes totalitaires de l'Allemagne nazie, de l'Italie fasciste et de l'Union soviétique stalinienne.

Les besoins urgents de la reconstruction après la Seconde Guerre mondiale imposent des versions édulcorées et appauvries de l'architecture et de l'urbanisme fonctionnalistes. L'architecture moderniste dominante jusqu'au début des années 1970 se partage entre la tendance conduite par Le Corbusier (dont l'unité d'habitation de Marseille achevée en 1952 avec ses parois en béton brut de décoffrage sert de modèle à l'esthétique brutaliste) et l'architecture structurale en verre et acier inspirée des constructions austères et minimalistes de Ludwig Mies van der Rohe (1886-1969).

Le code moderniste homogène qui s'est diffusé en Europe à l'époque, marqué par l'emploi de volumes élémentaires dessinés dans des matériaux modernes, apparaît bien comme coupé des traditions antérieures ; seul le courant organique scandinave faisant un large usage de matériaux naturels comme le bois ou la brique propose une solution de rechange. Mais la banalisation de l'objet architectural qu'il a engendrée a provoqué à partir des années 1970 diverses réactions groupées sous l'étiquette incertaine de postmodernisme. Voulant ignorer les ruptures opérées par le modernisme, les architectes de la mouvance postmoderne entendent renouer avec des pratiques de type éclectique, non sans nostalgie à l'égard de la ville préindustrielle. Le postmodernisme fonde sa démarche sur l'emprunt et la citation, y compris au Mouvement moderne lui-même, et combine des signes dans une perspective d'échange généralisé d'informations. En ce sens, il exprime bien la structure de la société de communication dans laquelle vivent aujourd'hui les pays européens. Reste que poursuivre le lien avec les traditions antérieures au XIXe siècle devient aujourd'hui problématique et repose sur une vision certainement réductrice de l'histoire architecturale européenne.

▼ ***La forge à canons de Claude Nicolas Ledoux***

Dans la lignée du rationalisme des Lumières, Ledoux s'est efforcé de repenser l'architecture sur les lois universelles de la géométrie. Après avoir construit sous l'Ancien Régime les salines royales d'Arc-et-Senans, il dessine la ville idéale de Chaux qui devait les compléter. La forge à canons est un saisissant exemple d'architecture parlante. À travers les formes pyramidales fumantes et la disposition panoptique des corps de bâtiments se lisent la fascination pour la production industrielle naissante et l'utopie d'une rationalité sociale.

1. Le passage Pommeraye ▶
Par leur fonction commerciale, leur mode de construction et leur rôle social de lieu de parade et de flânerie de la bourgeoisie, les passages ou galeries marchandes couvertes, qui se sont répandus dans toutes les grandes villes d'Europe à partir des années 1800, ont pu être considérés comme les espaces emblématiques de la modernité historique au XIXe siècle. À Nantes, le passage Pommeraye (1840-1843) a été réalisé sur le modèle de la Grande Galerie du Louvre. L'architecte sut habilement tirer parti d'une forte dénivellation du terrain en reliant la galerie haute à la galerie basse au moyen d'un escalier monumental orné de statues et bordé de boutiques cossues.

1

2

3

4

2. L'Opéra de Paris de Charles Garnier
Avec son plan symétrique et hiérarchisé et ses volumes clairement définis, l'Opéra de Paris (1861-1875) est le chef-d'œuvre du « système des beaux-arts » qui a dominé la culture architecturale européenne au XIXe siècle. La façade est un brillant exemple d'éclectisme où les références à la grande tradition architecturale sont subtilement associées dans des combinaisons nouvelles pour produire des effets visuels inédits.

3. Station du métropolitain Karlplatz
Les constructions du métropolitain de Vienne en 1898-1899 permettent à Otto Wagner de mettre en œuvre sa recherche d'un style nouveau propre à embellir la ville. La station Karlplatz, en forme d'élégant pavillon à ossature en acier enserrant des plaques de marbre, montre une ornementation raffinée géométrique et florale.

4. La tour Eiffel (1889)
Avec cette tour, Gustave Eiffel invente une échelle et une solution technologique issues du calcul et des propriétés du matériau utilisé, l'acier. Apogée de l'architecture métallique au XIXe siècle, cette structure affirme une beauté nouvelle reconnue par les peintres du début du XXe siècle.

1503-1513 pontificat de Jules II.

1515-1547 règne de François Ier.

1516 *L'Utopie* de Thomas More.

1556-1598 Philippe II, roi d'Espagne.

1643-1715 règne de Louis XIV.

1666 grand incendie de Londres.

1709 première coulée de fonte au coke par Abraham Darby à Coalbrookdale (G. -B.).

1740-1786 Frédéric II, roi de Prusse.

1744 Piranèse, *Les Prisons*.

1783 indépendance des États-Unis.

1825 premier chemin de fer à vapeur en Grande-Bretagne.

1837-1901 règne de Victoria en Grande-Bretagne.

1849 utilisation empirique du béton armé par Joseph Monier.

1851 première Exposition universelle à Londres.

1853 Haussmann, préfet de la Seine.

1855 invention du convertisseur Bessemer pour la fabrication industrielle de l'acier.

1896 premier vol en avion par Clément Ader.

1897 fondation de la société des automobiles Peugeot.

1914-1918 Première Guerre mondiale.

1929 crise économique.

1939-1945 Seconde Guerre mondiale.

1946 première génération d'ordinateurs.

1957 traité de Rome.

1973 premier choc pétrolier.

◄ *Le Bauhaus (1925-1926)*
L'école du Bauhaus à Dessau a été conçue par Walter Gropius et les étudiants de l'École pour l'aménagement intérieur. Sur cette représentation du bureau du directeur se lisent le rationalisme austère mais aussi l'ambition artistique d'un design total, la volonté de mettre en forme tous les objets de la vie sociale, depuis le mobilier jusqu'à la grande ville.

▲ *Le centre Georges-Pompidou de Piano et Rogers*
Musée-machine, il marque le triomphe de la culture techniciste et de l'architecture-structure en métal et verre qui prend naissance à la fin du XVIIIe *siècle en Europe et sous-tend les innovations constructives tout au long du* XIXe *siècle. Le musée est ici désacralisé par le rejet de la monumentalité traditionnelle.*

▼ *Le complexe d'Antigone à Montpellier par Ricardo Boffill*
Bofill pense la ville comme une maison où les rues et les places sont autant de salons publics. Le néoclassicisme simplifié des façades en béton vise à redonner au logement collectif une monumentalité perdue.

▲ *L'unité d'habitation de Marseille par Le Corbusier*
Commandée par le gouvernement français en 1945 et inaugurée en 1952, elle s'inscrit dans le contexte de la reconstruction de l'Europe. Le Corbusier veut en faire un laboratoire de l'habitat pour les générations de la société machiniste. Inspirée de l'architecture des paquebots, avec des réminiscences de fouriérisme par son mélange d'appartements privés et d'espaces communs, l'œuvre en béton brut demeure un chef-d'œuvre du courant brutaliste de l'après-guerre.

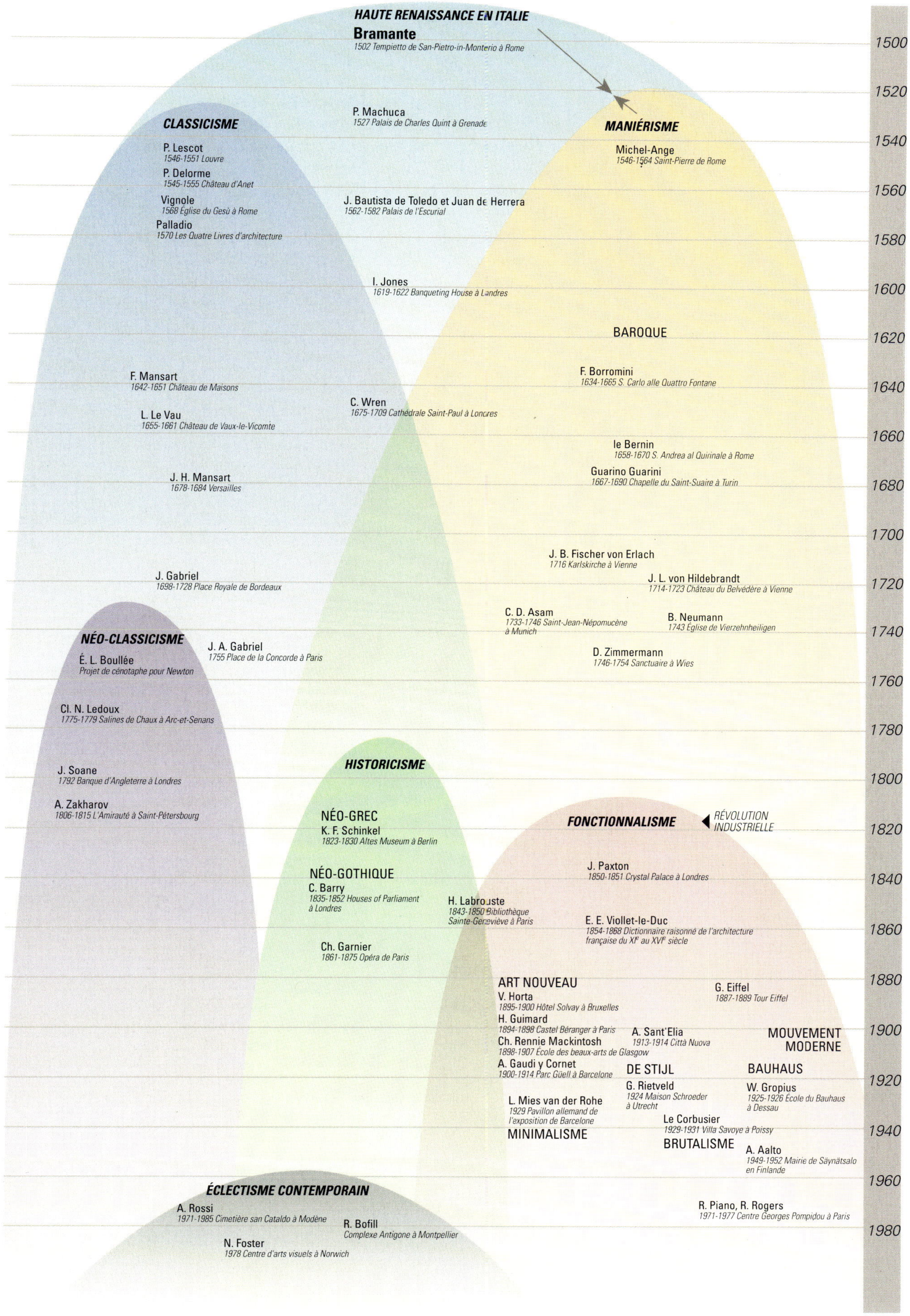

Architecture de la haute Renaissance trouvant des échos dans la France du XVIe siècle (Pierre Lescot, Philibert Delorme). Les traités de Vignole *Règle des cinq ordres d'architecture* (1562) et de Palladio, *Quatre Livres d'architecture* (1570) contribuent à son rayonnement européen.

La construction du Versailles classique à partir des années 1660 fournit un modèle d'intégration de l'architecture à la nature et d'expression symbolique du pouvoir monarchique. Il fait école dans plusieurs pays européens y compris en Grande-Bretagne.

Le maniérisme, illustré avant tout par Michel Ange, transgresse délibérément les règles de la haute Renaissance et ouvre des chemins qui seront explorés par les architectes baroques. Les métamorphoses de l'architecture de la haute Renaissance se développent au XVIIe siècle avec les Romains Bernin et Borromini, avec des résonances en Sicile, Vénétie (Baldassare Longhena) et dans le Piémont. Elles aboutissent dans la première moitié du XVIIIe siècle à l'architecture baroque et bientôt rococo dans les pays d'Europe centrale.

Le néoclassicisme apparaît comme une volonté de retour aux origines, anticipant sur les ruptures ouvertement proclamées par les avant-gardes européennes des années 1920.

Au siècle de l'histoire, l'historicisme se nourrit de doctrines qui font de toute création le produit d'une ou de plusieurs histoires, et aboutit logiquement à l'éclectisme qui emprunte à toutes les traditions. L'École des beaux-arts de Paris a joué à cet égard un rôle décisif de diffusion des savoirs.

Le fonctionnalisme affirme, face à l'historicisme et l'éclectisme, que l'architecture est fonction des matériaux employés, de la structure utilisée et du programme à remplir. Il prépare les grandes ruptures contemporaines : Bauhaus, minimalisme, brutalisme.

L'éclectisme contemporain, « posmoderniste », recouvre des pratiques fondées sur l'emprunt à tous les courants précédents, y compris au Mouvement moderne dont il veut se démarquer.

La littérature européenne forme un ensemble homogène reposant sur des héritages communs : gréco-latin, judéo-chrétien, byzantin. Trois textes circulent dès le haut Moyen Âge donnant lieu à de nombreuses gloses : la Consolatio *de Boèce, la* Navigatio Sancti Brendani *et* L'Histoire d'Alexandre. *Le premier ciment culturel de l'Europe est lié à l'évangélisation et à la* translatio studii *qu'assurent les abbayes dès le VIIIe siècle. Les œuvres s'écrivent en grec, en latin, et de plus en plus dans les langues vernaculaires : adaptations de la Bible (Wulfila, Cyrille et Méthode, R. Maur, P. Comestor, Cædmon, Cynewulf), hagiographies (Grégoire de Tours) et poèmes-prières (J. Damascène, W. de Reichenau). Cette inspiration religieuse se poursuit au XIIIe siècle avec J. de Voragine, Alphonse X le Sage, François d'Assise et R. Lulle.*

Le Cœur d'Amour épris, « Dame Espérance au secours de Cœur ».

À partir du XIIe siècle, on peut répartir les œuvres en cinq grandes séries :

– L'*épopée*, histoire mythique et poétique de la communauté, chantant les grandes actions des héros guerriers et composant de grands cycles, caractérise le Moyen Âge et se prolongera dans l'historiographie et dans le roman. On peut en rapprocher les sagas islandaises.

– L'*historiographie* occupe une place éminente : chroniques universelles (O. von Freising) ou histoires nationales (Byzance : Anne Comnène ; Angleterre : Bède le Vénérable et G. de Monmouth ; Bohême : Kosmas ; France : Primat de Saint-Denis ; Pologne : W. Kadlubek ; Danemark : Saxo Grammaticus).

– La *littérature didactique* comporte des encyclopédies, une poésie gnomique (proverbes, anecdotes, fables ésopiques), des traités moraux, rhétoriques ou allégoriques.

– La *poésie lyrique* se développe d'abord, vers la fin du XIe siècle, en langue d'oc, sur les thèmes de la *cortezia* et du *fin'amors*, puis se répand, par les pays de langue d'oïl, dans toute l'Europe du Nord (W. von der Vogelweide).

– Issue de l'épopée, l'écriture du *roman*, en vers puis en prose, est l'apport le plus original de la littérature médiévale. Le texte charnière est le *Roman de Troie* (fin du XIIe siècle), de B. de Sainte-Maure. La vie légendaire du roi Arthur, de tradition celtique, nourrit les cycles de *Tristan et Yseut* et de la quête du Graal, qui conquièrent l'Europe entière. Le plus célèbre des utilisateurs de cette « matière de Bretagne » est Chrétien de Troyes. Avec le *Roman de la Rose* et le *Roman de Renart*, l'écriture romanesque montre la diversité d'inspiration et de ton dont elle est capable.

LE TRECENTO ET LE QUATTROCENTO

Le XIVe siècle voit s'épanouir le génie médiéval européen dans la poésie lyrique, surtout française et ibérique. Dans l'Europe du Nord se développe, à côté de la tradition aristocratique courtoise, un très riche lyrisme populaire de ballades et de chansons. De même, le théâtre religieux des moralités et des mystères est concurrencé par le théâtre profane (dont la farce). De même encore, le roman chevaleresque, toujours en vogue, est relayé par des narrations plus brèves et plus légères : nouvelle en prose (Boccace) ou conte en vers (G. Chaucer). Une œuvre majeure concentre toute l'inspiration philosophique, mystique, didactique et allégorique héritée du Moyen Âge et lui donne une forme sublime : *La Divine Comédie*

▲ ***Dante et Virgile en chemin pour les limbes***
*Dante Alighieri, 1265-1321, se fait ici conduire par Virgile (*La Divine Comédie*, *Enfer*, XIV). Il fut lui-même, au seuil du Quattrocento, le guide des temps nouveaux, et demeure l'un des plus grands poètes que l'Europe ait offerts au monde.*

LE ROMAN DE LA ROSE

Le Roman de la Rose, *texte-carrefour – narratif, versifié, allégorique, didactique, critique, philosophique et utopique –, est l'œuvre la plus lue durant tout le Moyen Âge. Il prend sa source dans des textes très divers : la* Psychomachia *(Ve s.), de Prudence, les* Noces de Philologie et de Mercure *(Ve s.), de Martianus Capella, le* De Arte honeste amandi *(*L'Art de l'honnête amour, *v. 1185), d'André Le Chapelain, l'œuvre de Chrétien de Troyes et la tradition du roman courtois (XIIe s.), le* De sex alis Cherubim *(*Les Six Ailes du chérubin, *fin du XIIe s.), d'Alain de Lille, le* Songe d'Enfer *(début du XIIIe s.), de Raoul de Houdenc, et dans la poésie goliardique,* Carmen de Rosa *(*Poème de la Rose, *XIIIe s).*

Le Roman de la Rose, *dû à deux auteurs successifs – Guillaume de Lorris (v. 1200-apr. 1240) et Jean de Meung (v. 1240-1305) –, a connu une postérité à l'échelle de l'Europe : paraphrase poétique italienne :* Il Fiore, *deux cent trente-deux sonnets, parfois attribués à Dante (fin du XIIIe s.) ; adaptation en moyen néerlandais :* Die Rose, *de Hein Van Aken (début du XIVe s.) ; reprise du procédé du songe allégorique : G. de Machaut, P. de Mézières (XIVe s.) ; traduction anglaise par Chaucer :* The Romaunt of the Rose *(*Le Roman de la Rose, *fin du XIVe s.) ; imitations dans la* Minneallegorie *allemande :* Die Jagd *(*La Chasse*), de H. von Laber (v. 1315), et* Die Mörin *(*La Négresse*), de H. von Sachsenheim (1453) ; imitation anglaise :* The Vision concerning Piers Plowman *(*Les Visions de Pierre le Laboureur, *1377) ; sans oublier un débat fameux entre Christine de Pisan et Jean de Montreuil, arbitré par Gerson, qui condamne la moralité de l'ouvrage (XVe s.).*

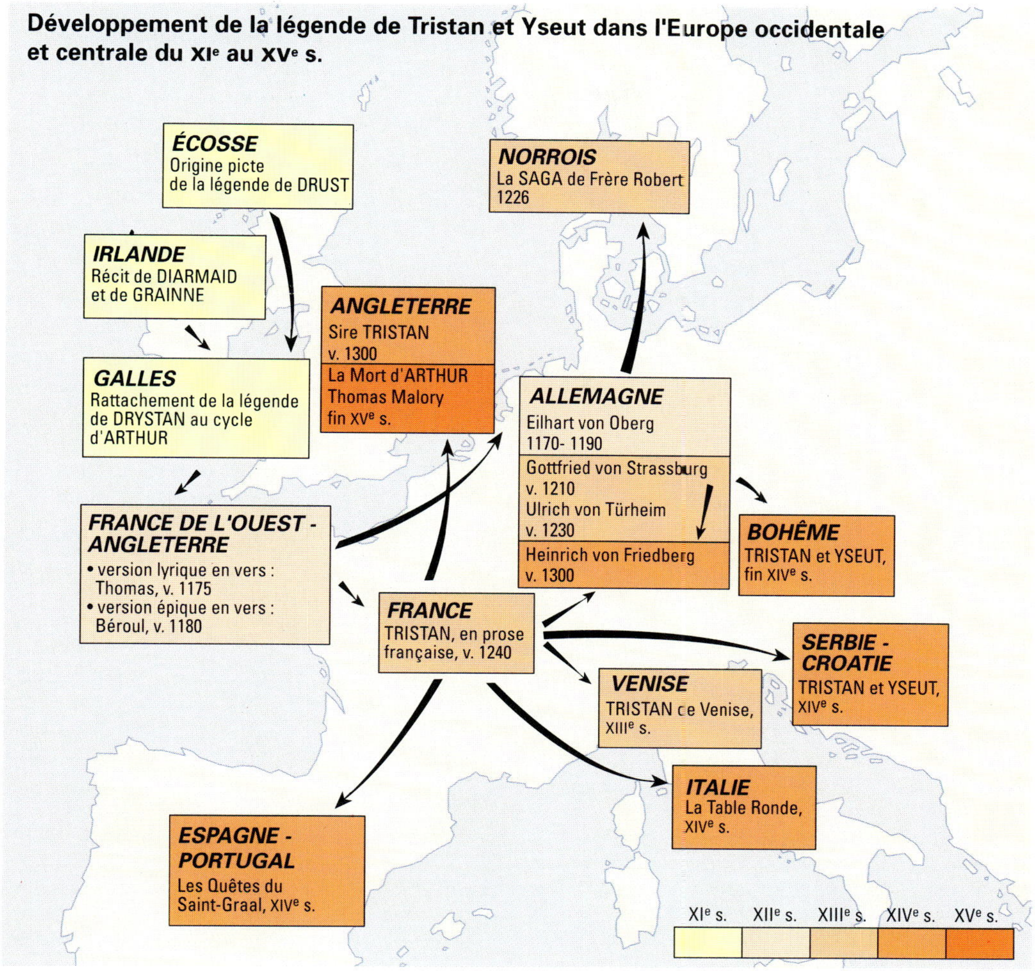

de Dante. Avec Boccace et Pétrarque, qui redessine tout l'horizon poétique européen, l'Italie fait du Quattrocento une époque de renouvellement culturel qu'on appellera bientôt l'humanisme.

L'HUMANISME RENAISSANT

Aidé par la littérature savante de Byzance avant sa chute (1453), ce mouvement, qui place l'épanouissement de l'homme, dans toutes ses dimensions, au centre de ses préoccupations et s'efforce de retrouver, en deçà de la période chrétienne, la lettre et l'esprit des textes antiques, gagne toute l'Europe (sauf celle de l'extrême est) au cours des XVe et XVIe siècles. Cette période est marquée aussi par des propositions de réforme de l'institution catholique (Jan Hus en Bohême, Martin Luther en Allemagne, Jean Calvin à Genève) qui plongent l'Europe dans la violence et sa littérature dans le militantisme. Elle est marquée enfin par l'invention et par la diffusion de l'imprimerie, ainsi que par les grands voyages et la découverte de nouvelles terres.

Parmi les écrivains de la vigueur et de l'optimisme « renaissants », citons Rabelais, l'Arioste, M. Rej, F. de Rojas, le Tasse, L. de Camõens. Parmi ceux qui s'engagèrent dans les polémiques religieuses, il faut noter A. Bijns, G. Bruno, P.P. Skarga, T. de Bèze, P. de Ronsard, A. d'Aubigné, M. de Sainte-Aldegonde, J. Fischart. Parmi ceux qui cherchèrent et prêchèrent les voies de l'apaisement, il faut citer Érasme, Modrevius (A.F. Modrzewski), D.V. Coornhert, M. de Montaigne. Nullement gênée, nourrie au contraire par son implication érudite et sérieuse dans les domaines philologique, théologique et politique (Machiavel), la littérature connaît une belle effervescence : la poésie lyrique fait fleurir les voies ouvertes par Pétrarque ; un genre naît, la pastorale ; l'Espagne donne au roman la coloration picaresque qui le marquera longtemps.

En mourant le même jour de 1616, deux immenses écrivains mettent fin à une période dont ils ont, l'un et l'autre, manifesté les faiblesses et les doutes, et exalté les énergies et les grandeurs : Shakespeare et Cervantès.

L'ÉPOPÉE

L'épopée en vers (saga, chanson de geste, chanson, dit...) est le genre médiéval le plus caractéristique. À cheval sur mythe et histoire, transmission orale et fixation écrite, certitude de la transcendance salvatrice et évidence de la violence mortelle, exaltation de grandes figures et sens de la communauté, tradition savante et élaboration populaire de légendes locales, elle contient et prépare les développements ultérieurs vers le roman, l'historiographie, le poème héroïque. Du VIIIe *au* XIIIe *siècle, de grands cycles fixent la première expression des consciences nationales naissantes : le* Nibelungenlied (Chant des Nibelungen) *germanique, l'*Ancienne Edda *scandinave, les* Ulates *irlandais, le* Digenis Akritis (Digenis l'acrite) *byzantin, le* Cantar de Mio Cid (Poème du Cid) *espagnol, le* Slovo o polku Igoreve (Dit sur la campagne d'Igor) *russe, la* Chanson de Roland *française, le* Guillaume d'Orange *provençal, l'*Epos des Lorreinen (Geste des Lorrains) *néerlandais, la* Gesta Danorum (Chronique sur les prouesses des Danois) *danoise. Malgré l'affaiblissement progressif du genre à partir du* XIIIe *siècle, il reste vivant jusqu'aux grands poèmes italiens de l'Arioste (*Orlando furioso, Roland furieux, *1532) et du Tasse (*La Gerusalemme liberata, La Jérusalem délivrée, *1580).*

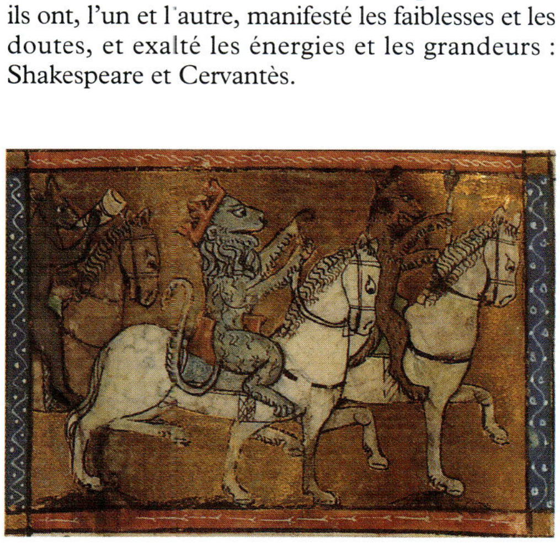

▼ *L'invasion de Renart*
Ce personnage, à la fois typé et polymorphe, de goupil rusé, jongleur habile, clerc vagant, petit seigneur ou vassal rebelle, bandit, fourbe, pervers, menteur, violeur, diable parfois même, mais surtout maître des mots, nourrit une inspiration poétique qui court toute l'Europe, en y développant plus ou moins, dans chaque cas, des dimensions d'observation réaliste, de dérision satirique et d'enseignement.
– Tradition des fabulistes. Depuis Ésope et Phèdre, travestissement, à fin morale, de l'homme en animal.
– Des œuvres en latin : Ecbasis cujusdam captivi *[Évasion d'un prisonnier], v. 940 ; Nivard,* Ysengrimus *[Ysengrin], v. 1150.*
– Dans les langues vernaculaires. 1174-1177 : P. de Saint-Cloud, les premières « branches » du Roman de Renart *en français ; puis des adaptations et des continuations allemandes (Heinrich der Gelichesaere, Henri le Sournois, 1180), scandinaves (*XIIIe *siècle), flamandes (Willem, v.1260), françaises (Rutebeuf, 1270 ; J. Giélée, 1289), italiennes (fin du* XIIIe *siècle). La traduction allemande de l'œuvre de Willem,* Reinke de Vos (Renard le Goupil, *1498), sera plus tard adaptée par Goethe.*

863 Cyrille et Méthode en Grande Moravie.

XIe s. (début) le *Ruodlieb* en Bavière, premier roman médiéval original.

1138-1183 v. Chrétien de Troyes.

XIIIe s. (début) François d'Assise, *Cantico di fratre Sole (Cantique du frère Soleil)*.

1266-1273 v. Thomas d'Aquin, *Summa theologica (Somme théologique)*.

XIVe s. (début) Maître Eckhart, *Mystische Schriften (Écrits mystiques)*.

1304-1321 Dante, *La Divine Comédie*.

1350-1355 Boccace, *Décaméron*.

1387 Geoffrey Chaucer, *The Cantorbury Tales (Contes de Canterbury)*.

1410-1420 attribué à Thomas a Kempis, *Imitatio Christi (L'Imitation de N.-S. Jésus-Christ)*.

1516 Thomas More, *Utopia (Utopie)*.

1518 Érasme, *Colloquia (Colloques)* ; Montalvo, *l'Amadis de Gaule*.

1528 Baldassare Castiglione, *Il Cortegiano (Le Courtisan)*.

1531 Machiavel, *Il Principe (Le Prince)*.

1532-1534 Rabelais, *Pantagruel, Gargantua*.

1543 Copernic, *De revolutionibus orbium coelestium (Les Révolutions des orbes célestes)*.

1554 Lazarillo de Tormes, *La Vida de Lazarillo de Tormes (La Vie de Lazarillo de Tormes)*.

1559 Marguerite de Navarre, *Heptaméron* ; Jorge de Montemayor, *Los siete libros de la Diana (La Diane)*.

1572 Luis de Camões, *Os Lusiadas (Les Lusiades)*.

1578 John Lyly, *Euphues or the Anatomy of Wit (Euphues ou l'Anatomie de l'esprit)* ; Jean de Léry, *Histoire d'un voyage fait en la terre du Brésil*.

1580-1595 Montaigne, *Essais*.

1605 Cervantès, première partie du *Don Quichotte*.

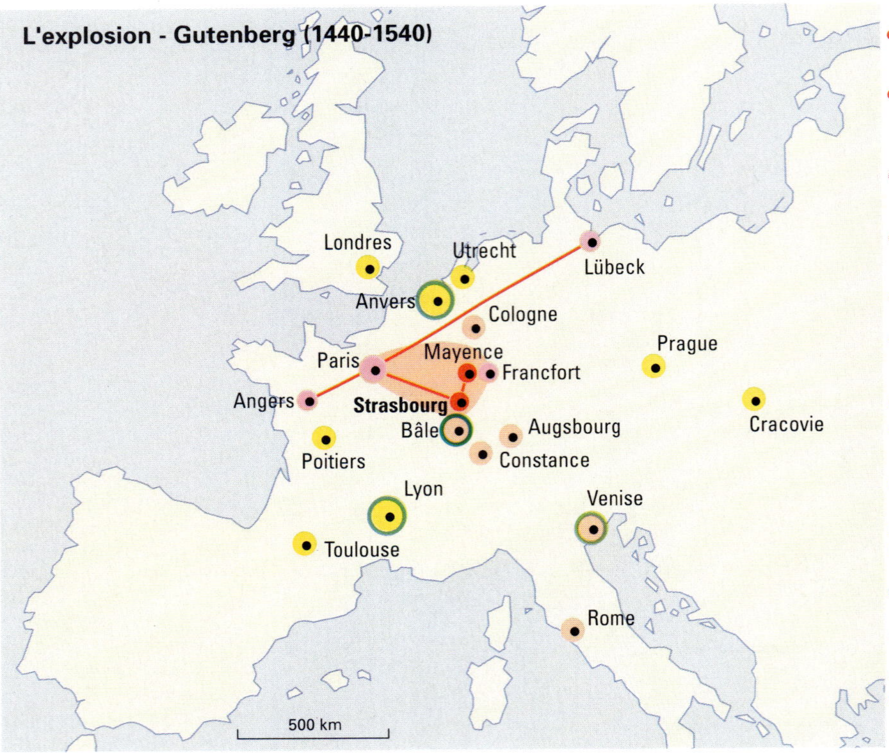

- v. 1440 : JOHANNES GENSFLEISCH, dit GUTENBERG (v. 1397-1468) fait ses premiers essais d'imprimerie avec des caractères en bois, à Strasbourg.
- v. 1443 : A Mayence, il affine son procédé de composition avec des caractères mobiles fondus en alliage d'imprimerie.
- 1453 : Impression du premier vrai livre : **La Bible Latine** dite "à 42 lignes", à Mayence.
- 1460 : Les associés de Gutenberg, Fust et Schoeffer, s'établissent à Paris, d'où leur activité rayonne sur Francfort, Lübeck et Angers.
- 1464-68 : Ouverture d'officines à Cologne, Bâle, Constance, Augsbourg (l'entrepreneur est à la fois imprimeur, éditeur et libraire).
- 1465 : C. Sweynheim et A. Pannartz installent une presse à Subiaco (Rome).
- 1469 : Jean de Spiers imprime les **Lettres** de Cicéron à Venise.
- 1470 : Premier livre imprimé en France : les **Lettres** de G. Barzizza, humaniste italien.
- 1470 : Premier livre imprimé en Bohême : **Chroniques de Troie**
- 1473 : Premières éditions à Utrecht (N. Katelaer et G. Van der Leempt) et à Aalst (Anvers) [D. Martens et J. Van Westfalen].
- 1473-79 : Des livres sont imprimés à Lyon, Angers, Toulouse, Poitiers.
- 1474 : Installation d'une presse à Cracovie.
- 1476 : La première presse anglaise est installée à Westminster (Londres).
- 1494 : Alde Manuce ouvre son atelier à Venise.
- v. 1500 : Le marché du livre s'organise
  A Lyon s'installent les ateliers de Josse Bade, Jean Petit, Robert Estienne, Sébastien Gryphe, Étienne Dolet.
- 1513 : Jean Froben ouvre son atelier à Bâle.
- 1500-40 : Plus de cent trente imprimeurs s'installent aux Pays-Bas, dont la moitié à Anvers.

LE PRÉHUMANISME

L'humanisme est un courant de curiosité nouvelle pour les civilisations antiques, qui traverse l'Europe entre le dernier quart du XIVe siècle et la fin du XVIe siècle. Il ne s'agit plus de se servir de ce qu'on sait de l'Antiquité pour le soutien de la foi chrétienne, mais de servir l'Antiquité elle-même en recherchant ses textes et en retrouvant, à travers eux, ses valeurs propres, celles qui placent l'homme au centre de l'univers et font de son épanouissement sur terre un idéal.
Florence est le premier grand foyer d'où s'élance ce mouvement, sous la forme d'un humanisme « civique », philologique et littéraire, mais aussi très concrètement « engagé » dans les affaires de la république. Ailleurs en Italie, il s'agit d'un mouvement plus érudit, lié au pouvoir des principats et des seigneuries, mais qui modifie profondément l'exercice et l'esprit de la pédagogie. C'est sous l'influence de Pétrarque que l'esprit humaniste s'étend, tant en Avignon, en Allemagne et en Bohême qu'en Catalogne, en Espagne et au Portugal. Dans la sphère byzantine, le mouvement reste plus théologique et contribue à la transmission et à l'acclimatation chrétienne des auteurs grecs. Relayé de proche en proche par les universités nouvelles, par les cours princières et surtout par les villes libres, dont le développement et l'enrichissement favorisent ce nouvel élan culturel, l'humanisme connaît deux grands centres, attractifs et rayonnants : Paris et les Pays-Bas.

Préhumanisme

- Allemagne : N. de CUES
- Bohême : J. von SAAZ
- Avignon : PÉTRARQUE
- Aragon : PIERRE IV, JEAN Ier
- Catalogne : B. METGE
- Florence : PÉTRARQUE - le POGGE, L. VALLA - L.B. ALBERTI, G. MANETTI - C. SALUTATI (introduit l'enseignement du grec 1397)
- Byzance : G. PLÉTHON - D. CYDONÈS, J. BESSARION - M. CHRYSOLORAS (vient enseigner le grec à Florence)
- Tirnovo : EUTHYME - G. CAMBLAK

Conquête de l'humanisme

- France : G. FICHET - R. GAGUIN, J. LEFÈVRE D'ÉTAPLES - G. BUDÉ, C. de BOVELLES - DORAT - É. PASQUIER - S. CHAMPIER (à Lyon) + les Grecs : G. TIFERNAS - HERMONYME de SPARTE, 1530 Fondation du Collège de France
- Portugal : L.A. RESENDIUS - J. de BARROS
- Espagne : A. DE LEBRIXA
- Italie :
  - à Florence : M. FICIN - PIC DE LA MIRANDOLE - N. MACHIAVEL
  - à Naples : G. PONTANO - I. SANNAZARO
  - à Rome : E.S. PICCOLOMINI - P. BEMBO - J. SADOLETO - G.P. LETO
  - à Ferrare : G. GUARINI
  - à Urbino : B. CASTIGLIONE
- Grèce : G. CHOUMNOS - J. PITAKOROS, G. GLYKYS - M. DE PHANARAS
- Angleterre : J. COLET - T. MORE
- Pays-Bas : R. AGRICOLA - D. ÉRASME, J.L. VIVES - D.V. COORNHERT
- Allemagne : U. VON HUTTEN - J. REUCHLIN, CELTES - MELANCHTHON - S. BRANT
- Pologne : J. DANTYSZEK - A.F. MODRZEWSKI
- Hongrie : CSEZMICZEI
- Croatie : J. BUNIC

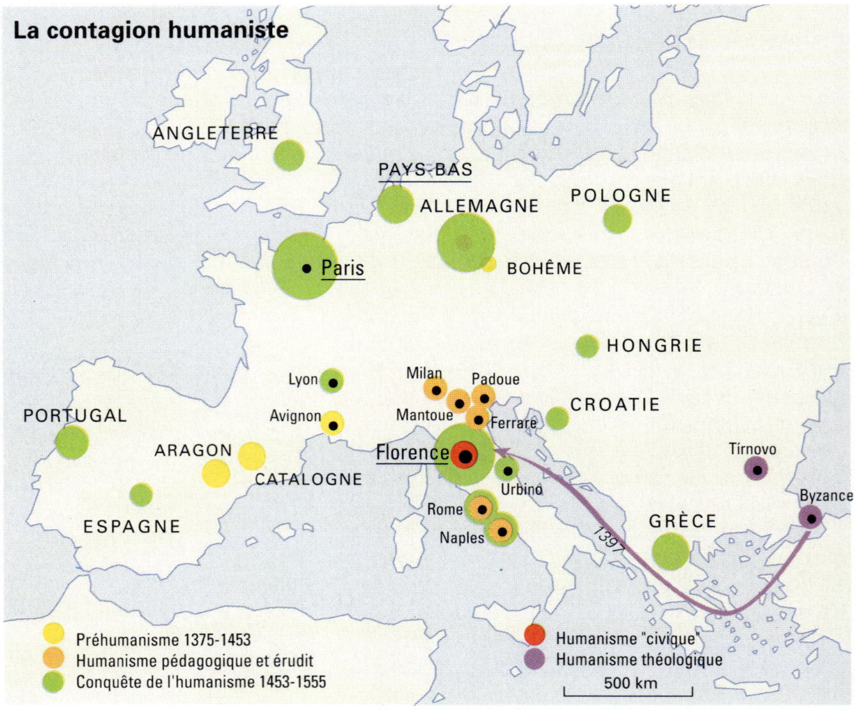

Le passage lyrique du Moyen Âge à la Renaissance

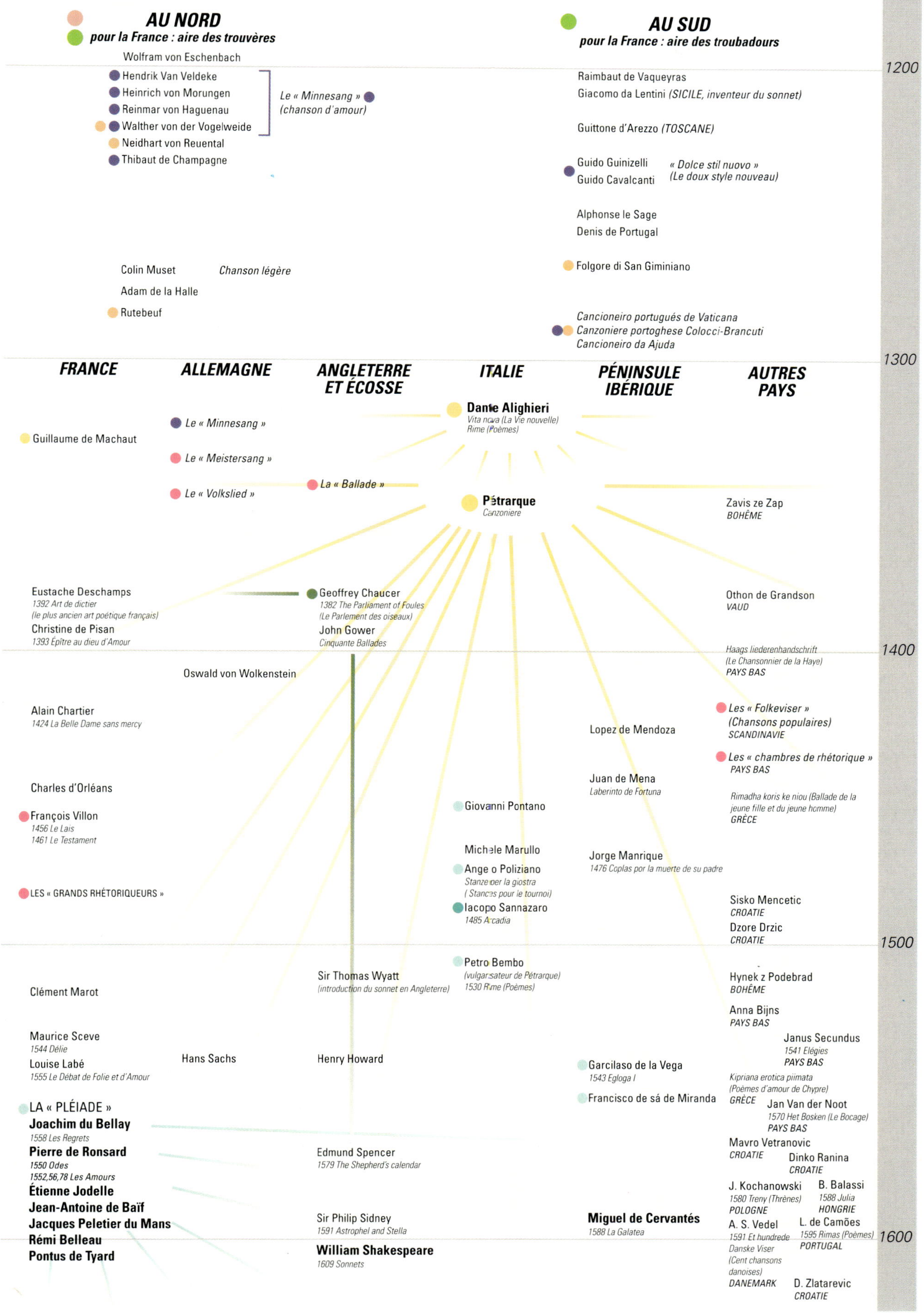

À côté de la poésie en latin, longuement vigoureuse, on a des traces d'une tradition poétique en anglais, en irlandais et en allemand dès le VIIIe siècle.

Fin du XIe siècle : naissance de la poésie « courtoise » en langue d'oc, qui se répand en France du Sud, en Espagne et en Italie du Nord (les « troubadours »). Au milieu du XIIe siècle, par son mariage avec Henri II Plantagenêt, Aliénor d'Aquitaine provoque l'extension de cette tradition à l'Europe du Nord, où s'en emparent les « trouvères ».

En Allemagne, elle prend la forme du *Minnesang*, où l'amour est sublimé, comme chez Thibaut de Champagne. La même tendance, en Italie, préside à la formation du *dolce stil novo* qui influencera Pétrarque.

Inversement, tant au nord qu'au sud, se fait jour une poésie plus réaliste, chantant d'autres plaisirs et d'autres tourments que ceux du *fin amors* (W. von Vogelweide, N. von Reuental, Rutebeuf, F. de San Giminiano). Les *cancioneiros*, recueils de chansons en galégo-portugais, se partagent entre ces deux types d'inspiration.

Le début du XIVe siècle marque un tournant décisif, avec la séparation relative de la musique et du texte poétique (après G. de Machaut), et surtout avec le rayonnement de Dante, qui reprend pour les spiritualiser les traditions de l'amour courtois. L'influence de Pétrarque donne à toute la poésie lyrique européenne un caractère nouveau : surgissement du *moi* au cœur de l'inspiration poétique ; raffinement des formes et des images dans lesquelles il se diffracte et se recompose.

Parallèlement à ces directions « savantes » (le *Meistersang* allemand, les Chambres de rhétorique aux Pays-Bas et les Grands Rhétoriqueurs en France), la veine réaliste populaire prend des formes variées : *Volkslied*, ballade, *Folkeviser*, François Villon.

Comme Dante, Chaucer se situe, pour l'inspiration et pour le style, à la charnière du « gothique » et du « renaissant ». Comme lui, il donne à sa langue nationale sa première dignité littéraire. Il est cependant plus varié que lui, passant de l'inspiration philosophique et spirituelle la plus profonde à la veine réaliste la plus cocasse. Mais son influence est loin d'être aussi universelle.

Dès la fin du XVe siècle, la poésie lyrique est marquée par le souci humaniste du retour aux sources antiques et de l'enrichissement de la langue nationale (G. Pontano, A. Poliziano, P. Bembo, la Pléiade, Garcilaso de la Vega, Miranda).

Avec *Arcadia*, I. Sannazaro inaugure une veine promise à la plus belle prospérité, en vers et en prose, pendant un siècle et demi : la pastorale.

***N**é d'une convergence paradoxale entre un libertinage, qui a tiré de l'humanisme les leçons les plus libertaires, et la Contre-Réforme catholique, qui réagit contre l'austérité des « hérésies » de la prédestination, le goût baroque domine l'Europe pendant tout le XVIIe siècle. Cette esthétique de l'apparence, du mouvement, de la métamorphose, de l'irrégularité et de la réversibilité accompagne volontiers une éthique de la volonté, de l'action et de la liberté. Qu'elle soit mondaine (B. Gracián) ou populaire (J.J. Starter, A. Poirters), ou qu'elle se situe entre les deux (G. Basile, L. Lucidor, C. Perrault), la littérature n'échappe pas aux conflits de toutes sortes qui divisent alors le continent européen (Comenius).*

On voit en particulier s'opposer – et se conjuguer parfois – un courant idéaliste et un courant réaliste. Le premier marque, dans la poésie et le roman, le maniérisme de L. de Góngora, G. Marino, M. Opitz, J.A. Morsztyn, I.B. Vucic, ainsi que la veine pastorale, héroïque et galante (H. d'Urfé, J. Barclay, R. Boyle, A. Behn, G.A. Marini, Mlle de Scudéry). Le second prend la forme du burlesque (P. Scarron, W. G. Van Focquenbroch, A. Tassoni, J.C. Pasek, G.A. Bredero, A. Furetière), de l'utopie (T. Campanella, S. de Cyrano de Bergerac, F. Godwin) et du picaresque (F. Gómez de Quevedo, L. Vélez de Guevara, C. Sorel, H.J.C. von Grimmelshausen, N. Heinsius, J. Bunyan). L'une des convergences les plus riches de ces deux courants se réalise dans la prose narrative. En appuyant sa crédibilité sur l'histoire, elle produit des œuvres dont la vérité psychologique et sociale tranche sur les invraisemblances du roman baroque : *La Princesse de Clèves* (Mme de Lafayette), les *Lettres d'une religieuse portugaise* (G.J. de Guilleragues), *L'Esploratore turco* (G.P. Marana).

LE CLASSICISME

L'analyse psychologique est d'ailleurs la plus grande réussite d'un mouvement très exceptionnel dans ce monde baroque, le classicisme français, qui s'impose peu à peu, triomphe en France

*R*ome en majesté

Cette figure allégorique de Rome représente bien la contradiction somptueuse de ces deux siècles de littérature européenne : une vigueur du mouvement à la Rubens dit toute la fougue baroque; une sereine majesté exprime l'effort classique pour dominer cet élan et faire à tout prix que Rome soit toujours dans Rome... fût-ce au prix du mensonge allégorique.

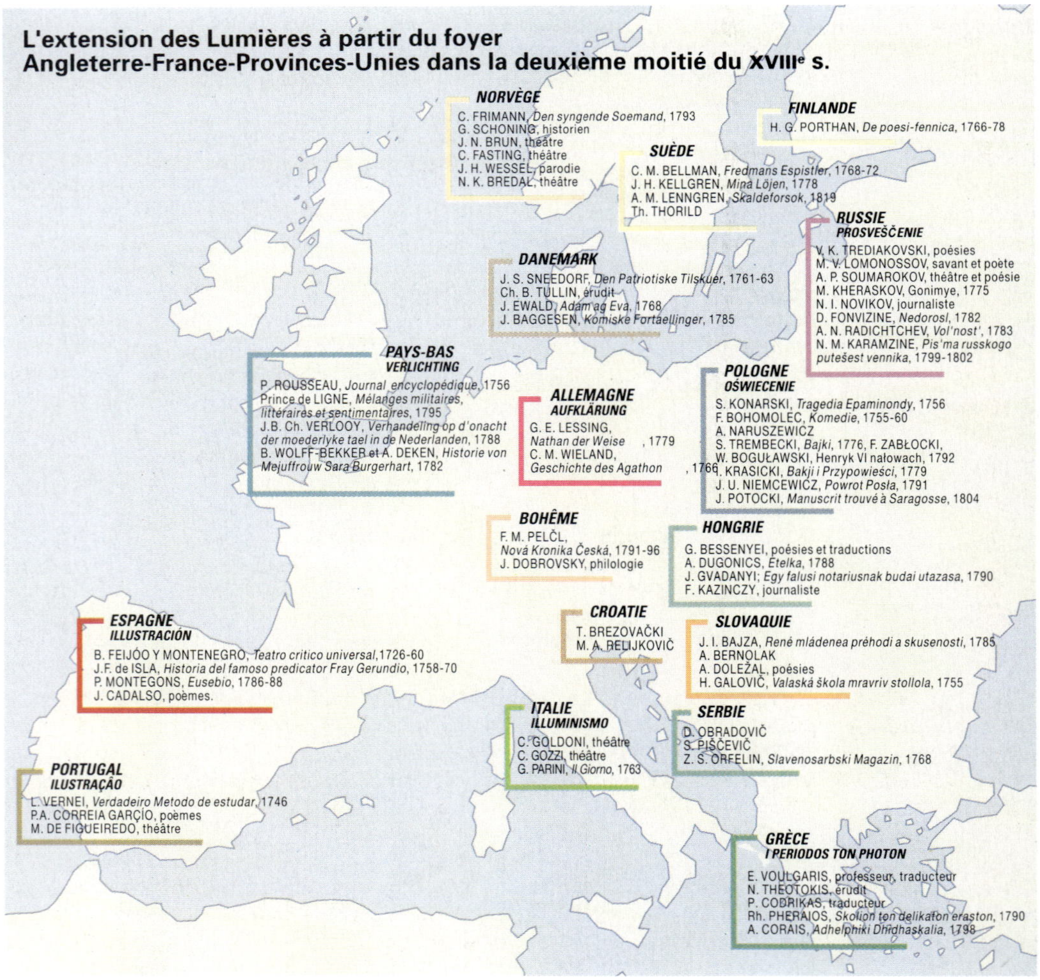

de 1660 à 1680, et se répand ensuite, sous des formes diverses, dans toute l'Europe du XVIIIe siècle. Il s'agit d'un effort vers la sobriété, la régularité, la mesure, le contrôle et la définition, toutes valeurs contraires à la tradition baroque, de même que le désir de construire une image de l'homme permanente et solide, jusque dans ses fragilités. À la construction de cette image travaillent, chacun à sa manière, R. Descartes, B. Pascal et F. de La Rochefoucauld, mais aussi T. Hobbes, F.M. de Melo, J. Cats, cependant que, par leur sens de la diversité, J. de La Fontaine, Mme de Sévigné et J. de La Bruyère annoncent le siècle suivant. La littérature d'idées le prépare aussi, tant en matière religieuse (Jansénius, M. de Molinos, P.J. Spener, J.B. Bossuet, A. Vieira, P. Pázmány, E. Migniatis, K. Loukaris) qu'en matière scientifique (G. Galilei, F. Bacon), voire à leur intersection (J. Kepler, J. Böhme).

Le XVIIe siècle est le grand siècle du théâtre, surtout en France (Corneille, Molière, Racine) et en Espagne (F. Lope de Vega, P. Calderón, Tirso de Molina), mais aussi en Allemagne (A. Greif) et en Angleterre où la tradition élisabéthaine compose avec le classicisme à la française (J. Dryden, W. Congreve). La poésie suit un peu partout une inspiration spirituelle (A. Silesius, P. Gerhardt, J. Donne, J. Milton, J. de Harduijn, J. Revius, D.R. Camphuysen, T. Kingo, A. Arrebo, B. Bridel, A. Molnár, M.K. Sarbiewski). En France, le lyrisme passe d'un baroquisme dominé (F. de Malherbe, T. de Viau) à une inspiration didactique et satirique (N. Boileau) que suivent aussi le Flamand C. Huygens, le Russe S. de Polock et le Norvégien P. Dass.

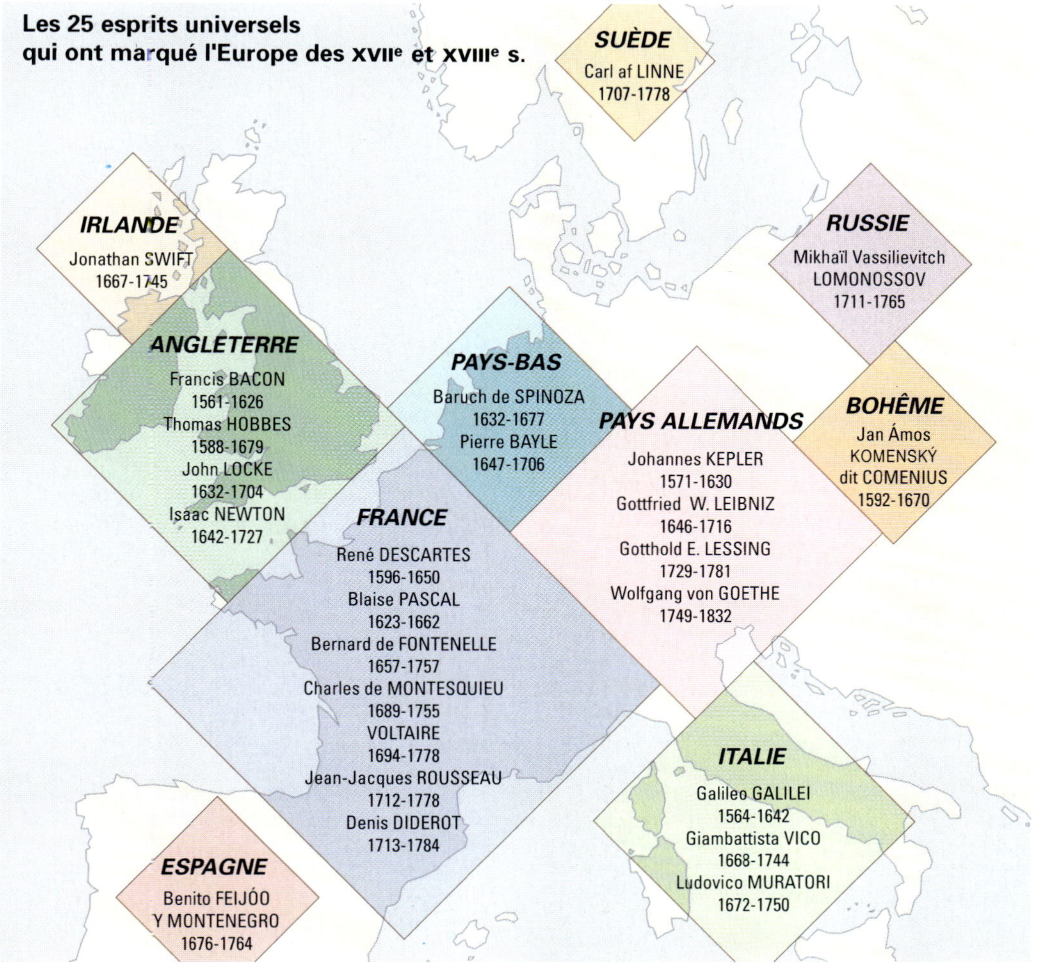

LES LUMIÈRES

Les années 1680 voient apparaître, dans les Provinces-Unies et en Angleterre, un mouvement qu'on appellera les Lumières et qui, sans bouleverser les canons esthétiques (classicisme teinté de rococo), renouvelle la vision que l'homme a du monde et sa façon de l'habiter. Un nouvel idéal se constitue, celui du « philosophe », qui s'intéresse aux problèmes épistémologiques (P. Bayle, G. Vico), politiques (J. Locke, C. de Montesquieu, J.-J. Rousseau), scientifiques (M.V. Lomonossov, C. af Linné), et qui s'efforce, pour faire reculer le préjugé et l'intolérance, de vulgariser largement le savoir (A. de Shaftesbury, B. de Fontenelle, L.A. Muratori, S. Konarski, B.J. Feijóo y Montenegro, L. Vernei, P. Rousseau, E. Voulgaris, et, en France, l'*Encyclopédie* de D. Diderot et J. Le Rond d'Alembert). Tout l'effort de la philosophie vise, en assurant le développement de la connaissance et des applications scientifiques, à concilier Foi et Raison (N. de Malebranche, G.W. Leibniz, I. Newton). Sur tous ces domaines règne Voltaire, qui est aussi l'écrivain le plus divers et le plus célèbre de tout le siècle.

Au théâtre, la tradition classique est illustrée par L. Holberg, J.C. Gottsched, A.P. Soumarokov, et renouvelée par P. de Marivaux et par les Anglais (J. Gay, N. Rowe, C. Cibber, G. Lillo) dans le sens du drame bourgeois (D. Diderot, G.E. Lessing, C. Goldoni, L. Fernández de Moratín, D.I. Fonvizine, M. Kheraskov, P.A. de Beaumarchais). La poésie chante le bonheur de la condition humaine (A. Pope, J. Thomson, P. Metastasio), auquel vient bientôt se mêler l'inquiétude du désordre, de la nuit, de la mort et du mystère (E. Young, T. Gray, C.M. Bellman, F.G. Klopstock, H. Van Alphen, M.M. Bocage, W. Blake). La fiction en prose manifeste une inventivité sans précédent, sous la forme des contes, merveilleux puis philosophiques (Voltaire, J. Swift, J. Potocki), des récits de voyage (Fénelon, D. Defoe), des récits de vie (R. Challe, A.R. Lesage, P. de Marivaux, l'abbé Prévost, H. Fielding, T.G. Smollett) et du roman épistolaire (S. Richardson, J.-J. Rousseau, P. Choderlos de Laclos).

À partir de 1750, la veine sentimentale et idyllique (S. Gessner, F. Karpinski, B. de Saint-Pierre) est battue en brèche par des « réalistes » ironiques (O. Goldsmith, R.B.B. Sheridan, N. Restif de La Bretonne, L. Sterne, le marquis de Sade). Cette période est aussi marquée par un double retour aux sources antiques (J.J. Winckelmann, A. Chénier) et aux sources nationales populaires (J.G. Herder, J. Macpherson, M. Cesarotti, R. Burns). C'est l'époque du « génie », qu'exaltent, en Allemagne, le *Sturm und Drang* (J.W. von Goethe, F. von Schiller) puis le *Klassik* (J.P.F. Richter, F. Hölderlin) et qu'illustre, en Italie, V. Alfieri.

UN GRAND EUROPÉEN : COMENIUS

Jan Amos Komensky, dit Comenius (1592-1670), est né en Moravie. Étudiant à Heidelberg, résident clandestin en Bohême (il sera le dernier évêque de la communauté des Frères moraves) après la victoire des Habsbourg à la Montagne Blanche (1620), il est exilé en Pologne à partir de 1628. Publié à Londres, où les Anglais l'accueillent, il est aussi invité à Paris par Richelieu. Il rencontre René Descartes en Hollande, est chargé de missions pédagogiques en Suède et en Hongrie, se réfugie enfin à Amsterdam en 1656. Variée, mais essentiellement didactique et pédagogique, son œuvre se développe dans tous les domaines : philologie, sciences, philosophie et religion. Un grand récit allégorique d'initiation: Labyrint sveta a Ráj srdce (Le Labyrinthe du monde et le Paradis du cœur, *1623), et le premier manuel scolaire illustré du monde:* Orbis sensualium pictus (Le Monde en images, *1658), bilingue (latin-allemand). Son idée de réforme universelle par la « pansophie » eut un grand rayonnement, en particulier sur G.W. Leibniz, A. Francke et J.G. Herder. Goethe l'admire. Michelet le nomme le « Galilée de l'éducation ». I. Illich en fait le grand précurseur de l'école moderne. M. Yourcenar reprend l'un de ses titres* (Le Labyrinthe du monde). *Les Tchèques voient en lui l'une des plus éminentes figures de leur histoire.*

1609 premiers journaux périodiques imprimés en Allemagne : l'*Aviso* et *La Relation*.

1610 Galilée, *Sidereus Nuntius, (Le Messager astral).*

1613 L. de Gongora, *Soledades (Solitudes).*

1616 mort de Shakespeare et de Cervantès.

1624 M. Opitz, *Buch von der deutschen Poeterei (Traité de la poésie allemande).*

1634 Calderón, *La Vida es suenõ (La Vie est un songe).*

1637 Descartes, *Discours de la méthode.*

1637 Corneille, *Le Cid.*

1640 Jansénius, *Augustinus.*

1646 traduction anglaise des *Odes of Casimire*, poésies latines du Polonais M.K. Sarbiewski.

1647 B. Gracián y Morales, *El Oraculo manual (L'Homme de cour).*

1651 Th. Hobbes, *Leviathan.*

1656-1657 Pascal, *Les Provinciales.*

1660-1678 grande période du classicisme français.

1666 Molière, *Le Misanthrope.*

1667 Milton, *Paradise Lost (Le Paradis perdu).*

1668-1696 La Fontaine, *Fables.*

1669 Lodewyk Meyer fonde à Amsterdam la société Nil Volentibus Arduum.

1672 Avvakum, *Zitie (Vie).*

1674 Boileau, *Art poétique.*

1677 Racine, *Phèdre.*

1680 fondation de la Comédie Française.

1683 Jean Sobieski sauve Vienne des Turcs.

1685 révocation de l'édit de Nantes.

1687 I. Newton, *Philosophiæ naturalis principia mathematica (Principes mathématiques de la philosophie naturelle).*

1688 *Glorious Revolution* à Londres; La Bruyère, *Caractères.*

1695-1697 P. Bayle, *Dictionnaire historique et critique.*

LES DÉBUTS DU THÉÂTRE MODERNE (1480-1620)

Le XVIe siècle voit un peu partout un théâtre moderne se dégager des formes dramatiques médiévales et des adaptations de l'antique en langue néo-latine. Si cette dernière veine est encore illustrée par Érasme, G. Buchanan, G. Gnapheus, G. Macropedius, J. Wimpfeling, J. Reüchlin, O. Petri et P. Bornemissza, si la France et l'Espagne attendent et préparent l'une son Siècle de Louis XIV (avec R. Garnier, E. Jodelle, A. Hardy), l'autre son Siècle d'or (avec F. de Rojas, Lope de Rueda, G. Vicente), plusieurs événements décisifs marquent la vie du genre :

— la construction de théâtres fixes : The Red Lion à Londres en 1567 (avant The Theatre et The Globe), le Corral de la Cruz à Madrid et le Théâtre olympique de Vicence, en 1585;

— les débuts, en Italie, de la Commedia dell'arte (1567), et de la pastorale dramatique (le Tasse, G.B. Guarini).

— les premières comédies « modernes », aux Pays-Bas (C.Van Rijssele), en Italie (Machiavel), ou en Croatie (H. Lucic, M. Drzic);

— et surtout l'extraordinaire floraison anglaise des époques élisabéthaine et jacobéenne, qui exprimera avec génie, autour du génial Shakespeare, toutes les puissances et tous les artifices de l'art théâtral (exploitation de l'espace, magie de l'imaginaire, mélange des tons, violence du verbe poétique...). De William Shakespeare (1565-1616), on a conservé trente-six pièces, pour la plupart universellement connues et sans cesse rejouées. De son vivant, elles furent surtout représentées au Globe. Il serait injuste que sa gloire éclipse le talent de ses contemporains et concurrents : Th. Kyd, Ch. Marlowe, J. Lyly, B. Jonson, C. Tourneur, J. Webster.

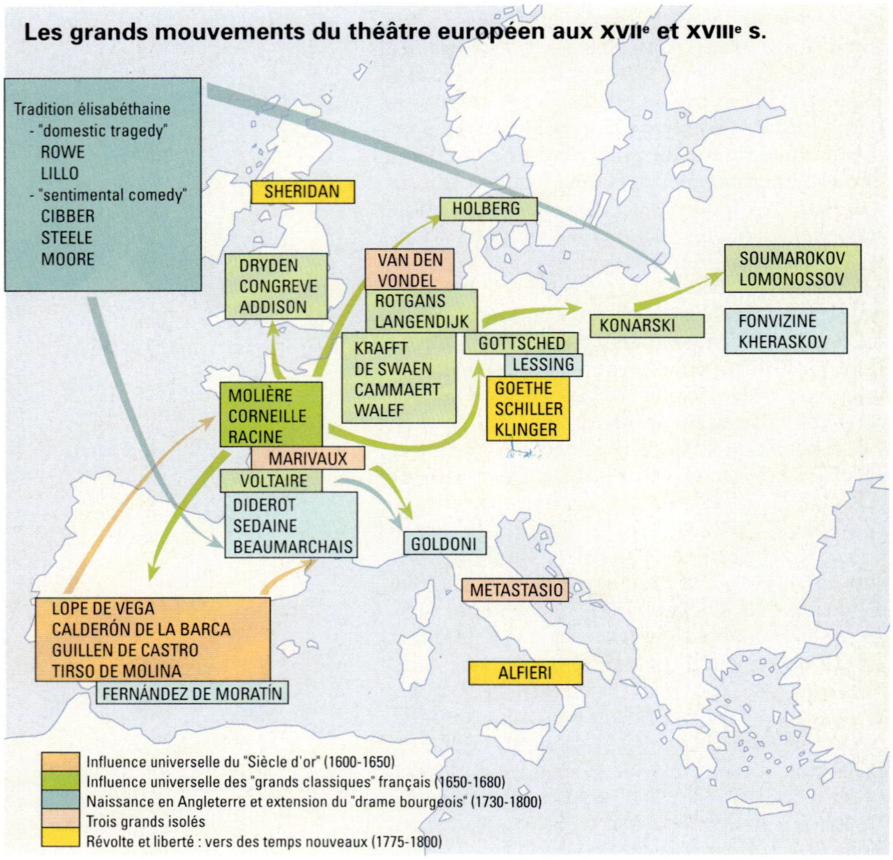

▼ *Les querelles*

Trois querelles, ou crises de croissance, nourrissent la littérature du XVIIIe siècle et montrent le rôle que celle-ci entend jouer dans tous les domaines de l'activité humaine.

Dans le domaine de la poésie. Querelle des Anciens et des Modernes, en France (1687-1694, puis 1713-1716); en Angleterre : The Battle of the Books *(Jonathan Swift, 1697-1704). Cf. Pope,* The Dunciad *(1728, puis 1743); aux Provinces-Unies :* de poëtenstryd, *la guerre des poètes; en Allemagne : Johann Jakob Bodmer et Johann Jakob Breitinger contre Johann Christoph Gottsched.*

Dans le domaine de la biologie. La question de la génération spontanée oppose, en particulier, J. T. Needham à L. Spallanzani.

Dans le domaine de la musique. La rivalité entre la musique française (J.-P. Rameau) et la musique italienne culmine à Paris, en 1752, dans la querelle des Bouffons.

Les Provinces-Unis, épicentre des Lumières entre le XVIIe et le XVIIIe siècle

Les Province-Unis jouissent de plusieurs atouts d'importance. Elles sont, depuis le XVIe siècle, le premier centre d'édition du monde; elles bénéficient d'une expérience républicaine unique pour un pays aussi grand, et d'une tradition humaniste toujours vivante, dans la lignée de Coornhert et surtout d'Érasme de Rotterdam (1469-1536). Ce dernier est le grand homme et le symbole de la Renaissance européenne. Il étudia et enseigna aux Pays-Bas, en France, en Angleterre, en Italie, en Suisse, où il lia des relations dans tous les milieux humanistes. Malgré toutes sortes de sollicitations, il sut garder sa liberté, en particulier dans ses rapports avec Luther, qu'il approuva sur bien des points, mais dont il ne voulut pas suivre la violence. Ses œuvres, écrites en latin, développent un idéal de tolérance, de mesure et d'éducation morale : commentaires de l'Ancien et du Nouveau Testament, Adages *(recueil de proverbes classés, 1500),* Colloques *(dialogues vivants sur des problèmes contemporains, 1518) Son* Éloge de la Folie *(1511) surtout l'a rendu célèbre : au seuil d'une période où l'homme fait de plus en plus confiance à sa raison pour se connaître et connaître le monde, ainsi que pour justifier sa foi, il y fait ironiquement une place à l'absurde, pour désamorcer toutes les certitudes trop tranquilles et tous les dogmatismes fondés sur une logique des apparences. Ce texte brillant et paradoxal fait de lui un prédécesseur direct de Shakespeare et de Cervantès. Les Provinces-Unis jouissent aussi d'une prodigieuse prospérité économique, commerciale (surtout maritime) et politique avec l'avènement de Guillaume III d'Orange au trône d'Angleterre (1689). Elles sont encore la patrie des Lumières naissantes, autour de Huygens, Graevius, Gronovius, Cuper, Burman, et un « refuge » de tolérance religieuse, où se retrouvent, dans la décennie 1680, Furly, P. Bayle, P. Jurieu, A.A.C. Shaftesbury, J. Locke, Leclerc, R. Sanchez, et bien d'autres.*

1690 J. Locke, *An Essay concerning Human Understanding (Essai sur l'entendement humain).*

1721 Montesquieu, *Lettres persanes.*

1725 G. Vico, *Principi di una scienza nuova (Principes d'une science nouvelle).*

1728 J. Gay, *The Beggar's Opera (L'Opéra du gueux).*

1733 A. Pope, *Essay on Man (Essai sur l'homme).*

1742-1744 E. Young, *The Complaint or Night Thoughts... (Les Nuits).*

1748 Montesquieu, *De l'esprit des lois;* F.G. Klopstock, *Messias (La Messiade).*

1750 lancement de l'*Encyclopédie* et premier *Discours* de J.-J. Rousseau.

1760 Voltaire s'installe à Ferney; Ossian (Macpherson), *Fragments of Ancient Poetry (Fragments de poésie ancienne).*

1761 J.-J. Rousseau, *Du contrat social.*

1762 S. Gessner, *Idyllen (Idylles).*

1763 G.E. Lessing, *Hamburgische Dramaturgie (La Dramaturgie de Hambourg).*

1763-1772 M. Cesarotti, *Poemi di Ossiani (Poèmes d'Ossian).*

1764 J. J. Winckelmann, *Geschichte der Kunst des Altertums (Histoire de l'art antique).*

1772 début, à Francfort, puis à Göttingen, du *Sturm und Drang (Tempête et élan),* mouvement rationaliste influencé par Rousseau et qui inspirera Schiller et Goethe.

1784 Kant, *Was ist Aufklärung ? (Qu'est-ce que les Lumières ?).*

1794 A. Chénier, *Iambes;* W. Blake, *Songs of Experience (Les Chants de l'expérience).*

1799 F. Hölderlin, *Hyperion.*

Éxubérance du genre romanesque en Europe aux XVIIe et XVIIIe siècles

IDÉALISME	*FANTAISIE*	*RÉALISME*
		Mateo Aleman, *Guzman de Alfarache*
Honoré d'Urfé, *L'Astrée*	Cervantès, *El Quijote, (Don Quichotte de la Manche)*	
John Barclay, *Argenis* Martin Opitz, *Shäferei von der Nimfen Hercynia, (Bergerie de la nymphe Hercynie)*	Tommaso Campanella, *La Città del Sole, (La Cité du Soleil)*	Charles Sorel, *Histoire comique de Francion* Francisco Gomez de Quevedo y Villegas, *Vida del Buscon, (Vie de Buscon)*
Jan Amos Komenský (Comenius), *Labyrint sveta a raj srdce, (Le Labyrinthe du monde et le paradis du cœur)* Johan Van Heemskerck, *Inleijdinghe tot het ontwerp van een Batavische Arcadia, (Introduction d'une esquisse d'une Arcadie batave)* Ambrogio Marini, *Colloandro fedelle, (Coloandre fidèle)*	Francis Godwin, *The Man in the Moon, (L'Homme dans la Lune)*	
Madeleine de Scudéry, *Le Grand Cyrus*		Luis Veléz de Guevara, *El Diablo cojuelo, (Le Diable boiteux)*
Roger Boyle, *Parthenissa*	Cyrano de Bergerac, *Les États et Empires de la Lune et du Soleil*	Paul Scarron, *Le Roman comique* Girolamo Brusoni, *La Gondola a tre remi, (La Gondole à trois rames)*
Hans Jacob Christoffel von Grimmelshausen, *Keuscher Joseph, (Le Chaste Joseph)* John Bunyan, *The Pilgrim's progress, (Le Voyage du pèlerin)*	Hans Jakob Christoffel von Grimmelshausen, *Der Abenteuerliche Simplicissimus, (Les Aventures de Simplicius Simplicissimus)*	Antoine Furetière, *Le Roman bourgeois* Gabriel Joseph de Lavergne, comte de Guilleragues, *Lettres d'une religieuse portugaise*
Marie Catherine Hortense Desjardins, dite Mme de Villedieu, *Mémoires d'Henriette-Sylvie de Molière* Mme de Lafayette, *La Princesse de Clèves*	Jean de La Fontaine, *Les Amours de Psyché et de Cupidon* Denis Veiras, *Histoire des Sévarambes* Olof Rudbeck, *Atland eller Manheim, (L'Atlantide)*	
Aphra Behn, *Oroonko* Daniel Caspar von Lohenstein, *Grossmütiger Feldherr Arminius, (Le Magnanime Condottiere Arminius)*	Giovan Vincenzo Gravina, *Hydra mystica, (L'Hydre mystique)*	Giovanni Paolo Marana, *L'Esploratore turco, (L'Espion du Grand Seigneur)*
Anne Bellinzani, *Histoire nouvelle des amours de la jeune Bélise et de Cléante* Bernard Le Bovier de Fontenelle, *Lettres galantes de M. le chevalier d'Her...*	Gabriel de Foigny, *Les Aventures de Jacques Sadeur* Charles Perrault, *Contes du temps passé*	Nicolaas Heinsius, *Den vermakelyken avanturier, (L'aventurier amusant)*
Fénelon, *Les Aventures de Télémaque*		

IDÉALISME	FANTAISIE	RÉALISME	
Mary de la Rivière Manley, *The Secret History of Queen Zarah and the Zarazians, (Histoire secrète de la reine Sarah et des Sarassiens)*	C. Gilbert, *Histoire de Calejava ou l'île des hommes raisonnables* Antoine Galland, *Les Mille et Une Nuits*	Jan Chryzostom Pasek, *Pamietniki, (Mémoires)* Alain René Lesage, *Le Diable boiteux*	1700
	S. Tyssot de Patot, *Voyages et aventures de Jacques Massé* ◉	Robert Challe, *Les Illustres Françaises* Alain René Lesage, *Histoire de Gil Blas de Santillane*	1710
Eliza Haywood, *Memoir of a Certain Island, (Mémoire d'une certaine île)*	Montesquieu, *Lettres persanes* ✉ Jonathan Swift, *Gulliver's Travels, (Les Voyages de Gulliver)* ◉	Daniel Defoe, *The Life and Strange Surprising Adventures of Robinson Crusoe of York, Mariner, (Robinson Crusoé)* ◉ Daniel Defoe, *The Fortune and Misfortune of the famous Moll Flanders, (Heurs et malheurs de la célèbre Moll Flanders)*	1720
		Abbé Prévost, *Histoire du chevalier des Grieux et de Manon Lescaut* Marivaux, *La Vie de Marianne* Marivaux, *Le Paysan parvenu* Crébillon fils, *Les Égarements du cœur et de l'esprit*	1730
Claudine A. Guérin de Tencin, *Le Siège de Calais* Samuel Richardson, *Pamela or Virtue Rewarded, (Paméla ou la Vertu récompensée)* ✉ Mme de Graffigny, *Lettres d'une Péruvienne* ✉ Samuel Richardson, *Clarissa or the History of a Young Lady, (Clarisse ou l'histoire d'une jeune dame)* ✉	Crébillon fils, *Le Sopha* Ludwig Holberg, *Nicolai Klimii Iter subterraneum, (Le voyage souterrain de Nils Klim)* ◉ Johann Gottfried Schnabel, *Wunderliche Fata einiger See-Fahrer, (L'Étrange Destin de quelques marins)* ◉ Voltaire, *Zadig ou la Destinée* Diderot, *Les Bijoux indiscrets*	Abbé Prévost, *Histoire d'une Grecque moderne* Henry Fielding, *The History of Tom Jones, a Foundling, (Tom Jones, histoire d'un enfant trouvé)*	1740
	Voltaire, *Micromégas* ◉ Voltaire, *Candide ou l'Optimisme* ◉ L. Sterne, *The Life and Opinions of Tristram Shandy, Gentleman, (Vie et opinions de Tristram Shandy)*	Tobias George Smollett, *Peregrine Pickle, (Les Aventures de Peregrine Pickle)* José Francisco de Isla de la Torre, *Historia del famoso predicator Fray Gerundio, (Histoire du fameux prédicateur Frère Géronde)* Diderot, *La Religieuse*	1750
Jean-Jacques Rousseau, *La Nouvelle Héloïse* ✉ Christoph Martin Wieland, *Geschichte des Agathon, (Histoire d'Agathon)* Fedor Aleksandrovic Emin, *Pis'ma Ernnesta i Doravry, (Les lettres d'Ernest et de Doraure)* ✉	Diderot, *Le Neveu de Rameau* H. Walpole, *The Castle of Otrante, (Le Château d'Otrante)* Diderot, *Jacques le Fataliste* ◉ Voltaire, *L'Ingénu* Bernard Le Bovier de Fontenelle, *Histoire des Ajaoiens* L. Sterne, *Sentimental Journey through France and Italy, (Voyage sentimental en France et en Italie)* ◉	Oliver Goldsmith, *The Vicar of Wakefield, (Le Curé de Wakefield)* Restif de La Bretonne, *Le Pied de Fanchette*	1760
Goethe, *Die Leiden des jungen Werthers, (Les Souffrances du jeune Werther)* ✉ Frances Burney, *Evelina or a Young Lady's Entrance into the World, (Evelina, ou l'Histoire de l'entrée d'une demoiselle dans le monde)* ✉	Tobias George Smollett, *Humphrey Clinker* ◉ L. S. Mercier, *L'An 2440, rêve s'il en fut jamais* Ch. M. Wieland, *Der goldene Spiegel, (Le Miroir d'or)* Albrecht von Haller, *Alfred*	Restif de La Bretonne, *Le Paysan perverti*	1770
Rhijnvis Feith, *Julia* Andras Dugonics, *Etelka* Bernardin de Saint-Pierre, *Paul et Virginie*	Restif de la Bretonne, *La Découverte australe* William Beckford, *Vathek* Sade, *Les Infortunes de la vertu* Bernardin de Saint-Pierre, *Arcadie*	Choderlos de Laclos, *Les Liaisons dangereuses* ✉ Pedro Montegons, *Eusebio* Restif de La Bretonne, *Les Nuits de Paris* Rhigas Pheraios, *Skolion ton delicaton eraston, (L'École des amants délicats)*	1780
Josef Karman, *Fanny hagyomanyai, (L'Héritage de Fanny)* Goethe, *Wilhelm Meisters Lehrjahre, (Les Années d'apprentissage de Wilhelm Meister)* ◉ Jane Austen, *Pride and Prejudice, (Orgueil et préjugé)* Nikolaï Mikhaïlovitch Karamzine, *Pis'ma russkogo putesestvennika, (Lettres d'un voyageur russe)* ◉ Nikolas Mavrocordato, *Philothéou Parergha, (Opuscules de Philothée)*	Ann Radcliffe, *The Mysteries of Udolfo, (Les Mystères d'Udolphe)* Matthew Lewis, *The Monk, (Le Moine)* Johann Paul Friedrich Richter, dit Jean Paul, *Siebenkäs* Jan Potocki, *Manuscrit trouvé à Saragosse* Johannes Ewald, *Levnet og Meeninger, (La Vie et les idées)*		1790
			1800

À partir de la fin du Moyen Âge, la prose narrative suit trois voies principales :

— celle de l'idéalisme, hérité du roman de chevalerie, avec ses variations pastorale, héroïque, galante, symbolique, historique, vertueuse et sentimentale ;

— celle du réalisme, hérité de Boccace, avec ses variations picaresque, burlesque, sociale, psychologique et satirique ;

— entre les deux, une voie fantaisiste, avec ses variations utopique, merveilleuse, humoristique, philosophique, et « gothique », à la fin du XVIIIe siècle.

Le texte carrefour est, au début du XVIIe siècle, le *Don Quichotte* de Cervantès. Traversant ces trois voies et caractérisant la période, deux formes prennent alors un essor étonnant : le récit de voyage ◉ et la lettre ✉

Le tableau ci-contre présente, dans l'ordre chronologique, les principales productions de la prose narrative européenne de ces deux siècles, réparties dans les trois « voies » définies ci-dessus, et affectées du ou des indices qui les caractérisent le mieux, étant bien entendu que les influences s'entrecroisent et que les distinctions entre ces diverses tonalités ne sont qu'indicatives.

L'Astrée :
Œuvres dont le rayonnement fut important et durable, soit à cause de leur inspiration, soit en vertu de leur tonalité, soit encore pour le modèle formel qu'elles offraient.

LA LITTÉRATURE XIXe - XXe SIÈCLE

Préparé par l'émergence d'une sensibilité qui écarte, surtout dans les pays allemands et britanniques, le modèle du philosophe rationaliste au profit du génie, individuel ou collectif, et déclenché par la Révolution française, le romantisme règne sur l'Europe du premier XIXe siècle. La nébuleuse romantique groupe une poésie lyrique qui chante le « mal du siècle » en opérant un retour aux sources nationales et populaires et en rechargeant d'inspiration mystique le rapport de l'homme avec la nature et avec la collectivité.

Victor Hugo, Dans les Ardennes, plume et encre, 1866

Symbole vivant de la collaboration de tous les arts qui caractérise l'époque romantique, Victor Hugo, grand poète, grand romancier, et grand dramaturge, fut aussi un merveilleux dessinateur.

Le théâtre se fait le plus souvent historique (V. Hugo, H. von Kleist, F. Grillparzer, J.K. Tyl, Garrett), ainsi que le roman (W. Scott, A. Dumas, A. Lossjes, M. Jósika, J.I. Kraszewski, A. Manzoni, E. Roïdis) qui explore aussi les veines exotique et fantastique (C. Nodier, P. Mérimée, H. C. Andersen, J. et W. Grimm, E.T.A. Hoffmann, A. von Chamisso) et qui triomphe, au milieu du siècle, dans la peinture réaliste de la société (Stendhal, H. de Balzac, C. Dickens, W. Thackeray, G. Flaubert, G. Eliot). En Russie, le réalisme se colore d'une teinte philanthropique (F.M. Dostoïevski, L. Tolstoï, I.A. Gontcharov). Ailleurs, il reste attaché aux valeurs bourgeoises (B. Pérez Galdós, A. Bergmann, N. Beets) ou exalte le régionalisme (G. Keller, T. Fontane, J. Neruda, T. Nováková, L. Lazarević, G. Vizyinos, I. Kondylakis).

L'ART POUR L'ART ET LE NATURALISME

Entre 1850 et 1880, deux grands mouvements d'opposition au romantisme renouvellent les genres : l'Art pour l'art en poésie (T. Gautier, maître de Baudelaire, A. Tennyson, R. Browning, A.C. Swinburne, K. Palamas, J. Vrchlický, C. Norwid, C. Verde, G. Carducci) et, pour le roman, le naturalisme d'Émile Zola, dont l'influence s'exerce sur l'Europe entière jusqu'en plein XXe siècle. La méthode « scientifique » et « expérimentale » de cette école touche aussi le théâtre (H. Ibsen, B. Bjørnson, A. Strindberg, A.P. Tchekhov, G. Hauptmann) où elle sera vite relayée par une autre inspiration, celle du symbolisme. Jusque dans les dernières années du siècle pourtant le romantisme survit, chez V. Hugo, G. Gezelle, G.A. Bécquer, A.T. de Quental, J. Botto, V. Rydberg, J. Arany, J.V. Sládek, M. Eminescu, H. Botev, I. Madách.

LA FIN DE SIÈCLE

C'est dans la poésie que naît l'ère de la « modernité », avec *Les Fleurs du mal* (1857) de C. Baudelaire, et les œuvres de P. Verlaine et d'A. Rimbaud. Toute la fin du XIXe siècle est marquée par le goût décadentiste (O. Wilde, W.H. Pater, J.-K. Huysmans, J.K. ze Lvovice), bientôt relayé par un art épris d'idéal et de mystère, plus proche de la musique que de la peinture, soucieux d'une épuration du langage poétique : le symbolisme. À la charnière des deux siècles, ce mouvement voit se succéder les écoles, les groupes, les revues, les manifestes, cependant que l'Europe voit se déplacer son centre d'innovations esthétiques de Paris vers la Belgique et Vienne. Illustrée au cœur du XIXe siècle par George Sand, la question féminine s'exprime alors avec force dans les œuvres littéraires écrites par des femmes (A. Skram, C. Parrin, Colette, M. Komornicka, G. Egerton, O. Schreiner, S. Grand, C. Huygens, L. Andreas-Salomé), voire par des hommes (T. Hardy).

LE DÉBUT DE SIÈCLE

Le début du XXe siècle se caractérise par trois phénomènes principaux : un retour des valeurs spirituelles (N. Kazantzákis, C. Péguy, P. Claudel, puis F. Mauriac, G. Greene, G. Bernanos, F. Werfel, J. Andrzejewski), parfois associé à un nationalisme militant (M. Barrès, G. d'Annunzio, J. Teixeira de Pascoaes, T. Mann) ; une floraison d'avant-gardes qui touche tous les arts ; le profond renouvellement de l'écriture romanesque (A. Gide, M. Proust, J. Joyce, V. Woolf, F. Kafka, T. S. Eliot). La guerre de 1914-1918, qui ravage tout le continent, inspire nombre d'écrivains et accélère l'éclatement des canons de l'art, pris en charge par le mouvement Dada, dès 1916, puis par le surréalisme, d'abord français (A. Breton, L. Aragon, P. Éluard) puis européen (P. Nougé, R. Gómez de la Serna, N. Zabolotski, V. Nezval, B. Schulz, A. Embiricos, A. Wuco, M.C. de Vasconcelos, A. O'Neill).

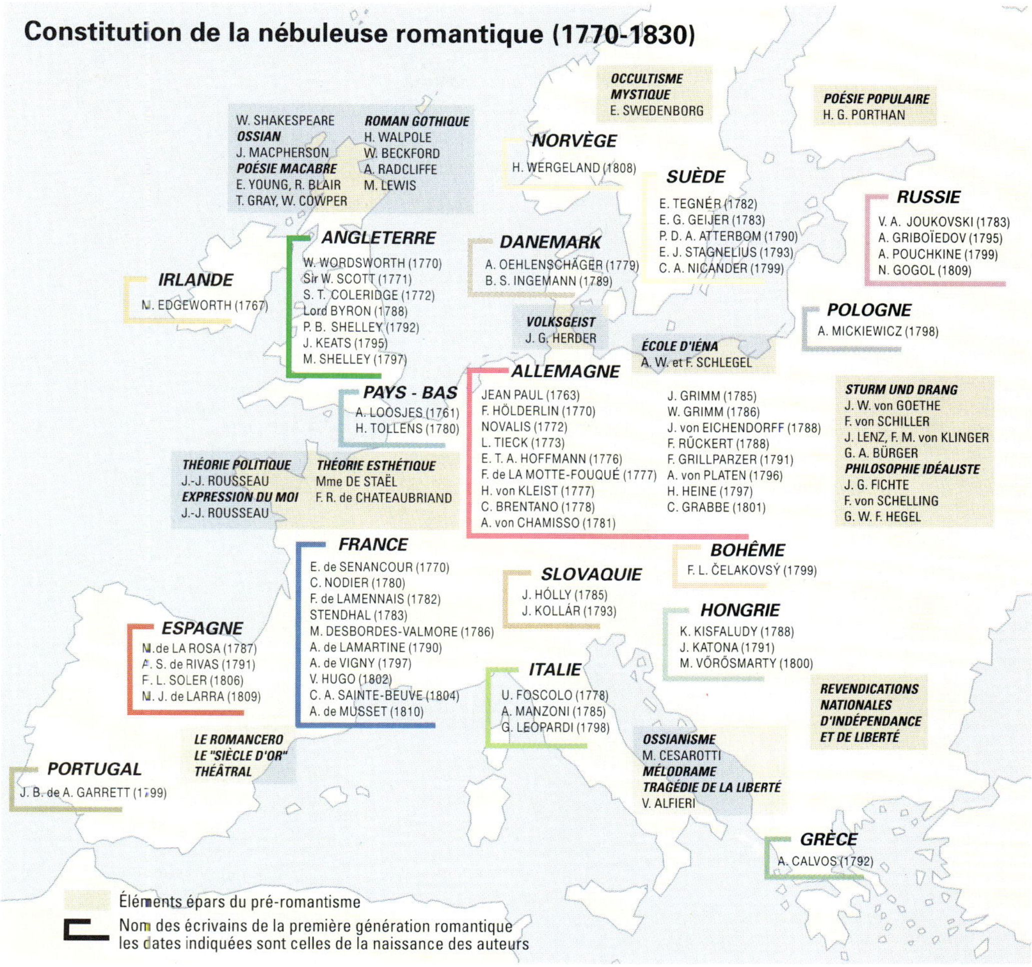

▲ *Sous la bannière romantique, des idéaux divers se regroupent : individualisme, libéralisme, nationalisme, humanitarisme,. Mais deux caratéristiques marquent toutes leurs productions : une conception nouvelle des rapports entre l'homme, la nature et l'histoire ; une active et inventive libération des formes. Deux programmes pour lesquels l'Europe entière se mit à l'école d'Iéna et des frères August Wilhem et Friedrich von Schlegel* (Athenäum, *1798-1800).*

LA PÉRIODE CONTEMPORAINE

À partir de 1930, la littérature européenne est de plus en plus entraînée dans la radicalisation des idéologies, socialiste (A. Malraux, K. Abell, I.G. Ehrenbourg), totalitaire de droite (V. Brancati, H. Johst, P. Drieu La Rochelle, R. Brasillach, L.-F. Céline), antitotalitaire (G. Orwell, A. Kœstler, B. Brecht, P. Lagerkvist, S. Zweig, E. Hostovský). Ainsi devenue une littérature d'engagement, de lutte ou d'exil, elle fait parfois appel, pour élever le débat, au mythe (T. Mann, J. Giraudoux, G. Séféris, F. García Lorca) ou à l'utopie inversée (A. Huxley, S. I. Witkiewicz, K. Čapek, K. Boye). Le second conflit mondial produit une littérature de guerre (V. Platonovitch Nekrassov, J. Seifert, J. Przybos, M. Ranóti, L. Akritas), de réclusion (A. Frank, D. Thomas, T. Borowski, A. Lustig), de résistance (R. Char, J. Campert, Vercors), de décombres *(Trummerliteratur)* (E. Waugh, C. V. Gheorghiu, A. Seghers, W. Borchert, H. Böll). Il aboutit à l'effondrement de presque toutes les idéologies de droite, au renforcement du totalitarisme sur tout l'Est européen, et à la question de l'existence, que posent magistralement J.-P. Sartre et A. Camus. C'est cette piste que suivent volontiers les romanciers (A. Kotzias, S. Tsírkas, V. Ferreira, V. Desnica, G. Reve, W.F. Hermans, K. Blixen, A. Moravia, G. Ottlik), sans pourtant toujours quitter les voies traditionnelles (A. Cohen, A. Wilson, C. Plisnier, D. Dimov, J. Škvorecky, T. Breza, A. Kuśniewicz). Si, à l'Est et à l'Ouest, la période est au réalisme social et politique (C. Pavese, C. de Oliveira, M. Delibes, T. Déry, B. Dimitrova, M. Preda, D. Hatzis, L. P. Boon), la veine fantastique survit chez M. Bulatović, J. Nesvadba, Tolkien, D. Buzzati, I. Calvino, H. Mulisch et J. Daisne. Enfin de nouvelles pratiques d'écriture s'expérimentent, en poésie, dans la foulée du surréalisme (B. Vian, R. Queneau, J. Prévert, H. Michaux, T. Sinopoulos, M. Saktouris, Lucebert, J. Walravens, P. Snoek, H. C. Pernath, F. Jacqmin), dans le « nouveau roman » (N. Sarraute, A. Robbe-Grillet, M. Butor, C. Simon, Juan Benet, J. Goytisolo, J.C. Trulock, O. Del Buono, D. Wellershoff, I. Michiels, B. Schierbeek, P. Weiss, A. Faria, G. Cheimonas, G. Konrád) et dans le théâtre de l'absurde (H. Pinter, A. Wesker, T. Stoppard, T. Różewicz, E. Ionesco, V. Havel, T. Brulin, S. Beckett).

Les années 1960 ont été marquées par un grand renouveau de la critique : école de Prague, groupe Tel Quel, structuralisme, psychanalyse. Les grands inspirateurs en sont T. Adorno, M. Foucault, J. Lacan et R. Barthes. Plus radicalement que le « postmodernisme », l'effondrement des régimes communistes de l'Est, dans les années 1980, bouleverse le paysage politique et culturel. Sa recomposition appartient, bien sûr, aux écrivains vivants de toute l'Europe d'aujourd'hui.

◀ *Alessandro Manzoni (1785-1873)*
Né à Milan, vif partisan de la Révolution française, il a écrit une œuvre abondante et variée, teintée de romantisme mystique. I promessi sposi *(*Les Fiancés, *1825-1827), roman d'aventures et d'amour, mais aussi roman historique et social sur la Lombardie du* XVIIe *siècle, exaltant des sentiments chrétiens et patriotiques, est l'un des textes fondateurs du* Risorgimento.

1802 F. R. de Chateaubriand, *Le Génie du christianisme, René.*

1810 Mme de Staël, *De l'Allemagne.*

1814 W. Scott, *Waverley.*

1825 A. Pouchkine, *Boris Godounov.*

1829-1850 H. de Balzac, *La Comédie humaine.*

1830 V. Hugo, *Hernani* ; Stendhal, *Le Rouge et le Noir.*

1835-1872 H.C. Andersen, *Eventyr, Fortalte for Born (Contes racontés aux enfants).*

1842 N.V. Gogol, *Sinel' (Le Manteau).*

1857 G. Flaubert, Madame Bovary ; Ch. Baudelaire, *Les Fleurs du mal.*

1862 V. Hugo, *les Misérables.*

1865-1869 L.N. Tolstoï, *Vojna i mir (Guerre et Paix).*

1866 E. Roïdis, *I papisa Ioana (La Papesse Jeanne) ;* F. M. Dostoïevski, *Prestuplenie i nakazanie (Crime et Châtiment) ;* P. Verlaine, *Poèmes saturniens.*

1869 Lautréamont, *Les Chants de Maldoror.*

1872 G. Eliot, *Middlemarch.*

1873 A. Rimbaud, *Une saison en enfer, Illuminations ;* J. Verne, *Le Tour du monde en quatre-vingts jours.*

1883-1885 F. Nieztsche, *Also sprach Zarathustra (Ainsi parlait Zarathoustra).*

1888 A. Strindberg, *Fröken Julie (Mademoiselle Julie).*

1890 O. Wilde, *The Picture of Dorian Gray (Le Portrait de Dorian Gray).*

1904 A. Tchekhov, *Visnëvyj sad (La Cerisaie).*

1906 P. Claudel, *Partage de midi ;* R. Musil, *Die Verwirrungen des Zöglings Törless (Les Désarrois de l'élève Törless).*

1912 F. Kafka, *Die Verwandlung (La Métamorphose).*

1913-1927 M. Proust, *À la recherche du temps perdu.*

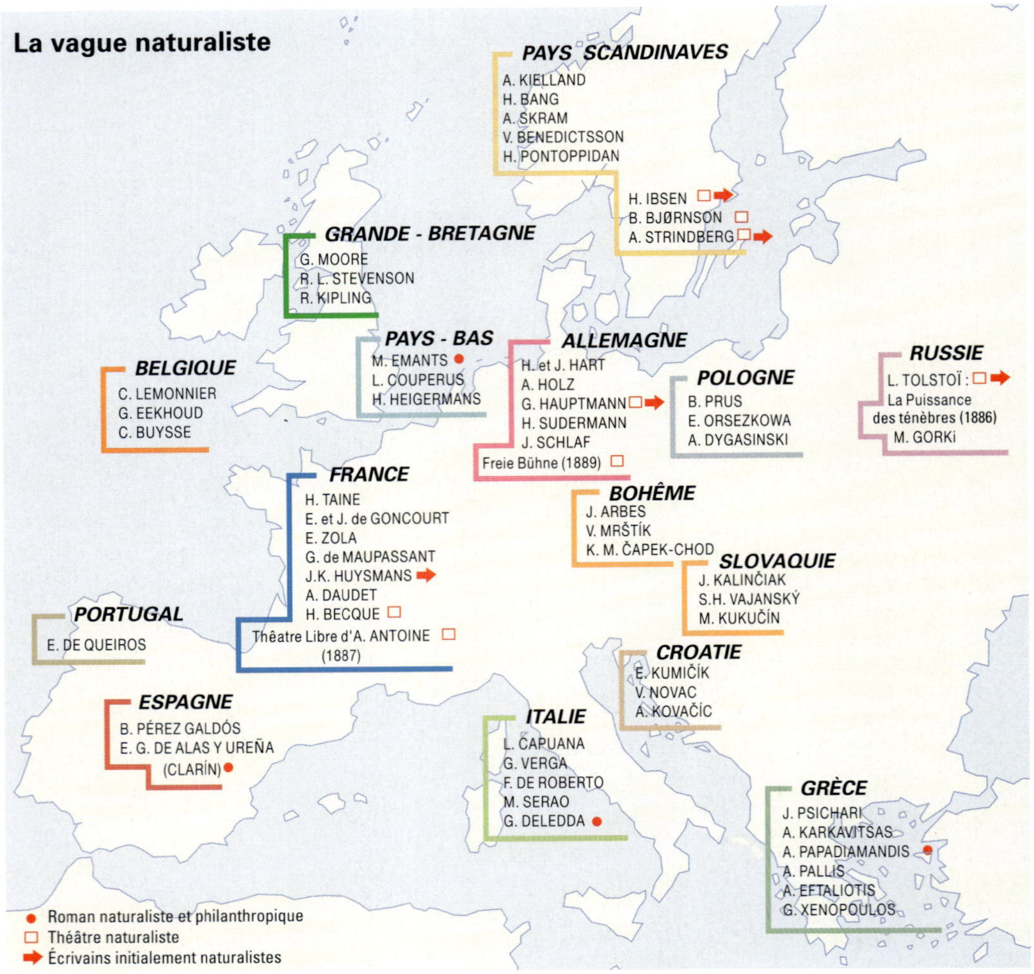

◀ *La vague naturaliste*
Entre romantisme et symbolisme, plus exactement dans le prolongement de la veine réaliste et en accord avec le scientisme positiviste (A. Comte, H. Taine, C. Bernard) du milieu du siècle, cette vague déferle sur la littérature européenne à partir de 1870.
*Le grand centre rayonnant de cette école – qui veut faire de l'œuvre littéraire un instrument de mesure, de description et d'expérimentation des grandes lois (héréditaires, physiologiques, sociologiques, économiques) qui régissent l'existence humaine contemporaine – est Émile Zola, dont les œuvres théoriques (*Le Roman expérimental, *1880) et les romans sont aussitôt traduits dans toutes les langues de l'Europe.*
Ces traductions sont le plus souvent de diffusion populaire (revues, feuilletons) et remportent un vif succès, alors même que la réception officielle et savante de l'œuvre de Zola est réservée, voire hostile.
Seules la Grande-Bretagne et la Russie échappent à peu près à la vague naturaliste, qui trouve au contraire des prolongements et une radicalisation en Italie (vérisme) et en Allemagne (« naturalisme conséquent », Sekundenstil*).*
À côté de la rigueur froide de l'observation scientifique, on trouve aussi, chez les romanciers européens de cette époque, une dimension philanthropique, inspirée de Dostoïevski et de Tolstoï.
Le nom des auteurs qui manifestent le mieux cette riche ambiguïté est précédé d'un point rouge.
Plusieurs écrivains ne s'en sont pas tenus à la manière naturaliste qu'ils avaient d'abord adoptée. Leur nom est suivi d'une flèche rouge.
Le genre le plus marqué par la méthode naturaliste est bien entendu le roman, mais le théâtre en a aussi été profondément touché, tant dans ses thèmes d'inspiration que pour la mise en scène.
Les éléments dramatiques de ce tableau sont marqués d'un rectangle rouge.

▲ *Sonatines sentimentales*
Frontispice à une œuvre de Maurice Maeterlinck par A. Charpentier, 1894

MAURICE MAETERLINCK (1862-1949)

Belge, Flamand francophone, pratiquant l'anglais, l'allemand et le néerlandais, Maurice Maeterlinck se situe au carrefour de deux siècles et du mouvement littéraire européen. Il fréquente (1885-1886) les « mardis » de Mallarmé, où il rencontre, entre autres, Villiers de l'Isle-Adam. Il découvre, contre le courant principal du temps – naturaliste et positiviste – « le côté spirituel, poétique et mystérieux des choses », avec les philosophes idéalistes allemands du début du siècle, et avec Ruysbroeck l'Admirable, mystique flamand du XIVe siècle. Il est donc initié à la fois, et contradictoirement, à la tradition rationnelle française, qu'il rejette de plus en plus, et aux appels intuitifs de la tradition germanique, que Novalis lui permet d'approfondir. C'est aussi l'un des cinq grands rénovateurs de la scène européenne et fondateurs du théâtre moderne, avec Ibsen, Tchekhov, Strindberg et Hauptmann, mais le seul à y avoir illustré une inspiration vraiment « symboliste » : un théâtre de l'âme. Il écrit quelques grands drames : L'Intruse *(1890),* Les Aveugles *(1890),* Pelléas et Mélisande *(1892, mis en musique par Claude Debussy en 1902),* Intérieur *(1894). Il exerce encore une profonde influence sur tous ceux qui, en Europe, s'essaient au théâtre au début du XXe siècle : Rilke, Hoffmannsthal, Trakl, Crommelynck, Ghelderode, Strindberg, Wyspiański, D'Annunzio, Pessoa, Garcia Lorca, Azorín. C'est aussi un grand poète (*Serres chaudes, *1896), l'un des inspirateurs d'Apollinaire, des surréalistes français et des expressionnistes allemands. Enfin, c'est un grand essayiste, connu pour sa* Vie des abeilles *(1901) et son* Trésor des humbles *(1896), tout en suggestions sans dogme et en explorations du mystère intérieur.*

LA « GRANDE GUERRE »

C'est sous la forme des listes qui ornent les monuments aux morts de l'Europe entière que l'on peut aligner les noms des écrivains qui ont évoqué dans leurs œuvres la boucherie de 1914-1918 :

Alain-Fournier *(France), mort au front en 1914.*

Corrado Alvaro *(Italie)*, Vent'Anni (Vingt Ans), *1930.*

Guillaume Apollinaire *(France), mort des suites de la guerre, 1918.*

Henri Barbusse *(France)*, Le Feu, *1916.*

Rupert Brooke *(Grande-Bretagne), poète mort au front en 1915.*

Roland Dorgelès *(France)*, Les Croix de bois, *1919.*

Stratis Doukas *(Grèce)*, Istoría enos ekhmalotou (Histoire d'un prisonnier), *1929.*

Carlo Emilio Gadda *(Italie)*, Il Castello di Udine (Le Château d'Udine), *1924.*

Jean Giono *(France)*, Le Grand Troupeau, *1931.*

Stevan Jakovlievic *(Yougoslavie)*, Srpska trilogija (Trilogie serbe), *1937.*

Benjamin Klicka *(Tchécoslovaquie)*, Generace (Une génération), *1928-1938.*

Karel Konrád *(Tchécoslovaquie)*, Raz chod ! (Rompez !), *1934.*

Jósef Kopta *(Tchécoslovaquie)*, Treti rota (La Troisième Compagnie), *1924-1934.*

Roger Martin du Gard *(France)*, Les Thibault, *1922-1940.*

William Somerset Maugham *(Grande-Bretagne)*, For Services rendered (Pour services rendus), *1932.*

Stratis Myrivílis *(Grèce)*, I zoi en tapho (La Vie dans la tombe), *1930.*

Sean O'Casey *(Irlande)*, The Silver Tassie (La Coupe du prix), *1928.*

Wilfred Owen *(Grande-Bretagne), poète mort au front en 1918.*

Charles Péguy *(France), mort au front en 1914.*

Erich Maria Remarque *(Allemagne)*, In Westen nichts Neues (À l'Ouest rien de nouveau), *1929.*

Stanislav Rembek *(Pologne)*, W Polu, *1937.*

Ludwig Renn *(Allemagne)*, Krieg (La Guerre), *1930.*

Jules Romains *(France)*, Les Hommes de bonne volonté, *1932-1946.*

Siegfried Sassoon *(Grande-Bretagne)*, Memories of an Infantry Officer (Souvenirs d'un officier d'infanterie), *1930.*

Jenö Tersántsky *(Hongrie)*, Viszontlátásra, drága (Au revoir, chérie), *1916.*

Vladislav Vančura *(Tchécoslovaquie)*, Pole orná a válečná, (Champs de labour et de guerre), *1925.*

Ilias Venézis *(Grèce)*, To noumero 31328 (Numéro 31328), *1925-1932.*

Jósef Wittlin *(Pologne)*, Hymny (Hymne), *1920, et* Sol Ziem (Le Sel de la terre), *1935.*

Arnold Zweig *(Allemagne)*, Der Streit um den Sergeanten Grischa, (Le Sort du sergent Grischa), *1927, et* Erziehung vor Verdun (Éducation héroïque devant Verdun), *1935.*

Les grands noms de la littérature européenne contemporaine (1980-1990)

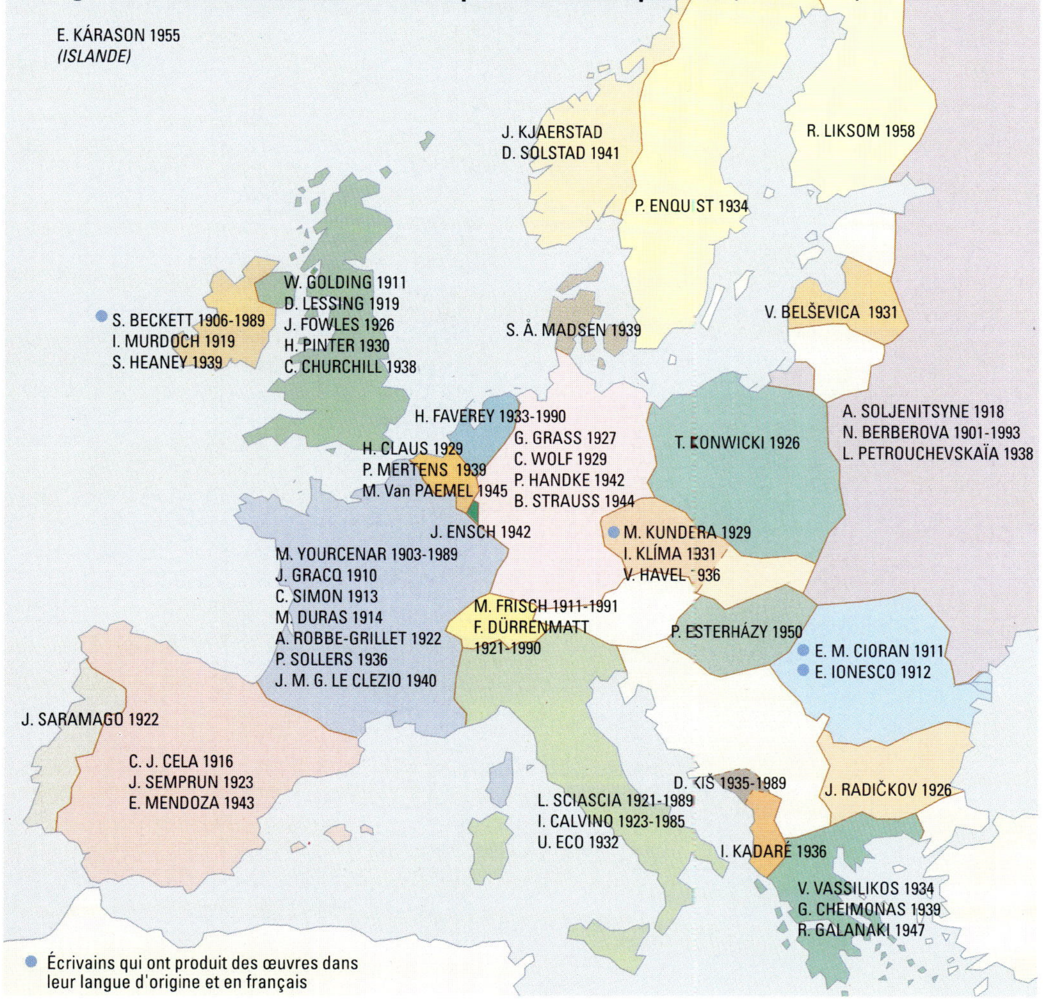

1921 L. Pirandello, *Sei personaggi in cerca d'autore (Six Personnages en quête d'auteur).*
1922 J. Joyce, *Ulysses* ; T.S. Eliot, *The Vaste Land (La Terre vaine).*
1923 R.M. Rilke, *Duineser Elegien (Élégies de Duino).*
1924 Th. Mann, *Der Zauberberg (La Montagne magique).*
1925 A. Gide, *Les Faux Monnayeurs.*
1932 L.-F. Céline, *Voyage au bout de la nuit* ; F. Mauriac, *Le Nœud de vipères* ; A. Huxley, *Brave New World (Le Meilleur des mondes).*
1933 F. G. Lorca, *Bodas de sangre (Noces de sang)* ; A. Malraux, *La Condition humaine.*
1958 K. Blixen, *Syv fantastiske Fortaellinger (Sept Contes gothiques).*
1934 F. Pessoa, *Mensagem (Message).*
1935 J. Giraudoux, *La guerre de Troie n'aura pas lieu* ; G. Séféris, *Mithistorima (Mythologie).*
1935-1938 B. Brecht, *Furcht und Elend des 3. Reichs (Grande Peur et misère du 3e Reich).*
1940 G. Greene, *The Power and the Glory (La Puissance et la Gloire)* ; A. Koestler, *Darkness at Noon (Le Zéro et l'Infini).*
1942 A. Camus, *L'Étranger.*
1943 G. Orwell, *Animal Farm (La Ferme des animaux).*
1946 N. Kazantzàkis, *Vios ke politia tou Alexis Zorba (Alexis Zorba).*
1952 C.V. Gheorghiu, *La 25e Heure.*
1954 W. Golding, *Lord of the Flies (Sa Majesté des mouches).*
1955 V. Nabokov, *Lolita.*
1960 A. Moravia, *La Noia (L'Ennui).*
1963 H. Böll, *Ansichten eines Clowns (La Grimace).*
1964 J.-P. Sartre, *Qu'est-ce que la littérature ?*
1966 W. Gombrowicz, *Operetka (Opérette).*
1970 R. Barthes, *S/Z.*

Mouvements, écoles, groupes et revues entre 1878 et 1934

DÉCADENTISME ET SYMBOLISME

Charles Baudelaire
Paul Verlaine
Arthur Rimbaud

Le groupe des Hydropathes d'Émile Goudeau *(France)* — 1878

Walter Pater
Oscar Wilde
Henrik Ibsen

Les Zutistes de Charles Cros *(France)* / *Les mardis* de Stéphane Mallarmé *(France)* — 1880

Arthur Symons
Georges Rodenbach
Paul Valéry
Maurice Maeterlinck
Paul Claudel
André Gide

Le Chat-Noir de Rodolphe Salis *(France)* / *La Jeune Belgique*, de Maurice Walomont, dit Max Waller — 1881

Lutèce, de L.. Trézenik, Georges Rall et Charles Morice *(France)* — 1882

Emile Verhaeren
Charles Van Lerberghe
Max Elskamp

Gabriele D'Annunzio
Jiri Karasek ze Lvovice

De nieuwe gids (Le Nouveau Guide) d'Albert Verwey *(Pays-Bas)* — 1885

La Pléiade / *La Wallonie* d'Albert Mockel / *Le Décadent* d'Anatole Baju *(France)* — Joris-Karl Huysmans — 1886

La Décadence littéraire et artistique de René Ghil *(France)* / *Le Symboliste* de Jean Papadiamantopoulos, dit Jean Moréas *(France)* — 1887

Os Insubmissos, (Les Insoumis) (Portugal) / Bohemia Nova, (La Bohème nouvelle) (Portugal) — 1888

La Plume / Le Mercure de France / L'Ermitage / Blätter für die Kunst (Feuilles pour l'art) de Stefan George *(Allemagne)* — Vilhelm Ekelund — 1889

NÉO-CLASSICISME

A Hét (La Semaine) de Jozsef Kiss *(Hongrie)* — 1890

L'école romane de Jean Papadiamantopoulos, dit Jean Moréas — 1891

Sophus Clausen
Sigbjørn Obstfelder
Rainer Maria Rilke

Vestnik Evropy (Le Messager européen), avec Zimada Vengerova *(Russie)* — 1892

Taarnet de Johannes Jørgensen *(Danemark)* / *Van Nu en Straks, (De maintenant et de tout à l'heure)* de Emmanuel De Bom, Cyriel Buysse , August Vermeylen *et al. (Belgique flamande)* — 1893

The Yellow Book, (Le Livre Jaune), avec Max Beerbohm *(Angleterre)* / *Tweemaandelijksch tijdschrift (Le Magazine bimensuel)* d'Albert Verwey *(Pays-Bas)* — 1894

Arte (L'Art) de Eugenio de Castro et Manuel da Silva Gaio *(Portugal)* / *Moderni Revue (Revue moderne)* d'Arnost Prochazka *(Bohême)* — 1895

Otokar Brezina
Vilem Mrstik

Miguel Unamuno y Jugo, dit Miguel de Unamuno
José Martinez Ruiz, dit Azorin
Antonio Machado
Juan Ramon Jimenez

Miltiadis Malakassis
Lambros Porphyras
Zacharias Papantoniou

La génération de 98 (Espagne) / *L'Art*, de Konstantinos Hadjopoulos *(Grèce)* / *Zycie (La Vie), journal de la jeune Pologne*, de Stanislaw Przybyszewski — 1898

Die Fackel, (La Torche), de Karl Kraus *(Autriche)* / *Le café Griensteidl, à Vienne* / *Mouvement Moderna en Serbie, Croatie, Slovénie* — 1899

Milan Rakic
Vladislav Petrovic Dis
Antun Gustav Matoš
Ivan Cankar

Dionisos de Yannis Kambyssis et Konstantinos Hadjopoulos *(Grèce)* — 1901

Hugo von Hofmannsthal
Felix Salter
Arthur Schnitzler
Richard Beer-Hofmann
Herman Bahr
Karl Kraus
Richard Engländer, dit Peter Altenberg

Vers et Prose / La Phalange — 1905

Nouvelle Revue Française / Nyugat (L'Occident) de Endre Ady *(Hongrie)* — 1908

Anna Akhmatova
Ossip Mandelstam

Amy Lowell

L'Acméisme russe de Goumiliov — 1912

Poetry, imagisme anglais de Thomas Ernest Hulme et Ezra Pound

Jorge Guillén
Eugenio Montale
Mihaly Babits

La Poésie pure de Paul Valéry — 1917

La Ronda de Bacchelli, Cardarelli, Cecchi — 1919

ACTIVISME PHILOSOPHICO-SOCIO-POLITIQUE

Le cercle de Friedrichshagen (Allemagne) — 1889

Bruno Wille
Wilhelm Bolsche
Erich Mühsam
Gustav Landauer
Ola Hansson
Holger Drachmann
Gunnar Heiberg
Knut Hamsun
August Strindberg
Frank Wedekind

Le Novy Kult tchèque de Stanislaw Kostha Neumann / *De Jonge Gids, (Le Jeune Guide)* de Hermann Heigermans *(Pays-Bas)* — 1897

AVANT-GARDE

Le futurisme italien de Filippo Tommaso Marinetti → Italo Svevo, Giuseppe Ungaretti, Luigi Pirandello — 1909

L'expressionnisme allemand de August Stramm, Georg Heym, Georg Trakl, Gottfried Benn, Oskar Kokoschka, Alfred Döblin — 1910

Le cubisme de Guillaume Apollinaire *(France)* → Max Jacob, Pierre Reverdy, Blaise Cendrars; Paul Van Ostaijen — 1912

Le futurisme de Vladimir Maïakovski, Velimir Khlebnikov, Alexandre Kroutchenykh et David Bourliouk *(Russie)* → Boris Pasternak — 1913

Athena et *Orpheu* de Fernando Pessoa, *modernisme portugais* — 1915

Het Getij de Hendrik Marsman et Herman Van den Bergh / *Kokot, Le Coq, en Croatie / Dada* de Tristan Tzara, Hugo Ball, Richard Huelsenbeck — 1916

Le Proletkult essaime de Russie en Allemagne, Pologne, Tchécoslovaquie, Grèce — 1918

Littérature de Philippe Soupault, Louis Aragon, André Breton ← Gérard Labrunie, dit Gérard de Nerval; Isidore Ducasse dit le comte de Lautréamont; Charles Fourier; Alfred Jarry; Raymond Roussel — 1919

Groupe de Helsingfors : Gunnar Björling, Elmer Diktonius, Rabbe Enckell *(Scandinavie)* — 1920

Le modernisme anglais → James Joyce, Virginia Woolf, Thomas Stearns Eliot, William Butler Yeats — 1922

De Vrije Bladen : *expressionnisme hollandais / Manifeste du Surréalisme français / Le constructivisme russe* de Kornelij Zélinski — 1924

Le Novecento de Massimo Bontempelli *(Italie) / La Revue d'Occident* de Ortega y Gasset *(Portugal)* — 1926

L'ultraïsme espagnol de la "Génération de 27" de Federico Garcia Lorca, Rafael Alberti, Vincente Aleixancre, Luis Cernuda *(Espagne)* — 1927

Variétés, de E.L.T. Mesens *(Belgique)* — 1928

Presença de José Régio, Miguel Torga, Pedro Homen de Melo *(Portugal) / L'Ermetismo italien* de Eugenio Montale, Mario Luzi, Alfonso Gatto et Vittorio Sereni / *Le Second Manifeste du Surréalisme* d'André Breton *(France)* — 1930

Forum et le Lyrisme réaliste néerlandais de Eddy Du Perron et Jan Greschoff / *L'existentialisme de* Karl Jaspers et Martin Heidegger *(Allemagne)* — 1931

Le réalisme socialiste d'Andreï Alexandrovitch Jdanov *(Russie)* — 1934

Le courant qui domine dans les dernières années du XIXe siècle est celui du symbolisme, qui prend d'abord la forme entropique du décadentisme — désespoir esthétisé d'un monde finissant — mais trouve ensuite sa vérité : la recherche d'un réel qui privilégie la sensation intérieure, le subjectif, l'inconscient, l'éphémère, le rêve.

Des pulsions rétrogrades — vers le classicisme — ou progressistes — anarchistes et socialistes — se manifestent ici et là, cependant qu'entre 1910 et 1930, de part et d'autre de la « grande » guerre, s'affirment spectaculairement une série d'« avant-gardes » esthétiques.

La date à laquelle correspond chaque phénomène est celle de son début. Beaucoup furent relativement éphémères.

Ces groupements et filiations ne tiennent pas compte du mouvement naturaliste, ni du grand roman « prophétique » russe (Tolstoï, Dostoïevski).

Les encadrés proposent quelques-uns des écrivains qui ont servi de modèles, ou qui ont été influencés (selon le sens de la flèche) par chacun des phénomènes répertoriés dans les quatre séries.

De Richard Wagner à Claude Debussy, Pablo Picasso, Paul Klee, Erik Satie et Max Ernst, en passant par Serge de Diaghilev et Edvard Munch, ce sont tous les artistes qui ont été mêlés à cette bouillonnante activité théorique et pratique. La musique et l'art lyrique furent davantage dans les préoccupations du symbolisme, les arts plastiques dans celles des avant-gardes.

Inclassables dans ces regroupements, quelques écrivains importants de la période : les Allemands Friedrich Nietzsche, Lou Andreas-Salomé, Heinrich et Thomas Mann, Hermann Hesse ; les Anglais Thomas Hardy, Joseph Conrad, Edward Morgan Forster, David Hubert Lawrence, Aldous Huxley ; l'Autrichien Robert Musil ; le Belge Karel Van de Woestijne ; le Bulgare Kiril Hristov ; les Français Maurice Barrès, Valery Larbaud, Romain Rolland, Colette ; les Grecs Nikos Kazantzákis, Costas Karyotakis, Constantinos Cavafy ; les Hollandais Henriette Roland Holst-Van der Schalk ; les Hongrois Sandor Bródy, Jenö Komjáthy, Kálmán Mikszáth ; les Irlandais George Bernard Shaw, Sean O'Casey, John Millington Synge ; le Portugais Joaquim Pedro Teixeira de Vasconcelos, dit Texeira de Pascoaes ; les Scandinaves Martin Andersen Nexø, Johannes Vilhelm Jensen, Selma Lagerlöf ; les Tchèques Jaroslav Hašek, Karel Hlaváček, Franz Kafka.

En tant que tradition savante, la musique en Europe est bien cet art « réservé » que désigne l'expression reçue dès la seconde moitié du XVI*e siècle de* musica reservata *– art que seuls peuvent apprécier des connaisseurs et destiné à un cercle restreint d'auditeurs – à la fois écrite en l'honneur d'un haut personnage et visant à démontrer la maîtrise d'un compositeur. La musique en Europe conjugue en effet l'histoire de la domination de lignages, personnalités qui se sont hissées au plus haut niveau du pouvoir, et celle des idées, découvertes et conquêtes musicales apportées par leurs auteurs, étant entendu que cette histoire intriquée est celle de continuités et de ruptures. Art réservé, elle a même souvent observé un mode familial de transmission des savoirs, constituant le terrain de prédilection de la sociologie des familles.*

Troubadours et trouvères

Les troubadours et les trouvères sont des poètes-musiciens qui ont inventé dès le XII*e siècle dans les cours seigneuriales la chanson profane d'amour courtois (en langues d'oc et d'oïl). Issus de classes sociales diverses, certains s'attacheront à un noble protecteur, comme Bernard de Ventadour, fils de boulanger. Ils ont parfois commencé leur carrière comme jongleurs. Considérés comme de simples baladins, ceux-ci apprenaient leur métier en interprétant les chansons d'autrui. Au* XIII*e siècle apparaissent les ménestrels, catégorie intermédiaire, assurant le divertissement des seigneurs dans un registre poétique et musical en marge de l'amour courtois. Regroupés en confréries, ce sont des amuseurs en tous genres : conteurs d'histoires, bouffons, acrobates, instrumentistes. Leur art durera plusieurs siècles. Tous sont gens de voyage, participant de la mobilité propre à l'homme médiéval et postmédiéval.*

Paradoxalement, l'unité relative de la musique en Europe provient de l'évolution ininterrompue qui s'observe dans son histoire depuis l'avènement du christianisme et qui l'a menée du chant grégorien aux recherches technologiques pointues des compositeurs actuels.

MODE ROMANO

Au départ, deux facteurs ont été déterminants, l'un spirituel, l'autre matériel : la religion et la notation écrite. Au terme de mille ans de diffusion du christianisme apparaissent en effet en Europe occidentale des manuscrits notés en neumes (transcription graphique des gestes que le chef de chœur faisait pour indiquer un contour vocal), qui marquent l'implantation et la stabilisation par l'écrit d'un répertoire de chants pour l'office que l'on observe dans presque toutes les communautés nationales issues de l'Empire carolingien. Une telle implantation suppose une autorité politico-religieuse décidée à unifier sur une vaste échelle ce qui était jusque-là abandonné au contrôle local (le chant mozarabe dans la péninsule Ibérique, le chant ambrosien à Milan, etc.). Bientôt, la « romanisation » de la liturgie est générale dans le royaume franc et l'Empire. Cette romanisation des usages liturgiques et musicaux se poursuivra au-delà, avec l'adoption en bloc d'un nouvel antiphonaire (livre liturgique destiné au chœur qui groupe les chants des différentes heures) pour tous les chantres (chanteurs chargés d'entonner les premières paroles des chants, longtemps considérés comme des membres du clergé et organisés selon une hiérarchie) francs, germains ou aquitains : élément de rupture avec la transmission jusque-là orale, qui s'accompagne de multiples échanges de chantres et de livres.

Cela dit, cette romanité du chant ecclésiastique est l'aboutissement d'un héritage synagogal, « basilical » (dans un contexte urbain où la manifestation sociale prend le pas) et, enfin, « pontifical », avec le développement à Rome de la Schola cantorum, qui ouvre sur une esthétique de la splendeur. Les réformateurs carolingiens n'en sont pas moins en contact avec d'autres parties du monde chrétien, Byzance et l'Église orthodoxe grecque, quand ils ne viennent pas eux-mêmes de Lombardie, d'Angleterre, d'Irlande ou d'Aquitaine. À l'exemple de Rome cependant, les évêques organisent autour de leur cathédrale des ensembles quasi conventuels auxquels sont attachées des écoles de lecteurs et de chantres qui tisseront entre elles des réseaux de formation. Y sont définis, entre autres choses, les rapports du chant et du texte, notamment la voix convenable dans le domaine religieux, qui ne doit être ni rauque, ni âpre, ni basse comme celle du paysan mais bien chantante, agréable, nette *(liquida)* et élevée. Le psalmiste doit éviter tout ce qui pourrait évoquer les pratiques du théâtre, les gesticulations des bateleurs et des histrions. Les jeunes moines, qui appartiennent souvent à des familles de notables, doivent apprendre la correction et l'éclat de la prononciation du latin de la Bible, de l'antiphonaire et des poètes. Sont donc mis à l'écart les instruments, qui ne peuvent être que des voix inauthentiques, comme les vents et la percussion au souffle creux. Cette disposition sera modifiée au cours de la seconde Renaissance carolingienne, en une période de relative détente : l'orgue fera son entrée dans les écoles claustrales et à l'église, ainsi que les cloches. Cette musicalisation des liturgies chrétiennes est renforcée par la consignation par écrit des objets musicaux. À la « réalisation vive » transmise *per usum* et opérée par le psalmiste succède l'institution de la Schola cantorum, avec exécution par un groupe de *cantores* ou d'enfants précédée de répétitions sous la houlette du préchantre, et dont l'écriture neumatique garde trace.

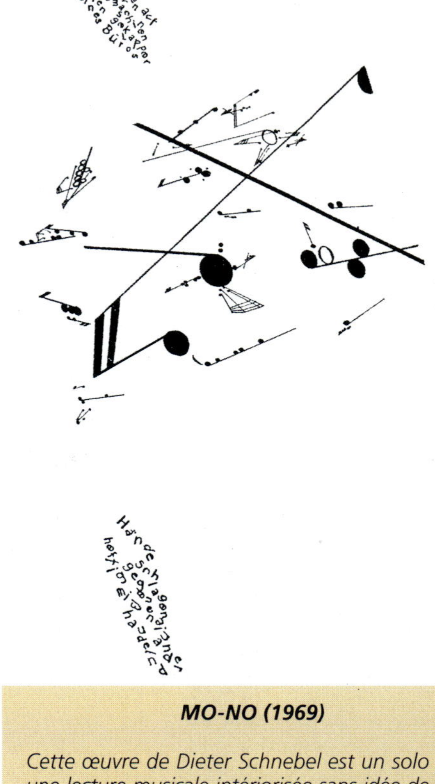

MO-NO (1969)

Cette œuvre de Dieter Schnebel est un solo pour une lecture musicale intériorisée sans idée de réalisation publique. La partition comprend messages verbaux, signes de notation musicale traditionnelle évoquant des événements sonores, graphies diverses dans des dispositions spatiales particulières : à lire, entendre et voir. « Un de mes buts, dit l'auteur, est de supprimer les frontières entre les différents domaines de l'art. »

▲ *Les maîtres chanteurs*
Chanteurs amateurs allemands, pour la plupart artisans des classes moyennes et pauvres organisés en guildes, les Meistersinger *se sont multipliés aux* XVe, XVIe *et* XVIIe *siècles dans des villes comme Mayence, Augsbourg, Nuremberg et Strasbourg. Contrairement aux* Minnesänger *(« chantres d'amour ») qui avaient modelé leur culture sur celle des troubadours, les maîtres chanteurs préféraient les chants religieux et narratifs. Ils ont inspiré à Richard Wagner (1813-1883) son opéra* Les Maîtres chanteurs de Nuremberg *(1868).*

LA RAISON GRAPHIQUE

L'écriture, avec son évolution depuis les neumes jusqu'à la notation classique des intervalles sur les cinq lignes de la portée, puis les nouveaux graphismes des partitions d'aujourd'hui, est l'un des facteurs unificateurs de notre civilisation musicale. Ce qui est noté au départ, ce ne sont pas tant les intervalles que le mouvement mélodique, la ligne ascendante ou descendante. Puis Guy d'Arezzo (v. 990-v. 1050) exposera vers 1030 les principes d'une notation sur quatre lignes horizontales, les neumes se situant sur les lignes ou dans les interlignes. La notation écrite a permis la conservation de l'œuvre, du moins de son représentant, de son substitut, de son *analogon*. La partition, dénotant l'œuvre, l'a pérennisée et a constitué le compositeur comme *auteur* plus fortement que dans d'autres cultures musicales. D'aure part, au regard des musiques orales, la notation a favorisé la décontextualisation progressive de la musique et fait pencher en faveur du contenu de l'œuvre, comme une chose en soi, et non plus comme une activité. Enfin, ce passage par l'écrit et le visuel peut faire de l'œil, de la pensée, l'inspiration d'une œuvre musicale aux dépens, quelquefois, de l'oreille. Celle-ci peut ne pas percevoir ou percevoir mal ce qui a été commandé par l'œil.

Cette dérive de l'écriture s'observe périodiquement dans l'histoire de la musique européenne. À la fin du XIVe et au début du XVe siècle, la musique extrêmement savante de l'*Ars nova* et de l'*Ars subtilior* a conçu des superpositions conflictuelles de temps, de valeurs, de rythmes entre les différentes voix si raffinées qu'elles en dépassent les limites de la perception. Au XXe siècle, la musique européenne dans sa phase sérialiste a été tentée, au dire de Pierre Boulez lui-même, par une même « utopie formaliste ».

VERS UN NOUVEL HUMANISME

Au Moyen Âge, l'enseignement universitaire de la musique était classé avec les disciplines scientifiques que sont l'arithmétique, la géométrie et l'astronomie. Les arts sont dits « libéraux » en ce qu'ils ne servent pas à gagner de l'argent, par opposition aux techniques, aux activités manuelles. Ils préparent à la théologie. Divisés en deux groupes, ils correspondent aux deux voies de la sagesse : le *trivium*, qui comprend la grammaire *(grammatica)*, la dialectique *(dialectica)* et la rhétorique *(rhetorica)*, arts des secrets de la parole, s'oppose au *quadrivium*, ensemble des disciplines scientifiques des secrets de la nature, qui prépare directement à la théologie. La musique est alors liée au nombre. En elle se concilient le sens et l'intellect, l'audible et l'inaudible, et s'accomplit l'unité des choses physiques et métaphysiques. Or au XVe siècle, la musique n'est plus intégrée au *quadrivium* du cursus éducatif, elle a trouvé sa place au sein du *trivium*. Entre-temps, les musiciens ont découvert en Italie, qui brille dès le Trecento d'un éclat artistique incomparable, à Florence notamment, l'art de faire bien chanter la musique, de la rendre émouvante et expressive. Si la musique s'éloigne du sacré, la coupure entre l'art et la théologie ne tient pas à la seule introduction de la subjectivité et de l'expressivité, elle tient encore aux innovations techniques sophistiquées de la nouvelle école dénoncée par le pape Jean XXII dans sa décrétale *Docta sanctorum patrum* de 1325 : « Certains disciples de la nouvelle école, tandis qu'ils mettent toute leur attention à mesurer les temps, s'appliquent à faire les notes de façon nouvelle, préfèrent composer leurs propres chants plutôt que chanter les anciens, divisent les pièces ecclésiastiques en semi-brèves et minimes ; ils hachent le chant avec les notes de courte durée, tronçonnent les mélodies par des hoquets, polluent les mélodies avec des déchants et vont jusqu'à les bourrer de voix supérieures en langue vulgaire. » Or cette évolution fut irréversible. La musique ne rentra pas dans le sein de l'Église telle qu'elle y avait été pendant plus d'un millénaire.

VOYAGEURS, IMPRIMEURS ET ÉDITEURS

Ce qui caractérise le XVe siècle, c'est aussi l'aspect international de la vie musicale : les échanges s'intensifient, les voyages se multiplient. Très jeune, Guillaume Dufay (v. 1400-1474) se rend en Italie pour y parfaire sa connaissance en l'art « de bien écrire et de bien chanter » afin d'équilibrer la rigueur nordique et la souplesse italienne avec la complexité française. Après leur victoire en 1415 à Azincourt, les Anglais prennent possession de leurs provinces françaises et rompent leur isolement. Musicalement, ils introduisent un sens de l'euphonie perpétuelle résultant de mouvements parallèles en accords pleins et consonants.

Gilles Binchois (v. 1400-1460) est au service du duc de Suffolk, puis il est musicien et chapelain de Philippe le Bon, duc de Bourgogne auprès duquel, « père de joyeuseté », il écrit une musique de cour et des chansons. Johannes Ockeghem (v. 1410-1497), dont l'étonnante virtuosité poly-

L'ÉDITION ET L'IMPRESSION MUSICALES EN EUROPE

1473 v. le *Graduel de Constance*, incunable
1476 le missel d'Ulrich Hahn, à Rome, incunable.
1500 le missel de l'évêché de Salisbury, par Pynson, incunable.
1501 Ottaviano Petrucci publie à Venise *Harmonice musices odhecaton* à partir de caractères mobiles.
1530 premières parties vocales anglaises imprimées.
1531 Christian Egenolff fonde la première imprimerie à Francfort.
1537 Pierre Attaingnant, à Paris, est imprimeur du roi.
1551 ou 1552 le privilège royal passe au luthiste Robert Ballard.
1555 Christophe Plantin crée son imprimerie *Le Compas d'or* à Anvers, dont l'affaire durera jusqu'à la fin du XIXe siècle.
1575 Tallis et Byrd reçoivent d'Elisabeth Ire un privilège royal.
1586 ouvrages gravés sur cuivre à Rome par Simone Verovio.
1597 *First Booke of Songes and Aires* de John Dowland publié à Londres en format de « livre de table » européen.
1612 v. la technique de la gravure est utilisée à Londres par William Hole pour *Parthenia*, recueil pour virginal.
1711 l'Anglais John Walsh publie *Rinaldo* de Haendel.
1713 Du Plessis, graveur des *Pièces de clavecin* de Couperin.
1745 v. le fondeur typographe et imprimeur allemand Breitkopf commence ses expériences. Ses héritiers s'associeront avec Härtel.
1780 Schott fonde sa firme à Mayence.
1793 la première œuvre publiée de Beethoven est éditée à Vienne par Artaria.
1853 plus de 25 000 numéros au catalogue de Ricordi (Italie).
1869 fondation de la maison d'édition française Durand.
1891 Eulenburg publie une série de partitions de poche.
1901 fondation d'Universal Edition à Vienne, qui s'associera plus tard à Boosey and Hawkes de Londres.

LA FILIATION

Vienne, 1er septembre 1785. « À mon cher ami Haydn. Un père ayant résolu d'envoyer ses fils dans le vaste monde estima qu'il devait les confier à la protection et à la direction d'un homme, très célèbre alors, qui, par une heureuse fortune, était, de plus, son meilleur ami. C'est ainsi, homme célèbre et ami très cher, que je te présente mes six fils. Ils sont, il est vrai, le fruit d'un long et laborieux effort, mais l'espérance [...] m'encourage, me persuadant que ces enfantements me seront un jour de quelque consolation. Toi-même, ami très cher, au dernier séjour que tu as fait dans cette capitale, tu m'as manifesté ta satisfaction. Ce suffrage de ta part est ce qui m'anima le plus ; et c'est pourquoi je te les recommande avec l'espoir qu'ils ne te sembleront pas indignes de ta faveur. Qu'il te plaise donc de les accueillir avec bienveillance et d'être leur père, leur guide, leur ami ! De cet instant, je te cède mes droits sur eux, et te supplie en conséquence de regarder avec indulgence les défauts que l'œil partial de leur père peut m'avoir cachés, et de conserver, malgré eux, ta généreuse amitié à celui qui l'apprécie tant. Car je suis de tout cœur, ami très cher, ton bien sincère ami. »

W. A. Mozart, Lettre dédicatoire des six quatuors « à Haydn ».

phonique ne le cède qu'à l'épanchement lyrique, est successivement chantre de la maîtrise de Notre-Dame d'Anvers, du duc de Bourbon à Moulins, chapelain et compositeur, puis maître de chapelle des rois de France Charles VII, Louis XI et Charles VIII. Antoine Busnois (v. 1430-1492) succède à Ockeghem comme chef d'école à la cour de Bourgogne. Jacob Obrecht est maître de chant à Utrecht, à Berg, maître de chapelle à Cambrai, puis à Bruges et à Anvers. Il fréquente les cercles humanistes italiens, se rend souvent à Ferrare, où il meurt de la peste. Josquin Des Prés (v. 1440-1521) est né en Picardie, mais il est chantre à la chapelle du dôme de Milan ; il sert le

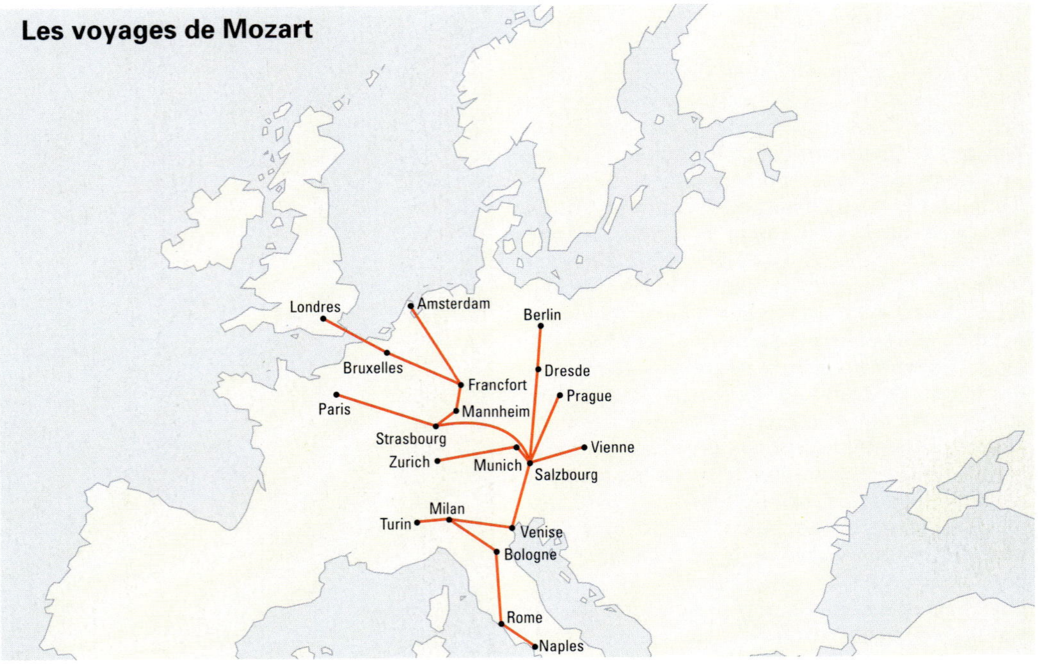

▲ ***Les voyages de Mozart (1756-1791) en Europe***
La vie errante de Mozart d'une capitale musicale à une autre est un exemple de la condition, aujourd'hui comme hier, de l'artiste musicien, appelé – plus que l'écrivain – à se déplacer, la musique étant un art à deux temps, partition, mais aussi réalité sonore d'exécution. Le musicien écrit et il se produit publiquement. Enfant prodige, Mozart était même « montré ».

prince Galéas Marie Sforza, le cardinal Ascanio Sforza, puis la chapelle papale, enfin le duc Hercule Ier à Ferrare, avant de rentrer en France.

Le rôle des voyages dans l'internationalisation de la musique est renforcé au XVIe siècle par celui de l'imprimerie et de l'édition qui, décuplant la circulation des copies manuscrites, est décisif dans la diffusion de la musique. En 1501, Ottaviano Petrucci (1466-1539) publie à Venise la première collection de musique polyphonique imprimée. Puis d'autres maisons se créent : à Rome, à Mayence, à Augsbourg, à Paris où, dans les collections éclectiques de Pierre Attaingnant (? -1552), se côtoient musiciens français, parisiens ou provinciaux, Flamands partis faire carrière en Italie. La gravure sur plaque de cuivre, puis d'airain, succède à l'impression à partir de caractères amovibles, avant que la lithographie ne s'impose, laquelle domine encore aujourd'hui l'impression musicale, accompagnée par les procédés photographiques.

COSMOPOLITISME, RÉGIONALISME : COURS ET VILLES

Cette cohésion qu'instaure la circulation de musique imprimée ne doit pas occulter les crises qui secouent la musique et accusent les différences « naturelles », d'ordre géographique, par exemple. Le mouvement religieux qui, au XVIe siècle, a remis en question plusieurs éléments doctrinaux de la foi a affecté toute la chrétienté pour aboutir, d'un côté, à la Réforme protestante, de l'autre, à la Contre-Réforme catholique. Il a laissé des traces musicales durables. Ce qui caractérise en musique la Réforme, c'est la participation active des fidèles à l'office, d'où la diffusion dès le début du XVIe siècle pour l'Allemagne et l'Alsace de recueils de chorals allemands et de psautiers huguenots, pour l'Angleterre d'*anthems*, antiennes ou hymnes à la gloire de Dieu sur un texte librement choisi. Mais comme, depuis Luther, il est entendu que le texte chanté dans la langue vernaculaire doit être compris des fidèles, dans la conciliation des exigences respectives de la langue et de la musique, les musiciens de la Réforme en Allemagne, en France, en Suisse et en Angleterre, réactivent sur ce point la pensée de la Renaissance et de l'humanisme et annoncent les préoccupations qui seront celles du concile de Trente (1545-1563) : paradoxalement, une certaine convergence se fait en Europe dans la recherche d'une esthétique fonctionnelle. En revanche, le clivage va s'opérer, et pour un long temps, entre la musique des cours et celle des villes et des églises. Au XVIIIe siècle, la carrière de Jean-Sébastien Bach (1685-1750) en est un exemple. Soumis au régime de la commande, ce sont ses engagements successifs auprès de princes (le duc de Weimar, le prince d'Anhalt-Köthen) ou d'autorités municipales (Leipzig) qui déterminent sa musique, tantôt profane, tantôt sacrée. Il s'autorise toutes les audaces d'écriture quand les princes s'offrent des formations d'instrumentistes virtuoses, ou il renonce à certaines subtilités quand elle est exécutée par les choristes et les solistes recrutés parmi les cinquante ou soixante pensionnaires boursiers des églises de Leipzig, par les musiciens de la ville, par les étudiants de l'église Saint-Paul de l'université. D'un côté, une musique de cour savante volontiers cosmopolite dans ses « goûts » et dans le recrutement de ses interprètes ; de l'autre, une musique liée au culte,

◀ ***La place de la musique dans la vie sociale***
Jan Vermeer, Jeune Femme au virginal.
À l'époque baroque, la musique tient une place importante dans la vie sociale : toute personne de qualité se doit d'apprécier, de connaître et même de pratiquer la musique, cela valant pour toutes les nations européennes. Dans The Compleat Gentleman, *H. Peacham, s'adressant à l'homme bien né, écrit en 1634 : « Je ne vous demande pas plus que d'être capable de chanter sans faute votre partie à première vue, et en outre de pouvoir la jouer sur votre viole ou de savoir toucher le luth, simplement pour vous-même. » En France, l'« honnête homme » doit lui aussi connaître et pratiquer la musique en dilettante, comme l'héroïne de* Clélie *de M*[lle] *de Scudéry, « qui chante fort agréablement, quoiqu'elle ne s'en soucie pas ». La musique n'est pas réservée au salon, il faut encore la cultiver dans l'intimité, pour soi, comme divertissement et réconfort. Dans* The Institution of a Gentleman, *W. Higford conseille en 1690 au courtisan : « Si vous vous sentez oppressé par de lourds soucis, prenez votre viole et chantez en vous accompagnant ; vous en tirerez un singulier réconfort. » Les instruments à clavier, particulièrement le virginal, étaient dévolus aux femmes. L'origine du terme est peut-être le mot* virga *(sautereau, petite règle de bois dur essentielle au mécanisme des instruments à cordes pincées), ou bien se trouve dans le fait que l'instrument était généralement joué par des jeunes filles.*

qui se met à la portée des fidèles (par exemple le « figuralisme » des cantates d'église), protectionniste, et soustraite même à la publication : dans l'Allemagne de Bach, la musique réservée au culte était presque totalement exclue du marché éditorial.

LA TRANSMISSION DES SAVOIRS

Bach était *Kantor*, il avait la charge de la formation musicale des pensionnaires de l'église Saint-Thomas à Leipzig. À l'origine, la musique en Europe est enseignée dans le cadre de la maîtrise, école de chant choral attachée à une cathédrale. Par extension, le mot s'applique à l'ensemble des choristes d'un chœur d'église et à leur chef. En France, jusqu'à la création en 1795 du Conservatoire, les maîtrises ont occupé une place essentielle dans l'enseignement musical. À leur sortie, les élèves entraient dans les ordres, ou bien recevaient un bénéfice attaché à l'église, ou bien se tournaient vers une carrière musicale. Mais la musique est aussi enseignée (et s'enseigne aujourd'hui encore) dans le cadre de la famille. Sans doute plus que dans tout autre art, le nom de l'auteur en musique se décline sur le prénom, ou, ce qui revient au même, il est à

Généalogie partielle de la famille Bach

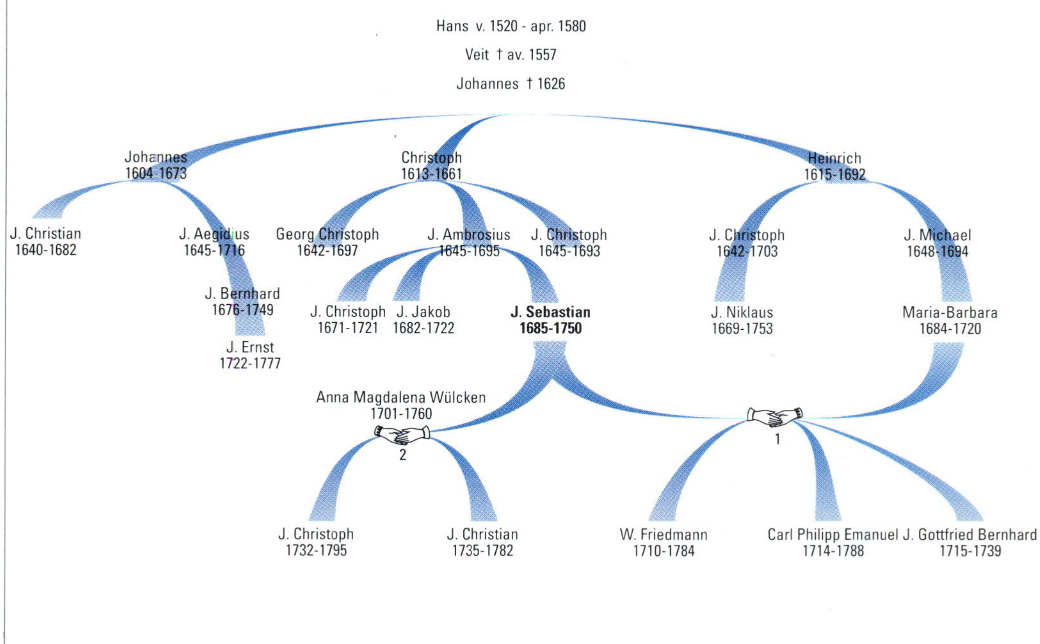

proprement parler un patronyme. Il n'est que d'évoquer les Palestrina, les Couperin, les Scarlatti, les Haydn, les Mozart (Léopold, Wolfgang, Franz Xavier), et, bien sûr, les Bach : quelque quatre-vingts ascendants, descendants, cousins et alliés qui constituent la plus formidable généalogie musicale de l'Europe, depuis le fondateur de la dynastie d'Erfurt en Thuringe, le *Stadtmusikus* Johann Bach (1604-1673), jusqu'à la lignée de J. Christoph Friedrich Colson (1778-1831), qui descend d'un des fils de Jean-Sébastien, le « Bach de Bückebourg », lignée qui subsiste aujourd'hui encore. À cette transmission des savoirs à l'intérieur de la famille s'ajoute la transmission dans le cadre d'une relation maître-élève, liée aux maîtrises déjà mentionnées, aux chapelles des princes qui, voulant copier Versailles, en constituèrent de somptueuses. Dans certains États dirigés par le clergé, comme les États du pape ou l'archevêché de Salzbourg, ces chapelles se transformèrent en orchestres et chœurs permanents. À Rome, à Vienne, à Versailles, des corps de pages de la chapelle assuraient la formation des musiciens pour l'exécution et la composition, le latin et la grammaire. Transmission des savoirs, enfin, liée aux voyages d'apprentissage et de formation :

▲ ***La représentation d'opéra***
Représentation offerte par l'ambassadeur de France d'une cantate de Niccolo Jommelli, le 15 juillet 1747 au théâtre de l'Argentina de Rome, pour le mariage du Dauphin avec la princesse Marie-Josèphe de Saxe, peinte par Giovanni Paolo Pannini. La magnificence du spectacle musical témoigne politiquement du prestige de la France auprès de la cour de Rome, et culturellement des étroites relations entre la Rome pontificale et la France. Le peintre est dans une loge, face à la scène, dans la salle circulaire de ce théâtre d'environ mille personnes. Au plancher, le parterre de fauteuils est séparé par trois travées de circulation. Le premier rang est occupé par vingt et un cardinaux.
Sur une rangée de baignoires s'élèvent quatre étages de loges où se pressent les membres de la noblesse romaine (les femmes au premier rang), surmontées par le « paradis » où se promènent des spectateurs en costume populaire. La salle est illuminée par sept cents bougies au total. Bien des spectateurs des loges bavardent. Certains lisent le livret avec un face-à-main. D'autres s'éventent ou prennent des bonbons ou du tabac que leur tendent des gentilshommes ou des gens de service. Le parterre est composé d'hommes. Des gardes en uniforme et baïonnette au fusil en contrôlent l'accès. Des valets proposent sur des plateaux des rafraîchissements et des friandises. Sur la scène se voient quatre chanteurs, deux hommes en habits galants (des castrats ?), un guerrier (une basse ?) et une femme en habits blancs : Jupiter, Mars, Minerve et l'Amour, personnages allégoriques de la cantate. Derrière eux, s'étagent les instrumentistes, et les chœurs de part et d'autre de l'hémicycle. Au total, vero spettacolo dei principi, *avec les stratifications sociales indexées par les places occupées.*

◀ *Les académies*

L'attribution de ce tableau, qui remonte au tout début des années 1640, aux frères Le Nain a été discutée. Son titre a varié : Réunion de savants, Réunion d'amateurs, Assemblée de notables, La Chambre de rhétorique… Il s'agit d'une de ces « académies » privées si fréquentes à Paris au XVIIe siècle, cénacles d'amis nobles (ici deux gentilshommes au baudrier portant l'épée) ou bourgeois de condition, laïques ou ecclésiastiques (deux, ici, avec leur col uni), qui se réunissaient régulièrement pour discuter de littérature, de musique, de science ou de philosophie. La musique tenait une place importante (ci-contre le gentilhomme posant une corde à son luth), soit dans des communications savantes, soit dans des séances de concert où se mêlaient le professionnel et l'amateur. Le modèle en avait été, au XVIe siècle, importé d'Italie (la prestigieuse camerata fiorentina*).*

Georg Friedrich Haendel (1685-1759) étudie d'abord la musique à Halle auprès de Friedrich Wilhelm Zachow (1663-1712), puis il va en Italie où il séjournera de 1706 à 1710, à Rome, à Naples, où il rencontrera Corelli, les Scarlatti, Steffani. Ou bien le disciple prend effectivement des leçons avec le maître, comme Beethoven travaillant par intermittence avec Haydn, comme, beaucoup plus tard, Schönberg, autodidacte, recevant l'enseignement de son futur beau-frère Alexander von Zemlinsky (1871-1942), avant d'avoir lui-même comme élèves privés Alban Berg (1885-1935), Erwin Stein, Anton von Webern (1883-1945) et Egon Wellesz (1885-1974). Ou bien le disciple recueille l'héritage du maître en en étudiant les partitions. Ainsi s'établit la filiation de Mozart à Haydn. Relation maître à élève qui aujourd'hui s'instaure plutôt dans la *classe* d'institution privée ou d'État : classe, par exemple, d'Olivier Messiaen au Conservatoire national supérieur de musique de Paris, où se succédèrent Pierre Boulez, Karlheinz Stockhausen, Gilbert Amy, George Benjamin et tant d'autres…

La transmission d'un pays à l'autre des savoirs a conféré à l'Europe une musique de cour cosmopolite dont témoigne exemplairement et dans le domaine profane l'opéra. Les grandes places musicales de l'Europe ont été des places d'opéra, comme les cours prestigieuses de Bavière à Munich, d'Autriche à Vienne et Prague, le château d'Estérháza, près d'Eisenstadt où réside la cour de la très riche famille hongroise des Eszterházy. Haydn, en poste à Esztérháza, dut pourvoir les théâtres de la cour en rivalisant avec ceux de Naples, Turin, Milan, Paris, Saint-Pétersbourg, et avec la cour palatine installée à Mannheim, déjà réputée pour son intense activité artistique. Les maisons d'opéra se ressemblent alors, comme le montre l'histoire de la peinture qui prend souvent la représentation d'opéra comme sujet de tableau, représentation fastueuse de cérémonie de cour liée en général à un événement politique.

LES NATIONALISMES AU XIXe SIÈCLE : CONTINUITÉ ET RUPTURE

L'art cosmopolite de cour va se trouver affaibli au XIXe siècle par l'émergence de nationalismes qui s'appuient sur un public nouveau, la bourgeoisie.

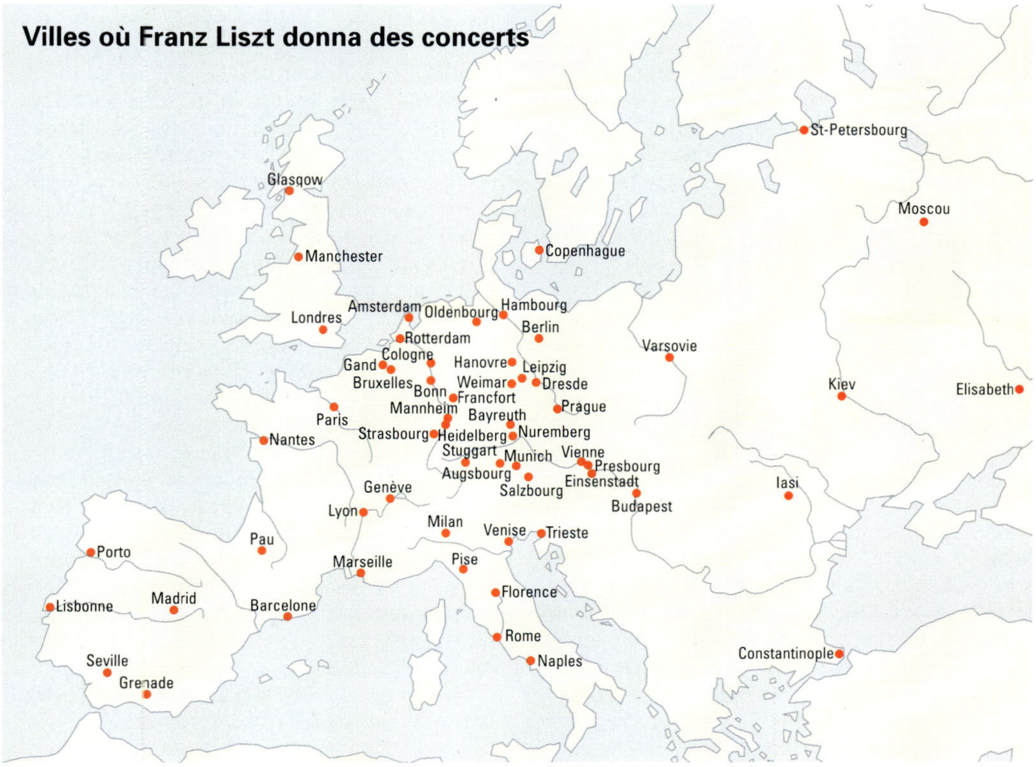

Les villes où Franz Liszt ▶ *donna des concerts*

C'est seulement à partir du XVIIIe siècle que se développeront les concerts publics à bénéfice dont la musique est la seule finalité, indépendamment de toute représentation théâtrale ou célébration religieuse, civile ou militaire. Au XIXe siècle, les musiciens de plus en plus indépendants organisent eux-mêmes matériellement leurs concerts. On crédite Liszt (1811-1886) d'avoir inventé le « soliloque », ou récital de soliste.

Disposition ordinaire de l'orchestre symphonique

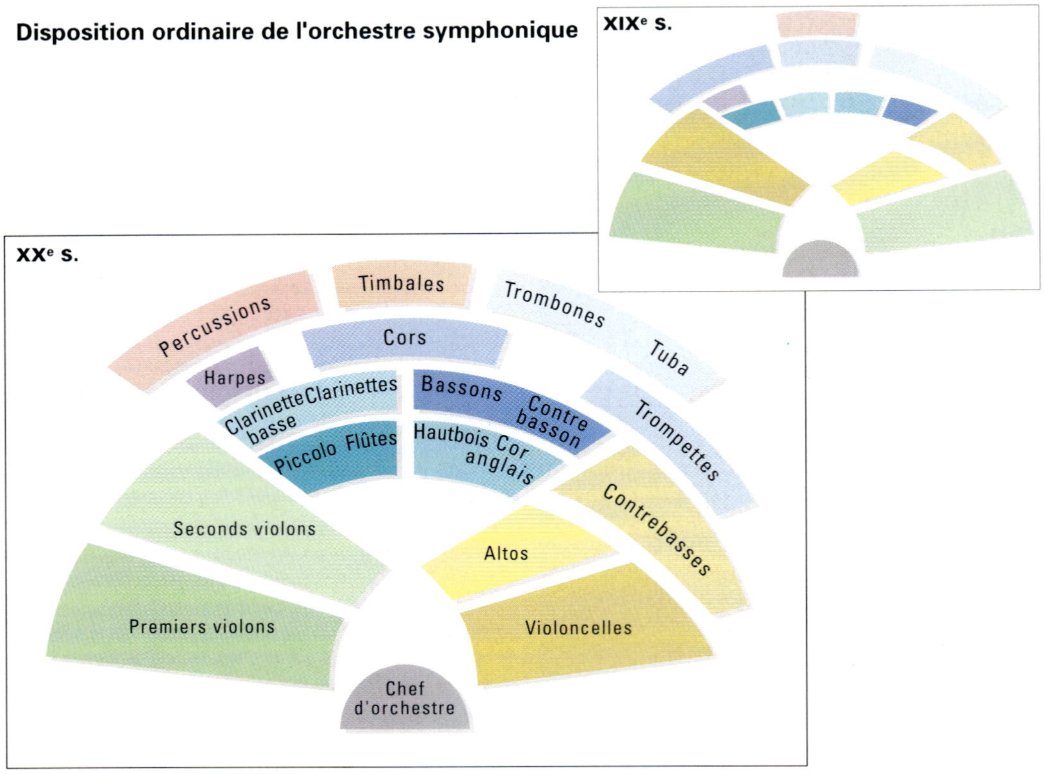

À la représentation d'opéra va se substituer de plus en plus le concert à bénéfice en ville. Celui-ci tend à soustraire la musique au contexte. Elle est moins vécue comme une activité que comme un objet dont le pouvoir d'abstraction symbolique, qui, certes, n'est pas neutre (les formes produisent du sens), permet la description indépendamment de ses conditions d'emploi. Cette émancipation du politique par rapport aux sociétés d'Ancien Régime vers la constitution d'un univers musical arraché aux États et aux cours se traduit notamment par le développement de la musique instrumentale : la musique, qui n'est plus *oratoire*, s'affranchit des paroles. La fonction esthétique désormais prime en elle, l'esthétique étant entendue ici comme finalité sans fin spécifique, et le concert en est l'insigne. L'évolution de la *suite* de danse, liée aux nécessités du bal, vers la *suite* de concert est révélatrice : la danse jouée, déliée des contraintes du corps, est devenue de plus en plus complexe. Perdant son caractère fonctionnel (septième *Livre de danceries* contenant des *Suites de branles* publié par la veuve Attaingnant en 1557), elle s'offre comme une œuvre en soi, à écouter (Alban Berg, *Suite lyrique* pour quatuor à cordes, 1925-1926). Quant aux œuvres religieuses, elles ont quitté l'église pour être données en concert, en France particulièrement, où les premières séances publiques organisées par le Concert spirituel eurent lieu en 1725. Les salles de concert publiques où l'on peut entrer en acquittant le prix d'un billet ou par abonnement se développèrent dans tous les pays d'Europe, avec pour conséquences : la construction de salles de plus en plus vastes, ce qui précipita le déclin d'instruments de faible volume sonore comme les luths, les violes ou le clavecin au profit d'instruments plus brillants (violon, violoncelle, piano) ; la naissance de la symphonie, détachée de sa fonction d'introduction à l'opéra ou l'oratorio et exécutée en concert comme œuvre autonome, avec une disposition des instruments sur la scène plus ou moins standardisée de Madrid à Saint-Pétersbourg; enfin, la fondation de sociétés orchestrales permanentes dans les capitales européennes de la musique.

Mais cette évolution n'empêche pas, loin de là, les spécificités nationales, revendiquées à l'occasion comme telles. Au XIXe siècle, les formes du théâtre musical populaire, refoulées jusque-là, se mêlent aux formes hégémoniques d'opéra italiennes, françaises et allemandes, et de ce contact naît l'opéra national. La *zarzuela* espagnole est une forme lyrique proche de l'opérette, avec des dialogues parlés. Remise en question par l'importation de l'opéra italien, elle trouve un regain d'intérêt dans la première moitié du XIXe siècle, au moment où, dans d'autres pays également, une conscience nationale donne naissance à des styles distinctifs : le *ballad opera* des Anglais ; l'opéra danois, qui allie le langage mozartien à une forme de lied simple et populaire, empruntant à l'occasion à la mythologie nordique ; l'opéra norvégien, qui tente une synthèse du folklore local avec, cette fois, les principes wagnériens ; et surtout l'opéra slave, russe notamment, où s'opère la fusion de la musique occidentale et de l'expression autochtone. Alexandre Dargomijsky (1813-1869) par exemple, rejette les conventions de l'opéra comme l'aria au profit d'un style récitatif continu ; Modest Moussorgsky (1839-1881) construit par simple juxtaposition de tableaux et, dans *Boris Godounov*, met au centre du drame le peuple russe avec sa misère et son aliénation, dans un langage harmonique original et un *melos* rythmiquement irrégulier.

C'est qu'au XIXe siècle on croit au « génie national », et le folklore bénéficie dans toute l'Europe d'une formidable promotion. Pour les romantiques, le génie du peuple est d'une fécondité infinie, et ses représentants des improvisateurs intarissables. Surtout, la musique populaire livre l'esprit du peuple qui la produit, aucun autre art ne peint mieux son « caractère », opinion généralement partagée. En France, George Sand écrit : « Un chant juif bien rendu nous fait pénétrer dans la synagogue ; toute l'Écosse est dans un véritable air écossais, comme toute l'Espagne est dans un véritable air espagnol. J'ai été souvent ainsi en Pologne, en Allemagne, à Naples, en Irlande, dans l'Inde, et je connais mieux ces hommes et ces contrées que si je les avais examinés durant des années. » C'est à Herder, soutenu par Goethe, que revient à l'origine, avec l'introduction du concept de *Volksgeist*, le projet de rénover la musique par la chanson populaire. Au-delà de l'aspect folklorique, le nationalisme laissera des traces dans les mentalités : deux ans avant d'être obligé de s'exiler aux États-Unis devant la montée du nazisme, Arnold Schönberg (1874-1951), en 1931, revendique un héritage musical exclusivement allemand : Bach, Mozart, Beethoven, Brahms et Wagner, musiciens qui, pour lui, ont assuré la « suprématie » de la musique allemande en Europe…

LA MUSIQUE EN EUROPE AUJOURD'HUI

Toutes ces musiques qui, au XIXe siècle, revendiquent leur spécificité sont encore largement écrites dans la même langue, le langage tonal (*grosso modo* de 1600 à 1900). Celui-ci a émergé des modes grecs et ecclésiastiques à partir de la Renaissance. Dans le système tonal, la musique progresse en s'écartant ou en s'approchant des

DATES DE FONDATION DE GRANDES ASSOCIATIONS DE CONCERTS ET D'ORCHESTRES

1781 Orchestre du Gewandhaus de Leipzig.
1813 Société philharmonique de Londres.
1813 Société des amis de la musique de Vienne.
1826 Société philharmonique de Berlin.
1828 Société des concerts du Conservatoire de Paris.
1842 Orchestre philharmonique de Vienne.
1851 Société des jeunes artistes du Conservatoire (Pasdeloup).
1861 Concerts populaires de Paris (Pasdeloup).
1865 Concerts populaires de musique classique de Bruxelles.
1866 Société de concerts de Madrid.
1867 Société philharmonique de Naples.
1872 Concerts populaires de Turin.
1873 Concert national de Paris (Colonne).
1874 Société orchestrale de Rome.
1881 Société des Nouveaux Concerts (Lamoureux).
1882 Orchestre philharmonique de Berlin.
1883 Concertgebouw d'Amsterdam.
1896 Philharmonie tchèque (Prague).
1921 Orchestre philharmonique de Leningrad.
1932 London Philharmonic Orchestra.
1953 Orchestre symphonique de la philharmonie de Moscou.
1967 Orchestre de Paris.

Sibelius (1865-1957) ▶
Musicien qui a puisé, pour ses poèmes symphoniques, dans les mythes finnois du Kalevala, *qui s'est même identifié à la cause de l'autodétermination nationale avec son œuvre* Finlandia *(1899), mais qui, grand voyageur (Berlin, Vienne, Paris, Heidelberg, l'Angleterre, l'Italie, etc.), ne fut jamais un isolé. Sans emprunts à des matériaux folkloriques, contrairement à Janacek et Bartok, sa musique a cependant des affinités avec le rythme de la langue finnoise. Mais elle est tributaire aussi de la tradition européenne savante pour l'intégration formelle, la recherche d'une logique rigoureuse (dans ses symphonies), le sens dynamique du mouvement reçu en héritage de Beethoven. « Voyez les grandes nations européennes, et ce qu'elles ont enduré. Un état de barbarie y aurait succombé. Je crois en la civilisation », a-t-il dit.*

hauteurs fondamentales (tonique, dominante à la quinte supérieure, sous-dominante à la quinte inférieure) qui déterminent l'importance relative de toutes les notes utilisables dans une œuvre, et elle s'écrit dans le mode d'*ut* (ou *do*), échelle caractérisée de sept sons, *do, ré, mi, fa, sol, la, si*, ayant entre eux les intervalles types : 1 ton, 1 ton, 1/2 ton, 1 ton, 1 ton, 1 ton, 1/2 ton, échelle qui, par la modulation dans le tempérament égal, peut se reproduire à partir de n'importe quel son initial. Or cette langue, supranationale s'il en fut, a été après diverses péripéties (chromatisme wagnérien, dodécaphonisme schönbergien) abandonnée pour une large part au XXe siècle, sauf dans les musiques de grande consommation, au profit de l'atonalité. Mais les musiques d'aujourd'hui n'en ont pas perdu pour autant des caractéristiques communes, à un niveau plus profond, dont certaines ont déjà été évoquées. Progressivement détachées de tout contexte tant religieux que politique, au bénéfice du concert, puis du disque, elles donnent libre cours à l'écriture savante et à l'élaboration combinatoire, avec l'assistance à l'occasion d'une technologie sophistiquée. D'autre part, le passage d'une musique comme activité à une musique comme objet esthétique (porteur de sa charge symbolique et/ou sociale), exacerbe le formalisme, et la musique est saisie par le démon de la nouveauté (la modernité), avec ses phases de repos ou de « retours », contrairement à d'autres musiques. Du moins jusqu'à présent. L'ethnomusicologie montre en effet qu'en regard des musiques européennes, d'autres cultures musicales, liées ou non à l'oral, sont moins enclines à la construction, au développement – à l'histoire –, et plus à la variation.

▼ **Le XIXe siècle à l'écoute des musiques populaires, ici des Pifferari**
« J'ai remarqué seulement à Rome une musique instrumentale populaire que je penche fort à regarder comme un reste de l'Antiquité : je veux parler des Pifferari. On appelle ainsi des musiciens ambulants, qui, aux approches de Noël, descendent des montagnes par groupes de quatre ou cinq, et viennent, armés de musettes et de pifferi (espèce de hautbois), donner de pieux concerts devant les images de la Madone. Ils sont, pour l'ordinaire, couverts d'amples manteaux de drap brun, portent le chapeau pointu dont se coiffent les brigands, et tout leur extérieur est empreint d'une certaine sauvagerie mystique pleine d'originalité. J'ai passé des heures entières à les contempler dans les rues de Rome [...]. La musette, secondée d'un grand piffero soufflant la basse, fait entendre une harmonie de deux ou trois notes, sur laquelle un piffero de moyenne longueur exécute la mélodie ; puis, au-dessus de tout cela, deux petits pifferi très courts, joués par des enfants de douze à quinze ans, tremblotent trilles et cadences, et inondent la rustique chanson d'une pluie de bizarres ornements [...] ; ce singulier orchestre produit un effet auquel peu de personnes restent insensibles. »
Hector Berlioz, Mémoires *(1870).*

À la suite de l'avènement de cette forme originale d'organisation sociale qu'est la cité grecque (polis) *apparaissent, dans l'aire culturelle hellénique, deux des activités qui vont profondément marquer par leurs conséquences l'histoire européenne et mondiale : les mathématiques et la philosophie. Ces deux disciplines ont en commun de tenir un discours universel rigoureux qui prétend emporter l'adhésion de tout être raisonnable. Il est remarquable que le même homme, Thalès de Milet, soit crédité par la tradition de la fondation, au* VI*e siècle av. J.-C. , à la fois de la géométrie et de la philosophie. Malgré de profondes transformations durant vingt-six siècles, la philosophie n'a pas renié son origine grecque, et les philosophes de tous les temps s'y sont périodiquement « ressourcés ».*

Si tous les peuples ont proposé des explications du monde et forgé des systèmes de valeurs éthiques, la philosophie, au sens strict, est une création spécifique du monde grec. Elle se déploie d'emblée dans trois directions. Comme *physique*, la philosophie entend donner une explication rationnelle de l'ordre du monde, en rupture avec les constructions mythiques antérieures, qui faisaient appel à la geste des dieux et des héros (le Ciel s'accouplant avec la Terre, Zeus détrônant et châtrant son père Cronos...). Les philosophes de l'école de Milet (VIe siècle av. J.-C.), par exemple, décrivent tous les phénomènes de la nature *(physis)* comme les avatars d'une substance unique (l'Eau, l'Air, ou l'Illimité), qui se trouve engagée dans des processus par ailleurs reconnus dans l'expérience de tous les jours (ébullition, condensation, putréfaction...). Ainsi naît l'idée que le monde *(cosmos)* est régi par des lois repérables et rationnellement exprimables. Comme *logique*, la philosophie entend codifier les règles du discours rationnel ; ainsi les sophistes (Ve-IVe siècle av. J.-C.) enseignent les moyens de l'emporter devant une assemblée dans une joute oratoire où triomphe l'argumentation la plus convaincante ; Aristote (384-322 av. J.-C.), pour sa part, formule les règles de la démonstration et, en général, du « discours correct ». Comme *pratique*, la philosophie entend édicter les normes d'une vie rationnelle tant individuelle (éthique) que collective (politique).

LE FOISONNEMENT PRÉSOCRATIQUE

La philosophie antique est d'emblée pluraliste, animée de débats et de conflits et, de ce fait, ponctuée de crises. Mais derrière la diversité des opinions, de grands problèmes se profilent. Ainsi les problèmes de la génération et de la prédication. Comment, dans le flux universel des choses naturelles qui se transforment éternellement les unes dans les autres (ou, selon d'autres doctrines, dans la succession infinie des mondes qui se font et se défont), penser qu'une chose ou une propriété puisse venir de ce qui n'est pas elle ? L'une des grandes interpellations de la philosophie restera à jamais celle de Parménide d'Élée qui proclame l'impossibilité pour l'être de venir du non-être, et même l'impossibilité de penser et de dire le non-être. Plus généralement, comment peut-on dire l'autre du même? Dans l'effervescence de cette philosophie appelée présocratique, de grandes figures se dégagent, qui définiront des structures de pensée encore actives aujourd'hui. Les pythagoriciens, par exemple, congrégation à mi-chemin entre l'école philosophique et la secte mystique, pensaient que les mathématiques fournissaient la clef de toutes les réalités, physiques, psychiques et éthiques. Leucippe de Milet et Démocrite d'Abdère (tous deux v. 460-v. 370 av. J.-C.), en fondant l'atomisme ancien, proposent la vision grandiose d'un univers composé de corpuscules matériels qui se meuvent éternellement dans le vide infini, s'agrégeant au hasard, et n'obéissant qu'à la nécessité de leur nature, c'est-à-dire de leurs propriétés physiques. Tous les matérialismes ultérieurs sortiront de cette matrice conceptuelle. Quant à Socrate, que les Athéniens condamnent à mort en 399 av. J.-C., il est le fondateur de la première philosophie morale autonome.

L'Académie platonicienne
L'école philosophique est une réalité fondamentale de la vie intellectuelle antique. La première école digne de ce nom est fondée par Platon en 387 av. J.-C. Lieu d'enseignement, mais aussi de vie commune, elle établit de véritables relations familiales, et donc œdipiennes, entre le maître et ses disciples. Le disciple a le devoir de défendre son école contre les attaques des écoles voisines, l'un des enjeux étant de recruter de nouveaux élèves. Il est bon, pour un jeune homme – seuls les premiers platoniciens et les cyniques ont admis des femmes – de l'époque hellénistique ou romaine de « tâter » un peu de toutes les écoles avant d'acquérir des opinions définitives. La libre confrontation des doctrines fait ainsi partie de la manière antique de faire de la philosophie. Ce que le christianisme triomphant ne supportera pas : l'école néoplatonicienne sera fermée par Justinien en 529 de notre ère ; ses membres se réfugieront chez les Perses Sassanides.

ARISTOTE

Aristote est né en 384 av. J.-C. à Stagire. Son père est le médecin du roi de Macédoine, ce qui vaudra plus tard à Aristote d'être le précepteur du jeune Alexandre, le futur conquérant. Plus de vingt ans élève de l'Académie platonicienne, il ne fonde sa propre école qu'après la mort du premier successeur de Platon. Avec lui, le savoir se divise en domaines organisés en système. Aucune discipline n'a échappé à l'attention d'Aristote : logique, sciences naturelles, astronomie, rhétorique, poétique, éthique et politique, métaphysique, psychologie.

PLATON ET ARISTOTE

Mais c'est après Socrate, avec Platon puis Aristote, que la philosophie prend sa forme « adulte », à tel point que l'on a pu dire qu'il n'y avait plus eu par la suite que deux sortes de philosophes, des platoniciens et des aristotéliciens. Cela vient peut-être avant tout du fait que Platon et Aristote sont les premiers philosophes dont nous ayons conservé un ensemble important de textes. Après Platon, les philosophes se groupent en écoles, véritables institutions rivales, qui entretiennent entre elles des polémiques. Les ennemis de la philosophie se sont très tôt moqué de ces divergences et n'ont pas vu qu'elles étaient le moteur d'une pensée philosophique vivante.

Le platonisme donnera naissance à de multiples formes de pensée. S'en réclament aussi bien la Nouvelle Académie qui soutiendra l'impossibilité pour les humains de toute connaissance certaine, que l'école néoplatonicienne, fondée par Plotin (v. 205-270), le dernier grand philosophe grec, qui fait tout procéder d'un Un transcendant et ineffable. L'aristotélisme, plus tourné vers la recherche scientifique concrète, notamment dans le domaine des sciences de la nature, inspirera la grande institution de recherche et de conservation du savoir que fut la bibliothèque d'Alexandrie, brûlée par les conquérants arabes en 641.

Mais à côté des traditions platonicienne et aristotélicienne se développent d'autres courants. Les cyniques qui, comme le fameux Diogène de Sinope (v. 413-327 av. J.-C.), prêchent, par l'exemple, un art de vivre plutôt qu'une doctrine dûment constituée, les sceptiques, philosophes qui critiquent le dogmatisme des différentes écoles, et surtout les stoïciens et les épicuriens, au IIIe siècle av. J.-C.

Peu à peu, les philosophes se détourneront des grands débats théoriques pour s'intéresser surtout aux moyens d'atteindre la « vie bienheureuse » : face aux incertitudes d'une histoire violente, ils tendront à prêcher le retrait des affaires du monde et la maîtrise de soi. Ainsi s'imposera à l'époque romaine l'image du philosophe barbu, dépenaillé et crasseux, interpellant avec insolence les passants comme les grands de ce monde pour les inciter à la vertu.

Après avoir été attirés par le stoïcisme, les chrétiens se tournent vers le platonisme, en tentant d'en concilier les doctrines fondamentales avec l'enseignement biblique. Cette voie avait été ouverte par les juifs qui, au Ier siècle av. J.-C., avaient tenté une telle conciliation – notamment Philon d'Alexandrie (v. 20 av. J.-C. -v. 50 apr. J.-C.). Ce n'est qu'au XIIIe siècle que l'Occident chrétien redécouvre Aristote : saint Thomas d'Aquin (1225-1274), le plus grand des scolastiques, est l'artisan principal de cette « christianisation » d'Aristote. Mais il serait injuste et faux de réduire le rôle de Thomas d'Aquin à celui de « ré-introducteur » d'Aristote en Occident, tant ce que l'on a appelé la « synthèse thomiste », cette conciliation de la raison et de la foi parfois comparée à une cathédrale gothique, est originale et grandiose. D'une manière générale, l'héritage philosophique du Moyen Âge, longtemps méprisé, est aujourd'hui réévalué. Dès le XIe siècle, des penseurs comme Anselme de Canterbury (1033-1109) ne se contentent plus de fonder leur foi sur l'autorité des textes bibliques, patristiques et ecclésiastiques. Ainsi la preuve de l'existence de Dieu proposée par Anselme inspirera-t-elle celle de Descartes. Quant aux logiciens médiévaux, d'Abélard (1079-1142) à Guillaume d'Occam (v. 1300-v. 1350) et Buridan (v. 1300-v. 1360), en passant par Raymond Lulle (v. 1235-1315) et sa tentative de caractéristique universelle, ils sont actuellement l'objet d'un intérêt sans précédent.

La « revanche » du platonisme ne vient qu'à la fin du XIVe siècle : l'Occident découvre alors en grec l'ensemble du corpus platonicien apporté par des érudits byzantins lors du concile de Ferrare. Laurent le Magnifique refonde l'Académie platonicienne pendant que Marsile Ficin traduit Platon et Plotin en latin. Les prémisses intellectuelles de la révolution galiléenne peuvent alors se mettre en place.

SAINT THOMAS D'AQUIN

Né en 1225 dans une famille napolitaine noble, il entre chez les dominicains qui, au lieu de se retirer du monde prêchent dans les centres urbains en pleine croissance et occupent une place très importante dans les universités naissantes. Thomas suit son maître Albert le Grand, dont il a été l'élève à Cologne et à l'université de Paris. Docteur en 1255, il y enseigna longtemps avec grand succès. Il est l'auteur principal de la redécouverte philosophique d'Aristote par l'Occident latin : ses commentaires de traités aristotéliciens sont remarquables de fidélité. Il utilise aussi beaucoup les philosophes arabes, notamment Averroès. Sa synthèse du christianisme et de l'aristotélisme — la scolastique — subit, à la fin du XIIIe siècle, une critique vigoureuse de la part d'un autre docteur de l'Université de Paris, Jean Duns Scot.

Marc Aurèle ▶

Empereur romain, il réalise en un sens l'idéal platonicien du roi-philosophe. Fervent adepte du stoïcisme, il écrit, en grec, des Pensées pour moi-même *qui sont l'un des chefs-d'œuvre à la fois de la littérature « intime » et de la morale stoïcienne.*

625 v. -547 v. av. J.-C. Thalès.

610 v. -547 v. Anaximandre.

515 v. -440 v. Parménide.

495 v. -435 v. Empédocle.

486 v. -410 v. Protagoras.

460 v. -370 v. Démocrite.

470-399 Socrate.

427 v. -348 v. Platon.

384-322 Aristote.

341-270 Épicure.

281-205 Chrysippe.

205-270 apr. J.-C. Plotin.

354-430 saint Augustin.

1077 Anselme de Canterbury, *Proslogion*.

1142 Abélard, *Dialogue entre un philosophe, un juif et un chrétien*.

1266-1272 Thomas d'Aquin, *Somme théologique*.

1235 v. -1284 Siger de Brabant.

1323 Guillaume d'Occam, *Somme de toute la logique*.

1345 Buridan, *Sophismata*.

1513 Machiavel, *Le Prince*.

1580 parution de la première édition des *Essais* (livres I et II) de Michel Eyquem de Montaigne (1533-1592).

1623 Bœhme, *Mysterium magnum*.

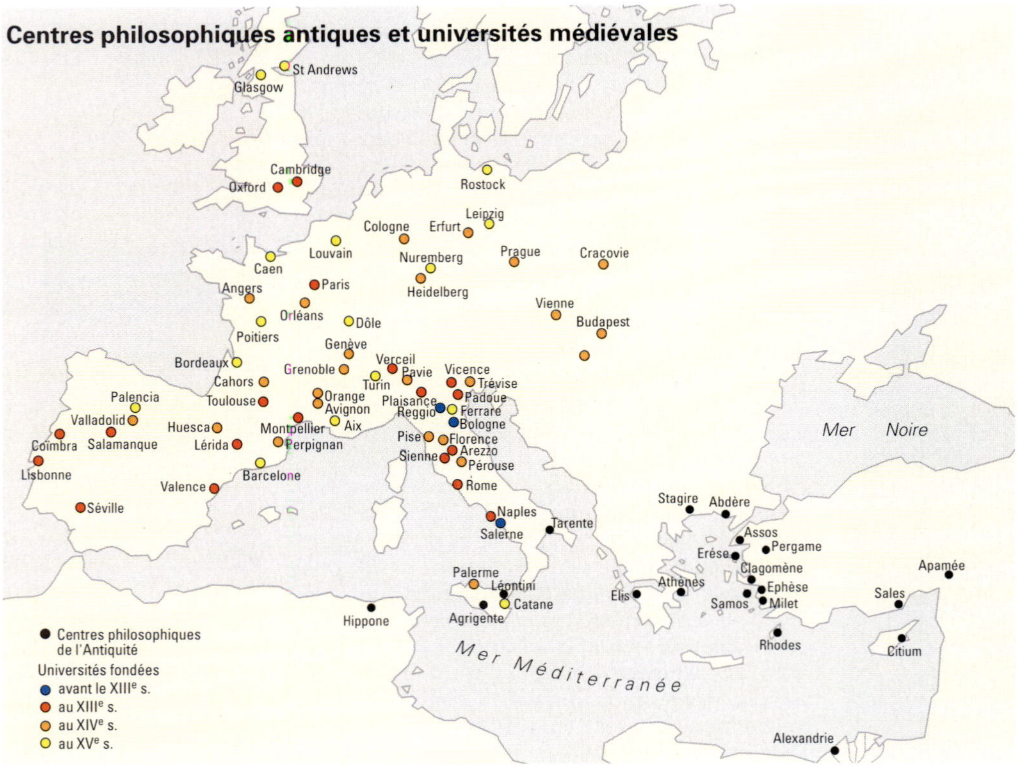

▼ *Thomas More*
Né en 1480 à Londres, Thomas More est un ami intime de Henri VIII qui le nomme grand chancelier du royaume. Mais il refuse de suivre son roi dans le schisme anglican, renonce à sa charge de grand chancelier, est emprisonné dans la Tour de Londres. Malgré les mauvais traitements, il reste fidèle à l'Église romaine et est décapité en 1535. C'est un humaniste, ami d'Érasme, figure caractéristique de son époque. Son Utopie, *publiée en 1516, dont le sous-titre est « Sur la meilleure constitution d'une république », décrit une société communiste idéale inspirée de la* République *de Platon.*

▲ *La philosophie grecque naît à la périphérie de l'aire culturelle grecque, sur la côte d'Asie Mineure d'abord, puis dans l'Italie du Sud et la Sicile, ce qu'on appelait la « Grande Grèce » où les cités grecques avaient fondé des « colonies », c'est-à-dire des cités sœurs liées à leur métropole par des relations commerciales et culturelles. Les universités, grandes institutions autonomes de transmission du savoir avec des procédures reconnues de collation des grades, sont un phénomène typiquement occidental. Si l'école de Salerne est plutôt une école de médecine, fondée au* XIe *siècle, le corps de maîtres et d'écoliers connu sous le nom d'université de Paris, fondé en 1200, reçoit de Philippe Auguste en 1215 des statuts qui lui assurent franchises et privilèges : elle a sa propre justice, et a seule le droit d'enseigner. Le nom même d'université montre leur caractère international, ce qui les fera, surtout à partir de la fin du* XIVe *siècle, entrer parfois en conflit avec les États nationaux naissants. Celle de Paris comprend quatre « nations » où se retrouvent les étudiants originaires du même pays : France, Normandie, Picardie, Angleterre plus tard remplacée par l'Allemagne. Elle a d'abord deux facultés : théologie et arts – c'est-à-dire lettres et sciences –, auxquelles viendront s'ajouter le droit et la médecine. C'est dans le cadre de l'université de Paris que se développe le renouveau de l'aristotélisme au* XIIIe *siècle avec Albert le Grand et Thomas d'Aquin.*

LA PHILOSOPHIE ANTIQUE ET MÉDIÉVALE

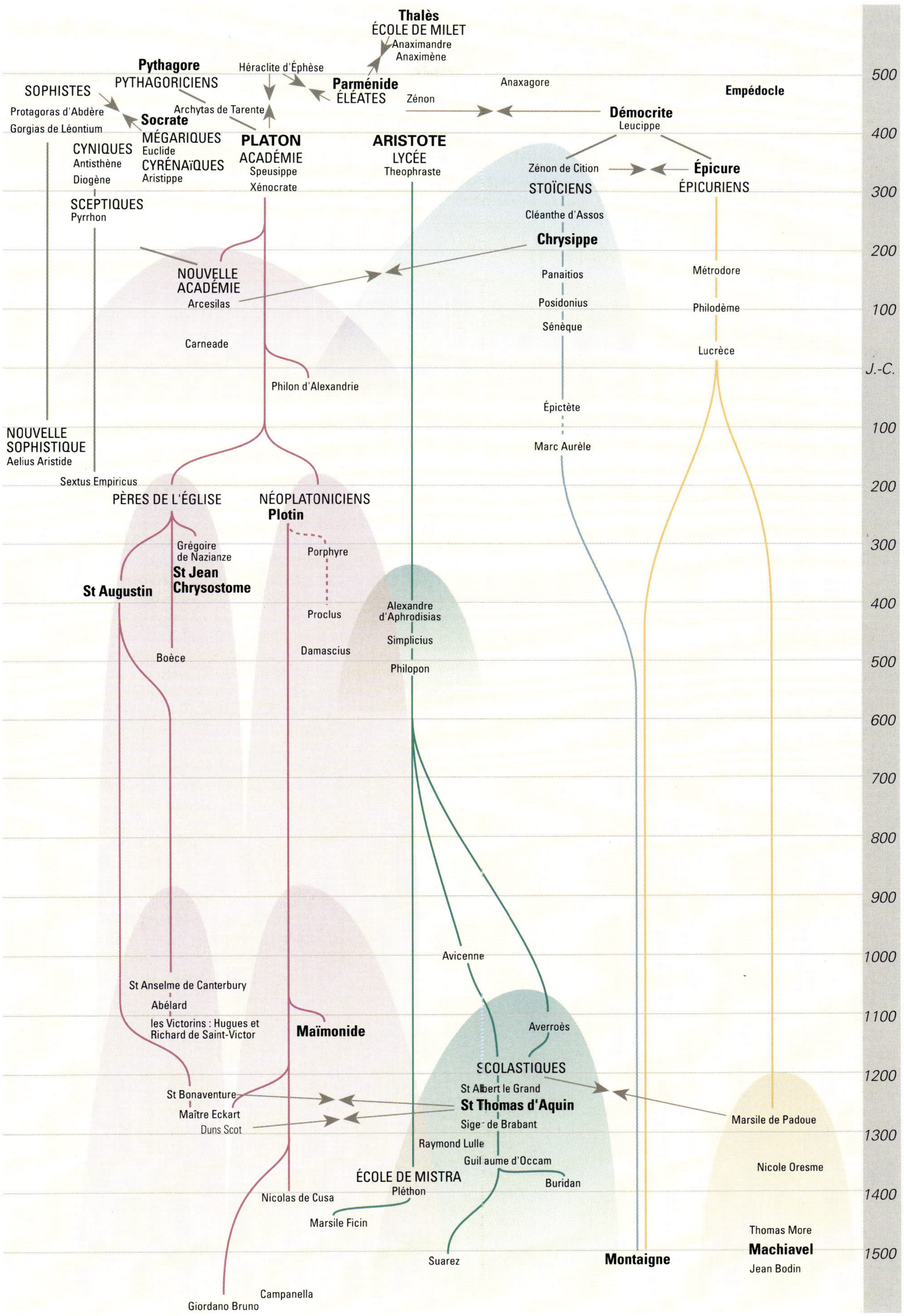

Première école philosophique constituée comme telle, l'Académie de Platon donne naissance à une tradition philosophique qui conserve certains de ses traits fondamentaux jusqu'à nos jours : méfiance envers le donné sensible, primauté de structures ontologiques et/ou intelligibles immuables. Ce fond commun se retrouve, dans l'Antiquité et au Moyen Âge, chez des philosophes et dans des domaines très différents. Le platonisme a pu ainsi être mystique (chez les néoplatoniciens et certains Pères de l'Église), sceptique face à la confusion des données sensibles et à la limitation des capacités de l'esprit humain (Nouvelle Académie), mais aussi politique (dans la cité platonicienne gouvernée par le philosophe-roi dont rêveront encore les utopistes de la Renaissance), ou scientifique (la révolution de la physique mathématique de Galilée sera platonicienne).

Aristote, qui fonde après la mort de Platon l'école péripatéticienne (ainsi nommée parce qu'on y discute en marchant) aussi appelée Lycée, pense, comme Platon, que les réalités immuables et éternelles sont plus intelligibles et plus belles que les êtres périssables. Le concret, pourtant, n'existe pas par procuration, mais réellement, avec sa cohérence propre. La substance individuelle, ontologiquement autonome, et dont l'être vivant est l'exemple le plus adéquat, devient le niveau stratégique de la réflexion scientifique et philosophique. S'il est faux de faire de tous les aristotéliciens des empiristes, tous pourtant entendront développer une science du concret et de l'immanent.

La tradition stoïcienne (du mot grec *stoa*, le « portique » sous lequel Zénon de Cition, le fondateur de l'école, enseignait), s'institue après le naufrage du monde grec classique et fait rapidement passer les préoccupations éthiques au premier plan. Il s'agit d'inviter l'homme à puiser en lui-même les forces qui l'arracheront à la tyrannie, celle du monde désormais dominé par des gouvernements absolus, celle de ses propres passions. Le monde romain sera fasciné par l'image de ce sage retranché dans sa « citadelle intérieure », indifférent aux coups du sort comme à la malignité des hommes.

L'école fondée par Épicure est contemporaine du stoïcisme et entend répondre aux mêmes problèmes et aux mêmes inquiétudes. Très tôt, un contresens fondamental sur sa doctrine la rendra suspecte. En posant le plaisir comme but suprême de la vie humaine, les épicuriens ne sont pas ce que nous appelons aujourd'hui des hédonistes. Le plaisir, c'est l'absence de douleurs et de peines, que l'on atteint par la maîtrise de soi et le rejet des impressions extrêmes, y compris les grandes voluptés qui entraînent une dépendance intellectuelle et qui sont suivies de frustration.

Même s'il est possible et indispensable de trouver des antécédents intellectuels à tel ou tel aspect du cartésianisme, chez les penseurs antérieurs, rarement une révolution intellectuelle aura été aussi radicale et novatrice que celle de Descartes. En même temps que la physique mathématique se lance à la conquête du monde infini ouvert par la révolution copernicienne, la raison humaine devient à la fois l'instrument, l'objet et la fin de l'interrogation philosophique. Mais un bouleversement de cette ampleur n'a pas manqué de susciter des réticences. Il y aura un XVIIe siècle anticartésien. Fortement marqué par la tradition empiriste, le XVIIIe siècle s'achève avec la mise en cause par Kant des prétentions traditionnelles de la philosophie.

C'est de la science et plus précisément des révolutions galiléenne puis newtonienne que vient l'impulsion fondamentale de toute la philosophie européenne des XVIIe et XVIIIe siècles. De ce fait, des problèmes qui tenaient auparavant le devant de la scène philosophique disparaissent ou passent au second plan, celui, par exemple, des rapports entre naturel et surnaturel, et donc entre philosophie et théologie. De la nature, devenue « un livre écrit en langage mathématique », selon l'expression de Galilée (1564-1642), l'homme se découvre « comme maître et possesseur » (Descartes [1596-1650]), et s'approprie ainsi certains des traits du Dieu créateur. Il y occupe une nouvelle place et s'en détache pour mieux la dominer. Mathématisation du monde : pour Descartes, il n'est que deux formes irréductibles de réalité – l'*étendue*, nouveau nom de la matière, et la *pensée*. Du réel extérieur à moi, les qualités qui m'apparaissent (couleurs, odeurs, consistances…) ne sont que des illusions : sa réalité véritable tient en des rapports mathématiquement exprimables que l'esprit doit déceler. Ainsi l'*Éthique* de Spinoza (1632-1677), écrite de 1662 à 1665 et publiée après la mort de son auteur, se présente comme une longue démonstration, partant de définitions et d'axiomes et procédant par propositions, démonstrations et scolies ; il n'est rien, par ailleurs, dans le rationalisme absolu de Spinoza qui ne puisse être rationnellement établi ou réfuté. On comprend, dès lors, que le sujet cartésien soit un pur esprit qui n'ait besoin que de lui-même pour se fonder : « Je pense, donc je suis. » L'intuition première que j'ai de moi-même me désigne donc d'abord comme un être pensant dont le corps n'est qu'une machine, si complexe soit-elle. Le problème de l'intersubjectivité n'en est pas moins laissé en retrait. Le remplacement de la physique cartésienne par celle de Newton (1642-1704) sera assurément l'un des grands événements de l'histoire des sciences, ressenti comme tel par les contemporains. L'image du monde comme « mécanique rationnelle » n'en a pourtant pas été bouleversée.

L'OPPOSITION AU CARTÉSIANISME

Mais il était impossible que le cartésianisme occupe à lui seul tout le champ de la philosophie. Si l'on néglige la philosophie académique d'inspiration aristotélico-thomiste qui survit dans les écoles, mais qui n'a guère laissé de grands noms, on voit le cartésianisme contesté dans deux directions principales.

Une direction politique d'abord. L'homme ne peut être un simple « je pense » enfermé dans l'autofondation de lui-même. Thomas Hobbes (1588-1679) démontre qu'une réflexion sur l'homme doit aussi être une réflexion sur les hommes. L'homme vraiment homme, c'est-à-dire sorti de l'état de nature, doit redécouvrir sa destination sociale. Hobbes, puis Montesquieu (1685-1755) et Jean-Jacques Rousseau (1712-1778) réinventent la philosophie politique : en s'interrogeant notamment sur le fondement des sociétés humaines, ils critiquent la conception, d'origine aristotélicienne, d'une société naturelle et lui opposent l'idée d'un contrat social. Les différentes conceptions philosophiques de l'homme s'affrontent

◀ ***Descartes et Christine de Suède***
Cette réunion de philosophes et de savants du XVIIe siècle a été imaginée un siècle plus tard par le peintre Dumesnil. Ce tableau veut insister sur le rôle des souverains «éclairés» et des grands comme protecteurs des savants et des artistes. À la table de droite, en effet, on trouve la princesse Palatine avec, à sa gauche, la reine Christine de Suède à laquelle Descartes semble expliquer une démonstration géométrique. Derrière lui, le père Marin Mersenne (1618-1680) qui eut un rôle déterminant dans le développement de la nouvelle image «mécaniste» du monde et qui entretint avec Descartes, mais aussi avec la plupart des savants de son temps, une correspondance suivie. L'autre table est présidée par le Grand Condé. Cette idée d'un mécénat «politique», très en vogue parmi les philosophes des Lumières, avait pris, dans la France du XVIIe siècle, la forme du système des «pensions» accordées par le roi aux intellectuels et artistes qui contribuaient au rayonnement de la culture et à la gloire de la monarchie françaises.

donc dans un débat passionné et incessant mené, surtout par correspondance, aux quatre coins de l'Europe. Être de raison ou être de passion, seul ou politique, l'image de l'homme que retient le XVIIIe siècle philosophique montrera finalement une filiation théorique plus importante avec un Hobbes qu'avec un Descartes. L'homme est fait de passions bien plus que de raison. Vision pessimiste, il est vrai, mais qui permet à Hobbes de justifier la fondation de l'État puisque celui-ci apporte la sécurité aux hommes. Ainsi le philosophe retrouve-t-il l'une des dimensions, un peu oubliée lors de la période précédente, de sa vocation grecque originaire : la critique de l'ordre social existant au nom de l'exigence de rationalité dans les rapports entre les humains.

Une direction empiriste ensuite. Autour de David Hume (1711-1776), la pensée philosophique continue de scruter l'esprit humain, l'entendement, mais pour découvrir qu'il faut lui retirer beaucoup de ses prérogatives cartésiennes. L'empirisme affirme que toute connaissance vient de l'expérience et donc, en définitive, des sens qui perçoivent seuls le monde extérieur. Toute la métaphysique traditionnelle est donc rejetée, car elle procède par et de généralités. L'une des cibles principales des empiristes est la théorie des « idées innées » que Leibniz (1646-1716) a reprise de Descartes. Quant à l'idée leibnizienne que le monde est plus parfait (et la puissance divine plus totale) s'il contient du mal, elle méritait sans doute mieux que les sarcasmes de Voltaire (1694-1778). Si grandiose que soit le système de Leibniz, il n'en demeure pas moins le dernier souffle de la métaphysique.

La raison omnipotente cède le pas à un entendement appuyé sur le sensible, et finalement au sentiment avec Rousseau. L'homme est d'abord un être qui sent et non pas un être qui pense. La pensée n'est qu'un artifice issu de la vie en société. Il s'agit d'un retournement complet de la problématique cartésienne. Au XVIIIe siècle, la théorie de la connaissance aboutit donc au même point que la philosophie politique : l'homme est d'abord un être de passion. Le raisonnement cède le pas à l'observation. L'une des conséquences immédiates, et qui n'est qu'apparemment paradoxale, de cette relativisation de la place et du rôle de la raison, c'est, au XVIIIe siècle, un développement sans précédent des recherches scientifiques dans tous les domaines. Histoire naturelle, sciences expérimentales, anthropologie physique et sociale : la philosophie empiriste dominante est un puissant aiguillon théorique pour tous les savants qui ont entrepris de dresser le vaste catalogue des productions de la nature, dans un monde en quelque sorte redécouvert, où l'expédition scientifique a suivi la conquête. Il n'en reste pas moins que les sciences, par leur développement propre, commencent à échapper à la philosophie. Bien plus, des savants comme Buffon (1707-1788) marquent une sorte d'indifférence philosophique qui est un peu le reflet de l'indifférence religieuse des philosophes de la génération précédente.

Ainsi se sont peu à peu mises en place les conditions de la révolution kantienne : pourquoi, se demande Kant (1724-1804), y a-t-il une telle unanimité parmi les savants et une telle discordance d'opinions parmi les philosophes ? Il s'agit donc de fixer les usages et les limites de la raison humaine. En même temps qu'elle renonce à être un savoir positif sur le monde, la philosophie se détourne des problèmes métaphysiques qui lui étaient propres en reconnaissant qu'ils sont insolubles. Avec la morale kantienne, en revanche, l'exigence de rationalité pratique prend une place centrale dans la réflexion philosophique.

GALILÉE

Si l'on mesure l'importance des personnages aux conséquences de leurs œuvres, Galileo Galilei (1564-1642) est peut-être l'homme le plus important de l'histoire de l'humanité. Il est en effet juste de considérer qu'il a jeté les bases de la première science au sens moderne du terme dont les effets sur le développement de la société européenne tout entière sont proprement incalculables. Pourtant, quand on regarde en détail les résultats qu'il a obtenus et les méthodes qu'il a mises en œuvre, on a l'impression que Galilée a le pressentiment qu'il n'est pas parvenu à des résultats solides et qu'il a plus bricolé qu'il n'a innové. S'il se prononce en faveur du mouvement de la Terre – ce qu'il n'a pas été le premier à faire –, les « preuves » qu'il en donne sont illusoires ; s'il fait faire un progrès décisif à la cinématique, il ne parvient pas à formuler clairement le principe d'inertie qui en est le fondement. Quant à la lunette qui l'a rendu célèbre, il ne l'a pas inventée. Mais il reste celui qui a affirmé que l'intelligibilité du monde infini et homogène (il n'y a plus de supralunaire ni de sublunaire) se reflétait dans des lois mathématiquement exprimables.

1620 Bacon, *Novum Organum.*

1637 Descartes, *Discours de la méthode.*

1644 Gassendi, *Recherche métaphysique.*

1651 Hobbes, *Léviathan.*

1670 Pascal, *Pensées.*

1661-1675 Spinoza, *Éthique.*

1670 Spinoza, *Traité théologico-politique.*

1680 Malebranche, *Traité de la nature et de la grâce.*

1681 Bossuet, *Discours sur l'histoire universelle.*

1687 Newton, *Principes mathématiques de la philosophie naturelle.*

1690 Locke, *Essai sur l'entendement humain.*

1714 Leibniz, *Principes de la philosophie ou Monadologie.*

1732 Berkeley, *Alciphron ou le petit philosophe.*

1740 Hume, *Traité de la nature humaine.*

1748 Montesquieu, *De l'esprit des lois.*

1749-1789 Buffon, *Histoire naturelle.*

1751-1766 Diderot, d'Alembert…, *Encyclopédie ou dictionnaire raisonné des sciences, des arts et des métiers.*

1754 Condillac, *Traité des sensations.*

1756 Voltaire, *Essai sur les mœurs.*

1762 Rousseau, *Du contrat social.*

1781 Kant, *Critique de la raison pure.*

1793 Condorcet, *Esquisse d'un tableau historique des progrès de l'esprit humain.*

1807 Hegel, *Phénoménologie de l'esprit.*

THOMAS HOBBES

Thomas Hobbes (1588-1679) est, à côté de Descartes, ou plutôt face à lui, la grande figure de la philosophie du XVII*e siècle. Homme de son temps, il a compris l'importance de la révolution de la physique mathématique initiée par Galilée qu'il va rencontrer à Pise et il se proclame, contre les prétentions de Descartes, l'auteur de la découverte de l'explication mécaniste de l'Univers. Lui aussi pense que la géométrie est la méthode adéquate des sciences naturelles. Mais son projet est plus ambitieux que celui de Descartes. Il veut comprendre dans un même système, reposant sur les mêmes principes, les phénomènes physiques, psychiques, éthiques et politiques. Contre Descartes encore, il pense que l'étude du monde physique doit partir des phénomènes sensibles et non se déduire rationnellement d'un principe aussi abstrait que le « Je pense, donc je suis ». Dans le domaine politique, son œuvre majeure est le* Léviathan *(1651). La société n'est pas une réalité naturelle, mais un produit de la liberté des hommes. L'État et les limitations qu'il apporte à l'égalité naturelle des hommes est nécessaire à la survie de l'humanité, car seul il peut empêcher la guerre de tous contre tous. Hobbes, qui eut le courage, qui manqua à Descartes, d'exclure la théologie du champ de la science, passa dès son époque pour un théoricien de la monarchie absolue.*

▲ *Voltaire*

François Marie Arouet (1694-1778) prend à vingt-quatre ans le surnom de Voltaire. De son vivant, il devient le symbole à la fois des Lumières et de l'esprit français. Embastillé pour des libelles qu'il n'a pas écrits, il voit ses Lettres philosophiques *condamnées au pilon. On connaît ses luttes contre l'oppression – l'affaire Calas – et l'image de vieillard éclairé qu'il se forge dans ses dernières années, où sa résidence de Ferney, près de Genève, mais en France, devient un lieu de passsage obligé de tous les beaux esprits du temps. Voltaire a touché à tous les genres – histoire, épopée, théâtre, contes, romans, philosophie… – sans avoir construit de véritable système. Ce sont curieusement ses œuvres « marginales » comme ses* Contes *que l'on lit encore. Mais il est un élément essentiel du développement de la philosophie des* XVIII*e et* XIX*e siècles qui ne lui doit pourtant aucune innovation théorique.*

LA PHILOSOPHIE DE DESCARTES À KANT

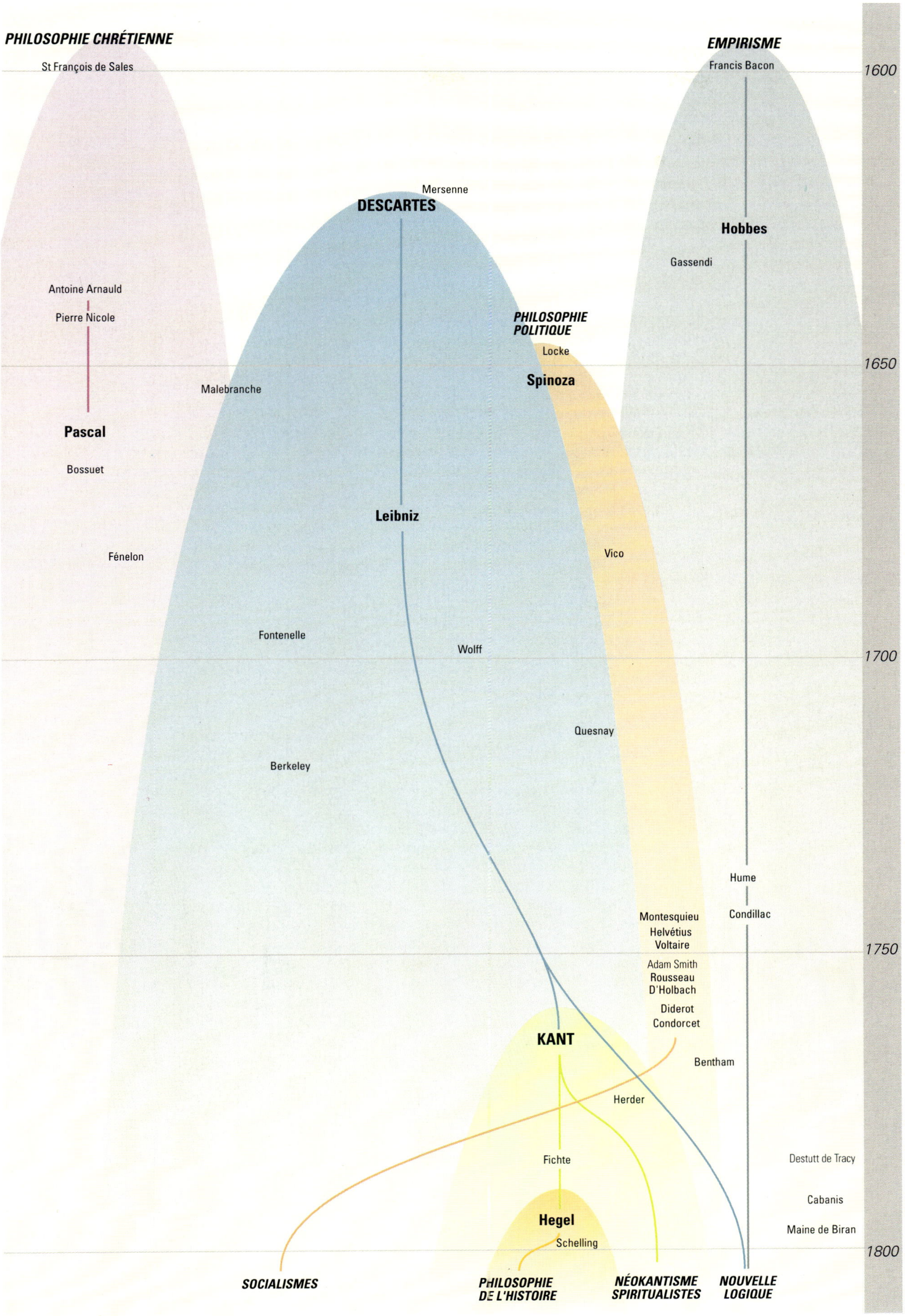

La tradition cartésienne domine la scène philosophique et scientifique durant tout le XVIIe siècle. Son idéal de mathématisation de l'Univers influencera toutes les branches du savoir, sciences physiques bien sûr, mais aussi sciences de la vie (la fameuse théorie des « animaux machines » restera comme l'archétype de toutes les explications mécanistes des phénomènes vitaux), et même théologie (le « Dieu horloger » de Voltaire a des antécédents cartésiens). Le sujet cartésien affirme aussi avec force son irréductible liberté face au monde et même face à Dieu.

Il peut sembler abusif de grouper dans un courant « empiriste » des penseurs aussi différents que le matérialiste Hobbes, surtout connu comme l'un des fondateurs de la philosophie politique moderne, Gassendi, qui affirme sa filiation épicurienne, Hume, ancêtre de la philosophie utilitariste, ou Condillac et ses descendants, les « idéologues » (Destutt de Tracy, Cabanis). Pourtant ils partagent tous une conception fondamentalement anticartésienne de l'acquisition des connaissances (toutes nous viennent de l'expérience sensible) et de la marche du savoir (le système déductif à partir de principes évidents prôné par Descartes est remplacé par une démarche inductive).

L'affirmation historique de la bourgeoisie trouve un écho théorique dans le développement d'une philosophie politique que l'on qualifiera plus tard de « libérale ». Elle rassemble, autour d'une conception contractualiste du lien social et de l'État, des penseurs aussi différents que Locke, empiriste avéré, Spinoza, cartésien rigoureux, les philosophes français des Lumières et les économistes politiques de la fin du XVIIIe siècle.

Ces siècles rationalistes sont aussi le temps d'une floraison de la pensée religieuse, notamment catholique. Réformes ou fondations d'ordres religieux (Carmel, Trappe, Oratoire…) se succèdent tandis que la mystique connaît un renouveau. Pour répondre au double défi de la Renaissance et du protestantisme, certains cherchent à concilier humanisme et christianisme (saint François de Sales), d'autres à faire une synthèse de la « philosophie nouvelle », celle de Descartes, et de l'enseignement de l'Église catholique (Malebranche), d'autres enfin reprennent, notamment sur le problème de la grâce et de la prédestination, certaines positions des réformés et prêchent un rigoureux retour aux sources augustiniennes de la pensée chrétienne, par-dessus la tradition thomiste (les jansénistes).

Ce que la tradition appellera l'« idéalisme allemand » est, paradoxalement, issu de Kant. Il s'efforce de conserver la vocation totale de la philosophie, en lui gardant, un « droit de regard sur toutes choses ».

À notre époque, la philosophie ne semble pas avoir l'intention de mourir. Elle n'a pas été absorbée par les sciences fussent-elles « humaines ». Au contraire, les philosophes jouissent d'un prestige et d'une influence sans commune mesure avec leurs moyens d'intervention sur la réalité de nos sociétés. Si la philosophie prend ses distances par rapport aux diverses entreprises théoriques dans lesquelles elle était engagée – les sciences –, c'est pour réfléchir sur leurs pratiques. Et pour réfléchir aussi sur elle-même et sur son histoire. Aujourd'hui, le philosophe a réussi à convaincre nombre de ses contemporains de l'importance du point de vue philosophique tant dans le champ des savoirs que dans celui de l'action. Pour combien de temps ?

CHARLES FOURIER

Charles Fourier (1772-1837) a souffert à la fois de la formulation originale de ses analyses et de ses projets, et des socialistes ultérieurs, notamment Marx, qui qualifièrent son socialisme d'« utopique ». Sans doute faudra-t-il réévaluer la profondeur, et la hardiesse, de sa critique sociale fondée sur une approche « passionnelle » des humains. Il attendit toute sa vie le capitaliste qui lui donnerait les moyens de réaliser son phalanstère.

Parce qu'il marque la fin de la métaphysique traditionnelle issue des Grecs, Kant peut aussi être considéré comme celui qui a posé les fondements de la philosophie contemporaine : pour la première fois, la philosophie renonce à sa position dominante de science universelle. Non qu'elle se reconnaisse une « science maîtresse » qui la régirait comme pouvait l'être, pour les penseurs médiévaux, la théologie. La philosophie ne prétend plus inclure ni même fonder toutes les sciences. De ce poin de vue, la philosophie de Hegel (1770-1831), qui s'assigne la tâche de bâtir un système total du savoir, fait figure d'archaïsme nostalgique. Mais elle se considère désormais comme une discipline parmi d'autres et elle redéfinit notamment sa position par rapport aux sciences. Elle ne se pose plus les questions qui sont du ressort exclusif de ces dernières (par exemple la composition de la matière, les processus vitaux...).

LA POSTÉRITÉ DE KANT

Des grands mouvements qui ont traversé les XIXe et XXe siècles, certains sont directement issus du kantisme, tant du « criticisme » kantien (c'est le cas en Allemagne des écoles de Marbourg et de Bade, en France de Charles Renouvier [1815-1903] et de ses disciples), que de la morale kantienne (tout le courant dit spiritualiste s'affrontera à l'impératif catégorique de la *Critique de la raison pratique* publiée par Kant en 1788). Quant à Hegel, son influence sur ces deux siècles est considérable. On retient d'ordinaire son rôle fondateur dans la genèse de la philosophie marxiste, mais toute la réflexion historique s'en nourrit, même si c'est de manière critique (Raymond Aron [1905-1983]). C'est en constante référence à Kant et à Hegel qu'Arthur Schopenhauer (1788-1860) bâtit un système grandiose dans lequel la volonté humaine, affranchie de l'espace et de la causalité, se dilate aux dimensions de l'univers entier : Kant distinguait déjà l'univers physique déterminé par les lois de la nature, du domaine moral de la liberté. De même quand Schopenhauer pose la pitié comme fondement de la moralité, c'est en partant de la définition kantienne de l'action morale. Ce qui contribue aussi à l'importance historique de Schopenhauer, c'est sa tentative – que l'on a dite romantique – de dépasser les cadres du rationalisme classique en puisant notamment à des sources orientales qu'il ne réduisait pas, pour l'occasion, à des avatars de l'« esprit » occidental.

De même, au milieu du XIXe siècle, en réaction contre le rationalisme des philosophes idéalistes allemands, au premier rang desquels Hegel,

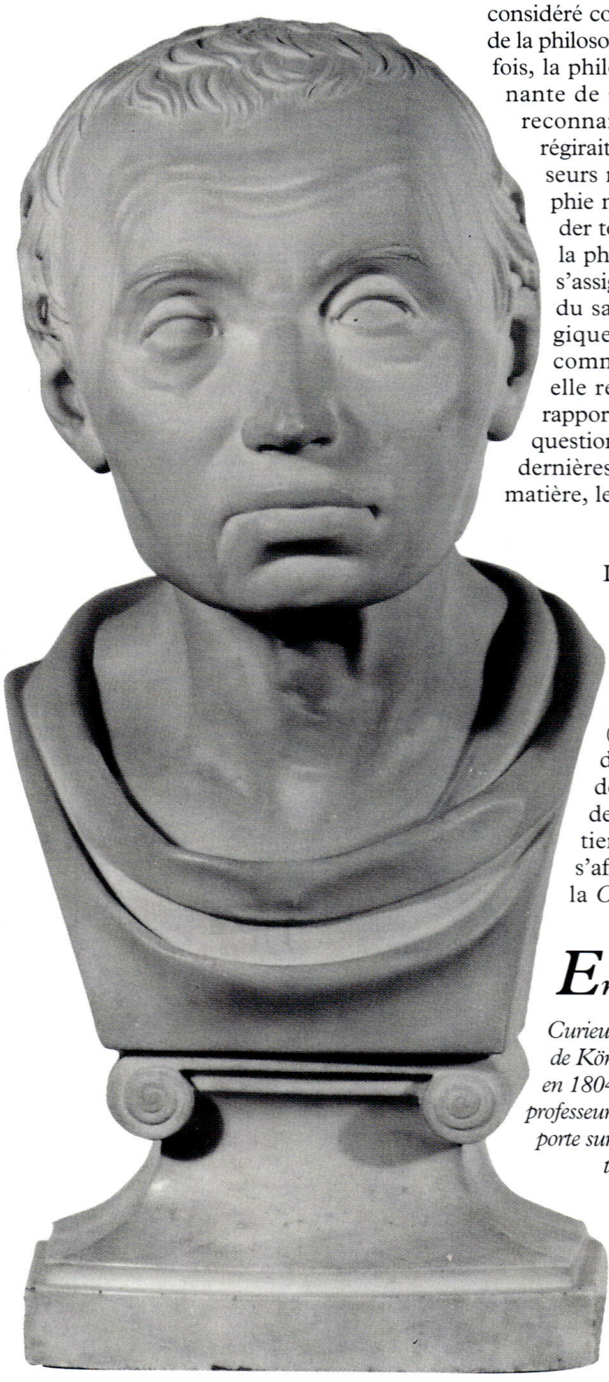

Emmanuel Kant

Curieux portrait à l'antique de l'ermite de Königsberg, ville où il naît en 1724 et meurt en 1804 après avoir mené la vie recluse d'un professeur. Son enseignement, commencé en 1755, porte sur les matières les plus diverses : géographie, théologie, droit, logique, métaphysique, astronomie, anthropologie, histoire, métaphysique.
La Critique de la raison pure *marque une rupture dans son œuvre (on parle des ouvrages pré- et post-*Critique*), mais aussi dans la pensée occidentale tout entière.*

la philosophie se voit assigner la tâche d'une critique radicale des valeurs éthiques, mais aussi gnoséologiques et esthétiques alors dominantes. Cette critique fut parfois entreprise au nom d'exigences religieuses (Sören Kierkegaard [1813-1855]) ou sociales (les socialistes « utopiques »). Mais elle atteint une sorte de paroxysme proprement philosophique avec Friedrich Nietzsche (1844-1900) qui fut sur bien des plans le continuateur de Schopenhauer. Le surhomme de Nietzsche est d'abord l'humain débarrassé de tout ce qui le domine (Dieu, entités métaphysiques et jusqu'au langage) et devenu ainsi le créateur de ses propres valeurs. Étonnante postérité que celle de Nietzsche : sa philosophie sera revendiquée par les pourfendeurs des valeurs bourgeoises, mais aussi exploitée – exploitation dont Nietzsche est innocent – par les idéologues nazis.

Cette critique des valeurs « dominantes » prend une coloration nettement politique chez les philosophes marxistes ou marxisants. Le renouveau du marxisme qui a suivi la révolution d'Octobre en Russie a fait de l'analyse critique marxiste l'un des grands « acteurs » du débat philosophique. Dénonçant les ruses du discours de classe qui se prétend « neutre » (idéologie), le philosophe devient alors un militant de la libération : libération de la parole, des individus et des peuples.

ÉPISTÉMOLOGIE ET TRADITION ANALYTIQUE

Pourtant, le lien privilégié aux sciences, qui avait marqué la fondation de la philosophie, n'est pas rompu. Mais les philosophes, en renonçant à être savants, prennent les sciences elles-mêmes comme objets. Même si le positivisme est aujourd'hui, non sans abus, chargé de bien des maux, il faut se souvenir qu'Auguste Comte (1798-1857) le premier a tracé le programme d'une épistémologie digne de ce nom, projet continué jusqu'à nos jours par Gaston Bachelard (1884-1962) et ses « descendants ». Cette prise au sérieux du travail scientifique a même pu donner cours, y compris chez les plus grands, à un certain scientisme : ainsi deux des remises en cause les plus fondamentales du système de valeurs de l'Occident, celles de Karl Marx (1818-1883) et de Sigmund Freud (1856-1939), ont prétendu tirer leur légitimité du fait d'être appuyées sur des sciences, l'économie politique pour l'un, la psychologie pour l'autre.

Par ailleurs, la philosophie analytique, qui se développe dans les pays de langue anglaise après la Seconde Guerre mondiale, prend la suite de projets fortement marqués par la pratique scientifique contemporaine. Le « positivisme logique », d'abord, issu du Cercle de Vienne, et notamment inspiré par les réflexions de Rudolf Carnap (1891-1970) sur la physique moderne et repris à son compte par Ludwig Wittgenstein (1889-1951) au début de sa carrière philosophique, entend rien moins que d'en finir avec les problèmes métaphysiques hérités de la tradition : en rectifiant nos façons de parler, grâce à la logique moderne, nous pourrions dissiper ces problèmes qui ne viendraient donc que de l'ambiguïté des langues « naturelles ». La philosophie analytique s'appuie aussi sur les progrès récents de la logique – mieux située par rapport aux mathématiques – et de la linguistique. Un événement important est en effet intervenu : les sciences elles-mêmes, considérées comme des zones de consensus et de progrès, peuvent connaître des crises concernant leurs propres fondements. Ce fut le cas de la logique, avec le développement de la « nouvelle logique » issue de Charles Sanders Peirce (1839-1914) (Kant considérait encore la logique aristotélicienne comme définitive et indépassable), et de la physique moderne qui réduisit la physique newtonienne à un cas particulier s'appliquant à des phénomènes « moyens », c'est-à-dire ni immenses ni microscopiques. Il faut aussi rappeler le rôle cardinal joué par la réflexion sur les fondements des mathématiques dans l'élaboration de la phénoménologie husserlienne.

◄ *Claude Bernard*
*Né près de Villefranche-sur-Saône en 1813, Claude Bernard rêve d'une vie de dramaturge. Ses études de médecine à Paris ne sont guère brillantes. C'est donc hors des cadres de la médecine officielle, dans le laboratoire du biologiste Sue, influencé par Magendie, qu'il sera à la fois l'auteur d'une méthode d'investigation des fonctions physiologiques (*Mémoire sur le pancréas, Leçons sur le diabète*) et de la « méthode expérimentale » qui révolutionne à la fois les sciences de la vie et l'épistémologie. Il meurt en 1878.*

SIGMUND FREUD

En datant de 1900 L'Interprétation des rêves *qu'il a publiée en 1899, Freud (1856-1939) avait l'ambition d'ouvrir une ère nouvelle en même temps qu'un champ, caché mais déterminant, du psychisme humain. Au fil des ans, les ambitions de la psychanalyse deviendront gigantesques : Freud pense avoir, par ses méthodes d'approche de l'inconscient – notamment par la méthode de l'association libre et par l'interprétation des rêves –, les moyens d'élaborer une théorie de la réalité humaine tout entière, individuelle et collective. Anthropologie, histoire, histoire de l'art... seront bouleversées par l'introduction des concepts psychanalytiques. Mais le projet initial de Freud d'une psychologie « scientifique » est sans doute trop scientiste pour n'être pas, heureusement, subverti par ses successeurs.*

Loin du bruit et de la fureur du siècle, continue pourtant, cahin-caha, à se développer une philosophie universitaire. Rationalistes, parfois issus de milieux religieux, les universitaires sont principalement influencés par le kantisme. C'est chez eux que se pratique massivement l'histoire de la philosophie telle que nous la connaissons encore aujourd'hui dans nos universités.

Alors que plusieurs des membres mêmes de la confrérie philosophique avaient, dans les années 1960-1970, annoncé la mort de la philosophie, dont le destin historique leur semblait s'achever, l'époque actuelle connaît un regain de l'activité philosophique. Mais pour l'instant aucun courant n'a imposé sa prépondérance – à l'inverse de ce qui s'était passé, en France par exemple, quand le néo-marxisme dominait la scène philosophique –, aucun maître n'occupe seul, ou avec ses disciples, le devant de la scène philosophique.

1802 Maine de Biran, *Influence de l'habitude.*

1818 Schopenhauer, *Le Monde comme volonté et comme représentation.*

1830-1842 Comte, *Cours de philosophie positive.*

1835-1840 Tocqueville, *De la démocratie en Amérique.*

1841 Feuerbach, *L'Essence du christianisme.*

1846 Marx et Engels, *L'Idéologie allemande.*

1848 Marx et Engels, *Manifeste du parti communiste.*

1883 Dilthey, *Introduction aux sciences de l'esprit.*

1883 Nietzsche, *Ainsi parlait Zarathoustra.*

1889 Bergson, *Essai sur les données immédiates de la conscience.*

1910 Russell, *Principia mathematica.*

1913 Husserl, *Idées directrices pour une phénoménologie.*

1913-1918 Wittgenstein, *Tractatus logico-philosophicus.*

1918-1923 Frege, *Recherches logiques.*

1923-1929 Cassirer, *La Philosophie des formes symboliques.*

1927 Heidegger, *Être et Temps.*

1933 discours de rectorat de Heiddegger.

1938 Bachelard, *La Formation de l'esprit scientifique*

1943 Sartre, *L'Être et le Néant.*

1945 Merleau-Ponty, *Phénoménologie de la perception.*

1962 Austin, *Quand dire c'est faire.*

1966 Foucault, *Les Mots et les choses, une archéologie des sciences humaines.*

1967 Derrida, *De la grammatologie.*

1975 Ricœur, *La Métaphore vive.*

FRIEDRICH NIETZSCHE

La gloire posthume de Nietzsche (1844-1900), chez lequel la plupart des penseurs du XXe siècle, qu'ils s'en félicitent ou non, trouvent l'origine de certaines de leurs interrogations fondamentales, offre un contraste remarquable avec l'incompréhension et l'hostilité que son œuvre a suscitées. Méprisé des philosophes « officiels » à cause de la forme aphoristique et poétique, jusqu'à l'exaltation, de ses écrits, invoqué par les tenants des différents racismes, suspecté plus tard d'incohérence à cause de la maladie mentale qui le submergea pendant les onze dernières années de sa vie, Nietzsche a dû attendre plus d'une génération la reconnaissance, posthume, de son importance philosophique. Heidegger a tenté de faire entrer Nietzsche dans une histoire de la métaphysique, dont il marquerait l'achèvement, histoire qui serait celle de l'« oubli de l'être ». C'est plutôt comme un commencement qu'il faut saisir la pensée nietzschéenne, qui est non seulement une critique radicale des valeurs, mais une mise en cause des modes habituels de penser. Face à un monde « décadent » avec lequel il ne voulut pas transiger, Nietzsche incarne, jusqu'au symbole, la figure de l'homme seul.
Ayant rompu avec Wagner, qui avait pourtant été l'un des rares contemporains à comprendre la portée de la Naissance de la tragédie, *puis avec Lou Salomé, de plus en plus souvent malade, il sombre dans la démence, ce qui parachève l'image du géant foudroyé.*

▼ *Bertrand Russell*
Par son œuvre et par sa vie, Russell (1872-1970) est un philosophe au sens le plus profond, et donc le plus ancien, du terme. Appuyé sur une science, la logique, à laquelle il a fait faire des progrès décisifs, ne serait-ce qu'en tentant d'en redéfinir le champ par rapport à celui des mathématiques, il est l'un des « piliers » de la philosophie analytique à laquelle il n'a pas appartenu. Mais s'arrogeant, en philosophe, un « droit de regard sur toutes choses », cet aristocrate libéral et excentrique dit tout haut, mais sans arrogance ni dogmatisme, ce que sa société et le monde de son époque ont d'odieux. Militant inlassable de la cause pacifiste – ce qui l'a conduit en prison lors de la Première Guerre mondiale –, il sait pourtant reconnaître la spécificité du nazisme et prôner la lutte contre lui. Avocat de la liberté des mœurs dans une Grande-Bretagne psychologiquement encore très marquée par la morale victorienne, il est intervenu dans tous les domaines de la vie politique et sociale.

LA PHILOSOPHIE DE KANT À NOS JOURS

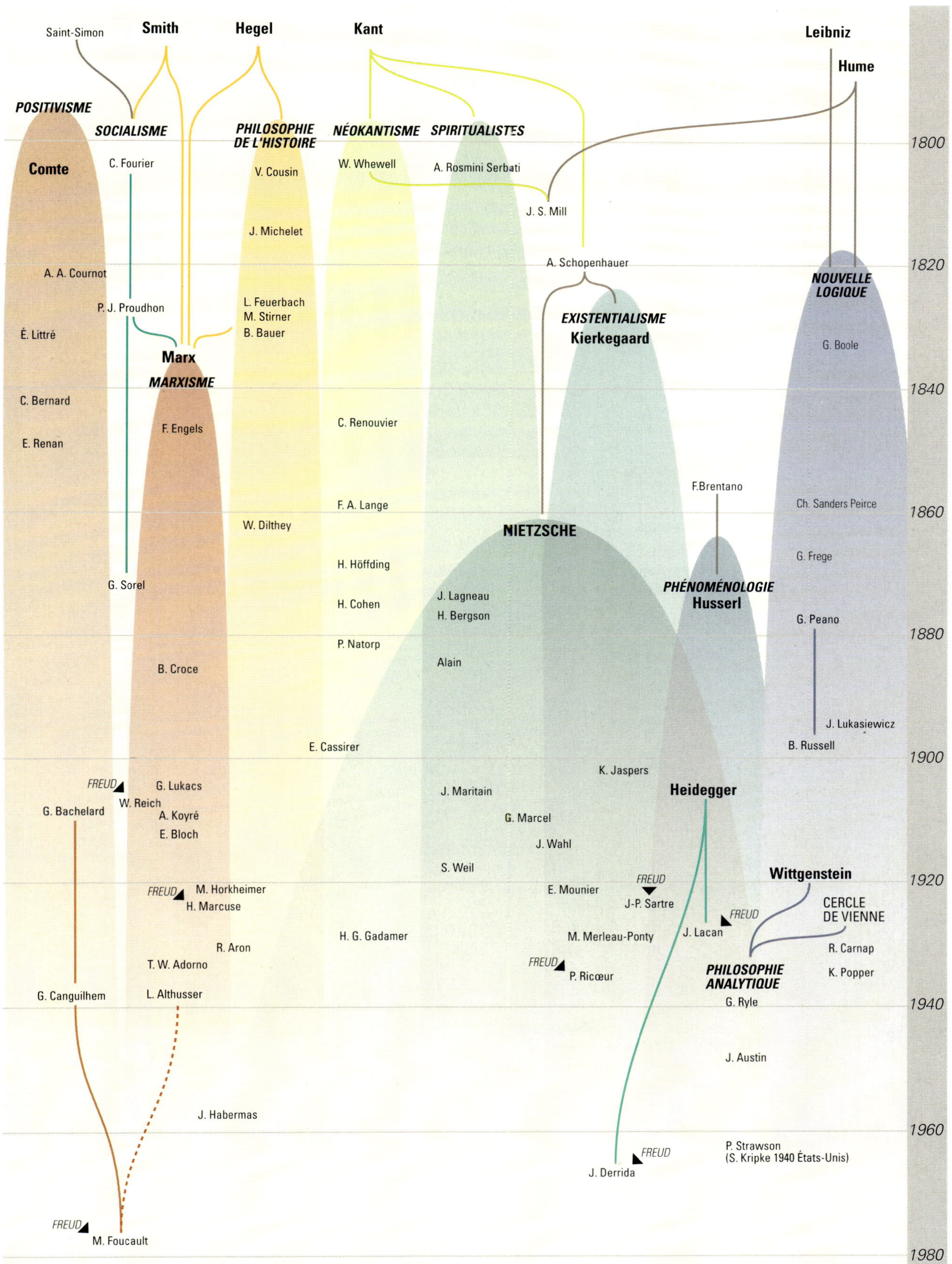

Le positivisme, très caractéristique du XIXe siècle, professe une confiance absolue dans la connaissance scientifique et une foi dans les bienfaits du progrès technique qui en découle.

Le marxisme eut une grande influence sur la philosophie. Le cas le plus caractéristique est celui de Sartre : formé dans la tradition universitaire cartésienne et kantienne, influencé par la phénoménologie heideggerienne, Sartre considère le marxisme comme l'« horizon philosophique indépassable de notre temps ». La redécouverte, dans ses écrits de jeunesse, d'un Marx moraliste théoricien de l'idéologie, contribue beaucoup au renouveau marxiste en France et en Italie dans les années 1960-1970.

Avec Hegel, la philosophie de l'histoire devient une composante essentielle de la réflexion philosophique. À côté de philosophes à proprement parler « hégéliens », on peut comprendre dans ce « mouvement » des penseurs qui, comme Dilthey, cherchent l'une des clefs des modes de pensée dans l'époque où ils surgissent.

Le kantisme a eu une double postérité. Épistémologique d'abord : même un philosophe aussi attaché à l'induction (censée être une méthode « empiriste ») que Whewell considère qu'une pensée formelle universelle est une condition d'intelligibilité des faits observés. Morale ensuite : face aux éthiques traditionnelles, Kant a le premier dressé l'exigence d'une loi morale indépendante du contenu empirique des actions humaines.

Ce courant « spiritualiste », d'une importance décisive, à la fin du XIXe siècle et dans la première moitié du XXe siècle, est largement un avatar de la réflexion sur le moralisme kantien.

Malgré des tentatives pour lui trouver des antécédants plus anciens (ainsi Thomas d'Aquin selon Maritain et Gilson) l'existentialisme, chrétien ou athée, suppose une critique de la métaphysique traditionnelle qui a été le fait de penseurs comme Kant et Schopenhauer.

À la suite de Franz Brentano, la phénoménologie husserlienne tente de combler le fossé creusé entre la méthode de la philosophie et celle des sciences. Ce retour aux « choses mêmes » influence la philosophie la plus contemporaine, parfois à travers l'« hérésie » heideggerienne : Heidegger fait dériver la phénoménologie vers une méditation sur l'histoire de l'être.

« La meilleure méthode en philosophie, écrit Strawson, et même la seule sûre, c'est l'examen minutieux de l'emploi effectif des mots. » Même s'ils divergent, sur le statut à donner au langage ordinaire, c'est bien sur une analyse des manières de parler que s'appuient tous les philosophes analytiques. Leur double caractère, logiciste et empiriste, remonte à Leibniz et à la tradition humienne.

La science moderne est née en Europe au XVIIe siècle. Fruit d'un travail auquel coopèrent, par-dessus les frontières, les plus grands esprits du temps, elle ne met guère plus de soixante ans à prendre son essor : des œuvres populaires de Francis Bacon (Novum Organum, *1620*), *de Galilée* (Dialogue entre les deux systèmes du monde, *publié en 1632*) *et de Descartes* (Discours de la méthode, *1637*) *aux* Principes mathématiques de la philosophie naturelle *d'Isaac Newton, ouvrage publié en 1687.*

Cette science se présente d'abord comme une théorie du mouvement et tourne le dos à la physique d'Aristote adoptée par l'Église depuis le XIVe siècle ; elle se libère de la cosmologie géocentrique de Ptolémée et confirme la validité du système de Copernic (1543) qui renouait avec l'hypothèse émise par Aristarque de Samos au IIIe siècle av. J.-C. : la Terre tourne autour du Soleil, et non l'inverse. Elle a recours à deux traditions philosophiques grecques antiques qu'elle renouvelle et concilie malgré leur opposition : celle de Platon qui magnifie, après Pythagore, le rôle des mathématiques pour comprendre le monde ; celle des « atomistes » (Leucippe, Démocrite) qui, comme Épicure, proposaient une conception corpusculaire de la matière.

À cette jonction avaient contribué les travaux sur la nature de la lumière menés dans le monde arabe en particulier par Ibn al-Haytham (965-1039) redécouvert en Europe sous le nom d'Alhazen.

NAISSANCE DE LA MÉCANIQUE

La nouvelle science promettait de résoudre les problèmes pratiques sur lesquels avaient buté les ingénieurs de la Renaissance, en Italie notamment. Elle dénouait les difficultés théoriques qu'avait affrontées l'« école parisienne » dont Jean Buridan, au XIVe siècle, reste le symbole. Elle s'inscrit dans la descendance d'Archimède, dont les œuvres ont été traduites du grec par Guillaume de Moerbeke en 1269.

En un sens, son succès, qui provoqua un conflit prolongé avec l'Église catholique, constituait une manière de revanche posthume du dominicain de Naples Giordano Bruno (1548-1600), brûlé par l'Inquisition à Rome en février 1600. Mais Bruno avait été un visionnaire, un mystique qui se rattachait à une autre descendance de Platon : celle de l'hermétisme chrétien dont Marsile Ficin (1433-1499), commentateur de Plotin, avait rallumé le flambeau deux siècles auparavant.

Il ne suffisait ni de glorifier les mathématiques ni de vouloir les appliquer : il fallait les transformer pour qu'elles saisissent les réalités physiques. L'algèbre inventée par les Arabes et transmise en Occident en 1202 par le *Livre des abaques*, perfectionnée notamment par Girolamo Cardan dans son *Ars Magna* (1545), y contribua de façon décisive, de même que la lecture des *Éléments* d'Euclide et celle des œuvres de Diophante traduites de l'arabe en 1621. Descartes fonde la « géométrie algébrique » dont Fermat avait avant lui formé le projet. Il formule le principe d'inertie dont Isaac Beeckmann rectifiera l'énoncé. Il faudra l'invention du calcul infinitésimal par Leibniz et Newton, lecteur de l'*Arithmatica Infinitorum* de John Wallis (1656), pour que la notion « force », chassée par Descartes, soit réintroduite dans le cadre de la nouvelle mécanique.

Galilée et Newton

Les observations astronomiques jouent un rôle décisif dans l'avènement de la science moderne. Galilée s'intéresse essentiellement à la théorie du mouvement. Il veut confirmer l'hypothèse héliocentrique de Copernic. Une lunette d'un nouveau type (ci-contre) lui sert d'instrument (1609). Il découvre des montagnes sur la Lune. La voûte céleste n'est pas divine… La terre peut tourner. Avant de formuler la théorie de la gravitation universelle, Newton (ci-dessus) avait inventé en 1699 le télescope à réflexion.

LES INGÉNIEURS DE LA RENAISSANCE

La naissance de la mécanique n'aurait pas été possible sans les projets, les réalisations et les réflexions de ceux que l'on a appelés les « ingénieurs de la Renaissance ». Comme Francesco di Giorgio Martini, nombre d'entre eux furent des hommes de guerre. Ils s'intéressèrent ainsi à la construction de ponts, de fortifications et autres « engins » (d'où le mot d'ingénieur). Nous reproduisons ici un relief de Martini représentant le fonctionnement d'une machine de guerre. L'école allemande ouvrit la voie à l'extrême fin du XIVe siècle avec Konrad Kyeser. Elle fut supplantée par l'école italienne au milieu du XVe siècle. Les ingénieurs seront aussi artistes, artisans, théoriciens dans la tradition d'Archimède dont on avait redécouvert les œuvres en Europe à la fin du XIIe siècle. Léonard de Vinci représente le type même de cette génération d'hommes universels porté à son plus haut degré de perfection. On a toutefois remarqué que bien des croquis de machines dans ses carnets relèvent de l'imagination de l'artiste plutôt que de l'art de l'ingénieur et n'étaient pas réalisables.

Newton la qualifie de « rationnelle » et la définit comme « la science des mouvements qui résultent de forces quelconques et des forces qui sont requises pour des mouvements quelconques ». Dans un temps qui s'écoule uniformément, les corps se déplacent dans un espace absolu qui demeure semblable et immobile. Si cet espace est continu, la matière est discontinue. Entre les corps s'exercent, dans le vide de l'espace, des forces qui s'avèrent mathématiquement calculables selon les règles de l'analyse, qu'il s'agisse des plus petits corps sur Terre ou des astres les plus éloignés.

LE SYSTÈME DU MONDE NEWTONIEN

Newton en déduit un « système du monde ». La même loi de l'attraction relie tous les corps entre eux. Sa force diminue en proportion inverse du carré de la distance. Newton rend compte par sa mécanique des trois lois sur le mouvement énoncées par Johannes Kepler (1571-1630) à partir des observations de Tycho Brahe. Dans l'*Optique* publiée en 1703 au terme de longs travaux, Newton intègre à ce système une théorie « corpusculaire » de la lumière, à laquelle le Hollandais Christiaan Huygens, disciple de Descartes, dans le *Traité de la Lumière* (rédigé en 1678 et publié en 1691) avait opposé par avance une théorie « ondulatoire ».

La science moderne réglera sa démarche sur celle de Newton et essaiera d'expliquer de proche en proche par la mécanique rationnelle et par la loi de l'attraction les phénomènes les plus divers : astronomiques, physiques, chimiques mais aussi psychologiques, politiques et moraux.

Le visage du monde moderne se fixe ainsi pour plus de deux siècles au prix de discussions philosophiques ardentes qui signent l'originalité d'un rapport « européen » à la science : l'Univers est-il infini ? Kepler, qui avait pourtant brisé la magie des sphères célestes en montrant que la trajectoire des planètes s'effectuait sur des ellipses, recule d'horreur devant cette idée, que n'admet pas non plus Galilée et que Descartes se garde d'endosser. Existe-t-il du vide dans la nature, contrairement à l'adage des scolastiques (« la nature a horreur du vide ») ? L'Italien Evangelista Torricelli (1608-1647), disciple de Galilée, puis Blaise Pascal et enfin Otto von Guericke mettent au point des expériences qui aboutissent à former le concept de pression atmosphérique. Descartes qui refusait l'existence du vide, avait bâti une étrange physique tourbillonnaire contre laquelle Newton dut ensuite lutter pied à pied. Mais comment expliquer les régularités mathématiques auxquelles les phénomènes s'avèrent soumis ? Ces « lois de la nature » manifestent-elles le dessein de Dieu et sa présence active dans l'Univers comme Newton le soutenait ? Expriment-elles la bienveillance de ce même Dieu qui mit en nos esprits les « semences des vérités éternelles » comme le prétend Descartes ? Faut-il n'y voir que l'harmonie préétablie par le « grand horloger » entre l'enchaînement de nos pensées et celui des corps, comme le soutient Leibniz contre les deux premiers ? Einstein ne pourra créer la théorie de la relativité (en 1905) qu'en réexaminant les bases philosophiques de la science newtonienne.

La famille Bernoulli

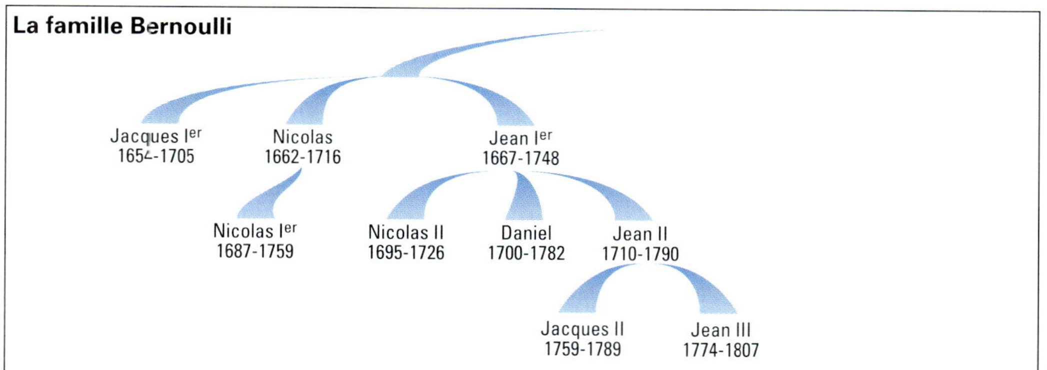

La famille des Bernoulli, originaire d'Anvers mais établie à Bâle, a vu se succéder trois générations d'éminents mathématiciens. Les deux premiers, les plus célèbres, sont deux frères : Jacques Ier et Jean Ier. Jacques, né en 1654, développe le calcul de l'infini inventé par Leibniz. Il lui donne le nom de calcul intégral et en propose de nombreuses applications. Son frère, Jean, né en 1667, lui succède dans sa chaire à l'université de Bâle. Il popularise la notation leibnizienne du calcul différentiel. Il est le premier à désigner l'accélération de la pesanteur par la lettre g. Nicolas Ier, neveu de Jacques et de Jean, Nicolas II et Jean II, fils de Jean Ier, Jean III et Jacques II, fils de Jean II, sont surtout de remarquables professeurs. Daniel, fils de Jean Ier, né à Groningue en 1700 et mort à Bâle en 1782, esprit encyclopédique, enseigne aussi bien la philosophie et les sciences naturelles que la médecine ; il est connu pour ses travaux en hydrodynamique où il établit l'importance du principe de conservation de l'énergie, par sa théorie des marées et ses études sur les cordes vibrantes.

***Albert Einstein* ▶**
En 1905, un jeune homme, Albert Einstein, juif allemand, citoyen suisse depuis peu, employé au Bureau des brevets de Berne, publie coup sur coup cinq articles qui révolutionnent la physique. Il fonde la théorie de la relativité restreinte qui bouleverse nos conceptions de l'espace et du temps. La vitesse de la lumière est une constante universelle, un absolu (300 000 km/s). Il avance l'hypothèse des « quanta de lumière », nos « photons ». Le concept de « champ » lui permet d'unifier la mécanique et l'électromagnétisme. Dix ans plus tard, il généralise ces résultats dans une nouvelle théorie de la gravitation universelle : la relativité générale, confirmée en 1919 par les observations d'Arthur S. Eddington.

◀ *Les hémisphères de Magdebourg*
La question du vide passionne les savants du XVIIe siècle. Aristote et les scolastiques soutenaient que la nature en avait « horreur ». Descartes identifie la matière à l'étendue et refuse le vide. L'expérience dite des hémisphères de Magdebourg réalisée par Otto von Guericke met en évidence les effets extraordinaires de la pression de l'air. Deux demi-sphères de laiton mesurant 90 centimètres de diamètre et accolées par leur base ne purent être décollées, lorsque le vide fut fait à l'intérieur, que par deux attelages de huit chevaux !

1603 création à Rome de l'Accademia dei Lincei.

1614 université de Groningue.

1635 fondation de l'Académie française.

1635 Academia Parisiensis, ébauche d'une académie des sciences.

1636 université d'Utrecht.

1645 fondation à Londres du collège philosophique (future Royal Society).

1657 fondation de l'Accademia del cimento à Florence.

1662 reconnaissance de la Royal Society (Oxford).

1665 premier exemplaire des *Philosophical Transactions* (Londres).

1666 fondation de l'Académie des sciences de Paris et début de la publication du *Journal des savants*.

1682 parution de l'*Acta eruditorum* à Leipzig et création de l'académie Léopoldine (Vienne).

1690 académie de Bologne.

1700 constitution de l'académie des sciences de Berlin.

1701 parution du *Journal* de Trévoux (mémoires pour l'histoire des sciences et des beaux-arts).

1706 académie des sciences de Montpellier.

1710 création de l'académie de Suède et de l'Académie royale des sciences d'Uppsala.

1711 inauguration de l'académie de Prusse.

1713 académie royale d'Espagne.

1724 académie des sciences de Saint-Pétersbourg.

1739 fondation de l'académie des sciences de Stockholm.

1752 parution en France du *Journal de physique*.

1753 fondation du British Museum.

▲ *Le premier observatoire des Temps modernes a été fondé en 1576 par Tycho Brahe dans une île du Sund, entre Elseneur et Copenhague, à Uraniborg. En 1667, l'astronome Adrien Auzout (1622-1691) convainc le roi de France Louis XIV de la nécessité pour l'État d'avoir un observatoire équipé des meilleurs instruments. Grâce à l'appui de Colbert, l'observatoire, érigé sur une colline de 60 m juste au sud de Paris, est achevé en 1671.*
En 1674, John Flamsteed, premier astronome royal, obtient de Charles II, roi d'Angleterre, de construire un observatoire au sud de Londres, dans le parc royal de Greenwich. Il sera achevé en 1676. Il s'agissait, dans les deux cas, d'aider les marins à déterminer la longitude en mer et donc de rendre la navigation plus sûre.

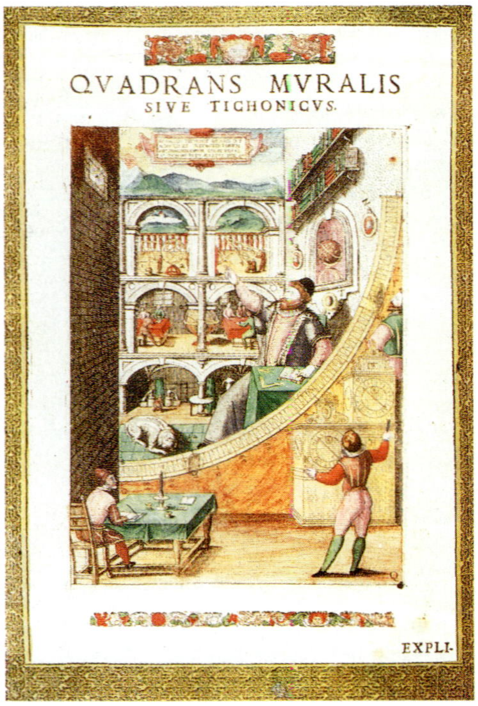

◀ ***Tycho Brahe dans son observatoire***
L'astronome Tycho Brahe (1546-1601), né au Danemark d'une famille noble suédoise, qui n'a jamais accepté l'hypothèse héliocentrique de Copernic, est néanmoins l'un des pionniers de l'astronomie observationnelle moderne. Ses observations méticuleuses menées pendant des années sur l'île de Hveen (actuelle île de Ven, suédoise) où il construisit l'observatoire d'Uraniborg permirent à Kepler de formuler les trois lois qui régissent le mouvement des planètes (loi des ellipses, des vitesses et des aires). Newton put intégrer ces lois et en rendre compte mathématiquement par la gravitation universelle.

LA SCIENCE ANTIQUE EN EUROPE

On a dit couramment que les doctrines de Platon et d'Aristote ont dominé la pensée européenne jusqu'aux débuts de la science moderne. Mais la connaissance des textes fut longtemps très partielle. Nous donnons ici les dates des principales traductions.

IVe siècle *Traduction à partir du grec par Chelridais :* le Timée *de Platon.*

VIe siècle *Traduction à partir du grec par Boèce en Italie d'une partie de la* Logique (Logica vetus)*, des* Catégories, De interpretatione, Premiers Analytiques, Topiques *et* Réfutation des sophismes *d'Aristote.*

1126 *Traduction à partir de l'arabe par Robert de Chester à Ségovie de l'*Algèbre *d'Al-Kwarizmi.*

1145 *Traduction à partir de l'arabe par Adelard de Bath :* Liber Isagogum, Alchorismi (Arithmétique) *d'Al-Kwarizmi.*

1156 *Traduction à partir du grec par Henri Aristippe en Italie de* Timée *(17a-53c),* Chalcidius, Ménon *et* Phédon *de Platon,* Meteorologica *(Liv. IV) d'Aristote.*

1160 *Traduction à partir du grec en Sicile :* l'Amalgeste *de Ptolémée.*

1175 *Traduction à partir de l'arabe par Gérard de Crémone à Tolède :* l'Amalgeste *de Ptolémée.*

XIIe siècle *Traduction à partir du grec par Jacques de Venise et à partir de l'arabe à Tolède :* Seconds Analytiques (Logica nova) *d'Aristote.*

XIIe siècle *Traduction anonyme :* Physica, De generatione et de corruptione, Metaphysica *(4 premiers livres),* De anima *d'Aristote.*

XIIe siècle *Traduction à partir de l'arabe par Adelard de Bath et Hermann de Carinthie des* Éléments *(15 livres dont 13 authentiques) d'Euclide.*

XIIe siècle *Traduction à partir de l'arabe :* Conica *d'Apollonius.*

XIIe siècle *Traduction à partir de l'arabe par Gérard de Crémone à Tolède :* De aspectibus, De umbris *et* De diversitate aspectum *d'Al-Kindi.*

XIIe siècle *Traduction à partir de l'arabe par Jean de Séville à Tolède de la partie physique et philosophique de* Kitab al Shifa *(commentaire sur Aristote) d'Ibn Sina, dit Avicenne.*

Fin du XIIe siècle *Traduction à partir de l'arabe :* Opticae thesaurus *d'Ibn al-Haytham, dit Alhazen.*

Fin du XIIe siècle *Traduction :* De scientis (catalogus scientiarum), De intellectu et intellecto *d'Al Farabi.*

Début du XIIIe siècle *Traduction à partir de l'arabe par Michel Scot du commentaire de la* Physique, *du* De caelo, *du* De anima *et autres œuvres d'Aristote d'Ibn Rushd, dit Averroès.*

1202 *Traduction du* Liber abaci *(premier exposé complet de la numération indienne) par Fibonacci, dit Léonard de Pise.*

1254 *Traduction à partir du grec en Sicile :* l'Optique *et la* Catoptrique *d'Euclide.*

Après 1260 *Traduction à partir du grec par Guillaume de Moerbeke :* Pneumatica *et* Catoptrica *d'Héron d'Alexandrie.*

1269 *Traduction à partir du grec par Guillaume de Moerbeke des œuvres complètes (sauf l'*Arénaire, *la* Lemmate *et la* Méthode*) d'Archimède.*

1417 *Traduction :* De rerum natura *de Lucrèce connu par extraits au IXe siècle. Texte complet découvert par Poggio Bracciolini.*

AUX ORIGINES DE LA SCIENCE MODERNE

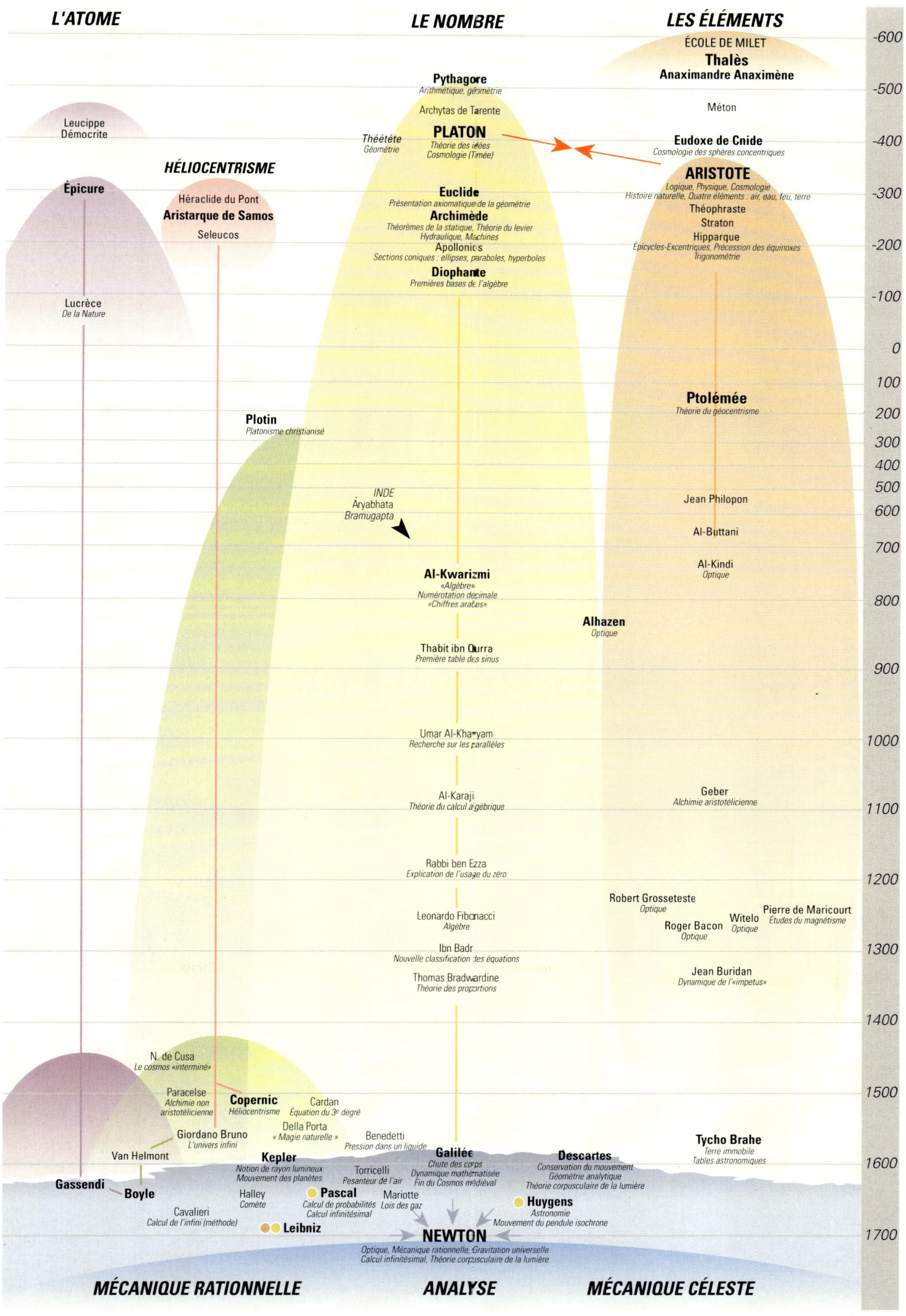

C'est en Ionie, dès le VIIe siècle av. J.-C., que les premières tentatives sont faites d'expliquer les phénomènes naturels par des causes naturelles. Déjà les principes de cette explication divergent. Pythagore (v. 570-480 av. J.-C.) tire de ses études musicales et de ses observations du ciel l'idée que « tout est nombre ». Thalès (v. 625-547 av. J -C.) et Anaximène (VIe siècle av. J -C.) à Milet, puis Empédocle (Ve siècle av. J.-C.), cherchent dans des « éléments » (l'eau, l'air…) les constituants ultimes des choses. Leucippe (v. 460-370 av. J.-C.) et Démocrite (v. 460-370 av. J.-C.) imaginent ces constituants comme des petits corps invisibles : les « atomes ». De ces premières tentatives proviennent trois traditions de pensée dont le jeu a marqué la marche de l'Occident vers la science moderne.

Une première tradition cherche dans les mathématiques (arithmétique, géométrie, puis algèbre) la vérité du monde tel que nous l'observons : de Platon (v. 427-348 av. J.-C.) à Euclide (IIIe siècle av. J.-C.), puis aux grands mathématiciens arabes de la période de notre Moyen Âge, la ligne qui aboutit à Galilée (1564-1642) est droite.

La tradition « atomiste », quant à elle, constamment décriée, renaît avec Épicure (341-270 av. J.-C.), puis à Rome avec Lucrèce (v. 98-55 av. J.-C.), pour venir, après une longue éclipse, inspirer à la fin du XVIIe siècle le chimiste Robert Boyle (1627-1691) et Isaac Newton (1642-1727) qui défend une conception corpusculaire de la matière.

Disciple direct de Platon, Aristote (384-322 av. J.-C.) remet à l'honneur une théorie qualitative des « éléments », divise le cosmos en deux régions hétérogènes. Cette tradition se prolonge au Moyen Âge dans le monde arabe à travers les commentaires d'Averroès (1126-1198) et d'Avicenne (980-1037) ; elle est reprise et remaniée par l'Église catholique sous l'impulsion de saint Thomas (1225-1274). Ses impasses font l'objet des investigations de la physique médiévale en Angleterre (Roger Bacon [v. 1220-1296]) comme en France (Jean Buridan [v. 1300-1358]). La cosmologie géocentrique mathématisée par Claude Ptolémée (v. 100-170) pesa sur les esprits plus d'un siècle après que Nicolas Copernic eut sorti de l'oubli la vue héliocentrique du cosmos défendue sans écho par Aristarque de Samos au IIIe siècle av. J.-C. La question se dénoue avec Kepler et Galilée. Kepler lui-même, astrologue autant qu'astronome, se trouvait être aussi l'héritier d'un certain néoplatonisme mystique issu des œuvres de Plotin (v. 205-270) qui avait alimenté la pensée de Nicolas de Cusa, l'alchimie de Paracelse ou la « magie naturelle » de Della Porta. Cette tradition, Giordano Bruno l'avait déjà mariée à celle d'Épicure pour affirmer l'infinité de l'Univers encourant les foudres de l'Inquisition qui allaient atteindre Galilée lui-même.

L'Europe a changé de visage en un siècle environ, de 1750 à 1850. Le monde entier s'en est trouvé bouleversé. On s'accorde à appeler ce bouleversement la « révolution industrielle ». Appellation justifiée si on l'entend au sens large : elle n'affecte pas seulement les techniques de production et les relations de travail; elle touche de proche en proche l'ensemble de la société, de l'économie à l'éthique en passant par la politique.

Le progrès technique se trouve cependant au cœur du processus, où les sciences jouent un rôle à bien des égards décisif, en ce qu'elles l'accélèrent, en diversifient et en étendent le champ des applications possibles.

Pour que cette révolution se produisît, il fallait que le machinisme, dont les débuts peuvent être datés de la Renaissance, subît une triple mutation : quant à ses matériaux, quant à la structure et au mode de fonctionnement de ses mécanismes, enfin quant à ses sources d'énergie. La machine à vapeur qui naît véritablement en Angleterre avec James Watt en 1765 fait figure de symbole du nouveau « système technique » (Bertrand Gille) qui se met ainsi en place : elle libère la production de l'énergie des servitudes liées à ses ancrages naturels, elle permet en ce domaine un véritable changement d'échelle. L'invention de la machine à vapeur se présente elle-même comme l'issue d'un processus complexe où viennent se rencontrer plusieurs histoires : celle des « machines atmosphériques » qui commence en Toscane lorsque Galilée, sur la fin de sa vie, est sollicité par les puisatiers pour résoudre une difficulté technique précise (1640). Ces recherches, centrées sur le problème des pompes à eau, s'accélèrent en Angleterre sous la pression de l'industrie minière qui se développe : Thomas Savery (1650-1715) et Thomas Newcomen (1663-1729), des ingénieurs, installent de telles machines à l'entrée des mines. Jusqu'alors, les sciences physiques ne sont guère intervenues. Avec James Watt (1736-1819), elles font leur entrée, en particulier parce qu'il emprunte à Joseph Black (1728-1799) la théorie dite du « calorique » formulée en 1761, et dont l'ascendance doit être recherchée du côté du grand chimiste Robert Boyle (1627-1691) en Angleterre, mais aussi du Français Guillaume Amontons (1663-1705) et, surtout, du Hollandais H. Boerhaave.

Le paradoxe tient à ce que la théorie du calorique s'est révélée fausse par la suite : la machine à vapeur a ainsi pu se développer et révolutionner les industries extractives, les transports maritimes, les machines-outils, l'industrie textile, le génie civil et les transports terrestres avant qu'on disposât de la théorie scientifique adéquate.

LA NAISSANCE DE LA THERMODYNAMIQUE

Celle-ci supposait l'avènement de ce que nous appelons la thermodynamique, science des transformations de l'énergie. Nouvel « accident » historique : dans un mémoire rédigé en 1824, le polytechnicien français Sadi Carnot (1796-1832) en formule le principe essentiel (le « second principe » qui établit l'irréversibilité des processus de transformation de la chaleur en mouvement). Mais ce mémoire passe presque inaperçu : il ne sera « redécouvert » qu'en 1850 par l'Allemand Rudolf Clausius (1822-1888), lequel donne à cette irréversibilité son nom moderne d'« entropie ». Ses travaux s'inscrivent, quant à eux, dans la descendance des recherches de physique théorique sur la nature de la chaleur où se sont illustrés le mathématicien français Joseph Fourier (1768-1830) auteur en 1822 d'une célèbre *Théorie analytique de la chaleur*, mais aussi Louis Joseph Gay-Lussac (1778-1850), André Marie Ampère (1775-1836) le fondateur de l'électrodynamique ainsi que Pierre Louis Dulong (1785-1838) et Alexis Thérèse Petit (1791-1820) qui établissaient la loi des chaleurs spécifiques. Mais les prédécesseurs immédiats de Clausius sont l'Anglais James Prescott Joule (1818-1889) qui formule en 1849 le « premier principe » de la thermodynamique en posant l'équivalent mécanique de la chaleur ainsi que le médecin allemand Julius Robert von Mayer (1814-1878) qui a énoncé le principe de la conservation de l'énergie. Avec l'Anglais William Thomson (1824-1907), anobli sous le titre de lord Kelvin, s'achève un processus qui va pouvoir désormais associer étroitement les sciences de l'ingénieur aux sciences physiques et à la chimie. Notre monde commence.

◀ ***L'École polytechnique vers 1820***
Pendant la seconde moitié du XVIIIe siècle, les progrès de l'industrie et de la mécanique appliquée avaient nécessité la création de plusieurs écoles d'ingénieurs. La Révolution française favorisa ce mouvement. L'École polytechnique, fondée en septembre 1794, groupe, parmi ses professeurs, les géomètres, mécaniciens et chimistes les plus éminents de l'époque. L'École fut installée par Napoléon rue Descartes, à Paris.

▲ ***Démonstration de la machine à poudre***
Parmi les premières machines atmosphériques, la machine à poudre suscite un grand intérêt : on provoque une explosion dans un cylindre. La soupape laisse échapper l'excès de gaz brûlant, et quand celui qui reste se refroidit, sa pression baisse : le vide partiel est réalisé.

LES MACHINES AUTOMATIQUES

Deux autres mutations techniques ont contribué à cet enfantement. La première tient à la substitution des machines de métal – et spécialement des engrenages – aux machines en bois qui régnaient dans les manufactures jusqu'au milieu du XVIIIe siècle, comme en témoignent encore les fameuses planches de l'*Encyclopédie* de Diderot et de d'Alembert. L'apparition de l'acier au creuset joue ici un rôle décisif ainsi que celle des premières machines-outils pour le métal, comme les machines à aléser de Wilkinson (1772). Quant à l'histoire de l'automatisme, autre composante essentielle de la révolution industrielle, elle commence certes avec les « mécaniciens grecs », mais seule la Renaissance avait réalisé les premiers mécanismes de régulation automatique du mouvement par action de l'effet : le « volant » permet une telle régulation par effet de l'inertie. J. Watt développe le « régulateur à boules » qui repose sur le même principe pour régler l'admission de vapeur. Encore fallait-il de surcroît maîtriser et contrôler la régularité de mouvements successifs et concevoir la notion de « programme ».
La maîtrise d'une nouvelle source d'énergie allait bientôt provoquer une autre révolution. Elle s'amorce avec la célèbre expérience de Leyde (1745) qui met en évidence l'accumulation de la charge électrique entre deux condensateurs séparés par un isolat. Le physicien américain Benjamin Franklin (1706-1790) s'en inspire pour faire apparaître l'électricité atmosphérique.

LES PROMESSES DE L'ÉLECTRICITÉ

Le Français Charles Coulomb (1736-1806) mesure les forces d'attraction et de répulsion qui s'exercent entre les pôles de deux aimants. Luigi Galvani, professeur d'anatomie à Bologne, prend le relais en 1771, puis Alessandro Volta, physicien de Pavie qui réalise en 1799 le premier dispositif produisant de l'électricité. Les travaux théoriques du physicien danois Hans Christian Oersted (1777-1851), du Français André Ampère (1775-1836) préparent l'exploitation industrielle de cette invention. En 1828, l'expérimentateur anglais Michael Faraday décrit le principe du moteur électrique assurant la production d'un courant continu par un dispositif tournant. Mais il faudra attendre près d'un demi-siècle pour que le mécanicien belge Zénobe Gramme (1826-1901) réalise en 1871 le premier moteur électrique. Toutefois, l'explication théorique adéquate de l'efficacité de la machine de Gramme ne sera apportée qu'au début du XXe siècle.

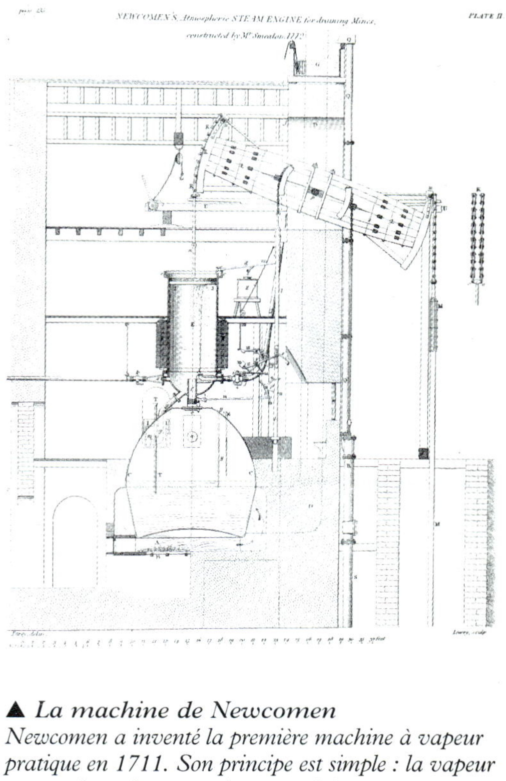

▲ ***La machine de Newcomen***
Newcomen a inventé la première machine à vapeur pratique en 1711. Son principe est simple : la vapeur permet de soulever un piston que fait redescendre la pression atmosphérique grâce au vide créé par la condensation. Le cylindre est donc ouvert vers le haut. Tout un système de balanciers permet de compenser les poids inutiles, en particulier les tiges, le piston et tout l'appareillage de la pompe.

1681 Denis Papin, invention du « digesteur ».

1698 Thomas Savery, pompe à eau pour les mines.

1711 Thomas Newcomen, première « pompe à feu » à l'entrée d'une mine.

1761 Joseph Black, théorie du calorique.

1765 James Watt, invention du condenseur.

1769 James Watt, brevet de la première machine à vapeur.

1777 Carl Scheele, idée de chaleur rayonnante.

1780 Antoine Lavoisier, Pierre Simon Laplace, mesures de calorimétrie.

1802 Louis Gay-Lussac, loi de la dilatation des gaz.

1804 Robert Trevithick, machine à haute pression.

1814 André Ampère, rapport pression/volume/température.

1818 Pierre Dulong, Alexis Petit, mesure des chaleurs massiques des solides.

1822 Joseph Fourier, *Théorie analytique de la chaleur.*

1824 Sadi Carnot, *Réflexions sur la puissance motrice du feu.*

1829 Gustave de Coriolis, notion de travail.

1842-1849 l'Anglais James Joule et l'Allemand Julius R. Mayer énoncent indépendamment la loi d'équivalence chaleur-travail.

1848 William Thomson, échelle absolue des températures.

1850 Rudof Clausius effectue la synthèse des travaux de Carnot et de Joule.

1854 Rudolf Clausius établit la notion d'entropie.

1854 William Thomson, soutien à Clausius.

▲ **Carnot visitant à Lyon les ateliers de Jacquard**

À la fin du XVIIIe siècle, le tissage des étoffes brochées s'effectue encore à la main. Joseph Marie Jacquard (1752-1834) invente un mécanisme (breveté en 1801) pour lever automatiquement les fils. Des cartes perforées attachées les unes aux autres déterminent l'exécution du dessin en permettant ou non le passage des aiguilles. Par l'analyse de ce procédé, Babbage tire les concepts de base d'un calculateur automatique! Un métier de Jacquard supprimait cinq « tireurs de lacs », d'où la violence des réactions ouvrières contre le procédé.

L'ORDINATEUR

Les premiers ordinateurs, calculatrices électroniques à programmes enregistrés, apparurent au début des années 1950. Ils allaient bouleverser de proche en proche toutes les branches du savoir (de la physique à la biologie moléculaire en passant par l'astrophysique), puis, notamment avec l'explosion de la micro-informatique, transformer les relations de travail et les modes de communication entre les êtres humains.

Pour que l'idée d'une telle machine fût pensable et – ce qui est différent – réalisable, il a fallu que plusieurs lignées de recherches se coupent et se recoupent, en modifiant de ce fait leurs concepts. Ne nous hâtons donc pas de voir dans l'ordinateur la simple réalisation d'un « vieux rêve » de l'humanité, celui d'une machine à penser; il est en réalité né de la composition de plusieurs idées disparates sous la sollicitation de processus économiques et d'événements sociaux déterminés (la révolution industrielle, puis la Seconde Guerre mondiale).

L'idée de programme constitue sa caractéristique essentielle. Elle s'inscrit dans le prolongement de recherches sur les automates qui remontent à Héron d'Alexandrie; elle trouve ses antécédents lointains dans les travaux des mécaniciens grecs de l'époque hellénistique avec l'invention de la came; elle prend corps dans l'industrie textile à la fin du XVIIIe siècle avec l'utilisation des premières cartes perforées dans les métiers à tisser du célèbre Joseph Marie Jacquard (1752-1834). Et l'on fait souvent honneur à Charles Babbage (1792-1871), mathématicien, économiste et ingénieur, d'avoir conçu aux alentours de 1830 la première calculatrice à programme enregistré codé sur cartes. Quel que fût le génie polymorphe de Babbage auteur de Analytical Engine *(*La Machine analytique*), il n'avait cependant pas encore l'idée d'un support de logiciel. Néanmoins, ses travaux ont constitué une source d'inspiration pour tous ceux qui ont directement contribué à la naissance de l'ordinateur. Il en va ainsi de la naissance de la mécanographie due à l'Américain Hermann Hollerith (1860-1929), qui invente en 1890 des machines statistiques intégrant l'électromécanique au calcul.*

L'œuvre de Babbage permet la jonction entre cette lignée de recherches touchant à la mécanique industrielle avec une autre qui concerne la mise au point et le perfectionnement des instruments et des méthodes de calcul. L'abaque chinois et les bouliers peuvent faire figure d'ancêtres sur cette lignée, où les mathématiciens arabes jouent un rôle essentiel, et notamment al-Khwarizmi qui forme au IXe siècle apr. J.-C. la notion d'« algorithme ». Mais c'est le début du XVIIe siècle qui marque la première efflorescence des machines à calculer, de Pascal à Leibniz.

Le célèbre mathématicien anglais Alan Turing (1912-1954) concevra sa « machine universelle » dans le prolongement de ces recherches : le concept d'une machine capable de produire toutes les assertions démontrables dans les mathématiques du temps (celles de David Hilbert [1862-1943]).

En se référant au programme de Hilbert, Turing faisait le lien avec un autre « monde » de la recherche : celui de la logique. Ici, c'est sans doute à Aristote qu'il faut faire remonter la généalogie, puisqu'il fut le premier à se donner, sous ce nom, pour objet les conditions formelles de tout raisonnement valide : identité, non-contradiction, tiers exclu. Mais une fois encore la route passe par le génie de Leibniz à la fin du XVIIe siècle dont les projets de « caractéristique universelle » trouvent leur écho dans les travaux algébriques de l'Anglais George Boole (1815-1864) au milieu du siècle suivant ainsi que, cinquante ans plus tard, dans l'œuvre monumentale de Whitehead et de Russell qui, par la théorie des « types logiques », apportent une solution à la crise de la théorie des ensembles.

La « machine de Turing » reste cependant purement conceptuelle. Pour qu'elle pût donner lieu à réalisation, il fallut qu'aient abouti les recherches de l'Américain Claude Shannon (1916) qui travaillait pour les Laboratoires Bell en 1941 et qu'on peut considérer comme le père de la théorie de l'information. Il fallut encore la sollicitation des militaires intéressés au décodage des messages secrets pendant la Seconde Guerre mondiale et le génie du mathématicien américain d'origine autrichienne John von Newmann. Nacquit alors l'ordinateur.

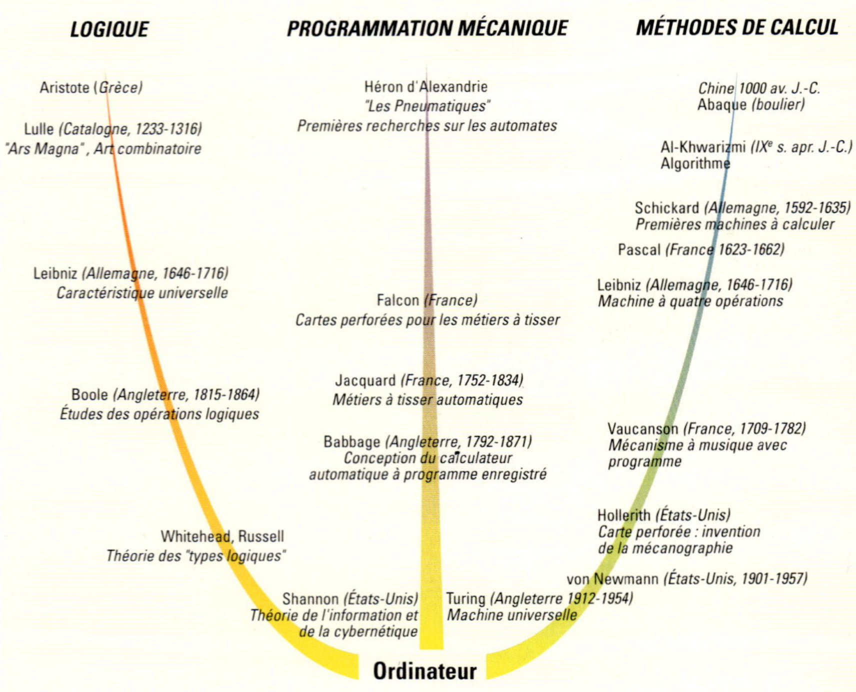

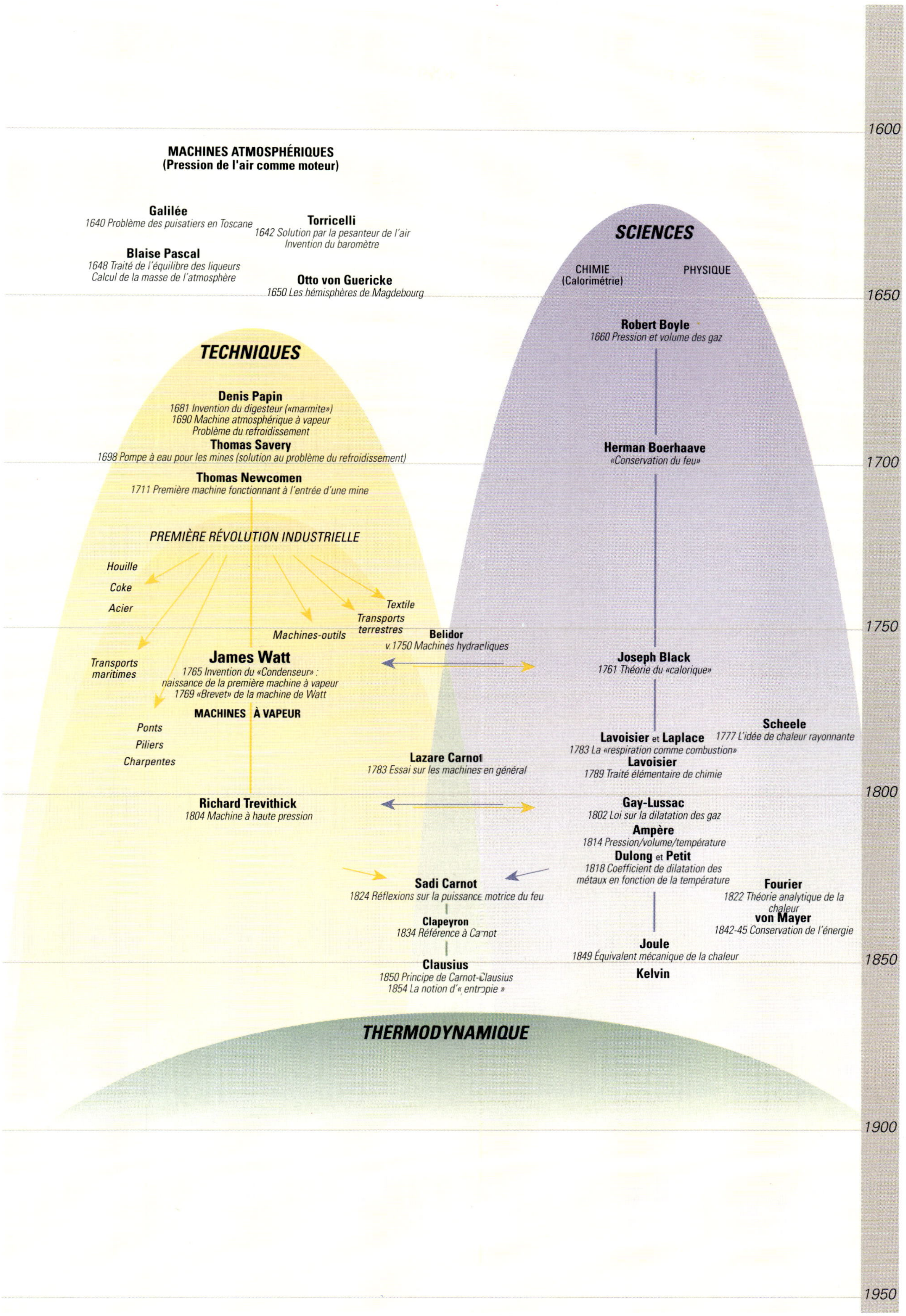

Ce sont des praticiens, des ingénieurs qui, avec les moyens du bord, élaborent le savoir des machines : Guillaume Amontons qui fait des recherches sur les frottements, Bernard F. de Belidor qui étudie notamment les machines hydrauliques... Lazare Carnot sera le premier en 1783 *(Essai sur les machines en général)* à tenter d'opérer la jonction entre ces études et la « mécanique » des physiciens. Elle ne se réalisera cependant qu'un demi-siècle plus tard, donnant naissance à ce que l'on appellera la « mécanique industrielle ». Mais il aura fallu qu'une révolution dans l'industrie ait pris son essor et attiré l'attention des hommes de sciences sur la « puissance motrice du feu », et que l'économie politique moderne ait, de son côté, contribué au processus d'élaboration de la notion mécanique de travail.

Les recherches théoriques sur le « feu » trouvent un premier aboutissement avec l'Anglais Joseph Black qui en rectifiera les formules et établira l'irréversibilité des processus de transformation de la chaleur en mouvement (il formera la notion d'entropie pour la désigner), le pharmacien et chimiste suédois Carl Scheele qui découvre la chaleur rayonnante et anticipe de deux ans sur la découverte de l'oxygène par Joseph Priestley, avant qu'Antoine Lavoisier et Pierre Simon Laplace n'apportent confirmation, par des mesures précises, de l'existence matérielle supposée du « calorique ». Sadi Carnot, polytechnicien, fils de Lazare, voudra en 1824 tirer profit de ces recherches pour réaliser le projet de son père. S'exprimant en homme de science, il ne sera pas compris des ingénieurs; traitant des machines, il n'éveillera pas l'intérêt des savants. Son mémoire passe inaperçu et ne sera exhumé qu'un quart de siècle plus tard par Rudolf Clausius.

À cette date aura été établie par Joule l'équivalent mécanique de la chaleur et par Mayer le principe de la conservation de l'énergie. Avec ces deux principes, la thermodynamique est née, qui va pouvoir relancer puissamment la révolution industrielle, en même temps qu'elle ouvre une crise dans la théorie physique. Les équations de la mécanique classique supposent tous les phénomènes réversibles.

Parmi les grandes révolutions scientifiques qui ont façonné notre monde, celle qui a donné naissance à la biologie moléculaire retient aujourd'hui l'attention de tous par les promesses dont elle s'avère porteuse en agronomie comme en médecine et par les menaces qu'elle fait peser sur l'humanité – armes bactériologiques, manipulations sans contrôle du génome humain, brouillage des repères symboliques de la filiation.

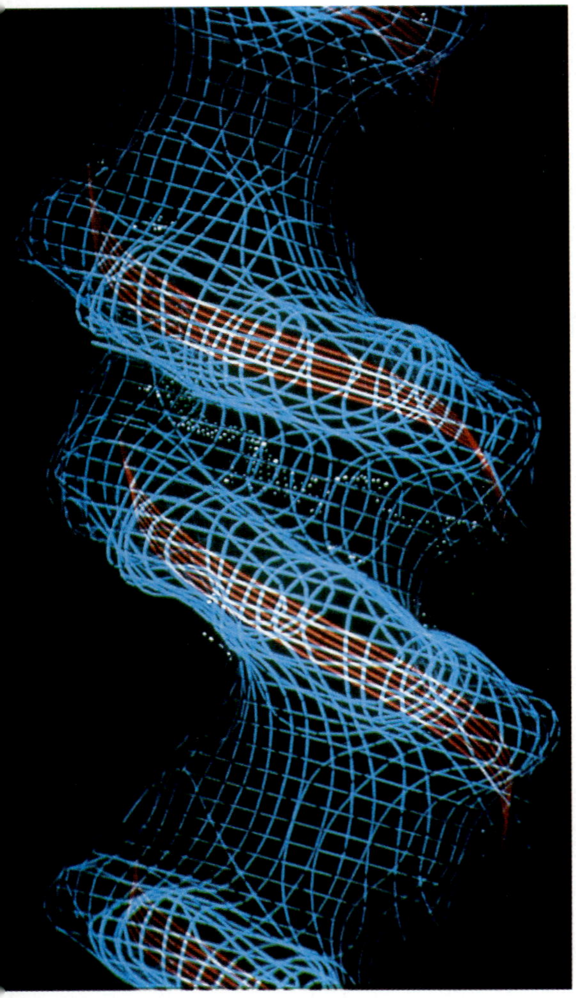

Plusieurs lignes de recherche amorcées en Europe depuis des siècles y ont contribué. La première est constituée par les travaux de classification des végétaux et des animaux – ce que l'on appelle la « systématique » – dans le cadre de l'« histoire naturelle », avec un puissant arrière-plan théologique. L'élaboration de vues transformistes par Jean-Baptiste de Lamarck (1744-1829) à la fin du XVIIIe siècle est venue bousculer les conceptions fixistes sur lesquelles reposait le magistral système du Suédois Carl von Linné (1707-1778). Georges Cuvier (1769-1832), refondant l'anatomie comparée, établit le principe de subordination des formes et de la corrélation des organes, et relie cette anatomie à ce que nous appelons la paléontologie ; créée peu après, la théorie darwinienne de la « sélection naturelle » s'appuie sur les récents développements de la science de la Terre, de la géologie (Charles Lyell) et de l'économie politique (Thomas Malthus) pour récuser définitivement en 1859 l'idée traditionnelle de la fixité des espèces que Cuvier avait encore défendue contre Lamarck.

ÉVOLUTION ET HÉRÉDITÉ

Darwin laissait cependant ouvertes bien des questions. Au premier chef, il ne réglait pas celle de la transmission héréditaire des variations individuelles retenues par la sélection naturelle en fonction de l'avantage adaptatif qu'elles représentaient pour une forme vivante donnée.

Une autre ligne de recherche allait permettre de commencer à résoudre la question, mais sans d'abord que l'on s'en aperçût ; le moine tchèque Gregor Mendel (1822-1884), au moment même où Darwin publie *De l'origine des espèces par voie de sélection naturelle* (1859), étudie par voie statistique la distribution de caractères bien déterminés au fil d'hybridations répétées de générations de petits pois. Les régularités qu'il constate lui paraissent imputables à des « facteurs » dont il doit se contenter de supposer l'existence biologique.

La rencontre de ces deux lignes ne s'est faite ni immédiatement ni sans malentendus. Ce sont des botanistes (De Vries, Correns, Tschermack…) qui redécouvrent les travaux de Mendel en 1900. Mais, dans un premier temps, le mendélisme qui met en avant l'idée de « mutation » apparaît incompatible avec la continuité progressive de l'évolution postulée par Darwin.

Autre question en suspens : quel lien établir entre l'évolution des espèces, la théorie de l'hérédité et le développement de l'organisme individuel tel que l'embryologie permet depuis Karl Ernst von Baer (1792-1876) et Wilhelm Roux (1850-1924) de l'étudier expérimentalement ?

La théorie cellulaire, fondée en physiologie végétale par Schleiden et Schwann, puis étendue à l'ensemble du vivant par R. Virchow – « toute cellule provient d'une cellule » – sert de guide. Ernst Haeckel (1834-1919), propagandiste allemand du darwinisme, formule la « loi biogénétique fondamentale » selon laquelle le petit vertébré le plus évolué repasse en accéléré, au cours de son développement embryonnaire, par tous les stades parcourus par les ancêtres adultes de sa lignée : « L'ontogenèse récapitule la phylogenèse. » Et dès 1866, il attribue au noyau de la cellule la responsabilité de la transmission des caractères héréditaires. Il sera suivi par August Weismann (1834-1914) qui affirmera avoir résolu le problème de l'œuf et de la poule : c'est l'œuf qui invente la poule pour se reproduire… Les études sur les constituants de la cellule, dans le cadre de la cytologie, se multiplient : parce que le noyau se colore facilement, Flemming appelle « chromatine » la substance qu'il contient et Waldeyer donne le nom de « chromosomes » aux filaments qu'on y distingue. Ces travaux inspirent les recherches de Johannes Friedrich Miescher (1844-1895) qui, à la fin des années 1860, découvre dans le noyau un acide, la « nucléine », que l'on identifiera bien des années plus tard comme le fameux acide désoxyribonucléique (ADN), support de l'hérédité. Le Danois Wilhelm Ludwig Johannsen (1857-1927) appelle « gènes » les réalités désignées par les « facteurs » de Mendel. Leur étude – la « génétique », ainsi baptisée par William Bateson – fait appel à la chimie.

La double hélice d'ADN

On savait depuis 1944, grâce à Oswald Theodore Avery (1877-1955), que la base chimique de l'hérédité pouvait être constituée par un acide nucléique particulier, l'acide désoxyribonucléique (ADN, en anglais DNA). On avait accumulé beaucoup d'informations sur cet acide, notamment grâce aux travaux de E. Chargaff. En février et mars 1953, James Watson et Francis Crick décrivaient la fameuse structure tridimensionnelle en double hélice de l'ADN, à l'aide de modèles découpés dans la tôle représentant les différentes molécules entrant dans sa composition. La découverte, immédiatement reconnue par tous, eut un profond impact non seulement sur la génétique, mais sur l'embryologie, la physiologie et la théorie de l'évolution. La notion de « programme génétique » codé, modifié de génération en génération et incorporant l'information historique, est devenue un concept familier et puissant.

◀ *Lavoisier*
Parmi les titres de gloire d'Antoine Laurent de Lavoisier (1743-1794) figure celui d'avoir mis fin à la théorie qui, depuis l'Allemand Georg Ernst Stahl (1660-1734), attribuait la combustion à un fluide – le « phlogistique » (substance du feu). Refaisant en 1744 une expérience que lui avait indiquée le chimiste anglais Joseph Priestley (1733-1804), il établit que l'air est constitué par un mélange de deux gaz différents : l'air vital (oxygène) et la mofette (azote). La chimie moderne est née. Lavoisier montre de surcroît que ce qui se perd dans les combustions et les oxydations n'est pas une matière pesante, mais de la chaleur. Enfin, étudiant avec Pierre Simon Laplace le phénomène de la respiration, il montre en 1783 qu'elle peut être assimilée à une combustion. Il ouvre ainsi la voie à la thermodynamique et à la chimie physiologique.

LINNÉ

Fondateur de l'histoire naturelle moderne, né à Rashult (Suède) en 1707, docteur en médecine, Linné publia en 1735 la première édition du Systema Naturae qui lui valut immédiatement une immense renommée. Botaniste, il découvrit un principe pour mettre de l'ordre dans la richesse infinie du monde des plantes qui déroutait et submergeait les spécialistes à mesure que l'exploration de nouvelles régions de la planète se faisait plus méthodique. Il énonce ainsi le principe de sa taxinomie : « La disposition des végétaux la plus recommandable doit être tirée du nombre, de la figure, de la proportion et de la situation de toutes les parties différentes de la fructification. » Grâce à ce principe, il constitue une classification binaire encore en usage et se flatte de rejoindre l'ordre naturel. Cet ordre naturel, celui de la « grande chaîne des êtres » selon une échelle ascendante, Linné le conçoit selon la tradition de la théologie chrétienne. Dans le cadre général du « fixisme », il observe pourtant des variations parmi les espèces et admet l'idée d'un devenir temporel de la création.

▼ *Cuvier*
La taxinomie classique était essentiellement la science des espèces : classification des différences. Cuvier introduit l'anatomie comparée comme nouvel instrument. Désormais, appartenir à une espèce, ce sera avoir une organisation précise, posséder en soi dans son anatomie et sa physiologie une structure parfaitement analysable. Moyennant quoi, il peut faire se rejoindre anatomie et paléontologie. Cuvier s'est ainsi rendu célèbre par ses spectaculaires reconstitutions d'animaux disparus. Par sa démarche intellectuelle, il a, peut-être plus que Lamarck, ouvert la voie à Darwin et à la théorie de l'évolution, à laquelle ses élèves s'opposèrent pourtant résolument.

PHYSIOLOGIE ET BIOCHIMIE

Encore avait-il fallu que la physiologie comme science du vivant eût affirmé son autonomie pour qu'elle puisse recourir aux instruments de la physique, de la chimie et de l'anatomie sans nier la spécificité de son objet. Cela fut, pour l'essentiel, l'œuvre de Claude Bernard créant, au tournant du XIXe siècle, le concept de « milieu intérieur » et définissant la vie tout à la fois comme la « mort » et la « création » : un processus qui conjoint la destruction et la construction, imputable « aux propriétés physico-chimiques de la matière organisée ». Bref on avait dû tenir à distance tout à la fois le réductionnisme physico-chimique qui considérait le vivant comme une simple machine (Lavoisier) et le vitalisme qui imputait son allure propre à une mystérieuse force vitale (Stahl). Mais cette ligne de recherche n'a pas opéré sa jonction avec les précédentes sans difficulté : Claude Bernard soutenait, pour sa part, que l'évolution restait hors de portée de la science positive et ne voyait dans la théorie darwinienne qu'une spéculation philosophique.

La chimie qui s'avérait susceptible de contribuer à ces recherches, la chimie organique, n'avait délimité son domaine et pris son essor que dans la seconde moitié du XIXe siècle avec les travaux de l'Allemand Justus Liebig (1803-1873). La rencontre entre cette ligne de recherche et la biologie se réalise pour la première fois dans l'œuvre de Louis Pasteur (1822-1895). La découverte des enzymes, accélérateurs des réactions propres au vivant, s'inscrit dans la suite de cette rencontre. La « biochimie » est née.

La physique a pu, à son tour, jouer, au milieu de notre siècle, un rôle d'incitation puissant dans la constitution définitive de la biologie moléculaire. Mais non par application directe de ses concepts comme en rêvait E. Schrödinger dans son ouvrage manifeste de 1944, *Qu'est-ce que la vie ?* La théorie de l'information, issue des travaux technologiques de Claude Schannon, importée par Brillouin et Wiener dans le domaine du vivant, a en fait constitué une réserve d'analogies (code, message, traduction...) destinées à contourner la difficulté qu'il y avait à appliquer aux systèmes vivants, par définition ouverts, le second principe de la thermodynamique.

L'aboutissement de cette histoire consista dans la découverte de la structure en double hélice de l'ADN par Watson et Crick en 1953.

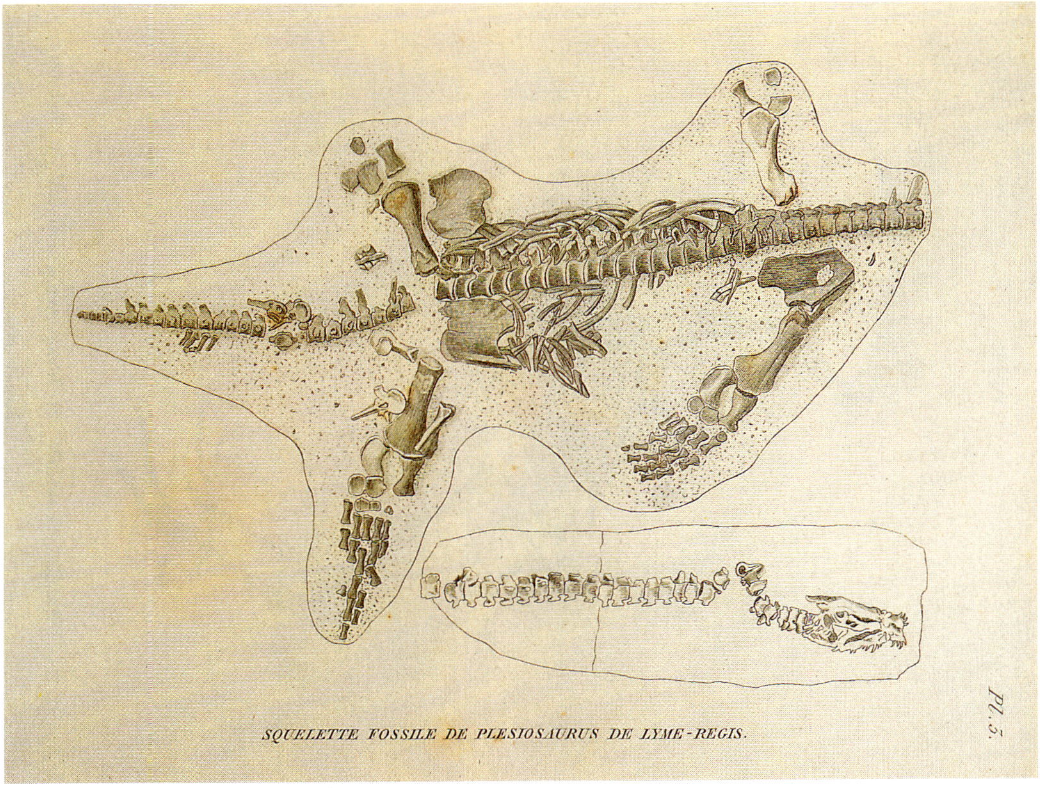

SQUELETTE FOSSILE DE PLESIOSAURUS DE LYME-REGIS.

1737 Carl von Linné, *Genera plantarum*, classification des végétaux.

1749 Georges L. Buffon, *Histoire naturelle* (début).

1759 Kaspar F. Wolff, travaux sur l'épigenèse de l'embryon du poulet.

1800 Jean-Baptiste de Lamarck, discours d'ouverture de l'an VIII (transformisme). Georges Cuvier, *Leçons d'anatomie comparée*.

1809 J.-B. de Lamarck, *Philosophie zoologique*.

1830 Étienne Geoffroy Saint-Hilaire, *Principes de philosophie zoologique*.

1830 Charles Lyell, *Principles of Geology*.

1831 Charles Darwin s'embarque sur le *Beagle*.

1838 M. Jacob Schleiden, théorie cellulaire des végétaux.

1848 Claude Bernard, fonction glycogénique du foie.

1859 Charles Darwin, *De l'origine des espèces par voie de sélection naturelle*.

1865 Gregor Mendel, *Mémoire sur l'hybridation des pois*. Claude Bernard, *Introduction à l'étude de la médecine expérimentale*.

1875 Oscar Hartwig, processus de la fécondation des œufs.

1875 Edward Strasburger, observation de la mitose des cellules végétales.

1875 Walther Flemming, découverte des chromosomes.

1883 Édouard Van Beneden, constance numérique des chromosomes.

1887 August Weismann, théorie chromosomique de l'hérédité.

1894 Santiago Ramón y Cajal, étude de la cellule nerveuse.

1899 Jacques Loeb, première fécondation chimique des œufs d'oursin.

1900 Hugo De Vries, Carl Correns, Erich Tschermak redécouverte des lois de Mendel pour les végétaux.

1927 Paul Müller, mutations artificielles par rayons X.

▲ ***Darwin et Lyell***
Lorsqu'il s'embarque en décembre 1831 sur le Beagle *du capitaine Fitzroy pour une exploration destinée à cartographier les côtes de l'Amérique du Sud, le jeune Darwin emporte le premier volume d'un ouvrage publié l'année précédente, les* Principles of Geology, *qui marque les débuts de la géologie moderne. Son auteur, Charles Lyell, deviendra à son retour l'un de ses intimes. De cette lecture Darwin retient l'idée que l'histoire de la Terre pourrait être beaucoup plus ancienne qu'on ne l'enseignait alors sur la foi du récit biblique. Il adhère également à ce que l'on appellera son « uniformitarisme » : tous les événements du passé peuvent s'expliquer par des causes encore aujourd'hui agissantes. Ces présupposés le mèneront à interpréter ses observations dans le sens d'une évolution des espèces. Mais de Lyell il avait aussi hérité l'idée que ladite évolution devait être progressive et graduelle, ce qui mettra en péril le darwinisme face à la découverte des mutations au début du XXe siècle.*

Pasteur ▶
Louis Pasteur (1822-1895) a fondé la microbiologie scientifique. Il le doit pour l'essentiel à sa formation de chimiste et à ses études de cristallographie. En même temps qu'il pose les bases de la chimie dans l'espace (la stéréochimie), il redéfinit la différence entre l'organique et l'inorganique. Son étude de la « fermentation » l'amène à montrer que le processus peut être troublé si des ferments étrangers s'y mêlent, lesquels peuvent être détruits par chauffage rapide. C'est le principe de la « pasteurisation ». Sur cette base, Pasteur s'intéresse aux maladies contagieuses, met au point le vaccin contre la rage et prend résolument position contre l'idée de « génération spontanée » – tout vivant vient, selon lui, du vivant – au prix d'une célèbre querelle avec Archimède Pouchet (1800-1872) où se mêlent philosophie, science et politique.

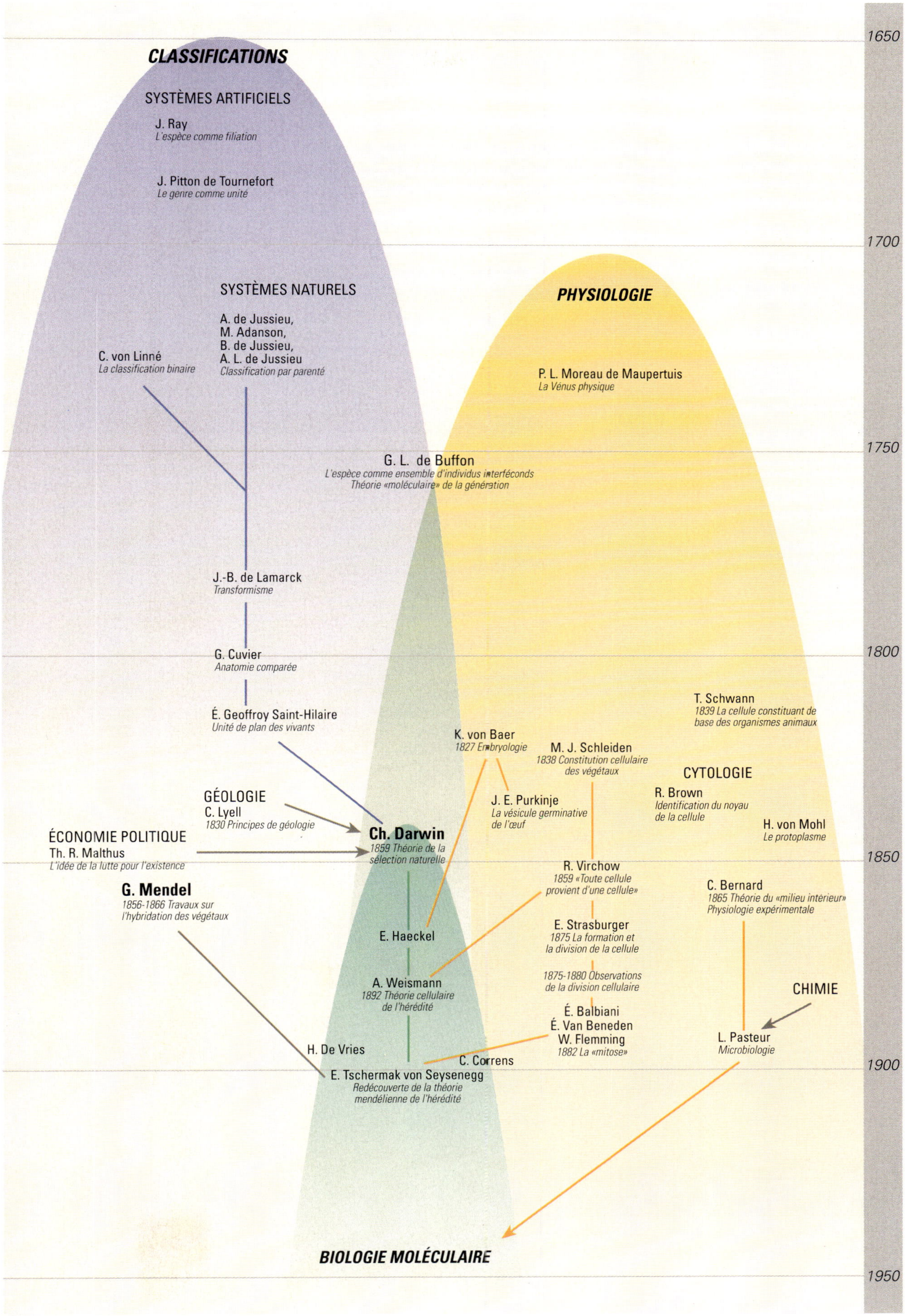

La taxinomie classique – la science des classifications – se présente jusqu'au milieu du XIXe siècle essentiellement comme la science des espèces, l'établissement de leurs différences, et leur hiérarchisation. Le modèle reste le « système naturel » de Carl von Linné qui procède de façon binaire, par genre proche et différence spécifique. Le naturaliste introduit ainsi artificiellement de l'ordre dans la nature. Jussieu comme Michel Adanson lui cherchent un fondement dans la parenté des organismes. Jean-Baptiste de Lamarck en vient à s'interroger sur la réalité des espèces, dès lors qu'il fait apparaître la transformation des organismes par adaptation aux contraintes du milieu physique. Georges Cuvier, son rival, récuse le transformisme, mais renverse la démarche classique : il part de l'individu pour « monter » vers l'espèce.

Darwin se libère du finalisme qui marque la pensée de ses prédécesseurs : les variations ne sont retenues par la « sélection naturelle » que si elles accordent à l'organisme individuel un avantage dans sa lutte contre les autres pour s'approprier les moyens de subsistance et de reproduction. Restait à expliquer l'apparition des petites variations et la transmission de ces caractères. Sur ce dernier point, Darwin reprend l'idée lamarckienne d'une transmission de l'acquis.

L'idée même d'hérédité se trouve chez lui mêlée à celle de reproduction dans le cadre d'une classique théorie de la « génération » qu'il hérite de Buffon. Comme il suppose que les variations s'accumulent de façon progressive et continue, on comprend que ses disciples n'aient pas d'abord perçu l'importance du mémoire présenté au monde savant par Gregor Mendel en 1865 : la répartition des caractères au fil des hybridations des pois faisait apparaître de franches discontinuités.
Cinquante ans plus tard, on parlera d'une crise du darwinisme lorsque l'on aura établi la réalité des « mutations ». Pour la même raison, ses disciples s'étaient engagés, derrière Ernst Haeckel, sur la voie d'une explication « cellulaire » de la transmission héréditaire en combinant les leçons de la théorie cellulaire de Rudolf Virchow et de l'embryologie reformée par Carl von Baer. Ce mouvement aboutit à la théorie chromosomique de l'hérédité d'August Weismann, qualifiée de « néo-darwinienne ». Les conditions sont réunies pour la naissance de la biologie moléculaire dès lors que l'on « redécouvre » en 1900 le mémoire de Mendel, et que l'on est en mesure d'étudier sur une grande échelle les bases biochimiques de l'hérédité. On ne tardera pas à redécouvrir ainsi cet acide identifié dans le noyau de la cellule sous le nom de « nucléine » par le Suisse F. Miescher dès 1869 : l'acide désoxyribonucléique (ADN), support de l'hérédité de tous les êtres vivants. L'unité du vivant que, le premier, Darwin avait aperçue était désormais avérée.

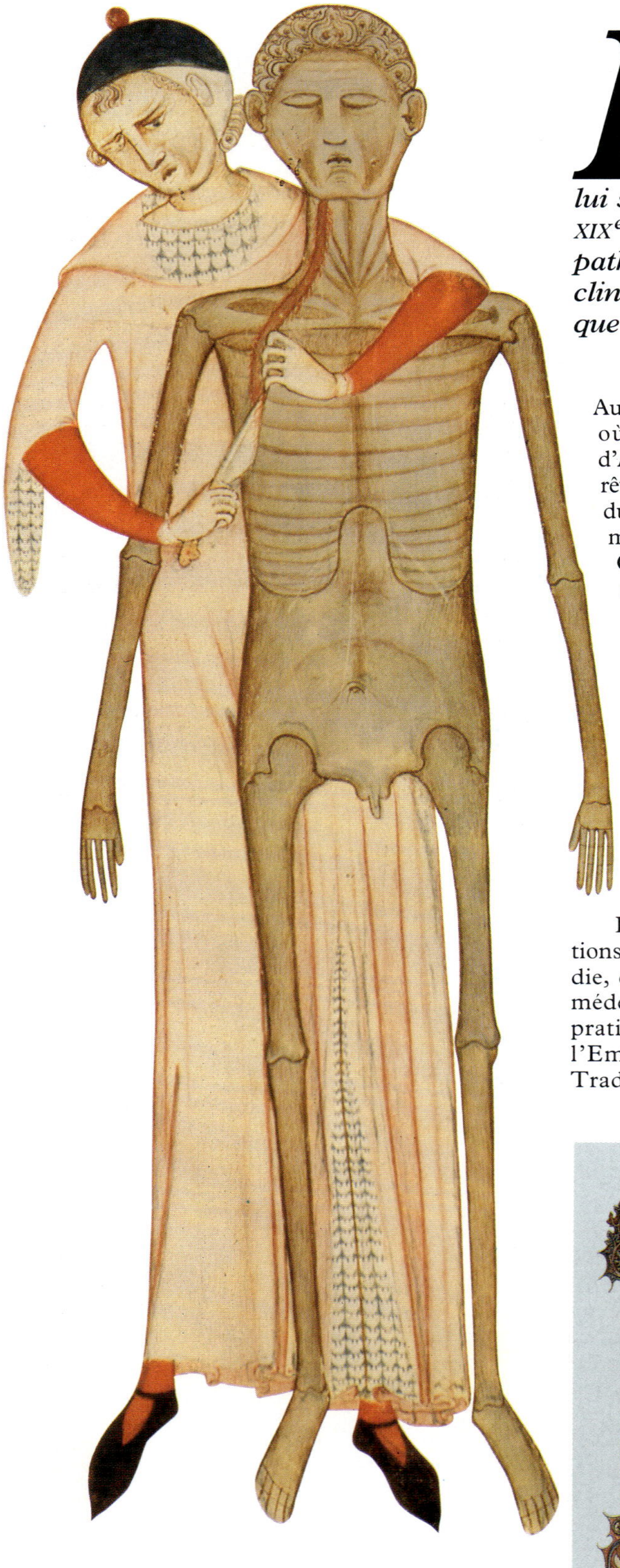

Déjà les hommes préhistoriques avaient le désir d'atténuer leurs maux, portaient assistance aux impotents, et pratiquaient avec une certaine efficacité extractions, cautérisations et trépanations. Si la première médecine, religieuse, s'attache surtout à l'observance des gestes rituels, la médecine laïque qui lui succède oscille, en un balancement qui fait toute son histoire jusqu'au XIXe siècle, entre un pôle philosophique, insérant les débordements pathologiques dans des représentations abstraites et totalisantes, et un pôle clinique, qui tente – avec une part d'illusion – de ne tirer ses règles que de l'observation objective des faits.

Auprès des sanctuaires médicaux de la Grèce, où les prêtres-médecins d'Asclépios, fils d'Apollon, soignent les malades par le jeûne, le rêve et l'« incubation », se fondent, au tournant du VIIe siècle av. J.-C., des sortes de cabinets médicaux tenus par des thérapeutes laïques. C'est ainsi que, dans l'île de Cos, s'illustrèrent Ainéios et Héraclide, respectivement grand-oncle et père d'Hippocrate le Grand. Né vers 460 av. J.-C., celui-ci est considéré comme le fondateur de la médecine occidentale. Le *Corpus hippocraticum* rassemble, en une cinquantaine d'écrits, les œuvres dictées par le maître ainsi que d'autres de ses disciples de l'école de Cos, voire de leurs concurrents de Cnide.

NAISSANCE D'UNE PROFESSION

Le *Corpus* constitue la base des observations cliniques et des conceptions de la maladie, des soins et de l'hygiène que se faisait la médecine grecque de l'époque classique. Les praticiens des royaumes hellénistiques et de l'Empire romain y ont grandement puisé. Traduite en syriaque et en arabe à partir du VIIIe siècle apr. J.-C., incluse dans les compilations des savants musulmans, retraduite en latin, l'œuvre hippocratique a vivifié la médecine médiévale des écoles de Salerne et de Montpellier, inspiré les praticiens réformateurs des Lumières. Son apport le plus durable concerne la déontologie de la profession médicale résumée dans le fameux « serment » :

– L'insertion du médecin dans une filiation de maître à disciple institue des sortes de confréries de praticiens dont le champ d'action spécifique sera respecté autant qu'eux-mêmes respecteront les autres corporations soignantes.

– Le praticien, à qui sa fonction ouvre les secrets de la vie familiale, s'engage à ne point les divulguer. Sans cette règle morale, le malade serait-il disposé à livrer en pleine confiance son corps souffrant à l'homme de l'art ?

– Le médecin doit se conformer au droit commun qui réprime le crime, mais il serait abusif de voir dans la condamnation de l'avortement un respect absolu de la vie. C'est alors au père de famille qu'échoit le droit de vie ou de mort sur ses enfants nouveau-nés, privilège que sa femme enceinte ne saurait exercer de son propre chef avant l'échéance.

SERMENT D'HIPPOCRATE

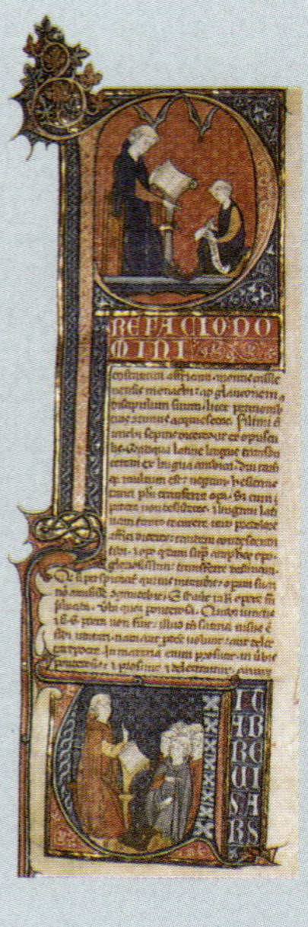

« [...] Je regarderai comme mon père celui qui m'a enseigné la médecine ; je l'aiderai à vivre et lui donnerai ce dont il a besoin. Je regarderai ses enfants comme mes propres frères. S'ils veulent apprendre cet état, je le leur enseignerai sans argent ni obligation par écrit ; je leur ferai connaître ses principes, je leur donnerai des explications étendues ; je leur communiquerai généralement toute la doctrine, comme à mes enfants, à eux et aux disciples qui auront été immatriculés et qui auront prêté le serment suivant l'usage de la médecine, mais non à d'autres qu'à ceux-là.

» J'ordonnerai aux malades le régime convenable, d'après mes lumières et mon savoir. Je les défendrai contre toutes choses nuisibles et injustes. Je ne conseillerai jamais à personne d'avoir recours au poison et j'en refuserai à ceux qui m'en demanderont. Je ne donnerai à aucune femme de remède pour la faire accoucher avant son terme. Je conserverai ma vie pure et sainte, aussi bien que mon art. Je ne taillerai point les personnes qui ont la pierre ; je laisserai cette opération à ceux qui en font profession. Lorsque j'entrerai dans une maison, ce sera toujours pour assister des malades, me tenant pur de toute injustice et de toute concupiscence envers les hommes, les enfants et les femmes esclaves ou libres. Tout ce que je verrai ou entendrai dans le commerce des hommes, dans les fonctions ou hors de fonction de mon ministère et qui ne devra point être rapporté, je le tiendrai secret, le regardant comme une chose sacrée [...]. »

Voici, au bas du manuscrit ci-contre, Galien commentant Hippocrate devant quelques disciples (manuscrit, Paris, v. 1306). La suite des générations les relie, en haut, à Constantin l'Africain, traducteur des Anciens, transmettant à son tour l'héritage à son élève Blancus, et, par lui, à l'école de Salerne... jusqu'à nous.

Manuscrit de Guy de Pavie

Placé, pour les besoins de l'illustration anatomique de l'ouvrage, derrière *le corps, le chirurgien montre au lecteur les incisions à effectuer pour détacher le «plastron thoracique», à la manière d'un écorché quelque peu schématique.*

▼ *Petits traités d'hygiène en français et en latin, milieu ou fin du* XVIe *siècle*
L'uroscopie, ou l'art de lire dans les urines, permet de rapporter l'aspect du liquide à certains troubles des humeurs. Grâce à des tables de lecture comme celle-ci, le médecin s'initie à cet art précieux du diagnostic, que le public assimile souvent à de la pure divination.

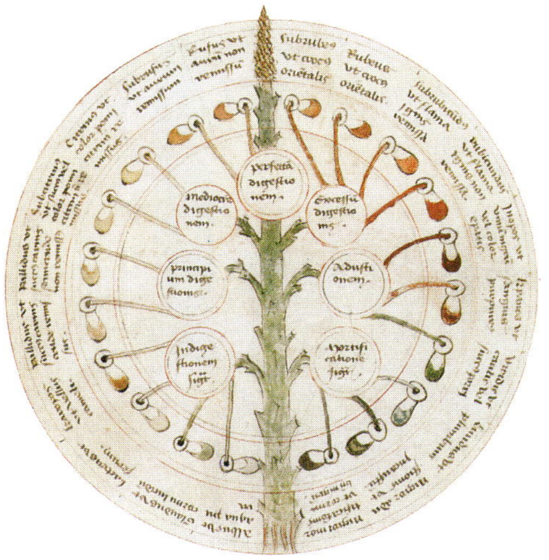

EXTRAITS DE LA CONSERVATION DE LA SANTÉ, MANUEL D'HYGIÈNE ÉCRIT EN ITALIEN VERS 1260 PAR TADDEO ALDEROTTI, POUR UN DE SES AMIS

« Tu te laveras […] les mains et le visage avec de l'eau fraîche, ce qui te donnera un bon teint clair et stimulera la chaleur naturelle. Tu dégageras et tu nettoieras ton nez ; tu te débarrasseras la poitrine en crachant ; tu te laveras les dents et les gencives en employant une écorce d'arbre odoriférant, car l'estomac et la poitrine se trouvent ainsi libérés et la parole en devient plus alerte. De temps à autre, utilise pour ton cerveau des fumigations de substances précieuses : par temps chaud, des fumigations froides […] ; par temps froid, des fumigations chaudes […]. Cette fumigation générale t'ouvrira les narines et le cerveau, empêchera que tes cheveux tombent ou blanchissent, et te nourrira le visage […]. Tu fatigueras ton corps comme tu en as l'habitude, mais modérément ; la fatigue a de multiples vertus : elle exalte la chaleur naturelle et consume ce qui est superflu, à l'inverse de ce que fait l'alimentation. Quand tu en arriveras à l'heure des repas, il est très important que tu incites ton ventre à te débarrasser du superflu, ce qui aiguise l'appétit et soulage l'estomac. »

Cet extrait d'un regimen sanitatis si semblable à tant d'autres peut se lire comme un système de communication entre le dehors et le dedans. La fraîcheur externe équilibre la chaleur interne. Effluves parfumés et fumigations dégagent les voies aériennes, digestives et cérébrales. La respiration et la nutrition comblent, en un mouvement perpétuel, le vide provoqué par les évacuations qui consument et qui purgent.

PERMANENCE DES REPRÉSENTATIONS

Le médecin, qui rejette l'origine surnaturelle des maladies, n'échappe cependant pas à la nécessité de se forger des explications. La nature qui provoque les maux sait aussi les faire aboutir, et le bon médecin est celui qui, connaissant bien les cycles de la vie et les rythmes de l'univers, sait identifier dans une poussée de fièvre la crise thermique salutaire, le moment paroxystique qui délivre le malade. L'art de guérir est une manière de bon gouvernement.

Si remarquables cliniciens qu'aient été les médecins de l'Antiquité (ils ont souvent décrit avec précision de nombreux syndromes morbides), si férus d'expérimentation qu'aient pu être un Hérophile ou un Galien, si avides de savoir encyclopédique que soient apparus les maîtres de Salerne, à l'instar de Pline l'Ancien, aucun d'eux, pas même les Empiriques, n'a pu faire l'économie d'une représentation *a priori* du corps et de ses fonctions. Les quatre-vingt-trois livres attribués à Galien, le célèbre médecin grec des empereurs romains (de Marc Aurèle à Caracalla), constituent, au moins jusqu'à la Renaissance, la somme de ces conceptions de l'organisme vivant. La maladie est la rupture d'un équilibre par définition instable. Fait des quatre éléments qui composent l'univers (terre, air, eau et feu), où circulent les quatre humeurs (sang, phlegme, bile et atrabile), auxquelles sont affectées les quatre qualités (chaud, froid, sec et humide), le corps est mû par trois sortes de *pneuma* (faut-il traduire par souffle, par esprit, par énergie ?), le *psychique*, qui préside aux mouvements et aux sensations, le *zootique*, qui maintient la température interne, et le *pneuma physique*, responsable de l'assimilation nutritive. Ce dispositif donne satisfaction tant que les diverses substances s'y tempèrent mutuellement, chaque individu ayant son dosage particulier que l'on nomme justement son *tempérament*.

MÉRITES ET LIMITES DE LA TRADITION

Humeurs, facultés, esprit vital… permettent des jeux combinatoires infinis, ce qui explique la permanence de ces images mentales, toutes de métaphores et d'analogies, sur une très longue durée. Tel maître se distinguera de ses concurrents par la primauté accordée à tel principe plutôt qu'à tel autre. Ainsi Érasistrate, un des inspirateurs de Galien, par ailleurs anatomiste innovant, inspiré des théories de la pléthore et de l'encombrement des organes, préconisait les vomitifs, les purgatifs et le régime, dont le succès auprès des hommes de l'art, sinon l'efficacité prouvée, ne s'est pas démenti jusqu'au siècle dernier. D'inspiration analogue fut la pratique de la saignée, dont certains firent une panacée.

Cet effort de systématisation mené par une médecine de tradition philosophique, bien vivace jusqu'au XVIIIe siècle, répond au besoin du patient de se faire une image globale de lui-même à travers la perception de ses maux, de leurs causes, de leurs rapports avec le mode de vie et l'ordonnancement du monde. Ces rationalisations sont souvent fort éloignées des certitudes vérifiables par l'expérience. Au praticien qui décrypte les symptômes comme la concrétisation des principes abstraits qu'il a imaginés, peu importe l'identification d'entités morbides spécifiques. Pour lui, la multiplicité des maladies doit justement être dépassée par la recherche du principe unitaire du vivant. Nous savons, par ailleurs, que les sociétés antiques et médiévales n'ont pratiqué qu'avec parcimonie la dissection des cadavres : détruire l'unité du corps, c'est rompre l'harmonie du monde. Bien des faits anatomiques étaient ou ignorés ou vus tout différemment d'aujourd'hui. Qui n'est pas coutumier de l'exercice a bien du mal à distinguer, dans l'opacité du cadavre ouvert, organes, tissus et vaisseaux. La meilleure façon d'y voir clair est encore d'y reconnaître ce à quoi la lecture des Anciens vous a préparé. Ainsi, pendant plus d'un millénaire, chaque dissection (chose rare) n'a fait que confirmer ce qu'avait « vu » Galien. Le savoir livresque fondait l'observation qui, à son tour, justifiait une tradition renforcée au cours des siècles par l'épaisseur grandissante de son ancienneté. Ce n'est pas un des moindres paradoxes de la Renaissance que d'avoir rendu plus accessible la connaissance des Anciens tout en permettant aux esprits libres de s'en affranchir.

▲ ***Codex médical italien,* XIVe *siècle***
L'herboriste et son aide au jardin des plantes médicinales. Dans le secret du cloître comme au cœur de la forêt, cueillir les «simples» qui guérissent est une triple initiation : à la botanique, à la phytothérapie et aux secrets de la nature.

429-425 av. J.-C. « peste » d'Athènes.
396 av. J.-C. épidémie de typhus à Syracuse.
293 av. J.-C. introduction du culte d'Asclépios (Esculape) à Rome.
219 av. J.-C. Archagatos, premier médecin grec à Rome.
46 av. J.-C. Jules César accorde la citoyenneté romaine aux médecins grecs.
81 l'empereur Domitien interdit la castration des enfants.
166 début de la « peste antonine » en Italie et en Gaule.
180 les médecins militaires autorisés à disséquer les cadavres ennemis.
312 épidémie de variole dans l'Empire romain.
330 fondation de l'université de Constantinople.
390 premier incendie de la bibliothèque d'Alexandrie.
400 saint Augustin condamne la vivisection.
542 épidémie de peste bubonique dite « de Justinien ».
590 fin de la première pandémie de peste.
603 création du premier hôpital de Jérusalem.
621 incendie d'Alexandrie.
664 la « peste jaune » dévaste les îles Britanniques.
829 fondation de l'Hôtel-Dieu à Paris.
923 mort du médecin iranien Rhazès.
951 le moine Nicolas de Byzance envoyé à Cordoue pour traduire en arabe Dioscoride et Oribase.
1037 mort d'Avicenne.
1103 publication à Salerne du *Regimen sanitatis.*
1113 fondation de l'ordre hospitalier de Saint-Jean.
1187 fondation de l'ordre de Saint-Lazare.
1231 réglementation des dissections à Salerme.
1260 fondation à Paris de l'hospice des Quinze-Vingts.
1348 peste noire en Europe occidentale et centrale.
1377 institution de la quarantaine à Raguse.
1486 la suette sévit en Europe du Nord.

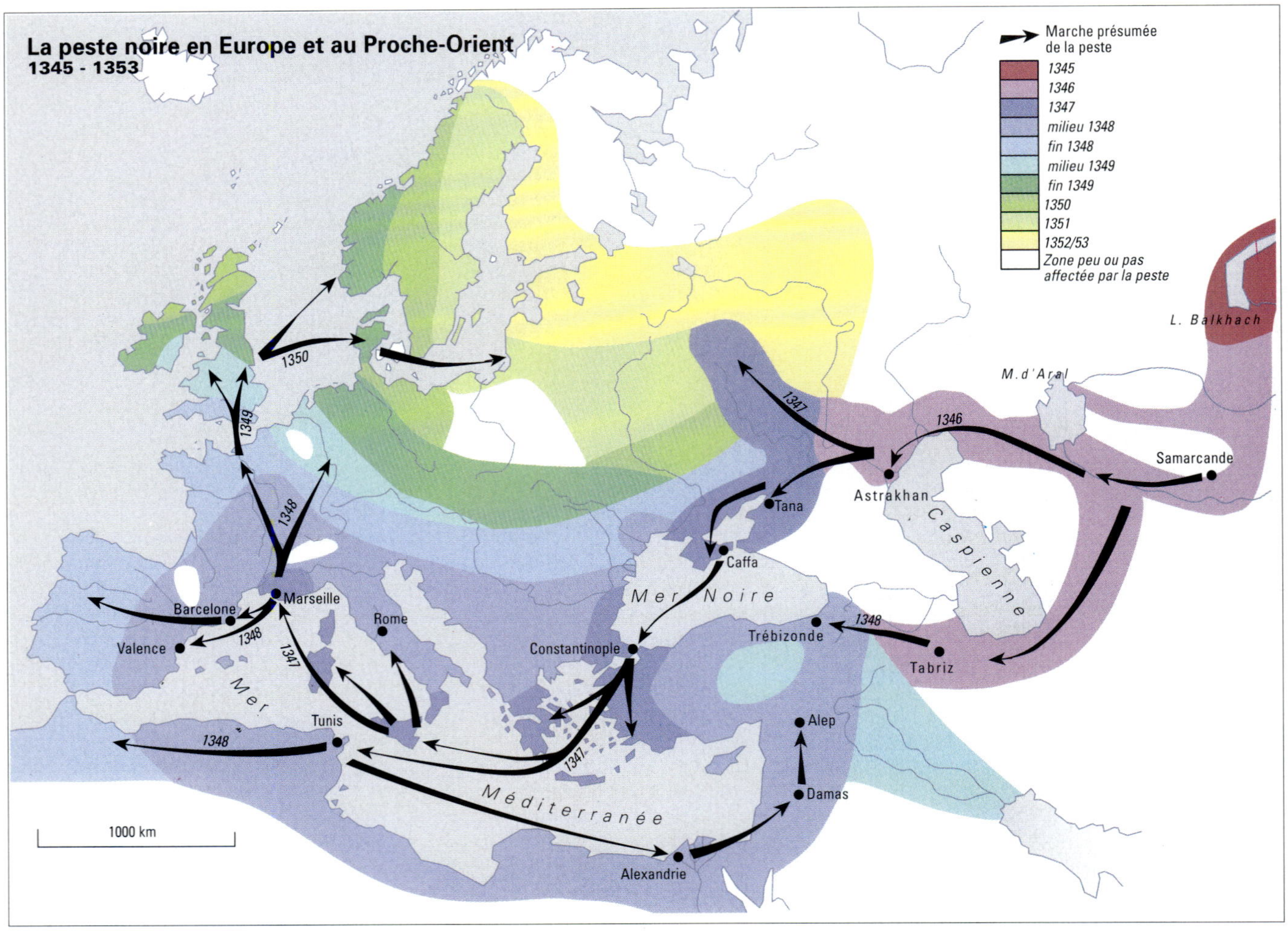

▲ *Catastrophe majeure de la fin des temps médiévaux, la Grande Peste de 1348 n'est pourtant pas à l'origine des malheurs de l'époque. Dès le début du XIVe siècle, l'Europe trop « pleine » (compte tenu de l'état des forces productives) connaît des famines qui préparent le terrain à la Mort noire. Les ravages de la peste bubonique sont plus graves en ville qu'aux champs. Le quart, parfois le tiers de la population est anéantie. Le recul démographique s'accompagne de l'abandon des terres. Les activités marchandes sont suspendues au moindre retour de peste. Le désarroi moral transforme la ferveur spirituelle des siècles précédents en aspirations mystiques et eschatologiques et s'accompagne d'un nouvel appétit de jouissance, d'un refus de l'oppression que traduisent le banditisme et les révoltes.*

La Franceschina, Pérouse, XVIe siècle ▶
Voici saint François, que désignent son auréole et les stigmates qu'il porte aux mains, soignant les lépreux en compagnie de quelques frères. Qui touche ces corps envahis de gangrène et couverts de pustules, qui parle à ces parias et soulage leurs souffrances s'engage sur le chemin de l'imitation de Jésus-Christ.

LA MÉDECINE ANTIQUE ET MÉDIÉVALE

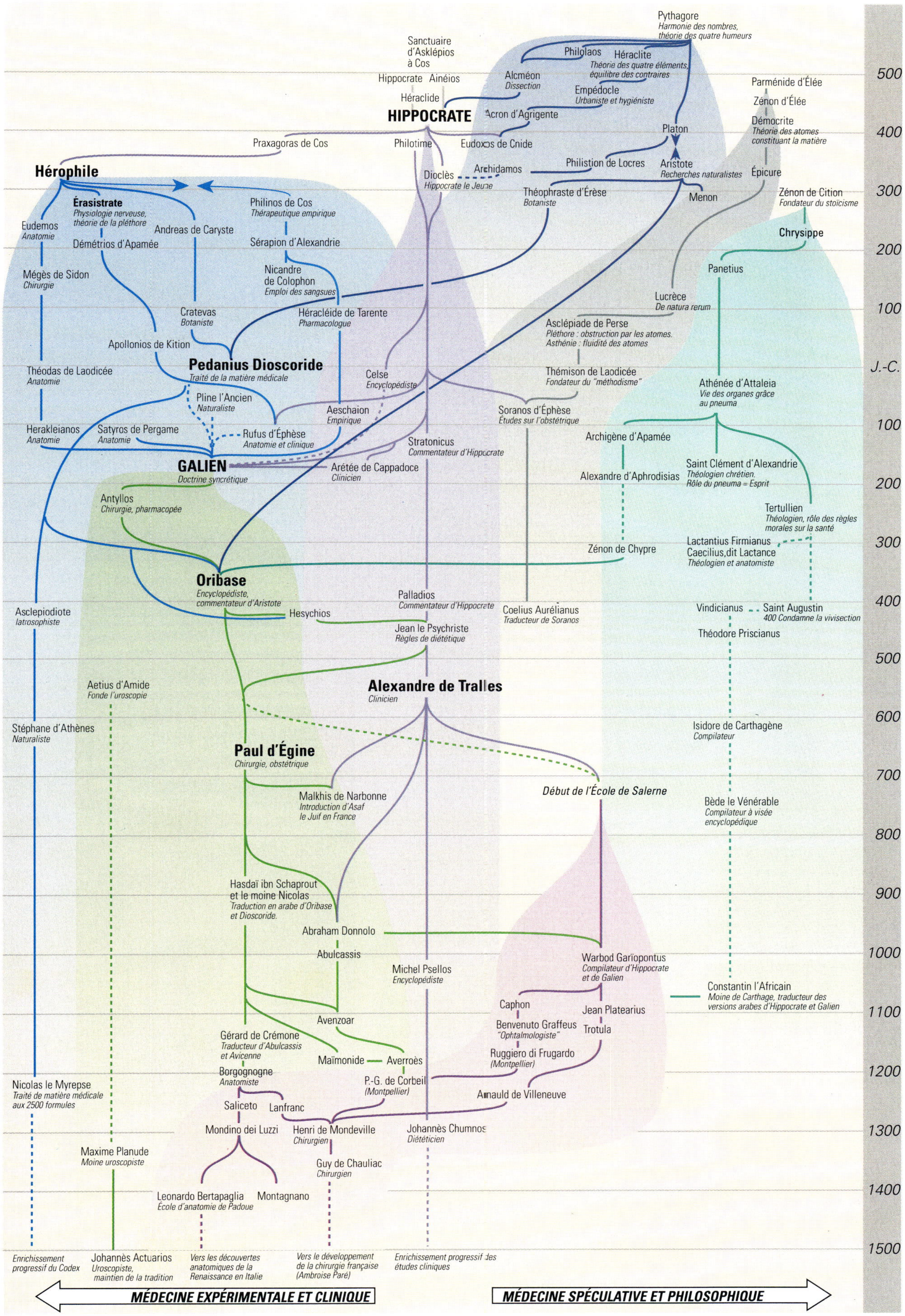

Avant d'être une pratique thérapeutique, la médecine est un aspect de l'art de croire et de penser. Les bienfaits universels attribués à Empédocle, médecin, mage et urbaniste, montrent l'imbrication étroite qui unit, en Grèce ancienne, les spéculations sur l'ordre du monde, l'organisation politique et la santé de l'homme. Avec Aristote, la découverte des lois de la nature commence à percer sous les représentations *a priori*.

Atomisme et méthodisme conçoivent l'origine des maladies selon un principe simplificateur : trop nombreux, les atomes constituant la matière provoquent la pléthore ; trop fluides, l'asthénie. Guérir, c'est en réguler le cours.

Pour Hippocrate et ses commentateurs, observer et comprendre le malade est aussi important que décrire le mal et prescrire les remèdes. C'est là une conception globale de la clinique, revivifiée au XVIIIe siècle par le néo-hippocratisme.

Les exigences de Zénon de Cition expliquent pourquoi sa théorie du *pneuma* (le souffle vital que d'aucuns assimileront au Saint-Esprit) a tant inspiré les Pères de la chrétienté.

À Alexandrie s'approfondit la connaissance anatomique (dissections d'Hérophile) et naît la curiosité expérimentale, avec l'ébauche d'une physiologie nerveuse par Érasistrate, et une pharmacologie empirique qui additionne formules et recettes, comme la thériaque de Galien aux soixante-dix composants.

Il se situe lui-même au carrefour des influences philosophiques et des savoirs accumulés par les cliniciens, les anatomistes et les naturalistes antiques. La « synthèse galénique » s'enrichit ensuite des commentaires des médecins byzantins (Oribase, Paul d'Égine), avant d'être traduite par des savants iraniens (Rhazès et Avicenne), juifs (Assaf, Maïmonide) et des musulmans d'Espagne (Abulcassis, Averroès). Constantin l'Africain et Gérard de Crémone, par leurs traductions de l'arabe en latin, transmettent à l'Occident le patrimoine médical de l'Antiquité.

L'école de Salerne recueille cet héritage et le diffuse par ses innombrables « régimes de santé ». Au XIIIe siècle, plusieurs de ses chirurgiens vont animer l'école de Montpellier. Ce renouveau médical s'intègre à l'enseignement des universités, notamment en Italie, à Bologne et Padoue.

L'effort de rendre visibles les secrets du corps, entrepris à la Renaissance dans les amphithéâtres d'anatomie, ouvre sur des incertitudes et semble se briser devant les difficultés d'interpréter les découvertes. La médecine des XVIIe et XVIIIe siècles va chercher dans la mécanique, la métaphysique ou l'occultisme ses modèles d'organisation et de causalité. Ces systèmes médicaux ont cependant joué un rôle dans l'approfondissement des connaissances, amorçant la spirale dialectique qui relie les faits aux hypothèses et aux expériences, et permet de forger des concepts. De ces tentatives menées parfois sans filet, souvent objets de dérision, est née la médecine moderne.

Mieux connaître le corps et ses maladies implique que soient réalisées certaines conditions pratiques et sociales, que soient franchies un certain nombre d'étapes dans l'élaboration du savoir. Ainsi les techniques d'intervention chirurgicale ont été bouleversées par les règles de l'asepsie, conséquence de l'essor de la bactériologie, et par les anesthésiques, produits de la chimie. L'investigation clinique et l'exploration fonctionnelle doivent beaucoup à la physique. Dès 1896, soit un an après la découverte des rayons X par Wilhelm Conrad Röntgen, le médecin français Antoine Béclère applique la méthode à la détection de la tuberculose. Rapidité analogue dans les applications thérapeutiques des radiations ionisantes. Cet essor est cependant l'apanage des pays « riches », où des financements publics et privés assurent le suivi de la recherche, où les systèmes d'assurance maladie libèrent le praticien et le malade du souci de la dépense immédiate. Mais les gains pour la santé sont-ils en proportion de l'augmentation continue des coûts ?

MÉDECINE ET SOCIÉTÉ

Les conditions sociales de la médicalisation sont aussi décisives que ses conditions techniques et économiques. L'anatomie pathologique offre un exemple éclairant des imbrications qui engendrent les mutations théoriques. L'Italien Giambattista Morgagni, et sa recherche systématique des liens entre troubles observés et lésions organiques, n'aurait pas stimulé l'école française d'anatomo-pathologie au XIXe siècle sans la conjonction de trois facteurs :

– l'existence, dans les hôpitaux, de services dirigés par un médecin-chef attaché à la visite journalière des malades ;
– la présence en masse, dans ces établissements, de pauvres qui fournissent, à leur mort, quantité de cadavres à disséquer ;
– le démantèlement des facultés de médecine par la Révolution, qui incite à d'autres formes d'apprentissage, au lit du malade.

La nécessité d'enseigner oblige le « patron » à clarifier son savoir, à transmettre des règles systématiques de diagnostic. Cette conjonction de l'hôpital, de la paupérisation et de la pédagogie amène le clinicien à privilégier le cas exemplaire, expurgé des caractères du tempérament individuel. Avant le malade, ce qui compte désormais, c'est la maladie.

Des facteurs idéologiques peuvent aussi infléchir les pratiques médicales. Ce qui fut naguère la règle dans la lutte contre la tuberculose, le regroupement des malades dans des sanatoriums, serait aujourd'hui combattu comme pratique ségrégative. La médicalisation des troubles mentaux fut à l'origine moins liée à des conceptions nouvelles du psychisme qu'au désir d'enfermer les déviants dans la double prison de l'asile et de l'irresponsabilité.

Il est un exemple plus récent, mais classique, du lien qui unit mentalités et recherche médicale, celui de la greffe d'organes. Quand J. E. Murray réussit à Boston en 1954 la première transplantation rénale en greffant à un malade le rein de son frère jumeau, il ne fait que confirmer la quasi-impossibilité de réussir l'opération pour quiconque n'a pas de jumeau. Or cette prouesse

Microscope anglais réalisé par Christopher Cock vers 1680

C'est en Hollande, au pays des polisseurs de diamants, qu'Antoine Van Leeuwenhœk mit au point, au XVIIe siècle, le microscope optique, dont il fit un usage enthousiaste et quelque peu désordonné.

THÉÂTRE D'ANATOMIE À L'UNIVERSITÉ DE PADOUE, OÙ OFFICIAIT FABRIZIO D'ACQUAPENDENTE À LA FIN DU XVIe SIÈCLE

Entonnoir plongeant et exigu, qu'il faut imaginer plein comme un œuf et envahi de l'odeur suffocante du cadavre : tout ici donne le vertige. Assister à la dissection magistrale n'est pas qu'une étape de la connaissance. C'est aussi une épreuve à surmonter.

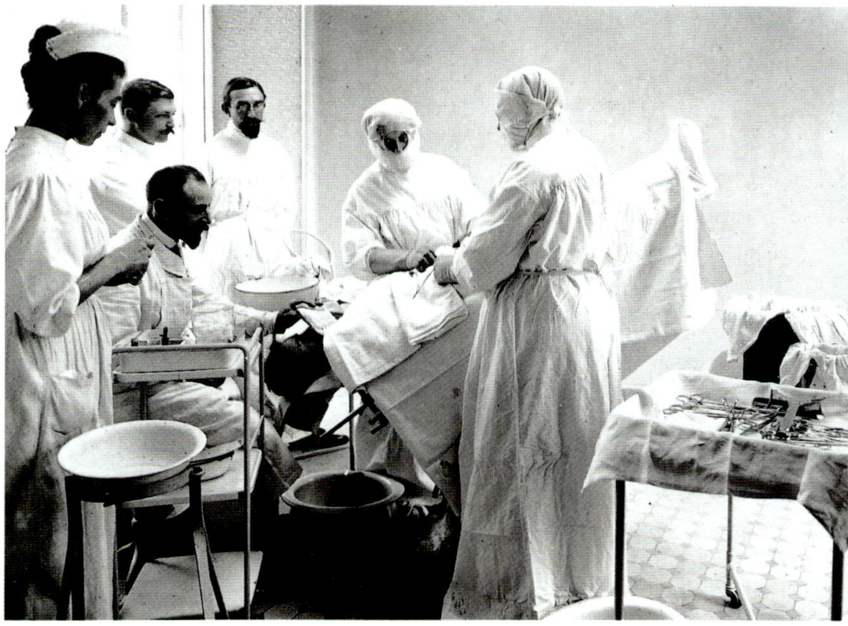

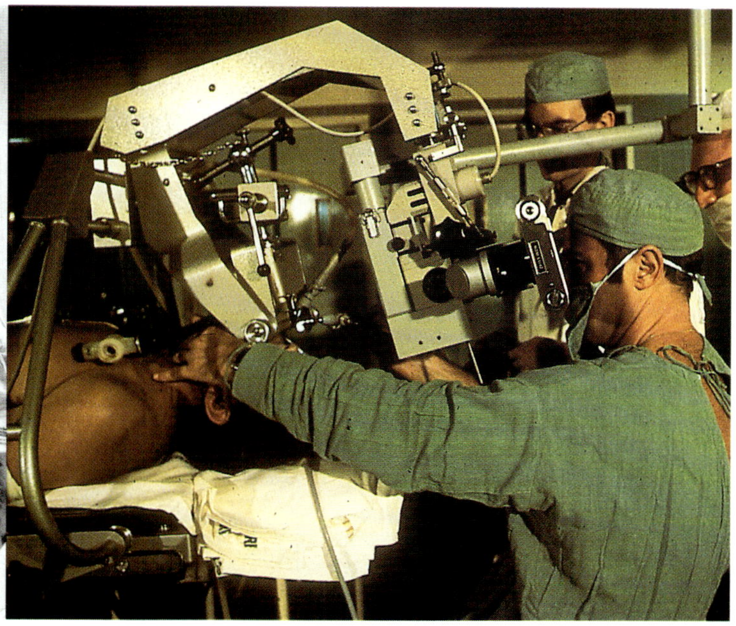

d'exception devient, au contraire, pour le public, le signe d'un possible. L'imaginaire social, travaillant à contresens, impulse une pratique jusque-là bien incertaine.

DES DISCIPLINES ÉCLATÉES EN QUÊTE DE PRINCIPE UNITAIRE

La médecine contemporaine développe deux approches apparemment contradictoires. D'une part, une multiplication des spécialités se partageant un corps quasi « démontable » ; d'autre part, la nécessité de retrouver le principe unitaire de la vie. D'où ce balancement périodique entre l'étude des spécificités morbides (spécialisation à partir d'une maladie, d'un organe, ou d'un ensemble tissulaire) et la description des fonctions physiologiques comme des systèmes cohérents et autorégulés (systèmes nerveux, immunitaire ou endocrinien).

L'idée qu'il existe une multitude de maladies, chacune individualisée dans ses signes, ses causes, son traitement, ne se généralise guère avant le XVIIIe siècle, quand se forgent les premières classifications sur le modèle des sciences naturelles. La maladie s'y définit par sa place dans un tableau. Puis l'anatomie pathologique du XIXe siècle opère un déplacement : savoir, c'est situer le mal dans le corps lui-même. Pierre Fidèle Bretonneau, par exemple, distingue la « diphthérite » des autres angines par la production de fausses membranes dans les voies aériennes. La bactériologie poursuit cette logique. Ainsi, après Bretonneau, voici Edwin Klebs et Friedrich Löffler identifiant le bacille diphtérique en 1883-1884. Puis c'est Émile Roux inaugurant la sérothérapie spécifique contre la maladie en 1894, et enfin Gaston Ramon expérimentant le vaccin en 1922. Une cause, une maladie, un remède, un vaccin, la doctrine de la spécificité s'impose dans les maladies infectieuses, non sans problèmes. L'anaphylaxie, réaction qui permet de définir les maladies allergiques, est un défi aux premières théories de l'immunité. Et de nos jours encore, certains germes sont « insaisissables », et d'autres « résistent ».

Au mal conçu comme une agression extérieure, la physiologie oppose la maladie comme trouble des fonctions. En 1628, William Harvey décrit la circulation sanguine selon les lois de la physique. En 1785, Antoine Laurent de Lavoisier fait de la respiration une absorption d'oxygène par le sang, permettant la combustion du carbone : la conservation de la vie animale obéit aux lois de la chimie. Entre les deux, ce n'est pas seulement la science de référence qui change. C'est la conception du corps qui prend de la consistance. Avec l'identification de la multitude des substances de l'organisme – vitamines, enzymes, médiateurs, hormones, etc. –, les applications médicales de la chimie s'affirment, sans pour autant réussir, elles non plus, à unifier les approches.

C'est à la génétique des bactéries qu'il revient d'avoir mis en évidence le rôle de l'A.D.N. du noyau cellulaire dans la commande des synthèses biochimiques. Alors, de la rencontre de la génétique, de la bactériologie, de la virologie et de la physiologie cellulaire naît, dans les années 1940, une nouvelle discipline, englobant et dépassant les précédentes : la biologie moléculaire, base des connaissances actuelles sur le système immunitaire et ses défaillances, sur le génome et les perspectives d'intervention (et de manipulation) qui se dessinent.

L'identification du chef d'orchestre qui régit l'harmonie de l'ensemble, sa reproduction et son dépérissement, n'est pas achevée. Les partisans de l'âme ou de quelque chose comme un principe spirituel peuvent encore s'autoriser de ces ignorances pour faire passer leur message, notamment sur les questions éthiques. Tout est-il permis au nom du savoir ? La sauvegarde de la santé doit-elle être érigée au rang de valeur absolue ? Quelle part de liberté ou de bonheur y gagnons-nous ? Y sacrifions-nous ?

▲ *À gauche, opération chirurgicale en 1911. À droite, application du rayon laser, fin du XXe siècle*
La mise en scène opératoire montre et cache à la fois. En 1911, les précautions de l'asepsie, visibles dans l'immaculé des linges, donne de l'intervention (naguère encore toute de sang, de cris et d'infection) une représentation purifiée et apaisée. Aujourd'hui, les changements dans les techniques opératoires ont modifié aussi leur charge symbolique. Au corps à corps aléatoire s'est substitué un savant montage instrumental. La précision du tir laser supprime toute trace de sensibilité et de passion. L'espoir et la peur ne s'expriment plus dans les gestes et les résistances. Désormais, malades et chirurgiens doivent garder pour eux ces scories de l'être.

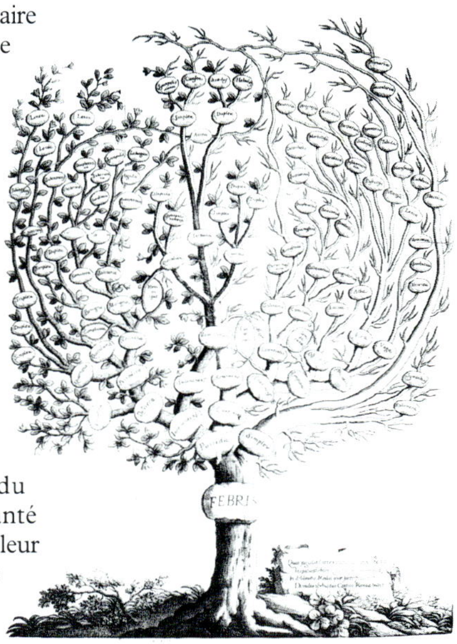

◄ *L'arbre des fièvres, extrait de l'ouvrage de Francesco Torti sur les fièvres pernicieuses (Modène, Soliani, 1712)*
Du tronc commun de la fièvre naissent les embranchements successifs des fièvres simples et des putrides, des continues et des périodiques, des tierces et des quartes, des hépatiques et des inflammatoires, qui classent les maladies comme les plantes. L'exercice est moins stérile qu'il n'y paraît. Organiser la connaissance, c'est déjà la dominer.

1493 apparition de la syphilis en Occident.
1518 Londres, création du Collège des physiciens.
1553 M. Servet décrit la petite circulation.
1609 L. Boursier, *Maladies des femmes.*
1640 introduction du quinquina en Europe.
1655 R. Lower tente la première transfusion sanguine.
1665 Grande Peste de Londres.
1679 Blegny fonde le premier journal de médecine.
1700 Ramazzini publie son traité des maladies professionnelles.
1720 dernière épidémie de peste en France, à Marseille.
1733 Hales mesure la pression artérielle.
1756 Tronchin inocule la variole aux enfants du duc d'Orléans.
1777 Lavoisier met en évidence le rôle de l'oxygène dans la respiration.
1794 création d'une chaire d'hygiène à Paris (Hallé).
1820 Pelletier et Caventou isolent la quinine.
1830-1834 le choléra sévit en Europe.
1846 emploi chirurgical de l'éther aux États-Unis.
1853 Gerhardt et l'acide acétylsalicylique.
1860 Londres, première école d'infirmières.
1867 Lister édicte les règles de l'asepsie.
1873 Hansen identifie le bacille de la lèpre.
1890 Behring inaugure la sérothérapie.
1892 Marinesco éclaire le rôle de l'hypophyse.
1901 Becquerel et les propriétés thérapeutiques des rayonnements ionisants.
1921 concept des « médiateurs chimiques » par Lœwi.
1943 production à grande échelle de la pénicilline.
1967 Ch. Barnard réalise la première greffe du cœur.
1971 Lanterbur et Damadian mettent au point la résonance magnétique nucléaire.
1982 L. Montagnier et ses collaborateurs identifient le virus du sida.

▲ ***Séance d'hypnose en 1887, par le médecin suédois Sven Richard Bergh***

Le travail de l'imaginaire, fortement suggéré par l'hypnotiseur, est censé permettre au patient de renouer avec la situation douloureuse qu'il a vécue, pour l'amener à un dénouement enfin heureux. La fascination qu'exerce cette méthode sur nombre de médecins à la fin du XIXe siècle renvoie à un autre imaginaire : celui du thérapeute et de ses fantasmes de toute-puissance.

LE CORPS, UNE MACHINERIE HYDRAULIQUE,
RENÉ DESCARTES, *L'HOMME*, v. 1630

« Ainsi que vous pouvez avoir vu, dans les grottes et les fontaines qui sont aux jardins de nos Rois, que la seule force dont l'eau se meut en sortant de sa source est suffisante pour y mouvoir diverses machines, et même pour les y faire jouer de quelques instruments, ou prononcer quelques paroles, selon la diverse disposition des tuyaux qui la conduisent.
Et véritablement l'on peut fort bien comparer les nerfs de la machine que je vous décris aux tuyaux des machines de ces fontaines ; ses muscles et ses tendons, aux autres divers engins et ressorts qui servent à les mouvoir ; ses esprits animaux, à l'eau qui les remue, dont le cœur est la source, et les concavités du cerveau sont les regards. De plus, la respiration, et autres telles actions qui lui sont naturelles et ordinaires, et qui dépendent du cours des esprits, sont comme les mouvements d'une horloge, ou d'un moulin, que le cours ordinaire de l'eau peut rendre continus. Les objets extérieurs, qui par leur seule présence agissent contre les organes de ses sens, et qui par ce moyen la déterminent à se mouvoir en plusieurs diverses façons, selon que les parties de son cerveau sont disposées, sont comme des étrangers qui, entrant dans quelques-unes des grottes de ces fontaines, causent eux-mêmes sans y penser les mouvements qui s'y font en leur présence [...]. Et enfin quand l'âme raisonnable sera en cette machine, elle y aura son siège principal dans le cerveau, et sera là comme le fontenier, qui doit être dans les regards où se vont rendre tous les tuyaux de ces machines, quand il veut exciter, ou empêcher, ou changer en quelque façon leurs mouvements. »
Métaphore ou métaphysique ? Plusieurs lectures sont possibles de ce passage où se combinent la mécanique, la circulation sanguine et les réminiscences galéniques des esprits animaux. L'exploration du corps est comme une excursion au pays des artifices de la technique - manière de dire que les lois de la nature ne sont connaissables que si la science peut en fabriquer la réplique.

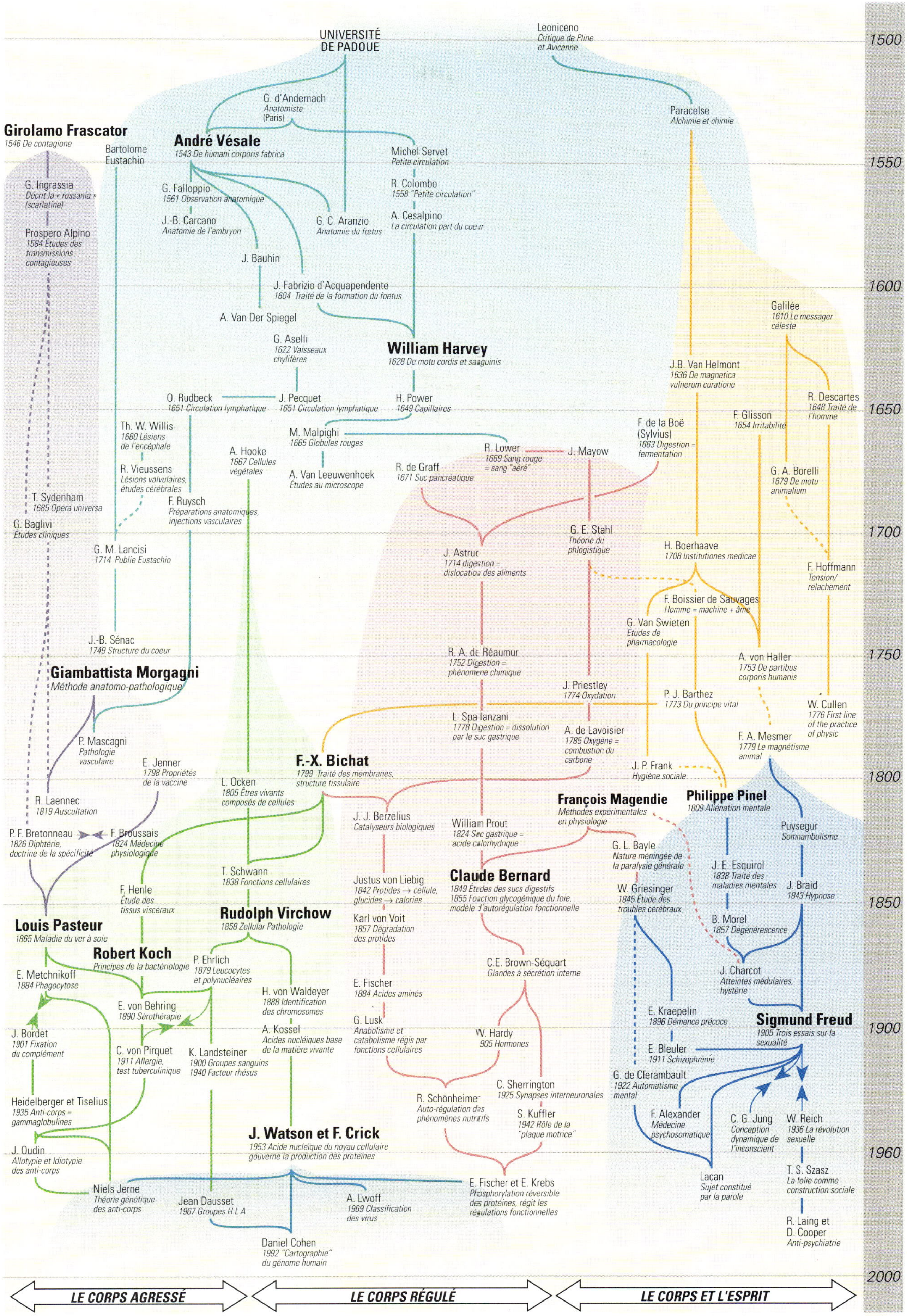

La Renaissance médicale est d'abord anatomique. Mais la matière observée est d'une telle complexité qu'on ne s'étonnera pas des polémiques acharnées suscitées par les démonstrations d'André Vésale ou de William Harvey.

Parallèlement à celle des organes s'approfondit la connaissance des maladies, accumulée dans des « sommes » de référence comme l'œuvre de Thomas Sydenham. Faire le lien entre organes et symptômes est le souci de l'anatomie pathologique, illustrée d'abord par Giambattista Morgagni, puis par l'école clinique française du XIXe siècle.

Les XVIIe et XVIIIe siècles voient s'épanouir la « médecine des systèmes », mais les représentations mentales ont évolué depuis l'Antiquité. Les iatro-mécanistes conçoivent le corps comme une machine, les iatro-chimistes l'imaginent comme une vaste cornue, les vitalistes y décèlent l'irréductibilité du vivant.

Avec l'étude de la nutrition et de la respiration se précise la notion de physiologie corporelle, concrétisée par les expériences de François Magendie sur le système nerveux, et celles de Claude Bernard explorant les subtiles régulations du « milieu intérieur », objet de l'endocrinologie naissante.

Le microscope a d'abord révélé la cellule, premier niveau d'organisation et de dysfonctionnement de l'organisme. Puis il a permis l'identification des bactéries pathogènes. La pathologie cellulaire, qui est à l'origine de la cancérologie, et l'étude des mécanismes de l'immunité, se rejoignent par leur souci de comprendre le vivant au niveau le plus élémentaire.

C'est cependant à la biologie moléculaire, éclairant les processus de synthèse de la matière vivante, que l'on doit l'effort actuel de dépasser la multiplicité des disciplines par l'unification des méthodes, par la description des structures moléculaires dans leurs perpétuelles recompositions.

Dans cette médecine du « tout biologique », la psychiatrie reste une discipline à part. Elle se ressent toujours de sa triple origine, la physiologie nerveuse, l'hygiénisme social, et une certaine fascination pour les expériences aux limites de la conscience. Mais la synthèse entre ses composantes organicistes, psychologiques et politico-sociales semble un objectif utopique.

INDEX DES SOUVERAINS

Index des souverains
Nom, renvoi aux pages, titres, dates d'exercice de la souveraineté, famille ou dynastie, ⇨ renvoi à une autre entrée quand le personnage a exercé plusieurs souverainetés.

TABLE DES ILLUSTRATIONS

Les crédits photographiques se lisent par page de haut en bas et de gauche à droite

12. Zagreb, Arheoloski musej. Maternité; terre cuite, culture de Vinca, époque néolithique, Ve millénaire / Ph. © Edimedia. **14 g.** Sofia, Historisches Nationalmuseum. Mobilier funéraire de la nécropole de Varna; or, époque calcholithique / Ph. © ET Archive. **14 dr.** Irlande, environs de Quin. Reconstitution d'un village celtique / Ph. © G. Dagli Orti **16.** Saint-Brieuc, musée d'Histoire. Statuette d'une divinité de Paule, Ier s. ap. J.C. / Ph. © R. Guillemot-CDA-Edimedia. **19.** Londres, The British Museum. Coffret, dit *La Cassette des Francs,* prov. Auzun (France). Panneau figurant "l'adoration des mages"; fanon de baleine, anglo-saxon, VIIIe s / Ph.© M. Holford **22.** Amiens, Bibliothèque municipale. Manuscrit 354, Gratien, *Décrets,* f° 256v°, table des liens de parenté;manuscrit exécuté en Italie centrale, fin XIIe s. / Ph. © J. Vigne. **23.** Venise, Museo del Settecento Veneziano, Palazzo Rezzonico. Pietro Longhi, *Une famille patricienne* / Ph. © G. Dagli Orti. **24 h.** Versailles, bibliothèque municipale. Chappe d'Anteroche, *Voyage en Sibérie, fait par ordre du roi en 1761*, Paris, 1768. "Intérieur russe, la nuit"; planche gravée / Ph. © J. Vigne. **24 b.** Blois, château. Attr. à Etienne Jeaurat, *Le Contrat interrompu* / Ph. © G. Dagli Orti **25.** Besançon, musée des Beaux-Arts et d'Archéologie. Jean-Joseph Enders, *Le Testament du Père Tiennot*, 1888 / Ph. © G. Dagli Orti.**26.** Hamburg, Kunsthalle. Ernst Wilhelm Heinrich Eitner, *Idylle familiale au printemps* , 1901/ Ph. © Bildarchiv Preussischer Kulturbesitz. **28.** Londres, The British Library,Western Manuscripts. Add. Ms 42130. *Psautier de Luttrell* , manuscrit exécuté en Angleterre, début XIVe s. f° 171 (détail), hersage / Ph. © The British Library. **29 h.** Londres, The Tate Gallery. Ford Maddox Brown, *La Fenaison*, 1855 / Ph. © The Tate Gallery.**29 b.** Paris, U.C.A.D., bibliothèque, coll. Maciet. *Calendrier des bergers,* le mois d'octobre; gravure sur bois, v. 1493 / Ph. © J. Vigne. **32 h.** Moscou, Galerie Tretjakov. Nicolas Riepine, *Léon Tolstoï labourant*, 1882 / Ph. © Bildarchiv Preussischer Kulturbesitz **32 bg.** Paris, Bibliothèque nationale de France, manuscrits. Ms fr. 598. Boccace, *Des claires et nobles femmes*, f° 11, Cérès; trad. fr., v. 1403 /Ph. © Bibliothèque nationale de France, Paris. **32 bdr.** Paris, Bibliothèque nationale de France, manuscrits. Ms Grec 533, Grégoire de Nazianze, *Homélies,* f° 34 v°(détail), berger et son troupeau; manuscrit exécutté à Constantinople, XIe s. / Ph. © Bibliothèque nationale de France, Paris. **33 h.** Berlin, Gemäldegalerie. Ferdinand von Olivier, *La Vigne de l'archiprêtre à Olevano*,1832 / Ph. © Bildarchiv Preussischer Kulturbesitz. **33 c.** Collection particulière. Vincent van Gogh, laboureur dans un champ près d'Arles, dessin à la plume / Ph. © Edimedia **33 b.** Birmingham, Museum and Art Gallery. Thomas Jones, *Penkerrig, paysage*, v. 1772 / Ph. © ET Archive. **34 h.** Londres, The British Museum. Applique en forme de tête de cheval, prov. Standwick, Yorkshire; bronze, Ier s. av. J.C-Ier s ap. J.C. / Ph. © E. Lessing-Magnum. **34 b.** Prague, Narodni Muzeum. Tête de divinité prov. sanctuaire de Msecké Zebrovice, Bohême; pierre, IIe-Ier s. av. J.C. / Ph© E. Lessing-Magnum. **35 h.** Saint-Fagans, Welsh Folk Museum. Alphabet celtique, tableau mural conçu par T.C. Evans et dessiné par Chr. Evans; Pays de Galles, XIXe s. / Ph. © The National Museum of Wales. **35 bg.** Londres, The British Museum. Disque; bronze, IIe s. / Ph. © E. Lessing-Magnum. **35 bdr.** Locquenolé, Finistère. Chapiteau de l'église, XIe s. / Ph. © J.-P. Gestin. **36 h.** Statue de sainte Gwenn teibronn (Blanche avec trois seins) / Ph. © J.-P. Gestin. **36 b.** Boulogne-sur-Mer, bibliothèque municipale, Ms 8. *Évangiles,* f° 42, saint Marc; art anglo-normand, IXe s. / Ph. © J. Vigne. **38 h.** Collection particulière. Tétradrachme en argent; Athènes 450 av. J.C. / Ph. © Edimedia **38 b.** Paris, musée du Louvre. François Boucher,*L'Enlèvement d'Europe*, 1747 / Ph. © G. Dagli Orti. **39 hg.** Delphes, temple d'Apollon, IVe s. av. J.C. / Ph. © G. Dagli Orti. **39 hdr.** Rome, Museo nazionale Etrusco di villa Giulia. Oenochoé protocorinthienne à figures noires, dite "oenochoé Chigi", v. 640-630 av. J.C. / Ph. © G. Dagli Orti. **39 b.** Athènes, Agora Museum. En haut, deux ostraka.En bas, kleroterion; terre cuite,Ve s. av. J.C. / Ph. © G. Dagli Orti. **40.** Paestum, tombe du plongeur. Banquet funèbre (détail); peinture murale, 480-470 av. J.C. / Ph. © G. Dagli Orti. **42 .** Bucarest, Museul de istorie . Colonne trajane, érigée en 113 ap. J.C. (détail), porte-enseignes (copie d'après l'original) / Ph. © ET Archive **43 hg.** Burgh, Norfolk. Fort romain, muraille est. IIe-IIIe s. / Ph. © M. Holford. **43 hdr.** Bucarest, Muzeul de istorie. Colonne trajane érigée en 113 (détail), soldats romains construisant des fortifications (copie d'après l'original) / Ph. © ET Archive. **43 b.** Paris, Bibliothèque nationale de France, Médailles. Grand Camée de France; sardoine, Ier s. / Ph. © E. Lessing-Magnum. **44 h.** Vienne, Österreichisches Nationalbibliothek,Manuscrits. Codex. Vindob. 324. *Tabula Peutingeriana* (détail), Rome; copie du XIIe s d'ap. original du IVe s./ Ph. © Österreichisches Nationalbibliothek. **44 b.** Avignon, musée Calvet. scène de halage; relief gallo-romain, prov. Cabriès d'Aygues, IIe-IIIe s / Ph. © G. Dagli Orti. **45 g.** Rome, Via Appia, construite en 312 av. J.C. / Ph. © F. Scianna-Magnum. **45 dr.** La plaine entre Caserte et Naples, d'ap. carte de l'I.G.M./ Ph. D.R. **46.** Rome, église San Pietro in Vincoli. Michelangelo Buonarroti, dit Michel-Ange, *Moïse*, vestige du tombeau du pape Jules II; marbre,1516 / Ph. © G. Dagli Orti. **47 h.** Florence, Galleria degli Uffizi. Michelangelo Merisi dit Le Caravage, *Sacrifice d'Isaac* / Ph. © Scala, Florence. **47 b.** Paris, Bibliothèque nationale de France, Estampes. *Portrait de Baruch Spinoza*, gravure, XVIIe s. / Ph. © Bibliothèque nationale de France, Paris. **48.** Cambridge, Corpus Christi College. Ms 2. *Bible* de l'abbaye de Bury, peinte par Maître Hugo, f° 94, *Deutéronome,* frontispice; manuscrit exécuté en Angleterre, v. 1135. / Ph. © M. Holford. **49 h.** Autun, cathédrale Saint Lazare. Linteau du portail nord,*La Tentation d'Eve* ; XIIe s/ Ph. © G. Dagli Orti. **49 b.** Berlin, Staatsbibliothek. *Bible*, Mayence, imprimée par Johannes Gutenberg,1455, f° 310, *Apocalypse* / Ph. © Bildarchiv Preussischer Kulturbesitz. **50.** Moscou, Musée historique. Icône (détail), *saint Sabacce et saint Zosyme*, XVIIIe s. / Ph. © G. Dagli Orti. **51 hg.** Dijon, musée des Beaux-Arts. École suisse, *Saint Augustin* ; XVe s, / Ph. © G. Dagli Orti. **51 hdr.** Abbaye de Melrose, Écosse, XI-XIVe s. / Ph. © M. Holford. **51 b.** Versaillles, musée national du château. Attr. à Madeleine de Boullongne, *Religieuses de Port-Royal des champs soignant les malades*, v. 1710 / Ph. © G. Dagli Orti. **54.** Prague, Bibliothèque nationale de l'université, Manuscrits. Ulrich de Richental, *Chronique*, supplice de Jean Hus, manuscrit exécuté au XVe s. / Ph. © G. Dagli Orti. **55 h.** Berlin, Staatsbibliothek zu Berlin. D'apr. Lucas Cranach le vieux,"la différence entre la religion évangélique et la religion catholique", gravure sur bois coloriée / Ph. © Bildarchiv Preussischer Kulturbesitz. **55 b.** Genève, Bibliothèque publique universitaire. Attr. à Jean Périssin, *Le Temple de Lyon, nommé Paradis*, v. 1565 / Ph. © G. Dagli Orti. **56 h.** Rome, église du Gesù, architecte Iacopo Barozzi, dit Vignole, 1568-1575 / Ph. © G. Dagli Orti. **56 b.** Berlin, Staatsbibliothek zu Berlin**.** École hollandaise, "La Pyramide papiste"; caricature, XVIe s. / Ph © Bildarchiv Preussischer Kulturbesitz. **58.** Leipzig, Museum der Bildenkunste. Anton Graff, *Portrait de Moïse Mendelssohn*, 1741 / Ph. © E. Lessing-Magnum. **59.** Coll. part. Mark Zakharobitch dit Marc Chagall,*La Synagogue* aquarelle et gouache sur papier, 1917 / Chagall © A.D.A.G.P., 1994. Ph. © Edimedia. **60 h.** Versailles, bibliothèque municipale. Bernard Picart, *Cérémonies et Coutumes religieuses...*, Amsterdam, 1739. "Repas des juifs pendant la fête des Tentes", gravure / Ph. © J. Vigne. **60 b.** Berlin, Staatsbibliothek zu Berlin. Haggada pascale,*Psaume 79,6* ; manuscrit exécuté à Darmstadt, fin XIIIe. / Ph. © Bildarchiv Preussischer Kulturbesitz. **62 h.** Delft, Stedelijk Museum "Het Prinsenhof". Michiel van Mierevelt, *Portrait de Hugo de Grot* (Grotius), 1631/ Ph. © E. Lessing-Magnum. **62 b.** Bruges, Gruuthusemuseum. Main de justice, argent, XVe s./ Ph. © E. Lessing-Magnum. **63 g.** Paris, Bibliothèque nationale de France, Estampes, coll. de Vinck. "Dans la main de Target..", gravure anonyme coloriée, s.d. / Ph. © Bibliothèque nationale de France, Paris. **63 dr.** Bruxelles, Musées royaux des Beaux-Arts, musée d'Art ancien. Dirck Bouts, *La Justice de l'empereur Othon*,. premier panneau: "l'épreuve du feu"; 1471-1473 / Ph. © Bridgeman-Edimedia. **64 h.** Berlin, Kunstbibliothek. *Sachsenspiegel*, (le Miroir de Saxe), scène de tribunal: accusé , juge et témoin; manuscrit exécuté à Heidelberg, début du XIVe s. / Ph. © Bildarchiv Preussischer Kulturbesitz. **64 b.** Bordeaux, bibliothèque municipale, manuscrit 355. Justinien, *Institutiones*, manuscrit exécuté en Italie, XIVe s. f° 205./ Ph. © J. Vigne. **65 h.** Bibliothèque nationale de France, Paris, Médailles. Jeton du tsar Pierre le Grand, cuivre, 1705 / Ph. © Bibliothèque nationale de France, Paris. **65 c.** Écosse, 1973. Juges / Ph. © L. Freed-Magnum. **65 b.** Londres, Inner Temple Library. Whaddon folio, . Folio 2: : *Le Banc du Roi*, manuscrit exécuté en Angleterre v.1460. / Ph. © ET Archive, by permission of the Honourable Society of Inner Temple. **66 h.** Londres, Historical Portrait Ltd. Sir Godfrey Kneller, *Portrait de John Locke* / Ph. © Edimedia. **66 b.** Rome, Museo della Civiltà Romana. Décret d'affranchissement des esclaves, Hestia, seconde moitié du IIe s. / Ph. © G. Dagli Orti. **67.** Helsinger, Kronborg Slot. Bateau négrier, aquarelle anonyme, fin XIXe s. / Ph. © G. Dagli Orti **68.** Paris, Bibliothèque nationale de France, Estampes. France, 1789. Table des droits de l'Homme et du Citoyen, gravure coloriée s.d. / Ph. © Edimedia. **69.** Auschwitz, camp d'extermination de Birkenau / Ph. © R. Depardon-Magnum. **70 h.** Abbaye de Zwerr,bibliothèque. Codex 420. Florian Paucke, S.J., *Relation d'un voyage en Amérique latine, 1748-1769*. ."Traversée d'une rivière par les missionnaires au Paraguay", manuscrit illustré par l'auteur / Ph. © E. Lessing-Magnum. **70 b.** Venise, Museo Correr. Portrait de Marco Polo, copie XIXe s. d'une statue du temple des génies à Canton / Ph. © G. Dagli orti. **71 hg.** Londres, Terry Engel Gallery. Adam van Breen, *Embarquement des puritains à Delft,* 1620 / Ph. © ET Archive. **71 hdr.** Londres, The India Office Library. *Palanquin d'un officier britannique à Tanjore*, dessin aquarellé, 1820 / Ph. © ET Archive. **71 cdr.** Versailles, bibliothèque municipale. James Cook, *Voyages,* Paris, 1785. "Indiens de la Terre de feu", planche gravée / Ph.© J. Vigne. **71 bdr.** *L'Assiette au beurre*, "Les Diplomates",11 juin 1904. *L'Entente cordiale,* caricature par Camara / Ph. © Edimedia **74.** Séville, Alcazar. Alexo Fernandez, *La Vierge des navigateurs,* panneau central d'un retable, début XVIe s/ Ph. © G. Dagli Orti. **75.** Londres, The Tate Gallery. Nicol Erskine, *Les Émigrants*, 1864 / Ph. © Bridgeman-Edimedia. **76.** Coll part. Attr. à Justus van Egmont, *Dame portant les atours de l'Europe*, XVIIe s. / Ph. © Edimedia. **78 h.** Bonn, Rheinisches Landesmuseum. Guerrier franc; pierre tombale, prov. Niederdollendorf,VIIe s. / Ph. © ET Archive. **78 bg.** idem,verso de la stèle Transfiguration du Christ / Ph. © ET Archive **78 bdr, a.** Londres, The British Museum. Théodoric le Grand, roi des Goths; monnaie d'or / Ph. © M. Holford. **78 bdr, b.** Paris, Bibliothèque nationale de France. Reccared Ier, roi des Wisigoths; monnaie d'or/ Ph. © Bibliothèque nationale de France. **78 bdr, c.** Londres, The British Museum, Aethelred, Ier, roi de Wessex et de Kent; monnaie d'argent/ Ph. © M. Holford. **79 h.** Ravenne, baptistère des Ariens, édifié en 493. Médaillon de la coupole,*Le Baptême du Christ*, mosaïque / Ph. © G. Dagli Orti. **79 b.** Londres, The British Museum. "Vandale quittant sa villa", mosaïque provenant de Carthage, v. 500 / Ph. © M. Holford. **82 g.** Berlin, Kunstgewerbemuseum. Saint Demetrios; plaque en or et émail cloisonné, Constantinople ou Thessalonique, début du XIe s. Ph. © Bildarchiv Preussischer Kulturbesitz. **82 dr.** Londres, The British Museum. Bélisaire vainqueur des Perses, , monnaie d'or, 530 / Ph. © M. Holford. **83 h.** Madrid, Biblioteca nacional. Ms. Vitr. 26-2. Jean Skylitzès, *Chronographie*, Couronnement de Michel Ier Rhangabé; manuscrit exécuté en Italie, deuxième moitié du XIIIe s. / Ph. © G. Dagli Orti. **83 b.** Paris, Bibliothèque nationale de France. Ms suppl. grec 309. Manuel II Paléologue, *Oraison funèbre* de son frère, f°. VI. L'empereur Manuel II; manucrit exécuté à Constantinople v. 1407. / Ph. © Bibliothèque nationale de France. **85.** Istanbul, église Sainte-Sophie. L'empereur Léon VI à genoux devant le Christ; mosaïque, IXe s. / Ph. © M. Holford. **86.** Mistra, Péloponnèse. L'ancienne cité byzantine, XIIIe s. / Ph. © G. Dagli Orti. **88 h.** Londres, The British Museum. Casque, prov. de Sutton Hoo; anglo-saxon, v. 625 / Ph. © M. Holford. **88 b.** Londres, The British Museum. Ornement de bouclier, prov. de Sutton Hoo; anglo-saxon v. 625 / Ph. © M. Holford. **89 h.** Londres, The British Library. Western Manuscripts. Add Ms 33241. *Encomium Emmae Reginae*, La reine Emma et ses deux fils; manuscrit exécuté en France du nord-est, milieu du XIe s. / Ph. © The British Library. **89 b.** Bradford-upon-Avon. Église Saint Laurent, construite au VIIe s. / Ph. © M. Holford. **90.** Bayeux, musée de la tapisserie. Tenture de la reine Mathilde(détail),, la mort d'Harold; XIe s./ Ph. © M. Holford. **92.** Londres, The National Gallery. Diptyque de Wilton, 1394, *Richard II présenté par ses saints patrons à la Vierge et à l'Enfant* (détail), le roi en prière / Ph. © E. Lessing-Magnum. **93 h.** Château de Caernavon; Pays de Galles, XIe-XIVe s / Ph. © D. Hurn-Magnum. **93 b.** Canterbury, prov. du chapitre de l'abbaye. *Miracles de Saint Thomas Becket* (détail), Saint Tomas Becket; vitrail, XIIIe s. / Ph. © M. Holford. **94 h.** Londres, The British Library, Western manuscripts. Royal Ms 15 E VI. *Prétention d' Henry VI aux trônes d'Angleterre et de France*, f° 3 r°, Généalogie des Plantagenêts. Ph. © The British Library. **94 b.** Londres, The Victoria & Albert Museum. *Canterbury Tales*, f°1 v°, portrait de Geoffrey Chaucer; d'après le manuscrit *Ellesmere Chaucer*, exécuté en 1400-1410 / Ph. © ET Archive. **96.** Stanford, Lincolshire, Burghley House. Robert Walker, *Portrait d'Olivier Cromwell* / Ph. © Bridgeman-Edimedia. **97.** Paris, Bibliothèque nationale de France. "L'ordre, manière et séance de Sa Majesté Britannique"; gravure,1648 / Ph. © Bibliothèque nationale de France, Paris. **98 h.**Versailles, musée national du château. Franz Xavier Winterhalter, *La Reine Victoria et le Prince Albert reçus par Louis-Philippe au château d'Eu, 1845* / Ph. © E. Lessing-Magnum. **98 c.** A.G. Tarbet, *Primrose Waltz*, Liverpool, Smith & Son. v. 1880. Page de titre, portrait de Benjamin Disraeli / Ph.© ET Archive. **98 b.** Londres, The Soane Museum. William Hogarth, *Une élection*, v. 1754 / Ph. © ET Archive. **100 h.** Paris, Bibliothèque nationale de France. Ms lat. 2, Bible de Charles le Chauve, f°146, initiale du livre d'Isaïe, art franco-insulaire, entre 871 et 877 / Ph. © Edimedia. **100 b.** Saint-Denis, basilique. dépôt au musée du Louvre. Parure de la reine Arnegonde; or, argent et émaux cloisonnés, VIe s/ Ph. © J. Guillemot-CDA-Edimedia. **101.** Aix-la-Chapelle, chapelle palatine. Trône de Charlemagne, Xe s / Ph. © E. Lessing-Magnum. **104.** Paris, Bibliothèque nationale de France. Ms lat. 1429, *Heures d'Henri II.* f° 107 v°, le roi touchant les écrouelles dans l'église de Saint-Marcoul; manuscrit exécuté en Franc v. 1547. / Ph. © Edimedia. **105 g.** Paris, Bibliothèque nationale de France. Ms fr. 2813. *Grandes Chroniques de France.* f° 223. Aliénor d'Aquitaine et Louis VII prient le Christ de leur accorder un fils; manuscrit exécuté v. 1375-1379 / Ph. © Edimedia. **105 dr.** Aix-en-Provence, cathédrale Saint-Sauveur. Nicolas Froment, *tryptique du Buisson Ardent*, panneau de gauche, le roi René. v. 1475-1476 / Ph. © E. Lessing-Magnum. **106.** Paris, Bibliothèque nationale de France. Ms fr. 2679. Enguerand de Monstrelet, *Chronique*. f° 432, entrevue de Louis XI et Charles le Téméraire à Beson; manuscrit exécuté au XVe s. / Ph. © Edimedia. **108.** Dijon, musée des Beaux-Arts. Carle van Loo, *Portrait en pied de Louis XV* / Ph. © G. Dagli Orti. **109 h.** Paris, Bibliothèque nationale de France. Ms fr 225, Pétrarque, *Les Remèdes de l'une et l'autre fortune*, f° 1, Anne de Bretagne et Claude de France enfant ; trad. fr., manuscrit exécuté en1503/ Ph. © Edimedia. **109 b.** Paris, musée du Louvre. Charles Le Brun, *Le Chancelier Séguier* / Ph. © G. Dagli Orti. **110 g.** Paris, Bibliothèque nationale de France. Guillaume Dupré, Henri IV et Marie de Médicis; médaille, bronze, 1605 / Ph. © Bibliothèque nationale de France, Paris. **110 dr.** Paris, Bibliothèque nationale de France. "Matière à réflexion pour les têtes couronnées..." gravure anonyme, 1793 / Ph. © Edimedia **112.** Cordoue, Grande mosquée, construite entre le VIIIe et le Xe s./ Ph. © G. Dagli Orti. **113 h.** Leon, basilique San Isidro. Saint Isidore à cheval, partant combattre les Wisigoths; tissu brodé, Xe s. / Ph. © G. Dagli Orti. **113 b.** Madrid, Museo Archeologico Nacional. Couronne votive du roi Regerswinthe, prov. du trésor de Guarrazar; or et pierres précieuses, v. 657-672 / Ph. © ET Archive. **114.** Silos, abbaye Santo Domingo, bibliothèque. Ms 5. Saint Ildefonse, *De la virginité de la Vierge*, f° 62 r°, lettre historiée Q; manuscrit éxécuté en Espagne, 1059 / Ph. © G. Dagli Orti. **116 g.** Madrid, San Lorenzo de Escorial, Real monasterio de San Lorenzo, biblioteca. Alphonse le Sage, *Cantiques de la Sainte Vierge Marie*, f° 92 r°. "Comment les croisés gagnèrent contre les Maures." manuscrit exécuté en Espagne au XIIIe s / Ph. © G. Dagli Orti. **116 dr.** Vienne, Kunsthistorisches Museum, Gemäldegalerie. Juan de Flandes, *Portrait de Jeanne la Folle*, fin XVe s. / Ph. © E. Lessing-Magnum. **117.** Madrid, San Lorenzo de Escorial, Real monasterio de San Lorenzo, biblioteca. Alphonse le Sage, *Livre des Jeux,* f° 262 v°, Arabes jouant aux échecs sous leur tente; manuscrit exécuté en Espagne, 1282 / Ph. © G. Dagli Orti. **118 h.** Madrid, Museo Nacional del Prado. École hispano-flamande, *La Vierge des Rois catholiques*,(détail), portrait de Ferdinand d'Aragon; v. 1490/ Ph. © G. Dagli Orti. **118 b.** Madrid, Museo Nacional del Prado. École hispano-flamande, *La Vierge des Rois catholiques*,(détail), portrait d'Isabelle de Castille; v. 1490/ Ph. © G. Dagli Orti. **120 g.** Copenhague, Nationalmuseet. Salière surmontée d'un cavalier portugais, prov. Bénin, Nigeria; ivoire XVIe s / Ph. © H. Josse. **120 dr.** Lisbonne, Arquivo Nacional da Torre do Tombo. Gaspar Correa, Lenda da India,1509. *Portrait d'Alfonso de Albuquerque, vice-roi des Indes*; gravure sur bois / Ph. © G. Dagli Orti. **121.** Lisbonne, Academia das Ciências. Lazaro Luis, portulan (détail) ; 1563 / Ph. © G. Dagli Orti. **122 h.** Naples, Gallerie Nazionali di Capodimonte. Tiziano Vecellio dit Le Titien, *Portrait de l'empereur Charles Quint* / Ph. © E. Lessing-Magnum. **122 b.** Rome, Musei Vaticani. Giorgio Vasari, *Bataille de Lépante*, 1572 / Ph. © Bildarchiv Preussischer Kulturbesitz. **123.** Madrid, Museo Nacional del Prado. Diego Velasquez, *Les Fileuses*, v. 1657 / Ph. © G. Dagli Orti. **124 h.** Pablo Picasso photographié devant *Guernica*,1937 / Ph. © D. "Chim" Seymour-Magnum. **124 b.** Séville, Exposition universelle, 1992. Le pavillon de l'Inde / Ph. © B. Barbey-Magnum. **126.** Vienne, Kunsthistorisches Museum, Gemäldgalerie. Lucas Valckenborch, *Portrait de l'empereur Rodolphe II en cure*, après 1593 / Ph. © E. Lessing-Magnum. **127 h.** Istanbul, Topkapi Sarayi Müzesi, bibliothèque, ms Hazine 1524,. *Hünernâme*, (Livre des Habiletés) volume 2, f° 257 v°, siège de Vienne, 1529 ; manuscrit exécuté à Istanbul, 1588, / Ph. © G. Dagli Orti. **127 b.** Berlin, Künstbibliothek. Matthaüs Merian le vieux, *Theatrum Europaeum*, défenestration de Prague,1618, gravure coloriée / Ph. © Bildarchiv Preussischer Kulturbesitz. **128.** Prague, cathédrale Saint-Guy, (Svatého Vita), chapelle. Petr Parlér, *tombeau de Otakar Ier*, (détail) le roi; marbre, XIVe s. / Ph. © E. Lessing-Magnum. **130 h.** Budapest, Magyar Nemzeti Muzeum. Couronne royale de Saint Etienne; or, émaillé et pierreries, Xe s. / Ph. © Zarand-Rapho. **130 b.** Innsbruck, Kunsthistorisches Museum, Sammlungen Schloss Ambras, Porträtgalerie. École autrichienne, *Portrait de fiançailles de Ladislas Le Posthume et Madeleine de France* ; XVes./ Ph. © E. Lessing-Magnum. **131 h.** Budapest, Magyar Nemzeti Galéria. École Lombarde, *Portrait de Matthias Ier Corvin* ; relief de marbre, 1485-1490 / Ph. © ET Archive. **131 b.** Innsbruck, Kunsthistorisches Museum, Sammlungen Schloss Ambras, Porträtgalerie. Hans Krell, Portrait de Louis II Jagelon, portant le collier de l'ordre de la Toison d'or / Ph. © E. Lessing-Magnum. **134 hg.**Vienne, Kunsthistorisches Museum, Schatzkammer. Couronne du Saint-Empire, prov. Reichenau; or, argent et pierres précieuses, v. 964 / Ph. © E. Lessing-Magnum. **134 hdr.** Berlin, Staatliche Museen Preussischer Kulturbesitz. Matthieu Denis, *Vita Mathildis.* Saint Hugues, abbé de Cluny, conduit l'empereur Henri IV aux pieds de la comtesse Mathilde de Toscane; d'après le manuscrit original exécuté en 1114 / Ph. © Bildarchiv Preussischer Kulturbesitz. **134 b.** Milan, Castello Sforzesco. Otton Ier, Le Grand et sa famille prosternés devant le Christ; prov. Lombardie, ivoire, Xe s/ Ph. © A. Dagli Orti-Bildarchiv Preussischer Kulturbesitz. **135 hg.** Chantilly, musée Condé. *Registrum Gregorii*, feuillet séparé. L'empereur Otton II entouré des provinces de l'empire; manuscrit exécuté à Trèves, apr. 983 / Ph. © H. Kraff-Bildarchiv Preussischer Kulturbesitz. **135 hdr.** Berlin, Staatlichen Museen Preussischer Kulturbesitz. *Bulle d'or* de Charles IV. L'empereur protecteur de l'église allemande, entouré des archevêques de Mayence, Cologne et Trèves (fac-similé du manuscrit original conservé à Vienne, Österreichische Nationalbibliothek, exécuté v. 1400) / Ph. © Bildarchiv Preussischer Kulturbesitz. **135 b.** Innsbruck, Kunsthistorisches Museum, Sammlungen Schloss Ambras, Porträtgalerie. Hans Burgkmair, *Portrait de l'empereur Frédéric III* / Ph. © E. Lessing-Magnum. **138 g.** Berlin, Nationalgälerie. Christian F.R. Lisiewski, *Portrait de Frédéric II*, 1782 / Ph.© J. P. Anders-Bildarchiv Preussischer Kulturbesitz. **138 dr.** Wörlitz, Gotisches Haus. École allemande, XVIe s., *Portrait de Joachim II de Hohenzollern à l'âge de seize ans,1520* / Ph. © Bildarchiv Preussischer Kulturbesitz. **139 h.** Regensburg, Museum der Stadt Regensburg. Lucas Cranach l'Ancien, *Portrait de Frédéric III le Sage* / Ph. © Bildarchiv Preussischer Kulturbesitz. **139 b.** Coll. part. Friedrich Campe, "L'espoir de l'Allemagne, o le Bundestag de Francfort, 1816"; eau-forte coloriée / Ph. © Bildarchiv Preussischer Kulturbesitz. **140.** Berlin, Nationalgalerie. Anton Alexander Werner, *Proclamation de l'Empire alllemand à Versailles, 18 janvier 1871* / Ph. © Gesellschaft Berlin- Archives Hachette. **142 h.** Vienne, Heeresgeschichtliches Museum. Ecole autrichienne, *Hussard du régiment Karoly*, v. 1748 / Ph. © E. Lessing-Magnum. **142 b.** Budapest. Colonne de la Sainte Trinité dite aussi colonne de la Peste, érigée en 1710-1713 / Ph. © E. Lessing-Magnum. **143 g.** Florence, Galleria degli Uffizi. Hans Schwarz, *Portrait de Ferdinand Ier de Habsbourg*, 1524 / Ph. © A. Dagli Orti-Bildarchiv Preussischer Kulturbesitz. **143 dr.** Budapest, Magyar Nemzeti Muzeum. Adam Manyocki, *Le Prince Ferenc II Rakoczi* / Ph. © E. Lessing-Magnum. **144.** Budapest, Magyar Nemzeti Galeria. Gyorgy Vastagh, *Portrait du comte Istvan Scechényi* / Ph. © ET Archive. **146.** Vienne, Kunsthistorisches Museum, Gemäldegalerie. Bernhard Strigel, *L'empereur Maximilien Ier et sa famille,* 1515 / Ph. © E. Lessing-Magnum. **147 h.** Heidelberg, bibliothèque de l'université, Manuscrits. *Codex Manesse*, Jean Ier de Brabant au combat; manuscrit exécuté en 1305-1340 / Ph. © ET Archive. **147 b.** Liège, trésor de la cathédrale Saint-Paul. Saint-Georges et Charles le Téméraire; reliquaire, or émaillé, 1467 / Ph. © E. Lessing-Magnum. **148.** Dijon, musée des Beaux-Arts. Rogier van der Weyden, *Portrait de Philippe le Bon*, portant le collier de l'ordre de la Toison d'or, v. 1445/ Ph. © G. Dagli Orti. **150 h.** La Haye, Koninklijk Kabinet van Schilderijen "Mauritshuis". Adriaen Thomasz Key, *Portrait de Guillaume le Taciturne*,1579 / Ph. © E. Lessing-Magnum. **150 b.** Delft, Stedelijk Museum "Het Prinsenhof". École hollandaise, Allégorie du gouvernement du duc d'Albe, début XVIIe s. / Ph. © E. Lessing-Magnum. **151 h.** Leyde, Stedelijk Museum "De Lakenhal". Isaac Claesz van Swinenburgh, *Filage et tissage de la laine*, v. 1600 / Ph. © E. Lessing-Magnum. **151 b.** Vienne, Kunsthistorisches Museum, Gemäldegalerie. Ludolf Backhuysen, *Le Port d'Amsterdam*, 1674 / Ph. © Lessing-Magnum. **152.** Le roi Baudouin Ier de Belgique et la reine Béatrix des Pays-Bas , lors d'un bal à la cour de Belgique, 1958 (détail) / Ph. © H. Cartier-Bresson- Magnum. **154.** Mont-Cassin, archives de l'abbaye. Raban Maur, *De Universo*, "les quatre saisons et les travaux des champs"; manuscrit prov. Bénévent, XIe s. / Ph. © G. Dagli Orti. **155 hg.** Aix-la-Chapelle, chapelle palatine. Sépulture de Charlemagne (détail), l'empereur Otton Ier; émaux et or repoussé, fin XIe s. / Ph. © G. Dagli Orti. **155 hdr.** Florence, Museo Nazionale del Bargello. Applique de bouclier en forme de cavalier; bronze moulé et doré, Lombardie, VIIe s / Ph. © ET Archive. **155 b.** Palerme, église Santa Maria dell'Ammiraglio, dite la Martorana, Georges II d'Antioche, mosaïque (détail), art normand, XIIe s / Ph. © ET Archive. **158.** Paris, Bibliothèque nationale de France. Giovanni Simonetta, *La Sforziada*, Milan, 1490. f° 61 r°, allégorie du gouvernement de Milan par Ludovico il Moro et Gian Galeazzo son neveu (détail) / Ph. © Bibliothèque nationale de France. **159.** Sienne, Palazzo Pubblico. Ambrogio Lorenzetti, *Les Effets du Bon Gouvernement* (détail); fresque, 1337 / Ph. © G. Dagli Orti. **162.** Sienne, Archivio di Stato. École italienne, "La Paix de Cateau-Cambrésis, 1559" / Ph. © G. Dagli Orti. **163 h.** Berlin Staatsbibliothek zu Berlin. Antonio Lazzari, "La marche du Bucentaure à Lido avec le Doge et le Sénat", gravure coloriée,1831 / Ph. © Bildarchiv Preussischer Kulturbesitz. **163 b.** Florence, Galleria degli Uffizi. Angelo Bronzino, *Portrait de Cosme Ier de Médicis*, XVIe s. / Ph. © G. Dagli Orti. **164 g.** Sienne, Palazzo Pubblico. Pietro Aldi, *Rencontre de Garibaldi et Victor-Emmanuel II*, 26 octobre 1860, fresque / Ph. © G. Dagli Orti. **164 dr.** Paris, fondation Dosne-Thiers, coll. F. Masson. "Bonaparte premier Consul de la République française couronné par la Victoire à Marengo", gravure coloriée / Ph. © G. Dagli Orti. **165 h.** Turin, Museo del Risorgimento. P.I. Tetar van Elven, *Séance d'ouverture du premier Parlement italien*, 2 avril 1860 / Ph. © G. Dagli Orti. **165 b.** Pignerol, Museo Nazionale della Cavalleria**.** Portrait de Charles-Albert de Savoie-Carignan, v. 1835 / Ph.© A. Dagli Orti-Bildarchiv Preussischer Kulturbesitz. **168.** Visby, enceinte de la ville hanséatique, construite au XIIIe s. / Ph. © B. Campbell-Magnum. **169 h.** Londres, The London Museum. Pierre funéraire de Saint-Paul; style de Ringerike, début du XIe s. / Ph. © M. Holford. **169 b.** Copenhague, Nationalmuseet. Fibule prov. de Nestelgaard, Sjaelland; bronze doré et argenté, IXe s. / Ph. © Bildarchiv Preussischer Kulturbesitz. **170.** Visby, GotlandsFornasal. Pierre historiée; prov. Hamaar, Gotland, VIIIe-IXe s / Ph. © B. Campbell-Magnum. **171 h.** Oslo Kunstindustrimuseet. Tapisserie de haute lisse de Baldishol (détail), Arcades des mois d'avril et mai, deux guerriers, v. 1200. / Ph. © Visual arts Library-Edimedia. **171 b.** Copenhague, Nationalmuseet. Orfèvrerie viking; mobilier funéraire prov. Arslev, Fionie, fin Xe s./ Ph. © Bildarchiv Preussischer Kulturbesitz. **174.** Bergen. Le front de mer de l'ancienne ville hanséatique . / Ph. © M. Franck-Magnum. **175 h.** Vienne, Heeresgeschichtliches Museum. Ludwig Ferdinand Schnorr von Carolsfeld, *Portrait de Gustave Adolphe de Suède* / Ph. © E. Lessing-Magnum. **175 b.** Château de Skokloster. École suédoise, *Portrait de Charles XIV de Suède* (Jean-Baptiste Bernadotte) ; XIXe s / Ph. © Edimedia. **176.** Bergen. Maisons traditionnelles en bois peint / Ph. © M. Franck-Magnum. **177 hg.** Innsbruck, Kunsthistorisches Museum, Sammlungen Schloss Ambras, Porträtgalerie. Frédéric III de Danemark en habit de sacre / Ph. © E. Lessing-Magnum. **177 hdr.** Hans Christian Andersen, *Contes danois*, s.d. (fin XIXe s.), portrait de l'auteur en frontispice; gravure sur bois anonyme / Ph. © J. Vigne. **177 b.** Château royal de Frederiksborg, construit au début du XVIIe s. / Ph. © C.S. Perkins-Magnum. **178 h.** Versailles, bibliothèque

TABLE DES ILLUSTRATIONS

TABLE DES MATIÈRES